高等学校研究生创新教育系列教材

ECOLOGICAL ENVIRONMENT AND RESOURCES LAW

生态环境与资源法学

谭柏平／主编

撰稿人（以撰写章节先后为序）

谭柏平　竺　效　赵秋雁

侯佳儒　刘　尉　林潇潇

杨朝霞　欧阳杉　刘　欣

周凤翱　王小龙

法律出版社

LAW PRESS·CHINA

北京

图书在版编目(CIP)数据

生态环境与资源法学 / 谭柏平主编. -- 北京 : 法律出版社, 2022
ISBN 978-7-5197-6439-5

Ⅰ. ①生… Ⅱ. ①谭… Ⅲ. ①环境保护法－研究－中国②自然资源保护法－研究－中国 Ⅳ. ①D922.604

中国版本图书馆 CIP 数据核字(2022)第 029473 号

生态环境与资源法学
SHENGTAI HUANJING YU ZIYUAN FAXUE

谭柏平 主编

责任编辑 谢清平
装帧设计 汪奇峰 臧晓飞

出版发行 法律出版社
编辑统筹 法律应用出版分社
责任校对 邢艳萍
责任印制 刘晓伟
经　　销 新华书店

开本 787 毫米×1092 毫米 1/16
印张 35.25 **字数** 950 千
版本 2022 年 2 月第 1 版
印次 2022 年 2 月第 1 次印刷
印刷 北京建宏印刷有限公司

地址:北京市丰台区莲花池西里 7 号(100073)
网址:www.lawpress.com.cn
投稿邮箱:info@lawpress.com.cn
举报盗版邮箱:jbwq@lawpress.com.cn

销售电话:010-83938349
客服电话:010-83938350
咨询电话:010-63939796

书号:ISBN 978-7-5197-6439-5

定价:68.00 元

凡购买本社图书,如有印装错误,我社负责退换。电话:010-83938349

作 者 简 介

（以撰写章节先后为序）

谭柏平，男，湖南耒阳人，法学博士，北京工业大学文法学部法律系主任，副教授，硕士生导师。毕业于中国人民大学法学院（2001 年获经济法学硕士学位，2007 年获经济法学博士学位），台湾政治大学法学院访问学者，爱尔兰都柏林大学法学院访问学者。主要研究领域为环境法、经济法。兼任最高人民法院环境资源司法理论研究基地研究员，北京市法学会环境资源法学研究会秘书长，北京市法学会生态法治研究会副会长。

竺　效，男，浙江宁波人，法学博士，中国人民大学法学教授、博士生导师，中国人民大学环境学院副院长、院学术委员会委员，浙江工商大学（挂职）校长助理（2019 年 11 月至今），“国家高层次人才特殊支持计划”哲学社会科学领军人才（中组部 2020 年），青年长江学者（教育部 2017 年），第八届“全国十大杰出青年法学家”提名奖（中国法学会 2017 年），第九届“全国杰出青年法学家”提名奖（中国法学会 2020 年）。

赵秋雁，女，黑龙江北安人，法学博士，北京师范大学中国社会管理研究院/社会学院党总支书记兼副院长，教授，博士生导师。中国人民大学法学院经济法专业（1994—2005 年）获法学学士、硕士、博士学位，美国哥伦比亚大学法学院访问学者（2009—2010 年）。兼任《北京师范大学学报（社会科学版）》“社会治理”专栏主持，《Chinese Management Study》（SSCI）Editor，《社会治理》杂志编委，中国行政体制改革研究会常务理事。

侯佳儒，男，吉林大安人，法学博士，中国政法大学绿色发展战略研究院院长，教授，博士生导师。兼任北京法律谈判研究会会长，中国人文社会科学期刊评价委员会法学组专家委员，中国环境科学学会环境法委员会副主任委员，北京市环境与资源法学研究会副会长，北京市生态文明法治研究会副会长，中国环境与资源法学研究会常务理事，中国国民党革命委员会中国政法大学支部主委。

刘　尉，女，中国政法大学民商经济法学院博士研究生。

林潇潇，男，福建厦门人，法学博士，中国社会科学院法学所生态法研究室助理研究员，兼任最高人民法院环境资源司法理论研究基地助理研究员。先后于中国人民大学法学院获得本科（2010 年）、硕士（2012 年）、博士学位（2016 年）。2014 年作为访问研究员前往芬兰北极研究中心交流访学（Visiting Researcher，Arctic Centre，University of Lapland，Finland）。2017 年至 2018 年赴甘肃省酒泉市肃州区环境保护局挂职副局长。

杨朝霞，男，湖南湘潭人，法学博士，北京林业大学人文社会科学学院法学系副主任，教授，博士生导师，北京林业大学生态法研究中心主任，黄河流域生态保护和高质量发展研究院研究员，国家信息中心特聘教授，中国网"观点中国"专栏作者，北大法律信息网签约作者。美国加州大学伯克利（UCB）访问学者，曾在江西省林业行政系统挂职。

欧阳杉，女，湖北荆州人，中国人民大学法学院环境资源法专业法学博士、硕士，中国政法大学民商法方向法学学士。现任云南财经大学法学院副教授，硕士生导师，兼任云南省应急管理厅政策法规类专家、普洱市仲裁委员会/澜湄国际仲裁院仲裁员，云南省证券业协会证券纠纷调解员，参与《云南省促进和保护台湾同胞投资条例研究》《玉溪市东风水库饮用水水源保护条例立法研究》等多项地方性法规立法工作。

刘　欣，男，山东潍坊人，法学博士，理论经济学博士后，毕业于中国人民大学法学院，长期在国家自然资源主管部门从事资源管理实务与理论研究工作，兼任北京市法学会环境资源法学研究会副秘书长。

周凤翱，男，湖北阳新人，中国法学会能源法研究会副会长，国家能源法专家，法学博士；华北电力大学教授、博士生导师，校学术委员会委员，能源资源环境法律研究中心主任、能源法研究所所长。曾任原子能法立法专家组副组长，能源法、《电力法》《煤炭法》、核电管理条例、海洋石油天然气管道保护条例等法律法规起草、修订专家组常驻专家，北京能源发展研究基地（北京市设立）主任。主要从事中国能源法、国际能源法、外国能源法等教学与研究。主持国家社科基金及省部级课题38项，主编著作15部，发表论文50余篇。获国家能源局等省部级奖6项。

王小龙，男，河北北戴河人，法学博士，中国农业大学人文与发展学院法律系副教授，硕士生导师，毕业于中国人民大学法学院（2000年获法学学士学位；2003年获经济法学硕士学位；2006年获经济法学博士学位）。主持国家社科基金和北京市社科基金等多项省部级以上课题，在人民日报出版社，中国政法大学出版社和人民法院出版社先后出版10余种教材。

编 写 说 明

本书为法律硕士专业课程环境资源法专题的配套教材，同时为高等学校研究生创新教育系列教材。

党的十八大以来，生态环境保护日益受到重视，生态文明建设持续推进，环境资源法领域的立法、理论研究与司法实践都快速发展。本教材在此背景下进行编写，具有以下特点：其一，在编写理念上，注重政治站位和思政元素的阐释。环境资源法学这门课程的思政元素较多，本教材根据我国环境资源立法的最新成果，并结合环境资源法最新的理论研究进展进行编写，把习近平生态文明法治思想、党的十八大以来尤其是2018年《宪法》修订中有关生态文明建设、绿色发展、人与自然和谐共生等新理念、新观点写入教材。其二，在结构体系上，采用“总—分”结构，呼应学界生态环境立法法典化的诉求，注重生态环境法体系的科学性与系统性。本教材的上编为总论，下编分论包括污染防治法、资源保护与利用法、人文和自然生态保护法、国际环境法等内容，全教材形成了有机统一的知识整体。其三，在编写方法上，摒弃晦涩的理论说教，尽量化繁为简。本教材立足于高等院校法律硕士专业的教学要求，严格以现行有效的环境法律法规为范本来组织内容的编写，内容全面，语言通俗，论述简洁。其四，在法律制度阐释上，本教材保持了环境资源法学这门课程内容的完整性和体系化，以问题为导向，注重理论联系实际。因环境资源法具有鲜明的应用法学特征，本教材注重结合目前的生态环境保护实践来进行知识点的阐述。

为保证教材内容的新颖性和适度前瞻性，一方面，本教材把新出台、新修订的反映我国环境法治建设立法成果的内容编入，如《湿地保护法》(2021年12月24日通过，2022年6月1日起施行)、《噪声污染防治法》(2021年12月24日通过，2022年6月5日起施行)、《土壤污染防治法》(2018年8月31日通过)、《环境保护税法》(2018年1月起施行)、《核安全法》(2017年9月1日通过)等；另一方面，反映了目前环境法学界理论研究与实务发展的新变化、新动向，如生态环境监管体制、生态环境损害赔偿、环境公益诉讼、土壤污染防治法、核安全法、流域保护法(长江保护法)、生物多样性保护立法、湿地保护法、能源资源利用法、应对气候变化立法等。编写依据的立法资料与文献截至2022年1月底。

撰写分工如下(全书由主编谭柏平统稿)：

第一章：谭柏平、竺　效
第二章：谭柏平
第三章：赵秋雁、谭柏平
第四章：侯佳儒、刘 尉、谭柏平
第五章：林潇潇
第六章：谭柏平、林潇潇
第七章：杨朝霞
第八章：竺 效、谭柏平
第九章：谭柏平
第十章：欧阳杉
第十一章：刘　欣
第十二章：周凤翱
第十三章：欧阳杉、谭柏平
第十四章：王小龙、谭柏平
第十五章：王小龙

主编：

2022年1月

目　　录

上编　总　　论

下编 分 论

上　编

总　论

第一章　生态环境与资源法概述

第一节　生态环境问题与环境保护

一、生态环境与环境问题

(一)生态环境的定义和分类

生态是生物与环境、生命个体与整体间的一种相互作用关系。“环境”一词在日常生活中运用十分广泛,但是在不同的场合其含义是不同的。从通常意义上来说,环境是指围绕某一中心事物的外部条件的总和,即围绕某个中心事物的外部空间、条件和状况。因此,中心事物不同,环境的含义和范围也不同。这就产生了环境的一个基本分类,即环境科学上的环境和生态学上的环境。

环境科学上的环境,主要是以人类为中心事物的环境,它是指围绕着人群的空间及其中可以直接或间接影响人类生活和发展的种种自然因素的总体,这一环境也可以叫作人类环境,又可细分为自然环境和人工环境。自然环境,也称为天然环境,是指与地球在发展演化过程中自然形成的、未受或基本未受人类干预、还保持自然风貌的环境,如各种自然物质(空气、水、土壤、矿藏等)、能量(阳光、风、潮汐等)和自然现象(气象、气候、地壳稳定性等)。人工环境,亦称人为环境,是指在自然环境的基础上经过了人类活动改造、体现了人类文明的环境,如城市、乡村、古迹、公园等。早期的环境法起源于环境科学。环境科学以人类活动为研究对象,其社会科学属性较强,与法学的距离更为接近。早期的环境法其特征是以人类为环境中心,以防治污染为规范重点,以各种污染要素为立法的基本分类标准。

生态学上的环境,是指以整个生物界(包括人类、其他动物、植物和微生物)为中心、为主体的环境,亦即围绕生物界的、并构成生物生存的必要条件的外部空间和无生命物质(如大气、水、土壤、阳光及其他无生命物等)。生态学上的环境又可作三种划分:生态环境和非生态环境;生产环境、消费环境和分解环境;水生生态环境和陆地生态环境,而水生生态环境可细分为海洋生态环境和淡水生态环境,陆地生态环境可细分为森林、草原、荒漠、高山、冻原等生态环境。早期的生态学以生物学为基础,与法学的距离较为遥远。然而,早期的环境法存在明显的缺陷,因为环境问题不光是污染问题,还有生态破坏问题。因此,现代环境法在环境科学的基础上,大量吸收了生态学的原理和方法,注重对生态系统全过程的整体保护,强调自然资源保育和环境公害防治并重,自然资源利用与人文资源保育相结合等。

生态学上的环境不等于“生态环境”,两个概念不一样。“生态环境”一词源自我国《宪法》,《宪法》第26条规定,“国家保护和改善生活环境和生态环境,防治污染和其他公害”。

其中的“生态环境”并非学界充分论证的结果。[1] “生态环境”也并非“生态”与“环境”两词的简单叠加，该词语意不够明确，学界迄今对于该词的内涵、外延、语义、用法等均未达成共识，也没有一个公认的权威定义。有学者认为，“生态环境”一词既不是“生态和环境”，也不是“生态学上的环境”，而是“由生态关系组成的环境”的简称。“生态环境”是包括人在内的生命有机体的环境，是生命有机体赖以生存、发展、繁衍、进化的各种生态因子和生态关系的总和。“生态环境”不同于单一的物理因子，它是主体与客体间的相互作用，是生命在有限的时空范围内所依存的各种生态关系的功能性整合。如果把自然环境和生物都当作一维单元，“生态环境”则是两者间的二维互动关系。[2] 也有学者认为，生态环境“是自然环境中生存着生物的那一部分，它比生活环境的范围宽得多，几乎等于整个大自然”。[3] 有的教科书把“生态环境”界定为：影响生态系统发展的各种生态因素，即环境条件，包括气候条件、土壤条件、生物条件、地理条件和人为条件的综合体。[4] 其中，气候条件如光、热、降水，土壤条件如土壤的酸碱度、营养元素、水分，生物条件如土壤中的动植物、微生物，地理条件如地势高低、地形起伏、地质历史条件，人为条件如开垦、采伐、引种、栽培等。虽然“生态环境”一词并非理想的法律概念，然而，该词已为诸多的法律法规、政策文件所采用。

从环境法的视角看，环境的定义要受各国环境管理对象和环境立法的制约，不同的国家对环境有着不同的概括和定义。从下定义的方法来看，大致有概括式、列举式和结合式三种。(1)环境的概括式定义，即在立法上给环境概括地下一个抽象的定义，并不具体指明环境的具体范围；概括式的优点在于强调了环境的整体性，缺点是太抽象，使人们无法清楚地了解到底哪些是法律所要保护的环境。(2)环境的列举式定义，即在立法中并不对环境作抽象的定义，而是以列举具体环境的方式对法律上的环境下定义。列举式的好处是能够使人们对法律所要保护的环境一目了然，缺点是范围固定，适应性较差。英美等国大都采用此种定义方式，如美国《国家环境政策法》对环境的定义为：“其中包括但不限于，空气和水——包括海域、港湾、河口和淡水；陆地环境——森林、干地、湿地、山脉、城市、郊区和农村环境。”(3)环境的结合式定义，即法律对环境的定义采用概括式和列举式相结合的方式，既包括抽象的概括，又有对具体环境的列举。结合式定义克服了上述两种定义方式的不足，我国环境法对环境的定义采用的是这种结合式方式。例如，我国《环境保护法》第2条规定：“本法所称环境，是指影响人类生存和发展的各种天然的和经过人工改造的自然因素的总体，包括大气、水、海洋、土地、矿藏、森林、草原、湿地、野生生物、自然遗迹、人文遗迹、自然保护区、风景名胜区、城市和乡村等。”前面那句话是对环境的概括式规定，后面则对环境进行列举式表述，具体列举了与人们活动密切相关的十五种环境要素，从而形成了一个完整的法律上的环境概念。其中，所列举的“湿地”这一环境要素，是2014年《环境保护法》修订时新增列的。当然，列举的方式也无法穷尽所有的环境要素，该定义在列举的最后保留了一个“等”字，为今后的生态环境法实践保留了合理的解释空间，如“室内环境”“海域”“海岛”等，都可以通过法律解释使之纳入环境法的环境之列。上述所谓的环境要素，即重要的环境因素，而环境因素，亦称为环境因子，即组成环境的各个成分，或环境介质。由于环境因素很多，我们将重要的环境因素叫作环境要

---

〔1〕 我国1982年《宪法》制定时，宪法草案的表述原为“国家保护生活环境和生态平衡”，地理学家黄秉维先生认为“保护生态平衡”这一表述不妥，建议由原来的“生态平衡”改成“生态环境”。此后，这一词引起学界争议，即便是造词者黄秉维先生事后也反对这一概念。

〔2〕 王如松：《生态环境内涵的回顾与思考》，载《科技术语》2005年第2期。

〔3〕 马骧聪：《新宪法与环境保护》，载《法学评论》1983年第2期。

〔4〕 参见韩德培主编：《环境保护法教程》（第8版），法律出版社2018年版，第1页。

素。这么说,环境也就是各个环境因素组成的统一体。

在我国的环境立法和环境行政监管实践中,与“环境”有关的名词最常见的包括大气环境、土壤环境、水环境、海洋环境、生活环境、生态环境、农业环境、城乡环境和自然环境等。

（二）自然资源的定义和分类

环境的概念常与资源连在一起,称为环境资源,或环境与自然资源。根据《辞海》的解释,资源是“资财的来源,一般指天然的财源”;自然资源是“天然存在的自然物,不包括人类加工制造的原料,如土地资源、水利资源、生物资源和海洋资源等,是生产的原料来源和布局场所”。[5] 资源可供人类利用,但有的人类无法利用,这就有了资源的广义与狭义之分。狭义上的自然资源,即可供人类利用的一切物质和能量的总和,包括耗竭性资源、可更新资源和恒定性资源。根据1972年联合国环境规划署的解释,所谓资源,特别是自然资源,是指在一定时间、地点条件下能产生经济价值,以提高人类当前和将来福利的自然环境因素和条件。其实,这也属于狭义上的资源定义。而《中国大百科全书·环境科学》将自然资源定义为,“自然环境中人类可以用于生活和生产的物质,可分为三类:一是取之不尽的,如太阳能、风力;二是可以更新的,如生物、水、土壤;三是不可更新的,如各种矿物”。[6] 根据《中国大百科全书·法学》就“国土资源”词条的解释,国土资源包括自然资源和与之直接相关的社会资源,其中,“自然资源指能够为人们所利用作为生产资料和生活资料来源的自然要素,一般包括土地资源、水资源、生物资源、气候资源、旅游资源等”。[7]

在我国,环境科学学者一般认为,“自然资源是指一切能为人类提供生存、发展、享受的自然物质与自然条件,及其相互作用而形成的自然生态环境和人工环境”;[8]“是人类可以利用,天然形成的物质与能量,它是人类生存的物质基础、生产资料与劳动对象”;[9] 环境法学者所采用的关于“自然资源”较为典型的定义主要有,“自然资源是自然环境[10]的组成因素,是人类社会获得生产资料和生活资料的天然源泉,是人类社会赖以生存和发展的基本环境条件”;[11]“指在一定的技术经济条件下,自然界中对人类有用的一切自然要素”;[12]“是自然界形成的可供人类利用的一切物质和能量的总称”;[13]“主要是指自然界中资财的来源”,“指在自然界中可以为人类带来财富的自然条件和自然要素”。[14]

通过了解自然资源的分类,可以进一步把握自然资源的自然和社会属性。不同的分类标准往往导致不同的分类结果,有学者总结了比较普遍的分类标准:按产业职能分;按联合国粮农组织的分类分;按物理特性分;按功能分;按再生性特征分;按自然资源的限制特征分;按地理分布分;按资源的经济利用特征分。相对而言,最后一种分类方法,对采取合理的利用方式、永续开放利用资源和保护资源具有较大的指导意义,按照这种标准,可以将自然资源分

---

[5] 《辞海》,上海辞书出版社1989年版,第2757页。

[6] 《中国大百科全书·环境科学》,中国大百科全书出版社1983年版,第496页。

[7] 《中国大百科全书·法学》,中国大百科全书出版社1984年版,第254页。

[8] 刘文、王炎庠、张敦富:《资源价格》,商务印书馆1996年版,第4页。

[9] 石玉林、李立贤:《中国自然资源概论》,中国环境科学出版社1995年版,第36页。

[10] 该书作者认为,“自然环境包括大气圈、水圈、土壤和岩石圈、生物圈等自然物质组分。自然资源则是指在这些自然物质组分中可以构成劳动资料和劳动对象以进入社会物质生产过程的那一部分自然物质资料”。

[11] 张孝烈、钟澜:《自然资源法新论》,四川人民出版社1989年版,第1页。

[12] 肖乾刚:《自然资源法》,法律出版社1992年版,第1页。

[13] 吕忠梅:《环境资源法》,中国政法大学出版社1999年版,第2页。

[14] 张梓太:《自然资源法学》,科学出版社2004年版,第1页。

为:耗竭性资源、可更新资源和恒定性资源,其具体的分类及分类后的简要结构见图1-1。[15]

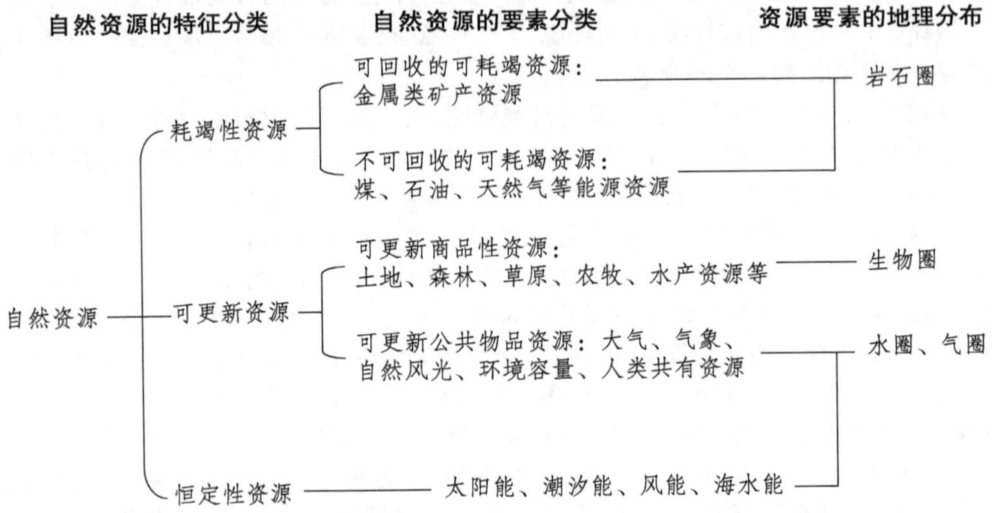

注:气象资源如降水、气温等,人类共有资源包括公海区域的海洋生物资源、南极地区生物资源等。

图1-1　自然资源的特征分类、要素分类和地理分布

(三)环境与资源的关系

环境与资源这两个概念,既有区别,又有联系。一方面,环境的概念强调整体性和生态联系性,资源的概念则强调使用价值和可开发利用性。正因两者概念有所不同,学界有的主张对于环境与资源应分别对待。譬如,在立法体系上,环境法与资源法两个部门法应该并行,而在部门法的划分上,有的将自然资源法作为环境法的分支,有的则将其归入环境资源法之中。另一方面,资源与环境两个概念联系又非常紧密,甚至难以区分:其一,很多资源既是自然资源,又是环境;其二,自然资源首先是环境,其次才表现出其对人类的有用性;其三,自然环境具有生态联系性、系统整体性和功能协调性;其四,在许多表述中,"环境"这一概念在语义中其实是"环境资源"的简称,既包括"环境"又包括"资源"。正因如此,本书如无特别注明,"环境法"与"环境资源法"同义。总之,环境立法应将环境与资源统筹考量,如果在立法过程中把资源与环境人为分割,势必导致自然环境各因素被分开,法益被分离,从而使体现在同一"环境"之上的各种利益无法得到平衡和协调,造成法律调整的冲突。

(四)人类与环境(资源)的关系

人类与环境(资源)的关系主要是指人类与自然环境的关系。人是依赖自然的"对象性的存在物",自然界具有独立于人的优先性,自然是人类社会存在的根基,这是马克思主义生态观的逻辑起点。自然是人为了生存而必须与之进行物质交换的人的无机身体,"人只有凭借现实的、感性的对象才能表现自己的生命"。在处理人与自然环境的关系上,人类往往过分陶醉于对自然的胜利。正如恩格斯在《自然辩证法》一书中所指出的那样:"我们不要过分陶醉于我们对自然界的胜利。对于每一次这样的胜利,自然界都报复了我们。每一次胜利,在第一步都确实取得了我们预期的结果,但是在第二步和第三步却有了完全不同的、出乎预料的影响,常常把第一个结果又取消了。"[16]我们在处理人与自然环境的关系时,必须记取前人

---

〔15〕　参见杜群:《环境法融合论——环境·资源·生态法律保护一体化》,科学出版社2003年版,第33~39页。

〔16〕　《马克思恩格斯选集》,人民出版社1972年版,第519页。

盲目改造自然的教训，不应再以自然征服者的姿态自居，而应按自然发展的规律去开发利用环境。必须时刻记住：我们连同我们的肉、血和头脑都属于自然界，存在于自然界。人类要想长久地生存和发展下去，就必须与环境建立一种和谐的关系。

正是基于人是依赖自然的"对象性的存在物"这一前提，我们应高度重视生态文明建设。党的十九大报告提出，"人与自然是生命共同体，人类必须尊重自然、顺应自然、保护自然。我们要建设的现代化是人与自然和谐共生的现代化"。因此，人类要像"保护眼睛""对待生命"一样对待自然，实现生产和生活方式的绿色环保，促进形成人、自然、社会有机统一的绿色发展格局，为人类及其子孙后代经济社会发展创造健康、美丽的生存环境。[17]

（五）环境问题

1. 环境问题的定义和分类

环境问题，亦称环境资源问题或生态环境问题，是指因人类活动或自然变化而引起的、或可能引起的环境破坏和恶化，以及由此给人类的生存和发展带来的不利影响。[18] 它是当今人类所面临的最重要的问题之一，也是涉及人类能否长久持续发展的问题。环境问题产生的原因有两方面：一是自然原因，如地震、火山爆发、海啸、洪水泛滥、干旱、泥石流等，这些都会给人类带来灾难性的环境问题；二是人为原因，即由人类活动引起的环境问题，例如，向河流排放过多的废水造成了水环境污染，向空中排放废气造成了大气污染，人们对森林的砍伐造成了水土流失和土地荒漠化等。

根据环境问题发生的原因，可把环境问题分为两大类：(1)原生环境问题，又称第一环境问题，是指由于自然原因使环境的结构和状态发生不利于人类生存和发展的变化而造成的环境问题，即人们称之为自然灾害问题。例如，火山爆发所造成的大气污染，山洪暴发所造成的水土流失等。这类环境问题在人类文明出现以前就有，在大多数情况下它的发生尚属人类难以预见和预防的事件。(2)次生环境问题，又称第二环境问题，是指由于人类不恰当地开发利用环境，而使环境的结构和状态发生不利于人类生存和发展的现象。这类环境问题是随着人类的出现而产生和发展的，并随着人口的增多和人类改造自然能力的增强而逐步加剧。如果能够合理地开发利用自然环境，人类就可以在很大程度上避免或减缓这类环境问题的发生。人们通常称次生环境问题为环境污染和生态环境破坏，它能够被人类预防和控制，是环境学和环境法学所研究的重点。

前述的环境污染，是指人类在生产和生活过程中向环境中排入了超过环境自净能力的物质或能量，使环境的化学、物理、生物等性质发生变异，从而导致环境质量下降，破坏了生态平衡或者危害了人类正常生存和发展条件的现象。以被污染的环境要素为分类标准，环境污染可分为大气污染、水污染、土壤污染等；以污染物的形态为分类标准，环境污染可分为废气污染、废水污染、固体废弃物污染、噪声污染、辐射污染等；以污染物的性质为分类标准，环境污染又可分为生物污染、化学污染和物理污染等。而前述的生态环境破坏，是指人类不合理地开发利用自然环境，过量地向环境索取物质和能源，使自然环境的恢复和增殖能力受到破坏的现象，包括毁林开荒、过量放牧、掠夺性捕捞、乱猎滥采、不合理灌溉、不恰当种植、不适当的水利工程、过量抽取地下水和破坏性采掘矿产资源等。环境污染与生态环境破坏不能截然分开，两者之间存在密切的联系，两者都是人类不合理开发、利用环境的结果，一方面，环境污染

---

〔17〕 参见刁龙：《理解习近平生态文明思想的三重意蕴》，载中国社会科学网—中国社会科学报，http://www.cssn.cn/zx/bwyc/202012/t20201231_5240620.shtml。

〔18〕 参见周珂、谭柏平、欧阳杉：《环境法》（第5版），中国人民大学出版社2016年版，第8页。

可使生物种类或品质下降，导致生态失衡，加剧环境的破坏程度，如环境污染使一些动植物品质下降，数量减少以致灭绝，水污染加剧了水资源紧缺等；另一方面，生态环境破坏会在一定程度上破坏环境的自净能力，加重污染程度，比如江河断流造成缺水或者水位下降而减弱了对废水的稀释、净化能力等。

当代的环境问题主要是指第二环境问题，即次生环境问题，然而，是否意味着第一环境问题，即原生环境问题与人类活动毫无关系？人类对于第一环境问题则毫无作为呢？需要指出的是，第二环境问题与第一环境问题之间存在某些联系，有时不能把它们截然分开。第一环境问题虽系苍天所为，但其中有些却是人类活动所引发的，如地震可以因修建大型水库而诱发；洪水泛滥、泥石流肆虐、山体滑坡可以因砍伐水源保护林和其他森林而引起；黑雨、红雪可因人类排放大气污染物而形成。因此，环境法虽然所要防止和解决的主要是第二环境问题，但也必须关注由人类活动诱发的第一环境问题。

2. 环境问题的产生和发展

环境问题在人类和生产力发展的不同阶段有着不同的表现形式，其后果和危害程度也因时因地而异。美国学者贝尔纳提出，“人类破坏其赖以生存的自然环境的历史，可能同人类文明史一样古老”[19]。人类在“刀耕火种”的原始时期并不存在我们今天所称的环境问题。而在农牧时期，一是局部地区的自然环境开始遭受人类破坏，如我国西北部的黄河两岸等地区；二是在这一时期城市开始出现环境污染问题的萌芽，但此时的环境问题仍未引起人们的重视。近现代的环境问题是工业革命时期的副产品，随着人类活动的频繁，生产力的发展，工业生产突飞猛进，伴随而来的是生态环境破坏日渐严重，环境污染日益凸显。当今，世界面临的主要环境问题有大气污染、臭氧层消耗、酸雨蔓延、气候变暖、海洋污染、淡水资源匮乏和水体污染、有毒化学品和危险废物污染、突发性公共卫生事件和环境污染事故频发、土地退化和荒漠化、森林过度砍伐和退化、生物多样性丧失等。

发达国家和发展中国家均面临着环境问题，这是两类不同性质的环境问题。1972 年联合国人类环境会议通过《人类环境宣言》，提出当今世界存在两类环境问题。就发达国家而言，其环境问题的产生和发展同其工业化和技术发展有关，主要是由于高发展和高消费造成环境污染、破坏和自然资源浪费。发展中国家的环境问题，一是由于发展不足造成的。贫穷对环境造成了极为恶劣的影响，全世界死于环境污染的大多是穷人，可以说，穷人是迄今为止自然界恶化的最大受害者。二是发达国家对发展中国家掠夺自然资源和转嫁污染，如转移高污染项目、出口洋垃圾等。解决两类不同性质的环境问题，应当遵循“共同但有差别的责任”原则。这一原则包括两方面，即共同的责任和有区别的责任。人类只有一个地球，无论贫富均居住在同一个地球上，环境问题无国界，任何一国都无法置身事外、独善其身，面对全球环境问题，发达国家和发展中国家不能回避，必须共同应对，携手合作，这是“共同的责任”；然而，由于发达国家工业起步早，发展在先、也污染在先，且拥有环境污染防治所必需的资金和技术，因此在应对全球环境问题上，发达国家和发展中国家担负的责任应该有所区别，即发达国家应当表现更大的诚意，承担更多的责任，这是“有区别的责任”，这才符合法律上的公平原则。

当前，我国的环境问题具有其特殊性。一是我国经济发展引起的环境问题呈爆炸性特征，这既有经济增长方式的原因、也有规划布局的因素、还有能源结构的问题等。二是经济利益与环境利益冲突具有一定的特殊性，我国在“十五”“十一五”“十二五”期间积累了环境方面的“欠账”，即以牺牲环境为代价换取了经济快速发展。三是权属不清、产权不明引发的环

---

〔19〕 郑易生、钱薏红：《深度忧患——当代中国的可持续发展问题》，今日中国出版社 1998 年版，第 35 页。

境问题具有中国特色，如自然资源国有但权利人缺位，资源性资产产权不清晰造成生态环境上的“公地悲剧”现象，造成严重的生态环境损害等问题。四是保护生态环境的经济手段受到抑制，如国有资源的有偿使用、排污权交易等市场化程度不高，市场机制不成熟，仍需要培育。五是我国的社会人文因素具有其特殊性，如人口众多、人均资源少、环境压力大；公众环境意识不强；环境问题与贫困等其他社会问题交叉、重叠，形成恶性循环等。上述环境问题归根结底仍是一个如何发展的问题，环境问题是在发展中产生的，也要在发展中找到解决的办法。要处理好我们当前面临的环境问题，则应推进生态文明建设，坚持新发展理念，把绿色发展、循环发展、低碳发展作为基本途径，从根本上缓解经济发展与资源环境之间的矛盾，构建科技含量高、资源消耗低、环境污染少的产业结构，加快推动生产方式绿色化，大幅提高经济绿色化程度，有效降低发展的资源环境代价。[20]

二、环境保护

（一）环境保护的定义

环境保护是针对环境问题提出的积极对策。所谓环境保护，是指为解决现实的或潜在的环境问题，协调人类与资源环境的关系，保障经济社会的持续发展而采取的行政、经济、法律、科学技术以及宣传教育等诸多措施和行动的总称。环境保护与环境资源管理是两个既有区别又有联系的概念。环境资源管理是指在环境容量允许的范围内，以环境科学的理论为基础，运用各种管理手段对人类影响环境的活动进行的调节和控制。其目的是协调社会经济发展与环境的关系，保护和改善环境。它的目的、手段和产生的前提与环境保护都是相同的，只是主体范围、活动性质有所不同。

环境保护作为一个较为明确和科学的概念自 1972 年联合国人类环境会议上提出以来，其内涵和外延都在不断发展，主要表现在环境保护中的“保护”含义的扩展。现代环境保护已不局限于保护环境不受污染（protection），而且包含了对生态的保育（conservation）和对自然资源的保存或保留（preservation）。联合国环境规划署等编制的《世界自然资源保护大纲》提出并使用的保育（conservation）的概念，其定义是：“安排人类对生物圈的合理使用，使目前这一代人得到最大的持久利益，并保持它的潜力，以满足后代的需要。”此种意义上的保护是积极的、有控制地保存、维持，以及持久性利用、恢复和改善自然环境。

（二）环境保护的主要内容

对环境保护内容的认识，有一个历史发展过程。起初，人们对环境保护的认识还比较狭隘，通常认为环境保护只是大气污染和水污染的治理，以及固体废物的处置，并且认为环境保护是局部地区的问题。时至今日，环境保护已发展成为一个内容十分广泛的概念，既包括保护和改善生活环境与生态环境的内容，也包括防治环境污染和其他公害的内容，这两个方面是相互关联的。上述所谓的防治，即预防和治理。而环境保护，既包括保护，也包括改善组成环境的各种环境因素的质和量，包括大气、水、海洋、土壤、矿藏、森林、牧草、野生动植物等自然资源。从根本上说，环境污染也是对自然资源的浪费和破坏，而预防和治理环境污染，则能恢复生态资源、修复自然环境。

具体而言，环境保护的主要内容如下：第一，预防和治理由生产、生活活动引起的环境污染。主要包括：防治工业生产排放的“三废”、粉尘、放射性物质，以及产生的噪声、振动、恶臭和电磁辐射等造成的污染；防治交通运输活动产生的有害气体、废液和噪声形成的污染等；防

〔20〕 参见中共中央国务院《关于加快推进生态文明建设的意见》，载《人民日报》2015 年 5 月 6 日。

治工农业生产和人们日常生活使用的有毒有害化学品和城镇生活排放的烟尘、污水、垃圾造成的污染。第二,防止由建设和开发活动引起的生态环境破坏。主要包括:防止大中型水利工程、铁路、公路干线、大中型港口码头、机场和大中型工业项目等工程建设对环境资源引起的污染和破坏;防止农垦、海岸带和沼泽地的开发,森林资源和矿产资源的开发对环境资源的破坏与影响;防止新工业区和新城镇的建设对环境资源的破坏和影响等。第三,保护有特殊价值的自然资源。主要包括珍稀物种及其生境的保护,特殊的自然发展史遗迹的保护、人文遗迹的保护、湿地的保护、风景名胜的保护、生物多样性的保护等。此外,防止臭氧层破坏,防止气候变暖、国土整治、城乡规划、植树造林、控制水土流失和荒漠化、控制人口的增长和分布、合理配置生产力等也都属于环境保护的内容。[21]

三、环境保护与发展理念变革

(一)可持续发展观的产生

可持续发展(sustainable development)源于发展理论。发展问题的实质是一个国家、一个民族、一个地区如何实现现代化的问题,发展理论研究、探讨、总结和寻求在通往现代化过程中所遇到的各种理论与实践的探索,如发展目标、发展模式、发展途径、发展方法、发展的优先领域及其相互之间的联系等。可持续发展是发展理论在研究深度与广度上的继续与深化。

20 世纪 50 年代至 70 年代,国际社会各种矛盾错综复杂,人类的生存与发展面临问题。战争与和平、贫困与富裕、遏制与反遏制、发展与资源、人口与环境等矛盾交织在一起,成为制约人类社会发展的重要因素。故此,发展问题已成为国际社会普遍关注与面临的一个重要课题。从广义上讲,发展问题是全球性的共同问题,只是发达国家和发展中国家在发展内容上的阶段性的差异和发展模式上的不同选择而已。对于发达国家来说,主要是工业化实现以后社会生活中出现的种种新变化和向后工业化社会、信息社会发展的问题;对于发展中国家来说,当务之急仍是如何实现工业化和全面现代化的问题。从狭义上讲,发展问题又是一个针对性很强的问题,它更主要的是针对发展中的国家和社会如何由落后的不发达状态向先进的发达状态的过渡和转化,其研究的对象和范围包括经济、科技、政治、社会、文化和教育诸多方面。

20 世纪 80 年代初,联合国针对当代人类面临的三大挑战:南北问题、裁军与安全、环境与发展,成立了由当时联邦德国总理勃兰特、瑞典首相帕尔梅和挪威首相布伦特兰为首的三个高级专家委员会,分别发表了《我们共同的危机》《我们共同的安全》《我们共同的未来》三个著名的纲领性文件。这三个文件都不约而同地得出同样的结论,即世界各国必须组织实施新的可持续发展战略,并强调:可持续发展不仅是发达国家和发展中国家的共同发展战略,还是整个人类求得生存与发展的唯一可供选择的途径。

(二)可持续发展的概念

可持续发展最广泛的定义和核心思想是《我们共同的未来》[22]这一文件中阐述的,可持续发展是一种"既满足当代人的需要,又不对后代人满足其需要的能力构成威胁和危害"的全新的发展观。这是国际社会第一次明确给出了可持续发展的经典性界说,后来被视为可持续

---

〔21〕 参见曹明德、赵爽:《环境与资源保护法》(第 4 版),中国人民大学出版社 2020 年版,第 8 页。

〔22〕 参见《我们共同的未来》。1987 年 2 月,在日本东京召开的第八次世界环境与发展委员会上通过,后又经第 42 届联大辩论通过,于 1987 年 4 月正式出版。本书分为三个部分:"共同的关切""共同的挑战""共同的努力"。

发展最经典的定义。可持续发展另一个经典定义是《里约环境与发展宣言》[23]中宣示的，即“人类应享有以与自然相和谐的方式，过健康而富有生产成果的生活的权利，并公平地满足今世后代在发展与环境方面的需要，求取发展的权利必须实现。”上述经典界说揭示了可持续发展观包含的两个方面，即发展和延续，一方面，可持续发展不否认发展，其关键词和落脚点均是发展；另一方面，这种发展又被赋予了全新的理念，是一种可以长久持续下去的、能够为子孙后代承继的发展。

可持续发展观体现了一种公平观念，既要追求代内公平，也要实现代际公平。(1)代内公平，是指同一代人，不论国籍、种族、性别、经济水平和文化差异，在要求良好生活环境和利用自然资源方面，都享有平等的权利。既包括国与国之间的代内公平问题，又包括一国范围内的代内公平问题。(2)代际公平，是指当代人和后代人在利用自然资源、满足自身利益、谋求生存与发展上权利均等，即当代人必须留给后代人生存和发展的必要环境资源和自然资源。这是一项可持续发展战略的重要原则。代际公平理论最早由美国国际法学者爱迪·B.维丝提出。代际公平基于“托管”这一重要概念，认为人类每一代人都是后代人的受托人，在后代人的委托下，当代人有责任保护地球环境并将它完好地交给后代人。代际公平由三项原则组成：一是保存选择原则。每一代人应该为后代人保存自然和文化资源，使后代人拥有与前代人相似的可供选择的多样性。二是保存质量原则。每一代人都应保证环境质量，在交给下一代时，不比自己从前一代人手里接过来时更差。也就是说，环境没有在这一代人手里受到破坏。三是保存接触和使用原则。每一代人对于前代人留下的东西，应该使当代人都有权来了解和受益，也应该继续保存，使下一代人也能接触到隔代遗留下来的东西。

（三）可持续发展观的内涵

考察的视角不同，关于可持续发展观的内涵则存在不同的认识：从生态学视角考察，可持续发展在本质上是资源的可持续利用，即生态系统的永久发展，其核心是环境保护；在经济学的视野中，可持续发展的核心仍是经济发展的问题，即如何持续保持经济利益的最大化、福利最大化；在社会学的视野中，可持续发展是“生态—经济—社会”复合系统的整体发展，涉及生态可持续发展、经济可持续发展和社会可持续发展的协调统一；而从人本主义的伦理学观点来看，人的全面发展是可持续发展的最终目的，当然，这个“人”不能局限于当代人，还包括后代人的发展。

可持续发展的内涵包括以下几方面：(1)生态的可持续发展。这是可持续发展观的核心内容，也与我国正推进的生态文明建设遵循同样的路径逻辑。生态的可持续发展要求经济、社会的持续发展要具有生态适应性，人类在经济、社会的发展过程中要注重维护生态系统的动态平衡，以保证经济、社会可持续发展的顺利进行。生态的可持续发展要求人类按如下原则注重对资源的可持续利用：一是对于不可再生资源的利用，不应超越其替代物产生的速率。二是对于可再生资源的利用，不应超过资源的再生能力。具体来说，对于单一的可再生资源（如虫草），应调整其生态上的持续性利用所引起的生态系统的不可持续性，以维持整个生态系统在进化过程中具有的生态可持续性。对于人类利用已经导致某些特定的再生资源暂时超过其再生能力的（如滥伐森林），应采取行动保护资源，避免出现自然资源连续的不可持续利用的现象发生；对已经不持续利用的部分必须及时补充再生资源的替代物，或至少要用其所产生的效益进行资源补偿。而对于处在灭绝或处在不可持续开发危险之中的特殊可再生资源（如濒危野生动植物等），其开发和利用应遵守自然道德的精神所规定的原则，同时应提

〔23〕 参见《里约环境与发展宣言》，简称为《里约宣言》，该宣言于1992年6月联合国环境与发展大会通过。

供可供选择的方案,使他们恢复其正常的再生能力。(2)经济的可持续发展。环境问题本质上是一个经济问题,可持续发展观落脚点是发展,并鼓励经济增长。环境问题在经济发展中产生,也要在经济发展中解决。面对现代化进程中的环境问题,应当转变传统的发展模式,转变传统的消费方式,建立经济与环境相协调的可持续发展的新模式。(3)社会的可持续发展。从系统科学的观点看,可持续发展是资源、环境、人口、经济、社会五大子系统相互协调、共同进步的发展。其中,生态(资源、环境)的持续发展为基础,经济的持续发展为条件,社会(人口、社会)的持续发展则是目的。社会的可持续发展,或称"可持续社会",其主张无论人与人之间,还是国家与国家之间的关系,都应平等发展,不应以牺牲一个社团的利益为代价,这种平等关系表现在代内关系、也表现在代际关系上。"可持续社会"的核心是构建和谐社会,人与自然的和谐共生是和谐社会的主要特征之一。人与自然和谐共生,促进人与人的和谐,进而促进人与社会的和谐。要实现社会和谐,就不能一味地追求经济赶超,经济的发展也不能以牺牲社会的公平与和谐为代价。社会的可持续与经济的可持续发展实际上互为条件。建设环境友好型社会是构建社会主义和谐社会的重要组成部分,它要求重塑人与自然的关系,尊重自然规律,以最小的环境代价取得最大的经济社会效益。可见,加强环境保护是构建和谐社会的必然要求和有力保障。(4)可持续发展的核心是人的可持续发展。人的可持续发展是"以人为本"的科学发展观。所谓"人的可持续发展",就是坚持"以人为本",以人的发展为价值取向和终极关怀,在正确处理人与人关系的基础上,全面协调人与自然之间以及人与人之间关系的发展。"人的可持续发展",要求把满足人的全面需求和促进人的全面发展作为经济和社会发展的根本出发点和落脚点。围绕人的生存、享受和发展的需求,提供充足的物质、文化产品和优良的服务。这是对发展本质认识所达到的最高和最科学的境界。〔24〕 从1990年起,联合国开发计划署(UNDP)每年发表有不同主题的《人类发展报告》,在"人类发展"概念上取得了一致意见:一是发展必须把人置于所关心的一切问题的中心地位;二是发展的目的是扩大人类的选择范围,而不仅是增加其收入,它所关注的是整个社会,而不仅仅是经济;三是人类发展既与扩大人的能力有关,也与保证充分利用这些能力有关;四是人类发展建立在生产力、公正公平、持续性和享有权利之上。

(四)新发展阶段和新发展理念

"十四五"时期是我国全面建成小康社会、实现第一个百年奋斗目标之后,乘势而上开启全面建设社会主义现代化国家新征程、向第二个百年奋斗目标进军的第一个五年,我国将进入新发展阶段。新发展阶段,就是全面建设社会主义现代化国家向第二个百年奋斗目标进军的阶段。这在我国发展进程中具有里程碑意义。我们党历来高度重视生态环境保护,把节约资源和保护环境确立为基本国策,把可持续发展确立为国家战略。随着经济社会发展和实践深入,我们对中国特色社会主义总体布局的认识不断深化,从当年的"两个文明"到"三位一体""四位一体",再到今天的"五位一体"。党的十八大报告指出,建设中国特色社会主义,总依据是社会主义初级阶段,总布局是"五位一体",总任务是实现社会主义现代化和中华民族伟大复兴。报告对"五位一体"总体布局的阐述是,全面推进经济建设、政治建设、文化建设、社会建设、生态文明建设,实现以人为本、全面协调可持续的科学发展。这不仅是重大理论和实践创新,更带来了发展理念和发展方式的深刻转变。

新时代新发展阶段必须贯彻新发展理念,必须是高质量发展。新发展理念是对发展规律的科学总结,具有很强的现实针对性和战略引领性;进入新发展阶段,要从根本上解决发展不

---

〔24〕 参见周珂、谭柏平:《环境与资源法学》,法律出版社2015年版,第15~17页。

平衡不充分问题，就必须坚持把新发展理念贯彻到发展的各领域和全过程，努力推动高质量发展。

坚持新发展理念，其中重要的一点是坚持绿色发展。绿色发展理念是对工业革命以来现代化模式的反思。绿色发展理念坚持经济高质量发展和环境保护两条底线，走生产发展、生活富裕、生态良好的“三生融合”发展模式。〔25〕绿色发展与可持续发展的关系密切，绿色发展理念是从可持续发展观发展而来的，是可持续发展观的理论承继和升华。有的学者认为，绿色发展是可持续发展的上位概念。理由是，可持续发展内涵是经济发展的可持续上升，绿色发展和经济发展是同位概念，因此，绿色发展是可持续发展的上位概念。〔26〕有的学者认为，绿色发展理念是在“可持续发展”思想的基础上发展而来的，以正确处理经济发展与环境保护之间关系为核心的一种新型发展思想。绿色发展理念是对可持续发展观的继承和发展，是可持续发展观的当代化、具体化和中国化。〔27〕“十三五”期间，我国污染防治力度加大，生态环境明显改善。同时，生态环保依然任重道远。未来我国要在生态文明建设实现新进步，就要坚持“绿水青山就是金山银山”理念，深入实施可持续发展战略，加快推动绿色低碳发展。

（五）推进生态文明建设

党的十八大以来，中国共产党关于生态文明建设的思想不断丰富和完善。党的十八届五中全会提出，破解发展难题，厚植发展优势，必须牢固树立并切实贯彻创新、协调、绿色、开放、共享的发展理念。坚持绿色发展，必须坚持节约资源和保护环境的基本国策，坚持可持续发展，坚定走生产发展、生活富裕、生态良好的文明发展道路，加快建设资源节约型、环境友好型社会，形成人与自然和谐发展现代化建设新格局，推进美丽中国建设，为全球生态安全做出新贡献。党的十九大报告强调，坚持人与自然和谐共生，形成绿色发展方式和生活方式。2020年10月29日，党的十九届五中全会再次强调，“推动绿色发展，促进人与自然和谐共生”。为实施新的发展理念，应深入实施可持续发展战略，完善生态文明领域统筹协调机制，构建生态文明体系，促进经济社会发展全面绿色转型，建设人与自然和谐共生的现代化。

我国在“五位一体”总体布局中，生态文明建设是其中一位；在新时代坚持和发展中国特色社会主义基本方略中，坚持人与自然和谐共生是其中一条基本方略；在新发展理念中，绿色是其中一大理念；在三大攻坚战中，污染防治是其中一大攻坚战。这“四个一”体现了我国对生态文明建设规律的把握，体现了生态文明建设在新时代国家事业发展中的地位。在推进生态文明建设实践中，我国开展了一系列根本性、开创性、长远性工作，提出一系列新理念新思想新战略，生态文明理念日益深入人心，污染治理力度之大、制度出台频度之密、监管执法尺度之严、环境质量改善速度之快前所未有，推动生态环境保护发生历史性、转折性、全局性变化。

新时代推进生态文明建设，必须坚持以下原则：(1)坚持人与自然和谐共生。人与自然是生命共同体。人类对大自然的伤害最终会伤及人类自身，这是无法抗拒的规律。在整个发展过程中，我们都要坚持节约优先、保护优先、自然恢复为主的方针，不能只讲索取不讲投入，不能只讲发展不讲保护，不能只讲利用不讲修复，要像保护眼睛一样保护生态环境，像对待生命一样对待生态环境。(2)“绿水青山就是金山银山”。这“两山理论”是重要的发展理念，也是推进现代化建设的重大原则。“绿水青山就是金山银山”，阐述了经济发展和生态环境保护的

---

〔25〕 参见周光迅、郑珺：《习近平绿色发展理念的重大时代价值》，载《自然辩证法研究》2020年第3期。

〔26〕 参见徐祥民：《绿色发展思想对可持续发展主张的超越与绿色法制创新》，载《法学论坛》2018年第6期。

〔27〕 参见竺效、丁霖：《绿色发展理念与环境立法创新》，载《法制与社会发展》2016年第2期。

关系，揭示了保护生态环境就是保护生产力、改善生态环境就是发展生产力的道理，指明了实现发展和保护协同共生的新路径。绿水青山既是自然财富、生态财富，又是社会财富、经济财富。保护生态环境就是保护自然价值和增值自然资本，就是保护经济社会发展潜力和后劲，使绿水青山持续发挥生态效益和经济社会效益。(3)良好生态环境是最普惠的民生福祉。环境就是民生，青山就是美丽，蓝天也是幸福。发展经济是为了民生，保护生态环境同样也是为了民生。既要创造更多的物质财富和精神财富以满足人民日益增长的美好生活需要，也要提供更多优质生态产品以满足人民日益增长的优美生态环境需要。要坚持生态惠民、生态利民、生态为民，重点解决损害群众健康的突出环境问题，加快改善生态环境质量，提供更多优质生态产品，不断满足人民日益增长的优美生态环境需要。(4)山水林田湖草是生命共同体。生态是统一的自然系统，是相互依存、紧密联系的有机链条。人的命脉在田，田的命脉在水，水的命脉在山，山的命脉在土，土的命脉在林和草，这个生命共同体是人类生存发展的物质基础。要从系统工程和全局角度寻求新的治理之道，必须统筹兼顾、整体施策、多措并举，全方位、全地域、全过程开展生态文明建设。(5)用最严格制度最严密法治保护生态环境。保护生态环境必须依靠制度、依靠法治。我国生态环境保护中存在的突出问题大多同体制不健全、制度不严格、法治不严密、执行不到位、惩处不得力有关。要加快制度创新，增加制度供给，完善制度配套，强化制度执行，让制度成为刚性的约束和不可触碰的高压线。要严格用制度管权治吏、护蓝增绿，有权必有责、有责必担当、失责必追究，保证生态文明建设决策部署落地生根见效。(6)共谋全球生态文明建设。生态文明建设关乎人类未来，建设绿色家园是人类的共同梦想，保护生态环境、应对气候变化需要世界各国同舟共济、共同努力，任何一国都无法置身事外、独善其身。我国已成为全球生态文明建设的重要参与者、贡献者、引领者，主张加快构筑尊崇自然、绿色发展的生态体系，共建清洁美丽的世界。〔28〕

第二节　生态环境与资源法的定位

一、生态环境与资源法的概念

生态环境与资源法，亦即赋予了时代精神的环境资源法，以下或称环境资源法，或环境法。环境资源法的概念和称谓在各国乃至各种理论学说的表述上有相当的差异。例如，美国有《国家环境政策法》，一般称为环境立法（Environmental Legislation）或环境法（Environmental Law），而其狭义上则称为环境保护法（Environmental Protection Act）或环境政策法（Environmental Policy Act）；日本有《公害对策基本法》，一般称为公害法，但1993年日本也颁布了《环境基本法》，德国一般称为《干扰侵害防护法》，德意志民主共和国有《国土整治法》，将环境法与自然资源法合为一体；法国有《自然保育法》和《公害管制法》；苏联和一些东欧国家曾普遍称为《自然资源保护法》，其中包括了环境资源保护、自然资源保护和名胜古迹保护等，只是在近几年才将环境资源保护法从自然资源法中独立出来；在我国一般称为环境保护法。

关于生态环境与资源法的概念，我国法学界有不同表述：(1)环境保护法的概念。环境保护法是指调整因保护和改善环境，合理开发利用自然资源，防治环境污染和其他公害而产生的社会关系的法律规范的总称。或者说，环境保护法是指对保护和改善环境合理开发利用自

〔28〕 参见习近平总书记2018年5月18日在全国生态环境保护大会上的讲话。

然资源,防治环境污染和其他公害的法律、法规、规章的总称。[29] (2)环境法的概念。环境法是由国家制定或认可,并由国家强制保证执行的关于保护环境资源和自然资源、防治污染和其他公害的法律规范的总称。[30] (3)环境资源法的概念。环境资源法是指由国家制定或认可,并由国家强制力保证实施的,调整有关环境资源的开发、利用、保护、治理的社会关系的法律规范的总和;是由环境资源保护法、自然资源法和区域开发整治法等组成的法律部门,相当于广义环境资源法。[31] (4)体现可持续发展观的环境法概念。环境法是"国家为实现世代人类的可持续发展,全面协调人与环境的关系,按照生态规律对人们在开发、利用、保护、改善环境等活动中所产生的各种社会关系进行调整的法律规范的总称"[32]。

上述表述基本上体现了生态环境与资源法的发展趋势。环境法的称谓宽于传统的环境保护法概念,已超出传统的环境保护法(主要为污染防治法)的概念;环境资源法的概念体现了保护环境与资源合理利用两者并重的含义,但该概念在国际范围内尚不通用;体现可持续发展观的环境法概念正逐步成为主流概念。就目前中国新发展阶段而言,生态环境与资源法的概念应该体现推进生态文明建设的时代特色,并呈现新发展阶段的新发展理念。

综上,生态环境与资源法的概念可界定为:生态环境与资源法是由国家制定或认可并以国家强制力保障实施的,以推进生态文明建设、推动绿色发展、促进人与自然和谐共生为目的,调整人们在保护和改善生态环境、合理利用自然资源、防治污染和其他公害等过程中形成的社会关系的法律规范的总称。为了表达方便,生态环境与资源法在本书中亦称环境资源法,或环境法,如无特殊说明,本书三个概念同义。生态环境与资源法一概念有以下几层含义:一是具有鲜明的时代特色和目的性。以推进生态文明建设、推动绿色发展、促进人与自然和谐共生、实现经济和社会可持续发展为目的,具有这一共同目的的法律规范都可纳入环境资源法的范畴。二是具有特定的调整对象。生态环境与资源法调整的社会关系是人们在保护和改善生态环境、合理开发利用自然资源、防治污染和其他公害等过程中形成的社会关系。这种社会关系基本包括两类:与保护生态环境、合理开发利用自然资源有关的社会关系;与防治污染和其他公害有关的社会关系。三是具有新型的规范机制。与其他部门法相比,生态环境与资源法律规范除国家制定法外,大量的是国家认可的规范,包括环境标准、国际公约、行业规范、习惯与道德等,而且环境资源法的实施除了以承担法律责任为标志的国家强制力保障以外,越来越重视运用鼓励、促进、宣传教育等综合机制来实现环境资源法的目的。[33] 环境资源法是一个独立的法律部门,环境资源法有其自身的特点和具有特色的调整对象与调整方式,这些均不同于其他法律部门。

二、生态环境与资源法的特征

生态环境与资源法作为我国法律体系中一个独立的法律部门,除了具有一般法律的本质和功能以外,也具有其自身的特点,可概括为以下几个方面:

第一,具有科技性。环境资源法是环境科技与法的结合。环境保护离不开环境科学技术,环境保护的技术规范、环境标准、操作规程等都是环境保护科学技术发展的产物。环境资源保护包括法律对环境资源保护社会关系的调整,必须与环境资源科学技术相结合,必须体

---

[29] 参见韩德培主编:《环境保护法教程》(第8版),法律出版社2018年版,第17页。

[30] 参见金瑞林:《环境法学》,北京大学出版社1994年版,第28页。

[31] 参见蔡守秋:《环境资源法论》,武汉大学出版社1996年版,第1页。

[32] 陈泉生等:《环境法学基本理论》,中国环境科学出版社2004年版,第106页。

[33] 参见周珂等:《环境与资源保护法》(第4版),中国人民大学出版社2019年版,第15页。

现自然规律特别是生态科学规律的要求。这些要求往往通过一系列技术规范、环境资源标准、操作规程等形式体现出来。从环境资源法的起源来说,虽然环境资源法律规范起源于环境科学和生态学,但环境资源法的目的在于"超越此科技限界,而追求实证技术外之人文价值"〔34〕。从环境立法来讲,环境资源保护过程中需要对环境技术名词和术语赋予法律定义,并将环境技术规范作为环境法律法规的附件。此外,环境执法、环境司法均离不开环境检测、环境监测、环境鉴定等,而这些实务环节都是环境科技的用武之地。当然,环境法律规范与环境技术规范不能等同。

第二,具有社会性。环境资源法可归于社会法。所谓社会法,根据美国学者海伦·古拉克的解释,即"为一般社会福利而立的法"〔35〕。环境资源法是典型的以社会公共利益为立法目的法律部门。环境问题的解决反映了全体社会成员的共同愿望和要求,代表人类的共同利益。可见,环境资源法具有比较明显的社会法特征。环境资源法的社会性表现在它与阶级性和政治职能较强的一些立法如宪法、刑法等不同,它并非阶级矛盾不可调和的产物,而是人与自然矛盾的产物。

第三,具有公私法融合性。环境资源法是以公法手段干预私法领域的法。环境资源法作为现代新兴的法律部门,是"二战"后公法和私法相互交错、融合的产物。从传统的公法、私法法域划分的角度来分析,法学界一般将宪法、刑法、行政法等法律部门归类为传统的公法领域,将民法、商法等归类为传统的私法领域,而现代的环境资源法既不能简单归类为传统的公法,也不能归类为传统的私法,它具有公私兼顾、公法私法交错融合的鲜明特性。环境问题是在私法秩序下产生的,它表明私法对于环境保护的无助与无奈。环境问题的解决不能单独寄希望于私法,而必须采用新的法律手段和措施。社会发展的共同利益要求公法手段必须作用于私法领域。实践证明,纯粹的公法手段解决不好现代环境问题,纯粹的私法手段解决不了现代环境问题,因此,在传统的公法与私法交叉的"缓冲地带",诞生了一个新的法律部门,即环境资源法。这一新的法域有学者将之称为"社会法"。〔36〕当然,环境资源法的公私法交错、融合性,并非否认公法与私法的传统划分。

第四,具有公共利益性。环境资源法是以社会责任为本位、以维护社会公共利益为己任的法。法的本位,是指法的基本观念或法的基本目的。例如,民法是典型的个人权利本位法,行政法是典型的行政权力本位法。环境资源与生态是人类的经济和社会发展的基础,与社会、经济发展的秩序密切相关,因而成为社会公共利益的重要组成部分。环境问题的产生源自对个体利益的盲目追逐和市场机制调节失灵,促使人们对个人利益与社会利益的关系进行重新认识。个人利益与社会公共利益并非完全一致,它们既有矛盾的一面,又有统一的一面。环境法的"以人为本"不等于以"个人"或"个体"为本,而是以"人类社会"为本,但不否认个人利益。在处理个体利益与社会公共利益时,就必须从社会公共利益出发,对不利于社会公共利益的个体行为加以限制。环境资源作为人类的共同生存条件,并不能为某个人或某个集团所私有或独占,它必须符合整个社会或人类的利益。20 世纪以来,西方国家产生了大量的新法律,调整以社会公共利益为本位的社会关系。由此所形成的法律关系,既不同于以国家利益为本位的公法关系,也不同于以私人利益为本位的私法关系,而是一种公私兼容的环境法律关系。环境资源或环境利益属于社会公共利益,因此,环境资源法是社会责任本位法。

---

〔34〕 柯泽东:《环境法论》,台北,三民书局 1995 年版,第 6 页。

〔35〕 曾繁正等编译:《西方国家法律制度社会政策及立法》,红旗出版社 1998 年版,第 171 页。

〔36〕 竺效:《关于"社会法"概念探讨之探讨》,载《浙江学刊》2004 年第 1 期。

第五，具有综合性。环境资源法是综合部门法，环境资源法保护的对象相当广泛，包括自然资源、人为环境和地球生物圈；环境法律关系主体不仅包括一般法律主体的公民、法人及其他组织，也包括国家乃至全人类，甚至包括尚未出生的后代人；环境资源法调整的内容也相当广泛，不仅要防治大气污染、水污染、海洋污染、噪声污染、放射性污染、有毒化学品污染等，而且要保护土地资源、森林资源、草原资源、水资源、矿产资源、物种资源、风景名胜和文化遗迹等。由于环境资源法调整的范围相当广泛，涉及的社会关系复杂，运用的手段多样，从而决定了其所采取的法律措施的综合性。它不仅可以适用诸如宪法、行政法、刑法等公法的规定，也可以直接适用民法予以私法救济，甚至还可以通过国际法予以调整。不但包括上述部门法的实体法规范，也包括程序法规范。环境资源法是上述法律规范的综合，是一个相对独立的综合部门法。

第六，具有公平性。环境资源法的公平性体现在环境资源立法、执法、司法，以及环境法律制度设置等多方面，而环境资源法的价值追求与立法目的则是其公平性的最重要体现。环境资源法的价值是环境资源法能促进主体的何种价值需要。环境资源法除了具有一般法律的价值以外，还具有自身特有的价值。环境资源法的特殊价值又集中体现在现代环境资源法的立法目的上。现代环境资源法是以可持续发展为基本价值取向的，其核心内容是要求既满足当代人的需要，又不对后代人满足其需要的能力构成危害。这种价值取向既包含了环境资源法的代内公平观，也包含了其代际公平观。环境资源法是推进生态文明建设、以可持续发展为价值的法。我国 2015 年《环境保护法》将“推进生态文明建设，促进经济社会可持续发展”列为立法目的。2020 年 10 月 29 日，党的十九届五中全会指出，“推动绿色发展，促进人与自然和谐共生”，这是新发展阶段我国环境资源法价值取向的升华，其公平性被赋予了新时代的特征。

三、生态环境与资源法的法律目的

（一）《环境保护法》法律目的条款的内容〔37〕

关于我国环境基本法的法律目的条款应然内容，学者见仁见智，提出了各种建议。如陈泉生教授曾主张对我国《环境保护法》立法目的的规定作出如下修改：“为谋求人与自然的和谐，保持环境清洁和维护生态平衡，以确保我国当代人及其子孙后代过健康而富有生产成果的生活，制定本法。”〔38〕汪劲教授认为，“从理论上讲，作为环境立法的实质上的目的或任务，应当是保护生态系统的平衡与稳定，衡平世代间人类在既得利益与长期发展和繁衍上的相互关系，最终实现社会经济的可持续发展”〔39〕。吕忠梅教授认为，“正义与利益是法律的两大主要价值，环境法当然也要以其作为价值目标”，“正义是法律的一般价值，但正义的标准却有不同的观念基础和道德标准，蕴涵于环境法正义中的环境法目的也有其不同于法律一般价值的特性”。将这种特性概括为以代内公平、代际公平、权利公平为表现的“环境公平”和以生产技术性环境安全（environmental safety）、社会政治性环境安全（environmental security）为具体体现的“环境安全”。〔40〕

---

〔37〕 参见竺效：《〈环境保护法〉修改中的法律目的条款探究（续）》，载《河南大学学报》（社会科学版）2005 年第 4 期。

〔38〕 陈泉生：《环境法原理》，法律出版社 1997 年版，第 29 页。

〔39〕 汪劲：《中国环境法原理》，北京大学出版社 2000 年版，第 40 页。

〔40〕 吕忠梅：《环境法新视野》，中国政法大学出版社 2000 年版，第 220 ~ 228 页。

诚然,环境"基本法"的法律目的正是对"安全"和"发展"这两个一般法律价值的选择和具体化。但对这些法律价值的具体化并未充分体现环境资源法在整个法律体系中特有的功能,"身体的健康安全"也是民法、刑法等法律部门所追求的法律目的。而环境资源法的特性在于通过追求生态安全和环境安全来保障身体的健康安全,即将"生态安全"和"环境安全"作为法律目的才使环境资源法具有了可区别于其他法律部门的法律目的,才将作为一般法律价值的"安全"特殊化为环境资源法部门具体的"安全"。因此,环境资源法应当主要以发展、安全为其价值目标设定,并将这些一般的法律价值具体化为:实现"代内公平"、"代际公平"和追求"权利公平"的发展,实现生态环境安全。然而,由于信息不对称问题、教育问题、社会公平问题、合成谬误问题[41]、不可交易领域、长远利益与后代人利益和环境问题的存在,交易安全制度暴露出了它自身存在的已无法适应新的制度环境的缺陷。[42] 从 20 世纪 70 年代以来,人类开始设计关心生态安全的法律制度,生态安全以基准主义和合作主义为其两条"基线",例如,为保护生物多样性,而禁止掠夺重点保护的野生动植物等。环境安全主要是指与人类息息相关的自然环境处于良好的状况,不受不可恢复的破坏,生产技术活动对人的健康没有危险、危害、干扰等有害影响。[43] 应当将上述要素作为环境资源法部门抽象的法律目的的内容要素,而环境基本法应当在其法律目的条款中郑重宣示这一内容。

追求"权利公平"的发展这一内容要素,可以从当代环境资源法的代内公平、代际公平、人与自然和谐共生的内容要素中推演出来。有学者认为,应当在道德上确认非生命体的权利,即在人类伦理观念上承认自然具有依其本性存在和发展的权利,但这种权利仅是一种自然法上的权利。自然法不同于国家制定法,它是对法的一种基本看法或一种法律观。[44] 因此,追求"权利公平"的发展也是环境资源法法律目的条款应确认的内容。

(二)《环境保护法》法律目的的学理阐释

我国环境法学者在各自的著述中对环境资源法的法律目的均有过较为充分的诠释。如韩德培先生认为,"'保障人体健康'和'促进社会主义现代化建设的发展',是我国环境保护法的双重目的"[45]。金瑞林先生认为,概括和比较分析各国环境资源法有关目的性条款的规定,可从理论上把环境资源法的目的分为两种:一是基础的直接的目标,即协调人与自然的关系,保护和改善环境;二是最终的发展目标,又包括两个方面:保护人群健康与保障经济社会的可持续发展。[46] 为此,学理上有"一元论"与"二元论"之分,前者以保护环境为唯一目的,后者以发展经济和保护环境为并行目的。蔡守秋教授认为,"环境法的目的可分为具体目的、最终目的、直接目的、间接目的、立法目的、价值目的等类型"。并主张主要以《宪法》和《环境保护法》的规定为依据,将环境法的具体目的概述为:"保护和改善环境"、"防治污染和其他公害"、"合理开发、利用和可持续利用环境资源"、"保障人体健康"和"促进经济和社会的可持续发展"五个方面。[47] 陈泉生、王灿发教授将《环境保护法》所确立的法律目的概括为:保

---

[41] 合成谬误(fallacy of composition)是美国著名经济学家萨缪尔森提出来的。其意思是,某些东西对局部来说是对的,仅仅由于它对局部而言是对的,对总体而言未必是对的,如果非得说它对总体而言也必然是对的,那就是一种谬误。"合成谬误"在现实中的确存在,如美国学者哈丁提出的"公地悲剧"便是典型的例子。

[42] 参见郑少华:《生态主义法哲学》,法律出版社 2002 年版,第 174 ~ 178 页。

[43] 参见吕忠梅:《环境法新视野》,中国政法大学出版社 2000 年版,第 225 ~ 228 页。

[44] 参见马汉宝:《自然法之现代的意义》,载台湾大学编:《社会科学论丛》(17);转引自杜群:《"生态法学"基本概念的悖论和法学回归——与刘文燕、刘滨同志商榷》,载《现代法学》1999 年第 4 期。

[45] 韩德培主编:《环境保护法教程》,法律出版社 1998 年版,第 34 页。

[46] 参见金瑞林:《环境法学》,北京大学出版社 1990 年版,第 34 页。

[47] 参见蔡守秋:《环境资源法教程》,高等教育出版社 2004 年版,第 44 ~ 47 页。

护和改善生活环境和生态（或自然）环境；防治污染和其他公害；保护人体健康；促进社会主义现代化建设的发展（或经济社会的持续发展）。[48] 张梓太教授认为，“我国环境资源法的目的分为两个方面：一是保障人体健康，维护广大人民群众的环境权益。二是促进经济持续发展，以满足人民群众日益增长的物质和文化生活的需要”[49]。汪劲教授认为，根据1979年《环境保护法（试行）》法律目的的规定，学界一般将它归纳为“环境法的任务和目的规定”，即环境与资源保护基本法的目的规定主要包含了两方面内容：一是它的任务，就是保证在社会主义现代化建设中，合理地利用自然环境，防治环境污染和生态破坏，为人民创造清洁适宜的生活和劳动环境；二是它的目的，就是保护人体健康，促进经济发展。而1989年《环境保护法》的修改，“实际上只是在文字上作了压缩，而原来确定的任务和目的并没有改变”[50]。

以上多数学者没有停留在对《环境保护法》法律目的条款的形式解释上，而是进行了一定的理论提升，使之内涵更趋充实和科学，对此王曦教授幽默地称之为“旧瓶装新酒”式的理论论证。实际上，一个法律部门的法律目的虽然集中体现在基本法法律目的的条款上，但绝非仅限于此，应当是以此为主，结合该部门其他法律、法规的目的条款和基本原则，甚至规范来综合抽象概括。

（三）我国生态环境与资源法法律目的比较

1.《环境保护法》法律目的条款的历史演进

我国环境资源法的发展大体经历了三个阶段：第一阶段，从中华人民共和国成立到20世纪60年代末期，为环境资源立法的前期阶段。这一时期国家的主要任务是恢复和发展经济，作为一个农业国，首要是围绕建立良好的农业生态环境进行环境资源立法，尚未提出明确的环境资源保护法目的。第二阶段，从20世纪70年代初至1978年，这是环境资源立法的起步时期。第一次全国环境保护会议制定并由国务院公布了中国第一个关于环境资源保护的综合性法规《关于保护和改善环境的若干规定》（试行草案），提出了中国环境资源保护的“32字方针”，即“全面规划，合理布局，综合利用，化害为利，依靠群众，大家动手，保护环境，造福人民”。此“32字方针”仍不能作为环境资源法的法律目的，“化害为利，造福人民”的思想只能算是一种带有立法目的性质的法律任务。第三阶段，从1978年至今，是环境资源法逐步形成体系的时期。1978年《宪法》首次对环境资源保护作了规定：“国家保护环境和自然资源，防治污染和其他公害。”1979年《环境保护法（试行）》颁布，第2条规定：“中华人民共和国环境保护法的任务，是保证在社会主义现代化建设中，合理地利用自然环境，防治环境污染和生态破坏，为人民造成清洁适宜的生活和劳动环境，保护人民健康，促进经济发展。”我国1982年《宪法》进一步规定，“国家保护和改善生活环境和生态环境，防治污染和其他公害”“国家保障自然资源的合理利用”“禁止任何组织或者个人用任何手段侵占或者破坏自然资源”等。1989年12月，第七届全国人大常委会第十一次会议通过的《环境保护法》第1条规定，“为保护和改善生活环境与生态环境，防治污染和其他公害，保障人体健康，促进社会主义现代化建设的发展，制定本法”。与1979年《环境保护法（试行）》相比，该规定在法律目的的内容上有了较大的进步，保护的对象在范围上更加明确、合理。

2014年4月24日，第十二届全国人大常委会第八次会议修订通过的《环境保护法》第1

---

〔48〕 参见陈泉生：《环境法原理》，法律出版社1997年版，第28页；王灿发：《环境法学教程》，中国政法大学出版社1997年版，第19～20页。

〔49〕 张梓太等：《环境与资源法学》，科学出版社2002年版，第55～59页。

〔50〕 汪劲：《中国环境法原理》，北京大学出版社2000年版，第38页。

条规定,“为保护和改善环境,防治污染和其他公害,保障公众健康,推进生态文明建设,促进经济社会可持续发展,制定本法”。明确将“推进生态文明建设,促进经济社会可持续发展”列为《环境保护法》的立法目的,这无疑是法律目的的进一步发展。然而,作为环境资源领域一部“基础性、综合性法律”,现行《环境保护法》没有明确体现“促进资源合理开发与可持续利用”的目的,其立法目的条款仍有待完善。

2. 污染防治法法律目的条款内容

除《环境保护法》之外,我国环境立法颇多,其中,污染防治法的法律目的条款主要包括:2018 年修正的《大气污染防治法》第 1 条,即“为保护和改善环境,防治大气污染,保障公众健康,推进生态文明建设,促进经济社会可持续发展,制定本法”。2018 年通过的《土壤污染防治法》第 1 条,即“为了保护和改善生态环境,防治土壤污染,保障公众健康,推动土壤资源永续利用,推进生态文明建设,促进经济社会可持续发展,制定本法”。2017 年修正的《水污染防治法》第 1 条,即“为了保护和改善环境,防治水污染,保护水生态,保障饮用水安全,维护公众健康,推进生态文明建设,促进经济社会可持续发展,制定本法”。2020 年修订的《固体废物污染环境防治法》第 1 条,即“为了保护和改善生态环境,防治固体废物污染环境,保障公众健康,维护生态安全,推进生态文明建设,促进经济社会可持续发展,制定本法”。上述为我国环境要素污染防治法的法律目的条款。此外,还有 2018 年修正的《环境噪声污染防治法》第 1 条,即“为防治环境噪声污染,保护和改善生活环境,保障人体健康,促进经济和社会发展,制定本法”。2003 年通过的《放射性污染防治法》第 1 条,即“为了防治放射性污染,保护环境,保障人体健康,促进核能、核技术的开发与和平利用,制定本法”。上述关于污染防治法法律目的的规定,对明确法律的实施目标具有重要的作用,在保护环境和发展经济中发挥了重要作用。

上述污染防治法的法律目的具有多元性,归纳起来,带有共性的目的主要有五个:(1)保护和改善环境;(2)防治污染;(3)保障公众健康;(4)推进生态文明建设;(5)促进经济社会可持续发展。此外,个别的污染防治法根据自身的需要,规定了带有个性的目的,如《土壤污染防治法》规定“推动土壤资源永续利用”;《水污染防治法》规定“保护水生态,保障饮用水安全”;《固体废物污染环境防治法》规定“维护生态安全”;《环境噪声污染防治法》对于保护和改善环境的目的规定,特意指明此“环境”为“生活环境”;《放射性污染防治法》规定“促进核能、核技术的开发与和平利用”,当然,该法为 2003 年通过,其法律目的还需要与时俱进,对目的条款的内容进行更新。进一步分析上述多元的法律目的,大致又可以分为三个层次,且具有时空上的递进关系,即追求保护和改善环境的直接目的,是保障公众健康,且从长远看,还肩负了生态文明建设、促进可持续发展的目的。前者的目的较为直接,后者为远景目标,时间上更为久远。这种递进式的法律目的,反映了我国当前经济社会发展的需要,但其缺陷也非常明显:一是注重当代人的环境权益和发展权利,关注后代人的环境权益和发展权利不够;二是语义上“重发展,轻保护”;三是需要融入新时代新发展阶段的发展理念。为此,我国环境资源法的法律目的还应进一步完善,顺应环境资源法发展趋势,对于党的十九届五中全会指出的“推动绿色发展,促进人与自然和谐共生”的要求,应在法律目的上作适当回应。

3. 资源保护与利用法的法律目的条款内容

资源保护与利用法是我国环境资源法的重要组成部分。从环境资源立法的成果看,迄今我国在环境要素污染防治、资源保护和利用等方面已经制定了 30 多部法律,这一数字超过了全国人大及其常委会立法总量的十分之一，[51]其中，有关资源保护与利用方面的法律数量占了较大比例。这类法律的立法目的条款，主要的有：《动物防疫法》（2021 年修订）第 1 条规定，“为了加强对动物防疫活动的管理，预防、控制、净化、消灭动物疫病，促进养殖业发展，防控人畜共患传染病，保障公共卫生安全和人体健康，制定本法”。《野生动物保护法》（2018 年修正）第 1 条规定，“为了保护野生动物，拯救珍贵、濒危野生动物，维护生物多样性和生态平衡，推进生态文明建设，制定本法”。《森林法》（2019 年修订）第 1 条规定，“为了践行绿水青山就是金山银山理念，保护、培育和合理利用森林资源，加快国土绿化，保障森林生态安全，建设生态文明，实现人与自然和谐共生，制定本法”。《草原法》（2021 年修正）第 1 条规定，“为了保护、建设和合理利用草原，改善生态环境，维护生物多样性，发展现代畜牧业，促进经济和社会的可持续发展，制定本法”。《水法》（2016 年修正）第 1 条规定，“为了合理开发、利用、节约和保护水资源，防治水害，实现水资源的可持续利用，适应国民经济和社会发展的需要，制定本法”。《土地管理法》（2019 年修正）第 1 条规定，“为了加强土地管理，维护土地的社会主义公有制，保护、开发土地资源，合理利用土地，切实保护耕地，促进社会经济的可持续发展，根据宪法，制定本法”。《水土保持法》（2010 年修订）第 1 条规定，“为了预防和治理水土流失，保护和合理利用水土资源，减轻水、旱、风沙灾害，改善生态环境，保障经济社会可持续发展，制定本法”。《防沙治沙法》（2018 年修正）第 1 条规定，“为预防土地沙化，治理沙化土地，维护生态安全，促进经济和社会的可持续发展，制定本法”。《矿产资源法》（2009 年修正）第 1 条规定，“为了发展矿业，加强矿产资源的勘查、开发利用和保护工作，保障社会主义现代化建设的当前和长远的需要，根据中华人民共和国宪法，特制定本法”。上述法律的立法目的除了具有目的多元性、时空递进性的特点之外，还针对资源自身的特点，强调了资源保护、开发、利用方面的立法目的，而近几年修订、修正的法律，分别增加了生物多样性保护、生态文明建设、可持续发展等方面立法目的的规定。例如，2021 年 1 月 22 日第十三届全国人大常委会第二十五次会议修订的《动物防疫法》，明确规定了“防控人畜共患传染病”的立法目的，反映了 2020 年疫情防控背景下保障公共卫生安全的时代要求，是一个巨大进步。

还有些法律面临进一步修订，其法律目的应当注入时代特色。如关于《野生动物保护法》修订问题的讨论，学者已认识到，过去在立法上虽然关注了野生动物与公共卫生、环境健康和生物安全等问题的关系，但面对强大的商业利益，这些内容在制度建设上很不到位。[52]考察《野生动物保护法》立法目的和宗旨可以发现，虽然它在很大程度上缓解了以往野生动物“重利用，轻保护”的局面，但还是为野生动物利用留出了足够的盘桓空间，更没有对保护和利用的主要矛盾规划出清晰的调整方向。[53]目前，全国人大常委会法工委已部署启动《野生动物保护法》的修改工作，有学者建议，为保障公共卫生安全，防范和化解环境健康风险，有必要将公共健康、检验检疫的理念和要求纳入《野生动物保护法》立法目的，并将《野生动物保护法》《陆生野生动物保护实施条例》《水生野生动物保护实施条例》《国家重点保护野生动物驯养繁殖许可证管理办法》等相关立法进行修改完善，整合为“动物保护法”，促进野生动物保护立法的综合化和体系化。[54]

---

〔51〕参见郑少华、王慧：《中国环境法治四十年：法律文本、法律实施与未来走向》，载《法学》2018 年第 11 期。

〔52〕参见周珂、孙思嘉：《野生动物利用法律制度的嬗变与破局》，载《法学评论》2020 年第 6 期。

〔53〕参见秦天宝：《生物安全视角下〈野生动物保护法〉的修订：逻辑起点、类型化方法及主要建议》，载《中国政法大学学报》2020 年第 3 期。

〔54〕参见吕忠梅：《野生动保法修法应增加“保障公众健康和公共卫生”》，载 https://news.sina.com.cn/o/2020-02-11/doc-iimxxstf0533684.shtml。

四、生态环境与资源法的调整对象

(一)生态环境与资源法调整对象之争

调整人们行为的规范通常有社会规范和技术规范两种。社会规范,诸如法律规范、宗教规范、道德规范等,主要调整人与人之间的关系;而技术规范的调整对象是人与自然的关系,技术规范通过国家认可并以立法的形式颁布实施后,便成为法律规范的组成部分,即技术法规。[55] 法律规范属于社会规范,法律的调整对象是指法律所调整的人与人之间基于各种原因、动机和目的所发生的社会关系。法律是通过对人的行为规范才使人与人之间的关系得以建立和存在。法律不调整人与物,或人与自然之间的关系,但法律又要受到人与物,或人与自然之间关系的制约。对于自然(环境)、甚至动物来说,它们的行为是没有意志的,法律难以、也不可能予以调整。

环境资源法(以下或称环境法)的调整对象是环境法所调整的社会关系,但对于这种社会关系应当作何解释,我国环境法理论界却存有争论。环境法调整的社会关系是否应当包括人与自然的关系?传统环境法理论认为,环境法调整的社会关系只能是人与人之间的关系,不包括人与自然(环境)之间的关系。环境法的调整对象与其他法律部门不同,环境法调整的这种社会关系一方的"人"与另一方的"人"大多不直接面对面,人与人之间往往以"自然(环境)"为中介。然而,持不同观点的学者认为环境法所调整的社会关系既包括人与人的关系,也包括人与自然(环境)之间的关系。例如,"人与自然关系法律调整论"认为,无论是广义环境法还是狭义环境法,它们都调整人与自然环境的关系和人与人的关系,而不是只调整人与人的关系或只调整人与自然环境的关系。[56] 如果环境法不能调整人与(自然)环境的关系,那么环境法就没有存在的必要,就丧失了它的基本功能和意义,就永远达不到它的目的。[57] 后一观点是对环境法调整对象的有益探索,也是对传统法理学的反思,然而这一观点还没有获得环境法学界的普遍认同。

虽然法律的调整对象为社会关系,然而,环境法的调整对象与其他法律部门的调整对象有所不同。环境法调整的人与人之间的关系,是"人—自然(环境)—人"的关系,其产生及发展以人与自然关系为基础。其中,自然(环境)只是人与人相遇的中介,自然本身不是目的,法律指向的是"站在自然背后"的人。每一个人通过自然(环境)这一中介来与另一个人相遇;人类通过这一中介而结成社会关系。[58] 人与自然的关系不能、也没有必要成为环境法的调整对象。"人与自然关系法律调整论"将环境法的调整简单地分为两段:人与自然(环境)的关系,人与人的关系,而没有看到自然(环境)背后的"人"。总之,通过调整人的行为、保护自然(环境)来达到调整人与人之间关系的目的,这才是环境法的调整对象。

(二)生态环境与资源法调整对象的内容

传统的环境法理论认为,环境法的调整对象是社会关系,是基于环境(自然)而产生的人与人之间的关系,即环境法调整基于保护环境和自然资源而产生的人与人之间的社会关系。具体而言,持这一观点的学者认为,环境法是调整人们在保护和改善生活环境与生态环境,合理开发利用作为环境要素的各种自然资源,防治环境污染和其他公害中产生的社会关系,这

---

〔55〕 参见赵震江、付子堂:《现代法理学》,北京大学出版社1999年版,第30页。

〔56〕 参见蔡守秋:《论法及环境法的概念、特征和本质》,载《法学评论》1987年第2期。

〔57〕 参见蔡守秋:《环境法教程》,法律出版社1995年版,第17页。

〔58〕 参见李艳芳:《关于环境法调整对象的新思考——对"人与自然关系法律调整论"的质疑》,载《法学家》2002年第3期。

种社会关系具有特定的范围，即环境保护关系。[59] 这种社会关系包括两方面：(1)同保护和改善环境、合理开发利用自然资源有关的各种社会关系；(2)同防治各种废物对环境造成的污染和防治各种公害如噪声、振动、电磁辐射等有关的社会关系。[60] 有的学者认为，环境法调整的对象是因保护和改善环境、合理利用自然资源、防治污染和其他公害而产生的社会关系。[61] 还有的学者认为，环境法是调整人们在开发、利用、保护和改善环境的活动中所产生的各种社会关系法律规范的总称。其目的是协调人类与环境的关系，保护人民健康，保障经济社会的持续发展。[62] 持上述观点的学者，虽然对环境法所调整的社会关系有不同的表述，但归根结底并没有超出社会关系的范畴。

环境法调整的社会关系可以归纳出两层含义：一是环境法调整的是人们基于环境资源而产生的社会关系；二是环境法通过调整人与人的关系，以实现协调人与自然之间关系的目的。环境法的主要目的是实现"人与自然的和谐共生"，为达到此一目的，必须依靠制度和法治。"人与自然的和谐共生"，并不是说"自然"取得了与"人"同样的主体地位，能成为环境法律关系的一方主体。毋庸置疑，人与自然"和谐共生"的局面依然需要通过人的行为及调整人与人之间的关系来实现。因此，要调整人与自然界的关系，就必须先调整人与人之间在开发、利用、保护改善和管理环境资源的活动中产生的社会关系，而不是人与自然界的关系，因为法是调整社会关系的，只有人和由人组成的团体组织能够成为法律关系的主体。[63]

综上所述，我们认为，生态环境与资源法的调整对象是：人们在保护和改善生态环境、合理利用自然资源、防治污染和其他公害等过程中形成的社会关系。就这些社会关系的内部结构而言，既包括纵向的环境监督管理关系，又包括横向的平等主体之间的环境法律关系（见图1－2）。就具体内容而言，这些社会关系可分为以下几个方面：(1)因环境监督管理而产生的社会关系。这类社会关系产生于国家以保护和改善环境、合理利用自然资源、防治污染和其他公害为目的而进行的环境行政监管活动。这些纵向的环境监管活动产生的社会关系可分为两类：一类是环境管理部门相互之间基于隶属关系而产生的行政管理关系；另一类是环境管理部门与环境行政相对人之间的行政管理关系。在现代社会中国家对生态环境、自然资源的宏观配置与监督管理居于不可或缺的地位，调整因国家环境管理而产生的社会关系是环境法的重要任务。(2)平等主体之间基于生态环境和自然资源而产生的社会关系，其特点是：一方面，这种社会关系通常基于对环境资源的使用而产生。所谓对环境资源的"使用"，既包括以索取的方式开发、利用环境和自然资源，也包括把"环境"作为一种使用对象，即对生态环境的承载能力、容纳废弃物的自净能力加以利用。随着社会科技水平的提高，人类使用环境和自然资源的方法和手段也不断发生变化，导致此类社会关系日趋复杂。通常因保护、改善环境和合理利用资源、防治污染和其他公害而形成的社会关系均包含了此类内容。另一方面，这种社会关系主体之间处于平等的地位，平等享有环境权益，履行保护环境的义务。任何社会主体均有权合法利用自然环境，同时也有义务保护和改善环境和自然资源，防治污染和其他公害。(3)社会公众参与环境保护与环境管理而产生的社会关系。生态环境的公共性和环境问题产生的复杂性、环境保护任务的艰巨性以及环境保护与环境管理的民主性均离不开公众参与。环境法基于其社会法的特点，和其他社会法一样关注规范环境公共利益、公众环境

---

〔59〕 参见韩德培主编：《环境保护法教程》（第8版），法律出版社2018年版，第18页。

〔60〕 参见金瑞林：《环境与资源保护法学》，北京大学出版社2000年版，第27页。

〔61〕 参见周珂等：《环境与资源保护法》（第4版），中国人民大学出版社2020年版，第20页。

〔62〕 参见王灿发：《环境法学教程》，中国政法大学出版社1997年版，第19页。

〔63〕 参见马骧聪主编：《环境资源法》，北京师范大学出版社1999年版，第25～26页。

权,它反映的是全体社会成员在环境保护方面的共同愿望和要求,代表人类可持续发展的共同利益,是侧重于社会领域调整的法律。近年来,我国公众自觉参与环境公益活动的情况日趋增多,环境法应保障和促进公众参与环境保护的积极性。(4)基于国家环境权益保障而产生的社会关系。国家主权原则决定了任何一个主权国家均有权保障本国的环境权益,同时尊重和不侵犯其他国家的环境利益。生态环境与资源法是保障国家环境权益的重要依据和工具,也调整基于保障国家环境权益而产生的社会关系。

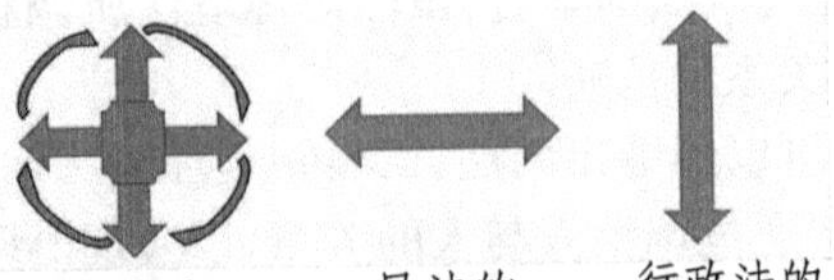

图1-2 法律调整对象的内部结构

五、生态环境与资源法律关系

(一)生态环境与资源法律关系的概念和特征

法律关系是指法律规范在调整人们行为的过程中所产生的、以主体之间权利与义务的形式表现出来的特殊社会关系。[64] 其特殊性在于这种社会关系由法律规范调整,表现为权利义务关系,由国家强制力保证实现。生态环境与资源法律关系,即环境资源法律关系,是指环境资源法律规范在确认和调整人们与环境资源有关的行为过程中产生的以环境资源权利和环境资源义务为内容的社会关系。环境资源法律关系和环境资源具有密切联系,是基于环境资源而产生的一种特殊的法律关系。

与其他法律关系比较,环境法律关系有其明显特征:(1)环境资源法律关系是人与人之间与环境资源有关的意志关系。环境资源法所调整的是人与人之间基于环境资源而产生的环境资源社会关系,而不是人与物的关系。这种关系以环境资源为介质,虽然涉及环境资源,但其不是人与物的关系,也有别于人与自然界的关系,而是一种人与人的社会关系。由于人类社会是一个带有人的活动意识的非常复杂的综合体,"在社会历史领域内进行活动的,全是具有意识的,经过思虑或凭激情行动的、追求某种目的的人;任何事情的发生都不是没有自觉的意图,没有预期的目的的"[65]。人与环境资源的关系中包含了物质或其他的自然因素,但其折射出的实质上仍是具有目的性和意志性的人与人之间的关系。它既不是人与物之间单纯的关系,也不是人与自然之间的简单关系。(2)环境资源法律关系是环境资源法律规范对具体社会关系调整的结果。法律关系中主体的权利和义务具有现实性,是具体化了的主体的权利和义务。这种具体化通过环境资源法律规范的调整和主体的参与而实现,体现了环境资源法律关系参加者在环境的开发、利用、保护、改善和管理等方面的意志。没有环境资源法律的有效调整就不会产生环境资源法律关系,仅有环境资源法律法规而没有环境资源社会关系的参加者,也不会产生环境资源法律关系。(3)环境资源法律关系是一种特殊的综合性的法律关系。法律关系是与现有法律体系相适应的庞大的社会关系系统,在这个系统中,基于对不

---

〔64〕 参见赵震江、付子堂:《现代法理学》,北京大学出版社1999年版,第56页。

〔65〕《马克思恩格斯选集》(第4卷),人民出版社1997年版,第243页。

同社会关系的调整形成不同的法律关系。其不仅包括环境资源法律关系，而且包括诸如民事法律关系、行政法律关系、刑事法律关系、诉讼法律关系等。环境资源法律关系是普遍意义上的法律关系的组成部分，它具有一般法律关系所具有的共同特征，是法律关系在环境资源领域的具体化。同时，环境资源法律关系也有自己的特殊性，环境资源法调整方法的多样性决定了根据环境资源法律规范建立的环境资源法律关系具有多样性。既有环境资源行政法律关系，环境资源民事法律关系，也包括基于环境资源刑罚产生的刑事法律关系。无论这些法律关系的性质如何，其均是环境资源法调整环境资源社会关系的结果，属于环境资源法律关系的范畴。同时在人类社会，人的活动虽然都被打上了社会的烙印，但人的活动和自然环境总是存在千丝万缕的联系，这就决定了环境资源法律所规范的社会关系具有非常广泛和复杂的空间。只有经过环境资源法律调整，社会关系才能从一般的社会关系演变成具有权利义务内容的环境资源法律关系。(4)环境资源法律关系的构成要素具有广泛性。环境资源法律关系的构成要素是指构成环境资源法律关系的主体、客体和内容。环境资源法调整人们在开发、利用、保护、改善及管理环境过程中所发生的与环境资源相关的社会关系，这种社会关系的广泛性决定了与之相适应的法律关系具有广泛性的特点。环境资源法律关系包含了多种与环境资源有关的法律关系，如基于平等主体之间产生的环境民事法律关系，这种关系会因为主体干预环境因素的广泛程度不同而导致范围不同；基于环境管理产生的环境行政关系，这类关系会发生于所有的环境管理环节；基于惩罚环境犯罪而形成的环境刑事法律关系，这类关系既可产生于各类污染防治中，也会发生在各种自然资源的开发与保护过程中。因此，就性质而言，环境资源法律关系不是单一性质的法律关系，它是由环境资源法规范确立的与环境资源有关的诸多法律关系的集合。(5)环境资源法律关系受自然规律的影响和制约。环境资源法律关系虽然是人与人之间形成的由环境资源法所确认和调整的社会关系，但这种社会关系往往以环境资源为介质，反映人与环境资源之间的关系，并受到自然和环境规律的约束和牵制。人作为社会关系的主体，其不仅具有社会属性，也具有生物属性。人的生物属性决定了人在所有与环境资源有关的社会活动中，都会不同程度地体现出与环境资源之间的联系。环境资源法律关系反映和体现了人与环境资源的关系，人类应遵循自然规律和生态规律。

(二)生态环境与资源法律关系的构成要素

通常的法律关系是由主体、客体和内容构成的，环境资源法律关系也不例外。

1. 环境资源法律关系的主体

法律关系主体是指参加法律关系而享有法律权利和承担法律义务的人，又称“权利主体”或者“权义主体”[66]。环境资源法律关系的主体是指环境资源法律关系中依法享有环境资源权利和承担环境资源义务的参加者。环境资源法律关系的主体具有法律性和社会性。按照我国《环境保护法》的规定，环境资源法律关系的主体包括国家、国家机关、企业事业单位、其他社会组织和自然人。这些主体依据环境资源法及相关法律法规的规定，享受权利、承担义务。

(1)国家。国家是环境资源法律关系的主体，一方面，可以作为国有自然资源法律关系的一方主体，行使资源性资产的所有权[67]，或者履行《宪法》赋予的环境保护国家义务，在国内

〔66〕 中国社会科学院法学研究所《法律辞典》编委会：《法律辞典》，法律出版社2003年版，第296页。

〔67〕 如我国《宪法》第9条规定，“矿藏、水流、森林、山岭、草原、荒地、滩涂等自然资源，都属于国家所有，即全民所有；由法律规定属于集体所有的森林和山岭、草原、荒地、滩涂除外”。第10条规定，“城市的土地属于国家所有”。

环境事务的处理中，国家不作为独立主体直接参与环境法律关系，虽然《宪法》规定“国家保护和改善生活环境和生态环境”，但国家只能通过国家机关或者授权的机构参与相关的环境管理活动，其法律关系主体地位毋庸置疑。另一方面，国家可以在国际环境法律关系中作为主体出现。国家作为环境资源法律关系主体的依据是国家主权理论和国际环境法的规定。在国际环境保护活动中，为了保护人类共同拥有的环境资源和维护国家的环境利益，国家可以参加国际环境保护与资源利用方面的公约，缔结环境保护方面的双边或多边条约。参与国际环境纠纷处理，作为国际环境法律关系的主体享受国家应当享有的环境权利，承担环境保护方面的国际义务。

(2)国家机关。国家机关作为环境资源法律关系的主体有两种情况：一是作为职能机构直接参与环境资源管理活动；二是作为一般单位通过履行保护环境资源的法定义务参与环境资源法律关系。具有环境保护法定职责的国家机关是环境资源法律关系的重要主体，其包括国家的行政机关、权力机关、审判机关、检察机关等。依据环境资源法规定，环境行政管理机关是环境资源法的实施者和执行者。环境行政管理机关以环境行政管理者的身份，行使环境法规定的管理职能，监督其他主体与环境相关的活动，以行政方式处理因环境而生的各种纷争，维护国家及整个社会的环境利益。依据我国环境法规定，这些国家机关是具有法定环境行政监督和管理职能的行政机关，包括各级人民政府及其生态环境行政主管部门、具有环境保护特定义务的其他行政管理机关，如海洋行政主管部门、港务监督、渔政渔港监督、军队环境保护部门，以及各级公安、交通、铁道、民航、土地、矿产、林业、农业、水利行政主管部门等。权力机关是指各级人民代表大会及其常务委员会，依据我国法律规定，其通过制定环境保护方面的法律、地方性法规并监督其实施来参与环境保护活动，履行其职责。而国家审判机关、检察机关主要通过对环境案件的审理和监督来参与环境法律关系，近几年，法律赋予了检察机关依法开展环境行政公益诉讼的职能。[68]

(3)企业事业单位和其他社会组织。包括法人(包括以公益为目的设立的非营利法人)和非法人组织。根据我国《民法典》第57条的规定：“法人是具有民事权利能力和民事行为能力，依法独立享有民事权利和承担民事义务的组织。”法人又包括营利法人、非营利法人和特别法人。其中，非营利法人是指为公益目的或者其他非营利目的成立，不向出资人、设立人或者会员分配所取得利润的法人。非营利法人包括事业单位、社会团体、基金会、社会服务机构等。《民法典》第102条规定：“非法人组织是不具有法人资格，但是能够依法以自己的名义从事民事活动的组织。非法人组织包括个人独资企业、合伙企业、不具有法人资格的专业服务机构等。”我国《环境保护法》第6条规定，“一切单位和个人都有保护环境的义务”。无论是营利法人、非营利法人，还是特别法人，一切单位均可能通过各种不同的方式参与和环境相关的社会活动，从而享有环境权利，承担保护环境的各项义务，接受环境法律法规的约束。

(4)自然人。自然人是指具有血肉之躯并具有法律人格的个人，是自然意义上的人类个体，其包括公民和非公民。其中公民是指具有中华人民共和国国籍的人，非公民是指在我国境内的外国人和无国籍人。自然人从出生时起到死亡时止，具有民事权利能力，依法享有民

[68] 《行政诉讼法》(2017年修正)第25条第4款规定：“人民检察院在履行职责中发现生态环境和资源保护、食品药品安全、国有财产保护、国有土地使用权出让等领域负有监督管理职责的行政机关违法行使职权或者不作为，致使国家利益或者社会公共利益受到侵害的，应当向行政机关提出检察建议，督促其依法履行职责。行政机关不依法履行职责的，人民检察院依法向人民法院提起诉讼。”

事权利，承担民事义务。自然人是环境资源法律关系中最基本的主体。值得注意的是，在环境资源法律关系中自然人不受行为能力的限制，无论是无民事行为能力人、限制民事行为能力人，还是完全民事行为能力人，只要是具有民事权利能力的自然人就可以成为环境资源法律关系的主体。自然人参与环境保护事务也可以不特定的多数人或者以集团身份出现，这种情形最常见于环境公益诉讼或者集团诉讼之中，因为大气污染、水污染等的特殊性决定了受害者可能是不特定的多数人，或者基于共同的损害和利益的受害人。

还可以从其他角度对环境资源法律关系的主体进行更多的分类，如可将其分为权利主体、义务主体；环境管理主体和受管理主体；行政法律关系主体、私法关系主体、社会法关系主体；环境保护方面的集体主体和个体主体等。这些划分既反映了关于环境资源法律关系主体理论研究的全面性，也反映了各类主体参与环境活动的广泛性和角色多重性。

2. 环境资源法律关系的客体

法律关系的客体，是指法律关系主体的权利和义务所指向的对象或标的，又称"权义客体"[69]。环境资源法律关系的客体，是指环境资源法律关系主体的权利和义务所指向的共同对象，也可以称为环境资源权利客体和环境资源义务客体。主体之间通过环境资源法律关系的客体建立权利和义务关系，因此也可以说，环境资源法律关系的客体本身是联系主体之间权利和义务的纽带。没有环境资源法律关系的客体，主体的权利和义务就会失去依托，也就不可能存在环境资源法律关系。因此，在构成环境资源法律关系的三大要素中，环境资源法律关系的客体也可以被理解为权利义务的载体或实施对象。

法律关系的客体必须具有一定的条件才能满足权利主体实现其权利、义务主体履行其义务的要求。这些条件通常表现为客体的具体对象必须具有价值性、稀缺性和可控制性。具体到环境资源法律关系，其客体则表现为：一是能够满足主体的环境资源需要，即对主体具有直接或者间接价值性；二是具有稀缺性，需要借助国家强制力进行干预，即运用法律对其进行界分；三是可以归主体控制、支配或者利用。法律关系的客体并不是一成不变的，随着主体认识水平的提高、社会活动范围的扩展及深入，法律关系客体也会随之发生相应的变化。法律关系的客体一般包括物、行为、智力成果、人身利益等，而环境资源法律关系的客体主要表现为物和行为，具体而言：

（1）物。法律意义上的物包括一切可以成为财产权利对象的自然物和人造物。作为环境资源法律关系客体的物，主要指可以为人类控制和支配的各种环境要素和自然资源，通常称其为环境资源。构成环境资源的自然物，在不同的情况下其法律保护的状态也不同。人类不能影响、控制和支配的自然因素，可能是人类生存环境中非常重要的组成因素，但因人的行为不能对其进行相对固定的支配和控制，因而不能成为环境法律关系的客体。脱离了自然界固有状态或环境，不再具有自然环境要素和功能的自然物，也是环境资源法律关系的客体，如动物园中的野生动物。

（2）行为。行为包括作为和不作为。环境资源法律关系中的行为包括参加环境资源法律关系的主体为一定的行为，或者不为一定的行为。环境资源法律关系的客体具有法律关系客体所共有的特质，其范围和种类并不是一成不变的，而是一个处于动态的开放系统，它会随着人类科技水平及对环境规律的认识能力的提高而不断扩展。从各国环境立法的趋势看，环境资源法律关系的客体在各国环境资源法中日趋庞大和复杂，对客体保护的措施日益强化，在对具体客体进行保护时淡化所有权概念，日益强调客体的整体性，各国对客体保护的立法技

〔69〕　中国社会科学院法学研究所《法律辞典》编委会：《法律辞典》，法律出版社2003年版，第295页。

术体现了共同性。

3. 环境资源法律关系的内容

环境资源法律关系的内容，是指环境资源法律关系的主体依法所享有的环境资源权利和应当承担的环境资源义务。环境资源权利和环境资源义务是法律规定的权利义务，二者之间相互联系、相辅相成。环境资源法律关系以共同客体为指向，以权利和义务相对应为特征，以权利不得滥用为权利限制，以义务全面履行为义务保障。

主体的环境权利和环境义务具有广泛性，从不同的层面可作不同的分类。从环境资源保护的角度，可以分为环境资源权利和环境资源保护义务；从环境资源管理与被管理的角度，可以分为环境资源管理主体的权利和义务、行政相对人的权利和义务。环境资源管理主体的权利和义务通常表现为"职权"和"职责"，权利和义务具有重叠的特点很难确切定性。例如，环境权利主要包括环境行政法规制定权、行政执法权、行政管理权、调解与处理环境纠纷权，对于违反环境保护行政法律法规的行为进行校正和处罚权，请求司法救济权等。环境管理主体的义务，主要表现为全面开展环境保护，向社会提供适合的环境公共产品、积极进行环境管理与监督服务等。环境管理相对人的权利主要包括环境资源开发、利用权，环境资源管理参与权，环境资源知情权、请求保护权等，在享受上述权利的同时，相对人还应当遵守环境资源保护法律、法规，积极履行保护环境的义务。总之，环境资源法律关系的主体在享有环境资源权利的同时，也负有保护环境资源的义务。

六、生态环境与资源法的地位

生态环境与资源法的地位，通常是指环境资源法在我国法律体系中是否拥有自己独立的位置，是否具有不可替代的独立存在的理由和价值。对于环境资源法的地位，学界存在肯定说和否定说两类。在肯定说和否定说的内部，还存在许多不尽相同的观点。我们认为，环境资源法是一个独立的法律部门。任何将环境资源法纳入其他法律部门的观点和理由，都不能全部解决环境资源法的理论和实务问题，而且也有悖于法学的一般原理。法理学传统上划分法律部门的标准有两个：法的调整对象与调整方法。在法学理论和实务不断演化过程中，传统的各法律部门一直存在机理"分解"、内核"重构"与要素"剥离"，各种法律规范"同质组合"（而不是数量叠加）便形成了环境资源法这一独立的法律部门。主要理由如下：

其一，环境资源法有自己独立的调整对象。区别法律部门的最重要标志就是其调整对象的独立性或特殊性。正如前文所述，环境资源法以"人—自然（环境）—人"这一环境社会关系为调整对象，其产生及发展又以人与自然关系为基础。这一社会关系的内部结构既包括纵向的环境管理关系，也包括横向的环境社会关系。此外，环境资源法调整的对象具有广泛性、复杂性和综合性，它既不是单纯的行政关系，也不是单纯的经济关系。

其二，环境资源法有自己独特的调整方法。环境资源法采用的调整方法丰富多样，善于综合运用行政手段、市场手段、经济手段等，尤其是采用的预防性手段、科技手段等，这都不是其他法律部门所能包含或取代的。通过其丰富的调整方式，环境资源法建立了本部门的法律原则与核心制度，前者如"预防为主""保护优先""生态环境责任""公众参与"等原则；后者如"环境影响评价""三同时""排污许可""清洁生产和循环经济""环境资源税费"等制度。

其三，环境资源法有自己特殊的目的和任务。各国环境立法都会根据本国情况设定各自环境法的目的和任务，各有侧重。我国环境资源法的目的和任务是保护和改善生态环境，防治污染与其他公害，促进资源合理开发与可持续利用，保障公众健康，推进生态文明建设，促进经济社会可持续发展。我国环境资源法仍将与时俱进，在新时代新发展阶段贯彻新发展理念，以“两山理论”[70]为指导，把“推动绿色发展，促进人与自然和谐共生”作为自己的使命和时代赋予的任务。

其四，环境资源法有自己独特的性质（或法律特征）。环境资源法是环境科技与法的结合，具有科技性；环境资源法是典型的以社会利益为立法目的的法律部门，具有社会性；环境资源法是以公法手段干预私法领域的法，具有“公私法”融合性；环境资源法是以社会责任为本位、以维护社会公共利益为己任的法，具有公共利益性；环境资源法是综合部门法，其调整的范围广泛，涉及的关系复杂，运用的手段多样，具有综合性；环境资源法是以可持续发展为基本价值取向的法，这种价值取向既包含了其代内公平观，也包含了其代际公平观，具有公平性。

其五，环境资源法有自己独立的法律体系。我国环境资源法经过四十多年的发展，已经初步形成了自己独立的环境立法体系、环境法效力体系和环境法学理论体系。环境立法体系绝不是立法数量上简单的“量的叠加”，而是内部有机统一的“质的升华”；环境法效力体系以国家环境立法为主、部门环境立法和地方环境立法相结合；环境法学理论体系是环境法基础理论与各环境要素保护法、资源保护和利用法理论相结合，国内环境法与国际环境法理论相结合的理论体系，是法学理念现代化、法学方法现代化、法学应用现代化的产物。

此外，环境资源法学科的设立，职业的环境法律家阶层的形成，富有成效的环境法理论研究的呈现，举世瞩目的环境资源法实务工作的开展等，均为环境资源法成为一个独立的法律部门创造了前提条件。以环境资源法学学科为例，随着我国环境保护事业和法治建设的发展，1997 年国务院学位委员会颁布的《授予博士、硕士学位和培养研究生的学科、专业目录》将“环境与资源保护法学”确立为法学二级学科，“十一五”期间环境资源法学这一门课程被教育部列为法学核心课，环境资源法本科与研究生教学得以迅速成长，此后全国大多数政法院校均开设了环境资源法教学，甚至将其列为必修课。2018 年 1 月，教育部发布《法学类专业教学质量国家标准》，法学专业核心课程采取“10 + X”分类设置模式[71]，环境资源法学作为“X”之一，被许多政法院校列为专业必修课。目前，大多数政法类院校的法律硕士专业学位培养方案把环境资源法列为专业选修课或者必修课。

总之，我们认为，环境资源法在中国特色社会主义法律体系中具有不可替代的独立存在的理由和价值，是一个独立的法律部门。环境资源法绝不能用环境保护领域内的一个“法律群”或“法律束”来定位，也不是对环境保护领域内为数众多的法律法规、规章政策“抱团取暖”的一个总称呼，环境资源法是一个新兴的、独立的法律部门。

第三节　生态环境与资源法的体系和渊源

一、国外生态环境与资源法的体系和渊源

生态环境与资源法的体系是由各种环境资源法律规范所组成的相互联系的统一整体，它

[70] 指的是“绿水青山”与“金山银山”的关系，其实质是正确认识人与自然之间的关系，处理好经济发展与生态文明建设之间的关系，贯彻新发展理念。

[71] 根据《法学类专业教学质量国家标准》的规定：“10”，是指必须完成的 10 门必修课，包括：法理学、宪法学、中国法律史、民法、民事诉讼法、刑法、刑事诉讼法、行政法与行政诉讼法、国际法和法律职业伦理。“X”，是指各校根据办学特色开设的其他专业必修课，包括：经济法、知识产权法、商法、国际私法、国际经济法、环境资源法、劳动与社会保障法、证据法和财税法，“X”选择设置门数原则上不低于 5 门。

是国家法律体系的第二层次的部门法体系。环境资源法的渊源是指环境资源法的外在表现形式。受立法传统的影响，各国家和地区环境资源法体系均有差异。国外尤其是环境立法较先进的西方国家，其环境资源法体系大致可分为四种模式，而其环境资源法渊源则是在其体系之下的相应的法律法规。

（一）美国环境法律体系及渊源

美国环境资源立法最早可追溯到1785年制定的《土地法》，目前，美国已制定了几十个联邦环境法律和近千件联邦环境法规，涵盖环境资源法全部领域。美国的环境法体系以宪法规定为最根本的基础，以环境保护基本法为中心，大量的环境法律法规为主体，这种体系结构具有权威性高、适应性强、系统化的优点。从形式上看，美国这种环境法律体系比较适宜解决范围广、影响深的环境问题。[72] 美国的环境法律体系非常完备，大致分为成文法和不成文法两部分。

成文法部分又可分为两部分：由联邦和各州的立法机关专门为保护环境而制定的法律；非专门为保护环境而制定的、适用于环境保护领域的法律。（1）专门为保护环境而制定的法律，是美国整个环境法律体系的主体部分。主体部分又可分为两个层次。就联邦立法而言，主体部分的上位法是美国的《国家环境政策法》，该法是联邦及各州环境立法和环境保护的基本行为准则，是各州环境立法的母法，与宪法对各州立法的母法功能相同。该法对环境保护范围的界定很广，法律效力等级很高，被美国国家环境质量委员会称为"保护环境的国家基本章程"。因此，《国家环境政策法》也被称为美国的"环境宪法"或"环境基本法"。联邦环境法的下位法包括两个分支：一是有关空气、土壤、水的污染控制法。例如，《清洁空气法》《联邦水污染控制法》《安全饮用水法》《海洋倾倒法》《综合环境反应、赔偿和责任法》《有毒物质控制法》《联邦农药法》《噪声控制法》等。这些污染控制法同其他成文法（如美国宪法）和不成文法（如普通法中的侵权法）相结合，形成了一个覆盖面广的环境法律体系。二是有关资源保护方面的立法。例如，《联邦土地政策和管理法》《合作林业援助法》《国家野生动物庇护体系管理法》《原始风景河流法》《荒野法》《多重利用、持续产出法》《森林、牧场可更新资源规划法》《濒危物种法》《海岸带管理法》等。这些资源保护法同控制资源开发活动的经济法规和相关国际环境公约及其国内实施法相结合，构成了比较完整的资源保护法律体系。（2）非专门为保护环境而制定的、适用于环境保护领域的联邦法律，主要有联邦宪法、联邦环境行政程序法等。这些法律不是专门的环境法律，但环境法律的制定和实施都必须以此为基础或在其规定的法律框架内进行。

不成文法部分指的是与环境保护有关的普通法和司法判例，此部分为美国环境法律体系的必要部分。其中，与环境保护关系密切的普通法主要是侵权法；在美国，司法判例是法律渊源之一，环境法律的实施可通过司法判例而得到确认和解释。

（二）英国环境法律体系及渊源

英国环境资源立法起源于工业革命早期，当时的英国环境污染日趋严重并成为社会问题，迫切需要制定法律加以解决，《制碱法》（1863年）、《河流污染防治法》（1876年）等环境法律应运而生。英国的环境法律体系主要包括：一是英国的环境基本法。1990年英国颁布了《环境保护法》（Environmental Protection Act，1990年），总结了英国环境污染管理的经验，体现了环境污染预防与治理相结合的方针，规定了公民环境污染信息权、环境工艺标准、区域环境质量控制标准与监测标准、环境犯罪的刑事责任等内容，涉及环境保护的大部分领域。二

[72] 参见解振华：《中国环境执法全书》，红旗出版社1997年版，第678页。

是水资源与水污染防治方面的法律，如《水资源法》（Water Resources Act，1991 年）、《水法》（Water Act，1973 年、1989 年、2003 年）、《水电法》（1991 年）。三是大气污染防治方面的法律，如英国制定了世界上第一部空气污染防治法案《清洁空气法》（1956 年）、英国安委会参与制定了《工作健康与安全法》（Health and Safety at Work Act，1974 年）等。四是固体废弃物污染防治方面的法律，如《矿山及采石场法》（1954 年，此后多次修订）、《危险废弃物法》（1971 年）、《垃圾处理法》（1977 年）等。此外，英国在有毒有害物质污染、海洋污染、自然资源保护法等方面都制定了相应的单行法规。

英国的环境法律体系具有两大特点：一方面，根据其普通法一事一法的立法传统，在环境资源法体系上往往是在维持原有法规体例不变的情况下，将性质相类似的个别单行法规纳入一个较高层次名称之下，整合为环境法的一个分支。例如，1981 年英国制定《野生生物和乡村法》（Wildlife and Countryside Act，1981 年），成为自然资源保护的一个法群；又如 1974 年英国制定《污染管制法》，对有关垃圾、水源、空气及噪声污染进行整合，使之成为公害防治的一个法群，这些经过整合的法群共同构成了英国环境资源法体系的重要部分。另一方面，英国的环境法律多为框架法，其实施有赖于依授权立法制定的法规，这其实是授予行政机关广泛的权力，英国的行政机关因此有广泛的自由裁量权。

（三）法国环境法典及环境法律体系

基于历史原因和环境问题跨学科的特点，法国环境法由大量分散而混杂的规定组成。法国环境法呈现碎片化的特点，并因此表现出多方面的问题，包括立法膨胀，即多个不同法律规范规制同一环境事项，造成环境法律规范数目大量增加且多有冗余；规范冲突，即对同一环境事项的不同法律规范之间存在不一致和矛盾之处，且缺乏解决此类冲突的内在机制；权力扩张，即环境法律规范的冲突导致行政自由裁量权增加，容易使环境治理脱离法治轨道，滋生专断和腐败等。法国环境法学会的可行性报告认为，从法制发展和社会需要来看，有编纂环境法典的必要。1990 年 10 月，法国环境部通过国家环境计划公布了环境法典化的计划。1992 年，法国环境部落实了法典化的工作机构和机制安排，环境法典化工作正式启动。由于政治和法律技术方面的问题，1998 年环境法典草案仍迟迟未能获得法国议会通过。1999 年 12 月 16 日，法国议会采取委任立法的方式，通过法律授权法国政府以法令形式通过包括环境法典在内的 9 部法典的立法部分。2000 年 9 月 18 日，法国政府通过政令，宣告政府依据授权通过了环境法典的立法部分。环境法典（立法部分）获得通过后，法国环境部继续开展环境行政法规的编纂工作。2007 年，行政法规部分最后提交审议的一卷获得通过，标志着法国环境法典化工作完成。法国环境法典由立法部分、行政法规部分和附录三部分构成。立法部分和行政法规部分又各自分为七卷，每卷下设编、章、节、分节、段和具体的条文。

法国环境法典化的经验值得借鉴，法典化是环境法进入规范化、体系化、精细化阶段的选择，在法典制定之初选择确定法典化的模式至关重要，确定环境法典化范围时应打破部门壁垒，要有跨部门的全局视野。[73] 法国为大陆法系国家环境法的法典化提供了许多有益的经验。

法国环境资源体系由两大部分组成：一是公害防治法，即狭义上的环境保护法。这类立法长期以单行法规独立颁行，并制定各种命令予以补充。二是自然保育法，它主要源于民法的相关规定，如所有权、相邻权、地役权、损害赔偿等，并由此派生出农业、森林、渔业、矿业等专业法规，及国有土地法、都市计划法、海港法等，而且刑法的相关条文可直接纳入准用，1976

---

〔73〕 参见莫菲：《法国环境法典化的历程及启示》，载《中国人大》2018 年第 3 期。

年法国将这类规定整合为《自然保育法》。

（四）日本环境法律体系及渊源

日本环境法的发展经历了从《公害对策基本法》（1967 年）、《自然环境保全法》（1972 年）到《环境基本法》（1993 年）的过程，日本环境法调整的范围和内容都在不断变化和革新。（1）日本《公害对策基本法》，主要调整环境污染防治方面的社会关系。1967 年的《公害对策基本法》经 1970 年、1971 年、1973 年、1974 年和 1983 年五次修订，修订的内容主要包括：立法目的删除了“与经济协调”的条款；扩大公害的定义（增加土壤污染等）；明确促进废弃物处理对策为公害对策；规定了关于自然环境的保护，把它与公害对策作为环境政策的两大原则；授予都道府县知事以设立环境标准的权限。《环境基本法》实施后，《公害对策基本法》废止。（2）日本《自然环境保全法》，主要调整与环境相关的自然资源保护方面的社会关系。1972 年的《自然环境保全法》成为当时与《公害对策基本法》平行的环境基本法，这也是日本认识到环境保护必须同时进行公害防止和自然环境保护后在环境立法上的反映。该法的立法目的是，鉴于自然环境是维护人类健康、生存和发展所不可少的物质条件，公民在享受其恩惠的同时，必须妥善保全自然环境，以便将来的公民能够继承。《自然环境保全法》是对《公害对策基本法》关于加强自然环境保护规定的具体化和深化，它对自然环境的认识体现了可持续环境保护的精神，但法案的调整范围还是针对局部环境的保护。随着日本《环境基本法》的实施，《自然环境保全法》并未马上废止，而是对有关法律规定进行调整，制定了相应的过渡性的措施。（3）日本《环境基本法》确立了对整体环境（包括环境污染、自然资源、原生环境等）进行保护的法律框架，成为第一个完全融合的、综合性的环境基本法。为了促进整个社会形成可持续的发展方式，倡导对环境负荷小的社会经济方式和生活方式，确立更加具有计划性的环境保护政策措施，1993 年 11 月日本制定了《环境基本法》。比较《公害对策基本法》《自然环境保全法》而言，日本《环境基本法》的新发展体现在对环境立法理念的系统化，以及对具体法律制度和政策措施加以完善等方面。随之，《公害对策基本法》即告废止，《自然环境保全法》等有关法律规定则通过制定一些过渡性法律进行调整。[74]

日本自 1993 年制定《环境基本法》开始，其环境法律体系更加注重整体化的架构，形成了以环境保护的宪法规范为基础，以综合性的环境基本法为中心，其他环境保护相关部门法为补充的完备体系。以基本法为中心和基础，日本环境法律体系又包括公害控制法、环境保全法、环境整备法、费用负担与资助法、公害救济法和公害犯罪法等子法。在这一体系中，日本环境基本法（或称母法）及其相关的子法，相互之间内容连贯，用语一致，事权统一，避免法规及执行上权责抵触。目前，日本环境立法居于世界领先地位，环境法律体系较为完备，法律制定与修订比较及时，其环境立法体系与模式为许多经济高增长国家和地区所借鉴。

二、我国生态环境与资源法的体系及渊源

我国可能是最早对“环境保护”进行立法的国家，但是现代环境法的产生要比西方国家至少晚一个世纪。[75] 1973 年 8 月，国务院颁布的《关于保护和改善环境的若干规定》是我国第一个综合性的环境保护行政法规。1979 年颁布的《环境保护法（试行）》，是我国第一部关于保护环境和自然资源、防治污染和其他公害的综合性法律。此后，我国环境立法步伐加快，一系列与之相配套的法律、法规相继面世，使环境法成为我国法律体系中发展最为迅速的部门

〔74〕 参见杜群：《日本环境基本法的发展及我国对其的借鉴》，载《比较法研究》2002 年第 4 期。

〔75〕 参见金瑞林：《环境法学》，北京大学出版社 1994 年版，第 47 页。

法之一。目前,我国环境法体系大致由以下几部分组成。

（一）宪法性规定

宪法中有关环境资源保护的规定是环境资源法律体系的基础,是各种环境资源法律法规、规章的立法依据。我国《宪法》中这类规定主要包括:(1)贯彻新发展理念和推进生态文明建设。2018年3月11日,第十三届全国人大第一次会议通过了《宪法修正案》,其中,增加的与环境资源保护直接有关的内容有“科学发展观”“贯彻新发展理念”“推动生态文明协调发展”“建设成为富强民主文明和谐美丽的社会主义现代化强国”“推动构建人类命运共同体”,以及国务院的职权增加“领导和管理生态文明建设”等规定,而且把“新发展理念”和“生态文明建设”历史性写入《宪法》,是最大亮点。这意味着近几年我国环境资源保护领域的法治经验,通过修宪已上升为国家意志,具有了最高的法律效力。(2)明确国家环境资源保护职责。如《宪法》第26条规定:“国家保护和改善生活环境和生态环境,防治污染和其他公害。国家组织和鼓励植树造林,保护林木。”这一规定不仅明确了国家的环境保护职责,也为环境资源立法奠定了宪法基础。(3)界定自然资源权属关系及保护依据。如《宪法》第9条第1款规定:“矿藏、水流、森林、山岭、草原、荒地、滩涂等自然资源,都属于国家所有,即全民所有;由法律规定属于集体所有的森林和山岭、草原、荒地、滩涂除外。”第10条第1、2款规定:“城市的土地属于国家所有。农村和城市郊区的土地,除由法律规定属于国家所有的以外,属于集体所有;宅基地和自留地、自留山,也属于集体所有。”这就为我国重要的自然资源的合理开发利用与环境要素的保护提供了最高的法律依据。(4)提出了环境资源保护的基本政策和原则。如我国《宪法》第9条第2款规定:“国家保障自然资源的合理利用,保护珍贵的动物和植物。禁止任何组织或者个人用任何手段侵占或者破坏自然资源。”第10条第5款规定:“一切使用土地的组织和个人必须合理地利用土地。”第22条第2款规定:“国家保护名胜古迹、珍贵文物和其他重要历史文化遗产。”这是我国自然资源合理开发利用和环境法“保护优先原则”的依据。(5)规定公民的环境资源权利和义务。许多国家的宪法中均规定公民有在良好的生活环境中生活的权利和保护环境资源的义务。我国《宪法》虽然没有直接规定公民的环境权利和义务,但《宪法》第51条规定:“中华人民共和国公民在行使自由和权利的时候,不得损害国家的、社会的、集体的利益和其他公民的合法的自由和权利。”这一规定既是公民主张环境资源权的基础,也是公民履行环境保护基本义务的依据,以防止公民滥用个人权利造成环境污染和生态破坏。

（二）综合性环境资源基本法

我国《环境保护法》是环境资源保护领域一部基础性、综合性的法律,可谓环境保护“基本法”。《环境保护法》经历了一次全面修订,2014年4月24日修订通过,2015年1月1日起施行。本次修订有许多亮点,如创新立法理念,增加了生态文明建设和可持续发展的立法目的;完善了环境保护法律原则,明确损害担责;确立了环境公益诉讼制度;首次将生态保护红线写入法律;实现了由点源的污染控制向区域协调和联动防治转型;加大了惩罚力度,提出对违法排污企业实行“按日计罚”等。

《环境保护法》共七章70条,分别规定了总则、监督管理、保护和改善环境、防治污染和其他公害、信息公开和公众参与、法律责任、附则,其主要内容为:(1)规定了环境资源法的基本任务,即保护和改善环境,防治污染和其他公害,保障公众健康,推进生态文明建设,促进经济社会可持续发展;(2)规定了环境保护的对象,即直接或间接影响人类生存和发展的环境要素,包括大气、水、海洋、土地、矿藏、森林、草原、湿地、野生生物、自然遗迹、人文遗迹、自然保护区、风景名胜区、城市和乡村等;(3)规定了环境保护的基本原则和制度,如明确保护环境是国家的基本国策,要求将环境保护工作纳入国民经济和社会发展计划,规定环境保护坚持“保护优先、预防为主、综合治理、公众参与、损害担责”的原则,并规定了环境影响评价、“三同时”、生态保护补偿、环境保护税费、排污许可证、总量控制等环境法律制度;(4)规定了环境管理机构对环境监督管理的权限、任务,以及保护自然环境、防治环境污染的基本要求;此外,还规定了各主体的环境保护法律义务和环境法律责任等。

(三)环境资源保护专门法

依据立法层级和法律效力等级,环境资源保护立法包括中央环境立法和地方环境立法。中央层级的环境立法,其表现形式有:法律、行政法规、部门规章及行政规范性文件;地方环境立法其表现形式包括地方性法规和地方政府规章,其中,依据2018年第五次《宪法修正案》,地方性法规制定权下放,即《宪法》规定,我国设区的市的人民代表大会和它们的常务委员会,在不同宪法、法律、行政法规和本省、自治区的地方性法规相抵触的前提下,可以依照法律规定制定地方性法规,报本省、自治区人民代表大会常务委员会批准后施行。总的来说,上述的环境立法众多,尤其是地方环境立法数量庞大。本教材不讨论地方环境立法,仅介绍中央层面的环境立法。

此处的环境资源保护专门法,指的是以宪法和环境保护基本法为依据,专门制定的针对特定的环境保护实务、特定的保护对象或污染防治对象而制定的法律。在内容上可大致分为三大部分:环境保护综合性管理法、污染防治法和自然资源保护法。

第一,环境保护综合性管理法。环境保护综合性管理法不是为了保护某一环境要素或某一类自然资源,而是涉及多种环境要素和各类自然资源、或某一特定区域或特定领域全过程、全周期的环境保护法律问题,这些法律主要包括:《生物安全法》(2020年通过)、《长江保护法》(2020年通过)、《海洋环境保护法》(2017年修正)、《核安全法》(2017年通过)、《环境影响评价法》(2018年修正)、《环境保护税法》(2018年修正)、《资源税法》(2019年通过)、《清洁生产促进法》(2012年修正)、《循环经济促进法》(2018年修正)、《海域使用管理法》(2001年通过)等。

第二,污染防治法。污染防治法是环境资源保护基本法之下有关环境污染预防和治理的专门立法,是传统环境资源保护法律体系中最重要的部分,在环境保护领域的专门法律中其数量占了相当大的比例。较重要的污染防治法包括:《土壤污染防治法》(2018年通过)、《水污染防治法》(2017年修正)、《大气污染防治法》(2018年修正)、《固体废物污染环境防治法》(2020年修订)、《噪声污染防治法》(2021年12月24日通过)、《放射性污染防治法》(2003年通过)等。

第三,自然资源保护法。这类法律以保护某一类自然资源为主要目的,内容上除了保护自然资源、防止生态破坏之外,还包括对该类自然资源的管理和污染防治等。这类法律比较重要的有:《湿地保护法》(2021年12月24日通过)、《水法》(2016年修正)、《水土保持法》(2010年修订)、《土地管理法》(2019年修正)、《野生动物保护法》(2018年修正)、《森林法》(2019年修订)、《草原法》(2021年4月29日已修改)、《防沙治沙法》(2018年修正)、《矿产资源法》(2009年修正)、《渔业法》(2013年修正)、《海岛保护法》(2009年通过)等。

(四)环境资源保护法规

我国有关环境资源保护方面的法规包括行政法规、部门规章和行政规范性文件,数量众多。这类法规的制定主要是为了上位法的实施,或因没有上位法依据且环保实务又有必要,或为了对环境资源管理机构的设置、职权、行政程序或责任追究等进行规范等。我国现行环境资源保护与管理的法规,主要包括以下几方面:

一是环境标准和环境监测管理法规，如《生态环境标准管理办法》(2021 年 2 月 1 日起施行)、《环境监测管理办法》(2007 年 9 月 1 日起施行)、《地质环境监测管理办法》(2019 年修正)、《水土保持生态环境监测网络管理办法》、《火电行业环境监测管理规定》、《火电、水泥和造纸行业排污单位自动监测数据标记规则(试行)》(执法函〔2020〕21 号)、《污染源自动监控管理办法》、《关于环境标准管理的协调意见》、《关于深化环境监测改革提高环境监测数据质量的意见》等。

二是有关环境行政管理、环境行政执法及处罚程序等的法规，如《规划环境影响评价条例》、《环境执法人员行为规范》(环发〔2015〕52 号)、《环境保护主管部门实施限制生产、停产整治办法》(2014 年颁布)、《环境保护主管部门实施查封、扣押办法》(2014 年颁布)、《环境保护主管部门实施按日连续处罚办法》(2014 年颁布)、《环境行政处罚办法》(2010 年修订)、《环境行政复议办法》、国务院办公厅《关于生态环境保护综合行政执法有关事项的通知》(国办函〔2020〕18 号)、生态环境部《关于进一步规范适用环境行政处罚自由裁量权的指导意见》、国务院《关于环境保护工作的决定》、国务院《关于进一步加强环境保护工作的决定》等。

三是建设项目环境管理法规，如《建设项目环境影响评价分类管理名录(2021 年版)》、《建设项目环境保护管理条例》(2017 年修订)、《生态环境部建设项目环境影响报告书(表)审批程序规定》(2021 年 1 月 1 日起施行)、《核动力厂管理体系安全规定》(2021 年 3 月 1 日起施行)、《建设项目环境影响报告书(表)编制监督管理办法》(2019 年 11 月 1 日起施行)、《防治海岸工程建设项目污染损害海洋环境管理条例》(2018 年修订)等。

四是有关环境污染防治方面的法规，行政法规主要包括：《排污许可管理条例》(2021 年颁布)、《全国污染源普查条例》(2019 年修订)、《防治船舶污染海洋环境管理条例》(2018 年修订)、《防止拆船污染环境管理条例》(2017 年修订)、《农药管理条例》(2017 年修订)、《畜禽规模养殖污染防治条例》、《淮河流域水污染防治暂行条例》(2011 年修订)、《城镇排水与污水处理条例》(2013 年通过)、《废弃电器电子产品回收处理管理条例》(2019 年修订)、《海洋石油勘探开发环境保护管理条例》等。部门规章和行政规范性文件主要包括：《碳排放权交易管理办法(试行)》(2021 年 2 月 1 日起施行)、《国家危险废物名录(2021 年版)》、《新化学物质环境管理登记办法》(2021 年 1 月 1 日起施行)、《固定污染源排污许可分类管理名录(2019 年版)》、《环境影响评价公众参与办法》(2019 年 1 月 1 日起施行)、《工矿用地土壤环境管理办法(试行)》(2018 年 8 月 1 日起施行)、《关于进一步加强塑料污染治理的意见》(发改环资〔2020〕80 号)、《报废机动车回收管理办法》(2019 年，国务院令第 715 号)等。

五是自然资源保护方面的法规，比较重要的包括：《太湖流域管理条例》(2011 年通过)、《人类遗传资源管理条例》(2019 年通过)、《森林和野生动物类型自然保护区管理办法》、《野生植物保护条例》(2017 年修订)、《自然保护区条例》(2017 年修订)、《风景名胜区条例》(2016 年修订)、《水产资源繁殖保护条例》、《基本农田保护条例》(2011 年修订)、《土地复垦条例》(2011 年通过)、《消耗臭氧层物质管理条例》(2018 年修订)、《取水许可和水资源费征收管理条例》(2017 年修订)、《野生药材资源保护管理条例》、《水产资源繁殖保护条例》、《自然资源行政处罚办法》(2020 年修正)等。

(五)其他部门法中环境法律规范

环境资源法是调整环境资源法律关系的法律规范的总称，因此，环境法律规范不仅通过环境保护专门的法律法规表现出来，也散落在其他法律部门中，如民法、行政法、刑法、经济法、劳动法、诉讼法等部门法中包含了大量的与环境资源保护相关的法律规范，这些规范均为环境资源法的渊源。

其一，民法中的环境法律规范。2020 年 5 月 28 日，第十三届全国人大第三次会议通过了《民法典》，其中与环境资源保护相关的法律规范主要包括以下几个方面：(1) 确立了“绿色原则”。《民法典》总则编第 9 条规定，民事主体从事民事活动，应当有利于节约资源、保护生态环境。(2) 界定了自然资源的权利归属。如《民法典》物权编第 247 ~ 251 条规定，矿藏、水流、海域、无居民海岛、城市的土地、森林、山岭、草原、荒地、滩涂、野生动植物等自然资源属于国家所有，国家所有的财产受法律保护，禁止任何组织或者个人侵占、哄抢、私分、截留、破坏。再如第 260、262 条规定，集体所有的土地和森林、山岭、草原、荒地、滩涂等自然资源受法律保护。且第 325 条规定了国家实行自然资源有偿使用制度。(3) 为符合生态环境保护方面的要求，对物权行使进行了限制性规定。如《民法典》物权编第 326 条规定，用益物权人行使权利，应当遵守法律有关保护和合理开发利用资源、保护生态环境的规定。第 346 条规定，设立建设用地使用权，应当符合节约资源、保护生态环境的要求等。(4) 规定在合同缔结和履行中当事人应承担生态环境保护义务。如《民法典》合同编第 509 条第 3 款规定，当事人在履行合同过程中，应当避免浪费资源、污染环境和破坏生态。第 558 条规定，债权债务终止后，当事人应当遵循诚信等原则，根据交易习惯履行旧物回收等义务。第 619 条规定，对包装方式没有约定或者约定不明确，应当按照通用的方式包装；没有通用方式的，应当采取足以保护标的物且有利于节约资源、保护生态环境的包装方式。(5) 对于不动产相邻环保关系进行了法律规范，如根据《民法典》物权编第 286 条的规定，业主应当遵守法律、法规以及管理规约，相关行为应当符合节约资源、保护生态环境的要求。且明确规定，业主大会或者业主委员会对任意弃置垃圾、排放污染物或者噪声、违反规定饲养动物等损害他人合法权益的行为，有权依照法律、法规以及管理规约，请求行为人停止侵害、排除妨碍、消除危险、恢复原状、赔偿损失。第 294 条规定，不动产权利人不得违反国家规定弃置固体废物，排放大气污染物、水污染物、土壤污染物、噪声、光辐射、电磁辐射等有害物质。(6) 专门规定了环境污染和生态破坏责任。《民法典》侵权责任编专设第七章“环境污染和生态破坏责任”第 1229 ~ 1235 条，共七条，明确规定了生态环境侵权责任、举证责任倒置、按份责任、惩罚性赔偿、第三人过错侵权连带责任、生态修复责任、赔偿范围等。《民法典》将我国生态环境损害赔偿制度改革的实践成果予以法律化，这是生态环境损害赔偿制度立法的重大进展。《民法典》还在“高度危险责任”一章中规定了核事故损害，以及高放射性等高度危险物等方面的民事侵权责任。总之，《民法典》的出台，进一步健全了生态环境保护责任体系，使环境违法的民事责任与行政责任、刑事责任互相配合、协同适用，为构建现代环境治理体系提供了法律依据。

其二，行政法中的环境法律规范。行政法涉及经济社会发展的各领域，除了专门的生态环境行政法之外，其他的如规划、经济、文化、卫生、市场监管、海关等行政法中，也包含大量生态环境保护方面的内容。这些规定主要的有：(1) 城乡规划方面的，如《城乡规划法》(2019 年修正) 规定，制定和实施城乡规划，应当改善生态环境，促进资源、能源节约和综合利用，保护耕地等自然资源和历史文化遗产，保持地方特色、民族特色和传统风貌，防止污染和其他公害，并符合区域人口发展、国防建设、防灾减灾和公共卫生、公共安全的需要。在规划区内进行建设活动，应当遵守土地管理、自然资源和环境保护等法律、法规的规定。(2) 在行政处罚方面，除了遵循《行政处罚法》制定专门的环境行政处罚法规规章之外，2021 年修订的《行政处罚法》增加规定：国家在城市管理、市场监管、生态环境、文化市场、交通运输、应急管理、农业等领域推行建立综合行政执法制度，相对集中行政处罚权。(3) 在重要的环境要素“人文遗迹”保护方面，如《文物保护法》(2017 年修正) 规定，文物是不可再生的文化资源。建设工程选址，应当尽可能避开不可移动文物；因特殊情况不能避开的，对文物保护单位应当尽可能实施原址保护。(4)在动物防疫方面,如《动物防疫法》自 2008 年 1 月 1 日实施以来,我国动物防疫工作不断加强,在保障养殖业生产安全、动物源性食品安全、公共卫生安全及生态环境安全方面发挥了重要作用。但是,我国动物防疫面临着复杂、严峻的形势。2020 年 2 月 24 日,全国人大常委会作出《关于全面禁止非法野生动物交易、革除滥食野生动物陋习、切实保障人民群众生命健康安全的决定》,对非食用性利用野生动物的审批和检疫检验提出明确要求,需要及时转化为法律规范。为此,2021 年对《动物防疫法》进行了新一次的修订,主要内容包括动物疫病的预防,动物疫情的报告、通报和公布,动物疫病的控制,动物和动物产品的检疫,病死动物和病害动物产品的无害化处理,动物诊疗,兽医管理,监督管理,保障措施等。(5)在疾病防控方面,如《传染病防治法》(2013 年修正)规定,各级人民政府农业、水利、林业行政部门按照职责分工负责指导和组织消除农田、湖区、河流、牧场、林区的鼠害与血吸虫危害,以及其他传播传染病的动物和病媒生物的危害。地方各级人民政府应当有计划地建设和改造公共卫生设施,改善饮用水卫生条件,对污水、污物、粪便进行无害化处置。(6)在海上行政执法方面,如 2021 年 1 月 22 日通过的《海警法》规定了海上维权执法工作的基本任务,其中包括在职责范围内对海洋资源开发利用、海洋生态环境保护、海洋渔业生产作业等活动进行监督检查。《海上交通安全法》(2021 年 4 月 29 日已修改)规定,船舶、设施储存、装卸、运输危险货物,必须遵守国家关于危险货物管理和运输的规定。(7)在治安管理方面,如《治安管理处罚法》(2012 年修正)规定,投放虚假的爆炸性、毒害性、放射性、腐蚀性物质或者传染病病原体等危险物质扰乱公共秩序的,应该受到处罚;制造、买卖、储存、运输、邮寄、携带、使用、提供、处置爆炸性、毒害性、放射性、腐蚀性物质或者传染病病原体等危险物质的,应该受到处罚;盗窃、损毁油气管道设施、电力电信设施、广播电视设施、水利防汛工程设施或者水文监测、测量、气象测报、环境监测、地质监测、地震监测等公共设施的,应该受到处罚;违反关于社会生活噪声污染防治的法律规定,制造噪声干扰他人正常生活的,应该受到处罚等。(8)在突发事件应对方面,环境突发事件应当遵循《突发事件应对法》的规定,该法的立法目的是,预防和减少突发事件的发生,控制、减轻和消除突发事件引起的严重社会危害,规范突发事件应对活动,保护人民生命财产安全,维护国家安全、公共安全、环境安全和社会秩序。突发事件,是指突然发生,造成或者可能造成严重社会危害,需要采取应急处置措施予以应对的自然灾害、事故灾难、公共卫生事件和社会安全事件。

其三,刑法中的环境法律规范。为解决日益严峻的生态环境问题,我国现行《刑法》第六章"妨害社会管理秩序罪"的第六节专门规定了"破坏环境资源保护罪",具体包括污染环境罪(第 338 条),非法处置进口的固体废物罪和擅自进口固体废物罪(第 339 条),非法捕捞水产品罪(第 340 条),危害珍贵、濒危野生动物罪和非法狩猎罪以及非法猎捕、收购、运输、出售陆生野生动物罪(第 341 条),非法占用农用地罪(第 342 条),非法采矿罪和破坏性采矿罪(第 343 条),危害国家重点保护植物罪(第 344 条),盗伐林木罪、滥伐林木罪和非法收购、运输盗伐、滥伐的林木罪(第 345 条),并对单位犯破坏环境资源保护罪的处罚作出了明文规定。

2020 年 12 月 26 日通过的《刑法修正案(十一)》对"破坏环境资源保护罪"进行了修订完善,主要内容有:一是违反国家有关规定,非法采集我国人类遗传资源或者非法运送、邮寄、携带我国人类遗传资源材料出境,危害公众健康或者社会公共利益,情节严重的涉嫌犯罪(第 334 条之一);二是将基因编辑、克隆的人类胚胎植入人体或者动物体内,或者将基因编辑、克隆的动物胚胎植入人体内,情节严重的涉嫌犯罪(第 336 条之一);三是在原污染环境罪中,增加了污染重点区域涉嫌犯罪的情节,以加强对饮用水水源保护区、自然保护地核心保护区、重要江河、湖泊等重点区域的保护(第 338 条);四是在非法占用农用地罪中,增加了非法在国家公园、国家级自然保护区进行开垦、开发活动或者修建建筑物的涉嫌犯罪情节，以加强对国家公园、国家级自然保护区的保护（第342条之一）；五是在第344条非法采伐、毁坏国家重点保护植物罪之后，增加了非法引进、释放或者丢弃外来入侵物种罪（第344条之一）。

此外，经济法、劳动法、诉讼法等部门法中也存在大量的环境法律规范。环境法与经济法有密切的关系，许多经济法规中都包含着环境法的内容，如企业法、农业法、交通运输法、涉外经济法、建筑法等。劳动法中有关于生产劳动环境保护的规定。诉讼法中有关于处理环境资源行政纠纷、民事纠纷、刑事审判的程序规定。

（六）国际法中的环境保护规范

国际条约中既有专门的环境资源保护国际条约，也有普通的国际条约中包含的环境资源保护规范。我国参加或缔结的有关环境资源保护的双边、多边协定和国际条约，以及履行这些协定和条约的国内法律等，均为我国环境资源法律体系的重要组成部分。目前，我国已签署300个国际公约，[76]其中，我国参加的重要的环境保护国际条约包括：《控制危险废物越境转移及其处置巴塞尔公约》（1991年9月4日批准）、《联合国防治荒漠化公约》（1996年12月30日批准）、《联合国海洋法公约》（1996年5月15日批准）、《保护臭氧层维也纳公约》（1989年7月14日加入）、《联合国气候变化框架公约》（1992年11月7日批准）、《生物多样性公约》（1992年11月7日批准）、《国际植物新品种保护公约（1978年文本）》（1998年8月29日批准）、《关于环境保护的南极条约议定书》（1991年10月4日签署）、《保护世界文化和自然遗产公约》（我国于1985年加入）、《南极条约》（1983年6月8日交存并对我国生效）、《濒危野生动植物种国际贸易公约》（1981年4月8日对我国生效）、《国际油污损害民事责任公约》（1980年4月30日对我国生效），以及《关于所有类型森林的无法律约束力文书》（2007年12月第62届联大通过，中国加入）、《生物多样性公约卡塔赫纳生物安全议定书》（2005年4月27日国务院核准）、《关于特别是作为水禽栖息地的国际重要湿地公约》（1992年3月1日国务院决定加入）等。经过我国批准和加入的与环境资源保护有关的国际条约、公约和议定书等，与国内法具有同等的法律效力。

---

〔76〕　参见吴柏海：《林草法律体系改革：走向治理现代化》，载《中南林业科技大学学报》（社会科学版）2020年第2期。

第二章 生态环境与资源法的基本原则

法律的基本原则是“法律的基础性真理或原理，为其他规则提供基础性或本源的综合性规则或原理，是法律行为、法律程序、法律决定的决定性规则”。[1] 环境资源法的基本原则是环境立法、环境执法、环境司法的指导思想，是为我国环境资源法所规定或体现的，调整因保护和改善环境、合理利用资源而产生的社会关系的基本准则，它以推进生态文明建设、推动绿色发展、促进人与自然和谐共生为目标，适用于所有的环境资源保护法律法规，贯穿于整个环境资源法体系，反映环境资源法的本质和特征，对贯彻和实施环境资源法具有普遍的指导作用。生态环境与资源法的基本原则同样具有法律基本原则的共性特征：(1)具有概括性。与法律规则相比，环境资源法的法律原则具有更大的宏观指导性，某一法律原则常常成为一群规则的基础，如环境污染责任追究必须遵循“损害担责”原则。(2)具有较高层次性。环境资源法的基本原则弹性较大，处于较高层，它贯穿于整个环境资源法律体系，是对一般环境资源法律规则的抽象。(3)具有拾遗补阙作用。由于“人类个性的差异，人们行为多样性、人类事务无休止的变化，使无论是什么技艺在什么时候都不能制定出可以绝对适用于所有问题的规则”，[2] 因此，环境立法、环境执法、环境司法等活动需要高度抽象的原则宏观指导，并弥补具体规则的不足。(4)减少法律法规的冲突。环境问题与其他社会问题相比，具有高度科技背景与决策风险，涉及广泛的利益冲突与决策权衡，环境法律规范数量多、内容杂，内容上难免存在不协调的地方，环境资源法基本原则能起到弥合分歧、化解矛盾的作用。

环境资源法作为一门新兴的独立的法律部门，仍处于不断完善阶段，人们对其认识也在不断地提高过程中，因此，学界至今未能对环境资源法基本原则有一个统一的认识。确立环境资源法的基本原则应当遵循以下规则：第一，环境资源法基本原则必须在环境资源法律法规中有所体现，反映环境资源法的本质与特征，以生态文明建设和绿色发展为目标；第二，环境资源法基本原则必须全面贯彻于环境资源法律规范的始终，弥补具体环境法律规范对环境资源法律关系调整的不足；第三，环境资源法的基本原则是环境资源保护的方针政策在法律上的体现，是贯穿于整个环境资源法的具有普遍意义的指导性规范；第四，环境资源法基本原则不是一成不变的，它只是在一定时期根据环境问题的特点以及对环境问题的认识基础上形成的，国家之间基于国情和法律制度的不同，基本原则也各有取舍和侧重。各国或地区对环境保护基本原则的规定主要有：预防原则或损害预防原则、风险预防原则，公众参与原则，污染者负担原则或原因者负担原则、肇事者负担原则，合作原则，共同但有区别的责任原则等。

2015 年《环境保护法》第 5 条规定，“环境保护坚持保护优先、预防为主、综合治理、公众参与、损害担责的原则”。而环境保护领域离不开国家干预，“以纵向关系干预横向关系，以国家的有形之手干预市场的无形之手”，“纵横结合”，即纵向的环境管理关系与横向的环境资源利用关系相互结合，以协调经济发展与环境保护之间的关系，也是环境资源法的本质特征

---

〔1〕 Black's Law Dictionary, West Publishing Co. 1983 , p. 1074.

〔2〕 宋功德：《行政法哲学》，法律出版社 2001 年版，第 531 页。

之一。因此,我国环境资源法的基本原则应该加上“国家干预”这一原则,一共可归纳为以下六项原则。

第一节 保护优先原则

一、保护优先原则的概念

保护优先原则,其前身被称为“环境保护同经济、社会持续发展相协调”的原则,简称“协调发展”原则,即环境保护与经济建设和社会发展统筹规划,人与自然和谐共生,实现经济发展与人口资源、环境相协调,实现经济效益、社会效益和环境效益相统一。虽然它们都旨在确立和调整环境保护与经济社会发展的关系,然而,保护优先原则使这种关系的法律表达和规范更加清晰与合理。

保护优先原则成为环境资源法的基本原则,是我国社会经济规律和自然生态规律的客观要求,这一原则在我国环境资源立法、环境政策中均有直接规定。2015 年《环境保护法》规定,“环境保护坚持保护优先”。这一原则在狭义上是指,在环境保护管理活动中应当把环境保护放在优先的位置加以考虑,在环境利益和其他利益发生冲突的情况下,应当优先考虑环境利益,作出有利于环境保护的决定。这一原则在广义上是指,国家按照环境保护基本国策的要求和经济社会发展与环境保护相协调的要求,在处理经济社会发展与生态和环境保护的关系时,要把生态和环境保护放在较优先的位置予以考虑和对待。该项原则表明,我国在环境资源保护与经济社会发展这一关系中,环境问题已成为矛盾的主要方面,是制约经济社会发展的一大因素。我国以往的环境资源保护法基本上都是秉持开发的理念和利用优先的原则,这不能满足新时代高质量发展的要求。这一原则表明,保护和开发利用是两种不同的理念,当二者发生冲突时,要按照法律的规定,突出环境和资源保护的目的。在对待环境问题上,当环境保护与经济建设发生冲突时,要优先保护环境,经济社会发展要满足环境保护的需要。在对待自然资源问题上,资源保护相对于开发利用具有优先性。党的十八大指出,要坚持“节约优先、保护优先、自然恢复”为主的方针。保护优先是生态文明建设规律的内在要求,就是要从源头上加强生态环境保护和合理利用资源,避免生态破坏。

二、保护优先原则的产生和发展

是保护环境,还是发展经济,这是人类社会必须得面对的一个选项,这两者在一定意义上具有二元价值的意义。人们在对待环境保护与经济社会发展关系的问题上,存在“悲观论”“盲目乐观论”“积极乐观论”等几种不同的态度。第一,“悲观论”。该派论者认为,人口增长和科学技术的发展必然造成公害,“人类正在走向地狱之门”,环境问题发展到最后“势必毁灭人类”,因此,必须放弃发展,实现人口和经济的“原点发展”,甚至“回到自然去”。例如,著名的罗马俱乐部发表的《增长的极限》一书就提出了“零增长”“零排放”的理论。罗马俱乐部成立于 1968 年 4 月,总部设在意大利罗马,是关于未来学研究的国际性民间学术团体,也是一个研讨全球问题的全球智囊组织,目前其成员遍布全球。罗马俱乐部的宗旨是通过对人口、粮食、工业化、污染、资源、贫困、教育等全球性问题的系统研究,提高公众的全球意识,敦促国际组织和各国有关部门改革社会和政治制度,使人类摆脱所面临的困境。罗马俱乐部于 1972 年发表了第一个研究报告《增长的极限》,正式出版后该书成为有关环境问题最畅销的出版物,引起了公众的极大关注,被翻译成几十种语言。罗马俱乐部预言经济增长不可能无限持续下去,理由是石油等自然资源的供给是有限的,并作了世界性灾难即将来临的预测。为此,设计了"零增长"的对策性方案,在全世界挑起了一场持久的大辩论。由于它的观点和主张带有浓厚的消极和悲观色彩,被称为"未来学悲观派"的代表。第二,"盲目乐观论"。该派论者认为,人类在不讲环境保护的情况下已经生存了几百万年,今后也仍会生存下去,"车到山前必有路",大可不必为一点环境问题惊惶失措,杞人忧天。例如,美国未来研究所发表的《世界经济发展——令人兴奋的1978—2000年》一文就认为,资源能源不会产生枯竭性的危机,人类总会有办法对付未来出现的一切问题。2002年,丹麦国家环境顾问尤恩·隆伯格出版了《多疑的环境保护论者》一书,锋芒直指欧洲风头日劲的环保运动,再次引发了环境保护必要性的论辩。第三,"积极乐观论"。该派论者认为,人类科技发展,能处理好环境与资源问题,可以实现环境与经济的协调发展,关键在于人类必须正确地认识客观规律,认识环境问题产生的根源,摆正人类在自然界中的地位,实现人与自然协调发展。我们支持第三种观点,既反对忽视人类主观能动性的以停滞发展求得环境问题消极解决的悲观论点,也反对忽视人类面临的严重环境问题而任其发展的盲目乐观论点,而应对环境问题采取审慎的态度。环境问题是在人类社会发展过程中产生的,它就可以在发展的过程中加以解决。1972年的《人类环境宣言》以及以后的《内罗毕宣言》《21世纪议程》等环境保护的国际性文件都充分表明了这一观点。

目前,保护优先原则已成为国际社会处理环境保护与经济社会发展关系的基本趋势。例如,《欧盟条约》中确立的"高级保护"原则,作为环境政策和法律中的一项基本原则规定,共同体的环境政策应该注重高水平的环境保护,考虑共同体内各种不同区域的各种情况。该政策的建立应以防备原则为基础,环境破坏应该优先在源头整治并遵循污染者付费原则。这不仅对共同体的环境措施提出了严格的环境质量的要求,而且体现了明显的保护优先的政策定向。再如,2002年俄罗斯联邦《环境保护法》明确将"环境保护优先"规定为环境管理的一项基本原则,该法第3条规定了自然生态系统、自然景观和自然综合体的保全优先,根据环境保护的要求确定经济活动和其他活动影响自然环境的容许度,禁止对环境的影响后果无法预测的经济活动和其他活动等内容。我国最早规定"保护优先"的规范性文件是2006年通过的《国民经济和社会发展第十一个五年规划纲要》,其中在关于限制开发区域发展方向的规定中提出了"坚持保护优先、适度开发、点状发展"的要求。我国现行的《环境保护法》以"保护优先"原则为前提和基础,规定了有关生态红线、环境健康、生态安全、环境保护目标责任制等内容。

三、保护优先原则在环境资源保护法上的体现

我国环境资源法贯彻保护优先原则应重视以下几个方面:一是在决策领域,应加强环境与发展的综合决策;二是在经济和技术领域,经济政策的制定、环保科技的研究和应用,以及经济与技术规范应该贯彻本原则;三是在环境监督管理领域,必须特别强调对环境资源法"保护优先"原则的准确理解。

保护优先原则在《环境保护法》的修订中也得到了体现。首先是体现在"保护优先"观念的确立上,在《环境保护法》总则中,这一原则主要体现在立法目的、基本国策、环境义务、政府环境责任等方面,如明确规定"保护环境是国家的基本国策";其次是体现在环境管理上,规定了对环境保护工作的统一监督管理(第10条),将环境保护工作纳入国民经济和社会发展规划(第13条),组织制定经济、技术政策应当充分考虑对环境的影响(第14条,此条可视为对

我国“政策性环评”的原则性规定)；再次是体现在环境标准的制定上，对地方环境质量标准(第15条)、地方污染物排放标准(第16条)的制定作出了更加严格的要求等；最后是体现在具体的环境法律制度上，如规定了环境按期达标制度(第28条)，生态保护红线制度(第29条)，自然资源合理开发、保护生物多样性、保障生态安全(第30条)，生态保护补偿制度(第31条)，以及总量控制、排污许可、公共监测预警、环境公益诉讼制度等。

我国新出台的或者已经修订的环境法律法规均体现了保护优先原则。例如，2019年1月1日起施行的《土壤污染防治法》明确规定，土壤污染防治应当坚持保护优先原则，并且专门设立了一章，即第三章“预防和保护”；再如，《水污染防治法》明确规定“优先保护饮用水水源”(第3条)，建立河长制、水污染防治统一规划，重点水污染物排放总量控制等，均体现了“保护优先”原则。

第二节　预防为主原则

一、预防为主原则的概念

预防，是指人类活动可能导致环境质量下降时，应当事前采取预测、分析和防范措施，以避免、减少由此带来的环境损害。环境资源法的预防为主原则，过去也称作“预防为主、防治结合、综合治理”原则，是指国家在环境保护工作中采取各种预防措施，防止环境问题的产生和恶化，或者把环境污染和生态破坏控制在能够维持生态平衡，保护人体健康和社会物质财富及保障经济、社会可持续发展的限度之内，并对已造成的环境污染和生态破坏积极治理的原则。

“预防为主”之所以能作为环境资源法的基本原则，其原因是：第一，这项原则是现代环境保护的灵魂。传统的环境保护仅限于对环境污染和破坏造成的后果予以事后消极补救，对环境问题的事前规范功能很有限，而环境一旦遭受污染和破坏后，要消除其危害往往比较困难，有些后果甚至是无法补救的。预防为主原则是对传统环境保护法律规范的重大发展，是积极的防治。第二，这项原则最大限度地体现了法律的公平与效率相结合。如果环境问题不以预防为主，造成污染后再去治理，往往比采取预防措施的代价高。有调查显示，预防污染费用与事后治理的费用比例是1∶20。[3] 这不符合市场经济的基本要求，也不符合法律对公平与效率的平衡追求。只有贯彻预防为主的原则，才能实现经济效益、社会效益和环境效益的统一，并实现法律调整公平与效率的统一。第三，这项原则贯彻了现代环境资源法风险管控意识。传统法(尤其是行政法)所要规范的行为基本是确定的，相关的决策也是确定性的，无论是规则制定，还是具体问题进行调处，如处罚、许可、强制，要求有明确的实施、确凿的证据，明确的规则依据，甚至是精确的成本效益计算，而风险及其规制则面对的是不确定性，风险是否存在、风险多大、该如何控制风险、可以把风险控制在什么程度等，都无法准确计算。传统环境法的制度设计模式体现的是“管制—救济/整治”模式，而现代环境资源法的制度设计模式是“风险—管制—救济/整治”。传统环境法的核心是危害排除，即强调对权益的保护，在风险占据理论制高点之后，风险排除和预防必然成为环境资源法的核心，兼顾危害排除。第四，预防为主是针对当代环境问题的特点，结合国内外防治环境污染和环境破坏的经验教训提出的。

---

〔3〕 参见马骧聪：《环境保护法》，四川人民出版社1988年版，第78页。

西方工业国家在经济发展的过程中大多走了一条“先污染，后治理”的道路，虽然也制定了一些法律，但大都是采取“消防队奔赴火场救火”的方法，仅仅针对某一环境要素作出了保护规定，而未将环境作为一个整体来对待。早期环境法的相邻环境权、环境侵权等法律原则均不包含预防为主的内容，基本上是基于民法的具有事后救济性质的损害赔偿制度。20 世纪 60 年代随着环境问题的凸显，人们开始认识到，与其在环境问题出现后治理，不如在损害未发生之前就加以预防，意识到了环境风险预防的重要性。在整个环境治理过程中，要将事前预防与事中事后治理相结合，并优先采用“防患于未然”的方式。

二、预防为主原则的产生和发展

“二战”后，尤其是 20 世纪 60 年代，世界经济迅速发展，由于人类对工业生产给环境带来的负面影响缺乏足够的认识，许多污染物直接向自然环境排放。这种无节制的生产及排污行为，使污染物排放量超过了自然界的容量和自净能力，从而导致地区性乃至全球性的环境污染，甚至出现大规模的公害事件。环境被污染以后，治理和修复成本很大，而且有些破坏还是不可逆转的，如土壤重金属污染、地下水污染等就很难逆转，或者修复的代价太大。在舆论和巨额民事赔偿的压力下，工业企业被迫从“事后治理”前移到生产中的治理，即针对生产末端产生的污染物开发行之有效的治理技术，这种做法被称为“末端治理”。与无节制的排放行为相比，末端治理是一大进步，不仅有助于消除污染事件的负面影响，也在一定程度上减缓了生产活动对环境的污染程度。但随着工业化进程的加速，末端治理的局限性也日益显露。一方面，由于缺乏事前的环境影响评价，很多“三高”（高耗能、高污染、高排放）项目投产，在经济发展优先的前提下，即便配套建成了防治污染的设施，依然无法阻止大规模的污染物排放。另一方面，末端治理往往不是彻底治理，而是污染物的转移，如烟气脱硫、除尘形成了大量废渣，废水集中处理产生大量污泥等。总之，事后治理与末端治理，均为舍本求末的环境保护方式，不利于环境问题的根本解决，必须改变策略，转变保护方式，将环境保护工作转移到最前端，贯彻预防为主的思维。

“预防为主”现已为国际社会所认可。1980 年联合国环境规划署起草的《世界自然资源保护大纲》首先提出了一系列“预期性的环境政策”，要求任何可能引起环境污染的重大决定都能在其最早阶段就充分考虑到资源保护及其他要求，其目的是把资源保护和开发很好地结合起来，以保证这个星球上的一切变革皆对于全人类的生存和幸福是可靠的；为此，这些政策要求在环境遭到破坏之前就要采取行动，我们的行动策略应是把治理与预防明智地结合起来。1982 年的《内罗毕宣言》指出，与其花很多钱、费很多力气在环境破坏之后亡羊补牢，不如预防其破坏。预防性行动应包括对所有可能影响环境的活动进行妥善的规划。只有采取一种综合的并在区域内做到统一的办法，并强调这种相互关系，才能使环境无害化和社会经济持续发展。1992 年的《里约环境与发展宣言》再次指出：为了保护环境，各国应按照本国的能力，广泛使用预防措施。遇有严重或不可逆转损害的威胁时，不得以缺乏完整的科学确定性为理由，延迟采取符合成本效益的措施防止环境恶化。欧盟委员会在 2002 年通过《关于预防原则的委员会声明》，将风险预防原则正式纳入公共决策的考量。由此可见，预防为主的原则越来越受到国际社会的重视，并逐步成为各国环境管理和立法中的重要指导原则。

三、预防为主原则在我国的实施

“预防为主”之所以确立为我国环境资源法的一项基本原则，主要是由环境问题本身的特点决定的：一是环境污染和生态破坏一旦出现，就难以消除与恢复；二是治理环境污染和生态破坏的成本高昂,往往要投入巨额资金;三是环境污染和生态破坏所造成的危害具有缓释性,在时间和空间上的可变性很大,具有难以预见性和不确定性,加之科学技术的局限,人类对损害环境的活动所造成的影响和最终后果往往难以及时发现;四是环境污染和生态破坏所造成的后果往往比较严重,对人体健康危害极大,会导致一系列疾病的发生,而且,这些疾病不易被发现、也不易被治疗。贯彻预防为主原则的具体要求是,根据我国环境资源法的有关规定,建立以预防为主的环境保护责任制度,采取有效措施防止各种环境污染和生态破坏;严格控制新的环境污染和生态破坏,严格执行环境影响评价制度和“三同时”制度,加强对建设项目的环境管理,加强环境监测,建立环境突发事件预警和应对预案,对可能发生重大污染的企业加强日常的防范措施等。

预防为主原则在我国环境资源法中已得到较为充分的体现。1973 年我国提出了环境保护的“32 字方针”,其中的“全面规划、合理布局”即具有预防为主的功能。2014 年我国《环境保护法》修订,有多处内容体现了预防为主原则的要求,最典型的是环境影响评价制度,如该法第 19 条规定,“编制有关开发利用规划,建设对环境有影响的项目,应当依法进行环境影响评价。未依法进行环境影响评价的开发利用规划,不得组织实施;未依法进行环境影响评价的建设项目,不得开工建设”。而且,该法规定环境保护工作中的环境规划制度、“三同时”制度、排污许可证制度、排污收费制度、清洁生产和循环经济制度等,都体现了预防为主原则的要求。此外,我国各环境保护单行法中也有相关内容的规定,例如,《土壤污染防治法》第 11 条规定,“县级以上人民政府应当将土壤污染防治工作纳入国民经济和社会发展规划、环境保护规划”。第 18 条规定,“各类涉及土地利用的规划和可能造成土壤污染的建设项目,应当依法进行环境影响评价。环境影响评价文件应当包括对土壤可能造成的不良影响及应当采取的相应预防措施等内容”。再如,《水法》第 34 条规定:“禁止在饮用水水源保护区内设置排污口。在江河、湖泊新建、改建或者扩大排污口,应当经过有管辖权的水行政主管部门或者流域管理机构同意,由环境保护行政主管部门负责对该建设项目的环境影响报告书进行审批。”

第三节 综合治理原则

一、综合治理原则的概念

综合治理原则体现了环境保护中的协商民主与公共治理的理念,它是指法律规定一切单位和个人都有保护环境的义务,并通过行政的、市场的和自治的等各种机制和手段,积极有效地治理环境问题。协商民主机制在环境保护中的重要体现是环境公共治理,环境协商民主机制是政府、企业、社会、公民等多方互动来解决环境问题的一套运行机制。

由于造成环境污染和生态破坏的原因是多方面的,如果对环境问题不是综合治理,而是各地区、各部门、各单位孤立地各自为政,则既增大了环境治理的成本,也不会收到好的治理效果,且降低了环境法的效率。综合治理就是要用系统的方法来处理环境问题。综合治理原则包括四个层次的含义:一是土壤污染、大气污染、水环境污染、噪声污染、固体废弃物污染等环境问题的治理要统筹考虑,如治理土壤污染,要同时考虑地下水、地表水、大气的环境保护;二是综合运用政治、经济、技术等多种手段来治理环境;三是要形成“环保部门统一监督管理、各部门分工负责、企业承担社会责任、公民提升环保意识、社会积极参与的”齐抓共管的环境治理格局；四是加强跨行政区域的环境污染和生态破坏的防治，由“点”上的环境管理，扩展到“线”上的环境共同治理，再拓展至“面”上的联防、联控、联治。

综合治理原则体现了现代环境保护与民主法治相结合的客观要求。早期环境保护往往是单纯的政府行政管理行为，企业是管理的对象而非治理的主体，公众对环境保护仅限于污染受害者角度的关注，治理手段局限于行政管理和对个别案件的司法审判。这种机制远远不能满足环境保护工作的实际需要，更不利于对环境污染和生态破坏的有效遏制。

二、综合治理原则的产生和发展

我国20世纪70年代环境保护工作的“32字方针”中就有“大家动手、综合利用、化害为利”的提法，这是综合治理原则的雏形，并在环境保护工作中收到了良好的效果。20世纪八九十年代以来，协商民主和公共治理的理念逐步进入环境保护领域，一些重要的国际环境保护宣言和公约都有所体现。环境协商民主机制实际上是政府、企业、公民社会三方互动来解决环境问题的一套运行机制。环境治理是国家治理能力的重要组成部分。党的十八届三中全会提出了“推进国家治理体系和治理能力现代化”。国家治理体系和治理能力是一个国家制度和制度执行能力的集中体现，国家治理体系是管理国家的制度体系，包括经济、政治、文化、社会、生态文明和党的建设等各领域体制机制、法律法规安排，也就是一整套紧密相连、相互协调的国家制度；国家治理能力则是运用国家制度管理社会各方面事务的能力，包括改革发展稳定、内政外交国防、治党治国治军等各个方面。2013年11月12日，中共中央《关于全面深化改革若干重大问题的决定》进一步提出，协商民主是我国民主政治的特有形式和独特优势，全会决定把推进协商民主广泛多层制度化发展作为政治体制改革的重要内容，强调在党的领导下，以经济社会发展重大问题和涉及群众切身利益的实际问题为内容，在全社会开展广泛协商，坚持协商于决策之前和决策实施之中。环境与整个社会发展和人民生活密切相关，环境问题不仅是我国经济社会发展面临的重大问题，也是涉及群众切身利益的实际问题，环境问题的解决依赖于环境协商民主机制具有的可能性、必要性和正当性。提高国家治理能力，客观上要求把民主法治、环境协商民主机制更多地引入环境保护工作当中。

协商民主机制在环境保护中的重要体现是环境公共治理。所谓公共治理，一般是指政府及其他组织组成自组织网络共同参与公共事务管理，谋求公共利益的最大化，并共同承担责任的治理形式。公共治理不同于政府治理，在公共治理理论的视域下，政府、企业与公民社会都不是唯一的治理主体，三者间的互动、合作成为必然选择。政府、企业与公民社会三种机制运行中各存在优势与不足，公共治理的理论基础是政府、企业与公民社会的三边互动。为了实现生态环境的良好治理，应当建立起三者良性互动的网络治理机制，在互动中开辟解决环境公共问题、增进环境公共利益的有效途径。近几年来，我国环境法律法规的制定和修订、政策性文件的出台，越来越多地体现了公共治理的要求。

三、综合治理原则的法律体现及特点

2015年《环境保护法》正式把“综合治理”确定为环境保护的基本原则，而公共治理则是“综合治理”最重要的理念和工具。一方面，《环境保护法》体现了多元共治的思维，例如，《环境保护法》第6条规定：“一切单位和个人都有保护环境的义务。地方各级人民政府应当对本行政区域的环境质量负责。企业事业单位和其他生产经营者应当防止、减少环境污染和生态破坏，对所造成的损害依法承担责任。公民应当增强环境保护意识，采取低碳、节俭的生活方式，自觉履行环境保护义务。”另一方面，在管理体制上，《环境保护法》规定了统一管理，部门

分工的管理体制，规定财政、教育、农业、公安、监察机关、任免机关、人民法院等有关部门和机关的环保职责。如该法第21条规定，“国家采取财政、税收、价格、政府采购等方面的政策和措施，鼓励和支持环境保护技术装备、资源综合利用和环境服务等环境保护产业的发展”。第22条规定，“企业事业单位和其他生产经营者，在污染物排放符合法定要求的基础上，进一步减少污染物排放的，人民政府应当依法采取财政、税收、价格、政府采购等方面的政策和措施予以鼓励和支持”。此外，《环境保护法》在多方面都体现了综合治理原则的内容，规定了各环境要素的共性管理制度，并规定国家加强对大气、水、土壤等的保护，建立和完善相应的调查、监测、评估和修复制度；明确了“国家采取有利于节约和循环利用资源、保护和改善环境、促进人与自然和谐的经济、技术政策和措施”治理环境；明确了负有环境保护监督管理职责的部门的职责，规范了环境保护各主体的义务和参与环境治理的方式；规定国家建立跨行政区域的重点区域、流域环境污染和生态破坏联合防治协调机制，实行统一规划、统一标准、统一检测、统一的防治措施。

总之，综合治理原则在《环境保护法》中表现出以下几方面特点。第一，治理主体具有多元性。现行《环境保护法》体现了国家、企业和个人环保公共治理的新理念和新机制。国家、企业、个人三者都有环境保护的义务，三者各自的特点及相互关系是：一是政府担负重要的环保责任。针对的是我国以往环境资源法对政府的规定偏重于权而失之于责，《环境保护法》的修订大大加强了政府的环境责任，这是我国环境保护的着力点。二是发挥企业的积极作用。针对的是以往企业在环境法中的角色是被动的被管理者，很少积极主动地参与环保。西方发达国家的企业在环保中越来越积极，重要的环境标准如ISO 14000，重要的环境法规如电子电器废物处理的立法均出自企业的自律规范。三是提升个人的环保意识。目前，公众的环保意识需要大力加强，要把环保与个人修养的提高和追求文明生活方式结合起来，也要重视发挥环境非政府组织的积极作用。环保的理想状态不是管出来的，而是大家自觉行动共同创造的。在全民中形成环保光荣、污染可耻的共识和准则。第二，治理途径具有多样性。特别注重运用市场手段和经济政策，客观上要求转换政府职能，刺激市场机制发挥作用，鼓励公民参与，而且强调行政、市场与公众三者的结合。我国环境保护的一些创新型制度，如生态补偿、第三方治理、排污权交易与碳排放交易、企业环保信用制度、政府绿色采购、环保税、环境污染责任保险合同、能源管理等都体现了综合治理的特点。在手段上，环境公共治理机制既包含政府层面的市场化机制和管制措施，同时还有非政府组织的援助手段和公众的手段，以及自我规制、契约手段、志愿主义等私主体治理模式。第三，治理机制具有综合性。环境保护要全社会全方位齐抓共管，相互配合，实现治理的系统化。以监管主体为例，环境治理牵涉的监管主体众多，职责分工不同。以社会生活类环境污染监管机关为例，据不完全统计，履行这方面监管责任的单位涉及几十家，除了环保部门，还有市政市容、交通、城管、建委、规划、卫生、国土、水务、农业等单位，它们在环境污染防控方面的职责不同，虽然有分工，但也存在重复监管或相互扯皮的现象。以城管部门一家为例，该单位承担的社会生活环保职责包括向排水设施内倾倒杂物，露天烧烤、焚烧，非法夜间施工，废旧物品收购场所环境污染，违规堆放、倾倒生活垃圾、建筑垃圾，施工扬尘污染，运输车辆遗撒、道路扬尘等。可见，环境公共治理牵涉了环境行政执法的多个政府部门，需要协同治理、联合执法、综合治理。此外，环境公共治理还会涉及环境事务中的立法、司法、监督等各个环节，是一种从“预案参与”到“过程参与”、“末端参与”和“行为参与”的全覆盖性的合作治理。环境保护要全社会全方位齐抓共管，相互配合，实现治理的系统化。

第四节　公众参与原则

一、公众参与原则的概念

公众参与原则，过去称依靠群众保护环境的原则，又称环境民主原则，是指生态环境保护与自然资源开发利用必须依靠公众的广泛参与，环境资源法通过各种法定的形式和途径确立公众在参与环境管理与保护中的资格，鼓励公众积极参与环境保护事业，保护他们对污染环境和破坏生态的行为依法进行监督的权利。公众参与原则是保障环境正义、提高环境效益的具体要求，集中体现了现代环境法的民主与法治要求。

我国当前的环境问题仍处于局部有所改善、总体尚未遏制（仍处于"碳达峰"的爬坡期）、形势依然严峻、压力仍然很大的阶段。环境问题是社会问题，环境污染和破坏是以损害公众利益为主的公害，公众的环境利益又是最容易受到侵害的，而公众相对于企业事业单位和行政部门处于弱者地位。如果没有公众参与，环境保护就必然失去发展的动力，则会流于形式，也根本无法保证法律的公平与正义。工业化进程中，因环境问题引发的群体性事件较多，这些事件往往会造成严重的社会影响。在环境群体性事件中，最主要的表现形式是环境邻避冲突。〔4〕"邻避"概念最早于1977年由欧·海尔（O'Hare）提出，指的是城镇的公共设施为大多数民众带来利益，而这些设施在建设和运营过程中所带来的外部成本却由周围居民来承受，因而该设施的建设会受到当地居民的抵制，进而产生抗争，欧·海尔把这种现象归纳为"Not on My Block You Don't"〔5〕。1980年英国记者艾米丽（Emilie）在《基督教科学箴言报》上发文，提出了Not In My Backyard（NIMBY）一词，直译为"别在我家后院"，NIMBY意译为"邻避"，此后"邻避"一词被广泛使用。邻避设施的选址、兴建以及运营所引发的民众与建设方或政府之间的冲突，即"邻避冲突"。〔6〕造成这种情况的原因之一是，现有的环境利益冲突协商机制不能满足公众的需要，环境知识未广泛普及，公众利益表达的渠道不畅。因此，需要法律来建立公众有序参与的机制，运用法治思维和法治方式化解社会矛盾。

环境保护需要全社会的共同参与。长期以来我国环境法的产生和发展具有行政主导的特点，公众参与的深度和广度十分有限。党的十五大提出建设社会主义法治国家的目标，公民的各项民主权利不断提升，公众参与原则在理论和实践方面都得到迅速发展。然而，公众参与原则在各国环境法的规定中有不同的具体内容，这取决于一个国家的经济发展水平以及由此决定的民主与法治建设程度。我国目前实施公众参与的主要任务是提高全民族的环境意识和强化环境法治观念，树立保护和改善环境的良好社会风气。环境保护是一项公益性事业，不仅关系人民群众的切身利益，影响每个人的生活和健康，而且影响社会经济的发展。只有通过宣传教育，广大群众认识到环境保护的重要性，才能在全社会树立起保护环境、人人有责的风尚，把保护环境变成全体公民的自觉行动。

---

〔4〕参见谭柏平：《生态城镇建设中环境邻避冲突的源头控制——兼论环境影响评价法律制度的完善》，载《北京师范大学学报》（社会科学版）2015年第2期。

〔5〕O'Hare M. "*Not on My Block You Don't*"：*Facilities sitting and the strategic importance of compensation*, Public Policy, 1977, 25(4): 407-458.

〔6〕蔡宗秀：《邻避情结之冲突协商》，载《亚太经济管理评论》（第8卷）2004年第1期。

二、公众参与原则的产生与发展

在20世纪60年代兴起的生态运动推动下，公众参与得以发展，并迅速为国际社会广泛接受。1969年美国《国家环境政策法》首次确认了公众参与原则，并通过环境影响评价制度予以落实。1982年《内罗毕宣言》提出，应通过宣传、教育和训练，提高公众和政界人士对环境重要性的认识。在促进环境保护工作中，必须每个人负起责任并参与工作。1992年《里约环境和发展宣言》规定，环境问题最好是在全体有关市民的参与下，在有关级别上加以处理。在国家一级，每一个人都应能适当地获得公共当局所持有的关于环境的资料，包括关于其社区内的危险物质和活动的资料，并应有机会参与各项决策进程。各国应通过广泛提供资料来便利及鼓励公众的认识和参与。当然，公众参与原则在各国环境法的规定中有不同的具体内容，这取决于一国的经济社会发展水平，以及由此决定的民主与法治的建设程度。

我国环境资源法中的公众参与，从政策到法规、再上升为法律原则，经历了一个从不规范到逐步完善的发展过程。1973年第一次全国环境保护会议上提出环境保护"32字方针"，即"全面规划，合理布局，综合利用，化害为利，依靠群众，大家动手，保护环境，造福人民"，就具有公众参与的含义。20世纪90年代初《中国21世纪议程》强调"实现可持续发展目标，必须依靠公众及社会团体的支持和参与"，"需要新的参与机制和方式，团体及公众既需要参与有关环境与发展决策过程，特别是参与那些可能影响到他们生活和工作的社区决策，也需要参与对决策执行的监督"。这是我国环境保护公众参与的重要依据。1993年我国多部门联合发布《关于加强国际金融组织贷款建设项目环境影响评价管理工作的通知》（现已失效）中，第一次提出了公众参与的明确要求，该通知第7条规定，"公众参与是环境影响评价的重要组成部分，《报告书》中应设专门章节予以表述，使可能受到影响的公众或社会团体的利益能得到考虑和补偿。公众参与工作可在《评价大纲》编制和审查、《报告书》审查阶段进行"。1996年国务院《关于环境保护若干问题的决定》规定，"建立公众参与机制，发挥社会团体的作用，鼓励公众参与环境保护工作，检举和揭发各种违反环境保护法律法规的行为"。2003年《环境影响评价法》正式施行，这是一部保证公众参与的重要立法，该法明确规定了对公众和专家参与规划和建设项目环境影响评价的范围、程序、方式和公众意见的法律地位，使公众的意见成为环境影响报告书不可缺少的组成部分。2006年2月，原国家环保总局发布了《环境影响评价公众参与暂行办法》〔7〕，该办法不仅明确了公众参与环评的权利，而且规定了公众参与环评的具体范围、程序、方式和期限。2008年的《环境信息公开办法（试行）》则对环境信息公开的范围和主体、方式和程序、监督和责任等作出了明确的规定。

公众参与原则作为我国环境法的一项法律原则，其地位日益提高，功能逐步加强。例如，在《海洋环境保护法》《土壤污染防治法》《水污染防治法》《固体废物污染环境防治法》《环境噪声污染防治法》等环境保护单行法中，都有关于公众参与环境保护的规定。在其他法律、法规、规章以及政策性文件中，也对公众参与作出了具体规定。尤其是2015年《环境保护法》，该法第9条对环境保护宣传教育以及新闻媒体的舆论监督作出了规定。并且，修订后的《环境保护法》明确规定，公众、法人和其他组织依法享有获取环境信息、参与和监督环境保护的权利；各级政府及其有关部门应当依法公开环境信息、完善公众参与程序，为公民、法人和其他组织参与和监督环境保护提供便利。此外，还具体规定了政府及其相关部门应当依法公开信息、企业应当主动向社会公开信息、建设项目环境影响报告书全文公开、对环境违法行为可以举报和提起环境公益诉讼等制度。

---

〔7〕 自2019年1月1日《环境影响评价公众参与办法》施行之日起，《环境影响评价公众参与暂行办法》废止。

三、公众参与原则的内容和实施

公众参与原则的功能旨在赋予公众环境知情权、参与权和监督权等。2015 年《环境保护法》增加了第五章“环境信息公开和公众参与”，有关公众参与环境保护的权利概括如下：

第一，环境信息知情。知情权是公众参与的前提和重要基础。公众只有获得准确的环境信息，才能有效地行使参与和监督等其他权利。《环境保护法》第 53 条界定了环境知情权的含义，即“公民、法人和其他组织依法享有获取环境信息、参与和监督环境保护的权利”。政府信息公开是公民环境知情权享有的关键，应建立健全政府信息公开机制。该法第 54 条规定：“国务院环境保护主管部门统一发布国家环境质量、重点污染源监测信息及其他重大环境信息。省级以上人民政府环境保护主管部门定期发布环境状况公报。县级以上人民政府环境保护主管部门和其他负有环境保护监督管理职责的部门，应当依法公开环境质量、环境监测、突发环境事件以及环境行政许可、行政处罚、排污费的征收和使用情况等信息。县级以上地方人民政府环境保护主管部门和其他负有环境保护监督管理职责的部门，应当将企业事业单位和其他生产经营者的环境违法信息记入社会诚信档案，及时向社会公布违法者名单。”公民有权获得行政机关所掌握的环境资料，对环境状况、政府决策、工程项目等信息享有知情权，有权就相关问题向政府咨询并及时得到答复。政府信息公开是公民环境知情权享有的关键，建立健全政府信息公开机制，包括信息公开的机关、信息的内容、公开的程度、公开的时间、公民查询的方式、就相关问题进行咨询的途径等都应作出明确的规定。

第二，环境权益诉讼。一方面是司法救济权，公民的环境权益受到侵害时，应当能及时有效地诉诸司法，获得司法上的救济。公民的环境知情权、环境决策参与权受到非法侵害时，也有权通过诉讼得到法律救济。另一方面是环境公益诉讼权。符合条件的社会组织提起公益诉讼，人民法院应当依法受理。各级人民政府生态环境主管部门和其他负有环境保护监督管理职责的部门，应当依法为公民、法人和其他组织参与和监督环境保护提供便利。《环境保护法》第 58 条规定了环境公益诉讼，对污染环境、破坏生态，损害社会公共利益的行为，符合下列条件的社会组织可以向人民法院提起诉讼：(1)依法在设区的市级以上人民政府民政部门登记；(2)专门从事环境保护公益活动连续 5 年以上且无违法记录。符合前款规定的社会组织向人民法院提起诉讼，人民法院应当依法受理。提起诉讼的社会组织不得通过诉讼牟取经济利益。

第三，环境信息公开。各级政府、环保部门必须公开环境信息，及时发布环境违法企业名单。县级以上地方人民政府生态环境主管部门和其他负有环境保护监督管理职责的部门，应当将企业事业单位和其他生产经营者的环境违法信息记入社会诚信档案，及时向社会公布违法者名单。排污单位必须公开自身环境信息、环评报告书全文。《环境保护法》第 55 条规定：“重点排污单位应当如实向社会公开其主要污染物的名称、排放方式、排放浓度和总量、超标排放情况，以及防治污染设施的建设和运行情况，接受社会监督。”第 56 条规定：“对依法应当编制环境影响报告书的建设项目，建设单位应当在编制时向可能受影响的公众说明情况，充分征求意见。负责审批建设项目环境影响评价文件的部门在收到建设项目环境影响报告书后，除涉及国家秘密和商业秘密的事项外，应当全文公开；发现建设项目未充分征求公众意见的，应当责成建设单位征求公众意见。”

第四，环境违法举报。《环境保护法》鼓励和保护公民举报环境违法。该法第 57 条规定：“公民、法人和其他组织发现任何单位和个人有污染环境和破坏生态行为的，有权向环境保护主管部门或者其他负有环境保护监督管理职责的部门举报。公民、法人和其他组织发现地方各级人民政府、县级以上人民政府环境保护主管部门和其他负有环境保护监督管理职责的部门不依法履行职责的，有权向其上级机关或者监察机关举报。接受举报的机关应当对举报人的相关信息予以保密，保护举报人的合法权益。”我国各地环保主管部门均设立了环保投诉举报咨询热线 12369，现多已并入政府服务热线 12345，12345 热线受理后，再按照政府职能部门的不同，进行分流交办。

第五，环境行政听证。我国《环境影响评价法》规定，“专项规划的编制机关对可能造成不良环境影响并直接涉及公众环境权益的规划，应当在该规划草案报送审批前，举行论证会、听证会，或者采取其他形式，征求有关单位、专家和公众对环境影响报告书草案的意见”。“除国家规定需要保密的情形外，对环境可能造成重大影响、应当编制环境影响报告书的建设项目，建设单位应当在报批建设项目环境影响报告书前，举行论证会、听证会，或者采取其他形式，征求有关单位、专家和公众的意见。”

此外，我国其他各专项环境保护法律法规也对公民的环境保护公众参与权予以保障，规范公众参与的各种途径和程序。

第五节　损害担责原则

一、损害担责原则的概念

损害担责原则，亦称环境责任原则，即污染者付费、利用者补偿、开发者保护、破坏者恢复的原则，也曾被称为谁污染谁治理、谁开发谁保护的原则。作为环境保护法一项重要的法律原则，“损害担责”是指任何对环境和生态造成损害的单位和个人，都必须依法承担相应的法律后果。所谓损害担责的“损害”，是指环境损害，即由于人为活动而导致的人类与其他物种赖以生存的环境受到损害与导致不良影响的一种事实。环境损害包括环境污染和生态破坏，环境损害者当然要为其造成的损害承担责任。所谓损害担责的“担责”，不光是指承担法律责任，还包括承担法律义务。因此，“损害担责”是指人们基于对环境和资源的利用，或对环境造成污染破坏、对自然资源造成减损，均应承担相应的法律责任和法律义务。具体而言，首先，“损害担责”这一原则是指《环境保护法》第 64 条规定的情形：“因污染环境和破坏生态造成损害的，应当依照《中华人民共和国侵权责任法》的有关规定承担侵权责任。”[8]此处的侵权责任即环境损害责任。其次，只要有污染环境和破坏生态的行为，行为人就要承担责任，而不是非得有了损害结果才承担责任。甚至，对环境和生态造成损害的单位和个人，其行为即便有合法依据，依然要承担责任。再次，“损害担责”这一原则也包括违反环境法律义务，直接或间接造成环境和生态损害后果所应承担的法律责任，即《环境保护法》第 6 条规定的情形：“一切单位和个人都有保护环境的义务。地方各级人民政府应当对本行政区域的环境质量负责。企业事业单位和其他生产经营者应当防止、减少环境污染和生态破坏，对所造成的损害依法承担责任。公民应当增强环境保护意识，采取低碳、节俭的生活方式，自觉履行环境保护义务。”这意味着无论是各级人民政府，还是企事业单位等生产经营者或个人，也无论其行为是否造成了民事损害后果，只要是有违法行为的事实，并造成环境和生态损害后果，都要承担相应的法律责任。最后，造成环境损害所应承担的责任，不仅是民事责任，还包括行政责任、刑

---

〔8〕《中华人民共和国民法典》自 2021 年 1 月 1 日起施行，《侵权责任法》同时废止，其内容由《民法典》第七编侵权责任承继。

事责任，甚至包括自治规约、道义和纪律等责任。

二、损害担责原则的产生与发展

损害担责原则充分体现了市场经济条件下环境保护所遵循的环境公平正义法则，用以消除环境成本外部化或所谓的外部不经济性〔9〕，寻求利益与责任相一致的实质公平。此原则要解决的是这样一个问题：个人追求经济利益给环境造成的“外部不经济”是由全体纳税人负担，还是应由责任者自己负担？环境污染和生态破坏是一种典型的“环境问题的外部不经济性”。在过去相当长的一段时期，环境被认为是无主物或公共资源，造成环境污染和破坏的单位或者个人只要对他人人身和财产没有造成直接的侵害，就不承担任何责任。起初，西方国家对环境污染的治理大多采取政府财政援助的措施，政府的环境支出则由全体纳税人来支付，个体的不当行为造成的环境问题要由全体社会成员来承担，这实际上是把污染者的环境治理责任转移给了全体纳税人。显然，这种做法不仅违背了社会公平原则，实际上也不能有效遏制环境污染和生态破坏。因为随着环境问题的加剧，一方面，政府对日益增加的环境保护投资越来越不堪重负；另一方面，环境问题陷入“越治理、污染越严重”的恶性循环。于是，有人提出应将环境问题的外部不经济性“内部化”，即个体追求经济利益造成的环境问题的治理与修复等费用应当“内化为个体的生产成本”，由责任者全部或部分承担，而不应当由全体社会成员来“埋单”。这些责任者可能是环境污染者，可能是资源利用者或开发者，也可能是生态破坏者，过去他们“只受其利，不受其害”的做法显然缺乏合理性，而由他们承担自身行为的不利后果，符合法律上的公平原则。应当通过法律规范让“外部成本”（社会承担的成本）“内部化”（成本由责任者承担），迫使责任者采取有效措施减少或避免环境损害的发生。在这样的背景下，国际社会提出了“污染者付费原则”（polluters pay principle），即污染环境造成的损失及其费用由排污者负担。

1972 年，经济合作与发展组织理事会在债权理论的基础上首次提出了“污染者付费”原则，由于这一原则有利于实现社会公平和防治环境污染，很快被国际社会广泛接受，并被许多国家确定为环境保护的一项基本原则。例如，德国联邦政府制定环境政策纲领时，就“污染者付费”原则作出定义：谁使环境有所负担或污染，其就应支付所造成的负担及治理污染的费用。1992 年《里约环境与发展宣言》在原则 13 中再次要求“各国应制定关于污染和其他环境损害的责任和赔偿受害者的国家法律”；在原则 16 中规定，“考虑到污染者原则上应承担污染费的观点，国家当局应该努力促使内部负担环境费用，并且适当地照顾到公众利益，而不歪曲国际贸易和投资”。这是对“污染者付费”原则的国际认可。然而，“污染者付费”原则有其局限性：一是主体仅限于污染者；二是承担责任的方式仅限于“付费”，即支付排污费。如果一个排污者所缴纳的排污费远低于其生产所得的效益，那么，它就有很大的原始冲动持续污染。并且，在多重污染叠加之下，污染者应付的费用以及生态环境破坏者的恢复费用往往又难以确定，“付费”的概念已无法满足环境法治发展的需要，而转向了“责任”的负担。例如，日本提出了“原因者负担”原则，即谁造成了必须采取一定措施才能解决的环境问题即引发了原因，谁就必须承担“采取防止措施和事后措施”的责任，以及承担“其必要费用”的责任。一般

---

〔9〕 根据经济学上的外部性理论，外部性可以分为外部经济（或称正外部经济效应、正外部性）和外部不经济（或称负外部经济效应、负外部性）。外部经济（external economy）是指一些人的生产或消费使另一些人受益而又无法向后者收费的现象；外部不经济（external diseconomy）是指一些人的生产或消费使另一些人受损而前者无法补偿后者的现象。

来说，“责任”的范围既包括金钱给付，如费用填补和罚金，也包括法律责任和事实上的整治责任，如法律上的行为义务、民事赔偿责任等。这意味着，污染者负担原则是贯穿环境法和环境保护整个过程的原则，与之相关的制度包括排污收费制度、处罚制度、救济制度等。这种转变在法理上表明，环境不再是任人随意取用和毁损时不受制裁的自由财产，而是共有财产组成部分的“公共财产”，只有付出一定的代价才能使用，甚至要求使用时应尽可能采取一切措施，避免环境的损害。在无法避免时，则要求行为人为排除此一行为负担相应的费用。

三、损害担责原则的内容

损害担责原则在我国环境法中有一个发展和完善的过程。1979 年《环境保护法(试行)》规定了“谁污染，谁治理”，这一原则当时主要是为了明确污染者有责任对其造成的污染进行治理，但该表述不够确切，只明确了污染者的治理责任，未包括对污染者造成损失的赔偿责任。20 世纪 80 年代后期，我国实行自然资源有偿使用制度，这一原则随之增加了“利用者补偿”的内容。1996 年国务院发布的《关于环境保护若干问题的决定》则将这项原则完整地表述为“污染者付费、利用者补偿、开发者保护、破坏者恢复”。2014 年修订《环境保护法》，第二次、第三次审议稿均采用“污染者担责”的表述，第四稿修改时有意见提出，“污染者担责”原则只体现了污染者的责任，不能涵盖生态破坏者的责任。修订通过的《环境保护法》最后的表述是将其确定为“损害担责”原则。

《环境保护法》对损害担责原则作出了具体规定。例如，企业事业单位和其他生产经营者“对所造成的损害依法承担责任”；排放污染物的企业事业单位和其他生产经营者，应当按照国家有关规定缴纳排污费；排放污染物的企业事业单位，应当建立环境保护责任制度；重点排污单位有主动公开信息的责任；因污染环境、破坏生态造成损害的，应当依照《民法典》侵权责任编的有关规定承担侵权责任；此外，还规定了行政处罚、行政拘留和刑事责任。总之，损害担责原则的主要内容可归纳为：污染者付费、利用者补偿、开发者保护、破坏者恢复。

(一)污染者付费

污染者付费，或称污染者负担，是指污染环境造成的损失及治理污染的费用应当由排污者承担，而不应转嫁给国家和社会。从经济学的角度来看，生产经营活动造成的污染属于经营成本，如果经营者不承担这种成本而由国家和社会承担，无异于损人利己、损公肥私，不符合法律上的公平原则。污染者付费制度自 20 世纪 70 年代起已为国际上所普遍承认，并被许多国家确定为环境保护法的一项基本原则。污染者负担主要是针对已经发生的污染起作用，即事后的消极补偿，但有时这一手段并非十分奏效，有些污染者在交纳了一定的排污费或排污税后仍继续排污。针对这种情况，很多国家采用了一种污染者负担的新制度，即惩罚性赔偿制度。该制度规定，对那些为一己之利而故意违反环境法律法规、造成环境污染或破坏的单位和个人，不仅责令其赔偿损失，而且责令其支付惩罚性赔偿费，这种惩罚性的赔偿费往往高于其污染所造成实际损失的数倍甚至更多，目的在于惩罚故意违法者，以震慑后来者。自 20 世纪 80 年代起，“污染者付费”原则已逐步在我国环境资源法中得到体现。例如，《环境保护法》第 43 条规定：“排放污染物的企业事业单位和其他生产经营者，应当按照国家有关规定缴纳排污费。排污费应当全部专项用于环境污染防治，任何单位和个人不得截留、挤占或者挪作他用。依照法律规定征收环境保护税的，不再征收排污费。”同时，我国借鉴国外的惩罚性赔偿制度，并明确入法，以严厉惩处污染或破坏环境的单位和个人，以加强对环境的保护。例如，《民法典》第 1232 条规定：“侵权人违反法律规定故意污染环境、破坏生态造成严重后果的，被侵权人有权请求相应的惩罚性赔偿。”

(二)利用者补偿

利用者补偿,亦称“谁利用,谁补偿”,是指开发利用环境资源者,应当按照国家有关规定承担经济补偿的责任,对所耗用的自然资源占有的环境容量和恢复生态平衡予以补偿,建立并完善有偿使用自然资源和恢复生态环境的经济补偿机制。根据马克思的劳动价值论,商品的价值量与实现在商品中的劳动量成正比,与这一劳动的生产力成反比。然而,环境容量和生态资源并不是劳动产品,不是必要劳动的结晶,那么,环境资源怎么会像商品一样拥有价值或价格呢? 有关资源价值理论还有其他几种学说,如“自然资源效用价值观”,它是一种将自然资源的价值归于自然资源对人类的效用的价值观。“效用”(utility)是指物能够满足人类需求的属性,在西方经济学中,有时会将“效用”和“满足”两个概念等同起来或者交替使用。对“效用”这一概念的最经典的表述是:效用表示满足。更准确地说,效用是指一个人从消费一种物品或劳务中得到的主观上的享受或者有用性。然而,效用价值观适用于自然资源相关领域中又具有先天性缺陷,即主观性和不确定性。人们难免会问:为什么像水这样不可缺少的资源,其价格很低,而对于生命并非必不可少的钻石,其价格却非常高呢? 这种“价值悖论”(paradox of value)可由“自然资源稀缺价值观”予以解释,这是一种将自然资源的价值归于其稀缺性(scarcity)的价值观,其核心思想是“物以稀为贵”。在西方经济学中,稀缺价值观因其对“价值悖论”的解决而备受关注。从自然资源稀缺性的角度来解释,除了为数不多的特殊类型的“免费物品”之外,“任何资源总是有限的,不同的资源只是有限供给的程度不一而已”。根据稀缺性规律(law of scarcity),人们所需要的大部分物品只能得到有限的供应(免费物品除外),因此,必须通过价格或者其他的形式作出某种分配。简言之,自然资源的价值或价格与其赋存数量成反比,亦即赋存数量多的价值低,赋存数量少的价值高。

现代社会生态危机的恶化使人们逐渐意识到较高品质的环境资源并非一种取之不尽、用之不竭的公有物,而是具有一定价值的稀缺品。其价值表现在环境资源的再生产能力和稀缺性两个方面,价值衡量的标准是替代资源的成本大小。[10] 在环境保护中,利用与补偿的关系虽有财产内容,但不等于民事买卖关系,即使在私有制条件下,环境与自然资源基于私人所有权的利用和处置也要受到法律必要的限制,这表现在,所谓的补偿是对已利用的环境资源要有金钱上的对价,而更重要的是利用者应对其已利用的环境资源可再生或开发替代所应付出的劳动予以补偿,正如国务院《关于环境保护若干问题的决定》所规定的,要“建立并完善有偿使用自然资源和恢复生态环境的经济补偿机制”。2017 年 1 月 16 日国务院颁发了《关于全民所有自然资源资产有偿使用制度改革的指导意见》(国发〔2016〕82 号)明确规定,“到 2020 年,基本建立产权明晰、权能丰富、规则完善、监管有效、权益落实的全民所有自然资源资产有偿使用制度”。《民法典》规定,“国家所有或者国家所有由集体使用以及法律规定属于集体所有的自然资源,组织、个人依法可以占有、使用和收益”。“国家实行自然资源有偿使用制度,但是法律另有规定的除外。”[11]

(三)开发者保护

开发者保护,或称“谁开发,谁保护”,是指有权开发利用环境资源的单位和个人,同时承担保护环境资源的义务。《环境保护法》对“开发者保护”原则也作出了明文规定,如该法第 30 条规定,开发利用自然资源,应当合理开发,保护生物多样性,保障生态安全,依法制定有关生态保护和恢复治理方案并予以实施。引进外来物种以及研究、开发和利用生物技术,应当

---

〔10〕 参见常纪文:《环境法律责任原理研究》,湖南人民出版社 2001 年版,第 72 页。

〔11〕 《民法典》第 324 ~ 325 条。

采取措施,防止对生物多样性的破坏。

开发利用自然资源,必须采取措施保护生态环境,处理好开发与保护之间的关系,不能过度开发。开发是对环境资源的一种利用,"竭泽而渔"式的开发不可能持久。构成生态系统的各种环境要素和自然资源之间是相互联系和相互影响的,任何一种开发利用行为都不仅可能会对原有环境资源造成不同形式、不同程度的改变和破坏,而且还会对周围的环境和生态系统构成影响,而盲目的开发活动越发会导致环境和自然资源的破坏以及生态系统的失衡。在处理开发和保护两者之间的关系时,不同时期、或针对特定区域会有不同的侧重。在经济社会发展的过程中,前期往往侧重于开发,开发一旦过度,造成了对环境资源的破坏,危害了生态系统的稳定,则应该遏制开发的态势,以保护为主。以我国的长江经济带为例,自改革开放以来,长江岸线经济过度开发、长江流域生态破坏带来的洪涝灾害、环境污染与物种失衡,都让沿江人民日益增长的美好生活需要和不平衡不充分的发展之间的矛盾日益加剧,长江流域的生态环境形势也越发严峻。当前,应该把修复长江生态环境摆在压倒性位置,逐步解决长江生态环境透支问题。为此,国家作出了"共抓大保护、不搞大开发"的长江经济带发展战略。2016 年 3 月 25 日,党中央审议通过了《长江经济带发展规划纲要》。2018 年 3 月,农业农村部、财政部、人力资源社会保障部三部委联合发布了《长江流域重点水域禁捕和建立补偿制度实施方案》。2020 年 12 月 26 日,第十三届全国人大常委会第二十四次会议通过了我国的《长江保护法》,目的是加强长江流域生态环境保护和修复,促进资源合理高效利用,保障生态安全,实现人与自然和谐共生、中华民族永续发展。

开发者保护是开发过程中的维护和开发后的后继整治,可以将资源开发对环境和生态系统的影响减少到最低限度,可以节约和综合利用不可更新资源,保持可更新资源的最大增值能力,也只有把开发与保护相结合,才能实现资源的永续或长久利用,才能实现生态环境系统的良性循环和经济系统的可持续增长。在我国,大量的自然资源属于国有,开发者大都为国有企业事业单位,这些单位无论是基于其法定身份,还是基于其开发行为,保护环境资源均是其法定的责任;对于非国有企业事业单位的开发者来说,保护环境资源则是其法定的义务。

(四)破坏者恢复

破坏者恢复,或称"谁破坏,谁恢复",是指造成环境资源破坏的单位和个人,必须承担将受到破坏的环境资源予以恢复和整治的法律责任。例如,《草原法》规定,禁止开垦草原。对水土流失严重、有沙化趋势、需要改善生态环境的已垦草原,应当有计划、有步骤地退耕还草;已造成沙化、盐碱化、石漠化的,应当限期治理。[12] 《矿产资源法》中关于土地复垦的规定,也是这一原则的具体规范。"破坏者恢复"与"污染者付费"、"谁污染,谁治理"等规定,既有联系也有区别。造成环境污染和破坏者即使付费了,也不当然免除其恢复和整治的责任。污染往往指危害自然环境的行为,而破坏还包括了危害自然资源的行为。如果破坏者没有修复能力,或者生态环境不能够修复的,应该委托有资质的第三方修复,或者由破坏者承担"替代修复"的责任,或者由破坏者承担修复的费用。例如,我国《水土保持法》规定,开办生产建设项目或者从事其他生产建设活动造成水土流失的,应当进行治理。在山区、丘陵区、风沙区以及水土保持规划确定的容易发生水土流失的其他区域开办生产建设项目或者从事其他生产建设活动,损坏水土保持设施、地貌植被,不能恢复原有水土保持功能的,应当缴纳水土保持补偿费,专项用于水土流失预防和治理。[13] 再如,《民法典》第 1234 条规定:"违反国家规定造

---

〔12〕《草原法》第 46 条。

〔13〕《水土保持法》第 32 条。

成生态环境损害，生态环境能够修复的，国家规定的机关或者法律规定的组织有权请求侵权人在合理期限内承担修复责任。侵权人在期限内未修复的，国家规定的机关或者法律规定的组织可以自行或者委托他人进行修复，所需费用由侵权人负担。”

第六节　国家干预原则

一、国家干预原则的概念

国家干预原则，是指国家以社会公共利益代表者的资格（并非仅以国有资源所有者的资格），依法对各种开发利用环境资源的活动直接进行管理的政府行为。近一个世纪以来，在国家对经济和社会生活进行干预的理论和实践问题上尽管有很大争议，但在国家对环境问题的直接干预方面，总的趋势是不断加强。这是由于环境污染已成为一大社会公害，损害了全社会的利益，因而国家必须出面干预已势在必行。

二、国家干预原则的内容

我国现行法律规定中非常重视国家干预。例如，现行《宪法》规定：“国家保护和改善生活环境和生态环境，防治污染和其他公害。”“国家保障自然资源的合理利用，保护珍贵的动物和植物。禁止任何组织或者个人用任何手段侵占或者破坏自然资源。”[14] 国家干预原则在《环境保护法》中也多有体现，以国家为实施主体、或者在环境保护中体现国家职责的规定包括：国家建立、健全环境监测制度；国家建立跨行政区域的重点区域、流域环境污染和生态破坏联合防治协调机制，实行统一规划、统一标准、统一监测、统一的防治措施；国家采取财政、税收、价格、政府采购等方面的政策和措施，鼓励和支持环境保护技术装备、资源综合利用和环境服务等环境保护产业的发展；国家实行环境保护目标责任制和考核评价制度；国家在重点生态功能区、生态环境敏感区和脆弱区等区域划定生态保护红线，实行严格保护；国家建立、健全生态保护补偿制度；国家加强对大气、水、土壤等的保护，建立和完善相应的调查、监测、评估和修复制度等。[15] 归纳起来，国家对环境干预的主要手段包括：（1）制定经济发展与环境保护相协调的经济发展和社会发展的长远规划、土地利用规划等，直接禁止在某些区域内从事一些开发利用环境的活动；（2）实行环境影响评价制度，对拟进行的开发项目可能给环境造成的影响作出评价，对建设项目的环境影响评价报告和防治污染的方案进行审批；（3）制定环境标准，如国家鼓励开展环境基准研究，国务院生态环境主管部门制定国家环境质量标准；（4）建立环境行政许可制度，对可能会造成环境不利影响的开发、建设项目，在事先经过申请并经主管部门审查批准，并颁发环境行政许可后才能进行；（5）由国家向不发达或待开发的地区进行投资，促使其经济发展与环境保护的均衡；（6）通过低息或优惠贷款等形式的财政援助，帮助工业企业修建排污设施；（7）征收排污费或排污税制度，利用税收杠杆来促进对环境的保护和改善；（8）通过宣传、教育等活动强化公民的环境意识；（9）开展国家利益诉讼，如2017年12月中共中央办公厅、国务院办公厅印发的《生态环境损害赔偿制度改革方案》规定，赔偿权利人及其指定的部门或机构可代表国家提起生态环境损害赔偿民事诉讼。国务院

---

〔14〕《宪法》第9、26条。

〔15〕《环境保护法》第17、20、21、26、29、31、32条。

授权省级、市地级政府（包括直辖市所辖的区县级政府）作为本行政区域内生态环境损害赔偿权利人。

此外，我国《海洋环境保护法》《土壤污染防治法》《水污染防治法》《大气污染防治法》等环境法律中都有关于国家干预的规定。这些规定使国家对环境的干预和管理职能得到了充分的发展，有效地协调了人与环境的关系以及人与人的关系，对推动我国的环境保护工作发挥了重要的作用。

第三章　生态环境与资源法的基本制度

生态环境与资源法的基本法律制度，是指遵循环境资源法的基本原则，由调整特定环境资源社会关系的一系列环境资源法律规范组成的实施规则系统。

至于哪些制度可以称为环境资源法的基本制度，并无定论。1989 年国务院召开第三次全国环境保护会议，将我国环境资源法的主要制度归纳为八项，分为所谓“老三项”（环境影响评价制度、建设项目“三同时”制度、排污收费制度）和“新五项”（环境保护目标责任制、城市环境综合整治定量考核制度、实行污染物排放许可证制度、促进污染集中控制制度、污染源限期治理制度）。以后历次的全国环境保护大会主要强调了这些制度的落实。2013 年，党的十八届三中全会通过的中共中央《关于全面深化改革若干重大问题的决定》首次确立了生态文明制度体系，阐述了生态文明制度体系的构成及其改革方向、重点任务，并提出，到 2020 年构筑起由八项制度构成的产权清晰、多元参与、激励约束并重、系统完整的生态文明制度体系，推进生态文明领域国家治理体系和治理能力现代化，努力走向社会主义生态文明新时代。主要是：健全自然资源资产产权制度，国土空间开发保护制度，空间规划体系，资源总量管理和全面节约制度，资源有偿使用和生态补偿制度，健全环境治理体系、环境治理和生态保护市场体系，生态文明绩效评价考核和责任追究制度。2018 年是生态文明建设和生态环境保护事业发展史上具有重要里程碑意义的一年，以习近平同志为核心的党中央对加强生态环境保护、提升生态文明、建设美丽中国作出一系列重大决策部署。《宪法》修正案将新发展理念、生态文明建设和建设美丽中国的要求写入《宪法》。2020 年全国生态环境保护工作会议明确要求，建立健全生态文明制度体系，推进生态环境治理体系和治理能力现代化。理论界对此也有不同看法。有学者主张将主要制度归纳为八项，即环境影响评价制度、“三同时”制度、环境标准制度、清洁生产与循环经济制度、环境许可证制度、排污收费制度、限期治理制度和环境事故报告制度；[1] 也有学者认为主要制度应当包括七项，即环境影响评价制度、环境许可证制度、清洁生产制度、环境税费制度、环境物权制度、生态补偿制度和环境合同制度；[2] 还有学者虽然也主张主要制度包括七项，但制度内容存在差异，即环境资源规划制度、环境标准与环境监测制度、环境影响评价制度、“三同时”制度、征收环境资源税费制度、环境资源许可证制度和清洁生产制度。[3] 还有学者总结了生态文明源头严防的七项制度、过程严管的五项制度和后果严惩的两项制度，分别是：自然资源资产产权制度、国家自然资源资产管理体制、自然资源监管体制、主体功能区制度、空间规划体系、用途管制制度、国家公园体制；资源有偿使用制度、生态补偿制度、环境承载能力监测预警机制、污染物排放许可制、企事业单位污染物排放总量控制制度；生态环境损害责任终身追究制、损害赔偿制度。[4]

---

〔1〕 参见周珂：《环境法》（第 2 版），中国人民大学出版社 2005 年版，第 53 页。

〔2〕 参见吕忠梅：《环境法原理》，复旦大学出版社 2007 年版，第 211、439 页。

〔3〕 参见钱水苗等：《环境资源法》，高等教育出版社 2005 年版，第 114 页。

〔4〕 参见杨伟民：《建立系统完整的生态文明制度体系》，载《光明日报》2013 年 11 月 23 日。

总体而言，环境资源法的基本制度应当是在环境保护中具有重大普遍意义和起主要管理作用的法律规则和程序，而且应当根据其适用的阶段不同而有所差异。因此，本章将基本法律制度归纳为以下几项：环境资源权属制度、环境资源税费制度、环境影响评价制度、“三同时”制度、环境资源许可证制度、清洁生产和循环经济制度、环境事故报告制度、特定区域生态环境保护制度。

第一节　环境资源权属制度

一、环境资源权属制度概述

环境资源权属制度，是对环境资源的权利归属和利用作出综合性规定的法律制度。主要包括环境资源权利归属制度和环境资源利用制度。环境资源权利归属制度与环境资源利用制度两者密切联系、不可分割。环境资源权利归属制度是环境资源利用制度的基础，环境资源利用制度是在环境资源权利归属制度上的展开，目的是使环境资源实现服务于社会的功能，同时实现环境资源存量的稳步增加，最终实现人与自然的和谐共生。

二、环境资源权利归属制度

环境资源权利归属制度，是指确定环境资源归谁所有及由此所产生的法律后果由谁承担的一系列规范构成的规则系统。着力解决自然资源所有者不到位、所有权边界模糊等问题。

（一）环境资源权利归属制度类别

世界各国对环境资源权利归属制度都非常重视，因为它不仅关系着环境资源的开发、利用，而且与国家主权问题息息相关。我国现行《宪法》规定，“矿藏、水流、森林、山岭、草原、荒地、滩涂等自然资源，都属于国家所有，即全民所有；由法律规定属于集体所有的森林和山岭、草原、荒地、滩涂除外”。“城市的土地属于国家所有。农村和城市郊区的土地，除由法律规定属于国家所有的以外，属于集体所有；宅基地和自留地、自留山，也属于集体所有。”[5]《民法典》第二编规定，“法律规定属于国家所有的财产，属于国家所有即全民所有。国有财产由国务院代表国家行使所有权。法律另有规定的，依照其规定”。“矿藏、水流、海域属于国家所有。”“无居民海岛属于国家所有，国务院代表国家行使无居民海岛所有权。”“城市的土地，属于国家所有。法律规定属于国家所有的农村和城市郊区的土地，属于国家所有。”“森林、山岭、草原、荒地、滩涂等自然资源，属于国家所有，但是法律规定属于集体所有的除外。”“法律规定属于国家所有的野生动植物资源，属于国家所有。”[6]《民法典》还对集体所有的土地和森林、山岭、草原、荒地、滩涂等资源的权利归属及其行使进行了规定。此外，我国的《土地管理法》《水法》《矿产资源法》《渔业法》《森林法》《草原法》《野生动物保护法》等环境资源法律对环境资源的归属问题进行了更为具体的规定。据此，环境资源所有制度主要包括国家所有制度和集体所有制度。

（二）环境资源所有权的取得

环境资源所有权的取得，是指特定主体根据一定的法律事实获得对环境资源的所有权。

---

〔5〕《宪法》第9～10条。

〔6〕《民法典》第246～251条。

1. 环境资源国家所有权的取得。包括：第一，法定取得。法定取得，是指根据法律的规定直接取得环境资源的所有权。这是环境资源国家所有权取得的主要方式，不需要登记注册，核发证书。例如，《矿产资源法》(2009 年)第 3 条第 1 款规定："矿产资源属于国家所有，由国务院行使国家对矿产资源的所有权。地表或者地下的矿产资源的国家所有权，不因其所依附的土地的所有权或者使用权的不同而改变。"第二，强制取得。强制取得，是指国家通过征收、征用等手段从其他主体处取得对环境资源的所有权。例如，《土地管理法》(2019 年)第 2 条第 4 款规定："国家为了公共利益的需要，可以依法对土地实行征收或者征用并给予补偿。"

2. 环境资源集体所有权的取得。包括：第一，法定取得。法定取得，是指集体组织根据法律的规定直接取得对环境资源的所有权，必须按法定程序，由政府机构登记造册，核发证书。例如，《土地管理法》(2019 年)第 9 条第 2 款规定："农村和城市郊区的土地，除由法律规定属于国家所有的以外，属于农民集体所有；宅基地和自留地、自留山，属于农民集体所有。"第二，开发取得。开发取得，是指集体组织可以通过开发环境资源的行为取得新增的环境资源的所有权，以鼓励集体组织开发环境资源，提高我国的环境资源存量。例如，《森林法》(2019 年)第 20 条第 3 款规定："集体或者个人承包国家所有和集体所有的宜林荒山荒地荒滩营造的林木，归承包的集体或者个人所有；合同另有约定的从其约定。"

（三）环境资源所有权的变更

环境资源所有权的变更，是指环境资源所有权的主体、内容和客体的变更，通常因下列原因而发生：

1. 征用。国家为了公共利益的需要，可以依法对属于他人所有的环境资源进行征用。

2. 置换。国家可以基于公共利益的需要，将国家所有的环境资源置换集体所有的环境资源，集体组织之间对环境资源也可以相互置换。

3. 主体分立或合并。环境资源所有权主体发生分立、合并后，其所有权相应归属为分立、合并后的组织。

（四）环境资源所有权的消灭

环境资源所有权的消灭，是指环境资源所有权与特定的所有权人相分离，主要是由标的物的消灭引起的。

三、环境资源利用制度

环境资源利用制度，是指调整环境资源利用关系的规范体系的总称。《民法典》规定，用益物权人对他人所有的不动产或者动产，依法享有占有、使用和收益的权利。国家所有或者国家所有由集体使用以及法律规定属于集体所有的自然资源，组织、个人依法可以占有、使用和收益。国家实行自然资源有偿使用制度，但是法律另有规定的除外。用益物权人行使权利，应当遵守法律有关保护和合理开发利用资源、保护生态环境的规定。所有权人不得干涉用益物权人行使权利。[7] 依法利用环境资源的权利受法律保护，如《民法典》规定，依法取得的海域使用权受法律保护。依法取得的探矿权、采矿权、取水权和使用水域、滩涂从事养殖、捕捞的权利受法律保护。[8]

---

〔7〕《民法典》第 323 ~ 326 条。

〔8〕《民法典》第 328 ~ 329 条。

(一)环境资源利用权的取得

环境资源利用权主要有以下几种取得方式:

1. 法定取得。法定取得,是指依照法律的规定直接取得环境资源使用权。例如,《水法》(2016 年)第 48 条第 1 款规定:"直接从江河、湖泊或者地下取用水资源的单位和个人,应当按照国家取水许可制度和水资源有偿使用制度的规定,向水行政主管部门或者流域管理机构申请领取取水许可证,并缴纳水资源费,取得取水权。但是,家庭生活和零星散养、圈养畜禽饮用等少量取水的除外。"这意味着,家庭生活和零星散养、圈养畜禽饮用等少量取水的,不需要经过行政许可。

2. 许可取得。许可取得,是指取得其颁发的许可证后,才能对特定的环境资源进行利用。例如,《水法》(2018 年)第 48 条第 1 款规定:"直接从江河、湖泊或者地下取用水资源的单位和个人,应当按照国家取水许可制度和水资源有偿使用制度的规定,向水行政主管部门或者流域管理机构申请领取取水许可证,并缴纳水资源费,取得取水权。"

3. 承包经营取得。承包经营取得,是指环境资源的所有人以契约的方式让渡环境资源的利用权。实行承包经营取得的主要是土地或者是那些与土地关系密切,并且与农民生产、生活息息相关的环境资源。例如,《草原法》(2021 年修改)第 13 条第 1 款规定:"集体所有的草原或者依法确定给集体经济组织使用的国家所有的草原,可以由本集体经济组织内的家庭或者联户承包经营。"

4. 开发取得。开发取得,是指通过开发活动而取得相应环境资源利用权的情形。例如,《土地管理法》(2019 年)第 41 条规定:"开发未确定使用权的国有荒山、荒地、荒滩从事种植业、林业、畜牧业、渔业生产的,经县级以上人民政府依法批准,可以确定给开发单位或者个人长期使用。"

5. 移转取得。移转取得,是指权利人从其他环境资源利用权人手中取得环境资源利用权。例如,《土地管理法》(2019 年)第 2 条第 3 款规定:"任何单位和个人不得侵占、买卖或者以其他形式非法转让土地。土地使用权可以依法转让。"

(二)环境资源利用权的变更

环境资源利用权的变更,包括环境资源利用权主体的变更、内容的变更和客体的变更。变更的原因通常有以下几个方面:

1. 征收、征用。国家可以基于公共利益的需要,对自然人、法人及其他组织享有的环境资源利用权进行征收或征用。

2. 权利移转。环境资源利用权可以因权利的移转而发生变更。但相关法律对环境资源利用权的移转规定了许多的限制条件,有的环境资源利用权法律禁止转让,例如,《渔业法》(2013 年)第 23 条第 3 款规定:"捕捞许可证不得买卖、出租和以其他形式转让,不得涂改、伪造、变造。"《水法》(2016 年)和《森林法》(2019 年)等也作了类似的规定。

3. 权利人的合并、分立。环境资源利用权,可能因权利主体的合并、分立而发生变更。

(三)环境资源利用权的消灭

环境资源利用权的消灭,是指环境资源利用权与权利人相分离。消灭事由主要有以下几个方面:

1. 权利期限届满。在环境资源利用权中,某些类型的环境资源利用权有存续时间限制,一旦期限届满,环境资源利用权则消灭。例如,《土地管理法》(2019 年)第 57 条规定:"建设项目施工和地质勘查需要临时使用国有土地或者农民集体所有的土地的,由县级以上人民政府自然资源主管部门批准。其中,在城市规划区内的临时用地,在报批前,应当先经有关城市规划行政主管部门同意。土地使用者应当根据土地权属，与有关自然资源主管部门或者农村集体经济组织、村民委员会签订临时使用土地合同，并按照合同的约定支付临时使用土地补偿费。临时使用土地的使用者应当按照临时使用土地合同约定的用途使用土地，并不得修建永久性建筑物。临时使用土地期限一般不超过二年。”

2. 限额用尽。在环境资源利用权中，某些类型的环境资源利用权对权利行使的结果有数量上的限制，如取水权、捕捞权、林木采伐权等，一旦环境资源利用权的权利人行使权利的结果在数量上已达到限额，环境资源利用权就归于消灭。例如，《渔业法》（2013 年）第 31 条第 1 款规定：“禁止捕捞有重要经济价值的水生动物苗种。因养殖或者其他特殊需要，捕捞有重要经济价值的苗种或者禁捕的怀卵亲体的，必须经国务院渔业行政主管部门或者省、自治区、直辖市人民政府渔业行政主管部门批准，在指定的区域和时间内，按照限额捕捞。”

3. 客体消失。环境资源利用权也可能因客体的消失而消灭。例如，对于采矿权因矿产资源耗竭而消灭，养殖权因养殖水面的消失而消灭，林木采伐权因森林的消失而消灭等。

第二节　环境资源税费制度

一、环境资源税费制度概述

所谓环境资源税费制度，是指国家税收机关和环境管理机关根据法律规定，对排放污染物者或自然资源使用者征收一定的税和费的法律制度。环境资源税费制度包括环境收费制度和环境资源税制度。环境收费包括排污收费和资源收费两部分内容；而环境资源税包括环境税和资源税两部分。环境资源税费制度源于环境收费制度，如《环境保护法》第 43 条规定：“排放污染物的企业事业单位和其他生产经营者，应当按照国家有关规定缴纳排污费。排污费应当全部专项用于环境污染防治，任何单位和个人不得截留、挤占或者挪作他用。依照法律规定征收环境保护税的，不再征收排污费。”国家征收环境税费必须遵守法定主义原则，事先采用法律、法规的形式确定征收目的、征收对象、征收范围、征收依据、征收标准和方式、减收或免收的情形以及税费的管理和使用等。过去，我国环境收费制度均未实现“税收法定”。在现代社会，税收法定原则与罪刑法定原则一样，对维护公民权利发挥着重要的作用。我国的环境资源税费制度经历了一个“税收法定”过程，即经历了从环境资源的“环境收费”到“征收环境资源税”的“费改税”（tax－for－fee）过程。而环境资源的“费改税”即通过行政法规升格为法律，又有两条进化线路：一是“排污收费”制度平移，改为征收“环境保护税”，出台了《环境保护税法》，此处的《环境保护税法》其实为“环境污染防治税法”；二是“资源收费”制度升格，改为征收“资源税”，出台了《资源税法》。这两部法律的出台是目前我国环境资源“税收法定”工作的重大成果。

（一）排污收费制度及其发展

排污收费制度，是指国家以筹集治理污染资金为目的，按照污染物的种类、数量和浓度，依据法定的征收标准，对向环境排放污染物或者超过法定排放标准排放污染物的排污者征收费用的制度。排污收费制度最早开始于德国，该国的鲁尔工业区于 1904 年率先实行排污收费制度，1976 年 9 月德国制定了《废水收费法》，随后，在法国、匈牙利、澳大利亚、新西兰、日本等国也相继建立了这项制度。我国在 1978 年 12 月首次提出实行征收排污费制度，1979 年 9 月颁布的《环境保护法（试行）》确立了排污收费制度，《征收排污费暂行办法》（1982 年，现已失效）对征收排污费的目的、范围、标准、加收和减收的条件，费用管理和使用办法等都作了规定，奠定了征收排污费制度的基本框架。2003 年国务院发布了《排污费征收使用管理条例》（现已失效），以行政法规的形式确立了市场经济条件下的排污收费制度，在原《征收排污费管理办法》及相关法规的基础上对排污费的征收、使用、管理进行了完善。2013 年，国务院发布《城镇排水与污水处理条例》；2016 年，国务院办公厅发布《控制污染物排放许可制实施方案》；2017 年，环境保护部审议通过《排污许可管理办法（试行）》并于 2019 年修正。2020 年 12 月 9 日国务院通过《排污许可管理条例》，自 2021 年 3 月 1 日起施行，目的是加强排污许可管理，规范企业事业单位和其他生产经营者排污行为，控制污染物排放，保护和改善生态环境。自《环境保护税法》2018 年 1 月 1 日施行之日起，《排污费征收使用管理条例》废止。《排污费征收工作稽查办法》（原国家环境保护总局令第 42 号，2007 年 10 月 23 日公布）的规章，以及对《关于统一排污费征收稽查常用法律文书格式的通知》（环办〔2008〕19 号，2008 年 2 月 25 日公布）等 27 件规范性文件也已废止。至此，施行近 40 年的排污收费制度被征收环保税取代，征收部门由环保部门改为税务机关，环保部门配合，确定了“企业申报、税务征收、环保监测、信息共享”的税收征管模式。这是适应生态文明建设的现实需要，也对推动法治政府建设具有积极作用。

（二）资源收费制度及其法理依据

我国针对自然资源收费的品种主要包括土地使用费、水费、水源费、矿产开采费等。资源收费制度的法理依据，是自然资源的权利归属及其有偿使用制度。自然资源有偿使用制度，是指自然资源的开发利用者必须向资源所有者或者生态保护者支付一定的费用后才能开发利用自然资源的制度。这一概念包括两层含义：一是自然资源作为资源性资产，具有经济价值和生态价值，开发利用者向其所有者支付一定的费用，是所有权人实现其经济利益的一种方式；二是生态功能具有价值，对生态保护作出努力并付出代价者应当得到相应的经济补偿，而生态受益人利用了改善的生态环境应付出一定的代价。自然资源有偿使用的目的是促进合理开发、节约和综合利用资源，改善生态环境，并为保护生态环境和养护自然资源筹集资金。在计划经济体制下，我国的自然资源都是由国家确定给开发单位开发的，开发者不需要向国家支付任何费用。这固然是由当时的经济体制和生产方式所决定，但其所造成的不注意资源的持续开发等弊端是显而易见的。随着社会主义市场经济体制的建立，自然资源各项权能的分离和流转成为必然；流转的主要方式就是有偿交换。从这几年的实践看，通过有偿使用这一经济手段，自然资源在市场机制的调配下，呈现出了较高的效益，其使用率也大大提高。因此，自然资源的有偿使用制度逐步为我国的环境资源法所采用，并呈扩展之势。

我国自然资源有偿使用制度已在法律中得以确立，有相应的法律依据。例如，《民法典》规定，“国家实行自然资源有偿使用制度，但是法律另有规定的除外”〔9〕。2019 年修正的《土地管理法》规定，国家依法实行国有土地有偿使用制度；并规定了建设单位使用国有土地，除在法定范围内可划拨使用外，都应以出让等有偿使用的方式取得。〔10〕 2019 年修订的《森林法》规定，国家所有的林地和林地上的森林、林木可以依法确定给林业经营者使用。林业经营者依法取得的国有林地和林地上的森林、林木的使用权，经批准可以转让、出租、作价出资等。〔11〕《矿产资源法》规定，国家实行探矿权、采矿权有偿取得的制度；开采矿产资源，必须按

〔9〕《民法典》第 325 条。
〔10〕《土地管理法》第 2、54 条。
〔11〕《森林法》第 16 条。

照国家有关规定缴纳资源税和资源补偿费。[12] 2016年修正的《水法》第7条规定，国家对水资源依法实行取水许可证制度和有偿使用制度；直接从江河、湖泊或者地下取用水资源的单位和个人，应当按照国家取水许可制度和水资源有偿使用制度的规定，向水行政主管部门或者流域管理机构申请领取取水许可证，并缴纳水资源费，取得取水权。[13]《海域使用管理法》规定，国家实行海域有偿使用制度。单位和个人使用海域，应当按照国务院的规定缴纳海域使用金。海域使用金应当按照国务院的规定上缴财政。[14] 森林资源、水资源、矿产资源、海域资源等自然物虽然不是劳动产品，但属于国有资源性资产，也具有价值，其权属关系有明确的法律规定，对其使用应该有偿。

自然资源的有偿使用主要是通过缴纳出让金（使用金）、资源费或征收资源税来实现的。出让金（或称使用金），如自然资源的使用金，属于权利金，是资源性国有资产的收入，是国家凭借资产权利征收的财政收入，如海域使用金、土地出让金。而资源税属于税收，是国家凭借政治权力征收的财政收入。在国家财政收入中，权利金的优先度高于税收，是国家首先应该获得的财政收入。权利金的性质有别于收费。收费，包括行政事业性收费和经营性收费两种：前者是以政府形式出现或者政府委托其他部门代行政府职能，提供直接服务所收取的费用，如进出口检验检疫收费；后者是以提供特殊服务为基础的，如医院挂号费。可见，资源收费制度是实现自然资源有偿使用制度最主要的一种方式。

二、环境资源税制度及其立法

环境资源税制度，是指国家为实现特定的环境资源保护目标，筹集环境资源保护资金，强化纳税人环境资源保护行动而征收的一系列税种以及采用的各种税收措施。一方面通过税收约束，即对高能耗、重污染的产品和消费行为课以重税，加重其税收负担，加大其个别成本，最终减轻甚至消除污染，保护环境资源；另一方面通过税收激励，即对节能、治污的产品和行为给予税收优惠，引导和刺激企业或消费者防污和治污，保护环境资源。[15] 环境资源税包括环境税和资源税两大部分。

环境税（Environmental Taxation），或称环境保护税，是国家通过税收，把环境污染和生态破坏的社会成本内化到生产成本和市场价格中去，再通过市场机制来分配环境资源的一种经济手段。随着可持续发展理论得到国际社会日益广泛的认同，环境保护问题备受各国政府的重视。税收作为政府用以调节社会经济生活的一种重要工具和手段，在保护环境方面发挥着越来越重要的作用。环境税在理论上有两大源流：一是庇古的外部性理论，二是科斯的环境产权理论。这两种理论互相有着密切的联系，代表了解决环境问题的两种不同思路。可持续发展理论成为解决环境问题的指导思想，作为现代宏观经济政策主要工具之一的税收，也被用到了资源与环境的保护上，环境税得到重视和发展。20世纪80年代，环境税的思想在一些发达国家开始落实到实践。由于国情和税收政策的差异，各国环境税收制度的具体内容不尽相同，通常都由两个部分所构成：一是以保护环境为目的，针对污染、破坏环境的特定行为课征专门性税种，一般称为环境保护税，它是环境税收制度的主要内容。二是其他一般性税种中为保护环境而采取的一种税收调节措施，包括为激励纳税人治理污染、保护环境所采取的

---

〔12〕《矿产资源法》第5条。

〔13〕《水法》第7、48条。

〔14〕《海域使用管理法》第33条。

〔15〕 参见钱水苗等：《环境资源法》，高等教育出版社2005年版，第137页。

各种税收优惠措施和对污染、破坏环境的行为所采取的某些增加其税收负担的措施。我国长期实行排污收费制度，虽然对于防治环境污染发挥了重要作用，但与税收制度相比，排污费制度存在执法刚性不足、地方支付与部门干预等问题，因而有必要进行环境保护费改税。2016年12月25日，第十二届全国人大常委会第二十五次会议通过了《环境保护税法》（2018年修正）。《环境保护税法》相比于《排污费征收管理条例》虽并无实质性差异，但作为党的十八届三中全会和《立法法》修改之后，落实税收法定原则第一例，为后续税收立法积累了宝贵经验。将环境保护领域的课税权交还给最高立法机关，强调税种开征、税率设定和税收征管基本制度等必须制定法律，其意义重大。2017年12月25日国务院公布了《环境保护税法实施条例》，自2018年1月1日起施行。

资源税（Resources Tax），是指以各种应税自然资源为课税对象、为了调节资源级差收入并体现国有资源有偿使用而征收的一种税。简言之，资源税是对自然资源征税的税种的总称。资源税可分为一般资源税和级差资源税。一般资源税，是指国家作为城市土地、矿藏、水流、森林、山岭、草原、荒地、滩涂等国有资源的所有权人，根据需要依法对使用某种国有自然资源的单位和个人，为取得应税资源的使用权而征收的一种税。级差资源税，是指国家对开发和利用自然资源的单位和个人，由于资源条件的差别所取得的级差收入课征的一种税。我国资源税的范围界定较窄，主要是指矿产资源税。1993年12月25日国务院发布的《资源税暂行条例》（现已失效），对资源税的税人、应税范围、税目、税额、减税免税条件等作出了比较具体的规定。过去在我国，缴纳资源费的方式比较普遍，而征收资源税还难以大范围实行，其原因：一方面，国家所有的自然资源在实际中异化为地方政府所有，地方政府实际行使着所有者的权利。另一方面，税收不仅具有全国统一性，而且存在中央和地方分享的问题；而费用则由地方政府自行决定收取，并归自己使用，具有相当的灵活性。许多经济发达国家均经历了一个从零散的、个别的环境资源税的开征，到提出全面“绿化税制”的过程。我国在实现了排污收费制度向环境保护税制度的平稳转移之后，也成功向资源收费工作的“税收法定”迈进了一大步。2019年8月26日，第十三届全国人大常委会第十二次会议通过了《资源税法》，自2020年9月1日起施行。

三、环境资源税法的主要内容

（一）《环境保护税法》的内容及特点

《环境保护税法》是我国税收法定原则确定后的第一部单行税法，也是我国第一部专门体现“绿色税制”、推进生态文明建设的单行税法，对环境污染治理具有重要意义。依照我国《立法法》的规定，税率设定、税收征收基本制度只能制定法律，但在实际立法中仍可通过授权性条款将减免税权赋予国务院，并允许主管机关确定具体征管规则。《环境保护税法》的配套行政法规《环境保护税法实施条例》对《环境保护税税目税额表》中其他固体废物具体范围的确定机制、城乡污水集中处理场所的范围、固体废物排放量的计算、减征环境保护税的条件和标准，以及税务机关和环境保护主管部门的协作机制等作了明确规定，与《环境保护税法》同步施行。环境资源税制度主要内容有：

1. 环境保护税的纳税人。《环境保护税法》第2条规定，“在中华人民共和国领域和中华人民共和国管辖的其他海域，直接向环境排放应税污染物的企业事业单位和其他生产经营者为环境保护税的纳税人，应当依照本法规定缴纳环境保护税。”具体内容：第一，从纳税主体上看，企业事业单位和其他生产经营者为纳税人。第二，从适用地域上看，环境保护税不仅适用于陆域而且适用于海域。第三，从排放方式上看，直接向外环境排放污染物的才征收环境保护税,对于间接向环境排放污染物的或者污染物未对外排放的,不缴纳相应污染物的环境保护税。

2. 环境保护税的应税污染物。仅针对应税污染物征收环境保护税,除应税污染物外排放其他污染物的不征收环境保护税。就陆域而言,应税污染物为《环境保护税法》所附《环境保护税税目税额表》、《应税污染物和当量值表》规定的大气污染物、水污染物、固体废物和噪声;就海域而言,应税污染物为大气污染物、水污染物、固体废物。

3. 环境保护税的计税依据和应纳税额。环境保护税的税目、税额,依照《环境保护税法》所附《环境保护税税目税额表》执行。应税污染物的计税依据,按照下列方法确定:一是应税大气污染物按照污染物排放量折合的污染当量数确定;二是应税水污染物按照污染物排放量折合的污染当量数确定;三是应税固体废物按照固体废物的排放量确定;四是应税噪声按照超过国家规定标准的分贝数确定。应税大气污染物、水污染物的污染当量数,以该污染物的排放量除以该污染物的污染当量值计算。每种应税大气污染物、水污染物的具体污染当量值,依照《环境保护税法》所附《应税污染物和当量值表》执行。环境保护税应纳税额按照下列方法计算:其一,应税大气污染物的应纳税额为污染当量数乘以具体适用税额;其二,应税水污染物的应纳税额为污染当量数乘以具体适用税额;其三,应税固体废物的应纳税额为固体废物排放量乘以具体适用税额;其四,应税噪声的应纳税额为超过国家规定标准的分贝数对应的具体适用税额。

4. 环境保护税的减免。环境保护税的免征情形,根据《环境保护税法》第 12 条的规定:“下列情形,暂予免征环境保护税:(一)农业生产(不包括规模化养殖)排放应税污染物的;(二)机动车、铁路机车、非道路移动机械、船舶和航空器等流动污染源排放应税污染物的;(三)依法设立的城乡污水集中处理、生活垃圾集中处理场所排放相应应税污染物,不超过国家和地方规定的排放标准的;(四)纳税人综合利用的固体废物,符合国家和地方环境保护标准的;(五)国务院批准免税的其他情形。前款第五项免税规定,由国务院报全国人民代表大会常务委员会备案。”环境保护税的减征情形,依据《环境保护税法》第 13 条的规定:“纳税人排放应税大气污染物或者水污染物的浓度值低于国家和地方规定的污染物排放标准百分之三十的,减按百分之七十五征收环境保护税。纳税人排放应税大气污染物或者水污染物的浓度值低于国家和地方规定的污染物排放标准百分之五十的,减按百分之五十征收环境保护税。”

5. 环境保护税的征收管理。《环境保护税法》第 14 条规定,环境保护税由税务机关依照《税收征收管理法》和《环境保护税法》的有关规定征收管理。生态环境主管部门依照法律法规的规定负责污染物的监测管理。县级以上地方人民政府应当建立税务机关、生态环境主管部门和其他相关单位分工协作工作机制,加强环境保护税征收管理,保障税款及时足额入库。《环境保护税法》第 15 条规定,生态环境主管部门和税务机关应当建立涉税信息共享平台和工作配合机制。生态环境主管部门应当将排污单位的排污许可、污染物排放数据、环境违法和受行政处罚情况等环境保护相关信息,定期交送税务机关。税务机关应当将纳税人的纳税申报、税款入库、减免税额、欠缴税款以及风险疑点等环境保护税涉税信息,定期交送生态环境主管部门。

《环境保护税法》具有自身的特点:第一,税制平稳过渡。环境保护税的立法思路是“费改税”,税负平移。对比《环境保护税法》和《排污费征收管理条例》,在缴纳主体、污染物范围、污染物种类、排污量确定和税额计算等问题上,两个法案的文本虽有不同,但并无实质性差异,更多地呈现为技术性调整。第二,保留相对灵活性。《环境保护税法》法律文本中容留了大量授权性条款,让国务院及其职能部门都有参与空间。例如,关于计税依据的确定,该法第 10 条规定,“因排放污染物种类多等原因不具备监测条件的,按照国务院生态环境主管部门规定的排污系数、物料衡算方法计算”。又如，该法赋予国务院批准免税的权力，并赋予主管机关相应的管理权。第三，确认地方参与空间。例如，在维持税权集中于中央的情况下，《环境保护税法》允许省级政府统筹考虑本地区环境承载能力、污染物排放现状和经济社会生态发展目标要求，在法定幅度内确定或调整适用税额，也可以根据本地区污染物减排的特殊需要，增加同一排放口征收环境保护税的应税污染物项目数。第四，为“税收法定”积累经验。《环境保护税法》对税收法定原则的意义不限于立法本身，其对行政授权和地方授权的谨慎性控制，为后续税收立法积累了宝贵的经验。例如，在横向授权方面，《环境保护税法》在授予国务院免税权的同时，要求其向全国人大常委会备案；在纵向授权方面，《环境保护税法》并没有将税率和污染因子数量的决定权交给省级政府，而是要求其提出方案后报同级人大常委会决定，并报全国人大常委会和国务院备案。[16]

（二）《资源税法》的内容及特点

我国资源税自1984年开征以来，经过逐步的改革和完善，税制要素基本合理，运行比较平稳。按照落实“税收法定”的要求，2019年8月26日我国制定通过了《资源税法》，这是落实税收法定原则、完善地方税体系的重要举措，是绿色税制建设的重要组成部分。这次将《资源税暂行条例》上升为《资源税法》，坚持了现行资源税制方向和税负水平总体不变的原则，对不适应社会经济发展和改革的要求做了适当调整。

与现行的资源税制度相比，《资源税法》主要有三个方面的变化：一是统一税目。对税目进行统一规范，将目前所有应税资源产品都在税法中一一列明，所列税目达164个，涵盖所有已经发现的矿种和盐。二是调整具体税率确定的权限。资源税法继续采用固定税率和幅度税率两类税率，对实行幅度税率的资源，按照落实税收法定原则的要求，明确其具体适用税率由省级人民政府提出，报同级人大常委会决定。三是规范减免税政策。对现行长期实行而且实践证明行之有效的优惠政策，税法作出了明确规定。如《资源税法》第6条规定：“有下列情形之一的，免征资源税：（一）开采原油以及在油田范围内运输原油过程中用于加热的原油、天然气；（二）煤炭开采企业因安全生产需要抽采的煤成（层）气。有下列情形之一的，减征资源税：（一）从低丰度油气田开采的原油、天然气，减征百分之二十资源税；（二）高含硫天然气、三次采油和从深水油气田开采的原油、天然气，减征百分之三十资源税；（三）稠油、高凝油减征百分之四十资源税；（四）从衰竭期矿山开采的矿产品，减征百分之三十资源税。根据国民经济和社会发展需要，国务院对有利于促进资源节约集约利用、保护环境等情形可以规定免征或者减征资源税，报全国人民代表大会常务委员会备案。”并且，《资源税法》规定了授权省级政府减免税的情形。例如，《资源税法》第7条规定：“有下列情形之一的，省、自治区、直辖市可以决定免征或者减征资源税：（一）纳税人开采或者生产应税产品过程中，因意外事故或者自然灾害等原因遭受重大损失；（二）纳税人开采共伴生矿、低品位矿、尾矿。前款规定的免征或者减征资源税的具体办法，由省、自治区、直辖市人民政府提出，报同级人民代表大会常务委员会决定，并报全国人民代表大会常务委员会和国务院备案。”

在资源税征管方面，相比《资源税暂行条例》，《资源税法》吸收了近年来税收征管与服务上的有效做法，践行了以纳税人为中心的服务理念，体现了深化“放管服”改革的要求。例如，《资源税法》规定按月或按季申报缴纳，并将申报期限由1日、3日、5日、10日、15日或者1个月内统一改为15日内，与其他税种保持一致，降低了纳税人的申报频次，切实减轻办税负担。

---

〔16〕 参见《环境保护税：落实税收法定的试金石》，载江苏财经信息网，https://www.jscj.com/sw/shuwjc/1702/85752.html，最后访问日期：2020年12月16日。

同时,《资源税法》统一规范了税目,分类确定了税率,为简化纳税申报提供了制度基础。此外,《资源税法》强化部门协同,有利于维护纳税人权益。如《资源税法》第 9 条规定,资源税由税务机关依照《资源税法》和《税收征收管理法》的规定征收管理。税务机关与自然资源等相关部门应当建立工作配合机制,加强资源税征收管理。

《资源税法》明确将试点征收水资源税,如该法第 14 条第 1、2 款规定:"国务院根据国民经济和社会发展需要,依照本法的原则,对取用地表水或者地下水的单位和个人试点征收水资源税。征收水资源税的,停止征收水资源费。水资源税根据当地水资源状况、取用水类型和经济发展等情况实行差别税率。"我国水资源税改革试点自 2016 年在河北省实施以来,试点总体平稳有序,征管比较顺畅,税收调节的作用逐渐呈现。征收水资源税,主要是为了强化纳税人节水意识,抑制地下水超采,倒逼高耗水企业节水,提高用水效率。个人的税负并不会增加。考虑到水资源税改革处于试点阶段,征税制度需要通过试点来探索和完善,为了确保水资源税改革试点工作于法有据,《资源税法》授权国务院开展水资源税改革试点。下一步,财政部门将会同有关部门充分考虑不同地区的水资源状况、取用水的类型和社会发展水平差异,完善水资源税制度,并且依照《资源税法》的规定,向全国人大常委会报告,并提出修改建议。[17]

四、生态补偿制度的内容及实践

生态补偿制度,是指对生态功能或生态价值的补偿,包括对为保护和恢复生态环境及其功能而付出代价、做出牺牲的单位和个人进行经济补偿;对因开发利用土地、矿产、森林、草原、水、野生动植物等自然资源和自然景观而损害生态功能,或导致生态价值丧失的单位和个人收取经济补偿。广义的生态补偿制度还包括对污染环境的补偿。

生态补偿的实现路径常见的包括:财政转移支付、市场调节、保证金或储备金制度和协商谈判机制。(1)财政转移支付是政府将部分财政收入进行再分配的过程;(2)市场调节,如排污权交易和水权交易等;(3)保证金或储备金制度是矿区土地复垦管理中的主要经济手段,保证金制度针对具有潜在环境破坏性的经济活动,主体在对可能造成的破坏及其恢复费用进行货币评估并向有关部门交纳超过预算(或一定比例)的费用或固定金额作为保证金后,才能获得经营许可,而储备金制度是指由政府按照相关法规、标准向环境破坏者收取费用、滞纳金、罚款、捐款等建成基金,用于补偿相关主体进行环境恢复行为;(4)生态补偿也可以通过谈判的途径实现。协商谈判在有的地方也被称为准市场机制。区域间的协商谈判能创造出经济扶持的独特生态补偿形式,主要有:发达地区(或下游地区)向贫困地区(或上游地区)投资,帮助发展环境友好型产业(如旅游、服务等)或替代产业;同时开展智力补偿,提供无偿技术咨询和指导,提高受补偿者生产技能、技术含量和管理组织水平。也可以是生态重点保护区的企业允许到环境容量大的地区进行定向"异地开发",异地开发所取得的利税返回原地区,作为支持原地区生态环境保护的资金。在实践中,上述区域之间的生态补偿方式也可以不使用"生态补偿"的名称,或称区域间的"合作框架协议"。

征收生态补偿费的主要内容包括:(1)生态补偿费的征收原则。生态补偿费的征收坚持保护者受益、使用者付费、受益者补偿的原则;坚持统筹协调、共同发展的原则;坚持循序渐进、重点突出的原则;坚持政府主导、市场参与的原则;坚持公平公开、权责统一的原则。

---

〔17〕 参见申铖:《落实税收法定、完善绿色税制　我国出台资源税法》,载中国政府网,http://www.gov.cn/xinwen/2019-08/26/content_5424736.htm。

(2)生态补偿费的征收对象和范围。生态补偿费的征收对象包括对生态环境造成直接影响的单位和个人。包括各类矿产资源和能源的开采、森林砍伐、草原的过度使用、地下水资源的过度开采、地表水资源的开发利用、旅游资源和开发区建设等。(3)生态补偿费的征收标准。生态补偿费的征收主要依据开发利用自然资源造成生态环境功能损害及其恢复费用,同时也要考虑经济、技术条件和破坏者的承受能力,一般是采用补偿费略高于恢复费用的原则予以征收。(4)生态补偿费的征收方式。生态补偿费的征收方式主要包括项目投资总额、产品销售总额、产品单位产量、生态破坏的占地面积,综合性收费和押金制度等。

我国较早便开展了生态补偿实践,并通过一系列政策法规予以落实。最早的生态补偿实践开始于20世纪80年代,在云南省对磷矿开采征收覆土植被及其他生态环境破坏恢复费用。20世纪90年代中期进入了高峰,广西、福建等14个省(自治区)145个县市开始试点。1993年征收范围扩大到矿产开发、土地开发、旅游开发、自然资源、药用植物和电力开发六大类。征收方式主要有按项目投资总额、产品销售总额、产品单位产量、按生态破坏的占地面积征收,综合性收费和押金制度六种。并且,国家进行了国家级自然保护区征收生态环境补偿费的尝试;实施了天然林保护、退耕还林、三北和长江流域防护林体系等重点生态体系建设工程,加强森林资源的生态补偿;实施退牧还草,加强对草原资源的生态补偿。为落实生态补偿机制,我国出台政策与法规,在制度上予以保障。例如,国务院《关于环境保护若干问题的决定》(国发〔1996〕31号)中规定,要建立并完善有偿使用自然资源和恢复生态环境的经济补偿机制。2005年,我国"十一五规划"首次提出了"按照谁开发谁保护、谁受益谁补偿的原则,加快建立生态补偿机制"的要求。2005年以来,国务院每年都将生态补偿机制建设列为年度工作要点,并于2010年将研究制订生态补偿条例列入立法计划。2013年,党的十八届三中全会指出,实行资源有偿使用制度和生态补偿制度。加快自然资源及其产品价格改革,全面反映市场供求、资源稀缺程度、生态环境损害成本和修复效益。坚持使用资源付费和谁污染环境、谁破坏生态谁付费原则,逐步将资源税扩展到占用各种自然生态空间。2014年修订的《环境保护法》第31条规定,国家建立、健全生态保护补偿制度。国家加大对生态保护地区的财政转移支付力度。有关地方人民政府应当落实生态保护补偿资金,确保其用于生态保护补偿。国家指导受益地区和生态保护地区人民政府通过协商或者按照市场规则进行生态保护补偿。此外,《森林法》等专门立法还有针对特定生态补偿类型作出了原则性规定。2016年为进一步健全生态保护补偿机制,加快推进生态文明建设,国务院办公厅发布了《关于健全生态保护补偿机制的意见》(国办发〔2016〕31号)。2019年11月15日,为进一步健全生态保护补偿机制,提高资金使用效益,国家发展改革委印发了《生态综合补偿试点方案》(发改振兴〔2019〕1793号),提出在国家生态文明试验区、西藏及四省藏区、安徽省开展生态综合补偿试点,并要求到2022年,生态综合补偿试点工作取得阶段性进展,资金使用效益有效提升,生态保护地区造血能力得到增强,生态保护者的主动参与度明显提升,与地方经济发展水平相适应的生态保护补偿机制基本建立。

第三节 环境影响评价制度

一、环境影响评价制度的概念

环境影响评价制度,是有关环境影响评价的适用范围、评价内容、审批程序、法律后果等一系列法律规定的总称。它是贯彻预防为主原则,从源头防止环境污染和生态破坏的一项重要的法律制度。环境影响评价制度一般认为是1964年在加拿大召开的一次国际环境质量评价会议上由美国的柯德威尔教授提出的。该制度最早见于美国1969年公布的《国家环境政策法》,并成为各国环境影响评价立法的蓝本。美国《国家环境政策法》第2节第2条规定,在对人类环境质量具有重大影响的每一项建议或立法建议报告和其他重大联邦行动中,均应由负责官员提供一份包括下列各项内容的详细说明:(1)拟议中的行动将会对环境产生的影响;(2)如将建议付诸实施,不可避免地将会出现的任何不利于环境的影响;(3)拟议中的行动的各种选择方案;(4)地方上对人类环境的短期使用与维持和加强长期生产能力之间的关系;(5)拟议中的行动如付诸实施,将要造成的无法改变和无法恢复的资源损失在制作详细说明以前,联邦负责官员应同依法享有管辖权或者拥有特殊专门知识的联邦官署进行磋商,并取得他们对可能引起的任何环境影响所进行的评价。应将该说明和负责制定和执行环境标准的相应的联邦、州和地方官署所作的评价和意见书一并提交总统、环境质量委员会,并依照美国法典第五篇第552节的规定向公众宣布。这些文件应随同建议一道按现行的官署审查办法审查通过。在西方发达国家,环评范围不断扩大,制度不断完善。如20世纪70年代中期,一些发达国家将环评的应用扩展到规划层次,80年代初期又将环境影响评价提高到政策层次。

我国环境影响评价立法始于20世纪70年代末。1979年《环境保护法(试行)》(现已失效)第6条规定,"在进行新建、改建和扩建工程时,必须提出对环境影响的报告书,经环境保护部门和其他部门审查批准后才能进行设计"。其后一些环境保护专项立法均对环境影响评价制度作了规定,如《海洋环境保护法》《水污染防治法》《大气污染防治法》《水法》《环境噪声污染防治法》等。2002年10月,第九届全国人大常委会第三十次会议通过了《环境影响评价法》(现已被修改),这是我国对环境影响评价制度的内容和程序专门制定的一部重要法律,这项法律标志着环境影响评价制度在我国正在日臻成熟。《环境影响评价法》(2018年)第2条规定:"本法所称环境影响评价,是指对规划和建设项目实施后可能造成的环境影响进行分析、预测和评估,提出预防或者减轻不良环境影响的对策和措施,进行跟踪监测的方法与制度。"可见,我国的环境影响评价范围主要包括规划环境影响评价和建设项目环境影响评价两个方面。《环境影响评价法》最成功之处在于:规定了规划环评。全国人大环资委提请审议的《环境影响评价法(草案)》中,原先有关于政策环评的内容,但是在正式通过的文本中被删除了。因为有人认为我国缺乏此方面经验,不好操作,最终被否。实践证明,政策对生态环境有重大影响,政策失误给生态环境带来的危害难以估量,政策环评非常必要。2015年1月1日起施行的《环境保护法》第14条规定:"国务院有关部门和省、自治区、直辖市人民政府组织制定经济、技术政策,应当充分考虑对环境的影响,听取有关方面和专家的意见。"这可视为我国环保法关于政策环评的一条原则性规定。

环境影响评价具有以下特点:(1)客观性。环境影响评价的结论必须是客观真实的,它只对规划和建设项目活动造成的各个环境要素的影响,以及区域环境的总体影响进行客观分析和科学评价。(2)预测性。环境影响评价和环境质量现状评价不同,是对规划或者建设项目实施后可能造成的环境影响进行调查分析、预测和评估,并提出相应的对策和措施,从而做到防患于未然。(3)综合性。环境影响评价不仅要对周围各个环境因素可能造成的环境影响进行全面调查、分析和评价,而且要对区域环境的总体影响进行系统分析和评价。环评机构和人员必须具备生态学、环境科学和法学等多种学科综合知识,并由持有环评资质证书的设计、科研等单位互相协作,共同完成评价任务。(4)强制性。在规划编制过程中和建设项目开工建设之前必须进行环境影响评价。未编写有关环境影响的篇章或者说明的规划草案和专项规划未附送环境影响报告书的,审批机关不予审批。建设项目环境影响报告书、报告表未经批准或者未经原审批部门重新审核同意,建设单位擅自开工建设的,依法处罚、处分。

二、规划环境影响评价制度

(一)规划环境影响评价的适用范围

规划环境影响评价适用范围包括综合性规划和专项规划。《环境影响评价法》规定对"一地""三域""十个专项"的规划组织进行环评。"一地"是指土地利用规划;"三域"是指区域、流域、海域的建设、开发利用规划;"十个专项"是指工业、农业、畜牧业、林业、能源、水利、交通、城市建设、旅游、自然资源开发的有关专项规划。规划环评的具体范围,由国务院环境保护行政主管部门会同国务院有关部门规定,报国务院批准。具体而言,国务院有关部门、设区的市级以上地方人民政府及其有关部门,对其组织编制的土地利用的有关规划,区域、流域、海域的建设、开发利用规划,应当在规划编制过程中组织进行环境影响评价,编写该规划有关环境影响的篇章或者说明。国务院有关部门、设区的市级以上地方人民政府及其有关部门,对其组织编制的工业、农业、畜牧业、林业、能源、水利、交通、城市建设、旅游、自然资源开发的有关专项规划,应当在该专项规划草案上报审批前,组织进行环境影响评价,并向审批该专项规划的机关提出环境影响报告书。

(二)规划环境影响评价的内容

根据2009年《规划环境影响评价条例》第8条的规定,对规划进行环境影响评价,应当分析、预测和评估以下内容:规划实施可能对相关区域、流域、海域生态系统产生的整体影响;规划实施可能对环境和人群健康产生的长远影响;规划实施的经济效益、社会效益与环境效益之间以及当前利益与长远利益之间的关系。

(三)规划环境影响评价的程序

1. 编制报批程序

综合性规划的有关环境影响的篇章或者说明是由组织编制综合性规划的行政机关依法向规划审批机关提交的对规划进行环境影响评价的书面文件。主要内容包括:对规划实施后可能造成的环境影响作出分析、预测和评估,提出预防或者减轻不良环境影响的对策和措施,作为规划草案的组成部分一并报送规划审批机关。对未编写有关环境影响的篇章或者说明的规划草案,审批机关不予审批。

专项规划的环境影响报告书是由组织编制专项规划的行政机关依法向规划审批机关提交的对规划进行环境影响评价的书面文件。主要内容包括:实施该规划对环境可能造成影响的分析、预测和评估;预防或者减轻不良环境影响的对策和措施及环境影响评价的结论。专项规划的编制机关,应当在该专项规划草案上报审批前,组织进行环境影响评价,并在报批规划草案时,将环境影响报告书一并附送审批机关审查;未附送环境影响报告书的,审批机关不予审批。其中,以发展战略为主要内容的专项规划称为指导性规划,须按综合性规划要求进行环境影响评价。

2. 公众参与程序

2018年《环境影响评价法》第11条规定,专项规划的编制机关对可能造成不良环境影响并直接涉及公众环境权益的规划,应当在该规划草案报送审批前,举行论证会、听证会,或者采取其他形式,征求有关单位、专家和公众对环境影响报告书草案的意见。但是,国家规定需要保密的情形除外。编制机关应当认真考虑有关单位、专家和公众对环境影响报告书草案的意见，并应当在报送审查的环境影响报告书中附具对意见采纳或者不采纳的说明。《规划环境影响评价条例》（2009 年）规定了在重大分歧情况下的处理方法，该条例第 13 条第 2 款规定，有关单位、专家和公众的意见与环境影响评价结论有重大分歧的，规划编制机关应当采取论证会、听证会等形式进一步论证。《环境影响评价公众参与办法》（2018 年）进一步明确了公众参与的责任主体和实施效果。该办法第 5 条规定，建设单位应当依法听取环境影响评价范围内的公民、法人和其他组织的意见，鼓励建设单位听取环境影响评价范围之外的公民、法人和其他组织的意见。第 6 条规定，专项规划编制机关和建设单位负责组织环境影响报告书编制过程的公众参与，对公众参与的真实性和结果负责。

3. 审查程序

设区的市级以上人民政府在审批专项规划草案，作出决策前，应当先由人民政府指定的生态环境主管部门或者其他部门召集有关部门代表和专家组成审查小组，对环境影响报告书进行审查。审查小组应当提出书面审查意见。审查意见应当包括下列内容：基础资料、数据的真实性；评价方法的适当性；环境影响分析、预测和评估的可靠性；预防或者减轻不良环境影响的对策和措施的合理性和有效性；公众意见采纳与不采纳情况及其理由说明的合理性；环境影响评价结论的科学性。

审查小组提出修改意见的，专项规划的编制机关应当根据环境影响报告书结论和审查意见对规划草案进行修改完善，并对环境影响报告书结论和审查意见的采纳情况作出说明；不采纳的，应当说明理由。

设区的市级以上人民政府或者省级以上人民政府有关部门在审批专项规划草案时，应当将环境影响报告书结论以及审查意见作为决策的重要依据。在审批中未采纳环境影响报告书结论以及审查意见的，应当作出说明，并存档备查。

4. 跟踪评价程序

对环境有重大影响的规划实施后，编制机关应当及时组织环境影响的跟踪评价，并将评价结果报告审批机关；发现有明显不良环境影响的，应当及时提出改进措施。跟踪评价主要内容包括：规划实施后实际产生的环境影响与环境影响评价文件预测可能产生的环境影响之间的比较分析和评估；规划实施中所采取的预防或者减轻不良环境影响的对策和措施有效性的分析和评估；公众对规划实施所产生的环境影响的意见；跟踪评价的结论。

三、建设项目影响评价制度

（一）建设项目影响评价的适用范围

为了防止建设项目产生新的污染、破坏生态环境，国家对环境有影响的建设项目进行管理。适用范围和要求包括：建设产生污染的建设项目，必须遵守污染物排放的国家标准和地方标准；在实施重点污染物排放总量控制的区域内，还必须符合重点污染物排放总量控制的要求。工业建设项目应当采用能耗物耗小、污染物产生量少的清洁生产工艺，合理利用自然资源，防止环境污染和生态破坏。改建、扩建项目和技术改造项目必须采取措施，治理与该项目有关的原有环境污染和生态破坏。

（二）建设项目影响评价的分类管理

国家根据建设项目对环境的影响程度，对建设项目的环境影响评价实行分类管理。建设项目的环境影响评价分类管理名录，由国务院生态环境主管部门制定并公布。建设单位分类组织编制环境影响报告书、环境影响报告表或者填报环境影响登记表：（1）可能造成重大环境影响的，应当编制环境影响报告书，对产生的环境影响进行全面评价；（2）可能造成轻度环境影响的，应当编制环境影响报告表，对产生的环境影响进行分析或者专项评价；(3)对环境影响很小、不需要进行环境影响评价的，应当填报环境影响登记表。

建设项目的环境影响报告书是由建设单位依法向环境保护行政主管部门提交的对建设项目产生的污染和对环境的影响进行全面、详细的评价的书面文件。主要内容包括：建设项目概况；建设项目周围环境现状；建设项目对环境可能造成影响的分析、预测和评估；建设项目环境保护措施及其技术、经济论证；建设项目对环境影响的经济损益分析；对建设项目实施环境监测的建议；环境影响评价的结论。建设项目环境影响报告书、环境影响报告表编制的能力建设指南和监管办法由国务院生态环境主管部门制定。

(三)建设项目环境影响评价的程序

1. 编制和审批

建设单位应当对建设项目环境影响报告书、环境影响报告表的内容和结论负责，接受委托编制建设项目环境影响报告书、环境影响报告表的技术单位对其编制的建设项目环境影响报告书、环境影响报告表承担相应责任。

设区的市级以上人民政府生态环境主管部门应当加强对建设项目环境影响报告书、环境影响报告表编制单位的监督管理和质量考核。

建设项目的环境影响报告书、报告表，由建设单位按照国务院的规定报有审批权的生态环境主管部门审批。审批部门应当自收到环境影响报告书之日起60日内，收到环境影响报告表之日起30日内，分别作出审批决定并书面通知建设单位。其中，国务院生态环境主管部门负责审批的建设项目包括：核设施、绝密工程等特殊性质的建设项目；跨省、自治区、直辖市行政区域的建设项目；由国务院审批的或者由国务院授权有关部门审批的建设项目。其他建设项目的环境影响评价文件的审批权限由省、自治区、直辖市人民政府规定。建设项目可能造成跨行政区域的不良环境影响，有关生态环境主管部门对该项目的环境影响评价结论有争议的，其环境影响评价文件由共同的上一级生态环境主管部门审批。海洋工程建设项目的海洋环境影响报告书的审批，依照《海洋环境保护法》的规定办理。

2. 公众参与程序

2018年《环境影响评价法》第21条规定，除国家规定需要保密的情形外，对环境可能造成重大影响、应当编制环境影响报告书的建设项目，建设单位应当在报批建设项目环境影响报告书前，举行论证会、听证会，或者采取其他形式，征求有关单位、专家和公众的意见。建设单位报批的环境影响报告书应当附具对有关单位、专家和公众的意见采纳或者不采纳的说明。

(四)跟踪评价程序

《环境影响评价法》明确规定不仅在规划和项目建设之前进行环境影响评价，还要进行规划实施后的跟踪评价和建设项目的环境影响的后评价与跟踪检查。对环境有重大影响的规划实施后，编制机关应当及时组织环境影响的跟踪评价，发现有明显不良环境影响的，应该及时提出改进措施。

四、后评价制度

后评价制度，亦即环境影响后评价制度，是指编制环境影响报告书的建设项目在通过环境保护设施竣工验收且稳定运行一定时期后，对其实际产生的环境影响以及污染防治、生态保护和风险防范措施的有效性进行跟踪监测和验证评价，并提出补救方案或者改进措施，提高环境影响评价有效性的方法与制度。在项目建设、运行过程中产生不符合经审批的环境影响评价文件的情形的，建设单位应当组织环境影响的后评价，采取改进措施，并报原环评文件审批部门和建设项目审批部门备案；原环评文件审批部门也可以责成建设单位进行环境影响的后评价，采取改进措施。《建设项目环境保护管理条例》第19条第2款（2017年修订）规定，编制环境影响报告书、环境影响报告表的建设项目投入生产或者使用后，应当按照国务院环境保护行政主管部门的规定开展环境影响后评价。

环境影响后评价是环境影响评价制度的法定情形，是对建设项目（或规划）进行事中、事后进行环境影响评价的方法。通过环境影响后评价，可以对建设项目（或规划）进行有效的跟踪检查、监测，并提出环境保护补救方案、措施或改进建议，以最大限度地减少污染和防止生态破坏。为规范建设项目环境影响后评价工作，2015年4月2日环境保护部通过了《建设项目环境影响后评价管理办法（试行）》。该办法规定了开展环境影响后评价的适用范围，即建设项目运行过程中产生不符合经审批的环境影响报告书情形的，应当开展环境影响后评价：（1）水利、水电、采掘、港口、铁路行业中实际环境影响程度和范围较大，且主要环境影响在项目建成运行一定时期后逐步显现的建设项目，以及其他行业中穿越重要生态环境敏感区的建设项目；（2）冶金、石化和化工行业中有重大环境风险，建设地点敏感，且持续排放重金属或者持久性有机污染物的建设项目；（3）审批环境影响报告书的生态环境主管部门认为应当开展环境影响后评价的其他建设项目。

建设单位或者生产经营单位负责组织开展环境影响后评价工作，编制环境影响后评价文件，并对环境影响后评价结论负责。建设单位或者生产经营单位应当将环境影响后评价文件报原审批环境影响报告书的生态环境主管部门备案，并接受其监督检查。建设项目环境影响后评价文件应当包括建设项目过程回顾、建设项目工程评价、区域环境变化评价、环境保护措施有效性评估、环境影响预测验证、环境保护补救方案和改进措施、环境影响后评价结论。建设项目环境影响后评价应当在建设项目正式投入生产或者运营后三年至五年内开展。原审批环境影响报告书的生态环境主管部门也可以根据建设项目的环境影响和环境要素变化特征，确定开展环境影响后评价的时限。生态环境主管部门可以依据环境影响后评价文件，对建设项目环境保护提出改进要求，并将其作为后续建设项目环境影响评价管理的依据。

环境影响后评价可以为简化环境保护行政许可提供制度和技术保障。近年来，为了深化“放、管、服”改革，我国在环境监管方面从强调事前的审批向加强事中事后的监管转变。环境影响评价制度的功能也相应发生了变化，无论从精简环评审批流程、缩短环评审批时间，还是到由企业自主开展竣工验收工作，都体现出落实企业主体责任、发挥事中事后监管在环境管理过程中的重要作用的态势。在此背景下，原环境保护部2018年发布的《环境保护部关于强化建设项目环境影响评价事中事后监管的实施意见》明确要求，要在环评事中事后监管中发挥环境影响后评价监管的作用。

五、违反环境影响评价制度的法律责任

环境影响评价法律责任制度，是指行为人因违反环境影响评价制度而应承担的法律上的不利后果。《环境影响评价法》（2018年）第四章专章第29～34条规定了法律责任。法律责任主体广泛，对规划编制机关、审批机关及其人员；建设单位，负责审核、审批、备案建设项目环境影响评价文件的部门及其人员；生态环境主管部门或者其他部门的工作人员都进行了规定。法律责任明确，既包括民事责任，也包括行政处分、行政处罚等行政责任，构成犯罪的还要承担刑事责任，以及从业禁止的非刑罚处罚措施。

1. 规划环境影响评价的法律责任

规划编制机关未组织环境影响评价，或者组织环境影响评价时弄虚作假或者有失职行为，造成环境影响评价严重失实的，对直接负责的主管人员和其他直接责任人员，由上级机关或者监察机关依法给予行政处分。规划审批机关对依法应当编写有关环境影响的篇章或者说明而未编写的规划草案，依法应当附送环境影响报告书而未附送的专项规划草案，违法予以批准的，对直接负责的主管人员和其他直接责任人员，由上级机关或者监察机关依法给予行政处分。

2. 建设项目环境影响评价法律责任

建设单位未依法报批建设项目环境影响报告书、报告表，或者未依照《环境影响评价法》第24条的规定重新报批或者报请重新审核环境影响报告书、报告表，擅自开工建设的，由县级以上生态环境主管部门责令停止建设，根据违法情节和危害后果，处建设项目总投资额1%以上5%以下的罚款，并可以责令恢复原状；对建设单位直接负责的主管人员和其他直接责任人员，依法给予行政处分。建设项目环境影响报告书、报告表未经批准或者未经原审批部门重新审核同意，建设单位擅自开工建设的，依照前款的规定处罚、处分。建设单位未依法备案建设项目环境影响登记表的，由县级以上生态环境主管部门责令备案，处5万元以下的罚款。海洋工程建设项目的建设单位有本条所列违法行为的，依照《海洋环境保护法》的规定处罚。

建设项目环境影响报告书、环境影响报告表存在基础资料明显不实，内容存在重大缺陷、遗漏或者虚假，环境影响评价结论不正确或者不合理等严重质量问题的，由设区的市级以上人民政府生态环境主管部门对建设单位处50万元以上200万元以下的罚款，并对建设单位的法定代表人、主要负责人、直接负责的主管人员和其他直接责任人员，处5万元以上20万元以下的罚款。接受委托编制建设项目环境影响报告书、环境影响报告表的技术单位违反国家有关环境影响评价标准和技术规范等规定，致使其编制的建设项目环境影响报告书、环境影响报告表存在基础资料明显不实，内容存在重大缺陷、遗漏或者虚假，环境影响评价结论不正确或者不合理等严重质量问题的，由设区的市级以上人民政府生态环境主管部门对技术单位处所收费用三倍以上五倍以下的罚款；情节严重的，禁止从事环境影响报告书、环境影响报告表编制工作；有违法所得的，没收违法所得。编制单位有上述规定的违法行为的，编制主持人和主要编制人员5年内禁止从事环境影响报告书、环境影响报告表编制工作；构成犯罪的，依法追究刑事责任，并终身禁止从事环境影响报告书、环境影响报告表编制工作。负责审核、审批、备案建设项目环境影响评价文件的部门在审批、备案中收取费用的，由其上级机关或者监察机关责令退还；情节严重的，对直接负责的主管人员和其他直接责任人员依法给予行政处分。

3. 其他

生态环境主管部门或其他部门工作人员徇私舞弊，滥用职权，玩忽职守，违法批准建设项目环境影响评价文件的，依法给予行政处分；构成犯罪的，依法追究刑事责任。

六、安全评价违规的法律责任追究[18]

2015年天津港“8·12”瑞海公司危险品仓库特别重大火灾爆炸事故的发生，造成了重大人员伤亡与财产损失，其惨烈程度在中华人民共和国成立之后罕见。涉事企业瑞海公司涉嫌的违规违法事项不计其数，其中最关键的安全评价是如何获得通过的，成为事件的一个焦点，

[18] 参见谭柏平:《不能放过造假的安评机构》，载《法治周末》2015年8月27日，第2版。

虽然具体的案情有待专门机关进一步深入调查,但从媒体披露的材料看,瑞海公司安全评价报告获得通过显然是违法的,应该追究安全评价机构及其相关人员的法律责任。

瑞海公司的安全评价是委托第三方评估机构中滨海盛有限公司来评估和制作的,该公司具有国家安监总局核发的甲级资质,其甲级资质由国家安监总局核发。根据规定,评价报告在不涉及国家秘密和个人隐私的情况下,经过专家评审之后要及时向社会公开。然而,2015年8月19日根据官方的说法,中滨海盛有限公司并未发布瑞海公司的安评报告,很吊诡的是,瑞海公司官网上的这份安评报告的发布日期却是8月15日,尽管这也是在事故发生的三天之后,其中缘由令人寻味。

这份公开出来的名为《天津港东疆保税港区瑞海国际物流有限公司跃进路堆场改造工程安全验收评价报告(备案稿)》的文件显示,瑞海公司在安全预评价中曾被指出了5类40个安全问题,在安全验收报告中又被指出24个安全隐患需要整改,据称这64个安全隐患最终都进行了整改。最令人称奇的是,该报告称瑞海公司危险品仓库工程的地址与周围居民区的距离符合规定。按照《危险化学品经营企业开业条件和技术要求》,大中型危险化学品仓库应与周围公共建筑物、交通干线(公路、铁路、水路)、工矿企业等距离至少保持1000米。根据瑞海公司的堆场占地面积,至少应该执行1000米的红线规定,可是,事发地距离居民区万科清水湾仅约600米,距离西侧的海滨高速公路310米,距津滨轻轨东海路站420米,然而,中滨海盛有限公司给出的安评结论却是符合规定。

据报道,瑞海公司做第一次安评时因为与居民区的距离不符合要求,安评没做下来,换了一家安评公司之后,安评则获得通过,明显不合规。仅仅因为换了一家评估机构,安评报告竟然能够通过,这突出反映了中国当下安全生产制度中普遍存在的一个问题,即有法不依,置法律与规章制度于不顾,跑关系、走后门,视安全如儿戏。从表面上看,近几年重大事故频发,是生产经营者利令智昏的短视行为,而从深层次上说,这也反映了经济社会发展与环境保护、公共安全之间的矛盾。处理好这些关系,需要多视角地解读,除了体制机制方面的改革之外,目前最应该强调的一点就是,有法必依,违法必究。

在安全生产方面,我国不能说无法可依,以天津港火灾爆炸事故为例,与之相关的法律法规有《安全生产法》《突发事件应对法》《港口法》《消防法》《危险化学品建设项目安全监督管理办法》《危险化学品安全管理条例》《突发事件应急预案管理办法》《安全评价机构管理规定》《安全生产违法行为行政处罚办法》等,这些法律法规已经形成了一套初步完善的安全生产与环境安全管理的保障制度。党的十八届四中全会指出,法律的生命力在于实施,法律的权威也在于实施。如果执行不力,法律再完善也是一纸空文。

事故的发生不是一个孤立的事件,尽管重大伤亡可能在某瞬间突然发生,这却是一系列小事件相继发生的结果。根据海因里希安全法则(Heinrich's Law),在一起重大事故发生的背后,必然存在29件轻度的事故,还有300件潜在的安全隐患。瑞海公司的安评违规通过,就是一个严重的安全隐患,为之后天津港爆炸重大事故的发生埋下了一粒邪恶的种子,造成的危害后果举世震惊,相信提供安评报告的中滨海盛有限公司也追悔莫及。

然而,世上无后悔药,违法必须担责。安评机构出具的评价报告,应当如实反映所评价的安全事项,要严格按照"谁评价谁签字、谁签字谁负责"的原则,对作出的安全评价报告结论承担法律责任。依据《安全生产法》《危险化学品安全管理条例》《安全评价机构管理规定》《安全生产违法行为行政处罚办法》以及《刑法》等的相关规定,安评机构出具虚假或者严重失实的评价报告的,应承担连带赔偿责任、没收违法所得、罚款或者撤销其相应资质等法律责任,对于安评的相关责任人员,视情节轻重,应追究其行政责任,构成犯罪的,应追究其刑事责任。

当然,对于中滨海盛有限公司的违规安评行为,还需要专门机关的调查取证,并最终认定责任,我们拭目以待。

这次事故不是光一个安评违规的问题,另一个相类似的焦点是环境影响评价问题,即环评,两者都是以预防为主的。社会有一种倾向,一出事就热议环评问题,甚至把责任往环评上推,其实,环评不等于安评,两者侧重不同。当然,这也引发了另一个思考,即把环评与安评以及其他评价,合而为一,这些制度上的整合与重构,还需要进一步探究。

第四节 “三同时”制度

一、“三同时”制度的概念及适用范围

“三同时”制度,是指一切新建、改建和扩建的基本建设项目(包括小型建设项目)、技术改造项目、自然开发项目,以及可能对环境造成污染和破坏的其他工程建设项目,其中防治污染和其他公害的设施和其他环境保护设施,必须与主体工程同时设计、同时施工、同时投产使用的制度,一般简称为“三同时”制度。这项制度最早规定于1973年的《关于保护和改善环境的若干规定》,并在1979年的《环境保护法(试行)》中也作了进一步规定。此后的一系列环境法律法规也都体现“三同时”制度的要求。

“三同时”制度开始只适用于新建、改建和扩建企业,后来其适用范围不断扩大,根据1998年发布的《建设项目环境保护管理条例》规定,“三同时”制度可适用于以下几个方面的开发建设项目:新建、扩建、改建项目;技术改造项目;确有经济效益的综合利用项目。1985年国家经委《关于开展资源综合利用若干问题的暂行规定》(现已失效)中规定,“对于确有经济效益的综合利用项目,应当同治理环境污染一样,与主体工程同时设计、同时施工、同时投产”。

二、“三同时”制度的主要内容

(一)建设项目的设计

在建设项目正式施工之前,建设单位必须向环境保护行政主管部门提交初步设计中的环境保护内容。包括:环境保护的设计依据,主要污染源和主要污染物及排放方式,计划采用的环境标准,环境保护设施及简要工艺流程,对建设项目引起的生态变化所采取的防范措施,绿化设计,环境保护设施投资概算等。依据批准的环境影响报告书(表)或者登记表,在环境保护篇章中落实防治环境污染和生态破坏的措施以及环境保护设施投资概算。环境保护篇章经审查批准后,才能纳入建设计划,并投入施工。

(二)建设项目的施工

环境保护设施必须与主体工程同时施工。在施工过程中,应当保护施工现场周围的环境,防止对自然环境的破坏,或者减轻粉尘、噪声、震动等对周围生活居住区的污染和危害,并接受环境保护行政主管部门的日常监督检查。

(三)建设项目的投入使用

建设项目的主体工程完工后,需要进行试生产的,其配套建设的环境保护设施必须与主体工程同时投入试运行。在试生产期间,建设单位应当对环境保护设施运行情况和建设项目对环境的影响进行监测。建设项目竣工后,建设单位应当向审批该项目环境影响报告书(表)

或登记表的环境保护行政主管部门，申请该项目需要配套建设的环境保护设施竣工验收，并应与主体工程竣工验收同时进行。分期建设、分期投入生产或者使用的建设项目，其相应的环境保护设施应当分期验收。建设项目需要配套建设的环境保护设施经验收合格，该建设项目方可正式投入生产或者使用。

三、违反“三同时”制度的法律责任

对试生产建设项目的环境保护设施未与主体工程同时投入试运行的，由审批该建设项目环境影响报告书(表)的环境保护行政主管部门责令限期改正；逾期不改正的，责令停止试生产，可以处5万元以下的罚款。

对建设项目投入试生产超过3个月，建设单位未申请环境保护设施竣工验收的，由审批该建设项目环境影响报告书(表)的环境保护行政主管部门责令限期办理环境保护设施竣工验收手续；逾期未办理的，责令停止试生产，可以处5万元以下的罚款。

对建设项目需要配套建设的环境保护设施未建成、未经验收或者验收不合格，主体工程正式投入生产或者使用的，由审批该建设项目环境影响报告书(表)的环境保护行政主管部门责令停止生产或者使用，可以处10万元以下的罚款。

第五节　环境资源许可证制度

一、环境资源许可证制度的概念

环境资源许可证制度，是指从事开发利用环境资源的活动之前，必须向有关环境资源行政主管部门提出申请，经主管部门审核批准，颁发许可证后才能从事该项活动的管理制度。颁发许可证是一种政府行政管理行为，使环境行政许可法律化，是环境管理机关进行环境保护监督管理的重要手段。

二、环境资源许可证制度的类别

(一)防止环境污染许可证制度

防治环境污染许可证制度，一般包括污染物排放许可证制度和对环境有害物质经营许可证制度。污染物排放许可证制度，主要包括水污染物排放许可证制度、大气污染物排放许可证制度、海洋倾倒废物许可证制度等。对环境有害物质经营许可证制度，主要包括危险废物经营许可证制度、农药生产许可证制度、化学危险物品经营许可证制度、核设施安全许可证制度、放射性工作许可登记证制度等。

(二)防止环境破坏许可证制度

防止环境破坏许可证制度，也称为资源开发利用许可证制度，主要包括国家重点保护野生动物特许猎捕证制度和驯养繁殖许可证制度、国家重点保护野生植物采集证制度、野生动物狩猎证制度、渔业捕捞许可证制度、水产养殖证制度、林木采伐许可证制度、探矿和采矿许可证制度、建设用地规划许可证制度、取水许可证制度等。

三、排污许可证制度

环境许可管理中，最广泛适用的是排污许可证。排污许可证制度是对污染源进行监督管

理最基本和最重要的手段。以排污许可证为主线，将“三同时”验收、排污申报登记、总量减排目标责任制、产业结构调整、限期治理、清洁生产强审、排污收费等环境管理制度对企业的环境管理具体要求，集中通过排污许可证一证管理，贯穿起来，衔接起来，体现全过程管理和长效管理，具有其他管理制度不可替代的作用。

瑞典是实行环境许可证最早的国家，早在1969年颁布的《环境保护法》中，有将近一半的条款是关于许可证的规定，其主要内容是许可证颁发的条件、申请办法、对申请的审查、决定及纠正等。较早实行排污许可证的国家还有澳大利亚、美国等，20世纪70年代初期即在法律中予以规定。我国于1987年开始在水污染防治领域进行许可证制度的试点，1991年4月在上海、天津等16个城市开始进行排放大气污染许可证制度的试点。此后，各地出台了大量排污许可管理相关地方性法规、规章或规范性文件，总计向约24万家排污单位发放了排污许可证，积累了大量实践和管理经验。然而，我国的排污许可也暴露出了不少的问题，例如，排污许可制其基础核心地位不突出，多项环境管理制度交叉、重复，污染源“数出多门”“多头管理”；依证监管力度不足，处罚结果不能形成震慑；排污单位污染治理责任落实不到位，缺乏履行环境保护责任的主动性等。在中央层面，1998年制定了《水污染物排放许可证管理暂行办法》（现已失效），供试点地区参照执行。2007年发布了关于征求《排污许可证管理条例》（征求意见稿）意见的函。2016年11月10日，国务院办公厅颁发了《控制污染物排放许可制实施方案》。2018年1月10日环境保护部令第48号发布了《排污许可管理办法（试行）》，该管理办法根据2019年8月22日生态环境部令第7号生态环境部《关于废止、修改部分规章的决定》修正。2020年12月9日国务院通过了《排污许可管理条例》，自2021年3月1日起施行。

（一）排污许可分类管理

依照法律规定实行排污许可管理的企业事业单位和其他生产经营者（以下简称排污单位），应当依法申请取得排污许可证；未取得排污许可证的，不得排放污染物。根据污染物产生量、排放量、对环境的影响程度等因素，对排污单位实行排污许可分类管理：（1）污染物产生量、排放量或者对环境的影响程度较大的排污单位，实行排污许可重点管理；（2）污染物产生量、排放量和对环境的影响程度都较小的排污单位，实行排污许可简化管理。实行排污许可管理的排污单位范围、实施步骤和管理类别名录，由国务院生态环境主管部门拟订并报国务院批准后公布实施。制定实行排污许可管理的排污单位范围、实施步骤和管理类别名录，应当征求有关部门、行业协会、企业事业单位和社会公众等方面的意见。

国务院生态环境主管部门负责全国排污许可的统一监督管理。设区的市级以上地方人民政府生态环境主管部门负责本行政区域排污许可的监督管理。排污许可证审查与决定、信息公开等应当通过全国排污许可证管理信息平台办理。设区的市级以上人民政府应当将排污许可管理工作所需经费列入本级预算。

（二）排污许可证的申请与审批

排污单位应当向其生产经营场所所在地设区的市级以上地方人民政府生态环境主管部门（以下简称审批部门）申请取得排污许可证。排污单位有两个以上生产经营场所排放污染物的，应当按照生产经营场所分别申请取得排污许可证。

申请取得排污许可证，可以通过全国排污许可证管理信息平台提交排污许可证申请表，也可以通过信函等方式提交。审批部门应当在全国排污许可证管理信息平台上公开受理或者不予受理排污许可证申请的决定，同时向排污单位出具加盖本审批部门专用印章和注明日期的书面凭证。

对具备下列条件的排污单位，颁发排污许可证：（1）依法取得建设项目环境影响报告书

（表）批准文件，或者已经办理环境影响登记表备案手续。（2）污染物排放符合污染物排放标准要求，重点污染物排放符合排污许可证申请与核发技术规范、环境影响报告书（表）批准文件、重点污染物排放总量控制要求；其中，排污单位生产经营场所位于未达到国家环境质量标准的重点区域、流域的，还应当符合有关地方人民政府关于改善生态环境质量的特别要求。（3）采用污染防治设施可以达到许可排放浓度要求或者符合污染防治可行技术。（4）自行监测方案的监测点位、指标、频次等符合国家自行监测规范。审批部门应当通过全国排污许可证管理信息平台生成统一的排污许可证编号。污染物产生量、排放量和对环境的影响程度都很小的企业事业单位和其他生产经营者，应当填报排污登记表，不需要申请取得排污许可证。

排污许可证有效期为5年。排污许可证有效期届满，排污单位需要继续排放污染物的，应当于排污许可证有效期届满60日前向审批部门提出申请。审批部门应当自受理申请之日起20日内完成审查；对符合条件的予以延续，对不符合条件的不予延续并书面说明理由。排污单位变更名称、住所、法定代表人或者主要负责人的，应当自变更之日起30日内，向审批部门申请办理排污许可证变更手续。

在排污许可证有效期内，排污单位有下列情形之一的，应当重新申请取得排污许可证：（1）新建、改建、扩建排放污染物的项目；（2）生产经营场所、污染物排放口位置或者污染物排放方式、排放去向发生变化；（3）污染物排放口数量或者污染物排放种类、排放量、排放浓度增加。

排污单位适用的污染物排放标准、重点污染物总量控制要求发生变化，需要对排污许可证进行变更的，审批部门可以依法对排污许可证相应事项进行变更。

（三）排污管理

排污许可证是对排污单位进行生态环境监管的主要依据。排污单位应当遵守排污许可证规定，按照生态环境管理要求运行和维护污染防治设施，建立环境管理制度，严格控制污染物排放。主要管理措施如下：（1）排污单位应当按照生态环境主管部门的规定建设规范化污染物排放口，并设置标志牌。（2）排污单位应当按照排污许可证规定和有关标准规范，依法开展自行监测，并保存原始监测记录。原始监测记录保存期限不得少于5年。排污单位应当对自行监测数据的真实性、准确性负责，不得篡改、伪造。（3）实行排污许可重点管理的排污单位，应当依法安装、使用、维护污染物排放自动监测设备，并与生态环境主管部门的监控设备联网。（4）排污单位应当建立环境管理台账记录制度，按照排污许可证规定的格式、内容和频次，如实记录主要生产设施、污染防治设施运行情况以及污染物排放浓度、排放量。环境管理台账记录保存期限不得少于5年。（5）排污单位应当按照排污许可证规定的内容、频次和时间要求，向审批部门提交排污许可证执行报告，如实报告污染物排放行为、排放浓度、排放量等。（6）排污单位应当按照排污许可证规定，如实在全国排污许可证管理信息平台上公开污染物排放信息。

（四）监督检查

生态环境主管部门可通过执法监测、随机抽查等方式监督监管排污单位的污染排放行为，对持证排污的相关违法行为进行界定、清理、处罚。《排污许可管理条例》（以下简称《排污条例》）设专章就“监督检查”作出详细规定。这些关于执法程序和执法手段的规定，解决了困扰环境执法机构多年的执法手段使用和执法证据认定问题，为今后固定源排污监管的环境执法提供了有力保障。

《排污条例》规定，生态环境主管部门应当加强对排污许可的事中事后监管，将排污许可执法检查纳入生态环境执法年度计划，根据排污许可管理类别、排污单位信用记录和生态环境管理需要等因素，合理确定检查频次和检查方式。生态环境主管部门应当在全国排污许可证管理信息平台上记录执法检查时间、内容、结果以及处罚决定，同时将处罚决定纳入国家有关信用信息系统向社会公布。

排污单位应当配合生态环境主管部门监督检查，如实反映情况，并按照要求提供排污许可证、环境管理台账记录、排污许可证执行报告、自行监测数据等相关材料。禁止伪造、变造、转让排污许可证。

生态环境主管部门可以通过全国排污许可证管理信息平台监控排污单位的污染物排放情况，发现排污单位的污染物排放浓度超过许可排放浓度的，应当要求排污单位提供排污许可证、环境管理台账记录、排污许可证执行报告、自行监测数据等相关材料进行核查，必要时可以组织开展现场监测。生态环境主管部门根据行政执法过程中收集的监测数据，以及排污单位的排污许可证、环境管理台账记录、排污许可证执行报告、自行监测数据等相关材料，对排污单位在规定周期内的污染物排放量，以及排污单位污染防治设施运行和维护是否符合排污许可证规定进行核查。生态环境主管部门依法通过现场监测、排污单位污染物排放自动监测设备、全国排污许可证管理信息平台获得的排污单位污染物排放数据，可以作为判定污染物排放浓度是否超过许可排放浓度的证据。排污单位自行监测数据与生态环境主管部门及其所属监测机构在行政执法过程中收集的监测数据不一致的，以生态环境主管部门及其所属监测机构收集的监测数据作为行政执法依据。国家鼓励排污单位采用污染防治可行技术。

（五）法律责任

相较于《排污许可管理办法（试行）》，《排污条例》新增了对排污单位相应违法行为按日连续计罚的法律责任，此项规定与《环境保护法》规定的按日计罚进行了有效衔接，对加大证后监管力度、提升证后监管效率提供了法规基础。且《排污条例》新增了将违法排污处罚决定纳入国家有关信用信息系统的规定，以此起到惩戒排污单位的效果，倒逼违法排污单位切实履行持证排污、按证排污主体责任。而《排污许可管理办法（试行）》中未对此项作出规定。

在法律责任方面，《排污条例》进行了严格规定。例如，对无证排污等行为，由生态环境主管部门责令改正或者责令限制生产、停产整治，处 20 万元以上 100 万元以下的罚款；情节严重的，报经有批准权的人民政府批准，责令停业、关闭。如果排污单位拒不配合生态环境主管部门监督检查或者在接受监督检查时弄虚作假，将被处 2 万元以上 20 万元以下的罚款。《排污条例》对违法排污单位严惩重罚，将推动排污单位守法排污，有力促进生态环境执法工作。此外，《排污条例》规定生态环境主管部门应当加强对持证排污行为的事中事后监管，将排污许可证执法检查纳入年度执法计划。

四、总量控制与排污权交易

（一）总量控制制度

环境的纳污能力不是无限的，而是有限的。环境是一种资源，一种公共性很强的资源，它的所有权应归属于代表公众的国家。总量控制，即污染物排放总量控制，通常是指根据一个地区（区域或流域）的环境特点和自净能力，依据环境质量标准，将污染物排放总量控制在环境承载能力范围之内。长期以来，我国环境管理主要采取污染物排放浓度控制，浓度达标即视为合法，此弊端较多。总量控制是以控制一定时段内一定区域内排污单位排放污染物总量为核心的环境管理方法体系。它包含了三个方面的内容：一是排放污染物的总量；二是排放污染物总量的地域范围；三是排放污染物的时间跨度。通常有三种类型：目标总量控制、容量总量控制和行业总量控制。目前我国的总量控制基本上是目标总量控制。

“总量控制”是相对于“浓度控制”而言的。浓度控制，是指以控制污染源排放口排出污染物的浓度为核心的环境管理方法体系。其核心内容为国家环境污染物排放标准（主要是浓度排放）标准。我国的“排污收费”“三同时”“环境影响评价”等都是以浓度排放标准为主要评价标准。

我国污染物总量控制主要适用于特定的环境要素（如大气、水）和特定的区域，即污染物排放总量控制区。如国务院和省级政府对尚未达到规定的大气环境质量标准的区域和国务院批准划定的酸雨控制区、二氧化硫污染控制区，可以划定为主要大气污染物排放总量控制区。污染控制区内有关地方人民政府依照国务院规定的条件和程序，按照公开、公平、公正的原则，核定企事业单位的主要污染物排放总量，核发主要污染物排放许可证。污染物排放单位必须按照总量控制的要求和许可证规定的排放条件排放污染物。

（二）排污权交易

1. 排污权交易的概念与起源

排污权交易（Pollution Rights Trading），亦称排污指标有偿转让，是指排污单位在环境保护行政主管部门的监督管理下，以排污指标为标的进行交易。[19] 它是在一定区域内，在污染物排放总量不超过允许排放量的前提下，内部各污染源之间通过货币交换的方式相互调剂排污量，从而达到减少排污量、保护环境的目的。排污权交易探索出一条将市场机制引入环境保护的有效途径，是市场经济国家重要的环境经济政策之一。排污权交易实现的前提条件包括：(1)排污是不能避免的；(2)环境的使用是有偿的；(3)区域内排污总量是核定不能超的；(4)排污权的取得是合法的（以排污许可证的形式表现）；(5)交易是在公开市场上进行的；(6)排污权是允许像商品一样买卖的。

排污权交易起源于美国。美国经济学家戴尔斯于1968年最先提出了排污权交易的理论，并首先被美国国家环保局（EPA）用于大气污染源及河流污染源管理。此后，德国、澳大利亚、英国等也相继实施了排污权交易的政策措施。1990年美国《清洁空气法修正案》应用了基于市场的控制策略，在控制二氧化硫排放方面实施了排污权交易，并取得了成功。排污权交易的应用越来越广泛，其范围已经从一国内部扩展到国家之间。1997年12月，在日本京都举行的《联合国气候变化框架公约》第三次缔约方大会，通过了该公约的第一个附加协议，即《京都议定书》。《京都议定书》的生效标志着排污权经济时代的到来，它创造出了一种新的产品：温室气体的排放权，并且被迅速商品化。

2. 碳排放权交易及实践

碳排放权交易，或称碳交易，其概念源自排污权交易。从实践情况看，排污权交易的对象主要包括二氧化硫、二氧化碳，以及较少的污水。可见，目前的排污权交易主要是碳排放权交易。碳排放权交易是在一定区域范围内实行大气污染“总量控制”的前提下，充分利用市场机制推动节能减排，发展低碳经济，积极应对全球气候变化的一项制度设计，并日益成为具有时代特质的实现环境治理与可持续发展的重要举措。碳排放权交易先后在美国、日本、欧盟等国家或地区的大气污染防治中得到实际运用，且应用越来越广泛。目前，碳交易也成为联合国为应对全球气候变化、减少温室气体排放而设计的一种新型国际贸易机制。

中国积极践行碳排放交易，中国的碳交易历程可划分为三个阶段：第一阶段（2005—2012年），主要通过参与国际CDM项目；第二阶段（2013—2020年），在北京、上海、天津、重庆、湖北、广东、深圳七省市开展碳交易试点；第三阶段（2021年至今），建立全国碳交易市场，首先

---

〔19〕 参见韩德培主编：《环境保护法教程》，法律出版社2003年版，第92页。

纳入电力行业。

我国一些省、自治区、直辖市较早就开展了排污权交易试点，交易对象主要是二氧化硫排污权。其中，江苏太仓港环保发电有限公司和南京下关发电厂之间、天津大港发电厂和天津石化公司热电厂之间的二氧化硫排污权交易较为成功。此外，江苏、上海还开展了污水排污权交易试点，也取得了良好效果。2001 年 9 月，在美国环保协会和南通市环保局的积极配合下，经过近一年的技术准备和协调磋商，南通天生港发电有限公司与南通另一家大型化工有限公司出售二氧化硫排污权交易签字仪式在江苏南通市举行，这是中国第一例真正意义上的二氧化硫排污权交易。2002 年 10 月，我国第一个关于二氧化硫排污交易的地方性规章《太原市二氧化硫排污交易管理办法》发布。2002 年 7 月，国家环境保护总局选择在我国山东、山西、江苏、河南、上海、天津、柳州七省市开展“二氧化硫排放总量控制及排污交易试点”项目，以寻求改善空气质量。2004 年，南通市环保局通过详细论证，审核确认由泰尔特公司将排污指标余量出售给亚点毛巾，转让期限为 3 年，这是我国首笔排污权交易。2006 年，国际上最大一笔跨国二氧化碳排放权交易在浙江尘埃落定，交易金额大约为每年 3 亿元人民币。浙江巨化股份有限公司由此成为国内首家实施二氧化碳排放权跨国交易的氟化工企业。

2012 年年初，国家发改委批准并推动了北京、天津、上海、重庆、广东、湖北、深圳七省市首批开展碳排放权交易试点工作，以期逐步建立全国统一的碳排放交易市场，以较低成本实现 2020 年控制温室气体排放行动目标。我国开展的七省（市）碳交易试点，虽然数量少，但具有很强的代表性。两省五市覆盖的地区跨越华北地区、中西部地区和东南沿海地区，能源消费大，共涵盖 20 多个行业的 2000 多家企事业单位。

2017 年 12 月，国家发改委宣布全国碳排放交易体系正式启动，并印发了《全国碳排放权交易市场建设方案（发电行业）》。之所以选择发电行业作为突破口，是因为该行业数据基础较好，产品比较单一，而且行业管理比较规范，整体排放量也很大。在全国碳市场启动建设的过程中，地方的碳交易试点、试点市场还将持续运行一段时间，在坚持全国碳市场统一运行、统一管理的基础上，确保试点省市的碳市场与全国统一碳市场顺利对接与平稳过渡。我国的碳配额成交额与欧盟碳交易体系的交易量相比虽然仍有较大的差距，但我国的碳市场已成为全球第二大碳交易市场。2021 年 7 月 16 日，全国碳排放权交易在上海环境能源交易所股份有限公司正式开市。

3. 碳交易类型及其立法

碳交易包括碳排放权交易与自愿减排量交易。碳排放权，是指分配给重点排放单位的规定时期内的碳排放额度。温室气体自愿减排交易，即国家核证自愿减排量（Chinese Certified Emission Reduction，CCER）进入全国温室气体核证减排量交易市场进行交易。国家核证自愿减排量，是指对我国境内可再生能源、林业碳汇、甲烷利用等项目的温室气体减排效果进行量化核证，并在国家温室气体自愿减排交易注册登记系统中登记的温室气体减排量。自愿减排量交易是一种基于项目的碳交易类型，与基于配额的碳排放权交易相对应，互为补充；它与强制性减排交易不同，自愿减排更多是出于责任。CCER 的用途主要是，用于碳市场抵消、碳中和、企业自愿注销等国内温室气体减排需要。自愿减排交易涉及面广，操作环节多，程序复杂，包括“项目咨询、项目审定、减排量核证、减排量交易”等环节，迄今仍是一项探索性工作，需要依法规范，确保所交易的减排量真实可靠，交易活动规范有序，管理流程简洁优化。

在碳排放权交易管理立法方面，2020 年 12 月，生态环境部颁发了《碳排放权交易管理办法（试行）》，并且《碳排放权交易管理暂行条例》原已列入《国务院 2021 年度立法工作计划》。在温室气体自愿减排交易管理立法方面，2012 年 6 月，国家发改委印发《温室气体自愿减排交易管理暂行办法》,原计划2017年出台新的《温室气体自愿减排交易管理办法》。2018年机构改革,原由国家发改委牵头的暂行办法修订工作处于暂停状态,新的管理办法没有如期出台。目前,生态环境部正牵头制定新的管理办法(试行)。

4. 国家自主贡献与“双碳”目标

人类只有一个地球,应对气候变化是人类的共同责任。“国家自主贡献”是《联合国气候变化框架公约》各缔约方2015年年底在巴黎召开的第21届联合国气候变化会议上根据自身情况确定的应对气候变化的行动目标。中国的自主贡献是:中国政府根据自身国情、发展阶段、可持续发展战略和国际责任,确定了到2030年的自主行动目标,即二氧化碳排放在2030年左右达到峰值并争取尽早达峰;单位国内生产总值二氧化碳排放比2005年下降60%～65%,非化石能源占一次能源消费比重达到20%左右,森林蓄积量比2005年增加45亿立方米左右。中国提出的“国家自主贡献”,是向国际社会作出的国家政策宣示和行动承诺。2020年9月22日,中国政府宣布,中国将提高国家自主贡献力度,采取更加有力的政策和措施,力争2030年前二氧化碳排放达到峰值,努力争取2060年前实现碳中和。“双碳”目标及其行动是中国应对气候变化的国际行动的一部分。

我国提出“双碳”目标有其必要性,具有划时代的意义。这不是别人要我们做,而是我们自己要做,也必须得做。第一,是经济结构调整的需要。如淘汰落后产业,贯彻新发展理念,走绿色发展、高质量发展的道路。第二,是能源结构调整的需要。目前我国的煤炭等传统能源难以支撑绿色高质量发展的需求,且对外依存度高,发展不可持续。第三,是生态环境保护的需要,我国环境污染严重,践行“双碳”目标能从根本上改善我国环境污染现状。第四,是气候变化应对的需要。有助于我国树立负责任的大国形象,承担“共同但有区别责任”,掌握全球气候治理国际话语权。

“双碳”目标是中国经过深思熟虑作出的重大战略决策,其现实意义是:其一,这是一场广泛而深刻的经济社会系统性变革;其二,这是我国立足新发展阶段、贯彻新发展理念、构建新发展格局,实现可持续发展、高质量发展的内在要求,也是推动构建人类命运共同体的必然选择;其三,这是扎实推进生态文明建设的需要,要把“碳达峰、碳中和”纳入生态文明建设整体布局中考量。

第六节　清洁生产和循环经济制度

一、清洁生产制度

（一）清洁生产概述

1. 清洁生产的概念

联合国环境规划署(UNEP)在1989年把“清洁生产”定义为:将综合预防的环境策略持续地应用于生产过程和产品中,以便减少对人类和环境的风险。生产过程,即清洁生产包括节约原材料与能源,尽可能不用有毒原材料,并在全部排放物和废物离开生产过程以前就减少它们的数量和毒性。产品,即从原材料取得至产品最终处置过程中,尽可能将对环境的影响减至最低。为实现清洁生产则必须有专门技术、改进工艺流程或改变企业文化。《中国21世纪议程》将清洁生产定义为:既可满足人们的需要又可合理使用自然资源和能源,并保护环境的实用生产方法和措施。《清洁生产促进法》第2条规定,本法所称清洁生产,是指不断采取改进设计、使用清洁的能源和原料、采用先进的工艺技术与设备、改善管理、综合利用等措施，从源头削减污染，提高资源利用效率，减少或者避免生产、服务和产品使用过程中污染物的产生和排放，以减轻或者消除对人类健康和环境的危害。

清洁生产不仅要求生产过程无污染、少污染，最大可能地节约原材料和能源，而且要求产品本身的绿化，即减少产品在整个生产周期中对人类和环境的影响，当然包括产品报废后回收与处理过程的无污染。不可否认，任何事物都是相对而言的，没有绝对的"清洁"。"清洁生产"也要受当前技术与科技水平的限制，是相对于传统的生产方法与模式而言的。

传统的生产过程造成环境污染的直接原因是以掠夺性的方式利用资源而获得的最终产品，大部分资源在生产过程中白白流失掉了，以废物的形态占据着空间，并且还造成了污染与生态的紊乱，或者成为潜在的威胁，因此造成污染的主要源头不是污染物，而是落后的生产方式和全部生产过程。清洁生产替代了以前的那种末端控制污染的模式，实行整个生产过程的"绿化"，这是人类生产方式的一大飞跃。清洁生产创造性地将环境预防战略持续应用于整个生产过程及产品中，从而增加了生产过程的效率，降低了对人类及环境产生污染的风险，清洁生产无疑代表着一种先进的生产力。

2. 清洁生产的主要内容

清洁生产理念强调三方面内容：一是清洁的能源，采用各种方法对常规的能源和煤采取清洁利用的方法；利用再生能源；开发新能源等。二是清洁的生产过程，将清洁生产的理念贯穿于从原材料投入产出成品的全过程，包括节约原材料和能源，替代有毒原材料，改进工艺技术和设备，并将排放物和废物的数量与毒性削减在离开生产过程之前。三是清洁的产品，产品从设计、生产、包装、运输、流通、消费到报废等，都应考虑节约原材料和能源，少用稀有原料，产品从制造到使用都应不危害人体健康和生态环境，易于回收利用，减少不必要的功能，强调使用寿命等。

清洁生产的应用范围：清洁生产起初适用于生产过程和产品，现在又扩大至服务。

贯彻清洁生产的目标是：(1)自然资源的合理利用。要求以最小的投入获得最大的产出。包括最大限度地节约能源和原材料，利用可再生能源或者清洁能源，利用无毒害原材料，减少使用稀有原材料，循环利用物料等措施。(2)经济效益最大化。通过节约资源、降低损耗、提高效能和产品质量，达到降低生产成本，提升企业竞争力的目的。(3)环境危害最小化。通过最大限度地避免和减少使用有毒害物料，采用无废、少废技术，减少生产过程中的危险因素，注重废物回收和循环利用，采用可循环可降解材料完成产品生产和包装，改善产品功能等一系列环保措施，实现对人类健康和环境的危害最小化和"工业绿化"的目的。

(二)国外的清洁生产立法

20 世纪七八十年代，欧洲许多国家就已制定了以污染预防为目标的"清洁工艺"和"清洁生产"的法规；在此基础上，欧共体理事会在 1979 年 4 月，正式宣布推行清洁生产的政策。1979 年 11 月又召开了开展国际合作的全欧高级会议，会议通过了《关于少废无废工艺和废料利用的宣言》。1984 年和 1987 年又制定了促进清洁生产的两个法规，明确对清洁生产的工业示范工程提供财政支持。

1984 年美国国会通过了《资源保护与恢复法——固体有害废物修正案》，1990 年又通过了《污染预防法》，从而以污染预防政策取代末端治理的污染控制政策，以法律的形式确定污染预防作为国家治理污染的基本战略。日本 1991 年以来制定了多部促进实施清洁生产的专门法律，如《资源有效利用促进法》《推动建立循环社会基本法》《容器包装再利用法》等。德国 1994 年公布了《循环经济和废物清除法》。加拿大、荷兰、丹麦等许多国家也出台了这类法规和政策。

（三）我国的清洁生产立法

自1993年第二次全国工业污染防治工作会议正式提出要积极推行清洁生产以来，我国先后颁布或修改的《大气污染防治法》、《水污染防治法》、《固体废物污染环境防治法》和《淮河流域水污染防治暂行条例》等法律、法规中都增加了有关清洁生产的法律规定。至此，清洁生产已开始成为我国环境保护法的一项新的基本制度。1999年11月我国第一部清洁生产地方性法规——《太原市清洁生产条例》正式颁布。2002年6月29日，第九届全国人大常委会第二十八次会议通过了《清洁生产促进法》并予以公布，2003年1月1日起施行。这是我国第一部以推行清洁生产为目的的法律，它的出台标志着我国污染预防和控制战略已步入法制正轨，为实现经济效益与环境效益的双赢提供了切实有力的法律保障，使我国清洁生产的实施有了基本的法律依据。该法于2012年修订，强化了政府推进清洁生产的职责，扩大了企业实施法制性清洁生产的审核范围，明确规定建立清洁生产财政支持资金，强化了清洁生产审核法律责任，强化了政府和社会监督作用。我国2015年《环境保护法》第40条规定："国家促进清洁生产和资源循环利用。"

（四）我国清洁生产的主要法律规定

1. 立法宗旨

从《清洁生产促进法》的名称上，可以看出其立法宗旨是促进实施清洁生产，由此决定了它不同于单纯的行政管理法，而是兼具了政策法与行政管理法的双重性质，是清洁生产的政策性法律规制和管理性法律规制的结合。因而我国清洁生产立法强调企业在清洁生产实施过程中的自主性，注重政府对清洁生产行为的引导、鼓励和支持。体现在立法内容上，以促进实施清洁生产的鼓励性、促进性、倡导性法律规范为主，而不以直接行政控制和制裁性法律规范为主，主要目的是强化政府在清洁生产中的推动作用，淡化其行政强制色彩。

2. 调整范围

《清洁生产促进法》第2条和第3条规定了我国清洁生产立法的调整范围，即包含了全部生产和服务领域。立法一方面扩大了清洁生产的范围，由传统工业生产领域向全部的生产和服务领域扩展；另一方面为了突出工业生产领域的清洁生产，立法对其作出了具体规定，而对其他领域的清洁生产制作了原则性规定。这样规定在满足我国当前工业领域推行清洁生产的迫切需要的同时，又体现了法律的前瞻性，为其他领域推行清洁生产提供了法律依据和活动空间。

3. 基本措施和管理体制

《清洁生产促进法》对清洁生产促进的基本措施作出了规定。国务院和县级以上地方人民政府应将清洁生产促进工作纳入国民经济和社会发展规划、年度计划以及环境保护、资源利用、产业发展、区域开发等规划。另外，国家鼓励开展这方面的科研、技术开发与国际合作，组织宣传、普及清洁生产知识，推广清洁生产技术，并鼓励社会团体和公众参与清洁生产的宣传、教育、推广、实施与监督。

在管理体制方面，《清洁生产促进法》规定：一是国务院清洁生产综合协调部门负责组织协调全国的清洁生产促进工作；县级以上地方人民政府负责领导本行政区域内的清洁生产促进工作；县级以上地方人民政府清洁生产综合协调部门负责组织协调本行政区域内的清洁生产促进工作。二是国务院环境保护、工业、科学技术、财政部门和其他有关部门，按照各自的职责，负责清洁生产促进工作。县级以上地方人民政府其他有关部门，按照各自的职责，负责有关的清洁生产促进工作。

4. 推行责任

《清洁生产促进法》第二章规定了各级政府及其有关部门对推行清洁生产的责任。(1)各级政府在促进清洁生产中的责任。各级政府在清洁生产的推行中主要负责政策制定、规划布局与清洁产品的采购与使用。其中,国务院应当制定有利于实施清洁生产的财政税收政策;国务院及其有关部门和省、自治区、直辖市人民政府应当制定有利的产业政策、技术开发和推广政策;县级以上地方人民政府根据国家清洁生产推行规划、有关行业专项清洁生产推行规划,按照本地区节约资源、降低能源消耗、减少重点污染物排放的要求,确定本地区清洁生产的重点项目,制定推行清洁生产的实施规划并组织落实。各级政府还应优先采购节能、节水、废物再生利用等有利于环境与资源保护的产品,并应鼓励公众购买和使用此类产品。(2)政府有关部门在促进清洁生产中的责任。清洁生产综合协调部门是负责组织、协调清洁生产促进工作的行政主管部门。国务院清洁生产综合协调部门的主要职责是:会同国务院环境保护、工业、科学技术部门和其他有关部门,根据国民经济和社会发展规划及国家节约资源、降低能源消耗、减少重点污染物排放的要求,编制国家清洁生产推行规划,报经国务院批准后及时公布。国家清洁生产推行规划应当包括:推行清洁生产的目标、主要任务和保障措施,按照资源能源消耗、污染物排放水平确定开展清洁生产的重点领域、重点行业和重点工程。国务院有关行业主管部门根据国家清洁生产推行规划确定本行业清洁生产的重点项目,制定行业专项清洁生产推行规划并组织实施。国务院清洁生产综合协调部门会同国务院环境保护、工业、科学技术、建设、农业等有关部门定期发布清洁生产技术、工艺、设备和产品导向目录。县级以上人民政府负责清洁生产综合协调的部门、环境保护部门会同同级有关部门,组织编制重点行业或者地区的清洁生产指南,指导实施清洁生产。(3)其他有关部门的职责。包括指导、支持清洁生产技术的示范和推广工作;将清洁生产技术和管理课程纳入有关的教育技术培训体系;加强对清洁生产实施的监督;在主要媒体上定期公布污染严重企业名单,方便公众参与监督;批准设立节能、节水、废物再生利用等环保产品标志,并制定相应标准;组织开展清洁生产的宣传和培训等。这些有关部门包括:县级以上人民政府的科技、教育、环境保护、有关行政主管部门、国务院有关行政主管部门以及新闻出版、广播影视、文化等单位和有关社会团体。

5. 实施机制及法律责任

《清洁生产促进法》第三章规定了清洁生产的实施要求,分为三类:指导性要求、自愿性要求和强制性要求。针对违反强制性要求的行为规定了相应的法律责任。

第一,指导性要求是对生产经营者从事清洁生产发出的倡导,主要内容涉及对新建、改建、扩建项目,企业技术改造,产品包装设计提出要求,并对农业生产者、服务性企业、建筑工程、矿产资源勘查和开采、废物回收和利用以及普通企业清洁生产审核都提出了相应的倡导性要求。

第二,自愿性要求是鼓励生产经营者自愿实施清洁生产,改善企业及其产品形象,相应可以依照有关规定得到奖励和享受政策优惠的要求,主要内容包括:自愿签订节约资源、削减污染物排放量的协议和自愿申请环境管理体系认证。许多发达国家都将自愿性要求作为推行清洁生产的重要策略之一。

第三,强制性要求。企业应当对生产和服务过程中的资源消耗以及废物的产生情况进行监测,并根据需要对生产和服务实施清洁生产审核。有下列情形之一的企业,应当实施强制性清洁生产审核:(1)污染物排放超过国家或者地方规定的排放标准,或者虽未超过国家或者地方规定的排放标准,但超过重点污染物排放总量控制指标的;(2)超过单位产品能源消耗限额标准构成高耗能的;(3)使用有毒、有害原料进行生产或者在生产中排放有毒、有害物质的。污染物排放超过国家或者地方规定的排放标准的企业,应当按照环境保护相关法律的规定治理。实施强制性清洁生产审核的企业,应当将审核结果向所在地县级以上地方人民政府负责清洁生产综合协调的部门、环境保护部门报告,并在本地区主要媒体上公布,接受公众监督,但涉及商业秘密的除外。县级以上地方人民政府有关部门应当对企业实施强制性清洁生产审核的情况进行监督,必要时可以组织对企业实施清洁生产的效果进行评估验收,所需费用纳入同级政府预算。承担评估验收工作的部门或者单位不得向被评估验收企业收取费用。

清洁生产的推行能否取得卓越的成效,除了加强宣传、提供必要的技术支持外,关键要看是否有切实可行的激励机制。因此《清洁生产促进法》专门设立"鼓励措施"一章,以确保清洁生产促进工作得以顺利有效地开展,具体措施包括表彰和奖励、资金支持、中小企业发展基金支持、税收优惠、审核培训支持等。

第五章规定了如果不履行该义务,则要承担相应的法律责任。主要内容涉及注明产品材料成分、建筑和装修材料必须符合国家标准,产品和包装物的强制回收、超标排放或超总量控制指标排放污染物企业的清洁生产审核、公布主要污染物的排放情况等方面的要求和相应的法律责任。

二、循环经济制度

(一)循环经济制度的概念

《循环经济促进法》(2018 年修正)第 2 条规定:本法所称循环经济,是指在生产、流通和消费等过程中进行的减量化、再利用、资源化活动的总称。本法所称减量化,是指在生产、流通和消费等过程中减少资源消耗和废物产生。本法所称再利用,是指将废物直接作为产品或者经修复、翻新、再制造后继续作为产品使用,或者将废物的全部或者部分作为其他产品的部件予以使用。本法所称资源化,是指将废物直接作为原料进行利用或者对废物进行再生利用。

"循环经济"一词,由美国经济学家波尔丁于20 世纪60 年代在其"宇宙飞船理论"中首次提出。其认为地球就像一艘在太空中飞行的宇宙飞船,要靠不断消耗和再生自身有限的资源而生存。如果不合理开发资源,肆意破坏环境,就会走向毁灭。这是循环经济思想的早期萌芽。循环经济把清洁生产、资源综合利用、生态设计和可持续消费等融为一体,运用生态学规律来指导人类社会的经济活动。循环经济要求按照生态规律组织整个生产、消费和废物处理过程,将传统的经济方式由"资源—产品—废物排放"的单向线性开放式经济过程,转化为"资源—产品—再生资源"的闭环反馈式循环过程。实施循环经济的目的是保护环境,实现社会、经济和环境的协调可持续发展,表现为低开发、高利用、低排放的特征。

(二)循环经济的原则

循环经济有三大经济活动的行为准则,分别是减量化原则(Reduce)、再利用原则(Reuse)、再循环原则(Recycle),又称 3R 原则。[20]

1. 减量化原则。减量化原则意在减少生产源头的资源投入。要求用尽可能少的原料与能源达到既定的生产目的或消费目的,常常表现为要求产品体积小型化、产品重量轻型化。比如,用轻型汽车来替代重型汽车,在消费中追求产品包装的朴实无华,并且尽量选择耐用的、可循环可降解的物品而不是一次性物品,以减少废弃物的产生。

---

〔20〕 参见周珂:《环境法》(第 2 版),中国人民大学出版社 2005 年版,第 75 页。

2. 再利用原则。再利用原则旨在延长产品或服务的使用时间。也就是说,尽可能多次或以多种方式使用物品,避免其过早地成为垃圾,抵制一次性用品的泛滥。在生产中制造商使用标准尺设计,例如:使用标准尺设计在电子产品领域可以使产品更容易升级换代,而不必更换整个产品。在生活中,人们可以将可维修的物品返回市场供他人使用或捐献自己不用的物品。

3. 再循环原则。再循环原则要求生产出来的产品在完成其使用功能后能重新变成可以利用的资源而不是无用的垃圾,也就是说,废弃物可以再次变成资源为人所用,一般指我们所说的废品回收利用和废物的综合利用。作为消费者来说,也应增强购买再生物品的意识,为促进循环经济的实现贡献一份力量。

(三)循环经济的立法模式

德国、美国、日本等主要发达国家均进行了循环经济的立法。通过立法促进废弃物的回收和综合利用,以法律的形式规定循环经济制度,是发达工业国家普遍采用的方式,也是此项制度发展的必然趋势。就立法模式来讲,当前发达国家规范循环经济大致有两种模式:

一种是污染预防型,如美国、加拿大,他们将清洁生产纳入预防污染的框架,属于环境法律体系。如美国1970年的《国家环境政策法》是基本法地位,与之配合的有《清洁水法》《清洁大气法》。目前美国虽然没有一部全国性的循环经济法规,但已有半数以上的州制定了不同形式的资源再生循环法规。美国于1965年第一次将废弃物综合利用用法律形式确定下来,在1986年颁布了《资源保护回收法》,其中包括了循环利用的内容,是目前世界上比较详细和完整的一部法律,在美国的固体废弃物管理中起到了举足轻重的作用。虽然美国目前还没有一部全国性的循环经济法规,但现在已有半数以上的州制定了不同形式的再生循环法规。

另一种是经济循环型。它的先驱者是德国,德国是世界上最早进行循环经济立法的国家。20世纪70年代,德国出台了一系列环保法律法规。1986年颁布了《废弃物限制及废弃物处理法》,发展方向从"怎样处理废弃物"的观点提高到了"怎样避免废弃物的产生",1991年制定了《包装条例》,要求将各类包装物的回收规定为国民义务,对生产商和零售商的包装提出了环保要求。1994年,在《基本法》中增加了对后代人的环保责任规定,"国家也本着对后代负责的精神保护自然的生存条件"。1996年,《循环经济与废弃物管理法》问世,把废弃物处理提高到发展循环经济的高度,从而把循环经济的思想从包装推广到整个生产过程和所有生产部门。该法包括避免废物、利用废物和处置废物三个重要内容,规定对废物问题的处置思路为"避免产生—循环使用—最终处置"。该法对增强民众循环经济意识,推广循环经济模式起到了重要作用。

日本是发达国家中循环经济立法最完善的国家之一。其中有一部涵盖生产、生活各个领域的综合性法律,如《资源有效利用促进法》(1991年颁布)。日本《建立循环型社会基本法》使用了"循环型社会"的概念。所谓"循环型社会"是指"通过抑制产品成为废物,当产品成为可循环资源时则促进产品的适当循环,并确保不可循环的回收资源得到适当处置,从而使自然资源的消耗受到抑制,环境负荷得到削减的社会形态"。日本"循环型社会"的本质,也是抑制废物的产生、产品的循环使用、废物的适当处置等,与德国规定的循环经济不存在本质差异。

在"可持续发展"这一基本国策的指导下,《清洁生产促进法》(2002年、2012年修正)启动了我国推行循环经济发展模式的步伐,这是建立我国循环经济法律体系的一个良好开端,根据2002年的该法第9条规定:"县级以上地方人民政府应当合理规划本行政区域的经济布局，调整产业结构，发展循环经济，促进企业在资源和废物综合利用等领域进行合作，实现资源的高效利用和循环使用。”在《环境保护法》《节约能源法》《固体废弃物污染环境防治法》《环境影响评价法》《可再生能源法》等法律中也有此方面的规定。2008 年 8 月 29 日，第十一届全国人民代表大会常务委员会第四次会议通过了《循环经济促进法》（2018 年修正）。

就我国目前立法状况来说，现行的这些政策、法律法规为规范我国循环经济的建设提供了法律支持，但是还有待进一步建立和完善循环经济法律体系。

三、循环经济与清洁生产的关系

循环经济与清洁生产是紧密联系，互为支撑的。清洁生产要求在产品生产的整个周期中贯彻污染预防原则，从生产源头减少资源的耗费，开发资源的可循环利用，遏制污染产生，从而达到经济效益与环境效益的双赢；循环经济崇尚环境友好，主张在产品和消费过程中，以最小的自然资源投入得到最充分的产品产出，同时排放的环境废物尽可能地最少，以减少和避免对环境的危害。循环经济提供了一种理想的经济发展模式，在环境与发展的矛盾与冲突之间找到了合理的平衡点。

在具体的经济活动中，循环经济主要在三个层面展开：企业层面、区域层面和社会层面。清洁生产属于第一层面，即单个生产者和消费者的行为方式，它是一个相对微观的概念，相对而言，循环经济则是更为广大的生产者和消费者的行为方式，是一个相对宏观的概念。由此可见，清洁生产是循环环境的基本形式之一，是实现循环经济的基础，而循环经济又将是清洁生产发展的终极目标。另外，清洁生产为循环经济的实现提供了技术支撑，清洁生产将先进工艺技术和设备应用到生产服务中，提高资源利用率，减少废物产生，成为循环经济形成的一个关键因素。

两者的主要区别是：首先，清洁生产主要着眼于生产服务领域，而循环经济则囊括整个经济活动，更有利于解决环境与发展的矛盾。其次，清洁生产强调生产技术的生态化，更为具体；而循环经济的内涵是生态经济，要求经济活动同生态系统的平衡相结合，走社会经济发展生态化的路子。最后，两者的实施条件不同。与清洁生产相比，循环经济的实施要求更高的科技创新水平，更雄厚的经济实力，更成熟的政府宏观调控，更健全的市场运行机制，更正常的资源配置，更多的科技与管理人才，更强的民众环保意识和更为普遍的绿色消费倾向。在这种意义上，可以说清洁生产是循环经济的初级阶段，循环经济是清洁生产的高级阶段。

第七节　环境事故报告制度

一、环境事故报告制度的概念和意义

环境事故报告制度又称环境污染与破坏事故报告及处理制度，或环境污染事故和环境紧急情况的报告及处理制度，这项制度是指发生事故或者其他突然事件，使环境受到或者可能受到严重污染或破坏，事故或事件的当事人必须立即采取措施处理，及时向可能受到环境污染与破坏危害的公众通报，并向当地生态环境主管部门和有关部门报告，接受调查处理的法律制度。

环境污染与破坏事故是指因事故或意外事件等因素，致使环境受到污染或破坏，公众的生命健康和财产受到危害或威胁的紧急情况。根据事故的类型可分为水污染、大气污染、噪

声与振动危害、固体废物污染、农药与有毒化学品污染、放射性污染事故和国家重点保护的野生动植物及自然保护区破坏事故等;根据事故危害的程度,可分为一般、较大、重大和特大环境污染与破坏事故。环境污染与破坏事故一般都具有突发性、蔓延性和危害性极大等特点,随着一些具有高度危险来源的产业规模的扩大,环境污染与破坏事故的范围更广、危害更深。据英国核能安全局统计,20 世纪 80 年代以后,全世界平均每年发生 200 多起严重的污染事故。印度博帕尔农药泄漏事件、苏联切尔诺贝利核电站泄漏事故造成的惨重危害令人震惊。但更可怕的是一些环境事故的当事人出于各种目的而故意隐瞒事故真相,人为地造成环境事故的危害范围扩大、时间持久,使本来可以及时避免或减轻的污染后果得不到有效控制。为了防止这种悲剧的重演,污染事故报告与处理制度便应运而生。

环境污染事故报告制度的意义在于:首先,它可以使政府和环境保护监督管理部门及时掌握环境污染与破坏事故的情况,查明事故原因、确定危害程度,便于采取有效措施,防止事故的蔓延和扩大。其次,它可以使受到环境污染和破坏威胁的公众提前采取防范措施,避免或减少损失,最大限度地降低事故的危害程度。

二、环境事故报告制度的内容

我国《海洋环境保护法》首次规定了环境事故报告处理制度,《环境保护法》确认了这项制度,《水污染防治法》《大气污染防治法》等单项环境保护法中也有相关的规定。2006 年 1 月 24 日,国务院发布了《国家突发环境事件应急预案》(2014 年修订),目的是建立健全突发环境事件应急机制,提高政府应对涉及公共危机的突发环境事件的能力,维护社会稳定,保障公众生命健康和财产安全,保护环境,促进社会全面、协调、可持续发展。

(一)突发环境事件分级

突发环境事件,是指由于污染物排放或自然灾害、生产安全事故等因素,导致污染物或放射性物质等有毒有害物质进入大气、水体、土壤等环境介质,突然造成或可能造成环境质量下降,危及公众身体健康和财产安全,或造成生态环境破坏,或造成重大社会影响,需要采取紧急措施予以应对的事件,主要包括大气污染、水体污染、土壤污染等突发性环境污染事件和辐射污染事件。按照事件严重程度,突发环境事件分为特别重大、重大、较大和一般四级。

(二)国家突发环境事件应急组织体系

国家层面组织指挥机构。生态环境部负责重特大突发环境事件应对的指导协调和环境应急的日常监督管理工作。根据突发环境事件的发展态势及影响,生态环境部或省级人民政府可报请国务院批准,或根据国务院领导同志指示,成立国务院工作组,负责指导、协调、督促有关地区和部门开展突发环境事件应对工作。必要时,成立国家环境应急指挥部,由国务院领导同志担任总指挥,统一领导、组织和指挥应急处置工作;国务院办公厅履行信息汇总和综合协调职责,发挥运转枢纽作用。

地方层面。县级以上地方人民政府负责本行政区域内的突发环境事件应对工作,明确相应组织指挥机构。跨行政区域的突发环境事件应对工作,由各有关行政区域人民政府共同负责,或由有关行政区域共同的上一级地方人民政府负责。对需要国家层面协调处置的跨省级行政区域突发环境事件,由有关省级人民政府向国务院提出请求,或由有关省级生态环境主管部门向生态环境部提出请求。地方有关部门按照职责分工,密切配合,共同做好突发环境事件应对工作。

(三)预警及措施

现行《环境保护法》第 47 条规定,各级人民政府及其有关部门和企业事业单位,应当依照

《突发事件应对法》的规定，做好突发环境事件的风险控制、应急准备、应急处置和事后恢复等工作。县级以上人民政府应当建立环境污染公共监测预警机制，组织制订预警方案；环境受到污染，可能影响公众健康和环境安全时，依法及时公布预警信息，启动应急措施。企业事业单位应当按照国家有关规定制订突发环境事件应急预案，报生态环境主管部门和有关部门备案。在发生或者可能发生突发环境事件时，企业事业单位应当立即采取措施处理，及时通报可能受到危害的单位和居民，并向生态环境主管部门和有关部门报告。突发环境事件应急处置工作结束后，有关人民政府应当立即组织评估事件造成的环境影响和损失，并及时将评估结果向社会公布。

按照突发事件严重性、紧急程度和可能波及的范围，突发环境事件的预警分为四级，预警级别由低到高，颜色依次为蓝色、黄色、橙色、红色。发布突发环境事件预警信息的地方人民政府或有关部门，应当根据事态发展情况和采取措施的效果适时调整预警级别；当判断不可能发生突发环境事件或者危险已经消除时，宣布解除预警，适时终止相关措施。

地方生态环境主管部门研判可能发生突发环境事件时，应当及时向本级人民政府提出预警信息发布建议，同时通报同级相关部门和单位。地方人民政府或其授权的相关部门，及时通过电视、广播、报纸、互联网、手机短信、当面告知等渠道或方式向本行政区域公众发布预警信息，并通报可能影响的相关地区。

上级生态环境主管部门要将监测到的可能导致突发环境事件的有关信息，及时通报可能受影响地区的下一级生态环境主管部门。

进入预警状态后，当地县级以上人民政府和政府有关部门应当采取以下措施：(1)分析研判。组织有关部门和机构、专业技术人员及专家，及时对预警信息进行分析研判，预估可能的影响范围和危害程度。(2)防范处置。迅速采取有效处置措施，控制事件苗头。在涉险区域设置注意事项提示或事件危害警告标志，利用各种渠道增加宣传频次，告知公众避险和减轻危害的常识、需采取的必要的健康防护措施。(3)应急准备。提前疏散、转移可能受到危害的人员，并进行妥善安置。责令应急救援队伍、负有特定职责的人员进入待命状态，动员后备人员做好参加应急救援和处置工作的准备，并调集应急所需物资和设备，做好应急保障工作。对可能导致突发环境事件发生的相关企业事业单位和其他生产经营者加强环境监管。(4)舆论引导。及时准确发布事态最新情况，公布咨询电话，组织专家解读。加强相关舆情监测，做好舆论引导工作。

(四)报告时限和方式

突发环境事件发生后，涉事企业事业单位或其他生产经营者必须采取应对措施，并立即向当地生态环境主管部门和相关部门报告，同时通报可能受到污染危害的单位和居民。因生产安全事故导致突发环境事件的，安全监管等有关部门应当及时通报同级生态环境主管部门。生态环境主管部门通过互联网信息监测、环境污染举报热线等多种渠道，加强对突发环境事件的信息收集，及时掌握突发环境事件发生情况。

事发地生态环境主管部门接到突发环境事件信息报告或监测到相关信息后，应当立即进行核实，对突发环境事件的性质和类别作出初步认定，按照国家规定的时限、程序和要求向上级生态环境主管部门和同级人民政府报告，并通报同级其他相关部门。突发环境事件已经或者可能涉及相邻行政区域的，事发地人民政府或生态环境主管部门应当及时通报相邻行政区域同级人民政府或生态环境主管部门。地方各级人民政府及其生态环境主管部门应当按照有关规定逐级上报，必要时可越级上报。

接到已经发生或者可能发生跨省级行政区域突发环境事件信息时，生态环境部要及时通报相关省级生态环境主管部门。对以下突发环境事件信息，省级人民政府和生态环境部应当立即向国务院报告：(1)初判为特别重大或重大突发环境事件；(2)可能或已引发大规模群体性事件的突发环境事件；(3)可能造成国际影响的境内突发环境事件；(4)境外因素导致或可能导致我国境内突发环境事件；(5)省级人民政府和生态环境部认为有必要报告的其他突发环境事件。

第八节　特定区域生态环境保护制度

一、特定区域生态环境保护制度的概念

特定区域生态环境保护制度，是指国家通过环境资源承载能力监测预警、生态保护红线等机制，对生态环境特定区域实行最严格保护的法律制度。其中，生态环境特定区域是指生态环境源头区域、重点生态功能区、生态环境敏感区和脆弱区等区域，国家对这些区域划定生态保护红线，实行严格保护。生态环境特定区域是国家生态环境安全的基础，同时也往往是生态环境较为脆弱的区域，必须通过法律予以最严格的保护。[21]

此处的源头区域是指江河的发源地区域，是江河最初具有地表水流的地方。江河源头区域一般分布着众多的溪、泉、沼泽，甚或冰川、湖泊等，根据水往低处流的特点，这些源头区域一般分布于山脉。保护好江河源头就是保护我们的生命之源。江河源头在生态系统、资源环境、生物多样性等问题上具有牵一发而动全身的效应，江河源头区域是流域"上游"中的生态重点区域，是国土的重要生态源头区域，也是生态环境最脆弱和敏感的区域，一旦被破坏则会加剧中下游区域水土流失和洪涝灾害，且很难恢复和治理，因此，对源头区域的生态环境要"保护优先"。

党的十八届三中全会决定提出，"建设生态文明，必须建立系统完整的生态文明制度体系，实行最严格的源头保护制度、损害赔偿制度、责任追究制度，完善环境治理和生态修复制度，用制度保护生态环境"。现行《环境保护法》通过设立环境资源承载能力监测预警、生态保护红线、跨行政区域联合防治等制度对源头区域实行严格保护。此外，中央和地方均出台了许多法规政策对源头区域予以严格保护，例如，2016 年 3 月，中共中央办公厅、国务院办公厅印发了《三江源国家公园体制试点方案》，三江源成为国家批复设立的第一个国家公园体制试点区域。国家发展改革委、河北省人民政府 2019 年 7 月 20 日印发《张家口首都水源涵养功能区和生态环境支撑区建设规划(2019—2035 年)》。《全国重要生态系统保护和修复重大工程总体规划(2021—2035 年)》明确，贯彻落实主体功能区战略，以国家生态安全战略格局为基础，以国土空间规划确定的国家重点生态功能区、生态保护红线、国家级自然保护地等为重点，突出对京津冀协同发展、长江经济带发展、粤港澳大湾区建设、海南全面深化改革开放、长三角一体化发展、黄河流域生态保护和高质量发展等国家重大战略的生态支撑，在统筹考虑生态系统的完整性、地理单元的连续性和经济社会发展的可持续性，并与相关生态保护与修复规划衔接的基础上，将全国重要生态系统保护和修复重大工程规划布局在七个重点区

---

〔21〕 参见周珂等：《环境与资源保护法》(第 4 版)，中国人民大学出版社 2019 年版，第 62 页。

域，即青藏高原生态屏障区[22]、黄河重点生态区(含黄土高原生态屏障)[23]、长江重点生态区(含川滇生态屏障)[24]、东北森林带[25]、北方防沙带[26]、南方丘陵山地带[27]、海岸带[28]。国家主席习近平2021年10月12日出席《生物多样性公约》第十五次缔约方大会领导人峰会并发表主旨讲话指出，为加强生物多样性保护，中国正加快构建以国家公园为主体的自然保护地体系，逐步把自然生态系统最重要、自然景观最独特、自然遗产最精华、生物多样性最富集的区域纳入国家公园体系。[29]

二、目标识别

重点生态功能区，是指在涵养水源、保持水土、调蓄洪水、防风固沙、维系生物多样性等方面具有重要作用的区域，需要国家和地方共同管理，并予以重点保护和限制开发的区域。保护和管理重点生态功能区，对于防止和减轻自然灾害，协调流域及区域生态保护与经济社会发展，保障国家和地方生态安全具有重要意义。

生态环境敏感区和脆弱区，是指法律规定的各种重要的、值得保护或需要保护的敏感保护目标存在的区域。我国《环境保护法》《海洋环境保护法》《水土保持法》《土地管理法》等法律中规定的生态环境敏感保护目标包括：具有代表性的各种类型的自然生态系统区域；珍稀、濒危的野生动植物自然分布区域；重要的水源涵养区域；具有重大科学文化价值的地质构造、著名溶洞和化石分布区，冰川、火山、温泉等自然遗迹；人文遗迹、古树名木；风景名胜区、自然保护区等；自然景观；海洋特别保护区、海上自然保护区、滨海风景游览区；水产资源、水产养殖场、鱼蟹洄游通道；海涂、海岸防护林、风景林、风景石、红树林、珊瑚礁；水土资源、植被、(坡)荒地；崩塌滑坡危险区、泥石流易发区；耕地、基本农田保护区等。

2021年修订的《建设项目环境影响评价分类管理名录》第3条规定："(一)国家公园、自然保护区、风景名胜区、世界文化和自然遗产地、海洋特别保护区、饮用水水源保护区；(二)除(一)外的生态保护红线管控范围，永久基本农田、基本草原、自然公园(森林公园、地质公园、海洋公园等)、重要湿地、天然林，重点保护野生动物栖息地，重点保护野生植物生长繁殖地，

---

[22] 涉及西藏、青海等六个省(自治区)，含三江源草原草甸湿地、若尔盖草原湿地、甘南黄河重要水源补给、祁连山冰川与水源涵养、阿尔金草原荒漠化防治、藏西北羌塘高原荒漠、藏东南高原边缘森林七个国家重点生态功能区。

[23] 涉及青海、甘肃等八个省(自治区)，包括一个国家重点生态功能区，即黄土高原丘陵沟壑水土保持生态功能区。

[24] 涉及四川、云南等十一个省(直辖市)，含川滇森林及生物多样性、桂黔滇喀斯特石漠化防治、秦巴山区生物多样性、三峡库区水土保持、武陵山区生物多样性与水土保持、大别山水土保持六个国家重点生态功能区以及洞庭湖和鄱阳湖等重要湿地。

[25] 涉及黑龙江、内蒙古等四个省(自治区)，含大小兴安岭森林、长白山森林和三江平原湿地三个国家重点生态功能区。

[26] 涉及黑龙江、吉林、北京等九个省(自治区、直辖市)，是"两屏三带"中的北方防沙带，含京津冀协同发展区和阿尔泰山地森林草原、塔里木河荒漠化防治、呼伦贝尔草原草甸、科尔沁草原、浑善达克沙漠化防治、阴山北麓草原六个国家重点生态功能区。

[27] 涉及福建、湖南等五省(自治区)，含南岭山地森林及生物多样性国家重点生态功能区和武夷山等重要山地丘陵区。

[28] 涉及辽宁、上海、广西等十一个省(自治区、直辖市)的近岸近海区，涵盖黄渤海、东海和南海等重要海洋生态系统，含辽东湾、黄河口及邻近海域、北黄海、苏北沿海、长江口—杭州湾、浙中南、台湾海峡、珠江口及邻近海域、北部湾、环海南岛、西沙、南沙十二个重点海洋生态区和海南岛中部山区热带雨林国家重点生态功能区。

[29] 《习近平出席〈生物多样性公约〉第十五次缔约方大会领导人峰会并发表主旨讲话》，载《人民日报》2021年10月13日，第01版。

重要水生生物的自然产卵场、索饵场、越冬场和洄游通道，天然渔场，水土流失重点预防区和重点治理区、沙化土地封禁保护区、封闭及半封闭海域；(三)以居住、医疗卫生、文化教育、科研、行政办公为主要功能的区域，以及文物保护单位。”

环境影响评价中的“一般敏感保护目标”包括：(1)具有生态学意义的保护目标。主要有：具有代表性的生态系统，如湿地、海涂、红树林、珊瑚礁、原始森林、天然林、热带雨林、荒野地等生物多样性较高的和具有区域代表性的生态系统。重要保护生物及其生境；包括列入国家级和省级一、二级保护名录的动植物及其生境；列入红皮书的珍稀濒危动植物及其生境；地方特有的和土著的动植物及其生境；具有重要经济价值和社会价值的动植物及其生境。重要渔场及鱼类产卵场、索饵场、越冬地及洄游通道等；自然保护区、自然保护地、种质资源保护地等。(2)具有美学意义的保护目标。主要有：风景名胜区、森林公园及旅游度假区；具有特色的自然景观、人文景观、古树名木、风景林、风景石等。(3)具有科学文化意义的保护目标。如具有科学文化价值的地质构造、著名溶洞和化石分布区，冰川、火山和温泉等自然遗迹，贝壳堤等罕见自然事物；具有地理和社会意义的地貌地物，如分水岭、省、市界等地理标志物。(4)具有经济价值的保护目标，如水资源和水源涵养区；耕地和基本农田保护区；水产资源、养殖场以及其他具有经济学意义自然资源。(5)重要生态功能区和具有社会安全意义的保护目标。主要有：重要生态功能区，如江河源头区、洪水蓄泄区、水源涵养区、防风固沙保护区、水土保持重点区、重要渔业水域等；灾害易发区，如崩塌、滑坡、泥石流区（地质灾害易发区）高山、峡谷陡坡区等。(6)生态脆弱区。处于剧烈退化中的生态系统，都可能演化为灾害易发区，应作为一类重要的敏感目标对待，如沙尘暴源区、严重和剧烈沙漠化区、强烈和剧烈水土流失区和石漠化地区；处于交界地带的区域，如水陆交界之海岸、河岸、湖岸、岸区，处于山地平原交界处之山麓地带等；处于过渡的区域，如农牧交错带、绿洲外围带等。(7)人类建立的各种具有生态环境保护意义的对象。如植物园、动物园、珍稀濒危生物保护繁殖基地、种子基地、森林公园、城市公园与绿地、生态示范区、天然林保护区等。(8)环境质量急剧退化或环境质量已达不到环境功能区划要求的地域、水域。(9)人类社会特别关注的保护对象。如学校（关注青少年）、医院（关注体弱有病的脆弱人群）、科研文教区以及集中居民区等。

三、环境资源承载能力监测预警机制

（一）环境资源承载力监测预警机制的概念

环境资源承载力又称环境承受力或环境忍耐力，是指在一定时期内，在维持相对稳定的前提下，某一区域环境对人类社会、经济活动的支持能力的限度。人类赖以生存和发展的环境是一个大系统，它既为人类活动提供空间和载体，又为人类活动提供资源并容纳废弃物。然而地球的面积和空间是有限的，它的资源是有限的，它的承载力也是有限的。人类的活动必须保持在地球承载力的极限之内。当今存在的种种环境问题，大多是人类活动与环境承载力之间出现冲突的表现。人类社会经济活动对环境的影响超过了环境所能支持的极限，即人类社会行为对环境的作用力超过了环境承载力。环境承载力决定着一个流域或区域经济社会发展的速度和规模。如果在一定社会福利和经济技术水平条件下，流域或区域的人口和经济规模超出其生态环境所能承载的范围，将会导致生态环境的恶化和资源的匮竭，严重时会引起经济社会的不可持续发展。环境资源承载力的容量是一个动态变化过程，受到人口规模、开发程度、城镇化规模、产业发展、基础设施建设、空间布局、气候和自然条件等诸多因素的影响，建立监测预警机制有利于实时掌握当前的资源环境承受能力，制定符合当前资源环境形势的决策部署和相关政策，找准承载力的制约因素和薄弱环节进行补充强化，避免过度开发,突破资源环境承载力的底线,一旦自然环境失去自我恢复的能力,将产生不可逆的后果。

科技进步可以提高区域环境承载力,提高人们的管理水平,提高废弃物的回收利用率;可以改变产品的结构、成分,从而使一些对人类有害的物质得到有效的控制,降低生产这些产品的活动对环境造成的压力;可以提供消除污染物的可能性。调整产业结构,降低那些对环境造成较大压力的产业比例,使资本密集型、劳动力密集型产业向技术和知识密集型产业发展,优化产业结构,或通过合理的工业布局,改变人类活动的内容,也可提高区域环境承载力。区域之间社会、经济的协调发展是每个区域实现可持续发展的前提,充分利用各区域间环境承载力的互补作用,协调规划各区域的发展强度,调动区域外的因素,是提高区域环境承载力的又一措施,典型的案例如大气污染联防联控等。

环境资源承载能力监测预警机制,是指建立在对环境资源状况进行调查和评价基础上的预先发布警告的制度,旨在通过及时提供警示的机构、制度、网络、举措等构成的预警系统,为实现环境资源信息的超前反馈,为及时布置、预防环境资源风险奠定基础。《环境保护法》第18条规定:"省级以上人民政府应当组织有关部门或者委托专业机构,对环境状况进行调查、评价,建立环境资源承载能力监测预警机制。"

(二)环境资源承载能力监测预警的主要监测对象

1. 土地资源承载力

土地资源承载力是指在一定时期和空间范围内,土地资源所能承载的人类各种活动规模和强度的极限。土地资源能够为人类提供耕地保障、经济建设空间、生活空间、生态空间,土地资源承载力表现为将耕地、建设用地、居住用地、生态用地划分适宜的面积。土地资源总量是固定的,每一类用地面积的增减必然影响其他类型用地的面积,从而降低土地提供其他服务的能力。

2. 水资源承载力

水资源承载力是指某一地区的水资源在某一具体历史发展阶段下,以可预见的技术、经济和社会发展水平为依据,以可持续发展为原则,以维护生态环境良性循环发展为条件,经过合理优化配置,对该地区社会经济发展的最大支撑能力。水资源承载力主要由水环境容量和水资源供给能力两部分组成。水环境容量是指水的纳污能力,在一定的水质或环境目标下,某水域能够允许承纳的污染物最大数量,这个环境容量对人类活动的支持能力同样影响水资源承载力的大小。区域某一时期的水环境容量分析通过水质调查分析、水质规划、供水工程与污水处理等措施的优化组合才能进行。水资源供给能力主要是指能被人类生产生活所用的部分,水资源供给能力的大小必须考虑生态平衡的问题,即水资源总量减去生态需水量即为区域的水资源供给能力。

3. 能源环境承载力

能源环境承载力是指能源系统能够满足能源负荷需求,所承受的能源系统在规模、强度和速度上的发展能力,能源环境承载力与能源资源丰富程度、能源基础设施完善程度、能源系统效率等因素直接相关。如燃气或风力资源丰富,则可多用清洁和可再生能源减缓能源与环境的压力;环境保护力度越大、大气环境容量承载力越高,就可以支撑越多的环境排放,如脱硫率达到90%以上则可多使用煤;水资源和土地资源相对丰富,就可以支撑相对多的人口和建筑建设量等。一般来说,人民生活水平越高、社会经济发展程度越高,其支撑力越大,但所需的能源消耗越大,造成的环境压力越大。

4. 环境承载力

环境承载力按要素划分，可分为水、大气、土壤等的承载力。环境承载力并不是一个固定不变的数值，它不仅会随着时间有所变化，而且会因人们对不同的环境所要求的质量不同而不同。影响一个区域的环境承载力的主要因素有：科技的进步、区域内人类经济活动模式和区域外因素等。

四、生态保护红线

（一）生态保护红线的概念

"红线"一般是指不可逾越的界限，同时也包含了管控事物数量、比例或限值等方面的管理要求。基于生态保护红线提出的特定时代背景和最新形势需求，生态保护红线可定义为：为维护国家生态安全，在提升生态功能、改善环境质量、促进资源高效利用等方面必须实行严格保护的空间边界与管理限值。

生态保护红线具体包括生态功能红线、环境质量红线和资源利用红线。生态功能红线是指在涵养水源、保持水土、防风固沙、调蓄洪水、保护生物多样性等方面具有重要作用，支撑经济社会发展的自然生态空间；环境质量红线是指为维护人居环境与人体健康的基本需要，必须严格执行的环境管理限值；资源利用红线是指为促进资源能源节约，保障能源、水、土地等资源高效利用的最高要求。

生态保护红线是最基本的生态环境保护要求，是维护一定生态环境质量所必须坚持的防护底线，一般有三种形式：一是特定地理区域红线，如主体功能区规划、环境功能区规划等。被列为限制开发区和禁止开发区的地区主要发挥生态屏障和生态效益的功能。二是自然资源使用上限，如煤炭使用量不能无限制地增长下去，必须控制使用总量；另外，有些大城市的机动车增长也必须进行总量控制。三是污染物排放总量上限，现在主要污染物的排放总量都在下降，但有一些污染物的排放总量还在增加，对此必须限定一个上限。这三条线综合起来就构成一个完整的生态保护红线。

（二）生态保护红线的意义

中共中央十八届三中全会把划定生态保护红线作为改革生态环境保护管理体制、推进生态文明制度建设最重要、最优先的任务。划定生态保护红线已经不仅仅是生态保护领域的重点工作，更是成为生态文明制度建设的关键内容，成为国家生态安全和经济社会可持续发展的基础性保障。《环境保护法》规定，国家在重点生态功能区、生态环境敏感区和脆弱区等区域划定生态保护红线，实行严格保护。

第一，划定生态保护红线是遏制生态环境退化形势的客观需求。尽管中国生态环境保护与建设力度逐年加大，但总体而言，资源约束压力持续增大，环境污染仍在加重，生态系统退化依然严重，生态问题更加复杂，资源环境与生态恶化趋势尚未得到逆转。在此情势下划定生态保护红线，旨在强制性实施严格的生态保护制度，促进资源与能源的高效利用，加大中国生态关键地区的保护力度，改善生态系统功能和环境质量状况，缓解经济社会开发建设活动对自然生态系统造成的压力和不利影响，力促人口、资源、环境相均衡，经济社会效益和生态效益相统一。因此，划定生态保护红线是遏制生态环境退化严峻趋势的迫切需要和有效手段。

第二，划定生态保护红线是优化国家生态安全格局的基本前提。生态安全格局是实现国土空间优化开发，促进经济社会可持续发展的基础保障。在生态空间保护与优化方面，中国开展了全国生态功能区划、主体功能区规划、生物多样性保护战略与行动计划，加快了各类保护区建设步伐。各种类型的保护区发挥着重要的生态服务功能，对于改善人居环境质量，保障国家生态安全具有重要的促进作用。中国生态保护区域类型多、面积大、覆盖广，但是划定科学性不足，缺乏严格的生态保护标准和管理措施，当前生态环境保护投入难以支撑有效管护。在各级政府优先追求GDP和财政收入、企业和个人优先追求眼前利益和经济利益的大环境下，中国高效稳定的国家生态安全格局尚未正式建立。因此，划定生态保护红线是整合各类保护区域、提高生态保护效率的最直接手段，是强化生态保护、科学构建生态安全格局的最有效途径。

第三，划定生态保护红线是改革生态保护管理体制的必然途径。由于历史和现实的原因，中国的生态环境保护体制建设落后于污染控制，政府的生态保护管理职能分散在各个部门，采取按生态和资源要素分工的部门管理模式，缺乏强有力的、统一的生态保护监督管理机制。由于在国家一级缺乏生态保护的统一决策、统一监督管理体制和机制，存在政府部门职能错位、冲突、重叠等体制性障碍，造成国家公共利益和部门行业利益的冲突，国务院提出的"统一法规、统一规划、统一监督"的要求难以落实。各部门大多从部门利益出发，积极推动制定本部门所管理的资源法律，并通过法律加强自身的授权和权力，造成法律法规之间的矛盾，"政出多门"加大了基层部门执行有关法律法规的难度；在规划和政策制定上各自为政，相互衔接不够，使生态保护标准各异，划建生态保护区的目的与分类体系不同，措施综而不合，极不利于国家对生态保护的宏观调控；一些分工不够明确合理，造成多头管理，执行分工时职能越位、交叉和重复，在一定程度上加重了生态环境的破坏，突出表现在物种保护与自然保护区管理、水资源管理与污染防治等方面。如资源管理部门政企不分，既有资源保护、监督生态建设的职能，又有经营和开发资源的任务，这种局面显然不利于生态环境的保护。

划定与严守生态保护红线是一项综合性很强的系统工程，目的在于从国家层面统筹考虑生态环境保护工作，将资源开发利用、环境管理、生态保护等众多领域进行有机整合，协调各主管部门职责与利益，实行严格的生态保护制度，从而改革当前的生态环境保护管理体制，建立起分工明确、协调统一的严格化生态保护机制。

（三）划定生态保护红线的法律原则

划定生态保护红线需要遵循以下法律原则：一是重要性原则。生态保护红线是国家和区域生态安全的底线，以保护具有重要生态功能或生态环境敏感、脆弱的区域为目的。因此，生态保护红线划定首先应考虑区域的生态重要性。二是系统性原则。生态保护红线划定是一项系统工程，应在不同区域范围内根据生态保护对象的功能与类型分别划定，通过叠加分析综合形成国家或区域生态保护红线。三是等级性原则。根据生态保护重要性及监管需求，生态保护红线实行分级划定。生态保护红线区域内部可实行分区管理，实行差异性管控措施。国家层面划定并监管国家级生态保护红线，各地应划定并监管地方级生态保护红线。四是协调性原则。生态保护红线划定应与主体功能区规划、生态功能区划、土地利用总体规划等区划、规划，以及已建各类生态保护地边界相协调，与经济社会发展需求和当前监管能力相适应，预留适当的发展空间和环境容量空间，合理确定生态保护红线的面积规模。五是可操作性原则。生态保护红线必须要落到实地，落实在具体空间上，确保生态保护红线划定兼具科学性与操作性。为此，生态保护红线划定采取自上而下和自下而上相结合的办法，国家层面根据全国总体要求划定重要生态功能保护区域，地方层面根据实际情况确定具体边界。六是动态性原则。生态保护红线划定之后并非永久不变，红线面积可随生态保护能力增强和国土空间优化适当增加。当生态保护红线边界和阈值受外界环境的变迁而发生变化时，应当适时进行调整从而确保基本生态功能供给。

第四章 生态环境监督管理法

第一节 生态环境监督管理体制

一、概述

生态环境监督管理体制是指在保护和改善生态环境以及防治污染方面，国家有关生态环境管理机构设置、领导隶属关系划分、权力配置及其运行的一整套规则和制度体系，包括法律保障、组织机构设置、权力配置结构和职权运行机制四个部分。[1]

这一定义有如下内涵[2]：第一，生态环境监督管理体制是监督管理制度和监督管理机构的综合体。具体包括生态环境监督管理机构的设置、生态环境监督管理机构的职责分工、生态环境监督管理机构的权限划分、生态环境监督管理制度等。第二，生态环境监督管理的核心是对污染环境、破坏生态的人类行为进行干预，利用法律、经济、行政和教育等手段，对生态环境和自然资源实施保护管理。广义的生态环境监督管理体制，既包括政府避免环境污染和改善生态环境质量的行动，也包括社会组织、企业、公民个人的行动。[3] 第三，环境监督管理的目的是既要实现经济社会的可持续发展，满足人类的基本需要，又不超出环境的容许极限，衡平经济发展与生态环境保护的关系。第四，生态环境监督管理的主要对象是人，表面上看似调整"人与环境""人与自然"的关系，实则调整的是开发利用环境过程中人的行为以及相互间的社会关系。

二、生态环境监督管理机构

（一）国外的生态环境监督管理机构及其职能[4]

自20世纪70年代以来，世界各国普遍加强了环境监督管理机构建设，并理顺了环境监督管理机构之间的职责分工和权限划分，逐步形成了各具特色的环境监督管理机构制度。就中央一级监督管理机构而言，具有代表性的有以下几种类型：(1)现有的部委肩负环境保护职责。在这种体制下，中央政府没有设立专门的环境保护统管机构和协调机构，而是由一个或几个有关的部、局分别兼管环境保护工作。目前，只有少数几个发展中国家或环境问题不很突出的国家实行这种管理体制。(2)设立协调机构委员会。由于环境问题涉及社会经济生活的方方面面，环境管理往往需要协调各个部门之间的关系。由此，20世纪70年代，一些国家就在中央政府内设立了由各个部门的领导组成的委员会，负责制定政策和协调各部的关系。如联邦德国在1970年成立了由总理和各部部长组成的"联邦内阁环境委员会"；法国成立了

---

[1] 参见侯佳儒：《论我国环境行政管理体制存在的问题及其完善》，载《行政法学研究》2013年第2期。

[2] 参见周珂等：《环境与资源保护法学》（第3版），中国人民大学出版社2015年版，第75～77页。

[3] 参见李文钊：《环境管理体制演进轨迹及其新型设计》，载《改革》2015年第4期。

[4] 参见周珂等：《环境与资源保护法学》（第3版），中国人民大学出版社2015年版，第76～77页。

由各部组成的“最高环境委员会”；意大利成立了“环境问题部际委员会”；智利成立了“全国环境污染委员会”；澳大利亚成立了“环境委员会”。(3)设立部一级专门机构。由于环境问题日益突出，一些国家设立了部一级专门机构，以更好地承担环境管理职责。如1970年，英国、加拿大成立了环境部；1971年，丹麦成立了环境保护部；1986年，联邦德国成立了“联邦环境、自然保护与核安全部”。(4)具有更大权限的独立机构。有些国家设立了比部委权限更大的专门机构负责环境管理工作。如美国在总统执行署内设立了环境保护局；日本设立了由国务大臣任长官的环境厅。(5)几种机构同时并存。如英国在1970年将公共建筑、交通、住房与地方行政三个部合并，成立了环境部，全面负责污染防治工作；同时，中央其他部门仍负责本部门的污染防治工作，如农业渔业食品部负责农药、放射性污染、农业废物处理及食品污染监测；内政部负责地方噪声污染控制和危险品运输；健康及社会安全部负责人体健康；贸易工业部负责船舶污染防治、飞机噪声控制；能源部负责核设施安全。地方环境管理机构的设置，一般与中央一级的环境管理机构设置相对应。有的国家，如日本、德国等，甚至在企业也设立了环境管理机构，负责本企业环境规划的制定、污染防治与监测等。

鉴于环境管理具有很强的专业性和技术性，有些国家在中央和地方设立了咨询性质的机构，协助政府制定环境政策和法律、处理各种技术问题，沟通政府与民间的联系。如美国的环境质量委员会、英国的皇家污染委员会、日本的公害对策审议会、瑞典的自然保护咨询委员会、德国的环境问题专家委员会等。

（二）我国的生态环境监督管理机构及其职能

1989年颁布施行的《环境保护法》第一次以综合性环境保护基本法的地位，在该法第7条中原则性地规定了我国的生态环境保护监督管理体制。这是一种统一监督管理与分级、分部门监督管理相结合的体制，行政主导的特点十分突出。该法第7条原则性地确定了我国生态环境监督管理机构及其职能，该条规定：“国务院环境保护行政主管部门，对全国环境保护工作实施统一监督管理。县级以上地方人民政府环境保护行政主管部门，对本辖区的环境保护工作实施统一监督管理。国家海洋行政主管部门、港务监督、渔政渔港监督、军队环境保护部门和各级公安、交通、铁道、民航管理部门，依照有关法律的规定对环境污染防治实施监督管理。县级以上人民政府的土地、矿产、林业、农业、水利行政主管部门，依照有关法律的规定对资源的保护实施监督管理。”目前，我国对生态环境保护实施监督管理的行政机关，包括国务院生态环境保护行政主管部门和县级以上地方人民政府生态环境保护行政主管部门，以及依法对资源保护和污染防治等环境保护工作实施监督管理的县级以上人民政府有关部门和军队生态环境保护部门。

1. 我国中央生态环境行政监督管理机构的历史沿革

自改革开放以来，我国生态环境行政监督管理机构从无到有，从弱到强，经历了曲折的发展过程，从中央环境行政监督管理机构的沿革即可窥见。为适应社会生产力进步、经济基础变化，随着政府以及全社会对生态环境保护的认识不断深化，我国生态环境监督管理机构设置及其职能不断调整。

通过对改革开放以来中央生态环境监督管理机构的设置及其职能变化的观察，[5]我国40余年的生态环境行政监督管理机构变革可以划分为五个阶段。在第一阶段中，中央环境监督管理机构设于城乡建设部下；第二阶段、第三阶段、第四阶段中，中央环境监督管理机构分

〔5〕参见中华人民共和国生态环境部网站，http://www.mee.gov.cn/zjhb/jgls/lsyg/，最后访问日期：2021年1月8日。

别为国务院直属副部级单位、直属正部级单位以及国务院组成部门；第五阶段则体现为生态环境部与自然资源部的分立。

（1）城乡建设部下的行政监督管理机构

1982年5月，为加强环保工作，第五届全国人大常委会第二十三次会议决定，将原国家建委、国家城建总局、建工总局、国家测绘局、国务院环境保护领导小组办公室合并，组建城乡建设环境保护部，部内设司局级机构环境保护局，并实行计划单列和财政、人事权的相对独立。在此之前，1971年，国家计划委员会成立了"三废"利用领导小组，这是中央政府成立的第一个环保机构。1973年，国务院在召开的第一次全国环境保护会议上，确定成立环境保护领导小组及其办公室，主要负责制定环境保护的方针、政策和规定，审定全国环境保护规划，组织协调和督促检查各地区、各部门的环境保护工作。

1984年5月，国务院成立环境保护委员会，其办公室设在城乡建设环境保护部，由环境保护局代行其职。为克服人、财、物等管理体制上的不足，加强对外联系工作的主动性，1984年12月，经国务院批准，城乡建设环境保护部环境保护局改为国家环境保护局，仍归城乡建设环境保护部领导，同时也是国务院环境保护委员会的办事机构，主要任务是负责全国环境保护的规划、协调、监督和指导工作。

（2）国务院直属副部级单位

1988年4月9日，第七届全国人民代表大会第一次会议通过了《国务院机构改革方案》，启动了新一轮的机构改革。此次机构改革中，不再保留城乡建设环境保护部，将环保工作从城乡建设部中分离出来，成立独立的国家环境保护局，明确为国务院综合管理环境保护的职能部门以及国务院环境保护委员会的办事机构，属于直属国务院的副部级单位。

（3）国务院直属正部级单位

1998年3月10日，第九届全国人民代表大会第一次会议审议通过了《关于国务院机构改革方案的决定》。国家环境保护局升格为正部级的国家环境保护总局，强化全国的环境政策制定、规划、监督、协调等职能，并在全国环境保护系统实行以地方为主的双重领导管理体制。同时，成立"国土资源部"，由地质矿产部、国家土地管理局、国家海洋局和国家测绘局共同组建而成，主管土地资源、矿产资源、海洋资源等自然资源的规划、管理、保护与合理利用。同年，国务院环境保护委员会被撤销。

（4）国务院组成部门

2008年3月15日，第十一届全国人民代表大会第一次会议通过《关于国务院机构改革方案的决定》，不再保留国家环境保护总局，组建环境保护部。国家环境保护总局升格为环境保护部，由国务院直属机构变成国务院组成部门，为加大环境治理和生态保护的力度以及发挥环保在服务民生、宏观调控等方面的功能提供了组织保障。

2013年3月14日，第十二届全国人民代表大会第一次会议审议通过《国务院机构改革和职能转变方案》，决定将原国家海洋局及其中国海监、公安部边防海警、农业部中国渔政、海关总署海上缉私警察的队伍和职责整合，重新组建国家海洋局，由国土资源部管理。

（5）自然资源部与生态环境部分立

2017年10月，党的十九大报告提出改革生态环境监管体制，设立国有自然资源资产管理和自然生态监管机构，完善生态环境管理制度。[6] 为此，2018年3月，第十三届全国人民代

---

〔6〕 参见《习近平：决胜全面建成小康社会 夺取新时代中国特色社会主义伟大胜利——在中国共产党第十九次全国代表大会上的报告》，载中国政府网，http://www.gov.cn/zhuanti/2017-10/27/content_5234876.htm。

表大会第一次会议审议通过《国务院机构改革方案》,组建自然资源部,不再保留国土资源部、国家海洋局、国家测绘地理信息局;组建生态环境部,不再保留环境保护部。

自然资源部的主要职责包括:履行全民所有土地、矿产、森林、草原、湿地、水、海洋等自然资源资产所有者职责和所有国土空间用途管制职责。拟订自然资源和国土空间规划及测绘、极地、深海等法律法规草案,制定部门规章并监督检查执行情况。负责自然资源调查监测评价。制定自然资源调查监测评价的指标体系和统计标准,建立统一规范的自然资源调查监测评价制度。实施自然资源基础调查、专项调查和监测。负责自然资源调查监测评价成果的监督管理和信息发布等。

生态环境部的主要职责包括:负责建立健全生态环境基本制度。负责重大生态环境问题的统筹协调和监督管理。负责监督管理国家减排目标的落实。负责提出生态环境领域固定资产投资规模和方向、国家财政性资金安排的意见,按国务院规定权限审批、核准国家规划内和年度计划规模内固定资产投资项目,配合有关部门做好组织实施和监督工作。参与指导推动循环经济和生态环保产业发展。负责环境污染防治的监督管理等。

2. 我国环境生态行政监督管理机构设置的现状[7]

(1)生态环境行政监督管理机构的纵向设置

在纵向关系上,我国生态环境管理体制实行分级管理。《环境保护法》第 10 条第 1 款规定:"国务院环境保护主管部门,对全国环境保护工作实施统一监督管理;县级以上地方人民政府环境保护主管部门,对本行政区域环境保护工作实施统一监督管理。"生态环境部和自然资源部是国家生态环境保护行政主管部门,各级人民政府设有相应的生态环境和自然资源行政主管机构,对所辖区域的生态环境和自然资源进行管理。

这种管理模式就是"块块管理",也叫"区域管理",它是将同一区域内的生态环境问题,不分行业、不分领域、不分类别均纳入该区域生态环境管理范围的管理模式。这种模式是世界各国最早普遍采用的、以行政区划为特征的管理模式。该模式的确立,主要源于国家的区域行政管理体制和模式,源于生态环境保护组织机构的"块块管理"的人事制度和体制。《环境保护法》第 6 条第 2 款规定,"地方各级人民政府应当对本行政区域的环境质量负责",这是我国区域管理模式的确立基础和法律依据。

(2)生态环境行政管理机构的横向设置

在横向关系上,我国生态环境管理体制确认了统管部门与分管部门相结合的管理模式。生态环境保护主管部门即指"统管"部门,具体指国务院生态环境保护行政主管部门和地方各级人民政府生态环境保护行政主管部门,分别对全国和本行政区域的生态环境保护工作实施统一监督管理。所谓"分管"部门,是指依法分管某一类污染源防治或者某一类自然资源保护监督管理工作的县级以上人民政府有关部门和军队环境保护部门,如国家海洋行政主管部门、港务监督等对污染防治实施监督管理的部门以及土地、矿产、林业、农业、水利等负责对自然资源保护实施监督管理的部门。

这种模式也叫"条条管理"模式或"行业管理"模式。统管部门与分管部门之间执法地位平等,不存在行政上的隶属关系,没有领导与被领导、监督与被监督的关系。这种体制安排,使生态环境监督管理依赖于各个部门之间的协调和合作,"为了有效操作,极有必要形成一种共识,而旨在建立这种共识的协商就成了这个体制的核心特征"。[8]

---

[7] 参见侯佳儒:《论我国环境行政管理体制存在的问题及其完善》,载《行政法学研究》2013 年第 2 期。

[8] 李侃如:《中国的政府管理体制及其对环境政策执行的影响》,载《经济社会体制比较》2011 年第 2 期。

三、我国生态环境监督管理体制存在的突出问题及其原因

总体来看,我国目前的生态环境保护监督管理体制,基本上符合我国生态环境保护监督管理的实际,体现了国家强化生态环境保护监督管理的思想,在我国社会主义生态文明建设过程中,对于保障生态环境保护、经济与社会的协调发展起着一定的积极作用。但目前“条块分割”严重,扯皮、争权、推诿责任的现象严重,现有的生态环境监督管理体制无法满足社会进一步发展的需要。具体而言,我国生态环境监督管理体制存在如下突出问题〔9〕:

第一,生态环境管理权力配置碎片化,缺乏体系性、科学性。我国目前的生态环境监督管理体制,机构设置的结构不合理,环保行政职权分工不科学——横向分散,多头管理,行政权异化,难以形成多部门执法合力。按照李侃如的说法,“中国的职权已被职能、地域和级别搞得零零散散”〔10〕。具体来说,现行生态环境管理体制制度在权力配置方面存在以下几个问题:(1)缺乏高位阶、统一、专门的法律依据。在中央一级,我国没有专门的“环境管理机构组织法”,在地方层次,也没有专门的环境管理机构设置法规和规章,有关规定主要散见于各种法律、法规、规章,甚至规范性文件当中。这导致实践中生态环境管理体制立法体系散乱,缺乏系统性,生态环境监督管理体制的立法出台较为随意。由此导致各种立法间缺乏协调,也导致生态环境监督管理机构的设置经常处于变动之中,大大影响生态环境监督管理机构以及环保措施的稳定性。(2)生态环境监督管理机构重复设置现象普遍,各种生态环境立法内容容易出现重复、交叉和矛盾。由于部门之间权限界定模糊,对各部门之间如何协作法律规定不详,这导致各部门之间囿于本部门利益的不正当考虑,对有利可图的事务竞相主张管辖权,对于己不利的事务和责任,则相互推诿,产生“踢足球”的现象。(3)监督管理部门错位,职权分工不合理。科学、有效的管理应当是先明确各部门的管理性质,要分清该部门管理是综合性决策管理、行业管理,还是生态环境执法监督管理,在此基础上,对各个部门进行合理职能分工,要避免管理性质与管理职能设计上的矛盾和冲突。但目前针对有关部门生态环境管理职能的设计,往往忽略了这一问题,具体表现为:行业管理部门行使了生态监督管理部门的职权,综合决策性管理部门行使了专业管理部门的职权,专业管理部门行使了综合决策性部门的职权,政府行使了其下属部门(尤其是环保部门)的职权。〔11〕

第二,政府职能转化不到位,越位、缺位、错位现象都普遍存在。政府职能转变的核心是权力的正确行使,减少权力对微观经济活动的直接干预,着力提高宏观调控能力、公共服务能力和维护社会公平正义的能力。但实践中,仍有一些地方片面追求经济增长。地方 GDP 增长率仍然是地方政府绩效评价的最重要指标,这一指标的实现情况决定了地方政府及其官员政治收益的大小,“这种全国性的政治和经济潜规则造成了戏剧性的后果”,“它给每一个地方的主要官员提供了巨大的激励,使他们变成了企业家——为促使所辖地域经济增长最大化寻找机会”,结果导致“环境政策的执行必然难逃此劫”〔12〕。

第三,“统管”“分管”分工不明,缺乏高规格部门协调机制,导致部门保护主义盛行。在生态环境管理实践中,由于对统管部门、分管部门权限配置的立法规定过于笼统、模糊和不完善,这导致众多生态环境管理部门的行政执法出现异化现象,职权行使偏离了生态环境行政目标和行政法制原则,各部门往往把本机构的行政权行使同国家行政总权割裂开来,从自己

〔9〕 参见侯佳儒:《论我国环境行政管理体制存在的问题及其完善》,载《行政法学研究》2013 年第 2 期。
〔10〕 李侃如:《中国的政府管理体制及其对环境政策执行的影响》,载《经济社会体制比较》2011 年第 2 期。
〔11〕 参见王灿发:《论我国环境管理体制立法存在的问题及其完善途径》,载《政法论坛》2003 年第 4 期。
〔12〕 李侃如:《中国的政府管理体制及其对环境政策执行的影响》,载《经济社会体制比较》2011 年第 2 期。

部门的狭隘利益出发,对其他行政部门行使职权采取不合作、不支持、不协助的消极对策,实践中部门保护主义、条条主义盛行。

第四,"块块"压倒"条条",实践中地方保护主义盛行。在政府职能转变不到位的情况下,中央政府和地方政府面对生态环保问题,实际上有不同的利益考量和行为选择。中央政府强调经济、社会发展与生态环境相协调。但对于地方政府,因为治理环境经济成本高昂,因此缺乏投资环保的积极性。尤其是在目前的财税体制下,地方政府其实是一个"谋利型政权经营者",其更关注地方经济短期内的发展而非生态环境质量。从约束机制角度看,由于上下级政府间信息传递链条过长,地方政府有足够的能力控制"私人信息"和辖区"自然状态"信息,这导致在生态制度问题上地方政府存在强烈的机会主义倾向。当条块管理出现冲突利益,地方保护主义就会抬头。

在地方生态环境保护部门层次,我国确立的是双重管理体制:在横向的关系上,每一地方生态环境保护机关要受到同级地方政府的管理,在纵向关系上,同时也要受到上一级环境保护主管机关的管理。但在目前的权力利益格局下,"每一级环境部门都与本级的地域性政府有着一种固定的统属关系,而与全国政府序列中的上级环境部门只有一种虚的统属关系"〔13〕。因此,我国目前地方环境管理体制实际上是以"块块"为主,生态环境行政主管部门只对本级政府负责,即所谓的"块块压过条条"的现象。"这种权力结构有效地将每一个环境部门置于对本地经济加速发展负有最大责任同时也享有利益的官员手中"。而结果自然是"环境政策的执行必然难逃此劫"〔14〕。实际上,地方生态环境管理机构改革应该是我国生态环境管理体制改革的重点和焦点所在。生态文明建设过程中的生态环境管理体制建设,地方生态环境保护部门改革是难点、焦点,也是改革的试金石。

第五,生态环境管理机关管理理念陈旧,不能适应社会发展需求。1996~2012年,环境群体性事件一直保持年均29%的增速。2005~2012年,环保部直接接报处置的事件共927起,重特大事件72起,其中通过官方渠道解决的环境纠纷不足1%。〔15〕环境突发事件骤增,其原因很多,但是有关政府生态环境管理部门面对重大环境问题缺乏有效公共决策机制、面对突发环境事件缺乏有效应对机制、面对新的社会形势缺乏与时俱进的自我定位和管理理念,不能不说是个中重要原因。

四、我国生态环境监督管理体制的新发展

(一)构建现代环境治理体系〔16〕

以2013年党的十八届三中全会系统提出"推进国家治理体系和治理能力现代化作为全面深化改革的总目标"和2014年《环境保护法》修订为标志和节点,作为镶嵌在公共事务治理体系中的子系统,生态环境治理领域的现代化也在不断推进,其中较为突出的特征就是反思并矫正传统单一环境行政监管体制,从政府单维行使环境治理权力的命令控制型转向多元共治型。

为进一步加大生态环境保护力度、完善生态环境保护制度、优化生态环境监督管理体制,2020年3月3日,中共中央办公厅、国务院办公厅印发《关于构建现代环境治理体系的指导意

〔13〕 李侃如:《中国的政府管理体制及其对环境政策执行的影响》,载《经济社会体制比较》2011年第2期。
〔14〕 同上注。
〔15〕 参见王姝:《监狱法等七部法律修改18处》,载《新京报》2012年10月27日"时政"版。
〔16〕 参见《中共中央办公厅　国务院办公厅印发〈关于构建现代环境治理体系的指导意见〉》。

见》,要求构建党委领导、政府主导、企业主体、社会组织和公众共同参与的现代环境治理体系,并系统地提出了指导思想、基本原则、主要目标以及方案与路线,突出体现了"管理"到"治理"、"单一主体"到"多元主体"的转向。

《关于构建现代环境治理体系的指导意见》主要内容为:其一,主要目标。到2025年,建立健全环境治理的领导责任体系、企业责任体系、全民行动体系、监管体系、市场体系、信用体系、法律法规政策体系,落实各类主体责任,提高市场主体和公众参与的积极性,形成导向清晰、决策科学、执行有力、激励有效、多元参与、良性互动的环境治理体系。其二,健全环境治理领导责任体系。主要包括以下要点:(1)完善中央统筹、省负总责、市县抓落实的工作机制;(2)明确中央和地方财政支出责任;(3)开展目标评价考核;(4)深化生态环境保护督察,实行中央和省(自治区、直辖市)两级生态环境保护督察体制。其三,健全环境治理企业责任体系。主要包括:(1)依法实行排污许可管理制度;(2)推进生产服务绿色化;(3)提高治污能力和水平;(4)公开环境治理信息。其四,健全环境治理全民行动体系。主要包括强化社会监督,发挥各类社会团体作用,提高公民环保素养等。其五,健全环境治理监管体系。包括完善监管体制,加强司法保障,强化监测能力建设等。其六,健全环境治理市场体系。包括构建规范开放的市场,强化环保产业支撑,创新环境治理模式,健全价格收费机制。其七,健全环境治理信用体系。一方面是加强政务诚信建设,建立健全环境治理政务失信记录;另一方面健全企业信用建设,完善企业环保信用评价制度,建立排污企业黑名单制度,建立完善上市公司和发债企业强制性环境治理信息披露制度等。其八,健全环境治理法律法规政策体系,主要包括完善法律法规,完善环境保护标准,加强财税支持,完善金融扶持,如研究探索对排污权交易进行抵质押融资,鼓励发展重大环保装备融资租赁等。为构建现代环境治理体系,应强化组织领导,加强组织实施。

(二)省级以下环保机构监测监察执法垂直管理制度改革[17]

十八届五中全会公报中提出,要实行最严格的环境保护制度,建立省级以下环保机构监测监察执法垂直管理制度。长久以来,我国生态环境保护监督管理地方保护主义盛行,地方重发展轻环保、干预环保监测监察执法,环保责任难以落实,也不利于统筹解决跨区域、跨流域环境问题。为加快解决现行以块为主的地方环保管理体制存在的突出问题,2016年9月,中共中央办公厅、国务院办公厅印发了《关于省以下环保机构监测监察执法垂直管理制度改革试点工作的指导意见》,就省级以下环保机构监测监察执法垂直管理制度改革工作厘清了思路、明确了重点、指明了方向,有利于增强环境执法的统一性、权威性、有效性。该指导意见第三部分对地方环境保护管理体制作出了调整:

第一,调整市县环保机构管理体制。市级环保局实行以省级环保厅(局)为主的双重管理,仍为市级政府工作部门。县级环保局调整为市级环保局的派出分局,由市级环保局直接管理,领导班子成员由市级环保局任免。开发区(高新区)等的环境保护管理体制改革方案由试点省份确定。

第二,加强环境监察工作。试点省份将市县两级环保部门的环境监察职能上收,由省级环保部门统一行使,通过向市或跨市县区域派驻等形式实施环境监察。经省级政府授权,省级环保部门对本行政区域内各市县两级政府及相关部门环境保护法律法规、标准、政策、规划执行情况,一岗双责落实情况,以及环境质量责任落实情况进行监督检查,及时向省级党委和

---

〔17〕 参见《中共中央办公厅　国务院办公厅印发〈关于省以下环保机构监测监察执法垂直管理制度改革试点工作的指导意见〉》。

政府报告。

第三，调整环境监测管理体制。本省（自治区、直辖市）及所辖各市县生态环境质量监测、调查评价和考核工作由省级环保部门统一负责，实行生态环境质量省级监测、考核。现有市级环境监测机构调整为省级环保部门驻市环境监测机构，由省级环保部门直接管理，人员和工作经费由省级承担；领导班子成员由省级环保厅（局）任免；主要负责人任市级环保局党组成员，事先应征求市级环保局意见。省级和驻市环境监测机构主要负责生态环境质量监测工作。直辖市所属区县环境监测机构改革方案由直辖市环保局结合实际确定。

现有县级环境监测机构主要职能调整为执法监测，随县级环保局一并上收到市级，由市级承担人员和工作经费，具体工作接受县级环保分局领导，支持配合属地环境执法，形成环境监测与环境执法有效联动、快速响应，同时按要求做好生态环境质量监测相关工作。

第四，加强市县环境执法工作。环境执法重心向市县下移，加强基层执法队伍建设，强化属地环境执法。市级环保局统一管理、统一指挥本行政区域内县级环境执法力量，由市级承担人员和工作经费。依法赋予环境执法机构实施现场检查、行政处罚、行政强制的条件和手段。将环境执法机构列入政府行政执法部门序列，配备调查取证、移动执法等装备，统一环境执法人员着装，保障一线环境执法用车。

第二节　中央环保督察与年度环境报告制度探讨

一、中央环保督察不应成为环境保护的路径依赖〔18〕

中央实行生态环境保护督察制度，设立专职督察机构，对省、自治区、直辖市党委和政府、国务院有关部门以及有关中央企业等组织开展生态环境保护督察。中央生态环境保护督察制度设立的目的是压实生态环境保护责任，推进生态文明建设，建设美丽中国。其设立的依据为中共中央、国务院《关于全面加强生态环境保护坚决打好污染防治攻坚战的意见》和《环境保护法》。中央生态环境保护督察包括例行督察、专项督察和“回头看”等。原则上在每届党的中央委员会任期内，应当对各省、自治区、直辖市党委和政府，国务院有关部门以及有关中央企业开展例行督察，并根据需要对督察整改情况实施“回头看”；针对突出生态环境问题，视情况组织开展专项督察。中央生态环境保护督察办公室设在生态环境部，负责中央生态环境保护督察工作领导小组的日常工作，承担中央生态环境保护督察的具体组织实施工作。

2015 年 12 月 31 日至 2016 年 2 月 4 日，中央环保督察组对河北省开展了环境保护督察，并形成督察反馈意见。2016 年 5 月 11 日，环保部环保督察部门向媒体披露了中央环保督察组河北之行的一些细节。据介绍，进驻河北的督察中首次设置了与省级领导谈话的程序，督察组先后与河北省 26 位省级领导进行了针对性很强的“个别谈话”，包括省委书记、省长，以及近期退出领导岗位的一些省级领导。组建中央环保督察组进行督察，是 2016 年中央全面深化改革领导小组第十四次会议审议通过《环境保护督察方案（试行）》《党政领导干部生态环境损害责任追究办法（试行）》等一系列文件之后，对生态文明建设顶层设计的进一步细化与完善，是代表党中央、国务院对各省（自治区、直辖市）党委和政府及其有关部门开展的环境保护督察。

---

〔18〕　参见谭柏平：《环境保护“有法难依”怎么破》，载《法治周末》2016 年 5 月 18 日，第 2 版。

中央环保督察的定位不同于之前环保部门自身开展的环保综合或专项督察，如2014年10月，在大气重度污染再次笼罩华北地区上空之时，环保部派出督察组奔赴京津冀地区的八个城市，对各地重污染天气应急工作进行了专项督察。中央环保督察组主要是结合当地的经济社会发展主线开展督察工作，重点结合党委和政府的科学决策、发展定位、政绩考核等关键环节，考察地方党委和政府贯彻落实中央环境保护重大决策部署、严格执行国家环境保护法律法规、落实环境保护主体责任等情况，其目的在于督促党委、政府树立“绿色发展”理念，落实环境保护“党政同责”“一岗双责”主体责任，以更好地推动地方经济与环境的协调发展。

由环保部“督企”升级至中央督察组“督政”，河北省各级党委、政府首先经历了一场“环保”大考。中央环保督察组首选进驻河北进行督察试点，主要原因是河北省的环境现状及对京津冀一体化造成的巨大环境压力。河北省的环境问题较为严峻，如对涉及经济切身利益的污染企业“关停并转”无实质性进展，排污大户仍逍遥法外，违法违规上马项目问题突出，部分区域环境质量急剧恶化等。而京津冀一体化发展已上升到国家战略层面，生态环境保护的一体化应成为京津冀一体化的重要抓手。为此，中央已经把治理大气污染和改善生态环境作为京津冀协同发展的重要突破口，构建跨区域的环境污染、生态破坏联合防治与协调机制，对于推动京津冀一体化进程具有重要作用。这次中央环保督察呈现出不少的亮点，正如媒体披露的，一是层级高，首次以中央名义督察省级党委和政府；二是按照中央要求强调环境保护的党政同责，这次环保督察不光是针对政府，还针对党委；三是强调督察结果的应用，即督察结束后，重大问题要向中央报告，督察结果要向中央组织部移交移送，其结果作为被督察对象领导班子和领导干部考核评价任免的重要依据。此外，在督察的方式方法、取证和督察配套机制等方面都做了很多工作，更加科学，也更加系统。根据《环境保护督察方案(试行)》的规定，今后每两年左右要对各省(自治区、直辖市)进行一遍环保督察，可望以此建立一套全新的环保督察工作机制，有效解决地方政府在环境保护方面的不作为。这不仅是深化党中央、国务院《生态文明体制改革总体方案》的重要举措，而且对我国的环境保护工作和生态文明建设具有里程碑式的意义。当然，这套督察机制在环保督察的准备、督察属性的定位、督察内容的明确、督察方式的设计、督察成果的转化等方面，仍需要进一步完善。

毋庸置疑，中央环保督察制度对地方突出的环境问题肯定具有一定的遏制作用。譬如，在我国目前的权力运行体制下与省级领导谈话，可谓找到了解决问题的钥匙。省级党委和政府领导对当地环境问题的严重程度不能说不知情，环境问题是如何造成的，他们也不会不知道。通过面对面谈话，一方面能掌握地方环保状况，了解地方领导对环保工作的重视程度；另一方面还会对一些省级领导产生影响和触动，以便下一步促使其重视和推动环保工作。但是，也要看到中央环保督察这项制度出台的另一个原因，即地方党委和政府对环境法律的漠视与环保主管部门执行法律的乏力，可以说，中央环保督察这项工作带有浓烈的中国特色，本不应该成为环保领域需要依赖的一项制度。并且，如果环保工作今后对于中央环保督察产生了一种路径依赖，对我国的环境法律法规恐怕也是一种制度上的伤害。

如果从环保法律制度建构上讲，包括《环境保护法》《大气污染防治法》等的修订在内，近些年立法投入的力度一直在加大，但为何环境问题并没有根本性改善呢？恐怕，我国环保领域最大的问题还不是无法可依，而是有法不依，有法难依。地方经济社会发展，从规划到立项再到污染治理，我国在环境问题预防及处理的各个环节都有相关的制度安排与措施应对，然而，环境法律制度纵使再完美，如果不认真执行，环境问题仍然无法避免。党的十八届四中全会提出，“法律的生命力在于实施，法律的权威也在于实施”，反之，法律不实施就等同于一纸空文。严格落实环境保护的法律规定，严格执法，仍然应是环保领域的工作重点。而要做到有法必依与执法必严，还得反思环保监管与执法体制本身的问题，从管理体制上找到“有法不依、有法难依”的原因。最重要的一点是，反思现行的环境监管体制，找到环境问题难以防治的体制“病灶”，改变各地环保主管部门的弱势地位，把环保主管部门从地方经济发展政策的“执行者”角色，改变为“监督者”的角色。因此，从体制上应该分步骤探索环保监管体制的创新路径，如实行环保的垂直管理，打破“条块分割”的环境治理版图，按“污染区域”设立环保监管部门等，并最终赋予环保主管部门相对独立的法律地位。

二、环保督察重点应在“督政”〔19〕

根据预报，2017 年 4 月上旬将再次出现重污染天气，为此，环保部有针对性地采取了措施，其中之一便是加强环保督察。2017 年 4 月 1 日至 4 月 5 日，环保部组织了 7 个机动督察组，由分管部领导带队，赴北京、天津、河北、河南、山东等地开展现场督察。此次督察的重点是各地重污染天气应急预案落实情况、2017 年第一季度空气质量专项督察问题整改落实情况、散乱污企业综合整治情况和燃煤锅炉清理淘汰工业进展情况，并加大对机动车、扬尘等问题的督察力度。4 月 6 日，环保部通报了这次重污染天气应对工作机动督察情况。7 个督察组共检查 175 个敏感点位，发现问题 87 个。其中，保定、邢台车用油品超标严重；天津、廊坊在线监测数据造假或不正常运行等违法行为依然存在；基层政府对重污染天气响应工作重视不够、预警应急预案落实不到位；大量“小散乱污”企业环境问题突出，企业环境污染治理不力；各地均存在扬尘管理不到位的问题等。

环保督察是党中央、国务院关于推进生态文明建设和环境保护工作的一项重大制度安排。2015 年 7 月，中央全面深化改革领导小组第十四次会议审议通过了《环境保护督察方案（试行）》（以下简称《环保督察方案》），明确建立环保督察机制。督察工作以中央环保督察组的形式，对省区市党委和政府及其有关部门开展，并下沉至部分地市级党委政府部门。根据安排，从 2016 年起，中央环保督察组将用 2 年左右时间对全国各省区市全部督察一遍。自 2016 年 7 月 12 日起，第一批中央环境保护督察组已陆续进驻内蒙古、黑龙江、江苏、江西、河南、广西、云南、宁夏 8 省份，并随之开展为期 1 个月的环保督察工作。这是《环保督察方案》通过后在全国范围内开展的首轮环保督察。

那么，环保督察工作前期取得的效果如何呢？2015 年 12 月 31 日至 2016 年 2 月 4 日期间，在河北开展了中央环保督察试点，这期间共办结 31 批 2856 件环境问题举报，关停取缔非法企业 200 家，拘留 123 人，行政约谈 65 人，通报批评 60 人，责任追究 366 人。据生态环境部披露，截至 2016 年年底，中央环保督察组在 16 个省份已确定由督察组立案处罚的问题举报数量超过 4000 件，中央环保督察组掀起的“督察风暴”已经有 4475 人被问责。由此可见，环保督察查处了诸多环境违法行为，该机制的实施产生了比较积极的效果，起到了一定的震慑作用。而且，生态环境部将督察发现的问题都第一时间反馈地方政府，责成地方政府立即整改，并限期反馈整改结果。反馈意见表述翔实，措辞严厉，如中央环保督察组于 2016 年 5 月 3 日向河北省委、省政府进行了反馈，甚至直接点出河北“原省委主要领导对环境保护工作不是真重视，没有真抓”。

然而，中央督察组督察出来的环境问题均是“老生常谈”的问题，之前就应该得到地方的严厉查处。甚至，还有一些企业与督察组玩起了“躲猫猫”游戏，企业在检查时不生产，督察组没来的时候其实一直处于生产状态。目前，重点针对京津冀及周边地区的环保督察，也并没

---

〔19〕　参见谭柏平：《环保督察不妨将重点放在“督政”上》，载《法治周末》2017 年 4 月 11 日，第 2 版。

有产生扭转该地区大气污染治理的被动局面。原因何在？2016年，在第一批环保督察工作动员部署会议上中央则提出要求，在督察工作中推动地方党委、政府和有关部门履职尽责，推动落实环境保护党政同责、一岗双责，要围绕环境保护法律法规和政策措施贯彻落实情况，突出抓好环境保护督察重点任务。从上述“推动”“落实”等词语可知，地方党委、政府及有关部门并没有主动把环境保护落到实处，领导干部仍然是GDP挂帅，在处理保护环境和发展经济的关系上，实际上选择了经济发展，忽视了环境保护。在这样的指导思想下，地方环保部门服从上级领导的决定，对于各种环保法律法规的规定，有法不依，有法难依，执法不严，违法不究，便不奇怪。

在督察中发现了大量执法不力、监管不严的例子，试想，个别企业的环境违法行为，临时性的督察组能发现，当地负责日常环境监管的部门就不能发现？非不能也，是不为也。需要中央专门成立环境保护督察组去地方督促、推动、检查、追责，地方的“环境污染”保护主义该有多严重，就可想而知了。在看到中央环保督察起作用的同时，对其可能带来的弊端，也应该引起足够的警惕。中央环保督察机制仅仅是一项政策措施，法律依据不足，督察内容没有法律法规的明确规定，具有现场随机性。从报道披露的信息看，目前，督察组还是以督察大气污染的问题为主，涉及土壤污染、水污染、生态破坏等问题还不多。且督察覆盖的区域以京津冀及周边地区为重点，督察的目的性很明确，在环境公平上说服力不够。根据《环境保护法》关于环境监管职责的分工，“县级以上地方人民政府环境保护主管部门，对本行政区域环境保护工作实施统一监督管理”，而生态环境部是“对全国环境保护工作实施统一监督管理”，虽然督察也是其中应有之义，但生态环境部的主要职责应当放在建章立制上，立足于宏观方面的监管，而不是亲力亲为行使环保一线的执法职责，不需要“上战场，拼刺刀”。

从内容上讲，中央的环保督察不应该“督企”，重点应该是“督政”。我国《环境保护法》第59～63条，规定了企业环保违法应该承担的各类法律责任，甚至规定了按日计罚、限产停产、查封扣押等强制措施，这是地方环境监管与执法的依据，具有较好的可操作性。根据《环境保护法》第67条、《大气污染防治法》第126条等的规定，中央环保督察应当督促各级政府、政府环保部门及其工作人员依法履行环保监管职责。总的来说，中央环保督察这类临时性“环保钦差”似的工作模式，不能也不应该成为一种长效机制，这不符合现代的依法治国建设要求，今后更不应成为环境保护的一种路径依赖。从根本上说，我国的环境保护毕竟有赖于地方的环境执法，中央环保督察不能取代。如果中央环保督察今后成为一种制度性安排，实际上是部分代替了地方环保部门的工作，使执法成本加大，“央地”之间不信任感加剧，企业与督察组的“躲猫猫”游戏也会成为常态。长此以往，将对地方的环境监管与执法产生“机理上”的伤害。

督察组专家分析认为，被督察地区经济活动的增加和机动车保有量的增长与雾霾天气的出现呈正相关性。许多地方官员也承认污染之严重和治污之必要，但同时都强调工业制造不能放弃，尤其在保就业、保民生的压力之下。如何破解这道难题？归根结底，是找到地方上环保部门“有法不依、有法难依”的体制“病灶”，让环境保护回归法律，回归职责，回归制度，实行环保监管与执法体制的根本性变革，在制度的制约下实现经济发展与环境保护的动态平衡。这就要求，在继续开展党政领导干部生态环境损害责任追究、自然资源资产离任审计、自然资源资产负债表编制等改革试点之外，还得在推进省级以下环保机构监测监察执法垂直管理上寻求更大突破，即按“污染区域”而不是“行政区域”设立环保主管部门，把环保主管部门的人、财、物从当地政府系统中分割出来，赋予环保主管部门相对独立的法律地位，使之由过去的行政系统中的“听话者”，变为“监督者”与“执法者”。

三、环保领域“官场污染”必须治理：以中央环保督察“回头看”为视角[20]

2018年5月30日至7月7日，中央组建了六个环境保护督察组，分别进驻河北、河南、内蒙古、宁夏、黑龙江、江苏、江西、广东、广西、云南等十省（自治区）开展“回头看”督察工作，这是自2015年开始中央环保督察之后，首次启动环保督察的“回头看”。本次“回头看”督察的重点是经党中央、国务院审核的中央环境保护督察整改方案总体落实情况、督察整改方案中重点环境问题具体整改进展情况、生态环境保护长效机制建设和推进情况等。据媒体披露，中央环保督察组刚入驻没多久，便发现一些地方在环境整治过程中弄虚作假的问题，性质十分恶劣。而且，这一轮督察组“回头看”遇到的典型问题，多体现为第一轮中央环保督察组反馈意见中已受理的群众举报案件，经过近两年的时间，问题并未得到实质性解决。

在生态环保领域存在的“表面整改”“假装整改”“敷衍整改”等形式主义、官僚主义问题，是一些地方的老病、通病。2017年8月1日，第三批中央环境保护督察反馈全部出炉，反馈的督察意见显示，多地均出现了环保不作为、乱作为的现象，有的地方政府就因在治污过程中出现的弄虚作假行为而被督察组点名。最近披露的环保“假治污”行为，与过去点名批评的行为何其相似。在此次中央环保督察“回头看”中，一些地方在治污整改中敷衍问题、做表面文章的现象有之，对于环保问题敷衍塞责、久拖不决的现象有之，弄虚作假、乱作为的情况有之，环保法律形同虚设、制度规定没有得到落实的问题比比皆是。尤其是，一些地方搞环保“一刀切”，平时不作为、不担当，遇到督察时因担心问责而采取一律停工停业停产的做法，导致原材料纷纷涨价，严重影响民生，既给人民群众生产生活带来不便，也直接损害党和政府的形象，给中央环保督察制度抹黑。

环保风暴下这种大面积存在的弄虚作假、敷衍应付的现象，不仅贻误了解决突出生态环境问题的时机，而且影响了党和政府的形象，减损了中央环保督察制度的严肃性，危害极大。生态环保领域存在的这些形式主义、官僚主义，其实也是一种环保领域的“官场污染”，必须严惩，依法治理。“假整治”的根源还是不正确的政绩观在作怪，秉承“重发展、轻保护”的思维没有变，即地方政府在处理经济发展与环境保护的关系上，没有贯彻绿色发展理念，还是片面追求经济利益，没有把环境保护放到压倒性或是摆在突出的位置，也根本没有把环保法律制度放在眼里，环境法治观念淡薄。在这样的政绩观指使下，个别地方的环保监管部门充当排污企业的保护伞，甚至与污染企业串通一气，共同应付中央的环保督察，这种现象就不难理解了。

一些地方之所以敢忽悠、敷衍中央环保督察组，一方面说明地方上的环境污染问题已经十分严重，非一朝一夕能够治理好，而当地对环境治理又没有引起足够重视，没有下大力气整改，加之，随着中央环保督察向纵深推进，督察震慑力日益显现，各地惧怕被问责，因此临时性采取形式主义、命令主义的措施应付环保督察，存在侥幸心理，试图敷衍整改、蒙混过关。另一方面说明，很多地方的官僚主义盛行，积重难返，习惯性使用“用会议传达会议，用文件贯彻文件”的形式主义做法，且得心应手。地方上环境污染的“假整治”，要害在于一个“假”字，对环保督察走走形式，做做样子，敷衍了事，对眼前的环境污染纵容放任，对群众投诉举报的问题刻意回避。殊不知，不管地方表面治污手段如何高明，最终还是无法掩盖环境污染的现状，受害的不仅是人民群众的眼前利益，也是地方经济发展的长远目标。

针对本次“回头看”督察出来的“假治理”老毛病，应该从制度设计上找良药，采取有针对性的应对措施。其一，应该上升到新的政治高度去认识环保“弄虚作假”的老问题。习近平总

---

〔20〕 参见谭柏平：《环保“假治理”是在自我“抹黑”》，载《法治周末》2018年6月20日，第2版。

书记在全国生态环境保护大会上强调,生态环境是关系党的使命宗旨的重大政治问题,也是关系民生的重大社会问题。目前,各地应学习贯彻、深刻领会这个讲话精神,从重大政治问题与重大社会问题的角度来准确定位环境问题的整改,绝不容许应付与敷衍行为。其二,针对已经出现的问题,应该及时启动问责程序,把环保领域的"党政同责、一岗双责和终身追责"的要求落到实处,并严肃依法问责。对于环保督察揭露的个别地方平时疏于监管、不作为、假作为、乱作为、滥作为的行为,绝不迁就,绝不姑息,严格依据环保法律法规的相关规定进行处分、处罚。其三,地方的环保执法本应该是一种常态,对于违法行为必须及时予以追究,而不应该搞运动式执法,也应该杜绝应付式执法。"法律的权威在于实施",应该真正树立环保法律的权威,做到"有法必依,执法必严"。近年来,我国在环境法治建设上的成绩有目共睹,在环境立法方面,截至2017年12月底,在现行有效的共263部法律中,环境与资源保护方面的法律有30余部,占了约14%;第十二届全国人大常委会制定的立法规划中有18个立法项目是涉及环境生态保护的,占整个立法项目的18%以上。在环境司法方面,全国已有近1000个环保审判组织,14个省高级人民法院成立了环保法庭,21个地方的三级法院成立了环保法庭。在环境执法方面,环境保护部成立了不按行政区划的六大督察中心,对于环境执法的情况进行不断的督察。可是,目前地方的环境执法却成为"短板",这方面的工作今后必须加强。其四,从长远来说,杜绝环保领域的形式主义、官僚主义,治理"官僚污染",应该着眼于制度建设,构建诚信政府、法治政府、有限政府。着力于构建诚信社会,重点是要求政府讲诚信,构建一个诚信政府,杜绝环保治理中失信于民的"假治理"现象。着力于建设法治政府,依法行政,普法应该从地方政府的普法做起,要求群众遵纪守法,首先应该强调政府守法,而且党政负责人必须身体力行,信仰法律,实施法律,杜绝有法不依、违法不究的现象,应把"权力关在制度的笼子里"。

当然,中央环境保护督察这项制度目前虽然取得了显著成绩,但这仅仅是带有临时性的一种措施,并非长久之计,不能作为今后制度上的一种路径依赖,毕竟,中央环保督察不能代替地方环保执法,今后还应持续推进生态环境保护的长效机制探索,在体制机制上寻找"医治环保老毛病的药方"。

四、政府的年度环境报告制度必须落到实处〔21〕

2015年《环境保护法》第27条明确规定:"县级以上人民政府应当每年向本级人民代表大会或者人民代表大会常务委员会报告环境状况和环境保护目标完成情况……"根据此规定,2016年4月,全国人大常委会首次听取和审议了国务院关于2015年度环境质量状况和环境保护目标完成情况的报告,起到了示范效应。据全国人大常委会办公厅2016年12月7日通报,截至通报之日,已有河北、山西、辽宁等18个省(自治区、直辖市)人大常委会依法听取和审议了省级政府关于环境质量状况和环境保护目标完成情况的报告,然而,仍有包括北京、上海在内的13个省级政府通报之日没有依法落实年度环境报告制度。《环境保护法》之所以设立年度环境报告制度,一方面,是为了发挥并加强中央与地方国家权力机关对政府环境保护工作的监督作用;另一方面,为了将地方上已经实施的一些行之有效的环保工作经验制度化,并予以推广。这项制度对于人大或其常委会听取政府环境报告的时间、形式和内容,作了比较明确的规定,完全具有可操作性。

县级以上各级政府作为主体,应当把《环境保护法》确立的年度环境报告制度落到实处,

---

〔21〕 参见谭柏平:《省级政府不可轻视环境报告制度》,载《法治周末》2016年12月14日,第2版。

严格履行法定职责。作为监督工作的一个重点，今年全国人大常委会对《环境保护法》的实施情况进行了检查，在检查过程中，检查组都会就当地政府是否已经履行了年度环境报告制度作为一项重要内容加以监督，然而，从检查的情况来看，各地落实这一制度“仍不十分到位”，“地方人大和政府都有需要进一步加强的方面”。既然法律有明确规定，为何现实中不能得到很好落实呢？原因很多。譬如，有的地方对贯彻这项制度的内容与形式，可能还存在理解上的偏差，认为当地政府在每年的政府工作报告中专门有一部分内容针对环保工作，放在一起进行报告就可以了，没必要再专门向人大或其常委会进行专项报告。还有的地方存在以大气污染防治、水污染防治等专项报告替代年度环境报告的情况。显然，这是对政府环境报告制度的误解，地方人大和政府都没有很好理解这项制度的精神实质。

诚然，《环境保护法》第27条并没有提出落实这一制度在形式上的具体要求，但反过来说，如果在年度的政府工作报告中只要专门涉及了环保工作内容就算落实了政府环境报告制度，那么，当初环保法修订专门新设立这一制度的意义又在哪里？退一步讲，即便这种形式也算是一种落实，那么，关于“环境状况和环境保护目标完成情况”这些内容，要在当地的政府工作报告中如何体现？占多大的篇幅？是专设一篇，还是一章？还是一节？这无疑又加大了问题的复杂性，政府履行法定职责的诚意也会打上折扣。此外，有的地方表示，年度环境报告是一项全新的制度，很多地方政府尚在摸索之中，对如何作报告、何时作报告等还没有经验。这当然不能成为不履行职责的理由，同一项制度在其他许多地方得到了实施，足以证明，其完全具有可行性，在操作上并不存在障碍。

不光是省级政府，县级以上政府都应该在每一年度向本级国家权力机关报告环境状况和环境保护目标完成情况，这是一项有法律明确规定的制度，并不是可有可无的一纸空文，必须得到切实履行。目前，没有履行这项法定职责的政府，尽管表面上有一些托词，究其实，还是“有法不依”的惯性思维使然，尤其对于环保法更是如此。可能在有的地方政府看来，与经济和社会发展这项最重要也最光鲜的工作相比，环境保护工作本来就没有做好，报告出来岂不丢人现眼？想掩盖还来不及，为何还要主动报告使得众所周知呢？对于地方各级人大及其常委会来说，同级人民政府由它产生，对它负责，受它监督，向它报告工作，它在同级国家机关中本处于支配和核心的地位。《环境保护法》因此赋予其听取政府环境工作报告这一具体的监督职责，完全符合根本法意义上的权力来源与监督需要，具有正当性。然而，作为地方国家权力机关，它在过去很长一段时期内并不善于行使自己的职责，被贬称为“橡皮图章”。而对于此次披露的本级地方政府不向它履行环境报告法定职责的行为，同级权力机关似乎也无所作为。

不可否认，目前，政府的环境法律责任追究制度还有待进一步完善。《环境保护法》规定的法律责任从第59～69条共11条，可是针对政府的法律责任才2条，在责任追究方面重心明显倾向于企事业单位，而对政府不履行环境报告法定职责的，却找不到直接的追责依据，只能类推适用于第68条第9项“法律法规规定的其他违法行为”。

今后，除了完善政府不依法履行职责的责任追究机制之外，更应该强化各级人大及其常委会的监督作用。我国现行《宪法》明确规定，地方各级人民政府对本级人大及其常委会负责并报告工作。因此，地方各级人大及其常委会则应该主动并善于行使自己的法定职权，理直气壮地监督政府的环保工作。

在中央层面，全国人大已经明确表示，应进一步强化人大监督常态化机制建设，依法听取并审议国务院的年度环境报告今后要形成制度安排。在地方，县级以上各级人民政府也应该依照2015年《环境保护法》规定，使每一年度向人大或其常委会报告环保工作形成制度安排，自觉接受地方国家权力机关和人民群众的监督。为了使这一制度更加完善、可操作性更强，对于环境报告的结构框架、主要内容与报告形式等细节，地方人大应与政府加强沟通，确保环境报告制度有效贯彻落实，使这项制度日趋完善。

第三节　生态环境规划

一、生态环境规划概述

（一）生态环境规划的概念和特征

生态环境规划是指为实现国家生态环境保护目标，在了解生态环境基本现状和预测经济发展对生态环境的影响的基础上，根据国家或各地区生态环境容量、生态环境承载力以及社会经济发展的需要，对一定时期和一定地域范围内的生态环境保护和利用活动所作的总体部署和安排。

生态环境规划具有以下几个特征：第一，生态环境规划制定和实施的目的在于保护生态环境，克服经济社会发展和生态环境利用活动的盲目性和随意性。第二，生态环境规划是环境法上预防原则的具体适用，是对生态环境保护与经济社会发展预先作出的合理计划和安排。第三，生态环境规划具有科学性，以环境容量和环境承载力为限制，遵循生态环境规律和经济发展规律。第四，生态环境规划具有整体性和地域性。整体性是因为生态环境各组成要素之间紧密联系、相互影响、不可分割，生态环境规划必须立足于生态环境的整体性。此外，生态环境问题本身具有十分明显的地域性特征，不同地区生态环境现状、社会经济状况及发展水平不同，因此生态环境规划在内容、要求和类型等方面都必须注重“因地制宜”，各地区的环境规划都具有明显的地区性特点。第五，生态环境保护既包括污染防治、生态保护，又包括资源节约集约利用等内容，生态环境保护既是社会问题又是经济问题、政治问题，生态环境保护的综合性使生态环境规划涉及的领域广泛、对策措施综合、部门协调复杂。第六，生态环境规划具有可操作性。可操作性是规划生命力的主要标志，要求生态环境规划符合经济和技术支撑，具有可实现性，方案具体而有弹性，措施落实，易分解执行，与现行管理制度和管理方法相结合。〔22〕

（二）生态环境规划的意义

生态环境规划的编制过程本身就是一个生态环境信息汇集、处理、评估、分析、使用和公开的过程，有利于综合和整合生态环境保护信息，掌握国家或地区的生态环境质量现状。〔23〕生态环境规划是应用各种科学技术信息，在预测经济发展对生态环境的影响的基础上，进行综合分析作出的最佳方案。在这个意义上，生态环境规划可有效协调生态环境和经济社会发展之间的关系，为修订国民经济和社会发展规划、制定国土规划和城市总体规划等各类规划提供科学依据。

生态环境规划从整体利益出发，对生态环境各个要素进行统一筹划，是国家生态环境保护政策、方针、战略等在时间和空间上的具体体现，为生态环境保护工作的开展提供重要的政

---

〔22〕　参见国家环保局计划司《环境规划指南》编写组：《环境规划指南》，清华大学出版社1994年版，第7页。

〔23〕　参见宋国君：《环境规划与管理》，华中科技大学出版社2015年版，第8～9页。

策依据和切实可行的方案,〔24〕以达到预期的生态环境保护目标。

（三）生态环境规划的类别

1. 生态环境规划的学理分类

按照不同的标准,生态环境规划可分为不同的类型。依照规划时间长短,可以分为长期生态环境规划、中期生态环境规划、短期生态环境规划。长期生态环境规划一般为 10 年以上,如《中国自然保护区发展规划纲要(1996—2010 年)》;中期生态环境规划一般为 5 ~ 10 年,如国民经济和社会发展五年规划的环境保护篇章、国家五年生态环境保护规划;短期生态环境规划一般为 5 年以下,如《江苏省生态环境监测监控系统三年建设规划(2018—2020 年)》。

按照规划的性质,可以分为污染防治规划、生态保护规划、自然资源规划等。污染防治规划是针对工农业生产、交通运输等对环境造成的污染而规定的防治目标和措施,如《全国地下水污染防治规划(2011—2020 年)》《巢湖流域水污染防治规划(2006—2010 年)》《淮河流域水污染防治规划(2006—2010 年)》等;生态保护规划是针对特定时期特定区域内生态保护和生态建设作出的安排,如《青藏高原区域生态建设与环境保护规划(2011—2030 年)》等;自然资源规划是根据一个国家或地区自然资源本身的特点以及国民经济发展的要求,在一定规划期内对管辖区域内各种自然资源的开发、利用、保护、恢复和管理所作的总体安排,〔25〕如《21 世纪初期(2001—2005 年)首都水资源可持续利用规划》《全国矿产资源规划(2021—2025 年)》。

按照内容和主题,可以分为综合性规划、专项规划等。国民经济和社会发展五年规划是综合性规划,国家五年生态环境保护规划为针对生态环境保护的专项规划。

此外,按照规划的地域范围,可以分为国家生态环境规划、区域生态环境规划、流域生态环境规划。国家生态环境规划如国家五年生态环境保护规划,区域生态环境规划如《长江三角洲区域生态环境共同保护规划》,流域生态环境规划如《淮河流域水污染防治规划(2006—2010 年)》。

2. 我国生态环境规划的构成

我国实行统一和分工负责相结合的生态环境监督管理体制,生态环境规划的编制和实施也分别由对生态环境保护享有监督管理权的不同主管部门掌管。我国的生态环境规划是由国民经济和社会发展五年规划的环境保护篇章、生态环境主管部门编制的生态环境保护规划、有关部门编制的生态环境规划、行业和区域(包括流域、县域)生态环境保护规划等共同组成的统一体系。

根据《环境保护法》第 13 条的规定,县级以上人民政府应当将环境保护工作纳入国民经济和社会发展规划。国务院生态环境主管部门会同有关部门,根据国民经济和社会发展规划编制国家环境保护规划,报国务院批准并公布实施。县级以上地方人民政府生态环境主管部门会同有关部门,根据国家环境保护规划的要求,编制本行政区域的环境保护规划,报同级人民政府批准并公布实施。环境保护规划的内容应当包括生态保护和污染防治的目标、任务、保障措施等,并与主体功能区规划、土地利用总体规划和城乡规划等相衔接。

---

〔24〕 参见罗丽:《环境法教程》,中国法制出版社 2014 年版,第 68 页。

〔25〕 参见王文革:《环境资源法:理论·实务·案例》,中国政法大学出版社 2016 年版,第 124 ~ 125 页。

二、我国生态环境规划的发展历程

自1973年国务院召开第一次全国环境保护会议以来，特别是改革开放以来，随着我国生态环境保护工作的展开以及具有中国特色的生态环境保护道路的探索，我国生态环境规划经历了孕育、探索、发展以及调整和强化的发展历程，形成了具有中国特色的生态环境保护规划体系。[26]

（一）孕育时期（1973～1985年）

1973年第一次全国环境保护会议召开，审议通过了《关于保护和改善环境的若干决定》，首次确立了环境保护的“32字方针”，即“全面规划、合理布局、综合利用、化害为利、依靠群众、大家动手、保护环境、造福人民”。其中“全面规划、合理布局”强调了环境规划工作，居“32字方针”之首，可见我国环保工作起步时期就十分重视环境规划。[27] 1975年，国务院环保领导小组编制了第一个环境保护10年规划，规定要把环境保护纳入国民经济和社会发展计划，并提出了解决中国环境污染问题“五年控制，十年基本解决”的目标，但因低估环境污染的严峻性和环境治理的复杂性，目标最终未能实现。[28] 1979年我国第一部《环境保护法（试行）》第5条规定：“国务院和所属各部门、地方各级人民政府必须切实做好环境保护工作；在制定发展国民经济计划的时候，必须对环境的保护和改善统筹安排，并认真组织实施；对已经造成的环境污染和其他公害，必须作出规划，有计划有步骤地加以解决。”

上述文件、法律规范的出台，反映了当时国家治理污染的决心以及环境规划的初尝试。但由于这一时期，我国环境质量与污染现状的调查工作不够充分，以及对环境规划的内涵、意义、规划的编制与实施还没有全面、深入的认识，环境保护规划还没有成形、系统的理论、方法和指标体系。

（二）探索时期（1986～1995年）

在国民经济和社会发展的第六个五年计划期间，我国首次根据《环境保护法（试行）》的规定，将环境保护作为一个独立的篇章（第五编第三十五章环境保护）纳入《国民经济和社会发展第六个五年计划（1981—1985年）》，作为与发展工农业生产、调整产品结构、鼓励企业技改、扩展对外贸易等经济建设领域并列提出的基本任务。[29]

从1986实行“七五”计划时期（1986～1990年）开始，我国环境规划工作得到顺利开展。1987年，国务院环境保护委员会第九次会议审议并原则通过我国首个五年环境规划——《“七五”时期国家环境保护计划》，从此环境保护成为国民经济与发展计划的重要组成部分。“七五”计划期间，环境保护计划编制工作全面展开。[30]

1989年，我国颁布《环境保护法》，该法第4条规定，国家制定的环境保护规划必须纳入国民经济和社会发展计划；第12条规定，县级以上人民政府环境保护行政主管部门，应当会同有关部门对管辖范围内的环境状况进行调查和评价，拟订环境保护规划。修改后的《环境保护法》在法律层面确定了环境保护规划与国民经济和社会发展计划的关系，以及环境保护行政主管部门制定环境保护规划的法定职责。

“八五”计划期间（1991～1995年），环境保护十年规划和“八五”计划纲要把环境保护指

---

〔26〕 参见孙荣庆：《环保五年规划发展历程》，载《中国环境报》2012年8月9日，第2版。

〔27〕 参见过孝民：《我国环境规划的回顾与展望》，载《环境科学》1993年第4期。

〔28〕 参见汪劲：《环境法学》，北京大学出版社2018年版，第124页。

〔29〕 参见《中华人民共和国国民经济和社会发展第六个五年计划（1981—1985年）》，载中国人大网，http://www.npc.gov.cn/wxzl/gongbao/1982-11/30/content_1478459.htm。

〔30〕 参见孙荣庆：《环保五年规划发展历程》，载《中国环境报》2012年8月9日，第2版。

标首次纳入了国民经济和社会发展规划中,更加注重环境保护与经济和社会协调发展,不仅编制了宏观的环境污染物总量控制计划,还编制了环境质量保护的污染物控制计划。[31]

(三)发展时期(1996～2015年)

"九五"计划期间(1996～2000年):国务院于1996年原则同意《国家环境保护"九五"计划和2010年远景目标》(以下简称国家环境保护"九五"计划),这是国家环保五年计划第一次经国务院批准实施。此外,国家环境保护"九五"计划推出了《"九五"期间全国主要污染物排放总量控制计划》和《中国跨世纪绿色工程规划》,开始将生态保护与污染防治并重。在这期间,国家环保局编制的6项国家级环境保护规划获国务院批准实施,还联合计委等13个部门印发中国生物多样性保护行动计划、中国自然保护区发展规划纲要(1996—2010年)两项规划。[32]

"十五"期间(2001～2005年):各类规划全面推进,除国家环境保护规划外,有8个专项规划获得国务院批准实施,全国生态环境保护纲要获得国务院印发,重点区域的环境保护规划取得了重大进展。

"十一五"期间(2006～2010年):《国家环境保护"十一五"规划》第一次以国务院印发形式颁布。《国家环境保护"十一五"规划》从重经济增长轻环境保护转变为保护环境与经济增长并重,把加强环境保护作为调整经济结构、转变经济增长方式的重要手段,在保护环境中求发展,改变先污染后治理、边治理边破坏的状况,同时从主要用行政办法保护环境转变为综合运用法律、经济、技术和必要的行政办法解决环境问题。[33]

"十二五"期间(2011～2015年):国务院于2011年印发《国家环境保护"十二五"规划》。《国家环境保护"十二五"规划》要求进一步深化总量减排;下大力气解决关系民生的突出环境问题,把改善环境质量放在更加突出位置;进一步加强环保能力建设,首次提出"重点领域环境风险防控"的战略任务和完善环境保护基本公共服务体系的战略任务。[34]

(四)调整与强化时期(2016年以后)

2012年11月8日,党的十八大在北京召开,党的十八大报告将生态文明建设纳入中国特色社会主义事业"五位一体"总体布局,生态文明建设上升到国家战略,"美丽中国"成为中华民族追求的新目标。十八大以来,党中央、国务院把生态文明建设和环境保护摆上更加重要的战略位置,对环境规划提出了新要求。

2016年11月,国务院印发《"十三五"生态环境保护规划》,标题由"环境规划"向"生态环境规划"转变,统筹生态与环境保护。规划作为"十三五"计划期间生态环境保护的纲领性文件,紧紧围绕"五位一体"总体布局,以提高环境质量为核心,统筹部署"十三五"生态环境保护总体工作;落实生态文明体制改革要求,实施最严格的环境保护制度;坚持"山水林田湖是一个生命共同体"的理念,强化生态保护与修复;强化综合治理,协同推进工业达标排放、治污减排和风险防范。[35]

"十三五"时期,我国生态环境质量总体改善,"十三五"规划纲要确定的生态环境9项约束性指标均圆满超额完成,为"十四五"深入打好污染防治攻坚战积累了宝贵的经验。2020

---

〔31〕 参见王金南等:《改革开放40年与中国生态环境规划发展》,载《中国环境管理》2018年第6期。

〔32〕 同上注。

〔33〕 参见《国务院关于印发国家环境保护"十一五"规划的通知》(国发〔2007〕37号)。

〔34〕 参见《国务院关于印发国家环境保护"十二五"规划的通知》(国发〔2011〕42号)。

〔35〕 参见《环境保护部解读〈"十三五"生态环境保护规划〉》,载中国政府网,http://www.gov.cn/zhengce/2016-12/06/content_5143872.htm#1。

年党的十九届五中全会发布中共中央《关于制定国民经济和社会发展第十四个五年规划和二〇三五年远景目标的建议》,为未来一个时期生态文明建设和生态环境保护确定了目标,明确了指导方针和总体要求,提出了四个方面的重点任务。编制实施"十四五"生态环境保护规划和重点领域专项规划,要对标对表"十四五"生态文明建设目标、生态环境保护目标,科学谋划"十四五"目标任务和重要举措。

三、生态环境规划的效力

国民经济和社会发展五年规划纲要由全国人大审议通过,因此国民经济和社会发展五年规划纲要中的环境保护篇章在生态环境规划中处于最高地位,具有最高的效力,无论是国家生态环境保护规划还是地方生态环境保护规划,都要根据国民经济和社会发展规划编制和实施。此外,地方环境保护规划还要落实国家生态环境保护规划的相关要求。

生态环境规划属于行政行为之一,其法律效力可以从公定力、确定力、拘束力和执行力四个方面进行分析。[36] 第一,生态环境规划的公定力,是指生态环境规划一经批准实施,即具有要求所有机关、组织或个人予以尊重的法律效力。生态环境规划的公定力来源于环境规划的法定性。第二,生态环境规划的确定力,是指已经生效的生态环境规划对有关行政主体和行政相对人所具有的不受任意改变的法律效力。尤其对于生态环境规划的编制机关而言,这种确定力是实质性的确定力,它要求有关行政主体不得任意改变自身所作出的生态环境规划,否则应承担相应的法律责任。第三,生态环境规划的拘束力,是指已经生效的生态环境规划所具有的约束和限制有关行政主体和行政相对人的法律效力。生态环境规划的约束力可以分为外部约束力和内部约束力。生态环境规划对外部的拘束力,是指在生态环境规划内容上的指标和要求会对相对人的利益产生直接影响的,要求相对人必须遵守的法律效力。生态环境规划对内部的拘束力主要是针对行政主体,对于行政主体而言应当采取必要的措施对规划中的要求和指标予以落实。第四,生态环境规划的执行力是指已经生效的生态环境规划要求有关行政主体和行政相对人对其内容予以实现的法律效力。对于相对人来说,生态环境规划的执行力主要由行政主体在日常管理的过程中予以落实。对于行政主体而言,生态环境规划的执行力主要是通过行政主体的行政监督管理和内部行政关系调整予以保障。

目前我国的法律,对于有关行政主体和相对人没有严格按照生态环境规划内容的要求落实的并未规定相应的法律后果,生态环境规划主要对政府及其主管部门依法审批规划范围内相关开发利用环境资源项目以及规划所确立的环境与自然保护类项目具有指导意义和依据作用,一般不对行政机关以外的人和事具有法律意义和直接拘束力。[37]

四、完善绿色与低碳城镇规划的法律建议[38]

(一)强化绿色低碳城镇规划的制度"刚性"

如果说把绿色低碳的发展理念融入城镇规划,是给规划上"颜色"的话,那么,强化绿色与低碳城镇规划的制度"刚性",就是给规划"装牙齿""秀肌肉"。在实践中我国城镇规划欠缺

〔36〕 参见张璐:《环境规划的体系和法律效力》,载《环境保护》2006年第11期。

〔37〕 参见汪劲:《环境法学》,北京大学出版社2018年版,第126~127页。

〔38〕 See Baiping Tan, *Legal Consideration over Green and Low-carbon Urban and Rural Planning*, in Wei Swn, *Social Ecological Transformation in Our Eyes: Selected papers from the 1st-5st Social Ecological Legal Forum*, Law Press China, 2017, p.229-243.

绿色低碳的制度性要求，此外还存在民主性缺失、规划随意性大、规划权无制约、规划易为行政权力左右等问题，[39]解决规划的这些问题，就必须实施绿色与低碳城镇规划的法律化，通过完善相关法律条款强化绿色低碳城镇化的制度支撑与“刚性”品质。

虽然《城乡规划法》规定，经依法批准的城乡规划，是城乡建设和规划管理的依据，未经法定程序不得修改。[40] 可是，实践中我国城乡规划“朝令夕改”的现象比较普遍，原因之一是，目前的城乡规划审批权属于政府部门，如《城乡规划法》规定，全国城镇体系规划由国务院城乡规划主管部门报国务院审批，省、自治区人民政府组织编制省域城镇体系规划，报国务院审批。[41] 而且，规划的执行也由政府部门行使，这样，在制度设计上就缺乏一种外在的制衡力。因此，为提高城镇规划的严肃性与稳定性，应该把各地的城乡规划审批权交由各地的最高权力机构，亦即各地的人大及其常委会行使，以形成对政府权力的制约。由此，也可以直接实现“规划”，亦即“法律”的要求，实现规划的制度化与法律化。

为保持绿色与低碳城镇规划的制度“刚性”，应该适时修订相应的规划法律内容。由于《城乡规划法》具有相当强的时效特点，即必须适应城镇化快速发展和经济社会不断变化所提出的要求。这方面的域外经验可资借鉴，许多发达国家的规划法在颁布后都有多次更新和修订的经验，如1947年英国《城乡规划法》，在其设立后的30年内英国议会先后十二次对其进行了修订。[42] 我国的《城乡规划法》也应该以绿色低碳的发展理念对其进行全面审视与修订，并进一步明确规划的法律责任。

（二）以绿色低碳为重点，完善规划环评制度

我国城镇化进程中开展更多的是项目环评，规划环评仍处于制度健全阶段，在许多方面仍需要进一步完善。一方面，规划环评的范围不明确，如我国环评方面的法律法规没有规定对不设区的市、县、乡镇人民政府及有关主管部门制定的规划进行环评，而这些地方正是城镇化主战场，环境问题多发地；也没有明确规定是否对“国民经济和社会发展规划”进行环评，[43]仅仅规定“县级以上人民政府应当将环境保护工作纳入国民经济和社会发展规划。国务院生态环境主管部门会同有关部门，根据国民经济和社会发展规划编制国家环境保护规划，报国务院批准并公布实施”，[44]而这些宏观方面的规划对绿色低碳城镇化建设的影响是巨大的。例如，我国各地兴起了生态城市建设的热潮，如果这场“生态城市运动”发展成为一次“绿色大跃进”，后果不堪设想。[45] 这就需要在更宏观的“国民经济和社会发展规划”上对各地的绿色发展目标进行总体规划与评价。另一方面，在城镇建设过程中，没有严格执行对城市规划进行环评。根据《环境影响评价法》的规定，城市规划是专项规划环评的对象，但是，城市规划包罗万象，对城市规划环评的内容还没有具体要求，城市的规划环评往往走过场。因此，为了让城市规划环评落到实处，应当把城市规划是否符合绿色低碳理念作为城市规划环评的一项主要内容与评价重点，把以人为本、尊重自然、传承历史、绿色低碳的理念真正融

---

〔39〕 参见邢翔：《论城乡规划的本质》，载《河南社会科学》2012年第5期。

〔40〕 《城乡规划法》第7条。

〔41〕 《城乡规划法》第12～13条。

〔42〕 参见毛其智：《完善城乡规划法律制度　促进城镇化健康发展》，载《小城镇建设》2007年第8期。

〔43〕 参见蔡守秋：《论健全环境影响评价法律制度的几个问题》，载《环境污染与防治》2009年第12期。

〔44〕 《环境保护法》第13条。

〔45〕 参见谢鹏飞、刘琰等：《和谐、生态：可持续的城市——2009城市发展与规划国际论坛综述》，载《城市发展研究》2009年第11期。

入城市规划全过程。[46]

（三）以绿色低碳理念推动各类规划"多规合一"

我国存在规划的部门分割、各类规划内容不衔接、甚至存在冲突等问题，最佳的解决办法则是"多规合一"。《城乡规划法》第 5 条规定，"城市总体规划、镇总体规划以及乡规划和村庄规划的编制，应当依据国民经济和社会发展规划，并与土地利用总体规划相衔接"[47]。《环境保护法》也有规定，"环境保护规划的内容应当包括生态保护和污染防治的目标、任务、保障措施等，并与主体功能区规划、土地利用总体规划和城乡规划等相衔接"[48]。这都是相关法律对于"多规合一"的原则性规定。《国家新型城镇化规划（2014—2020 年）》明确提出，加强城市规划与经济社会发展、主体功能区建设、国土资源利用、生态环境保护、基础设施建设等规划的相互衔接。推动有条件地区的经济社会发展总体规划、城市规划、土地利用规划等"多规合一"。[49]

当然，"多规合一"并非只搞一个规划，而是以理顺各类规划空间管理职能为主旨，以在有坐标的一张图上叠加融合各类、各专业、各行业规划的空间信息为路径，实现各类规划衔接一致。2014 年 8 月 26 日，国家发展和改革委员会、国土资源部、环境保护部、住房和城乡建设部四部委发出《关于开展市县"多规合一"试点工作的通知》，决定联合开展市县"多规合一"试点工作。开展试点的主要任务是，探索经济社会发展规划、城乡规划、土地利用规划、生态环境保护等规划"多规合一"的具体思路，研究提出可复制可推广的"多规合一"试点方案，形成一个市县一本规划、一张蓝图。同时，探索完善市县空间规划体系，建立相关规划衔接协调机制。具体任务是：合理确定规划期限，合理确定规划目标，合理确定规划任务，构建市县空间规划衔接协调机制。[50]

城镇化规划不能仅仅将经济社会发展规划、城乡规划、土地利用规划"三规合一"，还应该将生态环境保护规划、人口发展规划等"多规融合"，实现新型城镇化规划的"多规合一"。[51]推动"多规合一"，不仅要保证规划体系中的下位规划与上位规划效力等级的上下有序，还应该推动各类规划内容在绿色与低碳的发展理念上达成一致。

（四）保障公众参与绿色低碳城镇规划的编制与实施

城乡规划的阶段包括立项启动、编制、通过、实施（修改、监督）等，在我国现阶段，公众参与绿色低碳城镇规划的力度、广度与深度都还不够，存在主要的问题如下：一是公众参与的深度难以触及城镇规划的核心内容，仅仅停留在象征性参与阶段，公众的意见也得不到足够重视；二是公众参与城镇规划的广度不够，参与的阶段和参与规划的类型不够全面，在规划的启动、通过、监督等过程中缺少公众参与的立法授权；三是公众参与城镇规划缺乏组织，参与的方式较少，如缺乏公众参与城镇规划的协调组织，缺乏公众讨论小组、公众咨询会、公众评议会、公众投票等多样化的参与形式。另外，听证会大多流于形式，存在听而不取的现象。[52]从制度上看，应当从公众参与城镇规划的组织、主体、内容、目标、程序、权利义务、监督保障等

---

〔46〕《国家新型城镇化规划（2014—2020 年）》。

〔47〕《城乡规划法》第 5 条。

〔48〕《环境保护法》第 13 条。

〔49〕《国家新型城镇化规划（2014—2020 年）》。

〔50〕《什么是"多规合一"》，载《温州日报》2015 年 12 月 17 日，第 22 版。

〔51〕尹海洋、马俊骥：《曹金萍：新型城镇规划要"多规合一"给水让道》，载大众网，http://www.dzwww.com/2014/2014qglh/twsdt/201403/t20140306_9764962.htm。

〔52〕参见李军：《完善公众参与新型城镇化规划制度的构想》，载《城乡建设》2014 年第 3 期。

方面，建立全面、有效的法律制度。

就公众参与的具体环节而言，在城镇规划的启动阶段、草案编制阶段，应充分征询、听取公众的意见与建议，应转变城镇规划的编制方式，提倡自下而上的民主的规划方式，使公众参与到城镇规划的编制中来。〔53〕在城镇规划的审批阶段，最佳的选择是把规划审批权划归当地的最高权力机构行使，由公众选举的人大代表审议形成规划决策，这样就能够开辟一条公众参与规划审批的法定渠道，从而使规划决策更能代表公众的利益；〔54〕如果仍然维持现行的规划审批程序，也可以进行制度改进，如通过组织公众参与城镇规划的评议、听证或者申诉等程序，以保障公众的表达权。至于城镇规划的修改，应该慎之又慎，轻易不能更改，符合法定修改条件的规划，应该征求公众及利害关系人的意见，由于城镇规划的修改其实也是再次制定规划的过程，因此，具体程序应当比照规划制定阶段的公众参与程序。在城镇规划的实施阶段，需要公众参与城镇规划实施的定期评估、参与监督等程序。〔55〕

最后，真正的绿色低碳城镇应该是良好的环境质量和生态、便捷舒适的交通系统、适合居住的绿色建筑、健康理性的生活方式，所以，绿色低碳的城镇规划还涉及绿色建筑、能源利用、垃圾处理、低碳交通等方面的法律与制度规定。

第四节　生态环境标准

一、生态环境标准概述

生态环境标准，又称生态环境保护标准，是指为了防治环境污染，防范生态环境风险，维护生态平衡，保护人群健康，对生态环境保护工作中需要统一的各项技术要求，由法律授权的政府及其主管部门、社会团体、企业等按照法定程序和方法制定的各种技术性规范的总称。

环境基准，是指生态环境中的污染物对人体或者其他生物产生有害或不良影响的最小值（阈值），或不产生有害或不良影响的最大剂量或浓度（无作用剂量）。〔56〕环境基准的核心是剂量效应，主要根据污染物在环境中的含量分布水平与对生态环境和人体健康的效应之间的关系，利用风险评估的方法获得的基准值是一个科学实验的客观记录和科学推论，作为生态环境质量标准的科学依据和基础，不具有法律效力。生态环境质量标准是以环境基准为依据，在考虑生态环境条件，国家或地区社会、经济、技术等因素的基础上综合分析制定的，一般具有法律强制性。〔57〕

环境基准为制定合理有效的生态环境标准提供科学依据，决定着生态环境质量标准的科学性和合理性，在国家生态环境质量评价和风险管理体系中处于基础地位。《环境保护法》第15条第3款规定，“国家鼓励开展环境基准研究”，为环境基准向环境标准转化提供了法律依据。但总的来说，我国的环境基准研究还处于起步阶段，亟须在借鉴美国、欧盟等发达国家

〔53〕参见仇保兴：《我国城镇化中后期的若干挑战与机遇——城市规划变革的新动向》，载《城市规划》2010年第1期。

〔54〕参见邢翔：《论城乡规划的本质》，载《河南社会科学》2012年第5期。

〔55〕参见李军：《完善公众参与新型城镇化规划制度的构想》，载《城乡建设》2014年第3期。

〔56〕参见毕岑岑、王铁宇、吕永龙：《环境基准向环境标准转化的机制探讨》，载《环境科学》2012年第12期。

〔57〕参见孟伟、张远、郑丙辉：《水环境质量基准、标准与流域水污染物总量控制策略》，载《环境科学研究》2006年第3期。

(地区)先进经验和研究成果的基础上,对环境基准进行深入研究,逐步构建符合我国国情的国家环境基准体系。自1973年我国正式开展环境标准制定工作以来,生态环境保护标准在我国经历了产生、发展、完善的阶段,标准的数量不断增加,标准的种类日益丰富,标准的地位显著提高。[58] 截至"十二五"末期,我国累计发布国家环保标准1941项(其中"十二五"期间发布493项)。[59]

生态环境标准通过具体、客观、科学的数值来体现生态环境质量以及人类活动对环境的影响,有利于强化对人类活动的约束以及生态环境监督管理,间接实现对环境污染和生态破坏行为的"事前控制"[60],在贯彻环境法律规范、落实生态环境保护规划和目标、促进技术进步、优化产业结构、支持生态环境监督管理、支撑污染防治和生态保护方面发挥着不可替代的作用。

二、我国的生态环境标准体系

(一)生态环境标准体系概况

生态环境标准体系,是指根据生态环境标准的性质、内容和功能,以及它们之间的内在联系,将其进行分级、分类,所构成的一个有机联系的统一整体。[61]

生态环境标准属于标准体系中的重要内容,根据《标准化法》的规定,标准可以分为国家标准、行业标准、地方标准和团体标准、企业标准。标准又可分为强制性标准和推荐性标准,强制性标准必须执行;推荐性国家标准、行业标准、地方标准、团体标准、企业标准的技术要求不得低于强制性国家标准的相关技术要求。

强制性国家标准、行业标准由国务院有关行政主管部门依据职责负责制定;推荐性国家标准由国务院标准化行政主管部门制定;地方标准由省、自治区、直辖市人民政府标准化行政主管部门制定;设区的市级人民政府标准化行政主管部门根据本行政区域的特殊需要,经所在地省、自治区、直辖市人民政府标准化行政主管部门批准,可以制定本行政区域的地方标准。

学会、协会、商会、联合会、产业技术联盟等社会团体可协调相关市场主体共同制定满足市场和创新需要的团体标准,由本团体成员约定采用或者按照本团体的规定供社会自愿采用。如2018年中国环境保护产业协会组织制定的首个环保产业的信用标准——《环保企业信用评价指标体系》(T/CAEPI 15－2018)。企业也可根据需要自行制定企业标准,或者与其他企业联合制定企业标准,企业标准应当严于国家标准或地方标准。

(二)《生态环境标准管理法》中的生态环境标准

原国家环境保护总局于1999年4月1日颁布了《环境标准管理办法》,规范环境标准的制定、实施及对实施环境标准的监督。根据标准的制定、发布机关以及适用范围的不同,《环境标准管理办法》确立的环境标准体系可以概括为"二级五类"。"二级"是指国家环境标准和地方环境标准;"五类"是指环境质量标准、污染物排放标准(或控制标准)、环境监测方法标准、环境标准样品标准和环境基础标准。

《环境标准管理办法》与《地方环境质量标准和污染物排放标准备案管理办法》对推进环境标准体系建设和标准管理工作发挥了重要指引和规范作用。但是,随着《环境保护法》等环

---

〔58〕 参见《中国环境保护标准概况》,载生态环境部网,http://www.mee.gov.cn/ywgz/fgbz/bz/sywbzgz/200803/t20080303_118881.shtml。

〔59〕 参见《国家环境保护标准"十三五"发展规划》,载生态环境部网,http://www.mee.gov.cn/gkml/hbb/bwj/201704/W020170414581772760139.pdf。

〔60〕 参见汪劲:《环境法学》(第4版),北京大学出版社2018年版,第116页。

〔61〕 参见韩德培主编:《环境保护法教程》(第8版),法律出版社2018年版,第117页。

境保护法律法规及《标准化法》的修改或制定，国务院机构改革及职能调整，上述两办法已不适应新的生态环境管理要求。主要体现在：第一，标准类别划分和体系构成不能涵盖法律法规及职能调整赋予生态环境部的环境管理领域；第二，标准定位与制定原则不能满足环境质量改善、环境风险防控等新时期生态环境管理需求；第三，不能有效指导地方生态环境标准工作；第四，缺失标准实施评估和信息公开等管理要求，不能反映生态环境标准管理改革进展。〔62〕

2020 年 11 月 5 日，生态环境部部务会议审议通过《生态环境标准管理办法》，该办法自 2021 年 2 月 1 日起施行，《环境标准管理办法》与《地方环境质量标准和污染物排放标准备案管理办法》同时废止。《生态环境标准管理办法》规定我国生态环境标准分为国家生态环境标准和地方生态环境标准两级，生态环境质量标准、生态环境风险管控标准、污染物排放标准、生态环境监测标准、生态环境基础标准和生态环境管理技术规范六类。该办法完善了我国生态环境标准体系及类别划分，在原有的“两级五类”基础上，增加了“生态环境风险管控标准”类别，使我国生态环境标准体系转变为“两级六类”；并将土壤污染风险管控、应对气候变化、海洋生态环境保护等相关标准纳入生态环境标准体系。

1. 生态环境标准的分级

根据制定、批准、发布机关以及适用范围的不同，我国生态环境标准可以分为国家生态环境标准和地方生态环境标准两级。

（1）国家生态环境标准

国家生态环境标准是指由国务院生态环境主管部门制定并组织实施，在全国范围内或者标准指定区域范围内执行的标准。国家生态环境标准有强制性标准和推荐性标准之分，国家生态环境质量标准、国家生态环境风险管控标准、国家污染物排放标准，以强制性标准的形式发布；国家生态环境监测标准、国家生态环境基础标准和国家生态环境管理技术规范为推荐性标准。国家强制性标准代码为“GB”，如《油品运输大气污染物排放标准》（GB 20951 - 2020）、《医疗废物处理处置污染控制标准》（GB 39707 - 2020）、《电子工业水污染物排放标准》（GB 39731 - 2020）、《环境空气质量标准》（GB 3095 - 2012）；国家推荐性标准代码为“GB/T”，如《生态环境损害鉴定评估技术指南　基础方法　第 2 部分：水污染虚拟治理成本法》（GB/T 39793.2 - 2020）、《声环境功能区划分技术规范》（GB/T 15190 - 2014）、《地下水质量标准》（GB/T 14848 - 93，已废止）、《乘用车内空气质量评价指南》（GB/T 27630 - 2011）。

此外，在我国生态环境标准体系中，还有环境保护行业标准。环境保护行业标准，是由生态环境部以及国务院其他生态环境行政主管部门，对没有推荐性国家标准、需要在全国环境保护行业范围内统一的技术要求制定的标准。环境保护行业标准虽在全国生态环境保护工作范围中适用，但不属于我国《标准化法》上的国家标准。环境保护行业标准的代码为“HJ”，如《排污许可证申请与核发技术规范　总则》（HJ 942 - 2018）、《环境影响评价技术导则 土壤环境（试行）》（HJ 964 - 2018）、《生态保护红线监管技术规范平台建设（试行）（HJ 1146 - 2020）》。

（2）地方生态环境标准

地方生态环境标准是指由省级人民政府以及地方各级生态环境主管部门制定的，在发布该标准的省、自治区、直辖市行政区域范围内或者标准指定区域范围内执行的标准。地方标准代码为“DB”，如《地铁正线周边建设敏感建筑物环境振动控制规范》（DB11/T 1735 - 2020）适用于北京市，《污水综合排放标准》（DB 31/199 - 2018）适用于上海市。地方生态环

〔62〕 参见《生态环境部法规与标准司有关负责人就〈生态环境标准管理办法〉答记者问》，载生态环境部网，http://www.mee.gov.cn/xxgk2018/xxgk/xxgk15/202101/t20210106_816285.html。

境标准包括地方生态环境质量标准、地方生态环境风险管控标准、地方污染物排放标准和地方其他生态环境标准，这些均为强制性标准。因有关生态环境监测标准样品、方法、技术规范等需在全国范围内统一适用，故生态环境监测标准、生态环境基础标准和生态环境管理技术规范只有国家标准没有地方标准。

2. 生态环境标准的分类

我国的生态环境标准分为生态环境质量标准、生态环境风险管控标准、污染物排放标准、生态环境监测标准、生态环境基础标准和生态环境管理技术规范六类。

（1）生态环境质量标准

依据《生态环境标准管理办法》，生态环境质量标准是为保护生态环境，保障公众健康，增进民生福祉，促进经济社会可持续发展，限制环境中有害物质和因素所制定的技术要求。目前，在我国，生态环境质量标准包括大气环境质量标准、水环境质量标准、海洋环境质量标准、声环境质量标准、核与辐射安全基本标准。如《环境空气质量标准》（GB 3095－2012）、《地表水环境质量标准》（GB 3838－2002）、《声环境质量标准》（GB 3096－2008）等。

生态环境质量标准，是对一定时间、空间范围生态环境质量的基本要求，即对一定区域环境中在特定时间内的污染物或其他有害因素最大允许浓度或数量所作的规定。生态环境质量标准是国家生态环境政策目标的具体体现，是生态环境保护行政主管部门和有关部门对生态环境进行分级、分类管理和科学评价生态环境质量的基础以及开展生态环境质量目标管理的技术依据，是制定污染物排放标准的依据，也是衡量某地生态环境质量状况以及是否受到污染或破坏的依据。

生态环境质量标准分为国家生态环境质量标准和地方生态环境质量标准。根据《标准化法》第10条[63]和第13条[64]、《环境保护法》第15条[65]、《生态环境标准管理办法》第6

〔63〕《标准化法》第10条规定，对保障人身健康和生命财产安全、国家安全、生态环境安全以及满足经济社会管理基本需要的技术要求，应当制定强制性国家标准。国务院有关行政主管部门依据职责负责强制性国家标准的项目提出、组织起草、征求意见和技术审查。国务院标准化行政主管部门负责强制性国家标准的立项、编号和对外通报。国务院标准化行政主管部门应当对拟制定的强制性国家标准是否符合前款规定进行立项审查，对符合前款规定的予以立项。省、自治区、直辖市人民政府标准化行政主管部门可以向国务院标准化行政主管部门提出强制性国家标准的立项建议，由国务院标准化行政主管部门会同国务院有关行政主管部门决定。社会团体、企业事业组织以及公民可以向国务院标准化行政主管部门提出强制性国家标准的立项建议，国务院标准化行政主管部门认为需要立项的，会同国务院有关行政主管部门决定。强制性国家标准由国务院批准发布或者授权批准发布。法律、行政法规和国务院决定对强制性标准的制定另有规定的，从其规定。

〔64〕《标准化法》第13条规定，为满足地方自然条件、风俗习惯等特殊技术要求，可以制定地方标准。地方标准由省、自治区、直辖市人民政府标准化行政主管部门制定；设区的市级人民政府标准化行政主管部门根据本行政区域的特殊需要，经所在地省、自治区、直辖市人民政府标准化行政主管部门批准，可以制定本行政区域的地方标准。地方标准由省、自治区、直辖市人民政府标准化行政主管部门报国务院标准化行政主管部门备案，由国务院标准化行政主管部门通报国务院有关行政主管部门。

〔65〕《环境保护法》第15条规定，国务院环境保护主管部门制定国家环境质量标准。省、自治区、直辖市人民政府对国家环境质量标准中未作规定的项目，可以制定地方环境质量标准；对国家环境质量标准中已作规定的项目，可以制定严于国家环境质量标准的地方环境质量标准。地方环境质量标准应当报国务院环境保护主管部门备案。国家鼓励开展环境基准研究。

条[66]规定，国务院生态环境保护主管部门制定并组织实施国家环境质量标准，省、自治区、直辖市人民政府对国家生态环境质量标准中未作规定的项目，可以制定地方生态环境质量标准；对国家生态环境质量标准中已作规定的项目，可以制定严于国家生态环境质量标准的地方生态环境质量标准。地方环境质量标准应当报国务院生态环境保护主管部门备案。地方各级生态环境主管部门在各自职责范围内组织实施生态环境标准。机动车等移动源大气污染物排放标准由国务院生态环境主管部门统一制定。

生态环境质量标准应当包括下列内容：功能分类；控制项目及限值规定；监测要求；生态环境质量评价方法；标准实施与监督等。制定生态环境质量标准，应当反映生态环境质量特征，以生态环境基准研究成果为依据，与经济社会发展和公众生态环境质量需求相适应，科学合理确定生态环境保护目标。生态环境质量标准是开展生态环境质量目标管理的技术依据，由生态环境主管部门统一组织实施。实施大气、水、海洋、声环境质量标准，应当按照标准规定的生态环境功能类型划分功能区，明确适用的控制项目指标和控制要求，并采取措施达到生态环境质量标准的要求。实施核与辐射安全基本标准，应当确保核与辐射的公众暴露风险可控。

（2）生态环境风险管控标准

生态环境风险管控标准，是指为了保护生态环境，保障公众健康，推进生态环境风险筛查与分类管理，维护生态环境安全，控制生态环境中的有害物质和因素制定的技术要求。2021年《生态环境标准管理办法》在“两级五类”标准体系的基础上，增加了“生态环境风险管控标准”类别，并明确了此类标准的作用定位、制定原则与基本内容要求。目前，我国生态环境风险管控标准主要包括土壤污染风险管控标准以及法律法规规定的其他环境风险管控标准。

《生态环境标准管理办法》中增加生态环境风险管控标准类别，主要源于2019年开始实施的《土壤污染防治法》中确立的土壤污染防治风险管控原则以及实施土壤污染风险管控标准的规定。我国《土壤污染防治法》第12条明确规定，国务院生态环境主管部门根据土壤污染状况、公众健康风险、生态风险和科学技术水平，并按照土地用途，制定国家土壤污染风险管控标准，加强土壤污染防治标准体系建设。省级人民政府对国家土壤污染风险管控标准中未作规定的项目，可以制定地方土壤污染风险管控标准；对国家土壤污染风险管控标准中已作规定的项目，可以制定严于国家土壤污染风险管控标准的地方土壤污染风险管控标准。地方土壤污染风险管控标准应当报国务院生态环境主管部门备案。土壤污染风险管控标准是强制性标准。国家支持对土壤环境背景值和环境基准的研究。根据《土壤污染防治法》的规定，土壤污染风险管控标准主要用于风险筛查和分类管理，目的是管控风险、现实安全利用，而非质量达标评价。

生态环境风险管控标准是开展生态环境风险管理的技术依据。制定生态环境风险管控标准，应当根据环境污染状况、公众健康风险、生态环境风险、环境背景值和生态环境基准研究成果等因素，区分不同保护对象和用途功能，科学合理确定风险管控要求。生态环境风险管控标准应当包括下列内容：功能分类；控制项目及风险管控值规定；监测要求；风险管控值使用规则；标准实施与监督等。

---

[66]《生态环境标准管理办法》第6条规定，国务院生态环境主管部门依法制定并组织实施国家生态环境标准，评估国家生态环境标准实施情况，开展地方生态环境标准备案，指导地方生态环境标准管理工作。省级人民政府依法制定地方生态环境质量标准、地方生态环境风险管控标准和地方污染物排放标准，并报国务院生态环境主管部门备案。机动车等移动源大气污染物排放标准由国务院生态环境主管部门统一制定。地方各级生态环境主管部门在各自职责范围内组织实施生态环境标准。

(3)污染物排放标准

污染物排放标准,是指为了改善生态环境质量,根据生态环境质量标准和经济、技术条件,控制排入环境中的污染物或者其他有害因素所作的统一的技术要求。污染物排放标准是实现生态环境质量标准的主要保证,是控制污染的重要手段。根据《生态环境标准管理办法》的规定,污染物排放标准包括大气污染物排放标准、水污染物排放标准、固体废物污染控制标准、环境噪声排放控制标准和放射性污染防治标准等。如《油品运输大气污染物排放标准》(GB 20951 – 2020)、《船舶水污染物排放控制标准》(GB 3552 – 2018)、《危险废物焚烧污染控制标准》(GB 18484 – 2020)、《建筑施工场界环境噪声排放标准》(GB 12523 – 2011)等。

污染物排放标准分为国家污染物排放标准和地方污染物排放标准。国家污染物排放标准是对全国范围内污染物排放控制的基本要求;地方污染物排放标准是地方为进一步改善生态环境质量和优化经济社会发展,对本行政区域提出的国家污染物排放标准的补充规定或者更加严格的规定。[67]

结合《生态环境标准管理办法》以及《环境保护法》第16条的规定,国家污染物排放标准由国务院生态环境主管部门,根据国家生态环境质量标准和国家经济、技术条件制定;省、自治区、直辖市人民政府对国家污染物排放标准中未作规定的项目,可以制定地方污染物排放标准;对国家污染物排放标准中已作规定的项目,可以制定严于国家污染物排放标准的地方污染物排放标准。地方污染物排放标准应当报国务院生态环境主管部门备案。

为了更有针对性地改善环境质量和防控环境风险,促进经济绿色高质量发展,《生态环境标准管理办法》明确了应制定地方污染物排放标准的情形:对本行政区域内没有国家污染物排放标准的特色产业、特有污染物,或者国家有明确要求的特定污染源或者污染物,应当补充制定地方污染物排放标准。有产业密集、环境问题突出,现有污染物排放标准不能满足行政区域内环境质量要求,行政区域环境形势复杂导致无法适用统一的污染物排放标准情形之一的,应当制定比国家污染物排放标准更严格的地方污染物排放标准。[68]

近年来,我国污染物排放标准发展较快,不仅国家层面新发布了一些重点行业污染物排放标准,地方层面也发布了涉及重点行业、通用设施,以及特定流域的污染物排放标准。[69]根据不同污染物排放标准的适用对象,我国水和大气污染物排放标准可分为行业型、综合型、通用型、流域(海域)或者区域型四种类型。其中,行业型污染物排放标准适用于特定行业或者产品污染源的排放控制;综合型污染物排放标准适用于行业型污染物排放标准适用范围以外的其他行业污染源的排放控制;通用型污染物排放标准适用于跨行业通用生产工艺、设备、操作过程或者特定污染物、特定排放方式的排放控制;流域(海域)或者区域型污染物排放标准适用于特定流域(海域)或者区域范围内的污染源排放控制。[70]

制定行业型或者综合型污染物排放标准,应当反映所管控行业的污染物排放特征,以行业污染防治可行技术和可接受生态环境风险为主要依据,科学合理确定污染物排放控制要求。制定通用型污染物排放标准,应当针对所管控的通用生产工艺、设备、操作过程的污染物排放特征,或者特定污染物、特定排放方式的排放特征,以污染防治可行技术、可接受生态环境风险、感官阈值等为主要依据,科学合理确定污染物排放控制要求。制定流域(海域)或者

〔67〕《生态环境标准管理办法》第20条第1款。

〔68〕《生态环境标准管理办法》第40条。

〔69〕参见《生态环境部法规与标准司有关负责人就〈生态环境标准管理办法〉答记者问》,载生态环境部网,http://www.mee.gov.cn/xxgk2018/xxgk/xxgk15/202101/t20210106_816285.html。

〔70〕《生态环境标准管理办法》第21条。

区域型污染物排放标准，应当围绕改善生态环境质量、防范生态环境风险、促进转型发展，在国家污染物排放标准基础上作出补充规定或者更加严格的规定。[71]

污染物排放标准应当包括下列内容：适用的排放控制对象、排放方式、排放去向等情形；排放控制项目、指标、限值和监测位置等要求，以及必要的技术和管理措施要求；适用的监测技术规范、监测分析方法、核算方法及其记录要求；达标判定要求；标准实施与监督等。

如前所述，我国污染物排放标准种类众多、数量巨大，既有国家标准，也有地方标准；既有综合排放标准、通用型排放标准，也有行业以及流域（海域）或者区域排放标准。针对同一排污主体、排污事项，往往同时存在不同级别、不同类型的污染物排放标准，如何确定应适用的排放标准成为生态环境监督管理中的重要问题。为此，《生态环境标准管理办法》对污染物排放标准执行的优先顺位作出了明确规定：[72]第一，地方污染物排放标准优先于国家污染物排放标准；地方污染物排放标准未规定的项目，应当执行国家污染物排放标准的相关规定。第二，同属国家污染物排放标准的，行业型污染物排放标准优先于综合型和通用型污染物排放标准；行业型或者综合型污染物排放标准未规定的项目，应当执行通用型污染物排放标准的相关规定。第三，同属地方污染物排放标准的，流域（海域）或者区域型污染物排放标准优先于行业型污染物排放标准，行业型污染物排放标准优先于综合型和通用型污染物排放标准。流域（海域）或者区域型污染物排放标准未规定的项目，应当执行行业型或者综合型污染物排放标准的相关规定；流域（海域）或者区域型、行业型或者综合型污染物排放标准均未规定的项目，应当执行通用型污染物排放标准的相关规定。

（4）生态环境监测标准、生态环境基础标准和生态环境管理技术规范

生态环境监测标准，是指为监测生态环境质量和污染物排放情况，开展达标评定和风险筛查与管控，规范布点采样、分析测试、监测仪器、卫星遥感影像质量、量值传递、质量控制、数据处理等监测技术要求的生态环境标准。包括生态环境监测技术规范、生态环境监测分析方法标准、生态环境监测仪器及系统技术要求、生态环境标准样品等，如《直流输电工程合成电场限值及其监测方法》（GB 39220－2020）、《土壤质量 总砷的测定 硼氢化钾－硝酸银分光光度法》（GB/T 17135－1997）等。

生态环境基础标准，是指为统一规范生态环境标准的制定技术工作和生态环境管理工作中具有通用指导意义的技术要求所制定的生态环境标准，包括生态环境标准制定技术导则，生态环境通用术语、图形符号、编码和代号（代码）及其相应的编制规则等。如《污染场地术语》（HJ 682－2014）（已废止）、《环境污染源类别代码》（GB/T 16706－1996）等。

生态环境管理技术规范，是为规范各类生态环境保护管理工作的技术要求，制定生态环境标准，包括大气、水、海洋、土壤、固体废物、化学品、核与辐射安全、声与振动、自然生态、应对气候变化等领域的管理技术指南、导则、规程、规范等。应对气候变化领域标准，主要包括温室气体排放核算与报告、企业碳排放核查、企业单位产品碳排放限额等标准。其中企业单位产品碳排放限额标准与生态环境标准体系中的污染物排放标准相似，但目前因没有上位法授权，暂将这类标准纳入生态环境管理技术规范范畴。[73]

生态环境监测标准、生态环境基础标准和生态环境管理技术规范属于推荐性标准，直接

〔71〕《生态环境标准管理办法》第22条。

〔72〕《生态环境标准管理办法》第24条。

〔73〕参见《生态环境部法规与标准司有关负责人就〈生态环境标准管理办法〉答记者问》，载生态环境部网，http://www.mee.gov.cn/xxgk2018/xxgk/xxgk15/202101/t20210106_816285.html。

服务于生态环境质量标准、生态环境风险管控标准和污染物排放标准，是生态环境质量标准、生态环境风险管控标准和污染物排放标准的配套补充和有效执行的技术保证。[74] 生态环境监测标准、生态环境基础标准和生态环境管理技术规范通常在全国范围内统一适用，一般只有国家标准没有地方标准。但近年来，一些地方制定了地方生态环境监测标准。对此，《生态环境标准管理办法》明确，制定生态环境质量标准、生态环境风险管控标准和污染物排放标准时，应当采用国务院生态环境主管部门制定的生态环境监测标准；国务院生态环境主管部门尚未制定适用的生态环境监测标准的，可以采用其他部门制定的监测标准。

三、生态环境标准的性质与法律效力

生态环境标准是落实生态环境法律规定、实施生态环境监督管理工作的具体手段或工具，其内容以技术性规定为主。法律规范需由条件假设、行为模式、法律后果组成，各类生态环境标准只规定假定条件和行为模式，不规定法律后果，规范性不确定。[75] 从形式上看，生态环境标准欠缺法律规范的完整结构，属于行政规范性文件，其作为技术性规范，无独立的法律意义和法律效力。但生态环境标准可以被准用性法律规范援引作为该规范的构成要素或者直接上升为法律规范，从而被赋予相应的法律效力和法律意义。[76] 如《水污染防治法》规定，超过水污染物排放标准或者超过重点水污染物排放总量控制指标排放水污染物的，排污者需承担相应的行政责任甚至刑事责任。

有关生态环境标准的法律效力的另一问题是"合规抗辩"，即在民事责任的判断中，符合生态环境标准是否能作为不承担民事责任的依据。从现有立法来看，我国关于"合规抗辩"的态度经历了从肯定到有限否定的转变，在表述上也有较大的变化。1986 年制定的《民法通则》第 124 条规定，"违反国家保护环境防止污染的规定，污染环境造成他人损害的，应当依法承担民事责任"。该条在构成要件上肯定了污染行为的违法性，具体表述为"违反国家保护环境防止污染的规定"。1989 年制定的《环境保护法》第 41 条第 1 款规定，"造成环境污染危害的，有责任排除危害，并对直接受到损害的单位或者个人赔偿损失"。该规定与《民法通则》的规定有所不同，对污染行为是否承担民事责任的认定不涉及违法性问题。1991 年原国家环保局作出的《关于确定环境污染损害赔偿责任问题的复函》（〔91〕环法函字第 104 号）中则进一步否定了排放标准作为承担污染赔偿责任的法定条件，指出："承担污染赔偿责任的法定条件，就是排污单位造成环境污染危害，并使其他单位或者个人遭受损失。……至于国家或者地方规定的污染物排放标准，只是环保部门决定排污单位是否需要缴纳超标排污费和进行环境管理的依据，而不是确定排污单位是否承担赔偿责任的界限。"2009 年颁布的《侵权责任法》第 65 条明确因污染环境造成损害的，污染者应当承担侵权责任，亦不涉及污染行为的违法性问题。2014 年修改后的《环境保护法》第 64 条为引致条款，实现了与《侵权责任法》第 65 条的对接。2015 年最高人民法院《关于审理环境侵权责任纠纷案件适用法律若干问题的解释》第 1 条规定，污染者以排污符合国家或者地方污染物排放标准为由主张不承担责任的，人民法院不予支持。从而明确了达标排污并不是环境侵权的有效抗辩事由。总体看来，目前立法者对环境侵权责任的"行为违法性要件"倾向于否定，但在表述上更为审慎，不同于《民法通则》中"国家保护环境防止污染的规定"，具体表述为"（国家或地方）污染物排放标准"。也

---

〔74〕 罗丽：《环境法教程》，中国法制出版社 2014 年版，第 77～78 页。

〔75〕 参见汪劲：《环境法学》（第 4 版），北京大学出版社 2018 年版，第 121 页。

〔76〕 参见杨朝霞：《论环境标准的法律地位——对主流观点的反思与补充》，载《行政与法》2008 年第 1 期。

就是说，立法者在构成要件上对环境侵权行为违法性的否定是有限的，仅限于污染物排放标准这一情形，而对于国家保护环境防治污染相关规定中其他情形并不涉及。

第五节　生态环境监测

一、概述

（一）生态环境监测的概念、特点和意义

生态环境监测是对生态环境状况进行监视和测定行为的统称，是指依法接受委托的政府监测机构或社会监测机构及其工作人员，按照生态环境标准和技术规范的要求，运用物理、化学、生物或遥感等技术手段对影响生态环境质量因素的代表值进行监视、测定，以准确、及时、全面反映生态环境状况及其变化趋势。[77]

生态环境监测具有以下特点：[78]（1）生态环境监测具有综合性。具体表现在监测手段多、对象广以及对监测数据的综合分析。生态环境监测手段包括化学、物理、生物等一切可以表征生态环境质量的方法；生态环境监测对象包括大气环境、水环境、海洋环境、土壤环境、固体废物污染、生态环境等客体；对监测数据进行统计处理、综合分析时，需将该地区的自然条件、经济社会发展等情况纳入考量范畴，才能正确阐明数据的内涵。（2）生态环境监测具有连续性。基于环境污染具有时空性等特点，只有长期测定，才能从大量的数据中揭示变化规律、预测发展趋势。（3）生态环境监测具有追踪性。生态环境监测整体过程包括监测目的的确定、监测计划的制订、采样样品的运送及保存、实验室数据的整理等过程，是一个复杂而又有联系的系统，对数据质量有较高的要求。为使数据具有准确性、可比性、代表性和完整性，需要有一个量值追踪体系予以监督。

生态环境监测是客观评价生态环境质量、反映污染治理成效、预测生态环境质量发展趋势的基本依据。对生态环境要素进行经常性监测形成的生态环境监测数据，为制定生态环境法律法规、生态环境标准，编制生态环境规划，确定污染防治和生态保护对策提供科学依据，也为行政部门生态环境统计、排污申报核定、排污费征收、生态环境执法、目标责任考核提供准确可靠的数据和资料，促进生态环境的科学管理。同时根据生态环境监测数据可以判定环境是否受污染、生态是否遭破坏等，可以评估生态环境质量以及变化趋势，故生态环境监测也是预防环境污染、生态破坏以及正确处理生态环境事故纠纷的技术依据。生态环境监测是生态环境保护工作的基础，是推进生态文明建设的重要支撑。

（二）生态环境监测制度的历史沿革

早在20世纪50年代初期，我国一些行政部门和相关行业就开始对环境中某些污染物质进行分析，如水利、地质部门对地下水、地表水进行水化学的常规项目测定，卫生部门对大气、饮用水和作业现场进行调查和测定。之后很长一段时间，环境监测主要由卫生部门负责，如1972年国务院批准的《关于官厅水库污染情况和解决意见的报告》提出，由卫生部负责提出建立全国“三废”监测检验系统的规划，拟定必要的监测检验制度，1973年《关于保护和改善环境的若干规定（试行草案）》要求“以现有卫生系统的卫生防疫单位为基础”担负起监测

〔77〕　参见汪劲：《环境法学》（第4版），北京大学出版社2018年版，第94页。

〔78〕　参见韩德培主编：《环境保护法教程》（第8版），法律出版社2018年版，第122页。

任务。

党的十一届三中全会以后，以环境保护部门的监测站为中心的环境监测网络开始形成。中共中央批准的《环境保护工作汇报要点》（1978 年）对“加强环境监测工作”提出了一系列重要措施，要求“国务院环境保护部门设立全国环境监测总站，并加强同卫生、水利、农林、水产、气象、地质、海洋、交通、商业、工业等部门的协作，合理分工，密切配合，组成全国的环境监测网络”。《环境保护法（试行）》（1979 年）将“统一组织环境监测，调查和掌握全国环境状况和发展趋势，提出改善措施”作为国务院环境保护机构的一项主要职责。为了更好地组织、推进环境监测工作，城乡建设环境保护部于 1983 年 7 月颁发了《全国环境监测管理条例》（已失效）。之后，国家有关部门相继制定了《环境污染治理设施运营资质许可管理办法》（2004 年，已被废止）、《环境监测管理办法》（2007 年）、《近岸海域环境监测规范》（HJ 442 – 2008，为 HJ 442.1 – 2020 代替）、《污染源自动监控设施现场监督检查办法》（2012 年）等规章、标准和政策文件。[79]

2014 年修改后的《环境保护法》进一步明确了我国环境监测管理体制，规定了环境监测统一监督管理和环境监测活动的范畴、职能和法律责任等内容。2015 ~ 2017 年，中央全面深化改革领导小组连续三年分别审议通过了《生态环境监测网络建设方案》《中共中央办公厅、国务院办公厅关于省以下环保机构监测监察执法垂直管理制度改革试点工作的指导意见》（以下简称《环境监测意见》）、《关于深化环境监测改革提高环境监测数据质量的意见》等文件，为建立统一、完善的生态环境监测制度提供了方向指引。2018 年国务院机构改革后，生态环境部（下设生态环境监测司）统一行使生态和城乡各类污染排放监管与行政执法职责，整合优化了海洋、水功能区、地下水等方面的监测职能，并出台了《关于推进生态环境监测体系与监测能力现代化的若干意见》《生态环境监测规划纲要（2020—2035 年）》等文件，推进生态环境监测工作，提高生态环境监测能力。

（三）生态环境监测的分类

1. 不同划分标准下的生态环境监测类别

根据不同标准，生态环境监测可分为不同的类别：（1）根据监测对象的不同，生态环境监测可以分为环境质量、污染源监测和生态状况监测。其中，环境质量监测以掌握环境质量状况及其变化趋势为目的，涵盖大气、地表水、地下水、海洋、土壤、辐射、噪声、温室气体等全部环境要素；污染源监测以掌握污染排放状况及其变化趋势为目的，涵盖固定源、移动源、面源等全部排放源；生态状况监测以掌握生态系统数量、质量、结构和服务功能的时空格局及其变化趋势为目的，涵盖森林、草原、湿地、荒漠、水体、农田、城乡、海洋等全部典型生态系统。[80]（2）根据环境要素的不同，可以将生态环境监测分为大气环境监测、地表水环境监测、海洋环境监测、土壤环境监测等。（3）按照监测区域划分，可以分为区域监测和厂区监测。（4）根据监测目的，可以将生态环境监测分为研究性监测、监视性监测以及特定目的监测三类。其中，研究性监测，是指在生态环境科研工作中研究、研定某种或几种污染物对周围环境的污染范围、污染强度及其迁移转化的趋势和规律而进行的监测，是以科学研究为目的的监测。监视性监测又称常规或例行监测，是指定点、定时和定期的长期监测，包括污染控制排放监测、环境污染趋势监测和生态破坏趋势监测。特定目的监测是指为了特定目的的实现而进行的环境监测，如突发环境事件应急监测。

---

〔79〕 参见蔡守秋：《中国环境监测机制的历史、现状和改革》，载《宏观质量研究》2013 年第 2 期。

〔80〕 《生态环境监测规划纲要（2020—2035 年）》。

2. 自行监测

根据《环境监测管理办法》《环境保护法》《水污染防治法》等有关规定，企业要依法开展自行监测。自行监测(self – monitoring)，是指排污单位为掌握本单位的污染物排放状况及其对周边环境质量的影响等情况，按照相关法律法规和技术规范，组织开展的环境监测活动。[81]

企业可依托自有人员、场所、设备开展自行监测，也可委托其他检(监)测机构代其开展自行监测。排污者按照国家环境监测技术规范，并经县级以上生态环境部门所属环境监测机构检查符合国家规定的能力要求和技术条件的，其监测数据作为核定污染物排放种类、数量的依据。不具备环境监测能力的排污者，应当委托生态环境部门所属环境监测机构或者经省级生态环境部门认定的环境监测机构进行监测；接受委托的环境监测机构所从事的监测活动，所需经费由委托方承担，收费标准按照国家有关规定执行。[82]《环境保护法》第 42 条第 3 款规定，重点排污单位应当按照国家有关规定和监测规范安装使用监测设备，保证监测设备正常运行，保存原始监测记录。企业对其自行监测结果及信息公开内容的真实性、准确性、完整性负责，自动监测数据可作为环境行政处罚等监管执法的依据。

企业自行监测体现了生态环境领域"全过程"管理的思路，监测的内容不仅限于污染物的排放，也包括与污染排放相关的重要生产参数；规范的内容也不仅仅限于监测本身，还包括了记录与报告的相关要求。规范、完整、准确的企业自行监测数据，能够为生态环境信息公开建立基础条件，也有利于将企业的排放行为与生态环境质量的要求建立起联系。[83]

3. 环境资源承载能力监测预警机制

随着我国经济社会的快速发展，资源约束趋紧，环境污染严重，生态系统退化的形势日趋严峻，一些地区资源环境承载能力已达到或接近上限。为对国土空间开发利用状况开展综合评价，更加清晰地认识不同区域国土空间的特点和属性，开发现状、潜力和超载状况，明确区域资源环境超载问题的根源与症结，从而实施差异化的管控与管理措施，《环境保护法》第 18 条规定建立环境资源承载能力监测预警机制。2017 年中共中央办公厅、国务院办公厅印发了《关于建立资源环境承载能力监测预警长效机制的若干意见》，标志着我国资源环境承载能力监测预警工作走向规范化、常态化、制度化。[84]

《关于建立资源环境承载能力监测预警长效机制的若干意见》将资源环境承载能力分为超载、临界超载、不超载三个等级，根据资源环境耗损加剧与趋缓程度，进一步将超载等级分为红色和橙色两个预警等级、临界超载等级分为黄色和蓝色两个预警等级、不超载等级确定为绿色无警等级，预警等级从高到低依次为红色、橙色、黄色、蓝色、绿色。并针对红色预警区、绿色无警区以及从临界超载恶化为超载、临界超载转变为不超载等有关等级之间相互转变实施综合管理；针对水资源、土地资源、环境、生态和海域等单项评价要素的超载状况，区分不同影响因子和情形，实施精细化的管控措施。

---

〔81〕《排污单位自行监测技术指南 总则》(HJ 819 – 2017)。

〔82〕《环境监测管理办法》第 21 条。

〔83〕参见马中：《建立自行监测制度，强化环境管理》，载生态环境部网，http://www.mee.gov.cn/zcwj/zcjd/201705/t20170511_413899.shtml。

〔84〕参见《发展改革委有关负责人就〈关于建立资源环境承载能力监测预警长效机制的若干意见〉答记者问》，载中国政府网，http://www.gov.cn/zhengce/2017 – 09/21/content_5226579.htm。

二、生态环境监测的管理

与我国生态环境监督管理体制相适应,生态环境监测管理体制也呈现出生态环境主管部门统一监督管理、各部门分管,国家监管与地方监管相结合的特点。根据《环境保护法》第17条的规定,国家建立、健全环境监测制度。生态环境部是生态环境监测的主管部门,具有制定监测规范、会同有关部门组织监测网络、统一规划国家环境质量监测站(点)的设置、建立监测数据共享机制等职责。

目前,我国形成了"国家—省—市—县"四级生态环境监测组织架构,截至2019年共有监测管理与技术机构3500余个、监测人员约6万人,另有各行业及社会机构监测人员约24万人,全社会监测力量累计达30万人左右。生态环境监测网络总体覆盖所有地级及以上城市和大部分区县,初步形成天地一体的生态状况监测网络。[85]

(一)生态环境监测机构

根据《环境监测管理办法》的规定,生态环境部门所属环境监测机构按照其所属的环境保护部门级别,分为国家级、省级、市级、县级四级;原国家环境保护总局适时组建直属跨界环境监测机构。上级环境监测机构应当加强对下级环境监测机构的业务指导和技术培训。

环境监测工作是县级以上生态环境部门的法定职责。县级以上生态环境部门对本行政区域环境监测工作实施统一监督管理,履行下列主要职责:制定并组织实施环境监测发展规划和年度工作计划;组建直属环境监测机构,并按照国家环境监测机构建设标准组织实施环境监测能力建设;建立环境监测工作质量审核和检查制度;组织编制环境监测报告,发布环境监测信息;依法组建环境监测网络,建立网络管理制度,组织网络运行管理;组织开展环境监测科学技术研究、国际合作与技术交流。

(二)生态环境监测网

基于生态环境的区域性特征和生态环境监测的基本职能,为了及时、准确地掌握全国和各地区的生态环境质量状况和污染变化动态,必须把全国各方面的监测力量组织起来,明确分工,加强协作,互相配合,形成全国生态环境监测网络,共同做好生态环境监测工作,更好地为经济建设和生态环境管理服务。[86]

基于我国生态环境监测网络存在范围和要素覆盖不全,建设规划、标准规范与信息发布不统一,信息化水平和共享程度不高,监测与监管结合不紧密,监测数据质量有待提高等突出问题,为提高生态环境监测的科学性、权威性和政府公信力,促进生态文明建设,2015年国务院办公厅印发《生态环境监测网络建设方案的通知》(国办发〔2015〕56号),提出必须加快推进生态环境监测网络建设。该文件提出要坚持全面设点、全国联网、自动预警、依法追责,形成政府主导、部门协同、社会参与、公众监督的生态环境监测新格局。并提出"到2020年,全国生态环境监测网络基本实现环境质量、重点污染源、生态状况监测全覆盖,各级各类监测数据系统互联共享,监测预报预警、信息化能力和保障水平明显提升,监测与监管协同联动,初步建成陆海统筹、天地一体、上下协同、信息共享的生态环境监测网络,使生态环境监测能力与生态文明建设要求相适应"的总体要求。

2020年生态环境部发布《关于加强生态保护监管工作的意见》(环生态〔2020〕73号),进一步提出"到2025年,初步建立全国生态监测网络"。并指明完善的生态监测网络的基本要求,即要加快构建和完善陆海统筹、空天地一体、上下协同的全国生态监测网络,基本覆盖全

〔85〕 参见《生态环境监测规划纲要(2020—2035年)》。
〔86〕 参见韩德培主编:《环境保护法教程》(第8版),法律出版社2018年版,第124页。

国典型生态系统、自然保护地、重点生态功能区、生态保护红线和重要水体。生态监测网络要根据地理单元特征和生态保护监管需求建设，通过推动部门监测站点资源共享、推进环境监测站点向生态环境监测综合站点改造升级、补充设置新的生态监测站点和生态监测样地（带）等方式实现。积极探索开展水生态、土壤生态监测及相关生态脆弱区地下水位监测，不断加大内陆水域、海洋生态监测力度。

（三）生态环境监测报告制度

为加强环境监测报告的管理，实现环境监测数据、资料管理制度化，确保环境监测信息的高效传递，提高环境决策与管理服务的及时性、针对性、准确性和系统性，原国家环境保护局于1996年发布了《环境监测报告制度》。

根据《环境监测报告制度》规定，环境监测报告分为数据型和文字型两种；数据型报告是指根据监测原始数据编制的各种报表、软盘等；文字型报告是指依据各种监测数据及综合计算结果进行文字表述为主的报告。环境监测报告按内容和周期分为环境监测快报、简报、月报、季报、年报、环境质量报告书及污染源监测报告。

（四）地方生态环境监测管理体制的调整

为克服生态环境监测的地方保护主义，2016年中共中央办公厅、国务院办公厅印发《关于省以下环保机构监测监察执法垂直管理制度改革试点工作的指导意见》，明确调整环境监测管理体制，在全省（自治区、直辖市）范围内统一规划建设环境监测网络。

按照该意见的要求，各省（自治区、直辖市）及所辖各市县生态环境质量监测、调查评价和考核工作由省级生态环境主管部门统一负责，实行生态环境质量省级监测、考核，并建立健全生态环境监测与环境执法信息共享机制。现有市级环境监测机构调整为省级生态环境部门驻市环境监测机构，由省级生态环境部门直接管理，人员和工作经费由省级承担；领导班子成员由省级环保厅（局）任免；主要负责人任市级环保局党组成员，事先应征求市级生态环境主管部门意见。省级和驻市环境监测机构主要负责生态环境质量监测工作。直辖市所属区县环境监测机构改革方案由直辖市生态环境主管部门结合实际确定。

现有县级环境监测机构主要职能调整为执法监测，随县级生态环保部门一并上收到市级，由市级承担人员和工作经费，具体工作接受县级环保分局领导，支持配合属地环境执法，形成环境监测与环境执法有效联动、快速响应，同时按要求做好生态环境质量监测相关工作。

地方生态环境质量监测体制的改革，有利于破除地方政府干预生态环境监测，强化地方政府和相关部门对生态环境监测的监督，促进统一、完善的生态环境监测制度的建立，强化生态环境保护能力。

三、生态环境监测数据造假必须严惩〔87〕

2017年9月21日，中共中央办公厅、国务院办公厅印发《环境监测意见》，这既体现了党中央、国务院在新时期新形势下对生态文明建设和生态环境保护的高度重视，也是对深化环境监测改革作出的又一项重大决策部署。经过40多年的发展，我国已基本建成覆盖环境空气、地表水、酸雨、近岸海域、土壤、噪声和生态等要素的国家环境质量监测网，初步构建了陆海统筹、天地一体、上下协同、信息共享的生态环境监测网络体系，可以说，我国政府环境监测网络已经形成，环境监测管理制度也逐步健全。然而，我国地方政府不当干预环境监测行为时有发生，排污单位监测数据弄虚作假屡禁不止，环境监测机构服务水平良莠不齐，有的地方

〔87〕 参见谭柏平：《环境数据造假的法律空白亟需填补》，载《法治周末》2017年9月26日，第2版。

环境监测能力相对滞后，监控数据传输效率较低，监测人员业务能力有待提高，相关部门环境监测数据不一致的现象依然存在等，这就直接造成我国环境监测数据质量问题突出，导致监测数据失真的现象比较严重，故此，必须深化环境监测改革，切实提高环境监测数据质量。

正如《环境监测意见》所指出的，环境监测是保护环境的基础工作，是推进生态文明建设的重要支撑。环境监测数据又是环境监测工作的生命线，是客观评价环境质量状况、反映污染治理成效、实施环境管理与决策的基本依据。《环境监测意见》的出台，对于我国完善环境监测体制、解决环境监测中的突出问题、切实保障环境监测数据质量、提高环境监测数据的公信力和权威性、促进环境管理水平全面提升，均具有重大的现实意义。除了客观局限导致的数据不准，目前，我国环境监测数据存在的最大问题是人为的弄虚作假，这已经成为业界一个公开的秘密。企业从“偷排污水”升级到“偷改数据”，可谓“道高一尺，魔高一丈”，治污之难可想而知。环境监测数据造假手段多样，包括排污企业为了逃避监管，蓄意干扰监测现场采样，篡改、伪造监测数据；也有社会环境监测机构、环境监测设备运营维护机构和人员受利益驱动，编造数据、出假报告，或破坏环境质量监测系统，甚至存在只收费不监测，或多收费少监测的现象等。更为恶劣的一种现象是，地方党政领导干部为了减轻考核压力、环境质量达标等，利用职务影响指使篡改、伪造环境监测数据，限制、阻挠环境监测数据质量监管执法，影响、干扰对环境监测数据弄虚作假行为的查处和责任追究等。

号称“史上最严”的《环境保护法》，以及修订后的《大气污染防治法》与《水污染防治法》，均对“篡改、伪造环境监测数据”的行为规定了相应的处罚措施。然而，地方党政干部、排污单位、环境监测机构和人员，均把上述法律的规定置若罔闻，知法犯法，这是更需要引起重视的一个问题。

环境监测数据质量不高或数据失真，会带来许多问题，并产生一系列的不良后果。环境监测是环境保护的“眼睛”，大气、水、土壤污染防治作为环境保护的核心任务，需要一系列科学准确的监测数据作为支撑与保障。环境监测数据是客观评价环境质量状况、反映污染治理成效、实施环境管理与决策的基本依据。质言之，如果环境监测数据不全面、不准确、不客观、不真实，则会误导环境管理决策，影响环境研判的质量，导致环境治理措施的失误和投资浪费，也会带来环境治理时机的延误，进而制约环境管理水平的提高。目前，社会公众对环境监测数据的依赖与日俱增，以准确的环境信息指导日常生活的需求越来越强烈，如果政府披露的环境监测数据涉嫌造假，与公众的感受不一致，最终也会损害政府的公信力。所以说，环境监测数据质量是环境监测工作的生命线。贯彻落实《环境监测意见》的要求，深化环境监测改革，提高监测数据质量，既是全面提升环境管理水平的内在要求，也是提高政府公信力、维护公众环境权益的有力保障。

为提高环境监测数据质量、保证数据准确真实，《环境监测意见》明确指出，要坚持依法监测、科学监测、诚信监测，并提出了六项具体的措施。从法律的视角看，落实上述举措最重要的在于两个方面：一方面是建立环境监测数据弄虚作假防范和惩治机制，严厉惩处环境监测数据造假行为。现实中，“守法成本高，违法成本低”是导致排污企业敢于铤而走险进行数据造假的主要原因，过去对造假行为的处罚，罚款的力度太轻，行政拘留处罚的少，更鲜有承担刑事责任的例子，根本无法形成应有的威慑力。因此，应加大对环境数据造假行为的查处力度，严格问责，依法追究责任单位及相关人员的行政责任，直至刑事责任。甚至将企业的违法信息依法纳入国家企业信用信息公示系统，实现一处违法、处处受限。对于党政领导干部违法干预环境监测活动、指使数据造假的行为，应比照企业数据造假的性质轻重，使其承担连带法律责任。另一方面，健全环境监测法律法规。我国的《环境保护法》、《大气污染防治法》与

《水污染防治法》等，虽然对“篡改、伪造监测数据”的行为规定了相应的处罚措施，但是，针对的对象仅仅是“企业事业单位和其他生产经营者”，没有包括“指使造假的党政领导干部与相关人员”。而且，三部法律在对数据造假行为的处罚规定上缺乏相互间的协调性，如《环境保护法》规定的是罚款、最高15日以下的拘留，或刑事责任；《水污染防治法》规定的是10万元以上100万元以下的罚款，责令改正或者责令限制生产、停产整治，责令停业、关闭等行政处罚，或刑事责任；而《大气污染防治法》虽然对篡改或者伪造监测数据作出了禁止性规定，但在法律责任部分并没有“篡改或者伪造监测数据”这一表述与针对性的法律责任，在第100条受法律制裁的行为中，尽管也会产生监测数据不真实的结果，但规定的法律责任是2万元以上20万元以下的罚款，责令改正、责令停产整治的行政处罚，或刑事责任。显然，三部法律的上述规定，有待于进一步整合与协调，并在下位法中提高其可操作性，譬如，可考虑制定一部“环境监测条例”，以加大对环境监测数据造假行为的惩处力度。

第六节 生态环境行政执法

一、概述

（一）生态环境行政执法的概念

执法又称行政执法，是指行政主体依照法定职权和程序，维护公共利益、履行政府职能、管理经济社会等公共事务的活动，是法律运行和实施系统的重要组成要素之一。生态环境执法即生态环境行政执法，是行政执法的重要组成部分，它是指生态环境保护行政机关为履行生态环境管理职责，根据法律的授权，按照法定程序对企业事业单位、公民及其他社会组织影响或可能影响生态环境的行为和事件进行监督管理，并对危害生态环境的行为进行制裁的活动的总称。生态环境保护执法包括污染防治执法和生态保护执法。由于我国实行生态环境保护行政主管部门的统一监管与各相关部门的分散监管相结合的生态环境监督管理体制，生态环境行政监督执法可分为生态环境保护行政主管部门的监督执法和生态环境保护行政相关部门的监督执法。[88]

（二）生态环境行政执法的特征

作为行政执法的重要组成部分，生态环境执法除了具有行政执法的本质特征外，还具有其他特殊的固有特征。这些特征主要表现在以下五个方面：(1)生态环境行政执法主体特定且具有多部门性。依据《环境保护法》第10条的规定，国务院生态环境主管部门对全国生态环境保护工作实施统一监管，县级以上地方人民政府生态环境主管部门对本行政区域生态环境保护工作实施统一监管；县级以上人民政府有关部门和军队环境保护部门，依法行使生态环境保护监督管理权。生态环境行政执法的主体是法定的机关或授权的组织，上述三类主体为我国生态环境执法的合法主体，生态环境执法权必须由法定主体基于法律授权、依据法律行使。同时可以看出，我国生态环境执法主体并非单一主体，生态环境执法事项散落于自然资源部、生态环境部以及国土、农业、水利、海洋、林业等相关部门。(2)生态环境行政执法程序的法定性。生态环境执法主体在实施生态环境行政执法活动时，必须遵守法定的方法、步骤、时限等程序性规定，违反法定程序将会导致执法行为无效等法律后果。生态环境执法机

---

〔88〕 参见周珂等：《环境与资源保护法》（第3版），中国人民大学出版社2015年版，第84页。

关按照法定的程序执法，是依法行政的必然要求，有利于提高生态环境执法行为的合法性、合理性和有效性，避免生态环境行政机关越权执法或滥用职权非法侵害行政相对人的合法权益，从而实现形式正义。(3)生态环境行政执法具有主动性和单向性。执法既是国家行政机关的权力，也是国家行政机关的职责，因此通常情况下，行政机关应当积极、主动地执行法律、履行职责，而无须行政相对人的请求和同意。在生态环境执法中，生态环境执法机构亦可自行决定或直接实施执法行为，而无须与生态环境执法相对人协商或征得相对人的同意。(4)生态环境行政执法手段的多样性和科学技术性。生态环境执法手段具有多样性，既包括以说服教育性质为主的申诫罚(如警告)，又包括经济制裁性质的财产罚(如罚款)和能力罚(如限制生产、停产整治等)，对严重的行政违法行为甚至可处以人身罚(如行政拘留)。另外，生态环境执法手段具有很高的科学技术性，环境影响评价制度、排污费/排污税制度、"三同时"制度等生态环境法律制度，在实施过程中开展的生态环境监测、利用生态环境标准进行评估等都与自然科学密不可分。科学技术是生态环境行政执法的基础，这也要求生态环境执法人员具备一定的生态环境科学技术知识。[89] (5)生态环境行政执法的公益性和预防性。《环境保护法》第1条指出："为保护和改善环境，防治污染和其他公害，保障公众健康，推进生态文明建设，促进经济社会可持续发展，制定本法。"生态环境执法是执法主体为维护公共利益、管理国家生态环境这一公共事务的活动，具有公益性。基于生态环境执法的公益性质以及生态环境损害的不可逆性，为使公众的生态环境权益免遭侵害，生态环境执法机关要对环境利用行为可能造成的不利后果进行预测、分析和防范，并不以环境被污染、生态被破坏的危害后果实际发生为执法前提。生态环境执法具有及时排除危害发生、预防生态环境风险的功能。

(三)生态环境行政执法的原则

生态环境监督执法除应遵循环境法基本原则外，还应遵循以下原则：(1)合法性原则。首先，这要求生态环境执法的主体合法。实施生态环境行政行为的行政主体应具备行政主体资格，必须是依法组成的或依法授权执法的机关，实施行为的公职人员应具有合法的身份。其次，生态环境执法机构必须在法定权限内执法，不得超越事务管辖权、地域管辖权和级别管辖权的范围，不得滥用职权。最后，生态环境执法必须要依照法律行使，执法行为的内容应当合法、适当，执法行为同时还要符合法定程序。(2)合理性原则。合理性原则是对合法性原则的必要补充，主要是对生态环境行政机关的自由裁量的约束，要求生态环境执法机关的执法行为必须公允适当、具有合理性。具体要求有：执法行为应符合法律的目的；执法行为的做出应考虑相关因素，不得考虑不相关因素；平等对待行政管理相对人，平等适用法律规范，不得对相同事实给予不同对待；采取的措施和手段应当必要、适当。[90] (3)效率性原则。效率性原则要求生态环境执法机构要积极履行法定职责，遵守法定时限；规范执法程序，减轻行政相对人的程序负担执法行为；讲求效率，以尽可能短的时间、尽可能少的人员，办理尽可能多的事务。(4)公正性原则。公正的基本要求是平等、不偏不倚。公正性原则要求生态环境执法机构平等对待行政管理相对人，同等保护任何主体所享有的权利，同时对任何生态环境违法行为都无一例外地加以追究和制裁。

---

〔89〕 参见周珂等：《环境与资源保护法》(第3版)，中国人民大学出版社2015年版，第84页。

〔90〕 参见罗丽：《环境法教程》，中国法制出版社2014年版，第178页。

二、生态环境行政执法主体和相对人

（一）生态环境执法主体

生态环境执法主体是指依据法律规定或授权，能独立以自己的名义行使生态环境行政管理权，并能独立承担法律责任的组织。生态环境执法主体应同时具备以下条件：第一，生态环境执法主体是一定的社会组织，任何个人或个体都不能成为执法主体；第二，生态环境执法主体依法享有行政权，企事业单位等其他社会组织经法律、法规的授权而取得行政执法权，也可以成为生态环境执法主体；第三，生态环境执法主体能够独立自主地表达自己的意志，按照自己的意志实施特定行为，且有能力承担实施行政执法行为所产生的法律效果。[91]

如前所述，我国建立了统一监督管理与分部门监督管理相结合、中央监督管理和地方分级监督管理相结合的生态环境管理体制。在现行生态环境管理体制之下，按照我国生态环境法律法规的规定，生态环境执法机构可分为以下几种类型：(1)各级人民政府。主要行使对经济发展和社会生活有重大影响的环境执法权，如生态环境质量的限期达标[92]、突发环境事件的应急管理工作[93]、饮用水源保护等[94]。(2)生态环境主管部门。生态环境主管部门是主要的生态环境执法机构，承担了大量重要的生态环境执法职责。(3)生态环境保护法律法规授权对某些方面的污染防治以及资源合理利用实施监督管理的有关部门。如海洋行政主管部门、海事部门、渔政渔港监督管理部门、农业部门、水利部门、军队生态环境保护部门等。这一类机构不是专门性的生态环境执法机构，而只是依照法律法规的特别授权，在自身业务范围内，对生态环境保护行使监督管理权。(4)一些政府行政职能部门，如卫生、市政管理、市容环境卫生、园林、文物保护、建设等行政主管部门，也负有某些生态环境执法的职责。(5)其他国家机关、社会团体、企事业单位，如气象部门、环境保护协会、生态环境监测站、企业内部的环保部门等，经过法律法规的特别授权或受行政机关的委托，也能从事生态环境执法活动。

（二）生态环境执法相对人

生态环境执法相对人是在具体的生态环境管理关系中处于被管理地位的一方当事人，是与生态环境执法主体相对应的、受行政执法权力作用的一方主体。我国境内的一切组织和个人，都可能成为环境执法相对人，包括：国家机关、企业事业单位和其他生产经营者、社会团体及其他社会组织、中国公民、外国组织或者个人。其中企业事业单位和其他生产经营者是环境和自然资源的主要利用者，也是造成生态环境破坏的主要主体，因此企业事业单位和其他生产经营者是最主要的生态环境执法相对人。

生态环境执法相对人处于被管理一方，但“被管理”并不意味着它负担义务，而不享有权利。生态环境执法相对人在具体的生态环境管理关系中应当遵守法律规定的给付性、禁止性、命令性等义务性规范，但同时也依法享有参与生态环境管理权、知情权、批评检举权、陈述权、申诉权、要求听证权、起诉权等一系列权利。

---

[91]　参见马怀德：《行政法与行政诉讼法》，中国法制出版社 2015 年版，第 73 ~ 75 页。

[92]　参见《环境保护法》第 28 条规定，地方各级人民政府应当根据环境保护目标和治理任务，采取有效措施，改善环境质量。未达到国家环境质量标准的重点区域、流域的有关地方人民政府，应当制定限期达标规划，并采取措施按期达标。

[93]　参见《突发环境事件应急管理办法》。

[94]　参见《水污染防治法》第 65 条第 1 款规定，禁止在饮用水水源一级保护区内新建、改建、扩建与供水设施和保护水源无关的建设项目；已建成的与供水设施和保护水源无关的建设项目，由县级以上人民政府责令拆除或者关闭。第 66 条第 1 款规定，禁止在饮用水水源二级保护区内新建、改建、扩建排放污染物的建设项目；已建成的排放污染物的建设项目，由县级以上人民政府责令拆除或者关闭。

(三)生态环境保护综合行政执法

党的十八届三中全会中共中央《关于全面深化改革若干重大问题的决定》明确要求,整合执法主体,相对集中执法权,推进综合执法。党的十八届四中全会中共中央《关于全面推进依法治国若干重大问题的决定》明确要求,重点在食品药品安全、工商质检、公共卫生、安全生产、文化旅游、资源环境、农林水利、交通运输、城乡建设、海洋渔业等领域内推行综合执法。2018年3月发布的《深化党和国家机构改革方案》提出深化行政执法体制改革,整合组建生态环境保护综合执法队伍的要求。

为进一步贯彻落实党和国家的战略部署要求,统筹配置行政执法职能和执法资源,切实解决生态环保领域多头多层重复执法问题,严格规范文明执法,我国开展了生态环境保护综合行政执法改革。改革的基本路径是用整体性思维,将原先分散在各个生态环境保护管理部门和自然资源管理部门的执法权归拢起来,统一由一个执法部门来行使环境资源与生态保护领域的执法权。[95]

2018年12月,中共中央办公厅、国务院办公厅印发了《关于深化生态环境保护综合行政执法改革的指导意见》。该意见要求整合环境保护和国土、农业、水利、海洋等部门相关污染防治和生态保护执法职责,组建生态环境保护综合执法队伍。整合后,生态环境保护综合执法队伍以本级生态环境部门的名义,依法统一行使污染防治、生态保护、核与辐射安全的行政处罚权以及与行政处罚相关的行政检查、行政强制权等执法职能。除法律法规另有规定外,相关部门不再行使上述行政处罚权和行政强制权。生态环境部门负责监督管理污染防治、生态保护、核与辐射安全,统一负责生态环境保护执法工作,支持生态环境保护综合执法队伍实施行政执法。自然资源、林业草原、水利等行业管理部门负责资源开发利用的监督管理、生态保护和修复,积极支持生态环境保护综合执法队伍依法履行执法职责。执法事项主要由市县两级生态环境保护综合执法队伍承担。

2020年3月,生态环境部颁布的《生态环境保护综合行政执法事项指导目录(2020年版)》(环人事〔2020〕14号),主要梳理规范了生态环境保护综合行政执法的事项名称、职权类型、实施依据、实施主体(包括责任部门、第一责任层级建议),梳理范围是生态环境保护领域依据法律、行政法规设定的行政处罚和行政强制事项,以及部门规章设定的警告、罚款的行政处罚事项。

生态环境保护综合行政执法改革,有助于科学设置生态环境保护综合执法机构,合理配置执法力量,完善权力监督和制约机制,组建高效、专业的生态环境保护综合执法队伍,强化执法责任,增强执法的统一性、权威性和有效性,有利于实现国家生态环境治理体系与治理能力现代化。

三、生态环境行政执法方式

生态环境行政执法方式,是指生态环境行政执法机构为实现生态环境行政管理目标,按照生态环境法律法规的规定和要求,针对生态环境执法相对人所采取的各种方法、手段和措施。[96] 具体来说,包括生态环境行政处罚、生态环境行政许可、生态环境行政强制、生态环境行政监督检查等。生态环境行政处罚将在第八章第三节“生态环境行政法律责任”进行介绍,

---

〔95〕 参见施志源:《自然资源领域生态综合执法的改革路径及其制度完善》,载《中国特色社会主义研究》2020年第3期。

〔96〕 参见周珂等:《环境与资源保护法》(第3版),中国人民大学出版社2015年版,第86页。

此处不赘述。

（一）生态环境行政许可

生态环境行政许可，是指享有生态环境行政许可权的行政机关根据公民、法人或者其他组织的申请，经依法审查，准予其从事利用环境容量、开发利用自然资源、利用生态环境等特定活动的行为。在我国，关于生态环境行政许可的相关规定散见于《环境保护法》以及《水污染防治法》、《森林法》、《渔业法》等单行环境法律法规中，设定和实施生态环境行政许可需遵守《行政许可法》以及上述法律的规定。

与生态环境保护有关的行政许可主要有：建设用地规划许可证、建设工程规划许可证和乡村建设规划许可证，海洋倾废许可证，辐射安全许可证，排污许可证，危险废物收集、贮存、利用、处置许可证，林业采伐许可证，矿产资源勘查许可证，采矿许可证，渔业养殖、捕捞许可证，野生动物特许猎捕证、狩猎证、人工繁育许可证等。

生态环境行政许可既是环境法中重要的基本制度，也是生态环境行政执法的主要方式。生态环境行政许可需遵守《行政许可法》等法律法规的规定，由有权的生态环境执法机关依照法定的权限、范围、条件和程序设定和实施，遵循公开、公平、公正、非歧视的原则。生态环境行政许可的实施程序一般包括申请与受理、审查与决定等步骤。《行政许可法》还规定了对涉及公共利益的重大行政许可事项，行政机关应当向社会公告，并举行听证。

（二）生态环境行政强制

依照我国《行政强制法》的规定，行政强制包括行政强制措施和行政强制执行。生态环境行政强制是行政强制在生态环境行政管理领域的具体体现，据此，生态环境行政强制可划分为生态环境行政强制措施和生态环境行政强制执行。

1. 生态环境行政强制措施

行政强制措施，是指行政机关在行政管理过程中，为制止违法行为、防止证据损毁、避免危害发生、控制危险扩大等情形，依法对公民的人身自由实施暂时性限制，或者对公民、法人或者其他组织的财物实施暂时性控制的行为。[97] 行政强制措施的种类包括：限制公民人身自由；查封场所、设施或者财物；扣押财物；冻结存款、汇款；其他行政强制措施。[98]

根据《环境保护法》第25条的规定，企业事业单位和其他生产经营者违反法律法规规定排放污染物，造成或者可能造成严重污染的，县级以上人民政府生态环境主管部门和其他负有环境保护监督管理职责的部门，可以查封、扣押造成污染物排放的设施、设备。

除此之外，根据《行政强制法》第3条第2款的规定，发生或者即将发生自然灾害、事故灾难、公共卫生事件或者社会安全事件等突发事件，行政机关可依照有关法律、行政法规的规定采取应急措施或者临时措施。如《水污染防治法》第69条第2款规定："饮用水水源受到污染可能威胁供水安全的，环境保护主管部门应当责令有关企业事业单位和其他生产经营者采取停止排放水污染物等措施……"该规定是关于防止饮用水水源受到污染，威胁供水安全时生态环境部门采取生态环境行政强制应急措施的规定。

2. 生态环境行政强制执行

行政强制执行，是指行政机关或者行政机关申请人民法院，对不履行行政决定的公民、法人或者其他组织，依法强制其履行义务的行为。[99] 行政强制执行的方式有：加处罚款或者滞

---

[97] 《行政强制法》第2条。

[98] 《行政强制法》第9条。

[99] 《行政强制法》第2条。

纳金;划拨存款、汇款;拍卖或者依法处理查封、扣押的场所、设施或者财物;排除妨碍、恢复原状;代履行;其他强制执行方式。[100]

生态环境行政机关强制执行或申请强制执行应具备以下条件:(1)法定义务的存在,即以生态环境行政相对人依照环境法律法规承担某种义务为前提,如果不存在这样的法定义务,也就不存在生态环境行政强制执行问题。(2)生态环境行政相对人在法定期限内不履行法定生态环境义务,且不履行是出于故意,而非客观上不能履行。(3)行政强制执行由法律设定;法律没有规定行政机关强制执行的,作出行政决定的行政机关应当申请人民法院强制执行。(4)行政强制的设定和实施,应当依照法定的权限、范围、条件和程序;行政强制的设定和实施,应当适当,采用非强制手段可以达到行政管理目的的,不得设定和实施行政强制。[101]

依照《行政强制法》第50、52条的规定,行政机关依法作出要求当事人履行排除妨碍、恢复原状等义务的行政决定,当事人逾期不履行,经催告仍不履行,其后果已经或者将造成环境污染或者破坏自然资源的,行政机关可以代履行,或者委托没有利害关系的第三人代履行。需要立即清除道路、河道、航道或者公共场所的遗洒物、障碍物或者污染物,当事人不能清除的,行政机关可以决定立即实施代履行;当事人不在场的,行政机关应当在事后立即通知当事人,并依法作出处理。

（三）生态环境行政监督检查

生态环境行政监督检查是生态环境执法机关为实现生态环境管理的职能,对生态环境行政管理相对人是否遵守生态环境保护法律法规、是否执行生态环境行政处理决定或生态环境行政处罚决定等进行的监督检查。[102] 现场检查、实地调查与执法性的生态环境监测是生态环境执法中常用的生态环境监督检查的方式。

《环境保护法》第24条规定:“县级以上人民政府环境保护主管部门及其委托的环境监察机构和其他负有环境保护监督管理职责的部门,有权对排放污染物的企业事业单位和其他生产经营者进行现场检查。被检查者应当如实反映情况,提供必要的资料。实施现场检查的部门、机构及其工作人员应当为被检查者保守商业秘密。”

《环境监察办法》中确立了环境监察,即由生态环境保护主管部门依据环境保护法律、法规、规章和其他规范性文件实施的行政执法活动。生态环境部对全国环境监察工作实施统一监督管理,县级以上地方生态环境主管部门负责本行政区域的环境监察工作。

环境监察机构的主要任务包括:监督环境保护法律、法规、规章和其他规范性文件的执行;现场监督检查污染源的污染物排放情况、污染防治设施运行情况、环境保护行政许可执行情况、建设项目环境保护法律法规的执行情况等;现场监督检查自然保护区、畜禽养殖污染防治等生态和农村环境保护法律法规执行情况;具体负责排放污染物申报登记、排污费核定和征收;查处环境违法行为;查办、转办、督办对环境污染和生态破坏的投诉、举报,并按照生态环境主管部门确定的职责分工,具体负责环境污染和生态破坏纠纷的调解处理;参与突发环境事件的应急处置;对严重污染环境和破坏生态问题进行督查;依照职责,具体负责环境稽查工作;法律、法规、规章和规范性文件规定的其他职责。

生态环境行政监督检查具有普遍性,其主要功能是对公民、法人以及其他组织是否遵守法律规范、是否履行行政处理决定的情况监督检查,一般不对相对人的实体权利义务产生法

---

〔100〕《行政强制法》第12条。

〔101〕参见周珂等:《环境与资源保护法》(第3版),中国人民大学出版社2015年版,第87～88页。

〔102〕同上注,第88页。

律上的效力和后果。生态环境行政监督检查是收集证据资料、确定事实的重要过程，是作出行政处罚等其他行政处理决定的前提。[103]

第七节　生态环境保护多元共治

一、概述

（一）生态环境保护多元共治的概念

长期以来，我国在生态环境保护领域实行以政府为主导的生态环境行政管理模式，在此之下，政府以国家强制力确保企业事业单位等生产经营者遵守法律规范，惩治生态环境违法违规行为，几乎包揽了生态环境保护的所有工作。生态环境保护多元共治，是与政府主导的生态环境行政管理相区别的新型生态环境监督管理体制。生态环境保护多元共治相较于生态环境行政管理，有两个重大的转变，一是从“管理”转向“治理”，二是从“政府主导”转向“多元”。具体来说，生态环境保护多元共治就是要通过政府、企业、社会组织、公民等多个主体采取分工协作等方式，综合运用市场、财税、行政监管、司法等手段，依靠法律法规、信息公开、乡规民约、传统习俗、社会规范、能力建设、责任承担等多重机制规范生态环境主体行为，以实现生态环境治理目标。[104]

（二）生态环境多元共治的特征

1. 治理主体的多元性

从行为主体来看，生态环境监管体制的变迁过程是参与主体不断增多的过程，从单纯依靠政府，到市场、非政府组织、专家学者等多元主体的介入，参与主体不断增多。[105] 多元共治之下，各主体的优势充分得到发挥，公民、社会组织等主体参与地位不断得到提高，参与度得到提升，尤其是环境非政府组织（NGO）在生态环境保护方面被寄予了厚望。

2. 治理模式的合作性

传统的生态环境监管体制的突出特征是政府自上而下的命令与控制，其他主体的参与度较低。生态环境多元共治强调多元主体之间的分工、协作与利益整合，各主体逐渐形成平等协商、合作互利的伙伴关系，确立生态环境意识的认同感和共同的生态环境目标，主体间互动程度较高。并进一步通过广泛参与，协调各方矛盾，实现各方利益共赢，最终实现生态环境治理目标。[106]

3. 治理手段的多元性

传统的生态环境监管体制主要依靠政府的行政手段，并以生态环境保护目标责任制和考核评价制度压实政府的管理职责。生态环境多元共治除了运用政府的行政手段，还结合市场的调控手段、司法程序、社会组织的监督等手段，监督生产经营者、救济受害人、维护生态环境质量。

---

〔103〕 参见陈泉生：《环境法》，厦门大学出版社 2013 年版，第 142 页。
〔104〕 参见齐晔：《环境保护从监管到治理的转变》，载《环境保护》2014 年第 13 期。
〔105〕 参见杨立华、张云：《环境管理的范式变迁：管理、参与式管理到治理》，载《公共行政评论》2013 年第 6 期。
〔106〕 参见田千山：《生态环境多元共治模式：概念与建构》，载《行政论坛》2013 年第 3 期。

二、生态环境多元共治的必要性

在传统的生态环境管理体制中，政府作为生态环境治理的单一主体，既是运动员又是裁判员。政府既要履行规划编制、制度建设、标准制定等管理职责，又要承担生态环境监测、生态环境执法等监管工作。实践中，以地方 GDP 增长率作为地方政府绩效评价最重要指标的做法，导致国家生态环境政策难以落地，生态环境治理效果大打折扣。此外，以政府为主导的传统生态环境管理体制将政府列为监管者，其他主体为被监管者，这种监管是一种单一主体的单向监管。企业、公众和社会组织等主体或缺乏监管意愿，或缺乏监管平台和渠道，生态环境监管存在结构性的内在缺陷。面临复杂的生态环境问题，传统的监管体制监管能力不足、缺乏动力和压力的问题突出。[107]

生态环境问题具有鲜明的严重性、广泛性、复杂性、动态性、持续性等特征，单纯依靠政府机制、市场机制抑或是社会机制，都无法有效解决生态环境问题。从单一的政府管制走向多元共治，是面对现代生态环境问题的必然选择。生态环境多元治理机制，冲击与矫正了传统的封闭的政府单方管理的权力结构，将政府、企业、公众、社会组织等主体纳入监管之中，不仅使公众、企业和社会组织可以协助监测、举报生产经营者的违法行为，也使政府履职情况受到监督，规避单一主体单向监管的缺陷。同时，多元共治为解决区域、跨区域乃至跨国间的生态环境治理难题提供了可供选择的行动方案并指明了方向。[108]

三、生态环境多元共治的基本内容

《关于构建现代环境治理体系的指导意见》明确了构建现代环境治理体系"要坚持多方共治"，要"明晰政府、企业、公众等各类主体权责，畅通参与渠道，形成全社会共同推进环境治理的良好格局"，从而明示了生态环境多元共治的基本内容。

（一）政府的主导能力建设

生态环境多元共治中政府为主导，即政府因对生态环境监督管理起基础作用。政府主导能力建设分为协同能力与精细治理能力。

政府协同能力是实现良治的必然要求。虽然生态环境治理主体的动员能力至关重要，但如果是一个行政部门的单打独斗，自然也是杯水车薪。只有所有相关政府部门协同形成合力，才能使政府的动员能力发挥出强有力的治理效用。协同是针对碎片化管理、条块分割治理的"双变革"，打破部门主义、区域主义的权力割据和势力范围，实现政府各层级、各方面职能的有机协调。

在治理中强调精细化，不只是一种理念，更是一种能力。现代化的生态环境治理要摒弃经验化、粗放式的管理模式，而转向理念、制度、手段和技术全面精细化。不仅要求完善的制度供给、系统化的治理结构和功能耦合的治理体系，还要求各个治理单元精确、高效、协作，实现卓越管理，更要发扬"履职尽责、勇于监管、科学监管、严格问责"的监管精神。

（二）企业行动能力建设

企业是市场的主体，也是生态环境多元共治中的主体，在生态环境治理中有着极为重要的地位和作用。一方面，企业是生态环境资源的使用者，理应成为生态环境治理的主体；另一方面，在政府的引导和动员下，企业为追逐利益，最有能力和潜力提供既满足市场和消费者需求又符合生态环保法规与政策要求的产品和服务，从而降低治理成本、实现高效治理。

---

〔107〕 参见王名、邢宇宙：《多元共治视角下我国环境治理体制重构探析》，载《思想战线》2016 年第 4 期。

〔108〕 参见詹国彬、陈健鹏：《走向环境治理的多元共治模式：现实挑战与路径选择》，载《政治学研究》2020 年第 2 期。

随着生态环境治理体系和治理能力建设的不断深化，越来越多的企业已经意识到，从短期看，参与生态环境治理会提高成本，但从长远看来，参与生态环境治理能带来更多的收益，包括企业的价值收益、消费者对绿色品牌认同带来的收益以及商誉等无形资产的收益等。

在多元共治体制中企业要从传统的受管制者、受规制者和被动守法者向积极参与者、自我规制者和主动守法者转变。[109] 为提升企业参与生态环境治理的主动性和积极性，实现生态环境治理中的自主治理，政府要制定相关的政策、措施。《环境保护法》第22、23条就分别规定了对生产经营者减排以及为改善环境转产、搬迁、关闭的，政府应予以鼓励或支持。[110]

（三）社会组织和公众参与能力建设

社会组织和公众的参与是完善生态环境治理多元主体机制的重要方面。在推进生态环境治理体系和治理能力现代化的过程中，要充分发挥社会组织和公众的参与和监督作用。一方面，要通过完善参与制度和保障监督权、加大宣传力度等方式充分调动社会组织和公众参与的积极性；另一方面，要通过整合社区资源、加强组织建设与管理等手段提高社会组织和公众的参与能力。为加强社会组织及公众参与能力建设，需鼓励有影响力、有领导力的人才来组织公众参与生态环境保护活动，并培育和扩大包括环保志愿组织和志愿者在内的社会组织，充分调动群众积极性，更好地服务于生态环境治理。

---

〔109〕 参见梁甜甜：《多元环境治理体系中政府和企业的主体定位及其功能——以利益均衡为视角》，载《当代法学》2018年第5期。

〔110〕 《环境保护法》第22条规定，企业事业单位和其他生产经营者，在污染物排放符合法定要求的基础上，进一步减少污染物排放的，人民政府应当依法采取财政、税收、价格、政府采购等方面的政策和措施予以鼓励和支持。第23条规定，企业事业单位和其他生产经营者，为改善环境，依照有关规定转产、搬迁、关闭的，人民政府应当予以支持。

第五章 生态环境损害赔偿法

第一节 生态环境损害赔偿法概述

一、制度背景与沿革

生态环境损害，指的是因自然或人为原因造成的环境要素、生物要素或生态系统的不利变化。生态环境损害有别于传统的人身、财产权益损害，表现为一种"纯粹的环境损害"。我国传统环境法律体系偏重通过行政、刑事法律责任的威慑对此类损害进行一般预防，而能够对已经产生的生态环境损害进行有针对性的补救的法律责任则相对缺位，该情况不利于我国生态环境质量的改善，制约了我国生态文明建设进程的推进。对此，党的十八届三中全会通过的中共中央《关于全面深化改革若干重大问题的决定》明确提出实行最严格的损害赔偿制度、完善生态修复制度的要求。

2012 年修正的《民事诉讼法》第 55 条规定授权法律规定的机关和有关组织对污染环境损害社会公共利益的行为提起诉讼。在缺乏实体法明确指引的情况下，环境民事公益诉讼在补救生态环境损害方面发挥了一定作用，但并未达到预期的社会效果。为扩展生态环境损害救济渠道，提升生态环境损害应对效果，2015 年 12 月 3 日中共中央办公厅、国务院办公厅发布《生态环境损害赔偿制度改革试点方案》（以下简称《生态赔偿试点方案》）（已失效），在部分省份开展生态环境损害赔偿制度改革试点。2016 年 8 月 30 日，中央全面深化改革领导小组第二十七次会议审议通过《关于在部分省份开展生态环境损害赔偿制度改革试点的报告》，同意在吉林、江苏、山东、湖南、重庆、贵州、云南七省市开展生态环境损害赔偿制度改革试点。

两年后在总结试点经验的基础上，中共中央办公厅、国务院办公厅于 2017 年 12 月发布《生态环境损害赔偿制度改革方案》（以下简称《生态赔偿改革方案》），要求自 2018 年 1 月 1 日起在全国试行生态环境损害赔偿制度。

二、核心概念

生态环境损害，如前所述，指的是因自然或人为原因造成的环境要素、生物要素或生态系统的不利变化。生态环境损害赔偿法所规制的主要是人为造成的生态环境损害。根据《生态赔偿试点方案》和《生态赔偿改革方案》，生态环境损害的原因行为包括污染环境及破坏生态，损害表现为对大气、地表水、地下水、土壤等狭义环境要素和生物要素的不利改变或各要素构成的生态系统功能的退化。生态环境损害主要具有以下特征：(1)具备一定自我恢复能力。生态系统是有机的动态系统，其环境要素具备一定自净能力，生物则可通过繁衍恢复种群数量及结构，因此生态环境损害可以在一定程度上自我恢复。(2)损害的评估具有困难性。生态系统与财产等具有稳定客观形式的事物不同，其内部结构复杂，且处于不断发展变化的过程中，生态系统在特定时点的状态以及某事件所产生的损害难以直观、清晰的形式呈现在世人面前，实践中对生态环境损害的评估很大程度上依赖于技术手段。(3)损害的修复难度巨大、成本高昂。当前人类对生态系统及其内部关系的认识仍相对有限，且生态环境损害往往表现为大面积、大规模的环境、生物要素的减损或质量下降，因此即使在生态系统自我恢复能力的基础上，人工营造受损的生态组分在既有技术条件下仍极为困难。生态环境损害修复是高成本、长周期、系统性的工程。

在《生态赔偿试点方案》及《生态赔偿改革方案》中，中共中央办公厅、国务院办公厅采用"生态环境损害赔偿制度"一词来表述文件所规定的制度。根据文件内容，生态环境损害赔偿制度指的是经国务院授权的地方政府作为赔偿权利人，与作为赔偿义务人的违反法律法规在本行政区域内造成生态环境损害的单位或个人，就生态环境损害的修复或赔偿进行磋商，在磋商未达成一致的情况下依法提起诉讼要求赔偿义务人修复或赔偿生态环境损害的制度。有必要说明的是，在我国的司法实践中，法律授权的机关或社会组织以及检察机关常通过环境民事公益诉讼制度，要求造成生态环境损害的行为主体承担损害赔偿责任。从词义上理解，强调责任承担方式的"生态环境损害赔偿制度"一词也可以部分涵盖环境民事公益诉讼的内容。为保证理论表达的严谨，张宝副教授建议在理论研究过程中将上述两方案确立的"生态环境损害赔偿制度"表述为"生态环境损害政府索赔制度"。[1] 为方便读者学习，避免读者在阅读政策文件和其他理论文章的过程中产生不必要的混淆，本书仍依照规范性文件的表述方式，以"生态环境损害赔偿制度"指代上述两方案所确立的制度。但需要指出的是，该称谓不尽合理，如欲在法学理论概念体系中进行深入的区分与甄别，前文提及的学者采用的"生态环境损害政府索赔制度"是更为合理的表述方式。

第二节　生态环境损害赔偿制度的主要内容和理论解释

一、生态环境损害赔偿制度内容

（一）工作原则

"依法推进，鼓励创新""环境有价，损害担责""主动磋商，司法保障""信息共享，公众监督"是生态环境损害赔偿制度的四项基本工作原则。

1. "依法推进，鼓励创新"原则。《生态赔偿改革方案》要求"按照相关法律法规规定，立足国情和地方实际，由易到难、稳妥有序开展生态环境损害赔偿制度改革工作。对法律未作规定的具体问题，根据需要提出政策和立法建议"[2]。生态环境损害的应对与修复是我国法律面临的"新问题"，既有立法中缺乏对相关社会关系的明确安排，因此，生态环境损害赔偿制度改革工作的推进，需要结合社会实际进行必要创新。同时，作为党内法规，《生态赔偿试点方案》与《生态赔偿改革方案》是新时代中国特色社会主义法律体系的有机组成部分，其规范事项应为党组织职权职责、党员义务权利、党纪以及对违规违纪党组织和党员的责任。在此范围之外，党内法规不宜设定适用全社会的普遍性规范，不宜直接限制社会公众的一般性权利或增设一般性义务。因此，《生态赔偿改革方案》要求制度改革工作应依照相关法律法规推进与开展，相关创新须在既有法律法规形成的规范框架下进行。

---

〔1〕 参见张宝：《生态环境损害政府索赔制度的性质与定位》，载《现代法学》2020年第2期。

〔2〕 《中共中央办公厅、国务院办公厅印发〈生态环境损害赔偿制度改革方案〉》，载中国政府网，http://www.gov.cn/zhengce/2017-12/17/content_5247952.htm。

2.“环境有价，损害担责”原则。违反法律法规规定造成生态环境损害的赔偿义务人应修复受损生态环境，或在无法修复时进行货币赔偿用于替代修复。赔偿义务人因同一生态环境损害承担行政或刑事责任的不影响其依法承担生态环境损害赔偿责任。生态环境是典型的公共物品，是公共福利的重要载体，难以为特定市场主体所独享，因此难以作为传统产权的客体。在传统的市场制度中，生态系统的价值尤其是其生态功能价值无法得到充分反映，市场主体为追求经济利益可以“无偿”利用甚至破坏生态环境。我国推行生态环境损害赔偿制度改革，正是为了扭转该局面。通过要求行为人修复或赔偿自身行为所产生的生态环境损害，使行为人在追求经济利益的过程中切实担负生态环境的利用成本，防止其将该成本转嫁给全社会。

3.“主动磋商，司法保障”原则。《生态赔偿改革方案》要求：“生态环境损害发生后，赔偿权利人组织开展生态环境损害调查、鉴定评估、修复方案编制等工作，主动与赔偿义务人磋商。磋商未达成一致，赔偿权利人可依法提起诉讼。”〔3〕赔偿义务人作为生态环境损害事件的行为人，对致害因子的类型、性质及处理方式、事件成因以及事发地环境状态等与损害评估或修复相关的信息较为了解。通过与赔偿义务人进行沟通协作，地方政府能够更加高效、合理地开展损害调查、鉴定评估、修复方案制订等工作。同时，赔偿义务人是损害修复（或赔偿）执行成本的最终承担者，在保证责任效果的基础上通过磋商选择赔偿义务人可以接受的评估及修复方案，有助于生态环境损害责任的顺利实施。《生态赔偿试点方案》规定地方政府有权选择先行磋商或直接提起诉讼，《生态赔偿改革方案》对该规定作出调整，强调作为权利人的地方政府应积极主动地履行自身在应对生态环境损害方面的职责，不能绕开磋商阶段直接提起诉讼。

4.“信息共享，公众监督”原则。生态环境损害的预防与修复是重要的公共事务，可能对行为人、修复措施采取地居民、损害发生地居民等利害关系人以及一般公众的利益产生重大影响。同时，生态环境损害的评估与修复存在科学不确定性。因此，在生态环境损害赔偿工作开展过程中应保证公众参与，以确保工作开展得公平、合理。基于此，《生态赔偿改革方案》要求：推进政府及其职能部门共享生态环境损害赔偿信息，实施信息公开；生态环境损害调查、鉴定评估、修复方案编制等工作中涉及公共利益的重大事项应当向社会公开，并邀请专家和利益相关的公民、法人、其他组织参与。

（二）适用范围

根据《生态赔偿改革方案》的规定，发生三类严重影响生态环境的生态环境损害时，应依法追究生态环境损害赔偿责任：

1. 发生较大及以上突发环境事件的。《国家突发环境事件应急预案》以死亡、受伤或中毒人数，疏散或转移人数，直接经济损失数额，对国家重点保护物种的威胁程度，对城镇饮用水水源的影响，事件影响范围等为标准将突发环境事件分为特别重大、重大、较大和一般四级。根据《国家突发环境事件应急预案》的界定，较大及以上突发环境事件指的是造成下述结果的突发环境事件：因环境污染直接导致3人以上死亡或10人以上中毒或重伤的；因环境污染疏散、转移人员5000人以上的；因环境污染造成直接经济损失500万元以上的；因环境污染造成国家重点保护的动植物物种受到破坏、区域生态功能部分或全部丧失、区域国家重点保护野生动植物种群大批死亡或灭绝的；因环境污染造成乡镇、县级城市、设区的市级及以上城市

---

〔3〕《中共中央办公厅、国务院办公厅印发〈生态环境损害赔偿制度改革方案〉》，载中国政府网，http://www.gov.cn/zhengce/2017-12/17/content_5247952.htm。

集中式饮用水水源地取水中断的;造成跨设区的市级或省级行政区域影响或者造成重大跨国影响的境内突发环境事件。

2. 在国家和省级主体功能区规划中划定的重点生态功能区、禁止开发区发生环境污染、生态破坏事件的。何谓环境污染、生态破坏事件,现阶段缺乏完全明确的判断标准,作为赔偿权利人的地方政府以及审理案件的法院应结合事发地环境情况、环境损害表现形式、社会影响等具体情况加以判断。

3. 发生其他严重影响生态环境后果的。该项属于兜底条款,《生态赔偿改革方案》要求各地区应根据实际情况,综合考虑造成的环境污染、生态破坏程度以及社会影响等因素,对“发生其他严重影响生态环境后果”的具体情形加以明确。

同时,《生态赔偿改革方案》明确了两类不适用生态环境损害赔偿制度的情形:

1. 涉及人身伤害、个人和集体财产损失要求赔偿的。对于特定行为既造成生态环境损害,又造成传统民事权益如人身、个人或集体财产损失的,地方政府只能就其中的生态环境损害进行磋商、提起诉讼;个人或集体等民事主体因该行为遭受人身或财产损失,得依据《民法典》侵权责任编等法律规定请求救济。

2. 海洋生态环境损害。《海洋环境保护法》第 89 条第 2 款规定:“对破坏海洋生态、海洋水产资源、海洋保护区,给国家造成重大损失的,由依照本法规定行使海洋环境监督管理权的部门代表国家对责任者提出损害赔偿要求。”该规定对海洋生态环境损害赔偿工作,尤其是对代表国家提起损害赔偿要求的机关方面提出了特殊要求。因此对此类损害的救济,应适用《海洋环境保护法》及相关规定。

(三)责任承担方式及赔偿范围

最高人民法院《关于审理生态环境损害赔偿案件的若干规定(试行)》(以下简称《生态环境损害司法解释》)第 11 条规定:“被告违反国家规定造成生态环境损害的,人民法院应当根据原告的诉讼请求以及具体案情,合理判决被告承担修复生态环境、赔偿损失、停止侵害、排除妨碍、消除危险、赔礼道歉等民事责任。”根据《生态赔偿改革方案》的规定,生态环境损害赔偿的范围包括清除污染费用、生态环境修复费用、生态环境修复期间服务功能的损失、生态环境功能永久性损害造成的损失以及生态环境损害赔偿调查、鉴定评估等合理费用。总体上看,被告的责任承担方式可分为预防性责任承担方式与救济性责任承担方式两大类,分述如下。

1. 预防性责任承担方式

行为人实施的违反法律法规的行为尚未造成生态环境损害,但存在发生生态环境损害的危险的,法院可以根据原告诉求及实际情况判令行为人停止侵害、排除妨碍、消除危险。

在传统民事法律制度与理论中,停止侵害本指侵权人实施的侵害他人财产或人身的行为仍在继续进行中,受害人有权依法请求法院责令侵权人停止其侵害行为。[4] 在生态环境损害赔偿制度中,停止侵害的适用范围得到一定扩张,当行为人正在实施污染物排放、破坏植被或破坏地貌等污染环境、破坏生态的违法行为,根据案件具体情况,法院得依原告请求判令行为人停止实施侵害行为。该责任不要求行为人正在侵害特定民事主体的人身或财产,而要求行为人正在侵害生态环境。又因生态环境承载的“环境公共利益”并非传统意义上的民事权益,因此法院应通过利益衡量,进行充分说理,以支持其判决结论。在相关主管机关依照法律法规责令行为人停止违法违规行为的情况下,原告无须另行提起此项诉求。

---

〔4〕 参见王利明:《侵权责任法研究》(上),中国人民大学出版社 2011 年版,第 583 页。

排除妨碍本指侵权人实施的行为使他人无法行使或者不能正常行使人身、财产权益的,受害人可以要求行为人排除妨碍权益实施的障碍。[5] 由于生态环境所承载的“环境公共利益”缺乏明确的权益行使方式,司法实践中原告较少提出排除妨碍的诉求。在生态环境损害案件中,对生态环境的保护主要通过停止侵害、消除危险加以实现。

消除危险本指侵权人的行为对他人人身或财产安全造成威胁,或存在侵害他人人身或财产的可能时,受害人有权要求侵权人采取有效措施消除已经形成的危险。[6] 当行为人实施的违法行为尚未造成生态环境损害,但存在引发生态环境损害的现实危险,权利人得请求法院判令其消除危险。在“北京市朝阳区自然之友环境研究所诉中国水电顾问集团新平开发有限公司、中国电建集团昆明勘测设计研究院有限公司”一案中,被告正在建设的戛洒江一级水电站计划淹没区内存在绿孔雀、苏铁等珍稀濒危野生生物的栖息地,一旦建成蓄水,将对这些野生生物的生存构成严重威胁,原告因此请求法院判令被告停止水电站建设,消除侵害计划淹没区内濒危野生生物、热带季雨林和热带雨林的危险。[7]

需要注意的是,本书认为,仅当行为人违法行为所侵害或可能导致的是符合《生态赔偿改革方案》要求的三类严重影响生态环境的生态环境损害时,原告才可请求停止侵害或消除危险。在该情境下损害尚未发生,其发生后可能达到的严重程度只能通过假设“确定”,相对于评估已经发生的环境损害的严重程度而言更为困难。法院在审理此类案件时应在综合考察原被告提出的证据的基础上作出判断。

2. 救济性责任承担方式

行为人实施的违反法律法规的行为造成生态环境损害的,人民法院应当根据原告的诉讼请求以及具体案情,合理判决被告承担修复生态环境、赔偿损失、赔礼道歉等责任。其中需要重点关注的是修复生态环境和赔偿损失两类责任形式。

修复生态环境指的是采取修复措施将受损生态环境恢复至特定标准。《生态赔偿改革方案》及《生态环境损害司法解释》中并未明确生态环境修复的标准。欧盟采取的修复标准包括两类:其一是“基线条件”(baseline),即通过修复使生态环境恢复到损害未发生情况下所能达到的水平,此类标准主要针对具有动态性的生态系统或生态要素,如水环境、野生生物及其栖息地;其二是无害化,即通过修复消除生态环境损害对人类健康产生不良影响的重大风险,此类标准所针对的主要是土壤这类中物质相对不容易扩散的环境要素。我国的生态环境损害赔偿案件中相关主体在确定环境修复标准时,可结合案件实际情况参考此类标准设置方式。根据《生态环境损害司法解释》,对于能够修复的受损生态环境,法院应当依法判决被告承担修复责任。被告可以通过自行修复或委托第三方修复的形式履行修复责任。

在确定被告不履行修复责任、受损生态环境无法修复或无法完全修复时,根据《生态环境损害司法解释》,被告应承担生态环境损害赔偿责任。在生态环境能够修复而被告不履行修复责任的情况下,法院应判令被告赔偿生态环境修复费用,此类费用包括制订及实施修复方案的费用,修复期间的监测及监管费用,修复完成后的验收费用及修复效果后评估费用等。原告还可诉请被告赔偿生态环境服务功能临时性损失,即在损害产生到受损生态环境修复完成期间生态环境的生态系统服务功能损失,此类损失的赔偿金额由“人民法院根据具体案情

〔5〕 参见王利明:《侵权责任法研究》(上),中国人民大学出版社 2011 年版,第 587 页。

〔6〕 同上注,第 591 页。

〔7〕 该案属于由社会组织提起的环境公益诉讼,但被告的责任承担方式属于生态环境损害领域的消除危险。参见《停建!! 涉及“绿孔雀案”的水电站一审被宣判停止建设!》,载国际能源网,https://www.in-en.com/article/html/energy-2288769.shtml,最后访问日期:2020 年 3 月 20 日。

予以判决”[8]。受损生态环境无法修复或者无法完全修复的情况下，法院可以根据具体案情判令被告赔偿生态环境功能永久性损害。

无论生态环境损害能否得到完全修复，原告请求被告赔偿实施应急方案以及为防止生态环境损害的发生和扩大采取合理预防、处置措施发生的应急处置费用；为生态环境损害赔偿磋商和诉讼支出的调查、检验、鉴定、评估等费用；合理的律师费以及其他为诉讼支出的合理费用的，法院可以根据具体案情予以判决。

需要注意的是，原告要求被告承担的环境修复费用，是已由相关职责主体采取的修复措施的实际花费还是计划采取的修复措施的预计花费？西方国家一般要求原告应实际采取修复措施产生修复费用后再通过诉讼向被告索赔，如芬兰《环境损害赔偿法》（Act on Compensation for Environmental Damage）中的相关要求，[9]又如美国《综合环境反应、补偿和责任法》（The Comprehensive Environmental Response, Compensation and Liability Act）中关于环境清理及补救措施（removal and remedial action）或自然资源损害修复成本追偿的规定。[10] 而在我国，由于当前我国相关法律法规中并未要求相关部门在造成生态环境损害的责任人不履行生态环境修复责任的情况下自行开展修复措施，实践中相关部门一般是依据计划采取的修复措施的预计成本提起诉讼。

（四）法律关系主体

生态环境损害赔偿制度中的法律关系主体主要包括两类，即赔偿义务人与赔偿权利人。

1. 赔偿义务人。违反法律法规，造成生态环境损害的单位或个人，应当承担生态环境损害赔偿责任。[11] 造成生态环境损害的主体具有多种表现形式。除了最为典型的污染物质排放者，危险物质的储存、运输、处置者，破坏生态的建设项目建设者或所有者等也可能成为赔偿义务人。

2. 赔偿权利人。《生态赔偿改革方案》授权省级政府以及包括直辖市所辖的区县级政府在内的市地级政府作为本行政区域内生态环境损害赔偿的权利人。跨省域的生态环境损害由生态环境损害地相关省级政府协商开展赔偿工作；省域内跨市地的生态环境损害由省级政府“管辖”；省域内其他类型生态环境损害赔偿工作的分工由省级政府根据本地区实际情况确定。省级、市地级政府可指定相关部门或机构负责生态环境损害赔偿具体工作。根据部门职责，赔偿权利人可以指定负责索赔相关工作的机构或部门主要包括自然资源、生态环境、住房和城乡建设、水利、农业农村、林业和草原等相关部门或机构。具有管辖权的地方政府以及其指定的部门或机构都有权提起诉讼。

在健全国家自然资源资产管理体制试点区，受委托的省级政府可指定统一行使全民所有自然资源资产所有者职责的部门负责生态环境损害赔偿具体工作；国务院直接行使全民所有自然资源资产所有权的，由受委托代行该所有权的部门作为赔偿权利人开展生态环境损害赔偿工作。

需要注意的是，《生态赔偿改革方案》所确定的赔偿权利人是省级、市地级两级政府。两类地方政府指定负责开展具体索赔工作的机构或部门不等于赔偿权利人，而是代表赔偿权利人开展具体工作的工作组织。

---

〔8〕《生态环境损害司法解释》（法释〔2020〕17号）。

〔9〕参见林潇潇：《芬兰环境损害责任立法及其启示》，载《环境保护》2020年第22期。

〔10〕参见张辉：《美国环境法研究》，中国民主法制出版社2015年版，第387～388、394～395页。

〔11〕参见《中共中央办公厅、国务院办公厅印发〈生态环境损害赔偿制度改革方案〉》，载中国政府网，http://www.gov.cn/zhengce/2017-12/17/content_5247952.htm。

（五）生态环境损害赔偿工作程序

生态环境损害赔偿工作根据开展的先后顺序主要包括三个环节，即磋商、起诉和责任的履行与监督，其中起诉是非必要环节。

1. 开展磋商

在生态环境损害发生后，赔偿权利人或其指定的部门或机构经调查评估发现生态环境损害需要修复或赔偿并确定赔偿义务人的，根据生态环境损害鉴定评估报告，与赔偿义务人展开磋商。磋商的目的在于确定生态环境损害的修复或赔偿方案。双方应考虑损害的事实和程度、修复技术可行性、第三方治理可行性、成本效益、赔偿义务人能力等因素，议定赔偿义务人的责任承担方式。赔偿义务人以生态环境修复形式承担责任的，磋商双方应确定具体的修复方案，具体应包括启动时间、技术方案、修复标准、修复期间等内容；赔偿义务人以赔偿形式承担责任的，磋商双方应确定赔偿金额及偿付方式与期限等内容。磋商达成一致的，磋商双方应达成修复协议或赔偿协议，依照《民事诉讼法》向法院申请司法确认。赔偿义务人应按照协议完全履行其修复或赔偿义务，在赔偿义务人修复受损生态环境的情况下，赔偿权利人应予以监督并在履行完毕时加以验收。赔偿义务人不履行或不完全履行经司法确认的协议的，赔偿权利人及其指定的部门或机构可以向法院申请强制执行。

"贵州省环境保护厅与息烽诚诚劳务有限公司等生态环境损害赔偿案"是值得关注的关于生态环境损害赔偿磋商司法确认的典型案例。在该案中，贵阳市生态文明建设委员会责令停止息烽诚诚劳务有限公司非法倾倒工业固体废物的行为，贵州省环境保护厅作为省政府指定的机关具体开展生态环境损害赔偿磋商工作，经贵阳市环保局与贵州省环境科学研究设计院先后对大鹰田废渣倾倒造成生态环境损害案件进行调查，对生态环境污染损害进行了鉴定评估，并提出生态环境损害修复建议。贵州省环境保护厅在征询开磷公司与息烽诚诚劳务有限公司同意磋商的意见后，共同委托贵州省律师协会作为中立第三方磋商机构，以召开磋商会议的形式开展磋商，除磋商双方外，会议有政府相关部门代表、高校专家及社会组织代表出席。双方达成一致意见并签订生态环境损害赔偿协议，对环境损害修复方案、履行方式及期限、费用承担、验收评估等事项进行约定。该协议经法院司法确认，具有强制执行效力。[12]

2. 提起生态环境损害赔偿民事诉讼

磋商未达成一致的，赔偿权利人及其指定的部门或机构应当及时提起生态环境损害赔偿"民事诉讼"。

（1）管辖。一审案件由生态环境损害行为实施地、损害结果发生地或被告住所地中级以上人民法院管辖；经最高人民法院批准，高级人民法院可以在辖区内确定部分中级人民法院集中管辖第一审生态环境损害赔偿诉讼案件；中级人民法院认为确有必要的，可以在报请高级人民法院批准后，裁定将本院管辖的第一审生态环境损害赔偿诉讼案件交由具备审理条件的基层人民法院审理。此类案件由环境资源审判庭或法院指定的专门法庭审理。

（2）立案。原告提起生态环境损害赔偿诉讼，应向法院提交下列材料：证明具备提起生态环境损害赔偿诉讼原告资格的材料；证明被诉生态环境损害属于《生态赔偿改革方案》规定的三类严重影响生态环境的生态环境损害的材料；与被告进行磋商但未达成一致或者因客观原因无法与被告进行磋商的说明；符合法律规定的起诉状，并按照被告人数提供副本。符合《民事诉讼法》及《生态环境损害司法解释》规定并提交前述材料的，法院应当登记立案。

（3）举证责任及证据规则。《生态环境损害司法解释》规定，原告主张被告承担生态环境

---

〔12〕 参见郑世红、曾桢：《生态环境损害赔偿行政磋商协议的司法确认》，载《人民司法·案例》2017年第35期。

损害赔偿责任的，应当举证证明下述事实：被告实施了污染环境、破坏生态的行为或者具有其他应当依法承担责任的情形；生态环境受到损害，以及所需修复费用、损害赔偿等具体数额；被告污染环境、破坏生态的行为与生态环境损害之间具有关联性。该规定对行为与生态环境间因果关系的证明要求与最高人民法院《关于审理环境侵权责任纠纷案件适用法律若干问题的解释》中污染行为与损害结果之间因果关系的证明要求〔13〕相同，都要求原告举证初步证明被告行为与损害之间存在关联性，属于因果关系推定。此外，尽管《生态赔偿改革方案》及《生态环境损害司法解释》将行为人违反法律法规或国家规定作为适用生态环境损害赔偿制度的前提条件，但《生态环境损害司法解释》并未要求原告证明该事实。

被告反驳原告主张，或主张存在法律规定的不承担责任或减轻责任的情形的，应当提供证据进行证明。

除非有相反证据足以推翻，已被发生法律效力的刑事裁判所确认的事实当事人在生态环境损害赔偿诉讼案件中无须举证证明。对刑事裁判未予确认的事实，当事人提供的证据达到民事诉讼证明标准的，人民法院应当予以认定。相关环境资源保护监督管理部门或者其委托的机构在行政执法过程中形成的事件调查报告、检验报告、检测报告、评估报告、监测数据等，经当事人质证并符合证据标准的，可以作为认定案件事实的根据。当事人在诉前委托具备环境司法鉴定资质的鉴定机构出具的鉴定意见，以及委托国务院环境资源保护监督管理相关主管部门推荐的机构出具的检验报告、检测报告、评估报告、监测数据等，经当事人质证并符合证据标准的，可以作为认定案件事实的根据。

在司法实践中，对于在生态环境损害赔偿案件判决前，对同一事实已有生效行政或刑事判决的，后者中确认的事实以及确认合法的行政决定具有既判力，当事人对相关事实无须再行举证证明。在最高人民法院 2019 年 12 月公布的第 130 号指导案例“重庆市人民政府、重庆两江志愿服务发展中心诉重庆藏金阁物业管理有限公司、重庆首旭环保科技有限公司生态环境损害赔偿、环境民事公益诉讼案”（以下简称“重庆藏金阁案”）中，重庆市渝北区人民法院在该案审理前，已就被告的案涉行为作出相关行政判决和刑事判决，这些判决均已生效，其所确认的事实以及确认合法的行政处罚决定和行政复议决定具有既判力，相关事实原告无须再在该案中举证证明，除非被告提出相反证据足以推翻原判决。〔14〕 同时需要注意的是，该案在性质上属于民事案件，与刑事犯罪、行政违法案件所要求的证明标准和责任标准存在差异，故最终认定的案件事实在不存在矛盾的前提条件下，可以不同于刑事案件和行政案件认定的事实。审理法院根据原被告提交的证据认定案件事实，根据法律作出裁判。

3. 责任的履行与监督

《生态赔偿改革方案》要求，赔偿权利人及其指定的部门或机构对磋商或诉讼后的生态环境修复效果进行评估，确保生态环境得到及时有效修复。赔偿义务人以修复受损生态环境形式承担责任的，应采取自行修复或委托第三方机构修复。赔偿权利人对修复效果加以评估，费用由赔偿义务人承担。赔偿义务人以赔偿损失形式承担责任的，应按照达成的协议或判决要求的期限及方式支付赔偿金。赔偿义务人对自身所造成的生态环境功能永久性损害支付的赔偿金作为政府非税收入全额上缴同级国库，纳入预算管理，赔偿权利人及其指定的部门或机构根据磋商或判决要求，结合本区域生态环境损害情况开展替代修复。

---

〔13〕 参见最高人民法院《关于审理环境侵权责任纠纷案件适用法律若干问题的解释》（法释〔2020〕17 号）第 6 条。

〔14〕 参见重庆市人民政府、重庆两江志愿服务发展中心诉重庆藏金阁物业管理有限公司、重庆首旭环保科技有限公司生态环境损害赔偿、环境民事公益诉讼案，重庆市第一中级人民法院（2017）渝 01 民初 773 号民事判决书。

相对于一般案件的执行而言，生态环境损害的修复是一项过程复杂、周期长的系统工程，权利人需对义务人修复义务的落实进行监督，并对修复措施实施后的修复效果加以评估。而对社会而言，获得义务人对生态环境损害的赔偿金并不是最终目的，而是后续运用此资金开展生态培育、保护项目以增进社会环境福利。因此，对生态环境损害修复的监督及损害赔偿金的后续使用与监督构成了生态环境损害赔偿制度的重要一环，也是该制度的一大特点。

在实践中，人民法院在确定责任承担方式和进行履责监督时，往往有"创新"之举。最高人民法院在2019年12月26日发布的第129号指导案例"江苏省人民政府诉安徽海德化工科技有限公司生态环境损害赔偿案"即属此类案件。该案中，被告将废碱液等污染物质交由无危废处理资质的主体处理，后者违法将污染物质倾倒进长江，造成流域严重环境污染、城区集中饮用水水源中断取水等严重影响生态环境的损害结果。被告及实际倾倒污染物质的行为人构成对侵害生态环境行为的共同实施，应对损害结果承担连带责任，受害人有权要求部分或全部连带责任人承担责任。江苏省人民政府作为原告向法院起诉，要求被告赔偿生态环境修复费用、生态环境服务功能损失费用以及评估费用等损失。同时，为了鼓励被告推进绿色生产转型，原告允许被告在能够证明自身进行了符合国家经济结构调整方向的生产方式调整、能够实现绿色生产转型的情况下，分期支付赔偿款。原告主张的赔偿金额既包括弥补生态环境主体损失的部分，也包括弥补修复期间生态环境服务功能临时性损失的部分。案件审理时《生态环境损害司法解释》及《生态环境损害赔偿资金管理办法（试行）》（以下简称《资金管理试行办法》）均尚未颁布，对损害赔偿资金的管理仍处于摸索阶段，原告要求被告将赔偿金付至泰州市环境公益诉讼资金账户，与环境民事公益诉讼损害赔偿金一并管理。[15]

（六）公众参与

生态环境损害救济是涉及多数人福利的公共事务，应多渠道保障赔偿权利人、赔偿义务人以外的相关利益群体及其他公众就生态环境损害事务提供信息，发表意见。《生态赔偿改革方案》及《生态环境损害司法解释》在下述环节给予公众参与或影响生态环境损害修复与赔偿决策的机会：(1)生态环境损害修复或赔偿的发起。公民、法人和其他组织举报要求提起生态环境损害赔偿的，赔偿权利人及其指定的部门或机构应当及时研究处理和答复。(2)生态环境损害救济方案的确定。邀请专家和利益相关的公民、法人、其他组织参加生态环境修复或赔偿磋商工作，提供信息并发表意见。(3)损害赔偿诉讼阶段。法院审理第一审生态环境损害赔偿诉讼案件，应当由法官和人民陪审员组成合议庭进行。(4)责任履行监督阶段。赔偿权利人、法院等相关部门应依法公开生态环境损害调查、鉴定评估、赔偿、诉讼裁判文书、生态环境损害赔偿款项使用情况、生态环境修复效果报告等信息。

（七）资金管理

环境损害的修复及特定生态营造需要耗费巨额资金，因此赔偿义务人所支付的赔偿金额往往数额巨大。权利人获得此资金后，不仅有支配该资金的权利，还负有为弥补受损环境公益或增进社会环境福利而合理使用该资金的职责。有效收取、管理并合理使用生态环境损害赔偿金，事关生态环境损害赔偿制度最终目标的实现。因此，《生态赔偿改革方案》对"加强生态环境损害赔偿资金管理"提出了明确要求。

2020年3月11日，财政部、自然资源部与生态环境部等根据《预算法》《环境保护法》《生态赔偿改革方案》制定并颁布《资金管理试行办法》，对生态环境损害赔偿资金的内容、收取、

---

〔15〕 参见江苏省人民政府诉安徽海德化工科技有限公司生态环境损害赔偿案，江苏省高级人民法院（2018）苏民终1316号民事判决书。

管理、使用及监督进行规定。

1. 生态环境损害赔偿资金的构成

根据《资金管理试行办法》，该资金主要包括两部分：在生态环境损害无法修复或者无法完全修复情况下由造成损害的赔偿义务人赔偿的资金；造成损害的赔偿义务人不履行义务或者不完全履行义务的情况下由其赔偿的资金。资金的缴纳形式包括三类，即赔偿义务人主动缴纳、按照磋商达成的赔偿协议缴纳或按照法院生效判决缴纳。

磋商达成的赔偿协议以及法院生效判决确定由赔偿义务人自行或者委托具备修复能力的社会第三方机构进行生态环境损害修复的，发生的生态环境损害修复费用不属于该办法所称的生态环境损害资金。

2. 资金的收取、管理与使用

赔偿权利人指定的相关部门、机构负责执收生态环境损害赔偿协议确定的生态环境损害赔偿资金；人民法院负责执收由人民法院生效判决确定的生态环境损害赔偿资金。生态环境损害赔偿资金作为政府非税收入，实行国库集中收缴，全额上缴赔偿权利人本级国库，纳入一般公共预算管理。

《资金管理试行办法》规定，损害结果发生地涉及多个地区的，由损害结果第一发生地赔偿权利人牵头组织地区间政府协商确定赔偿资金分配，无法达成一致的，报共同的上级人民政府决定。由于《生态赔偿改革方案》规定省域内跨市地级的损害统一由省级政府管辖，因此《资金管理试行办法》中的前述安排主要针对的是发生跨省生态环境损害，由相关省级政府协商开展工作的情况。生态环境损害赔偿资金统筹用于在损害结果发生地开展的生态环境修复相关工作。赔偿权利人指定的相关部门、机构负责编制生态修复及工作经费支出预算草案、绩效目标，提出使用申请，经本级财政部门审核后按照规定支出。生态环境修复相关资金实施全过程预算绩效管理。赔偿权利人指定的部门、机构应当加强事前绩效评估和绩效监控，在预算年度结束及时开展绩效自评并将结果报送本级财政部门。

3. 资金使用监督与责任

资金使用的监督主要包括两方面。其一是财政部门的监督。财政部门督促赔偿权利人指定的部门、机构以及人民法院及时将生态环境损害赔偿资金上缴本级国库，审核批复资金支出预算，对生态环境损害赔偿资金使用情况实施财政监督管理和定期绩效评价，并参考绩效评价结果作出预算安排。其二是社会监督。《资金管理试行办法》规定赔偿权利人或其指定的部门、机构以适当形式及时向社会公开资金使用情况。相对于财政部门监督而言，该办法中规定的关于社会监督的内容相对原则。

对于相关单位和个人存在虚报冒领、骗取套取、挤占挪用生态环境损害赔偿资金等违法行为的，以及相关单位和个人在生态环境损害赔偿资金分配、审核等工作中，存在违规分配、使用、管理资金及其他滥用职权、玩忽职守、徇私舞弊等违法违纪行为的，《资金管理试行办法》引致《预算法》《公务员法》《监察法》《财政违法行为处罚处分条例》《刑法》等相关法律法规，追究违法行为人的行政、刑事责任。

二、对生态环境损害赔偿制度的理论解释

生态环境损害应对与救济问题是我国法制体系所面临的“新”问题，其出现一定程度上突破了传统民事责任、环境污染及生态破坏行政责任的法律制度框架。因此，出现了通过解释相关事实及法律关系将之纳入既有法律秩序，并甄别既有法律秩序难以涵盖的部分并有针对性地提出法律建构方案的理论需求。

(一)生态环境损害赔偿制度的权利基础

对于权利人而言,生态环境损害的发生损害了其何种权利?该问题关系生态环境损害赔偿制度正当性的基础,其答案在很大程度上决定了生态环境损害赔偿工作的展开方式。早在20世纪末,我国学界就曾试图借鉴日本经验,通过"环境私权"理论的构建解决生态环境损害的救济问题。该理论将环境损害理解为对表现为个人"环境权益"的民事权益的损害,将损害救济纳入侵权法的救济范围。该理论在我国曾得到司法实践的有限认可,但在运行过程中其暴露出内容模糊、主体泛化等局限,因此在理论与实践中逐渐式微。救济生态环境损害的任务逐步由环境公益诉讼及生态环境损害赔偿制度所承接。当前学界对生态环境损害赔偿的权利基础有下述几种理解方式:其一是公共利益说。该观点认为生态环境损害侵害的是不特定多数人的社会利益。根据该理解,生态环境损害赔偿诉讼属于特殊的环境公益诉讼。其二是国家权益说。该观点认为生态环境损害所侵害的是国家对自然资源的所有权。该理解以《宪法》《民法典》中规定的国家对自然资源的所有权为基础,将生态环境损害理解为对国家财产权的侵害,从而将生态环境损害赔偿诉讼解释为特殊的侵权诉讼。[16] 同时,持该主张的一些学者也强调,民法上的自然资源国家所有权与纯粹的私人所有权在利益指向、一般形式特征等方面差异显著,因而不能将此类诉讼等同于一般环境侵权诉讼。[17] 其三是公共信托环境权益说。该理论借鉴美国环境公共信托理论(public trust doctrine),认为公众为享有生态环境或自然资源提供的利益,将其作为"信托财产"交由政府管理,政府作为受托人为公众利益保护并管理生态环境或自然资源。政府对生态环境或自然资源享有信托权利,可以基于此项权利提起生态环境损害赔偿诉讼。[18] 其四是政府职责说。该观点认为,生态环境损害政府索赔所基于的是政府保护与管理生态环境,维护公众环境权益的法定职责,只是借用民事诉讼的"外衣"来呈现,实质上仍然是行政执法的延伸。[19]

本书认为,国家权益说能够将生态环境损害赔偿顺利纳入以侵权救济为代表的既有权益法律救济制度体系中,在执行方面较为便捷,但该理论存在一定局限,故不宜采取。首先,我国宪法所规定的是自然资源国家所有制,而非国家对自然资源享有私权属性的"所有权",国家负有保障自然资源合理利用的职责,但并不代表国家能对自然资源进行如所有权人对其一般所有物般的任意处分。[20] 因此,将政府对生态环境损害的索赔建立在其对自然资源的"所有权"上,其基础并不稳固。其次,生态环境具有整体性与系统性,其中的个别环境要素可以特定化为物权客体,但其整体无法通过物权秩序加以调整。[21] 而以环境要素权利为基础的救济无法对生态环境损害提供全面、系统的保护。为生态环境设定所有权是颇具吸引力的法学理想,但缺乏可操作性。再次,宪法与法律规定自然资源由国家与集体所有。如果认为"国家所有权"是生态环境损害赔偿的请求权基础,那么其必然逻辑是政府无法据此针对集体所有自然资源所发生的损害索赔。但从《生态赔偿试点方案》及《生态赔偿改革方案》均未以所

---

[16] 如最高人民法院将之称为"政府基于国家自然资源国家所有权的生态环境损害赔偿诉讼",参见最高人民法院《关于充分发挥审判职能作用为推进生态文明建设与绿色发展提供司法服务和保障的意见》(法发〔2016〕12号)。

[17] 参见程多威、王灿发:《生态环境损害赔偿制度的体系定位与完善路径》,载《国家行政学院学报》2016年第5期。

[18] 参见王小钢:《生态环境损害赔偿诉讼的公共信托理论阐释——自然资源国家所有和公共信托环境权益的二维构造》,载《法学论坛》2018年第6期。

[19] 参见张宝:《生态环境损害政府索赔权与监管权的适用关系辨析》,载《法学论坛》2017年第3期。

[20] 参见李忠夏:《宪法上的"国家所有权":一场美丽的误会》,载《清华法学》2015年第5期。

[21] 参见张宝:《生态环境损害政府索赔制度的性质与定位》,载《现代法学》2020年第2期。

有权归属为标准对生态环境损害加以区分可以看出,其并不想将政府索赔的范围局限于国家所有的自然资源范围内。由此可见,中共中央办公厅、国务院办公厅在构想生态环境损害赔偿政策时并未完全依赖国家自然资源"所有权"。最后,"国家权益说"有导致环境利益救济不足的风险。如果将政府索赔的基础认为是国家对自然资源的"所有权"即"私权",那么政府得对该权利进行程序和实体上的任意处分,如在获得赔偿金后将其用于经济建设或提供其他类型的社会福利,这将导致环境利益补救不足。而由于环境价值的特殊性,环境损害很难通过其他类型的利益进行"等价"弥补。而《生态赔偿改革方案》并未"确认"政府的前述处分权利,而是要求将生态环境损害赔偿金用于环境修复或替代修复领域。主张国家权益说的学者也认识到了该风险,故而补充说明国家对自然资源的所有权并不完全等同于个人对自身财产的所有权。但如此一来,对国家自然资源"所有权"的损害直接适用侵权法机制的妥当性就需要重新衡量评估,则该观点原本的优势就荡然无存。故此,以国家对自然资源的所有权作为政府索赔的基础,难以保障该制度的合理发展。

综合公共利益说、公共信托环境权益说、政府职责说,本书认为,生态环境损害反映的是环境公共利益的损害,是社会公众享受状态良好、功能健全的生态系统所提供的生态系统服务功能方面的损失;公众为保障自身环境权益将生态环境信托给政府进行保护与管理,政府对此承担职责;政府基于授权通过磋商或诉讼对受损生态环境加以救济,是实现自身生态环境保护与管理职责的体现。因为政府管理此类事务的基础是公众的"信托"而非所有权,因此其管辖的范围可以及于集体所有自然资源所遭受的损失。又因为该事务是政府的履职行为而非行权行为,故政府应对公众负责,应以充分补救受损环境的方式进行,而不能对此类事务任意处分。可以说,《生态赔偿改革方案》的相应内容体现了该观点的核心主张。在生态环境遭受损害的情况下,受到侵害的权益不属于传统的民事权益,因此难以直接适用侵权法,其救济规则应通过立法明确建构,或在司法程序中由司法机关通过利益衡量加以确立。

(二)生态环境损害赔偿诉讼与环境民事公益诉讼的关系

在《生态赔偿试点方案》颁布之前,2012 年我国通过修改《民事诉讼法》新增第 55 条,规定"对污染环境、侵害众多消费者合法权益等损害社会公共利益的行为,法律规定的机关和有关组织可以向人民法院提起诉讼"。该规定通过立法确认了环境民事公益诉讼制度,在立法层面开启了通过司法救济受损生态环境的渠道。2017 年《民事诉讼法》再次修正,在 2012 年《民事诉讼法》第 55 条的基础上,进一步授权人民检察院在履行职责中发现破坏生态环境和资源保护、食品药品安全领域侵害众多消费者合法权益等损害社会公共利益的行为,在没有法律规定的机关和组织或者此类主体不提起诉讼的情况下,可以向人民法院提起诉讼,进一步扩展了环境民事公益诉讼的原告范围。尽管在当时,如何具体开展环境民事公益诉讼缺乏明确的实体法指引,但理论与实务界普遍认为,此类诉讼针对的是特定民事主体人身、财产损害之外的,对不特定多数人造成的环境损害。自 2015 年《生态赔偿试点方案》颁布以来,环境民事公益诉讼与生态环境损害赔偿诉讼的关系引起了理论与实务界的关注及争论。

一些学者认为环境民事公益诉讼与生态环境损害赔偿诉讼是不同主体根据不同权利基础提起的诉讼。此类学者多以生态环境损害赔偿国家权益说为基础,主张政府提起的生态环境损害赔偿诉讼基于国家对自然资源的所有权,此类权益不同于法律规定的社会组织或其他机关提起环境民事公益诉讼所基于的公共利益。在此基础上,持该观点的学者认为两类诉讼是"两个并行不悖的制度"[22]。有学者在该理解的基础上,基于现阶段两类诉讼的开展规模

---

〔22〕 程多威、王灿发:《环境民事公益诉讼与生态环境损害赔偿诉讼》,载《环境保护》2016 年第 2 期。

仍相对有限的事实,指出"现阶段较为合理的做法是不予设置(两类诉讼的)起诉顺位,具备法定原告资格的主体均可提起诉讼"〔23〕。该主张对生态环境损害司法救济渠道的畅通具有积极意义。但需要注意的是,如果可以在生态环境受损的情况下明确区分"国家利益"受损和"社会公共利益"受损的情况,那么在"一物一权"原则的基础上,环境民事公益诉讼与生态环境损害诉讼将必然被理解为不但并行而且互斥的两项制度。而对互斥的两项制度无须考虑适用顺位问题。

另一种观点则认为生态环境损害赔偿诉讼是一类特殊的环境公益诉讼。该观点主张规范性文件授权地方政府在发生特殊的环境公共利益损害,即发生严重影响生态环境后果的情况下,代表社会公众的公共利益通过磋商或诉讼追究责任人的生态环境损害责任。〔24〕基于该理解,《民事诉讼法》第58条不仅为一般环境民事公益诉讼提供了诉讼依据,而且是适格地方政府提起生态环境损害赔偿诉讼的程序性权利基础。根据特殊优于一般的原则,在符合生态环境损害赔偿诉讼适用条件的情况下,生态环境损害赔偿诉讼在适用上应优先于一般环境民事公益诉讼。

在《生态环境损害司法解释》中,最高人民法院对生态环境损害赔偿诉讼与环境民事公益诉讼可能出现的"竞合"情况进行协调。该解释第16条要求,在生态环境损害赔偿诉讼案件审理过程中,同一损害生态环境行为又被提起民事公益诉讼,符合起诉条件的,由受理生态环境损害赔偿诉讼案件的人民法院受理并由同一审判组织审理。第17条要求,人民法院受理因同一损害生态环境行为提起的生态环境损害赔偿诉讼案件和民事公益诉讼案件,应先中止民事公益诉讼案件的审理,待生态环境损害赔偿诉讼案件审理完毕后,就民事公益诉讼案件未被涵盖的诉讼请求依法作出裁判。第18条要求,生态环境损害赔偿诉讼案件判决生效后,有权提起民事公益诉讼的机关或者社会组织就同一损害生态环境行为提出新证据证明存在前案审理时未发现的损害,并提起民事公益诉讼的,人民法院应予受理。民事公益诉讼案件判决生效后,有权提起生态环境损害赔偿诉讼的主体就同一损害生态环境行为有证据证明存在前案审理时未发现的损害,并提起生态环境损害赔偿诉讼的,人民法院应予受理。从这些安排中可以看出,司法机关认为,生态环境损害赔偿诉讼与环境民事公益诉讼并非互斥的两项制度,而是"共享"同一诉讼事实前提的制度。司法实践中针对同一生态环境损害行为既有社会组织提起环境民事公益诉讼又有地方政府或其指定的具体行政机关提起生态环境损害赔偿诉讼的案件在生态环境损害案件中所占的比例不容忽视。从《生态环境损害司法解释》的相关安排中可以看出,生态环境损害赔偿诉讼相对于环境民事公益诉讼而言具有一定优先性,当针对同一生态环境损害的两类诉讼同时存在时,法院应优先处理生态环境损害赔偿诉讼中地方政府的诉求,待针对此诉求作出裁判后再针对民事公益诉讼原告提起的未被"前"诉讼涵盖的诉求进行审理。同时,为保障各适格主体充分发挥自身在环境公益维护方面的作用,法院允许适格主体在法院已就其他适格主体对某一生态环境损害行为提起的诉讼作出判决之后,根据新发现的证据针对同一行为提出前诉未涵盖的诉求。通过此类安排,在保证一事一诉原则的前提下,充分保障各适格主体的起诉机会。同时,此类安排再次表明地方政府提起生态环境损害赔偿诉讼的权利基础并不是自身对自然资源的排他享有权利。

在"重庆藏金阁案"中,重庆市人民政府与社会组织重庆两江志愿服务发展中心基于同一

〔23〕 程多威、王灿发:《环境民事公益诉讼与生态环境损害赔偿诉讼》,载《环境保护》2016年第2期。

〔24〕 参见林潇潇:《论生态环境损害治理的法律制度选择》,载《当代法学》2019年第3期。

生态环境损害事实分别提起生态环境损害赔偿诉讼及环境民事公益诉讼，均为法院受理，可见两类诉讼在事实前提及权利基础方面具有同一或交叉性，不同的适格主体得根据授权提起诉讼。[25]

需要指出的是，生态环境损害赔偿制度与环境民事公益诉讼制度仍处于发展过程当中，二者的实体法指引虽有所完善，但总体上看仍然未尽明确。二者关系的最终确定，有待立法者通过更为具体的制度建构加以实现。

（三）生态环境损害责任的性质

在生态环境损害赔偿诉讼实践中，在多数情况下法院根据原告诉求，依照《民法典》等相关法律规定判令被告修复受损生态环境或赔偿损失。如何理解此类案件中"修复受损生态环境"及"赔偿损失"的性质，成为学界中颇具争议性的话题。

1."修复受损生态环境"是不是"恢复原状"的一种表现形式

恢复原状是《民法典》中明确规定的责任承担方式，我国民法中采用了狭义的"恢复原状"概念，指的是被告通过修理、重作、更换等非金钱赔偿的方式，将受到损坏的物恢复到侵权行为发生之前的状态。[26] 修复受损生态环境与民法中的恢复原状在手段和目的上具有相似性，因此，实践中诉讼当事人与审判机关一直试图通过对后者进行扩张解释，将前者纳入其中。然而，当前学界的主流观点认为，修复受损生态环境并不能被民法中的"恢复原状"概念所涵盖。其一，两类责任形式在作用客体方面存在重大差异。传统意义上恢复原状的对象是作为物权客体的有形财产，此类客体具有具体性、稳定性，其结构、功能或价值易被识别并掌握。而生态环境具有系统性、整体性，其内部结构复杂，各构成要素间存在密切的相互关联，处于不断的物质循环、能量流动和信息传递过程中，使人类难以客观全面地把握功能和价值。其二，二者在修复标准上有所不同。对物的恢复原状是通过修理、重作、更换等形式使物恢复被毁损前的状态，也就是使其结构、功能或价值与受损前相等同。而生态系统的结构、功能及价值难以被人类所全面认识，故其修复的目的不是将环境严格恢复到损害前的状态，而是有其自身的修复标准和确定方法。其三，二者的救济方式不同。恢复原状一般可以由责任人通过简单地修复、更换来实现。而生态环境修复由于其复杂性及公共性，不仅需要公权主体、公共机构的介入，需要有别于私人利益的公共利益衡量机制和保护机制，还需要有广泛的公众参与，责任执行过程中的许多内容"都是民法难以顾及、不可能也不应该纳入的"[27]。

《民法总则》（已废止）的立法过程反映了立法者对将"修复生态环境"纳入民法体系的犹豫与顾虑。2016 年 6 月第十二届全国人大常委会第二十一次会议初次审议后公开征求意见的《民法总则（草案）》第 160 条第 5 项将"修复生态环境"作为一种民事责任承担方式，与传统的"恢复原状"并列。而在 2016 年 10 月第十二届全国人大常委会第二十四次会议再次审议后公开征求意见的《民法总则（草案二次审议稿）》中，又将"修复生态环境"一项从民事责任的列举条款中删除。最终，第十二届全国人大第五次会议通过的《民法总则》确认了其草案二审稿的规定方式，没有将"修复生态环境"纳入民事责任的承担方式之中。可见，在立法者看来，"修复生态环境"是有别于"恢复原状"的责任承担方式，且该责任形式在救济对象、实现方式及保障手段方面与一般民事责任存在较大区别，难以纳入民事责任体系之中。[28]

---

〔25〕 参见重庆市人民政府、重庆两江志愿服务发展中心诉重庆藏金阁物业管理有限公司、重庆首旭环保科技有限公司生态环境损害赔偿、环境民事公益诉讼案，重庆市第一中级人民法院（2017）渝 01 民初 773 号民事判决书。

〔26〕 参见魏振瀛：《侵权责任方式与归责事由、归责原则的关系》，载《中国法学》2011 年第 2 期。

〔27〕 吕忠梅、窦海阳：《修复生态环境责任的实证解析》，载《法学研究》2017 年第 3 期。

〔28〕 同上注。

值得一提的是,《民法典》在其侵权责任编中对“修复生态环境”进行了规定。《民法典》第1234条规定:“违反国家规定造成生态环境损害,生态环境能够修复的,国家规定的机关或者法律规定的组织有权请求侵权人在合理期限内承担修复责任。侵权人在期限内未修复的,国家规定的机关或者法律规定的组织可以自行或者委托他人进行修复,所需费用由侵权人负担。”若将该规定理解为向适格主体提供了修复生态环境损害的完整实体请求权,则既有冲击《民法典》体系之虞,又可能影响受损环境的补救效果。因此本书认为,应对其中的“违反国家规定”进行目的性扩张解释,将该规定理解为民法规范就生态环境损害救济的事实前提、补救标准及补救流程等方面内容对具体立法的引致。该条款并未提供修复受损生态环境的完整请求权,在当前我国并不存在关于生态环境损害补救的综合性立法的情况下,该条款还可理解为《民法典》为创制此类立法的授权。

2. 对生态环境损失的赔偿是不是“赔偿损失”的具体表现

传统侵权法中的“赔偿损失”一般以“差额说”为基础。根据“差额说”,损害是假设侵害行为未发生情况下受害人的利益状态与受害人受侵害后的实际利益状态间的差值。[29] 在受害人遭受财产损失的情况下,该差值可以通过财产受损前后市场价值的变化加以反映,责任人可以通过向受害人支付与市场价值差额等价的赔偿金来弥补自身行为对后者造成的损失,从而使后者的利益恢复到圆满状态。

然而“差额说”在生态环境损害语境下的适用面临双重困境。第一重困境源自难以把握生态环境状态的差值。如前所述,生态环境具有整体性、系统性及变化性,其在特定时点的状态在现有技术条件下很难被人量化把握,而在遭受损害的情况下假设其未遭受损害情况下的实时状态更是存在较大的不确定性。能够全面反映生态环境价值市场机制的缺位则是适用“差额说”所面临的第二重困境。生态环境对人类而言具有多重价值,当前的市场机制仅能反映作为其组成部分的特定形态的自然资源的市场价值,而无法对其整体进行一种客观、全面的评价。在这种情况下,通过支付反映利益差额的赔偿金弥补对生态环境的损害缺乏可操作性。

实践中相关主体往往通过两类途径间接“确定”生态环境损害赔偿金额:其一是将赔偿金“转换”为修复受损生态环境所需的费用;其二是采取特定的技术标准估算损失金额。在第一种情况下,存在修理费用的支付与“赔偿损失”的责任方式的混同。[30] 如果原告确已采取了修复措施并支付了相应费用,那么将费用支出定性为原告可获赔偿的损失将不存疑义;而如果原告尚未采取修复措施,而是以可能采取的措施所需成本为标准确定求偿金额,则该诉求更近乎修复生态环境的实现方式而非赔偿损失,该“赔偿”也将遭遇环境修复所面临的困境——或不容于民事责任体系。在第二条路径中,“虚拟治理成本法”是实践中原告与法院广泛用以估算赔偿金额的技术标准。该标准以按照现行的治理技术和水平治理排放到环境中的污染物所需支出为确定赔偿金额的基数。[31] 其中的“治理排放到环境中的污染物”既可能被解读为通过清除、隔离、无害化等措施消除环境中污染物质对人群及周边环境不良影响的治理手段,也可能被理解为在排污过程中严格遵照规范确定的污染物排放标准对排放到环境

---

〔29〕 参见窦海阳:《环境损害事件的应对:侵权损害论的局限与环境损害论的建构》,载《法制与社会发展》2019年第2期。

〔30〕 参见程啸、王丹:《损害赔偿的方法》,载《法学研究》2013年第3期。

〔31〕 参见环境保护部《关于印发〈环境损害鉴定评估推荐方法(第Ⅱ版)〉的通知》(环办〔2014〕90号)。

中的污染物进行处理所采取的措施。[32] 以第二种理解方式运用虚拟治理成本法,则所得赔偿金额与修复生态环境所需成本并无关系,实质上存在使该赔偿异化为对环境污染或生态破坏行为的"罚金"的危险。此类理解在实践中屡见不鲜,使对生态环境损害赔偿责任追究"甚或演变成筹集资金治理环境污染的借口,导致逐渐偏离生态环境恢复的目标"[33]。

可以说,对生态环境损失的赔偿尚未找到妥善的规范和理论支点,对该责任的制度建构与理论阐释仍需进一步开展。

3. 对生态环境损害是否适用惩罚性赔偿

《民法典》第1232条规定:"侵权人违反法律规定故意污染环境、破坏生态造成严重后果的,被侵权人有权请求相应的惩罚性赔偿。"生态环境侵权中的惩罚性赔偿制度宣告确立。该条款的颁布,在理论界引起了对于行为人违法故意造成生态环境损害的情况能否适用环境侵权损害赔偿的争论。

"完全赔偿"是传统侵权损害赔偿的基本原则,该原则在要求受害人获得的赔偿应能弥补其所遭受实际损失的同时,也要求行为人原则上无须进行大于其所造成损失的赔偿。也就是说,传统损害赔偿的目的在于损失弥补而非惩罚。[34] 而随着侵权理论与实践的发展,英美法系发展出惩罚性赔偿制度,针对影响人群广泛、涉及无形损失、社会危害性较强、有损社会利益且主观恶性较强的行为,可以突破完全赔偿原则要求行为人支付高出其所造成实际损失的赔偿金。1993年《消费者权益保护法》将惩罚性赔偿制度引入我国。早在2003年我国即有学者提倡将惩罚性赔偿引入环境侵权制度中。[35] 为提高环境违法成本,加强对行为人的惩戒威慑,强化对违法污染环境或破坏生态行为的一般及特殊预防,《民法典》第1232条规定,"侵权人违反法律规定故意污染环境、破坏生态造成严重后果的,被侵权人有权请求相应的惩罚性赔偿"。惩罚性赔偿制度"潜存诸多危险",应得到慎重对待。[36]《民法典》为此类责任设定了严于一般环境侵权行为的构成要求,包括实施不法行为、行为人具有主观故意以及造成严重后果。为正确适用法律规定,应避免该制度成为"褫夺他人财产的工具"[37]。

惩罚性赔偿只针对传统损失抑或也针对生态环境损害?对于该问题应进行审慎考虑。初步对《民法典》第1232条进行文义理解,该条似乎并未明确将生态环境损害排除在惩罚性赔偿的范围之外。但竺效教授指出,该条将请求权主体限定为"被侵权人",根据《民法典》侵权责任编第七章"环境污染和生态破坏责任"中其他条文对相关法律主体的表述方式可以看出,此处的"被侵权人"指的是人身财产权益受到侵害的受害人。而规定生态环境损害责任的第1234条及第1235条中的请求权主体是"国家规定的机关或者法律规定的组织",与第1232条中的"被侵权人"并不相同,因此应认为惩罚性赔偿只针对传统损失。与此同时,惩罚性赔

---

〔32〕 如某企业未安装脱硫设施造成二氧化硫全部直接排放进入大气的超标排放量为255吨,如果企业在排放时对二氧化硫进行处理使其达标排放的成本约为0.56万元每吨,则作为基数的治理成本为255×0.56万元,以该基数乘以《环境损害鉴定评估推荐方法(第Ⅱ版)》所规定的治理成本系数,既以虚拟治理成本法得出环境损害额。参见中华环保联合会诉德州晶华集团振华有限公司案,山东省德州市中级人民法院(2015)德中环公民初字第1号民事判决书。

〔33〕 王小钢:《生态环境修复和替代性修复的概念辨正——基于生态环境恢复的目标》,载《南京工业大学学报》(社会科学版)2019年第1期。

〔34〕 参见王利明:《侵权责任法研究》(上),中国人民大学出版社2011年版,第603页。

〔35〕 参见高利红、余耀君:《环境民事侵权同质赔偿原则之局限性分析》,载《法商研究》2003年第1期。

〔36〕 参见杨立新、李怡雯:《生态环境侵权惩罚性赔偿责任之构建——〈民法典侵权责任编(草案二审稿)〉第一千零八条的立法意义及完善》,载《河南财经政法大学学报》2019年第3期。

〔37〕 黄娅琴:《我国惩罚性赔偿制度的司法适用问题研究》,载《法学论坛》2016年第4期。

偿的性质及功能定位也能支持该理解。惩罚性赔偿在现代社会中主要被用以应对公益救济不足的问题，该功能与公益诉讼存在重合，在此基础上，如果对公益性的环境损害责任适用惩罚性赔偿，很容易导致过度赔偿的问题。[38]

另一个需要考虑的问题是，在环境侵权惩罚性赔偿和生态环境损害赔偿发生竞合的场合，两类"赔偿金"的求偿顺位问题。从《民法典》的安排上看，两类赔偿责任是平行的侵权责任，在理论上存在同时适用的可能；同时，两类赔偿责任的构成要件存在大面积重合，因此在司法实践中，出现法院判令被告承担生态环境损害赔偿责任的同时，就其所造成的传统权益损失承担惩罚性赔偿责任的现象将不是小概率事件。此外，两类赔偿金额往往巨大，很有可能超出被告的偿债能力。在这种情况下，何种赔偿优先受偿就成为司法实践需要予以回应的问题。《民法典》第187条规定延续了原《侵权责任法》第4条规定，仅协调民事责任与行政责任及刑事责任间的关系，并未对几类在个案中可能发生"冲突"的"侵权责任"如何协调予以明确回应。在这种情况下，如何确定二者的受偿顺位？抑或认为二者应平行受偿？法律并未对这些问题进行明确回应。从应然的角度考虑，惩罚性赔偿是一种"民事罚金"，侧重于威慑，其对社会公益损失存在泛化意义上的弥补；而生态环境损害赔偿是对实然的生态环境损失的弥补，相对于前者而言，其弥补标准、对象及目的均更为明确。由此观之，生态环境损害赔偿相对于惩罚性赔偿在理论上具有优先性。然而，需要注意的是，确定生态环境损害赔偿相对于惩罚性赔偿的优先性的做法，在现阶段尚无明确具体的法律依据。这些相关问题反映了创制相关立法或进行法律解释的必要性。

4. 生态环境侵权纠纷案件适用惩罚性赔偿的司法解释

2022年1月13日，最高人民法院发布了《关于审理生态环境侵权纠纷案件适用惩罚性赔偿的解释》（法释〔2022〕1号，以下简称《环境赔偿解释》）。最高人民法院在认真总结各地法院司法经验的基础上，经过反复调研论证和广泛征求意见，就生态环境侵权纠纷案件适用惩罚性赔偿的范围、认定要件、计算基数和倍数等具体问题予以规范，制定出台了《环境赔偿解释》。《环境赔偿解释》起草的背景和意义是：我国《民法典》除在总则编将绿色原则确立为基本原则，在"民事责任章"第179条继续沿用民法总则关于惩罚性赔偿的原则性规定之外，还专门在侵权责任编"环境污染和生态破坏责任章"第1232条新增加规定了生态环境惩罚性赔偿制度，有力回应了社会发展所提出的环境问题，具有鲜明的中国特色、实践特色、时代特色。惩罚性赔偿作为损害赔偿填平原则的突破，通过让恶意的不法行为人承担超出实际损害数额的赔偿，达到充分救济受害人、制裁恶意侵权人的效果，具有惩罚、震慑、预防等多重功能。《民法典》新增加生态环境惩罚性赔偿制度，为惩治生态环境侵权行为，推动生态文明建设，满足人民日益增长的对优美生态环境新期待，进一步提供了制度保障，对以法治方式推进环境治理体系和治理能力现代化，具有重要意义。

《环境赔偿解释》起草的主要思路：一是准确适用《民法典》生态环境惩罚性赔偿制度。《民法典》第1232条规定，"侵权人违反法律规定故意污染环境、破坏生态造成严重后果的，被侵权人有权请求相应的惩罚性赔偿"。《环境赔偿解释》的起草，明确了人民法院审理生态环境侵权纠纷案件适用惩罚性赔偿的原则，进一步细化了当事人主张惩罚性赔偿的时点和具体请求，惩罚性赔偿的适用条件、履行顺位等问题，确保《民法典》生态环境惩罚性制度在审判实践中落实落细，见行见效。二是立足破解环境违法成本低的突出问题。生态环境损害具有累

---

〔38〕　参见林潇潇：《民法典时代环境侵权法律规则的发展与挑战》，载《中国社会科学报（社科院专刊）》2020年12月18日，第3版。

积性、潜伏性、缓发性、公害性等特点，生态环境领域违法成本低问题突出。《环境赔偿解释》的起草，立足解决上述问题，同时围绕审判实践中亟待统一的惩罚性赔偿的适用范围、责任构成以及惩罚性赔偿金数额的确定等问题进行规范，充分发挥惩罚性赔偿的制度功能，依法提高环境违法成本，严惩突出环境违法行为，让恶意侵权人付出应有代价。三是坚持统筹环境保护和经济发展。生态环境保护和经济发展辩证统一。保护生态环境就是保护生产力，改善生态环境就是发展生产力。《环境赔偿解释》的起草，坚持统筹保护和发展，合理设置惩罚性赔偿金数额、惩罚倍数，综合考量同一环境污染、破坏生态行为已被处以行政罚款、刑事罚金的情形，在维护国家利益、环境公共利益和人民群众环境权益的同时，引导全社会加快形成绿色生产生活方式，推动经济发展和环境保护协同共进。

《环境赔偿解释》共14条，主要包括生态环境惩罚性赔偿的适用原则、适用范围、请求的时间和内容、要件认定、基数倍数、公益诉讼的参照适用等相关内容。第一，明确了生态环境惩罚性赔偿的适用范围。《环境赔偿解释》第2条规定，因环境污染、生态破坏受到损害的自然人、法人或者非法人组织，依据《民法典》第1232条的规定，请求侵权人承担惩罚性赔偿责任的，适用本解释。第12条规定，明确了国家规定的机关和法律规定的组织作为被侵权人代表请求惩罚性赔偿的参照适用和但书规定。

第二，明确了生态环境惩罚性赔偿的适用要件。与普通环境侵权责任适用无过错责任归责原则不同，惩罚性赔偿的构成要件更为严格。根据《环境赔偿解释》的规定，惩罚性赔偿的适用须满足以下三个特别要件：(1)行为要件。惩罚性赔偿具有惩罚功能。侵权人实施了污染环境、破坏生态的不法行为，是对其施以惩罚的正当性基础。而某一污染环境、破坏生态行为是否具有违法性，应充分关注政府在环境治理体系中所处的主导地位。且根据《环境保护法》的规定，关于环境质量标准、污染物排放标准等事项，可制定严于国家标准的地方性标准，或者在无国家标准时制定地方性标准。故《环境赔偿解释》第5条关于“是否违反法律规定”的认定依据，除狭义的全国人大及其常委会制定的法律外，包括行政法规、地方性法规等在内，必要时可以参照规章的规定。(2)主观要件。侵权人的主观恶意，是惩罚性赔偿的基础性要件。根据《环境赔偿解释》第6条的规定，对侵权人是否具有故意的考量因素，包括其职业经历、专业背景或者经营范围，因同一或者同类污染环境、破坏生态行为受到行政处罚或者刑事追究的情况，以及污染物的种类，污染环境、破坏生态的方式等，主要来源于对审判实践中典型案例的总结。此外，故意作为一种主观状态，往往难以直接证明，一般需通过侵权人的行为来认定。故《环境赔偿解释》第7条根据《环境保护法》《野生动物保护法》《矿产资源法》等相关法律规定，明确了应当认定侵权人具有故意的9种典型情形。(3)后果要件。惩罚性赔偿的适用应遵循谦抑原则，聚焦于损害后果严重的侵权行为，避免侵权人动辄得咎。且此种严重后果，必须是已经实际发生的、现实存在的人身损害、财产损失或者生态环境损害，不能仅是一种风险。《环境赔偿解释》第8条规定，人民法院认定是否造成严重后果，应根据污染环境、破坏生态行为的持续时间、地域范围，造成环境污染、破坏生态的范围和程度，社会影响等因素综合判断。而造成他人死亡、健康严重损害，重大财产损失，生态环境严重损害或者重大不良社会影响的，应当认定为造成严重后果。另外，《环境赔偿解释》整体的条文设置，除上述的构成要件外，当事人主张惩罚性赔偿的时点和具体请求，应当一并提起、一并解决的要求，基数的计算、倍数的确定等规定，既是对正确适用的指引，也是对防止滥用的规范。

第三，明确了生态环境惩罚性赔偿金数额的具体确定。明确惩罚性赔偿金的计算基数和倍数，是《环境赔偿解释》贯彻实施《民法典》第1232条规定，增强其在审判实践中的可操作性、统一法律适用的重要任务之一。(1)关于基数问题。惩罚性赔偿是补偿性损害赔偿之上的附加性责任。其数额的确定应以被侵权人受到的实际损失作为计算基数。对此,《消费者权益保护法》第55条、《食品安全法》第148条第2款、《商标法》第63条第1款、《著作权法》第54条等关于惩罚性赔偿的规定,均采同理。故《环境赔偿解释》第9条规定,环境私益侵权诉讼中惩罚性赔偿金,应以因环境污染、生态破坏造成的人身损害赔偿金、财产损失数额作为基数。而人身损害赔偿金、财产损失数额的确定,因生态环境侵权纠纷案件的法律适用,除《民法典》外,还可能涉及诸多生态环境保护的单行法、特别法,故除依照《民法典》第1179、1184条的规定外,增加了"法律另有规定的,依照其规定"的但书表述。环境公益侵权诉讼参照适用惩罚性赔偿的,则应以生态环境服务功能期间损失、永久性损失数额作为基数。(2)关于倍数问题。现行法律、司法解释中关于惩罚性赔偿的倍数限定存在三种模式。第一种模式是固定倍数,如"价款十倍或者损失三倍";第二种模式是弹性倍数,如"一倍以上五倍以下";第三种模式是不设定倍数限制。《环境赔偿解释》起草中,经过充分调研论证,为兼顾可操作性和灵活性,采取了弹性倍数的模式。同时,考虑到生态环境惩罚性赔偿以造成严重后果为要件,其损害基数往往较大,将其倍数规定为一般不超过损失数额的二倍,在遵循谦抑原则的同时,亦备特别情势之需。需要说明的是,二倍以内的倍数规定,并不要求必须是整倍数,根据个案的具体情况,可以确定为小数。此外,因同一污染环境、破坏生态行为已被行政机关给予罚款或者被人民法院判处罚金的,因缺乏法律依据而不能免除侵权人的惩罚性赔偿责任,但《环境赔偿解释》第10条规定可在确定惩罚金数额时予以综合考虑。

第四,明确了生态环境惩罚性赔偿请求应一并提起、一并解决的程序保障。惩罚性赔偿作为附加性责任,须以补偿性损害赔偿的成立和确定为基础。为方便当事人及时、全面地主张权利,提高人民法院审理生态环境侵权纠纷案件的水平和效率,根据"一事不再理"的民事诉讼理论和《民事诉讼法》相关规定,《环境赔偿解释》第3条规定,生态环境惩罚性赔偿的诉讼请求,应由当事人在生态环境侵权诉讼中一并提起,由人民法院一并解决,以提供公平、高效、充分的救济。

第三节 生态环境损害赔偿制度的发展

一、生态环境损害赔偿制度的不足及发展方向

在《生态赔偿试点方案》颁布后,生态环境损害赔偿工作的具体内容通过相关部门多次颁布规范性文件得到不断细化,生态环境损害赔偿制度得以不断完善。但在当前该制度仍存在下述不足,有必要加以进一步完善。

其一是生态环境损害赔偿诉讼的性质仍未明确。当前在实践层面出现了许多地方政府与社会组织针对同一事实分别提起生态环境损害赔偿诉讼及环境民事公益诉讼的案件,两类诉讼表现出同质性;但在规范性文件中,制定主体反复强调"生态环境损害赔偿诉讼"及"生态环境损害赔偿制度"的表述,又似乎在强化生态环境损害赔偿诉讼与环境民事公益诉讼的区别。该现象不利于生态环境损害赔偿制度法律性质的明确,也不利于具体制度设计的延展。有必要在法律层面明确生态环境损害赔偿诉讼作为特殊环境民事公益诉讼的法律属性,并以此为基调明确其与一般环境民事公益诉讼之间的关系。

其二是规范形式的问题。环境事务是典型的公共事务,生态环境损害赔偿制度的内容不仅包括政府职权的确定,而且在两方面对普通公民的权利义务产生实质性影响:一方面是生

态环境损害及其修复标准的确定与执行方式将影响公众环境权益的实现程度；另一方面是责任的承担方式将严重影响潜在责任人的利益状态。对普通公民权利义务产生实质性影响的规定，宜通过法律法规加以确定。当前作为该制度基础规范性文件的《生态赔偿改革方案》在性质上属于党内法规，对此类内容的规定或有不逮。因此，建议总结生态环境损害赔偿工作经验，在《民法典》生态环境损害修复与赔偿条款的"授权"基础上，制定关于生态环境损害赔偿制度的专门性法律或法规，明确关于生态环境损害类型及标准、责任形式、追责程序等具体内容。

其三是生态环境替代修复存在被泛化的情况。在生态环境产生永久性损害、无法修复或无法完全修复的情况下，法院一般将判令被告承担相应损害赔偿责任，并要求将此赔偿金用于生态环境"替代性修复"。在生态环境损害无法完全修复的情况下，这种"替代性修复"显然无法着眼于将受损环境恢复至损害未发生的状态。为了保证公众环境利益与修复责任人利益的平衡，在生态环境损害应对法制相对健全的国家，一般要求通过替代性修复所营造的"生态环境"在环境要素类型、数量、质量或所提供的生态系统服务方面与受损生态环境等值或大体相当，且在区位上与后者存在生态关联性，如处于同一流域或生态区域。〔39〕包括"替代性修复"在内的生态环境损害修复的目的在于将个案中的环境损害恢复至应有状态，而非泛化地指向任意形式的环境治理或生态营造工程。而当前我国并未对"替代性修复"提出明确要求，实践中该类责任的执行情况也往往偏离其理想状态，有必要针对该问题进行针对性的完善。

其四是公众参与的渠道有待进一步扩宽。生态环境损害赔偿制度在生态环境损害修复或赔偿的发起、损害救济方案的确定、诉讼以及责任履行监督四阶段都给予了公众参与的机会，但是在参与范围与参与形式的保障方面仍有不足。在如责任履行监督环节等一些涉及公众利益的重要环节，当前的制度只设置了公众获取信息的渠道，却未明确给予公众参与决策或影响决策的机会。而在诉讼阶段，通过引入人民陪审员的形式也难以实现公众意见在相关决策中的充分表达。生态环境损害的修复与赔偿是涉及重大公共利益的公共事务，因此，有必要加强对公众参与的保障，尽可能实现相关公众全过程参与及意见的充分表达。

二、生态环境损害赔偿应摆脱行政干预〔40〕

由于评估结果涉及干部的追责问题，责任大小必然要与损害的严重程度挂钩，因此，评估首先应该破除来自官员和行政方面的干预和阻碍。2015 年《生态赔偿试点方案》对今后一个时期我国生态环境损害赔偿制度改革作出全面规划和部署。近年来，我国突发性环境事件进入了高发、频发期，但历年因环境污染、生态破坏导致的生态环境要素及功能的损害并没有得到及时、有效的修复。究其原因，没有建立规范的、可操作性强的生态环境损害赔偿制度是重要方面，相应地，环境追责与惩处机制也难以落实。就此，2015 年 8 月 9 日起施行的《党政领导干部生态环境损害责任追究办法（试行）》规定了党政领导干部生态环境损害"责任终身追究制"，但其责任追究形式毕竟是针对个人的组织处理和党纪政纪处分，并不能解决生态环境损害修复等一系列问题。

《生态赔偿试点方案》试图通过试点，逐步明确生态环境损害赔偿范围、责任主体、索赔主

---

〔39〕 参见王小钢：《生态环境修复和替代性修复的概念辨正——基于生态环境恢复的目标》，载《南京工业大学学报》（社会科学版）2019 年第 1 期。

〔40〕 参见谭柏平：《生态环境损害赔偿破题　评估首应摆脱行政干预》，载《京华时报》2015 年 12 月 4 日，第 A06 版。

体和损害赔偿解决途径等,形成相应的鉴定评估管理与技术体系、资金保障及运行机制,探索建立生态环境损害的修复和赔偿制度。毋庸置疑,这对于加快推进我国生态文明建设的步伐具有重大的现实意义。

不可否认,生态环境损害赔偿制度还会遇到许多实际问题。首先,生态环境损害的评估问题。我国的生态环境损害评估一直缺乏科学的、规范的、统一的评估标准,相关的法律规定仍不完善,损害评估的质量参差不齐。同时,由于评估结果涉及干部的追责问题,责任大小必然要与损害的严重程度挂钩,因此,评估应该破除来自官员和行政方面的干预和阻碍。其次,生态环境损害赔偿资金的管理与使用问题。我国有些地方把以诉讼方式裁判下来的生态环境损害修复基金上缴地方财政,这一方面可能出现挪用的违法行为,另一方面受国家财政制度的制约,在生态修复过程中这项资金使用起来限制较多,而目前我国对于生态环境损害修复基金的性质与归属问题又缺乏法律依据。最后,我国各主要的环境要素均属于国家或集体所有,因环境污染、生态破坏导致了生态环境要素及功能损害,那么,负责环境保护监督管理的有关部门能否代表国家提起损害赔偿诉讼?又如,该方案中提到"鼓励符合条件的社会组织依法开展生态环境损害赔偿诉讼",这是不是环境民事公益诉讼?该方案提到"因污染环境造成大气等环境要素的不利改变",那么,造成大气环境损害的,又该如何修复?另外,生态环境损害的赔偿范围如何细化、赔偿义务人的范围如何确定、各赔偿权利人之间索赔工作如何进行职责分工、生态环境损害的索赔程序如何启动、如何选定鉴定评估机构等,这些问题均有待于在实践中逐步探索。

三、生态环境损害赔偿面临的法律问题〔41〕

(一)我国建立生态环境损害赔偿制度的原因

目前,我国生态环境损害索赔案例,往往集中在对环境污染导致的人身、财产损害作出赔偿,但是对于生态环境损害的赔偿、修复非常少。这主要跟权利主体不明晰有关系。人身和财产的申请索赔方(利益主体方)都比较明确,如个人、企业、单位等。但是我们国家生态资源的所有权人并不明晰,虽然宪法规定拥有自然资源所有权的是国家和集体这两个主体,但实际上没有具体确定哪个单位或者部门能够行使这项权利。当自然资源被损害的时候,导致"公地悲剧"成为无主债,人人都有责,但谁都不来负责。为了解决这个问题,2015 年的《生态赔偿试点方案》和 2017 年的《生态赔偿改革方案》都明确了责任主体。例如,《生态赔偿试点方案》中指出,省级政府代表国家行使对自然资源的所有权,《生态赔偿改革方案》中除了省级政府,还将范围扩大到市地级政府,明确了出了问题去找谁,该谁管理的问题。

另外,以往我们过于关注自然资源的经济价值,生态衍生价值往往被忽视,认为只有劳动才产生价值,而不进入人们生产和消费的自然资源并不形成价值。随着生态环境的变化,人们逐渐意识到了生态环境是成系统的,我们难以脱离生态环境独立存在。因此,这也是我们为什么要建立生态环境损害赔偿制度的原因之一。

(二)《生态赔偿改革方案》所涵盖的范围

《生态赔偿改革方案》规定,生态环境损害指的是大气、水、土壤等环境要素和生物要素发生不利改变,以及生态功能退化。适用情形包括:较大突发环境事件;国家和省级主体功能区中的重点生态功能区、禁止开发区发生生态环境损害事件的;发生其他严重影响生态环境后

---

〔41〕 参见宋媛媛:《谭柏平:生态环境损害赔偿面临的法律问题》,载搜狐网,https://www.sohu.com/a/213232265_99923264,最后访问日期:2017 年 12 月 28 日。

果的。但问题是，首先，在这个赔偿范围内，这些要素中的某一项发生不利改变如何赔？赔多少？怎么评估？其次，假如造成某项污染的主体很多，究竟找谁追责呢？再次，与土壤、水修复不同，大气污染修复难度较小，甚至一阵风就能解决。大气的污染谁来负责赔偿？如何确定责任主体？如何评估赔偿数额？最后，《生态赔偿改革方案》中还提到，集体财产损失要求赔偿的，不适用本方案，而是适用《民法典》等法律规定。自然资源所有权纯粹属于国家的仅为矿藏和河流，其他资源（森林、山岭、草原、荒地、滩涂等）既可以是国有，也可以是集体所有。往往一个污染事件发生时，有可能既损害国有自然资源部分，也损害属于集体财产的一部分。但此次《生态赔偿改革方案》未能将集体部分纳入适用范围，生态环境是一个完整的体系，无法分裂，也许不到一公里处就属于集体的土地、河流，这将如何判断呢？因此，生态环境损害赔偿任重道远，有的问题还没办法预料，日后会逐渐显现出来，具体案例具体解决，有待于进一步完善。

（三）生态环境损害修复面临的法律问题及完善

在实践经验中，有些法律问题还需要进一步探究。例如，《生态赔偿改革方案》中提出的省级、市地级政府及其指定的部门或机构提起生态环境损害赔偿诉讼，究竟是私益诉讼还是公益诉讼？和社会组织提起民事公益诉讼之间是什么关系？如何协调？本书认为，省级、市地级政府经授权提起生态环境损害赔偿诉讼不是公益诉讼，而是一种私益诉讼。私益诉讼是当事人为维护自己的私人利益而提起的诉讼，而公益诉讼的意义超出了当事人自己的私利范围，是为了不特定的他人利益而提起的诉讼。也就是说，国家为了维护其所有的自然资源、生态环境，由省级、市地级政府经授权提起生态环境损害赔偿诉讼，因此，该诉讼应该是私益诉讼。

同时《生态赔偿改革方案》中规定，“鼓励法定的机关和符合条件的社会组织依法开展生态环境损害赔偿诉讼”。这里面有几个问题，首先，实践中很多社会组织提起的公益诉讼与政府自身提起的私益诉讼是什么关系？如果国家鼓励社会组织提起公益诉讼，是否意味着将本来是自己分内的事情，交由利益不相关人（或者代表一个不特定主体的组织）去做？如果是国家授权的省级、市地级政府提起诉讼，并且取得了环境损害的赔偿，是否意味着自己的监管职责没尽到，又通过诉讼的方式让他人偿付自己疏于监管的代价呢？其次，一个生态环境损害赔偿案件，既由国家相关单位提出，也由社会组织提出，边界在哪里？国家身份是多重的，既是自然资源资产的拥有者，又是管理者。在实施过程中，还有很多具体问题需要理顺。《生态赔偿改革方案》指出，由最高人民法院与有关部门根据实际情况制定指导意见予以明确。

（四）生态环境损害无法修复的处理及赔付资金的落实

《生态赔偿改革方案》中指出，生态环境损害无法修复的，实施货币赔偿，用于替代修复。修复资金放在哪里？和普通诉讼（赔偿款打入个人、单位账户）不同，《生态赔偿改革方案》明确规定，无法修复的，其赔偿资金作为政府非税收入，全额上缴同级国库，纳入预算管理。赔偿权利人及其指定的部门或机构根据磋商或判决要求，结合本区域生态环境损害情况开展替代修复。我国的国库收入、支付有自己的一套制度体系，非税收入，放到国库中使用起来并不方便，而生态修复是要经常进行的事情。在这个方面，未来可能会制定一套相关的规范。

从法理上讲，将修复资金作为非税收入放进国库，可能会引发一个悖论：某些地方平时怠于监管或者疏忽职责，政策出台后“主动作为”诉赔，作为一项收入。由于平时的不作为，还带来了一笔收入。因此，在未来政策落实的过程中，要预防这种可能出现的问题。

第六章　环境公益诉讼法律制度

第一节　环境公益诉讼概述

一、公益诉讼的起源

公益诉讼起源于罗马法。现代法上的公益诉讼一般是指“特定的国家机关、相关的社会组织或者个人,依据法律法规的授权,对违反法律侵犯国家利益、社会公共利益或者不特定多数人利益的行为,向法院提起诉讼,由法院依法追究其法律责任的活动”。按照被告性质可分为民事公益诉讼和行政公益诉讼。依照我国《环境保护法》《民事诉讼法》《行政诉讼法》相关内容的规定,可以提起公益诉讼的领域有:破坏生态环境和资源保护、食品药品安全、侵害众多消费者合法权益、国有财产保护、国有土地使用权出让等。我国民事公益诉讼法律制度的发展早于行政公益诉讼。2012 年《民事诉讼法》授权法律规定的机关和有关组织就污染环境、侵害众多消费者合法权益等损害社会公共利益的行为提起公益诉讼。2015 年《环境保护法》对社会组织提起公益诉讼的条件予以明确,该法实施后,全国共有近 1000 家社会组织符合环境民事公益诉讼起诉条件,但是 2015 年只有 9 家环保组织提起 37 件公益诉讼案件,且主要集中于中国绿发会、中华环保联合会、自然之友和贵阳公众环境教育中心 4 家,2016 年社会组织提起 65 件公益诉讼案件,2019 年社会组织提起 179 件公益诉讼案件。2017 年,我国对《行政诉讼法》开展修正,在关于行政诉讼原告资格的第 25 条中增加第 4 款,对行政公益诉讼予以确认,检察机关因此成为提起此类诉讼的法定主体。总体上说,现有法律制度可以为相应主体提起环境公益诉讼提供必要的依据,但尚不足以支撑公益诉权的充分实现。

国际上也存在其他有代表性的环境公益诉讼制度或实践,其内容和特点可概括为:(1)美国的公民诉讼(citizen suit),是指“为保障环境法律的实施,公民、团体依据法律的授权、代表社会公益对违反环境法律的行政机构或者私人、组织提起诉讼”。公民诉讼的实质是私人实施法律(private enforcement),即通过公民诉讼来填补政府实施法律的空隙。在美国,提起公民诉讼受到宪法、单行法和司法惯例三重制约。1970 年美国《清洁空气法》第 304 条 a 款规定:任何人都可以以直接或间接受影响者的名义甚至以“保护公众利益”的名义对包括公司和个人在内的民事主体就该法规定的事项提出诉讼。1972 年美国《清洁水法》第 505 条明确把公民诉讼的原告界定为“其利益被违法行为影响或可能被影响的任何人”,不要求在法律上必须与案件的危害后果有直接的利害关系,也不需要原告举证证明是否存在一种具体的利害关系。在此后的美国联邦环境立法浪潮中,绝大多数的联邦环境法律包含了公民诉讼条款。美国各州立法,如《密歇根州环境保护法》,也确认任何人都有向法院提出保护环境、执行法律的诉讼。(2)在法国,“就环境行政诉讼而言,针对国家在行政上的过失、不法行为、不作为或者在环境污染监测、监督管理方面的严重疏忽、缺失行为以及违背法律法规的行政措施等,任何环保团体均得向行政法院提起要求确认、撤销或采取管制措施的行政诉讼”。(3)日本公益诉讼一般通过行政诉讼中的控告诉讼、民众诉讼和日本《地方自治法》上的居民诉讼实现。在日本行政诉讼中，按照诉讼目的可以分为“主观诉讼”与“客观诉讼”两种。主观诉讼以保护国民的权利为目的；而客观诉讼以维持行政活动的客观合法性为目的。前者属“法律上的争讼”，包含在司法权范畴之内；后者只有在法律特别规定的情形下才能提起。按照行政诉讼法中规定的诉讼类型，主观诉讼分为控告诉讼和当事人诉讼；客观诉讼分为民众诉讼和机关诉讼。涉及公益诉讼的诉讼包括控告诉讼和民众诉讼。控告诉讼，是指当事人对行政机关行使公权力的活动不服而提起的诉讼。民众诉讼，是指当事人就国家或公共权力机关违法行为提起的诉讼。而日本《地方自治法》上的居民诉讼是日本国民针对地方行政机关的财政违法行为提起的诉讼，是公民监督地方行政机关的一种公益诉讼。居民诉讼和民众诉讼一般与原告个人的法定权利联系不密切，更多的是为了保护公共利益。(4)印度继承了英国的普通法传统，其环境公益诉讼制度是通过判例发展起来的，是指“如果公民或某一特定阶层受到违法行为(尤指违宪行为)、越权行为的侵害，或被苛以非法负担，或存在上述危险，而该公民或阶层因贫穷或能力不足等处于经济或社会的弱势地位，不能进入法院寻求救济时，任何人都享有根据《宪法》第226条请求高等法院发布适当的令状或指示的权利；如果违法行为侵犯了该公民或阶层的基本权利，任何人都享有根据《宪法》第32条请求高等法院提供司法救济的权利”。在公民的环境利益遭受不法侵害时，此类诉讼可以为其提供司法救济。

二、环境公益诉讼的兴起

环境公益诉讼(environmental public interest litigation)是近代公民权利运动的产物，体现了近代法律社会化、私法公法化的趋势。环境公益诉讼制度产生于20世纪70年代。该制度的产生与现代国家公权力的扩张和人民对政府为谋求经济利益而牺牲环境利益的不信任情绪密切相关。由于环境损害事后救济的滞后性，“导致事前采取措施遏制污染和破坏行为导致的公共环境侵害成为一个现实性的问题。于是，环境损害救济的实践开始表现为从个人主义法理向社会本位法理过渡，出现了环境权利社会化的趋向。这种趋向以公众享有实体和程序的环境权为理论，进而发展成为一种公众参与环境决策的权利以及针对公众环境权益危害而可以提起诉讼的权利”。

环境公益诉讼，是一种允许与争议案件无直接利害关系的原告出于保护环境公益的目的，以行政机关或者环境利用行为人为被告，向法院起诉的行政公益诉讼或者民事公益诉讼。从对象上看，环境公益诉讼需要应对的是“行为对环境的损害”，在这点上此类诉讼区别于以由环境损害导致的“对人的损害”为救济对象的私益诉讼。

我国的环境公益诉讼在实践中分为环境民事公益诉讼和环境行政公益诉讼。环境民事公益诉讼与环境行政公益诉讼的主要区别在于被告的性质不同，两类诉讼在原告资格上也存在差异。依照相关法律的规定，环境民事公益诉讼的原告主要是有关组织和人民检察院；环境行政公益诉讼的原告主要是人民检察院。此外，我国《海洋环境保护法》第89条第2款和2017年《生态赔偿改革方案》还规定了政府有关部门以及省(地市)级政府可以提起海洋自然资源与生态环境损害赔偿诉讼，可统称为“政府索赔诉讼”。而对于“政府索赔诉讼”的性质，是属于环境公益诉讼，还是属于“私益诉讼”，或者“国益诉讼”，学界仍存在争议。

三、环境公益诉讼的法律渊源

在我国提起环境公益诉讼有明确的法律依据。2012年《民事诉讼法》第55条规定：“对污染环境、侵害众多消费者合法权益等损害社会公共利益的行为，法律规定的机关和有关组织可以向人民法院提起诉讼。”

2015 年《环境保护法》对有权提起环境公益诉讼的社会组织的要求作出了明文规定，该法第 58 条规定："对污染环境、破坏生态，损害社会公共利益的行为，符合下列条件的社会组织可以向人民法院提起诉讼：(1)依法在设区的市级以上人民政府民政部门登记；(2)专门从事环境保护公益活动连续五年以上且无违法记录。符合前款规定的社会组织向人民法院提起诉讼，人民法院应当依法受理。提起诉讼的社会组织不得通过诉讼牟取经济利益。"

2014 年 12 月 8 日，最高人民法院通过了《关于审理环境民事公益诉讼案件适用法律若干问题的解释》(以下简称《环境民事公益诉讼司法解释》)，自 2015 年 1 月 7 日起施行，2020 年 12 月修正。该司法解释第 4 条规定：社会组织章程确定的宗旨和主要业务范围是维护社会公共利益，且从事环境保护公益活动的，可以认定为《环境保护法》第 58 条规定的"专门从事环境保护公益活动"。社会组织提起的诉讼所涉及的社会公共利益，应与其宗旨和业务范围具有关联性。社会组织在提起诉讼前 5 年内未因从事业务活动违反法律、法规的规定受过行政、刑事处罚的，可以认定为《环境保护法》第 58 条规定的"无违法记录"。

2015 年 7 月 1 日，第十二届全国人大常委会通过了《关于授权最高人民检察院在部分地区开展公益诉讼试点工作的决定》(以下简称《检察公益诉讼试点决定》)，授权最高人民检察院在北京、内蒙古、吉林等 13 个省、自治区、直辖市开展为期两年的公益诉讼试点工作。2015 年 7 月 2 日，最高人民检察院发布《检察机关提起公益诉讼改革试点方案》(以下简称《检察公益诉讼试点方案》)，对检察机关提起公益诉讼的目标、原则、主要内容等作出规定。该方案提出，"针对生态环境和资源保护等领域侵害国家和社会公共利益的情况，及时提起民事或行政公益诉讼，加强对国家和社会公共利益的保护"。2015 年 12 月 16 日，最高人民检察院通过《人民检察院提起公益诉讼试点工作实施办法》(已失效)，进一步部署检察机关提起公益诉讼试点工作。

2016 年 2 月 22 日，最高人民法院通过了《人民法院审理人民检察院提起公益诉讼案件试点工作实施办法》。同年 5 月 26 日，最高人民法院发布的《关于充分发挥审判职能作用为推进生态文明建设与绿色发展提供司法服务和保障的意见》第五部分规定社会组织提起环境民事公益诉讼、检察机关提起环境公益诉讼和省级人民政府提起生态环境损害赔偿诉讼，从三个方面诠释了我国环境司法"维护环境公共利益和国家所有者权益"的职能定位。

检察机关提起公益诉讼两年的试点期届满时，试点地区的检察机关积极开展试点工作，至 2017 年 8 月共办理公益诉讼案件 9053 件(含环境类公益诉讼)，覆盖所有授权领域，涵盖所有案件类型。试点总的评价是，基本实现了其他适格主体积极参与公益诉讼、督促行政机关主动纠错依法行政、强化对国家和社会公共利益保护的目的。试点成果转化为法律规定。(1)2017 年《民事诉讼法》第 55 条规定："对污染环境、侵害众多消费者合法权益等损害社会公共利益的行为，法律规定的机关和有关组织可以向人民法院提起诉讼。人民检察院在履行职责中发现破坏生态环境和资源保护、食品药品安全领域侵害众多消费者合法权益等损害社会公共利益的行为，在没有前款规定的机关和组织或者前款规定的机关和组织不提起诉讼的情况下，可以向人民法院提起诉讼。前款规定的机关或者组织提起诉讼的，人民检察院可以支持起诉。"(2)2017 年《行政诉讼法》第 25 条第 4 款规定："人民检察院在履行职责中发现生态环境和资源保护、食品药品安全、国有财产保护、国有土地使用权出让等领域负有监督管理职责的行政机关违法行使职权或者不作为，致使国家利益或者社会公共利益受到侵害的，应当向行政机关提出检察建议，督促其依法履行职责。行政机关不依法履行职责的，人民检察院依法向人民法院提起诉讼。"

2018 年最高人民法院《关于审理海洋自然资源与生态环境损害赔偿纠纷案件若干问题

的规定》(法释〔2017〕23 号)规定,人民法院审理为请求赔偿《海洋环境保护法》第 89 条第 2 款规定的海洋自然资源与生态环境损害而提起的诉讼,适用本规定。《海洋环境保护法》第 5 条规定的行使海洋环境监督管理权的机关,根据其职能分工提起海洋自然资源与生态环境损害赔偿诉讼,人民法院应予受理。

第二节 环境民事公益诉讼

一、环境民事公益诉讼概述

我国环境民事公益诉讼,是指法律规定的机关和有关组织,针对损害社会公共利益或者具有损害社会公共利益重大风险的污染环境、破坏生态的行为依法提起的诉讼。

我国环境民事公益诉讼的特点可以概括为以下三点:(1)原告法定性。我国环境民事公益诉讼的原告是法律规定的机关和有关组织。(2)诉讼兼具救济和预防功能。我国的环境民事公益诉讼原告可以针对已经造成社会公共利益损害的行为和具有可能造成社会公共利益损害的重大风险行为提起诉讼。(3)诉讼救济的侵权原因行为具有多元性。我国环境民事公益诉讼救济的侵权原因行为包括污染环境和破坏生态两种。

二、环境民事公益诉讼制度的基本内容

1. 诉讼主体

环境民事公益诉讼的主体包括原告与被告双方。

(1)环境民事公益诉讼原告是指有权对污染环境、破坏生态,损害生态环境或有造成此类损害之虞的行为向人民法院提起环境民事公益诉讼的主体。目前,学界通说认为,依照相关的法律规定,环境民事公益诉讼的原告包括法律规定的机关和社会组织。《环境保护法》第 58 条和《环境民事公益诉讼司法解释》相关规定明确规定了适格“社会组织”的条件:包括依法在设区的市级以上人民政府民政部门登记;专门从事环境保护公益活动连续 5 年以上;无违法记录。《民事诉讼法》第 58 条第 2 款在法律层面正式赋予人民检察院作为环境民事公益诉讼原告的主体资格。

《海洋环境保护法》第 89 条第 2 款规定:“对破坏海洋生态、海洋水产资源、海洋保护区,给国家造成重大损失的,由依照本法规定行使海洋环境监督管理权的部门代表国家对责任者提出损害赔偿要求。”2018 年最高人民法院《关于审理海洋自然资源与生态环境损害赔偿纠纷案件若干问题的规定》中也作出相同的制度安排。2017 年《生态赔偿改革方案》明确了赔偿权利人。但是,海洋自然资源损害赔偿之诉和生态环境损害政府索赔诉讼是否属于环境民事公益诉讼,在学界仍存在争议,所以,本书暂不把海洋行政主管部门和相应地方政府作为可以提起环境民事公益诉讼的原告。

《民事诉讼法》对法定社会组织和检察机关两类具有环境民事公益诉讼诉权之主体的起诉顺位作出了安排,即环境民事公益诉讼优先由社会组织起诉;社会组织不起诉的,人民检察院提起环境民事公益诉讼。为贯彻法律上关于起诉顺位的安排,人民检察院在提起民事公益诉讼之前要履行诉前程序,《最高人民法院、最高人民检察院关于检察公益诉讼案件适用法律若干问题的解释》(以下简称《检察公益诉讼司法解释》)规定,人民检察院在拟提起公益诉讼之前,应当依法公告;公告期满,法律规定的机关和有关组织不提起诉讼的,人民检察院可以

向人民法院提起诉讼。该安排是环境社会公共利益性质的外化体现。环境损害所侵害的是社会的公共利益,此类利益不专属于某个或某类主体。环境民事公益诉讼的创设,其初衷在于当作为公益代表的国家机关履行职权无法充分保障环境公共利益之时,通过赋予特定主体向法院检举违法行为的权利,通过法院的审判对此类利益损害进行救济。因此,公益诉讼的诉权首先应归于“社会”主体,在此类主体不积极行使诉权的情况下,才由作为国家机关的人民检察院作为补充提起诉讼。在实践中,检察机关已成为提起环境民事公益诉讼(包括刑事附带环境民事公益诉讼)的主要力量,2019 年度共提起此类诉讼 1954 件,约为同年度社会组织提起同类诉讼的 6 倍。2021 年 7 月 25 日,最高人民检察院发布了该年度上半年全国检察机关主要办案数据,数据呈现的特点之一是,公益诉讼检察办案力度加大,法院支持率提高。数据显示,2021 年 1 月至 6 月全国检察机关共提起公益诉讼 3446 件,同比上升 42.7%,占同期立案数的 4.4%,同比增加 0.4 个百分点,其中,民事公益诉讼 3238 件,占提起诉讼总数的 94%,同比增加 1.7 个百分点。[1]

(2)环境民事公益诉讼的被告是指污染环境、破坏生态的行为人。当行为人污染环境、破坏生态的行为有造成生态环境损害的现实危险,或已经对生态环境造成了实然损害,其行为即构成对环境社会公共利益的危险或侵害,享有环境民事公益诉讼诉权的主体即有权将之诉诸法庭,追究其相关责任。

2. 诉讼客体

环境民事公益诉讼客体指的是环境民事公益诉讼所保护、救济的利益。环境民事公益诉讼所救济的主要是实体性环境公益,即直接或潜在影响广大公众和未来世代子孙的环境公共利益之无主的或非私人所有(国家或公共机构所有)的环境要素、自然资源、生态系统的损害。[2]

3. 诉讼所针对的行为

环境民事公益诉讼所针对的对象是企业、组织或个人等行为主体污染环境、破坏生态的行为。2009 年《侵权责任法》的“准历史解释”认为,所谓“污染生态环境”实质上指的是,相对于对人工环境的污染而言,对自然环境的污染。在污染环境和破坏生态的行为两分法的基础上,《民法典》第 1229 条对环境侵权原因行为加以扩展,基于此变化,因污染环境和破坏生态导致的环境公共利益损害均属于环境民事公益诉讼的救济对象。

三、环境民事公益诉讼特殊规则

环境民事公益诉讼特殊规则的主要依据是《环境民事公益诉讼司法解释》和《检察公益诉讼司法解释》。其中,涉及生态环境损害索赔特殊规则的依据为《生态赔偿改革方案》。

(一)作为环境民事公益诉讼原告的社会组织之适格规则

《环境保护法》第 58 条和《环境民事公益诉讼司法解释》第 2 ~ 5 条规定,有资格提起环境民事公益诉讼的社会组织需要满足的条件可以分为两种:积极条件和消极条件。

积极条件包括:(1)社会组织登记机构的级别。《环境保护法》第 58 条第 1 款第 1 项规定,“依法在设区的市级以上人民政府民政部门登记”。《环境民事公益诉讼司法解释》第 3 条规定,“设区的市,自治州、盟、地区,不设区的地级市,直辖市的区以上人民政府民政部门,

---

〔1〕 参见《2021 年 1 月至 6 月全国检察机关主要办案数据》,载最高人民检察院网,https://www.spp.gov.cn/xwfbh/wsfbt/202107/t20210725_524723.shtml#2。

〔2〕 参见竺效:《论环境民事公益诉讼救济的实体公益》,载《中国人民大学学报》2016 年第 2 期。

可以认定为环境保护法第五十八条规定的‘设区的市级以上人民政府民政部门’”。(2)社会组织章程确定的宗旨和主要业务范围。《环境民事公益诉讼司法解释》第4条规定:“社会组织章程确定的宗旨和主要业务范围是维护社会公共利益,且从事环境保护公益活动的,可以认定为环境保护法第五十八条规定的‘专门从事环境保护公益活动’社会组织提起的诉讼所涉及的社会公共利益,应与其宗旨和业务范围具有关联性。”

消极条件指连续5年无违法犯罪记录。《环境民事公益诉讼司法解释》第5条规定,“社会组织在提起诉讼前五年内未因从事业务活动违反法律、法规的规定受过行政、刑事处罚的,可以认定为环境保护法第五十八条规定的‘无违法记录’”。

(二)管辖制度

由于环境民事公益诉讼的特殊性,在管辖制度的建构上除了遵守一般民事诉讼中共同管辖的规则要求外,《环境民事公益诉讼司法解释》第7条规定了集中管辖:“经最高人民法院批准,高级人民法院可以根据本辖区环境和生态保护的实际情况,在辖区内确定部分中级人民法院受理第一审环境民事公益诉讼案件。中级人民法院管辖环境民事公益诉讼案件的区域由高级人民法院确定。”《检察公益诉讼司法解释》第5条第1款“市(分、州)人民检察院提起的第一审民事公益诉讼案件,由侵权行为地或者被告住所地中级人民法院管辖”的规定,是关于人民检察院提起民事公益诉讼案件的管辖规则。但《检察公益诉讼司法解释》第26条同时也规定:“本解释未规定的其他事项,适用民事诉讼法、行政诉讼法以及相关司法解释的规定。”因此,就《检察公益诉讼司法解释》未就检察机关提起民事公益诉讼的集中管辖另有规定的情况,《环境民事公益诉讼司法解释》的集中管辖规则也适用于检察机关提起民事公益诉讼的案件。也就是说,如遇案件所在地确定部分中级人民法院集中受理第一审环境民事公益诉讼案件的,市(分、州)人民检察院所提起的第一审民事公益诉讼案件应先受此集中管辖规则约束。

(三)原告诉讼材料的提交

环境民事公益诉讼原告提交的诉讼材料首先应当满足《民事诉讼法》规定的起诉状及其副本要求。此外,基于污染环境与破坏生态行为因果关系的复杂性及证明的困难程度,环境民事公益诉讼制度设计中降低了原告起诉时需要完成的证明责任,只需要提交能够证明损害或者损害风险的初步证明材料。司法解释对于不同主体应提交的起诉材料作出规定。

《环境民事公益诉讼司法解释》第8条规定,提起环境民事公益诉讼应当提交下列材料:(1)符合《民事诉讼法》第121条规定的起诉状,并按照被告人数提出副本;(2)被告的行为已经损害社会公共利益或者具有损害社会公共利益重大风险的初步证明材料;(3)社会组织提起诉讼的,应当提交社会组织登记证书、章程、起诉前连续5年的年度工作报告书或者年检报告书,以及由其法定代表人或者负责人签字并加盖公章的无违法记录的声明。

《检察公益诉讼司法解释》第14条规定,人民检察院提起民事公益诉讼应当提交下列材料:(1)民事公益诉讼起诉书,并按照被告人数提出副本;(2)被告的行为已经损害社会公共利益的初步证明材料;(3)已经履行公告程序的证明材料。

(四)公益诉讼参加人制度

环境民事公益诉讼参加人制度包括两项内容:第一,符合条件的社会组织作为共同原告申请参加诉讼;第二,支持起诉。《环境民事公益诉讼司法解释》第10条第2款规定:“有权提起诉讼的其他机关和社会组织在公告之日起三十日内申请参加诉讼,经审查符合法定条件的,人民法院应当将其列为共同原告;逾期申请的,不予准许。”第11条规定:“检察机关、负有环境资源保护监督管理职责的部门及其他机关、社会组织、企业事业单位依据民事诉讼法第十五条的规定，可以通过提供法律咨询、提交书面意见、协助调查取证等方式支持社会组织依法提起环境民事公益诉讼。”

（五）证据收集制度

基于环境民事公益诉讼的特殊性，证据收集制度的特点体现在两项规则上：第一，对被告的不利推定。被告拒不提供其应当持有或者持有的证据，并且原告的相关主张对被告不利的，法院可以推定该主张成立。《环境民事公益诉讼司法解释》第13条规定："原告请求被告提供其排放的主要污染物名称、排放方式、排放浓度和总量、超标排放情况以及防治污染设施的建设和运行情况等环境信息，法律、法规、规章规定被告应当持有或者有证据证明被告持有而拒不提供，如果原告主张相关事实不利于被告的，人民法院可以推定该主张成立。"第二，人民法院依职权调查收集证据或者委托鉴定。《环境民事公益诉讼司法解释》第14条规定："对于审理环境民事公益诉讼案件需要的证据，人民法院认为必要的，应当调查收集。对于应当由原告承担举证责任且为维护社会公共利益所必要的专门性问题，人民法院可以委托具备资格的鉴定人进行鉴定。"

（六）专家辅助人制度的突破

由于环境侵权行为因果关系的复杂性以及相关问题的技术性，环境民事公益诉讼的专家辅助人制度构建中不仅明确了专家辅助人的作用，并且对于《民事诉讼法》第82条规定的专家辅助人进行了突破，规定经过质证的专家意见可以作为认定事实的根据。《环境民事公益诉讼司法解释》第15条规定："当事人申请通知有专门知识的人出庭，就鉴定人作出的鉴定意见或者就因果关系、生态环境修复方式、生态环境修复费用以及生态环境受到损害至修复完成期间服务功能丧失导致的损失等专门性问题提出意见的，人民法院可以准许。前款规定的专家意见经质证，可以作为认定事实的根据。"

（七）诉权限制制度

传统的民事诉讼理论中原、被告可以自由处分自己享有的诉权。但是基于环境民事公益诉讼的公益性质，环境民事公益诉讼制度建构中对原、被告双方的诉权进行了限制，包括：(1)对原告承认的限制。《环境民事公益诉讼司法解释》第16条规定，原告在诉讼过程中承认的对己方不利的事实和认可的证据，人民法院认为损害社会公共利益的，应当不予确认。(2)对原告撤诉的限制，但是，也规定了允许原告撤诉的例外情况。《环境民事公益诉讼司法解释》第26条规定："负有环境资源保护监督管理职责的部门依法履行监管职责而使原告诉讼请求全部实现，原告申请撤诉的，人民法院应予准许。"第27条规定："法庭辩论终结后，原告申请撤诉的，人民法院不予准许，但本解释第二十六条规定的情形除外。"《检察公益诉讼司法解释》第19条规定："民事公益诉讼案件审理过程中，人民检察院诉讼请求全部实现而撤回起诉的，人民法院应予准许。"(3)对被告反诉的限制。《环境民事公益诉讼司法解释》第17条规定："环境民事公益诉讼案件审理过程中，被告以反诉方式提出诉讼请求的，人民法院不予受理。"《检察公益诉讼司法解释》第16条规定："人民检察院提起的民事公益诉讼案件中，被告以反诉方式提出诉讼请求的，人民法院不予受理。"

（八）公益性维持制度

环境民事公益诉讼公益性维持制度包括两个方面：一方面，针对传统民事诉讼"一事不再理"原则作出的调整。依照《环境民事公益诉讼司法解释》第28条的规定，该制度是指在以下三种情况下，可以突破"一事不再理"原则，针对同一污染环境、破坏生态的行为另行起诉：(1)前案原告的起诉被裁定驳回；(2)除本解释第26条规定的情形外，前案原告申请撤诉被裁定准许；(3)前案裁判生效后，有证据证明存在前案审理时未发现的损害，有权提起诉讼的机关和社会组织另行起诉。另一方面,对当事人调解的限制。《环境民事公益诉讼司法解释》第25条规定:“环境民事公益诉讼当事人达成调解协议或者自行达成和解协议后,人民法院应当将协议内容公告,公告期间不少于三十日。公告期满后,人民法院审查认为调解协议或者和解协议的内容不损害社会公共利益的,应当出具调解书。当事人以达成和解协议为由申请撤诉的,不予准许。调解书应当写明诉讼请求、案件的基本事实和协议内容,并应当公开。”

(九)司法救助制度

环境民事公益诉讼的赔偿金额往往巨大,如果依照一般的司法救助制度,原告承担在败诉之后的巨额诉讼费用风险,将极大地降低适格主体提起环境民事公益诉讼的积极性。同时,法院在审查减交或者免交诉讼费用申请中考虑原告的经济状况和案件的审理情况以防止因原告起诉成本过低导致的滥诉。《环境民事公益诉讼司法解释》第33条规定:“原告交纳诉讼费用确有困难,依法申请缓交的,人民法院应予准许。败诉或者部分败诉的原告申请减交或者免交诉讼费用的,人民法院应当依照《诉讼费用交纳办法》的规定,视原告的经济状况和案件的审理情况决定是否准许。”

(十)生效判决移送执行制度

除了特殊的民事诉讼类型之外,一般的民事诉讼案件生效裁判需要胜诉原告申请执行。由于环境民事公益诉讼的公益性,在制度设计中对其采用移送执行。《环境民事公益诉讼司法解释》第32条规定:“发生法律效力的环境民事公益诉讼案件的裁判,需要采取强制执行措施的,应当移送执行。”《检察公益诉讼司法解释》第12条规定:“人民检察院提起公益诉讼案件判决、裁定发生法律效力,被告不履行的,人民法院应当移送执行。”

(十一)与民事私益诉讼的衔接

由于环境民事公益诉讼与环境私益诉讼保护的法益不同,两种诉讼在发生上并不存在相互抵触的情况,即适格主体可以同时分别针对因污染者行为导致的环境公共利益损害或者人身、财产损害提起环境民事公益诉讼和环境私益诉讼。除此之外,《环境民事公益诉讼司法解释》还对公益诉讼生效裁判对私益诉讼的影响以及公益诉讼和私益诉讼受偿顺位问题作出了规定。

《环境民事公益诉讼司法解释》第30条规定:“已为环境民事公益诉讼生效裁判认定的事实,因同一污染环境、破坏生态行为依据民事诉讼法第一百一十九条规定提起诉讼的原告、被告均无需举证证明,但原告对该事实有异议并有相反证据足以推翻的除外。对于环境民事公益诉讼生效裁判就被告是否存在法律规定的不承担责任或者减轻责任的情形、行为与损害之间是否存在因果关系、被告承担责任的大小等所作的认定,因同一污染环境、破坏生态行为依据民事诉讼法第一百一十九条规定提起诉讼的原告主张适用的,人民法院应予支持,但被告有相反证据足以推翻的除外。被告主张直接适用对其有利的认定的,人民法院不予支持,被告仍应举证证明。”第31条规定:“被告因污染环境、破坏生态在环境民事公益诉讼和其他民事诉讼中均承担责任,其财产不足以履行全部义务的,应当先履行其他民事诉讼生效裁判所确定的义务,但法律另有规定的除外。”

(十二)生态(环境)损害索赔顺序

依据《生态赔偿改革方案》的规定,经调查发现生态环境损害需要修复或赔偿的,赔偿权利人根据生态环境损害鉴定评估报告,就损害事实和程度、修复启动时间和期限、赔偿的责任承担方式和期限等具体问题与赔偿义务人进行磋商,统筹考虑修复方案技术可行性、成本效益最优化、赔偿义务人赔偿能力、第三方治理可行性等情况,达成赔偿协议。对经磋商达成的赔偿协议,可以依照《民事诉讼法》向人民法院申请司法确认。经司法确认的赔偿协议,赔偿义务人不履行或不完全履行的,赔偿权利人及其指定的部门或机构可向人民法院申请强制执行。磋商未达成一致的,赔偿权利人及其指定的部门或机构应当及时提起生态环境损害赔偿民事诉讼。因此,生态(环境)损害索赔遵循“先磋商,磋商不成进入环境民事诉讼程序”,即“开展赔偿磋商达成赔偿协议并申请法院司法确认,磋商未达成一致的,应当及时提起生态环境损害赔偿民事诉讼”。

(十三)法院对诉讼请求的释明

基于公益诉讼保护法益的特殊性,在制度设计上增加了法院在诉讼过程中对诉讼请求的释明规定。《环境民事公益诉讼司法解释》第9条规定,“人民法院认为原告提出的诉讼请求不足以保护社会公共利益的,可以向其释明变更或者增加停止侵害、修复生态环境等诉讼请求”。《检察公益诉讼司法解释》第18条规定,“人民法院认为人民检察院提出的诉讼请求不足以保护社会公共利益的,可以向其释明变更或者增加停止侵害、恢复原状等诉讼请求”。

(十四)检察公益诉讼之刑事附带民事公益诉讼

有些破坏生态和资源保护的违法行为会侵犯《刑法》及相关司法解释保护的刑法法益,这种情况下涉及对犯罪行为同时提起民事公益诉讼和刑事公诉。《检察公益诉讼司法解释》第20条规定:“人民检察院对破坏生态环境和资源保护,食品药品安全领域侵害众多消费者合法权益,侵害英雄烈士等的姓名、肖像、名誉、荣誉等损害社会公共利益的犯罪行为提起刑事公诉时,可以向人民法院一并提起附带民事公益诉讼,由人民法院同一审判组织审理。人民检察院提起的刑事附带民事公益诉讼案件由审理刑事案件的人民法院管辖。”

四、预防性环境民事公益诉讼探讨[3]——以“电蚯蚓环境公益诉讼案”为视角

关于“电蚯蚓环境公益诉讼案”[4],可以探讨的问题如下:销售者能否成为环境公益诉讼的被告?“电蚯蚓环境公益诉讼案”比较典型,能很好地体现环境公益诉讼的性质。过去提起的许多环境公益诉讼的案件,其实都是有争议的。因为从自然资源权属的视角来看,土壤、水流等都有明确的主体,如水流属于国有,为什么所有权人这个主体自己不来提起诉讼,而要由环保NGO组织来提起诉讼?生态环境损害事实是确凿的,可是被侵权的主体,国家或者集体往往不会主动行使自己的诉权,那么环保NGO组织就可以依法提起诉讼。当然,我们只能从生态利益的溢出效应、环境公益等方面来论证这个公益诉讼的正当性和主体的适格性。

第一,电蚯蚓这个案件有什么特点?笔者认为,最大的一个特点是它具有不确定性。因为销售电蚯蚓的设备,卖给谁其实是不确定的,潜在的购买者具有不确定性。买了这个设备以后,具体用在哪一块土壤上或者用来干什么也具有不确定性。它对土壤环境的危害是确定的,但具体对哪一块土壤环境构成危害,危害多大,又具有不确定性,这正符合环境民事公益诉讼的性质。这一点毋庸置疑。

第二,销售者为什么成为适格被告?购买者具体实施电蚯蚓行为,作为一个加害者应该承担损害责任,但如果起诉购买者也有一个问题,其具体的损害价值是多少?比如一块土壤,电了两三斤蚯蚓,造成的损害到底有多大?这要从两方面来看:一方面从诉求方面来讲,损害

---

〔3〕 参见谭柏平:《从预防性环境公益诉讼的角度谈电蚯蚓案件》,载澎湃网,https://www.thepaper.cn/newsDetail_forward_9528457,最后访问日期:2020年10月12日。

〔4〕 2020年11月24日,中国生物多样性保护与绿色发展基金会以电蚯蚓机生产者、销售者为被告,以销售网络平台为第三人的环境公益诉讼——电蚯蚓案,在广东省珠海市中级人民法院第二法庭公开开庭审理。

有多大？针对某一次两次电蚯蚓行为提起诉讼，环保 NGO 组织是否应起诉？另一方面，针对不特定的加害者，这个潜在的数量可能非常多，无法精确确定，如果他们都去实施加害行为，那么潜在的影响就比较大了，从这方面来看，起诉销售者是明智的。

至于销售者和淘宝网之间的关系，本案把淘宝列为第三人也是合理的，甚至它也要承担补充责任。根据《消费者权益保护法》的规定，淘宝网其实就类似于过去的柜台出租者，这当然不是线下的大卖场，而是一个线上云卖场，在淘宝网上开店就类似于租柜台的一个销售者。从法律上讲，作为卖场主的柜台出租者淘宝网和租柜台的电蚯蚓设备销售者之间，其实存在一种补充责任关系，当然这里还有一点争议，两者究竟是一种连带责任，还是补充责任，可能会略有区别，但不管怎么说，淘宝网也是要承担补充责任的。

第三，电蚯蚓这个案件的性质有点像预防性的环境民事公益诉讼。2020 年 4 月，绿孔雀水电站案件就是一个典型的预防性环境公益诉讼案件，现在本案也类似。因为通过本案杜绝在淘宝网上销售电蚯蚓设备，从源头上追责，化解不可预估的土壤环境损害风险，符合环境法的保护优先、预防为主的原则，虽然有个别购买者已经实施了电蚯蚓的土壤加害行为，但本案把设备销售者作为被告，还是带有一种预防性色彩的。

第四，至于生态环境损害程度到底有多大，诉求是否合理，希望技术方面的专家能够提供一些专业支持。比如，电杀这么多蚯蚓，对土壤的生态环境造成的损害到底有多大，能不能量化？法院要求提供具体数字，但怎么评估、量化？这确实是一个难题。当然，预防性质的诉讼有它本身的特点，从预防性这个角度来讲，损害大多没有产生。即使它没有具体的损害，也可以提起这个诉讼，这个诉讼本身是成立的，法院不一定非得纠结于一定要造成多大的损害，否则，就违背了预防性环境公益诉讼的目的。当然，电蚯蚓这种行为对土壤生态环境造成损害这是毋庸置疑的，假如土壤里面没有蚯蚓，或者土壤里的蚯蚓数量急剧减少，土壤会发生板结，这显而易见，但问题是如何衡量损害程度，这确实需要再进一步论证和评估。

其间服务功能损失如何评估，也是一个问题，到底损失多大，诉求中有一个购买者说其电了多少蚯蚓，产值金额是多少，但也并不意味着能将购买者的所得和其间服务功能损失画等号。

这个案件非常典型，笔者认为，最关键的一点在于它彰显的意义是案件的预防性，即针对电蚯蚓这种行为提起了生态环境公益诉讼。因此，法院可以不拘泥于具体的金额，纠结这个金额，损害的评估和量化都比较难，比如一亩土地少了多少蚯蚓，会造成多大的生态环境损害？这确实是这个案子的一大难题。从诉讼技巧方面来看，因为涉及的是不特定土壤的生态环境受到潜在的损害，所以，本案从预防性环境公益诉讼这个角度出发，可能会是一个好的策略。

第三节 环境行政公益诉讼

一、环境行政公益诉讼概述

我国环境行政公益诉讼，是指人民检察院在履行职责中发现生态环境和资源保护领域负有监督管理职责的行政机关违法行使职权或者不作为，致使国家利益或者社会公共利益受到侵害，人民检察院向行政机关提出检察建议，督促其依法履行职责，行政机关不依法履行职责，人民检察院向人民法院提起的诉讼。

我国环境行政公益诉讼的特点：(1)原告法定性。根据现行法规定，人民检察院是我国环境行政公益诉讼的法定适格原告。这区别于一般行政诉讼中，有行政相对人作为行政诉讼原告提起行政诉讼的规定。[5] (2)保护的法益特殊。我国环境行政公益诉讼保护的法益是行政机关违法行使职权或者不作为侵害的国家利益或者社会公共利益。(3)提起环境行政公益诉讼需要履行诉前程序。人民检察院向行政机关提出检察建议，督促其依法履行职责，行政机关不依法履行职责，人民检察院向人民法院提起诉讼。这一点表明，环境行政公益诉讼具有督促行政机关依法履行职责的功能。

二、检察环境公益诉讼

为正确适用《民事诉讼法》《行政诉讼法》关于人民检察院提起公益诉讼制度的规定，结合审判、检察工作实际，2018 年 3 月 1 日最高人民法院和最高人民检察院联合发布了《检察公益诉讼司法解释》，该司法解释于 2020 年 12 月 23 日修正。人民法院、人民检察院办理公益诉讼案件，应当遵守宪法法律规定，遵循诉讼制度的原则，遵循审判权、检察权运行规律。

（一）人民检察院的诉讼地位

依据《民事诉讼法》和《行政诉讼法》的规定，人民检察院可以作为原告提起检察环境公益诉讼。《民事诉讼法》规定，“法律规定的机关和有关组织”有权针对污染环境损害社会公共利益的行为提起诉讼。但是法律及相关司法解释中并未对人民检察院在公益诉讼中的主体地位作出明确规定。

《检察公益诉讼司法解释》第 4 条规定：“人民检察院以公益诉讼起诉人身份提起公益诉讼，依照民事诉讼法、行政诉讼法享有相应的诉讼权利，履行相应的诉讼义务，但法律、司法解释另有规定的除外。”

（二）人民检察院提起环境公益诉讼的法院管辖

《检察公益诉讼司法解释》第 5 条规定：“市（分、州）人民检察院提起的第一审民事公益诉讼案件，由侵权行为地或者被告住所地中级人民法院管辖。基层人民检察院提起的第一审行政公益诉讼案件，由被诉行政机关所在地基层人民法院管辖。”依据《检察公益诉讼司法解释》第 1 条和第 26 条的规定，本司法解释没有规定的内容，适用《民事诉讼法》、《行政诉讼法》和相关司法解释的规定。从内容上看，《检察公益诉讼司法解释》的内容主要针对检察机关作为原告提起公益诉讼的特殊规则；《民事诉讼法》《行政诉讼法》中有关诉讼的一般规则，以及相关司法解释中不与《检察公益诉讼司法解释》相抵触的、针对公益诉讼的特殊规则均可使用。因此，检察机关提起环境民事公益诉讼应当遵守《环境民事公益诉讼司法解释》中集中管辖条款及地方依此条款颁布的有关集中管辖的规定，以及相关行政诉讼法律规范中关于交叉管辖、集中管辖和提级管辖的规定。

（三）人民检察院提起环境公益诉讼的二审程序

《检察公益诉讼司法解释》第 10 条规定：“人民检察院不服人民法院第一审判决、裁定的，可以向上一级人民法院提起上诉。”第 11 条规定：“人民法院审理第二审案件，由提起公益诉讼的人民检察院派员出庭，上一级人民检察院也可以派员参加。”在该司法解释公布之前，地方司法实践中法院和检察院关于人民检察院在公益诉讼中的地位和二审的启动方式存在分歧。这两条规定表明，虽然人民检察院基于其相关职权提起检察公益诉讼，但是其诉讼地位

---

[5] 关于人民检察院是否为我国环境行政公益诉讼的唯一适格原告，仍存在争议。从法律依据上推论，并没有排除环保社会组织提起环境行政公益诉讼。

为普通原告，通过上诉的方式提起二审程序，并且由一审原告参加上诉审程序。

（四）检察公益诉讼的新发展〔6〕

第一，检察公益诉讼实践的新发展。检察公益诉讼实践探索的新发展主要体现在三个方面：一是办案数量持续上升，保持稳定规模。检察公益诉讼全面实施以来，立案数量逐年提升，2020 年全年立案 15.1 万件，2021 年 1 月至 11 月立案 15.2 万件，同比增加 1.3 万件。二是办案领域和范围不断拓展。随着相关法律制定和修改，检察公益诉讼法定办案领域已经由 4 个增至 9 个。在扎实办好法定领域案件的同时，全国检察机关按照"积极、稳妥"的原则开展了一些新领域的探索，取得了良好效果。三是案件结构稳中有变。从 2021 年 1 月至 11 月数据分析来看，案件结构整体上保持稳定的同时，也有一些变化。案件类型方面，行政公益诉讼占比 88%，仍旧是办案的主要类型。案件领域方面，生态环境和资源保护领域是办案的主要领域，占比 52%，但同比下降 3 个百分点。案件起诉方面，民事公益诉讼案件占比 91%，是起诉案件的主体，民事公益诉讼起诉案件中刑事附带民事公益诉讼起诉案件占比 85.7%，同比下降 2.7 个百分点。此外，注重和加强办案质效和规范化建设，公益诉讼办案质量不断提升，推动了公益损害问题的解决和案件办理的规范化建设。

第二，检察公益诉讼制度建设的新发展。我国检察公益诉讼制度规范建设不断充实和加强。一是法律方面。2021 年通过的《军人地位和权益保障法》《安全生产法》和《个人信息保护法》都增设了关于公益诉讼的条款。并且，这三部法律采用了一个新的立法表述，在法律条文中一并解决了提起民事公益诉讼以及行政公益诉讼的法律依据和相关适用程序问题。二是司法解释方面。配合《民法典》实施，2020 年年底修订的最高人民法院、最高人民检察院《关于检察公益诉讼案件适用法律若干问题的解释》于 2021 年年初施行。最高人民检察院颁布了《人民检察院公益诉讼办案规则》，检察公益诉讼在办案流程机制构建和规范方面迈出了一大步。此外，2021 年最高人民检察院还发布了有关公益诉讼检察工作主题的第二十九批指导性案例，为相关案件的办理提供了重要指引。三是地方性法规方面。2021 年又有 2 个省级人大常委会就检察公益诉讼出台专项决定，截至 2021 年年底已有 26 个省级人大常委会就检察公益诉讼出台专项决定。

第三，检察公益诉讼理论研究的新发展。检察公益诉讼理论研究进一步丰富和深化，总体上呈现出三个方面的特点：(1)检察公益诉讼理论研究和实践探索高度融合。检察公益诉讼实践探索中的问题和需求在理论研究之中得到了回应，对共识的达成起到了积极作用。(2)检察公益诉讼理论研究主题丰富多元。涉及的主题不仅有基础理论问题，还涉及相关制度建设问题，以及具体法律条文的理解适用问题。(3)检察公益诉讼理论研究更加细化和深入。这些议题主要围绕检察公益诉讼实践如何开展、相关制度如何构建展开。研究主题逐渐细化和深入，尤其关注公益诉讼检察实践中出现的新问题、新现象，以及相关制度完善问题。

三、环境行政公益诉讼主体

（一）环境行政公益诉讼原告

环境行政公益诉讼原告是指因生态环境和资源保护领域负有监督管理职责的行政机关违法行使职权或者不作为，致使国家利益或者社会公共利益受到侵害时，由检察机关向行政机关提出检察建议，督促其依法履行职责，行政机关依旧不依法履行职责的，依据检察机关法

〔6〕 参见胡卫列、孙森森：《理论与实务深度融合　推进公益诉讼检察新发展》，载《检察日报》2022 年 1 月 12 日，第 3 版。

定监督权提起诉讼的人民检察院。

(二)环境行政公益诉讼被告

环境行政公益诉讼被告是指在生态环境和资源保护领域负有监督管理职责的,因违法行使职权或者不作为,致使国家利益或者社会公共利益受到侵害,经人民检察院提出检察建议,督促其依法履行职责,仍不依法履行职责的行政机关。

四、环境行政公益诉讼特殊规则

(一)环境行政公益诉讼诉前程序

这一项制度是行政公益诉讼中的一项重要制度,但是,在《行政公益诉讼司法解释》(征求意见稿)中没有直接规定这项制度,原因是就此程序应由最高人民检察院予以统一规范。但未来若最高人民法院、最高人民检察院联合制定该司法解释,有望予以明确规定。基于该制度的重要性,本部分专门列出予以介绍。

由于行政公益诉讼的主要目的是督促行政机关正确履行职责,所以制度上设计了在人民检察院正式提起行政公益诉讼之前,发出检察建议督促行政机关正确履行职责。如果行政机关正确履行职责则阻却人民检察院提起行政公益诉讼。根据《检察公益诉讼司法解释》第21条第2款和第3款的规定,行政机关应当在收到检察建议书之日起两个月内依法履行职责,并书面回复人民检察院。出现国家利益或者社会公共利益损害继续扩大等紧急情形的,行政机关应当在15日内书面回复。行政机关不依法履行职责的,人民检察院依法向人民法院提起诉讼。

(二)原告提交的起诉材料

首先,环境行政公益诉讼原告提交的诉讼材料应当满足行政诉讼法规定的起诉状及其副本要求。其次,人民检察院提起诉讼需要满足有损害发生的条件。因此,人民检察院需要提交被诉行政行为或者不作为已经损害国家利益、社会公共利益的初步证明材料。最后,由于行政公益诉讼的主要目的是督促行政机关正确履行职权。若经过诉前程序,行政机关依旧不正确行使职权才能提起环境行政公益诉讼。因此,人民检察院提起公益诉讼还需要提交向行政机关提出检察建议,督促其依法履行职责,行政机关不依法履行职责的证明材料,以及其他证明材料。《检察公益诉讼司法解释》第22条规定,人民检察院提起行政公益诉讼应当提交下列材料:(1)行政公益诉讼起诉书,并按照被告人数提出副本;(2)被告违法行使职权或者不作为,致使国家利益或者社会公共利益受到侵害的证明材料;(3)已经履行诉前程序,行政机关仍不依法履行职责或者纠正违法行为的证明材料。

(三)在诉讼过程中原告诉讼请求全部实现的处理

环境行政公益诉讼开始审理之后,法院判决之前可能会出现原告诉讼请求全部实现的情况。在诉讼过程中原告诉讼请求全部实现,是指在诉讼开始审理之后,法院判决之前,被告及时改正违法行为、对违法行为造成的后果进行积极补救等从而使原告的诉讼请求全部实现的情况。在诉讼过程中出现这种情况,一般有两种处理方式:第一种,原告因诉讼请求全部实现而申请撤诉;第二种,原告申请变更诉讼请求,请求法院确认原行政行为违法。《检察公益诉讼司法解释》第24条规定:“在行政公益诉讼案件审理过程中,被告纠正违法行为或者依法履行职责而使人民检察院的诉讼请求全部实现,人民检察院撤回起诉的,人民法院应当裁定准许;人民检察院变更诉讼请求,请求确认原行政行为违法的,人民法院应当判决确认违法。”

（四）环境行政公益诉讼的裁判方式

《检察公益诉讼司法解释》第25条第1款规定了五种判决类型：（1）被诉行政行为具有《行政诉讼法》第74、75条规定情形之一的，判决确认违法或者确认无效，并可以同时判决责令行政机关采取补救措施；（2）被诉行政行为具有《行政诉讼法》第70条规定情形之一的，判决撤销或者部分撤销，并可以判决被诉行政机关重新作出行政行为；（3）被诉行政机关不履行法定职责的，判决在一定期限内履行；（4）被诉行政机关作出的行政处罚明显不当，或者其他行政行为涉及对款额的确定、认定确有错误的，可以判决予以变更；（5）被诉行政行为证据确凿，适用法律、法规正确，符合法定程序，未超越职权，未滥用职权，无明显不当，或者人民检察院诉请被诉行政机关履行法定职责理由不成立的，判决驳回诉讼请求。

五、环境行政公益诉讼可以走得更远——“锦屏一案”的意义〔7〕

2016年1月13日，贵州省锦屏县检察院提起以锦屏县环保局为被告的环境行政公益诉讼案（以下简称“锦屏一案”），经贵州省黔南州福泉市人民法院一审判决，确认锦屏县环保局对鸿发、雄军等企业违法生产的行为“怠于履行监管职责”的行为违法。在此之前，地方检察院诉环保局违法的环境行政公益诉讼并不乏其例，而“锦屏一案”判决被告环保部门败诉，这在全国尚属首例。

众所周知，我国正处于环境污染、生态破坏、危害食品安全等侵害国家和社会公共利益事件的多发期，而对此负有监管职责的行政机关又常有违法行使职权或者怠于行使职权的行为，对此类违法行政行为社会各界反响强烈，要求强化对行政违法行为的监督，加强对社会公共利益的保护。由于与公民、法人和其他社会组织没有直接利害关系，其没有也很难提起公益诉讼，导致违法行政行为缺乏有效司法监督。故此，2014年10月，党的十八届四中全会提出了“探索建立检察机关提起公益诉讼制度”。2015年7月1日，第十二届全国人大常委会第十五次会议作出《检察公益诉讼试点决定》；2015年7月2日，最高人民检察院印发《检察公益诉讼试点方案》。由检察机关提起公益诉讼，不仅能充分发挥检察机关法律监督职能作用，优化司法职权配置、完善行政诉讼制度，而且也可以促进依法行政、严格执法，推进法治政府建设，达到维护国家和社会公共利益的目的。

“锦屏一案”亮点颇多。该案经最高人民检察院于2015年12月17日批复后，从起诉到审结仅用时26天。该案也是全国人大常委会授权最高人民检察院开展公益诉讼试点工作以来贵州受理的首例，也是全国范围内首例审结的由检察机关提起的环境行政公益诉讼案件，其后续影响与示范意义不可估量。在案件审理过程中，贵州法院针对环境污染存在跨区域性、扩散性的特点，通过确立统一的司法政策，推动各主体对环境污染进行综合施策、科学治理，探索在贵州省境内实行跨行政辖区的司法管辖模式。而且，该案实施了由专家陪审员组成合议庭参与审理生态环保案件的制度，在审理中运用环保领域专家的知识特长，对该案的证据分析、责任大小等认定方面起到了重要作用，这些尝试既是审判制度的创新，也为以后类似的环境行政公益诉讼提供了宝贵经验。

在这起环境行政公益诉讼案件中，环保部门缘何成为被告，又为何败诉呢？根据《检察公益诉讼试点方案》要求，试点期间的重点是对生态环境和资源保护领域的案件提起行政公益诉讼。贵州省锦屏县检察院在开展督促起诉专项工作中发现，该县7家石材公司在未依法建设环保设施的情况下长期违法生产，并将未经沉淀处理的生产废水直排清水江。锦屏县环保

〔7〕参见谭柏平：《行政公益诉讼可以走得更远》，载《法治周末》2016年3月29日，第2版。

局虽责令相关石材企业限期改正,但部分企业在收到限期改正通知书后仍继续生产和违法排污,锦屏县环保局未对整改情况进行有效监督和管理,怠于履行职责。因此,锦屏县检察院根据《检察公益诉讼试点决定》和《检察公益诉讼试点方案》以及贵州省高级人民法院《关于环境保护案件指定集中管辖的规定(试行)》的规定,以锦屏县环保局为被告向福泉市法院提起环境行政公益诉讼,请求确认锦屏县环保局怠于履行职责的行为违法,并请求判令锦屏县环保局履行监管职责。

锦屏县环保局其实完全可以避免成为被告。根据《检察公益诉讼试点方案》,在提起行政公益诉讼之前,检察机关应当先行向相关行政机关提出检察建议,督促其纠正违法行政行为或依法履行职责。经过诉前程序,行政机关拒不纠正违法行政行为或不履行法定职责,社会公共利益仍处于受侵害状态的,检察机关可以提起行政公益诉讼。据报道,锦屏县检察院先后两次向该县环保局发出检察建议,但该县环保局既不予以回复,也未履行监管职责,相关企业仍然存在违法生产排污行为,国家和社会公共利益持续处于受侵害的状态。可见,锦屏县检察院提起环境行政公益诉讼于法有据。2016 年 1 月 13 日上午,福泉市法院在锦屏县法院审判庭依法公开开庭审理此案,并当庭作出判决,支持了检察机关的诉讼请求。与此同时,设置“检察建议”这道诉前程序,是为了避免该类案件“爆棚”,节约司法资源,提高检察监督的效力,在行政公益诉讼中也有利于发挥行政机关履行职责的能动性。

不可否认,我国一些地方环保部门查处环境违法问题落实不到位,对公众举报环境问题解决不彻底,存在怠政、懒政现象。这些违法违规情形不仅招致社会各界不满与媒体批评,也引起检察机关的高度关注。无论如何,环保部门都应该依法行政,积极主动履行环境监管职责,严格环境执法,尤其是在检察机关提出生态环境和资源保护方面的检察建议之后,必须积极回应,依法采取强硬措施,不能让生态环境继续处于受侵害状态之下,这应该是环保部门从本案中必须吸取的教训。

我国公益诉讼处于刚起步的阶段,一方面缺乏实践经验,另一方面相关制度需要进一步完善。检察机关进行公益诉讼改革试点,其目的就是要探索实践经验,推动完善相关立法。通过“锦屏一案”可以预见,我国构建的检察机关提起公益诉讼制度是在中央顶层设计的基础上,通过全国人大常委会的依法授权,在部分地区开展公益诉讼先行试点,并在授权试点的基础上总结经验,再对现行法律作出修改,最终建立起完善的国家公益诉讼法律制度。有了国家立法机关的授权,我国检察机关介入公益诉讼在法理上已不存在任何障碍,这种路径探索也是我国司法体制改革中法治思维的体现与运用。

今后的行政公益诉讼应重视社会组织的作用。在行政公益诉讼中,社会组织可以通过到检察机关举报的方式为检察机关提供案源和初步的证据,同时鼓励社会组织作为行政公益诉讼的主体。检察机关提起环境行政公益诉讼在调查取证等方面有自身的优势,但也面临队伍建设、人员编制、诉讼成本等方面的劣势。虽然《检察公益诉讼试点决定》和《检察公益诉讼试点方案》明确了检察机关提起公益诉讼的主体地位,但从趋势上看,试点的方向并不是今后让检察机关都成为公益诉讼的代表,而是通过两年的试点,能够在培育社会公益诉讼主体和完善检察机关对于行政机关的检察功能方面取得更多的经验。《环境保护法》第 58 条规定,符合条件的社会组织可以提起环境公益诉讼,可见,该条规定并没有否认社会组织可以提出环境行政公益诉讼。2015 年,环保组织提出的环境公益诉讼全部为环境民事公益诉讼,没有一例涉及环境行政公益诉讼,但是,今后提起环境行政公益诉讼应该也应当成为环保社会组织尝试的一个方向。

六、检察机关起诉生态环境主管部门的法理依据[8]

2016年,吉林省延吉市检察院因延吉市环境保护局怠于履行职责,依法向延吉市人民法院提起行政公益诉讼。2014年11月至12月,延边恒盛建材有限公司用翻斗车将延边国电龙华公司近1.3万吨粉煤灰擅自倾倒在小营镇东光村九组集体所有的林地内。延吉市环境保护局于2015年3月30日对此作出行政处罚。延边恒盛建材有限公司缴纳罚款后,未履行粉煤灰的移除义务,延吉市环境保护局未再督促该公司履行行政处罚决定,也未在法定期限内申请人民法院强制执行。2016年3月24日,延吉市检察院向延吉市环保局发出了检察建议,督促其立即采取有效措施,依法确保延吉市小营镇东光村南山沟处限期恢复原状。虽然延吉市环境保护局督促延边恒盛建材有限公司清运了部分粉煤灰,但仍有大部分粉煤灰堆放在原处,生态环境破坏仍处于持续状态。为保护生态环境与森林资源,维护国家和社会公共利益,延吉市检察院根据2015年7月1日出台的《检察公益诉讼试点决定》及2015年7月2日出台的《检察公益诉讼试点方案》,就该案向延吉市人民法院提起行政公益诉讼。延吉市环境保护局也由此被延吉市检察院推上被告席。这也不是检察机关第一次起诉环保局了。

2015年12月16日,山东省庆云县检察院因县环保部门不依法履行职责,依法向庆云县法院提起行政公益诉讼。12月18日,贵州省锦屏县检察院对锦屏县环境保护局不依法履行职责,向福泉市人民法院提起行政公益诉讼。在这两起行政公益诉讼中,检察机关的诉讼请求得到法院支持,法院均判被告环保局怠于履行监管职责的行为违法。

由检察机关提起公益诉讼,不仅能充分发挥检察机关法律监督职能作用,优化司法职权配置、完善行政诉讼制度,而且也可以促进依法行政、严格执法,推进法治政府建设,达到维护国家和社会公共利益的目的。在这起环境行政公益诉讼案件中,延吉市环保局虽责令相关企业限期改正,但企业在收到限期改正通知书后没有积极履行,延吉市环保局未对整改情况进行有效监督和管理,怠于履行职责。

延吉市环保局其实完全可以避免成为被告。根据《检察公益诉讼试点方案》,在提起行政公益诉讼之前,检察机关应当先行向相关行政机关提出检察建议,督促其纠正违法行政行为或依法履行职责。经过诉前程序,行政机关拒不纠正违法行政行为或不履行法定职责,社会公共利益仍处于受侵害状态的,检察机关可以提起行政公益诉讼。据报道,延吉市检察院曾向该市环保局发出检察建议,但该环保局未履行监管职责,国家和社会公共利益持续处于受侵害的状态。可见,检察院提起环境行政公益诉讼于法有据。

七、社会组织提起环境行政公益诉讼探讨[9]

第一,社会组织可以也应该重视提起行政公益诉讼。社会组织提起环境民事公益诉讼一直遇到一些阻碍,这些阻碍现在仍然还在,比如巨额诉讼成本、原告资格问题、天价受理费、损害评估前期投入、修复基金的管理和使用等。此外,省级、市地级政府提起生态环境损害赔偿诉讼可能会进一步挤压社会组织提起环境民事公益诉讼的空间,因为法院很有可能会以省级、市地级政府是适格的诉讼原告为由,拒绝受理社会组织提起的诉讼。如果社会组织提起环境行政公益诉讼,这些问题就可以避免,而且,还可以填补一下行政公益诉讼的空白。从

---

〔8〕 参见谭柏平:《检察机关起诉环保局"懒政"要理直气壮》,载《法治周末》2016年9月21日,第2版。

〔9〕 参见谭柏平:《社会组织可以、也应该重视提起行政公益诉讼》,载中国生物多样性保护与绿色发展基金会网,http://www.cbcgdf.org/NewsShow/4854/2665.html,最后访问日期:2017年7月27日。

2015年7月开始,检察机关提起公益诉讼试点,到2017年6月《行政诉讼法》修正,试点成果法律化,虽然提起环境行政公益诉讼是检察机关优先,但是从法律上看,检察机关并不能垄断这一诉讼,《环境保护法》第58条规定符合条件的社会组织可以提起诉讼,并没有限定这仅为民事公益诉讼。我国《宪法》规定检察机关是法律监督机关,监督的这个法律当然可以是刑事法律、民事法律,也可以是行政法律。因此,从法律上讲,检察机关其实也可以提起民事公益诉讼,实际上,法律规定检察机关提起民事公益诉讼的优势地位让给"法律规定的机关和有关组织"了,但不能得出结论说,行政公益诉讼就被检察机关垄断了。我国检察机关近些年提起的行政公益诉讼数量非常多,这些成绩要肯定,但是现在来看,检察机关提起环境行政公益诉讼难免会有一些选择性,或者会有一些顾及不到的地方,此时社会组织提起环境行政公益诉讼以作为补充是可以的,也有现实上的需要。

当然,社会组织提起环境行政公益诉讼,是否应与环境民事公益诉讼合在一起,"行民一体"或者"环境民事公益诉讼附带行政公益诉讼"？这个问题从学理上来讲还存在争议,值得进一步探讨。

第二,国家利益与社会公共利益、公益与私益的关系。《行政诉讼法》规定,致使国家利益或者社会公共利益受到侵害的,检察机关可以向人民法院提起诉讼。两个利益中间用了"或者"两个字是比较准确的,这里说的提起诉讼,应该既有公益诉讼,也有私益诉讼。检察机关为了国家利益代表国家提起的诉讼,不应该当作是公益诉讼。国家利益不能等同于社会公共利益,"公诉"不能等同于"公益诉讼",两者不能混淆。

省级人民政府经授权提起生态环境损害赔偿诉讼,笔者认为这不是公益诉讼,而是一种特殊的私益诉讼。国家利益和社会公共利益的一个区别在于,国家在法律上是一个具体的主体,国家身份是多重的,它既是管理者,又是国有资产所有者,还可以作为出资人,在法律关系上它是不能分散的,只能作为一个整体的一方主体。它在法律上的私益是存在的、具体的。

省级政府提起生态环境损害赔偿诉讼在将来可能会进一步挤压社会组织提起民事公益诉讼的空间,因为法院很有可能会以省级政府是生态环境损害的利害关系人为由而拒绝受理社会组织提起的公益诉讼。目前,社会组织提起民事公益诉讼面临许多困难。社会组织不妨转换思路,重视开展环境行政公益诉讼,这既可以避开民事公益诉讼面临的困难,其实也符合环境保护预防为主的原则,过去的精力总放在生态损害赔偿上,这其实还是注重于末端治理。行政公益诉讼应该着重于环境损害的预防,关注规划与项目的环评等工作,这对环境行政部门也是一种督促与监督,且各方面付出的成本其实都是很小的。

第三,公益诉讼和私益诉讼的兼容问题。最高人民法院《环境民事公益诉讼司法解释》规定,在受理公益诉讼的同时也可以允许存在另外一个私益诉讼,其中会涉及公益诉讼和私益诉讼的诉讼利益分配问题。该司法解释设想的情景是两种诉讼是同时发生的,事实认定与证据证明可以兼容,但如果不是同时发生的呢？假如公益诉讼早已经审理结束,就同一环境侵害行为提起私益诉讼的受害者,那怎么办？对于加害人被告来说,他早就已经赔偿了,还要不要再赔偿？站在整个受害赔偿的角度来看,公益与私益两种诉讼利益,到底是补充关系,叠加关系,还是包含关系？对这种诉讼利益,能否参照我国《企业破产法》关于破产财产的分配规则来解决环境公益诉讼修复基金的使用与私益诉讼利益的分配问题？这值得进一步探究。

八、检察公益诉讼理论与实务研究的前沿问题

（一）检察公益诉讼基础理论的重点问题〔10〕

检察公益诉讼基础理论研究在推动公益诉讼检察发展方面发挥着重要的支撑作用。一是检察公益诉权建构。有论者认为，传统行政诉讼朝着主观诉讼方向发展的诉权理论已经从诉权实体化、私法化和主观化角度束缚了检察公益诉权的合理建构。为了推动检察公益诉讼制度的深化发展，应当厘清公益诉权的构成要素，从主体、权责以及受案范围等维度夯实公益诉权基础。还应强化公益诉权的正当性，突出其客观诉权性质，并在现代实质诉讼法的立场上加强公益诉权建设。二是检察机关在公益诉讼中的地位。有观点认为，检察机关是代表国家维护公益的法律监督机关，具有法律监督和公益代表的双重属性、双重角色和双重责任。三是公益诉讼立法。有论者认为，我国公益诉讼法律规定不足，需要法律层面的专门立法加以补充完善。相关立法在内容上应加强与管制法的内在关联，协调与管制执法的顺位关系，理顺检察机关诉讼与社会组织诉讼、检察行政公益诉讼与检察民事公益诉讼的关系，强化公众参与，进行类型化构建。在模式上应构建“综合法＋单行法”体系，遵循先具体、后一般的立法顺序。检察公益诉讼基础理论还涉及支持起诉、公益诉讼制度体系化、环境公益诉讼中环境权的实现等议题。值得关注的是，有论者运用实证方法对检察公益诉讼制度的实效性进行了考察。

（二）行政公益诉讼的重点问题

无论是从检察公益诉讼制度建立的初衷，还是从办案数量和规模来看，行政公益诉讼是检察公益诉讼的核心，也一直是检察公益诉讼研究的重点内容。

1. 行政公益诉讼中对行政机关不履行法定职责认定的主要分歧体现在认定标准上。有论者认为，应采用“行为标准”，基于行政诉讼法确立的合法性审查原则，公益是否受到侵害并不必然影响对行为合法性的审查，公益损害的结果问题不是审查范围。有论者则认为，需要综合考量，对危险防止型环境行政不作为案件的司法审查标准，需要考量主体要素、主观要素、行为要素与因果关系要素等。还有论者认为，应该针对不同类型确立不同标准：针对怠于或违法履行监管职责的，应采用行政行为是否合法的单一标准；针对不完全履行监管职责的，应采用行为标准和结果标准相结合的复合性标准。2021 年最高人民检察院发布的第 112 号指导性案例明确了刑事附带民事公益诉讼案件中，公安机关调查取证完成后，犯罪嫌疑人无力处置污染物，行政机关又不履行代处置义务的，属于不依法履行法定职责。

2. 关于行政公益诉讼是否有起诉期限、如何确定起诉期限，存在“无期限说”“普通期限说”“特殊期限说”三种观点。有论者认为，基于公益诉权及时行使、法律关系及时稳定和公共利益及时保护等要求，行政公益诉讼应受起诉期限约束。应以检察机关收到行政机关回函或逾期不回函之日为起算点，推导适用现有一般起诉期限、最长起诉期限及扣除、延长等规定。

3. 关于办案领域和范围的拓展。党的十九届四中全会明确提出拓展公益诉讼案件范围的要求，检察机关一直将其作为公益诉讼检察的重点工作推进。中共中央 2021 年印发的《关于加强新时代检察机关法律监督工作的意见》也要求积极稳妥拓展公益诉讼案件范围，包括要拓展文物和文化遗产保护等领域的公益诉讼案件。2021 年最高人民检察院发布的第 114 号指导性案例，明确了破坏自然遗迹和风景名胜的行为，属于“破坏生态环境和资源保护”的

---

〔10〕 参见胡卫列、孙森森：《理论与实务深度融合　推进公益诉讼检察新发展》，载《检察日报》2022 年 1 月 12 日，第 3 版。

公益诉讼案件范围。办案领域和范围的拓展一直是检察公益诉讼发展的重要引擎。办案领域和范围的进一步拓展,不仅体现在法定办案领域的增加上,也体现在法定办案领域之外的新领域探索上。以环境公益诉讼保护文物的司法路径,引发文物保护公益诉讼是否属于环境公益诉讼的争议。有论者认为,环境概念内涵上无法容纳"文物",二者在不可移动文物和人文遗迹方面存在重合的地方。借助环境公益诉讼职能实现对不可移动文物的保护,无法实现对所有文物的保护。应该从立法、司法两个方面完善文物公益诉讼制度。除了以上领域之外,还有论者分析了光污染等领域开展检察公益诉讼的正当性和必要性。

4. 关于行政公益诉讼的议题还涉及磋商程序、诉前程序司法化、检察建议援用,以及行政公益诉讼的类型化、管辖、诉讼请求、证明责任、判决方式、执行等。

(三)检察机关能否提起海洋生态环境公益诉讼的问题

海洋生态环境公益诉讼是近年来学界讨论的热点。关于《海洋环境保护法》第 89 条第 2 款规定的原告主体资格问题,存在不同解释。有论者认为该条规定有效排除了检察机关和其他环境社会组织提起海洋环境公益诉讼的原告主体资格。有论者则持相反意见,认为该条并非海洋环境民事公益诉讼适格原告的特别规定,而是补充性规定,应遵循《民事诉讼法》《环境保护法》及相关司法解释中确立的一般规则。关于《海洋环境保护法》第 89 条第 2 款规定的诉讼性质问题,存在不同认识。一种观点认为,该条规定的"行使海洋环境监督管理权的部门"所提起的诉讼兼具普通诉讼和公益诉讼的双重性质。另一种观点认为,该条规定在性质上属于生态环境损害赔偿制度一部分,海洋环境公益诉讼不必专门作出规定,遵循《民事诉讼法》等规定即可。

(四)惩罚性赔偿在公益诉讼中的适用

2021 年年初,江西省浮梁县检察院提起的跨省环境污染民事公益诉讼案获得法院支持,系全国首例适用民法典污染环境惩罚性赔偿的民事公益诉讼案。2021 年最高人民检察院与最高人民法院等部门联合印发了《探索建立食品安全民事公益诉讼惩罚性赔偿制度座谈会会议纪要》,积极支持地方执法、司法部门稳步推进食品安全民事公益诉讼惩罚性赔偿实践探索。检察公益诉讼中可否提起惩罚性赔偿诉讼请求,目前在理论上的分歧依旧很大,尚未达成共识。持肯定论者认为,私人惩罚性赔偿与公益诉讼惩罚性赔偿在功能上不同,前者功能在于激励消费者发现并制止违法行为,而后者功能在于惩罚与威慑,二者同时存在,并不会发生重复赔偿的问题。持反对意见者认为,在环境民事公益诉讼中适用惩罚性赔偿缺乏法律依据,且会造成重复性惩罚,惩罚性赔偿尚不适宜纳入环境民事公益诉讼之中。关于惩罚性赔偿金与刑事罚金、行政罚款能否并列适用存在不同认识:一种观点认为,当检察机关提起民事公益诉讼时,其请求的惩罚性赔偿具有刑事惩罚性,应受到一事不再罚原则的限制,与罚金不能并列适用;另一种观点认为,检察公益诉讼中惩罚性赔偿金与刑事罚金、行政罚款可以同时存在。三者之间是否可以相互抵扣也存在分歧:持肯定意见者认为,三者都具有惩罚与威慑的功能,相互抵扣不会发生惩罚不足的问题;持反对意见者则认为,民事惩罚性赔偿金与刑事罚金、行政罚款性质不同,相互抵扣没有法律依据。

(五)检察公益诉讼与生态环境损害赔偿诉讼衔接

生态环境损害赔偿诉讼与民事公益诉讼都是为生态环境损害救济设立的制度。关于二者关系存在三种学说:"顺位说""合并说""范围说"。一是"顺位说"。关于二者的顺位关系,有两种观点:一种观点认为,生态环境损害赔偿诉讼优先于民事公益诉讼;另一种观点认为,民事公益诉讼优先于生态环境损害赔偿诉讼。《人民检察院公益诉讼办案规则》第 96 条对二者的衔接作出了规定。二是"合并说"。有论者认为,在民法典明确规定生态环境损害索赔权的背景下,应对生态环境损害赔偿制度与环境公益诉讼制度进行整体结构整合。三是“范围说”。有论者认为,二者高度相似,本质上是一种竞合冲突。要完全实现区分“两诉”关系的目的,应从适用范围上进行界分,从源头上避免和减少冲突现象的发生。值得注意的是,有论者还对生态环境公益诉讼损害赔偿资金的管理现状和问题专门进行了实证研究,并提出了完善的路径。

(六)检察公益诉讼理论与实务研究展望

目前,检察公益诉讼理论和实务研究还存在一些不足:一是理论研究的体系化不够,还存在零散化、碎片化的问题;二是对一些检察公益诉讼实践中尚无有效解决方案、分歧较大的难题,缺乏足够关注,理论研究的支撑和引领作用还不够。检察公益诉讼理论研究应该围绕解决实践问题,构建中国特色检察公益诉讼制度展开。今后需要深化研究的问题主要涉及以下几个方面:一是基础理论方面,包括检察权与行政权、检察机关法律监督与公益诉讼等关系问题;检察机关提起行政公益诉讼的目的、诉权、诉讼模式及类型化,与民事公益诉讼关系等;特别是诉前程序与诉讼的关系、诉前程序的独立性问题以及法治化构建等。二是实务研究方面,包括检察机关行政公益诉讼中调查取证的定位、程序保障及其对举证责任等诉讼程序规则的影响;检察机关在公益诉讼中的地位,尤其是在一审、二审、再审案件中不同检察机关的诉讼地位;检察公益诉讼与其他诉讼衔接;惩罚性赔偿在公益诉讼中适用;检察公益诉讼新领域探索的规律和边界等。三是刑事附带民事公益诉讼的相关问题。关于刑事附带民事公益诉讼是否需要发布诉前公告的问题,有观点认为,为了提高诉讼效率、节约司法资源,刑事附带民事公益诉讼中无须规定诉前公告程序。关于审理顺序,有论者认为应当是刑事案件和公益诉讼案件并行交错而不是“先刑后民”。关于刑事附带民事公益诉讼和私益诉讼的关系,有论者认为从实体要件、诉讼效能、程序建构方面出发,将二者合并审理具有必要性和正当性,并且建议检察公益诉讼司法解释对此作出规定。关于刑事附带民事公益诉讼的范围,有论者认为,根据《刑事诉讼法》第101条之规定,应将“国家财产与集体财产”受到侵犯的情形纳入其中。四是制度构建方面,包括公益诉讼立法模式,应采用单独立法模式,还是修改《行政诉讼法》和《民事诉讼法》的模式;公益诉讼立法内容及步骤;检察公益诉讼办案规范建设;检察公益诉讼跨行政区划协作机制;检察公益诉讼中检察机关与行政、监察、审判机关的协作配合机制等。五是检察公益诉讼调查核实权的问题。2021年颁布施行的《人民检察院公益诉讼办案规则》对检察公益诉讼中调查取证的方式、程序、范围和保障等作出较为系统的规定。关于强制性保障,有论者认为,保障行政公益诉讼中调查核实权的行使,应该明确行政机关以及相关当事人法律上的配合调查义务,在例外情形下才适用强制措施。关于性质,调查核实权以《人民检察院组织法》第21条为全部规范依据,是行政公益诉权的派生性权力,调查的范围应限于核实公益诉讼案件相关情况。有论者对调查核实权的启动、内容、方式、程序等展开了分析论证,并提出了优化路径。此外,还有论者分析了检察公益诉讼中调查核实权的独特性,并对强化调查思维的必要性和实现路径作了详细论述。以上这些议题都值得而且亟须检察公益诉讼理论关注和研究。

第七章　环　境　权

如果说环境法益是环境法学的皇冠，那么环境权则是环境法学皇冠上的明珠。在学界，环境权被认为是环境法学的核心范畴，是证明环境法合法性的“权利基石”[1]，是环境法法典化的灵魂。[2] 早在30多年前，肯·萨罗－维瓦（Ken. saro - Wiwa）就曾宣称：“环境（权）是人的首要权利。”[3]据不完全统计，截至2010年，在全球198个联合国成员国中，已有142个国家的宪法直接或间接地确认了环境权。[4] 德国、俄罗斯、乌克兰、瑞士、韩国、越南、南非等国家的民法、环境法还对环境权作出了具体规定。[5] 此外，司法实践中也涌现了诸如“印尼市民诉总统等清洁空气权宪法诉讼案”[6]“日本国立市景观环境权民事诉讼案”[7]“河北市民李某诉石家庄市环保局清洁空气权行政诉讼案”[8]（被誉为“中国民间抗霾第一案”）等一大批实质意义上的环境权司法案例。[9] 环境权的概念自20世纪60年代在西方首次提出，至今已有60多年的历史，我国环境法学者也纷纷从不同层次和维度进行了专门探究。[10] 然而迄今为止，环境权依然还是一个属性不明、范围不定、主体不清的模糊概念，有必要在理论上进行范式的反思和重塑，摘取这颗皇冠上的明珠，为环境权的法律化和环境法的法典化奠定坚实的法理基础。

第一节　环境权的证立

同任何法律权利一样，环境权并非自古就有，而是随着经济社会的发展而提出来的，属于

---

〔1〕 吕忠梅：《环境权入宪的理路与设想》，载《法学杂志》2018年第1期。

〔2〕 参见杨朝霞：《论环境权的性质》，载《中国法学》2020年第2期。

〔3〕 [英]简·汉考克：《环境人权：权力、伦理与法律》，李隼译，重庆出版社2007年版，第49页。

〔4〕 See Varun K. Aery, *The Hmuman Right to Clean Air: A Case Study of the Inter - American System*, Seattle Journal of Environmental Law, Vol. 6:15, p. 18 (2016).

〔5〕 参见吴卫星：《环境权入宪的比较研究》，载《法商研究》2017年第4期。

〔6〕 参见中国—东盟博览杂志社：《雅加达在空气污染上超越了德里和北京，居民联合起诉政府》，载新浪网2019年7月3日，https://k. sina. com. cn/article_3974550866_ece6d55200100ggx5. html? from = news。

〔7〕 参见 David R. Boyd, *The Environmental Rights Revolution: A Global Study of Constitutions, Human Rights, and the Environment*, UBC Press, 2012, p. 129 - 131；裴敬伟：《试论环境权私法救济之可能性——来自日本国立市景观纠纷案件的启示》，载《清华法治论衡》2014年第3期。

〔8〕 参见王健：《“民间抗霾第一案”夭折的背后》，载民主与法制网2014年4月14日，http://www. mzyfz. com/cms/benwangzhuanfang/xinwenzhongxin/zuixinbaodao/html/1040/2014 - 04 - 14/content - 997083. html。

〔9〕 参见吴卫星：《环境权理论的新展开》，北京大学出版社2018年版，第121～128页。

〔10〕 同上注，第3～22页。

对传统权利的"革命"(颠覆性创新)[11]。然而,"正当利益不等于权利",环境的重要性与环保的必要性也并不意味着环境权的当然存在。[12] 一项新权利的"革命"性创设,除了必须具备"创设的必要性"(不上升为权利,不足以保护相应利益)之外,还必须拥有"创设的可能性"(符合利益权利化的基本要件)。这就需要对环境权的创设进行理论上的证立:第一,对于环境利益(源于自然要素及其结合体对人类的环境支持功能,如提供清洁的空气、洁净的水源、自然的通风、适足的光照、宁静的声境、美丽的景观等),只有进行权利的"革命",创设一项新型权利的环境权,方能实现全面有效的保护。第二,环境利益的权利化是可能的,具备权利生成的基本条件。

一、环境权概念的提出:源于对在良好环境中生活之权利根据的讨论

出于对环境危机的反思和对良好环境的憧憬,发达国家于 20 世纪 60 年代提出了环境权的主张。最初,1960 年联邦德国的一位医生向欧洲人权委员会提出控告,引发了是否要把环境权追加进欧洲人权清单的大讨论。

与此同时,美国也掀起了一场举世瞩目的关于"公民要求保护环境,要求在良好环境中生活的宪法根据到底是什么"的大讨论。20 世纪 70 年代初,美国学者萨克斯教授还从民主主义的立场首次提出了"环境权"的理论。[13] 该理论认为,人人都享有良好环境的权利(right to a decent enviromenment),公民的环境权是公民最基本的权利之一,应该在法律上得到确认并受法律保护,即公民和其他法律主体应有提起关于公共信托的空气、水和其他资源的诉讼的起诉权。[14]

1970 年 3 月,日本举行了东京公害国际会议。[15] 大会采纳了大阪律师协会的意见,提出将环境权作为一项法律权利和基本人权对待,并发表在《东京宣言》中。1970 年 9 月,日本召开了"日本律师联合会第 13 回人权拥护大会"。在大会举办的公害问题研讨会上,仁藤一、池尾隆良作了题为《"环境权"的法理》的报告,倡导将各种有关环境的权利称为"环境权"。该报告指出:"为了保护环境不受破坏,我们有支配环境和享受良好环境的权利;基于此项权利,对于那些污染环境、妨害或将要妨害我们的舒适生活的行为,我们享有请求排除妨害以及请

---

〔11〕 相对于传统部门法而言,环境法学理论和制度的创新主要体现为三个层面:具化、改良和革命。所谓"具化",是指传统部门法的某些基本原理和制度规则同样可以适用于环境法的具体领域,只需因地制宜地进行专门、具体的细化即可,不必作实质意义上的调整或补充。例如,可将行政许可的制度规则直接应用于污染控制,"具化"为排污许可制度。所谓"改良",是指将传统部门法的某些基本原理和制度规则直接应用于环境法的特定领域显有不适,需要在原有基础上进行适度的调整和改进,方能成为适用于该领域的理论和制度。例如,将侵权法的过错责任原则稍作"改良",形成环境侵权的无过错责任原则。所谓"革命",是指即使将传统部门法的某些原理和制度作适度的"改良"也难以适用于环境法的某一领域,只有进行"革命性"或"颠覆性"的根本创新,方能成为适用于该领域的环境法理和制度规则。换言之,必须抛弃或打破传统法理和制度规则的"旧世界",去建立一个环境法理和法律制度的"新世界"。参见杨朝霞:《论环境权的性质》,载《中国法学》2020 年第 2 期。

〔12〕 参见巩固:《环境权热的冷思考——对环境权重要性的疑问》,载《华东政法大学学报》2009 年第 4 期。

〔13〕 See Joseph L. Sax, *the Public Trust: a New Character of Environmental Rights. In: Defending the Environment: a Strategy for Citizen Action*, New York, Alfred A. Knopf, 1970, p. 158 - 174.

〔14〕 萨克斯教授指出,将环境作为公共物品的意义并不是将其委托于行政机关,而是主张居民拥有环境权,居民可以据此权利向法院提起诉讼,进而通过实施由法院干预的预防措施进行环境保护。参见[日]宫本宪一:《环境经济学》,朴玉译,生活·读书·新知三联书店 2004 年版,第 67 页。

〔15〕 这次会议是由国际社会科学评议会主办的,由日本发起,共有 13 个国家的代表出席该会议,会议的题目是"关于环境破坏的东京公害研讨会"。

求预防此种妨害的权利。"[16]此后,环境权几度成为学界研究的热点和社会关注的焦点,中外诸多学者前赴后继地投入研究,为环境权理论的发展作出了不朽的贡献。[17]

二、环境权"改良说"的检视:环境人格权说、环境财产权说的局限性

根据"若无必要勿增实体"的奥卡姆剃刀原理,当发现现行法学原理或者法律制度不能有效解决现实问题时,首先要考虑的是对该理论或者制度进行解释性的改良。只有证明"改良"的路径不可行时,才考虑"革命":创设新的理论或者制度。鉴于环境质量同人们的人格利益和人格权息息相关,环境资源具有一定公共财产的属性,且相邻权也有一定的环境保护功能,许多学者试图通过"改良主义"路径对人格权、财产权等传统权利进行扩张解释来认识和构建环境权。

(一)环境人格权说的检视

环境人格权说兴起于日本,后来在我国得到进一步的发展。可以说,自 20 世纪 60 年代提出环境权概念以来,环境人格权说无论是在环境法学界,还是在民法学界,都有十分广泛和深远的影响。

1. 环境人格权说的主要观点

在环境权研究的早期阶段,日本的野村好弘教授认为,环境权的主体是公民,公民的环境权益应当包括人身权益,又由于侵害环境权的后果往往表现为对公民身体健康的损害,因此,环境权当然属于人格权的范畴。在我国,有学者认为,"环境人格权是包括生态利益、审美利益等在内的精神性人格权"。《民法典》人格权编的一般规定中应明确环境权为新型人格权,在健康权或者一般人格权(认为良好、舒适的环境是当代社会人格尊严当然的组成部分[18])的规定中添加环境保护的要求,并规定环境权的一般条款及相应的权利保护规则。[19]

民法学界更是倾向于将环境权视为人格权。例如,王利明教授在其主持的《中国民法典草案建议稿》第二编"人格权"中规定:"自然人享有健康居住和清洁、卫生、无污染的自然环境的权利。"徐国栋教授也在其主持的《绿色民法典草案》第一编"人身关系法"中的"人格权"部分规定:"自然人有权得到保障其生命和健康安全的环境,并有权得到关于环境状况的值得信赖的资料。"

2. 对环境人格权说的反思

环境人格权说看到了环境权与人格权的某些共性和联系,却没有认识到环境权与人格权的根本区别。

首先,权利构造不同。环境人格权以人格要素为权利对象,以人格利益为权利客体;环境权则以人体之外的环境要素(如空气)为权利对象,以环境利益(基于自然要素及其结合体对人类所具有的栖息地功能)为权利客体。

其次,权利功能不同。环境权不仅具有维护和增进人体健康的重要功能(与环境人格权具有一定的功能重合性),还具有促进身心舒适、精神愉悦、生活便利(如晾晒衣物)等内容,这无疑是环境人格权难以涵盖的(如图 7-1 所示,环境人格权位于阴影区域)。试图通过将

---

[16] 杜刚建:《日本的环境权理论和制度》,载《中国法学》1994 年第 6 期。

[17] 参见叶俊荣:《环境政策与法律》,中国政法大学出版社 2003 年版,第 1~33 页;罗丽:《日本环境权理论和实践的新展开》,载《当代法学》2007 年第 3 期;蔡守秋:《环境权初探》,载《中国社会科学》1982 年第 3 期。

[18] 参见张璐:《环境法与生态化民法典的协同》,载《现代法学》2021 年第 2 期。

[19] 参见刘长兴:《环境权保护的人格权法进路——兼论绿色原则在民法典人格权编的体现》,载《法学评论》2019 年第 3 期。

“良好、舒适”的环境解释为人格尊严从而用一般人格权来解释环境权,[20]颇为牵强(利益轻微,与人格尊严的相关性较弱,主观难定)。

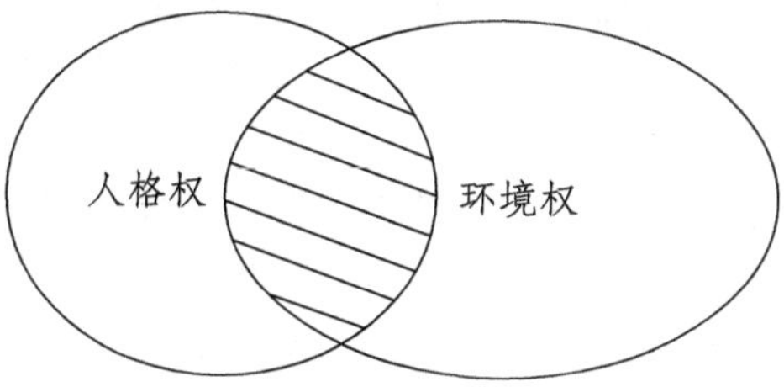

图7-1 环境权与人格权的功能关系示意图

再次,权利特性不同。环境权具有社会性、共享性、公共性等典型特征,同人格权的个体性、独占性、私人性有着本质的不同。

最后,启动救济程序的受损标准不同。从程序法上看,环境权的救济以环境质量受损(如低于当地的环境质量标准)为条件,不必待人体健康遭受环境污染的实质损害就可启动救济程序。这正是环境权优于人格权的地方。

(二)环境财产权说的检视

有学者从财产权的“改良主义”解释论出发,提出了环境公共财产说、环境区分所有权说、环境相邻权说等环境财产权学说。

1. 环境公共财产说

20 世纪 70 年代初,美国学者萨克斯教授针对美国环境管理行政决定过程中公众参与程度低、环境诉讼当事人不适格等问题,在“公共信托论”的基础上,从民主主义的立场率先提出了“环境权”理论。[21] 他指出,将环境作为公共财产的终极意义并不在于将其委托于行政机关,而在于主张居民拥有环境权,居民可以据此权利向法院起诉,提起关于公共信托的空气、水和其他资源的诉讼。

学者们将“环境公共财产说”视为环境权学说,可能存在一定的误读。实际上,“环境公共财产说”主要是针对美国的自然资源私有制提出来的。其基本思路是,把具有公共属性的环境公物(如河流、森林)作为公共信托财产,委托政府管理(有责任进行保护);公民则保留为维护环境公共利益而起诉政府和企业的权利。况且,大气、阳光、微风等公共环境要素,难以被占有和支配,无法成为财产权的对象。这一理论的根本问题之一在于混淆了“环境”与“资源”的概念。

2. 环境区分所有权说

有学者认为,可以借鉴建筑物区分所有权的原理,创设环境区分所有权。该学说主张,建筑物区分所有权的共有权、专有权和成员权可分别对应环境权的公民环境共有权、环境资源所有权与公民环境公共管理权。[22] “环境区分所有权说”看到了“环境”与“资源”内在的矛盾统一性,极具启示意义。然而,环境不同于建筑物,难以用“环境区分所有权”来解释环境权,最重要的是,环境要素具有整体性和流动性,难以在结构上划分为环境共有部分和环境专

〔20〕 参见张璐:《环境法与生态化民法典的协同》,载《现代法学》2021 年第 2 期。

〔21〕 See Joseph L. Sax, *The Public Trust: a New Character of Environmental Rights*, In *Defending the Environment: a Strategy for Citizen Action*, New York: Alfred A. Knopf, 1970, p. 158 - 174.

〔22〕 参见周珂、罗晨煜:《论环境权“入法”——从人权中来,到人权中去》,载《人权》2017 年第 4 期。

有部分。

3.环境相邻权说

所谓环境相邻权,是基于环境保护的客观要求而发生的一定范围内的相邻权。必须承认的是,相邻权在处理某些环境民事纠纷方面确实能发挥重要作用。然而,从权利的构成和属性上看,相邻权与环境权有着本质上的区别,在解决环境纠纷、维护环境利益的制度功能上,相邻权存在显而易见的局限性,远不如直接以环境利益为权利客体的环境权。这是因为,环境相邻权受适用条件的限制,难以全面、充分、有效保护环境利益(尤其是环境舒适)。更重要的是,环境相邻权不考虑权利取得的先后问题,难以解决"迎向污染"(污染企业建在先,居民区建在后)的难题。总体而言,环境权与相邻权的关系,大致可用图7-2予以简略表示,阴影部分即为环境保护相邻权。

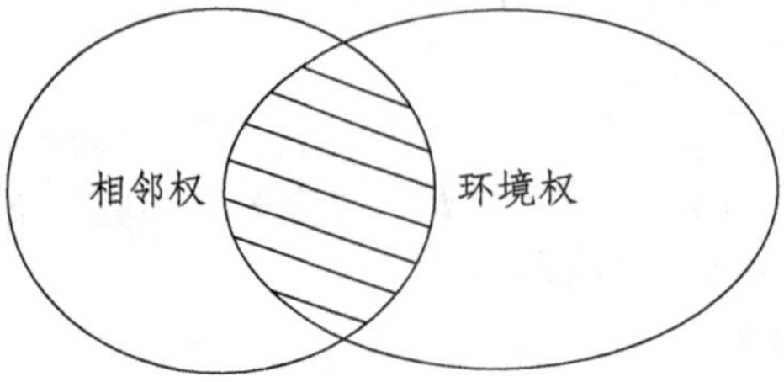

图7-2　环境权与相邻权的功能关系示意图

三、环境权"革命说"的证立:环境利益权利化的必要性和可行性

从分类学意义上看,对于法益的保护,通常存在权利机制、权力机制、义务机制、责任机制等几大基本类型(此外还有权义复合型机制等其他类型)等法律机制。可以说,义务机制、权力机制(立法权、行政权、司法权等)、责任机制(违宪责任、民事责任、行政责任、刑事责任等)等均是或直接或间接为权利(利益)而服务的。从理论上看,对于环境利益的保护,不仅无法单凭义务机制、权力机制、责任机制(这里主要指刑事责任)实现之外,而且仅通过对人格权、财产权等传统权利进行"改良"性创新也无法充分实现。

(一)义务机制、权力机制、责任机制均不足以有效保护环境利益

首先,义务机制和权力(职权)机制经常面临义务不履行、权力(职责)不作为或者作为不彻底等情形,无法全面自动实现对环境利益的有效保护。这是因为,无论是设定私法上的义务(如环境治理服务的强制缔约义务),还是规定公法上的义务(相对人的公法义务和行政机关的监管职责),都可能面临义务人不履行或者不全面履行义务(职责)的问题。此时,就需要权利人或者权利代为行使人通过行使实体性请求权或者程序性诉权来敦促义务人履行义务(职责)、承担责任,从而保护和救济环境利益。

其次,政府权力机制在环境利益的保护上存在诸多难以克服的局限性。众所周知,行政命令(如"责令改正违法行为""责令修复生态环境""责令消除污染物质""责令赔偿生态环境损害"等)、行政许可、行政强制、行政处罚等行政手段的启用,在应然上须以环境行政法律关系相对清晰没有争议、环境行政相对人具体明确、环境违法行为(启动责令改正等行政命令、作出行政处罚决定等须以相对人行为违法为前提)信息对称(难以发现和制止隐蔽性、突

发性的环境违法行为，如偷排行为和突发环境事件）、有确凿的证据支撑、有确定的规则依据[23]、属于行政管辖范围、具有行政监管上人财物上的能力和时间保障、执法意愿等为前提条件。换言之，关于环境利益的行政保护，即使行政权力制度再怎么健全完善，哪怕是尽善尽美，也具有无法克服的局限性。[24]

最后，秉持"谦抑原则"的刑事责任制度，更不可能对环境利益提供全面有效的保护。原因很简单，刑法致力于环境安全的保障，至于良好的通风、充足的采光、安宁的声境等舒适性环境利益的保护，一般不宜动用刑罚。

（二）经"改良"的权利机制也无法实现对环境利益的全面保护

既然义务机制、权力机制和责任机制均存在根本的问题，要解决现行环境法律制度在环境利益保护上的供需失衡矛盾，最根本的只能从权利机制的创新入手了。

如前文所述，环境权是一项在解释论框架下将人格权、财产权等传统权利作"改良"主义创新也无法解释的权利（遑论作"具化"性的创新）。"环境权理论和制度的重大意义在于为传统部门法无法保护或者不足以保护的具有公共性和扩散性的环境利益提供特别的法律规则"[25]和法律保护。

第一，解释论框架下的权利"改良"说，没有看到"生态化"的传统权利与环境权在权利对象、权利客体和权利属性上的本质区别。即使对人格权和财产权进行"生态化"的改良，所形成的环境人格权和环境财产权，其权利对象在本质上仍然为人格、财产，其权利客体在本质上依然为人格利益、财产利益，其权利性质仍为人格权、财产权，这同环境权的权利对象为环境、权利客体为环境利益、权利性质为环境享用权（属于具有人格面向性的非财产权，属于追求美好生活的幸福权）有着根本的不同。因为人格利益、财产利益与环境利益，虽有相通和相交之处，但无法完全替代。

第二，解释论框架下的权利"改良"说，本身存在理论上的瑕疵和缺陷，难以自圆其说。譬如，"环境公共财产权说"将享有良好环境的环境权视为一项财产权，就存在权利客体（自然资源是资源权而非环境权的客体）、权利属性和权利功能的重大误解（环境权并无财产权的属性和功能）。再如，"环境区分所有权说"不仅没有看到大气、阳光等环境要素不能成为所有权的对象（无可支配性），而且将"环境"与"资源"的功能关系误读为结构关系（环境与资源并非自然体中的不同部分，而是分别属于自然体的不同功能）。

第三，解释论框架下的权利"改良"，功能有限，无法对环境利益进行全面、及时的保护。姑且不论"改良主义"本身的理论瑕疵，这些经"改良"后的权利也无法胜任对环境利益的全面和有效保护。如前文所述，经扩张解释而形成的环境人格权和环境相邻权只能对环境利益进行十分有限的保护。譬如，环境人格权只能保护健康层面的环境利益，难以保护舒适层面的环境利益，且只有已经遭受现实的健康危害方能寻求司法救济，无法像环境权那样只要环境质量低于相应的标准就可以环境权遭受侵害为由而提起诉讼（前移了环境司法的防线，具有司法介入的早期性和预防性）。环境相邻权只能保护不动产相邻的基本环境利益（属于"必要方便"的利益），既无法保护被远距离污染源侵害的环境利益，也无法保护舒适、愉悦层面的环境利益（如景观利益），更无法解决"迎向污染"的问题。

---

〔23〕 参见沈岿：《行政法变迁与政府重塑、治理转型——以四十年改革开放为背景》，载《中国法律评论》2018 年第 5 期。

〔24〕 参见杨朝霞：《论环保机关提起环境民事公益诉讼的正当性——以环境权理论为基础的证立》，载《法学评论》2011 年第 2 期。

〔25〕 吴卫星：《环境权理论的新展开》，北京大学出版社 2018 年版，第 54 页。

概言之，解释论框架下的环境权"改良主义"路径，不仅面临故步自封、削足适履的理论困境，还存在权利功能上的力不从心（无法有效保护环境利益）。"个人享有的健康环境权可以从现有的生存权、健康权和适当的生活标准中获得吗？这种观点是不符合逻辑的。这些权利显然与环境状况密切相关，因为它们的实现取决于对环境的保护。然而，这种联系本身并不能证明其对健康环境权是一项独立的人权的承认。"[26]环境人格权说和环境财产权说的共同错误在于，未能坚持能否有效保护环境利益的问题导向，并立足于权利对象、权利客体、权利属性来全新认识和大胆构建新型权利，却总是试图在固守权利对象的可分性、排他性，权利客体的分散性、独享性，权利主体的确定性等传统权利理论的思维范式之下，用"改良主义"的解释论方法来解释以具有整体性的公共环境为权利对象、富有革命精神和时代气质的环境权。他们甚至未经论证，就想当然地认为，"新型的权利主张在现有法定权利的框架下完全可以得到保障，没有必要增设新的权利项目，况且新型权利主张的法律化也不利于本已有限的诉讼资源得到充分利用"[27]。

对此，中国政法大学的于飞教授一针见血地指出："如果19世纪的德国法、甚至更早期的罗马法社会背景下产生的法律概念，稍作改良就能够完美地、不多不少地解释环境权，那才真的是离奇。传统权利可以用于更好地理解环境权的某些侧面，但无法完整地解释环境权。"

（三）环境权创设的可能性

从总体上看，法律是以权利为本位的，权利是法律中最基本、最核心、最活跃、最能体现人性也是最能激发潜能的制度范畴。

从法理上看，环境权也符合利益需求普遍（环境利益的紧缺性）、利益可以独享（环境利益可以各自独立享用）、主体范围明晰（与特定环境具有直接利害关系的当代和后代自然人均有权利资格）、正当性依据充足（保护环境已成为整个社会所广泛认可和积极实践的环境道德）、可以自由处置（可自由进入、享用一定环境并享有有限的自由处置权）、对应义务可定（个人、企业、政府和国家等均须承担保护环境的相应义务）、可以司法救济（可被法律确认和保护，拥有司法上的可诉性）等权利生成的基本要件，具备新型权利创设的可能性。[28]

第二节　环境权的含义

既然"改良主义"路径下的环境人格权、环境财产权均无法解释环境权，那么，"革命路径"下的环境权到底是一项什么权利？特别是资源权（自然资源权的简称）、排污权和自然保护地役权都是以自然要素及其结合体为权利对象的权利，它们跟环境权的区别和联系何在？环境知情权、环境参与权等环境程序性权利与环境权又有什么关系？

---

〔26〕 Prudence E. Taylor, *From Environmental to Ecological Human Right: A New Dynamic in International Law?*, Georgetown International Environmental Law Review, 10 (1998), 199.

〔27〕 刁芳远：《新型权利主张及其法定化的条件——以我国社会转型为背景》，载《北京行政学院学报》2015年第3期。

〔28〕 参见杨朝霞：《生态文明观的法律表达——第三代环境法的生成》，中国政法大学出版社2019年版，第232～252页。

一、环境权的概念:仅指享用良好环境的权利

环境权是指当代和后代的公民(自然人)享用良好环境的权利,具体如清洁空气权、清洁水权、安宁权(也称为宁静权)、采光权、眺望权、通风权和景观权等。要特别注意的是,并非所有与环境有关的权利都是环境权。从内涵上看,环境权仅指环境享用权,是一项具有人格面向性的非财产性权利。环境权的客体是环境利益,源于自然要素所具有的环境支持功能。

公民(自然人)是环境权最基本、最核心的权利主体。关于环境权的主体,需把握以下几点:第一,环境权仅指公民享有良好人居环境的生活环境权,不包括享有良好劳动环境的权利(属于劳动者权利)。第二,单位(如法人)不是环境权的主体,尽管某些单位的生产、经营活动也需要以良好的环境作为条件,但单位本身并无享用良好环境的内在需求。再者,良好的环境条件可以通过生产经营权、资源权等其他途径来保护和实现,没有必要画蛇添足赋予单位环境权。第三,在国内法层面,国家不是环境权的主体,但在国际环境法层面,国家可以成为环境权的受托主体。譬如,一国可针对邻国造成的大气污染代为主张环境权救济,典型案例如美国与加拿大之间的特雷尔冶炼厂仲裁案。第四,当存在独立于当代人的环境利益且受到当代人不必要的侵害时,赋予后代人为环境权的特殊主体便成为必要,正如民法上需要赋予胎儿有限的权利主体资格一样。当代人不是基于不得已(考虑技术和经济条件)而损害后代人环境的(如垃圾填埋、碳封存等),构成对后代人环境权的侵权。对此,可成立后代人委员会替代后代人保护其环境权,至于"不得已"的举证责任(证明没有过错,情非得已),则应由作为被告的当代人承担。第五,人类可以但没有必要成为环境权的主体,自然体不能也没有必要成为环境权的主体。

环境权的内容(权能)包括对一定环境的进入权、享用权和有限处置权等。所谓环境进入权,是指自然人可自由、免费进入一定环境区域的权利。譬如,德国《拜仁州自然保护法》第22条第1款规定:"任何人都有权进入外部自然界的各个部分,特别是有权免费进入森林、山地、山崖、荒地、空地、滩涂、水岸和农地等。"〔29〕再如,《宾夕法尼亚荒野法案》第3条第2款规定:该法案通过在荒野上"设定娱乐休闲区域,确保可以保护和保存该区域的自然、景观、历史、建筑、生态、教育、水土保持及野生动植物价值,并且可以提供公众以娱乐休闲机会"。〔30〕所谓环境享用权,是指自然人直接享用良好环境的权利,〔31〕例如呼吸洁净的空气、饮用清洁的水源、欣赏美丽的风景、享受冬日的暖阳、夏日的凉风等,这是环境权的核心权能。譬如,1998年的《德国联邦森林法》第14条规定:"公民有权进入森林游憩和休养。"所谓环境处置权,是指在一定的条件下(如对他人利益尤其是公共环境利益无害,或者经环境权人一致同意),环境权人可有偿或无偿让渡、放弃享用良好环境的权利。环境权虽然没有收益权能,但也可通过让渡环境权而获得相应的经济补偿。这方面的案例并不难找,如我国台湾地区的中油五轻建厂15亿"回馈基金"案〔32〕,美国的新区流动人口诉大西洋水泥厂案(Boomer v. Atlantic Cement Company)〔33〕等。需要注意的是,对环境权的行使,尽管是对环境要素的利用,但只是基于人格需要(如健康、舒适)的静态享用,既不追求财产的获取或增值,也不会对

---

〔29〕 [德]汉斯·J.沃尔夫等:《行政法》(第2卷),高家伟译,商务印书馆2002年版,第459页。

〔30〕 裴丽萍、张启彬:《论森林进入权》,载《北京林业大学学报(社会科学版)》2016年第1期。

〔31〕 参见吴卫星:《环境权内容之辨析》,载《法学评论》2005年第2期。

〔32〕 参见叶俊荣:《环境政策与法律》,中国政法大学出版社2003年版,第35页以下。

〔33〕 See Boomer v. Atlantic Cement Company, 26 NY2d 219, 309 NY2d 312, 257 NE870(1970). 具体案情可参见[美]尼尔·K.考默萨:《法律的限度——法治、权利的供给与需求》,申卫星、王琦译,商务印书馆2007年版,第10页以下。

环境要素产生消耗或损耗(即使有损耗也不明显,如呼吸清新空气、饮用天然水源),可称为具有人格面向性的非财产性环境享用权(有学者称为本能性环境利用权[34])。

在属性上,环境权具有主体代际性、人身附随性、人格面向性、径行取得性(无须许可)、无偿性、行动非典型性(环境权的行使,无须显著行动)、可共享性(非排他性、非竞争性)、权利双重性(自由权和社会权)等重要特征。[35] 特别是基于宪法的立场,可将环境权视为继生存权和发展权之后的新型人权——幸福权(舒适权)。

二、环境权的名称:不能称为生态权

从权利命名的习惯来看,对物质产品的权利被称为物权,对精神产品或知识产品的权利被称为知识产权,那么,环境权作为对生态产品(指生态系统所提供的各种自然要素及其组合体)的权利,可否称为生态权呢?我们认为是不妥的,主要理由如下:

第一,生态权容易被误解为生态本身所享有的权利(生态作为权利主体)。生态强调的是生物之间以及生物与无机环境之间相互联系而构成的整体系统。因而,生态权容易被误解为生态伦理学者所主张的生态本身所享有的权利,如野生动物、野生植物乃至土地的权利。然而,众所周知,法律权利是以人为主体的,虽然生态也是人类生存发展的基础且必须进行保护,但法律要确认和保障的只能是专属于人的权利,没有必要也不可能赋予生态本身以权利。

第二,生态权还容易被误解为是针对生态的权利,而不是针对环境的权利。作为自然要素的生态产品,根据功能的不同,可将其分为环境、资源和生态三种形态。实际上环境、资源和生态之间具有"一体三用"的关系:三者分别是根据自然要素("一体")之环境支持、资源供给和生态保障(包括保持水土、涵养水源、防风固沙、净化污染等生态服务功能和氧气形成、生物生产等生态生产功能)的三种功能("三用")而对其进行的称谓,即"以用名体"(正如将一位女士分别称为母亲、老师一样)。对于环境,可在其上成立享有良好环境的环境权,以及利用环境容量的排污权;对于资源,可在其上成立开发利用自然资源的资源权。然而,对于生态而言,由于其与人的利益关系具有间接性(生态主要是通过对环境和资源的作用而对人产生间接作用),根据权利的一般原理,难以直接在其上成立所谓的生态权。对于生态而言,尽管可以通过环境权和资源权(特别是自然资源国家所有权)对环境和资源的保护来实现对其的保护,但权利路径的这种保护方式具有间接性和有限性。事实上,对于生态的保护,行政规制和刑事制裁的办法更为常见。

当下,尽管也有个别学者将环境权称为生态权,但从世界各国的法治实践和学术研究来看,环境权早已成为举世公认并约定俗成的专门术语。迄今为止,无论是在立法文件还是学术成果中,鲜有将环境权称为生态权的。

三、环境权的辨析:与资源权、排污权、自然保护地役权、环境知情权、环境参与权等相关权利的关系

(一)环境权与资源权、排污权的辨析

环境权仅指享有良好环境的实体性权利,不包括开发利用自然资源的资源权(包括资源攫取权和资源使用权)和排放污染物质的排污权(如水体排污权、大气排污权)等实体性权

---

〔34〕 参见王社坤:《环境利用权研究》,中国环境出版社2013年版,第155页以下。

〔35〕 参见杨朝霞:《论环境权的性质》,载《中国法学》2020年第2期。

利。[36] 其中,资源攫取权,是指通过开发利用自然资源而获取相应资源性物品的权利(权利客体针对自然资源的物质提供功能),如采矿权、取水权、采伐权、采摘权、狩猎权、捕捞权等,属于自然资源的消耗性利用,不可归入用益物权的范畴。资源使用权,是指将自然资源作为载体或介质进行生产经营的权利(权利客体针对自然资源的物质生产功能),如土地使用权、养殖权、航运权、海域使用权等,可归入用益物权的范畴。[37]

环境权同资源权、排污权之间既有联系又有区别。其一,三者的权利对象相同,均为自然要素。譬如,清洁水环境权、取水权、水排污权这三种权利均以水自然要素为权利对象。其二,三者的权利客体不同。环境权的客体为自然要素的人居支持功能(主要取决于环境质量的好坏),资源权的客体为自然要素的资源供给功能(包括物质提供功能和物质生产功能,如提供林木、矿产、土地等,主要取决于自然资源的数量),排污权的客体为自然要素的纳污净化功能(主要取决于环境容量的大小),具体如图 7 - 3 所示。其三,三者的权利性质不同。环境权属于享用良好环境的权利,是一项具有人格面向性的非财产权;资源权具有一定的财富生产性,排污权具有一定的财富减支性,二者皆属于广义财产权的范畴。其四,三者的价值取向不同,甚至彼此冲突。环境权旨在追求良好的环境质量,排污权旨在利用环境排放污染物质,势必有损环境质量;资源权旨在开发利用自然资源,也极易对环境构成破坏和污染。

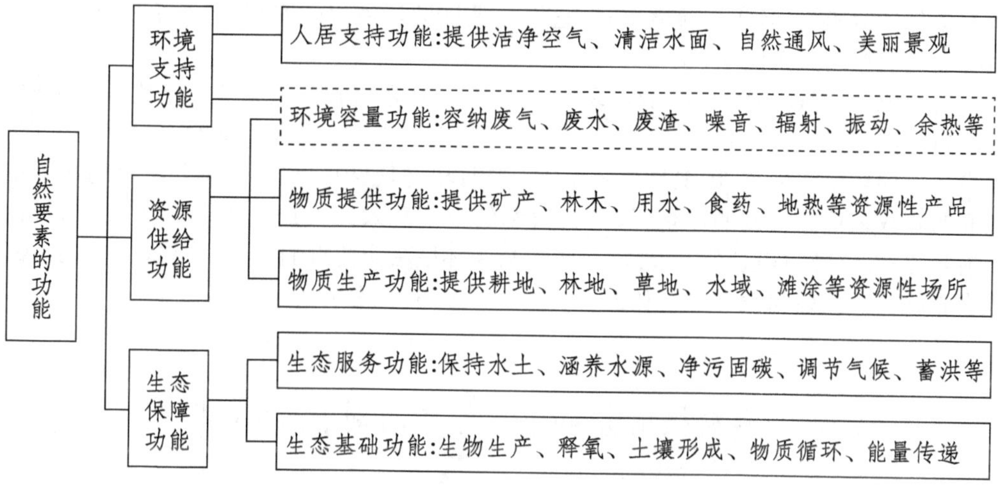

图 7 - 3　自然要素的环境、资源、生态功能示意图

综上所述,排污权和资源权在目的、性质和功能上同环境权是完全冲突和背离的,如果将这三项权利都归于环境权的"筐"下,有违同类权利价值取向一致的法理。

(二)环境权与自然保护地役权的辨析

对于自然保护地役权,美国 1995 年《统一自然保护地役权法》第 1 条将其界定为:"权利人对不动产施加限制或肯定性义务的一种非占有性利益,其目的包括保留或保护不动产的自

〔36〕 参见杨朝霞:《论环境权的性质》,载《中国法学》2020 年第 2 期。

〔37〕 需要注意的是,自然资源使用权的行使只是非消耗性地使用自然资源,不会减少其在自然界中的数量,可归入传统用益物权的范畴,如养殖权的行使并不会减少水资源的量;自然资源攫取权的行使则会消耗性地使用自然资源,减少其在自然界中的数量,不可归入传统用益物权的范畴,如采矿权的行使使得矿藏减少甚至耗竭。关于自然资源攫取权,拉伦兹将其称为物权取得权。参见[德]卡尔·拉伦茨:《德国民法通论》(下册),王晓晔等译,法律出版社 2013 年版,第 293 ~ 294 页;杨朝霞:《论环境公益诉讼的权利基础和起诉顺位——兼论自然资源物权和环境权的理论要点》,载《法学论坛》2013 年第 3 期。

然、风景或开放空间价值，确保该不动产可以被用于农业、林业、娱乐或开放空间等用途，保护自然资源，维护或提高空气或水的质量，或者保护不动产的历史、建筑、考古或文化价值。”[38]要注意的是，虽然自然保护地役权同环境权一样，也以自然体为权利对象，但并非环境权。这是因为自然保护地役权以自然要素的生态服务利益为权利客体，以保护环境而非享用环境为首要目的。特别是政府和公共机构设立的自然保护地役权兼有民事权利和行政权力的双重属性，与环境权有着本质的不同。

（三）环境权与环境知情权、环境参与权等的辨析

环境权仅指以享用良好环境质量为内容的实体性权利，不包括以请求权为实质内容的环境知情权（体现为请求政府部门公开有关环境信息）、环境参与权（体现为请求参与政府部门有关环境行政决策程序）和环境监督权（体现为请求有关行政机关对环境违法行为人进行执法查处）等程序性权利。

环境知情权和环境参与权等程序性权利与环境权关系密切，但它们只是基于环境权的公法效力，为保障环境权的实现而派生的权利，属于环境权请求权的范畴，并非环境权本身。因为“程序权保护的法益是程序，而实体权保护的法益是诸如生命、健康、自由、财产、人格等实体性利益。因此，环境权不可能既作为实体权，又作为程序权”。申言之，“获取信息、参与和监督只是与环境相关，但并非环境本身，它们只是辅助环境权的实现，甚至不仅辅助环境权，而且辅助其他权利的实现”[39]。

换句话说，环境权同环境知情权、环境参与权、环境监督权的关系类似于物权同物权请求权、人格权与人格权请求权[40]的关系。尽管与环境没有直接利害关系即不具有环境权的人也享有一定的环境知情权、环境参与权和环境监督权，但这种权利仅仅是公法上的知情权、参与权和监督权在环保领域的体现，故其在权利的范围和效力上远远不如环境权人的相应权利。换言之，对于环境信息公开、环境行政参与和环境法律监督的申请和受理，一定要区分与环境有直接利害关系和没有直接利害关系的不同主体（区分有无环境权）。

第三节 环境权的地位：生态文明时代的代表性权利

从权利生成的逻辑来看，只有现有权利体系不能保护某种新型利益，而创设某种权利能有效解决这一问题，这种权利才有生成的必要和可能。回顾权利体系的发展史，担保物权、隐私权、专利权、植物新品种权、邻接权等新型权利的生成，概莫如此。那么，作为新型权利的环境权的确立，在人类权利发展的历史上到底有何地位和意义呢？

一、环境权是国际人权发展史上的第三代人权

环境权是人权发展史上的新成就，是第三代人权中的典型代表。根据联合国教科文组织人权与和平处负责人卡雷尔·瓦萨克（Karel Vaska）1979年提出的观点，人权的概念自产生

[38] ［美］丹尼尔·H.科尔：《污染与财产权——环境保护的所有权制度比较研究》，严厚福、王社坤译，北京大学出版社2009年版，第65页。

[39] 王锴：《环境权在基本权利体系中的展开》，载《政治与法律》2019年第10期。

[40] 参见王利明：《论人格权请求权与侵权损害赔偿请求权的分离》，载《中国法学》2019年第1期。

以来大致经历了以下三大历史变迁，第一代人权：17 世纪至 18 世纪的资本主义上升时期，人权主要限于公民权利和政治权利，重点旨在保护公民自由免遭国家侵犯，如人身权、私有财产权和言论自由权等。第二代人权：19 世纪以后，人权逐步从公民权利和政治权利扩大到经济、社会和文化权利，重点旨在要求国家采取积极行动协助其实现利益，如就业权、福利权和受教育权等。第三代人权：20 世纪 50 年代以后，人权概念从个体性人权逐渐发展到集体性或群体性人权，旨在要求加强社会和国际上的合作，如环境权、民族自决权和发展权等。〔41〕

当然，也有学者对卡雷尔·瓦萨克的观点并不认同。譬如，徐祥民教授认为，人权发展的历史经过了初创期、发展期和升华期，三个时期的核心人权应分别为自由权、生存权和环境权。〔42〕

二、环境权是对生态文明观最富代表性的法律表达

中国特色社会主义生态文明观是我国人民在中国共产党领导下汲取"天人合一"等方面的传统文化精髓，借鉴国际上关于环境保护、可持续发展等方面的科学理论和实践经验，并结合当前我国的具体国情而进行的重大理论创新。生态文明观超越了"循环经济""绿色发展""低碳经济"乃至"可持续发展"等国际流行理念的境界和格局，站在人类文明建设的高度，在人与自然生命共同体的方法论指导下来认识和处理人与自然、环境与发展的问题，具有高度的抽象性和理论性。对于普通大众而言，其大多难以将党和国家的生态文明理念直接转化为自觉意识和内心愿望，并落实为积极的实践行动。环境权恰好可以作为联系生态文明建设国家战略和公众参与环境保护自觉行动的桥梁和杠杆，是对生态文明观最富标志性的法律表达。

从前，人们认为只有生产农业产品、工业产品和提供三产服务的经济活动才是发展，没有意识到自然生态系统的再生产也属于发展问题。实际上，人们除了有对农业产品、工业产品的需求外，还需要良好的生态产品，如清新的空气、清洁的水源、舒适的气候、优美的景观等。以前之所以没有将环境和资源定义为产品，没有将直接或间接提供生态产品的活动定义为发展，是因为在农业文明时代和工业文明的早期，生态产品是供大于求的，不需要付费就可以无偿得到满足。但是，在能源短缺、资源紧张、环境恶化、生态脆弱、气候变暖、灾害频仍的当今时代，洁净的空气、清洁的水源、优美的环境日益成为稀缺。也正是在这个时代，人类相继提出了环境保护、生态经济、可持续发展、循环经济等理念，要求建设生态文明。

生态文明建设的核心任务是加强生态产品的保护和生产，确保供需均衡。生产农业产品需要耕地，生产工业产品需要机器设备，同理，生态产品的生产也是需要"生产者"和相应条件的。这就是野生动植物、微生物、水、土壤、阳光等生态要素及其结合体。这些生态要素及其生态关系构成的生态系统具有形成土壤、制造氧气、涵养水源、保持水土、清洁空气、净化水质、防风固沙、减少噪声、吸附粉尘、调节气候、维护生物多样性、吸附二氧化碳、减缓干旱和洪涝灾害等生态功能。只有保护好生态，才能提供更好、更多的生态产品和生态服务。

对于人类而言，生态产品具有开发利用的多重价值，可在其上成立环境权、资源权、排污权等多种权利。从权利的属性看，在这些权利中，资源权和排污权均属于财产权的范畴，尽管也兼有一定的环保功能，〔43〕但总的来说，其权利的行使和实现本身就可能给环境带来污染和

---

〔41〕 参见罗玉中、万其刚、刘松山：《人权与法制》，北京大学出版社 2001 年版，第 27～30 页。
〔42〕 参见徐祥民：《环境权论——人权发展历史分期的视角》，载《中国社会科学》2004 年第 4 期。
〔43〕 参见唐忠辉、余海燕：《财产权的环境污染防治功能》，载《成都大学学报》（社会科学版）2007 年第 2 期。

破坏，[44]这正是生态文明法治建设所重点规制的对象，当然不是生态文明时代的代表性或标志性权利。相反，环境权恰好能体现和贯彻生态文明的精神要旨（首要任务是确保环境良好），构成了生态文明时代的标志性权利：生态文明建设得好不好，重点看公民的环境权益实现和维护得好不好。

事实上，保障环境权益是生态文明法治建设的首要目标。"推进生态文明建设是我们党坚持以人为本、执政为民，维护最广大人民群众根本利益特别是环境权益的集中体现。"[45]从法治的目的和手段来看，建设生态文明就是要赋予人们享有良好环境的权利，并确保人们有权组建和参加以维护环境权益为宗旨的民间环保组织，有权向政府获悉有关环境信息，有权参与政府部门的有关重大环境行政决策，有权请求政府部门履行环境监管法定职责，有权对污染和破坏环境的公民、法人和非法人组织以及不履行或不当履行职责的政府部门提起诉讼，从而有力地对抗污染和破坏环境的各种行为，实现对环境和资源的有效保护。

综上所述，人类文明从原始文明、农业文明、工业文明进入生态文明，而相应的标志性权利或代表性权利则从成员权、地权（农用地的产权）、工业产权（知识产权）发展到环境权（见图7－4）。

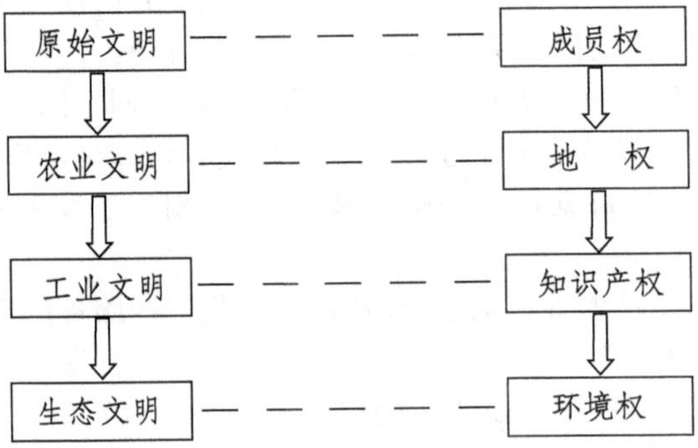

图7－4 人类文明的演进及不同文明时代的标志性权利

三、环境权是推进生态文明建设的重要法宝

正如可通过地权的科学设置来推进农业文明、通过工业产权（主要为知识产权中的专利权）的合理保护来推进工业文明建设一样，我们也可通过法律对环境权的确认和保护来推进我国的生态文明建设。

近年来，环境污染群体性事件频发，其增长速度排到了全国第7位。[46]典型的环境群体性事件如厦门"PX事件"（2007年）、上海"磁悬浮事件"（2008年）、广州番禺"垃圾焚烧厂选址事件"（2009年）、浙江"海宁事件"（2011年）、宁波"PX事件"（2012年）、四川"什邡事件"（2012年）、江苏"启东事件"（2012年）、四川彭都"PX事件"（2013年）、云南昆明"PX事件"（2013年）等。这些事件共同的深层次原因主要是法律上没有确认环境权，人们缺乏环境利益的表达、沟通和救济的有效制度渠道，最终被迫无奈而走上街头寻求自力救济，从而酿发群

〔44〕譬如，林木采伐权的实现，意味着一部分森林的破坏，排污权的实现意味着部分区域的环境质量下降。

〔45〕周生贤：《中国特色生态文明建设的理论创新和实践》，载《求是》2012年第19期。

〔46〕据资料显示，环保问题排在了当前全国群体性事件十大原因的第9位，因环境污染引起的群体性事件的增长速度还排到了全国第7位，增长率达到了29.8%。参见郄建荣：《环境群体事件增多 政府为污染企业埋单被指不公》，载《法制日报》2010年11月17日，第3版。

体性事件。

当公民缺乏独立的政治渠道和司法渠道去影响或者改变政府决策与行为的时候，单方面地强调地方官员的“责任”与“问责”只会激化问题本身，这是因为地方官员为了规避责任，无论采取哪一种方式，都只会激励民众在下一次采取更加极端而不是理性的行动。于是在这种恶性循环的局面下，一个患上“暴露焦虑症”的国家越是注重它的“回应”职能，就越有可能成为布莱尔所说的那个“空虚的、装模作样的木头人”。表面上的高效率换来的却是资源的高度透支和信用的高度透支。[47] 赋予公民环境权，加强政府环境信息公开和行政决策的公众参与，有利于很好地解决这一问题。

司法是法治体系的重要组成和最后保障。然而，我国的环境司法却因多种因素的不良影响而始终面临启动滞后、举证困难等结构性困境，未能在生态文明建设中发挥应有的作用，亟待破解。对此，美国学者 Sumudu Atapattu 认为，运用现有权利机制救济环境侵害存在因果关系难以证明和救济启动程序滞后等弊端，有必要设立独立于传统权利的环境权。[48] 事实上，环境权的创设为公众参与环境保护提供坚实的权利基础和及时高效的维权通道，有利于推进环境司法乃至整个生态文明法治建设事业实现跨越式的发展。

其一，环境权的确立可以提前司法的介入和启动时机，走出环境司法滞后的困境。这是因为，根据以人身权和财产权为权利基础的司法救济制度，只有在人身和财产已经遭受或极有可能遭受实质损害时方可提起诉讼。然而，若以环境权为权利基础，在公民的人身和财产尚未因污染或破坏环境而遭受实质损害的阶段，公民就可以环境受损（如低于环境质量标准）为由而提起环境权诉讼，从而大大前移了环境司法的启动时机，对相关的企业和行政机关予以及时、有效的打击（见图 7－5）。

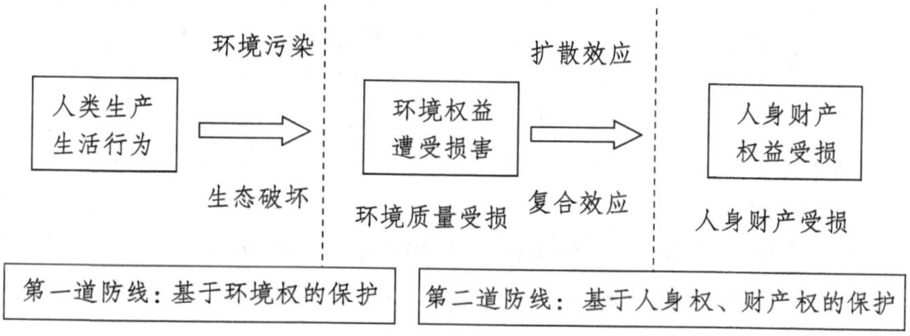

图 7－5　环境权益保护的法律防线

其二，环境权的确立可以显著减少证明的环节和难度，走出环境司法的举证困境。这是因为，以环境权为基础的诉讼，可将传统环境侵权救济之“污染行为—环境受损—人身和财产受损”的复杂因果关系初步证明（原告不仅要承担排污行为与环境受损之间存在“环境上的关联性”的初步证明责任，还需承担环境受损与人身或财产受损之间存在“致损上的关联性”的初步证明责任）简化和缩短为“污染行为—环境受损”的简单因果关系初步证明（原告只需承担排污行为与环境受损之间存在“环境上的关联性”的初步证明责任），从而大大降低环境

〔47〕 参见周濂：《你永远都无法叫醒一个装睡的人》，中国人民大学出版社 2012 年版，第 5～19 页。

〔48〕 See Sumudu Atapattu, *The Right to a Healthy Life or the Right to Die Polluted?: The Emergence of a Human Right to a Healthy Environment Under International Law*, Tulane Environmental Law Journal, 2002, p. 65.

侵权因果关系的证明难度，推动环境司法走出"起诉难""举证难"[49]"胜诉难"的困境，实现环境司法的飞跃式发展。

其三，能提高对环境公益保护的彻底性和有效性。这是因为，环境权直接以环境为权利对象，以环境利益为权利客体，当环境的支持功能受损时，可以根据环境权提起直接旨在预防和救济对环境本身的损害的诉讼，如请求恢复环境原状、治理环境污染、进行环境损害赔偿（对受损环境利益的赔偿）等。[50] 此外，现行法律框架下的人格权所保护的人格利益并不能包含通风、采光、景观等方面的舒适性环境利益。换言之，对于舒适性环境利益的保护，现代人格权基本无能为力，而运用通风权、采光权和景观权等环境权却能轻松实现目标。

其四，环境权的创设为广大公众提供了一条通过参与环境行政正当程序而保护其环境利益的制度通道，有利于增强政府与民众的沟通和互信。享有环境权的公民可运用环境知情请求权、环境参与请求权、环境监督请求权等公法意义上的环境权请求权获取有关环境信息（如获取环境影响评价文件简本）、参与有关环境行政决策程序（如参与环境影响评价文件审批程序）、启动环保部门履行环境监管的法定职责（如查处违法排污者），真正发挥公众参与在环境保护工作中的积极作用。与此同时，从政府的角度来看，通过公民对环境权的各种公权性请求权[51]的行使，可以确保和促进环境行政决策的公开性、民主性、正当性、认同性以及环境行政执法的及时性、积极性和合法性，从而强化政府与民众之间的沟通和互信，防止或减少冲突和对抗的发生。

其五，环境权的创设为广大公众直接向人民法院提起诉讼维护其环境利益提供了权利基础和制度通道，有利于缓解和克服环保组织、政府和环保部门、检察机关提起环境公益诉讼、生态环境损害赔偿诉讼和环境检察公益诉讼等的局限性。据统计，尽管我国符合法律规定具有环境公益诉讼资格的社会组织有700多个，然而，具备起诉能力的实际上不足30家，[52]截至2018年9月，真正提起环境公益诉讼的环保组织才22家。[53] 况且，这些环保组织的起诉目标大多指向能产生重大社会效应的大案要案，对于社会关注度不大和舆论效应不彰的案件似乎并不感兴趣。政府及其环保部门因忌惮提起生态环境损害赔偿诉讼反而被抓住没有依法履行环境监管职责的把柄，对生态环境损害赔偿诉讼并不太积极。事实上，自2017年《生态环境损害赔偿制度改革方案》实施一年半（截至2019年5月）以来，由地方政府及其环保部门提起的"生态环境损害赔偿诉讼"案件总计才30件。[54] 2019年和2020年，全国法院共审结生态环境损害赔偿诉讼案件分别为49件（诉讼21件，磋商28件）[55]和62件。[56] 检察机

---

[49] 令人欣喜的是，也有外国学者持相同观点。譬如，苏姆杜·阿塔帕图（Sumudu Atapattu）教授认为，依赖现有的权利机制来对环境侵害进行救济，一方面不易证明侵害造成之因果关系，另一方面必须在权利受到严重侵害之后才能启动程序，存在明显缺陷。因此，为了使环境侵害获得更为及时充分的救济，有必要设立新型权利的"环境权"。See Sumudu Atapattu, *The Right to a Healthy Life or the Right to Die Polluted?: The Emergence of a Human Right to a Healthy Environment Under International Law*, Tulane Environmental Law Journal, 2002, 16, p. 111 – 112.

[50] 参见杨朝霞：《论环保机关提起环境民事公益诉讼的正当性——以环境权理论为基础的证立》，载《法学评论》2011年第2期。

[51] 参见王锴：《行政法上请求权的体系及功能研究》，载《现代法学》2012年第5期。

[52] 参见贺震：《公益诉讼会出现滥诉现象吗?》，载《中国环境报》2015年2月4日，第2版。

[53] 参见江必新：《中国环境公益诉讼的实践发展及制度完善》，载《法律适用》2019年第1期。

[54] 参见张晨、赵婕：《首次将修复生态环境作为赔偿责任方式》，载《法制日报》2019年6月6日。

[55] 参见最高人民法院编：《中国环境资源审判(2019)》，人民法院出版社2020年版，第2页。

[56] 参见《截至去年底全国办理生态环境损害赔偿案件4300余件 生态环境损害赔偿党内法规性文件正在研究起草中》，载《中国环境报》2020年6月17日。

关是目前我国唯一能够依法提起环境行政公益诉讼的主体，然而，在检察机关与行政机关同为国家机关的中国特色国情之下，其监督的中立性、积极性、实效性到底有多大，是需要打问号的。事实上，与环保组织的选择倾向截然相反，检察机关近年来往往偏向于选择那些社会和政治影响不大、证据较为确凿、环境侵害主体不够强大（鲜有针对国有企业提起诉讼的）、不会引起地方党委和行政机关较大反感乃至对抗的案件来提起公益诉讼。[57] 一言以蔽之，环境权创设的重大意义就在于，“我的权利我做主”，“通过私人诉讼维护环境公益”来弥补我国现行环境公益诉讼（广义）的不足。

实践表明，环境权的确认和保护，对于各国发动公众的力量来保护环境发挥了十分重要的作用。在这方面，美国的公民诉讼（本质上属于执法性诉讼）表现尤为突出。据学者统计，自 1995 年至 2002 年，美国共提起了 426 件公民诉讼，大约平均每周 1 件，法院仅针对美国《清洁水法》和《清洁空气法》就发出了 350 件强制执行令；与此同时，公民共提交了超过 4500 份（对行政机关约为 500 份，对污染企业等被管制的社会成员约为 4000 份）的诉讼意图通知书（Citizen Notice of Intent to Sue），平均每天达 1.5 件。在这 8 年间，相当于每个工作日有 2 份起诉意图通知书，这远远超过了美国联邦环保署向司法部提交的执行申请书的数量。公民诉讼为公民督促行政机关勤勉履行环境保护公共职能和监督污染者遵守环境保护法律提供了制度化通道，促进了美国环境法的有效实施，推动了国家环境质量目标的实现，意义深远。

其六，可以通过环境权诉讼倒逼经济发展实现增长方式的转型和产业结构的优化，从而确保经济社会的高质量发展。保障公民环境权的核心是确保环境质量的良好，这就要求国家淘汰高消耗、高排放、低效益的产能和工艺，做好政策规划和建设项目的环评，发展清洁生产和循环经济，强化上市公司环保核查和督察，通过总量控制和环境标准规范生产经营及其污染排放行为，客观上促进经济发展方式的转变。

第四节 环境权的保护

环境具有典型的公共性，享有环境权的主体不可能像物权主体对物那样而对环境进行占有。因此，环境权是一项十分脆弱的权利，很容易受到他人的侵害。根据外力来源和属性的不同，可将侵害环境权的主体分为三大类：一是制定法律和政策、采取有关国家行动的国家机关。二是开发和利用环境资源的生产经营者，如排放废水造成环境污染的企业。三是负有环境资源监管职责的行政机关，如空间规划不当的地方政府，违法招商引资的产业部门，违法审批环评文件的监管部门等。

因此，环境权益的保护，除了可以采用宪法上的国家环境保护义务（主要落实为人大的立法权等）、行政法上的政府环境职责（如环评审批）、企业环保法律义务（如达标排污）等实体法上的权力机制和义务机制外，还可以通过环境权请求权和环境权诉讼进行保护和救济。

一、环境权的请求权保护

同物权具有物权请求权，人格权具有人格权请求权[58]一样，环境权也有环境权请求权。

---

〔57〕 参见王锴：《环境权在基本权利体系中的展开》，载《政治与法律》2019 年第 10 期。

〔58〕 王利明：《论人格权请求权与侵权损害赔偿请求权的分离》，载《中国法学》2019 年第 1 期。

所谓环境权请求权,是指基于环境权的效力而派生的请求权。同环境权诉讼不同,环境权请求权的行使,既不以行为人构成侵权为前提(不问环境权侵害人是否有过错),也不受诉讼时效的限制。换言之,只要环境权人环境利益享用的圆满状态受到了侵害,环境权人就有权提出相关权利请求,以恢复此种利用享用的圆满状态。例如,对于危害环境利益的行为,环境权人可通过基于环境权效力所派生的环境权请求权,请求侵害环境权益的私人主体停止环境侵害、排除环境妨碍、消除环境危险、恢复环境原状等,请求国家权力机关启动、调整或停止某一国家行为(如请求制定环境立法、修改国家规划、出台国家标准等),请求有关政府部门切实履行环境监管的法定职责,以保护其环境权益。

不同于物权请求权、人格权请求权的是,环境权既有私法意义上的请求权,也有公法意义上的请求权。环境权私法请求权,是指基于环境权的私法效力而派生的请求权,包括排除环境妨碍请求权(请求排除采光、通风、眺望方面的妨碍)、停止环境侵害请求权(请求停止污染和破坏环境的行为)、消除环境危险请求权等。环境权公法请求权,是指基于环境权的公法效力而派生的请求权。从理论上看,环境权公法请求权,不仅包括行政法意义上的环境知情权(体现为请求政府部门公开有关环境信息)、环境参与权(体现为请求参与有关行政机关的环境行政决策程序)、环境监督权(体现为请求有关行政机关履行法定职责,对环境侵害人进行执法查处)等权利,还应包括宪法意义上的环境参政权(如请求国家制定有关环境立法、采取某项环境保护国家行动)、环境议政权(如讨论某项环境立法的修改、废除等)等权利。

其中,环境知情权(实质为环境信息获取请求权)和环境参与权(实质为环境行政参与请求权)就是为了保护和实现环境权而派生的权利。在立法上看,2015 年《环境保护公众参与办法》和 2018 年《环境影响评价公众参与办法》就是对环境知情权和环境参与权进行法律表达的典型立法例。只不过,这两部行政规章的根本缺陷是没有区分与环境有无直接利害关系的民众,进而赋予不同效力的权利。区别的要点是,只有与环境具有直接环境利害关系的公民才享有相应的环境权,方能享有充分的环境知情权和环境参与权。在实践上,厦门 PX 事件等"邻避运动",实际上就是拟建项目周边民众运用环境知情权、环境参与权保护环境权益的典型案例。

二、环境权的司法救济

(一)环境权司法救济的主要机制

环境权的司法救济机制,根据正当性依据的不同,可分为两大类型。第一类是以环境权为权利基础的环境权司法救济机制,具体又可细分为环境权人提起的环境权诉讼,以及环保组织基于环境权的法定诉讼担当而提起的环境权担当诉讼。第二类是不以环境权为权利基础但可以间接或附带救济环境权的司法救济机制,包括自然资源损害赔偿诉讼、生态环境损害赔偿诉讼、环境检察公益诉讼等司法机制。

在此,需要强调指出的是,这里所讲的生态环境损害赔偿诉讼,在性质上既不属于以自然资源国家所有权为基础的"国有自然资源损害赔偿诉讼"(自然资源国益诉讼),[59]也不属于

---

〔59〕 参见吕忠梅:《为生态损害赔偿制度提供法治化方案》,载《光明日报》2017 年 12 月 22 日,第 2 版;郭海蓝、陈德敏:《省级政府提起生态环境损害赔偿诉讼的制度困境与规范路径》,载《中国人口·资源与环境》2018 年第 3 期。

以环境权和诉讼信托为基础的"环境权信托诉讼",[60]而属于政府部门"责令赔偿生态环境损害"(包括赔偿生态环境修复费用、修复期间的功能损失、生态环境功能永久丧失的损失等)之"行政命令的司法实施诉讼"(强调以违法性为要件),是"责令赔偿"的"私法化+司法化"变体。从环境法制度生成的范式来看,生态环境损害赔偿制度属于责令赔偿制度的"革命"性创新:赔偿磋商+索赔诉讼,兼有"行政性"和"民事性"、"执法性"和"司法性"的多重属性。[61]

需要注意的是,清洁空气权、清洁水环境权、景观权等环境权具有较为典型的公共性(通常为不特定多数人享有),因此,享有环境权的个人提起的公共性环境权诉讼在本质上应属于环境公益诉讼的范畴。由于此种诉讼既能维护自己利益又能惠及社会,可称之为准环境公益诉讼或非纯正的环境公益诉讼。[62]

由于享有同一环境权的主体(公民)往往众多,为防止滥诉的发生,可对起诉科加一定的约束条件,如无环境违法记录、具备相应专业能力等。不过,切忌因噎废食,"一刀切"地剥夺公民提起环境权诉讼的资格。此外,为防止有权的公民不愿诉、不敢诉、不能诉等情形的发生,可通过法定诉讼担当[63]的方式,将享有环境权的公民的诉权委托给有关环保组织等公共主体,由其以自己的名义提起环境诉讼。由于授权的环保组织与受损的环境之间没有直接的利害关系,故其提起的环境权担当诉讼,在性质上应属于纯正的环境公益诉讼。

(二)环境权侵权救济的一般规则

环境权侵权责任规则是制度设计的重中之重,同人身权、财产权的环境侵权责任规则既有某些相同之处,也有诸多差异之处。

其一,在归责原则上,以无过错责任为原则,以过错为例外。例如,无论排污者有无过错,只要造成了他人的环境利益受损(如环境质量低于相应标准),就需承担对环境权的侵权责任。这同环境权具有相对于排污权的优先效力是一致的。需要注意的是,环境权侵权救济的归责原则也有两大例外:一是相邻环境侵权(如相邻采光、通风、眺望、恶臭、噪声、振动等),仍应适用过错责任原则(环境权人须承担相应的容忍义务);二是后代人环境权侵权,应适用过错推定原则(具体见后文的分析)。

其二,在责任形式上,包括停止侵害、排除妨碍、消除危险、恢复环境和损害赔偿等。在停止侵害、排除妨碍、消除危险和恢复环境不可能、不可行或不划算时,也可以采用损害赔偿(补偿)作为替代责任。

其三,在举证责任分配上,仍适用因果关系证明的举证责任倒置规则。不过,为防止滥诉的发生,原告起诉除需证明被告存在环境危害行为和本人环境利益遭受损害之外,还需承担

---

[60] 参见李兴宇:《生态环境损害赔偿磋商的性质辨识与制度塑造》,载《中国地质大学学报》(社会科学版)2019年第4期。

[61] 参见杨朝霞:《生态文明观的法律表达——第三代环境法的生成》,中国政法大学出版社2019年版,第304页。

[62] 参见徐平、朱志炜、杨朝霞:《论我国环境法庭的困境与出路》,载《吉首大学学报》(社会科学版)2014年第4期。

[63] 诉讼担当,是指实体法上的权利主体或者法律关系主体以外的第三人,以自己的名义,为了他人的利益或代表他人的利益,以正当当事人的地位提起诉讼,主张一项他人享有的权利或诉求解决他人间法律关系所生之争议,法院判决的效力及于原来的权利主体。与诉讼担当相关且易混淆的概念是诉讼信托,其是委托人将债权等实体权利及相应诉讼权利转移给受托人,由受托人以诉讼当事人的身份,为实现实体利益进行诉讼,产生的诉讼利益归于受益人的一种信托制度和诉讼当事人形式。诉讼信托的最大的特点是,当事人不仅享有法律规定的实体利益,而且还享有为实体利益提起诉讼的权利,而诉讼担当只是转移诉讼的权利(诉权与实体权利主体相分离)。参见徐卫:《论诉讼信托》,载《河北法学》2006年第9期。

关于被告环境危害行为与原告受损环境之间存在“环境上的关联性”的初步证明责任。譬如，污染企业处于上风向，污染物能够到达原告所在的环境，且受损环境的污染物质与污染源物质具有同源性等。至于被告，需对不承担责任或者减轻责任的情形以及其行为与环境损害结果之间不存在因果关系承担举证责任，若不能证明，则推定环境权侵权的因果关系成立。

（三）后代人环境权的特殊救济规则

后代人环境权的实现有其特殊性，需要有特别的制度设计。首先，由于后代人现实上并不在场，可设立委托代理人（如后代人委员会、环保组织、检察机关等）代为行使环境权，代其提起后代人环境权诉讼。其次，后代人环境权侵权责任应当采用过错推定原则，〔64〕即被告（当代人）不能证明破坏后代人环境没有过错的，需承担对后代人的环境权侵权责任。也就是说，如果被告能证明没有过错，譬如在当时的经济技术条件下，确实没有符合公共环境健康、安全、福利的“可行和谨慎的替代方案”〔65〕，采用该方案（如填埋危险废物）实属万不得已的，就不构成对后代人环境权的侵权。最后，在国际环境法层面，后代人环境权的主要义务主体是发达国家，而非发展中国家。发展中国家的首要任务是发展，特别是要以摆脱贫穷与落后为第一要务，发达国家应当为其提供资金和技术援助。

此外，当代人与后代人的环境权之间也有可能发生冲突。典型的场合是，当代人选择让渡自己的环境权而换取污染企业的补偿。此种情形，在落后、贫困的农村尤为常见。当下的乡村环境治理，我们究竟应当站在当地社会的立场上，通过让村民获取污染补偿分享经济增长的成果而容忍污染侵害，还是应该站在可持续发展的未来立场上，对乡村的污染企业进行地毯式清理？选择前者，不仅会使乡村的环境进一步恶化，危及后代人的环境权益，而且还会增加未来进行污染治理的经济成本和社会阻力。选择后者，在短期内恐怕又难以实现，因为牵涉的利益太广太深，不仅需要绿色 GDP 的观念转换和壮士断腕的勇气，更需要对现行的利益格局、制度安排和政策取向进行战略性调整，〔66〕即坚决推进绿色发展。“两害相权取其轻”，可能是一个更为明智的选择，也符合生态文明的基本精神。落实到制度层面，就是合理规定后代人环境权的边界：以当代人的行政合法、达标排污为准则。也就是说，当代人的排污行为只需行政合法，就不构成对后代人环境权的侵害。换言之，在此范围内，当代人环境权的效力是大于后代人环境权的，可以选择让渡环境权而换取补偿。

三、强化从“事理”到“法理”的方法论自觉

所谓环境权，是指当代和后代的公民直接以环境为权利对象，以环境利益为权利客体，直接、免费、径行、共同享有良好品质的环境的权利。从权利发展的法理和进程来看，环境权是一项独立、新型的权利——环境享用权。

只有跳出环境人格权和环境财产权的“改良主义”解释论思维，以“革命”的方式直接创设一项以环境为权利对象，以环境利益为权利客体，以自由进入、无偿享用一定良好环境为权利内容的独立、新型的权利——良好环境权，才能弥补传统权利面对环境危机的不足，进而解决环境法的“合法性”问题。

---

〔64〕 当代人的资源权与后代人的环境权之间很有可能发生权利冲突，正如妇女的生育权与胎儿权利之间会存在权利冲突一样。此时，就需要利益平衡。对此，爱尔兰法律规定，只有当妇女由于怀孕而导致生命危险时，堕胎才是被允许的，否则即使是被强奸怀孕，也不能堕胎。

〔65〕 ［美］爱蒂丝·布朗·魏伊丝：《公平地对待未来人类：国际法、共同遗产与世代间衡平》，汪劲、于方、王鑫海译，法律出版社 2000 年版，第 128 页。

〔66〕 参见熊易寒：《市场“脱嵌”与环境冲突》，载《读书》2007 年第 9 期。

环境权的研究很长时间以来未能取得突破性进展，归根结底，最根本的原因在于事理不清、法理不明：

其一，在事理层面，未能全面认识和准确理解环境权的对象——环境的内涵，特别是未能厘清“环境”“资源”“生态”之间“一体三用”的辩证关系。

其二，在法理层面，未能准确认识环境法的地位及其与相关部门法的关系。从法律规范的构成和部门法属性来看，民法、宪法、行政法、刑法和诉讼法等属于“单一型基础性部门法”，环境法、经济法、社会法、卫生法、军事法等属于由民法规范、宪法规范、行政法规范、刑法规范和诉讼法规范系统组合成的“组合型领域性部门法”。正如红、绿、蓝三种基色和黄（红＋绿）、紫（红＋蓝）、青（绿＋蓝）、白（红＋绿＋蓝）等混色都是独立色一样，环境法、经济法也是独立的法律部门，只不过属于新型的部门法：领域法。

只有在环境法这一新型部门法意义上，创设作为环境法学范畴的环境权，才能全面理解环境权，并构造系统协调的环境权制度。具体而言，只有将环境权转化为民法意义上的民事环境权及其侵权责任，宪法意义上的基本环境权和国家环境保护义务，行政法意义上的环境知情权、环境参与权、环境监督权和政府环境监管职责，以及诉讼法意义上的环境诉权和环境公益诉讼，方能形成健全完善的环境权制度体系，完成环境权的法律表达。

我国应当在立足本国实际的基础上，借鉴《在环境事务中获得信息、公众参与决策和诉诸法律的公约》等国际条约和韩国《宪法》[67]、南非《宪法》[68]、《俄罗斯联邦环境保护法》[69]等世界各国的环境权立法经验，在环境保护法、大气污染防治法等专门性环境立法和宪法、民法、诉讼法等传统立法中确认环境权，循序渐进地建立起适合我国国情的环境权制度体系。[70] 其中，民法典被誉为“社会生活的百科全书”，在民法典中规定环境权意义特别重大。当然，民法典的生态化具有“留空间”“开岔口”“设界限”“定基石”“立框架”“建房子”六大模式，目前我国的《民法典》主要采用了“留空间”的底线模式。建议下一步改用“定基石”“立框架”的方式，原则性地规定环境权。

---

〔67〕 韩国1980年《宪法》规定：“（一）全体国民均享有在健康、舒适环境中生活的权利。国家和国民应努力保护环境。（二）环境权的内容和行使由法律规定。（三）国家应通过住宅开发等政策，努力使全体国民享有舒适的居住条件。”秘鲁1979年《宪法》第123条规定：“生活在健康、生态平衡、适合于生命发展和风景自然保护的环境中的权利。”基斯教授称赞“这是目前为止最为完整的表述方式”。

〔68〕 南非1996年《宪法》第24条（环境，Environment）对实体环境权作出了更为先进的规定：“人人有权：(a)享受无害其健康和幸福的环境；以及(b)对环境进行保护，是为了今世后代的利益，手段是通过适当的立法和其他措施——(i)防治污染和生态退化；(ii)促进自然保育（conservation）；以及(iii)在促进经济和社会正当发展的同时，确保生态可持续的发展和自然资源利用。”

〔69〕 2002年《俄罗斯联邦环境保护法》规定：“每个公民都享有良好环境的权利，有保护环境免受经济活动和其他活动，自然的和生产性紧急状态的不良影响的权利，有获得可靠的环境状况信息和得到环境损害赔偿的权利。”

〔70〕 迄今为止，我国已制定了《环境保护法》《环境影响评价法》《水污染防治法》《长江保护法》《大气污染防治法》《固体废物污染环境防治法》《环境噪声污染防治法》《放射性污染防治法》《土壤污染防治法》《清洁生产促进法》《防沙治沙法》等旨在维护公众环境权益、促进可持续发展的专门性环境法律39部、行政法规60多件、部门规章250多件、技术标准2000多项。比如，《环境保护法》第53条规定了获取环境信息、参与和监督环境保护的权利。《环境影响评价法》第11条规定：直接涉及“公众环境权益”的专项规划应当征求公众对环境影响报告书草案的意见。此外，我国不少地方性法规对于环境权的确认做出了大胆而有益的探索。譬如，2009年修订的《深圳经济特区环境保护条例》（2017年和2018年分别进行了修改）第60条就规定：“单位和个人享有在良好环境中生活、获取环境信息、参与环境监督管理以及得到环境损害赔偿的权利……”2017年通过的《贵州省环境噪声污染防治条例》在环境权立法方面做了重大突破性探索，明确规定“任何单位和个人享有在安静环境中生活、工作和学习的权利，负有保护声环境的义务，并有权对造成环境噪声污染的行为进行投诉、举报和控告”，率先在立法上确认了声环境权。

今后务必抛弃“饭碗法学”的狭隘思维和陈规陋习，厚筑“法学”和“科学”的双重理论基础，综合运用法学和环境学、生态学、地理学、人类学、社会学、经济学、哲学等多学科的融合性知识，加强对环境权的基础理论研究。特别是要对环境权的证成、构造、属性、取得、行使、保护和救济等问题进行深入探究，尽快形成成熟、系统的环境权理论体系，为全球环境法学的发展贡献中国智慧。

第八章　生态环境法律责任

第一节　生态环境法律责任概述

生态环境法律责任，是指造成或可能造成环境污染或自然资源（生态）破坏的当事人依法所应承担的法律后果，包括环境污染法律责任和生态破坏法律责任。为方便表述，以下或称环境法律责任。与其他法律责任相比，生态环境资源法律责任具有以下两个特征：

一是责任要件不同。我国目前环境法论著中关于环境法律责任的定义大都采用法律责任一般定义的表述方法，将环境法律责任与环境违法行为或不履行环境义务联系在一起，强调违法性、损害后果与法律责任的必然联系。对此，有学者指出，某些环境法律责任的承担不以违法为必要前提，"一般来说，法律责任是行为人因违法所应承担的否定性的法律后果。因违法是其前提条件，所以人们也时常将法律责任称为违法责任。然而，在环境法中就不同了。某些环境法律责任的承担，并不以违法为必要前提，而是行为人只要造成环境危害后果，就要承担环境法律责任。这种情况，在中外环境法中都是常见的"[1]。有学者将环境资源法律责任分为违反环境法的行政责任、环境损害的民事责任和违反环境法的刑事责任，[2]而不是笼统地称为违反环境资源法的责任，这是比较科学的。

二是民事责任和刑事责任行政化。传统的环境法比较注重民事责任，而现代环境法则更加注重以行政责任和刑事责任为主的公法方面的法律责任，这种发展趋势主要有两条途径：第一，民事责任公法化，即民事责任向刑事责任和行政责任转化，但民事责任向刑事责任的转化程度和范围不应无限扩大，如果对环境涉及的经济关系的调整形成所谓的泛刑罚化，无异于倒退回诸法合一、民刑不分的古代法，与现代法制的基本要求不合。相比之下，民事责任向行政责任的转化更符合环境保护的要求和现代法制发展的要求，更充分体现了国家环境保护的职能。第二，行政责任与刑事责任的融合，形成行政刑法，即国家环境保护行政管理部门依法直接追究违法者的刑事责任。行政刑法主要适用于对一些环境轻微犯罪案件的审理，它一方面大大加强了环境行政执法力度，使违法者对行政处罚由不屑一顾到避之如火；另一方面也较好地解决了环境刑事司法棘手的管辖、诉讼主体、举证责任等问题。目前，美国、日本等发达国家均非常重视行政刑法的作用。

环境法律责任是环境资源法的重要组成部分，是环境资源保护最强有力的手段，完善环境法律责任制度的重要意义在于：对内，环境资源法律责任是保证环境资源法有效实施、遏制环境问题恶化的根本保证；对外，它是保护我国环境资源权益不受侵害、维护世界环境资源保护秩序的需要。我国《环境保护法》、其他有关的单行环境法律法规以及地方性环境保护法规，都有环境法律责任的明确规定。以下将我国环境法律责任分为民事责任、行政责任和刑

---

〔1〕 王灿发：《环境法学教程》，中国政法大学出版社 1997 年版，第 117～118 页。

〔2〕 参见金瑞林主编：《中国环境法》，法律出版社 1998 年版，第 129 页。

事责任三部分分别进行详细论述。

第二节 生态环境民事法律责任

一、生态环境民事法律责任的概念

生态环境民事法律责任(以下简称环境民事责任),是指环境法律关系主体依照民法规定的法律责任形式所承担的法律后果。我国环境法论著对环境民事责任的概念有不同的理解:

第一种是环境违法行为民事责任的概念。大部分论著将环境民事责任归入违反环境法的责任,或者直接将环境民事责任称为环境违法行为的民事责任。

第二种是环境损害民事责任的概念。认为环境民事责任是指公民、法人因破坏或污染环境而侵害他人的人身或财产而应承担的民事方面的法律责任。

第三种是环境侵权民事责任的概念。认为环境民事责任是指环境法律关系主体因不履行环境保护义务而侵害了他人的环境权益所应承担的法律后果。

本书不赞同第一种定义。对违法性的理解有广义与狭义之分,狭义上的违法以过错为前提,这显然是与已为环境民事责任所普遍采用的无过错原则相悖,而广义上的违法主要是被理解为违反了《民法典》第3条"民事主体的人身权利、财产权利以及其他合法权益受法律保护,任何组织或者个人不得侵犯"的规定,但这种理解容易造成权利的滥用,特别是在环境民事权益上,尽管适用无过错原则,但不等于不考虑过错因素。事实上,各国环境法都严格区分过错、无过错和免责事由,一些国家更对合法的环境民事权益范畴作出严格的限定,如日本在认定环境侵害行为的违法性上,有所谓的忍受限度论,只有当污染环境的行为引起了超过忍受限度的损害时,才排除行政法上的合法判定而被视为不能成为民法上的免责事由。如果考虑到我国环境保护具有的行政主导性质,对环境违法作广义理解更是弊多利少。因此,本书认为,对环境民事责任的违法性无论是作狭义的理解还是作广义的理解,并将这种理解作为环境民事责任的要件都是不科学的。

环境损害民事责任的提法虽然比环境违法行为民事责任的提法科学,但这只适用于环境污染民事责任,而对于诸如破坏野生动植物资源等行为所产生的环境民事责任来说则显得牵强,相比之下,环境侵权民事责任的提法更为准确。

环境侵权是指污染或破坏环境,从而侵害他人的人身、财产权益和环境享受等民事权益的行为。作为现代社会特有的权益侵害现象,同传统的民事侵权相比,环境侵权具有以下特征:

1. 主体方面的特征。一方面,当事人地位存在事实上的不平等现象。传统侵权行为的当事人一般在地位上具有平等性,而环境侵权当事人中的加害人多是具有特殊经济地位和实力的工商企业,而受害人则多为认知能力、防御能力和诉讼能力均较弱的分散的普通公众,二者地位事实上存在很大差异。另一方面,环境侵权的受害主体不仅包括当代人,而且可能包括后代人,甚至当代人侵害的完全是后代人的环境权益。根据现代环境法代际公平的理论,这种侵权同样要承担侵权民事责任。

2. 客体方面的特征。环境民事侵权侵害对象具有广泛性与复合性。传统侵权行为一般是加害行为直接作用于个别受害人的人身或财产,环境侵权行为则要通过环境这一中介作用于人身及财物,其侵害对象包括各种自然要素、无主物、公私财产与人身,远较一般侵权广泛。

此外,由于环境具有整体性和共有性,因此,环境侵权行为一旦造成具体的损害后果,就必然损害不特定的多数人的生命、健康、财产及其他权益,而且损害程度往往也比传统侵权行为严重得多。

3. 内容方面的特征。首先,宏观上环境侵权行为具有价值双重性。传统的侵权行为,其行为本身在法律规范的价值判断上就是一种纯粹的无价值行为,即完全具有法律否定性的违法行为,如欠债不还、强占他人财物、伤害他人身体等。而环境侵权行为如排放三废污染环境,往往是伴随合法的生产活动而产生,而且可能在技术规范和行政管理规范上是合法的。其次,环境侵害具有持续性、潜在性及不明确性。传统侵权行为多为一次性侵害,损害一般也是一时之害,而环境侵权行为则常常具有持续性、反复性;传统侵权行为较易为受害人所发现,举证较容易,而环境侵权行为往往不能立即被受害者发现,举证往往比较困难。此外,环境法权利义务内容的一些重大理论问题比一般民事权利义务内容要复杂得多,且存在许多争议,如环境权问题等。

二、环境民事责任的归责原则

目前,我国法学界关于环境民事责任的归责原则问题主要有以下几种主张:第一种是少数人的主张,依然坚持环境民事责任适用过错责任原则,但对过错的理解有所不同,即把过错与违法性联系起来,而往往对违法性作广义的理解。第二种主张认为承担环境民事责任不要求侵权行为人主观上有过错,对于无过错行为也要求承担责任,因此,环境民事责任的构成便只需三个要件,即有危害环境的行为存在、有环境损害事实存在、有上述二者的因果关系。第三种主张认为应将环境民事责任分为两类:第一类是破坏环境民事责任,应必须根据一般民事责任的四个要件追究环境民事责任,即适用过错责任原则;第二类是污染环境民事责任,应适用无过错责任原则。

第一种主张建立在违法性广义认识基础上,笔者不赞同这种认识,具体原因前面已作分析,不再重复。第二种主张与第三种主张的差别实际上是源于对环境法调整范围的不同理解。我国环境法的调整范围已由污染防治法拓展到生态环境资源和人文环境资源的保护,这一事实已为大多数学者所认同,因此,笔者更倾向于第三种主张。侵权法的历史发展大体上经过了从同态复仇到结果责任,再逐渐发展为过错责任,并从单一过错责任归责原则向过错责任、无过错责任等多元化归责体系发展的过程。从我国环境保护立法的规定来看,我国环境民事责任的归责原则应当是过错责任与无过错责任并立的二元化归责体系。

(一)过错责任原则及其调整

过错责任原则源于罗马法,其基本含义是加害人对其有过错的行为承担民事责任,无过错即无责任。所谓过错,与传统刑事罪过的概念相类似,是指行为人具有的一种应受非难的心理状态,包括故意和过失两种形态。由于它能促使个人活动不必动辄得咎,所以有利于企业的活动和经济的活跃,这一原则被强调个人自由的资产阶级民法理论视为罗马法中最有价值的遗产继承和发扬,与“契约自由”“无限私有权”并列,成为19世纪资产阶级民法的三大原则,对于近代市场经济的发展起到积极的推动作用。但是,随着社会经济的高度发展,包括环境公害在内的各种人为侵权造成的事故和灾害成为严重的社会问题,而这些侵权行为往往因加害主体复杂、因果关系不明和过错认定极其困难而逐渐令过错责任原则黯然失色,客观过错论和过错推定论应运而生。

客观过错论是指以某种行为标准而非行为人的特殊心理活动来判定行为人有无过错,这种行为标准被形象地称为“良家父”或“慈良管理人”所应尽的合理注意义务。没有尽到这种义务,即为过失;过错推定是指若原告能证明其所受损害是由被告所致,而被告不能证明自己没有过错,法律上就应推定被告有过错并应负民事责任,其基本适用方法是实行举证责任倒置。过错推定责任原则对于受害人的保护更为有利,但它仍然以过错作为确定责任的最终论据,依然不能摆脱过错责任的局限性。

(二)无过错责任原则在环境法中的适用

无过错责任又称无过失责任,德国法称为危险责任,普通法国家称为严格责任,是指无论行为人有无过错,只要法律规定应当承担民事责任,行为人即应对其行为所造成的损害承担责任。依无过错责任,受害人无须就加害人的过错举证,也不必推定加害人有过错,加害人也不得以其没有过错为由抗辩。

无过错责任原则是为弥补过错责任的不足,解决工业化社会中的一系列新型侵权行为所带来的挑战和难题而设立的新型民事责任原则。与过错责任原则仅局限于传统自然法学公平正义标准不同的是,无过错责任原则是从整个社会利益之均衡、不同社会群体力量之强弱对比,以及寻求补偿以息事宁人的角度来体现民法公平原则的,它反映了现代社会化大生产条件下的公平正义观,也明显带有社会法学的色彩。[3]

我国法律对环境侵权适用过错责任和无过错责任分别作出规定:关于过错责任原则,主要适用于对生态环境资源的保护,如森林资源、土地资源、野生动植物资源等,以及自然保护区、风景名胜区、城乡环境等人文环境资源的保护;而无过错责任原则主要适用于各种环境要素污染防治,如土壤污染防治、大气污染防治、水污染防治、海洋污染防治、噪声污染防治等。

三、环境民事责任的构成要件

对环境侵权构成要件,我国法学界有不同主张:有的主张二要件,即构成环境损害的事实以及损害与污染环境行为之间的因果关系。[4] 有的主张三要件,但具体内容又分为两种:一种是污染环境的行为、损害、污染环境行为与损害之间的因果关系三要件;[5]另一种是污染环境侵权行为的违法性、污染环境侵权行为的损害事实、污染环境侵权行为与损害事实之间的因果关系这三个要件。[6] 笔者认为,我国环境民事责任应分别适用过错责任原则(主要适用于破坏环境责任)与无过错责任原则(主要适用于污染环境责任),环境民事责任的构成要件也相应地分为过错责任要件和无过错责任要件两种。对过错责任的构成要件,理论界争议不大,一般认为应包括四要件,即行为有违法性、损害结果、违法行为与损害结果之间有因果关系、行为人有过错;至于无过错原则的构成要件,笔者同意二要件说,此说避免了因对违法性的争议而减损无过错原则的价值,更有利于对环境民事权益的保护。与一般民事责任相比,环境民事责任的特殊性主要表现在无过错责任的两个构成要件上。

(一)环境损害的事实

环境损害的事实即环境侵权造成的环境损害后果,根据侵权行为法补偿功能的基本要求,无损害即无救济,因而它是环境民事责任的构成要件。环境损害具体包括财产损害、人身

---

〔3〕 社会法的基本特征应至少包括:其一,社会法的本位——社会整体利益;其二,社会法的基本原则——扶持社会弱势群体;其三,社会法的主体——特殊性、具体性和集团性的社会人;其四,社会法的调整手段和方式——行政、民事和刑事等诸种规制手段结合、并用;其五,社会法的法律规范——公法和私法的混合。参见竺效:《“社会法”意义辨析》,载《法商研究》2004年第2期。

〔4〕 参见王利明主编:《民法·侵权行为法》,中国人民大学出版社1993年版,第455~459页。

〔5〕 参见张新宝:《中国侵权行为法》,中国社会科学出版社1995年版,第93页。

〔6〕 参见钱水苗:《污染环境侵权行为民事责任的特点》,载《杭州大学学报》(哲学社会科学版)1993年第2期。

损害和环境享受损害三种。

（1）财产损害。其是指因环境侵权造成权利人财产的损害，如因污染使农作物受害减产、牲畜死亡，因污染水源致使水生养殖物死亡而减产，因污染使动产或不动产使用价值降低或增加修缮费用，因污染风景区、疗养地、公园使经营者因游人减少而减少了门票收入等，国家亦可因国有财产受污染损害而成为赔偿请求人，如依照《海洋环境保护法》第 89 条第 2 款的规定，造成海洋污染者应赔偿国家的损失，即"对破坏海洋生态、海洋水产资源、海洋保护区，给国家造成重大损失的，由依照本法规定行使海洋环境监督管理权的部门代表国家对责任者提出损害赔偿要求"。

（2）人身损害。其是指因环境侵权对公民的生命健康权的损害，主要发生在环境污染民事责任中，如因严重超标排放"三废"污染环境，造成受害者致伤、致残、致死、致病等。这是最严重的环境损害，许多国家对此适用惩罚性的民事赔偿方法，体现了现代民法对公民生存权利的严格法律保护。

（3）环境享受损害。这是对公民享受良好环境质量权益的损害，它与财产损害和人身损害有关，但并不等同。财产损害与人身损害法律界定标准明确，而环境享受权益标准具有不确定性，但这种损害是客观存在的，而且是环境侵权中最常见的，随着经济和社会文化的发展，公民对这方面的法律保护要求也不断提高，因而法律对此必须合理规范。环境享受损害通常表现在两个方面：一是妨碍他人依法享受适宜环境的权利或正常生活，如排放恶臭气体，使周围居民难以忍受，排放强大噪声、振动，使周围居民不能正常休息、工作；二是对环境要素造成非财产性损害，降低环境要素的功能或价值，如污染或破坏自然风景区，使其风景减色而降低其观赏娱乐价值，污染疗养地使之失去疗养舒适价值，污染或破坏人文古迹，使其科学研究价值或美学价值降低或丧失等。对环境享受损害的认定比较复杂，有些国家直接在法律中规定了环境权，受害者可以此作为诉讼请求依据；此外，在缺少明确法律标准的情况下，前述忍受限度论原理也可作为求偿权的依据。

（二）因果关系

因果关系，是指环境损害行为与损害事实之间具有直接因果关系，即受害人的损害是因行为人排放污染物或破坏环境所造成的。在许多情况下，特别是在环境污染损害中，要证明损害事实与损害行为之间有因果关系往往比较困难，其原因主要在于：（1）污染物在环境中具有潜伏性和积累性，污染行为与损害后果之间往往历时久远，时过境迁，此种时空延伸使因果关系认定极为困难；（2）许多污染是多因素复合作用的结果，例如，某人患上肺癌，其病因有可能是工厂超标排放废气造成的污染，也有可能是居住在公路附近吸入过多汽车废气，还可能是在工作环境中被动吸烟所致，甚至可能是这三种原因复合损害的结果；（3）对于各种污染物的性质、毒性，及其在环境中的迁移、扩散和转化，现有的科技水平还不足以认识清楚，或者不足以证明环境污染与损害后果之间的因果关系，这需要利用环境分析、化验等技术手段，并具备渊博的科技知识和专门的仪器设备，以及相当的人力、财力，这无论是对于受害人还是对于司法部门来说都有相当的困难。

由于上述原因，如果在环境侵权中仅以环境科学证明直接因果关系，很可能陷入科学争论而无法使受害人的请求得到救济，也不能对环境侵权行为及时予以制止，这种"法律役于科技"的负面效果是环境法律责任制度所应当尽量防止的。为此，环境法采用因果关系推定的法律方法予以校正，主要包括以下三种主张：（1）盖然性因果关系，是指受害人只需证明侵害行为引起的损害可能性（盖然）达到一定程度，即可推定因果关系存在，或证明如果没有该行为，就不会发生该结果的盖然性，便可推定因果关系。（2）流行病学（或疫学）因果关系，该学说采用流行病学集体性统计方法，从流行病学分析某种疾病发生之原因及其关系较大的因素，进行综合性研究判断，在判断中主要考虑四个条件：该因素在发病前曾发生作用；该因素作用的程度越显著，则该病患者比率越高（称为量与效果关系）；该因素作用减低，该病患者的比率或程度则下降；该因素引起该疾病的结论，与生物学的演说不发生矛盾。(3)间接反证说的因果关系理论，原是德国民事证据法上的概念，被运用于环境侵权中是指，如果受害人能证明因果链索中的部分事实，就推定其余事实存在，而由致害人负反证其不存在的责任。上述证明方法在环境保护制度发达国家已被不同程度地采用，如日本四大公害案件的审判都采用了流行病学因果关系认定办法，并在1971年实施的《关于危害人体健康犯罪处罚法》中对因果关系推定作了法律上的明文规定。我国立法对此尚无明确规定。

此外，还有一些其他的因果关系推定方法，并依此进行责任分配。例如，在美国的一起环境侵权诉讼中，受害者是一位母亲，从医学上已经证明她是服用某一种药品致害的，但她无法证明20年前所服用的是哪一家制药厂生产的产品，法院则按照国家药品管理局登记的当年各制药厂所占有的市场份额来确定对受害的母亲及其女儿进行赔偿，这是一种比较有效的"市场份额"责任分配方法。

四、无过错责任与损害赔偿社会化

因为环境污染与破坏突发性强，受害范围大，需要赔偿的金额大，采取无过错责任一方面可能因加害方经济能力的限制而使受害方得不到及时赔偿；另一方面也可能因巨额的赔偿导致加害方破产，这些都有损于法律的公正、社会的稳定和经济的发展。如何既保证受害人得到及时赔偿，又能减轻加害方的经济负担？方案之一便是建立社会化的赔偿机制。在此时，侵权救济已不再是加害人与受害人之间的问题，而是社会性问题。

损害赔偿的社会化，实际上是把环境侵害所造成的损害，在某种意义上视为社会的损害而由社会分担损失，使受害人得到救济，注重实现损害补偿功能而将处罚和制裁作用降至最低。损害赔偿社会化的方式，主要有建立公害补偿基金或生态补偿基金、建立互助合作金、实行商业保险等。

五、环境民事责任的免责事由

环境侵权的免责事由又称抗辩事由，是指环境法所规定的在因环境侵权致人损害时加害人可以不承担民事责任的事由。它通常是由环境侵权责任的归责原则和构成要件所决定的，各国立法上规定不尽一致。我国法律规定的环境侵权免责事由主要包括以下几种情形。

（一）不可抗拒的自然灾害

我国《海洋环境保护法》第91条等规定不可抗拒的自然灾害为民事责任的免责事由。需要指出的是，首先，不可抗拒的自然灾害不等于不可抗力，前者的范围很窄，不得作扩大解释；其次，不可抗拒的自然灾害有不可预见和不可避免的含义，凡是可以预见或可以避免的自然灾害不能作为免责条件；再次，即使发生了不可抗拒的自然灾害，加害人也必须采取合理措施，仍不能避免造成环境损害的，才可以免责，如果加害人未及时采取合理措施致使损害发生的，仍不得免责；最后，只有损害完全是由不可抗拒的自然灾害引起的，才可免除加害人的责任，如果此灾害只是引起损害发生的部分原因，则不能免除加害人的责任。

（二）受害人的过错

我国《水污染防治法》等法律中规定，如果损害是由受害人自身的责任所引起的，排污者不承担责任。受害人对损害的发生具有故意或重大过失，足以表明受害人的行为是损害发生的直接原因，即该损害与排污者无因果关系，则免除排污者的责任，但被告应对受害人的过错举证。

（三）第三人的过错

我国《海洋环境保护法》等法律中规定，完全是由于第三者的故意或者过失造成污染损害海洋环境的，由第三者承担赔偿责任，但被告应对第三者的过错举证。例如《海洋环境保护法》第 89 条第 1 款规定："造成海洋环境污染损害的责任者，应当排除危害，并赔偿损失；完全由于第三者的故意或者过失，造成海洋环境污染损害的，由第三者排除危害，并承担赔偿责任。"《民法典》第 1233 条规定："因第三人的过错污染环境、破坏生态的，被侵权人可以向侵权人请求赔偿，也可以向第三人请求赔偿。侵权人赔偿后，有权向第三人追偿。"

（四）战争行为

我国《海洋环境保护法》第 91 条规定，战争行为是海洋污染造成损害的免责条件，即"完全属于下列情形之一，经过及时采取合理措施，仍然不能避免对海洋环境造成污染损害的，造成污染损害的有关责任者免予承担责任：（一）战争；（二）不可抗拒的自然灾害；（三）负责灯塔或者其他助航设备的主管部门，在执行职责时的疏忽，或者其他过失行为"。此外，我国《民法典》总则编中规定的作为一般民事责任免责条件的正当防卫和紧急避险，也适用于环境责任制度。

关于行政合法性能否作为免责事由，经常发生的问题是，一些企业把取得了排污许可证、符合排放标准、缴纳了排污费等作为对抗受害人救济请求、逃避环境民事责任的理由，而这种理由在一些地方被认可，这就使环境损害受害人得不到法律救济，更严重的是放纵了环境污染和破坏行为，这种错误认识必须予以纠正。行政合法性之所以不能成为环境民事责任的免责事由，其原因在于：首先，在法理上行政权的行使、行政许可应以公民合法权益的保留为前提，而不得剥夺公民的民事权利；其次，公民不受环境损害的权利乃基于宪法中规定的公民基本权利，也受到民法、环境法这些二级法律的严格保护，而排放标准等具体行政许可制度则往往属于部门的和地方的法规和规章，按效力等级应优先适用宪法和法律，而不得以低等级的法律规范对抗高等级的宪法和法律；最后，如前所述，环境民事责任的法律规定并不以违法性为前提，这主要针对的就是以行政合法性作为民事责任免责事由的问题，也是为了防止我国环境行政标准执行中可能出现的弄虚作假、执法不严、地方保护以及环境标准过时或不科学等现象。因此，最高人民法院《关于审理环境侵权责任纠纷案件适用法律若干问题的解释》第 1 条第 1、2 款明文规定："因污染环境、破坏生态造成他人损害，不论侵权人有无过错，侵权人应当承担侵权责任。侵权人以排污符合国家或者地方污染物排放标准为由主张不承担责任的，人民法院不予支持。"

六、环境民事责任的方式

我国《民法典》第 179 条规定，承担民事责任的方式主要有：（1）停止侵害；（2）排除妨碍；（3）消除危险；（4）返还财产；（5）恢复原状；（6）修理、重作、更换；（7）继续履行；（8）赔偿损失；（9）支付违约金；（10）消除影响、恢复名誉；（11）赔礼道歉。法律规定惩罚性赔偿的，依照其规定。以上承担民事责任的方式，可以单独适用，也可以合并适用。由于环境民事责任是一种特殊的侵权责任，这些民事责任方式并非全部能适用于环境侵权纠纷。《环境保护法》第 64 条规定：因污染环境和破坏生态造成损害的，应当依照《侵权责任法》的有关规定承担侵权责任。我国《大气污染防治法》第 125 条、《水污染防治法》第 96 条第 1 款、《环境噪声污染防治法》第 61 条第 1 款等都作了类似的规定。《民法典》颁布实施之后，应该是"依照《民法典》

侵权责任编”的有关规定承担侵权责任。综合我国相关的法律规定，环境民事责任主要包括排除危害、赔偿损失和恢复原状。

（一）排除危害

环境法上的排除危害，是指国家强令已造成或者可能造成环境危害者，停止已经发生的危害或者排除可能发生的危害，并消除其影响的民事责任形式。我国环境保护法规定的“排除危害”，与《民法典》中规定的“排除妨碍”“消除危险”“停止侵害”在表述上有所不同，但内容上应当是一致的。也就是说，对排除危害的方式应当理解为包含了《民法典》规定的这三种承担民事责任的方式，它既包括对已经发生的环境污染危害的排除，也包括对实际可能发生的环境污染危害的排除，具体应包括三方面含义：第一，消除、治理已造成的污染，使其不再继续损害他人；第二，设置或加强防治污染的措施、设备；第三，停止正在进行的污染行为。上述三种具体方式中，第一种是比较纯粹的环境民事责任，而第二种、第三种形式在我国实践中往往不够严格，或是被列入行政责任，这使排除危害的作用受到局限。就我国排除环境侵害的救济方式而言，除了完全排除侵害外，还可以借鉴外国立法确立的部分排除危害、代替性赔偿等担责方式，前者如限制设施的运营时间或排污时间，后者如以交付赔偿金的形式代替发布关闭污染性工厂的禁令。这些做法更具调和性，以便法院通过对有关利益的比较衡量而对各种侵害排除方式加以灵活运用，从而更好地兼顾对受害人的保护、社会公平正义和经济发展。

（二）赔偿损失

环境法上的赔偿损失，是指国家强令污染危害者以自己的财产弥补对他人所造成的财产损失的民事责任形式。这是环境民事责任中最常采用的也是最纯粹的民事责任形式。依我国现行立法及司法实践，生态环境损害赔偿范围包括：(1)直接损失。这是指环境危害所直接造成的受害人财产的减少或丧失，如农作物减产，鱼虾死亡等，也包括环境危害人身而造成的医疗费、就医差旅费等。对于直接损失加害人应全部赔偿。此外，直接损失也指直接受到损害的受害者，而不包括间接受损失者。例如，污水造成农民粮食绝收，而农民又事先与粮食收购单位签订了粮食收购合同，则直接受损失者是农民，可以请求赔偿，而作为间接受损失的粮食收购单位则不能向环境危害的加害人索赔。(2)间接损失。这是指因环境危害造成受害人财产或人身受到损害，而这种损害又使受害人失去的预期利益。例如，因污水造成瓜农的瓜苗死亡，瓜农买瓜苗、化肥等投入的费用为直接损失，而因绝收造成的预期可得到的卖瓜收益的损失则属于间接损失。间接损失也包括因环境危害造成人身伤害，治疗期间所丧失的工资收入等。对于间接损失原则上也应全部赔偿。此外，环境危害还有可能造成的受害人精神损害，包括因严重污染造成受害者死亡，而给其亲属造成的精神上的巨大痛苦，也包括环境危害给受害人造成残疾，或是公民因环境享受权益受到损害引起的精神痛苦等。实践中，已有地方法院对环境侵权案件判决精神赔偿。最高人民法院《关于确定民事侵权精神损害赔偿责任若干问题的解释》对我国精神损害赔偿方面的问题作了比较具体的规定，该规定同样可适用于因环境侵权所引起的精神损害赔偿。《民法典》第 1235 条是对构成生态环境损害赔偿的责任人费用承担以及赔偿范围的规定，即“违反国家规定造成生态环境损害的，国家规定的机关或者法律规定的组织有权请求侵权人赔偿下列损失和费用：(1)生态环境受到损害至修复完成期间服务功能丧失导致的损失；(2)生态环境功能永久性损害造成的损失；(3)生态环境损害调查、鉴定评估等费用；(4)清除污染、修复生态环境费用；(5)防止损害的发生和扩大所支出的合理费用”。

（三）恢复原状

我国《民法典》所规定的“恢复原状”也可归纳到环境民事责任形式中。当然，“恢复原状”要求实际上必须有恢复的必要，且能够恢复。“恢复原状”主要可适用于破坏资源的民事侵权行为，如我国《草原法》第 39 条第 2 款规定：“因建设征收、征用或者使用草原的，应当交纳草原植被恢复费。草原植被恢复费专款专用，由草原行政主管部门按照规定用于恢复草原植被，任何单位和个人不得截留、挪用……”第 40 条第 2 款规定：“临时占用草原的期限不得超过二年，并不得在临时占用的草原上修建永久性建筑物、构筑物；占用期满，用地单位必须恢复草原植被并及时退还。”《森林法》第 37 条规定：“矿藏勘查、开采以及其他各类工程建设，应当不占或者少占林地；确需占用林地的，应当经县级以上人民政府林业主管部门审核同意，依法办理建设用地审批手续。占用林地的单位应当缴纳森林植被恢复费。森林植被恢复费征收使用管理办法由国务院财政部门会同林业主管部门制定。县级以上人民政府林业主管部门应当按照规定安排植树造林，恢复森林植被，植树造林面积不得少于因占用林地而减少的森林植被面积。上级林业主管部门应当定期督促下级林业主管部门组织植树造林、恢复森林植被，并进行检查。”其实，污染环境的行为也可适用“恢复原状”，且如能恢复原状，则更能达到保护环境的目的。事实证明，只要肯下大力气治理环境污染，“恢复原状”是有可能实现的。

此外，“返还财产”在某些类型的环境侵权纠纷中也有适用余地。例如，《土地管理法》第 77 条规定：“未经批准或者采取欺骗手段骗取批准，非法占用土地的，由县级以上人民政府自然资源主管部门责令退还非法占用的土地，对违反土地利用总体规划擅自将农用地改为建设用地的，限期拆除在非法占用的土地上新建的建筑物和其他设施，恢复土地原状，对符合土地利用总体规划的，没收在非法占用的土地上新建的建筑物和其他设施，可以并处罚款；对非法占用土地单位的直接负责的主管人员和其他直接责任人员，依法给予处分；构成犯罪的，依法追究刑事责任。超过批准的数量占用土地，多占的土地以非法占用土地论处。”其中，“退还非法占用的土地”则类似于“返还财产”。我国其他生态环境保护的法律、法规中也有“返还财产”的类似规定。

七、共同环境侵权

共同环境侵权，是指两个以上民事主体的排污行为共同致人损害或共同引起致人损害的危险发生，又可称为复合污染或复合公害。我国《民法典》第 1168 条规定，二人以上共同实施侵权行为，造成他人损害的，应当承担连带责任。该规定同样适用于环境侵权纠纷。共同侵权的核心在于连带责任，旨在扩大责任人范围，加强对受害者的保护。认定共同侵权行为，无须认定侵权各方具有共同侵权故意或过失，这是不太可能也是不必要的。受害人只要能够证明有损害事实，两个以上的污染源位置相近，都排放了污染物且具有持续排放性，受害物或受害人体内能够查出共同排放物或混合排放物成分等，就可以确定排放者的共同侵权责任。

共同环境侵权被确定后，受害人不必确定致害者的排放比例和责任比例，可以要求任何一个侵权者先行承担全部侵权责任，然后先行承担责任者可要求其他侵权者按照比例承担侵权责任，若侵权比例无法确定，则可由共同侵权者平均承担侵权责任。

此外，最高人民法院《关于审理环境侵权责任纠纷案件适用法律若干问题的解释》第 3 条规定：“两个以上侵权人分别实施污染环境、破坏生态行为造成同一损害，每一个侵权人的污染环境、破坏生态行为都足以造成全部损害，被侵权人根据民法典第一千一百七十一条规定请求侵权人承担连带责任的，人民法院应予支持。两个以上侵权人分别实施污染环境、破坏生态行为造成同一损害，每一个侵权人的污染环境、破坏生态行为都不足以造成全部损害，被侵权人根据民法典第一千一百七十二条规定请求侵权人承担责任的，人民法院应予支持。两个以上侵权人分别实施污染环境、破坏生态行为造成同一损害，部分侵权人的污染环境、破坏生态行为足以造成全部损害，部分侵权人的污染环境、破坏生态行为只造成部分损害，被侵权人根据民法典第一千一百七十一条规定请求足以造成全部损害的侵权人与其他侵权人就共同造成的损害部分承担连带责任，并对全部损害承担责任的，人民法院应予支持。"

八、环境民事惩罚性损害赔偿

（一）环境民事惩罚性损害赔偿的概念和历史源流

惩罚性损害赔偿（punitive damages），也称为示范性的赔偿（exemplary damages）或报复性的赔偿（vindictive damages），是指法庭所作出的赔偿数额超出实际损害数额的赔偿。[7] 美国《侵权行为法重述》第 908 条将惩罚性损害赔偿定义为：在损害赔偿及名义上之赔偿以外，为惩罚极端无理行为之人，且亦为阻止该行为人及他人于未来从事类似之行为而给予之赔偿；惩罚性损害赔偿得因被告之邪恶动机或鲁莽弃置他人权利于不顾之极端无理行为而给予。在评估惩罚性损害赔偿之金额时，事实之审理者得适当考虑被告行为之性质及程度与被告之财富。[8] 惩罚性损害赔偿已成为我国民事立法和民法学中的一项新课题，环境民事惩罚性损害赔偿也开始引起国内学者的关注。依据现有通行的同质赔偿理论，不仅对环境民事侵权受害者的救济严重不足，也使加害者通过理性的利益衡量，对侵权采取放任态度。因此，有些学者提出："惩罚性赔偿因为具有高于受害人实际损害的赔偿标准和主观故意的主观归责特征，既具有补偿的功能，还具有制裁和预防的功能。因此，对于主观上具有恶意的环境民事侵权案件，应该适用惩罚性赔偿。并且，对于造成了精神和环境权益损害的，也应该给予赔偿，这种赔偿因其不可衡量性，也显现出惩罚的特征。"[9]笔者认为，环境民事惩罚性损害赔偿是指环境法律关系主体对因其故意或者重大过失而造成环境污染或者生态资源破坏，或者因其环境民事侵权行为所导致的精神损害，所应承担的赔偿数额超出实际损害数额的赔偿。它是对传统环境民事责任的一种必要补充和完善。

根据美国学者亚历山大·沃勒克（Alexander Volokh）撰写的 *Punitive Damages and Environmental Law: Rethinking the Issues*[10]一文的介绍，巴比伦的《汉谟拉比法典》、印度的《摩奴法典》和《圣经》中都有关于多倍损害赔偿（multiple damages）原则的规定。罗马人曾为某些违法行为确定过多倍损害赔偿，并且出于约束富人的需要而调整它们。在古罗马，当债务人超过一年而无法偿还债务时，债权人就可以获得 4 倍的损害赔偿（quadruple damages）作为救济，其中部分多倍损害赔偿也许是利息的一种替代品，但 300% 的利息显然过高，因此可以说这些"罚金"的首要目的是"惩罚"（punitive）。18 世纪，在两个相关的案件（Wilkes v. Wood

---

〔7〕 参见王利明：《惩罚性赔偿研究》，载《中国社会科学》2000 年第 4 期。

〔8〕 See Restatement(second) of torts §908(1977).

〔9〕 高利红、余耀军：《环境民事侵权适用惩罚性赔偿原则之探究》，载《法学》2003 年第 3 期。

〔10〕 Alexander Volokh, *Punitive Damages and Environmental Law: Rethinking the Issues*, Policy Study No. 213 (Sep. 1996).

and Huckle v. Money[11])中，针对政府对持有反对意见的报纸采取压制性的措施的行为，法院适用了惩罚性损害赔偿(punitive damages, exemplary damages, vindictive damages[12]或smart money)。从此以后，英国法院开始对滥用财富(wealth)和权力(power)的行为适用惩罚性损害赔偿。在美国，惩罚性损害赔偿最早于18世纪80年代和90年代开始使用，最早的判决出现在1784年Genay v. Norris[13](恶毒性中毒案)中，之后惩罚性损害赔偿被广泛应用于违反婚约(如Coryell v. Colbaugh)、侵犯专利权(如Boston Manufacturing Co. v. Fiske)的案件中。它一般被用来惩罚殴打、抢夺、性侵犯案件的"欺凌者"。到19世纪末，该原则的应用开始从自然人专向大型法人，如铁路通常由于其乘务员、搬运工或者其他司乘人员恶劣地对待妇女、病残者或者孩童而支付惩罚性赔偿金。法官和陪审团通常对那些故意地、严重地漠视原告权利的，而又无须承担刑事责任的被告适用惩罚性损害赔偿。随着时间的推移，惩罚性损害赔偿的范围亦在逐步扩大，它对许多英美法系的国家甚至大陆法系国家产生了某些影响。我国《消费者权益保护法》第55条规定："经营者提供商品或者服务有欺诈行为的，应当按照消费者的要求增加赔偿其受到的损失，增加赔偿的金额为消费者购买商品的价款或者接受服务的费用的三倍；增加赔偿的金额不足五百元的，为五百元。法律另有规定的，依照其规定。经营者明知商品或者服务存在缺陷，仍然向消费者提供，造成消费者或者其他受害人死亡或者健康严重损害的，受害人有权要求经营者依照本法第四十九条、第五十一条等法律规定赔偿损失，并有权要求所受损失二倍以下的惩罚性赔偿。"该制度所确立的正是惩罚性损害赔偿，这是我国民事实体法中第一次明文规定惩罚性损害赔偿制度。《民法典》第1232条规定了环境污染、生态破坏侵权的惩罚性赔偿制度："侵权人违反法律规定故意污染环境、破坏生态造成严重后果的，被侵权人有权请求相应的惩罚性赔偿。"

(二)环境民事惩罚性损害赔偿的特点和作用

与传统的补偿性赔偿制度相比，惩罚性损害赔偿具有其显著的特点：首先，在赔偿基础上，惩罚性赔偿以补偿性赔偿的存在为前提。美国法院一般都认为，原告请求惩罚性赔偿，要先请求补偿性的赔偿，只有在补偿性赔偿请求能够成立的情况下，才能请求惩罚性赔偿。其次，从赔偿责任的构成要件说，惩罚性赔偿制度的赔偿数额主要不以实际损害为标准，而是要特别考虑加害人的主观过错程度、主观动机、财产状况、侵权损失赔偿等多种因素，只有加害人实施了一定程度的恶性行为，且主观上有恶意或重大过失才可适用惩罚性赔偿。再次，从赔偿范围来看，惩罚性赔偿并不以实际的损害为限，其数额会高于甚至大大高于补偿性损害

---

[11] 杨栋曾在《外国法院惩罚性赔偿判决的承认与执行》(载《山东法学》1998年第5期)一文中更为详细地记述道："英国1763年的Wilkes诉Wood案可能是最早有记载的赔偿额超过实际损失额的判例。该案原告Wilkes的住所遭到官府的搜查，他对搜查令的合法性提起诉讼。法官在给陪审团的指示中指出赔偿不仅要能补偿受害人的损失，而且还要起到惩罚侵害人和防止今后发生此类行为的作用。在同一年的Huckle诉Money案中，原告是一名印刷工人，他在官府对《北布瑞顿报》的一次搜查中被错误地拘禁了6个小时。虽然原告在被拘禁期间受到非常礼貌的、有啤酒和牛排供应的待遇，但是陪审团认为被告的行为非常粗暴，遂判决原告得到300英镑的赔偿，而他的周薪只有一个畿尼。英国上议院的第一个惩罚性赔偿判决是在1964年审理的Rookes诉Barnard案中作出的，从而确认了英国法院作出惩罚性赔偿判决的权力。"根据王利明教授的考证，1763年Huckle v. Money一案中作出此判决的法官是lord Camden。参见自王利明：《惩罚性赔偿研究》，载《中国社会科学》2000年第4期。

[12] 也有学者将exemplary damages译为"示范性赔偿"、vindictive damages译为"报复性赔偿"(参见王利明：《惩罚性赔偿研究》，载《中国社会科学》2000年第4期)，本书在此采《元照英美法词典》(法律出版社2003年版)第510页和第1403页的词条翻译。

[13] 参见Genay V. Norris, 1 S. C. L. 3, 1 Bay 6(1784)。转引自王利明：《惩罚性赔偿研究》，载《中国社会科学》2000年第4期。

的赔偿。最后,惩罚性赔偿不能由当事人自由约定,惩罚性赔偿的数额可能是由法律法规直接规定的,也可能是由法官和陪审团决定的,但不可能由当事人自由约定。

一般认为,惩罚性损害赔偿制度有以下几个方面的功能:第一,赔偿功能。惩罚性损害赔偿并不是独立的请求权,而必须依附于补偿性的损害赔偿。然而,在一些情况下,仅仅依靠补偿性赔偿难以使受害人遭受的损失获得完全的补偿。例如精神损害,其本身的基本特点即无法以金钱价额予以计算决定了补偿性损害赔偿无法完全弥补损害;在人身伤害的情况下,对于损害的额度证明比较困难。所以,利用惩罚性赔偿可以更加充分地保护受害人的利益。此外,受害人提起诉讼之后所支付的各种费用也只有通过惩罚性赔偿才能获得补救。第二,制裁功能。惩罚性损害赔偿只有在加害人实施了一定程度的恶性行为,且主观上有故意或者重大过失时才适用。这种惩罚性赔偿与补偿性赔偿的区别在于:补偿性赔偿的目的在于赔偿损害人的全部经济损失,这一赔偿的理想状态即是使补偿与损失之间等值。而对于惩罚性损害赔偿责任发生的场合,加害人往往经过了利益计算和衡量,这样一来,补偿性赔偿对加害人难以起到制裁的作用。这正是惩罚性损害赔偿制度所能弥补的。第三,预防功能。由于惩罚性赔偿乃是双倍赔偿或多倍赔偿,而且,其惩罚的数额应当考虑到加害人的主观动机、财产状况等,因此,即使对于“富裕”的加害人也能够起到一定的警示作用。一般而言,这种预防包括两个方面,即一般性预防和特殊性预防。一般性预防就是警示社会一般的人不会仿效加害人的行为;特殊性预防就是令加害人不会再次实施类似行为。

(三)环境民事惩罚性损害赔偿的适用范围

1. 因故意或者重大过失而造成环境污染或者生态资源破坏的案件

前文中本书已经表明了对于环境民事责任的归责原则的态度,即认为环境民事责任分为两类:第一类是破坏环境民事责任,必须根据一般民事责任的四个要件追究民事责任,即适用过错责任原则;第二类是污染环境民事责任,应适用无过失责任原则。但我国司法实务中,对于那些主观上具有恶意,侵权后果十分严重的加害者而言,并没有因其行为的性质恶劣而给予更加严厉的制裁。事实上,在我国的环境民事侵权中,除了没有主观过错而造成的损害外,基于主观的恶意而导致的环境污染和生态资源破坏从而造成的严重环境民事侵权大量存在。许多加害者甚至是经过理性的判断,而最终选择侵权的。对于这样的环境民事侵权,应当适用惩罚性赔偿,这样既有利于弥补补偿性环境损害赔偿对于受害者救济不足的缺陷,也有利于在环境民事责任制度中细化法律的公正性,即根据行为人主观过错的严重程度使其承担不同的民事赔偿责任,从而通过要求故意的加害人承担惩罚性损害赔偿责任来遏制故意的环境污染和破坏行为,通过要求重大过失的加害人承担惩罚性损害赔偿责任来警示他们和其他可能因过失酿成重大环境损害的行为人提高注意和加强防范。

2. 因环境民事侵权行为所导致的受害人精神损害的案件

最高人民法院《关于确定民事侵权精神损害赔偿责任若干问题的解释》第 1 条规定:“因人身权益或者具有人身意义的特定物受到侵害,自然人或者其近亲属向人民法院提起诉讼请求精神损害赔偿的,人民法院应当依法予以受理。”就这项规定来看,适用范围仍然十分有限,目前还没有扩及环境侵权所导致的精神损害。即使在理论上,民法学者与环境法学者的观点也并不一致。民法学者一般没有将环境侵权所导致的精神损害列入赔偿范围之中。环境法学者则认为,环境侵权的损害赔偿范围应该包括精神损害。[14]“在环境侵权案件中,受害人

---

〔14〕 参见邓建志、陈凌:《环境侵权及其民事赔偿范围研究》,载《湖南工程学院学报》(社会科学版)2002 年第 2 期;欧阳晓安:《环境侵害损害确立的客观基础及事实分类》,载《云南环境科学》2002 年第 2 期。

因被告的污染或破坏行为，往往承受难以想象的痛苦，而且，不仅他们生活在现实的痛苦之中，这种损害使他们生活在沮丧和失望之中，感受到社会的残忍和法律的冷漠，生活的乐趣几尽失去。环境侵权案件给受害人造成的精神损害是显而易见的，受害者所要承受的不仅是肉体上的疼痛，还有心理上的痛苦，这种痛苦是漫长的，甚至伴随终身。对于这样真实的精神损害，法律不予救济显然是不合理的。"[15]对于这样的精神损害应当予以法律救济，通过惩罚性损害赔偿制度在环境民事损害赔偿范围中加入相当于精神损害赔偿的内容，可以使受害人因环境民事侵权行为所导致的精神损害得到一定程度的法律救济。特别是对于因加害人故意或者重大过失而造成环境污染或者生态资源破坏而给受害人造成精神损害的案件，惩罚性损害赔偿可以更加有力地惩罚和遏制污染环境或者破坏生态资源的行为。

九、《民法典》规定的"环境污染和生态破坏责任"

《民法典》侵权责任编第七章"环境污染和生态破坏责任"共7条，前五条为环境私益侵权责任，属于一般规定，后两条为环境公益侵权责任，属于特别规定。我国原《侵权责任法》第八章用4个条文规定了"环境污染责任"。但是，因为环境问题不仅可能因污染环境和破坏生态两种不同行为产生，而且可能造成的损害后果也有环境污染和生态破坏两种不同形式，因此，司法实践中出现了造成生态破坏后果的侵权行为无法根据侵权责任法合理裁判的情形。《民法典》编纂过程中，首次把绿色原则规定为民法基本原则，并在侵权责任编总结了我国既有的立法和司法实践经验，同时借鉴域外法的成功做法，有效回应时代发展所提出的问题。《民法典》侵权责任编第七章虽然只有7个条款，但内容丰富，彰显了时代特色和实践特色，是我国《民法典》的一大亮点。

第一，将章名由"环境污染责任"改为"环境污染和生态破坏责任"，扩大环境侵权原因行为的范围。《民法典》在该章中不仅规定了对污染环境造成他人损害的责任，而且对破坏生态造成他人损害以及生态环境损害的责任作出了细致的规定。例如《民法典》第1229条规定："因污染环境、破坏生态造成他人损害的，侵权人应当承担侵权责任。"与原《侵权责任法》第65条相比，在规定"污染环境"之后增加了"破坏生态"的表述，这两种行为人均应承担侵权责任。

第二，增加了新的内容。《民法典》在原《侵权责任法》4个条文的基础上，以第1229～1235条7个条文规定"环境污染和生态破坏责任"。这一方面保留了原《侵权责任法》规定的举证责任倒置（第1230条）、数人侵权的责任分担（第1231条）、第三人过错不能免责（第1233条）等条款；另一方面，增加了环境污染惩罚性赔偿、生态破坏责任的规定。

第三，《民法典》侵权责任编使得环境侵权责任理念、责任范围、责任方式、责任程度等方面均有"提升"。《民法典》第1229条规定，"因污染环境、破坏生态造成他人损害的，侵权人应当承担侵权责任"，明确将污染环境和破坏生态都作为环境侵权的具体类型，扩大了环境侵权责任的规制类型与范围。这一规定，弥补了原《侵权责任法》只规定"环境污染侵权责任"，没有规定生态破坏侵权责任的缺陷，而且将"生态破坏责任"界定为对生态功能损害依法承担的修复责任，使中国在传统环境污染责任基础上环境法治更为完善。

《民法典》第1232条增设环境侵权惩罚性赔偿规定，即"侵权人违反法律规定故意污染环境、破坏生态造成严重后果的，被侵权人有权请求相应的惩罚性赔偿"。传统的民事责任以损害填补为要义，本条内容加重了恶意违法者所实际承担的责任，在很大程度上提高了环境侵

---

〔15〕 高利红、余耀军：《环境民事侵权适用惩罚性赔偿原则之探究》，载《法学》2003年第3期。

权的违法成本,也填补了生态环境破坏无具体法律责任承担方式的漏洞,让司法实践中判决生态环境修复不用再借道"恢复原状"。环境侵权适用严格责任,不以环境侵权行为人主观故意为要件。《民法典》第1232条针对故意污染环境、破坏生态造成严重后果的行为,规定民事责任的加重惩罚。对于何为"故意",何为"严重后果",目前还没有民事领域的司法解释,但是最高人民法院、最高人民检察院《关于办理环境污染刑事案件适用法律若干问题的解释》(2016年)第1条列举了17类应当认定为"严重污染环境"的情形,第3条列举了12类后果特别严重的情形。实践中,对于污染者为企业的环境责任追究,往往遵循"先刑后民"的审理原则,或者依照《检察公益诉讼司法解释》的规定,提起环境民事公益诉讼。对于已经触犯《刑法》的污染者,在刑事认定的裁判基础上,对于"故意"的主观要件判定,以及是否构成"污染环境、破坏生态严重后果"的判定,法律门槛并不高。

《民法典》第1234、1235条增设生态环境损害修复责任与赔偿范围的规定,解决了生态环境损害赔偿诉讼无法律依据的问题,为《民法典》与《环境保护法》有关公益诉讼制度、生态环境损害赔偿制度的衔接建立了可操作机制,为生态环境损害赔偿诉讼制度奠定了实体法基础。其中,第1234条规定,违反国家规定造成生态环境损害,生态环境能够修复的,国家规定的机关或者法律规定的组织有权请求侵权人在合理期限内承担修复责任。侵权人在期限内未修复的,国家规定的机关或者法律规定的组织可以自行或者委托他人进行修复,所需费用由侵权人负担。第1235条以列举的方式,规定了侵权人赔偿损失和承担费用的范围。

第三节　生态环境行政法律责任

一、生态环境行政法律责任的概念

生态环境行政法律责任(以下简称环境行政责任)在理论界有不同的解释,大体分为四种。

第一种是强调法律责任与违法性的联系,如"环境行政责任是指违反环境法和国家行政法规所规定的行政义务或法律禁止事项而应承担的法律责任"[16]。"环境行政责任是指环境行政法律关系的主体违反环境行政法律规范或不履行环境行政法律义务所应承担的否定性的法律后果。它以当事人违法或不履行环境行政法律义务、主观上存在故意或过失为前提。"[17]

第二种是强调违法性与环境损害后果的联系,如环境行政责任是指"违反环境保护法,实施了破坏或者污染环境行为的单位或者个人所应承担的行政方面的法律责任"[18]。所谓破坏或者污染,只能理解为不仅指从事了损害环境的行为,而且也要求达到一定的程度,即造成了一定的后果,而未破坏或者损害环境的其他违法行为(如违反程序法的规定等未造成损害环境后果的行为)则不在此列。

第三种是狭义上的理解,认为"环境行政责任仅指行政处罚,是指由特定的国家行政机关

〔16〕 金瑞林主编:《环境法学》,北京大学出版社1999年版,第206页。
〔17〕 解振华主编:《中国环境执法全书》,红旗出版社1997年版,第189页。
〔18〕 韩德培主编:《环境保护法教程》(第8版),法律出版社2018年版,第279页。

对犯有一般环境违法行为、尚不够刑事处分的单位和个人追究的法律责任。即认为行政责任的范围仅限于行政处罚,行政责任也叫行政处罚"〔19〕。

第四种是广义上的理解,认为"环境行政责任更包括行政处理,是指对除依法追究刑事责任以外的一般违反环境保护法规者污染、破坏环境的行为,由特定的国家行政机关或违法行为所在单位依法追究的责任。即认为除行为处罚和行政处分外,还包括国家行政机关为贯彻执行环境保护法规而依法采取的强制性行政措施"〔20〕。

本书赞同第一种解释。首先,一些环境违法行为并不一定属于污染环境或破坏生态的行为,亦不产生这种后果。例如,《大气污染防治法》规定的违法情节包括"不公开或者不如实公开自动监测数据的""擅自向社会发布重污染天气预报预警信息""对举报人以解除、变更劳动合同或者其他方式打击报复的"等,对于这些行为也应承担环境行政责任。其次,我国环境行政责任不仅包括行政处罚,也包括行政处分和行政赔偿。最后,行政责任应当是法律所规定的责任,而不应包括单位对其内部成员的处分,后者的直接依据并非法律而是单位内部规章,责任的性质不同,而且实践证明,以内部处分代替法律责任这种"自行了断"的做法,贻害无穷。环境行政责任的概念强调违法性便于将其与环境民事责任区分开来;此外,强调违法性也旨在突出环境行政责任的法定性,有利于防止滥用行政权力,防止对环境行政责任作出任何扩大解释。这对于坚持依法行政是至关重要的。

环境行政责任不同于环境民事责任。第一,前者是基于不平等主体之间的法律关系即环境行政法律关系发生的;后者是基于平等主体之间的法律关系即环境民事法律关系发生的。第二,环境民事责任的形式是恢复权利性的,如赔偿损失、恢复原状等;环境行政责任的形式既有恢复权利性的(如行政赔偿),也有惩罚性的(如行政处罚和行政处分)。第三,环境民事责任的追究机关和追究法律程序具有单一性,主要通过人民法院和民事诉讼法;环境行政责任的追究机关具有多元性,且追究程序具有多样性,是不统一的。第四,两者承担责任的主体不一样。环境民事责任是环境民事法律关系中一方当事人对另一方当事人承担责任;环境行政责任主要是违法行为者向国家承担责任。此外,两者的归责要件不一样。

环境行政责任不同于环境刑事责任。两者的主要区别在于,环境违法行为的严重程度不同。如果环境违法行为达到法定犯罪的严重程度,则构成危害环境犯罪,应追究刑事责任;如果环境违法行为尚未达到犯罪的严重程度,则是一般的环境行政违法行为,应追究行政责任。此外,两者的责任追究机关、追究程序以及责任形式都不同。必须指出的是,环境行政责任与环境刑事责任又是相互配合、相互协调的,从环境违法行为到环境犯罪行为,从承担行政责任到承担刑事责任,是一个由轻到重,由量变到质变的变化发展过程。如果环境行政责任能及时、有效地得到追究,那么危害环境的犯罪行为就可能被遏制在一般违法阶段。而且,刑事处罚与行政处罚也是交叉和协调的。例如,对实施了危害环境犯罪的单位,在处以刑罚方法的同时,也可以决定对之予以停业整顿或关闭的行政制裁。

二、环境行政责任主体

环境行政责任的承担主体既包括行政主体和行政人(具有一定环境行政管理职权的机关及其工作人员),也包括行政相对人。例如,我国《环境保护法》第60条规定的是环境行政相对人的行政责任,第67条规定的是环境行政机关工作人员的行政责任。至于环境行政管理

---

〔19〕 马骧聪:《环境保护法基本问题》,中国社会科学出版社1983年版,第86页。

〔20〕 武汉大学环境法研究所编:《中国环境法的理论与实践》,中国环境科学出版社1990年版,第431~432页。

机关的行政责任,现行《环境保护法》没有直接规定。实践中,环境行政管理机关承担行政责任主要是通过环境行政复议和环境行政诉讼的途径来实现的。

环境行政责任的追究机关指具有一定环境行政管理职权,有权追究责任者环境行政责任的机关。环境行政主管部门是环境行政责任的当然追究机关,其他依照法律规定行使环境监督管理权的部门也是环境行政责任的追究机关。当然,“其他部门”成为行政责任追究机关必须依照法律规定。至于“其他部门”的范围,应包括依法设立的各级生态环境主管部门的派出机构,法律、法规授权的环境保护单位,受委托的环境保护其他行政相关部门。《水污染防治法》规定的交通部门行政机关就是一例。法律明确规定可以追究责任者环境行政责任的部门还包括有关责任人员的所在单位或者政府主管机关、各级人民政府、复议机关等。而且,这些主体都可以看作环境行政法律关系中处于管理地位的一方主体,都具有环境行政管理职权。

存在争议的主要涉及两个问题:第一,“有关责任人员的所在单位”。如果是企事业单位,是否可以成为环境行政责任的追究机关,并对有关责任人员给予行政处分。第二,人民法院是否可以成为环境行政责任的追究机关。对于第一个问题,本书认为,企事业单位给予其所属人员的处分为“行政处分”,这基本上是计划经济的产物,而且,企事业单位的有关人员违反环境法规定,往往是为了本单位的利益,甚至是在本单位指使下所为,这种由本单位自身来追究其内部有关责任人员的行政责任的做法,无异于亵渎法律。对于第二个问题,本书认为,人民法院不能成为环境行政责任的追究机关,人民法院是司法机关而不能成为环境行政法律关系的主体。人民法院在其中所起的作用是,通过生效判决致使本不愿自觉承担行政责任的环境行政机关迫于国家强制力而承担环境行政责任。因此,环境行政诉讼是致使行政机关承担环境行政责任的司法监督机制,而不是人民法院在行使行政责任追究权。况且,人民法院的判决也是针对环境行政争议依请求才被动受理后而作出的。

三、承担环境行政责任的客观方面

环境行政责任的客观方面存在的问题是责任者为何承担环境行政责任。我国《环境保护法》从第59条至第65条列举了相对人应当承担行政责任的几种环境违法行为;第68条规定了环境保护监督管理人员应当承担行政责任的渎职行为;而且,某些违反治安处罚条例损害环境的行为,也可以追究行政责任。此外,环境行政管理机关承担行政责任也是通过环境行政复议、环境行政诉讼、环境行政赔偿等来认定其具体行政行为违法或侵权的。由此可见,环境行政法律关系的主体承担环境行政责任,是以主体违法或不履行环境行政法律义务为前提的,或是环境行政管理主体违法而承担行政责任,或是环境行政管理相对人违法而由环境行政管理主体追究其行政责任。总之,行为的违法性是构成环境行政责任的必要条件,没有违法行为便不构成环境行政责任。对这一点,环境资源法学界达成了高度的一致,这与对承担环境民事责任的客观方面要件仍争论不休形成对比。

四、环境行政责任的构成要件

传统民法理论的归责要件有四:行为具有违法性;造成了损害后果;违法行为与损害后果之间存在因果关系;行为人主观上有过错。以上四要件中,前三项是行为人承担责任的客观要件,后一项是行为人承担责任的主观要件。在实施过错责任原则的情况下,四项主客观要件必须全都具备,行为人才对其行为所致损害承担法律责任。在环境保护领域,环境侵权民事责任作为一种特殊侵权责任,过错责任原则主要适用于破坏生态(包括破坏自然资源)的行为,而对大量的污染环境的情况则主要适用无过错责任原则,其构成不必具备上述四要件。

然而,环境行政责任的构成是否必须具备上述四要件,理论意见却不一致。有学者指出:行为违法和有过错,是行为人承担环境行政责任所必须具备的条件,可称“必要条件”;危害后果和违法行为与危害后果有因果关系,则只有在法律明文规定的场合才成为行为人承担行政责任的必要条件,故可称为“选择条件”。[21] 本书赞同这种主张,进言之,符合环境行政责任“要件”者,应为违法性和过错。

(一)环境行政责任的必要条件

1. 行为违法性。行为的违法性是构成环境行政责任的必要条件之一。法学界对“违法”含义的解释有“主观违法说”和“客观违法说”两种:前者立足于行为人的行为本身,凡违反法律强制性或者禁止性规范的行为即构成违法;反之,即使行为侵犯了应受或者已受法律保护的权益,如果行为本身并未违反法律强制性或者禁止性规范的,也不构成违法。后者则以行为效力为着眼点,行为侵犯了应受或者已受法律保护的权益,即使行为未违反法律强制性或者禁止性规范,也构成违法。所谓“应受法律保护的权益”是指虽然法律没有明确规定,但从法的目的、作用以及法所追求的价值而言,应当获得法律保护的利益。

2. 过错。环境行政责任中的过错亦分为故意和过失,此为环境行政责任的必要条件之二。故意是指行为人明知自己的行为会造成环境损害后果,并且希望或者放任这种后果发生的心理状态,故意可分为直接故意和间接故意。过失是指行为人应当预见自己的行为可能发生环境损害后果,却因疏忽大意而没有预见,或者已经预见而轻信能够避免的心理状态,包括疏忽大意的过失和过于自信的过失。过错的形式不同,行为人承担环境行政责任的追究也不一样,对故意心理状态的行政责任追究,较之过失心理状态的行政责任追究要严厉。一般来说,对环境和资源的破坏多为故意所致,对环境的污染多系过失所为。实际操作中,判断环境违法行为过失与否具有相当的难度。有的国家主要以注意义务来作为判断环境违法过失的客观标准,有的国家则以是否设置了符合标准的防治污染设施来作为认定过失的依据。

(二)环境行政责任的选择条件

1. 行为的危害后果。行为的危害后果是承担环境行政责任的选择条件之一。在某些情况下,法律规定没有造成危害后果的违法行为也要承担环境行政责任;而在另一些情况下,根据法律规定,环境违法行为必须产生了危害后果才承担环境行政责任。此外,在某些场合,法律规定只有“危害后果”较严重时,才成为追究环境行政责任的条件。在环境保护领域,由于环境致害的性质不同,环境危害后果也有其自身的特点。而且,在法律规定没有造成危害后果的违法行为也要承担环境行政责任的场合下,所谓的“没有造成危害后果”实际上是指没有造成现实的、直接的、有形的危害后果,但违法行为肯定会对环境造成危害,只不过这种危害后果是潜在的、无形的或是间接的,因此,也必须承担环境行政责任。这样,“行为的危害后果”这一归责选择条件就向必要条件转化。笔者认为,在环境资源法学理论上,对环境危害后果作如此划分,确立“行为的危害后果”在归类要件中必要条件之地位,在我国环境损害现象日趋严重、复杂的今天,对于健全环境监督管理机制,纠正环境行政执法的随意性以及发展环境资源法理论,都具有现实的、积极的意义。

2. 环境违法行为与危害后果之间的因果关系。环境违法行为与危害后果之间的因果关系是构成环境行政责任的选择条件。环境违法行为是原因,行为的危害后果是结果,没有无因之果,也没有无果之因。因此,在法律规定不以危害后果作为承担环境行政责任条件的场合,不存在确定因果关系的问题。反之,法律规定以行为造成了危害后果作为承担环境行政

---

〔21〕 参见韩德培主编:《环境保护法教程》(第8版),法律出版社2018年版,第281页。

责任的条件的场合，必须确定危害后果与环境违法行为之间存在因果关系。由于环境危害后果及其表现情形的特殊性，在环境保护实践中，要准确认定产生环境危害后果的违法行为从而确定两者的因果关系，并不是一件轻而易举的事，多因一果，一因多果，多因多果的情形比较常见，在环境危害事故中，有时甚至无法找出其因果关系，但并不表明不存在因果关系。因果关系同样要作相应的区分，如直接的因果关系与间接的因果关系；有形的因果关系与无形的因果关系；现实的因果关系与潜在的因果关系。一般来说，实际操作中，直接的、有形的和现实的因果关系往往较易发现，在破坏环境和违反环境程序法的行为中比较常见；而间接的、无形的和潜在的因果关系往往难以查找，在污染环境的行为中常遇到这种情况。故此为承担环境行政责任的选择条件。

五、环境行政责任形式

环境行政责任的形式指责任承担者承担的是什么样的环境行政责任。环境行政责任不等于环境行政制裁，环境行政责任是对环境违法行为实施环境行政制裁的根据，环境行政制裁是环境行政责任的法律后果及其表现形式，它包括恢复权利性制裁和惩罚性制裁两类。恢复权利性制裁旨在消除环境违法行为造成的环境损害，恢复被侵犯的环境权益和环境要素的功能或使用价值，保证已有的环境法上的义务的履行。惩罚性制裁旨在使环境违法实施者承担惩罚性的责任，即追加一个承受不利后果的新的负担。因此，环境行政责任的形式从责任性质的角度分为上述两大类，而且，其中每一类型又可再分。我国现行环境法规定的环境行政责任的主要形式包括：环境行政处分、环境行政处罚和环境行政赔偿。

(一)环境行政处分

环境行政处分又称环境纪律处分，是指任免机关或者监察机关，根据行政隶属关系，依照有关法律、法规或内部规章的规定，对国家行政机关及其工作人员或者企业、事业单位中由国家行政机关任命的人员，有环境保护违法违纪行为时依法给予的一种行政制裁。国家行政机关有环境保护违法违纪行为的，应由任免机关或者监察机关按照管理权限，对其直接负责的主管人员和其他直接责任人员，以及有环境保护违法违纪行为的国家行政机关工作人员，依法给予行政处分。企业、事业单位有环境保护违法违纪行为的，应由任免机关或者监察机关按照管理权限，对其直接负责的主管人员和其他直接责任人员中由国家行政机关任命的人员，依法给予纪律处分。

环境行政处分可分为环境监管人员的行政处分和环境行政相对人的行政处分。环境行政处分具有以下几个特点：(1)实施环境行政处分的机构，必须是具有行政隶属关系和行政处分权限的政府主管机关和企事业单位。(2)受处分者是实施了环境违法或渎职行为的环境监督人员和环境行政相对人的个人，对单位不能实施环境行政处分。(3)环境监管人员和环境行政相对人的渎职、违法行为尚未构成犯罪。(4)环境行政处分是一种违反环境法律法规的法律责任，属于行政责任(环境监管人员的渎职行为也是一种违法行为)。(5)环境行政处分的依据是国家环境法律法规和企事业单位的内部规章，还包括国家关于行政处分的法规。

根据现行法律的规定，对环境行政处分包括警告、记过、记大过、降级、撤职、开除六种类型。《环境保护违法违纪行为处分暂行规定》详细列举了各种行政处分的具体适用情形。例如，国家行政机关及其工作人员在组织环境影响评价时弄虚作假或者有失职行为，造成环境影响评价严重失实，或者对未依法编写环境影响篇章、说明或者未依法附送环境影响报告书的规划草案予以批准的，对直接责任人员，给予警告、记过或者记大过处分；情节较重的，给予降级处分；情节严重的，给予撤职处分。《环境保护法》第 68 条规定，地方各级人民政府、县级以上人民政府环境保护主管部门和其他负有环境保护监督管理职责的部门有下列行为之一的，对直接负责的主管人员和其他直接责任人员给予记过、记大过或者降级处分；造成严重后果的，给予撤职或者开除处分，其主要负责人应当引咎辞职：(1)不符合行政许可条件准予行政许可的；(2)对环境违法行为进行包庇的；(3)依法应当作出责令停业、关闭的决定而未作出的；(4)对超标排放污染物、采用逃避监管的方式排放污染物、造成环境事故以及不落实生态保护措施造成生态破坏等行为，发现或者接到举报未及时查处的；(5)违反本法规定，查封、扣押企业事业单位和其他生产经营者的设施、设备的；(6)篡改、伪造或者指使篡改、伪造监测数据的；(7)应当依法公开环境信息而未公开的；(8)将征收的排污费截留、挤占或者挪作他用的；(9)法律法规规定的其他违法行为。

环境行政处分的程序是：调查取证；会议讨论；当事人申辩；作出处分决定；上级主管部门批准生效；通知；存档；复议或申诉。任免机关对涉嫌违法违纪的行政机关公务员的调查、处理，按照下列程序办理：一是经任免机关负责人同意，由任免机关有关部门对需要调查处理的事项进行初步调查。二是任免机关有关部门经初步调查认为该公务员涉嫌违法违纪，需要进一步查证的，报任免机关负责人批准后立案。三是任免机关有关部门负责对该公务员违法违纪事实做进一步调查，包括收集、查证有关证据材料，听取被调查的公务员所在单位的领导成员、有关工作人员以及所在单位监察机构的意见，向其他有关单位和人员了解情况，并形成书面调查材料，向任免机关负责人报告。四是任免机关有关部门将调查认定的事实及拟给予处分的依据告知被调查的公务员本人，听取其陈述和申辩，并对其所提出的事实、理由和证据进行复核，记录在案。被调查的公务员提出的事实、理由和证据成立的，应予采信。五是经任免机关领导成员集体讨论，作出对该公务员给予处分、免予处分或者撤销案件的决定。六是任免机关应当将处分决定以书面形式通知受处分的公务员本人，并在一定范围内宣布。七是任免机关有关部门应当将处分决定归入受处分的公务员本人档案，同时汇集有关材料形成该处分案件的工作档案。

监察机关对违法违纪的行政机关公务员的调查、处理，依照《监察法》规定的程序办理。受到处分的行政机关公务员对处分决定不服的，可以依照《公务员法》和《监察法》的有关规定，申请复核或者申诉。但复核、申诉期间不停止处分的执行。不过，行政机关公务员不应因提出复核、申诉而被加重处分。

（二）环境行政处罚

1. 环境行政处罚的概念和特点

行政处罚是指行政机关依法对违反行政管理秩序的公民、法人或者其他组织，以减损权益或者增加义务的方式予以惩戒的行为。[22] 环境行政处罚是行政处罚的具体表现，是指有权行使环境行政处罚权的行政机关，对违反生态环境保护法律、法规或者规章规定，尚未构成犯罪的公民、法人或者其他组织实施的一种行政制裁。环境行政处罚的主体是县级以上生态环境保护主管部门，经法律、行政法规、地方性法规授权的生态环境监察机构在授权范围内实施生态环境行政处罚。生态环境保护主管部门可以在其法定职权范围内委托生态环境监察机构实施行政处罚，受委托的生态环境监察机构在委托范围内，以委托其处罚的生态环境保护主管部门名义实施行政处罚。为配合我国生态环境综合行政执法改革，《行政处罚法》(2021 年)新增“国家在城市管理、市场监管、生态环境、文化市场、交通运输、应急管理、农业等领域推行建立综合行政执法制度，相对集中行政处罚权”的规定。

---

〔22〕 参见《行政处罚法》第 2 条。

环境行政处罚具有以下特点：(1)实施处罚的机关，必须是法定的生态环境行政管理机关或其委托、授权的组织。大致分为四类：县级以上人民政府；县级以上人民政府生态环境主管部门；其他依法对污染防治实施监督管理的部门；自然资源保护监督管理部门。(2)被处罚人必须是实施了破坏生态或者污染环境行为，违反了环境法律法规的一切单位和个人，但不包括正在履行环境保护公职的国家机关和企事业单位的工作人员。这些人员造成环境破坏或污染事故，情节较重时，将受到行政处分，而不是行政处罚。(3)环境行政处罚是一种环境行政责任，不是民事责任，也不是刑事责任。受处罚者尚未构成犯罪。(4)环境行政处罚的实施必须遵循严格的法定程序，处罚的方式必须有法律、法规的明确规定。

2. 环境行政处罚与环境行政处分的区别

环境行政处罚与环境行政处分虽然都属于行政法律制裁的性质，并且都是对违反环境法律法规而应承担行政责任者实施的，但是两者却存在明显的区别：(1)实施的机关不同。前者只能由法定具有环境行政处罚权的机关实施；后者由违法行为人所在单位或政府主管机关实施。而且，能够行使行政处分权的机关可能并不具有环境行政处罚权。此外，后者存在行政上的隶属关系，前者一般不存在隶属关系。(2)适用的对象不同。环境行政处分适用于保护环境和资源的违法失职者，即适用的对象只是个人；环境行政处罚适用的对象既可以是个人，也可以是单位。(3)责任形式不同。两者的责任形式除了警告一种名称相同外，其余责任形式均不相同。环境行政处罚是由多种制裁形式综合运用，并以行为罚和财产罚为主；环境行政处分主要是精神和名誉方面的制裁方式。(4)制裁的情节不同。环境行政处分是对“情节较重”尚不构成犯罪的有关责任人员或者主管人员实施；如果属于一般情节，则只对单位实施环境行政处罚。(5)补救途径不同。对环境行政处分不服的，只能向本单位或其上级主管机关申诉，而不能向人民法院起诉；对环境行政处罚不服的，既可以申请行政复议，也可以向人民法院起诉。此外，两者实施的程序不同，制裁的目的和作用也不尽一样。

3. 环境行政处罚的种类

环境行政处罚的种类是指对环境行政违法者实施环境行政处罚的形式与方式。我国现行的环境法律法规中所规定的行政处罚种类有两个特点：一是环境行政处罚的形式多为行为罚；二是环境行政处罚的设置特别突出预防性。我国《环境保护法》规定了环境行政处罚的几种基本形式：罚款(含按日计罚)，责令改正，责令限制生产、停产整治，责令停业、关闭，责令停止建设，责令恢复原状，责令公开环境信息，行政拘留等。《环境行政处罚办法》第10条规定，根据法律、行政法规和部门规章，环境行政处罚的种类有：警告；罚款；责令停产整顿；责令停产、停业、关闭；暂扣、吊销许可证或者其他具有许可性质的证件；没收违法所得、没收非法财物；行政拘留；法律、行政法规设定的其他行政处罚种类。

第一，警告。其是一种精神罚，是一种最轻微的环境行政处罚形式，只能对轻微的环境行政违法行为的单位和个人适用。需要给予警告的环境行政违法行为，包括不履行法定义务的不作为和故意或过失违反法定义务的作为。

第二，罚款(含按日计罚)。其是一种财产罚，是一种责令环境违法者缴纳一定数额金钱的环境行政处罚形式，也是一种最常用的环境行政处罚形式。罚款只对单位和非履行环境保护公职的公民适用，对于渎职的公职人员主要是实施行政处分，一般不采用罚款。

修订后的《环境保护法》增加了一种处罚措施，即按日连续处罚，又称“按日计罚”，是指生态环境行政监管机关对企业事业单位和其他生产经营者持续性的排污行为，按照排污累计天数计算处罚数额并进行处罚的方式。《环境保护法》第59条规定：“企业事业单位和其他生产经营者违法排放污染物，受到罚款处罚，被责令改正，拒不改正的，依法作出处罚决定的行政机关可以自责令改正之日的次日起，按照原处罚数额按日连续处罚。前款规定的罚款处罚，依照有关法律法规按照防治污染设施的运行成本、违法行为造成的直接损失或者违法所得等因素确定的规定执行。地方性法规可以根据环境保护的实际需要，增加第一款规定的按日连续处罚的违法行为的种类。"为配合《环境保护法》第59条，规范实施按日连续处罚，原环境保护部颁布了《环境保护主管部门实施按日连续处罚办法》（自2015年1月1日起施行，以下简称《按日处罚办法》），详细规定了实施按日连续处罚的依据、原则、范围、程序和计罚方式，以及与其他环境保护制度的并用关系。按日连续处罚方式的确立和完善，克服了长期以来生态环境违法处罚设置上限导致违法成本低、守法成本高的弊端，进一步加大了对违法行为的处罚力度，发挥行政处罚对违法企业的震慑作用。2017年5月18日，原环境保护部发布了《关于〈环境保护部关于修改《环境保护主管部门实施按日连续处罚办法》的决定（征求意见稿）〉公开征求意见的通知》。此征求意见稿中，调整了按日连续处罚措施的适用范围，增加一项"未依法取得排污许可证排放污染物的"。将"违法倾倒危险废物的"修改为"非法排放、倾倒、处置危险废物的"。在实施按日连续处罚措施的程序规则上进行了调整：一是取消《按日处罚办法》第10条关于复查期限30日的规定。该征求意见稿第10条表述为："环境保护主管部门应当在送达责令改正违法行为决定书之后，组织对排污者违法排放污染物行为的改正情况实施复查。"二是取消《按日处罚办法》第17、18条关于再次复查的规定。复查期限30日的规定影响按日连续处罚制度威力的发挥，也束缚执法人员的手脚，且没有上位法的依据。复查期限取消后，执法人员无论何时去复查均可，就没有必要规定"再次复查"了。取消复查期限和再次复查的规定，将对加大执法力度和简化执法产生重大影响。

第三，责令停产整顿。责令停止生产或者使用，是一种临时性的环境行政处罚形式，不以造成环境污染危害为实施处罚的条件，可以并处罚款。被责令停止生产或者使用的建设项目，包括生产部门的建设项目和非生产部门的建设项目，对前者责令停止生产，对后者责令停止使用。实施这一环境行政处罚形式的条件是，建设项目的防治污染设施没有建成或者没有达到国家规定的要求便投入生产或者使用。这一处罚形式由批准该建设项目的环境影响报告书的生态环境行政主管部门实施，且只能对建设项目的所在单位实施。

第四，责令停产、停业、关闭（限制生产、停产整治）。这是一种最严厉的环境行政处罚形式，由人民政府作出处罚决定。过去只能对经人民政府决定限期治理而逾期未完成治理任务的单位适用。这一处罚形式对逾期未完成限期治理任务的企业，责令其停业；对逾期未完成治理任务的事业单位，责令其关闭。而且，其可以与罚款自由裁量并用。《环境保护法》和《大气污染防治法》对超标超总量的违法行为规定的处理措施是限制生产和停产整治。2016年7月13日原环境保护部颁发《关于废止部分环保部门规章和规范性文件的决定》，废止了《限期治理管理办法（试行）》。限期治理制度已经由限制生产、停产整治制度取代。

限制生产、停产整治，是县级以上人民政府生态环境主管部门对超过污染物排放标准或者超过重点污染物排放总量控制指标排放污染物的排污者作出的限制其生产规模和进度，以达到相应排放标准的一种行政行为。《环境保护法》第60条规定，企业事业单位和其他生产经营者超过污染物排放标准或者超过重点污染物排放总量控制指标排放污染物的，县级以上人民政府环境保护主管部门可以责令其采取限制生产、停产整治等措施；情节严重的，报经有批准权的人民政府批准，责令停业、关闭。2014年12月15日由原环境保护部部务会议审议通过的《环境保护主管部门实施限制生产、停产整治办法》已自2015年1月1日起施行。该办法进一步细化了限制生产、停产整治以及停业关闭措施适用的情形以及适用程序。

第五，暂扣、吊销许可证或者其他具有许可性质的证件。这是禁止从事某种活动或取消某种资格的处罚。它是指行政机关或被授权组织撤销或暂扣违法者已经获得的从事某种活动的许可证书，其目的在于取消被处罚人的一定资格和剥夺、限制某种特许的权利。

吊销与暂扣是有区别的。吊销是对违法者从事某种活动或享有某种资格的权利的取消；而暂扣则是对违法者从事某种活动或享有某种资格的权利的中止。因此，暂扣和吊销是两种相互独立的环境行政处罚种类。

第六，没收违法所得、没收非法财物。它属于财产罚，具体包括没收违法所得和非法财物，是由行政机关实施的将违法行为人的部分或全部违法收入、物品收归国有的处罚方式。没收的对象包括：违法者的非法所得及非法占有的利益、违法工具和物品、违禁品等。具体执行过程中可以视情节轻重决定部分或全部没收上述物品。没收的物品，除应当销毁及存档备查的之外，均应当上缴国库或交由法定机关处理；合法收入和没有用来参加违法行为的物品不应当成为没收处罚的对象。没收违法所得和非法财物也是两种相互独立的处罚种类。

第七，行政拘留。它是指公安机关对违反治安管理规定的人，在短期内剥夺其人身自由的一种处罚形式，属于人身自由罚。行政拘留是一种严厉的处罚方式，它只适用于自然人而不能适用于法人或其他组织。《环境保护法》第63条将行政拘留纳入环境行政执法领域。该条规定，企业事业单位和其他生产经营者有下列行为之一，尚不构成犯罪的，除依照有关法律法规规定予以处罚外，由县级以上人民政府环境保护主管部门或者其他有关部门将案件移送公安机关，对其直接负责的主管人员和其他直接责任人员，处10日以上15日以下拘留；情节较轻的，处5日以上10日以下拘留：(1)建设项目未依法进行环境影响评价，被责令停止建设，拒不执行的；(2)违反法律规定，未取得排污许可证排放污染物，被责令停止排污，拒不执行的；(3)通过暗管、渗井、渗坑、灌注或者篡改、伪造监测数据，或者不正常运行防治污染设施等逃避监管的方式违法排放污染物的；(4)生产、使用国家明令禁止生产、使用的农药，被责令改正，拒不改正的。为落实《环境保护法》第63条规定的行政拘留措施，2014年12月24日原环境保护部会同公安部、工业和信息化部、原农业部、原国家质量监督检验检疫总局制定并印发了《行政主管部门移送适用行政拘留环境违法案件暂行办法》，与《环境保护法》同时实施。该暂行办法明确了部门责任，要求加强协作配合，加强办案监督，严防以罚代拘，详细列明了适用《环境保护法》第63条的23种具体违法情形，规定了行政主管部门向公安机关移送适用行政拘留案件的具体程序，完善了行政执法与行政拘留的衔接规范，全面指导各级生态环境主管部门运用和实施《环境保护法》规定的移送行政拘留措施，依法严厉打击环境违法行为。

第八，法律、行政法规设定的其他行政处罚种类。在我国各种自然资源法和防治污染的各种单行法规中，还规定了多种环境行政处罚的特殊形式，如责令停止违法行业，采取补救措施，责令停止开荒，恢复植被，限期拆除或没收建筑物，补种树木，吊销采矿许可证，责令限期治理，责令缴纳排污费，责令支付消除污染费用，责令赔偿国家损失等。

4. 环境行政处罚的自由裁量

在环境行政处罚中，自由裁量权是行使生态环境行政处罚权的机关在处理生态环境行政违法案件时，在法律规定的范围内，根据行政相对人的具体违法情节，选择与其违法行为相适应的处罚形式及处罚幅度的权力。根据《环境行政处罚办法》第6条的规定，环境行政执法机构在对环境违法行为实施行政处罚时，行使行政处罚自由裁量权必须符合立法目的，并综合考虑以下情节：(1)违法行为所造成的环境污染、生态破坏程度及社会影响；(2)当事人的过错程度；(3)违法行为的具体方式或者手段；(4)违法行为危害的具体对象；(5)当事人是初犯还是再犯；(6)当事人改正违法行为的态度和所采取的改正措施及效果。同类违法行为的情节相同或者相似、社会危害程度相当的，行政处罚种类和幅度应当相当。

为提高生态环境部门依法行政的能力和水平，指导生态环境部门进一步规范生态环境行政处罚自由裁量权的适用和监督，深入推进严格规范公正文明执法的要求，有效防范执法风险，营造公平竞争市场环境，2019 年 5 月，生态环境部发布《关于进一步规范适用环境行政处罚自由裁量权的指导意见》，对适用行政处罚自由裁量权的原则和制度、制定裁量规则和基准等提出要求。该指导意见的出台十分必要，既是严格贯彻落实生态环境保护法律法规的需要，也是进一步促进规范执法和公正执法的需要。该指导意见立足实际工作需要，全面规定自由裁量规则和基准的制定、适用和监督工作要求，明确工作方法，提供具体范例，内容翔实，可操作性强；不仅具有很强的业务指导作用，也有利于进一步提高地方生态环境部门的法治意识和规范意识，提高生态环境部门依法行政效能，有效防范执法风险。

5. 环境行政处罚的并处与情节

对于不同种类的环境行政处罚，环境法中常有关于并处的规定。这种规定大致可以分为以下几种情况：(1)必要并处。这是指环境法律法规规定两种以上行政处罚必须同时并处的情况。凡规定必要并处的，行政管理机关只给一种处罚的，其处罚为非法。(2)选择并处。这是指环境法律法规规定两种以上的行政处罚可以同时并处也可以单处的情况。(3)有条件并处。这是指环境法律法规规定在某种特定条件下可以将两种以上行政处罚同时科处的情况。往往对违法行为比较严重、违法情节比较恶劣的，规定给予两种以上的处罚。

环境行政处罚的情节包括从重、从轻、减轻、免除和不处罚等情况。目前，我国环境立法中对行政处罚情节的规定比较混乱，而且规定不具体，界限不清，散见于环境保护法、各种自然资源保护法、环境监督部门的行政处罚规章、行政处罚法、治安管理处罚条例中。

6. 环境行政处罚的程序

环境行政处罚的程序，是指有权实施环境行政处罚的机关依法对破坏资源、污染环境而应承担行政责任者，提出、认定并给予行政处罚的方式、方法、步骤的总称。根据《行政处罚法》和环境法规的有关规定，环境行政处罚的程序包括简易程序、普通程序、听证程序和执行程序。

简易程序是环境行政机关对符合法定条件的行政处罚事项，当场进行处罚的行政处罚程序。它适用于违法事实确凿并有法定依据，对公民处以 50 元以下、对法人或者其他组织处以 1000 元以下罚款或者警告的行政处罚。它的内容包括执法人员表明身份；确认违法事实；说明处罚理由及法律依据；制作行政处罚决定书并送达；当事人签名；备案。

普通程序是环境行政执法机关在实施行政处罚时应遵循的法定基本程序，它是环境行政处罚中最完整、适用最广泛的法定程序。除适用简易程序的外，其他行政处罚案件都适用普通程序，因为这类案件情节较复杂，需要给予较重处罚。普通程序包括立案、调查、处理决定、环境行政处罚决定书、说明理由、告知权利、陈述和申辩、送达等内容。环境行政处罚决定书一经送达，便产生一定的法律后果。

听证程序是环境行政处罚机关在对重大行政处罚案件作出处罚决定之前，公开举行听证会，听取有关利害关系人和各方面意见的活动。听证会应当事人要求举行，由环境行政机关的非本案调查人员主持，有关利害关系人参加并对案件进行指控与申辩。在环境行政处罚中适用听证程序的是关于责令停产停业、吊销许可证、较大数额罚款的行政处罚。对于“较大数额罚款”，国家未作统一规定，各地标准不一。听证程序是听证申请与决定，听证通知，听证会的组织程序(包括宣布听证会开始及宣读有关事项、调查人员发言、当事人申辩、双方辩论、当事人最后陈述、听证笔录等)。

执行程序是为了保证使环境行政处罚决定为当事人确定的义务得以履行。环境行政处罚中的执行程序主要包括罚款决定与收缴罚款分离、当场收缴罚款、执行措施、执行例外。当场收缴罚款的适用范围包括以下三点：一是依法给予100元以下罚款；二是边远、水上、交通不便地区，难以执行的；三是不当场收缴事后难以执行的。除依法可以当场收缴罚款外，其他正常情况下的罚款均实行罚缴分离制度，即罚款由指定的银行统一收缴。执行措施主要有加处罚款和强制执行。执行例外是指允许当事人暂缓或者分期履行的情形。

对环境行政处罚不服的行政相对人，可以向作出环境行政处罚决定机关的上一级行政机关申请复议；对复议决定不服的，可以在收到复议决定之日起15日内向人民法院提起环境行政诉讼；当事人也可以不经复议而直接向人民法院起诉。

（三）环境行政赔偿

1. 环境行政赔偿的概念与特点

环境行政赔偿是环境行政机关因职务侵权而应承担的一种行政责任，它的侵权实施主体、赔偿主体、归责原则等都不同于环境民事赔偿。它是指环境行政机关及其工作人员违法行使职权侵犯环境行政相对人的合法权益造成损害的，由环境行政机关给予赔偿的法律制度。它具有以下几个特点：（1）环境行政侵权的实施主体是环境行政机关及其工作人员。（2）环境监督管理行为违法，即职务违法。（3）环境行政侵权行为人主观上有过错，没有过错不承担赔偿责任。（4）造成的损害由环境行政机关给予赔偿。环境行政赔偿既是一种环境行政责任，又是一种促使环境行政机关依法行使执法权的监督机制。

环境行政赔偿请求人是因环境行政机关及其工作人员违法行使职权而使其合法权益受到损害的行政相对人，包括单位和个人。受害的个人死亡的，其继承人和其他有扶养关系的亲属有权要求赔偿；受害的单位终止的，承受其权利的单位有权要求赔偿。

2. 环境行政赔偿义务机关

确定环境行政赔偿义务机关有以下几种情况：（1）环境行政机关及其工作人员实施职务侵权行为的，该环境行政机关是赔偿义务机关。（2）两个以上环境行政机关共同行使职务侵权行为的，共同侵权的环境行政机关是共同赔偿义务机关。（3）受环境行政机关委托的组织实施违法侵权行为的，委托的环境行政机关是赔偿义务机关。（4）经复议机关复议的，最初造成侵权行为的环境行政机关是赔偿义务机关。但是，复议机关的复议决定加重损害的，复议机关对加重的部分履行赔偿义务。（5）赔偿义务机关被撤销的，继续行使其职权的行政机关是赔偿义务机关。（6）法律、法规授权的组织在行使授予的行政权力时实施违法侵权行为的，被授权的组织是赔偿义务机关。

3. 环境行政赔偿的范围

环境行政赔偿的范围包括：（1）违法实施的环境行政处罚造成行政相对人财产损害的，如责令停止生产或者使用、责令停业关闭等；（2）违法采取行政措施而造成财产损害的，如吊销许可证和环境影响评价证书、强制减少或停止排污等；（3）因实施不作为的违法行为而造成财产损害的，如申请颁发"三同时"验收合格证，环境行政机关不予批准等；（4）环境行政机关违法要求履行义务而造成财产损害的，如违法决定限期治理等。但是，如果环境行政机关工作人员与行使职权无关的个人行为或行政相对人自己的行为致使损害发生的，环境行政机关不承担赔偿责任。

4. 环境行政赔偿标准

环境行政机关侵犯行政相对人的财产权造成损害的，应按下列标准予以赔偿或处理：（1）违法实施罚款或者违反国家规定征收排污费的，应返还违法收取的罚款或排污费；（2）吊销许可证或环境影响评价证书、责令停止生产或者使用、责令停业关闭的，赔偿停产停业期间必要的经常性费用开支；（3）强制减少或停止排污、违法决定限期治理的，应给付与所造成的直接损失相应的赔偿金；(4)不履行法定义务的，应给付与所造成的直接损失相应的赔偿金；(5)对财产权造成其他损害的，按照直接损失给予赔偿。

5. 环境行政赔偿程序

环境行政赔偿程序可分为申请、受理、审理和决定四个阶段。申请是被侵害相对人请求赔偿事务处理机关给予行政赔偿的意思表示。申请环境行政赔偿应注意，如果赔偿请求人提起诉讼，人民法院已经受理的，不得再申请赔偿事务处理机关赔偿；同样，赔偿请求人申请赔偿，赔偿事务处理机关已经受理的，不得再向人民法院起诉。赔偿事务处理机关在接到赔偿申请后，根据受理条件对赔偿申请进行审查，并应在收到赔偿申请之日起10日内必须作出是否受理的决定。审理的主要内容包括：被认为侵权的具体行政行为是否合法、适用；环境行政机关是否具备环境监管权，是否越权或滥用职权；作出的具体行政行为是否符合法定程序；赔偿请求人申请赔偿的理由以及要求赔偿的数额是否合理。赔偿事务处理机关对赔偿请求人的申请进行全面审理之后，就是否给予赔偿作出决定。

第四节　生态环境刑事法律责任

一、生态环境刑事法律责任的概念

刑事责任，是指行为人在因实施刑法规定的犯罪行为而与国家形成的刑法关系中，依法应当向国家担负刑事后果的义务。[23] 刑事责任与犯罪及刑罚(刑事法律后果)有着紧密的联系，犯罪是刑事法律关系赖以产生的法律事实，刑事责任是刑事法律关系中刑法义务的基本内容，而刑罚则是刑事责任的基本实现方式。因此，犯罪与刑事责任是“因”与“果”的关系，刑事责任与刑罚是责任与责任承担方式的关系。三者之间的相互关系表明刑事责任是刑法中与犯罪相对应的一个独立的具有实质内容的概念。

生态环境刑事法律责任，或称环境刑事责任，是指行为人故意或过失实施严重危害环境的行为，并造成了人身伤亡、公私财产的严重损失或者导致环境的严重污染，已经构成犯罪要承担刑事制裁的法律责任。随着环境污染和生态破坏的日益严重，严重的危害环境行为，往往给公共安全和环境造成难以衡量的重大危害，且危害持续时间长、波及范围广，甚至导致不可逆转的严重后果。因此，国家必须用刑罚这种最严厉的手段来惩罚危害环境的犯罪行为。妨害社会管理秩序罪是《刑法》分则的一类罪名，是指故意或者过失妨害国家对社会的管理活动，破坏社会秩序，情节严重的行为。中国现行《刑法》将破坏环境资源保护罪作为妨害社会管理秩序罪的一种，其表明刑法保护的客体是国家对环境管理的活动。因此，有学者指出：“我国现行刑法将环境犯罪的法律规范设置在第六章‘妨害社会管理秩序罪’中明显是不合理的，实际上降低了国家制裁环境犯罪的价值和地位，给人的印象只能是：制裁犯罪仅仅是为了维护国家的一种管理秩序，而不是在为了整个国家和人民的生存来保护环境。”事实上，污染环境或破坏生态的行为会对社会多数人的人身、财产权益造成危害，该类危害环境的行为已经对社会公共安全构成了威胁。如果我们将环境利益纳入刑法保护的法益(客体)范围，则也可以将破坏环境资源保护罪纳入危害公共安全罪中。危害公共安全罪也是《刑法》分则的一类罪名，是指故意或过失地实施危害不特定多数人的生命、健康和重大公私财产安全的行为。

---

〔23〕 参见张文等：《刑事责任要义》，北京大学出版社1997年版，第4页。

二、环境刑事责任的构成要件

各国对危害环境犯罪的法律概念表述有所不同，我国《刑法》称这类犯罪为"破坏环境资源保护罪"，学术界简称为"危害环境罪"，该罪可作如下定义：自然人或单位违反环境保护法的规定，故意或过失地超标准排污或不合理地开发利用自然资源，破坏环境和生态平衡，造成严重损害后果或有造成严重后果危险的行为。一种破坏环境资源的行为是否构成犯罪，是否应当承担刑事责任，可以从积极要件和消极要件两个方面来加以认定。

（一）积极要件

所谓积极要件，是指行为人的行为符合《刑法》分则规定的犯罪构成。根据刑法学上的犯罪构成理论，积极要件一般包括以下四个方面。

1. 危害环境罪的主体

危害环境的主体可分为自然人和非自然人。自然人作为犯罪主体，分为一般主体与特殊主体。非自然人是指法人、非法人组织，政府机构或国家。

关于自然人成为危害环境罪的主体，各国的立法和理论均不存在异议，它主要是指公民由于自身的原因污染环境或破坏自然资源的行为，造成严重后果而构成犯罪，而应承担刑事责任。对于自然人犯罪，我国1997年《刑法》开始关注特殊主体即国家工作人员尤其是行政机关工作人员的犯罪行为，如在"渎职罪"中规定了林业主管部门工作人员滥发林木采伐许可证罪，环境保护监管人员环境监管失职罪和检疫人员徇私舞弊罪。

但是，实践中，许多污染环境或破坏资源的主体皆为非自然人，主要是公司、企业。在我国的大量环境违法案件中，法人、企事业单位违法向陆域、海域和大气空间排放大量有毒害物质酿成的恶性环境事故也屡见不鲜。有鉴于此，要改善环境状况，遏止环境恶化的趋势，就应当承认单位为环境犯罪的主体，并规定对单位适用财产刑、资格刑，以制裁单位。只有这样，才能发挥刑法的震慑功能，并可以促进违法的单位真正依章办事，精心经营，注意改革生产设备和工艺流程，节约资源能源，努力进行综合利用，使企业的经济利益与社会的环境利益一致起来。

我国立法上肯定单位成为犯罪主体始于1987年《海关法》，该法首次以立法形式确认法人犯罪。《刑法》另在其分则"破坏环境资源保护罪"一节中设专条突出对单位犯罪的处罚，《刑法》第346条规定："单位犯本节第三百三十八条至第三百四十五条规定之罪的，对单位判处罚金，并对其直接负责的主管人员和其他直接责任人员，依照本节各该条的规定处罚。"这种类似"双罚制"的方式体现了国家加大打击单位犯罪力度的价值取向。

虽然我国刑法未将国家纳入环境犯罪的主体范围之内，但是，国家应该是"危害环境罪"的特殊主体。1938年的崔尔冶炼厂仲裁案（美国诉加拿大），1957年的兰诺克湖案等即为例证，在此类案件中，应诉国均因未履行条约义务危害起诉国利益而遭到制裁。

2. 危害环境罪的主观方面

犯罪的主观方面是指犯罪主体对他所实施的危害社会行为的危害结果所持的心理态度。对于危害犯罪的主观方面的构成要件，多数国家基本上是采取故意和过失作为要件，个别国家也以无过失或称客观事实作为惩治危害环境罪的要件之一。

故意危害环境罪是指行为人（包括自然人及非自然人）明知自己的行为会引起破坏和污染环境的危害结果，希望或放任这种危害结果发生的行为。在实践中，由于这类犯罪往往与企业的生产活动相关，行为人的主观动机往往是为了完成生产任务或是为了营利而放任破坏和污染环境的结果发生。因此，间接故意在环境犯罪中乃是较常见的一种罪过形式。

过失危害环境罪是指行为人（包括自然人与非自然人）应该预见自己的泄漏、开发利用等行为会发生危害环境的结果，因为疏忽大意而没有预见，或者已经预见但轻信能够避免，以致发生严重破坏和污染环境事故的行为。一般来说，过失犯罪主要存在于自然人主体所实施的污染大气、水体、土壤等自然要素的污染环境的犯罪之中，但破坏土地、破坏草原、破坏珍稀濒危动物等破坏自然资源的犯罪，应排除在过失犯罪形态之外。

我国刑法理论界和实务界大多认为危害环境罪的罪过形式应是故意和过失。《刑法》分则规定的破坏环境资源保护罪绝大部分属于故意犯罪，其中环境污染罪和擅自进口固体废物罪的主观罪过形式在认识上分歧较大。[24]

《刑法》第338条对"污染环境罪"的规定如下："违反国家规定，排放、倾倒或者处置有放射性的废物、含传染病病原体的废物、有毒物质或者其他有害物质，严重污染环境的，处三年以下有期徒刑或者拘役，并处或者单处罚金；情节严重的，处三年以上七年以下有期徒刑，并处罚金；有下列情形之一的，处七年以上有期徒刑，并处罚金：（一）在饮用水水源保护区、自然保护地核心保护区等依法确定的重点保护区域排放、倾倒、处置有放射性的废物、含传染病病原体的废物、有毒物质，情节特别严重的；（二）向国家确定的重要江河、湖泊水域排放、倾倒、处置有放射性的废物、含传染病病原体的废物、有毒物质，情节特别严重的；（三）致使大量永久基本农田基本功能丧失或者遭受永久性破坏的；（四）致使多人重伤、严重疾病，或者致人严重残疾、死亡的。有前款行为，同时构成其他犯罪的，依照处罚较重的规定定罪处罚。"关于该条规定的犯罪行为的罪名，理论界曾有不同的见解，大部分学者认为罪名为重大环境污染事故罪，也有人提出该罪名称应为"违反规定排放、倾倒、处置危险废物罪"。[25] 最高人民法院《关于执行〈中华人民共和国刑法〉确定罪名的规定》将该犯罪行为确定为重大环境污染事故罪。显然，重大环境污染事故罪是结果犯，必须发生法定的严重后果才构成此罪。《刑法修正案（八）》对该法条作了重大调整，即将入罪门槛修改为严重污染环境，罪名由重大环境污染事故罪变更为污染环境罪，由结果犯转化为情节犯。主要考虑是：第一，重大环境污染事故罪以实际危害后果发生作为犯罪构成要件，无论行为人对环境造成多么严重的污染，只要没有造成法定严重后果的，就不能追究污染者的刑事责任。入罪门槛的过于严苛，导致相关罪名适用率极低，不能适应惩治污染环境犯罪的现实需要，所以，《刑法修正案（八）》将入罪要件调整为严重污染环境。第二，从污染环境犯罪的特点看，由于污染损害的显现往往需要有一个过程，且因果关系往往具有累积性及多因一果的特点，证明难度大，如果将严重污染环境解释为必须造成实际损害结果，也会极大地不当限缩污染环境罪的成立范围。第三，《刑法修正案（八）》将重大环境污染事故罪调整为污染环境罪，将入罪要件修改为严重污染环境，体现了立法者对环境法益的重视。与传统法益不同，环境法益未必能够还原成个体利益或者群体利益，因此，对污染环境行为的入罪不再限于对人身法益和财产法益的侵害，对于侵害环境本身的严重污染环境行为，也应当纳入刑事规制范围。

关于本罪的主观罪过，理论界亦有不同的见解，主要观点有：（1）本罪的主观方面是过失，此为目前通说。[26] （2）本罪在主观方面既可以出于故意，也可以出于过失。[27] （3）本罪在主观方面表现为故意，即行为人明知其行为是违反国家环境保护法律规定的行为，仍然实施。过失不构成本罪。

---

〔24〕 参见高铭暄、王秀梅：《试论我国刑法中若干新型犯罪的定罪问题》，载《中国法学》1999年第1期。

〔25〕 参见王灿发：《论我国新刑法关于环境犯罪的规定及其实施》（上），载《环境保护》1997年第7期。

〔26〕 参见最高人民检察院办公厅编审：《中华人民共和国刑法释义与司法适用》，中国人民公安大学出版社1997年版。

〔27〕 参见高西江主编：《中华人民共和国刑法的修订与适用》，中国方正出版社1997年版，第717页。

我国《刑法》关于犯罪故意及犯罪过失的规定明确指出，行为人对其行为的危害社会结果的心理态度是罪过的内容。《刑法》第14条是关于“故意犯罪”的规定：“明知自己的行为会发生危害社会的结果，并且希望或者放任这种结果发生，因而构成犯罪的，是故意犯罪。故意犯罪，应当负刑事责任。”第15条是关于“过失犯罪”的规定，即“应当预见自己的行为可能发生危害社会的结果，因为疏忽大意而没有预见，或者已经预见而轻信能够避免，以致发生这种结果的，是过失犯罪。过失犯罪，法律有规定的才负刑事责任。”很显然，上述所及“明知”“预见”，是指对“危害社会的结果”的认识；“希望”“放任”“轻信能够避免”，是指对“危害社会的结果”的态度。构成本罪的关键是发生了这样一种“危害社会的结果”，即“造成重大环境污染事故，致使公私财产遭受重大损失或者人身伤亡的严重后果”，从行为主体上看，绝大多数是出于过失。

过失亦分为两种：一种属于过于自信的过失，如行为人向水体排放有毒废水，应当预见到其排放有毒废水的行为将污染环境造成重大环境污染事故的严重后果，却认为水体稀释能力大，轻信不会造成污染事故，而结果使大面积鱼虾死亡及人畜中毒；另一种属于疏忽大意的过失，例如，某行为人由于实践经验或技术业务上疏忽大意，将未处理的大量有毒废水直接误排入水体，造成生活饮水水源受到严重污染的重大环境污染事故。但是，此种犯罪并不排除行为人主观上出于故意的情形，但是只应是间接故意，而不可能是直接故意。例如，在行为人多次排污的情况下，有的明知排放废物超出了规定限值，仍继续排放，有的虽经制止仍实施生产经营活动。此时，行为人对于“造成严重环境污染事故”已经预见，却放任这种结果发生。如果行为人希望这种结果发生，则不构成本罪，其行为将构成其他犯罪，因为此时行为人往往有着其他的目的和动机，如行为人为了达到报复的目的，将有毒废水倾倒至他人鱼池，致使造成重大经济损失，则应以投毒罪论处。

我国《刑法》第339条第2款规定：“未经国务院有关主管部门许可，擅自进口固体废物用作原料，造成重大环境污染事故，致使公私财产遭受重大损失或者严重危害人体健康的，处五年以下有期徒刑或者拘役，并处罚金；后果特别严重的，处五年以上十年以下有期徒刑，并处罚金。”此款规定的犯罪行为名称为“擅自进口固体废物罪”。本罪的主观罪过形式应该是过失，故意不构成此罪，因为行为人的目的在于追求固体废物得以进口这个结果的发生，而对于进口这些能够用作原料将可能产生污染的结果，则没有足够的认识，或虽有认识但轻信这种结果不会发生，则其应对其所造成的严重后果负过失的罪责。对于《刑法》“破坏环境资源保护罪”一节的其余犯罪，《刑法》规定得较明确，不再一一涉及。

对于危害环境罪的主观方面，国外有实行严格责任制度的做法。所谓严格责任（又称无过失责任，绝对责任），乃英美刑法中的制度，是指只要实施了危险行为，并产生了危险后果，尽管这种行为不伴随相应的罪过，也要被确定为犯罪，并追究行为人的刑事责任。它一般是行政违法行为犯罪化的体现，并常限于高度危险行业。对于在环境刑法中是否应采纳严格责任制度，我国一直存在争议。赞同者认为，应借鉴外国立法经验，将这一责任形式引入我国危害环境罪的刑事立法，认为此制度符合罪刑相适应原则，有助于加强排污者的责任感，有助于司法机关及时办案，不仅有利于特殊预防，而且还能起到一般预防作用。[28] 反对者认为，在我国刑法中引入严格责任原则并不适宜，理由是我国刑法犯罪理论有其法学理论的科学依据，其主观方面的故意与过失是犯罪不可缺少的要件之一，而且此举容易混淆民事责任与刑

---

〔28〕 参见杨春洗、向泽选：《论环境与刑法》，载《法律科学》（西北政法学院学报）1996年第1期。

事责任的界限,不利于司法人员在审理危害环境案件时准确划分罪与非罪。[29]

本书认为,一些国家实行严格刑事责任制度的背景是,其环境保护中行政部门的作用往往十分有限,公法上的法律责任只能以刑事责任为主,通过严格刑事责任来扩大刑事责任范围是其加强对环境公法保护的唯一途径。从政治经济学的角度讲,这也可称为私有制的产物。我国则不同,社会主义公有制决定了我国环境保护一直是行政主导,环境行政责任比较宽泛,在这种情况下没有必要拓宽刑事责任的范围,也就没有必要在环境刑法中引入严格责任制度,但是可以考虑借鉴日本等国的环境行政刑法制度,以加强我国环境行政责任的力度,解决我国环境行政责任惩戒和震慑功能不足的问题。

3. 危害环境罪的客体

犯罪客体,是指我国刑法所保护的,为犯罪行为所危害的社会关系。也有人提出犯罪客体是法律所保护的而为犯罪行为所侵犯的利益与价值,概括为"法益"。我国法学界关于危害环境罪的客体的认识主要有以下观点。(1)环境权说:危害环境罪侵犯的客体是国家、法人、公民的环境权。所谓环境权,是指一切法律关系的主体(包括自然人、法人、特殊法人国家)在其生存的自然环境方面所享有的权利及承担的义务。[30] (2)复杂客体说:危害环境罪侵害的是公民的所有权、人身权和环境权。[31] (3)管理秩序说:认为危害环境罪侵害的是国家调整人类与环境各种关系的正常管理秩序。[32] (4)公共安全说:危害环境罪侵害的是不特定的多数人的生命、健康和重大公私财产的安全。[33] (5)双重客体说:认为刑法所保护的而为环境犯罪所间接侵犯的是人与自然之间的生态关系和为环境犯罪所直接侵犯的人与人之间的社会关系。[34] (6)综合客体说:认为危害环境罪的客体包括国家环境保护管理制度,公民的环境权及与环境有关的公民与法人(非法人组织)的财产权、人身权多方面内容的综合性的同类客体。[35] (7)环境社会关系说:认为破坏环境资源保护罪的客体应为环境社会关系,即人们在开发、利用、保护和改善环境与资源过程中形成的人与人之间的社会关系。[36]

环境法调整的是"人—人"之间或"人—自然—人"之间的法律关系。环境法通过调整人与人之间的关系来达到调整人与自然之间的关系的目的。依传统刑法理论,刑法上的犯罪客体分为三个层次:犯罪的一般客体、犯罪的同类客体、犯罪的直接客体。犯罪的一般客体,是指我国刑法所保护的社会主义制度下社会关系的整体。犯罪的同类客体是指某一类犯罪所共同危害的我国刑法所保护的社会关系的某一部分或某个方面,我国《刑法》分则根据这一同类客体的原理,将犯罪分为十大类。犯罪的直接客体,是指某一犯罪行为所直接危害的我国刑法所保护的社会关系,即我国刑法所保护的某种具体社会关系。

由于犯罪现象的复杂性,根据犯罪行为所直接侵犯的社会关系的简复,可以将犯罪直接客体分为简单客体与复杂客体。简单客体是指一种犯罪行为只直接侵犯一种具体社会关系,复杂客体是指犯罪行为所直接侵犯的客体包括两种以上的具体社会关系。无论将来在《刑法》中设专章规定危害环境罪,还是依照现行的立法模式即《刑法》设专节规定"破坏环境资

---

〔29〕 参见朱弘:《论环境的刑法保护》,载《法学》1996 年第 9 期。

〔30〕 参见胡晓琳:《论危害环境罪》,载《环境法》1986 年第 1 期。

〔31〕 参见邹清平:《论危害环境罪》,载《法学评论》1986 年第 3 期。

〔32〕 参见周国庆:《我国刑法增设危害环境罪刻不容缓》,载《法律学习与研究》1990 年第 2 期。

〔33〕 参见王力生、牛广义:《环境犯罪及其立法的完善》,载《当代法学》1991 年第 3 期。

〔34〕 参见付立忠:《环境犯罪新论》,载《法律科学(西北政法学院学报)》1995 年第 2 期。

〔35〕 参见朱弘:《论环境的刑法保护》,载《法学》1996 年第 9 期。

〔36〕 参见张义军:《破坏环境资源保护罪论略》,载《中国环境管理》1997 年第 5 期。

源保护罪”，危害环境罪的犯罪客体都应属于同类客体或是同类客体之下的一个“次层次”的同类客体。

4. 危害环境罪的客观方面

犯罪的客观方面，是指犯罪活动的客观外在表现，是主观犯罪心理活动的客观化，其事实特征可以归纳为危害行为、危害结果及行为与后果之间的因果关系，危害环境罪的客观方面亦如此。

(1) 危害环境罪的行为方式

危害环境罪一般表现为人们在开发、利用自然资源的过程中，过度地开发资源或超标准排污，导致自然资源遭破坏，环境遭受污染的行为。根据不同的标准，可以将危害环境的犯罪行为划分为不同的种类。

一方面，从行为手段上看，主要有污染环境的行为和破坏生态的行为两大类。污染环境的行为，通常是指自然人或非自然人在生产或生活过程中排污、倾倒、处置、泄漏等行为而导致环境污染的行为，行为的实质在于向环境中输入的大量物质和能量，超过了环境的自净能力，因而引起环境质量下降，造成了严重后果或造成引起严重后果的危险状态。它既可由作为行为构成，也可由不作为行为构成；既可能由故意构成，也可以由过失构成，甚至可能由无过错构成。破坏生态的行为一般是指自然人或非自然人在开发、利用自然资源过程中的非法砍伐林木、捕杀珍稀濒危动物、乱挖植被、沙土等破坏资源，情节严重的行为。这类行为的实质在于人们在开发、利用环境的过程中过度地向环境索取物质和能量，超出了环境及资源的再生更新能力，使物种消灭或濒于消灭，或使生态平衡遭受破坏。这类行为只能由作为构成，亦只能以过错为构成要件。此外，还有破坏文化环境及破坏公海、臭氧等犯罪行为。所有这些行为构成犯罪的关键是侵害了公民、法人、国家和人类的环境权，其危及人类的健康、生命和可持续性发展。

另一方面，从行为状态（过程）上分析，危害环境犯罪的行为，可以分为行为犯、危险犯和结果犯。行为犯，是指行为人只要实施了法律禁止的一定行为，不管是否造成了现实的危害后果，使侵害的对象处于某种危害之中，即可构成犯罪的情形。如我国《刑法》第 339 条第 1 款规定，违反国家规定，将境外的固体废物进境倾倒、堆放、处置的，处 5 年以下有期徒刑或者拘役，并处罚金。这一规定便是典型的处罚行为犯的规定，又如美国对这类行为犯的规定为：对故意非法运输、储存、处理、处置或出口危险废弃物的行为，可处 5 年以下的监禁或每日 5 万美元的罚金，或二者并处。所谓危险犯，是指行为人实行了污染或破坏环境的行为，从而造成了一种危险状态，对环境或人身财产构成严重威胁，即可构成犯罪。例如，日本 1970 年的《公害罪法》第 2 条规定：“凡伴随工厂或事业单位的企事业活动而排放有损于人体健康的物质，给公众的生活或身体带来危险者，应处 3 年以下徒刑或 300 万元以下的罚金。”我国《刑法》第 114 条关于“放火罪”“决水罪”“爆炸罪”“投放危险物质罪”“以危险方法危害公共安全罪”的规定，实际上也包含了危险犯的内容，但在危害环境罪中却没有危险犯的规定。确认危害环境的行为使自然环境处于危险状态就可以构成犯罪，可以更有效地防患于未然，从而达到保护环境的最佳后果。因此，许多学者纷纷指出：要在危害环境罪中规定危险犯，以发挥刑法的预测、指引以及威慑、惩罚功能，预防环境污染和破坏后果的发生，把环境犯罪制止在危险状态，更有效地防止危害结果的发生。依据环境保护本身的要求及我国惩治环境犯罪的现实需要，我们有必要借鉴国外惩治环境犯罪的立法经验，在今后的环保立法中，增加惩治危险犯的规定。当然，在未增加之前，有必要加强对环境未遂犯的打击力度。结果犯，是指行为人实施了污染或破坏环境的行为，并实际上造成环境被污染或破坏或人的生命、健康和财产受到损害的结果，才被视为犯罪的情形。如《刑法》第 339 条第 2 款规定："未经国务院有关主管部门许可，擅自进口固体废物用作原料，造成重大环境污染事故，致使公私财产遭受重大损失或者严重危害人体健康的，处五年以下有期徒刑或者拘役，并处罚金；后果特别严重的，处五年以上十年以下有期徒刑，并处罚金。"我国关于环境保护的刑事立法大多是以结果犯为处罚对象的。

（2）危害环境罪的结果

危害环境罪的结果，是指对大气、水、土以及野生动物等生态要素造成的损害，从而破坏生态平衡，引起物种消灭或有消失的危险。有些危害环境罪的行为同时也伴随着人身伤亡或公私财产的损失。如果某种犯罪行为仅仅对人身或财产造成了损害，而没有对生态环境造成损害，则应归入一般的刑事犯罪之中，而不属于环境犯罪。

当然，上述结果是针对结果犯而言，对于举动犯而言，犯罪造成的违法状态应视为犯罪结果，对于危险犯而言，犯罪行为造成的危险状态即应视为犯罪结果。

（3）因果关系

刑法上的因果关系，是指行为人的危害行为同危害结果之间的因果关系。虽然在我国《刑法》总则中没有对查明因果关系问题作出一般规定，但是，在处理刑事案件时，一般认为，依据罪责自负的原则，查明某人的行为同危害结果有无因果关系是正确认定行为人的行为性质及该行为对危害结果有无罪责（是否应承担刑事责任）的必要条件。在危害环境的犯罪中，因果关系也具有十分重要的意义，因为环境污染等可以导致多种损害，其中包括直接后果和间接后果，且间接后果通常十分广泛，尤其是在大气污染造成的环境犯罪中。一般认为，刑法未将犯罪的间接后果纳入刑事责任的范畴中。

我国传统犯罪理论在判断因果关系是否成立上，通常采用相当因果关系论，即以行为一般人可能认识的事实以及行为人所认识的事实为标准，认为在通常情况下，有成因就有成果。但对于危害环境罪而言，其犯罪结果具有长期潜伏性和扩散性，以至于在许多情况下，依相当因果关系来判断其因果关系十分困难，而且容易将部分犯罪行为排除于现行犯罪理论之外而无法追究其刑事责任。因此，我国有必要借鉴国外环境保护的先进经验，在司法实践中采用诸如日本的疫学原理和推定原则。如日本《公害罪法》第 5 条规定，如果某人在企业事业单位伴随生产活动而排放了危害人体健康的物质，而且仅仅由于该排放量就足以达到对公众的身体甚至生命产生危害的程度，并且在这种排放所产生的这种危害的地区内，是由同一种物质而给公众的身体乃至生命带来危害时，即可推定这种危害就是由该人所排放的物质造成的。

（二）消极要件

消极要件是指对表面上符合《刑法》分则某一犯罪的构成，但根据《刑法》总则的有关规定，依法免除或减轻刑事责任的要件。这些要件主要包括：[37]

第一，刑事责任年龄。《刑法》第 17 条规定，除故意杀人等几种严重刑事犯罪的刑事责任年龄起点为 12 周岁和 14 周岁，其他犯罪的刑事责任年龄起点均为 16 周岁。据此，我国环境资源犯罪的刑事责任年龄必须是在 16 周岁以上，否则即使行为人实施了分则中的犯罪行为，也不能对其追究刑事责任。

第二，刑事责任能力。根据《刑法》第 18 条的规定，精神病人在不能辨认或者不能控制自己行为的时候造成危害结果，经法定程序鉴定确认的，不负刑事责任。尚未完全丧失辨认或者控制自己行为能力的精神病人犯罪的，应当负刑事责任，但是可以从轻或者减轻处罚。另

---

〔37〕　参见刘仁文：《环境资源保护与环境资源犯罪》，中信出版社 2004 年版，第 142～143 页。

外,《刑法》第 19 条还规定,又聋又哑的人或者盲人犯罪,可以从轻、减轻或者免除处罚。这些规定对环境资源犯罪同样适用。

第三,意外事件。《刑法》第 16 条规定:“行为在客观上虽然造成了损害结果,但是不是出于故意或者过失,而是由于不能抗拒或者不能预见的原因所引起的,不是犯罪。”刑法理论和司法实践将该条规定称为“意外事件”,它也适用于环境资源犯罪。

第四,正当防卫和紧急避险。根据《刑法》第 20 条第 1、2 款的规定,为了使国家、公共利益、本人或者他人的人身、财产和其他权利免受正在进行的不法侵害,而采取的制止不法侵害的行为,对不法侵害人造成损害的,属于正当防卫,不负刑事责任。正当防卫明显超过必要限度造成重大损害的,应当负刑事责任,但是应当减轻或者免除处罚。根据《刑法》第 21 条第 1、2 款的规定,为了使国家、公共利益、本人或者他人的人身、财产和其他权利免受正在发生的危险,不得已采取的紧急避险行为,造成损害的,不负刑事责任。紧急避险超过必要限度造成不应有的损害的,应当负刑事责任,但是应当减轻或者免除处罚。

第五,追诉时效。《刑法》第 87 条规定,犯罪经过下列期限不再追诉:(1)法定最高刑为不满 5 年有期徒刑的,经过 5 年;(2)法定最高刑为 5 年以上不满 10 年有期徒刑的,经过 10 年;(3)法定最高刑为 10 年以上有期徒刑的,经过 15 年;(4)法定最高刑为无期徒刑、死刑的,经过 20 年。如果 20 年以后认为必须追诉的,须报请最高人民检察院核准。

三、我国破坏环境资源保护罪的主要罪名及其处罚

环境类犯罪是破坏环境资源保护犯罪的总称,是指违反刑法和环境资源保护法律的规定,污染环境或破坏生态,构成犯罪的行为。有的学者认为,环境类犯罪的概念是形式概念而非实质概念,虽然没有描述犯罪的主体、主观方面、危害后果,但并不影响对环境犯罪的判断。也有学者认为,环境类犯罪的概念应该描述危害后果,即造成人身伤亡的严重后果或公私财产遭受重大损失。《刑法》分则第六章“妨害社会管理秩序罪”中专门设立了“破坏环境资源保护罪”一节,结合刑法修正案的规定,环境类犯罪的具体罪名如下所述。

(一)污染环境罪

《刑法》第 338 条规定:“违反国家规定,排放、倾倒或者处置有放射性的废物、含传染病病原体的废物、有毒物质或者其他有害物质,严重污染环境的,处三年以下有期徒刑或者拘役,并处或者单处罚金;情节严重的,处三年以上七年以下有期徒刑,并处罚金;有下列情形之一的,处七年以上有期徒刑,并处罚金:(1)在饮用水水源保护区、自然保护地核心保护区等依法确定的重点保护区域排放、倾倒、处置有放射性的废物、含传染病病原体的废物、有毒物质,情节特别严重的;(2)向国家确定的重要江河、湖泊水域排放、倾倒、处置有放射性的废物、含传染病病原体的废物、有毒物质,情节特别严重的;(3)致使大量永久基本农田基本功能丧失或者遭受永久性破坏的;(4)致使多人重伤、严重疾病,或者致人严重残疾、死亡的。有前款行为,同时构成其他犯罪的,依照处罚较重的规定定罪处罚。”我国污染环境罪的客体是国家环境污染防治管理制度;客观方面是行为人违反国家环境保护的法律、法规,实施了向环境排放、倾倒或者处置有放射性的废物、含传染病病原体的废物、有毒物质或者其他有害物质的行为,导致环境污染的严重后果;主体既包括自然人,也包括单位;主观方面既可以是故意,也可以是过失。

(二)非法处置进口的固体废物罪

根据《刑法》第 339 条第 1 款、第 346 条的规定,非法处置进口的固体废物罪是指自然人或单位违反国家规定,将境外的固体废物进境倾倒、堆放、处置的行为。《刑法》第 339 条第 1

款对非法处置进口的固体废物罪设置了三个量刑档次：违反国家规定，将境外的固体废物进境倾倒、堆放、处置的，处5年以下有期徒刑或者拘役，并处罚金；造成重大环境污染事故，致使公私财产遭受重大损失或者严重危害人体健康的，处5年以上10年以下有期徒刑，并处罚金；后果特别严重的，处10年以上有期徒刑，并处罚金。同时，根据《刑法》第346条的规定，单位犯本罪，对单位判处罚金，并对直接负责的主管人员和其他直接责任人员，依《刑法》相关规定处罚。

（三）擅自进口固体废物罪

根据《刑法》第339条第2款、第346条的规定，擅自进口固体废物罪是指自然人或者单位未经国务院有关主管部门许可，擅自进口固体废物用作原料，造成重大环境污染事故，致使公私财产遭受重大损失或者严重危害人体健康的行为。《刑法》第339条第2款对擅自进口固体废物罪规定了两个量刑档次：造成重大环境污染事故，致使公私财产遭受重大损失或者严重危害人体健康的，处5年以下有期徒刑或者拘役，并处罚金；后果特别严重的，处5年以上10年以下有期徒刑，并处罚金。同时，根据《刑法》第346条的规定，单位犯本罪，对单位判处罚金，并对直接负责的主管人员和其他直接责任人员，依《刑法》相关规定处罚。

（四）与破坏野生动物资源有关的犯罪

野生动物保护包括水生野生动物保护和陆生野生动物保护。《刑法》第340条规定了非法捕捞水产品罪，即违反保护水产资源法规，在禁渔区、禁渔期或者使用禁用的工具、方法捕捞水产品，情节严重的行为。犯该项罪的，处3年以下有期徒刑、拘役、管制或者罚金。《刑法》第341条第1款规定了危害珍贵、濒危野生动物罪及其处罚，即非法猎捕、杀害国家重点保护的珍贵、濒危野生动物的，或者非法收购、运输、出售国家重点保护的珍贵、濒危野生动物及其制品的，处5年以下有期徒刑或者拘役，并处罚金；情节严重的，处5年以上10年以下有期徒刑，并处罚金；情节特别严重的，处10年以上有期徒刑，并处罚金或者没收财产。《刑法》第341条第2款规定了非法狩猎罪及其处罚，即“违反狩猎法规，在禁猎区、禁猎期或者使用禁用的工具、方法进行狩猎，破坏野生动物资源，情节严重的，处3年以下有期徒刑、拘役、管制或者罚金”。《刑法》第341条第3款规定了非法猎捕、收购、运输、出售陆生野生动物罪，规定“违反野生动物保护管理法规，以食用为目的非法猎捕、收购、运输、出售第一款规定以外的在野外环境自然生长繁殖的陆生野生动物，情节严重的，依照前款的规定处罚”。本款规定是对2020年2月24日第十三届全国人大常委会第十六次会议表决通过的《关于全面禁止非法野生动物交易、革除滥食野生动物陋习、切实保障人民群众生命健康安全的决定》的贯彻。

（五）非法占用农用地罪与破坏自然保护地罪

《刑法》第342条规定了非法占用农用地罪，即违反土地管理法规，非法占用耕地、林地等农用地，改变被占用土地用途，数量较大，造成耕地、林地等农用地大量毁坏的行为。犯该项罪处5年以下有期徒刑或者拘役，并处或者单处罚金。根据《刑法》第346条的规定，单位犯本罪的，对单位判处罚金，并对其直接负责的主管人员和其他直接责任人员，依照《刑法》第342条的规定处罚。《刑法》第342条第2款规定了破坏自然保护地罪及其处罚，该款规定：违反自然保护地管理法规，在国家公园、国家级自然保护区进行开垦、开发活动或者修建建筑物，造成严重后果或者有其他恶劣情节的，处5年以下有期徒刑或者拘役，并处或者单处罚金。有前款行为，同时构成其他犯罪的，依照处罚较重的规定定罪处罚。

（六）非法采矿罪与破坏性采矿罪

根据《刑法》第343条第1款的规定，非法采矿罪是指自然人或者单位故意违反《矿产资源法》的规定，未取得采矿许可证擅自采矿，擅自进入国家规划矿区、对国民经济具有重要价值的矿区和他人矿区范围采矿，或者擅自开采国家规定实行保护性开采的特定矿种，情节严重的行为。根据《刑法》第343条第1款的规定，自然人犯本罪的，处3年以下有期徒刑、拘役或者管制，并处或者单处罚金；情节特别严重的，处3年以上7年以下有期徒刑，并处罚金。根据《刑法》第346条的规定，单位犯本罪的，对单位判处罚金，并对其直接负责的主管人员和其他直接责任人员，依照《刑法》第343条第1款的规定处罚。

根据《刑法》第343条第2款、第346条的规定，破坏性采矿罪是指自然人或者单位故意违反《矿产资源法》的规定，采取破坏性的开采方法开采矿产资源，造成矿产资源严重破坏的行为。根据《刑法》第343条第2款的规定，自然人犯本罪的，处5年以下有期徒刑或者拘役，并处罚金。根据第346条的规定，单位犯本罪的，对单位判处罚金，并对其直接负责的主管人员和其他直接责任人员，依照《刑法》第343条第2款的规定处罚。

（七）危害植物类犯罪

《刑法》第344条第1款规定了危害国家重点保护植物罪，该款规定：违反国家规定，非法采伐、毁坏珍贵树木或者国家重点保护的其他植物的，或者非法收购、运输、加工、出售珍贵树木或者国家重点保护的其他植物及其制品的，处3年以下有期徒刑、拘役或者管制，并处罚金；情节严重的，处3年以上7年以下有期徒刑，并处罚金。

《刑法》第344条之一规定了非法引进、释放、丢弃外来入侵物种罪及其处罚，即“违反国家规定，非法引进、释放或者丢弃外来入侵物种，情节严重的，处三年以下有期徒刑或者拘役，并处或者单处罚金”。

（八）与破坏森林资源保护有关的犯罪

一是盗伐林木罪。《刑法》第345条第1款规定，盗伐森林或者其他林木，数量较大的，处3年以下有期徒刑、拘役或者管制，并处或者单处罚金；数量巨大的，处3年以上7年以下有期徒刑，并处罚金；数量特别巨大的，处7年以上有期徒刑，并处罚金。二是滥伐林木罪。《刑法》第345条第2款规定，违反《森林法》的规定，滥伐森林或者其他林木，数量较大的，处3年以下有期徒刑、拘役或者管制，并处或者单处罚金；数量巨大的，处3年以上7年以下有期徒刑，并处罚金。三是非法收购、运输盗伐、滥伐的林木罪。《刑法》第345条第3款规定，非法收购、运输明知是盗伐、滥伐的林木，情节严重的，处3年以下有期徒刑、拘役或者管制，并处或者单处罚金；情节特别严重的，处3年以上7年以下有期徒刑，并处罚金。盗伐、滥伐国家级自然保护区内的森林或者其他林木的，从重处罚。单位犯上述罪的，对单位判处罚金，并对其直接负责的主管人员和其他直接责任人员，依照上述规定处罚。

（九）环境监管失职罪

《刑法》第408条规定，负有环境保护监督管理职责的国家机关工作人员严重不负责任，导致发生重大环境污染事故，致使公私财产遭受重大损失或者造成人身伤亡的严重后果的，处3年以下有期徒刑或者拘役。环境监管失职罪的客体是国家的环境保护制度；客观方面是行为人严重不负责任，不认真履行监督管理职责，导致发生重大环境污染事故，致使公私财产遭受重大损失或者造成人身伤亡的严重后果的行为；主体是对环境保护负有监督管理职责的国家机关工作人员；主观方面是过失。

（十）走私类犯罪

一是走私珍贵动物罪与走私珍贵动物制品罪。《刑法》第151条第2款规定，走私国家禁止出口的文物、黄金、白银和其他贵重金属或者国家禁止进出口的珍贵动物及其制品的，处5年以上10年以下有期徒刑，并处罚金；情节特别严重的，处10年以上有期徒刑或者无期徒刑，并处没收财产；情节较轻的，处5年以下有期徒刑，并处罚金。

二是走私废物罪。《刑法》第152条第2款和第3款规定，逃避海关监管将境外固体废物、液态废物和气态废物运输进境，情节严重的，处5年以下有期徒刑，并处或者单处罚金；情节特别严重的，处5年以上有期徒刑，并处罚金。单位犯前款罪的，对单位判处罚金，并对其直接负责的主管人员和其他直接责任人员，依照前款的规定处罚。走私废物罪的客体是国家对废物进出口的管理和海关对进出境货物、物品的监管。客观方面表现为行为人逃避海关监管将境外固体废物、液态废物和气态废物运输进境，情节严重的行为。主体既可以是自然人也可以是单位。主观方面是故意，而且是直接故意。

(十一)违法发放林木采伐许可证罪

根据《刑法》第407条的规定，林业主管部门的工作人员违反《森林法》的规定，超过批准的年采伐限额发放林木采伐许可证或者违反规定滥发林木采伐许可证，情节严重，致使森林遭受严重破坏的，处3年以下有期徒刑或者拘役。

(十二)违反土地资源类犯罪

一是非法转让、倒卖土地使用权罪。根据《刑法》第228条和第231条的规定，以牟利为目的，违反土地管理法规，非法转让、倒卖土地使用权，情节严重的，处3年以下有期徒刑或者拘役，并处或者单处非法转让、倒卖土地使用权价额5%以上20%以下罚金；情节特别严重的，处3年以上7年以下有期徒刑，并处非法转让、倒卖土地使用权价额5%以上20%以下罚金。单位犯本罪的，对单位判处罚金，并对其直接负责的主管人员和其他直接责任人员，依照上述的规定处罚。

二是非法批准征收、征用、占用土地罪和非法低价出让国有土地使用权罪。根据《刑法》第410条的规定，国家机关工作人员徇私舞弊，违反土地管理法规，滥用职权，非法批准征收、征用、占用土地，或者非法低价出让国有土地使用权，情节严重的，处3年以下有期徒刑或者拘役；致使国家或者集体利益遭受特别重大损失的，处3年以上7年以下有期徒刑。

四、危害环境罪的刑事责任

(一)概述

危害环境罪的刑事责任，是指国家立法机关通过各种环境刑法对危害环境的行为进行否定性评价和谴责的一种方式。从危害环境行为实施者角度来看，其是行为者因实施刑法禁止的对环境有危害的行为而应承担的法律后果。作为国家对危害环境行为最为严厉的谴责方式的刑事责任，与危害环境行为的其他法律责任相比，具有其自身的特性。第一，环境刑事责任的存在以环境刑事法律的存在为前提；第二，环境刑事责任具有严厉的惩治性，它可以剥夺危害环境犯罪行为人的财产权利和政治权利，甚至剥夺其人身自由权利，这一点使其较之承担民事责任及行政责任更加严厉。

刑事责任可以依不同标准作不同分类。首先，根据刑法上所规定的罪责相适应原则，不同种类的危害环境的犯罪对应着不同种类的刑事责任，如污染环境的犯罪，破坏自然资源的犯罪，以及破坏文化环境的犯罪等分别对应着不同的刑事责任。其次，以危害环境犯罪的实施者所要承担责任的方式来分类，可以将危害环境罪的刑事责任分为以刑罚制裁承担的刑事责任和以非刑罚制裁承担的刑事责任。再次，从同一危害环境犯罪承担刑事责任的主体个数划分，可分为单独刑事责任与共同刑事责任，它们分别与单独犯罪及共同犯罪相适应。最后，根据承担刑事责任的主体属性及特征划分，可将危害环境犯罪的刑事责任分为自然人责任与非自然人责任。

追究危害犯罪实施者的刑事责任，必须有其法律上的依据及事实上的依据，在我国，法律上的依据主要是《刑法》关于危害环境罪的规定。事实上的依据，是指在一定主观罪过支配下实施了各种具体的危害环境的行为。也就是说，如果没有危害环境的犯罪，也就没有危害环境的刑事责任。

（二）危害环境罪刑事责任的原则

危害环境罪应适用我国刑事责任的一般原则，包括：罪刑法定原则、罪刑相适应原则、罪责自负原则。由于危害环境罪自身的特点，如危害环境犯罪中，危害行为与结果关系判断上往往比较复杂，有学者提出，追究危害环境罪刑事责任还应当坚持及时、有效原则。[38]

第一，罪刑法定原则。罪刑法定原则的基本含义是“法无明文规定不为罪”和“法无明文规定不处罚”。这一来自拉丁文中的法律格言，是对罪刑法定含义的高度概括。罪刑法定原则的基本要求是：(1)法定化，即犯罪和刑罚必须事先由法律作出明文规定，不允许法官自由擅断。(2)实体化，即对于什么行为是犯罪和犯罪所产生的具体法律后果，都必须作出实体性的规定。(3)明确化，即刑法条文必须文字清晰，意思确切。《刑法》明文规定：法律明文规定为犯罪行为的，依照法律定罪处罚；法律没有明文规定为犯罪行为的，不得定罪处刑。依此，我国刑法才将罪刑法定原则明确下来。同时，1979 年《刑法》第 79 条关于类推的规定随之而被取消。在对危害环境罪追究刑事责任时，只能对刑法中明文规定为危害环境的行为追究刑事责任，即使从理论上看应为犯罪且有严重社会危害性的危害环境的行为，只要刑法未规定为犯罪，实践中，就不应认定为犯罪，更不应追究行为人刑事责任，只有坚持这个原则，才能防止滥用司法权力，使公民权利得到切实保障，同时，也使从事可能污染环境的生产、加工业的主体大胆从事生产，促进经济发展。

第二，罪刑相适应原则。罪刑相适应原则的基本含义是：刑罚的轻重应当与犯罪的轻重相适应，即通常所说的罪刑相当或罪刑均衡。我国《刑法》第 5 条规定：刑罚的轻重，应当与犯罪分子所犯罪行和承担的刑事责任相适应。罪刑相适应的基本要求是：犯罪与刑罚之间应当保持内在的，对应的均衡关系。其具体内容是：(1)有罪当罚，无罪不罚。(2)轻罪轻罚、重罪重罚。(3)一罪一罚，数罪并罚。(4)同罪同罚，罪罚相当。(5)刑罚的性质应当与犯罪的性质相适应，即生命刑、自由刑、财产刑和资格刑各有其适用的对象和条件，相互之间不能替代。罪刑相适应原则用于追究危害环境犯罪刑事责任的实践中，应做到危害环境犯罪与其刑事责任之间质与量的统一性。首先，危害环境犯罪是其刑事责任产生和存在的前提，要追究危害环境犯罪的刑事责任，就应查清危害环境行为确已发生，再根据危害环境罪中的具体犯罪的特点，适用不同性质的刑罚措施，做到罪与刑在质上的统一。其次，确定危害环境罪刑事责任的轻重时，应依据危害环境犯罪的社会危害性程度。最后，在确定危害环境犯罪刑事责任时，应针对各种不同的危害环境犯罪社会危害性及犯罪行为实施者的人身危险性的不同特征，灵活运用刑法中的主刑、附加刑以及非刑罚方法，做到重罪重罚、轻罪轻罚。

第三，罪责自负原则。罪责自负原则的基本含义是，谁犯了罪，就应当由谁来承担刑事责任，刑罚只及于犯罪者本人，而不能连累无辜。罪责自负原则的基本要求是：(1)犯罪的主体只能是实施了犯罪行为的人，对于没有实施犯罪行为的人，不能对其定罪；(2)刑罚的对象只能是犯罪者本人，对于仅与犯罪者有亲属、朋友、邻里等关系而没有参与犯罪的人，不能追究其刑事责任。罪责自负作为追究犯罪行为刑事责任的基本原则，虽然在我国刑法中没有明文规定，但《刑法》总则关于犯罪概念、犯罪构成共同要件以及对共同犯罪的条件和刑事责任原则的规定中有所体现。

---

〔38〕 参见杨春洗等：《危害环境罪的理论与实务》，高等教育出版社 1999 年版，第 276 页。

为保障罪责自负原则在惩治危害环境犯罪的实践中切实得以落实,应该注意以下几点:(1)对每一种具体危害环境犯罪案件的侦查、起诉、审判都需按法定程序进行。(2)共同实施危害环境犯罪的案件中各被告人刑事责任的确定,应当以共同犯罪人预谋的具体危害环境的犯罪为依据确定各共同犯罪人各自的刑事责任,对于超出预谋范围以外的犯罪,应由实施者本人承担刑事责任。(3)对于从事生产、加工业的单位实施了危害环境的犯罪,除对法人处罚外,只能追究单位中直接负责的主管人员和其他直接责任人员的刑事责任,不能把其他成员也作为犯罪主体予以追究。(4)对于刑法明文规定了犯罪主体范围的犯罪,要严格依法办事,不能随意扩大犯罪主体的范围,以防止累及无辜。

第四,及时性原则。及时性原则,是指行为主体实施了危害环境的犯罪行为后,司法机关应迅速依据有关环境刑事法律追究其刑事责任。危害环境的犯罪,不仅破坏人类赖以生存的环境,有的犯罪如污染环境的犯罪还直接危害人体健康,大多数危害环境的犯罪造成的危害可能祸及几代人,对这些犯罪在证据收集、危害结果的形态、危害行为的表现方式、危害行为与危害结果的判断等问题上,与一般传统型犯罪有多方面差异,危害结果一经出现,则应抓住时机,及时立案侦查,迅速追究危害环境行为实施者的刑事责任,否则,很可能会因自然力作用导致证据收集困难而无法追究犯罪人刑事责任。

第五,有效性原则。有效性原则是指在追究危害环境犯罪刑事责任时应综合考察分析具体的危害环境犯罪个案发生的背景、原因、行为实施者的主观心态等因素,针对每一个案的不同情况,在符合罪刑相适应及其他原则的指导下,以防止危害环境犯罪再次发生,教育犯罪者为目的,具体决定对危害环境者应适用的刑事责任形式。

五、生态环境行政执法与刑事司法的衔接

根据原环境保护部、公安部和最高人民检察院于 2017 年 1 月 25 日联合发布的《环境保护行政执法与刑事司法衔接工作办法》,各级生态环境主管部门、公安机关和人民检察院应当加强协作,统一法律适用,不断完善线索通报、案件移送、资源共享和信息发布等工作机制。人民检察院对生态环境主管部门移送涉嫌环境犯罪案件活动和公安机关对移送案件的立案活动,依法实施法律监督。

(一)生态环境主管部门移送案件

生态环境主管部门向公安机关移送的涉嫌环境犯罪案件,应当符合下列条件:(1)实施行政执法的主体与程序合法;(2)有合法证据证明有涉嫌环境犯罪的事实发生。

生态环境主管部门移送案件的程序:生态环境主管部门在查办环境违法案件过程中,发现涉嫌环境犯罪案件,应当核实情况并作出移送涉嫌环境犯罪案件的书面报告。本机关负责人应当自接到报告之日起 3 日内作出批准移送或者不批准移送的决定。生态环境主管部门移送涉嫌环境犯罪案件,应当自作出移送决定后 24 小时内向同级公安机关移交案件材料,并将案件移送书抄送同级人民检察院。对生态环境主管部门移送的涉嫌环境犯罪案件,公安机关应当依法接受,并立即出具接受案件回执或者在涉嫌环境犯罪案件移送书的回执上签字。

生态环境主管部门向公安机关移送涉嫌环境犯罪案件时,应当附下列材料:(1)案件移送书,载明移送机关名称、涉嫌犯罪罪名及主要依据、案件主办人及联系方式等。案件移送书应当附移送材料清单,并加盖移送机关公章。(2)案件调查报告,载明案件来源、查获情况、犯罪嫌疑人基本情况、涉嫌犯罪的事实、证据和法律依据、处理建议和法律依据等。(3)现场检查(勘察)笔录、调查询问笔录、现场勘验图、采样记录单等。(4)涉案物品清单,载明已查封、扣押等采取行政强制措施的涉案物品名称、数量、特征、存放地等事项,并附采取行政强制措施、

现场笔录等表明涉案物品来源的相关材料。(5)现场照片或者录音录像资料及清单,载明需证明的事实对象、拍摄人、拍摄时间、拍摄地点等。(6)监测和检验报告、突发环境事件调查报告、认定意见。(7)其他有关涉嫌犯罪的材料。对环境违法行为已经作出行政处罚决定的,还应当附行政处罚决定书。另外,生态环境主管部门应在接到公安机关立案通知书之日起 3 日内将涉案物品以及与案件有关的其他材料移交公安机关,并办理交接手续。涉及查封、扣押物品的,生态环境主管部门和公安机关应当密切配合,加强协作,防止涉案物品转移、隐匿、损毁、灭失等情况发生。对具有危险性或者环境危害性的涉案物品,生态环境主管部门应当组织临时处理处置,公安机关应当积极协助;对无明确责任人、责任人不具备履行责任能力或者超出部门处置能力的,应当呈报涉案物品所在地政府组织处置。上述处置费用清单随附处置合同、缴费凭证等作为犯罪获利的证据,及时补充移送公安机关。

(二)公安机关对移送案件的审查

公安机关审查发现移送的涉嫌环境犯罪案件材料不全的,应当在接受案件的 24 小时内书面告知移送的生态环境主管部门在 3 日内补正。但不得以材料不全为由,不接受移送案件。公安机关审查发现移送的涉嫌环境犯罪案件证据不充分的,可以就证明有犯罪事实的相关证据等提出补充调查意见,由移送案件的生态环境主管部门补充调查。生态环境主管部门应当按照要求补充调查,并及时将调查结果反馈公安机关。因客观条件所限,无法补正的,生态环境主管部门应当向公安机关作出书面说明。公安机关对生态环境主管部门移送的涉嫌环境犯罪案件,应当自接受案件之日起 3 日内作出立案或者不予立案的决定;涉嫌环境犯罪线索需要查证的,应当自接受案件之日起 7 日内作出决定;重大疑难复杂案件,经县级以上公安机关负责人批准,可以自受案之日起 30 日内作出决定。接受案件后对属于公安机关管辖但不属于本公安机关管辖的案件,应当在 24 小时内移送有管辖权的公安机关,并书面通知移送案件的生态环境主管部门,抄送同级人民检察院。对不属于公安机关管辖的,应当在 24 小时内退回移送案件的生态环境主管部门。公安机关作出立案、不予立案、撤销案件决定的,应当自作出决定之日起 3 日内书面通知生态环境主管部门,并抄送同级人民检察院。公安机关作出不予立案或者撤销案件决定的,应当书面说明理由,并将案卷材料退回生态环境主管部门。

公安机关不予立案后的处理与人民检察院的立案监督:生态环境主管部门认为公安机关不予立案决定不当的,可以自接到不予立案通知书之日起 3 个工作日内向作出决定的公安机关申请复议,公安机关应当自收到复议申请之日起 3 个工作日内作出立案或者不予立案的复议决定,并书面通知生态环境主管部门。生态环境主管部门对公安机关逾期未作出是否立案决定以及对不予立案决定、复议决定、立案后撤销案件决定有异议的,应当建议人民检察院进行立案监督。人民检察院应当受理并进行审查。生态环境主管部门建议人民检察院进行立案监督的案件,应当提供立案监督建议书、相关案件材料,并附公安机关不予立案、立案后撤销案件决定及说明理由材料,复议维持不予立案决定材料或者公安机关逾期未作出是否立案决定的材料。人民检察院发现生态环境主管部门不移送涉嫌环境犯罪案件的,可以派员查询、调阅有关案件材料,认为涉嫌环境犯罪应当移送的,应当提出建议移送的检察意见。生态环境主管部门应当自收到检察意见后 3 日内将案件移送公安机关,并将执行情况通知人民检察院。人民检察院发现公安机关可能存在应当立案而不立案或者逾期未作出是否立案决定的,应当启动立案监督程序。

(三)证据的收集与使用

生态环境主管部门在行政执法和查办案件过程中依法收集制作的物证、书证、视听资料、电子数据、监测报告、检验报告、认定意见、鉴定意见、勘验笔录、检查笔录等证据材料，在刑事诉讼中可以作为证据使用。生态环境主管部门、公安机关、人民检察院收集的证据材料，经法庭查证属实，且收集程序符合有关法律、行政法规规定的，可以作为定案的根据。

六、行政责任与刑事责任的衔接

（一）已作出行政处罚的案件处理

依据《行政执法机关移送涉嫌犯罪案件的规定》第 11 条第 2 款，以及《环境保护行政执法与刑事司法衔接工作办法》第 16 条，生态环境主管部门向公安机关移送涉嫌环境犯罪案件，已作出的警告、责令停产停业、暂扣或者吊销许可证的行政处罚决定，不停止执行。对于生态环境主管部门作出的罚款处罚，《行政执法机关移送涉嫌犯罪案件的规定》第 11 条第 3 款规定，依照《行政处罚法》的规定，行政执法机关向公安机关移送涉嫌犯罪案件前，已经依法给予当事人罚款的，人民法院判处罚金时，依法折抵相应罚金。《行政处罚法》第 27 条规定："违法行为涉嫌犯罪的，行政机关应当及时将案件移送司法机关，依法追究刑事责任。对依法不需要追究刑事责任或者免予刑事处罚，但应当给予行政处罚的，司法机关应当及时将案件移送有关行政机关。行政处罚实施机关与司法机关之间应当加强协调配合，建立健全案件移送制度，加强证据材料移交、接收衔接，完善案件处理信息通报机制。"

（二）未作出行政处罚的案件处理

未作出行政处罚决定的，原则上应当在公安机关决定不予立案或者撤销案件、人民检察院作出不起诉决定、人民法院作出无罪判决或者免予刑事处罚后，再决定是否给予行政处罚。涉嫌犯罪案件的移送办理期间，不计入行政处罚期限。对尚未作出生效裁判的案件，生态环境主管部门依法应当给予或者提请人民政府给予暂扣或者吊销许可证、责令停产停业等行政处罚，需要配合的，公安机关、人民检察院应当给予配合。公安机关对涉嫌环境犯罪案件，经审查没有犯罪事实，或者立案侦查后认为犯罪事实显著轻微、不需要追究刑事责任，但经审查依法应当予以行政处罚的，应当及时将案件移交生态环境主管部门，并抄送同级人民检察院。人民检察院对符合逮捕、起诉条件的环境犯罪嫌疑人，应当及时批准逮捕、提起公诉。人民检察院对决定不起诉的案件，应当自作出决定之日起 3 日内，书面告知移送案件的生态环境主管部门，认为应当给予行政处罚的，可以提出予以行政处罚的检察意见。

下　编

分　论

第九章 环境污染防治法

第一节 环境污染防治及立法概述

一、环境污染和其他公害的概念

人类需要发展,需要舒适的生活。在生产和生活当中人类不可避免地会向周围环境排放污染物,这些污染物说到底也属于物质或能量。环境本身都有一定的自净能力,但如果这些排入环境的物质或能量超过了环境的自净能力,就会使环境中的化学、物理、生物等性质发生变异,这就是环境污染。其结果是,环境质量的下降,生态平衡的破坏,从而危害了人类正常的生存和发展。因此,环境污染是指"被人们利用的物质或能量直接或间接地进入环境,导致对自然的有害影响,以致危及人类健康、危害生命资源和生态系统,以及损害或者妨害舒适和环境的其他合法用途"[1]。我国《环境保护法》虽然没有对环境污染这一术语进行明确的法律界定,但是在其"防治污染和其他公害"一章中规定,产生环境污染和其他公害的单位,必须把环境保护工作纳入计划,建立环境保护责任制度;采取有效措施,防治"在生产建设或者其他活动中产生的废气、废水、废渣、医疗废物、粉尘、恶臭气体、放射性物质以及噪声、振动、光辐射、电磁辐射等对环境的污染和危害"[2]。这可视为我国《环境保护法》对环境污染作出的列举式规定,并且这一规定还把"环境污染和其他公害"并列提出。

"公害"一词最早出现于日本1896年的《河川法》中,其含义与现行日本环境保护法律所称的"公害"含义不同,并没有考虑到水体污染。1967年日本《公害对策基本法》给"公害"下了比较完整的定义,即"公害"是指大气污染、水质污染、土壤污染、噪声、振动、地面沉陷及恶臭对人体健康和生活环境所造成的危害。1993年日本《环境基本法》沿用了《公害对策基本法》上述定义。日本学者原田尚彦给"公害"下的定义是:"以事业活动及其他他人活动为原因,大气、水、安静稳定等的自然环境遭到破坏乃至污染作为其结果,不特定的多数人的健康、财产及其他生活环境发生的损害。"[3]可见在日本,"环境污染"被看作一种"公害"。我国的立法虽然没有对"环境污染"与"公害"作严格的区别,但是,两者之间既在很大程度上具有同一性,又在内涵上存在细微的差别。"环境污染"着重强调的是人类活动对环境造成的危害,而"公害"着重强调的是由于环境污染而造成的对人类生活环境的一种社会性危害。它们在某种情况下表现出来的是一种因果关系,环境污染导致公害,是原因;而公害是由于环境污染引起、造成的,是结果。另外,"环境污染"尚不能说明对环境的危害程度,轻微的污染还不足以造成"公害";而造成"公害"的污染,其对生活与生态环境的危害已经达到了相当严重的程度。

---

[1] OECD Council Recommendation C (74) 224,1974.

[2] 《环境保护法》第42条。

[3] [日]原田尚彦:《环境法》,于敏译,法律出版社1999年版,第2~3页。

我国环境保护法之所以把"环境污染"与"其他公害"并列提出来,除了充分肯定两者的同一性之外,还把"其他公害"作为"环境污染"的补充。因为法律具有稳定性、滞后性的特点,而复杂多变的环境问题时常能引发环境污染或者公害,我国环境保护法采用了"其他公害"和"等"这样的模糊语言,能使该项规定具有灵活性和伸缩性,可以包含复杂多变的环境问题引发的新的环境污染和危害,提高了法律的适应性。正如前文所述,我国环境保护法所列举的环境污染是指人们在生产建设或者其他活动中产生的废气、废水、废渣、粉尘、恶臭气体、放射性物质等对环境的污染和噪声、振动、电磁波辐射等对环境的危害,而"其他公害"是指除上述的环境污染和危害之外,现在尚未出现而今后可能出现的,或者现在已经出现但尚未包括在环境保护法所列举的上述九种环境污染和危害之中的"公害",如废热、光污染等。为叙述方便,本书下文表述的"环境污染"都包括了"其他公害"的含义。

环境污染和生态破坏是人类面临的两大环境问题,由于环境污染对环境资源和人体健康的危害较之生态破坏更为直接和显而易见,而且环境污染往往又是生态破坏的直接原因,所以包括我国在内的各国环境保护事业基本上都直接起源于对环境污染的治理。在实行环境保护法一元体系的国家,环境污染防治是环境保护法的唯一内容;而在实行环境保护法二元体系(环境污染防治和自然资源保护)的国家,环境污染防治尤其是防治工业污染,依然是环境保护法的首要内容。

二、环境污染的产生原因及分类

人类的排污行为和自然灾害是造成环境污染的两大主因。污染物是人类生产与生活的一种副产品,人类在生产建设和其他活动中,一方面创造大量的物质和文化财富,为人类自身的生存和发展做好了准备;另一方面也产生出大量的污染物,如废气、废水、废渣、粉尘、恶臭气体、放射性物质以及噪声、振动、电磁波辐射、光污染、废热等,排入周围环境并给环境带来污染,甚至造成了公害。排污行为伴随着生产、生活等对社会的有益活动而出现的,对人体健康、经济发展非常有害,要完全避免这些污染物,实行"零排放"是不可能的。自然界中发生的地震、火山爆发、自然火灾等也会释放出大量的污染物,如尘埃、各种有毒有害化学物质、放射性物质、电磁波辐射等,这也会对环境造成污染和危害。在产生环境污染和危害的上述两种原因中,自然灾害是暂时性、局部性的,是难以调节与控制的,而人类的排污行为则是经常性的,可调节与控制的。因此,环境污染防治主要针对的是由于人类活动所造成的对环境的污染。

根据不同的标准可对环境污染进行不同的分类。例如,根据造成环境污染的污染物不同,大体上可以把环境污染分为两大类型:环境要素污染和有毒有害物质污染。再如,根据环境要素的不同,可将环境污染分为大气污染、水污染、土壤污染、环境噪声污染等;根据污染物的形态不同,可将环境污染分为废气污染、废水污染、废渣及其他固体废物污染、噪声污染、放射性污染、电磁波辐射污染等;根据环境污染产生的原因不同,可以分为生产污染和生活污染;根据污染物性质的不同,可以分为生物污染、化学污染和物理污染等。而环境要素污染和有毒有害物质污染是对环境污染的基本分类。当然,环境要素污染和有毒有害物质污染的划分标准也是相对的。有毒有害物质进入不同的环境介质便形成不同的环境要素污染,如有毒有害物质进入大气则为大气污染,进入水体则为水污染,进入土壤则为土壤污染。

(一)环境要素污染的概念及特征

环境要素是人类与环境进行物质交换与能量流动的介质,如大气、水、土壤等。环境要素污染是环境污染的一种类型,它指外界物质进入环境,其数量超过环境要素的可容含量或自净能力,导致环境要素某种性能的改变,从而引起环境质量下降而有害于人类及其他生物正常生存和发展的现象。这种污染主要是由人类活动所引起的,其产生的原因是资源的浪费和不合理使用,使有用的资源变为废物进入环境而造成危害,如大气污染、水污染、噪声污染、土壤污染等。环境要素作为人类与环境进行交流的介质,它们同时又受到生态学规律的限制,呈现出最小限制性、等值性、整体性和关联性。

环境要素污染具有以下特征:(1)系统破坏性。环境要素及其相互关系构成的生态环境系统是一个动态平衡的体系,各种环境要素彼此相互依赖,其中任何一个因素发生变化便会影响整个系统的平衡,环境污染所造成的环境要素变化均会影响环境系统的稳定,对环境构成威胁。(2)长期介入性。污染物一般是低浓度、长时间而且是多种物质同时存在的,对环境要素往往综合地起作用,且是积累性、连续性地起作用,并以环境要素为介质对不特定人体及其他多种权益造成危害。以日本水俣事件即含水银废水污染为例,从工厂排放甲基水银到连续发生人畜中毒,前后经历了数十年,受害者众多。[4] (3)生化变异性。污染物进入环境要素可通过生物的或物理、化学的作用发生转化、增毒、降解或富集,从而改变环境要素的原有性质、状态或浓度,产生不同的危害作用。(4)严重后果性。污染物可通过环境要素和食物等多种途径对人体产生长期影响,受影响的对象多,危及的范围广,造成的后果严重,如对人体的危害性难以发现,发现后往往难以根治,可能还会危及下一代。

（二）有毒有害物质污染的概念及特征

有毒有害物质是指人类排入环境中的、有毒性的并对人体健康产生危害的污染物质,这些物质对于人体或环境来说往往难以降解或者根本就不能降解,主要包括固体废物、重金属、放射性物质、农药、人工合成的各种有机化合物等,其中不少物质能通过食物链而被生物富集,也有不少有毒有害的物质是致癌物、致畸物,因而对人类生存与发展的威胁极大。有毒有害物质污染是指对于人体或环境难以降解或不能降解的那些污染物质所造成的环境污染和危害,是环境污染的一种基本类型。

有毒有害物质污染具有以下特征:(1)有毒性。有毒有害物质有许多是致癌物、致畸物或使基因突变,对人类的正常生存和繁衍产生严重影响。(2)有害性。有毒有害物质通过环境介质进入植物、动物、人体等生物领域,其中许多无机的、有机的毒物能在生物体中富集、积累并转移,最终通过食物链威胁和危害人体健康。还有些污染物能在环境中发生化学反应,转化成为害处更大的二次污染物,对生态系统和人体健康产生更大的危害。(3)难降解性。有毒有害物质大多化学性质稳定,不易被生物分解,而且在自然界中长期残留,其毒性对人体健康的影响稳定且持久,对生态平衡的干扰和破坏也十分严重。(4)侵害对象的不特定性。污染物质进入环境,使环境质量下降之后,受污染的环境才对人体健康、生命安全造成危害,而且是对不特定人群的侵害。这种侵害具有间接性(以环境为媒介)和不确定性(对不特定人群)的特点。(5)侵权性。有毒有害物质往往同时侵害多种权益,如危害人体健康、生命安全,造成人体健康权、生命权、财产和环境保护权益的损害。[5] (6)侵害范围的广泛性。有毒有害物质不仅可以污染一条河流、一个地区、一个国家,还可以波及几个国家,甚至几个大洲,几

---

〔4〕 从1950年发现"自杀猫"到1967年8月,对400只猫以醋酸厂废水作试验,结果都患了水俣病,厂方因而不得不承认此次事件是该厂含水银废水所致的,水俣事件至此前后一共花了近18年的时间。

〔5〕 有毒有害物质往往同时侵害多种权益这一特点,使一些人主张用"环境权"来概括而遇到难以克服的困难,也使立法机关难以在《宪法》和法律中作出规定。另外,现行法律关于侵害人身权、生命权、财产权的刑罚显然比侵害所谓"环境权"要重得多。

个大洋,并扩及整个地球。如农药污染[6]、海洋原油污染、放射性污染等。(7)可利用性。与一般的废水、废气相比,有毒有害物质的物理形态较稳定,物质形态明显,可处置性强,它既是污染物又是可以有效重新利用的资源和能源,在减量化、无害化的同时,要全力做到资源化,使之化害为利。因此,有毒有害物质污染防治与清洁生产和建立循环经济相结合是当代环境保护的发展方向。

综合上述环境要素污染和有毒有害物质污染的概念及特征可得知,我们必须提高对环境污染危害性的认识,必须采取"预防为主"的原则,使环境保护从单纯解决环境问题转向将发展与环保协调起来,环境保护由末端治理向生产、消费的各个领域延伸,以源头预防、全过程控制和废弃物资源化来代替末端治理,并综合运用法律、经济、技术、宣传教育和必要的行政办法,这样才能遏制环境污染的继续蔓延和危害。

三、我国环境污染防治立法概况

(一)环境污染防治法的概念及特点

环境污染防治法是指调整国家在保护和改善生活环境与生态环境,防治污染和其他公害过程中形成的社会关系的法律规范的总称,是环境保护法的一个重要组成部分。自20世纪90年代以来,我国已形成较为完备的环境污染防治法律体系,根据划分环境污染的两个基本类型,这个体系由两个子系统组成,即环境要素污染防治法和有毒有害物质污染防治法。

环境要素污染防治法的特点是:(1)环境要素污染防治法与环境要素保护法之间是互相协调与互相配合的关系,它们从不同的角度、不同的层面对环境要素的保护作出规定,但它们各有侧重,两者不可偏废。环境要素保护法的实施是环境要素污染防治的重要条件;而环境要素污染防治又是合理开发和利用环境要素的结果。环境要素保护法着重于对水、森林、草原、土地等环境要素的开发与利用本身的限制,而环境要素污染防治法则更注重于对在环境资源开发和利用过程中所产生的副作用的限制。(2)环境要素污染防治法在形式上表现为环境保护基本法下属的单行法规及其配套法规,既是对环境保护基本法中防治环境要素污染原则性规定的具体化,又是对环境要素污染防治的综合性规定。如水污染防治法不仅仅是《水污染防治法》一个法律,而是由《水污染防治法》及其细则,相关的法规、规章与各地实施办法,水环境标准以及其他技术规范构成的规范系统。既包括对水资源、经济政策、行政监督等一般性要求,也涵盖了工业企业排放设施、城市生活污水处理、水污染物排放总量控制等水污染防治的具体要求。

有毒有害物质污染防治法的特点是:(1)有毒有害物质污染防治法是对某一类特定的污染物或污染源的防治所进行的专门立法,其目的在于防治某一特定的污染物对于生态平衡和人体健康的干扰与破坏。(2)有毒有害物质污染防治法是环境污染防治法的重要组成部分,它与环境要素污染防治法从不同的层面和不同的角度对环境污染的防治作了规定。环境要素污染防治法着重于对环境要素的全面保护;而有毒有害物质污染防治法则着重于某一类污染物质对诸环境要素危害的防治。两者既协调配合,相互补充,又各有侧重,各有不可替代的作用。(3)有毒有害物质污染防治法涉及的范围广泛,但重点突出,其所建立的监督管理体制和控制制度较之于环境要素污染防治法更为特殊。

---

[6] 科学家们发现生活在北冰洋的企鹅体内含有DDT农药;苏联切尔诺贝利核泄漏扩及许多欧洲国家。

（二）我国环境污染防治的立法现状

1. 我国环境要素污染防治的立法现状

环境要素污染防治是保护环境的重要内容，也是环境立法的重要任务。环境要素污染防治是以防治环境要素污染为立法对象的一类法律法规，既是对环境保护基本法中防治环境污染的原则性规定的具体化，又是对环境要素污染防治的综合性规定。我国环境要素污染防治立法是环境法中发展得较早和较快的领域。早在20世纪70年代初，就已颁布了一系列污染物排放标准，随后又颁布了有关排污收费以及各环境要素污染防治的法律法规。迄今，已经颁布的专门的环境要素污染防治单行法律法规有：《土壤污染防治法》（2018年通过）、《大气污染防治法》（1987年通过，2018年修正）、《水污染防治法》（1984年通过，2017年修正）、《环境噪声污染防治法》（1996年通过，2018年修正）、《海洋环境保护法》（1982年通过，2017年修正）等，并且还颁行了大量与之相关的法规、规章，基本上形成了与环境要素保护法相互配套的环境要素立法体系。

2. 我国有毒有害物质污染防治的立法现状

环境立法中的有毒有害物质主要是指有毒性的化学品、危险废物、电子废物、农药、放射性物质、固体废物等。因此，我国对有毒有害物质污染防治的立法主要包括化学品管理法、农药管理法、放射性物质管理法、电磁辐射管理法等。除固体废物、放射性物质之外，这些立法主要是以大量的部门规章的形式出现或散见于其他的规范性法律文件中。由于这类立法主要针对对于人体健康和生态平衡影响极大的有毒化学品、农药、放射性物质以及电磁辐射等而制定，而对这些污染物的防治涉及除环境保护行政主管部门以外的多个管理部门。因此，这类立法多以数个相关管理部门的联合管理法律、法规为主；在管理体制上，则赋予各相关部门明确的管理职责和权限并强调各部门间的协调与配合。

迄今，已经颁布的专门的有毒有害物质单行法律法规有：《固体废物污染环境防治法》（1995年通过，2020年修订）、《核安全法》（2017年通过）、《放射性污染防治法》（2003年通过）、《放射性同位素与射线装置安全和防护条例》（2005年通过，2019年修订）、《农药管理条例》（1997年通过，2017年修订）、《化学危险物品安全管理条例》（现名为《危险化学品安全管理条例》）（1987年通过，2013年修订）、《新化学物质环境管理办法》（2003年通过，2010年修订，现已废止）、《医疗废物管理条例》（2003年通过，2011年修订）、《危险废物经营许可证管理办法》（2004年通过，2016年修订）、《危险废物转移管理办法》（2021年通过）等。

四、我国环境污染防治立法完善

虽然我国环境污染防治立法发展迅速，环境污染防治法律体系初步形成，但我国环境污染问题日益严重，其原因是多方面的，除了公民的环境意识、政府的经济发展思路、环保部门的管理体制、环保执法等原因之外，现行环境污染防治法律法规所存在的缺陷也是其中的主要原因。这些缺陷集中体现在以下几方面：（1）环境污染防治立法仍有空白之处，虽然《土壤污染防治法》这一重要的环境要素方面的污染防治法已经颁布实施，但还没有制定针对流域环境污染防治方面的法律、法规，《固体废物污染环境防治法》《环境噪声污染防治法》等重要的环境污染防治法律还需要出台可操作性强的实施细则等；（2）环境污染防治法律法规之间仍有内容上的矛盾之处，如我国《标准化法》第10条第1款规定，“对保障人身健康和生命财产安全、国家安全、生态环境安全以及满足经济社会管理基本需要的技术要求，应当制定强制性国家标准”。显然，排放污染物属于危害人身健康和危及生态环境安全的行为，依据《标准化法》的要求，污染物排放标准应为强制性标准，排放污染物超过此标准的行为就是违法的，应该给予法律制裁，而现行的《环境保护税法》第13条规定了对于排放低于污染物排放标准一定量值的环境保护税予以减征的规定，其实质仍然是应税大气污染物、水污染物排放浓度值、排放总量超标的，要较应税大气污染物、水污染物排放低于污染物排放标准一定量值的情况加重征收。[7] 环境保护税立法中超标排污行为的可税性存在法理冲突，也不符合《标准化法》的立法原意，造成法律体系内部的不协调；(3)环境污染防治重视规章而不重视法律。大量的污染防治法规散见于行政法规和部门规章中，实质上是法出多门，如我国有毒有害物质污染防治法的立法层次不高，除固体废物、放射性物质之外，针对大量特殊的有毒有害物质及其污染源的立法均为行政法规或部门规章；(4)环境污染防治法律法规的可操作性较差，我国目前出台的许多环境污染防治法律法规中，原则性规定过多，宣言性条款过多，且在表达上大量使用"利用效率高""污染排放量少""减少污染物"等模糊性用语，缺乏实际操作的标准，加大了执法难度，也使社会主体无所适从；(5)公众参与的力度不够，公众参与制度有待完善。综观我国整个环境污染防治法律体系，政府管制立法特点鲜明，公民作为环境污染的直接受害者，却没有设置其参与环境污染防治并对环境行政管理机关进行监督的保障措施。此外，在一些具体的诸如排污收费、环境污染法律责任等环境污染防治法律制度上也有待于进一步完善。

上述环境污染防治法律法规所存在的缺陷也是我国环境污染防治立法重点需要完善的地方。一是要改善我国环境污染防治工作多头管理的局面，加强协调管理与体制创新。现阶段，我国环境污染防治工作涉及环保、农业、国土资源、林业、地矿、海洋等多部门，各部门都管一点，但又管得不多，有的部门几乎不管。这对于环境污染问题的处理是极为不利的。二是要加强经济激励手段，除了改变目前排污收费制度存在的不合理现象外，关键是引入新的市场激励机制，如推行排污权交易制度，积极培育排污权交易市场，并构建相关的法律制度。三是完善同环境污染防治立法相配套的程序性规定，对于个别没有实施细则的环境污染防治法律，尽快出台相应的实施细则，便于执法和守法。四是提高相关环境污染防治法规、规章的效力层次，如对于电子废弃物、农药等有毒有害污染物质，可以考虑由国家最高权力机关进行相应立法。另外，完善公众参与环境污染防治的法律制度、建立环境污染防治的目标责任制、健全环境污染法律责任制度等，也是完善我国环境污染防治立法所必需的。

第二节　土壤污染防治法

一、土壤污染概述

土壤是位于陆地表层的具有一定肥力且能够生长植物的疏松多孔物质层，主要由矿物质、有机质（包括土壤生物）、水分和空气等组成。土壤是构成生态系统的基本要素之一，是人类赖以生产、生活和生存的物质基础，是人类社会不可或缺的宝贵资源。土壤是地球上三大环境要素之一，另外两个环境要素为大气和水。同时，土壤还是环境中有害物质进入、迁移、转化、积累的重要场所，对环境变化具有高度敏感性。《土壤污染防治法（草案）》在一审、二审的时候曾采用的土壤定义表述为："本法所称土壤，是指位于陆地表层能够生长植物的疏松

[7] 刘志坚：《环境保护税创制：功能主义和规范主义之辩——以超标排污行为可税性问题为中心》，载《甘肃政法学院学报》2018年第5期。

多孔物质层及其相关自然地理要素的综合体。"由于缺乏相关统一的术语规定,该法的三审稿最后没有就"土壤"的定义作出统一规定。

(一)土壤污染的概念

关于"土壤污染",我国的《土壤污染防治法》第2条第2款规定:"本法所称土壤污染,是指因人为因素导致某种物质进入陆地表层土壤,引起土壤化学、物理、生物等方面特性的改变,影响土壤功能和有效利用,危害公众健康或者破坏生态环境的现象。"可见,土壤污染是由人类活动所产生的各种污染物通过各种途径进入土壤,其数量和速度超过了土壤的容纳和净化能力,使土壤的性质、组成及性状等发生变化,破坏土壤的自然生态平衡,并导致土壤的自然功能失调、土壤质量恶化的现象。

上述定义中需要说明的是,"因人为因素导致某种物质进入陆地表层土壤"引起"放射性"特性的改变,因此影响土壤功能和有效利用、危害公众健康或者破坏生态环境的现象,是否应当属于"土壤污染"的范畴呢?《土壤污染防治法》的定义未作明确规定。从语义上理解,所谓"引起土壤化学、物理、生物等方面特性的改变"一句中,由于含有"等方面特性的改变"字样,应当理解为并未穷尽土壤特性的所有方面,因此,并未排除"放射性方面特性的改变"。其实,其他环保法律已有类似规定,如《水污染防治法》第102条第1项规定:本法所称"水污染,是指水体因某种物质的介入,而导致其化学、物理、生物或者放射性等方面特性的改变,从而影响水的有效利用,危害人体健康或者破坏生态环境,造成水质恶化的现象"。其中,明确将"放射性等方面特性的改变"导致的水质恶化现象规定为水环境污染。按照同样的逻辑可推论,"因人为因素导致某种物质进入陆地表层土壤",除了引起土壤"化学、物理、生物"方面特性的改变之外,如果确实引起土壤"放射性方面特性的改变",并影响土壤功能和有效利用,危害公众健康或者破坏生态环境的现象,也应认定为"土壤污染"。

与"土壤污染"相关的一个概念是"污染地块",根据《污染地块土壤环境管理办法(试行)》的规定,"污染地块"是指按照国家技术规范确认超过有关土壤环境标准的疑似污染地块。而"疑似污染地块",则指从事过有色金属冶炼、石油加工、化工、焦化、电镀、制革等行业生产经营活动,以及从事过危险废物贮存、利用、处置活动的用地。

与大气污染、水污染相比,土壤污染有其特殊性质:(1)累积性,土壤中长年累月的污染物累积到一定程度才起作用,据统计,包括水污染、大气污染在内所有污染90%的污染物质最终都要归于土壤,并在其中累积;(2)隐蔽性,土壤污染被称作"看不见的污染",大气和水污染比较直观,人体感官都能感受到,但土壤污染必须通过监测设备采样分析才可以检测出来;(3)滞后性,土壤的污染物质及其危害性不会很快就能显现,一般要经过10年甚至更长的一段时间才能显现出来。

导致土壤污染的因素包括:(1)工业排放的"三废",即废气、废水、废渣;(2)污水灌溉;(3)农药、化肥等化学制品的使用;(4)重金属污染;(5)非降解农膜的大面积使用等。[8]

土壤受到污染,进而影响植物的正常生长发育,造成有害物质在植物体内累积,并通过食物链进入人体,以致危害人体健康,它不仅对工农业生产造成影响,还会对水环境、大气环境造成连带污染。因此,土壤污染问题已经成为影响群众身体健康、损害群众利益的重要因素。土壤污染对食品安全、农业可持续发展和生态环境构成严重威胁,成为我国乃至全球性土壤退化的主要因素,它在学术界被称为"化学定时炸弹",已经成为我国推进生态文明建设、实现可持续发展的重大障碍。所以,防治土壤污染,直接关系农产品质量安全、民众身体健康和经

---

〔8〕 参见陈德敏、薛婧媛:《中国土壤污染现状与法律责任解读》,载《重庆大学学报》(社会科学版)2008年第1期。

济社会的可持续发展。土壤污染问题与大气、水污染问题同样受到全社会关注，土壤污染防治作为重大环境保护和民生工程，已经纳入国家环境治理体系。

(二)土壤污染的类型

根据土壤污染物性质的不同，可以把土壤污染分为不同的类型。土壤污染物的种类较多，既有化学污染物、物理污染物、生物污染物，也有放射性污染物等，其中，又以化学污染物最为普遍，其造成的土壤污染最为严重，土壤修复最为复杂。

1. 有机物污染引起的土壤污染

土壤有机污染物主要是化学农药，其中主要包括有机磷农药、有机氯农药、氨基甲酸酶类、苯酚、胺类等。此外，化肥、石油、多环芳烃、多氯联苯、甲烷、有害微生物等也是土壤中常见的有机污染物。大量农药流失进入大气、水体、土壤及农产品之中，一些难降解的农药在土壤中残留逐年增加。农药进入土壤后，虽然有部分被分解转化，但仍有不少残留被作物吸收，农药可进入作物的籽实和茎叶。含有农药的各种食品被人食用后，残存农药进入人体之内却不容易分解，这些有毒有害物质经过长期积累则会引起人体内脏机能受损，使人体的正常生理功能发生失调，造成慢性中毒。特别是杀虫剂所引起的致癌、致畸、致突变"三致"问题给人类带来极大危害。另外，在畜禽饲料中，由于大量添加铜、铁、锌、锰、钴、硒和碘等微量元素，抗生素以及动物生长激素，使许多未被畜禽吸收的微量矿物质元素和有机污染物随粪便排出体外，又严重污染了土壤环境。

2. 重金属污染引起的土壤污染

土壤中的重金属主要来自污水灌溉、工矿活动、施用农药肥料等。重金属污染土壤的途径，一是使用含有重金属的废水进行灌溉，二是随着大气沉降进入土壤。进入土壤的重金属污染物以可溶性、不溶性颗粒存在，如镉、汞、铬、铜、锌、铅、镍等。重金属污染物在土壤中移动性差、滞留时间长、不能被微生物降解、可为生物富集，其自然净化过程和人工治理都非常困难。所以，土壤一旦被重金属污染，对人类具有极大的危害性。在全世界范围内，由于重金属引起的疾病和环境公害事件已经相当普遍。此外，我国出口的一些农副产品也曾因重金属含量过多等原因而被迫退出国际市场，造成较大损失。

3. 病原体引起的土壤污染

土壤中含有一定量的病原体，包括肠道致病菌、肠道寄生虫、钩端螺旋体、破伤风杆菌、霉菌和病毒等，主要来自人畜的粪便、垃圾、生活污水和医院污水等。用未经无害化处理的人畜粪便、垃圾做肥料，或者直接用生活污水灌溉农田，都会使土壤受到病原体污染。被病原体污染的土壤危害极大：(1)传播各类传染病，这些传染病的病原体再通过雨水的冲刷和渗透被带进地表水或地下水中，进而引起这些疾病的流行；(2)一些人畜共患的传染病或与禽类有关的疾病，如禽流感，可通过土壤在禽类间或人与禽类间传染；(3)被有机废弃物污染的土壤是蚊蝇孳生和鼠类繁殖的场所，而蚊蝇和鼠类又是许多传染病的媒介，因此，被有机废弃物污染的土壤在流行病学上被称为特别危险的物质；(4)一些在土壤中长期存活的植物病原体能严重危害植物，造成农作物减产，如某些致病真菌污染土壤后能引起一百多种蔬菜的根肿病，引起小麦、高粱、玉米、稻谷的黑穗病，引起茄子、棉花等多种植物的枯萎病等。

4. 放射性元素引起的土壤污染

放射性元素主要来源于大气层核试验的沉降物，以及原子能和平利用过程中所排放的各种废气、废水、废渣和核武器的试验。含有放射性元素的物质可以因自然沉降、雨水冲刷和废弃物堆放而污染土壤，土壤一旦被放射性物质污染就难以自行消除，放射性元素只能自然衰变为稳定元素。放射性物质可通过食物链、外部辐射、身体接触等多种途径进入人体，并可引起很多病变、肿瘤、不育和早衰等。放射性病症有较长的潜伏期。另外，放射性污染也可以通过污染土壤影响动植物的生长发育、甚至导致动植物的死亡。世界上曾经发生过的一些核泄漏事故所引起的土壤污染问题空前惨烈，例如，苏联1986年发生的切尔诺贝利核电站核泄漏事故，其产生的放射性污染相当于日本广岛原子弹爆炸产生的放射性污染的100倍，核放射对乌克兰地区数万平方公里的土壤造成了污染，据测算，完全消除放射性元素引起的土壤污染至少需要800年，而持续的核辐射危险将持续10万年。

除此以外，还可以根据土壤污染问题的成因是否与人类活动有关分为：由人类活动引起的土壤污染以及因自然原因引起的土壤污染。根据引起土壤污染问题污染源的不同可以划分为：由于大气颗粒物沉降引起的土壤污染、由于水污染引起的土壤污染、由于固体废弃物引起的土壤污染。还可以根据人类活动的方式分为：人类生产活动引起的土壤污染和人类生活引起的土壤污染等。[9]

二、土壤污染防治立法概述

（一）国外土壤污染防治立法

20世纪以来，随着各国工业化的发展与城镇化的推进，人类开始大规模开发利用土地资源，土壤污染问题日益突出。由于土壤污染的累积性、隐蔽性、滞后性，其危害后果直至20世纪60年代以后才逐渐显露出来。土壤污染给人类的生产生活和人体健康带来巨大威胁，这一严峻形势使土壤污染成为国际社会几十年来重点关注的问题之一。欧盟和美国、日本、英国、荷兰、德国、法国、韩国等国家或地区均已构建了较为完善的土壤污染防治立法体系。发达国家土壤污染的立法模式主要有两类：有的国家制定了专门的土壤污染防治法，如德国的《联邦土壤保护法》，日本的《土壤污染对策法》等；有的国家并没有制定专门的土壤污染防治法，而是通过修改现有的环境保护法或者相关法来应对土壤污染，如法国的土壤污染防治立法就属于这一类。

欧洲是土壤污染防治技术体系较完善的地区。欧盟各国有关土壤污染防治的立法是先由欧盟作出指令和原则性规定，然后再由各成员国在其国内法中作出相应的规定。

美国在土壤污染防治方面的立法较早。20世纪30年代的美国“黑色风暴”事件[10]引起了社会各界对土壤问题的关注，这主要是由于美国拓荒时期开垦土地造成植被破坏引起的。为此，美国在农业部中增设土壤保护局（现为自然资源保护局），并着手对土壤进行立法保护。1935年4月制定了《土壤保护法》，此后，国会相继通过了一系列法令，内容涉及建立土壤保持区、农田保护、土地管理政策、土地利用、小流域规划和管理、洪水防治、控制采伐和自由放牧等各个方面，把土地管理和水土保持逐步纳入法治轨道。

日本专门的土壤污染防治立法主要有两部，即《农业用地土壤污染防治法》和《土壤污染对策法》。20世纪中叶，日本发生了举世震惊的“四大公害事件”[11]，其中1955～1972年的“痛痛病”事件，是发生在日本富士县神通川流域的一起土壤污染公害事件，“痛痛病”事件直接促使日本政府于1970年颁布了《农业用地土壤污染防治法》。然而，该法仅适用于农村地

---

〔9〕 参见蔡守秋、李建勋：《土壤污染防治法论纲》，载《河南省政法管理干部学院学报》2008年第3期。

〔10〕 1935年4月14日星期天，美国南部大平原出现一股沙尘“黑云”，造成极大的人身与财产损失，4月14日也因此被称为“黑色星期天”。之后，在20世纪30年代美国南部发生了上千次沙尘暴，波及美国本土27个以上的州，成为一场巨大的生态灾难。

〔11〕 20世纪60年代，日本经济高速发展时期，国内环境问题常引起诸多群体性事件，引发了轰动一时的日本四大公害事件，即新泻水俣病事件、四日市哮喘病事件、富山痛痛病事件、熊本水俣病事件。

区,仅限于土壤的表层,对20世纪70年代以后城市地区频繁出现的大量土壤污染事件却无能为力。2002年5月29日日本公布了针对"城市型"土壤污染的《土壤污染对策法》。同年12月26日,日本还公布了《土壤污染防治法实施细则》。

作为工业革命发源地,英国在社会经济快速发展的同时,也承受了由此造成的严重的土壤污染问题。从20世纪中叶开始,英国就陆续制定相关的污染控制和管理的法律法规,同时进行土壤改良剂和场地污染修复研究。英国对土壤污染防治采取从污染场地识别至治理行动实施全过程的风险管控,并积极鼓励当地社会群体尽早参与整个决策过程。主要的立法有1990年颁布的《环境保护法案》,第2A部分(Environmental Protection Act 1990: Part 2A)是污染场地管理的核心法规,为土壤污染鉴定及恢复整治提供了依据,并明确了污染场地的定义,将风险评估的思想纳入土壤污染防治。其他重要的污染场地法规包括《规划政策声明23》(Planning Policy Statement 23, PPS 23)、《城乡规划法》(Town and Country Planning Act, TCPA)和《水资源法》(Water Resources Act, WRA)等。

荷兰是欧盟成员国中最先就土壤保护立法的一个国家。从最初的"一刀切"标准模式,到基于风险的具体场地管控标准模式,荷兰土壤污染修复标准制度的演变路径阐释了其不断反思、不断修正的发展轨迹,可以为后来者提供立法经验。1983年,荷兰出台《土壤修复(暂行)法案》[Soil Restoration(Temporary) Act]及土壤环境质量标准,要求土壤污染的修复行为应当达到全国统一限值标准。1987年荷兰颁布《土壤保护法案》(Soil Protection Act),该法从原有的全国统一限值标准管理思维转向基于特定场地利用风险确定修复标准值,开始在土壤污染修复中融入风险管控理念。2006年,荷兰颁布了专门的《土壤修复通令》(Soil Remediation Circular),并多次更新修改,其中分门别类设置了不同情况下启动修复和修复应当达到的法定要求。

德国在工业化过程中留下了许多污染场地,在后工业化时代,土壤保护已经成为德国环保的一项重要工作。德国涉及土壤污染防治方面的法律法规主要有1999年3月实施的《联邦土壤保护法》《联邦土壤保护与污染地条例》《建设条例》等。其中,《联邦土壤保护法》提供了土壤污染清除计划和修复条例;《联邦土壤保护与污染地条例》是德国实施土壤保护法律方面的主要举措;而《建设条例》则涵盖了土地开发、限制绿色地带(Green field,指未被污染、可开发利用的土地)开发方面的法规,并制定了土壤处理细则的基本指南。[12] 由此,德国构建了一套以欧盟相关土壤保护指令和政策为指导,以《联邦土壤保护法》为核心,以《联邦土壤保护与污染场地条例》《循环经济与废弃物管理法》《联邦污染控制法》《肥料法》《土壤评价法》等联邦法律为配套,以地方各州土壤保护法为补充的土壤环境保护立法体系。

法国关于土壤污染防治的政策起始于1993年,即法国环境保护部向各级地方环境保护部门发布了一个通报,这个通报宣告了法国土壤污染和修复政策的开始。法国没有一部专门的、综合性的土壤污染防治法,其有关土壤污染防治的法律制度是通过对法国《环境法典》的工业法、废物法、民法等内容进行完善与修改,来规范土壤污染者直接或者间接的责任,从而达到土壤污染防治的目的。

(二)我国土壤污染防治亟需法治保障[13]

近些年一提到环境污染,人们马上联想到的是雾霾或臭水沟,亦即大气污染与水污染,很少有人关注土壤污染与土地退化问题。其实,与大气、水等其他环境要素的污染相比,中国的

---

〔12〕 参见秦天宝:《德国土壤污染防治的法律与实践》,载《环境保护》2007年第10期。

〔13〕 参见谭柏平:《土壤污染防治的法律空白亟需填补》,载《法治周末》2015年7月16日,第2版。

土壤污染在严重程度上有过之而无不及,中国也是全球土壤污染最严重的国家之一。中国的土壤污染究竟有多严重呢?为了掌握全国土壤环境质量的总体状况,国家环境保护总局、原国土资源部从2005年起开展了首次全国土壤污染状况调查,历时8年完成了《全国土壤污染状况调查公报》,数据显示,全国土壤污染超标率为16.1%,耕地的点位超标率竟然达19.4%,耕地土壤环境质量堪忧,林地、草地土壤点位超标率分别为10.0%与10.4%,且工矿业废弃地土壤环境问题十分突出。总的情况看,全国的土壤污染加速,区域污染问题日益凸显。

土壤污染是在经济社会发展过程中长期、多因素、综合与累积作用的结果,由于在人类生产或生活活动中将有害的物质施加到土壤中,使其某种成分的含量明显高于原有含量,并引起现存的或潜在的土壤环境质量恶化,遂形成了土壤污染。虽然因自然原因也能引起土壤污染,毋庸置疑,工矿业、农业生产等人类活动是造成土壤污染的主要原因。我国的土壤污染主要源自人为因素,如农药化肥的大量使用、污水灌溉、固体废弃物及大气沉降物的介入等。土壤污染对环境和人类造成的危害在于它会导致土壤的组成、结构和功能发生变化,进而影响农作物等的正常生长发育,造成有害物质在植物体内累积,并通过食物链进入人体,以致危害人体健康。长期以来,由于我国工业化、城镇化、农业集约化的快速发展,“人地”冲突、“人粮”矛盾突出,加之粗放的经济发展方式,不合理的产业布局,污染物排放总量一直居高不下,造成了部分地区土壤污染严重。本来我国人均耕地面积就远远落后于世界平均水平,土地资源捉襟见肘,而土壤污染又雪上加霜,这给农业生产带来了巨大压力,要养活那么多人口,为生产更多的粮食,不得不施加更多的农药化肥,使我国土壤处在一种超负荷状态,形成恶性循环,使土壤污染积重难返。我国日趋严峻的土壤安全问题不仅威胁到了生态安全,而且威胁了农产品安全、粮食安全,甚至是国家安全,严重制约了经济社会的可持续发展。

与大气污染防治不同的是,有时候,出现的重污染天气还可以通过对排污企业实施强制性的关停措施取得立竿见影的效果,而土壤一经污染,想要恢复原状极其困难。如果不进行人为的修复与整治,靠土壤本身的自然恢复,一般需要两三百年的时间,甚至更久。从技术上讲,目前土壤污染的修复有生物、物理和化学三类方法,无论哪一种修复方法其难度都极大。况且,土壤污染的修复不仅是技术问题,还面临资金困境。以我国重金属污染耕地治理的试点为例,对一亩重金属污染严重的耕地进行耕作层土壤置换,每亩成本达到5万~6万元,若依赖地方财政投入肯定资金不足,而一亩地每年的收益只有区区几百元,修复成本昂贵也影响了人们对耕地修复的积极性。据悉,从中长期来看,即将出台的“土十条”预计能带动5.7万亿元以上的投资,如何保证这些资金能足额用在土地修复上,监督其使用,是一项难度不小于土壤修复的艰巨任务。

为了遏制土壤污染进一步恶化的趋势,除了满足技术与资金的条件,还应该提供制度上的保障措施,完善相关的法律法规与政策措施,其中最紧要的一点是,尽快出台我国的“土壤污染防治法”。我国在环境要素污染防治方面,已经出台有《大气污染防治法》《水污染防治法》《放射性污染防治法》《固体废物污染环境防治法》等法律,而在污染程度非常严峻的土壤污染防治方面却单单缺乏一部专门法律,只能在其他环保法律法规的相关规定中找依据,既零碎,又缺乏针对性与系统性。其实,全国人大环资委从1994年起就开始关注土壤污染防治的立法问题,2005年我国明确将“土壤污染防治法”纳入了“十一五”立法规划中,2006年启动了土壤污染的立法工作,可是,十多年之后该部法律仍未出台。学界认为,立法的缺失直接导致环境监管权的缺乏,这是多年来我国土壤污染持续恶化的制度原因,为了使土壤污染的预防、整治或修复有法可依,应当充分考虑我国现行法律中关于土壤污染防治方面的现有规定,理顺土壤污染防治的监督管理体制，协同各部门的利益之争，尽快制定出台综合性的土壤污染防治法律。随着土壤治污相关技术标准和行动计划陆续发布实施，我国土壤治理领域的巨大市场有望开启。

（三）我国土壤污染防治立法

自1979年《环境保护法（试行）》颁布以来，我国就注重通过立法对环境污染防治工作进行规范，其中，有大量的内容是针对土壤污染防治的，这方面的法律规定散见于环境法律、行政法规和部门规章之中，也有数量众多的地方性法规与地方政府规章。此外，为了把土壤污染防治工作落到实处，我国还出台了许多针对性很强的政策性文件，其内容既有对现行法律规定的组织实施，也有对现行立法不足的补充，这些内容有许多已被后来新的土壤污染防治立法所吸收。

我国《土壤污染防治法》的制定经过了较长过程，历经几个不同阶段：一是国务院环保部门组织研究阶段。2006年，原国家环境保护总局着手启动土壤污染防治立法研究工作，并成立了土壤污染防治法立法起草研究小组。2008年国务院机构改革后，原环境保护部成立。2012年土壤污染防治立法列入国务院立法工作计划三类项目。2013年10月底，第十二届全国人大常委会公布了立法规划，《土壤污染防治法》被正式列入第一类项目，任期内提请审议。2013年11月，全国人大环资委作为牵头起草单位，向环境保护部发出委托函，委托起草土壤污染防治法。原环境保护部在前期工作基础上，先后征求各地方、各有关部门意见，并向社会公开征求意见，形成了《土壤污染防治法（草案建议稿）》。经过部务会议审议后，于2014年12月向全国人大环资委提交《土壤污染防治法（草案建议稿）》。

二是全国人大环资委提出草案阶段。全国人大环资委作为负责牵头起草和提请审议的机关，成立了起草领导小组，制订了工作方案和计划。根据科学立法、民主立法的要求，认真研究国内相关立法和国际有关土壤污染防治的立法经验，先后赴有关地方调研，了解情况并听取地方人大、政府及其有关部门、企业、专家学者等对土壤污染防治立法的意见和建议，并将草案书面征求有关部门和各省级人大常委会以及有关单位意见，形成《土壤污染防治法（草案）》，经全国人大环资委全委会审议通过，向全国人大常委会提出提请审议的议案。

三是全国人大常委会审议阶段。该法经过两届全国人大三次审议。2017年6月，第十二届全国人大常委会第二十八次会议对《土壤污染防治法（草案）》进行了初次审议，随后向社会公开征求意见。2017年12月，第十二届全国人大常委会第三十一次会议对《土壤污染防治法（草案）》进行第二次审议，随后再次向社会公开征求意见，并根据征求意见情况作了修改。2018年8月，第十三届全国人大常委会第五次会议对《土壤污染防治法（草案）》进行第三次审议，2018年8月31日表决，并全票通过了《土壤污染防治法》。

《土壤污染防治法》于2019年1月1日起施行，这是我国首次制定专门的法律来规范土壤污染防治工作，意义重大，《土壤污染防治法》的颁布实施，是贯彻落实党中央、国务院有关土壤污染防治的决策部署，填补了我国土壤污染防治领域的立法空白，有助于完善中国特色生态环境保护的法律体系，为扎实推进“净土保卫战”，用最严格的制度和最严密的法治为土壤污染防治提供了有力的法律保障。

三、我国土壤污染防治的主要法律规定

（一）《土壤污染防治法》的立法目的与基本原则

《土壤污染防治法》的立法目的是，保护和改善生态环境，防治土壤污染，保障公众健康，推动土壤资源永续利用，推进生态文明建设，促进经济社会可持续发展。直接目的是实现环

境效益，即“保护和改善生态环境”“防治土壤污染”“推动土壤资源永续利用”；间接目的是实现经济效益和社会效益，即“保障公众健康”“推进生态文明建设”“促进经济社会可持续发展”。

《土壤污染防治法》第3条规定：土壤污染防治应当坚持预防为主、保护优先、分类管理、风险管控、污染担责、公众参与的原则。据此，我国土壤污染防治工作应遵循以下六项基本原则：(1)预防为主原则。预防，则要求在整个土壤污染防治过程中主要采用防患于未然的方式。因为，土壤一旦被污染，治理和修复的成本很大，而且有些污染破坏是不可逆转的。《土壤污染防治法》第三章以“预防和保护”为题，专章规定了一系列预防性措施。(2)保护优先原则。在处理土壤质量保护与土壤开发利用的关系上，要避免“先污染、后治理”，防止“先破坏、后修复”，要从源头上加强土壤保护和合理利用，有效预防土壤污染和生态破坏。“土十条”提出了优先保护的要求。《土壤污染防治法》第四章第二节以“农用地”为题，对农用地的优先保护作了专门规定。(3)分类管理原则。这是国内外土壤污染防治的经验总结，也是“土十条”明确规定的符合土壤污染防治特点的基本原则。《土壤污染防治法》吸纳了国家有关文件内容和实际经验，如第49条规定：国家建立农用地分类管理制度。按照土壤污染程度和相关标准，将农用地划分为优先保护类、安全利用类和严格管控类。(4)风险管控原则。就土壤污染而言，由于其治理代价高昂，从成本效益考虑，应当以较小的成本，寻求最大的环境效益，这也正是土壤污染防治与大气、水等污染防治有所区别之处。“土十条”首次在总体要求部分提出了“风险管控”的原则，还分别针对农用地污染、建设用地污染，提出了采取替代种植、隔离污染物等风险管控措施。《土壤污染防治法》第53、63条对风险管控措施作出了规定。(5)污染担责原则。造成环境污染的责任者应当为其造成的污染损害承担责任，这是《环境保护法》规定的基本原则之一，也是土壤污染防治的基本原则之一。《土壤污染防治法》对土壤污染责任人的责任作出了相应规定。(6)公众参与原则。如《土壤污染防治法》规定，任何组织和个人都有保护土壤、防止土壤污染的义务；公民、法人和其他组织享有依法获取信息、参与和监督土壤污染防治的权利；任何组织、个人对污染土壤的行为，有权依法报告或者举报；有关社会组织可以依法向法院提起环境公益诉讼等。

（二）土壤污染防治的政府责任

《土壤污染防治法》第5条规定：“地方各级人民政府应当对本行政区域土壤污染防治和安全利用负责。国家实行土壤污染防治目标责任制和考核评价制度，将土壤污染防治目标完成情况作为考核评价地方各级人民政府及其负责人、县级以上人民政府负有土壤污染防治监督管理职责的部门及其负责人的内容。”土壤污染防治目标责任制，就是确定土壤污染防治工作的具体目标及任务，规定实现该目标的具体措施，通过签订责任文书明确责任，按照有关规定实施考核，保障措施得以落实、目标得以实现。考核评价制度，就是指对于目标责任制所确定的具体目标和任务的责任的实施情况和具体效果，按照预先设定的指标和评估方法，进行绩效评价。

《土壤污染防治法》明确规定了各级政府在土壤污染防治方面的基本职责。它包括两个层次：一是统一领导职责，即要求各级政府应当加强对土壤污染防治工作的统一领导；二是组织、协调、督促职责，即要求各级政府组织、协调、督促有关部门依法履行土壤污染防治监督管理职责。

（三）土壤污染防治的监管体制

《土壤污染防治法》第7条规定：“国务院生态环境主管部门对全国土壤污染防治工作实施统一监督管理；国务院农业农村、自然资源、住房城乡建设、林业草原等主管部门在各自职责范围内对土壤污染防治工作实施监督管理。地方人民政府生态环境主管部门对本行政区域土壤污染防治工作实施统一监督管理;地方人民政府农业农村、自然资源、住房城乡建设、林业草原等主管部门在各自职责范围内对土壤污染防治工作实施监督管理。”

根据《土壤污染防治法》的规定,土壤污染防治监管体制包括国家和地方两个层级,明确了主管部门和相关部门的基本职责,充分体现了统一监管与分工负责相结合,既有分工又有协作的部门间工作原则。

土壤污染防治是生态环保工作的重要方面,各级生态环境主管部门负有统一监督管理的职责。《土壤污染防治法》还明确列举了四个相关主管部门的监管职责,分别是农业农村主管部门、自然资源主管部门、住房城乡建设主管部门和林业草原主管部门。这四个相关部门在各自职责范围内对土壤污染防治工作实施监督管理。此外,还包括其他的相关部门,如发展改革部门、卫生健康部门、工信部门、财政部门、税收部门、价格部门、不动产登记机构、金融监管机构、食品主管部门、科技主管部门、标准化主管部门、出入境检验检疫部门等,统称为“其他负有土壤污染防治监督管理职责的部门”。

(四)规划、标准、普查和监测

1. 土壤污染防治纳入环境保护规划

环境保护工作有赖于环境保护规划先行。将土壤污染防治工作纳入环境保护规划,有助于强化提升土壤污染防治工作。《土壤污染防治法》第11条规定:“县级以上人民政府应当将土壤污染防治工作纳入国民经济和社会发展规划、环境保护规划。设区的市级以上地方人民政府生态环境主管部门应当会同发展改革、农业农村、自然资源、住房城乡建设、林业草原等主管部门,根据环境保护规划要求、土地用途、土壤污染状况普查和监测结果等,编制土壤污染防治规划,报本级人民政府批准后公布实施。”将土壤污染防治工作纳入国民经济和社会发展规划中,可以在人力、物力、财力上保障土壤环境保护工作,使土壤环境保护的各项工作能够落到实处。

2. 土壤污染风险管控标准

《土壤污染防治法》第12条第1款规定:“国务院生态环境主管部门根据土壤污染状况、公众健康风险、生态风险和科学技术水平,并按照土地用途,制定国家土壤污染风险管控标准,加强土壤污染防治标准体系建设。”我国现行土壤污染防治标准体系包括三类:土壤污染风险管控类标准、土壤环境监测规范类标准、土壤环境基础类标准。为充分体现土壤污染风险管控的思路,《土壤污染防治法》将标准名称由“土壤环境质量标准”调整为“土壤污染风险管控标准”。为保护土壤环境质量、管控土壤污染风险,2018年6月生态环境部会同国家市场监督管理总局批准《土壤环境质量　农用地土壤污染风险管控标准(试行)》(GB 15618－2018)、《土壤环境质量　建设用地土壤污染风险管控标准(试行)》(GB 36600－2018)两项标准为国家环境质量标准,从2018年8月1日起实施。

3. 土壤污染状况普查

《土壤污染防治法》第14条规定:“国务院统一领导全国土壤污染状况普查。国务院生态环境主管部门会同国务院农业农村、自然资源、住房城乡建设、林业草原等主管部门,每十年至少组织开展一次全国土壤污染状况普查。国务院有关部门、设区的市级以上地方人民政府可以根据本行业、本行政区域实际情况组织开展土壤污染状况详查。”我国土壤环境管理起步晚,监测体系尚不健全,污染状况底数不清的问题成为制约土壤环境管理的重要“瓶颈”。开展土壤污染状况普查和详查,就是要在已有调查的基础上进一步开展系统调查,查明农用地土壤污染的面积、分布及其对农产品的影响,查清重点行业企业用地中污染地块的分布及其环境风险情况，为农用地土壤环境分类管理和建设用地准入管理奠定基础，为土壤污染防治工作提供坚实的基础支撑。

4. 土壤环境监测

任何环境决策都离不开环境监测基础数据的支持，每一项环境管理措施的优劣成败都要依靠环境监测来验证。环境监测数据，既是环境保护税征收、环境执法、目标责任考核、环境统计、风险管控的依据，也是提升环境管理和执法效能的保障。只有依靠准确的环境质量监测，客观地反映环境质量状况和环境容量，才能落实环保目标责任制，实现环境保护目标。为此，《土壤污染防治法》第 15 条规定："国家实行土壤环境监测制度。国务院生态环境主管部门制定土壤环境监测规范，会同国务院农业农村、自然资源、住房城乡建设、水利、卫生健康、林业草原等主管部门组织监测网络，统一规划国家土壤环境监测站（点）的设置。"目前，我国已初步建成了国家土壤环境监测网，基本实现对所有土壤类型、县域和主要农产品产地全覆盖。

（五）预防和保护

《土壤污染防治法》第 18 条规定："各类涉及土地利用的规划和可能造成土壤污染的建设项目，应当依法进行环境影响评价。环境影响评价文件应当包括对土壤可能造成的不良影响及应当采取的相应预防措施等内容。"这是土壤污染防治有关预防为主原则的体现，要求对涉及土地开发利用规划，如区域开发规划，工业、城市建设和自然资源开发规划等规划；对土壤可能造成影响的建设项目，如有色金属冶炼、石油加工、化工、焦化、电镀、制革等项目，都应当依法开展环境影响评价，其环境影响评价文件应当对可能造成的土壤环境影响进行分析、预测和评估，提出预防或者减轻土壤污染的对策和措施。

土壤污染防治措施的主要内容包括：（1）防止有毒有害物质污染土壤；（2）拆除设施、设备或者建筑物、构筑物活动的土壤污染防治；（3）矿产资源开发活动的土壤污染防治；（4）污水集中处理设施、固体废物处置设施等特殊设施的土壤污染防治；（5）防止农用地土壤污染；（6）对未污染土壤和未利用地的保护等。此外，《土壤污染防治法》对土壤资源保护和合理利用、对进口土壤的检验检疫也作出了明确规定。

（六）风险管控和修复

土壤污染风险管控和修复的主要目的是调查土壤污染风险，并根据实际情况采取相应的措施，控制或者治理修复受污染的土壤，保障公众健康。实施土壤污染状况调查活动，应当编制土壤污染状况调查报告。实施土壤污染风险评估活动，应当编制土壤污染风险评估报告。

对于风险管控和修复活动的要求是：（1）实施风险管控、修复活动前，地方人民政府有关部门有权根据实际情况，要求土壤污染责任人、土地使用权人采取移除污染源、防止污染扩散等措施。（2）实施风险管控、修复活动，应当因地制宜、科学合理，提高针对性和有效性。（3）实施风险管控、修复活动，不得对土壤和周边环境造成新的污染。（4）实施风险管控、修复活动中产生的废水、废气和固体废物，应当按照规定进行处理、处置，并达到相关环境保护标准。（5）实施风险管控、修复活动中产生的固体废物以及拆除的设施、设备或者建筑物、构筑物属于危险废物的，应当依照法律法规和相关标准的要求进行处置。（6）修复施工期间，应当设立公告牌，公开相关情况和环境保护措施。

对异位修复活动的环境保护要求是：修复施工单位转运污染土壤的，应当制订转运计划，将运输时间、方式、线路和污染土壤数量、去向、最终处置措施等，提前报所在地和接收地生态环境主管部门。转运的污染土壤属于危险废物的，修复施工单位应当依照法律法规和相关标准的要求进行处置。

实施风险管控效果评估、修复效果评估活动，应当编制效果评估报告。从事土壤污染状况调查和土壤污染风险评估、风险管控、修复、风险管控效果评估、修复效果评估、后期管理等活动的单位，应当具备相应的专业能力。发生突发事件可能造成土壤污染的，地方人民政府及其有关部门和相关企业事业单位以及其他生产经营者应当立即采取应急措施，防止土壤污染，并依照本法规定做好土壤污染状况监测、调查和土壤污染风险评估、风险管控、修复等工作。

（七）保障和监督

1. 土壤污染防治的保障

国家采取有利于土壤污染防治的财政、税收、价格、金融等经济政策和措施。各级人民政府应当安排必要的资金，加强对土壤污染的防治。国家加大土壤污染防治资金投入力度，建立土壤污染防治基金制度。国家鼓励金融机构加大对土壤污染风险管控和修复项目的信贷投放。国家鼓励金融机构在办理土地权利抵押业务时开展土壤污染状况调查。设立中央土壤污染防治专项资金和省级土壤污染防治基金，主要用于农用地土壤污染防治和土壤污染责任人或者土地使用权人无法认定的土壤污染风险管控和修复以及政府规定的其他事项。从事土壤污染风险管控和修复的单位依照法律、行政法规的规定，享受税收优惠。此外，国家鼓励并提倡社会各界为防治土壤污染捐赠财产，并依照法律、行政法规的规定，给予税收优惠。

2. 土壤污染防治监督

《土壤污染防治法》第 75 条规定，县级以上人民政府应当将土壤污染防治情况纳入环境状况和环境保护目标完成情况年度报告，向本级人民代表大会或者人民代表大会常务委员会报告。上述规定体现了国家对土壤污染防治的高度重视，也有利于通过人大监督不断推动土壤污染防治工作的改进和提升。

省级以上人民政府生态环境主管部门应当会同有关部门对土壤污染问题突出、防治工作不力、群众反映强烈的地区，约谈设区的市级以上地方人民政府及其有关部门主要负责人，要求其采取措施及时整改。约谈整改情况应当向社会公开。

生态环境主管部门及其环境执法机构和其他负有土壤污染防治监督管理职责的部门，有权对从事可能造成土壤污染活动的企业事业单位和其他生产经营者进行现场检查、取样。实施现场检查的部门、机构及其工作人员应当为被检查者保守商业秘密。

企业事业单位和其他生产经营者违反法律法规规定排放有毒有害物质，造成或者可能造成严重土壤污染的，或者有关证据可能灭失或者被隐匿的，生态环境主管部门和其他负有土壤污染防治监督管理职责的部门，可以查封、扣押有关设施、设备、物品。

地方人民政府安全生产监督管理部门应当监督尾矿库运营、管理单位履行防治土壤污染的法定义务，防止其发生可能污染土壤的事故；地方人民政府生态环境主管部门应当加强对尾矿库土壤污染防治情况的监督检查和定期评估，发现风险隐患的，及时督促尾矿库运营、管理单位采取相应措施。

省级以上人民政府生态环境主管部门和其他负有土壤污染防治监督管理职责的部门应当将从事土壤污染状况调查和土壤污染风险评估、风险管控、修复、风险管控效果评估、修复效果评估、后期管理等活动的单位和个人的执业情况，纳入信用系统建立信用记录，将违法信息记入社会诚信档案，并纳入全国信用信息共享平台和国家企业信用信息公示系统向社会公布。

生态环境主管部门和其他负有土壤污染防治监督管理职责的部门应当依法公开土壤污染状况和防治信息。土壤污染状况普查报告、监测数据、调查报告和土壤污染风险评估报告、风险管控效果评估报告、修复效果评估报告等，应当及时上传全国土壤环境信息平台。其他监督方式还包括舆论监督和举报制度等。

第三节　大气污染防治法

一、大气污染防治法概述

（一）大气和大气污染

大气是极重要的环境要素，是人类及地球上一切生物生存的基本条件之一。大气质量的好坏，不仅直接影响人体健康，而且直接关系工农业生产，直接影响社会经济的发展。大气与空气的组成成分虽然没有大的区别，都是由多种气体组成的混合物，但大气与空气的含义略有不同。“空气”一词，一般在室内、车间、厂区或集会场所等意义上使用，其范围受周围四至边界的限制；而大气，常指在自然地理学上将随地球引力旋转、环绕地球周围一定空间内的气体。一般来说，对室内、车间、厂区或集会场所等场所的污染，用“空气污染”一词；而对之外区域性空间的污染使用“大气污染”一词。大气本身有一定的自净能力，它能通过物理的扩散和稀释、化学反应以及生物学的作用使大气中不定成分的浓度逐渐降低，直至恢复原来的状态。但当所纳污染物的数量超过了一定极限时，它就无法通过自净能力而恢复。

大气污染是指大气因某种物质的介入，而导致其化学、物理、生物或者放射性等方面特性的改变，从而影响大气的有效利用，危害人体健康或财产安全，以及破坏自然生态系统、造成大气质量恶化的现象。〔14〕其特点是污染速度快、影响范围大、持续时间长，是人类社会常见的公害之一。大气污染的实质，是大气可变成分中的二氧化碳和大气不定成分大量增加，超过大气的本底含量或者自净能力，从而对人类和各种动植物等生物体造成污染和危害。大气污染来自两个方面：一是自然因素，即自然过程本身向大气排放各种污染物，如火山爆发时喷出的灰尘、森林自燃火灾排放烟尘等；二是人为因素，即人类的生产、生活活动向大气排放的各种污染物。环境污染防治立法所称的大气污染只是指由人为因素所引起的大气污染，而自然因素引起的大气污染则不是法律调整的对象。大气污染对人体健康、工农业生产、动植物生长发育、全球气候、大气层等，均构成了极大危害。

大气污染源主要有以下四种：(1)生活污染源，由于城乡居民及服务行业的烧饭、取暖、沐浴等生活上的需要，燃烧各种燃料时，向大气排放污染物形成的污染源；(2)工业污染源，工矿企业在各种生产活动中排放污染物形成的污染源；(3)交通污染源，由交通运输工具排放的污染物形成的污染源；(4)沙尘污染源，是指由于过度开发，植被和水面遭受破坏，地表裸露，地面沙尘被风力或交通工具扬起，可吸入颗粒物悬浮于大气中，形成的大气污染源。

大气污染的范围分为局部性、地区性和全球性污染。但是，这种区分是相对的，局部性的大气污染会因大气有快速扩散特性而波及整个地区，甚至达到全球，如酸雨污染、温室气体引起的温室效应等。大气污染可根据污染物的不同分为五种类型：(1)煤烟型污染，这种污染主要是由于煤炭、秸秆等燃料的燃烧引起的；(2)石油型污染，这种污染主要是使用、生产、燃烧石油和石油化工产品造成的；(3)混合型污染，这是一种介于煤烟型和石油型之间的大气污染，主要是工矿企业的废气、粉尘造成的；(4)氮氧型污染，这种污染主要是汽车尾气排放的氮

---

〔14〕参见金瑞林主编：《环境法学》，北京大学出版社2002年版，第170页。

氧化物造成的;(5)沙尘型污染,这种污染主要是由风沙污染源造成的。将大气污染加以分类是为了针对不同情况而采取不同的技术经济对策。我国大多数地区的大气污染是煤烟型污染,但随着城市机动车数量的急剧增多,汽车尾气造成的氮氧型污染加剧。

大气污染物是指可以单独或者复合造成大气污染的物质。进入大气中的污染物种类繁多,已经产生危害并被人们注意到的污染物有100多种。大气污染物又可分为一次污染物和二次污染物。(1)一次污染物是指由污染源直接排入大气,其物理和化学性状未发生变化的大气污染物,又称原发性污染物,如悬浮颗粒物、二氧化硫、二氧化碳等。由一次污染物造成的环境污染称一次污染。(2)二次污染物是指污染源排出的一次污染物,因受环境中的物理、化学或生物等因素的影响,或由于污染物之间的相互结合或相互作用而生成一种或多种新的污染物,也称次生污染物,如光化学烟雾。由二次污染物造成的大气污染称二次污染。在大气层或其他环境中,一次污染较为常见,但二次污染物造成的污染危害往往比一次污染严重。

(二)我国大气污染的原因

造成我国大气污染的原因是多方面的,主要有以下几点:(1)环境意识薄弱,对可持续发展战略认识不足。我国有些政府部门和地区只考虑近期的、局部的经济发展需要,在制定经济政策、产业政策以及城市发展规划中缺乏对保护大气环境的考虑,这是加重大气污染的诱因。(2)能源结构不合理,能源浪费严重。在我国一次能源消费结构中,煤炭约占70%,能源消费构成很不合理;我国煤炭生产过分注重产量的增加,对控制高硫煤问题重视不够;各类燃烧设备技术及制造水平较低,能源利用率不高,使用能耗高、排污量大和超期服役的燃烧设备的现象相当普遍;乡镇工业生产技术、工艺比较落后,资源能源利用率极低,所造成的大气污染惊人。(3)大气污染防治的资金投入不足。全国污染治理和用于污染防治有关的城市基础设施建设投资过低,这与我国环境污染严重、历史欠账太多和经济快速发展对环保投资的需求相比,严重不足。(4)执法不严,监督管理力度不够。尽管我国大气污染防治法规、标准建设取得很大进展,但有法不依、执法不严、违法不究的现象依旧存在。此外,我国在大气污染治理技术和设备的研制、开发、推广和使用方面,与大气污染控制的需求差距还较大。

(三)我国的大气污染防治立法

我国关于大气污染防治的立法,最早可追溯到1956年国务院发布的《关于防止厂矿企业中的矽尘危害的决定》,该决定对防止企业内部空气中矽尘对职工危害作出了规定。1962年,原国家计委和卫生部颁发了《工业企业设计卫生标准(试行)》。20世纪70年代,我国大气污染防治以改造锅炉和消烟除尘为主要内容。国家建委于1972年和1974年分别在上海、沈阳召开了烟囱除尘现场会和消烟除尘经验交流会。1973年,原国家计委发出了《关于加强防止矽尘和有毒物质危害工作的通知》,制定了《防止企业中矽尘和有毒物质危害的规划》。1979年我国《环境保护法(试行)》公布施行,该法对大气污染防治的原则、制度和措施作了基本的规定。20世纪80年代以来,国家在防治大气污染方面,除了继续做好锅炉改造和消烟除尘工作之外,防治工作的重点转向了以改变城市能源结构和煤炭的加工改造方面,特别是大力发展型煤燃烧,这是符合我国国情的。在这期间,国家先后颁布了《关于结合技术改造防治工业污染的几项规定》《关于防治煤烟型污染技术政策的规定》《大气环境质量标准》《锅炉烟尘排放标准》《汽油车怠速污染物排放标准》《柴油车自由加速烟度排放标准》《汽车柴油机全负荷烟度排放标准》《硫酸工业污染物排放标准》《关于发展民用型煤的暂行办法》《城市烟尘控制区管理办法》等,这些法规,对我国防治大气污染工作都起到了积极的作用。

随着经济建设的发展,我国的大气污染仍然相当严重,并有继续发展的趋势。为了加强对大气污染的监督管理,第六届全国人大常委会第二十二次会议于1987年9月5日制定了

《大气污染防治法》,并于1988年6月1日起施行。根据该法,各级环境保护监督管理部门加强了对大气污染防治的监督管理,实施了排污申报登记、排污超标收费和大气污染监测等制度,取得了一定的成绩。但是,随着经济的快速发展,能源消耗量不断增长,尤其是燃煤排放的二氧化硫和机动车尾气污染正在加剧。这些新情况要求扩大该法的适用范围和突出污染防治的对象,加上原《大气污染防治法》是在计划经济向市场经济转型过程中制订的,其中一些带有计划经济特征的法律规定已不适应市场经济的要求。为此,第八届全国人大常委会第十五次会议于1995年8月29日通过了《关于修改〈大气污染防治法〉》的决定,并同日公布实施。这是对《大气污染防治法》的第一次修正。

1995年修正的《大气污染防治法》,其条款从41条增加到50条。在内容上,扩大了对大气污染物的治理范围,将原第三章的标题由“防治烟尘污染”修改为“防治燃煤产生的大气污染”,即从控制燃煤烟尘扩大到燃煤产生的烟尘、二氧化硫和氮氧化物等污染物。为此,增加了清洁能源的规定。大中城市的民用煤灶限制实现燃用固硫型煤或者其他清洁燃料,逐步代替直接燃烧散煤;针对酸雨和二氧化硫污染日趋严重的情势,规定了划定酸雨控制区和二氧化硫污染控制区制度;新设了对严重污染大气环境的落后生产工艺和落后生产设备实行淘汰制度;加强了对机动车排气污染的监督管理,增设了限制生产和使用含铅汽油的条款,禁止制造、销售或者进口污染物排放超过规定标准的机动车船,对城市饮食服务行业规定必须采取措施防治油烟对周围居民生活环境的污染。此外,还规定各级政府应当加强植树造林、城市绿化工作,防沙治沙,改善大气环境质量。修改后的《大气污染防治法》在控制大气污染方面起了一定的作用。但是,由于该法对大气污染物的控制方式(浓度控制)落后;对控制二氧化硫的措施不够有效;对机动车辆的监督管理力度也显不足;此外,对日益严重的扬尘污染和我国因参加了国际条约而承担的减少破坏臭氧层物质的排放义务也未加以规范;在法律责任一章依然存在和前法类似的义务性规范与惩罚性规范不配套的法律空白。这些,使该法不能遏制我国仍然十分严重的大气污染。[15] 为此,2000年4月29日,第九届全国人大常委会第十五次会议通过了新的《大气污染防治法》,并于同年9月1日起施行。这是对《大气污染防治法》的第一次修订。

《大气污染防治法》的本次修订,其目的是适应社会主义市场经济体制的建立和完善,促进经济和社会的可持续发展,有效解决大气污染中的突出问题。修订后的《大气污染防治法》,对原条文作了重大的修改,增补和修改了53条,只有13条完整地保留下来,[16] 条款数由原法的50条增加到66条。新法增设了“防治机动车船排放污染”一章,新增设的大气污染防治制度包括:排污收费、污染物总量控制、排污许可证、划定大气污染防治重点城市,划定禁止销售和使用高污染燃料区域等。新增设的防治大气污染措施包括:加强对机动车制造、在用车使用和维修、燃油质量等的监督管理;控制水电厂二氧化硫、烟尘排放措施;防治城市扬尘污染措施;逐步减少生产和使用破坏臭氧层物质措施等。“法律责任”一章,增设了“超标处罚”条款,基本上克服了原法中只设义务性规范而缺少相配套的惩罚性条款的弊端。

2000年《大气污染防治法》修订时重点加强了对二氧化硫的排放控制,对防治煤烟型污染发挥了重要作用。随着经济社会快速发展,特别是机动车保有量急剧增加,我国大气污染正向煤烟与机动车尾气复合型过渡,区域性大气环境问题日益突出,雾霾等重污染天气频发,

---

〔15〕 参见国家环保总局污控司大气和噪声处编:《中华人民共和国大气污染防治法修订背景材料》,中国环境科学出版社2000年版,第55页。

〔16〕 同上注,第18~42页。

《大气污染防治法》已经不能适应新形势的需要。2015 年 8 月 29 日,第十二届全国人大常委会第十六次会议表决通过了修订后的《大气污染防治法》,于 2016 年 1 月 1 日起施行。这是对《大气污染防治法》的第二次修订。修订后的《大气污染防治法》共设八章 129 条,除总则、法律责任和附则外,分别对大气污染防治标准和限期达标规划、大气污染防治的监督管理、大气污染防治措施、重点区域大气污染联合防治、重污染天气应对等内容作了规定。本次修订主要是以改善大气环境质量为目标,强化了地方政府责任,加强了对地方政府的监督。同时,从坚持源头治理,从推动转变经济发展方式、优化产业结构、调整能源结构的角度完善了相关制度。本次修法重点解决了大气污染防治中存在的突出问题,如大气污染的主要污染源是燃煤、工业排放、机动车排放。针对这些方面,法律中作了具体规定,尤其是对重点区域联防联治、重污染天气的应对措施也作了明确要求。法律还增加了建立大气环境保护目标责任制和考核评价制度、重点领域大气污染防治、重污染天气的预警和应对等内容,提高了对大气污染违法行为的处罚力度。

2018 年 10 月 26 日,第十三届全国人民代表大会常务委员会第六次会议对《大气污染防治法》作出修改,这是对《大气污染防治法》的第二次修正。主要修正的内容是:根据 2018 年国务院机构改革的情况,将"环境保护主管部门及其委托的环境监察机构"修改为"生态环境主管部门及其环境执法机构";将"质量监督部门"修改为"市场监督管理部门";将"环境保护主管部门"修改为"生态环境主管部门";将"质量监督、工商行政管理等有关部门"修改为"市场监督管理等有关部门";将"出入境检验检疫机构"修改为"海关"等。

从制定《大气污染防治法》到连续的修正、修改,说明我国越来越重视法律手段在防治大气污染中的作用,也说明在现实中人们需要进一步强化对大气环境污染的预防和治理。《大气污染防治法》通过两次修正和两次修改,使它增添了新的内容,又确立了一些新的制度,原有的法律规范也得到了充实与完善,有的改动相当大。这些变化,正是以法律形式反映了国家着力控制大气污染,谋求良好自然环境的恢复,实现经济和社会可持续发展战略的需要。

需要说明的是,我国在加强大气污染防治国内立法的同时,还积极加入了一些保护全球大气环境的国际环境公约,如《保护臭氧层维也纳公约》《关于消耗臭氧层物质的蒙特利尔议定书》《联合国气候变化框架公约》等,并为履行这些国际环境公约制订了有关的国家方案和行动计划。

二、我国大气污染防治的主要法律规定

(一)我国大气污染防治的行政管理体制

我国对大气污染防治工作实行政府领导,政府各主管部门按职权划分,实施统一监督管理与部门分工负责管理的行政管理体制。

各级政府在大气污染防治中的主要职责是:第一,县级以上人民政府应当将大气污染防治工作纳入国民经济和社会发展规划,加大对大气污染防治的财政投入。地方各级人民政府应当对本行政区域的大气环境质量负责,制定规划,采取措施,控制或者逐步削减大气污染物的排放量,使大气环境质量达到规定标准并逐步改善。第二,国务院生态环境主管部门会同国务院有关部门,按照国务院的规定,对省、自治区、直辖市大气环境质量改善目标、大气污染防治重点任务完成情况进行考核。第三,国家鼓励和支持大气污染防治科学技术研究,开展对大气污染来源及其变化趋势的分析,推广先进适用的大气污染防治技术和装备,促进科技成果转化,发挥科学技术在大气污染防治中的支撑作用。第四,未达到国家大气环境质量标准城市的人民政府应当及时编制大气环境质量限期达标规划,采取措施,按照国务院或者省

级人民政府规定的期限达到大气环境质量标准。编制城市大气环境质量限期达标规划，应当征求有关行业协会、企业事业单位、专家和公众等方面的意见。

我国大气污染防治的监督管理体制为：(1)县级以上人民政府生态环境主管部门对大气污染防治实施统一监督管理。在我国，各级政府的生态环境主管部门是对大气污染防治实施统一监督管理的机关。生态环境主管部门有权对管辖范围内的排污单位进行现场检查，被检查单位必须如实反映情况，提供必要的资料。生态环境主管部门建立大气污染监测制度，组织监测网络，制定统一的监测方法。(2)各级公安、交通、铁道、渔政管理等部门根据各自的职责，对机动车船污染大气实施监督管理。我国大气污染防治任务艰巨，大气污染源多，牵涉面广，危害范围大，仅由生态环境主管部门承担监督管理职责是难以胜任的。(3)县级以上人民政府其他有关部门在各自职责范围内对大气污染防治实施监督管理。其中的"其他有关部门"是指不在上述列举范围的政府部门，如县级以上人民政府发展改革委、教育、城市管理、市政市容、市场监管等行政部门。

(二)我国大气环境保护标准及其制定机关

《大气污染防治法》第8、9条对大气环境标准进行了规定，我国大气环境保护标准包括大气环境质量标准和大气污染物排放标准两大类。制定大气环境质量标准、大气污染物排放标准，应当组织专家进行审查和论证，并征求有关部门、行业协会、企业事业单位和公众等方面的意见。省级以上人民政府生态环境主管部门应当在其网站上公布大气环境质量标准、大气污染物排放标准，供公众免费查阅、下载。大气环境质量标准、大气污染物排放标准的执行情况应当定期进行评估，根据评估结果对标准适时进行修订。

大气环境质量标准，是指国家为保护人体健康，对大气中的污染物或者其他有害因素的最大容许浓度所作的规定。大气环境质量标准是衡量大气是否受到污染的尺度，是制定大气污染物排放标准的重要依据，同时也是执法部门实施环境管理的重要依据。目前世界上已有八十多个国家颁布了大气质量标准。大气环境质量标准分为国家大气环境质量标准和地方大气环境质量标准。《大气污染防治法》第8条规定，国务院生态环境主管部门或者省、自治区、直辖市人民政府制定大气环境质量标准，应当以保障公众健康和保护生态环境为宗旨，与经济社会发展相适应，做到科学合理。

大气污染物排放标准，是为了控制污染物的排放量，使空气质量达到环境质量标准，对排入大气中的污染物数量或浓度所规定的限制标准。大气污染物排放标准，主要规定二氧化硫、氮氧化物、一氧化碳、硫化氢、氯、氟以及颗粒物等污染物的容许排放量。大气污染物排放标准分为国家大气污染物排放标准和地方大气污染物排放标准。对国家大气污染物排放标准中已作规定的项目，可以制定严于国家排放标准的地方排放标准。地方排放标准须报国务院生态环境主管部门备案。凡是向已有地方排放标准的区域排放大气污染物的，应当执行地方排放标准。《大气污染防治法》第9条规定，国务院生态环境主管部门或者省、自治区、直辖市人民政府制定大气污染物排放标准，应当以大气环境质量标准和国家经济、技术条件为依据。

(三)大气污染防治的监督管理

为了实现防治大气污染，保护和改善生产环境和生态环境，保障人体健康，促进社会主义现代化建设发展的目的，我国《大气污染防治法》第三章规定了大气污染防治的监管法律制度，这些制度除了在本书前面已经阐述过的环境影响评价、"三同时"、排污许可证、排污权交易、清洁生产、污染事故报告、排污税费等制度之外，还包括一些防治大气污染的特殊法律制度。

1. 大气污染物排放总量控制制度

重点污染物排放总量控制，简称总量控制，是将某一控制区域作为一个完整的系统，采取措施将排入这一区域的重点污染物总量控制在一定数量之内，以满足该区域的环境质量要求。总量控制是与污染物排放浓度控制相对应的一项环保管理制度。大气污染物排放总量控制制度，是指根据国家大气环境质量标准和地区环境容量，计算出该地区大气污染物允许排放量并将其分配到整个地区、行业以致污染源，要求按照下达的总量控制指标排放污染物的法律规定。实行该项制度，将促使排污者开展清洁生产、淘汰落后生产工艺、设备，加强大气污染防治以实现环境保护行政主管部门下达的排污总量控制指标，改善环境质量；还将推动我国污染物末端控制工作的定量化和科学化，改变传统的浓度控制的排污收费制度，提高环境保护监督管理水平。大气污染物总量控制在美、日、英等国已实行了多年，并收到良好的效果。[17] 我国的总量控制的探索开始于20世纪70年代。一些地方认识到了达标排放不能实现环境质量改善，提出了总量控制的目标，开展了总量控制的试点。

《大气污染防治法》规定，国家对重点大气污染物排放实行总量控制。重点大气污染物排放总量控制目标，由国务院生态环境主管部门在征求国务院有关部门和各省、自治区、直辖市人民政府意见后，会同国务院经济综合主管部门报国务院批准并下达实施。省、自治区、直辖市人民政府应当按照国务院下达的总量控制目标，控制或者削减本行政区域的重点大气污染物排放总量。确定总量控制目标和分解总量控制指标的具体办法，由国务院生态环境主管部门会同国务院有关部门规定。省、自治区、直辖市人民政府可以根据本行政区域大气污染防治的需要，对国家重点大气污染物之外的其他大气污染物排放实行总量控制。

大气污染物的总量控制与排放标准针对的都是污染源的排放，但二者侧重点有所不同：大气污染物排放标准是“浓度控制”；总量控制是对污染物排放总量的控制。排污者排放大气污染物，必须同时遵守大气污染物排放标准和总量控制要求。《环境保护法》第44条规定，企业事业单位在执行国家和地方污染物排放标准的同时，应当遵守分解落实到本单位的重点污染物排放总量控制指标。污染物排放总量控制的实施形式有两种：一种是容量总量控制；另一种是目标总量控制。由于前一种形式技术要求高、计算和操作相当复杂，难度较大，目前我国实行的是后一种，即通过硬性削减排放量实现总量控制指标。这种形式操作起来比较易行，但是存在不科学性的风险。近年来，一些地区已开展容量总量控制的科研项目和探索性尝试工作，创造条件以早日实施科学的总量控制制度。

2. 排污口设置制度

2015年修订的《大气污染防治法》新增加了大气污染物排放口设置的内容。目前，只有四部法律，即《大气污染防治法》《水污染防治法》《水法》《海洋环境保护法》对排污口的设置提出了明确要求，并且限于海洋环境保护和水污染防治领域。大气污染防治作为环境保护的重要领域，同样需要规范排污口的设置。所谓排放口，是指产生的污染物经排气筒形式排放或产生的无组织污染物经收集后集中排放的排放口，即有组织排放口。设置排放口，是指对有组织排放口的新建、改建、扩建等行为。其中新建排放口应包括首次建造或使用，以及对原来不具排放功能或弃用的排放口的使用；改建是指对已有排放口位置、排放方式等事项的重大改变；扩建是指对已有排放口排放能力的提高。

企业事业单位和其他生产经营者向大气排放污染物的，应当依照法律法规和国务院生态

---

〔17〕 参见国家环保总局污控司大气和噪声处编：《中华人民共和国大气污染防治法修订背景材料》，中国环境科学出版社2000年版，第70～71页。

环境主管部门的规定设置大气污染物排放口。对于设置排放口，原国家环保总局《关于开展排放口规范化整治工作的通知》等有关文件有相应要求。

实践中，受经济利益驱使，一些不法企业通过各种方式逃避监管，违法排放大气污染物。对这些行为，必须予以严厉打击。《环境保护法》规定，严禁通过暗管、渗井、渗坑、灌注或者篡改、伪造监测数据，或者不正常运行防治污染设施等逃避监管的方式违法排放污染物。《大气污染防治法》第20条第2款明确规定："禁止通过偷排、篡改或者伪造监测数据、以逃避现场检查为目的的临时停产、非紧急情况下开启应急排放通道、不正常运行大气污染防治设施等逃避监管的方式排放大气污染物。"对通过逃避监管的方式违法排放大气污染物的行为，可以处以罚款、责令停产、关闭、按日连续处罚、对直接负责的主管人员和其他直接责任人员予以行政拘留；构成犯罪的，依法追究刑事责任。

3. 约谈和区域限批制度

《大气污染防治法》第22条规定了约谈和区域限批制度。约谈和区域限批针对的都是超过国家重点大气污染物排放总量控制指标或者未完成国家下达的大气环境质量改善目标的地区。

约谈，是指省级以上人民政府环境保护主管部门会同有关部门约见超过国家重点大气污染物排放总量控制指标或者未完成国家下达的大气环境质量改善目标的地区人民政府主要负责人，依法进行告诫谈话、指出相关问题、提出整改要求并督促整改到位的一种行政措施。约谈是行政机关内部的监督制度，是预防和解决地方人民政府不作为、滥作为和违法行政的有效手段。约谈的主体是省级以上人民政府环境保护主管部门和有关部门；约谈的对象是超过国家重点大气污染物排放总量控制指标或者未完成国家下达的大气环境质量改善目标的地区人民政府主要负责人。

区域限批，是指对超过国家重点大气污染物排放总量控制指标或者未完成国家下达的大气环境质量改善目标的地区，省级以上人民政府环境保护主管部门暂停审批该地区新增重点大气污染物排放总量的建设项目环境影响评价文件，直至该地区完成整改。区域限批制度，是生态环境主管部门加强对地方政府环保履职监管的重要手段。我国《环境保护法》对区域限批制度也有明文规定。区域限批的主体是省级以上人民政府环境保护主管部门。区域限批的前提条件如下：一是超过国家重点污染物排放总量控制指标；二是未完成国家确定的大气环境质量改善目标。这两个条件是选择性的，只要具备一个，即可对该地方实施区域限批。区域限批的内容是新增重点大气污染物排放总量的建设项目环境影响评价文件。实践证明，区域限批在解决区域性、重大环境污染问题，遏制地方政府不顾环境保护而盲目追求GDP，具有"撒手锏"的作用，有利于倒逼地区产业结构调整与经济发展模式的转变。

4. 大气环境监测管理制度

大气污染源监测是大气污染防治工作的基础性工作，无论是对大气环境形势的总体评估还是对个别案件的查处，都要以大气污染源监测数据为依据。《环境保护法》规定，国家建立、健全环境监测制度。

生态环境部在大气环境监测方面的基本职责包括：(1)制定统一的大气环境质量和大气污染源的监测和评价规范。(2)组织建立大气环境监测网络，包括大气环境质量和大气污染源监测网。《环境保护法》规定，生态环境部要会同有关部门组织监测网络，主要是对水质进行监测，涉及水利部门等。而《大气污染防治法》针对大气环境监测的特殊性，规定生态环境部无须会同有关部门，即可自行组织建设与管理全国大气环境质量和大气污染源监测网。(3)组织开展大气环境质量和大气污染源监测。大气环境质量监测点位设置可以分为城市点、区域点、背景点、污染监控点和路边交通点。大气污染源监测的点位设置主要在污染源。大气污染源监测可以分为监管部门的监督性监测、排污者的自行监测等。大气环境质量和大气污染源监测的方式分为自动监测和手工监测。监测数据要妥善保存和处理。(4)统一发布全国大气环境质量状况信息。全国大气环境质量状况信息由生态环境部统一发布。

县级以上地方人民政府生态环境主管部门在大气环境监测方面的基本职责包括:一是负责组织建设与管理本行政区域大气环境质量和大气污染源监测网;二是开展大气环境质量和大气污染源监测;三是统一发布本行政区域大气环境质量状况信息。禁止侵占、损毁或者擅自移动、改变大气环境质量监测设施和大气污染物排放自动监测设备。

5. 排污者自行监测制度

自行监测,是指企业事业单位和其他生产经营者按照大气环境保护法律法规要求,为掌握自身的大气污染物排放状况及其对周边大气环境质量的影响等情况,组织开展的大气环境监测活动。自行监测的主体包括企业事业单位和其他生产经营者。监测的污染物包括排放的工业废气和《大气污染防治法》规定的名录中所列有毒有害大气污染物。自行监测的企业事业单位和其他生产经营者应当保存原始监测记录。企业可依托自有人员、场所、设备开展自行监测,也可委托其他检(监)测机构代其开展自行检(监)测。企业应于每年 1 月底前编制完成上年度自行监测开展情况年度报告,并向负责备案的生态环境主管部门报送。

重点排污单位是重点监管对象,《大气污染防治法》对其自动监测作了特殊规定:(1)重点排污单位应当安装、使用大气污染物排放自动监测设备。(2)自动监测设备与环保部门的监控设备联网。(3)重点排污单位保证监测设备正常运行。自动监测设备的运行,是指从事自动监测设备操作、维护和管理,保证设施正常运行的活动,分为委托给有资质的专业化运行单位的社会化运行和排污单位自运行两种方式。(4)重点排污单位依法公开排放信息。(5)重点排污单位应当对自动监测数据的真实性和准确性负责。生态环境主管部门发现重点排污单位的大气污染物排放自动监测设备传输数据异常,应当及时进行调查。

重点排污单位名录由设区的市级以上地方人民政府生态环境主管部门按照生态环境部的规定确定。重点排污单位名录确定的因素包括:本行政区域的大气环境承载力、重点大气污染物排放总量控制指标的要求以及排污单位排放大气污染物的种类、数量和浓度等。重点排污单位名录应当向社会公布。

6. 严重污染环境的工艺、设备和产品实行淘汰制度

国家对严重污染大气环境的工艺、设备和产品实行淘汰制度,这是环境保护的一项重要制度,是国家有效推进节能减排的重要措施。淘汰的对象包括三类,即严重污染大气环境的工艺、设备和产品。我国的大气污染在很大程度上是由于企业在生产过程中,使用落后的生产工艺、设备和产品所导致的。目前大多数企业的末端治理措施,只能在一定程度上控制大气污染的进一步恶化,不能从根本上改变或缓解大气污染的现状,其危害也很难通过源头得到控制。《大气污染防治法》对这一制度作出规定,目的是推动企业提高管理水平、生产工艺、技术和设备水平,提高能源和资源的利用率,从源头上解决大气污染问题。

国务院经济综合主管部门会同国务院有关部门确定严重污染大气环境的工艺、设备和产品淘汰期限,并纳入国家综合性产业政策目录。生产者、进口者、销售者或者使用者应当在规定期限内停止生产、进口、销售或者使用列入目录中的设备和产品。工艺的采用者应当在规定期限内停止采用列入目录中的工艺。被淘汰的设备和产品禁止转让,这一禁止性规定主要是为了防止通过转让的方式转移大气污染。

7. 大气污染损害评估制度

大气污染损害评估是综合运用经济、技术等手段，对大气污染导致的损害范围、程度等进行合理鉴定、测算，出具评估报告，为环境管理、环境司法等提供服务的活动。党的十八大和十八届三中全会提出了关于“实行最严格的损害赔偿制度、责任追究制度”的精神。《关于加快推进生态文明建设的意见》提出，建立独立公正的生态环境损害评估制度。开展环境污染损害鉴定评估工作，对环境污染损害进行定量化评估，科学、合理确定损害赔偿数额与行政罚款数额，有助于真实体现企业生产的环境成本，强化企业环境责任，增强企业的环境风险意识。

环境损害鉴定评估的主要工作内容包括污染物属性鉴别、损害确认、因果关系判定和损害数额量化。污染物属性鉴别，是指确定造成损害的污染物。损害确认，是指包括基线的确认以及人身损害、财产损害等确认。因果关系判定，是指大气污染行为与损害间的因果关系判定，包括大气环境暴露与损害间的因果关系判定和大气污染物从源头到受体的暴露路径的建立与验证两部分。损害数额量化，是指按照规定的方法和步骤计算人身、财产等损害的数额。最高人民法院《关于审理环境侵权责任纠纷案件适用法律若干问题的解释》规定，对查明环境污染案件事实的专门性问题，可以委托具备相关资格的司法鉴定机构出具鉴定意见或者由国务院生态环境主管部门推荐的机构出具检验报告、检测报告、评估报告或者监测数据。负有环境保护监督管理职责的部门或者其委托的机构出具的环境污染事件调查报告、检验报告、检测报告、评估报告或者监测数据等，经当事人质证，可以作为认定案件事实的根据。

8. 监督检查制度

监督检查，是指生态环境主管部门及其委托的环境监察机构或者其他负有环境保护监督管理职责的部门，通过现场检查监测、自动监测等方式对其排污情况和污染治理等情况进行监督检查的环境监督管理制度。监督检查权是行政机关进行日常监管活动，实现行政目的的一项具有基础性、普遍性的权力。监督检查制度是我国环境保护法律制度中的重要组成部分。环境保护法和各单项污染防治法对现场检查等监督检查都有明确的规定。在大气环境执法中，监督检查可以督促排污企业事业单位和其他生产经营者采取措施积极防治污染；促使排污企业事业单位和其他生产经营者加强管理，减少大气污染物的排放、消除大气污染事故隐患；提高排污企业事业单位和其他生产经营者的大气环境保护意识，自觉履行大气环境保护义务。

监督检查的主体包括县级以上人民政府生态环境主管部门及其委托的环境监察机构、其他负有环境保护监督管理职责的部门。监督检查的方式有多种，包括：现场检查监测，自动监测，遥感监测，远红外摄像等。实施检查的部门、机构监督检查过程中，实施的行为具有强制性，被检查者不得拒绝。此外，被检查者还有协助义务，应当如实反映情况，提供必要的资料。实施检查的部门、机构及其工作人员应当为被检查者保守商业秘密。

9. 查封、扣押制度

查封、扣押属于行政强制措施。查封，是指行政机关限制当事人对其财产的使用和处分的强制措施。扣押，是指行政机关解除当事人对其财物的占有，并限制其处分的强制措施。《环境保护法》赋予了负有环境保护监督管理职责的部门查封、扣押权。《大气污染防治法》在《环境保护法》规定的基础上，又作了进一步的规定。

查封、扣押权实施的主体是县级以上人民政府生态环境主管部门和其他负有环境保护监督管理职责的部门。查封、扣押的对象是企业事业单位和其他生产经营者造成大气污染物排放的设施、设备以及有关物品。查封、扣押的条件是排污者有违反法律法规规定排放大气污染物造成或者可能造成严重大气污染，或者有关证据可能灭失或者被隐匿的行为。执法机关实施查封、扣押应当遵守《行政强制法》的规定。

（四）大气污染防治措施

在燃煤和其他能源污染防治方面：(1)国务院有关部门和地方各级人民政府应当采取措施，调整能源结构，推广清洁能源的生产和使用；优化煤炭使用方式，推广煤炭清洁高效利用，逐步降低煤炭在一次能源消费中的比重，减少煤炭生产、使用、转化过程中的大气污染物排放。(2)推行煤炭洗选加工，降低煤炭的硫分和灰分，限制高硫分、高灰分煤炭的开采。禁止开采含放射性和砷等有毒有害物质超过规定标准的煤炭。(3)采取有利于煤炭清洁高效利用的经济、技术政策和措施，鼓励和支持洁净煤技术的开发和推广。(4)禁止进口、销售和燃用不符合质量标准的煤炭，鼓励燃用优质煤炭。(5)加强民用散煤的管理，禁止销售不符合民用散煤质量标准的煤炭，鼓励居民燃用优质煤炭和洁净型煤，推广节能环保型炉灶。(6)石油炼制企业应当按照燃油质量标准生产燃油。禁止进口、销售和燃用不符合质量标准的石油焦。(7)城市人民政府可以划定并公布高污染燃料禁燃区，并根据大气环境质量改善要求，逐步扩大高污染燃料禁燃区范围。(8)城市建设应当统筹规划，在燃煤供热地区，推进热电联产和集中供热。(9)燃煤电厂和其他燃煤单位应当采用清洁生产工艺，配套建设除尘、脱硫、脱硝等装置，或者采取技术改造等其他控制大气污染物排放的措施。(10)电力调度应当优先安排清洁能源发电上网。

在工业污染防治方面：(1)企业在生产过程中排放粉尘、硫化物和氮氧化物的，应当采用清洁生产工艺，配套建设除尘、脱硫、脱硝等装置，或者采取技术改造等其他控制大气污染物排放的措施。(2)生产、进口、销售和使用含挥发性有机物的原材料和产品的，其挥发性有机物含量应当符合质量标准或者要求。(3)产生含挥发性有机物废气的生产和服务活动，应当在密闭空间或者设备中进行，并按照规定安装、使用污染防治设施；无法密闭的，应当采取措施减少废气排放。(4)工业涂装企业应当使用低挥发性有机物含量的涂料，并建立台账，记录生产原料、辅料的使用量、废弃量、去向以及挥发性有机物含量。(5)生产和使用有机溶剂的企业应当采取措施对管道、设备进行日常维护、维修，减少物料泄漏，对泄漏的物料应当及时收集处理。(6)企业应当加强精细化管理，采取集中收集处理等措施，严格控制粉尘和气态污染物的排放。(7)可燃性气体应当回收利用，不具备回收利用条件的，应当进行污染防治处理。可燃性气体回收利用装置不能正常作业的，应当及时修复或者更新。

在机动车船等污染防治方面。防治机动车船排放污染，是指对机动车、船的生产，在用车、船的燃料以及检修、监督管理等大气污染防治所作的法律规定。机动车、船在使用过程中，会向环境排放氮氧化物、二氧化硫、一氧化碳、铅化物等对人体和动植物有毒有害物质。《大气污染防治法》对“机动车船等污染防治”作了专门规定，主要措施包括不得制造、销售或者进口污染物超标的机动车船，加强对在用车的监督管理，对车用燃油品质和有害物质含量进行控制等，具体措施如下：(1)国家倡导低碳、环保出行，根据城市规划合理控制燃油机动车保有量，大力发展城市公共交通，提高公共交通出行比例。(2)机动车船、非道路移动机械不得超过标准排放大气污染物。(3)机动车、非道路移动机械生产企业应当对新生产的机动车和非道路移动机械进行排放检验。经检验合格的，方可出厂销售。检验信息应当向社会公开。(4)在用机动车应当按照国家或者地方的有关规定，由机动车排放检验机构定期对其进行排放检验。(5)机动车排放检验机构应当依法通过计量认证，使用经依法检定合格的机动车排放检验设备，按照国务院生态环境主管部门制定的规范，对机动车进行排放检验，并与生态环境主管部门联网，实现检验数据实时共享。机动车排放检验机构及其负责人对检验数据的真实性和准确性负责。(6)机动车生产、进口企业应当向社会公布其生产、进口机动车车型的排放检验信息、污染控制技术信息和有关维修技术信息。(7)生态环境主管部门应当会同交通运输、住房城乡建设、农业行政、水行政等有关部门对非道路移动机械的大气污染物排放状况进行监督检查，排放不合格的，不得使用。(8)国家建立机动车和非道路移动机械环境保护召回制度。(9)在用重型柴油车、非道路移动机械未安装污染控制装置或者污染控制装置不符合要求，不能达标排放的，应当加装或者更换符合要求的污染控制装置。(10)国家鼓励和支持高排放机动车船、非道路移动机械提前报废。(11)船舶检验机构对船舶发动机及有关设备进行排放检验。经检验符合国家排放标准的，船舶方可运营。(12)船舶应当使用符合标准的普通柴油。禁止生产、进口、销售不符合标准的机动车船、非道路移动机械用燃料。(13)国务院交通运输主管部门可以在沿海海域划定船舶大气污染物排放控制区，进入排放控制区的船舶应当符合船舶相关排放要求。(14)国家积极推进民用航空器的大气污染防治。

在扬尘污染防治方面：(1)地方各级人民政府应当加强对建设施工和运输的管理，保持道路清洁，控制料堆和渣土堆放，扩大绿地、水面、湿地和地面铺装面积，防治扬尘污染。(2)建设单位应当将防治扬尘污染的费用列入工程造价，并在施工承包合同中明确施工单位扬尘污染防治责任。(3)散装、流体物料的车辆应当采取密闭或者其他措施防止物料遗撒造成扬尘污染，并按照规定路线行驶。(4)对于城镇裸露地面，有关部门应当按照规划组织实施绿化或者透水铺装。(5)易产生扬尘的物料应当密闭；不能密闭的，应当设置不低于堆放物高度的严密围挡，并采取有效覆盖措施防治扬尘污染。

在农业和其他污染防治方面：(1)地方各级人民政府应当推动转变农业生产方式，发展农业循环经济，加大对废弃物综合处理的支持力度，加强对农业生产经营活动排放大气污染物的控制。(2)农业生产经营者应当减少氨、挥发性有机物等大气污染物的排放。(3)及时对污水、畜禽粪便和尸体等进行收集、贮存、清运和无害化处理，防止排放恶臭气体。(4)对秸秆、落叶等进行综合利用，加大对秸秆还田、收集一体化农业机械的财政补贴力度。应当划定区域，禁止露天焚烧秸秆、落叶等产生烟尘污染的物质。(5)国务院生态环境主管部门应当会同国务院卫生行政部门，根据大气污染物对公众健康和生态环境的危害和影响程度，公布有毒有害大气污染物名录，实行风险管理。此外，应当减少持久性有机污染物排放，防止排放恶臭气体，防治餐饮油烟污染，禁止在特定区域产生有毒有害烟尘和恶臭气体的物质，逐步减少直至停止消耗臭氧层物质的生产和使用等。

（五）重点区域大气污染联合防治

1. 大气污染联合防治的必要性

由于经济发展、产业结构和污染物扩散条件的区域差异，我国大气污染呈现明显区域性特征。大气污染物的集中排放、加之不利的区域扩散条件，京津冀、长三角和珠三角这三大城市群均出现大范围重污染频发现象。区域性复合型大气污染问题给现行环境管理模式带来了巨大的挑战，仅从行政区域的角度考虑单个城市大气污染防治的管理模式已经难以有效解决当前日益严重的大气污染问题，亟待探索建立区域大气污染防治协调体系。《环境保护法》第20条第1款规定："国家建立跨行政区域的重点区域、流域环境污染和生态破坏联合防治协调机制，实行统一规划、统一标准、统一监测、统一的防治措施。"实践中，京津冀、长三角、珠三角已分别建立了区域大气污染防治协作机制，在目标措施制定、重污染天气共同应对等方面开展了有益尝试。

2. 重点大气污染防治区域的划定

划定重点大气污染防治区域是国家实施重点区域大气污染联防联控的基础，有利于统筹协调区域内大气污染防治工作，对大气污染防治工作实施统一规划、统一标准，组织实施环评会商、联合执法、信息共享等大气污染防治措施。大气污染防治重点区域是指功能上相对敏感、大气污染相对严重的区域。根据《大气污染防治法》的规定，重点区域划定的依据是主体功能区划、区域大气环境质量状况和大气污染传输扩散规律。省、自治区、直辖市可以按照上述规定，划定本行政区域的大气污染防治重点区域。

3. 重点区域联防联控机制的工作制度

重点区域内有关省、自治区、直辖市人民政府应当确定牵头的地方人民政府，定期召开联席会议，按照统一规划、统一标准、统一监测、统一防治措施的要求，开展大气污染联合防治，落实大气污染防治目标责任。(1)联席会议制度，是重点区域大气污染联合防治机制的重要机制，通过召开联席会议来协调区域合作中的问题，是中国当前区域合作中使用频率最高的一种协调方式。重点区域内有关省、自治区、直辖市人民政府应当确定牵头的地方人民政府，定期召开联席会议。(2)"四个统一"具有很强的针对性。一是统一规划，即要根据区域经济社会发展水平和大气环境承载能力，统一制定重点区域大气污染防治规划，明确重点区域空气质量改善目标、污染防治措施及重点治理项目。二是统一标准，即要统一环保、能耗、安全、质量等标准，如目前京津冀地区，北京、天津、河北三地使用的机动车油品标准不一样，使用低油品地区产生的污染物，一定程度上降低了使用高油品地区改善环境质量的有效性。三是统一监测，是指建立统一的环境监测网络，各地实现区域环境空气质量监测、污染源监测信息共享。四是统一防治措施，当然"统一"不是绝对的统一，不同的重点区域的防控重点和防控任务有所不同，防治措施不应"一刀切"。要根据重点区域内不同城市的大气环境特征和未来发展需求，以及其对区域大气环境污染的影响贡献，综合考虑各地经济发展水平和污染治理能力，制定差异性环境目标、任务要求与政策措施，实行"共同但有区别"的防治。

4. 联合防治行动计划

国务院生态环境主管部门会同国务院有关部门、国家大气污染防治重点区域内有关省、自治区、直辖市人民政府，根据重点区域经济社会发展和大气环境承载力，制订重点区域大气污染联合防治行动计划，明确控制目标，优化区域经济布局，统筹交通管理，发展清洁能源，提出重点防治任务和措施，促进重点区域大气环境质量改善。国务院经济综合主管部门会同国务院生态环境主管部门，结合国家大气污染防治重点区域产业发展实际和大气环境质量状况，进一步提高环境保护、能耗、安全、质量等要求。重点区域内有关省、自治区、直辖市建设可能对相邻省、自治区、直辖市大气环境质量产生重大影响的项目，应当及时通报有关信息，进行会商。国务院生态环境主管部门应当组织建立国家大气污染防治重点区域的大气环境质量监测、大气污染源监测等相关信息共享机制。国务院生态环境主管部门和国家大气污染防治重点区域内有关省、自治区、直辖市人民政府可以组织有关部门开展联合执法、跨区域执法、交叉执法。

(六)重污染天气应对

国家建立重污染天气监测预警体系。国务院生态环境主管部门会同国务院气象主管机构等有关部门、国家大气污染防治重点区域内有关省、自治区、直辖市人民政府，建立重点区域重污染天气监测预警机制，统一预警分级标准。可能发生区域重污染天气的，应及时向重点区域内有关省级政府通报。省级、设区的市政府生态环境主管部门会同气象主管机构等有关部门建立本行政区域重污染天气监测预警机制。

县级以上地方人民政府应当将重污染天气应对纳入突发事件应急管理体系。省、自治区、直辖市、设区的市人民政府以及可能发生重污染天气的县级人民政府,应当制订重污染天气应急预案,向上一级人民政府生态环境主管部门备案,并向社会公布。

省级、设区的市政府生态环境主管部门应当会同气象主管机构建立会商机制,进行大气环境质量预报。可能发生重污染天气的,应当及时向本级人民政府报告。县级以上地方人民政府应当依据重污染天气的预警等级,及时启动应急预案。

发生造成大气污染的突发环境事件,人民政府及其有关部门和相关企业事业单位,应当依法做好应急处置工作。生态环境主管部门应当及时对突发环境事件产生的大气污染物进行监测,并向社会公布监测信息。

三、破解跨区域雾霾治理的难点〔18〕

2016年11月18日,石家庄市政府向市民发出一封公开信,对突然实行的一系列治理大气污染的严厉举措进行了说明,并对部分举措给市民造成的不便表达歉意。17日,石家庄市政府紧急出台一系列举措,公布了开展"利剑斩污"行动的实施方案。方案要求,从11月17日至12月31日,钢铁、水泥、焦化等七大行业全部停产,对制药、包装印刷、家具等行业实行清单式管理,主城区实行机动车单双号限行,各单位错时上下班等。

石家庄之所以采取如此严厉的治理措施,事出有因。自9月中旬以来,该市连续出现多个重污染天气,并成为京津冀地区污染最为严重的城市,在全国74个重点城市环境空气质量的排名中持续倒退。尤其是自11月16日起,京津冀及周边地区气象条件趋于稳定,部分城市天气再次呈现重度污染,石家庄的PM2.5浓度均值比区域内其他城市的平均值高出近60%,可以预见,若再不采取果断措施,石家庄想完成全年PM2.5浓度下降10%的任务已极为困难。另外,根据专家预测,由于受厄尔尼诺现象影响,在未来的时日里,气象条件整体将不利于空气污染物扩散,到年底,京津冀地区可能还会有若干次雾霾天气过程。因此,石家庄市政府经过慎重研究,决定采取最严厉的强化措施,开展"大气污染防治利剑斩污行动"。可见,石家庄市政府这次"斩污行动"是被迫做出的,向市民道歉,诚意可嘉,然而,总体而言,此次行动仍属于"救火式"执法,且实行机动车单双号限行,其本身的法律依据不足,在学界一直多有争议。这次行动不能成为今后大气污染防治的工作常态,更不能成为地方政府环境执法的范本。政府光有道歉还不够,应好好反思,为何要等到年底才采取如此极端的措施。

近年来,随着城镇化的推进,我国城市人口增长、工业发展、机动车激增等因素都导致了污染物总量难以实质性降下来。2010年我国二氧化硫、氮氧化物排放总量超过2200万吨,位居世界第一。现在,周期性雾霾已成为我国普遍性的"城市病",也成为萦绕于市民"脑际的阴霾",是市民的"心肺之患"。我国治理雾霾多年,采取措施不少,大气污染防治也有法可依,可公众似乎并没有看见周遭的空气质量有多大的改观。这有心理的因素——公众对空气质量改观的期许较高。其实,我国这些年的大气污染防治还是取得了一定的成效,例如,2016年的重污染天数和去年同期相比仍然是减少的。以我国近些年的经济体量与排放总量,如果没有现在的治理措施,空气质量可能更糟,雾霾会更严重。

石家庄市政府的公开信解释了造成这次污染的原因,其中,既有不利的气象因素,又有其他地区外来输入的影响。毋庸置疑,雾霾的产生与工业制造业的发展有直接的因果联系,而

〔18〕 参见谭柏平:《跨区域雾霾治理的难点在哪里》,载《法治周末》2016年11月22日,第2版。

气象条件的偶发性又会彰显或者掩盖这种因果关系,即在排污大户不停工,区域产能分布也没有实质性改变的情况下,华北地区有的时候“十面霾伏”,有的时候却又“蓝天白云”。这就给人以错觉,似乎雾霾的产生与工业制造无关。其实,大气中的污染物质并没有减少,这主要看气象条件是否有利于大气中的污染物扩散,遇到“好天气”就会把雾霾吹走。难怪市民会揶揄,雾霾治理基本“靠天”。

同时,石家庄一地的雾霾治理,还需要京津冀治霾的协调同步。由于大气污染具有快速扩散性、跨区域性和复合性等特点,跨区域的空气传输是大气污染的一个重要来源。过去以行政区划“各自为战”的雾霾防治模式难以解决区域性大气污染问题,单凭一地的大气污染控制难以产生治理成效。雾霾治理是一个系统工程,大气污染防治需要本地治污和区域协调相互促进,多策并举,多地联动。京津冀应实行大气污染联防联控工作机制,共同构建跨区域大气污染防治体系,实行雾霾治理的“府际”合作。石家庄这次采取的治理措施,尽管足够严厉,但都是一种事后治理。环境治理的要义应该是预防为主,从源头上进行污染控制。从治理成本与效果上而言,做好污染的预防工作,能取得事半功倍的效果,而事后治理,往往是事倍功半,甚至是得不偿失。

今后雾霾治理的重点,应该是有法必依,执法必严。我国在雾霾防治的各个环节都出台了相关的法律制度,如环境规划、环境影响评价、“三同时”制度等,这体现了预防为主与源头控制的原则,可以让雾霾项目“胎死腹中”;而排污许可与收费、总量控制、防止污染转移等,以及正在各地试点的碳排放交易等制度,足以让雾霾产生量大大减少。然而,我国雾霾治理普遍存在的突出问题是,有法不依,执法不严。以华北地区重污染天气为例,2016 年 11 月 16 日起,环保部派出 5 个督察组,分赴河北、山西、山东、河南省部分城市开展重污染天气应急响应情况专项督察。督察发现,有部分企业应急减排措施落实不到位;土小企业污染问题突出;部分企业还存在环境违法问题。如果要从根本上治理雾霾现象,还需要从理念上进行反思,寻求体制机制上的突破,这也是今后雾霾治理的方向。雾霾的背后,其实是经济发展和环境保护这一对矛盾长期没有得到很好的化解。长期以来,我国实行的是一种粗放式经济发展模式,地方政府以牺牲环境为代价追求经济的发展速度,让 GDP“染黑”,这是雾霾产生的思想根源。雾霾的源头治理就要从发展理念这个根上治理,纠正错误的发展观。这就要求我国彻底转变粗放型经济发展模式,积极调整能源结构,优化产业结构,践行低碳社会,发展绿色经济,推进生态文明建设。

环保部门执法难、排污大户不守法,还有一个原因则是环保监管与执法体制本身的问题。例如,跨区域雾霾治理的联防联控工作机制面临的障碍是,区域内政府之间并没有行政隶属关系,各地的产业结构、发展阶段与城市功能定位存在诸多差异,如何协调这种跨区域的雾霾治理机制,需要环境法理论的支持与制度破解。为此,应进行环境监管体制的改革,赋予环保主管部门在行政系统中相对独立的法律地位。譬如,可以分步骤进行体制的路径探索。第一步,实行环保机构监测监察执法垂直管理制度,提升基层环境执法能力。第二步,尝试建立环保“大部制”,整合政府各单位的环境执法权,最大限度地避免政府职能交叉、多头管理,从而提高行政效率、降低行政成本。第三步,按“污染区域”设立环保主管部门,即根据污染的特点,按照“污染区域”而不是按“行政区域”设立环保主管部门,打破现行“条块分割”的环境治理版图。当然,这是最具挑战性的一种体制探索。

第四节　水污染防治法

一、水污染防治法概述

(一)水污染概述

水污染,是指水体因某种物质的介入,而导致其化学、物理、生物或者放射性等方面特性的改变,从而影响水的有效利用,危害人体健康或者破坏生态环境,造成水质恶化的现象。[19]造成水污染的原因很多,既有自然界灾害性因素,也有人为因素,如人类的排污行为。本书所阐述的是人的行为造成的水污染。水污染所指的水体,包括所有的江河、运河、湖泊、渠道、水库等地表水和地下水,以及水中的悬浮物、底泥和水生生物等。水污染物,是指直接或者间接向水体排放的,能导致水体污染的物质。常见的水污染物,从化学角度看,包括无机有毒物质、有机有毒物质和病原体等;从环境工程学看,包括植物营养物质污染物(如生活污水和某些工业废水中的磷和氮)、需氧物质污染物(如蛋白质、碳水化合物)、病原体污染物、石油污染物、农药污染物和放射性污染物等。水污染依其污染物质的不同性质大致可以分为病原体污染,需氧物质污染,植物营养物质污染,石油污染,有毒化学物质污染,酸、碱、盐污染,悬浮物及沉积物污染,放射性污染,热污染等几种类型。

水污染的特点主要有:(1)水污染往往危害潜伏期很久,有些对人体的危害不容易被发现,水污染造成的某些疾病不易彻底治疗;(2)水污染的作用时间长,接触者长时间遭受水污染的危害;(3)污染物质种类繁多,性质各异,经过转化、代谢、降解和富集,改变其原来的性质,产生不同的危害;(4)水污染影响的范围大,涉及地区广,接触污染的对象普遍;(5)水污染治理困难,一旦形成,即使停止排污,旧的污染也难以消除,有的已不可能恢复;(6)水污染治理费用大、费时长、代价高,治理费用往往要比预防费用高出许多。

人们一直习惯于把河流、湖泊当作垃圾处置场所,在人类社会生产力还不发达,人们的生活水平很低的情况下,倾入河流、湖泊的污水、生活垃圾和其他废弃物的主要成分是一般有机物质,通过河流、湖泊的自净能力可以大大减轻污染程度,对人类的生存和发展危害不大。然而,随着人类进入城市化、工业化社会,生产力水平大大提高,一方面,大量的城市生活污水集中地排放到城市周围的河流、湖泊中去,或者用渗井等排到地下,带入大量的污染物质,超过了水体的自净能力;另一方面,工业生产产生的大量废水也排放到河流、湖泊中,这些废水中往往含有细菌所不能分解的各种物质,有的还具有毒性,如汞、镉、铅等无机物。另外,大量的工业废渣、城市生活垃圾堆置在地面上,通过渗透作用将有毒物质渗入地下水体和流入河流、湖泊,产生了长期难以消除的严重的水污染现象。

水污染对人类生产、生活,对自然生态环境都产生了多种危害。我国是一个水旱灾害频繁、水污染严重、水资源短缺的国家,水的问题尤为重要。我国的水污染进一步加剧了水资源短缺的严峻形势。当前我国水污染的形势依然十分严峻,集中体现为水污染物排放总量居高不下,水体污染相当严重;部分流域水资源的开发利用程度过高,加剧了水污染的恶化趋势;城乡居民饮用水安全存在极大隐患;水污染事故频繁发生。在我国,每年水污染引发的财产、人身损失和生态环境的破坏难以估算。

---

〔19〕 参见《水污染防治法》第102条第1项。

（二）我国水污染防治立法概况

水污染防治法，从广义上讲，是指国家为防治水环境的污染而制定的各项法律法规及有关法律规范的总称。从狭义上讲，是指国家为防治陆地水（不包括海洋）污染而制定的法律法规及有关法律规范的总称。

中华人民共和国成立初期，我国就开始了水污染防治工作。20 世纪 80 年代前，我国的水污染防治立法仍是空白，仅仅颁布了一些环境保护标准。1979 年颁布的《环境保护法（试行）》，对水污染防治的基本原则和基本制度都作了原则的规定，这些规定是以后颁布的《水污染防治法》的基本立法依据。1984 年 5 月 11 日第六届全国人大常委会第五次全体会议通过了《水污染防治法（草案）》，并于同日由第十二号主席令公布，自 1984 年 11 月 1 日起施行。该法是我国在内陆水污染防治方面比较全面的综合性法律。为了贯彻实施该法，国务院于 1989 年 7 月 12 日批准发布了《水污染防治法实施细则》。这些法律法规的实施，使我国的水污染防治工作取得了一定的成效。

进入 20 世纪 90 年代以后，我国水污染从总体上继续呈恶化的趋势，由点源小范围污染发展成为较大区域范围的污染，由个别河段和岸边带污染发展到流域污染。而且，我国水污染的防治对象等也发生了重大变化。此外，为了提高防治水污染的效果，使有限的污染防治资金最大限度地发挥作用，需要从现行的末端治理、点源治理的浓度控制，向点源削减、污染集中控制和总量控制的方向转变。因此，必须对 1984 年《水污染防治法》进行修改。第八届全国人大常委会第十九次会议于 1996 年 5 月 15 日通过了《关于修改〈中华人民共和国水污染防治法〉的决定》，这是本法第一次修正。1996 年修正的《水污染防治法》与原法相比较，由原来的 46 条增加到现在的 62 条。重点修正的内容主要有以下三个方面：一是加强水污染防治的流域管理，建立和健全按照流域或者区域进行统一规划的法律制度。二是加强对城市污水的集中治理，建立有关城市污水处理厂建设和污水处理收费及管理的法律制度。三是强化对饮用水源的保护。

1996 年《水污染防治法》实施后在我国水污染防治方面起了重要作用，然而，随着我国经济社会的快速增长，水污染物排放一直居高不下，社会各界对《水污染防治法》进行修改的呼声较高。这些修改意见、建议主要集中在以下六个方面：一是水污染防治的范围还应扩大，如应当包括生活污染及第三产业等方面造成的污染；二是应明确政府在水污染防治中的职责，尤其是府际之间的责任划分；三是水污染物排放总量控制目标应考虑地方差异；四是强化水污染防治的监督管理；五是增加有关公众监督的规定；六是细化法律责任，建议加大处罚力度。2008 年 2 月 28 日，第十届全国人大常委会第三十二次会议修订通过了《水污染防治法》，修订后的《水污染防治法》自 2008 年 6 月 1 日起施行。

2017 年 6 月 27 日，第十二届全国人大常委会第二十八次会议表决通过了《关于修改〈中华人民共和国水污染防治法〉的决定》，这是《水污染防治法》的第二次修正。修改后的法律于 2018 年 1 月 1 日起施行。2017 年《水污染防治法》修改的主要亮点有：增加了河长制的相关内容；规定了约谈制度；加强农村水污染防治工作；保障饮用水安全；加大了违法排污的处罚力度等。

二、我国水污染防治的主要法律规定

（一）《水污染防治法》的立法目的与法律原则

《水污染防治法》第 1 条规定：为了保护和改善环境，防治水污染，保护水生态，保障饮用水安全，维护公众健康，推进生态文明建设，促进经济社会可持续发展，制定本法。这是本法关于立法目的的规定。与过去的表述比较，本次修改体现了《水污染防治法》立法目的的生态理念，即将"保护和改善环境"放在首位，并加入了"保护水生态""推进生态文明建设"的内容。并且，本次修改增加了"保障基本生态用水"等规定。

《水污染防治法》的法律原则包括：一是水污染防治应当坚持预防为主、防治结合、综合治理的原则；二是优先保护饮用水水源；三是严格控制工业污染、城镇生活污染；四是防治农业面源污染；五是积极推进生态治理工程建设，预防、控制和减少水环境污染和生态破坏。

（二）《水污染防治法》的适用范围

《水污染防治法》第2条规定："本法适用于中华人民共和国领域内的江河、湖泊、运河、渠道、水库等地表水体以及地下水体的污染防治。海洋污染防治适用《中华人民共和国海洋环境保护法》。"本条阐明了《水污染防治法》的适用范围。陆地水体包括江河、湖泊、运河、渠道、水库等地表水体，也包括地下水体。而且，《水污染防治法》只适用于水体的污染防治，不适用于水资源管理，水资源管理适用《水法》的规定。

所谓"水体"，是指水的积聚体，不仅包括水，还包括水中的悬浮物、溶解物、底泥和水生生物等。水污染防治法之所以将水体作为最终的污染防治对象，是因为在许多情况下，水的污染并不能从水本身反映出来，而是从整个水体反映出来。如水被重金属污染后，水中重金属的含量一般不高，原因是重金属在水中沉入了底泥，仅从水中检测，水似乎未受到污染，但从整个水体检测，水已受到严重污染。

"地表水体"是指地球表面的水体，如江、河、湖、池、塘、运河、水库等流动和积聚的水体，是相对于地下水体而言的。"地下水体"与"地表水体"一样是宝贵的自然资源，"地下水体"是指存在于地表以下的岩土孔隙、裂隙和洞穴中的各种不同形态的水体。地下水体的污染也会对人体健康、生态环境造成危害，因此水污染防治法同样适用于地下水体的污染防治。

所谓"污染防治"，不仅指防治污染的活动，还包括排放污染物污染水体的活动。任何单位、个人，不论其国籍，其行为只要涉及我国领域内江河、湖泊、运河、渠道、水库等地表水体以及地下水体的污染防治，都要遵守水污染防治法。

（三）水污染防治的监督管理体制

《水污染防治法》第4条规定："县级以上人民政府应当将水环境保护工作纳入国民经济和社会发展规划。地方各级人民政府对本行政区域的水环境质量负责，应当及时采取措施防治水污染。"水环境保护、防治水污染工作，与国民经济和社会发展关系十分密切，因此必然成为各级人民政府的重要管理职责。

水污染防治与水资源的开发利用紧密相关，必然涉及许多行政管理部门的职责范围。《水污染防治法》第9条规定，县级以上人民政府环境保护主管部门对水污染防治实施统一监督管理。交通主管部门的海事管理机构对船舶污染水域的防治实施监督管理。县级以上人民政府水行政、国土资源、卫生、建设、农业、渔业等部门以及重要江河、湖泊的流域水资源保护机构，在各自的职责范围内，对有关水污染防治实施监督管理。此外，渔政监督管理机关是对渔业污染案件实施行政处罚的机关之一，表明了其享有对渔业水域污染防治的监督管理权。

河长制是河湖管理工作的一项制度创新，也是我国水环境治理体系和保障国家水安全的制度创新。2016年12月，中共中央办公厅、国务院办公厅印发了《关于全面推行河长制的意见》，要求全面建立省、市、县、乡四级河长体系。2017年新的《水污染防治法》规定了河长制，即省、市、县、乡建立河长制，分级分段组织领导本行政区域内江河、湖泊的水资源保护、水域岸线管理、水污染防治、水环境治理等工作。并且，《水污染防治法》明确规定了流域水环境保护联合协调机制，规定国务院生态环境主管部门应当会同国务院水行政主管部门等有关部门和有关省、自治区、直辖市人民政府，建立重要江河、湖泊的流域水环境保护联合协调机制，施行统一规划、统一标准、统一监测、统一的防治措施。

（四）水环境保护标准制度

水环境是一个整体，但我国地域辽阔，各地区的水环境状况和各种水体的功能存在很大的差异。为了切实保护水环境，水环境质量标准和污染物排放标准的制定既需要统一，也需要适合各地区的不同情况。因此，《水污染防治法》规定了水环境保护标准制度。

水环境质量标准和污染物排放标准分为国家标准和地方标准两级，《水污染防治法》同时对两级标准之间的关系以及标准修订作出了规定。(1)生态环境部制定国家水环境质量标准。省、自治区、直辖市人民政府可以对国家水环境质量标准中未作规定的项目，制定地方标准，并报生态环境部备案。(2)生态环境部会同国务院水行政主管部门和有关省、自治区、直辖市人民政府，可以根据国家确定的重要江河、湖泊流域水体的使用功能以及有关地区的经济、技术条件，确定该重要江河、湖泊流域的省界水体适用的水环境质量标准，报国务院批准后施行。(3)生态环境部根据国家水环境质量标准和国家经济、技术条件，制定国家水污染物排放标准。省、自治区、直辖市人民政府对国家水污染物排放标准中未作规定的项目，可以制定地方水污染物排放标准；对国家水污染物排放标准中已作规定的项目，可以制定严于国家水污染物排放标准的地方水污染物排放标准。地方水污染物排放标准须报生态环境部备案。向已有地方水污染物排放标准的水体排放污染物的，应当执行地方水污染物排放标准。(4)生态环境部和省、自治区、直辖市人民政府，应当根据水污染防治的要求和国家或者地方的经济、技术条件，适时修订水环境质量标准和水污染物排放标准。

（五）水污染防治统一规划制度

防治水污染应当按流域或者按区域进行统一规划。《水污染防治法》规定，国家确定的重要江河、湖泊的流域水污染防治规划，由国务院生态环境主管部门会同国务院经济综合宏观调控、水行政等部门和有关省、自治区、直辖市人民政府编制，报国务院批准；其他跨省、自治区、直辖市江河、湖泊的流域水污染防治规划，根据国家确定的重要江河、湖泊的流域水污染防治规划和本地实际情况，由有关省、自治区、直辖市人民政府生态环境主管部门会同同级水行政等部门和有关市、县人民政府编制，经有关省、自治区、直辖市人民政府审核，报国务院批准；省、自治区、直辖市内跨县江河、湖泊的流域水污染防治规划，根据国家确定的重要江河、湖泊的流域水污染防治规划和本地实际情况，由省、自治区、直辖市人民政府生态环境主管部门会同同级水行政等部门编制，报省、自治区、直辖市人民政府批准，并报国务院备案；经批准的水污染防治规划是防治水污染的基本依据，规划的修订须经原批准机关批准；县级以上地方人民政府应当根据依法批准的江河、湖泊的流域水污染防治规划，组织制定本行政区域的水污染防治规划。有关市、县级人民政府应当按照水污染防治规划确定的水环境质量改善目标的要求，制定限期达标规划，采取措施按期达标。

《水污染防治法》这一规定，目的是建立和健全流域水污染防治规划和监督管理。由于河流、湖泊在地理上是以流域为系统的，仅按行政区域对其制订区域防治规划和进行监督管理，在国民经济迅速发展的今天，已不能解决日益严重的流域污染；地方保护主义、以牺牲下游利益来获取自己的经济利益，也不时引发跨行政区域水污染纠纷；只按区域进行规划治理，“各自为政”，上下游间在经济发展、城市建设、水体功能及水污染控制等方面均难以协调。因此，防治水污染应当按流域或者按区域进行统一规划。通过流域规划将各地区的水污染防治与流域的水环境质量目标联系起来，可以较有效地解决好上、下游不同行政区域水污染防治的协调、监督管理工作。《水污染防治法》规定，下级规划必须服从上级规划，区域规划必须服从流域规划。

（六）水污染防治的监督管理

《水污染防治法》第三章第19～31条规定了水污染防治监督管理的一些制度与措施，可归纳为两类：一类是环境保护法的一般制度，如"三同时"、环境影响评价、排污许可证、现场检查等，不再赘述；另一类是水污染防治所特别强调的制度与措施，主要包括重点水污染物排放总量控制、排污口设置、自行监测与水环境监测、流域环境资源承载能力预警与生态功能维护、流域水环境保护联合协调机制、跨区域水污染纠纷处理等。

1. 重点水污染物排放总量控制

重点水污染物排放总量控制，是指在特定的时期内，综合经济、技术、社会等条件，采取通过向排污源分配水污染物排放量的形式，将一定空间范围内排污源产生的水污染物的数量控制在水环境容许限度内而实行的污染控制方式及其管理规范的总称。传统的污染源管理一般采取"浓度控制"的方法，要求排污单位污染物排放浓度不得超过有关的排放标准。但随着污染源数量的增加和污水排放总量的猛增，往往所有排污单位都实现了达标排放而累计排放的污染物数量却超过该水体的环境容量，致使水体的水质达不到规定的环境标准。实行水污染物排放总量控制制度能比较好地解决这一矛盾。我国现行环保法律法规如《大气污染防治法》《海洋环境保护法》已对实行污染物排放总量控制制度作了规定。

《水污染防治法》规定，国家对重点水污染物排放实施总量控制制度。重点水污染物排放总量控制指标，由生态环境部在征求国务院有关部门和各省级政府意见后，会同国务院经济综合宏观调控部门报国务院批准并下达实施。省级政府应当按照国务院的规定削减和控制本行政区域的重点水污染物排放总量。省级政府可以根据本行政区域水环境质量状况和水污染防治工作的需要，对国家重点水污染物之外的其他水污染物排放实行总量控制。

对超过重点水污染物排放总量控制指标或者未完成水环境质量改善目标的地区，省级以上人民政府生态环境主管部门应当会同有关部门约谈该地区人民政府的主要负责人，并暂停审批新增重点水污染物排放总量的建设项目的环境影响评价文件。约谈情况应向社会公开。

2. 排污口设置

向水体排放污染物，必须合理设置排污口，否则会对用水安全等造成严重影响。如长江干流沿岸城市附近的水域形成数十公里的岸边污染带，某大城市附近的长江干流取水口与排污口犬牙交错，严重影响了供水安全。一些排污企业未经批准，随意在行洪河道偷偷设置入河排污口，对堤防和行洪河道的安全构成了潜在的威胁。当发生洪水时，污水将随着洪水蔓延，既扩大了污染区域，也使洪水调度决策更加复杂。因此，规范排污口设置的管理，是十分必要和迫切的。《水污染防治法》规定，向水体排放污染物的企业事业单位和其他生产经营者，应当按照法律、行政法规和国务院生态环境主管部门的规定设置排污口；在江河、湖泊设置排污口的，还应当遵守国务院水行政主管部门的规定。

3. 自行监测与水环境监测

实行排污许可管理的企业事业单位和其他生产经营者应当按照国家有关规定和监测规范，对所排放的水污染物自行监测，并保存原始监测记录，对监测数据的真实性和准确性负责。重点排污单位还应当安装水污染物排放自动监测设备，与生态环境主管部门的监控设备联网，并保证监测设备正常运行。重点排污单位安装水污染物排放自动监测设备，与生态环境主管部门的监控设备联网，有利于加强污染源监管，实施污染物排放总量控制与排污许可证制度，预防污染事故，提高环境管理科学化、信息化水平。水污染物排放自动监测设备，是指在污染源现场安装的用于监控、监测污染物排放的仪器、流量（速）计、污染治理设施运行记录仪和数据采集传输仪等仪器、仪表，是污染防治设施的组成部分。生态环境主管部门的监控设备，是指生态环境主管部门通过通信传输线路与自动监测设备连接用于对重点污染源实施自动监控的计算机软件和设备等。自动监测设备和监控设备合称为自动监控系统。自动监控系统经环境保护部门检查合格并正常运行的，其数据作为环境保护部门进行排污申报核定、排污许可证发放、总量控制、环境统计、排污费征收和现场环境执法等环境监督管理的依据，并按照有关规定向社会公开。

国家建立水环境质量监测和水污染物排放监测制度。国务院生态环境主管部门负责制定水环境监测规范，统一发布国家水环境状况信息，会同国务院水行政等部门组织监测网络，统一规划国家水环境质量监测站（点）的设置，建立监测数据共享机制，加强对水环境监测的管理。国家确定的重要江河、湖泊流域的水资源保护工作机构负责监测其所在流域的省界水体的水环境质量状况，并将监测结果及时报国务院生态环境主管部门和国务院水行政主管部门；有经国务院批准成立的流域水资源保护领导机构的，应当将监测结果及时报告流域水资源保护领导机构。

4. 流域环境资源承载能力预警与生态功能维护

国务院生态环境主管部门和省级政府生态环境主管部门应当会同同级有关部门根据流域生态环境功能需要，明确流域生态环境保护要求，组织开展流域环境资源承载能力监测、评价，实施流域环境资源承载能力预警。县级以上地方人民政府应当根据流域生态环境功能需要，组织开展江河、湖泊、湿地保护与修复，因地制宜建设人工湿地、水源涵养林、沿河沿湖植被缓冲带和隔离带等生态环境治理与保护工程，整治黑臭水体，提高流域环境资源承载能力。

国务院有关部门和县级以上地方人民政府开发、利用和调节、调度水资源时，应当统筹兼顾，维持江河的合理流量和湖泊、水库以及地下水体的合理水位，保障基本生态用水，维护水体的生态功能。从事开发建设活动，应当采取有效措施，维护流域生态环境功能，严守生态保护红线。

此外，《水污染防治法》还规定了流域水环境保护联合协调机制与跨区域水污染纠纷处理等制度。如国务院生态环境主管部门应当会同国务院水行政等部门和有关省级政府，建立重要江河、湖泊的流域水环境保护联合协调机制，实行统一规划、统一标准、统一监测、统一的防治措施。跨行政区域的水污染纠纷，由有关地方人民政府协商解决，或者由其共同的上级人民政府协调解决。

（七）水污染防治措施

《水污染防治法》第四章从第 32 ~ 62 条共 31 条，规定了水污染防治措施，又分为五节，即一般规定、工业水污染防治、城镇水污染防治、农业和农村水污染防治、船舶水污染防治。

1. 一般规定

第一，环境风险管理。国务院生态环境主管部门应当会同国务院卫生主管部门，根据对公众健康和生态环境的危害和影响程度，公布有毒有害水污染物名录，实行风险管理。排放上述规定名录中所列有毒有害水污染物的企业事业单位和其他生产经营者，应当对排污口和周边环境进行监测，评估环境风险，排查环境安全隐患，并公开有毒有害水污染物信息，采取有效措施防范环境风险。

第二，向水体排放的禁止性规定。如禁止向水体排放油类、酸液、碱液或者剧毒废液；禁止向水体排放、倾倒放射性固体废物或者含有高放射性和中放射性物质的废水；向水体排放含热废水，应当采取措施，保证水体的水温符合水环境质量标准；含病原体的污水应当经过消毒处理,符合国家有关标准后方可排放;禁止向水体排放、倾倒工业废渣、城镇垃圾和其他废弃物;禁止将可溶性剧毒废渣向水体排放、倾倒或者直接埋入地下;禁止在江河、湖泊、运河、渠道、水库最高水位线以下的滩地和岸坡堆放、存贮固体废弃物和其他污染物;禁止利用渗井、渗坑、裂隙、溶洞,私设暗管,篡改、伪造监测数据,或者不正常运行水污染防治设施等逃避监管的方式排放水污染物。

第三,防止地下水污染。化学品生产企业以及工业集聚区、矿山开采区、尾矿库、危险废物处置场、垃圾填埋场等的运营、管理单位,应当采取防渗漏等措施,并建设地下水水质监测井进行监测,防止地下水污染。加油站等的地下油罐应当使用双层罐或者采取建造防渗池等其他有效措施,并进行防渗漏监测,防止地下水污染。禁止利用无防渗漏措施的沟渠、坑塘等输送或者存贮含有毒污染物的废水、含病原体的污水和其他废弃物。多层地下水的含水层水质差异大的,应当分层开采;对已受污染的潜水和承压水,不得混合开采。从事地下兴建或开采活动,应当采取防护性措施,防止地下水污染。人工回灌补给地下水,不得恶化地下水质。

2. 工业水污染防治

工业水污染防治的主要措施包括:合理规划工业布局,要求造成水污染的企业进行技术改造;收集和处理产生的全部工业废水,防止污染环境,其中,含有毒有害水污染物的工业废水应当分类收集和处理,不得稀释排放;工业集聚区应当配套建设相应的污水集中处理设施,安装自动监测设备;向污水集中处理设施排放工业废水的,应当按照国家有关规定进行预处理;国家对严重污染水环境的落后工艺和设备实行淘汰制度,被淘汰的设备不得转让给他人使用;禁止新建不符合国家产业政策的严重污染水环境的生产项目;企业应当采用原材料利用效率高、污染物排放量少的清洁工艺,并加强管理,减少水污染物的产生。

3. 城镇水污染防治

一是城镇污水应当集中处理。我国城镇生活污水排放量占废水排放量的比例逐年上升,城镇中小企业多,且与居民区混杂,部分工厂的废水需要排入城镇下水道。对废水进行集中处理,比每个单位单独设污水处理设施经济。又由于城镇污水处理设施建立进展缓慢,且已建成的处理厂常常因缺乏经费不能正常运转,因此,建设城镇污水集中处理设施并依法征收污水处理费,已成为防治城镇水污染的当务之急。《水污染防治法》规定,县级以上地方人民政府应当通过财政预算和其他渠道筹集资金,统筹安排建设城镇污水集中处理设施及配套管网,提高本行政区域城镇污水的收集率和处理率。国务院建设主管部门应当会同国务院经济综合宏观调控、生态环境主管部门,根据城乡规划和水污染防治规划,组织编制全国城镇污水处理设施建设规划。城镇污水集中处理设施的运营单位按照国家规定向排污者提供污水处理的有偿服务,收取污水处理费用,保证污水集中处理设施的正常运行。收取的污水处理费用应当用于城镇污水集中处理设施的建设运行和污泥处理处置,不得挪作他用。

二是保证水集中处理设施的出水水质。向城镇污水集中处理设施排放水污染物,应当符合国家或者地方规定的水污染物排放标准。城镇污水集中处理设施的运营单位,应当对城镇污水集中处理设施的出水水质负责。生态环境主管部门应当对城镇污水集中处理设施的出水水质和水量进行监督检查。

三是安全处理处置污泥。城镇污水集中处理设施的运营单位或者污泥处理处置单位应当安全处理处置污泥,保证处理处置后的污泥符合国家标准,并对污泥的去向等进行记录。

4. 农业和农村水污染防治

农业和农村水污染防治的主要措施有:建设农村污水、垃圾处理设施;做好面源水污染防治工作,加强化肥、农药等产品的质量管理和安全使用规范,防止造成水污染;建设畜禽粪便、废水的综合利用或者无害化处理设施，组织对畜禽粪便污水进行分户收集、集中处理利用；规范水产养殖，保护水域生态环境；加强农田灌溉用水的管理。

5. 船舶水污染防治

船舶水污染防治的主要措施包括：其一，严格规范船舶排放污水，如船舶排放含油污水、生活污水，应当符合船舶污染物排放标准；船舶的残油、废油应当回收，禁止排入水体；禁止向水体倾倒船舶垃圾；船舶应当采取防止溢流和渗漏的措施；禁止排放不符合规定的船舶压载水。其二，船舶应当按照国家有关规定配置相应的防污设备和器材，船舶进行涉及污染物排放的作业，应当严格遵守操作规程，并在相应的记录簿上如实记载。其三，各级政府应当统筹规划建设船舶污染物、废弃物的接收、转运及处理处置设施。其四，船舶及有关作业单位从事有污染风险的作业活动，如过驳作业、船舶拆解作业等，应当按照有关法律法规和标准，采取有效措施，防止造成水污染。

（八）饮用水水源和其他特殊水体保护

国家建立饮用水水源保护区制度。饮用水水源保护区制度，是指省级以上人民政府为加强对生活饮用水的保护，依法在本行政区域内划定饮用水水源保护区，并对其进行严格监督管理的一项制度。《水污染防治法》对饮用水水源保护区的划定和保护作了具体的规定，例如，饮用水水源保护区分为一级保护区和二级保护区；必要时，可以在饮用水水源保护区外围划定一定的区域作为准保护区。饮用水水源保护区的划定，由有关市、县人民政府提出划定方案，报省、自治区、直辖市人民政府批准；跨市、县饮用水水源保护区的划定，由有关市、县人民政府协商提出划定方案，报省、自治区、直辖市人民政府批准；协商不成的，由省、自治区、直辖市人民政府生态环境主管部门会同同级水行政、国土资源、卫生、建设等部门提出划定方案，征求同级有关部门的意见后，报省、自治区、直辖市人民政府批准。跨省、自治区、直辖市的饮用水水源保护区，由有关省、自治区、直辖市人民政府商有关流域管理机构划定；协商不成的，由国务院环境保护主管部门会同同级水行政、国土资源、卫生、建设等部门提出划定方案，征求国务院有关部门的意见后，报国务院批准。国务院和省、自治区、直辖市人民政府可以根据保护饮用水水源的实际需要，调整饮用水水源保护区的范围，确保饮用水安全。有关地方人民政府应当在饮用水水源保护区的边界设立明确的地理界标和明显的警示标志。在饮用水水源保护区内，禁止设置排污口。

《水污染防治法》规定对划定为一级保护区的保护措施有：禁止在饮用水水源一级保护区内新建、改建、扩建与供水设施和保护水源无关的建设项目；已建成的与供水设施和保护水源无关的建设项目，由县级以上人民政府责令拆除或者关闭。禁止在饮用水水源一级保护区内从事网箱养殖、旅游、游泳、垂钓或者其他可能污染饮用水水体的活动。

《水污染防治法》规定对划定为二级保护区的保护措施有：禁止在饮用水水源二级保护区内新建、改建、扩建排放污染物的建设项目；已建成的排放污染物的建设项目，由县级以上人民政府责令拆除或者关闭。在饮用水水源二级保护区内从事网箱养殖、旅游等活动的，应当按照规定采取措施，防止污染饮用水水体。

对于饮用水水源准保护区的保护措施有：禁止在其中新建、扩建对水体污染严重的建设项目；改建建设项目，不得增加排污量。各级政府应当根据保护饮用水水源的实际需要，在准保护区内采取工程措施或者建造湿地、水源涵养林等生态保护措施，防止水污染物直接排入饮用水水体，确保饮用水安全。

对于饮用水水源保护区的其他保护措施有：筛查可能存在的污染风险因素，采取相应的风险防范措施；采取措施保障供水安全；建设应急水源或者备用水源，开展区域联网供水，发展规模集中供水;做好取水口和出水口的水质检测工作,保证供水水质;监测、评估饮用水安全状况并公开信息;在饮用水水源保护区内,采取禁止或者限制使用含磷洗涤剂、化肥、农药以及限制种植养殖等措施。

对于特殊水体的保护措施有:县级以上人民政府可以对风景名胜区水体、重要渔业水体和其他具有特殊经济文化价值的水体划定保护区,并采取措施,保证保护区的水质符合规定用途的水环境质量标准。在风景名胜区水体、重要渔业水体和其他具有特殊经济文化价值的水体的保护区内,不得新建排污口。在保护区附近新建排污口,应当保证保护区水体不受污染。

(九)水污染事故处置

第一,一般规定。各级人民政府及其有关部门,可能发生水污染事故的企业事业单位,应当依照《突发事件应对法》的规定,做好突发水污染事故的应急准备、应急处置和事后恢复等工作。

第二,应急方案制订。可能发生水污染事故的企业事业单位,应当制订有关水污染事故的应急方案,做好应急准备,并定期进行演练。生产、储存危险化学品的企业事业单位,应当采取措施,防止在处理安全生产事故过程中产生的可能严重污染水体的消防废水、废液直接排入水体。

第三,应急方案启动。企业事业单位发生事故或者其他突发性事件,造成或者可能造成水污染事故的,应当立即启动本单位的应急方案,采取隔离等应急措施,防止水污染物进入水体,并向事故发生地的县级以上地方人民政府或者生态环境主管部门报告。生态环境主管部门接到报告后,应当及时向本级人民政府报告,并抄送有关部门。造成渔业污染事故或者渔业船舶造成水污染事故的,应当向事故发生地的渔业主管部门报告,接受调查处理。其他船舶造成水污染事故的,应当向事故发生地的海事管理机构报告,接受调查处理;给渔业造成损害的,海事管理机构应当通知渔业主管部门参与调查处理。

第四,应急预案与应急演练。市、县级人民政府应当组织编制饮用水安全突发事件应急预案。饮用水供水单位应当根据所在地饮用水安全突发事件应急预案,制订相应的突发事件应急方案,报所在地市、县级人民政府备案,并定期进行演练。饮用水水源发生水污染事故,或者发生其他可能影响饮用水安全的突发性事件,饮用水供水单位应当采取应急处理措施,向所在地市、县级人民政府报告,并向社会公开。有关人民政府应当根据情况及时启动应急预案,采取有效措施,保障供水安全。

三、水污染防治需要制度创新〔20〕

2015 年 4 月 16 日,国务院发布《水污染防治行动计划》(“水十条”),这是我国环保工作的又一重大举措。“水十条”重视科学规律,将水划分为水资源、水环境、水生态,并相应提出了具体的治理措施,可操作性强。2013 年 9 月,国务院发布《大气污染防治行动计划》(“大气十条”),加之社会舆论对雾霾治理的强烈关注,公众有一个错觉,似乎环境治理主要就是大气污染防治,其他环境问题并不突出,这其实不对。大气污染、水污染及土壤污染是我国目前三大环境问题,被称为环境领域的“三大战役”。“大气十条”之后出台“水十条”,充分彰显了国家全面实施大气、水、土壤治理三大战略的决心和信心,《土壤污染防治行动计划》(“土十条”)也已编制完成,于 2016 年实施。

---

〔20〕 参见谭柏平:《“臭水河”治理要打持久战》,载《法治周末》2015 年 4 月 23 日,第 2 版。

我国水污染的严重程度其实丝毫不亚于大气污染。近年来,全国地表水水质总体上虽然有所改善,但治理效果差强人意,全国水环境污染问题依然非常严重。譬如,全国地表水受到严重污染的劣Ⅴ类水体所占比例近10%,有些流域如海河流域情况更糟。河流湖泊富营养化问题突出,近半数严重污染。城镇化进程加快的同时,城镇黑臭水体增多,水环境自净能力持续减弱,有些水体不但没有得到修复,反而污染加剧,越治越脏。而且,我国饮用水安全形势堪忧,水环境突发事件数量依然不少。

水污染主要来源于生活污水和工业废水,工业、生活污水等排放超过水环境容量,遂造成了水污染。直接原因自然得归咎于城市规模扩张、城镇人口膨胀、农药化肥滥用、各类厂矿肆意排污等,进一步深究可知,我国污水排放没有得到有效控制,城乡均存在不同程度的污水直排现象,未经处理或处理不达标的污水直接排入水环境。加之,我国城镇规划滞后于城镇发展,城镇污水收集管网、污水处理厂等基础设施不足,污水处理能力不够,排污标准过低形成"达标污染"的尴尬现象,水污染在所难免。此外,我国水资源严重短缺,水资源开发超过了其再生能力,水循环系统屡遭破坏,反过来也加剧了水污染。

从制度层面看,水环境属于公共资源,企业排污这种"外部不经济"行为如果没有合理内化为生产成本,企业为了个体利益最大化,宁愿选择违法排污,也不会增加治污投入,"悲剧"的只能是水环境这块"公地"了。而我国,长期以来环境执法力度不够,执法手段与方式单一,守法的成本高,违法的成本低。水污染防治囿于部门利益及行政区划的条块分割,防控机制缺乏创新等,这些制度上亟待解决的难题,也是我国水环境为何长期以来治理成效不大,污水排放如此猖獗的原因。

我国的经济成就举世瞩目,但却有部分人口的生活受到被污染的水源的影响,这给公众的身体健康及日常生活都带来了严重危害,幸福指数大打折扣。而且,我国水资源质量下降与水环境污染,给工农业生产也造成了现实损害,由于水污染致使工厂停产、农业减产、渔业绝收等事故屡见不鲜,造成了不良的社会影响和较大的经济损失。据测算,我国每年水污染对农业、工业、市政事业、人体健康等方面造成的经济损失约2400亿元。为了人类社会的生存与经济的可持续发展,水污染治理已迫在眉睫。

水污染防治应坚持源头控制的思路,防微杜渐。为此,必须要求工业污水事先在厂界内预处理,做到清洁化、减量化,严格管制污水的直接排放,加快城镇污水处理设施建设与改造,控制农业面源污染等。还应实施全面控制水资源的措施,即将截污、治理、供水、排水乃至污水利用统筹考虑,做到对水资源全生命周期的控制等。另外,应该依法治污,依规治水,健全水环境保护的法规与标准,我国对水资源保护与水污染防治是分别立法的,应修订与完善水污染防治、水源地保护、海洋环境保护、排污许可、化学品环境管理等法律法规与排污标准。

当然,关键的一点是,水污染治理不能再沿用过去分割、孤立的防治方式,应创新治污的工作思路与相关制度。"水十条"在水污染防治的体制机制方面有许多亮点与创新,在其10条35款238项具体治理措施中,有136项是改进强化,90项是改革创新,如推动形成"政府统领、企业施治、市场驱动、公众参与"的水污染防治新机制,发挥第三方治理等市场机制在水污染防治领域的积极作用;建立健全跨界水环境补偿机制;实行最严格的水资源管理制度,做好地下水保护和应急水源地建设工作,实施地下水资源战略储备,加强水安全预警机制等。"水十条"工作目标明确,而协同是落实工作目标的根本,如协同推进与完善流域协作,构建与健全污染物协同控制与区域联动机制;加强水污染治理各部门之间的协调联动机制与联合执法力度等。"水十条"每项工作都明确了牵头单位和参与部门,以期解决"九龙治水"等沉疴痼疾。并且,“水十条”兼顾了水生态与水安全,将水环境作为一个循环系统来统筹考虑,体现了水污染系统控制的思维。

“水十条”是我国第一份水污染防治中长期路线图,将会是当前和今后一个时期我国水污染防治工作的行动指南。根据日本经验,水污染治理需要三四十年,可见,水污染防治不仅有紧迫性、复杂性,而且更具有艰巨性、长期性,我们应认真落实“水十条”,坚持不懈,做好打攻坚战、持久战的准备。

四、滇池治污目标落空的法律探析[21]

滇池属于长江流域,是昆明城市饮用水源地之一,具有工农业用水、调蓄、防洪、旅游、航运、水产养殖、调节气候等多种功能。2015 年 6 月,环保部发布《2015 中国环境状况公报》公布全国重点湖泊(水库)水质状况,滇池湖体平均为中度富营养状态,在 10 个国控点位中,Ⅴ类点位占 10%,劣Ⅴ类占 90%,滇池湖体平均为劣Ⅴ类水质,属于重度污染,滇池没有完成“十二五”期间的治理目标。可是,“九五”时期滇池则被列为全国重点治理湖泊,从 1996 年至 2015 年,滇池的治理投入不断增加,20 年共计完成投资约 510 亿元,然而,巨额治理投入并没有带来水质的明显改善,自 90 年代以来,滇池水体中营养盐 TN、TP 呈逐年上升趋势,从 2006 年以来,滇池草海和外海水质均处于劣Ⅴ类。事实上,从滇池治污启动以来,治理目标不断落空。除了巨额治理投入,昆明每年因滇池污染导致的经济损失竟高达 710 亿元。

人们不禁要问,治理投入巨大,为何滇池的治理目标仍不断落空?原因当然很多。可以归咎于滇池的地理位置,滇池处于昆明城区地势最低地带,属于半封闭性湖泊,缺乏充足和干净的河流水进行置换;可以说是历史的原因,累月经年的纳污蓄垢造成滇池的污染物聚集,远远超过了其自净能力;也可以说是社会发展的必然结果,90 年代开始,经济社会迅速发展,滇池环湖地带城镇化快速推进,加之发展模式粗放,产生的工业污水和城市生活污水大量排入滇池,面源污染治理不彻底,治理手段跟不上形势发展,等等。然而,还有更深层次的原因。从法律的视角看,在水污染防治方面我国并不是无法可依,从《环境保护法》《水污染防治法》及其实施细则,到《排污费征收使用管理条例》等,我国已经形成了一套比较成熟的水污染防治法律制度,如法律明文规定了水污染防治的流域或区域规划、环境影响评价、重点水污染物排放总量控制、排污许可与收费、水环境质量监测和水污染物排放监测、城镇污水集中处理以及水环境生态保护补偿等。滇池“污染病”屡治不愈,这些法律制度是否实施起来毫无作用?还是没有得到很好的贯彻落实?当然,我们还可以进一步深究。我国水污染防治实行的是达标排放、超标违法的制度,也就是说,法律规定的是,排放水污染物,不得超过国家或者地方规定的水污染物排放标准和重点水污染物排放总量控制指标,超过标准的排污行为则属于违法。言下之意,只要是达到排放标准的排污行为,就属于合法行为。我们在此先不讨论这个排放标准是否合理,是否过低,由上可见,政府部门对于合法的排污行为,除了收费,却不能去禁止。滇池一直被污染,当然会有超过排放标准的违法排污行为存在的原因,但不能忽视的是,大量的合法排污行为对滇池所做的“贡献”。如果说,滇池污染需要追究“责任人”,在环保部门拿到合法排污证照的企业与排放生活污水的普通老百姓,均有责任。

滇池污染是一例典型的“公地悲剧”现象。滇池无疑属于“公地”,根据常识,达标的排放行为一样也在往滇池湖体中排入污染物。企业向滇池排入污染物如果是免费的或者代价很低,那么这种排污行为的“负外部性”就不能合理“内部化”为企业的经营成本,企业则没有动

〔21〕 参见谭柏平:《20 年花 510 亿为何治不了滇池污染》,载《法治周末》2016 年 9 月 7 日,第 2 版。

力去减排，日积月累，其结果必然是滇池污染，造成“公地悲剧”。公平的做法是“污染者负担”，即通过排污收费，使企业“外部不经济”能够“内部化”。现在的问题是，一方面企业违法排污的现象严重，守法的成本高，违法的成本低；另一方面，我国各地主要污染物排污费征收标准都偏低，企业缴纳的排污费远远达不到其造成污染的治理费。试问，滇池20年约510亿元的治污成本，其中多少是落在纳税人头上，由受害者买单呢？不得而知。

当然，并不是说水污染防治法律制度已经尽善尽美，其实还是余有法律空白的，近些年，水污染防治方面的法律完善工作也一直没有间断，譬如，我国对于城镇排水与污水处理一直没有法律明确规定，2013年国务院颁布了《城镇排水与污水处理条例》，注意到，昆明市政府目前正在兴建全城地下雨污排水管网等工程；再如，鉴于排污收费制度的一些弊端，立法部门目前正在尝试把“排污费”改为“排污税”。就滇池而言，作为我国重点治理的“三湖”之一，滇池缺乏专门的立法保护。对流域或区域的环境保护专门立法，在我国已有先例，早在20世纪90年代就颁布过《淮河流域水污染防治暂行条例》，2011年制定了《太湖流域管理条例》。虽然从法律的实施来看，不一定能起到立竿见影的效果，但依法治国首先要做到有法可依。

水污染防治应当坚持预防为主、防治结合、综合治理的原则，这是《水污染防治法》明文规定的，首要的一点是做到“预防为主”。环境污染易，治理难，重在预防。有数据统计，预防污染与事后治理污染，两者的投入比例大约是1∶20。媒体披露的滇池污染治理投入，使用的是“治理”一词，“治理”应该是污染之后的事后行为，而不是污染发生的预防阶段。滇池污染的防治工作，今后肯定还会有不少的投入，应该把重点放在预防污染物的产生上。据报道，滇池流域已经兴建或在建环湖截污工程、水质净化厂以及拆迁临时违建等，这些都是必要的预防污染发生的措施。

五、城镇污水处理需要多元治理〔22〕

据《人民日报》2017年2月6日报道，国家发展改革委、住房城乡建设部正式印发《“十三五”全国城镇污水处理及再生利用设施建设规划》，该规划提出，到2020年年底，实现城镇污水处理设施全覆盖，城市污水处理率要达到95%。2月4日国务院印发的《全国国土规划纲要(2016—2030年)》也已提出，到2020年，城镇生活污水、垃圾处理设施实现全覆盖，水利基础设施更加完善。城镇污水处理及再生利用设施是城镇发展不可或缺的基础设施，是经济发展、居民安全健康生活的重要保障。“十二五”以来，全国污水处理水平明显提高，城镇污水处理设施建设基本完成“十二五”规划目标。然而，我国水环境形势依旧严峻。随着城镇化推进、城镇人口的集中以及工业发展，向水环境排放污水的总量一直居高不下，造成工业、生活污水等排放量远远超过了水环境容量，而且，在工业污水难以得到有效治理的情况下，我国生活污水的排放数量已经超过了工业污水的排放数量，生活污水的排放没有得到全部控制，还存在许多的污水直排现象。

尽管我国在“十二五”期间加强了城镇污水处理设施的建设力度，但不可否认，城镇污水处理设施建设仍然存在许多问题，如污水管网建设一直滞后于城市的扩张速度、污水处理设施区域分布不均衡、建制镇设施明显不足、老旧管网渗漏严重、设施提标改造需求迫切、部分污泥处置存在二次污染隐患、再生水利用率不高、对处理设施重建设轻管理等。由于城镇污水处理能力不够，造成大量城镇人口的生活仍然依靠被污染的水源，流经城镇的黑臭水体较多，公众关注度高，对居民的日常生活影响大，总之，城镇污水处理的成效与群众对水环境改

---

〔22〕 参见谭柏平：《城镇污水处理需要全社会力挺》，载《法治周末》2017年2月8日，第2版。

善的期待还存在差距。

两部委之所以印发该规划,目的在于尊重并顺应城镇发展规律,落实国务院《水污染防治行动计划》相关要求,统筹推进"十三五"全国城镇污水处理及再生利用设施建设工作,以改善水环境质量为核心,倒逼城镇污水处理设施建设和升级改造,统筹规划、科学引导,加快形成"绿色生态、系统协调"的城镇污水处理及再生利用设施建设格局。该规划强调,"十三五"期间应进一步统筹规划,合理布局,加大投入,实现城镇污水处理设施建设由"规模增长"向"提质增效"转变,由"重水轻泥"向"泥水并重"转变,由"污水处理"向"再生利用"转变,全面提升我国城镇污水处理设施的保障能力和服务水平。

其实,关于城镇污水处理,我国有法可依,已有明确的法律法规的规定。譬如,新修订的《环境保护法》规定,各级人民政府应当统筹城乡建设污水处理设施及配套管网,并保障其正常运行。此外,还规定了排污许可与收费等各项水污染防治制度,规定了企业事业单位和其他生产经营者的水污染防治责任,尤其对于偷排污水、伪造数据等逃避监管的行为作了严格的禁止性规定。《水污染防治法》在其第四章"水污染防治措施"中专门把"城镇水污染防治"作为单独的一节进行了规定。除了强调国家实行排污许可制度以外,还明确要求"城镇污水应当集中处理",并对建设城镇污水集中处理设施及配套管网的资金来源、组织编制全国城镇污水处理设施建设规划、城镇污水集中处理设施的运营单位、城镇污水集中处理设施的出水水质等内容做了规定。为了加强对城镇排水与污水处理的管理,保障城镇排水与污水处理设施安全运行,防治城镇水污染和内涝灾害等,国务院还专门制定了《城镇排水与污水处理条例》,2014 年 1 月 1 日起施行。这部行政法规对城镇的排水、污水处理及其规划与建设,设施维护与保护、法律责任等内容作了比较详细的规定。

诚然,上述法律法规的规定可操作性不强,虽然均涉及城镇污水处理设施的规划与建设等问题,但这些设施何时建设、何地建设、建设多少,并不清楚。有法可依,还不能等于有法能依。若想让这些法律法规的内容得到具体落实,还得借助于实施细则或者政府政策的作用。2015 年 4 月 16 日国务院发布了《水污染防治行动计划》,对城镇生活污染治理、配套管网建设、污泥处理处置等设施建设提出了具体要达到的目标。如该行动计划提出,按照国家新型城镇化规划要求,到 2020 年,全国所有县城和重点镇具备污水收集处理能力,县城、城市污水处理率分别达到 85%、95% 左右。

从环境法基本原则的视角看,城镇污水处理属于环境污染的事后治理,污染物质已经排入水体,污水已经产生,这似乎不符合"保护优先、预防为主"的法律原则,没有防止污水的生成。然而,从生产与生活的现实需要来看,污水的产生又是必然的,除了强调从源头上对污水的"减量化"之外,城镇污水处理是城镇化建设中必然具备的一个环节,能防止污水直接排入水环境或土壤等环境要素中,因此,相对于土壤环境与水环境来说,城镇污水处理又是一项积极的环境污染预防措施,符合环境保护法的基本原则。城镇污水处理离不开设施建设等"硬件",也需要提高水环境质量标准等"软件"。由于过去我国长期以来排污标准过低,造成了"达标污染"的尴尬局面,如大量经传统污水处理技术处理后一级 A 标准或一级 B 标准污水均为劣Ⅴ类水,这种水质排放到水环境中,导致水体不但没有得到修复,反而遭到了污染。

城镇污水处理需要多元治理,多措并举。城镇污水处理不能只顾一城一镇,还应该合理布局产业,宏观上遵循水污染防治的流域或区域统一规划的原则,中观上坚持水环境质量与污染物的总量控制制度,微观上实施排污许可与收费(征税)制度等。城镇污水处理还需要公众参与,多方协同。城镇污水处理不仅涉及企业事业单位与个人,还牵涉政府的多个部门,如住房城乡建设、发展改革、工业和信息化、环境保护、农业等部门,需要指定牵头部门,确定协同部门,各自在职责范围内对水污染防治与污水处理实施协同监管。

六、量刑太轻难以威慑违法排污者——以“偷排渗沥液造成环境污染案”为例[23]

2017年8月10日,“偷排渗沥液造成环境污染案”在北京市第二中级人民法院一审宣判。曾任北京市市政工程管理处有限公司七处经理马某,伙同他人,长期将海淀区六里屯垃圾填埋场外运的垃圾渗沥液,不经过达标处理便直接倾倒入市政污水井内,被法院以受贿罪和污染环境罪判处有期徒刑17年,并处罚金190万元;天津某商贸公司因单位行贿罪、污染环境罪,被判6100万元罚金;该公司实际控制人被判处有期徒刑5年。

垃圾渗沥液,俗称“垃圾汤”,是生活垃圾在堆放和填埋过程中由于发酵、雨水冲刷和地表水、地下水浸泡而渗滤出来的一种高浓度有毒有害液体。垃圾渗沥液成分复杂,金属含量高,危害性大,譬如,可使地表水水质恶化,地下水丧失利用价值,进而威胁人类生活与生产用水安全,有机污染物进入食物链将直接危害人类健康。我国高度重视水环境安全,为加强水污染防治工作,先后颁布了包括“水十条”在内的一系列重要的政策措施,出台或修订了《环境保护法》《水污染防治法》《固体废物污染环境防治法》等环境法律法规,对于城市生活垃圾的处理及其二次污染的防治也有法可依,有章可循。《环境保护法》《水污染防治法》等环境法均明文规定,违反防治环境污染的法律规定,构成犯罪的,依法追究刑事责任。根据《刑法》第338条的规定,违反国家规定,“排放、倾倒或者处置有放射性的废物、含传染病病原体的废物、有毒物质或者其他有害物质,严重污染环境的”,可处以有期徒刑或者拘役,并处或者单处罚金。据检测,垃圾渗沥液中的有机污染物多达六十余种,其中不乏致癌物、促癌物、辅致癌物与致突变物,若不加处理而直接排入环境,会造成严重的环境污染。法院查明,马某等人将这种具有高度危害性的垃圾渗沥液偷排至市政污水井内,达到了“严重污染环境的”入罪标准,且使相关再生水厂承担了额外的处理费用93万余元,其行为已构成了污染环境罪。此外,马某等人内外勾结,以合法形式掩盖犯罪,进行权钱交易,数额巨大,必须从严惩处。

本案的判决无疑具有积极的现实意义与警示作用。在我国,这种偷排垃圾渗沥液的违法行为比较普遍,存在“违法成本低,守法成本高”的畸形现象。正如本案中的被告人申辩的,很多单位都存在偷排现象,并不是他们一家,违法排污者普遍存在从众与侥幸心理。如2017年8月2日傍晚,北京遭遇强降雨,昌平一家印刷厂趁机偷排污水,而污水中含有被列入《国家危险废物名录》的废显影剂。经群众举报后,环保警察赶赴现场开展调查。据悉,该企业的负责人已经被昌平警方刑事拘留。目前,我国一些地区水环境质量差、水生态受损重等问题依然十分突出,地方政府不可能拥有足够多的执法资源与十分完美的监测网络在所辖区域内每时每刻监控到每一个违法排污行为,所以应该建立并完善水污染防治的公众参与制度,充分发动群众,发挥社会组织、舆论媒体与社会公众的力量,布下防控违法排污行为的“天罗地网”。本案的最终查处,则得益于《新京报》媒体报道与社会公众监督的力量。

重视公众参与,并不是轻视政府相关部门的监管责任,恰恰相反,应该严格水环境保护的执法监管,加大环境执法力度,提升环境监管水平,提高监管能力。鉴于水环境与水污染的特点,我国水资源管理与水污染防治工作牵涉的政府相关部门较多,可谓“九龙闹水”,以本案为例,垃圾渗沥液要经过收集、运输、处理等多个环节,涉及北京市的排水、水务、环保、市政市容委、城管、公安、交通、财政、国土、卫生等多个政府部门。在落实排污单位主体责任的基础上,地方政府应该建立一个跨部门、跨区域、跨流域的水环境保护议事协调与信息共享机制,围绕

---

〔23〕 参见谭柏平:《量刑太轻难以威慑违法排污者》,载《法治周末》2017年8月15日,第2版。

水环境保护目标，明确相关部门的法定职责，根据分工由主导部门牵头，加强与其他部门的协作联动与相互配合。

本案的判决将给类似的案件以示范作用。根据法院查明的案情，本案的违法行为具有一定的隐蔽性，被告不是将污染物即垃圾渗沥液直接排入自然界的水体，而是倾倒入市政污水井内。但是，根据《水污染防治法》第50条第1款的规定，"向城镇污水集中处理设施排放水污染物，应当符合国家或者地方规定的水污染物排放标准"。被告偷排的垃圾渗沥液并没有经过任何处理，不可能符合水污染物排放标准，其行为的违法性可以坐实。同时，被告实施此种性质恶劣的环境污染行为，情节足够严重，必须严厉追责。

需要引起重视的一点是，本案也反映了环境法律责任制度存在的一个老大难问题，即环境法上的责任对违法者的震慑力不足，其中就包括环境刑事责任的问题，即污染环境罪的量刑太轻，这也是环境污染事件屡禁不止的原因之一。从本案的判决其实也能透视这一点。可知，本案一审判处马某有期徒刑17年，并不是源自马某严重污染了环境这一个犯罪事实，而是因为他同时构成了受贿罪，与污染环境罪两罪并罚的结果，且受贿情节特别严重，被从重处罚。可以说，马某被定"重罪"，污染环境罪是"占了受贿罪的光"，并不能说明污染环境罪具有多大的震慑力。因此，环境法律责任制度还有待于进一步完善。此外，本案也反映出另一个环境保护上的难题，即城市生活垃圾的处理问题。城镇生活垃圾究竟如何处理，是卫生填埋？还是焚烧发电？填埋作为一种最常见的垃圾处理方法，实践证明存在诸多问题，除了城镇土地珍贵，"寸土寸金"之外，垃圾填埋会产生大量的垃圾渗沥液，如本案的垃圾渗沥液则来自海淀区六里屯垃圾填埋场，被告在外运处理的环节上涉案。随着垃圾填埋问题日益突出，垃圾焚烧发电即建设再生能源发电厂成为解决垃圾问题的新思路。然而，垃圾焚烧又触发了各地的环境邻避冲突，加剧了社会矛盾。如本案所涉的六里屯垃圾填埋场，根据北京市"十一五"规划，拟在此建设一个垃圾焚烧厂，但因居民的强烈反对而另行选址。无论是填埋，还是焚烧发电，城市生活垃圾管理都应该在垃圾的源头控制上下功夫，遵循减量化、资源化、无害化的处理方针，其中的重中之重便是垃圾分类。目前，我国正加速推行垃圾分类制度，将有越来越多的城市试点生活垃圾强制分类，以改善城乡环境，加快资源节约型、环境友好型社会建设，提高新型城镇化质量和生态文明建设水平。

第五节　海洋环境污染防治法

一、海洋环境污染防治法概述

(一)海洋与海洋资源

海洋是风雨的故乡，资源的宝库，是人类赖以生存和发展的自然环境中一个重要组成部分，在人类生活中占有十分重要的作用和地位。"人类起源于海洋，总有一天还要回到海洋中去。"[24]海洋是"海"和"洋"的总称，是指地球上除大陆以外的辽阔水域，其中的中心部分称为洋，约占海洋总面积的89%，边缘的部分称为海，约占海洋总面积的11%。海洋的总面积约占地球总面积的70.8%。[25] 根据1982年《联合国海洋法公约》的规定，依据法律地位的不

〔24〕 崔清晨编著：《海洋资源》，商务印书馆1981年版，第3页。

〔25〕 参见周忠海：《国际海洋法》，中国政法大学出版社1987年版，第1页。

同,海洋可划分为内水、领海、毗连区、群岛水域、专属经济区、大陆架、公海、国际海底区域、用于国际航行的海峡等。

海洋资源是一种重要的自然资源。人们对于海洋资源的理解是随着科学技术的不断进步以及对海洋认识的不断深入而发展的。21 世纪是海洋世纪,对海洋资源的开发利用已经成为21 世纪人类社会经济发展的主要内容。海洋资源的内涵可从不同的角度阐释。从狭义上讲,海洋资源是指与海水水体本身有着直接关系的物质和能量。也就是说,海洋资源指的是能在海水中生存的生物、溶解于海水中的化学元素和淡水、海水中所蕴藏的能量以及海底的矿藏资源。从广义上讲,所有在一定时间内,能够产生经济价值以提高当前和未来人类福利的海洋自然环境因素都称作海洋资源,通常把港湾、海洋航线、水产资源的加工、海洋中的风能、海底地热、海洋景观、海洋空间以及海洋的纳污能力等都视为海洋资源。[26] 如果从经济技术条件及其对人类的有用性的视角来界定,海洋资源是指在一定的经济技术条件下,海洋中的一切对人类有用或有使用价值的物质和能量,包括海洋生物资源、海洋矿产资源、海洋旅游和自然、人文遗迹资源等。[27] 需要指出的是,海洋资源的有用性内涵在发展变化中,"所谓'对人类有用',过去主要指经济用途,现在也指社会和环境方面的用途"[28]。如果从海洋生态系统的视角对海洋资源进行定义,则可冠之为海洋生态资源,是指海洋生态资源系统内的所有资源。[29] 以上考察视角,强调了海洋资源的经济技术性、有用性与生态性等,但没有强调海洋资源的复合性,其实海洋资源是相对陆地资源而言的,泛指海洋空间所存在的一切资源,是海洋中各种类型资源的一种总的称呼,属于复合型的资源系统,是一个集合概念。海洋资源具有自然性、稀缺性与有限性、整体性、多用性或多宜性、区域性、游动性与共享性等特点。按照不同的标准,可对海洋资源进行不同分类,如按照海洋资源的性质、特点及存在形式,海洋资源可分为海洋生物资源、海洋矿产资源、海洋空间资源、海水资源、海洋新能源资源、海洋旅游资源等。

面对全球性的人口爆炸、陆地资源枯竭和环境危机,人类已越来越清楚地认识到,海洋资源将成为21 世纪人类生存和发展的重要物质和环境条件。人类的发展需要空间和资源,世界各国在陆地空间与资源的分配方面已基本结束,而海洋的空间与资源广度和丰度远远超过陆地,开发利用热潮方兴未艾。海洋空间与资源的争夺刚刚开始,而且海洋对陆地的制约作用日趋增强,谁控制海洋,谁就得到了生存和发展的权利。

（二）海洋环境污染的特点与危害

人类开发利用海洋的同时,不断地改变着海洋环境。由于某些不合理的开发利用活动,使各种污染物大量排入海洋,超过了海洋的自净能力,造成了日益严重的海洋污染,使海洋生态环境受到严重的破坏,影响了海洋事业的发展。海洋环境污染,是危害海洋环境的最紧迫问题,是人类活动影响海洋环境的主要表现,防治海洋环境污染,是海洋环境保护的主要任务。根据我国《海洋环境保护法》第 94 条第 1 项的规定,所谓的海洋环境污染损害,是指直接或者间接地把物质或者能量引入海洋环境,产生损害海洋生物资源、危害人体健康、妨害渔业和海上其他合法活动、损害海水使用素质和减损环境质量等有害影响。《联合国海洋法公约》规定的海洋环境污染的概念与我国法律的规定基本相同。

---

[26] 参见刘成武等编著:《自然资源概论》,科学出版社 1999 年版,第 277 页。

[27] 参见戚道孟主编:《自然资源法》,中国方正出版社 2005 年版,第 76 ~ 77 页。

[28] 蔡守秋、何卫东:《当代海洋环境资源法》,煤炭工业出版社 2001 年版,第 123 页。

[29] 参见王森、刘晓洁:《海洋生态资源的价值初探》,载《工业技术经济》2004 年第 6 期。

海洋环境污染有以下主要特点:(1)污染源广且复杂。造成海洋污染的污染源,分布广泛,污染途径和损害方式多样。污染物质进入海洋的途径主要有以下几个方面:陆地上的废物直接排入海洋;挥发到空气中的有毒物质,经风吹雨打沉降入海洋;海上船舶排污和海损事故造成石油和其他有害物质流失入海;海上石油勘探开发活动向海洋跑、冒、滴、漏的石油;人类有意向海洋倾倒有毒有害物质等。其中,既有固定源,又有移动源;有常规性污染物排放,也有事故性污染物排放;有直接排放、倾倒污染,也有间接的沉降、扩散污染等。(2)污染物种类多。海洋污染物种类繁多且排放量大,危害后果严重。人类活动产生的废弃物,最后多半进入海洋,海洋成为各类污染物的末端和最终归宿。主要污染物包括:固体废弃物、重金属、有机化合物、放射性物质、石油烃及其衍生物、热污染物等。(3)污染扩散范围大。海洋是连成一片的整体,海洋中的水体一刻不停地运动着,海水运动的方式之一是方向恒定地流动,称为海流。海流可以把混入海水中的污染物从一个海区搬运到另一个海区,从沿岸河口搬运到远洋。外国海域或公海的污染物可能漂流到我国海域,污染我国的海洋环境,同样,我国海洋环境中的污染物也有可能扩散到其他海域。因此,海洋环境污染和破坏也是全球性的重大环境问题之一,保护海洋环境不仅需要各国努力,还要进行各国之间的国际合作。(4)海洋污染物质没有转移的场所。大气中的污染物质可能沉降于地面和海洋;陆地、河流、湖泊的污染物可以由河流带入海洋;而海洋只能接收这些污染物,再没有转移的场所了。海洋污染物质日积月累,长期在海洋环境中积蓄着,对海洋生态环境的危害越来越大。(5)污染危害持久性强且难以消除。治理海洋污染要比治理陆地污染的难度更大,技术更为复杂,投资更多,费时更久。有些不易分解和不能分解的有毒有害物资在海洋中长期积累,经过鱼、虾、贝类等海洋生物的富集,食物链的传递,最终危及人类健康。

海洋环境污染的危害极大,主要有:第一,对海洋生物资源的危害。大量有毒有害物资进入海洋,破坏了海洋生物的栖息环境,损害了海洋生态环境和海洋生物资源,也给海洋渔业生产带来了严重损失。排放入海的石油类物质、无机氮和无机磷是形成近岸海域富营养化的主要原因。不合理的海上和海岸工程对近岸的海洋环境造成严重损害,形成海岸非正常侵蚀,造成岸线后退,多种类型的生态系统急剧减少,生态平衡失调。第二,对人体健康的危害。海洋生物资源是人类食物和药物的主要来源之一,其质量的下降必然会对人体健康产生不利的影响。尤其严重的是许多有毒有害的污染物质,能通过食物链关系在海洋生物体中逐级富集,最终在被人食用后对人体健康造成严重危害。如世界公害病“水俣病”(汞污染)和“痛痛病”(镉污染),都是由于人们食用了受污染的海鲜而发病的。第三,对海水水质的危害。污染物质和有害能量不断排入海洋,逐渐超过了一些海域的自然净化能力,使海洋环境的构成发生变化,恶化了海水水质和环境质量,造成海水使用素质的下降。海水水质的恶化不但危害海洋生物资源,阻碍了人类海水养殖业的发展,而且对海洋旅游资源产生消极影响。第四,其他方面的危害。如一些不合理的海岸工程会造成港口航道淤积,影响交通运输业;因大量沙石被挖走,使海岸抗击海潮冲刷能力下降,引起海堤崩塌,海岸线后退;海洋污染还会破坏海域自然景观,影响海滨旅游业和海上体育事业发展等。

(三)我国海洋环境污染防治立法概况

我国自20世纪70年代开始陆续制定海洋环境保护法规。1974年国务院批准发布了《防止沿海水域污染暂行规定》,是我国防治海洋环境污染的第一个规范性法律文件。1979年的《环境保护法(试行)》作为我国环境保护的基本法,对海洋环境保护作了一些规定。为贯彻实施《环境保护法(试行)》,国务院环境保护领导小组于1982年4月6日颁布了《海水水质标准》。1989年修改后的《环境保护法》对海洋环境的保护、海洋环境污染损害防止作了明确的规定。

第五届全国人大常务委员会第二十四次会议于1982年8月23日通过了我国第一部保护海洋环境的综合性专门法律，即《海洋环境保护法》，自1983年3月1日起施行。《海洋环境保护法》的公布和实施，标志着我国海洋环境立法工作向前迈进了一大步。为了实施该法，国务院陆续颁布了《防止船舶污染海域管理条例》《海洋石油勘探开发环境保护管理条例》《海洋倾废管理条例》《防止拆船污染环境管理条例》《防治陆源污染物污染损害海洋环境管理条例》《防治海岸工程建设项目污染损害海洋环境管理条例》等行政法规。国务院有关部门制定了《海水水质标准》《船舶污染物排放标准》《海洋石油开发工业含油污水排放标准》《渔业水质标准》《景观娱乐用水水质标准》等海洋环境保护的国家标准以及《海洋调整规范》《海洋监测规范》等海洋环境保护规范。

1982年《海洋环境保护法》实施以来，对促进我国海洋经济和海洋环境保护事业的发展，起到了积极的作用。但是，随着改革开放的不断深入，沿海经济的快速发展，以及国际海洋事务的发展、变化，使该法的内容已不能完全适应强化海洋环境管理，切实保护海洋环境的需要。因此，对该法进行修订势在必行。1999年12月25日，第九届全国人大常委会第十三次会议通过了该法的修订决定，对该法进行了大规模修订，于2000年4月1日起施行。这是《海洋环境保护法》的第一次修订。修订后的《海洋环境保护法》新增海洋环境监督管理和海洋生态保护两章，分别作为第二章和第三章，修改了原有大部分章节的名称用词，调整了各章顺序。共10章98条。该法从陆源污染物、海岸工程、海洋石油勘探开发、船舶、倾倒废弃物等几个方面对防止海洋的污染损害作出了规定。从内容上看，相比较于1982年版，1999年版呈现出对海洋环境保护管理的分工更加明确，更加强调对海洋的生态保护，管理措施更具可操作性，与国际条约更加衔接等特点。并确立了重点海域污染物总量控制制度、海洋环境标准制度、对严重污染海洋环境的落后工艺和严重污染环境的落后设备的淘汰制度、海洋环境监测和监视信息管理制度、船舶油污保险和油污损害赔偿基金制度等一些新的环境保护管理制度。

2013年12月28日，第十二届全国人大常委会第六次会议通过了《关于修改〈中华人民共和国海洋环境保护法〉等七部法律的决定》，对《海洋环境保护法》作出了如下修改：(1)将第43条修改为："海岸工程建设项目的单位，必须在建设项目可行性研究阶段，对海洋环境进行科学调查，根据自然条件和社会条件，合理选址，编报环境影响报告书。环境影响报告书报环境保护行政主管部门审查批准。""环境保护行政主管部门在批准环境影响报告书之前，必须征求海洋、海事、渔业行政主管部门和军队环境保护部门的意见。"(2)将第54条修改为："勘探开发海洋石油，必须按有关规定编制溢油应急计划，报国家海洋行政主管部门的海区派出机构备案。"(3)删去第80条中的"审核和"。这是《海洋环境保护法》的第一次修正。

2016年11月7日，第十二届全国人大常委会第二十四次会议表决通过了《关于修改〈中华人民共和国海洋环境保护法〉的决定》，这是《海洋环境保护法》的第二次修正。此次修改主要在三个方面：一是贯彻落实十八大以来党中央、国务院对海洋生态环境保护的新要求；二是与新修订的《环境保护法》等法律相衔接，强化法律责任，加大了违法处罚力度；三是落实行政审批"放管服"改革，取消部分行政审批事项。基于上述理念，本次修改主要有三个方面的亮点：一是将生态保护红线和海洋生态补偿制度确定为海洋环境保护的基本制度。这既是现实需要，也体现了海洋生态环境保护理念从污染防治转变为生态保护，形成受益者付费、保护者得到合理补偿的运行机制。二是首次以法律形式明确海洋主体功能区规划的地位和作用。通过海洋主体功能区规划的实施，引导海洋开发活动与资源环境承载能力相适应。三是加大了对污染海洋生态环境违法行为的处罚力度。对环境违法行为的处罚不设上限，体现了用严格制度保护生态环境的中央精神。

2017 年 11 月 4 日，第十二届全国人大常委会第三十次会议通过了《关于修改〈中华人民共和国会计法〉等十一部法律的决定》，对《海洋环境保护法》进行了第三次修正。《海洋环境保护法》的本次修改涉及两项内容：(1)将第 30 条第 1 款修改为："入海排污口位置的选择，应当根据海洋功能区划、海水动力条件和有关规定，经科学论证后，报设区的市级以上人民政府环境保护行政主管部门备案。"第 2 款修改为："环境保护行政主管部门应当在完成备案后十五个工作日内将入海排污口设置情况通报海洋、海事、渔业行政主管部门和军队环境保护部门。"(2)第 77 条增加一款，作为第 2 款："海洋、海事、渔业行政主管部门和军队环境保护部门发现入海排污口设置违反本法第三十条第一款、第三款规定的，应当通报环境保护行政主管部门依照前款规定予以处罚。"

此外，我国还积极参加了海洋环境保护的国际合作，先后加入了一些防治海洋环境污染的国际公约，如《1969 年国际油污损害民事责任公约》(1980 年 4 月 29 日对中国生效)、《防止倾倒废物及其他物质污染海洋的公约》(1985 年 12 月 15 日对中国生效)、《1969 年国际油污损害民事责任公约的议定书》(1986 年 8 月 31 日中国加入)、《关于 1973 年国际防止船舶造成污染公约的 1978 年议定书》(1983 年 10 月 2 月对中国生效)、《联合国海洋法公约》(1996 年 5 月 15 日全国人大常委会批准)、《1969 年国际干预公海油污事故公约》(1990 年 5 月 24 日对中国生效)、《1973 年干预公海非油类物质污染议定书》(1990 年 5 月 24 日对中国生效)等。

二、我国防治海洋环境污染的主要法律规定

(一)《海洋环境保护法》的立法目的

《海洋环境保护法》第 1 条规定该法的立法目的是："为了保护和改善海洋环境，保护海洋资源，防治污染损害，维护生态平衡，保障人体健康，促进经济和社会的可持续发展，制定本法。"该条规定是根据我国的环境保护政策和海洋环境保护的任务制定的，突出了对海洋环境资源整体的保护，强调环境、资源、人类三者的紧密联系，这也是当今世界各国海洋环境立法的共同目的。同时也表明，我国的海洋环境立法不是消极地满足于对付海洋污染公害，而是立足于提高整个海洋环境质量，维护海洋生态平衡。该目的还表明，海洋环境保护要正确处理经济发展与污染环境的矛盾，保护海洋环境的目的不是要限制经济发展，而是要在保护海洋环境的同时，促进经济和社会的可持续发展。

(二)《海洋环境保护法》的适用范围

《海洋环境保护法》第 2 条第 1 款规定："本法适用于中华人民共和国内水、领海、毗连区、专属经济区、大陆架以及中华人民共和国管辖的其他海域。"其中"内水"是指我国领海基线向内陆一侧的所有海域。"领海"是指领海基线以外、领海外部界线以内的一定宽度的海域。我国领海宽度为 12 海里，我国对领海的主权及于领海上空、海床及底土。[30] 我国的"毗连区"为领海以外邻接领海的一带海域，宽度为 12 海里。[31] 我国的"专属经济区"为领海以外并邻接领海的区域，从测算领海基线量起延至 200 海里；"大陆架"为我国领海以外依据我国陆地领土的全部自然延伸，扩展至大陆边缘的海底区域的海床和底土，如从测算领海宽度的

---

〔30〕 参见《领海及毗连区法》第 3 条。

〔31〕 参见《领海及毗连区法》第 4 条。

基线起至大陆外缘的距离不足200海里，则扩延至200海里。[32] 我国对专属经济区和大陆架享有主权性权利，有权保护和保全专属经济区和大陆架的海洋环境及其资源。《海洋环境保护法》第2条第3款规定："在中华人民共和国管辖海域以外，造成中华人民共和国管辖海域污染的，也适用本法。"这是关于该法在管辖海域外效力的特别规定。由于海洋水体是流动的整体且交换频繁，排放和倾倒到海洋的污染物在海洋中稀释扩散或者迁移不会受沿海国确定的管辖海域范围的限制，造成的海洋污染可能向其他国家海域扩散；同时，尽管某些排放、倾倒污染物质的行为，虽不发生在我国管辖海域内，但该行为产生的损害后果却直接及于我国的管辖海域，对我国海洋环境权益造成危害，因此，为保护我国的海洋权益，我国的法律有必要规定域外效力，故该法特别规定了我国对跨界海洋环境污染的管辖权。该项规定与《联合国海洋法公约》的相关规定是一致的。

《海洋环境保护法》第2条第2款规定："在中华人民共和国管辖海域内从事航行、勘探、开发、生产、旅游、科学研究及其他活动，或者在沿海陆域内从事影响海洋环境活动的任何单位和个人，都必须遵守本法。"这是关于对人的适用范围。

（三）我国的海洋监督管理体制

我国的海洋监督管理实行的是"综合统一管理与分部门、分级管理相结合"的体制。因为，海洋环境是一个统一的整体，与其他环境要素污染防治监管体制相比，海洋环境污染防治涉及的行政部门较多，因此，必须由国务院环境保护部门实行综合性统一管理，并明确各部门对其分管的海洋环境保护工作所应承担的主要职责，协调好相互之间的关系。

根据《海洋环境保护法》第5条的规定，我国各级生态环境主管部门是海洋环境保护工作的各级统一监督管理部门，而海洋行政主管部门、海事行政主管部门、渔业行政主管部门和军队环境保护部门则依法律规定的职责范围行使各自的海洋环境保护监督管理职权。具体规定是：（1）国务院环境保护行政主管部门作为对全国环境保护工作统一监督管理的部门，对全国海洋环境保护工作实行指导、协调和监督，并负责全国防治陆源污染物和海岸工程建设项目对海洋污染损害的环境保护工作。（2）国家海洋行政主管部门负责海洋环境的监督管理，组织海洋环境的调查、监测、监视、评价和科学研究，负责全国防治海洋工程建设项目和海洋倾倒废弃物对海洋污染损害的环境保护工作。（3）国家海事行政主管部门负责所辖港区水域内非军事船舶和港区水域外非渔业、非军事船舶污染海洋环境的监督管理，并负责污染事故的调查处理；对在中华人民共和国管辖海域航行、停泊和作业的外国籍船舶造成的污染事故登轮检查处理。船舶污染事故给渔业造成损害的，应当吸收渔业行政主管部门参与调查处理。（4）国家渔业行政主管部门负责渔港水域内非军事船舶和渔港水域外渔业船舶污染海洋环境的监督管理，负责保护渔业水域生态环境工作，并调查处理有关的渔业污染事故。（5）军队环境保护部门负责军事船舶污染海洋环境的监督管理及污染事故的调查处理。（6）沿海县级以上地方人民政府行使海洋环境监督管理权的部门的职责，由省、自治区、直辖市人民政府依法确定。此外，《海洋环境保护法》第9条规定，跨区域的海洋环境保护工作，由有关沿海地方人民政府协商解决，或者由上级人民政府协调解决。跨部门的重大海洋环境保护工作，由国务院环境保护行政主管部门协调；协调未能解决的，由国务院作出决定。

（四）海洋环境监督管理的主要法律制度

1. 海域生态保护红线与海洋生态保护补偿制度

2016年《海洋环境保护法》的第二次修正，将原第3条增加一款作为第1款，规定"国家

---

〔32〕 参见《专属经济区和大陆架法》第2条。

在重点海洋生态功能区、生态环境敏感区和脆弱区等海域划定生态保护红线，实行严格保护”。将原第24条修改为：“国家建立健全海洋生态保护补偿制度。开发利用海洋资源，应当根据海洋功能区划合理布局，严格遵守生态保护红线，不得造成海洋生态环境破坏。”这是将海域生态保护红线与海洋生态保护补偿制度确定为海洋环境保护的基本制度，体现了海洋生态环境保护理念从污染防治转变为生态保护，形成受益者付费、保护者得到合理补偿的运行机制。

2. 重点海域排污总量控制制度

对污染物的排放控制，有两种制度设计：一是排放污染物浓度的单一控制；二是排放污染物浓度和总量的双重控制。我国长期实行单一的浓度控制制度，这种仅以污染物的最高容许浓度作为排放限制的制度，不能适应海域功能类别多样性的特点。同时，单一的浓度控制虽可控制污染物的入海浓度，但由于缺乏必要的数量控制要求，难以适用于海水水质整体保护的目标与要求，不能有效遏制污染物的排放入海，造成或者可能造成因排放总量过多而损害海洋环境质量。鉴于此，发达的海洋国家较为普遍地实行以海水水质标准为基础，浓度控制与总量控制相结合的污染物排放控制制度，取得良好效果。《海洋环境保护法》第3条第2款规定：“国家建立并实施重点海域排污总量控制制度，确定主要污染物排海总量控制指标，并对主要污染源分配排放控制数量。具体办法由国务院制定。”依该法的规定，我国的总量控制制度并非普遍适用于全部海域，亦非对所有的入海污染物实行总量控制，实行的是重点海域与主要污染物排放总量控制制度。“重点海域”是指国家重点保护海域和已受到严重污染的海域。“主要污染物”是对海域环境质量恶化起主要作用的污染物。受控的重点海域和主要污染物种类依据海域功能、污染源情况、海域环境质量状况、技术经济条件等因素确定，并随着海域功能与环境目标的变化而变化。

3. 海洋功能区划制度

海洋功能区，是指根据海洋的自然资源条件、环境状况和地理位置，综合考虑海洋开发利用现状和社会、经济发展与环境保护的要求所划定的，具有特定主导功能，能够发挥海洋最佳效益的区域。所谓海洋功能区划就是对各海洋区域按不同功能进行划分，其目的是科学合理地使用海域。在我国，海洋功能区划由于长期未确定为法律制度，难以发挥规范、协调各行业用海的作用，致使养殖与港口锚地、滨海旅游、排污、盐田，排污与滨海旅游以及海洋开发与国防设施安全等一系列矛盾日渐突出，造成海域资源衰退、海洋环境恶化，严重影响海域资源的合理开发和可持续利用。《海洋环境保护法》第7条规定：“国家海洋行政主管部门会同国务院有关部门和沿海省、自治区、直辖市人民政府根据全国海洋主体功能区规划，拟定全国海洋功能区划，报国务院批准。沿海地方各级人民政府应当根据全国和地方海洋功能区划，保护和科学合理地使用海域。”这是海洋环境保护的一项先导性和基础性的法律制度。《海域使用管理法》也规定了国家实行海洋功能区划制度。强调了海域使用必须符合海洋功能区划，并设专章对这一制度作出了具体规定。

4. 海洋环境保护规划制度

海洋环境保护规划是各级人民政府根据海洋功能区划制定的海洋环境保护目标和实施方案，是各级人民政府和各海洋环境监督管理部门开展海洋环境保护工作的基本依据。其主要内容包括：海洋环境保护总体和具体目标、主要任务和措施、海洋环境保护投资、对各部门和沿海各地方的具体要求等。《海洋环境保护法》第8条规定：“国家根据海洋功能区划制定全国海洋环境保护规划和重点海域区域性海洋环境保护规划。毗邻重点海域的有关沿海省、自治区、直辖市人民政府及行使海洋环境监督管理权的部门，可以建立海洋环境保护区域合作组织，负责实施重点海域区域性海洋环境保护规划、海洋环境污染的防治和海洋生态保护工作。”

5. 海洋污染事故应急制度

由于海洋环境污染事故突发性强、扩散快，如不及时报告并迅速采取措施，将会造成严重后果，而且会很快湮灭证据，甚至难以查找事故人。为此，《海洋环境保护法》第17条规定：“因发生事故或者其他突发性事件，造成或者可能造成海洋环境污染事故的单位和个人，必须立即采取有效措施，及时向可能受到危害者通报，并向依照本法规定行使海洋环境监督管理权的部门报告，接受调查处理。沿海县级以上地方人民政府在本行政区域近岸海域的环境受到严重污染时，必须采取有效措施，解除或者减轻危害。”

《海洋环境保护法》第18条对重大海上污染事故应急计划作出了规定。重大海上污染事故是指重大海上溢油事故，包括海洋石油钻井船、钻井平台和采油平台及其海上有关设施发生的海洋石油勘探开发重大海上溢油事故，船舶特别是大型和超大型油轮因碰礁、触礁等海难事故导致重大海洋污染事故。重大海上溢油事故对海洋环境和海域资源的污染损害和生态破坏的程度极高，后果严重，可称为海洋环境灾害。发生事故的应急活动需动用涉及众多部门和地方的众多人力、物力。因此，世界各海洋国家和国际社会均极为重视重大海上污染事故应急制度。《海洋环境保护法》第18条规定了重大海上污染事故应急计划的制订主体及权限。此外，该法第19条还对各海洋环境监督管理部门实行海上联合执法等事项进行了规定。

6. 海洋环境监测、监规和监视信息管理制度

为更好地为海洋环境保护服务，以利于公众了解、参与海洋环境保护活动和便于实施海洋环境保护监督管理，《海洋环境保护法》第14条规定：“国家海洋行政主管部门按照国家环境监测、监视规范和标准，管理全国海洋环境的调查、监测、监视，制定具体的实施办法，会同有关部门组织全国海洋环境监测、监视网络，定期评价海洋环境质量，发布海洋巡航监视通报。依照本法规定行使海洋环境监督管理权的部门分别负责各自所辖水域的监测、监视。其他有关部门根据全国海洋环境监测网的分工，分别负责对入海河口、主要排污口的监测。”据此，国家海洋行政主管部门已实行了中国海洋环境质量公报、中国海洋灾害公报、中国海洋工程环境保护海洋倾废管理公报、中国海域使用管理公报、中国海洋行政执法公报及主要港口潮汐、海浪、海温和海冰等预报制度。该法第15条对有关部门的海洋环境信息的提供义务作出了规定。该法第16条对海洋综合信息管理进行了规定。

此外，《海洋环境保护法》还规定了落后设备淘汰、限期治理、排污收费、现场检查、环境影响评价等法律制度，为避免重复，在此不再阐释。

（五）关于海洋生态保护的法律规定

海洋生态环境是海洋生物和人类生存和发展的基本条件，随着海洋经济的发展，海洋开发利用活动对海洋生态环境的破坏日益严重，成为制约海洋环境可持续利用的重要因素，必须采取措施加强海洋生态环境保护。为此，《海洋环境保护法》第三章作了具体规定。

1. 关于政府保护职责和保护范围的规定

《海洋环境保护法》第20条规定，国务院和沿海地方各级人民政府应当采取有效措施，保护红树林、珊瑚礁、滨海湿地、海岛、海湾、入海河口、重要渔业水域等具有典型性、代表性的海洋生态系统，珍稀、濒危海洋生物的天然集中分布区，具有重要经济价值的海洋生物生态区域及有重大科学文化价值的海洋自然历史遗迹和自然景观。对具有重要经济、社会价值的已遭到破坏的海洋生态，应当进行整治和恢复。第27条第1款规定，沿海地方各级人民政府应当

结合当地自然环境的特点,建设海岸防护设施、沿海防护林、沿海城镇园林和绿地,对海岸侵蚀和海水入侵地区进行综合治理。

2. 建立海洋自然保护区和特别保护区制度

《海洋环境保护法》第 21 条对海洋自然保护区的建立作出了规定,即"国务院有关部门和沿海省级人民政府根据保护海洋生态的需要,选划、建立海洋自然保护区。国家级自然保护区的建立,须经过国务院批准"。该法第 22 条规定了建立海洋自然保护区的条件:(1)典型的海洋自然地理区域,有代表性的自然生态区域,以及遭受破坏经保护能恢复的海洋自然生态区域;(2)海洋生物物种高度丰富的区域,或者珍稀、濒危海洋生物物种的天然集中分布区域;(3)具有特殊保护价值的海域、海岸、岛屿、滨海湿地、入海河口和海湾等;(4)具有重大科学文化价值的海洋自然遗迹所在区域;(5)其他需要予以特殊保护的区域。我国建立的自然保护区涵盖了中国海洋主要的典型生态类型,保护了许多珍稀濒危海洋生物物种。

《海洋环境保护法》第 23 条对建立海洋特别保护区进行了规定:"凡具有特殊地理条件、生态系统、生物与非生物资源及海洋开发利用特殊需要的区域,可以建立海洋特别保护区,采取有效的保护措施和科学的开发方式进行特殊管理。"

3. 海洋生态保护的具体措施

《海洋环境保护法》还对海洋生态保护的具体措施进行了明确规定:(1)开发利用海洋资源,应当根据海洋功能区划合理布局,不得造成海洋生态环境破坏;(2)引进海洋动植物物种,应当进行科学论证,避免对海洋生态与系统造成危害;(3)开发海岛及周围海域的资源,应当采取严格的生态保护措施,不得造成海岛地形、岸滩、植被以及海岛周围海域生态环境的破坏;(4)禁止毁坏海岸防护设施、沿海防护林、沿海城镇园林和绿地;(5)新建、改建、扩建海水养殖场,应当进行环境影响评价。海水养殖应当科学确定养殖密度,并应当合理投饵、施肥,正确使用农药,防止造成海洋环境的污染。此外,国家鼓励发展生态渔业建设,推广多种生态渔业生产方式,改善海洋生态状况。

(六)防治陆源污染物对海洋环境的污染损害

我国的海洋环境污染主要来自陆源污染。所谓陆源,即陆地污染源,是指从陆地向海域排放污染物质,造成或者可能造成海洋污染损害的场所、设施等。所谓的陆源污染物,是指从陆地向海域排放的造成或可能造成海洋环境污染的物质。陆源污染物主要有石油、重金属、农药、有机污染物、放射性物质、废热水、固体废弃物以及传染病原体等。这些废弃物通过江河径流、雨尘降落、工业和生活污水的直接排放等途径,大量进入沿岸海域。为防治陆源污染物污染损害海洋环境,《海洋环境保护法》第四章作了专门规定。

1. 排污单位和个人的义务

任何单位和个人向海域排放陆源污染物,必须执行国家或地方的排放标准和有关规定,按规定进行排污申报登记,缴纳排污费,超标排放或造成海洋环境严重污染的,应当限期治理。排放陆源污染物的单位,必须向环境保护行政主管部门申报拥有的陆源污染物排放设施、处理设施和在正常作业条件下排放陆源污染物的种类、数量和浓度,并提供防治海洋环境污染方面的有关技术和资料。排放陆源污染物的种类、数量和浓度有重大改变的,必须及时申报。拆除或者闲置污染物处理设施的,必须事先征得环境保护行政主管部门的同意。

2. 对入海排污口和入海河流的管理

《海洋环境保护法》第 30 条规定:"入海排污口位置的选择,应当根据海洋功能区划、海水动力条件和有关规定,经科学论证后,报设区的市级以上人民政府环境保护行政主管部门备案。环境保护行政主管部门应当在完成备案后十五个工作日内将入海排污口设置情况通报海洋、海事、渔业行政主管部门和军队环境保护部门。在海洋自然保护区、重要渔业水域、海滨风景名胜区和其他需要特别保护的区域，不得新建排污口。在有条件的地区，应当将排污口深海设置，实行离岸排放。设置陆源污染物深海离岸排放排污口，应当根据海洋功能区划、海水动力条件和海底工程设施的有关情况确定，具体办法由国务院规定。”尤其值得注意的是，2017年《海洋环境保护法》修改，将“报设区的市级以上人民政府环境保护行政主管部门审查批准”变更为“备案”；将“环境保护行政主管部门在批准设置入海排污口之前，必须征求海洋、海事、渔业行政主管部门和军队环境保护部门的意见”，变更为“环境保护行政主管部门应当在完成备案后十五个工作日内将入海排污口设置情况通报海洋、海事、渔业行政主管部门和军队环境保护部门”。删减了审批程序，体现了“放管服”改革的要求。

该法第31条规定，省、自治区、直辖市人民政府环境保护行政主管部门和水行政主管部门应当按照水污染防治有关法律的规定，加强入海河流管理，防治污染，使入海河口的水质处于良好状态。

3. 关于陆源污染物排放申报的规定

《海洋环境保护法》第32条规定，排放陆源污染物的单位，必须向环境保护行政主管部门申报拥有的陆源污染物排放设施、处理设施和在正常作业条件下排放陆源污染物的种类、数量和浓度，并提供防治海洋环境污染方面的有关技术和资料。排放陆源污染物的种类、数量和浓度有重大改变的，必须及时申报。2016年《海洋环境保护法》修正，删除了“拆除或者闲置陆源污染物处理设施的，必须事先征得环境保护行政主管部门的同意”的规定。

4. 禁止和严格限制向海洋排污

《海洋环境保护法》制订了多种措施和手段，全方位禁止和严格限制向海洋排污，包括：(1)禁止向海域排放油类、酸液、碱液、剧毒废液和高、中水平放射性废水。严格限制向海域排放低水平放射性废水，确需排放的，必须严格执行国家辐射防护规定。严格控制向海域排放含不易降解的有机物和重金属废水。(2)含病原体的医疗污水、生活污水和工业废水必须经过处理，符合国家有关排放标准后，方能排入海域。(3)含有机物和营养物质的工业废水、生活污水，应当严格控制向海湾、半封闭海及其他自净能力较差的海域排放。(4)向海域排放含热废水，必须采取有效措施，保证邻近渔业水域的水温符合国家海洋环境质量标准，避免热污染对水产资源的危害。(5)为防治农药污染海洋环境，沿海农田、林场施用化学农药必须执行国家农药安全使用的规定和标准。沿海农田、林场应当合理使用化肥和植物生长调节剂。(6)在岸滩弃置、堆放或处理尾矿、矿渣、煤炭渣、垃圾和其他废弃物的，依照《固体废物污染环境防治法》的有关规定执行。(7)严禁我国境外的废弃物进境堆放、处理或经我国的内水、领海转移危险废弃物。(8)沿海城市人民政府应当建设和完善城市排水管网，有计划地建设城市污染处理厂或其他污水集中处理设施，加强城市污水的综合整治。建设污水海洋处理工程，必须符合国家有关规定。(9)国家采取必要措施，防止、减少和控制来自大气层或者通过大气层造成的海洋环境污染损害。

（七）防治海岸工程建设项目对海洋环境的污染损害

海岸工程建设项目，是指位于海岸或与海域连接，为控制海水或利用海洋完成部分或全部功能的，对海洋环境有影响的基本建设项目、技术改造项目和区域开发工程建设项目。这些项目主要包括港口和码头、造船厂和修船厂、滨海火电站和核电站、岸边油库、滨海矿山、化工、造纸和钢铁企业、固体废弃物处理处置工程，城市废水排海工程和其他向海域排放污染物的建设项目，入海河口处的水利、航道工程，潮汐发电工程，围海工程，渔业工程，海堤工程，海岸保护工程以及其他一切改变海岸、滩涂自然性状的开发建设项目。不合理的海岸工程建设项目会破坏海岸带生态系统，污染损害海洋环境，如引起港口、航道淤积，破坏海洋生物的生存环境等。

为防治海岸工程建设项目对海洋环境的污染损害，保护海岸带环境，《海洋环境保护法》第五章作了专门规定：(1)新建、改建、扩建海岸工程建设项目，必须遵守国家有关建设项目环境保护管理的规定，并把防治污染所需资金纳入建设项目投资计划。在依法划定的海洋自然保护区、海滨风景名胜区、重要渔业水域及其他需要特别保护的区域，不得从事污染环境、破坏景观的海岸工程项目建设或者其他活动。(2)海岸工程建设项目单位，必须对海洋环境进行科学调查，根据自然条件和社会条件，合理选址，编制环境影响报告书(表)。在建设项目开工前，将环境影响报告书(表)报环境保护行政主管部门审查批准。环境保护行政主管部门在批准环境影响报告书(表)之前，必须征求海洋、海事、渔业行政主管部门和军队环境保护部门的意见。(3)海岸工程建设项目的环境保护设施，必须与主体工程同时设计、同时施工、同时投产使用。环境保护设施应当符合经批准的环境影响评价报告书(表)的要求。(4)禁止在沿海陆域内新建不具备有效治理措施的化学制浆造纸、化工、印染、制革、电镀、酿造、炼油、岸边冲滩拆船以及其他严重污染海洋环境的工业生产项目。(5)兴建海岸工程建设项目，必须采取有效措施，保护国家和地方重点保护的野生动植物及其生存环境和海洋水产资源。(6)严格限制在海岸采挖砂石。露天开采海滨砂矿和从岸上打井开采海底矿产资源，必须采取有效措施，防止污染海洋环境。此外，《防治海岸工程建设项目污染损害海洋环境管理条例》对围海造地作了具体规定。

（八）防治海洋工程建设项目对海洋环境的污染损害

海洋工程是指在海岸带以外的海域建设的各种工程，目前我国的海洋工程以海洋石油勘探和开发建设工程为主。海洋石油勘探开发对开发区域和周围海域可能造成污染损害，这种损害主要表现在三个方面：一是对渔业的影响，包括对海产养殖、海洋捕捞等渔业活动造成损害；二是对海上交通运输的影响，包括对航道和航运安全产生不良影响；三是对其他海洋生态环境的影响，例如海洋工程建设可能对周边地区的海水水质造成污染，破坏海洋生态环境资源，对沿海地区的居住、旅游业等造成不良影响。为防治海洋工程建设项目对海洋环境的污染损害，《海洋环境保护法》第六章作出了专门规定。

1. 海洋环境影响报告书制度和“三同时”制度

《海洋环境保护法》第 47 条规定，海洋工程建设项目必须符合全国海洋主体功能区规划、海洋功能区划、海洋环境保护规划和国家有关环境保护标准。海洋工程建设项目单位应当对海洋环境进行科学调查，编制海洋环境影响报告书(表)，并在建设项目开工前，报海洋行政主管部门审查批准。海洋行政主管部门在批准海洋环境影响报告书(表)之前，必须征求海事、渔业行政主管部门和军队环境保护部门的意见。第 48 条规定，海洋工程建设项目的环境保护设施，必须与主体工程同时设计、同时施工、同时投产使用。环境保护设施未经海洋行政主管部门验收，或者经验收不合格的，建设项目不得投入生产或者使用。拆除或者闲置环境保护设施，必须事先征得海洋行政主管部门的同意。

2. 对特殊污染物质和特殊污染行为的专门规定

一些特殊污染物质如放射性物质和有毒有害物质在海洋中扩散极快，污染范围广，很难消除，是海洋工程建设中重点防止污染危害的物质，而且也应当防止一些国家特别是发达国家以海洋工程建设为由，将在本国陆地内难以处理的这类有害物质向海洋中排放。为此，防止海洋污染的一些国际公约都对这些特殊污染物质和污染行为作出禁止性的规定。我国《海洋环境保护法》第 49 条规定，海洋工程建设项目，不得使用含超标准放射性物质或者易溶出有毒有害物质的材料。

海洋工程建设的特殊污染行为，主要是指因爆破作业等破坏渔业和其他海洋资源的行为。《海洋环境保护法》第 50 条第 1 款规定："海洋工程建设项目需要爆破作业时，必须采取有效措施，保护海洋资源。"常见的海洋工程建设爆破作业是勘探海洋石油的过程中采用爆破方法制造人工地震以寻找储油构造的活动，此外，海军训练、水声调查等活动也需要爆破作业。常用的震源是炸药、气体、电火花等，炸药爆破产生的冲击波对渔业资源危害最大。防止这类作业对渔业资源损害的措施，可视作业方式、时间和海区情况而定，如渔汛期间和鱼类产卵场所不得进行爆破作业，勘探海洋石油要积极用电火花、空气枪等非炸药震源，作业前须报告主管部门，作业时应有明显标志、信号等。

3. 海洋工程建设废弃物排放的规定

在钻井、试油、采油、输油作业中，会产生含油污水、残油、废油、油基泥浆等油性混合物、工业垃圾和生活垃圾。对这些污染物质的排放和处理必须严格管理。《海洋环境保护法》第 51 条规定："海洋石油钻井船、钻井平台和采油平台的含油污水和油性混合物，必须经过处理达标后排放；残油、废油必须予以回收，不得排放入海。经回收处理后排放的，其含油量不得超过国家规定的标准。钻井所使用的油基泥浆和其他有毒复合泥浆不得排放入海。水基泥浆和无毒复合泥浆及钻屑的排放，必须符合国家有关规定。"第 52 条规定："海洋石油钻井船、钻井平台和采油平台及其有关海上设施，不得向海域处置含油的工业垃圾。处置其他工业垃圾，不得造成海洋环境污染。"

4. 防止海上作业油类污染的规定

海上作业油类污染主要因海上试油时油气燃烧不充分而流入海洋或因作业事故溢油造成。为此，《海洋环境保护法》第 53、54 条规定，海上试油时，应当确保油气充分燃烧，油和油性混合物不得排放入海。勘探开发海洋石油，必须按有关规定编制溢油应急计划，报国家海洋行政主管部门的海区派出机构备案。

（九）防治倾倒废弃物对海洋环境的污染损害

根据《海洋环境保护法》第 94 条第 11 项的解释，所谓倾倒，是指通过船舶、航空器、平台或者其他载运工具，向海洋处置废弃物和其他有害物质的行为，包括弃置船舶、航空器、平台及其辅助设施和其他浮动工具的行为。向海洋倾废是常见的一种费用低、简便易行的利用海水净化能力处置废弃物的方式，但如处置不当或者管理不妥，则极易造成海洋污染损害，必须严加控制。为此，《海洋环境保护法》第七章作了专门规定，国务院发布的《海洋倾废管理条例》也作了具体的规定。

1. 废弃物的分类

《海洋倾废管理条例》及其实施办法规定，根据废弃物的毒性、有害物质含量和对海洋环境的影响等因素，废弃物分为三类：第一类为禁止倾倒的物质，包括长期不能分解或剧毒，或严重妨碍航行、渔业及其他海上活动的物质；第二类为需要获得特别许可证才能倾倒的废弃物，包括对海洋生物没有剧毒性，但能在其体内富集，污染水产品，危害航行、渔业及其他活动的废弃物质；第三类指不属于前两类的其他低毒或无毒的废弃物。这三类物质的具体标准，由国家海洋行政主管部门制定。

2. 海洋倾废区的选划

《海洋环境保护法》第 57 条规定："国家海洋行政主管部门按照科学、合理、经济、安全的原则选划海洋倾倒区，经国务院环境保护行政主管部门提出审核意见后，报国务院批准。临时性海洋倾倒区由国家海洋行政主管部门批准，并报国务院环境保护行政主管部门备案。国家海洋行政主管部门在选划海洋倾倒区和批准临时性海洋倾倒区之前，必须征求国家海事、渔业行政主管部门的意见。”倾废区的划定有利于从严掌握和控制倾废活动，也便于对倾废活动进行监视和监督，减少倾废对海洋的污染损害。

3. 海洋倾废许可证

任何单位未经国家海洋行政主管部门批准，不得向中华人民共和国管辖海域倾倒任何废弃物。需要倾倒废弃物的单位，必须向国家海洋行政主管部门提出书面申请，经国家海洋行政主管部门审查批准，发给许可证后，方可倾倒。禁止中华人民共和国境外的废弃物在中华人民共和国管辖海域倾倒。我国的海洋倾废许可证，对应着三类废弃物，分为三种：第一种是紧急许可证，适用于第一类废弃物，该类废弃物本系禁止倾倒的物质，但当出现紧急情况，在陆地处置该类废弃物会严重危及人体健康时，经批准获得紧急许可证，可到指定海区按规定的方法倾倒。第二种是特别许可证，适用于第二类废弃物。目前，国家海洋局很少颁发该种许可证。第三种是普通许可证，适用于第三类废弃物。

4. 倾废单位的义务

获准倾倒废弃物的单位，必须按照许可证注明的期限及条件，到指定的区域进行倾倒。废弃物装载之后，批准部门应当予以核实。获准倾倒废弃物的单位，应当详细记录倾倒的情况，并在倾倒后向批准部门作出书面报告。倾倒废弃物的船舶必须向驶出港的海事行政主管部门作出书面报告。禁止在海上焚烧废弃物。禁止在海上处置放射性废弃物或者其他放射性物质。废弃物中的放射性物质的豁免浓度由国务院制定。因倾废活动造成海洋污染损害的，应承担损害赔偿责任。

5. 倾废活动主管部门的职责

国家海洋行政主管部门监督管理倾倒区的使用，组织倾倒区的环境监测。对经确认不宜继续使用的倾倒区，国家海洋行政主管部门应当予以封闭，终止在该倾倒区的一切倾倒活动，并报国务院备案。海洋倾废活动主管部门是国家海洋局及其派出机构。主管部门在签发许可证时要严格审查，在倾废单位装载废弃物时应予以核实，如发现实际装载与许可证所注明的内容不符，应责令停止装运；情节严重的，应终止或者吊销许可证；对倾倒活动进行监视和监督，处理因倾废引起的污染损害纠纷等。

（十）防治船舶及有关作业活动对海洋环境的污染损害

所谓“船舶”，是指一切类型的机动和非机动船只，但不包括海上石油勘探开发作业中的固定式和移动式平台。在海上航行的各种船舶，会产生油类、油类混合物、废弃物和其他有毒有害的物质，是海洋污染的一个主要来源。

为了防止船舶对海洋环境的污染，《海洋环境保护法》第八章作了专门规定。主要内容有：(1)对船舶及相关作业的总体要求。《海洋环境保护法》第62、63条规定，在中华人民共和国管辖海域，任何船舶及相关作业不得违反本法规定向海洋排放污染物、废弃物和压载水、船舶垃圾及其他有害物质。从事船舶污染物、废弃物、船舶垃圾接收、船舶清舱、洗舱作业活动的，必须具备相应的接收处理能力。船舶必须按照有关规定持有防止海洋环境污染的证书与文书，在进行涉及污染物排放及操作时，应当如实记录。(2)船舶油类作业及含油污水的排放。船舶进行油类作业，必须遵守法律规定；船舶在进行油类作业的过程中，如发生跑油、漏油事故，应及时采取清除措施，防止扩大油污染，同时向港务监督报告。查明原因后，应写出书面报告，并接受调查处理；到港船舶的压舱、洗舱、机舱等含油污水，不得任意排放，应由港口污水处理设施接收处理。确需排放的须经批准，并按规定条件和在指定区域内排放；船舶排放含油污水必须符合法律规定。(3)船舶装运危险货物污染防治的规定。船舶装运易燃、易爆、腐蚀有毒害和放射性危险货物,应采取必要的安全和防污染措施,并应悬挂规定的信号;在港口进行装卸时,必须采取防止货物落水的预防措施。(4)防止船舶垃圾污染海洋环境的规定。船舶垃圾不得任意倒入港区水域,应按规定由海港专门接收设施处理。装载有毒害货物,以及粉尘飞扬的散装货物的船舶,不得任意在港内冲洗甲板或舱室,或者以其他方式将残油排入港内。确需冲洗的,须事先申请并经港务监督批准,还应采取安全和防污染措施。(5)防治有关作业污染海洋环境的规定。《海洋环境保护法》第 70 条规定,船舶及有关作业活动应当遵守有关法律法规和标准,采取有效措施,防止造成海洋环境污染。海事行政主管部门等有关部门应当加强对船舶及有关作业活动的监督管理。船舶进行散装液体污染危害性货物的过驳作业,应当事先按照有关规定报经海事行政主管部门批准。(6)船舶油污损害的民事赔偿责任。鉴于船舶对海洋环境的污染损害以油污染最为普遍且危害最甚,《海洋环境保护法》特别对船舶油污损害的民事赔偿责任制度作了规定。《海洋环境保护法》第 66 条第 1 款的规定,国家完善并实施船舶油污损害民事赔偿责任制度;按照船舶油污损害赔偿责任由船东和货主共同承担风险的原则,建立船舶油污保险、油污损害赔偿基金制度。(7)海难污染事故处理。《海洋环境保护法》第 71 条规定,船舶发生海难事故,造成或者可能造成海洋环境重大污染损害的,国家海事行政主管部门有权强制采取避免或者减少污染损害的措施。对在公海上因发生海难事故,造成中华人民共和国管辖海域重大污染损害后果或者具有污染威胁的船舶、海上设施,国家海事行政主管部门有权采取与实际的或者可能发生的损害相称的必要措施。(8)海上污染的监视义务。所有船舶均有监视海上污染的义务,在发现海上污染事故或者违反本法规定的行为时,必须立即向就近的依照本法规定行使海洋环境监督管理权的部门报告。民用航空器发现海上排污或者污染事件,必须及时向就近的民用航空空中交通管制单位报告。接到报告的单位,应当立即向依照本法规定行使海洋环境监督管理权的部门通报。

三、我国近岸海域污染的现状及防治对策〔33〕

(一)我国近岸海域污染的原因及危害

造成近岸海域污染的原因是多方面的。其中,由江河携带大量陆源污染物入海是海域污染的主要污染源,对我国近岸海域污染的“贡献”占 70% 以上,陆源污染物主要来自江河两岸的工业“三废”、城镇垃圾、生活污水、农业养殖使用的农药化肥和禽畜粪便等,目前,我国海域污染较严重的区域也主要分布在大中型河口、海湾和部分大中城市近岸海域,如辽河口、大连湾、胶州湾、长江口、杭州湾、象山湾、三门湾、乐清湾、闽江口、珠江口等,这些海域污染普遍较为严重,且污染范围较广,陆源排污压力极大。除了陆源污染物,海岸工程以及海洋工程建设项目造成的海域污染也很严重,前者如当地政府填海建港、围海造田,使海岸线缩短、海湾体缩小、海岸浅滩消失,造成近岸海域的环境自净能力下降;后者如海洋石油勘探开发及储存,不仅其正常作业会造成海域污染,而且还可能产生突发性的海洋环境污染事故,典型的案例有 2010 年大连新港“7 · 16”油污染事件、2011 年蓬莱发生的 19 - 3 油田溢油事故等,这类突发性污染事故对海域生态环境的损害是灾难性的。还有,船舶及有关作业活动对海域环境的污染损害也不容小觑,从世界范围来看,海上最常见的人为灾害非船舶溢油莫属,船舶溢油具有突发性与影响持久性,治理难度很大。此外,盲目发展的海水养殖业也会加重海域环境负担,形成海域污染。海水污染是赤潮和绿潮爆发的重要原因。

---

〔33〕 参见谭柏平:《中国需要一条清洁的海岸线》,载《法治周末》2015 年 3 月 19 日,第 2 版。

众所周知,我国的经济开发主要是沿着江河流域与沿海地区进行的,这就使我国沿海海域承载着巨大的资源和环境压力,海洋环境与经济发展之间的矛盾日益突出。海域污染不仅使海洋环境质量普遍下降、海洋生态环境恶化,而且,海洋生物是海水环境和沉积环境污染的直接受害对象,海域污染还直接导致海洋生物资源严重衰退。由于受海域污染的影响,我国沿岸和近海海域多数传统优质渔业资源日趋枯竭,海洋产业已经受到了现实威胁,从长远看,必然会阻碍我国海洋经济的持续发展。如果不遏制海域污染的势头,逐步治理好海洋生态环境,那么我国海洋经济的发展目标就很难实现。

(二)海域污染防治的困境

我国经过多年对海域污染的治理,虽然海洋生态环境状况基本保持稳定,但总体形势还很严峻的,局部海域环境污染依然严重。首先,各级政府在环境保护和经济发展的权衡中,往往会追求地方经济的快速发展,忽视了对环境的保护,而我国的江河、海岸又是经济发展的重点区域,这些区域聚集了太多的石油、化工和冶金等企业,加之,大规模的填海造港、围海造地,不合理的海洋开发,以及过度的海水养殖等,均对海洋环境产生了极大的负面影响,海域污染治理难见成效。其次,国家虽然投入了大量资金用于大江大河大湖的污染治理,但是整个流域或系统缺乏一个协调统一的污染治理机制,上下游之间没有建立公平的生态补偿机制,陆源污染治理效果也不明显。最后,海域水环境污染容易,治理难,有的治理需要花费几年甚至更长的时间。例如,2014 年国家海洋局继续对 2010 年发生的大连新港"7·16"油污染事件和 2011 年发生的蓬莱 19-3 油田溢油事故实施跟踪监测,监测数据表明,事发海域的海洋生态环境状况虽然呈改善态势,但是其生态环境影响依然存在。当然,人口、资源对海洋环境的压力加剧,公众海洋环保意识淡薄等,也是部分原因。

(三)预防与治理对策

首先,各级政府应转变发展理念。对于经济发展,陆域江河两岸应转变粗放型的"三高"(高污染、高耗能、高耗水)增长模式,调整产业结构,发展绿色农业,切实减少陆源污染物的排放;对于海洋资源,应遵循"先远海,后近海"的开发利用模式;对于近海海域,应以保护为主、开发利用为辅,以实现永续利用。

其次,做到有法必依。在海域内从事生产经营及其他活动的,或者在沿海陆域内从事影响海洋环境活动的任何单位和个人,都必须遵守《海洋环境保护法》《海岛保护法》《环境保护法》等法律,违法必究。我国现在的问题已不是"无法可依",而是"有法不依",例如,我国的海洋环境保护已经形成了一系列行之有效的法律制度,如重点海域排污总量控制、海洋环境保护规划、环境影响评价等,如果能严格遵照执行,海域污染防治应该能见成效。而且,海域有偿使用制度在促使海域国有资源性资产实现的同时,应强调海域使用者对所使用海域的环保责任。

再次,加大执法力度。严格执法,加强重点污染海域的整治与监管,能有效控制海域污染发生。以海洋倾废为例,在海洋倾废区倾倒废弃物会对海洋环境造成直接的污染损害,但由于我国对海洋倾废活动有严格的法律规定与监管措施,近几年,海洋倾倒区环境状况基本保持稳定,倾倒活动未对周边海域生态环境及其他海上活动产生明显影响。为此,应进一步加强海洋环境监察执法的队伍建设及能力建设。

最后,协调涉海行政部门的职能。我国的海洋环境保护工作牵涉到海洋、环保、交通、农业、渔政、海事等行政部门,上述涉海各部门的职权范围不同,各自根据分工对不同类型的污染源实施监督治理,但难免存在职能交叉、互相推诿的现象,因此,应构建一种信息共享、彼此联动的协调机制,加强各方协作。

此外，还应重视发展海洋环保技术，如海洋环境监测预警信息技术、海洋生态恢复和整治技术等，发展与海域污染防治技术相关的经济产业，使海域污染问题在发展海洋经济的过程中得到治理。

第六节 噪声污染防治法

一、噪声污染防治法概述

（一）噪声污染的概念及特点

噪声属于声音的一种，是来源于固体、液体或气体的振动而有害于人体健康的声音。声音是充满自然界的一种物理现象，人类社会环境中需要声音交换感情、传递信息，如没有声音，就没有生活，也就没有社会。当环境中的声音对人类、动物及其自然物不发生不良影响时，这是一种正常的物理现象，相反地，它就成为噪声。从物理学观点讲，噪声是各种不同频率、不同声强的声音无规则的杂乱组合，如汽车的轰隆声、机器的尖叫声、建筑工地的嘈杂声等，它的波形图是没有规则的非周期性的曲线。从生理学观点讲，噪声使人烦躁，令人讨厌，为人们所不需要或对人体有害。

根据2021年12月24日通过的《噪声污染防治法》第2条第1款规定，所谓噪声，是指在工业生产、建筑施工、交通运输和社会生活中产生的干扰周围生活环境的声音。噪声可按不同标准进行分类，如按其产生的机理可分为机械噪声、气体动力噪声和电磁性噪声；按其干扰区域可分为城市噪声、农村噪声和海洋噪声；按噪声污染源的种类可分为工业噪声、建筑施工噪声、交通噪声和社会生活噪声，这四类噪声皆因人为原因造成，我国关于噪声污染防治的立法就是针对这四类环境噪声而规定的，法律对自然现象产生的噪声不予调整也不能调整。这四类噪声中，工业噪声、建筑施工噪声和社会生活噪声的传播影响范围通常呈面状，交通噪声的传播影响范围通常沿着道路呈线状。

根据《噪声污染防治法》第2条第2款的规定，所谓噪声污染，是指超过噪声排放标准或者未依法采取防控措施产生噪声，并干扰他人正常生活、工作和学习的现象。噪声污染是我国噪声污染防治立法上确立的一个新概念。界定噪声污染的条件有三个：一是超标，即超过噪声排放标准；二是未依法采取防控措施；三是扰民，即干扰他人正常生活、工作和学习。只有具备这三个条件的噪声才构成污染，即对于在噪声排放标准规定的数值以内排放的，称为噪声；对于超过噪声排放标准规定的数值或者未依法采取防控措施产生噪声，且产生了干扰现象的，则称为噪声污染。

噪声污染与其他类型的环境污染相比，有其特点：(1)噪声污染是一种感觉性公害。噪声污染只有当噪声通过传播媒介与人的听觉相联系时才构成危害。同等强度的噪声，由于人体的素质差异、生理及心理承受能力的不同以及所处环境的不同，使不同的人有不同的反应，对不同的人有不同程度的危害结果；(2)噪声污染是一种能量性污染。它是声音能量在环境中的过量释放而造成的，其污染的范围与噪声声能所能波及的范围相一致，其污染的程度与噪声源的声能强度成正比例关系，噪声能源强，则污染重；噪声能源弱，则污染轻；噪声能源消失，则污染停止；(3)噪声污染是一种暂时性的危害。噪声污染不像其他污染一样在环境中长期停留、积累、迁移。它是随着噪声声能的产生而产生，随着噪声声能的消失而消失，对人体的危害也只是限定在特定的时空范围内。噪声源停止发声，噪声即时消失，该噪声对人体的危害也就消失;(4)噪声污染是一种多发性和局部性的公害。多发性是指此类污染经常发生,其发生的频率较高。局部性是指它对环境的影响只局限于特定的区域,而不像大气污染或海洋污染那样范围广阔。例如,交通噪声只影响到道路两侧的一定范围;(5)噪声污染的危害性不易评估。由于噪声是一种令人不愉快的声音,所以,噪声污染对人群的危害,特别是对环境变化比较敏感者的危害不可能以一定的客观数值来评价或衡量。噪声的度量不仅与噪声的物理量有关,还与人对声音的主观听觉感受有关。

鉴于噪声污染的上述特点,如果对噪声源采取一定的控制措施,将其限制在一定程度或者范围内,使人们感觉不到或者无明显感觉,就可以减轻、降低乃至消除噪声的危害。如采取隔声、消声、转移噪声源、降低声级、限制排放噪声的时间或者范围等措施。

(二)噪声污染的危害

噪声污染的危害是多方面的,其危害性主要表现为对人体健康的影响与对人类财产造成一定的损害。一方面对人体健康的危害。主要表现为干扰人们正常的工作和学习,干扰人们的睡眠和休息,危害人们的听觉,引发疾病,对儿童智力发育也会产生影响等。另一方面对人类财产的损害。主要表现为:强噪声会影响生产,损伤建筑物、机器设备,危害科研和国防建设等;强噪声还可能导致自动化设备、高精度仪表失灵等。此外,环境噪声污染同样能够对动物的听觉器官、内脏器官和中枢神经系统造成病理性变化和损伤,强烈的噪声还会引起动物死亡。

噪声污染自20世纪70年代以来日益严重,是现代社会的一大公害,也被称为城市四大公害之一。目前,世界上各大城市无不遭受噪声污染的危害。在我国,噪声污染成为严重扰民的一个突出问题。

二、我国噪声污染防治立法概况

我国早在20世纪50年代制定的《工厂安全卫生规程》中就对工厂内各种噪声源规定了防治措施。1957年我国制定的《治安管理处罚条例》中,也对在城市任意发射高大声响、影响周围居民的工作和休息且不听制止者规定了处罚条款。我国实质意义上的噪声污染防治工作,是随着我国环境保护法治建设的步伐同时开展的。1973年在国务院发布的《关于保护和改善环境的若干规定(试行草案)》中专门对工业和交通噪声的控制作出了规定。1979年颁布的《环境保护法(试行)》中,对城市区域、工业和交通运输等噪声污染的防治作了原则性的规定。为完善环境保护法制,我国曾于1982年着手噪声控制法草案的起草工作。1986年国务院颁布的《民用机场管理规定》,对防治民用飞机产生的噪声作出了控制性规定。在总结各地环境噪声污染防治法规实施的基础上,国务院于1989年9月26日发布了《环境噪声污染防治条例》,自1989年12月1日起施行。

《环境噪声污染防治条例》实施后,在我国防治环境噪声污染,保护和改善生活环境,保障人体健康等方面发挥了重要作用。但是,随着客观形势的变化,《环境噪声污染防治条例》越来越不适应环境噪声污染防治的要求,主要表现在:我国环境噪声污染总体而言仍十分严重;原有噪声源没有得到有效治理,而新的噪声源又大量增加;城市规划和建设布局加剧了环境噪声污染;现行条例在法律责任方面的规定偏少,力度不够,缺乏可操作性;《环境噪声污染防治条例》立法层次还不够高,需要上升为法律,况且,六年来积累不少成功的经验,使条例上升为法律成为可能。为此,1996年10月29日由第八届全国人大常委会第二十二次会议通过了《环境噪声污染防治法》,自1997年3月1日起施行。1989年9月26日国务院发布的《环境噪声污染防治条例》同时废止。

2018年12月29日，第十三届全国人大常委会第七次会议通过《关于修改〈中华人民共和国劳动法〉等七部法律的决定》，其中对《环境噪声污染防治法》作出了修改，主要内容为：(1)将原条文中的“环境保护行政主管部门”修改为“生态环境主管部门”；(2)将第14条第2款中的“经原审批环境影响报告书的环境保护行政主管部门验收”修改为“按照国家规定的标准和程序进行验收”；(3)将第43条第1款中的“工商行政管理部门”修改为“市场监督管理部门”；(4)将第48条中的“由批准该建设项目的环境影响报告书的环境保护行政主管部门责令停止生产或者使用，可以并处罚款”修改为“由县级以上生态环境主管部门责令限期改正，并对单位和个人处以罚款；造成重大环境污染或者生态破坏的，责令停止生产或者使用，或者报经有批准权的人民政府批准，责令关闭”。

2021年12月24日，第十三届全国人大常委会第三十二次会议通过了《噪声污染防治法》，自2022年6月5日起施行，《环境噪声污染防治法》同时废止。《噪声污染防治法》共9章90条，主要规定了总则、噪声污染防治标准和规划、噪声污染防治的监督管理、工业噪声污染防治、建筑施工噪声污染防治、交通运输噪声污染防治、社会生活噪声污染防治、法律责任、附则等内容。

《噪声污染防治法》具有以下亮点〔34〕：

1. 噪声污染的内涵更加清晰。一方面，重新界定了噪声污染内涵，扩大了法律适用范围，明确“指超过噪声排放标准或者未依法采取防控措施产生噪声，并干扰他人正常生活、工作和学习的现象”，从而解决部分噪声污染行为在现行法律中存在监管空白的问题。没有噪声排放标准产生噪声的领域，包括城市轨道交通、机动车“炸街”、乘坐公共交通工具、饲养宠物、餐饮等噪声扰民行为。《噪声污染防治法》针对有些产生噪声的领域没有噪声排放标准的情况，在过去的“超标+扰民”基础上，将“未依法采取防控措施”产生噪声干扰他人正常生活、工作和学习的现象，均界定为噪声污染。另一方面，《环境噪声污染防治法》名称改为《噪声污染防治法》，删除了原法律名称中的“环境”一词，其理由是，噪声污染防治需要防治的是人为噪声，而不是自然环境噪声，《噪声污染防治法》明确法律规范的对象是人为噪声，不仅不影响对噪声污染防治行为的严格要求，反而更聚焦需要运用法律手段解决的噪声污染。该法还将工业噪声扩展到生产活动中产生的噪声，增加了对可能产生噪声污染的工业设备的管控，并明确环境振动控制标准和措施要求等。

2. 完善了噪声标准体系。现行噪声标准主要有三项，对新型噪声扰民行为尚没有相应的噪声排放标准。为完善噪声标准体系，《噪声污染防治法》作出了以下规定：首先，明确建设噪声污染防治标准体系。该法明确国家要推进噪声污染防治标准体系建设，并授权国务院生态环境主管部门和国务院其他有关部门，在各自职责范围内，制定和完善噪声污染防治相关标准，并加强标准之间的衔接协调。其次，扩大噪声标准的制定主体范围。该法授权省级人民政府，对于尚未制定国家噪声排放标准的，可以制定地方噪声排放标准；对已经制定国家噪声排放标准的，还可以制定严于国家噪声排放标准的地方噪声排放标准。同时，授权县级以上地方政府，可以根据国家声环境质量标准和国土空间规划以及用地现状，划定本行政区域各类声环境质量标准的适用区域。最后，明确制定环境振动控制标准。振动问题因缺乏相关控制标准和制度，造成证据收集困难、管理依据不明。《噪声污染防治法》明确要求，国务院生态环境主管部门根据国家声环境质量标准和国家经济、技术条件，制定国家噪声排放标准以及相关的环境振动控制标准。

---

〔34〕　李静云：《新噪声法六大亮点》，载《中国环境报》2022年1月3日，第6版。

3. 强化了噪声污染的源头防控。其一，将噪声污染防治纳入规划。要求各级人民政府及其有关部门，在制定、修改国土空间规划和相关规划时，依法进行环境影响评价，充分考虑城乡区域开发、改造和建设项目产生的噪声对周围生活环境的影响，统筹规划，合理安排土地用途和建设布局，防止、减轻噪声污染。其二，在建设布局中考虑噪声污染防治。要求在确定建设布局时，要根据国家声环境质量标准和民用建筑隔声设计相关标准，合理划定建筑物与交通干线等的防噪声距离，并提出相应的规划设计要求；在交通干线两侧、工业企业周边等地方建设噪声敏感建筑物，还应当按照规定间隔一定距离，并采取减少振动、降低噪声的措施。其三，在产品设计与使用中注重噪声污染防治。要求国务院标准化主管部门会同有关监管部门，对可能产生噪声污染的工业设备、施工机械、机动车、铁路机车车辆、城市轨道交通车辆、民用航空器、机动船舶、电气电子产品、建筑附属设备等产品，在其技术规范或者产品质量标准中规定噪声限值；市场监督管理加强对电梯等特种设备使用时发出的噪声进行监督抽测，生态环境主管部门予以配合。

4. 强化了各级政府责任，明确了目标考核评价。一是将噪声污染防治目标完成情况纳入政府考评，即运用目标化、定量化、制度化的管理方法，通过签订责任书的形式，细化噪声污染防治的主要责任者和责任范围，使任务能够得到层层分解落实，从而达到既定的声环境质量目标。二是对未完成声环境质量改善规划设定目标的地区以及噪声污染问题突出、群众反映强烈的地区，省级以上人民政府生态环境主管部门，要会同其他负有噪声污染防治监督管理职责的部门实施约谈，要求及时整改，同时情况要向社会公开。三是因公路、城市道路和城市轨道交通运行排放噪声造成严重污染的，或者因铁路运行排放噪声、民用航空器起降排放噪声等造成严重污染的，设区的市、县级人民政府要组织有关部门，对噪声污染情况进行调查评估和责任认定，并制订噪声污染综合治理方案。四是对于未达到国家声环境质量标准的区域所在的设区的市、县级人民政府，要及时编制声环境质量改善规划及其实施方案，采取有效措施，改善声环境质量。同时，规划及实施方案还要向社会公开。

5. 精准施策，对噪声污染实行分类防控。对工业噪声，增加了排污许可管理制度，增加了自行监测制度，同时要求可能产生噪声污染的新改扩建项目进行环评；要求建设项目的噪声污染防治设施应当与主体工程同时设计、同时施工、同时投产使用；在投入生产或者使用之前，建设单位要对配套建设的噪声污染防治设施进行验收，编制验收报告，并向社会公开。对于建筑施工噪声，一是明确施工单位噪声污染防治责任。要求建设单位将噪声污染防治费用列入工程造价。二是明确建设单位自动监测责任，并对监测数据的真实性和准确性负责。三是增加了禁止夜间施工的规定，除非是因生产工艺要求或者其他特殊需要必须连续施工的抢修、抢险施工作业。四是增加了优先使用低噪声施工设备的要求，工信部会同生态环境部、住建部等部门，要公布低噪声施工设备指导名录，并适时更新。对于交通运输噪声，一是基础设施选址要考虑噪声的影响。例如，新建公路、铁路线路的选线设计，要尽量避开噪声敏感建筑物集中区域；新建民用机场的选址，与噪声敏感建筑物集中区域的距离要符合标准的要求。二是在基础设施相关工程技术规范中要有噪声污染防治的要求。三是加强对地铁和铁路噪声的防控。四是加强对使用警报器的管理。对于社会生活噪声，一是鼓励培养减少噪声产生的良好习惯，日常活动中，要尽量避免产生噪声对周围人员造成干扰。二是预防邻里噪声污染，使用家用电器、乐器或者进行其他家庭场所活动，要控制音量或者采取其他有效措施。三是预防室内装修噪声，要按照规定限定作业时间，采取有效措施。四是鼓励创建宁静区域，在举行中考、高考时，对可能产生噪声影响的活动，作出时间和区域的限制性规定等。

6. 聚焦噪声扰民，保障安宁和谐。例如，禁止广场舞噪声扰民，禁止机动车轰鸣扰民，禁止酒吧等商业场所噪声扰民。以上这三种行为,如果经劝阻、调解和处理未能制止,持续干扰他人正常生活、工作和学习,或者有其他违反治安管理行为的,由公安机关依法给予治安管理处罚;构成犯罪的,依法追究刑事责任。

三、噪声污染防治的主要法律规定

(一)立法目的与法律原则

《噪声污染防治法》第1条规定的立法目的是,“为了防治噪声污染,保障公众健康,保护和改善生活环境,维护社会和谐,推进生态文明建设,促进经济社会可持续发展”。第3条规定,本法适用于噪声污染的防治,因从事本职生产经营工作受到噪声危害的防治,适用劳动保护等其他有关法律的规定。

噪声污染防治应当坚持统筹规划、源头防控、分类管理、社会共治、损害担责的原则。为此,县级以上人民政府应当将噪声污染防治工作纳入国民经济和社会发展规划、生态环境保护规划,将噪声污染防治工作经费纳入本级政府预算。生态环境保护规划应当明确噪声污染防治目标、任务、保障措施等内容。

(二)噪声污染防治的监督管理体制

根据噪声源的种类及其污染的特点,《噪声污染防治法》对我国噪声污染防治的监督管理体制做出了规定,即我国对噪声污染防治工作是实行统一监督管理与部门分工负责管理相结合的监管体制。按照《噪声污染防治法》第8条的规定,国务院生态环境主管部门对全国噪声污染防治实施统一监督管理。地方人民政府生态环境主管部门对本行政区域噪声污染防治实施统一监督管理。各级住房和城乡建设、公安、交通运输、铁路监督管理、民用航空、海事等部门,在各自职责范围内,对建筑施工、交通运输和社会生活噪声污染防治实施监督管理。基层群众性自治组织应当协助地方人民政府及其有关部门做好噪声污染防治工作。

具体分工是:交通部门对某些交通噪声污染的防治实施监督管理;民航部门对民用航空器的噪声污染防治实施监督管理;铁道部门对火车噪声污染的防治实施监督管理;港务部门对进入港口的机动船舶噪声污染的防治实施监督管理。县级以上地方人民政府应当依照《噪声污染防治法》和国务院的规定,明确有关部门的噪声污染防治监督管理职责,根据需要建立噪声污染防治工作协调联动机制,加强部门协同配合、信息共享,推进本行政区域噪声污染防治工作。

(三)保护声环境的义务与噪声污染的多元防治

地方各级人民政府对本行政区域声环境质量负责,采取有效措施,改善声环境质量。国家实行噪声污染防治目标责任制和考核评价制度,将噪声污染防治目标完成情况纳入考核评价内容。各级人民政府及其有关部门应当加强噪声污染防治法律法规和知识的宣传教育普及工作,增强公众噪声污染防治意识,引导公众依法参与噪声污染防治工作。

任何单位和个人都有保护声环境的义务,同时依法享有获取声环境信息、参与和监督噪声污染防治的权利。排放噪声的单位和个人应当采取有效措施,防止、减轻噪声污染。新闻媒体应当开展噪声污染防治法律法规和知识的公益宣传,对违反噪声污染防治法律法规的行为进行舆论监督。国家鼓励基层群众性自治组织、社会组织、公共场所管理者、业主委员会、物业服务人、志愿者等开展噪声污染防治法律法规和知识的宣传。国家鼓励、支持噪声污染防治科学技术研究开发、成果转化和推广应用,加强噪声污染防治专业技术人才培养,促进噪声污染防治科学技术进步和产业发展。

（四）噪声污染防治标准和规划

之前的《环境噪声污染防治法》只规定了国家的声环境质量标准和环境噪声排放标准，而未规定地方的标准。我国已颁布的声环境质量标准主要是《城市区域环境噪声标准》（1982年制定，1993年修订），该标准是我国在环境噪声污染防治方面颁布的第一个综合性环境噪声标准。《城市区域环境噪声标准》将城市区域的类别划分为0～4五类。另外，夜间突发的噪声，其最大值不准超过标准值15分贝（dB）。该标准还规定，乡村生活区域可参照执行。其他声环境质量标准还有《机场周围飞机噪声环境标准》《城市港口及江河两岸区域环境噪声标准》《铁路边界噪声限值及其测量方法》等。我国已颁布了一系列环境噪声排放标准，主要有《工业企业厂界噪声标准》《建筑施工场界噪声标准》《机动车辆允许噪声标准（试行）》。此外，国家还制定了这些排放标准所适用的噪声测量方法等标准。

新通过的《噪声污染防治法》规定，国家推进噪声污染防治标准体系建设。国务院生态环境主管部门和国务院其他有关部门，在各自职责范围内，制定和完善噪声污染防治相关标准，加强标准之间的衔接协调。国务院生态环境主管部门制定国家声环境质量标准。县级以上地方人民政府根据国家声环境质量标准和国土空间规划以及用地现状，划定本行政区域各类声环境质量标准的适用区域；将以用于居住、科学研究、医疗卫生、文化教育、机关团体办公、社会福利等的建筑物为主的区域，划定为噪声敏感建筑物集中区域，加强噪声污染防治。声环境质量标准适用区域范围和噪声敏感建筑物集中区域范围应当向社会公布。

国务院生态环境主管部门根据国家声环境质量标准和国家经济、技术条件，制定国家噪声排放标准以及相关的环境振动控制标准。省、自治区、直辖市人民政府对尚未制定国家噪声排放标准的，可以制定地方噪声排放标准；对已经制定国家噪声排放标准的，可以制定严于国家噪声排放标准的地方噪声排放标准。地方噪声排放标准应当报国务院生态环境主管部门备案。

国务院标准化主管部门会同国务院发展改革、生态环境、工业和信息化、住房和城乡建设、交通运输、铁路监督管理、民用航空、海事等部门，对可能产生噪声污染的工业设备、施工机械、机动车、铁路机车车辆、城市轨道交通车辆、民用航空器、机动船舶、电气电子产品、建筑附属设备等产品，根据声环境保护的要求和国家经济、技术条件，在其技术规范或者产品质量标准中规定噪声限值。前述的产品使用时产生噪声的限值，应当在有关技术文件中注明。禁止生产、进口或者销售不符合噪声限值的产品。县级以上人民政府市场监督管理等部门对生产、销售的有噪声限值的产品进行监督抽查，对电梯等特种设备使用时发出的噪声进行监督抽测，生态环境主管部门予以配合。

声环境质量标准、噪声排放标准和其他噪声污染防治相关标准应当定期评估，并根据评估结果适时修订。各级人民政府及其有关部门制定、修改国土空间规划和相关规划，应当依法进行环境影响评价，充分考虑城乡区域开发、改造和建设项目产生的噪声对周围生活环境的影响，统筹规划，合理安排土地用途和建设布局，防止、减轻噪声污染。有关环境影响篇章、说明或者报告书中应当包括噪声污染防治内容。确定建设布局，应当根据国家声环境质量标准和民用建筑隔声设计相关标准，合理划定建筑物与交通干线等的防噪声距离，并提出相应的规划设计要求。未达到国家声环境质量标准的区域所在的设区的市、县级人民政府，应当及时编制声环境质量改善规划及其实施方案，采取有效措施，改善声环境质量。声环境质量改善规划及其实施方案应当向社会公开。

编制声环境质量改善规划及其实施方案，制定、修订噪声污染防治相关标准，应当征求有关行业协会、企业事业单位、专家和公众等的意见。

(五)噪声污染防治的监督管理

噪声污染防治的监督管理措施除了环境影响评价、"三同时"、落后工艺和设备淘汰制度、环保约谈与整改、现场检查、查封扣押等,还包括:(1)排放噪声、产生振动,应当符合噪声排放标准以及相关的环境振动控制标准和有关法律、法规、规章的要求。排放噪声的单位和公共场所管理者,应当建立噪声污染防治责任制度,明确负责人和相关人员的责任。(2)国务院生态环境主管部门负责制定噪声监测和评价规范,会同国务院有关部门组织声环境质量监测网络,规划国家声环境质量监测站(点)的设置,组织开展全国声环境质量监测,推进监测自动化,统一发布全国声环境质量状况信息。地方人民政府生态环境主管部门会同有关部门按照规定设置本行政区域声环境质量监测站(点),组织开展本行政区域声环境质量监测,定期向社会公布声环境质量状况信息。地方人民政府生态环境等部门应当加强对噪声敏感建筑物周边等重点区域噪声排放情况的调查、监测。(3)建设噪声敏感建筑物,应当符合民用建筑隔声设计相关标准要求,不符合标准要求的,不得通过验收、交付使用;在交通干线两侧、工业企业周边等地方建设噪声敏感建筑物,还应当按照规定间隔一定距离,并采取减少振动、降低噪声的措施。(4)任何单位和个人都有权向生态环境主管部门或者其他负有噪声污染防治监督管理职责的部门举报造成噪声污染的行为。生态环境主管部门和其他负有噪声污染防治监督管理职责的部门应当公布举报电话、电子邮箱等,方便公众举报。接到举报的部门应当及时处理并对举报人的相关信息保密。举报事项属于其他部门职责的,接到举报的部门应当及时移送相关部门并告知举报人。举报人要求答复并提供有效联系方式的,处理举报事项的部门应当反馈处理结果等情况。(5)国家鼓励开展宁静小区、静音车厢等宁静区域创建活动,共同维护生活环境和谐安宁。(6)在举行中等学校招生考试、高等学校招生统一考试等特殊活动期间,地方人民政府或者其指定的部门可以对可能产生噪声影响的活动,作出时间和区域的限制性规定,并提前向社会公告。

(六)工业噪声污染防治

《噪声污染防治法》所称的工业噪声,是指在工业生产活动中产生的干扰周围生活环境的声音。防治工业噪声污染的主要措施有:第一,工业企业选址应当符合国土空间规划以及相关规划要求,县级以上地方人民政府应当按照规划要求优化工业企业布局,防止工业噪声污染。在噪声敏感建筑物集中区域,禁止新建排放噪声的工业企业,改建、扩建工业企业的,应当采取有效措施防止工业噪声污染。第二,排放工业噪声的企业事业单位和其他生产经营者,应当采取有效措施,减少振动、降低噪声,依法取得排污许可证或者填报排污登记表。实行排污许可管理的单位,不得无排污许可证排放工业噪声,并应当按照排污许可证的要求进行噪声污染防治。第三,设区的市级以上地方人民政府生态环境主管部门应当按照国务院生态环境主管部门的规定,根据噪声排放、声环境质量改善要求等情况,制定本行政区域噪声重点排污单位名录,向社会公开并适时更新。第四,实行排污许可管理的单位应当按照规定,对工业噪声开展自行监测,保存原始监测记录,向社会公开监测结果,对监测数据的真实性和准确性负责。噪声重点排污单位应当按照国家规定,安装、使用、维护噪声自动监测设备,与生态环境主管部门的监控设备联网。

(七)建筑施工噪声污染防治

《噪声污染防治法》所称的建筑施工噪声,是指在建筑施工过程中产生的干扰周围生活环境的声音。防治建筑施工噪声污染的主要措施包括:(1)建设单位应当按照规定将噪声污染防治费用列入工程造价,在施工合同中明确施工单位的噪声污染防治责任。施工单位应当按照规定制订噪声污染防治实施方案,采取有效措施,减少振动、降低噪声。建设单位应当监督施工单位落实噪声污染防治实施方案。(2)在噪声敏感建筑物集中区域施工作业,应当优先使用低噪声施工工艺和设备。国务院工业和信息化主管部门会同国务院生态环境、住房和城乡建设、市场监督管理等部门,公布低噪声施工设备指导名录并适时更新。(3)在噪声敏感建筑物集中区域施工作业,建设单位应当按照国家规定,设置噪声自动监测系统,与监督管理部门联网,保存原始监测记录,对监测数据的真实性和准确性负责。(4)在噪声敏感建筑物集中区域,禁止夜间进行产生噪声的建筑施工作业,但抢修、抢险施工作业,因生产工艺要求或者其他特殊需要必须连续施工作业的除外。因特殊需要必须连续施工作业的,应当取得地方人民政府住房和城乡建设、生态环境主管部门或者地方人民政府指定的部门的证明,并在施工现场显著位置公示或者以其他方式公告附近居民。

(八)交通运输噪声污染防治

《噪声污染防治法》所称的交通运输噪声,是指机动车、铁路机车车辆、城市轨道交通车辆、机动船舶、航空器等交通运输工具在运行时产生的干扰周围生活环境的声音。《噪声污染防治法》第六章对交通运输噪声污染防治进行了专门规定。第一,各级人民政府及其有关部门制定、修改国土空间规划和交通运输等相关规划,应当综合考虑公路、城市道路、铁路、城市轨道交通线路、水路、港口和民用机场及其起降航线对周围声环境的影响。新建公路、铁路线路选线设计,应当尽量避开噪声敏感建筑物集中区域。新建民用机场选址与噪声敏感建筑物集中区域的距离应当符合标准要求。第二,制定交通基础设施工程技术规范,应当明确噪声污染防治要求。新建、改建、扩建经过噪声敏感建筑物集中区域的高速公路、城市高架、铁路和城市轨道交通线路等的,建设单位应当在可能造成噪声污染的重点路段设置声屏障或者采取其他减少振动、降低噪声的措施,符合有关交通基础设施工程技术规范以及标准要求。建设单位违反前文规定的,由县级以上人民政府指定的部门责令制订、实施治理方案。第三,机动车的消声器和喇叭应当符合国家规定。禁止驾驶拆除或者损坏消声器、加装排气管等擅自改装的机动车以轰鸣、疾驶等方式造成噪声污染。使用机动车音响器材,应当控制音量,防止噪声污染。机动车应当加强维修和保养,保持性能良好,防止噪声污染。第四,机动车、铁路机车车辆、城市轨道交通车辆、机动船舶等交通运输工具运行时,应当按照规定使用喇叭等声响装置。警车、消防救援车、工程救险车、救护车等机动车安装、使用警报器,应当符合国务院公安等部门的规定;非执行紧急任务,不得使用警报器。第五,地方人民政府生态环境主管部门会同公安机关根据声环境保护的需要,可以划定禁止机动车行驶和使用喇叭等声响装置的路段和时间,向社会公告,并由公安机关交通管理部门依法设置相关标志、标线。第六,在车站、铁路站场、港口等地指挥作业时使用广播喇叭的,应当控制音量,减轻噪声污染。第七,公路养护管理单位、城市道路养护维修单位应当加强对公路、城市道路的维护和保养,保持减少振动、降低噪声设施正常运行。城市轨道交通运营单位、铁路运输企业应当加强对城市轨道交通线路和城市轨道交通车辆、铁路线路和铁路机车车辆的维护和保养,保持减少振动、降低噪声设施正常运行,并按照国家规定进行监测,保存原始监测记录,对监测数据的真实性和准确性负责。第八,民用机场所在地人民政府,应当根据环境影响评价以及监测结果确定的民用航空器噪声对机场周围生活环境产生影响的范围和程度,划定噪声敏感建筑物禁止建设区域和限制建设区域,并实施控制。在禁止建设区域禁止新建与航空无关的噪声敏感建筑物。在限制建设区域确需建设噪声敏感建筑物的,建设单位应当对噪声敏感建筑物进行建筑隔声设计,符合民用建筑隔声设计相关标准要求。第九,民用航空器应当符合国务院民用航空主管部门规定的适航标准中的有关噪声要求。民用机场管理机构负责机场起降航空器噪声的管理,会同航空运输企业、通用航空企业、空中交通管理部门等单位,采取低噪声飞行程序、起降跑道优化、运行架次和时段控制、高噪声航空器运行限制或者周围噪声敏感建筑物隔声降噪等措施，防止、减轻民用航空器噪声污染。民用机场管理机构应当按照国家规定，对机场周围民用航空器噪声进行监测，保存原始监测记录，对监测数据的真实性和准确性负责，监测结果定期向民用航空、生态环境主管部门报送。

此外，《噪声污染防治法》还规定了在交通运输噪声污染防治工作中，行业主管部门、设区的市、县级人民政府应当组织有关部门和其他有关单位对噪声污染情况进行调查评估和责任认定，制订噪声污染综合治理方案。噪声污染责任单位应当按照噪声污染综合治理方案的要求采取有效措施，减轻噪声污染。制订噪声污染综合治理方案，应当征求有关专家和公众等的意见。

（九）社会生活噪声污染防治

《噪声污染防治法》所称的社会生活噪声，是指人为活动产生的除工业噪声、建筑施工噪声和交通运输噪声之外的干扰周围生活环境的声音。《噪声污染防治法》第七章对社会生活噪声污染防治作出了规定，主要措施包括：(1)全社会应当增强噪声污染防治意识，自觉减少社会生活噪声排放，积极开展噪声污染防治活动，形成人人有责、人人参与、人人受益的良好噪声污染防治氛围，共同维护生活环境和谐安宁。(2)文化娱乐、体育、餐饮等场所的经营管理者应当采取有效措施，防止、减轻噪声污染。(3)使用空调器、冷却塔、水泵、油烟净化器、风机、发电机、变压器、锅炉、装卸设备等可能产生社会生活噪声污染的设备、设施的企业事业单位和其他经营管理者等，应当采取优化布局、集中排放等措施，防止、减轻噪声污染。(4)禁止在商业经营活动中使用高音广播喇叭或者采用其他持续反复发出高噪声的方法进行广告宣传。对商业经营活动中产生的其他噪声，经营者应当采取有效措施，防止噪声污染。(5)禁止在噪声敏感建筑物集中区域使用高音广播喇叭，但紧急情况以及地方人民政府规定的特殊情形除外。在街道、广场、公园等公共场所组织或者开展娱乐、健身等活动，应当遵守公共场所管理者有关活动区域、时段、音量等规定，采取有效措施，防止噪声污染；不得违反规定使用音响器材产生过大音量。公共场所管理者应当合理规定娱乐、健身等活动的区域、时段、音量，可以采取设置噪声自动监测和显示设施等措施加强管理。(6)家庭及其成员应当培养形成减少噪声产生的良好习惯，乘坐公共交通工具、饲养宠物和其他日常活动尽量避免产生噪声对周围人员造成干扰，互谅互让解决噪声纠纷，共同维护声环境质量。使用家用电器、乐器或者进行其他家庭场所活动，应当控制音量或者采取其他有效措施，防止噪声污染。(7)对已竣工交付使用的住宅楼、商铺、办公楼等建筑物进行室内装修活动，应当按照规定限定作业时间，采取有效措施，防止、减轻噪声污染。(8)新建居民住房的房地产开发经营者应当在销售场所公示住房可能受到噪声影响的情况以及采取或者拟采取的防治措施，并纳入买卖合同。新建居民住房的房地产开发经营者应当在买卖合同中明确住房的共用设施设备位置和建筑隔声情况。(9)居民住宅区安装电梯、水泵、变压器等共用设施设备的，建设单位应当合理设置，采取减少振动、降低噪声的措施，符合民用建筑隔声设计相关标准要求。已建成使用的居民住宅区电梯、水泵、变压器等共用设施设备由专业运营单位负责维护管理，符合民用建筑隔声设计相关标准要求。(10)基层群众性自治组织指导业主委员会、物业服务人、业主通过制定管理规约或者其他形式，约定本物业管理区域噪声污染防治要求，由业主共同遵守。(11)对噪声敏感建筑物集中区域的社会生活噪声扰民行为，基层群众性自治组织、业主委员会、物业服务人应当及时劝阻、调解；劝阻、调解无效的，可以向负有社会生活噪声污染防治监督管理职责的部门或者地方人民政府指定的部门报告或者投诉，接到报告或者投诉的部门应当依法处理。

《噪声污染防治法》第八章规定了法律责任，加大了对于违法行为的处罚力度，具有较大的震慑力。例如，建设单位在噪声敏感建筑物禁止建设区域新建与航空无关的噪声敏感建筑物的，由地方人民政府指定的部门责令停止违法行为，处建设工程合同价款2%以上10%以下的罚款，并报经有批准权的人民政府批准，责令拆除。

第七节　固体废物污染环境防治法

一、固体废物污染环境防治概述

（一）固体废物的概念及特点

废物是一个相对的概念，在某些场合、某一过程中它为废物，但在另一种条件下却可能成为宝贵的原材料，随着时间的推移和技术的进步，人类所产生的废弃物越来越多地被转化为新的原料。所以废物常常被科学家和再利用者们看作“放错地点的原料”。根据《固体废物污染环境防治法》第124条第1项的规定，所谓固体废物，是指在生产、生活和其他活动中产生的丧失原有利用价值或者虽未丧失利用价值但被抛弃或者放弃的固态、半固态和置于容器中的气态的物品、物质以及法律、行政法规规定纳入固体废物管理的物品、物质。经无害化加工处理，并且符合强制性国家产品质量标准，不会危害公众健康和生态安全，或者根据固体废物鉴别标准和鉴别程序认定为不属于固体废物的除外。固体废物包括工业固体废物、生活垃圾、建筑垃圾、农业固体废物和危险废物，并非只限于呈固态形状的废弃物质，还包括半固态废物，即泥状废物和高浓度液体废物，诸如工业生产建设中产生的污泥、泥浆、废油、废酸、废碱、废溶剂、废沥青，在城市生活和其他活动中产生的下水道污泥、厨房垃圾、废农药、人畜粪便等。这些半固体废物不属于大气污染防治法的“废气”和水污染防治法的“废水”的调整范围，而且其特性、来源、分布和对其进行收集、贮存、处置等方面的要求，与固体废物的特点及其污染防治要求相似，将其列入固体废物范围内加以管制较为方便、合理和经济。

根据《固体废物污染环境防治法》的规定，液体废物和置于容器中的气态废物的污染防治，适用《固体废物污染环境防治法》；但是，排入水体的废水和排入大气的废气的污染防治，分别适用《水污染防治法》和《大气污染防治法》。固体废物污染海洋环境的防治和放射性固体废物污染环境的防治不适用《固体废物污染环境防治法》，而分别适用《海洋环境保护法》和《放射性污染防治法》。

固体废物不同于废水、废气，具有量大面广、种类繁多、性质复杂、处置多样性、可运输及跨国间转移、污染环节多等特点；还具有污染环境的危害性和可利用性的双重性质。此外，除了突发性污染事故外，对环境的污染危害，具有潜在性和迟滞性，其危害可能在数年以后才能表现出来，而且一旦造成污染危害，由于其具有的反应呆滞性和生物难降解性，往往难以清除。因此，消除固体废物的污染往往需要较复杂的治理技术和大量的资金投入。

（二）固体废物污染的概念及危害

固体废物污染是指因对固体废物的处置不当而使其进入环境，从而导致人体健康或财产安全受到损害，以及破坏自然生态系统、造成环境质量恶化的现象。固体废物污染不同于大气污染和水污染，因为固体废物本身就是污染物，所以固体废物污染主要是指固体废物通过进入环境后直接或间接对人类以及环境要素产生危害。固体废物一旦进入大气或水体，便可以造成大气污染或水污染。

固体废物污染环境的危害主要表现为:(1)侵占土地。固体废物不加利用,需占地堆放,堆积量越大,占地越多。(2)污染土壤。由于固体废物的堆积点只是简单地堆放,其中有害成分容易污染土壤。(3)污染水体。固体废物被人为倾倒或者随降水和地表径流进入河流、湖泊,或者随风飞扬,落入水体,对地表水和地下水造成污染。投入水体的固体废物不仅会污染水质,而且还会直接影响和危害水生生物的生存和水资源的利用。(4)污染大气。固体废物贮存或处理时产生的恶臭、毒气、微粒会污染大气,恶化城市居民的生活条件,对人体健康形成威胁。(5)影响环境卫生。生活垃圾和人畜粪便是各种病原微生物、细菌、昆虫的孳生地和繁殖场,对人类的健康、生活造成威胁,也破坏景观,造成人们心理上的不快。此外,固体废物中的危险废物污染危害是最大的,如含有汞、镉、铅等微量有害元素的固体废物最容易造成即时性的严重灾害,而具有毒性或者潜在毒性的废物也会造成持续性的危害。

目前,我国面临的固体废物污染问题较多:一是固体废物产生呈持续增长趋势;二是固体废物处置能力明显不足,城市生活垃圾无害化处理率较低;三是固体废物处置标准不高,管理不严;四是大量可利用的固体废物未得到利用;五是农村固体废物污染问题日益突出,畜禽养殖业污染严重,大多数农村生活垃圾没有得到妥善处置;六是废弃电器电子产品等新型废物不断增长,造成新的污染。

(三)我国固体废物污染环境防治立法概况

我国为防治固体废物污染制定了一系列的专门法律、法规。例如,在防治工业固体废物污染方面,原国家环境保护局于1992年制定了《防治尾矿污染环境管理规定》,原国家环境保护局、原能源部于1991年发布了《防止含多氯联苯电力装置及其废物污染环境的规定》,原国家环境保护局、原化工部于1992年颁布了《关于防治铬化合物生产建设中环境污染的若干规定》等;在防治生活垃圾污染方面,国务院于1993年颁布了《城市市容和环境卫生管理条例》,原建设部于1993年颁布了《城市生活垃圾管理办法》等;在鼓励综合利用固体废物方面,原国家经济委员会在1985年发布《关于开展资源综合利用若干问题的暂行规定》,国务院于1996年批转了原国家经济贸易委员会、财政部、国家税务总局的《关于进一步开展资源综合利用的意见》等。

国家环境保护局于1984年开始酝酿起草《固体废物污染环境防治法》。通过反复征求意见与专家论证,历时10年,于1995年10月30日第八届人大常委会第十六次会议上通过了《固体废物污染环境防治法》,该法于1996年4月1日起施行。依据该法,我国于1999年制定了《危险废物转移联单管理办法》和《废物进口环境保护管理暂行规定》,2001年颁布了《畜禽养殖污染防治管理办法》《关于有效控制城市扬尘污染的通知》《危险废物污染防治技术政策》《报废汽车回收管理办法》。

2003年5月至6月,全国人大常委会对《固体废物污染环境防治法》的实施情况进行了检查。从检查的结果看,该法的实施对我国固体废物污染防治工作发挥了积极的作用,同时也发现,随着工业化、城市化的发展以及人民生活水平的提高,固体废物污染防治工作也面临着许多新的情况和问题。为此,全国人大常委会将修订该法列入第十届全国人大常委会的立法规划,并于2003年7月成立了修改起草领导小组,着手起草修订草案。经过多次调查、讨论,最后形成了《固体废物污染环境防治法(修订草案)》于2004年12月29日经第十届全国人大常委会第十三次会议全面修订,同日公布,自2005年4月1日起施行。2005年《固体废物污染环境防治法》共六章91条,内容涉及固体废物污染环境防治的监督管理、固体废物污染环境防治的一般规定、工业固体废物污染环境的防治、生活垃圾污染环境的防治和危险废物污染环境防治的特别规定等,其特点为:一是国家鼓励固体废物的循环利用,明确提出了国家促进循环经济发展的原则;二是确立了生产者、销售者、进口者、使用者对其产生的固体废物承担污染防治责任的原则,体现了生产者对废弃产品污染防治的责任延伸制度;三是国家鼓励购买、使用再生产品和可重复利用产品,体现了倡导绿色采购和绿色消费的精神;四是对废物进口提出了禁止、限制和自动许可进口分类管理的规定,体现了中国遵守入世承诺和WTO规则要求。

2013年6月29日,第十二届全国人大常委会第三次会议通过了《关于修改〈中华人民共和国文物保护法〉等十二部法律的决定》,对《固体废物污染环境防治法》作出修改,这是本法的第一次修正。修改内容只有一条,即将第44条第2款修改为:“禁止擅自关闭、闲置或者拆除生活垃圾处置的设施、场所;确有必要关闭、闲置或者拆除的,必须经所在地的市、县人民政府环境卫生行政主管部门和环境保护行政主管部门核准,并采取措施,防止污染环境。”

2015年4月24日,第十二届全国人大常委会第十四次会议通过《关于修改〈中华人民共和国港口法〉等七部法律的决定》,对《固体废物污染环境防治法》作出修改,这是本法的第二次修正。修改内容涉及两点:一是将第25条第1款和第2款中的“自动许可进口”修改为“非限制进口”;二是删去第3款中的“进口列入自动许可进口目录的固体废物,应当依法办理自动许可手续”。

2016年11月7日,第十二届全国人大常委会第二十四次会议通过《关于修改〈中华人民共和国对外贸易法〉等十二部法律的决定》,对《固体废物污染环境防治法》作出修改,这是本法的第三次修正。修改内容涉及两条:一是将第44条第2款修改为“禁止擅自关闭、闲置或者拆除生活垃圾处置的设施、场所;确有必要关闭、闲置或者拆除的,必须经所在地的市、县级人民政府环境卫生行政主管部门商所在地环境保护行政主管部门同意后核准,并采取措施,防止污染环境”。二是将第59条第1款修改为:“转移危险废物的,必须按照国家有关规定填写危险废物转移联单。跨省、自治区、直辖市转移危险废物的,应当向危险废物移出地省、自治区、直辖市人民政府环境保护行政主管部门申请。移出地省、自治区、直辖市人民政府环境保护行政主管部门应当商经接受地省、自治区、直辖市人民政府环境保护行政主管部门同意后,方可批准转移该危险废物。未经批准的,不得转移。”

2020年4月29日,第十三届全国人大常委会第十七次会议通过了修订后的《固体废物污染环境防治法》,这是本法的第二次修订,修订内容较多。本法在新冠肺炎疫情背景下修订,意义重大。修订内容主要涉及以下几方面:

1. 修改《固体废物污染环境防治法》的背景和重要意义

固体废物污染环境防治是打好污染防治攻坚战的重要内容,事关人民群众生命安全和身体健康。全国人大常委会高度重视《固体废物污染环境防治法》的修改工作,2017年执法检查报告建议尽快启动修订工作。此次全面修改《固体废物污染环境防治法》,是贯彻落实生态文明思想和关于生态文明建设决策部署的重大任务,是依法推动打好污染防治攻坚战的迫切需要,是健全最严格最严密生态环境保护法律制度和强化公共卫生法治保障的重要举措。

2. 加强医疗废物特别是应对重大传染病疫情过程中医疗废物的管理

新冠肺炎疫情防控,对固体废物管理提出了新要求,根据有关方面的意见,增加以下规定:第一,切实加强医疗废物特别是应对重大传染病疫情过程中医疗废物的管理。一是明确医疗废物按照国家危险废物名录管理。县级以上地方人民政府应当加强医疗废物集中处置能力建设。二是明确监管职责。县级以上人民政府卫生健康、生态环境等主管部门应当在各自职责范围内加强对医疗废物收集、贮存、运输、处置的监督管理,防止危害公众健康、污染环境。三是突出主体责任。医疗卫生机构应当依法分类收集本单位产生的医疗废物,交由医疗废物集中处置单位处置。医疗废物集中处置单位应当及时收集、运输和处置医疗废物。医疗卫生机构和医疗废物集中处置单位应当采取有效措施,防止医疗废物流失、泄漏、渗漏、扩散。四是完善应急保障机制。重大传染病疫情等突发事件发生时,县级以上人民政府应当统筹协调医疗废物等危险废物收集、贮存、运输、处置等工作,保障所需的车辆、场地、处置设施和防护物资。有关主管部门应当协同配合,依法履行应急处置职责。五是要求各级人民政府按照事权划分的原则安排必要的资金用于重大传染病疫情等突发事件产生的医疗废物等危险废物应急处置。第二,明确有关实验室固体废物管理的基本要求。规定各级各类实验室及其设立单位应当加强对实验室产生的固体废物的管理,依法收集、贮存、运输、利用、处置实验室固体废物。实验室固体废物属于危险废物的,应当按照危险废物管理。第三,加强农贸市场等环境卫生治理。规定农贸市场、农产品批发市场等应当加强环境卫生管理,保持环境卫生清洁,对所产生的垃圾及时清扫、分类收集、妥善处理。

3. 推动实现生活垃圾分类制度有效覆盖

固体废物污染环境防治法针对生活垃圾分类主要作了以下规定:一是明确国家推行生活垃圾分类制度,生活垃圾分类坚持政府推动、全民参与、城乡统筹、因地制宜、简便易行的原则。二是要求县级以上地方政府加快建立分类投放、分类收集、分类运输、分类处理的生活垃圾管理系统,实现生活垃圾分类制度有效覆盖,并建立生活垃圾分类工作协调机制,加强和统筹生活垃圾分类管理能力建设。三是强调各级政府及其有关部门应当组织开展生活垃圾分类宣传,教育引导公众养成生活垃圾分类习惯,督促和指导生活垃圾分类工作。四是规定产生生活垃圾的单位、家庭和个人应当依法履行分类投放义务。任何单位和个人都应当依法在指定的地点分类投放生活垃圾,不得随意倾倒、抛撒、堆放或者焚烧。地方政府建立生活垃圾处理收费制度,要遵循产生者付费、差别化管理原则。五是强调县级以上地方政府应当统筹生活垃圾公共转运、处理设施与收集设施有效衔接,加强分类收运体系和再生资源回收体系在规划、建设、运营等方面的融合。六是规定有害垃圾、厨余垃圾处理和生活垃圾分类经费保障、违法行为处罚等内容。

4. 电商、快递等行业应优先采用可重复、易回收包装物

在过度包装治理方面,法律作出以下规定:一是明确有关部门要加强产品生产和流通过程管理,避免过度包装。二是明确包装物的设计、制造应当遵守国家有关清洁生产的规定,要求组织制定有关标准防止过度包装造成环境污染。三是强调生产经营者应当遵守限制商品过度包装的强制性标准,避免过度包装。市场监督管理部门和有关部门应当加强对过度包装的监督管理。四是要求生产、销售、进口依法被列入强制回收目录的包装物的企业,应当按照规定对包装物进行回收。五是规定电子商务、快递、外卖等行业应当优先采用可重复使用、易回收利用的包装物,优化物品包装,减少包装物的使用,并积极回收利用包装物。商务、邮政等主管部门应当加强监督管理。六是明确国家鼓励和引导消费者使用绿色包装和减量包装。

关于塑料污染治理,一是明确国家依法禁止、限制生产、销售和使用不可降解塑料袋等一次性塑料制品。二是要求商品零售场所开办单位、电子商务平台企业和快递企业、外卖企业按照规定向商务、邮政等主管部门报告塑料袋等一次性塑料制品的使用、回收情况。三是规定国家鼓励和引导减少使用塑料袋等一次性塑料制品,推广应用可循环、易回收、可降解的替代产品。

二、防治固体废物污染环境的主要法律规定

(一)固体废物污染环境防治的基本原则

防治固体废物污染,除应遵循环境保护法的基本原则之外,《固体废物污染环境防治法》根据其特点,还确立了若干具体原则:

1."三化"管理原则。"三化"是指固体废物减量化、资源化、无害化。固体废物减量化,亦称废物最小量化,是指减少固体废物的产生。固体废物资源化,亦称资源综合利用,是指通过回收、加工、循环利用、交换等方式,对固体废物进行综合利用,使之转化为可利用的二次原料或再生资源。固体废物无害化是指对固体废物进行无害化处置。"三化"原则是各国防治固体废物污染立法中普遍适用和富有成效的原则。实行这一原则,可以做到既防治污染,改善环境,又节约和合理开发利用资源,使固体废物得以变废为宝,化害为利,实现经济效益、环境效益、社会效益的统一。因此,《固体废物污染环境防治法》第3条规定:"国家推行绿色发展方式,促进清洁生产和循环经济发展。国家倡导简约适度、绿色低碳的生活方式,引导公众积极参与固体废物污染环境防治。"第4条规定:"固体废物污染环境防治坚持减量化、资源化和无害化的原则。任何单位和个人都应当采取措施,减少固体废物的产生量,促进固体废物的综合利用,降低固体废物的危害性。"

2.全过程管理原则。全过程管理是指包括固体废物的产生、收集、贮存、运输、利用、处置等环节的全过程。通常称为"从产生到最终处置"的全过程或者"从摇篮(产生)到坟墓(处置)"的全过程。在这一全过程的各个环节,固体废物都有对环境产生污染危害的可能。因此,固体废物污染防治必须贯穿于全过程。我国《固体废物污染环境防治法》第19条规定:"收集、贮存、运输、利用、处置固体废物的单位和其他生产经营者,应当加强对相关设施、设备和场所的管理和维护,保证其正常运行和使用。"第20条规定:"产生、收集、贮存、运输、利用、处置固体废物的单位和其他生产经营者,应当采取防扬散、防流失、防渗漏或者其他防止污染环境的措施,不得擅自倾倒、堆放、丢弃、遗撒固体废物。禁止任何单位或者个人向江河、湖泊、运河、渠道、水库及其最高水位线以下的滩地和岸坡以及法律法规规定的其他地点倾倒、堆放、贮存固体废物。"根据2020年新修订的《固体废物污染环境防治法》第124条第7、8、9项的规定,所谓贮存,是指将固体废物临时置于特定设施或者场所中的活动。利用,是指从固体废物中提取物质作为原材料或者燃料的活动。处置,是指将固体废物焚烧和用其他改变固体废物的物理、化学、生物特性的方法,达到减少已产生的固体废物数量、缩小固体废物体积、减少或者消除其危险成分的活动,或者将固体废物最终置于符合环境保护规定要求的填埋场的活动。

3.强制处置原则。工业固体废物和危险废物的产生者必须将废物进行综合利用,并对不能利用或者不能全部用尽的废物实行无害于环境的处置。处置,是指将固体废物焚烧和用其他改变固体废物的物理、化学、生物特性的方法,达到减少已产生的固体废物数量、缩小固体废物体积、减少或者消除其危险成分的活动,或者将固体废物最终置于符合环境保护规定要求的场所或者设施并不再取回的活动。处置并不能消除固体废物,只是改变其危害性质或者将其长期隔离封存。

4.集中防治原则。在我国,固体废物污染的集中防治主要有三种形式:一是鼓励企业、事业单位将其拥有的固体废物利用、贮存、处置设施,在保证利用、贮存、处置本单位产生的固体废物的条件下,可将剩余的防治能力向他人开放,接受他人提供的需要利用、贮存、处置的废物;二是区域性集中收集、处置方式,即建设区域性的专门性和专业性的固体废物利用、贮存、处置设施,把一些分散在各单位的固体废物,按一定要求和条件集中在一起进行利用、贮存和

处置；三是推行“废物交换”。废物交换是根据一个生产过程产生的废物可能成为另一生产过程的原料的特性，通过交换方式，使废物产生者与利用者之间进行物质传输，以比较经济的方式实现固体废物资源化。交换可以是有偿的，亦可以是无偿的。

5. 危险废物重点防治原则。根据《固体废物污染环境防治法》第 124 条第 6 项的规定：“危险废物，是指列入国家危险废物名录或者根据国家规定的危险废物鉴别标准和鉴别方法认定的具有危险特性的固体废物。”在我国，危险废物虽然占废物总量的比例不大，但因其具有爆炸性、易燃性、易氧化性、毒性、腐蚀性或者易传染疾病等危险特性，如果随意弃置，对环境的危害极大。因此，国外废物管理立法都把危险废物作为废物管理的重点，采取一切措施保证危险废物得到妥善处理、处置。我国《固体废物污染环境防治法》第六章为此作了专门的规定，突出了对危险废物的重点防治原则。

6. 生产者延伸责任原则。这是《固体废物污染环境防治法》的一项法律原则，是环境保护法“损害担责”原则的发展和体现。该法第 5 条规定：“固体废物污染环境防治坚持污染担责的原则。产生、收集、贮存、运输、利用、处置固体废物的单位和个人，应当采取措施，防止或者减少固体废物对环境的污染，对所造成的环境污染依法承担责任。”该原则要求生产者不仅对其生产过程中的环境污染承担法律责任，还要求对其生产产品的整个生命周期内的环境污染和破坏承担法律责任，包括废弃产品的回收、处置责任，以及所造成污染损害承担赔偿等法律规定的责任。

（二）防治固体废物污染环境的监督管理体制

我国对固体废物污染环境防治的监督管理体制，仍然是实行统一监督管理与分级、分部门监督管理相结合的体制。《固体废物污染环境防治法》第 9 条规定，国务院生态环境主管部门对全国固体废物污染环境防治工作实施统一监督管理。国务院发展改革、工业和信息化、自然资源、住房城乡建设、交通运输、农业农村、商务、卫生健康、海关等主管部门在各自职责范围内负责固体废物污染环境防治的监督管理工作。地方人民政府生态环境主管部门对本行政区域固体废物污染环境防治工作实施统一监督管理。地方人民政府发展改革、工业和信息化、自然资源、住房城乡建设、交通运输、农业农村、商务、卫生健康等主管部门在各自职责范围内负责固体废物污染环境防治的监督管理工作。

地方各级人民政府对本行政区域固体废物污染环境防治负责。各级人民政府应当加强对固体废物污染环境防治工作的领导，组织、协调、督促有关部门依法履行固体废物污染环境防治监督管理职责。省、自治区、直辖市之间可以协商建立跨行政区域固体废物污染环境的联防联控机制，统筹规划制定、设施建设、固体废物转移等工作。

（三）固体废物污染环境防治的监督管理

固体废物污染环境防治工作除了贯彻有关环境保护法的基本制度之外，还应着重贯彻现行《固体废物污染环境防治法》如下监管制度：第一，规划制度。县级以上人民政府应当将固体废物污染环境防治工作纳入国民经济和社会发展规划、生态环境保护规划，并采取有效措施减少固体废物的产生量、促进固体废物的综合利用、降低固体废物的危害性，最大限度降低固体废物填埋量。

第二，标准制度。国务院生态环境主管部门应当会同国务院有关部门根据国家环境质量标准和国家经济、技术条件，制定固体废物鉴别标准、鉴别程序和国家固体废物污染环境防治技术标准。国务院标准化主管部门应当会同国务院发展改革、工业和信息化、生态环境、农业农村等主管部门，制定固体废物综合利用标准。综合利用固体废物应当遵守生态环境法律法规，符合固体废物污染环境防治技术标准。使用固体废物综合利用产物应当符合国家规定的用途、标准。

第三，建立信息平台。国务院生态环境主管部门应当会同国务院有关部门建立全国危险废物等固体废物污染环境防治信息平台，推进固体废物收集、转移、处置等全过程监控和信息化追溯。

第四，环境影响评价。该法第 17 条规定："建设产生、贮存、利用、处置固体废物的项目，应当依法进行环境影响评价，并遵守国家有关建设项目环境保护管理的规定。"《固体废物污染环境防治法》对环境影响评价制度的规定，其适用范围扩大，即一切产生固体废物（包括固体废物、危险废物、生活垃圾等）的建设项目都应当依法进行环境影响评价，对贮存、利用、处置固体废物的项目也必须进行环境影响评价。

第五，"三同时"。建设项目的环境影响评价文件确定需要配套建设的固体废物污染环境防治设施，应当与主体工程同时设计、同时施工、同时投入使用。建设项目的初步设计，应当按照环境保护设计规范的要求，将固体废物污染环境防治内容纳入环境影响评价文件，落实防治固体废物污染环境和破坏生态的措施以及固体废物污染环境防治设施投资概算。建设单位应当依照有关法律法规的规定，对配套建设的固体废物污染环境防治设施进行验收，编制验收报告，并向社会公开。

第六，经营者义务。收集、贮存、运输、利用、处置固体废物的单位和其他生产经营者，应当加强对相关设施、设备和场所的管理和维护，保证其正常运行和使用。产生、收集、贮存、运输、利用、处置固体废物的单位和其他生产经营者，应当采取防扬散、防流失、防渗漏或者其他防止污染环境的措施，不得擅自倾倒、堆放、丢弃、遗撒固体废物。禁止任何单位或者个人向江河、湖泊、运河、渠道、水库及其最高水位线以下的滩地和岸坡以及法律法规规定的其他地点倾倒、堆放、贮存固体废物。

第七，禁止性规定。在生态保护红线区域、永久基本农田集中区域和其他需要特别保护的区域内，禁止建设工业固体废物、危险废物集中贮存、利用、处置的设施、场所和生活垃圾填埋场。禁止中华人民共和国境外的固体废物进境倾倒、堆放、处置。

第八，转移固体废物的申请制度。转移固体废物出省、自治区、直辖市行政区域贮存、处置的，应当向固体废物移出地的省、自治区、直辖市人民政府生态环境主管部门提出申请。移出地的省、自治区、直辖市人民政府生态环境主管部门应当及时商经接受地的省、自治区、直辖市人民政府生态环境主管部门同意后，在规定期限内批准转移该固体废物出省、自治区、直辖市行政区域。未经批准的，不得转移。转移固体废物出省、自治区、直辖市行政区域利用的，应当报固体废物移出地的省、自治区、直辖市人民政府生态环境主管部门备案。移出地的省、自治区、直辖市人民政府生态环境主管部门应当将备案信息通报接受地的省、自治区、直辖市人民政府生态环境主管部门。

第九"洋垃圾"禁止进口。国家逐步实现固体废物零进口，由国务院生态环境主管部门会同国务院商务、发展改革、海关等主管部门组织实施。海关发现进口货物疑似固体废物的，可以委托专业机构开展属性鉴别，并根据鉴别结论依法管理。

第十，现场检查。生态环境主管部门及其环境执法机构和其他负有固体废物污染环境防治监督管理职责的部门，在各自职责范围内有权对从事产生、收集、贮存、运输、利用、处置固体废物等活动的单位和其他生产经营者进行现场检查。被检查者应当如实反映情况，并提供必要的资料。实施现场检查，可以采取现场监测、采集样品、查阅或者复制与固体废物污染环境防治相关的资料等措施。检查人员进行现场检查，应当出示证件。对现场检查中知悉的商业秘密应当保密。

第十一，查封、扣押。可能造成证据灭失、被隐匿或者非法转移的，造成或者可能造成严重环境污染的，生态环境主管部门和其他负有固体废物污染环境防治监督管理职责的部门，可以对违法收集、贮存、运输、利用、处置的固体废物及设施、设备、场所、工具、物品予以查封、扣押。

第十二，信用记录。生态环境主管部门应当会同有关部门建立产生、收集、贮存、运输、利用、处置固体废物的单位和其他生产经营者信用记录制度，将相关信用记录纳入全国信用信息共享平台。

第十三，信息公开。设区的市级人民政府生态环境主管部门应当会同住房城乡建设、农业农村、卫生健康等主管部门，定期向社会发布固体废物的种类、产生量、处置能力、利用处置状况等信息。产生、收集、贮存、运输、利用、处置固体废物的单位，应当依法及时公开固体废物污染环境防治信息，主动接受社会监督。利用、处置固体废物的单位，应当依法向公众开放设施、场所，提高公众环境保护意识和参与程度。

第十四，报告制度。县级以上人民政府应当将工业固体废物、生活垃圾、危险废物等固体废物污染环境防治情况纳入环境状况和环境保护目标完成情况年度报告，向本级人民代表大会或者人民代表大会常务委员会报告。

第十五，有奖举报。任何单位和个人都有权对造成固体废物污染环境的单位和个人进行举报。生态环境主管部门和其他负有固体废物污染环境防治监督管理职责的部门应当将固体废物污染环境防治举报方式向社会公布，方便公众举报。接到举报的部门应当及时处理并对举报人的相关信息予以保密；对实名举报并查证属实的，给予奖励。举报人举报所在单位的，该单位不得以解除、变更劳动合同或者其他方式对举报人进行打击报复。

（四）工业固体废物

根据《固体废物污染环境防治法》第124条第2项的规定，所谓工业固体废物，是指在工业生产活动中产生的固体废物。《固体废物污染环境防治法》对工业固体废物污染环境的防治专设第三章予以规定。

第一，淘汰落后的生产工艺、设备。工业技术水平低和设备落后，是造成环境污染的重要原因。为了从根源上防治污染，必须大力开发有利于环境的先进技术。一方面，国务院生态环境主管部门应当会同国务院发展改革、工业和信息化等主管部门对工业固体废物对公众健康、生态环境的危害和影响程度等作出界定，制定防治工业固体废物污染环境的技术政策，组织推广先进的防治工业固体废物污染环境的生产工艺和设备。另一方面，国务院工业和信息化主管部门应当会同国务院有关部门组织研究开发、推广减少工业固体废物产生量和降低工业固体废物危害性的生产工艺和设备，公布限期淘汰产生严重污染环境的工业固体废物的落后生产工艺、设备的名录。生产者、销售者、进口者、使用者应当在国务院工业和信息化主管部门会同国务院有关部门规定的期限内分别停止生产、销售、进口或者使用列入前款规定名录中的设备。生产工艺的采用者应当在国务院工业和信息化主管部门会同国务院有关部门规定的期限内停止采用列入前款规定名录中的工艺。列入限期淘汰名录被淘汰的设备，不得转让给他人使用。

第二，推动工业固体废物综合利用。国务院工业和信息化主管部门应当会同国务院发展改革、生态环境等主管部门，定期发布工业固体废物综合利用技术、工艺、设备和产品导向目录，组织开展工业固体废物资源综合利用评价，推动工业固体废物综合利用。

第三，地方工作规划。县级以上地方人民政府应当制定工业固体废物污染环境防治工作规划，组织建设工业固体废物集中处置等设施，推动工业固体废物污染环境防治工作。

第四,工业固体废物产生者的责任。产生工业固体废物的单位应当建立健全工业固体废物产生、收集、贮存、运输、利用、处置全过程的污染环境防治责任制度,建立工业固体废物管理台账,如实记录产生工业固体废物的种类、数量、流向、贮存、利用、处置等信息,实现工业固体废物可追溯、可查询,并采取防治工业固体废物污染环境的措施。禁止向生活垃圾收集设施中投放工业固体废物。

第五,运输、利用、处置工业固体废物的责任。产生工业固体废物的单位委托他人运输、利用、处置工业固体废物的,应当对受托方的主体资格和技术能力进行核实,依法签订书面合同,在合同中约定污染防治要求。受托方运输、利用、处置工业固体废物,应当依照有关法律法规的规定和合同约定履行污染防治要求,并将运输、利用、处置情况告知产生工业固体废物的单位。产生工业固体废物的单位违反上述规定的,除依照有关法律法规的规定予以处罚外,还应当与造成环境污染和生态破坏的受托方承担连带责任。

第六,清洁生产审核。产生工业固体废物的单位应当依法实施清洁生产审核,合理选择和利用原材料、能源和其他资源,采用先进的生产工艺和设备,减少工业固体废物的产生量,降低工业固体废物的危害性。

第七,排污许可证。产生工业固体废物的单位应当取得排污许可证。排污许可的具体办法和实施步骤由国务院规定。产生工业固体废物的单位应当向所在地生态环境主管部门提供工业固体废物的种类、数量、流向、贮存、利用、处置等有关资料,以及减少工业固体废物产生、促进综合利用的具体措施,并执行排污许可管理制度的相关规定。

第八,工业固体废物贮存。产生工业固体废物的单位应当根据经济、技术条件对工业固体废物加以利用;对暂时不利用或者不能利用的,应当按照国务院生态环境等主管部门的规定建设贮存设施、场所,安全分类存放,或者采取无害化处置措施。贮存工业固体废物应当采取符合国家环境保护标准的防护措施。建设工业固体废物贮存、处置的设施、场所,应当符合国家环境保护标准。

第九,单位终止的环境责任。产生工业固体废物的单位终止的,应当在终止前对工业固体废物的贮存、处置的设施、场所采取污染防治措施,并对未处置的工业固体废物作出妥善处置,防止污染环境。产生工业固体废物的单位发生变更的,变更后的单位应当按照国家有关环境保护的规定对未处置的工业固体废物及其贮存、处置的设施、场所进行安全处置或者采取有效措施保证该设施、场所安全运行。变更前当事人对工业固体废物及其贮存、处置的设施、场所的污染防治责任另有约定的,从其约定;但是,不得免除当事人的污染防治义务。对2005年4月1日前已经终止的单位未处置的工业固体废物及其贮存、处置的设施、场所进行安全处置的费用,由有关人民政府承担;但是,该单位享有的土地使用权依法转让的,应当由土地使用权受让人承担处置费用。当事人另有约定的,从其约定;但是,不得免除当事人的污染防治义务。

第十,矿山企业的环境责任。矿山企业应当采取科学的开采方法和选矿工艺,减少尾矿、煤矸石、废石等矿业固体废物的产生量和贮存量。国家鼓励采取先进工艺对尾矿、煤矸石、废石等矿业固体废物进行综合利用。尾矿、煤矸石、废石等矿业固体废物贮存设施停止使用后,矿山企业应当按照国家有关环境保护等规定进行封场,防止造成环境污染和生态破坏。

(五)关于防治生活垃圾污染环境的法律规定

根据《固体废物污染环境防治法》第124条第3项的规定,所谓生活垃圾,是指在日常生活中或者为日常生活提供服务的活动中产生的固体废物,以及法律、行政法规规定视为生活垃圾的固体废物。《固体废物污染环境防治法》第四章对生活垃圾污染环境防治作了专门规定。

1. 关于垃圾分类的规定。县级以上地方人民政府应当加快建立分类投放、分类收集、分类运输、分类处理的生活垃圾管理系统,实现生活垃圾分类制度有效覆盖。县级以上地方人民政府应当建立生活垃圾分类工作协调机制,加强和统筹生活垃圾分类管理能力建设。各级人民政府及其有关部门应当组织开展生活垃圾分类宣传,教育引导公众养成生活垃圾分类习惯,督促和指导生活垃圾分类工作。

2. 减量化。县级以上地方人民政府应当有计划地改进燃料结构,发展清洁能源,减少燃料废渣等固体废物的产生量。县级以上地方人民政府有关部门应当加强产品生产和流通过程管理,避免过度包装,组织净菜上市,减少生活垃圾的产生量。

3. 垃圾处置。县级以上人民政府应当统筹安排建设城乡生活垃圾收集、运输、处理设施,确定设施厂址,提高生活垃圾的综合利用和无害化处置水平,促进生活垃圾收集、处理的产业化发展,逐步建立和完善生活垃圾污染环境防治的社会服务体系。县级以上地方人民政府有关部门应当统筹规划,合理安排回收、分拣、打包网点,促进生活垃圾的回收利用工作。

4. 农村生活垃圾污染环境防治。地方各级人民政府应当加强农村生活垃圾污染环境的防治,保护和改善农村人居环境。国家鼓励农村生活垃圾源头减量。城乡结合部、人口密集的农村地区和其他有条件的地方,应当建立城乡一体的生活垃圾管理系统;其他农村地区应当积极探索生活垃圾管理模式,因地制宜,就近就地利用或者妥善处理生活垃圾。

5. 环境卫生主管部门的职责。设区的市级以上人民政府环境卫生主管部门应当制定生活垃圾清扫、收集、贮存、运输和处理设施、场所建设运行规范,发布生活垃圾分类指导目录,加强监督管理。县级以上地方人民政府环境卫生等主管部门应当组织对城乡生活垃圾进行清扫、收集、运输和处理,可以通过招标等方式选择具备条件的单位从事生活垃圾的清扫、收集、运输和处理。县级以上地方人民政府环境卫生主管部门负责组织开展厨余垃圾资源化、无害化处理工作。

6. 生活垃圾产生者责任。产生生活垃圾的单位、家庭和个人应当依法履行生活垃圾源头减量和分类投放义务,承担生活垃圾产生者责任。任何单位和个人都应当依法在指定的地点分类投放生活垃圾。禁止随意倾倒、抛撒、堆放或者焚烧生活垃圾。机关、事业单位等应当在生活垃圾分类工作中起示范带头作用。已经分类投放的生活垃圾,应当按照规定分类收集、分类运输、分类处理。

7. 防止污染环境。清扫、收集、运输、处理城乡生活垃圾,应当遵守国家有关环境保护和环境卫生管理的规定,防止污染环境。从生活垃圾中分类并集中收集的有害垃圾,属于危险废物的,应当按照危险废物管理。

8. 经营者责任。从事公共交通运输的经营单位,应当及时清扫、收集运输过程中产生的生活垃圾。农贸市场、农产品批发市场等应当加强环境卫生管理,保持环境卫生清洁,对所产生的垃圾及时清扫、分类收集、妥善处理。从事城市新区开发、旧区改建和住宅小区开发建设、村镇建设的单位,以及机场、码头、车站、公园、商场、体育场馆等公共设施、场所的经营管理单位,应当按照国家有关环境卫生的规定,配套建设生活垃圾收集设施。县级以上地方人民政府应当统筹生活垃圾公共转运、处理设施与前款规定的收集设施的有效衔接,并加强生活垃圾分类收运体系和再生资源回收体系在规划、建设、运营等方面的融合。产生、收集厨余垃圾的单位和其他生产经营者,应当将厨余垃圾交由具备相应资质条件的单位进行无害化处理。禁止畜禽养殖场、养殖小区利用未经无害化处理的厨余垃圾饲喂畜禽。

9. 再利用责任。从生活垃圾中回收的物质应当按照国家规定的用途、标准使用,不得用于生产可能危害人体健康的产品。

10. 生活垃圾处理设施建设。建设生活垃圾处理设施、场所，应当符合国务院生态环境主管部门和国务院住房城乡建设主管部门规定的环境保护和环境卫生标准。鼓励相邻地区统筹生活垃圾处理设施建设，促进生活垃圾处理设施跨行政区域共建共享。禁止擅自关闭、闲置或者拆除生活垃圾处理设施、场所；确有必要关闭、闲置或者拆除的，应当经所在地的市、县级人民政府环境卫生主管部门商所在地生态环境主管部门同意后核准，并采取防止污染环境的措施。

11. 生活垃圾处理单位责任。生活垃圾处理单位应当按照国家有关规定，安装使用监测设备，实时监测污染物的排放情况，将污染排放数据实时公开。监测设备应当与所在地生态环境主管部门的监控设备联网。

12. 生活垃圾处理费。县级以上地方人民政府应当按照产生者付费原则，建立生活垃圾处理收费制度。县级以上地方人民政府制定生活垃圾处理收费标准，应当根据本地实际，结合生活垃圾分类情况，体现分类计价、计量收费等差别化管理，并充分征求公众意见。生活垃圾处理收费标准应当向社会公布。生活垃圾处理费应当专项用于生活垃圾的收集、运输和处理等，不得挪作他用。

（六）关于防治建筑垃圾、农业固体废物污染环境的法律规定

根据2020年新修订的《固体废物污染环境防治法》第124条第4、5项的规定，建筑垃圾，是指建设单位、施工单位新建、改建、扩建和拆除各类建筑物、构筑物、管网等，以及居民装饰装修房屋过程中产生的弃土、弃料和其他固体废物。农业固体废物，是指在农业生产活动中产生的固体废物。《固体废物污染环境防治法》对建筑垃圾、农业固体废物等的防治专设第五章作了专门规定。

1. 分类处理与工作规划。县级以上地方人民政府应当加强建筑垃圾污染环境的防治，建立建筑垃圾分类处理制度。县级以上地方人民政府应当制定包括源头减量、分类处理、消纳设施和场所布局及建设等在内的建筑垃圾污染环境防治工作规划。

2. 源头控制。国家鼓励采用先进技术、工艺、设备和管理措施，推进建筑垃圾源头减量，建立建筑垃圾回收利用体系。县级以上地方人民政府应当推动建筑垃圾综合利用产品应用。

3. 全过程管理。县级以上地方人民政府环境卫生主管部门负责建筑垃圾污染环境防治工作，建立建筑垃圾全过程管理制度，规范建筑垃圾产生、收集、贮存、运输、利用、处置行为，推进综合利用，加强建筑垃圾处置设施、场所建设，保障处置安全，防止污染环境。

4. 工程施工单位的职责。工程施工单位应当编制建筑垃圾处理方案，采取污染防治措施，并报县级以上地方人民政府环境卫生主管部门备案。工程施工单位应当及时清运工程施工过程中产生的建筑垃圾等固体废物，并按照环境卫生主管部门的规定进行利用或者处置。工程施工单位不得擅自倾倒、抛撒或者堆放工程施工过程中产生的建筑垃圾。

5. 农业固体废物处理。县级以上人民政府农业农村主管部门负责指导农业固体废物回收利用体系建设，鼓励和引导有关单位和其他生产经营者依法收集、贮存、运输、利用、处置农业固体废物，加强监督管理，防止污染环境。

6. 农业固体废物污染环境防治。产生秸秆、废弃农用薄膜、农药包装废弃物等农业固体废物的单位和其他生产经营者，应当采取回收利用和其他防止污染环境的措施。从事畜禽规模养殖应当及时收集、贮存、利用或者处置养殖过程中产生的畜禽粪污等固体废物，避免造成环境污染。禁止在人口集中地区、机场周围、交通干线附近以及当地人民政府划定的其他区域露天焚烧秸秆。国家鼓励研究开发、生产、销售、使用在环境中可降解且无害的农用薄膜。

7. 生产者责任延伸。国家建立电器电子、铅蓄电池、车用动力电池等产品的生产者责任延伸制度。电器电子、铅蓄电池、车用动力电池等产品的生产者应当按照规定以自建或者委托等方式建立与产品销售量相匹配的废旧产品回收体系，并向社会公开，实现有效回收和利用。国家鼓励产品的生产者开展生态设计，促进资源回收利用。

8. 回收和集中处理。国家对废弃电器电子产品等实行多渠道回收和集中处理制度。禁止将废弃机动车船等交由不符合规定条件的企业或者个人回收、拆解。拆解、利用、处置废弃电器电子产品、废弃机动车船等，应当遵守有关法律法规的规定，采取防止污染环境的措施。

9. 过度包装规制。产品和包装物的设计、制造，应当遵守国家有关清洁生产的规定。国务院标准化主管部门应当根据国家经济和技术条件、固体废物污染环境防治状况以及产品的技术要求，组织制定有关标准，防止过度包装造成环境污染。生产经营者应当遵守限制商品过度包装的强制性标准，避免过度包装。县级以上地方人民政府市场监督管理部门和有关部门应当按照各自职责，加强对过度包装的监督管理。生产、销售、进口依法被列入强制回收目录的产品和包装物的企业，应当按照国家有关规定对该产品和包装物进行回收。电子商务、快递、外卖等行业应当优先采用可重复使用、易回收利用的包装物，优化物品包装，减少包装物的使用，并积极回收利用包装物。县级以上地方人民政府商务、邮政等主管部门应当加强监督管理。国家鼓励和引导消费者使用绿色包装和减量包装。

10. 禁塑与限塑。国家依法禁止、限制生产、销售和使用不可降解塑料袋等一次性塑料制品。商品零售场所开办单位、电子商务平台企业和快递企业、外卖企业应当按照国家有关规定向商务、邮政等主管部门报告塑料袋等一次性塑料制品的使用、回收情况。国家鼓励和引导减少使用、积极回收塑料袋等一次性塑料制品，推广应用可循环、易回收、可降解的替代产品。

11. 一次性用品限制。旅游、住宿等行业应当按照国家有关规定推行不主动提供一次性用品。机关、企业事业单位等的办公场所应当使用有利于保护环境的产品、设备和设施，减少使用一次性办公用品。

12. 污泥安全处理。城镇污水处理设施维护运营单位或者污泥处理单位应当安全处理污泥，保证处理后的污泥符合国家有关标准，对污泥的流向、用途、用量等进行跟踪、记录，并报告城镇排水主管部门、生态环境主管部门。县级以上人民政府城镇排水主管部门应当将污泥处理设施纳入城镇排水与污水处理规划，推动同步建设污泥处理设施与污水处理设施，鼓励协同处理，污水处理费征收标准和补偿范围应当覆盖污泥处理成本和污水处理设施正常运营成本。禁止擅自倾倒、堆放、丢弃、遗撒城镇污水处理设施产生的污泥和处理后的污泥。禁止重金属或者其他有毒有害物质含量超标的污泥进入农用地。从事水体清淤疏浚应当按照国家有关规定处理清淤疏浚过程中产生的底泥，防止污染环境。

13. 实验室固体废物污染防治。各级各类实验室及其设立单位应当加强对实验室产生的固体废物的管理，依法收集、贮存、运输、利用、处置实验室固体废物。实验室固体废物属于危险废物的，应当按照危险废物管理。

（七）关于危险废物污染环境防治的法律规定

根据2020年新修订的《固体废物污染环境防治法》第124条第6项的规定，所谓危险废物，是指列入国家危险废物名录或者根据国家规定的危险废物鉴别标准和鉴别方法认定的具有危险特性的固体废物。《固体废物污染环境防治法》第六章对危险废物污染环境防治作了专门规定。

危险废物，是指列入国家危险废物名录或者根据国家规定的危险废物鉴别标准和鉴别方法认定的具有危险特性的固体废物。

1. 国家危险废物名录。国务院生态环境主管部门应当会同国务院有关部门制定国家危险废物名录,规定统一的危险废物鉴别标准、鉴别方法、识别标志和鉴别单位管理要求。国家危险废物名录应当动态调整。国务院生态环境主管部门根据危险废物的危害特性和产生数量,科学评估其环境风险,实施分级分类管理,建立信息化监管体系,并通过信息化手段管理、共享危险废物转移数据和信息。

2. 危险废物集中处置。省、自治区、直辖市人民政府应当组织有关部门编制危险废物集中处置设施、场所的建设规划,科学评估危险废物处置需求,合理布局危险废物集中处置设施、场所,确保本行政区域的危险废物得到妥善处置。编制危险废物集中处置设施、场所的建设规划,应当征求有关行业协会、企业事业单位、专家和公众等方面的意见。相邻省、自治区、直辖市之间可以开展区域合作,统筹建设区域性危险废物集中处置设施、场所。重点危险废物集中处置设施、场所退役前,运营单位应当按照国家有关规定对设施、场所采取污染防治措施。退役的费用应当预提,列入投资概算或者生产成本,专门用于重点危险废物集中处置设施、场所的退役。

3. 危险废物识别标志。对危险废物的容器和包装物以及收集、贮存、运输、利用、处置危险废物的设施、场所,应当按照规定设置危险废物识别标志。

4. 危险废物产生单位的职责。产生危险废物的单位,应当按照国家有关规定制定危险废物管理计划;建立危险废物管理台账,如实记录有关信息,并通过国家危险废物信息管理系统向所在地生态环境主管部门申报危险废物的种类、产生量、流向、贮存、处置等有关资料。前文所称危险废物管理计划应当包括减少危险废物产生量和降低危险废物危害性的措施以及危险废物贮存、利用、处置措施。危险废物管理计划应当报产生危险废物的单位所在地生态环境主管部门备案。产生危险废物的单位已经取得排污许可证的,执行排污许可管理制度的规定。产生危险废物的单位,应当按照国家有关规定和环境保护标准要求贮存、利用、处置危险废物,不得擅自倾倒、堆放。

5. 危险废物经营许可。从事收集、贮存、利用、处置危险废物经营活动的单位,应当按照国家有关规定申请取得许可证。禁止无许可证或者未按照许可证规定从事危险废物收集、贮存、利用、处置的经营活动。禁止将危险废物提供或者委托给无许可证的单位或者其他生产经营者从事收集、贮存、利用、处置活动。

6. 危险废物的收集、贮存。收集、贮存危险废物,应当按照危险废物特性分类进行。禁止混合收集、贮存、运输、处置性质不相容而未经安全性处置的危险废物。贮存危险废物应当采取符合国家环境保护标准的防护措施。禁止将危险废物混入非危险废物中贮存。从事收集、贮存、利用、处置危险废物经营活动的单位,贮存危险废物不得超过一年;确需延长期限的,应当报经颁发许可证的生态环境主管部门批准。收集、贮存、运输、利用、处置危险废物的场所、设施、设备和容器、包装物及其他物品转作他用时,应当按照国家有关规定经过消除污染处理,方可使用。产生、收集、贮存、运输、利用、处置危险废物的单位,应当依法制定意外事故的防范措施和应急预案,并向所在地生态环境主管部门和其他负有固体废物污染环境防治监督管理职责的部门备案;生态环境主管部门和其他负有固体废物污染环境防治监督管理职责的部门应当进行检查。

7. 危险废物转移。转移危险废物的,应当按照国家有关规定填写、运行危险废物电子或者纸质转移联单。跨省、自治区、直辖市转移危险废物的,应当向危险废物移出地省、自治区、直辖市人民政府生态环境主管部门申请。移出地省、自治区、直辖市人民政府生态环境主管部门应当及时商经接受地省、自治区、直辖市人民政府生态环境主管部门同意后,在规定期限内批准转移该危险废物,并将批准信息通报相关省、自治区、直辖市人民政府生态环境主管部门和交通运输主管部门。未经批准的,不得转移。危险废物转移管理应当全程管控、提高效率。禁止经中华人民共和国过境转移危险废物。

8. 危险废物运输。运输危险废物,应当采取防止污染环境的措施,并遵守国家有关危险货物运输管理的规定。禁止将危险废物与旅客在同一运输工具上载运。

9. 突发性事件处置。因发生事故或者其他突发性事件,造成危险废物严重污染环境的单位,应当立即采取有效措施消除或者减轻对环境的污染危害,及时通报可能受到污染危害的单位和居民,并向所在地生态环境主管部门和有关部门报告,接受调查处理。在发生或者有证据证明可能发生危险废物严重污染环境、威胁居民生命财产安全时,生态环境主管部门或者其他负有固体废物污染环境防治监督管理职责的部门应当立即向本级人民政府和上一级人民政府有关部门报告,由人民政府采取防止或者减轻危害的有效措施。有关人民政府可以根据需要责令停止导致或者可能导致环境污染事故的作业。

10. 医疗废物管理。医疗废物按照国家危险废物名录管理。县级以上地方人民政府应当加强医疗废物集中处置能力建设。县级以上人民政府卫生健康、生态环境等主管部门应当在各自职责范围内加强对医疗废物收集、贮存、运输、处置的监督管理,防止危害公众健康、污染环境。医疗卫生机构应当依法分类收集本单位产生的医疗废物,交由医疗废物集中处置单位处置。医疗废物集中处置单位应当及时收集、运输和处置医疗废物。医疗卫生机构和医疗废物集中处置单位,应当采取有效措施,防止医疗废物流失、泄漏、渗漏、扩散。

11. 重大疫情与医疗废物处置。重大传染病疫情等突发事件发生时,县级以上人民政府应当统筹协调医疗废物等危险废物收集、贮存、运输、处置等工作,保障所需的车辆、场地、处置设施和防护物资。卫生健康、生态环境、环境卫生、交通运输等主管部门应当协同配合,依法履行应急处置职责。

(八)保障措施

防治固体废物污染环境的主要保障措施有:第一,国务院有关部门、县级以上地方人民政府及其有关部门在编制国土空间规划和相关专项规划时,应当统筹生活垃圾、建筑垃圾、危险废物等固体废物转运、集中处置等设施建设需求,保障转运、集中处置等设施用地。第二,国家采取有利于固体废物污染环境防治的经济、技术政策和措施,鼓励、支持有关方面采取有利于固体废物污染环境防治的措施,加强对从事固体废物污染环境防治工作人员的培训和指导,促进固体废物污染环境防治产业专业化、规模化发展。第三,国家鼓励和支持科研单位、固体废物产生单位、固体废物利用单位、固体废物处置单位等联合攻关,研究开发固体废物综合利用、集中处置等的新技术,推动固体废物污染环境防治技术进步。第四,各级人民政府应当加强固体废物污染环境的防治,按照事权划分的原则安排必要的资金用于下列事项:(1)固体废物污染环境防治的科学研究、技术开发;(2)生活垃圾分类;(3)固体废物集中处置设施建设;(4)重大传染病疫情等突发事件产生的医疗废物等危险废物应急处置;(5)涉及固体废物污染环境防治的其他事项。使用资金应当加强绩效管理和审计监督,确保资金使用效益。第五,国家鼓励和支持社会力量参与固体废物污染环境防治工作,并按照国家有关规定给予政策扶持。第六,国家发展绿色金融,鼓励金融机构加大对固体废物污染环境防治项目的信贷投放。第七,从事固体废物综合利用等固体废物污染环境防治工作的,依照法律、行政法规的规定,享受税收优惠。国家鼓励并提倡社会各界为防治固体废物污染环境捐赠财产,并依照法律、行政法规的规定,给予税收优惠。第八,收集、贮存、运输、利用、处置危险废物的单位，应当按照国家有关规定，投保环境污染责任保险。第九，国家鼓励单位和个人购买、使用综合利用产品和可重复使用产品。县级以上人民政府及其有关部门在政府采购过程中，应当优先采购综合利用产品和可重复使用产品。

三、“一次性餐具”是否构成污染物探析〔35〕

2017 年重庆市绿色志愿者联合会起诉百度外卖、美团、饿了么三家外卖平台环境污染，9 月 1 日，北京市第四中级人民法院正式受理此案。在该案的一次研讨会中，笔者曾提了三点意见：第一，对于一次性餐具、包括塑料袋等的使用，应从源头控制，做到减量化，遵循“预防为主，保护优先”的原则。第二，一次性餐具和塑料袋使用之后成为垃圾，污染环境，这是一种“外部不经济”现象，应该使这种“外部不经济”内部化为企业的生产成本，不能转嫁给社会。第三，应遵循以生产者为主的责任延伸制度，当然包括经营者、服务者，都要承担环境方面的法律责任，不是说“一手交钱一手交货”就算了。要往前端和后端两头延伸，承担环境责任，前端包括产品设计、包装设计、设计用料、产生废弃物怎么回收利用等。

2021 年 5 月 7 日，以“重庆市绿色志愿者联合会诉金拱门（中国）有限公司生态环境保护民事公益诉讼案”〔36〕为例，中国绿发会就外卖平台一次性塑料餐具污染问题召集了研讨会。对于“外卖平台一次性塑料餐具污染环境”的问题，笔者当年提出的三点意见现在仍然可以适用，现在仅仅就本案的判决谈谈自己的看法。

第一，要肯定一点，重庆市绿色志愿者联合会诉金拱门（中国）有限公司的这个环境公益诉讼是非常有意义的。从现实效果来讲，我们已经部分达到了诉讼目的，例如，被告已经对订餐界面进行了优化，增加了“是否需要一次性餐具”的选项，这也能说明，他们已经知道自己过去的做法是不对的。而且，法院也认定了原告重庆绿色志愿者联合会具有环境公益诉讼的主体资格，且受理并审理了这个案子，这是不容易的。另外，这个案件还具有预防性民事公益诉讼的性质，具有示范效应。所以，对这个案件也不要太悲观，现在它正在产生正能量的效应，我们要借助这个案件扩大影响，让公众认识到“一次性餐具和塑料袋”对环境的危害，通过案件研讨进行环保宣传，提高公众的环保意识，这也是这个公益诉讼要达到的一个目的。

对于一审判决，“本院认为”这部分不能认可。比如，“被告提供的塑料一次性餐具和塑料袋符合食品安全国家标准和通用技术要求，不构成污染物”，这两者有逻辑关系吗？有关联吗？“符合食品安全标准就不构成污染物”，能得出这个结论吗？笔者认为，这个判决结论有点武断，中间缺乏说理部分。前面有专家发言已经说了，塑料即便达到食品级安全，也不代表就不构成污染。如果说符合食品安全标准就不是一个污染物，那污染物究竟长什么样呢？如果说达到食品级安全标准的塑料袋和一次性餐具对环境无害，不构成污染物的话，那我们就不应该管它，可以随地丢弃，反正它对环境无害，没必要出台各种规章制度对它进行约束，然而，这显然与现实要求不相符。对于这个问题，法院应该咨询专家，让专家出具专家意见书，论证一次性餐具和塑料袋是否构成污染物，这才有说服力，现在的结论违背常识，是不能认可的。

第二，说被告不存在排放污染物的行为，笔者认为，不能孤立看这个行为，不能断章取义。如果按照法院的逻辑，被告不排放污染物，那么这种行为是不是一种环境友好型行为？为什

〔35〕 参见谭柏平：《“一次性餐具不构成污染物”不能成立》，载澎湃网，https://www.thepaper.cn/newsDetail_forward_12636099，最后访问日期：2021 年 12 月 2 日。

〔36〕 上海市第三中级人民法院民事判决书，（2018）沪 03 民初 3 号。

么环境法要提倡"减量化",要从源头进行控制呢?笔者认为,应该从产品的全生命周期来考虑这个问题,不能割裂成孤立的一个个环节来看待。一次性餐具和塑料袋在变为污染物、变为垃圾之前,都是有用的。过去"白色垃圾"围城,白色餐盒成为垃圾之前都是和食品亲密接触的,我们都可以入口,觉得它不脏,都是有用的商品,可为什么后来成为公害呢?如果把白色污染的责任都推给消费者,认为消费者才是丢弃餐具和塑料袋的排污者,餐饮经营者可以免责,那么,"在雪崩的时候,没有一片雪花是无辜的"。显然,一次性餐具和塑料袋的提供者是有过错的,肯定要承担责任。更何况,被告还在订餐界面上强制性提供免费餐具,没有"是否需要一次性餐具"的选项呢?

第三,怎么论证被告"强制性提供一次性餐具"与"生态环境损害"两者之间具有关联性呢?这可能会有一些难度。很显然,"一次性餐具"造成生态环境损害的因果关系是存在的,科学上已经论证了,媒体上也有大量报道。但是,如何证明"被告的行为"与"生态环境损害"之间有关联呢?根据环境法理论,要证明因果关系的存在可能要经过一些推断,如盖然性因果关系、间接反证说的因果关系、流行病学或疫学的因果关系等,还有"市场份额"说。比如,既然从科学上已经能够证明"一次性餐具"造成了生态环境损害,那么我们就可以要求被告举证其占有的"市场份额",有"市场份额"就有责任,这个逻辑关系当然存在,"损害"就得"担责",并可以进一步根据"市场份额"决定其责任大小。好像一审原告也做了这方面的努力,要法院去调查,但最终没有结果。虽然这个论证有一定难度,但并不等于说"提供一次性餐具"是一种环境友好型行为,是无害行为,甚至可以免责。

第四,对于"污染物"这个概念,环境法的确也还缺乏明确界定,学界也有一定的争议。比如,温室气体是污染物吗?二氧化碳是污染物吗?各个环境要素污染防治法对污染物没有明确定义,仅仅是对那些环境要素污染如"水污染""土壤污染"等现象有界定,没有涉及对"污染物"的定义。从学术上其实不难论证,在特定时空、特定环境里是有用的、有价值的物质,如果置入其他时空、放入其他环境里,它们可能就成了污染物。一个干净的东西介入另外的环境,我们就可以说它是一种污染物,或者说这个环境受到了污染。例如,一户人家打开窗户,隔壁家的空调外挂机的余热扑面而来,他们家夏天想通风也不敢开窗户。那么,这个热量是不是一种污染呢?如果说是一种污染,那到了别的地方、在别的季节可能会非常有用,假如是在冬天的话还可以蹭热,还挺好的。界定是否"污染物",应该放在特定的时空范围内加以考虑。"一次性餐具和塑料袋"直接或间接危害我们人体健康,危及其他生物的安全,对生态环境造成损害,但这个损害不是眼前看得到的,可能要经过若干年才能显现,这些污染物及其危害具有积累性,要不然环境立法就不可能这么规定了。

第五,法院认为"限塑令"不适用于餐饮企业的外卖,外卖平台不属于商品零售场所,但是却忽略一个"等"字。我觉得,法官应该能理解"限塑令"这句话的含义。作为法官,应该与时俱进。假如是在2007年,这个"等"字也许不包含网络外卖平台,因为那时候的立法者可能没有想到,网络这一块现在会这么发达,动动手指头就可以点外卖。尽管如此,我们现在能不能类推呢?虽然中国属于大陆法系,法官没有创制法的功能,法院有"被动"的一面,但我们法院能否也讲一点司法能动性,作出合理解释呢?难道把过去的商品零售从线下搬到线上,就不是商品零售了吗?另外,判决中所指的《生活垃圾条例》应该是指《上海市生活垃圾管理条例》,正式的判决书把作为审判依据的法规这样来缩写,极容易引起误解,很不严肃。

第六,"本院认为,关于免费主动提供一次性塑料餐具的问题,在本案立案之前并无禁止性规定",理由是上海的《生活垃圾条例》还没有施行。看来,本法院仅仅把上海地方立法作为审判依据,而无视国家层面的法律法规和国家环保方面的大政方针。在我国推进"生态文明建设”、践行“绿色发展”理念的背景下，即便不提“预防为主、保护优先”的法律原则，也应该能在《环境保护法》内容中找到法律依据。还有《固体废物污染环境防治法》《清洁生产促进法》《循环经济促进法》等，这些法律里面都有相应的法律规范，通过梳理具体内容，在表述上也难以得出“无禁止性规定”的结论。此外，法院是否认为，“禁止性规定”不得违反，而“倡导性规定”就可以不遵守呢？当然，过去的行为不适用新法，对于被告的行为不适合适用新颁布的《民法典》，但这个案件在审理的时候，已经有足够的法律依据了。

第七，关于案件受理费的问题。83,000 多元的案件受理费不知道是如何算出来的，根据《环境保护法》的规定，“提起诉讼的社会组织不得通过诉讼牟取经济利益”，既然环境公益诉讼的原告不是为了自己的私益提起诉讼，为什么法院还要按照私益诉讼来收取案件受理费呢？这公平合理吗？究竟是鼓励、还是打击原告提起环境公益诉讼的积极性呢？

第八节 放射性污染防治法

一、放射性污染防治法概述

（一）放射性与放射性物质的概念

自然界某些原子核处于不稳定状态的元素或物质会发生核衰变现象，即自然地改变核结构从而转变成另一种物质。在核衰变的过程中，这些元素或物质会放出由粒子或光子组成的射线，并辐射出原子核里的过剩能量，变成原来物质的较低能态。这些元素或物质在核衰变过程中所表现出的放出射线的属性称“放射性”。射线的种类主要有三种，即 α 射线、β 射线和 γ 射线。α 射线是高速运动的氦核流，穿透力较小，外照射对人的伤害也不大，但是其电离能力强，进入人体后会因为内照射而使人体受损；β 射线是高速运动的电子流，其粒子质量只有 α 粒子的万分之几，但是却具有较强的穿透力；γ 射线是波长较短、能量高的电磁波，穿透力最强，外照射会对人造成很大的伤害，通常需要我们用铁、铅、混凝土做防护屏障。这些射线都不能为人类的感觉器官所察觉，只能通过专门的测定仪器才可以探测出来。这些射线会对周围介质或机体产生电离作用，造成放射性污染或危害。

“放射性物质”是指能够产生放射性以及辐射的元素及其化合物，包括核材料、密封放射源、乏燃料、放射性废物等。在放射性物质自身的转变过程中，并不是同时放出上述三种射线，而是经常只放射出一种或两种射线。环境中的放射性物质有两类：一类是自然界存在的各种放射性物质，它们广泛分布在岩石、土壤、水和大气中，其中以含铀、钍、镭等矿床地区较多。天然放射性物质放出的射线称天然放射性，其对人体产生的辐射称为天然放射性本底。由于天然放射性物质总辐射水平低，人类在大自然中已经适应，因此，对人体健康没有什么危害。另一类是人工放射性同位素，所放出的射线称人工放射线。由于人类利用人工放射性是有一定目的的，如造核武器、建核电站等，因此，人类活动产生的各种放射性物质的总辐射水平均要大于天然放射性物质。

（二）放射性污染的概念及危害

根据《放射性污染防治法》第 62 条第 1 项的解释，所谓放射性污染，是指由于人类活动造成物料、人体、场所、环境介质表面或者内部出现超过国家标准的放射性物质或者射线。由此可知，放射性污染是由于人们在生产、生活或者其他活动中，使环境中的放射性水平超过国家标准，造成对人体健康或者其他生物受到放射性物质或者射线污染危害的现象。因此，放射性污染并非指核素自发地放出粒子或者 γ 等射线，也不是指自发性裂变的性质，不包括电磁辐射污染。

放射性污染主要来自核能开发、核技术应用和伴生放射性矿物资源开发利用，包括核电站等核设施运行、放射性同位素和射线装置应用以及伴生放射性矿物资源开发利用与放射性废物处置活动中，因放射性进入环境或者贯穿辐射造成的污染。放射性污染物主要指人工合成、生产的放射性物质，也包括经人工开采、运输、冶炼和储存的天然放射性物质，还包括含有放射性物质的废水、废气、废液和固体废物等。

随着科学技术的发展，人类对放射性物质的认识和利用更为深入，原子能工业发展迅速，同位素广泛应用于医学、工业、农业、科研、教育和军事等各个领域，在某些领域甚至是不可缺少也不可替代的。但是，由于管理不善、防护措施不当或者不足，在同位素应用过程中，经常出现放射源丢失、放射性物质泄漏、放射性辐射剂量当量超过限制等放射性污染事故。放射性矿山开采、冶炼后残留的含放射性物质的尾矿、废石、废渣和同位素应用后产生的废放射源、废水、废气等，数量很大，对其贮存、运输、处置不当，也会产生严重的环境污染。近年来，我国核电发展迅速。尽管我国核电站、研究型反应堆和放射性废物库等核设施的安全防护极为严格，但加强辐射环境管理的任务依然繁重。我国放射性环境尚好，但各类放射性污染源对人体健康和环境的潜在危害依然存在。防治放射性污染已成为环境保护的重要任务。

放射性污染具有以下特点：一是放射性污染影响面非常广，特别是核事故危害更大；二是放射性污染对人体损害十分严重；三是放射性污染危害持续时间长，影响较难消除。

放射性污染的危害是多方面的，主要体现为：(1)引起人体多种疾病。放射性物质对人体照射到一定积存量时，能对人体健康产生损害，引起多种疾病。放射性污染物能使人体发生放射性损伤、皮炎、皮肤癌、白血病、肺癌、肝癌等。(2)缩短人的寿命。放射性污染能破坏人体免疫功能，降低肌体的防疫能力，增加毛细管、黏膜、皮肤和其他防御器官的通透性，易使病人并发感染，缩短寿命，导致死亡。(3)急性大剂量照射能使人死亡。放射性物质大剂量泄漏和排向环境，会造成大范围的伤亡损害。例如，1986 年 4 月 26 日，切尔诺贝利核电站因发生爆炸致使大量放射性物质外泄，造成大量人员直接或间接伤亡，经济损失巨大。这是迄今为止最为严重的核污染事故。(4)对孕妇和胎儿造成危害。X 射线和各种放疗射线能导致妇女流产，胎儿死亡。(5)损伤遗传物质。主要表现为引起基因突变和染色体畸变，并遗传给后代。(6)其他危害。放射性物质会对大气、水、土壤、农作物、禽畜类、鱼虾类以及建筑物、器具等造成放射性污染。

（三）我国放射性污染防治立法概况

我国为了做好放射性污染防治工作，从 50 年代起陆续制定了一系列的防治放射性污染的政策和法规。1974 年，原国家计委、原基建委、原科委和原卫生部联合颁布了《放射防护规定》；1979 年，原卫生部、公安部、原国家科委颁布了《放射性同位素工作卫生防护管理办法》，该办法于 1989 年 10 月《放射性同位素与射线装置放射防护条例》发布施行之日起被废止；1981 年，原二机部（现为核工业部）发布了《第二机械工业部环境保护条例（试行）》；同年，原中国民用航空总局和原交通部也先后颁布了《航空运输放射性同位素的规定》，原卫生部颁布了《放射病诊断标准及处理原则》等一些法规和标准；1984 年，原城乡建设环境保护部颁发了《核电站基本建设环境保护管理办法》《环境放射性水平调查暂行规定》；1986 年，国务院发布了《民用核设施安全监督管理条例》；1988 年，国家核安全局制定了《核电厂安全监督实施细则》；1989 年，国务院发布了《放射性药品管理办法》（2011 年、2017 年修订）；1990 年，原国家环境保护局发布了《放射环境管理办法》（现已失效）；2001 年，原卫生部发布了《放射工作卫生防护管理办法》（现已失效）和《放射防护器材与含放射性产品卫生管理办法》（现已失效），原卫生部和公安部发布了《放射事故管理规定》。2005年，国务院以国务院令第449号颁布了行政法规《放射性同位素与射线装置安全和防护条例》（2014年、2019年修订）；2006年1月18日，原国家环境保护总局颁布了《放射性同位素与射线装置安全许可管理办法》（历经2008年、2017年、2019年、2021年修正或修改）；2006年1月28日，原国家环保总局发布了《民用核设施安全监督管理条例实施细则之三——研究堆安全许可证件的申请和颁发规定》（现已失效）；同日，原国家环保总局、商务部颁布了《限制进口放射性同位素目录》（现已失效）；2006年5月30日，原国家环保总局、原卫生部颁布实施了《射线装置分类办法》（现已失效）；2006年9月28日，原国家环保总局会同公安部、原卫生部联合发文要求建立放射性同位素与射线装置辐射事故分级处理和报告制度；2009年9月7日国务院第80次常务会议通过了行政法规《放射性物品运输安全管理条例》；2010年9月25日原环境保护部颁发部门规章《放射性物品运输安全许可管理办法》（2019年、2021年修改）；2010年10月27日交通运输部发布部门规章《放射性物品道路运输管理规定》（2016年修正）；2011年3月24日原环境保护部通过了《放射性同位素与射线装置安全和防护管理办法》；2011年11月30日国务院第183次常务会议通过了行政法规《放射性废物安全管理条例》，自2012年3月1日起施行。在其他环境保护法律、法规中，对放射性废水、废气、废渣等的污染防治也有相关的具体规定。如我国近年来修订、颁布的《环境保护法》《水污染防治法》《大气污染防治法》《海洋环境保护法》《固体废物污染环境防治法》等法律中，也都有防治放射性污染的条款。此外，国家还颁布了《核辐射环境质量评价一般规定》《低中水平放射性固体废物的浅地层处置规定》《放射性废物分类标准》等放射性环境保护标准。

为进一步做好放射性污染防治工作，2003年6月28日，第十届全国人大常委会第三次会议通过了《放射性污染防治法》，于同年10月1日起施行。这是我国放射性污染防治方面的一部专门法律，该法共有八章63条，主要内容包括放射性污染防治的监督管理、核设施的放射性污染防治、核技术利用的放射性污染防治、铀（钍）矿和伴生放射性矿开发利用的放射性污染防治、放射性废物管理等。

二、我国放射性污染防治的主要法律规定

（一）《放射性污染防治法》的适用范围

《放射性污染防治法》第2条规定，该法适用于我国领域和管辖的其他海域在核设施选址、建造、运行、退役和核技术、铀（钍）矿、伴生放射性矿开发利用过程中发生的放射性污染的防治活动。不涉及电磁辐射污染防治问题。

（二）放射性污染防治的工作方针

《放射性污染防治法》第3条规定："国家对放射性污染的防治，实行预防为主、防治结合、严格管理、安全第一的方针。"由于放射性污染具有无色、无味，能以物质和能量等无形的形态危害人体健康和破坏生态系统，且一旦发生污染则难以治理和恢复，故对其防治必须实行上述方针。为此，国家在核设施的污染防治方面和铀（钍）矿和伴生放射性矿开发利用的污染防治方面，实行许可制度、环境影响评价和"三同时"、核事故应急、核设施退役计划和费用预提等制度；在放射性废物管理方面，实行排放申请、分类管理、代为处置和经营许可证等制度。

（三）有关环境保护规划和组织宣传教育的规定

《放射性污染防治法》第5条规定了县级以上人民政府在放射性污染防治中的两项任务：一是应当将放射性污染防治工作纳入环境保护规划。这不仅表明人民政府重视放射性污染

防治工作,而且还能在人力、财力、物力方面取得与其他环境保护工作的同等待遇。二是各级人民政府应当组织开展有针对性的放射性污染防治的宣传教育,使公众了解放射性污染防治的有关情况和科学知识。如核能在国民经济生活中的重要地位,核污染的特点及其危害,尤其是讲清"核"并不可怕,从而正确认识核能,支持核事业的健康发展。在宣传教育中消除一些人对核能的误解和恐慌。

(四)放射性污染防治的监督管理体制

《放射性污染防治法》第8条规定:"国务院环境保护行政主管部门对全国放射性污染防治工作依法实施统一监督管理。国务院卫生行政部门和其他有关部门依据国务院规定的职责,对有关的放射性污染防治工作依法实施监督管理。"其中,国家环境保护总局的"统一监督管理职责"包括:制定并联合标准化行政主管部门发布放射性污染防治标准;会同国务院有关部门组织环境监测网并对放射性污染实施监测管理;对核设施、铀(钍)矿开发利用中的放射性污染防治进行监督检查;负责核设施营运单位、核技术利用单位、铀(钍)矿开发利用单位环境影响评价文件的审批,对放射废物的监督管理等。"其他有关部门"是指公安、国防科工委和交通部门;"依据国务院规定的职责"是指依据由国务院颁布的《放射性同位素与射线装置放射防护条例》《民用核设施安全监督管理条例》《核电厂核事故应急管理条例》《核材料管制条例》等规定的职责。例如,国防科工委负责民用核设施和铀(钍)矿的行业管理和核事故应急管理,卫生部门负责核技术利用中的辐射源核发许可证,公安部门负责安全保卫工作,交通部门负责放射性物质运输管理工作等。

(五)有关放射性污染防治监督管理的规定

《放射性污染防治法》专设第二章规定了放射性污染防治的监督管理制度和措施,除了规定带有环境污染防治法共性的监管制度与措施外,对带有该法特性的监管制度和措施分述于下:

1. 有关核设施的安全与防护措施的规定。《放射性污染防治法》第13条第1款规定,核设施营运单位、核技术利用单位、铀(钍)矿和伴生放射性矿开发利用单位,必须采取安全与防护措施,预防发生可能导致放射性污染的各类事故,避免放射性污染危害。并且,上述单位应当对其工作人员进行放射性安全教育、培训,采取有效的防护安全措施。

2. 有关资格和资质管理制度的规定。《放射性污染防治法》第14条规定:"国家对从事放射性污染防治的专业人员实行资格管理制度;对从事放射性污染监测工作的机构实行资质管理制度。"实行资格管理制度的原因是,放射性污染防治工作专业技术性强,危险程度高,社会敏感性大。因此,一方面,国家必须对其工作人员的身体健康、安全负责;另一方面,要求从事该项工作的人必须具备一定的专业知识和素质。比如,具备理工类专业学士学位,从事核安全工作满5年;取得理工专业双学位或者研究生毕业,从事核安全工作满4年;或者取得理工类专业硕士学位,从事核安全工作满2年;或者取得理工类专业博士学位,从事核安全工作满1年等。具备以上任何一项条件,并能遵守纪律,恪守职业道德,经统一考试合格者,方可从事上述工作。实行资质管理制度,实质上是一种行政许可。放射性污染监测不仅是为放射污染防治的监督管理服务,而且直接关系到公众利益。因此,其监测机构必须具有一定的资质,并取得有关部门许可之后才能从事监测工作。

3. 有关放射性标识和警示说明的规定。《放射性污染防治法》第16条规定:"放射性物质和射线装置应当设置明显的放射性标识和中文警示说明。生产、销售、使用、贮存、处置放射性物质和射线装置的场所,以及运输放射性物质和含放射源的射线装置的工具,应当设置明显的放射性标志。"这是为了公众的健康和生命安全而规定的。因为放射性物质具有肉眼不能识别,危险性又极高的特点,广大群众清楚看到相关标志,避免不必要地靠近、接触,可以保证其免受放射性物质和射线装置的放射性污染危害。有关放射性物质标识和警示标志及其设置要求,《电离辐射防护及辐射源安全基本标准》已作了明确的规定。有关部门应当严格依照该标准制作和设置,使周围群众一目了然。

4. 有关含放射性物质的产品等的达标规定。《放射性污染防治法》第 17 条第 1 款规定:"含有放射性物质的产品,应当符合国家放射性污染防治标准;不符合国家放射性污染防治标准的,不得出厂和销售。"其中,"含放射性物质的产品",是指因功能或者制造工艺需要将少量放射性物质加入其中,或者以密封源形式装配在内,或者因所采用的原材料与生产工艺而具有一定放射性比活度的产品。如烟雾探测器、荧光度盘及离子发生管等。上述规定除了考虑到放射性的特点外,还着眼于从源头上预防放射性污染危害。因此,生产单位应当严格遵守有关放射性产品的防护标准,如《电离辐射防护与辐射源安全基本标准》《核电厂环境辐射防护规定》《环境核辐射监测规定》等。只有使产品符合国家标准,才准予出厂和销售。以避免或者减轻其使用过程中的放射性污染危害。《放射性污染防治法》第 17 条第 2 款规定:"使用伴生放射性矿渣和含有天然放射性物质的石材做建筑和装修材料,应当符合国家建筑材料放射性核素控制标准。"这些矿渣和石材被人们广泛用于修路、筑坝、加固堤防和室内外装修,由于它们的放射性水平较低,如用于室外,一般不会影响人体健康,但若用于室内装修或者住宅建筑,则由于面积较小、通风性弱,对人体健康会有一定的危害。因此,该法规定,上述材料、矿渣均应符合国家建筑、装修材料的放射性核素控制标准,以保证住户的身体健康。

(六)有关核设施的放射性污染防治的法律规定

根据《放射性污染防治法》第 62 条第 2 项的解释,所谓的核设施,是指核动力厂(核电厂、核热电厂、核供汽供热厂等)和其他反应堆(研究堆、实验堆、临界装置等);核燃料生产、加工、贮存和后处置设施;放射性废物的处理和处置设施等。该法第三章对核设施的放射性污染防治作了如下规定。

1. 关于核设施分阶段进行环境影响评价的规定

《放射性污染防治法》第 18、20 条对核设施选址、建造、运行和退役等阶段应当执行环境影响评价制度作了规定。这种分阶段环评,能针对各阶段可能产生的环境影响进行分析、预测和评估,提出各阶段预防和避免或者减轻环境影响的对策和措施,这样可以更有效地防止各阶段可能造成的放射性污染危害。例如核设施选址的环境影响评价,是确保核设施安全的第一个关口。对此,国家颁布的《核电厂厂址选择安全规定》和《电离辐射防护与辐射源安全基本标准》已作了明确的规定。

该法第 21 条还对与核设施配套的放射性污染防治设施的"四同时"制度(同时设计、同时施工、同时投入使用、同时验收)作了规定。

2. 关于核设施建造、运行许可证和装料、退役审批的规定

《放射性污染防治法》第 19 条规定:"核设施营运单位在进行核设施建造、装料、运行、退役等活动前,必须按照国务院有关核设施安全监督管理的规定,申请领取核设施建造、运行许可证和办理装料、退役等审批手续。核设施营运单位领取有关许可证或者批准文件后,方可进行相应的建造、装料、运行、退役等活动。"所谓"国务院有关核设施安全监督管理的规定",是指《民用核设施安全监督管理条例》和《核电厂安全许可证的申请和颁发》等规定。之所以如此规定,是为了使审批机关经过组织评审,评估为进行这些活动而提交的应对材料是否符合安全要求并能确保核设施厂区人员、周围群众免受放射性污染。否则,将不予以发放许可证和禁止其从事有关活动。

3. 关于进口核设施的规定

《放射性污染防治法》第22条规定:"进口核设施,应当符合国家放射性污染防治标准;没有相应的国家放射性污染防治标准的,采用国务院环境保护行政主管部门指定的国外有关标准。"其中的"国家放射性污染防治标准"是指除了通常的国家标准之外,还包括技术规范、有关的技术导则和技术文件。国家没有标准的,则应符合国家环境保护总局指定的出口国的标准或者国际通用的标准。例如,大亚湾核电站必须满足法国的RCC规范等。这样规定,是为了使符合国家或者国际标准进口核设施在营运中不污染危害环境,还可以防止国外不符合标准的劣质核设施非法进口,避免对我国造成放射性污染。

4. 关于划定规划限制区的规定

《放射性污染防治法》第23条规定:"核动力厂等重要核设施外围地区应当划定规划限制区。规划限制区的划定和管理办法,由国务院规定。"所谓规划限制区,是指将核动力厂外围一定宽度划为缓冲地带。其作用是,在该缓冲地带限制某些活动,如限制人口大量迁入、禁止建设危险项目等。这样,一旦发生重大放射性污染事故,可以有效地实施疏散、救援等应急措施,以减轻甚至避免造成周围群众的放射性污染危害。这是预防为主原则的要求和体现。国外放射性污染防治法早有此规定,但多称为隔离区、应急计划区等。

5. 关于总量监测和监督性监测的规定

《放射性污染防治法》第24条第1款规定:"核设施营运单位应当对核设施周围环境中所含的放射性核素的种类、浓度以及核设施流出物中的放射性核素总量实施监测,并定期向国务院环境保护行政主管部门和所在地省、自治区、直辖市人民政府环境保护行政主管部门报告监测结果。"虽然核设施的选址、建造、营运和退役各阶段得到严格的安全监视和控制,但根据核素的特点,核设施在正常状态也会有极少量放射性核素释放到环境中。为防止意外事故和放射性物质在环境中的大量积累,核设施营运单位必须根据经审批的流出物和环境监测大纲对其进行监测,以验证核设施内核素流出物可能对环境的影响,并将监测结果向国家和省级环境保护部门报告,以确保其所释放的放射性被控制在安全标准之内。

《放射性污染防治法》第24条第2款规定:"国务院环境保护行政主管部门负责对核动力厂等重要核设施实施监督性监测,并根据需要对其他核设施的流出物实施监测。监督性监测系统的建设、运行和维护费用由财政预算安排。"这不仅表明环境保护部门对其所进行的监测与核设施营运单位监测的性质、作用有所区别,也表明国家对重要核设施要求进行双重监测,以确保监测数据的准确性、客观性。之所以规定监督性监测系统的建设、运行和维护费用由财政预算安排,是为了在经济上保障双重监测得以落实。对其他核设施流出物,环境保护部门可根据需要实施监测。

6. 关于核设施营运单位的职责的规定

我国一些核设施营运单位由于防护不力、管理不严,曾多次发生放射源丢失事件,对社会造成放射性污染的隐患和危害。为此,《放射性污染防治法》第25条第1款规定:"核设施营运单位应当建立和健全安全保卫制度,加强安全保卫工作,并接受公安部门的监督指导。"第25条第2、3款还规定,核设施营运单位应当按照核设施的规模和性质制定核事故场内应急计划,做好应急准备。出现核事故应急状态时,核设施营运单位必须立即采取有效的应急措施控制事故,并向核设施主管部门和环境保护行政主管部门、卫生行政部门、公安部门以及其他有关部门报告。以防止事故对周围群众的放射性污染。

7. 关于核事故应急制度的规定

《放射性污染防治法》第26条第1款规定,国家建立健全核事故应急制度。所谓核事故应急制度,是指国家为防止核事故发生所作的应急准备与应急响应的有关法律规定。如《核电厂核事故应急管理条例》规定,核电厂应当预先制订核事故应急计划,成立应急组织机构,省级人民政府应当采取应急防护措施,并根据核事故应急响应的需要采取地区封锁、对受照射人员进行救护等,以控制、减轻核事故对人体和其他生物的放射性污染危害。

核设施主管部门、环保、卫生、公安以及其他有关部门,应当在本级人民政府的组织领导下,按照各自的职责依法做好核事故应急工作,不得互相推诿或者放任。中国人民解放军和武装警察部队则应依照《中国人民解放军参加核电厂核事故应急支援条例》的规定实施有效的支援。

8. 关于核设施退役的规定

《放射性污染防治法》第 27 条规定:"核设施营运单位应当制定核设施退役计划。核设施的退役费用和放射性废物处置费用应当预提,列入投资概算或者生产成本。核设施的退役费用和放射性废物处置费用的提取和管理办法,由国务院财政部门、价格主管部门会同国务院环境保护行政主管部门、核设施主管部门规定。"据有关资料记载,核电厂一般寿命为 60 年,要比核素衰变所需时间短得多。核设施退役须经去污、拆除、废物处置和环境恢复等环节,是一个很长的过程;退役所需的费用很高,且与核设施的种类、性质和核素寿命的长短有关。为做好核设施的退役工作,减少费用和对环境的污染,需要核设施营运单位在其退役前甚至是营运前就制订好退役计划,以便在核设施营运各阶段实施有关退役计划。

由于放射性核素的寿命很长(从几十年至几万年不等),为防止核设施运行和退役过程中产生的放射性废物和乏燃料中的放射性核素造成的放射性污染危害,需要很长时间的监管。我国规定,由核设施企业提供资金,交由国家统一使用。资金的提取包括核设施的退役费和放射性废物处置费。其提取和管理办法由该条规定的行政部门共同规定。

(七)有关核技术利用的放射性污染防治的法律规定

根据《放射性污染防治法》第 62 条第 3 项的规定,所谓核技术利用,是指密封放射源、非密封放射源和射线装置在医疗、工业、农业、地质调查、科学研究和教学等领域中的使用。该法专设第四章对核技术利用的放射性污染防治进行了规定。

1. 关于核技术利用的许可证和登记制度的规定

近年来,核技术在医疗、教学和工农业生产各个领域已广为人们所利用,但带来的放射性污染问题也不少。为了解决这个问题,国际上通用许可证制度,我国也是如此。《放射性污染防治法》第 28 条第 1 款规定:"生产、销售、使用放射性同位素和射线装置的单位,应当按照国务院有关放射性同位素和射线装置放射防护的规定申请领取许可证,办理登记手续。"其中,根据《放射性污染防治法》第 62 条第 4 项的规定,"放射性同位素"是指某种发生放射性衰变的元素中具有相同原子序数但质量不同的核素。根据该条第 6 项的规定,"射线装置"是指 X 线机、加速器、中子发生器以及含放射源的装置。

为使该条款规定的辐射安全许可证制度得以实施,原国家环境保护总局 2005 年 12 月 30 日通过了《放射性同位素与射线装置安全许可管理办法》(2006 年 3 月 1 日起施行,2021 年第 4 次修正),规定在我国境内生产、销售、使用放射性同位素与射线装置的单位(以下简称辐射工作单位)应当依照该办法的规定,取得辐射安全许可证。申请之前,应当编制环境影响评价文件。该文件除了按照国家有关环境影响评价的要求编制或者填报外,还应当包括对辐射工作单位从事相应辐射活动的技术能力、辐射安全和防护措施进行评价的内容。该办法还具体规定了生产、销售、使用单位申请辐射安全许可证必须具备的条件、审批程序等。辐射工作单位获得该许可证之后,还应依法办理登记手续。许可证的有效期为 5 年。

《放射性污染防治法》第 28 条第 2 款规定，转让、进口放射性同位素和射线装置的单位以及装备有放射性同位素的仪表的单位，应当按照国务院有关放射性同位素与射线装置放射防护的规定办理有关手续。

2. 关于环境影响评价和放射性同位素备案制度的规定

《放射性污染防治法》第 29 条规定，生产、销售、使用放射性同位素和加速器、中子发生器以及含放射源的射线装置的单位，应当在申请领取许可证前编制环境影响评价文件，报省、自治区、直辖市人民政府环境保护行政主管部门审查批准；未经批准，有关部门不得颁发许可证。并规定，国家建立放射性同位素备案制度。

3. 关于放射防护设施"四同时"制度的规定

《放射性污染防治法》第 30 条规定："新建、改建、扩建放射工作场所的放射防护设施，应当与主体工程同时设计、同时施工、同时投入使用。放射防护设施应当与主体工程同时验收；验收合格的，主体工程方可投入生产或者使用。"其中，"放射工作场所"是指放射性同位素或者射线装置的生产、销售、使用的场所。"放射防护设施"是指在放射工作场所内用以保护工作人员与公众，防止放射性污染、辐射监测、辐射屏蔽以及按规定对产生的放射性废物进行收集、包装、贮存的设施、设备，包括放射工作场所入口控制设备、安全联锁装置、报警装置或者工作信号等。

4. 关于放射性同位素存放的要求

《放射性污染防治法》第 31 条规定："放射性同位素应当单独存放，不得与易燃、易爆、腐蚀性物品等一起存放，其贮存场所应当采取有效的防火、防盗、防射线泄漏的安全防护措施，并指定专人负责保管。贮存、领取、使用、归还放射性同位素时，应当进行登记、检查，做到账物相符。"由于放射性同位素属于特殊的危险物品，对其存放方法、贮存场所、领取使用三方面的安全防护要有严格要求，以防止其造成放射性污染危害。存放、使用放射性同位素的单位及其工作人员应当严格遵守执行。

5. 关于放射性废物处理的规定

《放射性污染防治法》第 32 条第 1 款规定："生产、使用放射性同位素和射线装置的单位，应当按照国务院环境保护行政主管部门的规定对其产生的放射性废物进行收集、包装、贮存。"其中，根据《放射性污染防治法》第 62 条第 8 项的解释，"放射性废物"是指含有放射性核素或者被放射性核素污染，其浓度或者比活度大于国家确定的清洁解控水平，预期不再使用的废弃物。国家对放射性废物的处理是使减量化和净化，以减少其产生量。如对放射性废气的收集，是通过过滤、吸收等方式使其符合国家标准；对放射性废液的收集是进行净化处理，达到国家标准后排放；对放射性固体废物的收集是先将其与非放射性固体废物分开，将短寿命与长寿命的放射性固体废物分别收集，以便于进一步处理和防止其在被收集中流失而污染环境。

《放射性污染防治法》第 32 条第 2 款规定："生产放射源的单位，应当按照国务院环境保护行政主管部门的规定回收和利用废旧放射源；使用放射源的单位，应当按照国务院环境保护行政主管部门的规定将废旧放射源交回生产放射源的单位或者送交专门从事放射性固体废物贮存、处置的单位。"这是对生产、使用放射源的单位规定其负有回收废旧放射源的责任。根据《放射性污染防治法》第 62 条第 5 项的解释，"放射源"是指除研究堆和动力堆核燃料循环范畴的材料以外，永久密封在容器中或者有严密包层并呈固态的放射性材料。之所以这样规定，是因为生产放射源的单位，一般都具有较高的技术力量和丰富的贮存、管理技术与经验，由其负责回收可以减少或者避免废旧放射源对环境的污染危害。

6. 关于放射源的安全保护措施的规定

《放射性污染防治法》第33条规定:"生产、销售、使用、贮存放射源的单位,应当建立健全安全保卫制度,指定专人负责,落实安全责任制,制定必要的事故应急措施。发生放射源丢失、被盗和放射性污染事故时,有关单位和个人必须立即采取应急措施,并向公安部门、卫生行政部门和环境保护行政主管部门报告。公安部门、卫生行政部门和环境保护行政主管部门接到放射源丢失、被盗和放射性污染事故报告后,应当报告本级人民政府,并按照各自的职责立即组织采取有效措施,防止放射性污染蔓延,减少事故损失。当地人民政府应当及时将有关情况告知公众,并做好事故的调查、处理工作。"此外,各级人民政府和其他有关部门应当对屡屡发生的放射源丢失事故吸取教训,健全有关管理制度,追究失职者的法律责任,并应经常开展对公众的放射性污染防治知识教育,每年进行一次疏散、救援的演练等。

(八)有关铀(钍)矿和伴生放射性矿开发利用放射性污染防治的法律规定

《放射性污染防治法》第五章对铀(钍)矿和伴生放射性矿开发利用的放射性污染防治作了专门规定。其中,有的法律制度如环境影响评价、"四同时"、环境监测、退役计划与退役费用等,在基本内容上与前述类似,不再赘述。

《放射性污染防治法》第37条规定:"对铀(钍)矿和伴生放射性矿开发利用过程中产生的尾矿,应当建造尾矿库进行贮存、处置;建造的尾矿库应当符合放射性污染防治的要求。"由于铀(钍)矿在开发利用过程中会产生大量的含天然放射性的废矿石和矿渣,它们虽然属于放射性活度水平较低,但一般都超过国家标准中规定的豁免水平;铀(钍)矿的放射性核素衰变期长,对周围环境中的人体健康会造成长期的潜在危害;加上其产生量极大(矿石与废矿、尾矿的比例约为1:2)。因此,对于这些废矿石和尾矿不能如前面对一般固体废物那样进行贮存和处置,也不能像一般低、中放射性固体废物那样建造贮存库暂存一段时间后送交国家的低中放射性固体废物处置场处置,而必须选择符合该类矿石、尾矿特性的地点建造贮存和处置场所,即所建成的尾矿库必须满足使用后相当长时间内能将其与人类生活环境隔离,以防止在贮存、处置过程中污染危害人体健康。对此,国家已颁布了《铀、钍矿冶放射性废物安全管理技术规定》。建造铀(钍)尾矿库时必须符合上述要求和国家其他相关法规、标准的规定。

(九)有关放射性废物管理的法律规定

《放射性污染防治法》第六章对放射性废物管理作了专门规定。

1. 尽量减少放射性废物产生量的规定

《放射性污染防治法》第39条规定:"核设施营运单位、核技术利用单位、铀(钍)矿和伴生放射性矿开发利用单位,应当合理选择和利用原材料,采用先进的生产工艺和设备,尽量减少放射性废物的产生量。"这是减量化原则对放射性废物管理的要求,也是国际上为减少放射性污染而采用的有效原则。其中包含两方面的要求:一是开发利用和营运单位应当合理选择和利用原材料,如减少材料利用量和循环利用原材料;二是采用先进的生产工艺和设备,加强经营管理,从源头抓好放射性固体废物污染防治,选用合理的运行、开采、利用程序和退役计划,尽可能减少放射性废物的产生量,以利于贮存、处置,减轻对环境的污染危害。

2. 关于达标排放和符合规定方式排放的规定

《放射性污染防治法》第40条规定:"向环境排放放射性废气、废液,必须符合国家放射性污染防治标准。"第42条第2款还规定:"产生放射性废液的单位,向环境排放符合国家放射性污染防治标准的放射性废液,必须采用符合国务院环境保护行政主管部门规定的排放方式。"其中,"排放方式"是指国家环境保护总局批准的排放方式,如采用槽式排放方式。该法

第42条第3款规定:“禁止利用渗井、渗坑、天然裂隙、溶洞或者国家禁止的其他方式排放放射性废液。”因为上列排放方式能导致放射性废液渗入地下,污染地下水,并通过水的循环而污染附近地表水和农田、湖泊,最终污染危害人体健康和其他生物。

3. 关于放射性废液处理或者贮存的规定

《放射性污染防治法》第42条第1款规定:“产生放射性废物的单位,必须按照国家放射性污染防治标准的要求,对不得向环境排放的放射性废液进行处理或者贮存。”其中的“处理”,是指将放射性废液通过专用设备进行蒸发、沉降、吸附、过滤等方式使废液中的放射性物质转变为固态后予以贮存或者交由有关处置单位予以贮存、处置。

4. 关于申请排放量并定期报告的规定

《放射性污染防治法》第41条规定:“产生放射性废气、废液的单位向环境排放符合国家放射性污染防治标准的放射性废气、废液,应当向审批环境影响评价文件的环境保护行政主管部门申请放射性核素排放量,并定期报告排放计量结果。”其中,申请的内容包括确定拟排放放射性核素的特性、活度及排放位置、方式,以及计划排放的放射性废气、废液可能对周围群众的放射性污染危害,并在所提交的环境影响评价文件中提出防护对策和措施。而且,申请排放的单位应当对其排放的放射性废气、废液进行环境监测,并定期向上述环境保护部门报告排放计量结果,如若发生超过限值的排放,则应及时报告,接受调查处理。

5. 关于放射性固体废物处置方式的规定

《放射性污染防治法》第43条第1~3款规定:“低、中水平放射性固体废物在符合国家规定的区域实行近地表处置。高水平放射性固体废物实行集中的深地质处置。α放射性固体废物依照前款规定处置。”我国对中、低水平放射性固体废物采用区域处置的方式,而高水平放射性固体废物则规定集中的深地层处置。这是因为,中、低放射性固体废物虽然占整个放射性固体废物总体积的90%,但其放射性活度只占1%,只要采取适当的工程措施使其与环境隔离300年左右就可以衰变至对人体无害,所以可以在符合国家规定的区域实行近地表处置。高放射性固体废物和α放射性固体废物由于毒害性大,衰变期长,虽然只占放射性固体废物总体积约10%,但是为了保证人体安全,必须使其与人类环境永久隔离,故应当由国家集中在深地质处置。

第43条第4款规定:“禁止在内河水域和海洋上处置放射性固体废物”。这是因为水体能使放射性固体废物溶解或者加速其溶解速度,被溶解的放射性物质会随着水流扩散,污染危害人体健康。我国的《海洋环境保护法》和《水污染防治法》早就设有禁止向内河水域和海洋倾倒放射性固体废物的规定。

6. 关于处置场所选址规划的规定

《放射性污染防治法》第44条规定:“国务院核设施主管部门会同国务院环境保护行政主管部门根据地质条件和放射性固体废物处置的需要,在环境影响评价的基础上编制放射性固体废物处置场所选址规划,报国务院批准后实施。有关地方人民政府应当根据放射性固体废物处置场所选址规划,提供放射性固体废物处置场所的建设用地,并采取有效措施支持放射性固体废物的处置。”建设放射性固体废物处置场所,是当前我国放射性固体废物污染防治的一项紧迫工作;适时编制放射性固体废物处置场所选址规划,并依法进行环境影响评价,有利于尽快安全处置放射性固体废物,并做到合理均衡分布,是一种利国利民的大事。有关地方人民政府应当坚决执行,并按照经批准的选址规划提供建设放射性固体废物处置场所用地,采取有效措施支持其工作。

7. 有关放射性固体废物处置费用的规定

《放射性污染防治法》第 45 条第 1 款规定,产生放射性固体废物的单位,应当按照国务院环境保护行政主管部门的规定,对其产生的放射性固体废物进行处理后,送交放射性固体废物处置单位处置,并承担处置费用。

8. 有关贮存、处置单位的许可证制度的规定

《放射性污染防治法》第 46 条规定:"设立专门从事放射性固体废物贮存、处置的单位,必须经国务院环境保护行政主管部门审查批准,取得许可证。具体办法由国务院规定。禁止未经许可或者不按照许可的有关规定从事贮存和处置放射性固体废物的活动。禁止将放射性固体废物提供或者委托给无许可证的单位贮存和处置。"对放射性固体废物进行贮存、处置需要很高的技术、费用和安全的场所,如若发生泄漏等事故,极难以安全处理,其危害将是长久和严重的。因此,该法对设立专门从事放射性固体废物贮存、处置的单位规定实行严格的许可制度,禁止无证经营和将放射性固体废物提供或者委托给无证单位贮存和处置。因为这些单位缺乏必要的技术设备难以在其贮存、处置过程中保证安全。

此外,在我国,禁止将放射固体废物和被放射性污染的物品输入我国境内或者经我国境内转移。

第九节　核 安 全 法

一、核电发展与核安全立法概述

(一)核电发展历程

从世界核电发展历程来看,大致可分为五个阶段:实验示范阶段(1954～1965 年);高速发展阶段(1966～1980 年);减缓发展阶段(1981～2000 年);复苏阶段(2001～2011 年);谨慎发展阶段(2011 年至今)。其中,由于 1979 年美国宾夕法尼亚州三里岛核事故的发生、1986 年苏联切尔诺贝利核事故的发生,直接导致了世界核电的停滞,各国开始重新评估核电的安全性和经济性,为保证核电厂的安全,世界各国采取了增加更多安全设施、更严格的审批制度等措施,以确保核电站的安全可靠。进入 21 世纪,随着世界经济的复苏,以及越来越严重的能源、环境危机,核电作为清洁能源的优势又重新显现,同时经过多年的技术发展,核电的安全可靠性进一步提高,世界核电的发展开始进入复苏期,世界各国都制定了积极的核电发展规划。2011 年 3 月,日本福岛核危机发生后,对核能问题极为敏感、曾多次爆发反核示威活动的德国,迫于国内压力,德国政府于 2011 年 3 月中旬宣布,暂时关闭 7 座 1980 年前建成使用的核电站,并对所有核电站进行安全检验。2011 年 5 月 29 日,德国执政联盟就关闭国内核电站的最后期限达成一致,预计在 2022 年年底之前关闭国内所有核电站,德国也将因此成为首个彻底放弃核电这一能源方式的经济大国。德国的弃核政策也极大地影响到了其他欧洲国家。在日本福岛核事故之后,同样计划放弃或缩减核能的欧洲国家还有瑞士、比利时、西班牙和法国。一直保持不拥有核电承诺的国家有爱尔兰和意大利等。

(二)中国发展核能的必要性

目前,中国发展核能有其必要性。能源已经成为我国国民经济可持续发展的一个制约因素,国际和国内的实践表明,核能是一种有安全保障的、环境友好的能源。鉴于核能在增加能源供给、保障能源安全、促进污染物排放等方面有明显优势,我国应安全稳步发展核电,发展

核能产业,这也是我国近期能源规模发展的现实途径。第一,从世界范围来看,核电仍然在各国能源结构中占着重要的地位。目前,核电与煤电、水电一起构成了世界能源供应的三大支柱,核电在世界能源结构中有着重要的地位。根据世界核协会(WNA)网站提供的数据,截至2016年12月31日,全球共有30个国家在使用核电,在运营的核电机组总计446台,总净装机容量约为390.8GWe(吉瓦电力);12个国家正在建设总计60台核电机组,总装机容量约为64.5GWe(吉瓦电力);有2个无核电国家(白俄罗斯和阿联酋)正在开展核电建设;另有15个无核电国家已批准建设首批核电机组。第二,从我国目前的能源结构来看,2017年,我国的煤电占比约72%,水电约占18%,风电4.5%,核电只占3.8%,光伏1.5%。显然,这种能源结构不合理,面临转型。从发电量来说,2017年1~12月全国累计发电量为62,758.20亿千瓦时,我国投入商业运行的核电机组累计发电量为2474.69亿千瓦时,约占全国累计发电量的3.94%。作为我国能源主要组成部分的煤炭,它不仅是大气污染的主要来源,其频发的煤炭灾难性安全事故已成为社会关注的焦点,十多亿吨煤炭的运输也是构成我国运输紧张的主要因素。因此,未来的煤电占比势必下降,而核电占比会逐步上升。第三,从环保效益来看,我们为实现"双碳"目标愿景,碳达峰、碳中和任务紧迫,压力很大,而核电是一种高效的、清洁的能源,核电不排放二氧化硫、氮氧化物、烟灰、二氧化碳等污染物,有利于保护环境,抑制雾霾,促进"双碳"目标实现。事实证明,用核电站代替火电站,能大大改善环境质量。第四,从国家能源战略布局来看,由于国内能源结构转型,中国燃煤发电比例要逐步降低,降至65%,作为填补这一部分火电空缺的重要措施,中国明确提出要安全高效发展核电,推进水电开发,大力发展风电,加快发展太阳能发电,积极发展地热能、生物质能和海洋能等。然而,水电开发需要有一定的周期,其开发所引起的生态环境问题开始引起公众的关注,而且其可开发的资源也是有限的。其他可再生能源则难以在短期内形成规模。在这种情况下,加快发展我国核电产业是完全必要的。第五,从经济效益上看,核电有其竞争力。近年来,核电价格不断降低。随着社会的发展和技术的进步,核电厂的建造费用将下降;而煤电厂因需要装静电除尘、烟气除硫和选择性催化还原等设施以降低外部成本,建造费用将增加。两者的建造费用将逐渐趋于基本相同。由此可见,核电从经济上看也是有竞争力的。核电的投资与回报是非常可观的,在发电、就业、税收、拉动GDP等方面,对国民经济和就业带动效应显著。

中国发展核电,安全有保障。核能发展,最重要的是运营安全问题。我国核能发展30多年来,核能与核技术利用事业始终保持良好的安全业绩。其中,我国运行核电机组从未发生国际核事件分级表2级及以上级别的运行事件。我国所有核电厂自觉加入了世界核电运营者协会(WANO)等国际组织,积极开展国际对标。近五年WANO数据显示,我国运行机组约80%的指标优于中值水平,约70%达到先进值。我国在建核电机组在选址、设计、建造、安装和调试等各环节都进行了有效管理,确保工程建造质量,为未来的安全运行打下了良好的基础。

中国发展核电新技术,能带动核电关联产业的发展。发展核能不仅有利于保障国家能源安全、应对环境污染与气候变化问题,还将促进经济发展和技术进步。我国核电发展起步晚,起点高,在掌握二代核电技术的基础上,可吸收引进三代核电技术,并发展三代自主核电技术。同时,核电发展可以带动核电关联产业同步发展,进一步丰富并增强我国核工业体系和核产业链良性发展。

目前,我国核工业快速发展,已经成为核电大国。截至2020年年末,我国共有16座核电站投入运行,运行核电机组达49台,仅次于美国、法国,位列全球第三。其中,有28台机组在世界核电运营者协会的综合指数达到满分,占世界满分机组的三分之一。我国现阶段是世界核能、核技术利用的大国，在建规模位居世界第一，核安全任务非常繁重。

（三）制定《核安全法》的必要性

《核安全法》出台之前，我国已初步建立了一套既与国际接轨、又符合中国国情的核安全法规体系。在法律方面，我国在核能、核事业领域已经出台了一部法律——《放射性污染防治法》，从放射性污染防治的角度对相关内容加以规范。在行政法规方面，还颁布了一系列行政法规，分别从民用核设施安全监督、核出口管制、核材料管制、民用核安全设备监督管理、核电厂核事故应急管理、放射性物品运输安全管理、放射性废物安全管理等角度，对涉核安全管理进行了规定。此外，还有一系列的部门规章、导则、标准、国家规划等，如《核工业发展规划》《核能开发科研规划》《国家核应急规划》等。30 多年来，我国依靠现有的规范体系、标准体系，确保了核能、核事业的健康和可持续发展，也保持了良好的安全业绩。然而，这个体系中还需要出台一部核事业领域的基本法——《核安全法》。

我国核事业领域需要一部核安全基本法。其一，核安全是我国国家安全的重要组成部分，是核事业发展的前提，而《核安全法》又是国家安全法律体系的重要组成部分。制定《核安全法》在于保障核安全，这与我国已经出台的《放射性污染防治法》，以及正在起草中的《原子能法》各有侧重，立法目的都有所差别。其二，我国自 1986 年兴建第一座核电站——大亚湾核电站以来，在核安全工作中积累了宝贵的实践经验，也借鉴了国际先进的核安全监管经验，这些都需要以法律的形式归纳总结，进行系统的提炼与提升。其三，近年来，我国核电发展迅速，但发展越快，越要增强风险意识。社会各界对核安全立法工作也高度关注。这也加快了我国核安全立法的步伐。其四，国际社会和各国都非常重视通过立法来保障核安全。《核安全公约》《乏燃料管理安全与放射性废物管理安全联合公约》和国际原子能机构制定的《基本安全原则》等都要求国家要建立核安全立法与监管框架；法国、加拿大、澳大利亚等国家专门制定了核安全法；福岛核事故后，韩国、日本、印度等国家纷纷通过立法完善本国的核安全法律制度。我国是国际原子能机构成员国和有关核国际公约的签约国，一直以来，国际上有关人士对我国核安全监管能力和履约能力有所疑虑，核安全立法还有利于树立我国法治国家的良好形象，坚定国际社会对我国核安全的信心。综上所述，《核安全法》作为核安全领域立法的顶层设计，不是可有可无的，而是很有必要的。

（四）《核安全法》《放射性污染防治法》《原子能法》之间的关系

《核安全法》的制定，涉及与《放射性污染防治法》和正在起草的《原子能法》三者之间的关系问题，这也是社会各界关注的问题之一。《核安全法》是在现行《放射性污染防治法》和行政法规的基础上制定的，是在协调正在起草的《原子能法》相关内容的前提下，确定法律适用范围的，明确把核设施、核材料安全问题作为规范的重点。广义的核安全应当包含三大类内容，即核安全、核安保和核保障，《核安全法》仅仅把核安全问题中的核设施、核材料这两方面内容作为规范的重点。主要考虑的还是与《原子能法》在内容上的衔接，核安保和核保障问题是正在起草的《原子能法》规范的重点内容，因此《核安全法》不应重复规范，而是以狭义的核安全问题中可能存在重大核事故隐患的核设施、核材料的安全问题作为规范的重点内容，即抓住了核安全的关键点。

在狭义的核安全体系中，有关核技术应用（诸如放射源、同位素、射线装置等应用问题）、伴生放射性矿开采过程中的核安全问题等，已经在《放射性污染防治法》中作出了规定，《核安全法》没有必要重复规定。放射性废物（“核废料”）的处理、处置问题，也放在《核安全法》中予以规范，主要考虑的是，有关放射性废物造成的危害是巨大的，同时考虑它与核材料管制有密切关系，甚至从某种意义上讲，它也属于核材料管制范围。当然，《核安全法》《放射性污染防治法》两法在放射性废物处理、处置问题上难免会有重复规范的现象，这需要在未来的《放射性污染防治法》修改时予以协调解决。

三部法律不可避免地有一些重叠，并不影响各自的立法地位，关键是不能有遗漏。它们调整的范围、调整的角度和深度都有所不同。按照目前的规划，这三部法律可以构成我国核技术利用的基本法律体系。当然，这三部法律的最终目标具有一致性，即都是希望核技术能造福人类，为经济社会可持续发展做出贡献。

(五)《核安全法》的内容及意义

2017 年 9 月 1 日，第十二届全国人大常委会第二十九次会议审议通过并发布了《核安全法》，自 2018 年 1 月 1 日起施行。《核安全法》共分 8 章，总计 94 条，分别是第一章总则、第二章核设施安全、第三章核材料和放射性废物安全、第四章核事故应急、第五章信息公开和公众参与、第六章监督检查、第七章法律责任、第八章附则。《核安全法》的内容主要包括：规定了确保核安全的基本方针、法律原则、责任体系和科技、文化保障；规定了核设施营运单位的资质、责任和义务；规定了核材料许可制度，明确了核安全与放射性废物安全制度；明确了核事故应急协调委员会制度，建立应急预案制度、核事故信息发布制度；建立了核安全信息公开和公众参与制度，明确了核安全信息公开和公众参与的主体、范围；对核安全监督检查的具体做法作出明确规定；规定了违反《核安全法》法应该承担的法律责任，并对因核事故造成的损害赔偿作出制度性规定。

《核安全法》出台具有重要的现实意义：(1)填补了我国核安全法律体系的一项空白。《核安全法》是我国第一次以法律的形式规定了核安全的一系列重大问题，这些问题包括：核安全的基本方针、原则、法律制度、核安全措施的建立和实施，核安全责任，公众参与，以及核安全监管体制等，如果法律对核安全的上述问题不作出规定，就无法适应核安全工作的实际需要。(2)总结了我国过去核安全事业的成功经验。我国自 20 世纪 50 年代中期开始核事业，六十多年来没有发生过重大核事故，取得了较好的核安全业绩。《核安全法》是对我国过去核安全良好业绩的科学总结与法律上的提升。(3)适应了我国核安全发展的客观要求。《核安全法》的出台，一方面可以依法强化安全防范措施；另一方面可以依法加大核安全科普宣传，增强公众对核安全知识的了解，引导公众正确、科学认知我国核安全状况。(4)明晰了我国核安全领域的监管体制。《核安全法》进一步理顺了对行业管理与监督的职责，实现营运与监管的分工，提高核安全监管工作的相对独立性和有效性。(5)有利于促进我国核安全的国际合作。2016 年 4 月，习近平总书记在美国举行的第四届核安全峰会上指出："确保核安全是各国应尽之责，我们要结合国情，从国家层面部署实施核安全战略，制定中长期核安全发展规划，完善核安全立法和监督机制，并确保相关工作得到足够投入和支持。"核安全立法有利于树立我国良好的国际形象，坚定国际社会对我国核安全的信心，也有利于我国"核电走出去"战略的实施。总之，《核安全法》的出台，充分体现了我国的核安全观和国家的总体安全观，对保障我国核事业安全可持续发展，维护国家安全，推进"核电走出去"战略都具有重要意义。

(六)《核安全法》的重点内容及特点

《核安全法》确立了"安全第一、预防为主、责任明确、严格管理、纵深防御、独立监管、全面保障"的核安全原则和完备的核安全审评、许可、监督、执法等制度。其重点内容包括：一是将理性、协调、并进的核安全观写进法律。如第 3 条规定，国家坚持理性、协调、并进的核安全观，加强核安全能力建设，保障核事业健康发展。二是明确了各相关主体的核安全责任。这些相关主体包括：国务院核安全监督管理部门，国务院核工业主管部门、能源主管部门和其他有关部门,核设施营运单位,为核设施营运单位提供设备、工程以及服务等的单位,与核安全有关的科研机构等单位。《核安全法》第6条第3款规定,国家建立核安全工作协调机制,统筹协调有关部门推进相关工作。三是坚持从高从严建立核安全标准体系,实现监管全覆盖。四是强化了信息公开,保障公众参与。五是建立监督检查制度,提高监管能力。六是从严设置法律责任,形成有效震慑。

《核安全法》的特点主要体现在一个"严"字:严格的标准,严密的制度,严格的监管,严厉的处罚。

1. 严格的标准

标准是安全的基础,高标准才能严要求。核安全标准没有最高,只有更高,追求高标准没有止境,就是要根据科技进步和经济社会发展,不断提高核安全标准,保证不能发生核事故。《核安全法》第8条第1款明确规定,国家坚持从高从严建立核安全标准体系。目前,根据《放射性污染防治法》和相关的行政法规的规定,我国与核安全相关的标准包括放射性污染防治标准、核安全技术标准、民用核安全设备标准、放射性物品运输安全标准等。过去,我国制定核安全标准在具体实践中,往往是引进哪国技术,就适用该国与之配套的标准。显然,这与我国快速发展的核工业不相适应,需要进一步整合、制定和完善相关标准,为核设施营运单位提供营运准绳,为核安全监管部门提供监管依据。为此,《核安全法》明确,国家坚持从高从严建立核安全标准体系,核安全标准应当根据经济社会发展和科技进步适时修改。立法过程中,有的意见对"从高从严"提出了不同看法,认为标准应该是科学合理的,从高从严不太确切,不太科学。另外,认为在制定核安全标准时,应当综合平衡安全性与经济性的关系,不宜一味强调"严"而牺牲效益。当然,法律最终还是维持了"从高从严"的表述,表达一种核安全无止境的价值取向,核安全标准没有最高,只有更高。

2. 严密的制度

核安全包括核设施安全、核材料安全和放射性废物安全等内容。《核安全法》所有的制度设计都是围绕着"严"字进行的,明确贯彻了核事业"安全第一"的根本原则。例如,《核安全法》对核设施选址、设计、建造、运行、退役和核材料及相关放射性废物实行全过程、全链条监管和风险管控,全面覆盖,不留死角,确保万无一失。在深化行政审批制度改革的大背景下,对一件事情设置那么多的许可,无疑是罕见的。

3. 严格的监管

制度再好,落实好是关键,只有严格的监管才能真正保障核安全。核工业的链条很长,涉及部门很多,既有核工业部门,也有核监管部门、能源主管部门,《核安全法》一是规定了各部门的职责,明确建立核安全工作协调机制,形成监管合力;二是明确规定,核安全监督管理部门、核工业主管部门、能源部门应加强核安全监管能力建设;三是赋予了核安全监督管理部门以及其他部门相当多的监督手段;四是加强了社会监督。《核安全法》将信息公开和公众参与单独作为一章作了规定,维护公众的知情权、获取相关信息的权利,保障其参与权,以消除大家对核能发展的恐惧、疑虑。

4. 严厉的处罚

《核安全法》对相关违法行为从严设定了法律责任。《核安全法》全文总共94条,法律责任就占了17条。《核安全法》在立法过程中不断提高罚款标准,增加应该受到处罚的违法行为。罚款额度最高达500万元,对有些情节严重的违法行为,除罚款外,法律还规定可以责令停止建设、停产整顿、暂扣或者吊销许可证等处罚。《核安全法》对有些违法行为实行"双罚制",既处罚违法单位,又处罚直接负责的主管人员和其他直接责任人员。对违法行为造成环境污染的，责令限期采取治理措施消除污染。《核安全法》还规定了核损害赔偿制度，明确规定因核事故造成他人人身伤亡、财产损失或者环境损害的，核设施营运单位应当承担赔偿责任。对核设施运营单位来说，这个责任也是非常重的。总的来说，《核安全法》加大了相关主体的法律责任，应该说还是比较严厉的。

二、《核安全法》的主要法律规定

（一）《核安全法》的立法目的

《核安全法》第1条规定了该法的立法目的，列出了一系列安全目标，包括：保障核安全，预防与应对核事故，安全利用核能，保护公众和从业人员的安全与健康，保护生态环境，促进经济社会可持续发展。这些目标是分层次的，体现了一种递进式的关系。

1. 首先提出了“保障核安全，预防与应对核事故，安全利用核能”的立法目的。本法的直接目标就是保证核设施的安全运行，因此将确保安全作为从事核事业所遵循的一个基本方针，明确“安全第一”的原则，将安全放在比经济性更重要的位置。这三个目标又是紧密联系在一起的。一方面，为了保障核安全，应该贯彻预防为主的原则，安全利用核能。核能需要安全利用，而保障安全的重要因素之一是核设施、核材料的自身安全。另一方面，又说明了核安全工作的主要内容包括两个方面：“预防核事故和应对核事故。”核安全的直接目标就是在核设施的设计和运行中防范任何可能引起放射性向环境释放事故的发生；万一发生了核事故，应该积极应对，缓解、消除核事故可能造成的危害后果。

2.《核安全法》提出了“保护公众和从业人员的安全与健康”的目标，这贯彻了“以人为本”的思想。还特别提出了保护核从业人员的安全与健康，因为核从业人员处在核事业的第一线，承担的安全风险最大，应该单列出来。公众的核安全是要通过懂得专业技术的从业人员的技术操作来保障的，如果从业人员被污染了，公众的安全和健康就难以得到保障；同时，只要保障了距离核污染最近的从业人员的安全，公众的安全就有了基本的保障，对于距离核设施、核材料最近的从业人员来说，只要有小剂量的辐射污染，他们就会遭致重大的损害，《核安全法》在常委会审议的过程中，对于首先是保护公众的安全和健康，还是首先保护从业人员的，存在过争议。

3. 在安全目标中，还提到了“保护生态环境”的目标。这意味着除了一般意义上的人类“生活环境”概念中的环境要素“水、土、气”要得到保护之外，还要保护“生态环境”，保护动物、植物等更广泛的生态系统。虽然在条款中没有具体规定如何保护动植物，但在下位法、在辐射防护标准中应当逐渐补充相关的规定。

4.《核安全法》的最终目标，是“促进经济社会可持续发展”，希望核技术能造福人类，为经济社会发展做出贡献。这里用“可持续发展”有两个层面的意思，其一，落脚点是“发展”，是“中心词”，社会经济的发展离不开核技术，发展核电是国家整体安全战略要求，也是经济发展的要求；其二，发展的“可持续”，包含着安全性、经济性，这是核技术的两个基本属性，离开任何一个都不可持续。同时，“可持续”还意味着一种“代际公平”，既要满足当代人的需要，又不对后代人的满足其需要的资源环境造成不应该的损害。

当然，以上立法目的还有一个缺陷，就是应当明确“保障国家安全”，关于这个问题，在常委会审议中有委员提出，希望在未来的修改中能够予以采纳。

（二）《核安全法》的调整范围

《核安全法》第2条第1款规定：“在中华人民共和国领域及管辖的其他海域内，对核设施、核材料及相关放射性废物采取充分的预防、保护、缓解和监管等安全措施，防止由于技术原因、人为原因或者自然灾害造成核事故，最大限度减轻核事故情况下的放射性后果的活动，适用本法。”所谓核设施，是指：(1)核电厂、核热电厂、核供汽供热厂等核动力厂及装置；(2)核动力厂以外的研究堆、实验堆、临界装置等其他反应堆；(3)核燃料生产、加工、贮存和后处理设施等核燃料循环设施；(4)放射性废物的处理、贮存、处置设施。所谓核材料，是指：(1)铀-235材料及其制品；(2)铀-233材料及其制品；(3)钚-239材料及其制品；(4)法律、行政法规规定的其他需要管制的核材料。所谓放射性废物，是指核设施运行、退役产生的，含有放射性核素或者被放射性核素污染，其浓度或者比活度大于国家确定的清洁解控水平，预期不再使用的废弃物。

（三）核安全的基本方针

《核安全法》第4条第1款规定：从事核事业必须遵循确保安全的方针。(1)“确保安全”这一方针所强调的是在发展核能和核技术应用中，必须保障核安全。(2)在《核安全法》起草过程中存在不同意见，有的主张，将核行业长期形成的“安全第一，质量第一”作为核安全的基本方针。可是，核安全关键的问题是要具体地实现核安全的事实和结果。“安全第一”仅仅是一种意念，是一种有明确目标的思想追求，而如何实现“安全第一”、如何衡量“安全第一”难以在法律中量化，但对行为的量化，又是法律思维的基本要素。对思想要求的“安全第一”和对行动要求的“确保安全”是两类不同性质的思维方式，是有所区别的。法律作为行为规范，更注重对行为结果的追求。(3)“质量第一”，是保障核安全的一个基础性问题，只要核行业的各项产品质量得到保障，核安全就有了良好的基础。但是，如何判定质量第一，如何认定质量第一，也同样存在一个在法律上如何量化的问题，法律规范所应追求的是符合产品质量标准的安全保障，而不仅仅是抽象的“排位”。此外，有关核产品质量问题属于《原子能法》应当规范的内容，如果确实需要明确“质量第一”，那也应该在《原子能法》予以明确。(4)“确保安全”这一方针最终是根据习近平总书记在第四次国际核安全峰会上的讲话内容确定的：“中国始终在确保安全的前提下，致力于开发利用核能。”在经过争议之后，最终把“确保安全”作为核安全的基本方针。

（四）核安全的基本原则

《核安全法》第4条第2款规定：核安全工作必须坚持“安全第一、预防为主、责任明确、严格管理、纵深防御、独立监管、全面保障”的原则。从法律意义上讲，这一原则属于行为原则，也是在立法过程中根据实务界和有关管理部门的要求确定了这样的表述。

“安全第一”是根据一些院士的强烈要求最终增加的内容，但如何从行为上考量“安全第一”，还需要有关部门和专家在现实中找到量化的结果。“预防为主”是强调对核污染的预防作为核安全的主要工作。“责任明确”是要求在核安全行为规范中明确各方责任。“严格管理”是对核安全管理提出的基本要求。“纵深防御”是核领域的传统提法，最早来自军事术语，是从“战略纵深”的表述中演变而来，纵深防御就是要对核事故的预防提供纵深、多层次的安全保障。最初核行业实务界提出这一概念时，法律界从法律用语的角度出发予以否定，认为此含义不够清楚，而实务界却又一时拿不出明确的文字表述，后来经过法律工作者与实务界人士的协商讨论，拿出了一个较为贴近法律规范语言的表述，经过立法机关的再加工，在《核安全法》附则中对这一用语进行了法律上的界定，即“纵深防御，是指通过设定一系列递进并且独立的防护、缓解措施或者实物屏障，防止核事故发生，减轻核事故后果”。“独立监管”是根据国际原子能机构的要求和国际通用做法确定的一项核安全行为原则。独立监管要求对核行业的管理不受任何限制，是一种独立的监督活动，这是确保核安全的管理要求，是总结各国核安全管理经验得出的。“全面保障”的原则是从保障核安全工作的完整性、全局性出发提出的要求。

（五）核电站厂址的选择

1. 我国关于核电站厂址选择方面的立法。除了在《核安全法》《放射性污染防治法》作出的法律规定，还有《核电厂厂址选择安全规定》《核动力厂环境辐射防护规定》等部门规章，以及《核动力厂环境辐射防护规定》(GB 6249－2011)等国家标准。

2. 核设施的选址、建设必须统筹规划，科学论证，并进行环境影响评价。针对地方政府、企业对核电建设积极性高涨的现实，为避免核电建设"大跃进"，《核安全法》第14条第1款明确规定："国家对核设施的选址、建设进行统筹规划，科学论证，合理布局。"并且，国家根据核设施的性质和风险程度等因素，对核设施实行分类管理。《放射性污染防治法》第18条规定：核设施选址，应当进行科学论证，并按照国家有关规定办理审批手续。在办理核设施选址审批手续前，应当编制环境影响报告书，报国务院环境保护行政主管部门审查批准；未经批准，有关部门不得办理核设施选址批准文件。

3. 核设施选址应经过行政许可。《核安全法》第22条进一步规定，国家建立核设施安全许可制度。对核设施选址、建造、运行、退役等活动，实行分阶段许可，一步一个许可，对核安全层层把关，步步为营。而且，行使许可的权力不下放到地方，由国务院核安全监督管理部门统一行使。

4. 核电厂选址的前期准备。核电厂的前期工作包括两个阶段：前期准备阶段和施工准备阶段。选址工作属于前期准备阶段，包括两个步骤：初步可行性研究和可行性研究。初步可行性研究为取得厂址评审意见；可行性研究为取得项目核准意见。初步可行性研究又分为三个步骤，即核电厂规划选址、核电厂厂址选择、核电厂初步可行性研究。核电厂规划选址阶段的目的是在考虑安全和非安全方面的问题之后，在一个足够大的区域（一个行政区、一个供电区或者由地理特点限定的区域）选择若干个候选厂址，并对其进行优劣排序，最终确定两个或两个以上候选厂址。其有一套规范的工作程序。为取得厂址评审意见，《核安全法》第23条规定：核设施营运单位应当对地质、地震、气象、水文、环境和人口分布等因素进行科学评估，在满足核安全技术评价要求的前提下，向国务院核安全监督管理部门提交核设施选址安全分析报告，经审查符合核安全要求后，取得核设施场址选择审查意见书。

5. 核电厂厂址选择应遵循的准则。既要考虑厂址的安全性，也要考虑厂址的可接受性。从核安全的观点考虑，核电厂厂址选择的主要目的是保护公众和环境免受放射性事故释放所引起的过量辐射影响，同时对于核电厂正常的放射性物质释放也应加以考虑。总的来说，在评价一个厂址是否适于建造核电厂时，主要得考虑以下因素：第一，可能发生的外部自然事件或人为事件对核电厂的影响。主要考虑的事件是那些与核电厂的厂址选择有关的低概率严重事件，确保核安全万无一失。第二，核设施对其所在区域产生的影响：如放射性物质对大气、水环境、土壤等环境要素的影响；（包括实施应急计划时）土地和水的利用情况；环境的放射性本底情况等。第三，厂址区域内与有关外围地带的人口密度、分布情况等。核电厂应尽量建在人口密度相对较低、远离大城市的地点。核电厂必须在周围设置非居住区和规划限制区，规划限制区不应当有人口超过万人的乡镇。非居住区和规划限制区边界的确定，应考虑选址假想事故的放射性后果。

6. 核设施建在沿海地区，还是建在内陆地区。目前，我国所有在运、在建核电站均位于沿海地区，而全球范围内现有核电站位于内陆地区的占50%以上，几个核电大国的核电站主要分布在内陆。内陆核电站与沿海核电站对技术要求差异不大。我国已完成初步可行性研究审查的内陆储备厂址高达31个，首批内陆核电站厂址确定在湖南桃花江、湖北咸宁和江西彭泽,并已经获得路条并开展了前期筹备工作。但目前三大内陆核电站均未获得核准。内陆核电发展应当慎之又慎。

(六)核废物安全处置

根据放射性的不同,核废物分为高放废物和中低放废物。乏燃料,是指在反应堆堆芯内受过辐照并从堆芯永久卸出的核燃料。放射性废物,是指含有放射性核素或者被放射性核素污染,其浓度或者比活度大于国家确定的清洁解控水平,预期不再使用的废弃物。

1. 核废物处置的重要性

放射性废物的处理处置是核能发展过程中的“瓶颈”问题,如果对其处理不好,将对环境和人身有很大损害。核废物进入环境后会造成水、大气、土壤的污染,并通过各种途径进入人体,当放射性辐射超过一定水平,就能杀死生物体的细胞,妨碍正常细胞分裂和再生,引起细胞内遗传信息的突变。所以,在环保和生态问题日益引起重视的今天,有关核废物的处置成为人们关注的重大课题之一。核废物处理是一项国家工程,需要综合考虑整个国家的经济发展布局、人口分布、交通设施、候选地的地质、水文和气候条件等因素,不是随便扔垃圾桶就可以,投放时要接受国际监督。

2. 中低放废物的处置

对中低放废物,国际上通行的做法是在地面开挖深 10 ~ 20 米的壕沟,然后建好各种防辐射工程屏障,将密封好的核废料罐放入其中并掩埋,一段时间后,这些废料中的放射性物质就会衰变成对人体无害的物质。这种方法经过几十年的发展,技术已经十分成熟,安全性也有保障。

3. 高放废物的处置

高放废物的处置则是一个世界性难题。经过多年的试验与研究,对高放废料处理目前世界上公认的最安全可行的方法就是深地质处置方法,即将高放废料保存在地下深处的特殊仓库中永久保存。核电厂出来的废料会送往后处理厂进行处理,核工业的后处理厂可以对乏燃料中所含的 96% 的有用核燃料进行分离并回收利用,剩余不能被回收利用的废料首先要被制成玻璃化的固体,然后被装入可屏蔽辐射的金属罐中,最后存放在位于地下 500 ~ 1000 米的处置库内。由于核废料的半衰期从数万年至 10 万年不等,在选择处置库时必须确保其地质条件能够保障处置库至少能在 10 万年内安全。

4. 我国的核废物处置现状

放射性废物从产生、处理、贮存,到处置及处置后的长期监护,涉及环节多、周期长、管理层级繁杂。但是,我国核电运行产生的大量废物仍处于暂存状态,放射性废物管理工作严重滞后于核能和核事业发展。对中低放废物的处置,中国已经具备了较为成熟的处置技术。我国已建好的西北处置场、华南处置场,是存放中低放射性核废物的近地表处置场。但是,对高放射性核废物,我国目前还没有地质处置库,只能继续贮存。中国在建核电规模稳居世界第一,随着核电机组的陆续建成和投运,乏燃料的产生量和累积量将呈逐年上升趋势,但是,中国尚未建成商用的大型乏燃料后处理厂,目前的处理能力远远不能满足中国乏燃料后处理的需求,核电站建设与后处理发展之间脱钩情形比较严重,乏燃料后处理/再循环成为中国核燃料循环中最薄弱的环节。

总的来说,我国的乏燃料后处理、核废物处置已成为制约核能发展的“瓶颈”。所以,我国必须从战略、战术上重视和减少放射性废物,依法加强核废物的处置。

5. 核废物处置的相关法律规定

《核安全法》主要从核材料的持有(38 条),放射性废物的处理、贮存和处置(43 条),乏燃料的安全管理,以及核材料和放射性废物的运输方面进行了规定。其中,放射性废物处理许可、乏燃料的安全管理是《核安全法》的新增内容。(1)关于放射性废物处理许可:《核安全法》第43条第2款规定,专门从事放射性废物处理、贮存、处置的单位,应当向国务院核安全监督管理部门申请许可。而此前《放射性污染防治法》《放射性废物安全管理条例》中仅规定对放射性废物的贮存、处置施行许可。这一改变主要是基于目前放射性废物的处理专业化的趋势。不过,放射性废物处理许可制度如何落实,尚待出台该许可的办理指南。(2)关于乏燃料的安全管理:《核安全法》首次从法律角度对乏燃料安全管理责任和处置费用的承担予以明确。第39条规定,产生、贮存、运输、后处理乏燃料的单位对持有的乏燃料承担核安全责任;第48条第1款规定,核设施营运单位应当按照国家规定缴纳乏燃料处理处置费用,列入生产成本。(3)关于放射性废物处置的其他规定,基本与《放射性污染防治法》《核材料管制条例》《放射性废物安全管理条例》《放射性物品运输安全管理条例》的相关规定一致。例如,《核安全法》第40条规定,放射性废物应当实行分类处置。低、中水平放射性废物在国家规定的符合核安全要求的场所实行近地表或者中等深度处置。高水平放射性废物实行集中深地质处置,由国务院指定的单位专营。本规定的内容与《放射性污染防治法》第43条的规定基本一致。(4)《核安全法》强化了放射性废物安全管理。针对地方只愿建核电站、不愿建放射性废物处置场所的现实,《核安全法》明确规定,放射性废物处置场所的建设应当与核能发展的要求相适应。同时,对放射性废物处理、贮存、处置作出规定,明确原则,提出要求,落实费用,夯实责任。此外,《核安全法》还对核材料和放射性废物的运输也提出要求。

(七)核安全管理与核事故应急管理体制

1. 核安全管理体制

《核安全法》对我国现有核安全管理机构的设置及职责分工进行了概括规定。根据长期以来行之有效的国务院部门职责分工,《核安全法》第6条规定:“国务院核安全监督管理部门负责核安全的监督管理。国务院核工业主管部门、能源主管部门和其他有关部门在各自职责范围内负责有关的核安全管理工作。”世界各国的核安全管理都是军民分开的,如在英国,其核能安全由核设施监察局和国防部核安全监管局负责。我国的核安全管理也是军民分开的。同时,我国的核安全管理体制又具有自己的特点,是多年来核安全管理经验的积累结果。

按照军民分开的管理模式,我国核安全监督管理部门实际为两个:一个负责民用核安全管理;另一个负责军工核安全管理。《核安全法》第92条规定:“军工、军事核安全,由国务院、中央军事委员会依照本法规定的原则另行规定。”因此,《核安全法》主要针对的是民用核安全管理的规范,但鉴于军民融合的问题,也一定程度地涉及有关军民融合核安全的管理问题,如有些地方的放射性废物处置库,就是军民共建的。

2. 核事故应急管理体制

《核安全法》对我国核事故应急体制也作了原则性规定。《核安全法》第54条第1款规定:“国家设立核事故应急协调委员会,组织、协调全国的核事故应急管理工作”。省级政府根据实际需要设立核事故应急协调委员会,组织、协调本行政区域内的核事故应急管理工作。根据《核安全法》第55条的规定,国务院核工业主管部门(国防科技工业局,对外保留国家原子能机构、国家核事故应急办公室的牌子)承担国家核事故应急协调委员会日常工作,牵头制订国家核事故应急预案。

3. 核安全与核事故应急主要的管理机构及其职责

根据《核安全法》及相关法律法规的规定,我国核安全与核事故应急主要的管理机构及其职责如下:第一,国家核安全局,即《核安全法》规定的国务院核安全监督管理部门,其组成部门实际为生态环境部下设的“核设施安全监管司、核电安全监管司、辐射源安全监管司”。生态环境部对外保留国家核安全局的牌子。第二,国防科技工业局(国家原子能机构、国家核事故应急办公室),是国务院核工业主管部门,由工业和信息化部管理,对外保留国家原子能机构、国家核事故应急办公室的牌子。第三,国家能源局。我国核电产业的主要监管机构是国家发改委下设的国家能源局。国家能源局从2008年开始继承了国防科工委在核电方面的监管职责,并且从2013年开始继承了国家电力监管委员会在发电、并网及输电方面的监管职责。第四,核事故应急协调委员会。由国家国防科技工业局牵头,外交部、国家发展改革委、公安部、民政部、财政部、交通部、工业和信息化部、卫生部、环保部(含国家核安全局)、安全监管局等部门参加。[37] 诚然,我国核审评验证能力、核事故应急能力、核安全监管信息系统、技术研发与创新能力、基础设施条件等方面仍然存在不足,我国核安全监管能力还需进一步提高。同时,随着新建核电机组规模的增加,还需进一步增配监管人员数量,加强监管队伍建设。

(八)核安全信息公开

核电发展离不开良好的舆论环境,公众对核安全的信心和对核能的接受度是核能健康、持续发展不可或缺的条件。同时,核能及核安全在国际社会也是一个争议性很强的议题,公众意见分化明显,甚至高度对立,核电的“邻避冲突”频发,尤其是美国、苏联和日本等国家发生了几次大的核事故之后,公众“谈核色变”。要增强公众对核电的信心,一方面扎实做好核安全工作,夯实核安全基础;另一方面化解核电发展过程中的“邻避冲突”,依法建立核安全的“信息公开与公众参与”机制。重大的核安全事项则应征求公众的意见,以适当形式反馈;靠核安全的公众宣传、信息公开,依法满足公众的知情权、参与权;使公众了解核安全工作,让他们认识到,核电从科学上、技术上讲,是一种安全、清洁的能源,增强公众对核电安全的信心,这样才能构建一个良好的核能发展的环境,保证核能、核技术健康、可持续地发展。此外,我国也广泛接受国际社会对中国核安全监管的同行评议。通过让公众了解国际社会对我国监管体系的评估意见,可以增强公众对核能发展的信心。

《核安全法》将“信息公开和公众参与”单独作为一章作了规定。这也是为了维护公众的知情权、获取核电相关信息的权利,保障公众的参与权。“信息公开和公众参与”,既是《核安全法》在核安全管理方面的新要求,也是加强核安全文化建设的具体措施之一。《核安全法》规定,相关政府部门应依法公开行政许可、安全监督检查报告、总体安全状况、辐射环境质量和核事故等核安全相关信息;核设施营运单位应公开本单位核安全管理制度和文件、核设施安全状况、流出物和周围环境辐射监测数据、年度核安全报告等信息。公开途径有政府公告、网站及其他便于公众知晓的方式,公开应及时。此外,公民、法人和其他组织可依法向相关政府部门申请获取核安全相关信息。在公众参与方面,对于影响公众利益的重大核安全事项,核设施营运单位、核设施所在地政府应通过听证会、论证会、座谈会或采取其他形式征求利益相关方意见,并进行反馈。

(九)核设施安全许可制度

保障核设施安全是确保核安全的重要内容。核安全的含义包括四个方面:一是对核设施、核活动、核材料、核放射性物质进行有效的监控。二是对可能因为技术、人为、自然灾害等导致核事故进行有效预防。三是对核事故的后果进行有效的缓解。四是对涉核人员和公众、生态进行有效保护,当中就包含涉核反恐和安保。一个国家的核安全不仅涉及国家安全,也涉及国际安全。在国际核安全中首先是确保国家的核安全,同时还要阻止和防范涉核反恐,

---

[37] 核事故应急协调委员会成立于1995年3月,其成员单位于2010年、2012年经过两次调整。

这也是核安全赋予的法律责任,也是应承担的国际义务。《核安全法》把核安保予以明确规定,包含了核反恐的内容,充分体现了我们严格按照国际原子能机构的相关法规标准高标准发展核电的决心。

《核安全法》关于核设施安全的法律规定占的篇幅较大,共计24条,主要包括核设施质量保证、核设施安全许可、核设施进出口、核安全设备管理、核设施相关人员资质要求等内容。其中,行政许可是保障核设施安全的一项重要制度。这些内容此前在《放射性污染防治法》,以及《民用核设施安全监督管理条例》、《核电厂安全许可证件的申请和颁发》(《民用核设施安全监督管理条例》实施细则之一)、《进口民用核安全设备监督管理规定》、《民用核安全设备监督管理条例》等法规规章中均有所涉及。

《核安全法》第22条进一步规定,国家建立核设施安全许可制度。核设施营运单位进行核设施选址、建造、运行、退役等活动,应当向国务院核安全监督管理部门申请许可。核设施营运单位要求变更许可文件规定条件的,应当报国务院核安全监督管理部门批准。由此可见,我国对核设施实行的是分阶段许可制度,核设施的选址、建造、运行、退役等,每一步都设置了一个许可,对核安全的每一个环节都严格把关,步步为营。而且,行使许可的权力不下放到地方,由国务院核安全监督管理部门统一行使。在我国目前"放管服"行政改革的大背景下保留这么多许可,非常少见。这也正体现了我国政府对核电建设的谨慎态度、对核安全的重视程度。

《核安全法》在以前的法律法规规定的基础上进行了总结,并对之前的相关内容进行了补充和完善,例如:对《民用核安全设备监督管理条例》中的首次装料审批和运营许可制度进行了合并,规定核设施营运单位在首次装投料前应当申请核设施运行许可(第27条);新增对核设施安全许可延期的办理(第26、28条)、核设施终止运行后的停闭管理(第29条)、核设施退役时对放射性物质的处理(第30条)等内容。

(十)核设施运行需要满足的条件

其一,取得核设施运行许可证。《核安全法》第27条规定:核设施首次装投料前,核设施营运单位应当向国务院核安全监督管理部门提出运行申请,并提交下列材料:(1)核设施运行申请书;(2)最终安全分析报告;(3)质量保证文件;(4)应急预案;(5)法律、行政法规规定的其他材料。核设施营运单位取得核设施运行许可证后,应当按照许可证的规定运行。核设施运行许可证的有效期为设计寿期。在有效期内,国务院核安全监督管理部门可以根据法律、行政法规和新的核安全标准的要求,对许可证规定的事项作出合理调整。

其二,核设施营运单位事项调整。核设施营运单位调整下列事项的,应当报国务院核安全监督管理部门批准:(1)作为颁发运行许可证依据的重要构筑物、系统和设备;(2)运行限值和条件;(3)国务院核安全监督管理部门批准的与核安全有关的程序和其他文件。

其三,运行的延期、终止。核设施运行许可证有效期届满需要继续运行的,核设施营运单位应当于有效期届满前5年,向国务院核安全监督管理部门提出延期申请,并对其是否符合核安全标准进行论证、验证,经审查批准后,方可继续运行。核设施终止运行后,核设施营运单位应当采取安全的方式进行停闭管理,保证停闭期间的安全,确保退役所需的基本功能、技术人员和文件。

其四,核设施退役。核设施退役前,核设施营运单位应当向国务院核安全监督管理部门提出退役申请,并提交下列材料:(1)核设施退役申请书;(2)安全分析报告;(3)环境影响评价文件;(4)质量保证文件;(5)法律、行政法规规定的其他材料。核设施退役时,核设施营运单位应当按照合理、可行和尽可能低的原则处理、处置核设施场址的放射性物质,将构筑物、系统和设备的放射性水平降低至满足标准的要求。核设施退役后，核设施所在地省级政府环境保护主管部门应当对核设施场址及其周围环境中所含的放射性核素的种类和浓度组织监测。

（十一）核事故应急

核事故，是指核设施内的核燃料、放射性产物、放射性废物或者运入运出核设施的核材料所发生的放射性、毒害性、爆炸性或者其他危害性事故，或者一系列事故。核事故应急，是指为了控制或者缓解核事故、减轻核事故后果而采取的不同于正常秩序和正常工作程序的紧急行动。核事故应急在核安全领域非常重要，我国重视核事故应急方面的立法工作，1993 年颁布了《核电厂核事故应急管理条例》（该条例 2011 年根据国务院《关于废止和修改部分行政法规的决定》进行了修订），2003 年颁布的《放射性污染防治法》中也规定有核事故应急方面的内容。2011 年福岛核事故后，核事故应急问题成为公众关注的焦点之一。2017 年颁布的《核安全法》专门设立一章，即第四章，对核事故应急予以规定。

《核安全法》对核事故应急这一张规定的主要内容有："设立核事故应急协调机构"（第 54 条）、"制定并组织实施核事故应急预案"（第 55 条）、"做好应急准备与应急演练"（第 56 条）、"建立核事故应急准备金"（第 57 条）、"核事故应急的分级管理与应急响应"（第 58 条）、"核事故应急救援的组织实施"（第 59 条）、"核事故应急信息发布"（第 60 条）、"核事故后的恢复行动、损失评估等工作"、"核事故的调查处理"（第 61 条）等内容。这些内容，除了"核事故的调查处理，核事故场外应急行动的调查处理"是新增的内容之外，基本都是在《核电厂核事故应急管理条例》的基础上进行的提炼，并吸收了《放射性污染防治法》中核事故应急的相关规定。

与《放射性污染防治法》中关于核事故应急的内容相比，《核安全法》的规定更为全面和系统。不过《核电厂核事故应急管理条例》及《放射性污染防治法》并没有被《核安全法》取代，对于《核安全法》中没有规定而《核电厂核事故应急管理条例》及《放射性污染防治法》中有规定的事项，原规定仍然继续有效。

（十二）核损害赔偿责任

关于在《核安全法》中是否对核损害赔偿责任做出规定，在立法过程中存在较大的争议。一种观点认为，在核安全体系中应当包含核事故以后的纠纷解决机制，而核损害赔偿就是其中重要的组成部分。反对的观点则认为，从当今各国的经验看，关于核损害赔偿都是专门立法，几乎没有哪个国家把核损害赔偿问题与核安全问题混合规范，核损害赔偿问题属于典型的民事法律规范内容（私法），且已经自成体系，应该专门立法。而《核安全法》是一部关于核安全的行政法（公法），如果把具有完整规范体系的核损害赔偿问题放在《核安全法》中一并规范，会使法律内容主次不分，使完整的核安全行政管理体系受到冲击。因此，应当制定专门的《核损害赔偿法》。

为适应国际合作的需要，从解决实际问题的角度出发，《核安全法》最终就核损害赔偿的主要责任及其责任主体、免除承担责任的情形和第三方免责的情形等问题作出了规定。第一，核营运方的损害赔偿责任。《核安全法》第 90 条第 1 款规定：因核事故造成他人人身伤亡、财产损失或者环境损害的，核设施营运单位应当按照国家核损害责任制度承担赔偿责任，但能够证明损害是因战争、武装冲突、暴乱等情形造成的除外，即一旦发生核事故，核设施营运单位是唯一的赔偿责任主体，采用的是无过错责任（严格责任），即不管有没有过错，只要发生了核事故，都要承担赔偿责任。只有极少的情况下，如战争、武装冲突、暴乱等，才能免除承担责任，重大自然灾害等情形都没有成为免责理由。所谓的国家核损害责任制度，主要指《民法典》侵权责任编、1986年国务院《关于处理第三方核责任问题给核工业部、国家核安全局、国家核电领导小组的批复》(以下简称44号批复)、2007年国务院《关于核事故损害赔偿责任问题的批复》(以下简称64号批复)中规定的核营运方的严格责任以及损害赔偿责任的上限、财务保证安排、责任豁免等在内的制度。

第二,核供应方的损害赔偿责任。在64号批复的基础上,《核安全法》进一步明确了核供应方在发生核事故时不承担核损害赔偿责任的原则,即《核安全法》规定,为核设施营运单位提供设备、工程以及服务等的单位不承担核损害赔偿责任。但是,如果在供应合同中双方有约定的,核营运方在承担赔偿责任后,可以按照约定向核供应方追偿。

第三,限额赔偿与国家兜底责任。由于核事故带来的损失非常重大,单个企业进行赔偿,可能难以承受。2007年国务院"64号批复"对核损害的赔偿数额、基本原则等作了规定,其中明确,发生核事故损害,核设施运营单位最高赔偿额为3亿元,应赔总额超过3亿元的,国家提供最高限额为8亿元的财政补偿。国家兜底责任是国际原子能机构、国际公约和其他国家一个普遍的制度,即国家也承担一定的兜底责任。为了确保核设施营运单位能够及时、有效地履行核损害赔偿责任,《核安全法》规定,核设施营运单位应当通过投保责任保险、参加互助机制等方式,作出适当的财务保证安排。

投保责任保险,实际上就是强制性保险。现在在核电厂建设、运营之前,首先要投保一个责任保险。现在投保的责任保险保额比较低,今后还需要调整。

(十三)《核安全法》关于行政责任的规定

《核安全法》在总则第5条明确规定了核安全责任的主体及责任范围,即核设施营运单位对核安全负全面责任;为核设施营运单位提供设备、工程以及服务等的单位(以下简称核供应方)应当负相应责任。此外,《核安全法》对核营运方及核供应方应履行的职责进行了大量详细的规定,与现有的涉核法律法规的行政法律责任相比,《核安全法》规定的行政责任有以下特点:

第一,大量增加核营运方及其人员的行政责任。现有涉核的法律法规中对核营运方的行政责任,更多的是从环境保护的角度进行规定的,对核营运方在核设施运营过程中违反安全管理职责的行为,基本没有规定相应的行政责任。而《核安全法》大量增加了核营运方的行政责任,从核营运方的日常运营、取得相应资质许可、安全评价及防止降低核污染、核事故应急及信息公开等方面,提出了诸多要求并规定了相应的行政处罚措施。根据责任的重要性及违法行为的严重程度,处罚措施包括:责令改正,给予警告;处人民币10万元至500万元不等的罚款;责令停止建设或者停产整顿;没收违法所得;环境污染限期治理及代履行。最严厉的行政处罚涉及的都是最严重的行政违法行为,譬如,"未经许可,从事核设施建造、运行或者退役等活动的";"未经审查批准,进口核设施的",等等。除了单位要承担行政责任,根据具体情形,直接负责的主管人员和其他直接责任人员也须承担相应的法律责任。参照《行政主管部门移送适用行政拘留环境违法案件暂行办法》的规定,直接负责的主管人员是指违法行为主要获利者和在生产、经营中有决定权的管理、指挥、组织人员;其他直接责任人员是指直接排放、倾倒、处置污染物或者篡改、伪造监测数据的工作人员等。

第二,强化进口核供应方办理注册登记的责任。《核安全法》第83条明确规定:未经注册,境外机构为境内核设施提供核安全设备设计、制造、安装或者无损检验服务的,由国务院核安全监督管理部门责令改正,处人民币50万元以上100万元以下的罚款;有违法所得的,没收违法所得。除此以外,境外机构的直接负责的主管人员和其他直接责任人员还会被处以人民币2万元以上10万元以下的罚款。

第三,更新并进一步细化放射性废物处置单位的责任。《放射性废物安全管理条例》对放射性废物处置单位未获得许可,未按照许可及国家规定及标准要求处理、贮存、处置放射性废物的,规定了行政责任。《核安全法》除针对上述违法情形外,增加了一些承担行政责任的违法情形,如未建立放射性废物处置情况记录档案,未如实记录与处置活动有关的事项,或者未永久保存记录档案的;关闭放射性废物处置设施,未在划定的区域设置永久性标记的。

此外,将法律责任更新为责令改正,根据情节严重程度处人民币10万元以上200万元以下罚款;规定了环境污染限期治理及代履行。

(十四)污染治理代履行

《核安全法》第80条规定:违反本法规定,核设施营运单位有下列情形之一的,由国务院核安全监督管理部门责令改正,给予警告;情节严重的,处50万元以上200万元以下的罚款;造成环境污染的,责令限期采取治理措施消除污染,逾期不采取措施的,指定有能力的单位代为履行,所需费用由污染者承担。

此处的污染治理代履行制度属于环境行政代履行制度,但又有其特点。适用条件如下:第一,核设施营运单位造成了环境污染。造成环境污染的原因,如核设施终止运行后,未采取安全方式进行停闭管理;核设施退役时,未将构筑物、系统或者设备的放射性水平降低至满足标准的要求;未将产生的放射性固体废物或者不能经净化排放的放射性废液转变为稳定的、标准化的固体废物,及时送交放射性废物处置单位处置;未对产生的放射性废气进行处理,或者未达到国家放射性污染防治标准排放等。第二,国务院核安全监督管理部门责令污染者(核设施营运单位)限期采取治理措施,消除环境污染的影响。第三,限定了治理期限,即责令限期采取治理措施,但污染者(核设施营运单位)逾期不采取治理措施。不采取治理措施的原因,如能力不足,拒绝履行,消极不作为等。第四,由国务院核安全监督管理部门指定第三人(有能力的单位)代为履行。第五,第三人治理污染所需费用由污染者承担。

污染治理代履行制度涉及三方主体:国务院核安全监督管理部门;核设施营运单位;第三人,即有能力的单位(不包括行政机关)。其性质不属于司法程序,而属于行政程序。

(十五)故意破坏核设施的处罚

《核安全法》第11条规定:任何单位和个人不得危害核设施、核材料安全。《核安全法》第76条规定:违反本法规定,危害核设施、核材料安全,构成违反治安管理行为的,由公安机关依法给予治安管理处罚。《核安全法》第91条规定:违反本法规定,构成犯罪的,依法追究刑事责任。

然而,“故意破坏核设施”怎么定罪?罪名是什么?如何处罚?故意破坏核设施,不应该适用侵犯财产类犯罪(故意毁坏财物罪,情节特别严重的,处3年以上7年以下有期徒刑);也不是破坏生产经营罪。那么,故意破坏核设施能否适用“污染环境罪”呢?笔者认为,不合适。污染环境罪是最高人民法院、最高人民检察院对《刑法修正案(八)》罪名作出的补充规定,取消原“重大环境污染事故罪”罪名,改为“污染环境罪”。后果特别严重的,处3年以上7年以下有期徒刑,并处罚金。

故意破坏核设施,应该属于危害公共安全类犯罪。然而,根据《刑法》以及《刑法修正案》(三)、(六)、(八)、(九)的规定,危害公共安全类犯罪共有47个罪名,包括:(1)以危险方法危害公共安全的犯罪(10个)。(2)破坏特定设施、设备的犯罪(10个):包括破坏交通工具罪;破坏交通设施罪;破坏电力设备罪。(3)实施恐怖活动的犯罪(5个):包括组织、领导、参加恐怖活动组织罪;资助恐怖活动罪;劫持航空器罪;劫持船只、汽车罪;暴力危及飞行安全罪。(4)以枪支、弹药、爆炸物、危险物质为对象的犯罪(9个)。(5)过失造成重大责任事故的犯罪(13 个)。笔者认为,根据具体情形定罪,故意破坏核设施,主要在"以危险方法危害公共安全的犯罪","破坏特定设施、设备的犯罪",以及"实施恐怖活动的犯罪"等一类罪中找具体的罪名,大多数的行为,可以适用"破坏电力设备罪"的规定,来追究刑事责任。破坏电力设备罪,是指故意破坏电力设备、危害公共安全尚未造成严重后果或者已经造成严重后果的行为。按照《刑法》第 118、119 条的规定,破坏电力设备罪尚未造成严重后果的,处 3 年以上 10 年以下有期徒刑,造成严重后果的,处 10 年以上有期徒刑、无期徒刑或者死刑。如果触犯其他罪名,譬如有搞恐怖主义活动的动机,可以依照数罪并罚的规定处罚。

第十节 有毒有害物质污染环境防治法

一、有毒有害化学品污染防治法

(一)有毒有害化学品的概念

化学品,又称化学物品,是指人工制造的或者是从自然界取得的化学物质,包括化学物质本身、化学混合物或者化学配制中的一部分,以及作为工业化学品和农药使用的物质。从法律上讲,化学品中对人体健康及环境产生污染损害的主要有两类:有毒化学品和危险化学品。所谓的有毒化学品,是指进入环境后通过环境蓄积、生物累积、生物转化或化学反应等方式损害健康和环境,或者通过接触对人体具有严重危害和具有潜在危险的化学品。"有毒"是指对人体健康和环境的危害性质。而危险化学品,根据《危险化学品安全管理条例》第 3 条的规定,包括爆炸品、压缩气体和液化气体、易燃液体、易燃固体、自燃物品和遇湿易燃物品、氧化剂和有机过氧化物、有毒品和腐蚀品 7 大类。在我国,列入危险化学品登记范围的危险化学品是:列入国家标准《危险货物品名表》(GB 12268—90)[38]中的危险化学品;由国家安全生产监督管理总局(现为应急管理部)会同国务院公安、环境保护、卫生、质检、交通部门确定并公布的未列入《危险货物品名表》的其他危险化学品。国家安全生产监督管理局根据以上两项确定的危险化学品,汇总公布《危险化学品名录》,但不包括食品添加剂、医药、兽药、化妆品和放射性物质。

上述有毒化学品和危险化学品,我们在以下阐述中统称为有毒有害化学品。所谓有毒有害化学品,是指由人类通过化学方法生产或制造、在工业生产或日常生活中使用的具有污染环境、可以造成人体健康或财产损害以及可以造成动植物危害的化学品的总称。我国法律中的有毒有害化学品既是从公共安全的角度,又是从化学品对生态环境造成的影响的角度来考虑的,与一般单纯地从公共安全角度考虑的"化学品"或"化学危险品"相比,范围更为广泛。

随着化学工业的发展,各种化学品的产量大幅度增加,新化学品也不断涌现,化学品在工业上应用广泛。目前,世界上已经生产或使用的化学物质中,绝大部分对人体和环境具有不利影响,这些化学品在生产、储存、运输、使用、处置过程中如果管理不善或者使用不当,一旦导致泄露、遗失、溢出、渗透、扩散而进入人体和环境,通常难以或者不能消除,必然对环境造成破坏和污染,并对人体健康产生损害。有毒有害化学品的污染来源主要分为四种:(1)人为施用直接进入环境;(2)在生产、加工、储存过程中,作为化学污染物以废水、废气和废渣等形式排放进入环境;(3)在生产、储存和运输过程中由于着火、爆炸、泄漏等突发性化学事故,致

〔38〕 该标准包括 9 类近 5 万种危险化学品品名。

使大量有害化学品外泄进入环境;(4)在石油、煤炭等燃料燃烧过程中以及家庭装饰等日常生活使用中直接排入或者使用后作为废弃物进入环境。有毒有害化学品污染事故,具有突发性强,扩散速度快且范围广,持续时间长,性质严重,危害极强等特点,因此,防治有毒有害化学品污染,关键在于从源头控制,重点在于预先防范和科学使用。

(二)有毒有害化学品的危害

人们在充分利用化学品的同时,也产生了大量的化学废物,有毒有害污染源随处可见,而给人类造成的危害要属有毒有害化学品最为严重。这些危害主要体现在两方面:一是对人体健康产生威胁和对生态环境造成破坏。大部分化学品对人类和动植物具有毒性。随着人们使用化学品经验的增加,目前有许多有毒、不易降解的化学品已被限制甚至禁止使用。但是由于早期使用时未能采取有效的管理和监控措施,某些化学物质已经在环境中积累,污染了地下水、土壤,并通过食物链进入人体,引发包括癌症在内的各种病变。二是因使用管理不善还可能导致公共安全问题,特别是重大化学品安全事故的发生对社会产生很大的负面效应。总之,有毒有害化学品对人体、环境的污染和可能产生的其他危害,已是世界所面临的全球性的主要环境问题之一。

近几十年来,全世界已发生过60多起严重化学品环境污染事故,受害者有40万~50万人,死亡10多万人。例如,1961年日本北九州市爱知县和1979年我国台湾地区宇城都发生过由于食用被多氯联苯污染的米糠油的中毒事件,共有1000多人发生中毒。患者出现眼睑肿胀、指甲和黏膜色素沉着、皮肤发黑和痤疮样疹、恶心、呕吐和水肿等症状。中毒后生育的孩子都出现牙齿变形、智力发育不全和行为异常。而一些重大危险化学品污染事故的发生,更是令全球震惊。1984年12月3日,在印度中央邦首府博帕尔市,美国联合碳化物公司在当地开设的一家农药厂因操作事故导致甲基异氰酸酯剧毒气体泄露55吨,当即造成2500多人死亡,12.5万人中毒,其中5万多人终身失明,约10万人终身致残,至1989年死亡人数已增至2800人。当地环境质量因此也受到严重的损害。这是一起迄今为止世界公害史上最为惨烈的危险化学品污染事件。

化学工业是我国国民经济的重要基础产业部门。我国已建立门类比较齐全、具有相当规模、独立完整的化工体系,是化学品生产、使用和进出口大国,已能生产的化工品种超过4.5万种(类),一些主要化工产品的产量居世界前列,其中合成氨居第一位,塑料居第二位。我国化学物质的生产和使用过程中造成的对人体健康的损害和环境污染非常严重。近年来,随着公众绿色环保意识的增强和有关部门监管力度的加大,在日用消费品中使用有毒有害化学物质的情况时有发现,这些事件本身对广大消费者的心理造成了不小的负面影响。有毒有害化学品造成环境污染或自然破坏等危害环境以及人体健康的情形,在多数条件下是保管不善或使用不当、责任事故、第三人的行为或者不可抗力等因素所致。因此,防治有毒有害化学品污染必须制定严格的管理制度或措施。

(三)我国有毒有害化学品污染防治立法概况

我国对有毒有害化学物质一直实行严格的管理制度。早在20世纪50年代,我国就颁布了关于农药管理的规定。1961年,国务院批转了化工部等部门联合制定的化学危险物品的生产、储存、经营、使用、运输、防火六个有关化学危险品的安全管理规定。20世纪70年代后,我国对化学危险品的管理从只限于安全管理向保护环境方面扩展并制定了一系列的防治有毒有害化学品污染的法规、规章,以及一些安全标准和环境标准。如国务院在1974年批转原国家计委的一份报告中就提出了有害化学合成物质、化工危险品的污染防治问题。1979年的《环境保护法(试行)》中,对危险化学品污染防治作了原则规定。为加强危险化学品的安全管理，保障人民生命、财产安全，保护环境，国务院于1987年颁布了《化学危险品安全管理条例》（历经2002年、2011年、2013年修订），2002年1月26日，该条例经全面修改，对生产、经营、储存、运输、使用危险化学品和处置废弃危险化学品等方面的安全管理作了全面性的具体规定，明确提出了若干化学品的环境保护要求。1989年《环境保护法》也对危险化学品的环境管理作了专条的规定："生产、储存、运输、销售、使用有毒化学物品和含有放射性物质的物品，必须遵守国家有关规定，防止污染环境。"〔39〕原国家环境保护总局、原能源部于1991年发布了《防止含多氯联苯电力装置及其废物污染环境的规定》。原化工部、原国家环境保护局于1992年发布了《关于防治铬化合物生产建设中环境污染的若干规定》。原国务院经济贸易办公室、原卫生部于1993年2月发布了《关于停止生产和销售萘丸提倡使用樟脑制品的通知》，规定停止生产和进口对人体健康和环境有害的萘丸（卫生球）及其生产原料，并自1993年7月起停止经销。1994年，原国家环境保护局开始了危险化学品环境管理的试点工作，并正式在中国执行《伦敦准则》的"事先知情同意"程序，由原国家环境保护局、海关总署、原对外贸易经济合作部发布了《化学品首次进口及有毒化学品进出口环境管理规定》，2007年10月8日国家环境保护总局令第41号对该规定进行了修改，删除了第9～11条。

1999年5月31日原国家环境保护总局通过了《危险废物转移联单管理办法》（现已废止）。2005年8月26日，国务院还公布了《易制毒化学品管理条例》（历经2014年、2016年、2018年修订或修改）。2021年9月18日，生态环境部审议通过《危险废物转移管理办法》，自2022年1月1日起施行。此外，我国在药品管理、食品卫生、兽药管理、农药管理、监控化学品管理等方面所制定的若干法律、法规，对医药、兽药、农药、食品添加剂、化妆品和可用于化学武器生产原料的监控化学品等化学品的管理也作了专门的规定。在《环境保护法》《水污染防治法》《大气污染防治法》《海洋保护法》《固体废物污染环境防治法》等法律法规中，也有关于防治有毒有害化学品污染环境的规定。令人遗憾的是，我国目前尚未制定一部专门的法律来加强对有毒有害化学品的安全控制。

（四）我国有毒有害化学品污染防治的主要法律规定

1. 关于有毒有害化学品污染防治的原则

（1）全面管理、重点控制原则

各种化学物质都可能对人体健康和环境产生即时性或潜在性损害。因此，必须对所有天然的或者人工合成的化学元素及其化合物质和制品实施全面的环境管理。化学物质的全面环境管理并非对所有的化学物质不分特性一律从严控制，而是依据化学物质的特性，按一般化学物质和危险化学品，实行分类控制，合理管理。对全部现有的化学物质实行登记制度的管理，以掌握其生产、使用情况及流向；对一般化学物质实行信息知情管理；对人体健康和环境有严重危害性质的化学物质，则列为危险化学品，实行严格控制，要求国家采取积极的强制干预措施，包括禁止和严格限制这两种程度不同的强制性措施。

（2）全过程管制原则

防治有毒有害化学品污染的最优化办法是减少可能产生污染的化学品的生产和使用，或在这些化学品进入环境之前予以妥善处理。在有毒有害化学品的生产、经营、使用、储存、运输、使用和处置废弃危险化学品的全过程和各个环节都有可能产生污染，因此，有毒有害化学品的环境管理必须涉及各个环节，对危险化学品实行全过程管制。《危险化学品安全管理条例》第2条第1款规定："危险化学品生产、储存、使用、经营和运输的安全管理，适用本条例。"

---

〔39〕 1989年《环境保护法》第33条。

《防止含多氯联苯电力装置及其废物污染环境的规定》第3条规定:“本规定适用于含多氯联苯电力装置的使用和由此产生的含多氯联苯废物其废弃后的收集、贮存、运输、处理、处置、装置以及污染管理和进出口活动。”其第5条规定:“拥有含多氯联苯电力装置及多氯联苯废物的营运单位和个人对多氯联苯污染环境的全过程负责……”

(3)风险控制原则

由于有毒有害化学品所具有的即时性和潜在性生态风险,因而其污染防治的核心是实行风险控制,减少和控制有毒有害化学品进入环境,以尽可能减少、降低发生化学品事故的概率。发达国家普遍将风险控制作为有毒有害化学品管理的指导思想和原则,实行有毒有害化学品风险评估制度。对有毒有害化学品实行环境风险管理的重点在于对有毒有害化学品的安全性要求和事故风险控制。我国《危险化学品安全管理条例》规定实行安全评价制度。在生产、经营、储存、使用过程中的危险化学品泄漏、爆炸事故,运输过程中泄漏以及因交通事故导致的污染事故,处置废弃危险化学品发生的污染事故,是危险化学品污染的主要形式与途径,其突发性、风险性极高,必须予以严格管制。我国的危险化学品污染防治法规中,都把污染事故的预防和应急救援及善后处理作为重点,以减少危险化学品污染环境的发生率,减轻事故后果的危害。

(4)污染防治与安全管理、质量管理相结合原则

有毒有害化学品污染的发生大多与管理不善或所采取的安全措施不足、不当有关,某些污染事故的发生也与化学品质量低劣有关。加强化学品的安全管理和质量管理可以有效减少化学品污染的发生。有毒有害化学品污染防治和环境管理,必须与安全管理、质量管理相结合,在污染防治的要求中有安全、质量方面的内容,必须把“安全第一”作为污染防治和环境管理的基本要求;在有毒有害化学品的安全管理和质量管理中,要有环境保护要求,必须把环境因素作为安全性考虑的必要内容。《危险化学品安全管理条例》将“保护环境”作为立法目的之一,并规定了具体的环境保护要求和措施。

2. 有毒有害化学品安全监督管理体制

《危险化学品安全管理条例》第6条对危险化学品安全监督管理体制作了具体规定。对危险化学品的生产、储存、使用、经营、运输实施安全监督管理的有关部门(以下统称负有危险化学品安全监督管理职责的部门),依照下列规定履行职责:(1)安全生产监督管理部门负责危险化学品安全监督管理综合工作,组织确定、公布、调整危险化学品目录,对新建、改建、扩建生产、储存危险化学品(包括使用长输管道输送危险化学品,下同)的建设项目进行安全条件审查,核发危险化学品安全生产许可证、危险化学品安全使用许可证和危险化学品经营许可证,并负责危险化学品登记工作。(2)公安机关负责危险化学品的公共安全管理,核发剧毒化学品购买许可证、剧毒化学品道路运输通行证,并负责危险化学品运输车辆的道路交通安全管理。(3)质量监督检验检疫部门负责核发危险化学品及其包装物、容器(不包括储存危险化学品的固定式大型储罐,下同)生产企业的工业产品生产许可证,并依法对其产品质量实施监督,负责对进出口危险化学品及其包装实施检验。(4)生态环境主管部门负责废弃危险化学品处置的监督管理,组织危险化学品的环境危害性鉴定和环境风险程度评估,确定实施重点环境管理的危险化学品,负责危险化学品环境管理登记和新化学物质环境管理登记;依照职责分工调查相关危险化学品环境污染事故和生态破坏事件,负责危险化学品事故现场的应急环境监测。(5)交通运输主管部门负责危险化学品道路运输、水路运输的许可以及运输工具的安全管理,对危险化学品水路运输安全实施监督,负责危险化学品道路运输企业、水路运输企业驾驶人员、船员、装卸管理人员、押运人员、申报人员、集装箱装箱现场检查员的资格

认定。铁路监管部门负责危险化学品铁路运输及其运输工具的安全管理。民用航空主管部门负责危险化学品航空运输以及航空运输企业及其运输工具的安全管理。(6)卫生主管部门负责危险化学品毒性鉴定的管理,负责组织、协调危险化学品事故受伤人员的医疗卫生救援工作。(7)市场监督管理部门依据有关部门的许可证件,核发危险化学品生产、储存、经营、运输企业营业执照,查处危险化学品经营企业违法采购危险化学品的行为。(8)邮政管理部门负责依法查处寄递危险化学品的行为。

3. 关于危险化学品的生产、储存安全的法律规定

《危险化学品安全管理条例》专设第二章对危险化学品的生产、储存安全作出了具体规定。《防止含多氯联苯电力装置及其废物污染环境的规定》《关于防治铬化合物生产建设中环境污染的若干规定》等也有相关规定。

(1)危险化学品目录、规划与布局

根据《危险化学品安全管理条例》第3条的规定,危险化学品,是指具有毒害、腐蚀、爆炸、燃烧、助燃等性质,对人体、设施、环境具有危害的剧毒化学品和其他化学品。危险化学品目录,由国务院安全生产监督管理部门会同国务院工业和信息化、公安、环境保护、卫生、质量监督检验检疫、交通运输、铁路、民用航空、农业主管部门,根据化学品危险特性的鉴别和分类标准确定、公布,并适时调整。

国家对危险化学品的生产、储存实行统筹规划、合理布局。国务院工业和信息化主管部门以及国务院其他有关部门依据各自职责,负责危险化学品生产、储存的行业规划和布局。地方人民政府组织编制城乡规划,应当根据本地区的实际情况,按照确保安全的原则,规划适当区域专门用于危险化学品的生产、储存。

(2)危险化学品生产许可制度

危险化学品生产许可证包括危险化学品生产许可证、在生产中的使用许可。《危险化学品安全管理条例》第14条规定,危险化学品生产企业进行生产前,应当依照《安全生产许可证条例》的规定,取得危险化学品安全生产许可证。生产列入国家实行生产许可证制度的工业产品目录的危险化学品的企业,应当依照《工业产品生产许可证管理条例》的规定,取得工业产品生产许可证。负责颁发危险化学品安全生产许可证、工业产品生产许可证的部门,应当将其颁发许可证的情况及时向同级工业和信息化主管部门、环境保护主管部门和公安机关通报。第18条规定,生产列入国家实行生产许可证制度的工业产品目录的危险化学品包装物、容器的企业,应当依照《工业产品生产许可证管理条例》的规定,取得工业产品生产许可证;其生产的危险化学品包装物、容器经国务院质量监督检验检疫部门认定的检验机构检验合格,方可出厂销售。运输危险化学品的船舶及其配载的容器,应当按照国家船舶检验规范进行生产,并经海事管理机构认定的船舶检验机构检验合格,方可投入使用。对重复使用的危险化学品包装物、容器,使用单位在重复使用前应当进行检查;发现存在安全隐患的,应当维修或者更换。使用单位应当对检查情况作出记录,记录的保存期限不得少于2年。

(3)有关建设项目安全论证的规定

新建、改建、扩建生产、储存危险化学品的建设项目,应当由安全生产监督管理部门进行安全条件审查。建设单位应当对建设项目进行安全条件论证,委托具备国家规定的资质条件的机构对建设项目进行安全评价,并将安全条件论证和安全评价的情况报告建设项目所在地设区的市级以上人民政府安全生产监督管理部门;安全生产监督管理部门应当自收到报告之日起45日内作出审查决定,并书面通知建设单位。具体办法由国务院安全生产监督管理部门制定。新建、改建、扩建储存、装卸危险化学品的港口建设项目,由港口行政管理部门按照

国务院交通运输主管部门的规定进行安全条件审查。

(4)重大危险源管理

根据《危险化学品安全管理条例》第19条第4款的规定，所谓重大危险源，是指生产、储存、使用或者搬运危险化学品，且危险化学品的数量等于或者超过临界量的单元(包括场所和设施)。

危险化学品生产装置或者储存数量构成重大危险源的危险化学品储存设施(运输工具加油站、加气站除外)，与下列场所、设施、区域的距离应当符合国家有关规定:居住区以及商业中心、公园等人员密集场所;学校、医院、影剧院、体育场(馆)等公共设施;饮用水源、水厂以及水源保护区;车站、码头(依法经许可从事危险化学品装卸作业的除外)、机场以及通信干线、通信枢纽、铁路线路、道路交通干线、水路交通干线、地铁风亭以及地铁站出入口;基本农田保护区、基本草原、畜禽遗传资源保护区、畜禽规模化养殖场(养殖小区)、渔业水域以及种子、种畜禽、水产苗种生产基地;河流、湖泊、风景名胜区、自然保护区;军事禁区、军事管理区;法律、行政法规规定的其他场所、设施、区域。

已建的危险化学品生产装置或者储存数量构成重大危险源的危险化学品储存设施不符合前款规定的，由所在地设区的市级人民政府安全生产监督管理部门会同有关部门监督其所属单位在规定期限内进行整改;需要转产、停产、搬迁、关闭的，由本级人民政府决定并组织实施。储存数量构成重大危险源的危险化学品储存设施的选址，应当避开地震活动断层和容易发生洪灾、地质灾害的区域。

(5)生产、储存危险化学品的安全和污染防治的具体措施

第一，危险化学品管道标志。生产、储存危险化学品的单位，应当对其铺设的危险化学品管道设置明显标志，并对危险化学品管道定期检查、检测。进行可能危及危险化学品管道安全的施工作业，施工单位应当在开工的7日前书面通知管道所属单位，并与管道所属单位共同制定应急预案，采取相应的安全防护措施。管道所属单位应当指派专门人员到现场进行管道安全保护指导。

第二，化学品安全技术说明。危险化学品生产企业应当提供与其生产的危险化学品相符的化学品安全技术说明书，并在危险化学品包装(包括外包装件)上粘贴或者拴挂与包装内危险化学品相符的化学品安全标签。化学品安全技术说明书和化学品安全标签所载明的内容应当符合国家标准的要求。危险化学品生产企业发现其生产的危险化学品有新的危险特性的，应当立即公告，并及时修订其化学品安全技术说明书和化学品安全标签。

第三，报告制度。生产实施重点环境管理的危险化学品的企业，应当按照国务院环境保护主管部门的规定，将该危险化学品向环境中释放等相关信息向环境保护主管部门报告。环境保护主管部门可以根据情况采取相应的环境风险控制措施。

第四，包装要求。危险化学品的包装应当符合法律、行政法规、规章的规定以及国家标准、行业标准的要求。危险化学品包装物、容器的材质以及危险化学品包装的型式、规格、方法和单件质量(重量)，应当与所包装的危险化学品的性质和用途相适应。

第五，设置安全设施、设备。生产、储存危险化学品的单位，应当根据其生产、储存的危险化学品的种类和危险特性，在作业场所设置相应的监测、监控、通风、防晒、调温、防火、灭火、防爆、泄压、防毒、中和、防潮、防雷、防静电、防腐、防泄漏以及防护围堤或者隔离操作等安全设施、设备，并按照国家标准、行业标准或者国家有关规定对安全设施、设备进行经常性维护、保养，保证安全设施、设备的正常使用。生产、储存危险化学品的单位，应当在其作业场所和安全设施、设备上设置明显的安全警示标志。

生产、储存危险化学品的单位，应当在其作业场所设置通信、报警装置，并保证处于适用状态。

第六，有关安全评价的规定。生产、储存危险化学品的企业，应当委托具备国家规定的资质条件的机构，对本企业的安全生产条件每 3 年进行一次安全评价，提出安全评价报告。安全评价报告的内容应当包括对安全生产条件存在的问题进行整改的方案。生产、储存危险化学品的企业，应当将安全评价报告以及整改方案的落实情况报所在地县级人民政府安全生产监督管理部门备案。在港区内储存危险化学品的企业，应当将安全评价报告以及整改方案的落实情况报港口行政管理部门备案。

第七，有关剧毒化学品记录的规定。《危险化学品安全管理条例》第 23 条规定，生产、储存剧毒化学品或者国务院公安部门规定的可用于制造爆炸物品的危险化学品（以下简称易制爆危险化学品）的单位，应当如实记录其生产、储存的剧毒化学品、易制爆危险化学品的数量、流向，并采取必要的安全防范措施，防止剧毒化学品、易制爆危险化学品丢失或者被盗；发现剧毒化学品、易制爆危险化学品丢失或者被盗的，应当立即向当地公安机关报告。生产、储存剧毒化学品、易制爆危险化学品的单位，应当设置治安保卫机构，配备专职治安保卫人员。

第八，有关储存危险化学品的规定。（1）危险化学品应当储存在专用仓库、专用场地或者专用储存室（以下统称专用仓库）内，并由专人负责管理；剧毒化学品以及储存数量构成重大危险源的其他危险化学品，应当在专用仓库内单独存放，并实行双人收发、双人保管制度。危险化学品的储存方式、方法以及储存数量应当符合国家标准或者国家有关规定。（2）储存危险化学品的单位应当建立危险化学品出入库核查、登记制度。对剧毒化学品以及储存数量构成重大危险源的其他危险化学品，储存单位应当将其储存数量、储存地点以及管理人员的情况，报所在地县级人民政府安全生产监督管理部门（在港区内储存的，报港口行政管理部门）和公安机关备案。（3）危险化学品专用仓库应当符合国家标准、行业标准的要求，并设置明显的标志。储存剧毒化学品、易制爆危险化学品的专用仓库，应当按照国家有关规定设置相应的技术防范设施。储存危险化学品的单位应当对其危险化学品专用仓库的安全设施、设备定期进行检测、检验。（4）生产、储存危险化学品的单位转产、停产、停业或者解散的，应当采取有效措施，及时、妥善处置其危险化学品生产装置、储存设施以及库存的危险化学品，不得丢弃危险化学品；处置方案应当报所在地县级人民政府安全生产监督管理部门、工业和信息化主管部门、环境保护主管部门和公安机关备案。安全生产监督管理部门应当会同环境保护主管部门和公安机关对处置情况进行监督检查，发现未依照规定处置的，应当责令其立即处置。

此外，《危险化学品安全管理条例》对危险化学品的使用安全、经营安全、运输安全、危险化学品登记与事故应急救援均作了专章规定。

4. 关于监控化学品的法律规定

根据《监控化学品管理条例》的规定，我国将监控化学品分为四类：第一类是可作为化学武器的化学品；第二类是可作为生产化学武器前体的化学品；第三类是可作为生产化学武器主要原料的化学品；第四类是除炸药和纯碳氢化合物外的特定有机化学品。国家对这四类监控化学品以公布名录的形式实行监控，并且分别实行严格的审批、生产和使用规定。

国家严格控制第一类监控化学品的生产。为科研、医疗、制造药物或者防护目的需要生产第一类监控化学品的，应当报国务院化学工业主管部门批准，并在国务院化学工业主管部门指定的小型设施中生产。严禁在未经国务院化学工业主管部门指定的设施中生产第一类监控化学品。国家严格控制第一类监控化学品的进口和出口。非为科研、医疗、制造药物或者防护目的，不得进口第一类监控化学品。

国家对第二类、第三类监控化学品和第四类监控化学品中含磷、硫、氟的特定有机化学品的生产,实行特别许可制度;未经特别许可的,任何单位和个人均不得生产。特别许可办法,由国务院化学工业主管部门制定。接受委托进口第二类、第三类监控化学品及其生产技术、专用设备的被指定单位,应当向国务院化学工业主管部门提出申请,并提交所进口的化学品、生产技术或者专用设备最终用途的说明和证明;经国务院化学工业主管部门审查批准后,被指定单位凭国务院化学工业主管部门的批准文件向国务院对外经济贸易主管部门申请领取进口许可证。

储存监控化学品的单位,应当建立严格的出库、入库检查制度和登记制度;发现丢失、被盗时,应当立即报告当地公安机关和所在地省、自治区、直辖市人民政府化学工业主管部门;省、自治区、直辖市人民政府化学工业主管部门应当积极配合公安机关进行查处。

5. 有毒有害化学品进出口环境管理的规定

我国对有毒有害化学品的环境管理主要分为两类:一类是针对新化学品即未曾在我国登记的首次进口的化学品。另一类是针对进出口的重点管理的危险化学品即禁止或者严格限制的危险化学品,其法律规定的主要内容有:

(1)进出口化学品名录制度。《化学品首次进出口及有毒化学品进出口环境管理规定》规定,国家环境保护局对化学品首次进口和有毒化学品进出口实施统一的环境监督管理,负责全面执行《伦敦准则》的事先知情同意程序,发布中国禁止或严格限制的有毒化学品名录,实施化学品首次进口和列入《中国禁止或严格限制的有毒化学品名录》(以下简称《有毒化学品名录》)内的有毒化学品进出口的环境管理登记和审批,签发化学品进(出)口环境管理登记证和有毒化学品进(出)口环境管理放行通知单,发布首次进口化学品登记公告。禁止的化学品是指因损害健康和污染环境而被完全禁止使用的危险化学品。严格限制的化学品是指因损害健康和污染环境而被禁止使用,但经特别批准在特殊情况下仍可使用的化学品。

(2)首次进口化学品的登记审查制度。首次进出口化学品时,其经营出口的外商或其代理人必须事先向国家环境保护总局提交化学品首次进口环境管理登记申请,并提交规定的资料和样品。国家环境保护总局对其申请进行审查,认为不适合进口的,不予登记;对符合我国环境管理规定和要求的,准予登记或者临时登记,并发放准许进口的化学品进口环境管理登记证或者临时登记证。凡未取得登记许可证件的,一律不得进口。

(3)化学品进口管理。对《有毒化学品名录》中所列的化学品,在每批次进口前,均须向国家环境保护总局提交危险化学品进口环境管理登记申请。国家环境保护总局在审查后,对准予进口的,发放化学品进(出)口环境管理登记证和危险化学品进(出)口环境管理放行通知单。该通知单实行一批一证制,每份通知单在有效时间内只能报关使用一次。

(4)化学品出口管理。拟出口《有毒化学品名录》中所列的化学品,必须向国家环境保护总局提交出口环境管理登记申请。国家环境保护总局受理申请后,应通知进口国主管部门;在收到同意出口的通知后,发放准许出口的危险化学品出口环境管理登记证。对进口国主管部门不同意进口的化学品,不予登记,不准出口。

(5)防止污染口岸环境。进出口化学品的分类、包装、标签和运输,按照国际或国内有关危险货物运输规则的规定执行。在装卸、贮存和运输化学品过程中,必须采取有效的预防和应急措施,防止污染环境。因包装损坏或者不符合要求而造成或者可能造成口岸污染的,口岸主管部门应立即采取措施,防止和消除污染,并及时通知当地环境保护行政主管部门,进行调查处理。防止和消除其污染的费用由有关责任人承担。

6. 关于危险废物转移管理的法律规定

第一,《危险废物转移管理办法》制定的背景。《危险废物转移管理办法》(以下简称《危险废物转移办法》)于2021年9月18日由生态环境部审议通过,并经公安部和交通运输部同意,自2022年1月1日起施行。我国高度重视危险废物污染防治和环境风险管控工作,新修订实施的《固体废物污染环境防治法》(以下简称《固废法》)规定危险废物转移管理应当全程管控、提高效率。1999年印发实施的《危险废物转移联单管理办法》(以下简称《危险废物联单办法》)已不能适应当前危险废物转移管理工作需要。生态环境部会同公安部和交通运输部制定《危险废物转移办法》,进一步完善危险废物转移管理制度,是落实《固废法》,落实"放管服"改革要求,加强危险废物全过程管理,优化跨省转移审批服务的具体行动。

第二,《危险废物转移办法》的修改内容。相较于《危险废物联单办法》仅涉及危险废物转移联单的管理,《危险废物转移办法》对危险废物转移全过程提出了管理要求,增加了危险废物转移相关方责任、跨省转移管理、全面运行电子联单等内容,完善了相关条款:一是在《危险废物联单办法》基础上,重新制定《危险废物转移办法》,由生态环境部、公安部、交通运输部联合印发。二是明确危险废物转移相关方的一般责任,增加了移出人、承运人、接受人、托运人责任,细化了从移出到接受各环节的转移管理要求。三是明确危险废物转移遵循就近原则,尽可能减少大规模、长距离运输。四是强化危险废物转移环节信息化管理,推动实现危险废物收集、转移、处置等全过程监控和信息化追溯。五是优化危险废物跨省转移审批服务,落实"放管服"改革要求,对申请材料、审批流程进行了简化,提高审批效率,加强服务措施。

第三,危险废物转移遵循就近原则。一方面,危险废物长距离转移不利于环境监管,环境风险高,涉危险废物环境违法犯罪案件多发生在这一环节;危险废物大规模、长距离转移还将大幅增加大气污染物排放和碳排放。因此,《危险废物转移办法》提出危险废物转移总体应遵循就近原则。另一方面,针对危险废物转移处置,我部按照《关于提升危险废物环境监管能力、利用处置能力和环境风险防范能力的指导意见》要求,推动建立"省域内能力总体匹配、省域间协同合作、特殊类别全国统筹"的危险废物处置体系;各省(自治区、直辖市)大力提升危险废物处置能力,已基本实现省域内危险废物处置能力与产废情况总体匹配,为危险废物在省域内就近转移处置奠定了基础。对于确需跨省转移处置的,《危险废物转移办法》提出应以转移至相邻或开展区域合作省份的危险废物处置设施,以及全国统筹布局的特殊类别危险废物处置设施为主。

第四,危险废物转移相关方的责任。为了进一步加强对危险废物转移的监管,《危险废物转移办法》规定了危险废物转移的移出人、承运人、接受人、托运人等转移相关方的责任,明确了从移出到接受各环节的转移管理要求。对于危险废物移出人,具有对危险废物的合规委托责任、编制管理计划、建立管理台账、如实填写运行转移联单、及时核实接受人利用处置危险废物等责任。对于危险废物承运人,具有核实危险废物转移联单、如实填写运行转移联单、记录运输轨迹、合规运输、将危险废物全部交付给接受人和及时告知移出人运输情况等责任。对于危险废物接受人,具有核实拟接受的危险废物相关信息、如实填写运行转移联单、合规利用处置、及时告知移出人危险废物接受及利用处置情况等责任。对于危险废物托运人,具有确定危险废物对应危险货物类别、编号等信息,以及合规委托、妥善包装、核实承运人相关信息等责任。

第五,危险废物转移联单运行的新要求。《危险废物转移办法》对危险废物转移联单的运行管理作了进一步的细化完善。一是加强信息化监管,全面运行危险废物电子转移联单。通过国家危险废物信息管理系统填写、运行危险废物电子转移联单。因特殊原因无法运行电子联单的，可先使用纸质联单，于转移活动完成后 10 个工作日内在信息系统补录。二是危险废物电子转移联单数据应当在信息系统中至少保存 10 年。依照国家有关规定公开危险废物转移相关污染环境防治信息。三是实行危险废物转移联单全国统一编号，危险废物转移联单编号由国家危险废物信息管理系统统一发放。四是优化转移联单运行规则，允许同一份危险废物转移联单转移一个或多个类别危险废物，增加了不通过车（船或者其他运输工具）且无法按次对危险废物计量的其他转移方式的联单运行要求。

第六，解决危险废物跨省转移难问题的举措。为了解决危险废物跨省转移难的问题，《危险废物转移办法》对《固废法》规定的危险废物跨省转移审批事项和审批活动进一步进行规范和完善。一是根据新修订的《固废法》，明确了危险废物跨省转移的申请材料、审批流程、审批时限等要求。二是根据“放管服”改革要求，对申请材料、审批流程进行了简化，按照《固废法》“危险废物转移管理应当全程管控、提高效率”的要求，以及《行政许可法》的有关规定，将危险废物跨省转移审批时限控制在 20 个工作日，大幅提高危险废物跨省转移审批效率。三是推动通过国家危险废物信息管理系统实现危险废物跨省转移线上商请、函复等活动，简化审批手续，压缩转移审批周期。四是鼓励开展危险废物利用处置区域合作的移出地和接受地省级生态环境部门按照合作协议简化跨省转移审批流程。五是批准跨省转移危险废物的决定有效期为 12 个月，可以跨年，但不超过移出人申请开展危险废物转移活动的时间期限和接受人危险废物经营许可证的剩余有效期限。

第七，加强危险废物全链条、全过程环境管理，同时强化服务意识，多措并举为危险废物污染防治和环境风险管控相关责任方提供便利服务。一是落实《危险废物转移办法》相关要求，制定印发危险废物转移联单和跨省转移申请表的格式和内容。二是完善国家危险废物环境管理信息系统，实现危险废物产生、收集、转移、利用、处置等全过程环境管理信息化，进一步提升危险废物环境监管和服务能力。三是加强部门间协调联动，做好信息共享，加强联合监管执法，严厉打击危险废物非法转移、倾倒等违法犯罪行为。四是督促地方加强危险废物转移管理，加强宣传与培训，指导危险废物转移相关企业落实危险废物转移管理要求，规范危险废物跨省转移审批。

二、农药污染防治法

（一）农药及农药污染概述

1. 农药的概念及种类

根据我国《农药管理条例》第 2 条的解释，“农药”是指用于预防、控制危害农业、林业的病、虫、草、鼠和其他有害生物以及有目的地调节植物、昆虫生长的化学合成或者来源于生物、其他天然物质的一种物质或者几种物质的混合物及其制剂。农药在农业生产中有着重要的作用，合理施用农药是保证农业丰收的重要措施。据统计分析，如果不使用农药，全世界粮食的一半将被各种病、虫、草、鼠害所毁；而使用农药，则可挽回粮食总产量的 15%。而且，农药在木材防腐、公共卫生等非农业方面也有广泛用途。

农药分为杀虫剂、杀菌剂、除草剂，包括用于不同目的、场所的下列各类：（1）预防、控制危害农业、林业的病、虫（包括昆虫、蜱、螨）、草、鼠、软体动物和其他有害生物；（2）预防、控制仓储以及加工场所的病、虫、鼠和其他有害生物；（3）调节植物、昆虫生长；（4）农业、林业产品防腐或者保鲜；（5）预防、控制蚊、蝇、蜚蠊、鼠和其他有害生物；（6）预防、控制危害河流堤坝、铁路、码头、机场、建筑物和其他场所的有害生物。

农药具有以下特点：（1）有毒性。农药基本上是有毒物质，其中有些品种还具有剧毒性质。农药的有毒性使其在杀伤病、虫害的同时,也不加区别地将害虫的“天敌”,传花粉的昆虫,甚至益虫益鸟一齐杀害,从而破坏了生态平衡和物种多样性。(2)施用时的直接暴露性。化学农药的使用空间遍及城乡,主要是广阔的田野。凡有现代农业之处,化学农药就有可能被使用。因此,化学农药是对陆地生态系统具有最为宽广面的污染物。化学农药被直接施用于环境中,并被环境所接纳。从这个意义上讲,生产、施用农药,是把特定有毒物质生产出来并投放于特定环境要素中使其直接暴露于环境。(3)扩散性。进入环境的农药可以从一种环境介质扩散、转移到另一种环境介质,并且可以通过食物链影响到距农药施受地点很远的地区的人和其他生物。例如,人们已从世界屋脊青藏高原的南迦巴瓦峰(海拔 4250 米)的积雪和北极、南极地区的一些动物体中检测到有机氯农药。(4)残留性。一般来说,农药在自然界中的化学性质比较稳定,施用后可以各种形式残留于农作物和其他环境要素中,更有一些持久性残留品种在使用后经过很长时间也难以消失。例如,美国从 1972 年起禁用滴滴涕,但直到现在还可以从环境中检测出这种物质。(5)富集性。一些农药水溶性差但脂溶性强,如滴滴涕在脂肪中的溶解度高达每公斤 100 克,相当于在水中溶解度的 5000 万倍。这样,通过在生物体脂肪内的积累和浓集,积少成多,积低毒成高毒,构成对人类的威胁,对人体健康如同慢性杀伤,还会传给后代。另外,残留和富集还可使害虫对其产生抗毒性,增加了人类与害虫斗争的难度。农药的这些特点,决定了其环境安全性系数较低,在生产、供销和使用的全过程都存在环境风险,有较大的危险性。

2. 农药污染的概念及危害

农药污染是指农药因生产、运输、销售、存放或者施用,而造成其在环境或产品中的数量或浓度超过了环境标准值,对人体、动植物、生态系统造成了不利影响的现象。农药污染可以对周围的生态系统产生长期持续的影响,某些危害甚至是无法消除的。具体来说,农药污染的危害有以下几方面:(1)危害人体健康。一个人如果误食、误吸或大量接触剧毒农药,可造成急性中毒,如果长期食用被农药污染了的动植物,就会因食物链作用使农药富集于体内,引起人体慢性中毒。急、慢性中毒都会造成病变,甚至导致死亡。(2)危害动植物和农畜产品。农药也可以造成动植物的急、慢性中毒,损害动植物的生物机能、诱发各种病变,甚至导致死亡。农药在农畜产品中蓄积、残留,影响农产品的质量,经食物链富集进而危害人、畜安全。(3)造成土壤污染。农药污染土壤的途径很多,如随雨水冲刷流失或者随尘埃降入土壤,或者由于对土壤进行消毒而直接施入土壤等。农药特别是一些稳定性较强的农药(如有机汞、有机氯类农药等)进入土壤后,就会在土壤中积累,破坏土壤结构,降低土壤肥力,影响土壤的生态系统功能的发挥。其中重金属农药因剧毒和高残留,在土壤中残留时间长又难以消除,因而危害特别巨大。例如,有机汞农药残留在土壤中消失一半需要 10 年至 30 年。有的耕地因无法消除重金属农药的污染只得完全放弃。(4)造成水体污染。农药可以因农药厂排放废液、洗涮农药用具、农药喷洒等原因进入水体,造成水体污染。除污染地表水之外,农药还通过渗透等方式污染地下水。(5)造成大气污染。农药喷洒可以产生大量农药飘浮,经与尘埃结合后可随风扩散进入大气,造成大气污染。此外,环境中残留农药的挥发、农药厂的排气、工商业使用防蛀、防毒剂的挥发,都对大气造成污染。此外,农药污染还会影响我国的对外贸易等。

农药污染也成为世界性的突出环境问题之一,尤其在发展中国家包括我国,农药污染相当严重。正因为农药污染的危害性,全世界各国都非常重视通过立法采取严格控制措施,包括对农药的研制、生产、加工、运输、贮存、销售、使用,废农药和农药废物的处置等,均以环境安全性为原则施以管制,采用了对农药品种、剂型、常用剂量、最高限量、使用范围、适用对象、使用方法和次数、安全间隔期、最高残留和再残留限量、农药禁施区域、生产许可等限制性或者禁止性的严格措施,以保护人体健康和环境安全。

3. 我国农药污染防治立法概述

我国对农药管理非常重视。1955年,国家颁发了《关于严防农药中毒的联合通知》,以后又多次发布了类似的规定。1979年制定《农药安全使用标准(试行)》,1982年有关部门联合发布了《农药安全使用规定》《农药登记规定》《农药毒性试验方法暂行规定》,1984年发布《农药安全使用标准》《农药合理使用准则》等。除直接控制农药使用外,国家有关部门还采取措施鼓励研制、生产低毒、低残留农药,提倡使用生物农药和进行农业综合防治,开展生态农业建设,推广绿色食品、有机(天然)食品、无公害蔬菜等无污染农产品。从1991年起,全国开始推行绿色食品工程,并制定了环境质量、生产操作、产品质量、卫生和产品包装标准,至1995年年底,全国生产绿色食品的土地有1700万亩,品种近210万吨,产值近100亿元。1996年,原农业部、原国家环境保护局、原国家工商行政管理局等5个部门联合发出通知,严禁在蔬菜生产中使用高毒、高残留农药。

为了进一步加强对农药生产、经营和使用的监督管理,保证农药质量,保护农业、林业生产和生态环境,维护人畜安全,国务院于1997年5月8日以第216号令发布了《农药管理条例》,2001年11月29日对该条例进行了较全面的修改。为了保证《农药管理条例》的贯彻实施,加强对农药登记、经营和使用的监督管理,促进农药工业技术进步,保证农业生产的稳定发展,保护生态环境,保障人畜安全,1999年7月23日农业部发布了《农药管理条例实施办法》。2002年7月27日农业部以第18号部令公布了《关于修改〈农药管理条例实施办法〉的决定》,决定对《农药管理条例实施办法》作出了删除第21、22条的修改。2017年2月8日,国务院第一百六十四次常务会议修订通过《农药管理条例》,修订后的《农药管理条例》自2017年6月1日起施行。此外,在《环境保护法》和《水污染防治法》等环境保护法律、法规和《农业法》《农业技术推广法》中也有合理使用农药、防治农药污染的法律规定。

(二)我国农药污染防治的主要法律规定

1. 2017年《农药管理条例》修订的主要内容

(1)《农药管理条例》修订的背景

农药是重要的农业投入品,农药的使用直接关系到农产品的质量安全和生态环境,因此,加强农药管理十分必要。1997年《农药管理条例》已经不适应新形势下农药管理工作的需要,亟须修改完善:一是临时登记门槛低,导致低水平、同质化农药供给多,安全、经济、高效农药供给少,需要依法促进农药产业转型升级,提高农药质量水平。二是农药生产管理存在重复审批、管理分散等问题,需要调整管理职责,优化监管方式。三是农药经营主体规模小、布局散、秩序乱,有的制假售假甚至销售禁用农药,需要依法推动转变经营管理方式,完善经营管理制度。四是农药使用中存在擅自加大剂量、超范围使用以及不按照安全间隔期采收农产品的现象,需要依法加强农药使用监管,促进科学使用农药。五是1997年《农药管理条例》的法律责任处罚力度不够,需要综合运用民事、行政等多种措施,对违法生产经营者实行严厉处罚,提高违法成本。为了切实解决上述问题,加强农药管理,保证农药质量,保障农产品质量安全和人畜安全,保护农业、林业生产和生态环境,有必要修订《农药管理条例》。

(2)农药登记方面的修改

《农药管理条例》对农药登记制度主要作了以下修改:一是取消临时登记,明确在我国生产和向我国出口的农药需申请登记,经登记试验、登记评审,符合条件的,由农业部核发农药登记证并公告。二是规定农业部组织成立农药登记评审委员会,负责农药登记评审,并明确了登记评审委员会的人员组成。三是规定申请农药登记，首先要进行登记试验，登记试验报所在地省级农业部门备案，新农药的登记试验须经农业部批准。四是规定登记试验由农业部认定的登记试验单位按照规定进行，登记试验单位对登记试验报告的真实性负责。五是规定了登记试验结束后，申请人应当提交的资料以及农药登记机关的审批时限等。六是规定了农药登记证应当载明的内容和有效期，以及农药登记证的延续、变更程序。

(3)农药生产管理制度方面的修改

针对农药生产管理存在的重复审批、管理分散等问题，按照国务院简政放权、放管结合、优化服务的改革精神，《农药管理条例》作了以下修改：一是实行农药生产许可制度，明确农药生产企业应当具备的条件，并规定由省级农业部门核发农药生产许可证。二是规定委托加工、分装农药的，委托人应当取得相应的农药登记证，受托人应当取得农药生产许可证，并明确委托人应当对委托加工、分装的农药质量负责。三是要求生产企业建立原材料进货记录制度，采购原材料要查验产品质量检验合格证和有关许可证明文件并如实记录。四是规定农药生产企业应当严格按照产品质量标准进行生产，农药出厂销售应当经质量检验合格、附具产品质量检验合格证，并建立出厂销售记录制度。五是规定农药包装应当符合国家有关规定，印制或者贴有标签，并明确了标签应当标注的具体内容，特别要求用于食用农产品的农药的标签标注安全间隔期。

(4)有关农药经营方面的法律规定

针对农药经营主体规模小、布局散、秩序乱，有的制假售假甚至销售禁用农药等问题，《农药管理条例》作了以下规定：一是取消农药经营主体仅限于供销社、农技推广站等主体的规定，实行农药经营许可制度，对高毒等限制使用农药实行定点经营制度，明确了农药经营者应当具备农药和病虫害防治专业知识、能够指导安全合理使用农药、经营场所应当与饮用水水源和生活区域有效隔离等条件，以及申请农药经营许可的程序。二是要求农药经营者建立采购台账，采购农药时查验产品包装、标签、产品质量检验合格证以及有关许可证明文件，并如实记录，不得向未取得农药生产许可证的农药生产企业或者未取得农药经营许可证的其他农药经营者采购农药。三是要求农药经营者建立销售台账，如实记录销售农药的名称、规格、数量、生产企业、购买人、销售日期等内容，并正确说明农药的使用范围、使用方法和剂量、使用技术要求和注意事项。四是规定农药经营者不得加工、分装农药，不得在农药中添加物质，不得采购、销售包装和标签不符合规定，以及未附具产品质量检验合格证、未取得有关许可证明文件的农药。

(5)农药使用管理方面的法律规定

农药的使用直接影响到农产品质量安全，针对农药使用中存在的擅自加大剂量、超范围使用以及不按照安全间隔期采收农产品等问题，《农药管理条例》主要作了以下规定：一是要求各级农业部门加强农药使用指导、服务工作，组织推广农药科学使用技术，提供免费技术培训，提高农药安全、合理使用水平。二是通过推广生物防治、物理防治、先进施药器械等措施，逐步减少农药使用量，要求县级政府制订并组织实施农药减量计划，对实施农药减量计划、自愿减少农药使用量的给予鼓励和扶持。三是要求农药使用者遵守农药使用规定，妥善保管农药，并在配药、用药过程中采取防护措施，避免发生农药使用事故。四是要求农药使用者严格按照标签标注的使用范围、使用方法和剂量、使用技术要求等注意事项使用农药，不得扩大使用范围、加大用药剂量或者改变使用方法，不得使用禁用的农药；标签标注安全间隔期的农药，在农产品收获前应当按照安全间隔期的要求停止使用；剧毒、高毒农药不得用于蔬菜、瓜果、茶叶、菌类、中草药材的生产。五是要求农产品生产企业、食品和食用农产品仓储企业、专业化病虫害防治服务组织和从事农产品生产的农民专业合作社等建立农药使用记录，如实记录使用农药的时间、地点、对象以及农药名称、用量、生产企业等。

（6）法律责任的补充完善

为加大对违法行为的处罚力度，保证《农药管理条例》得到切实贯彻实施，《农药管理条例》进一步严格了法律责任：一是明确农业部门及其工作人员有不依法履行监督管理职责等行为的，依法给予处分和追究刑事责任。二是对无证生产经营、生产经营假劣农药等违法行为，规定了没收违法所得、罚款、吊销许可证，以及没收违法生产的产品和用于违法生产的设备、原材料等行政处罚，构成犯罪的依法追究刑事责任。三是对将剧毒、高毒农药用于蔬菜、瓜果等食用农产品的，规定了罚款等行政处罚，构成犯罪的依法追究刑事责任。四是规定被吊销农药登记证的，5 年内不再受理其登记申请；无证生产经营以及被吊销许可证的，其直接负责的主管人员 10 年内不得从事农药生产经营活动。

2. 农药管理的政策及监管体制

《农药管理条例》第 6 条规定，国家鼓励和支持研制、生产、使用安全、高效、经济的农药，推进农药专业化使用，促进农药产业升级。其中，“安全”既指农药毒性低，对人畜无害，也指在使用农药时要严格遵守使用范围、剂量和方法，减少对环境的污染；“高效”是指农药的药效高，毒性小、残留期短；“经济”是指费用低，用少量的经济支出可以取得较高的防治效果。国家实行这一政策旨在科学、合理、安全使用农药，避免不计后果地大量盲目施药，以充分发挥农药的有益效能，减少其副作用，使农药使用最终既在经济上有效，又能符合人体健康和生态保护的要求。《农药管理条例》第 16 条规定，农药生产应当符合国家农药工业的产业政策。

《农药管理条例》第 3 条对我国农药监管体制作出了规定，即国务院农业主管部门负责全国的农药监督管理工作。县级以上地方人民政府农业主管部门负责本行政区域的农药监督管理工作。县级以上人民政府其他有关部门在各自职责范围内负责有关的农药监督管理工作。

3. 关于农药登记的法律规定

《农药管理条例》第二章对农药登记作出了专门规定，主要内容包括：（1）国家实行农药登记制度。农药生产企业、向中国出口农药的企业应当依照本条例的规定申请农药登记，新农药研制者可以依照本条例的规定申请农药登记。（2）农药登记评审委员会。国务院农业主管部门组织成立农药登记评审委员会，负责农药登记评审。（3）登记试验。申请农药登记的，应当进行登记试验。新农药的登记试验应当向国务院农业主管部门提出申请。登记试验应当由国务院农业主管部门认定的登记试验单位按照国务院农业主管部门的规定进行。登记试验单位应当对登记试验报告的真实性负责。（4）农药登记申请。登记试验结束后，申请人应当向所在地省、自治区、直辖市人民政府农业主管部门提出农药登记申请，并提交登记试验报告、标签样张和农药产品质量标准及其检验方法等申请资料；申请新农药登记的，还应当提供农药标准品。申请农药登记包括省级初审、主管部门组织审查和登记评审等环节。（5）农药登记证。农药登记证应当载明农药名称、剂型、有效成分及其含量、毒性、使用范围、使用方法和剂量、登记证持有人、登记证号以及有效期等事项。农药登记证有效期为 5 年。（6）登记资料转让。新农药研制者可以转让其已取得登记的新农药的登记资料；农药生产企业可以向具有相应生产能力的农药生产企业转让其已取得登记的农药的登记资料。（7）数据保护。国家对取得首次登记的、含有新化合物的农药的申请人提交的其自己所取得且未披露的试验数据和其他数据实施保护。自登记之日起 6 年内，对其他申请人未经已取得登记的申请人同意，使用前款规定的数据申请农药登记的，登记机关不予登记；但是，其他申请人提交其自己所取得的数据的除外。除下列情况外，登记机关不得披露本条前述规定的数据：一是公共利益需要；二是已采取措施确保该类信息不会被不正当地进行商业使用。

4. 关于农药生产的法律规定

《农药管理条例》第三章对农药生产作出了专门规定，主要内容有：(1)农药生产应当符合国家产业政策。(2)国家实行农药生产许可制度。(3)农药生产许可证应当载明的事项及有效期(5年)。(4)委托加工、分装农药的，委托人应当取得相应的农药登记证。(5)农药生产企业应当建立原材料进货记录制度。(6)农药生产企业应当建立农药出厂销售记录制度。(7)农药的标签制度。农药包装应当符合国家有关规定，并印制或者贴有标签。剧毒、高毒农药以及使用技术要求严格的其他农药等限制使用农药的标签还应当标注“限制使用”字样，并注明使用的特别限制和特殊要求。用于食用农产品的农药的标签还应当标注安全间隔期。农药生产企业不得擅自改变经核准的农药的标签内容。

5. 关于农药经营的法律规定

《农药管理条例》第四章对农药经营作了专门规定，涉及以下主要内容：(1)国家实行农药经营许可制度，但经营卫生用农药的除外。规定了农药经营者应当具备的条件。(2)农药经营许可证应当载明的事项及有效期(5年)。(3)农药经营者采购农药的职责，并应当建立采购台账。(4)农药经营者应当建立销售台账。(5)农药经营者不得加工、分装农药等禁止性规定。(6)境外企业不得直接在中国销售农药。

6. 关于农药使用的法律规定

《农药管理条例》第五章对农药使用作了专门规定，主要内容包括：(1)县级以上人民政府农业主管部门应当加强农药使用指导、服务工作，建立健全农药安全、合理使用制度，并按照预防为主、综合防治的要求，组织推广农药科学使用技术，规范农药使用行为。林业、粮食、卫生等部门应当加强对林业、储粮、卫生用农药安全、合理使用的技术指导，环境保护主管部门应当加强对农药使用过程中环境保护和污染防治的技术指导。(2)县级人民政府农业主管部门应当组织植物保护、农业技术推广等机构向农药使用者提供免费技术培训，提高农药安全、合理使用水平。(3)国家通过推广生物防治、物理防治、先进施药器械等措施，逐步减少农药使用量。(4)农药使用者应当遵守国家有关农药安全、合理使用制度，妥善保管农药，并在配药、用药过程中采取必要的防护措施，避免发生农药使用事故。(5)农药使用者应当严格按照农药的标签标注的使用范围、使用方法和剂量、使用技术要求和注意事项使用农药，不得扩大使用范围、加大用药剂量或者改变使用方法。(6)农药使用者应当保护环境，保护有益生物和珍稀物种。(7)应当建立农药使用记录，如实记录使用农药的时间、地点、对象以及农药名称、用量、生产企业等。农药使用记录应当保存2年以上。国家鼓励其他农药使用者建立农药使用记录。(8)国家鼓励农药使用者妥善收集农药包装物等废弃物。(9)发生农药使用事故，农药使用者、农药生产企业、农药经营者和其他有关人员应当及时报告当地农业主管部门。(10)因防治突发重大病虫害等紧急需要，国务院农业主管部门可以决定临时生产、使用规定数量的未取得登记或者禁用、限制使用的农药。(11)农药使用的禁止性规定，如农药使用者不得使用禁用的农药；剧毒、高毒农药不得用于防治卫生害虫，不得用于蔬菜、瓜果、茶叶、菌类、中草药材的生产，不得用于水生植物的病虫害防治；严禁在饮用水水源保护区内使用农药，严禁使用农药毒鱼、虾、鸟、兽等；不得在饮用水水源保护区、河道内丢弃农药、农药包装物或者清洗施药器械。

7. 关于监督管理的规定

县级以上人民政府农业主管部门应当定期调查统计农药生产、销售、使用情况，并及时通报本级人民政府有关部门。县级以上地方人民政府农业主管部门应当建立农药生产、经营诚信档案并予以公布；发现违法生产、经营农药的行为涉嫌犯罪的，应当依法移送公安机关查处。

县级以上人民政府农业主管部门履行农药监督管理职责，可以依法采取下列措施：(1)进入农药生产、经营、使用场所实施现场检查；(2)对生产、经营、使用的农药实施抽查检测；(3)向有关人员调查了解有关情况；(4)查阅、复制合同、票据、账簿以及其他有关资料；(5)查封、扣押违法生产、经营、使用的农药，以及用于违法生产、经营、使用农药的工具、设备、原材料等；(6)查封违法生产、经营、使用农药的场所。

国家建立农药召回制度。农药生产企业发现其生产的农药对农业、林业、人畜安全、农产品质量安全、生态环境等有严重危害或者较大风险的，应当立即停止生产，通知有关经营者和使用者，向所在地农业主管部门报告，主动召回产品，并记录通知和召回情况。农药经营者发现其经营的农药有前款规定的情形的，应当立即停止销售，通知有关生产企业、供货人和购买人，向所在地农业主管部门报告，并记录停止销售和通知情况。农药使用者发现其使用的农药有前述规定的情形的，应当立即停止使用，通知经营者，并向所在地农业主管部门报告。

国务院农业主管部门和省、自治区、直辖市人民政府农业主管部门应当组织负责农药检定工作的机构、植物保护机构对已登记农药的安全性和有效性进行监测。发现已登记农药对农业、林业、人畜安全、农产品质量安全、生态环境等有严重危害或者较大风险的，国务院农业主管部门应当组织农药登记评审委员会进行评审，根据评审结果撤销、变更相应的农药登记证，必要时应当决定禁用或者限制使用并予以公告。

假农药、劣质农药和回收的农药废弃物等应当交由具有危险废物经营资质的单位集中处置，处置费用由相应的农药生产企业、农药经营者承担；农药生产企业、农药经营者不明确的，处置费用由所在地县级人民政府财政列支。有下列情形之一的，认定为假农药：(1)以非农药冒充农药；(2)以此种农药冒充他种农药；(3)农药所含有效成分种类与农药的标签、说明书标注的有效成分不符。禁用的农药，未依法取得农药登记证而生产、进口的农药，以及未附具标签的农药，按照假农药处理。有下列情形之一的，认定为劣质农药：(1)不符合农药产品质量标准；(2)混有导致药害等有害成分。超过农药质量保证期的农药，按照劣质农药处理。

禁止伪造、变造、转让、出租、出借农药登记证、农药生产许可证、农药经营许可证等许可证明文件。县级以上人民政府农业主管部门及其工作人员和负责农药检定工作的机构及其工作人员，不得参与农药生产、经营活动。

第十章　非生物资源保护法

非生物资源是自然资源的分类之一。自然资源是自然界形成的可供人类利用的一切物质和能量的总称,按照类别可以分为生物资源和非生物资源两大类。非生物资源(non - living resource)是指非动物形态的各种可恢复和循环使用的自然资源,如土地资源、水资源、矿产资源等。

非生物资源保护法是作为一种学理称谓,是对纳入法律保护范围的各种作为自然资源的物质的保护和培育的法律规定。其主要包括自然资源保护法当中的保护土地资源、水资源、矿产资源及水土保持的法律、法规、部门规章、地方性法规和地方政府规章。《宪法》2018 年修正案将"贯彻新发展理念""推动物质文明、政治文明、精神文明、社会文明、生态文明协调发展,把我国建设成为富强民主文明和谐美丽的社会主义现代化强国,实现中华民族伟大复兴"写入《宪法》序言第 7 自然段;把"推动构建人类命运共同体"写入《宪法》序言第 12 自然段。《宪法》(2018 年修正)第 9 条规定:"矿藏、水流、森林、山岭、草原、荒地、滩涂等自然资源,都属于国家所有,即全民所有;由法律规定属于集体所有的森林和山岭、草原、荒地、滩涂除外。国家保障自然资源的合理利用,保护珍贵的动物和植物。禁止任何组织或者个人用任何手段侵占或者破坏自然资源。"《宪法》序言和第 9 条的规定,为生物资源保护具体法律法规提供了根本遵循。

第一节　非生物资源保护法概述

一、非生物资源保护概述

非生物资源是指自然界中生成或存在的可供人类利用的无生命的自然资源。非生物资源保护法律法规主要涵盖海洋环境保护、水资源保护、矿产资源保护、节约能源与新能源促进、水土保持、防沙治沙等内容。

非生物资源保护对中国特色社会主义事业"五位一体"总体布局具有非常重要的意义。

其一,非生物资源保护是社会主义生态文明建设的重要组成部分。非生物资源既具有资源开发的经济价值,又是构成动植物栖息的生态场所的各种自然要素,是重要的生态资源。中国人口众多,非生物资源人均占有率在世界范围内偏低。中国要实现"社会文明、生态文明与物质文明、政治文明和精神文明一起协调发展",生态文明建设就必须在非生物资源保护上走节约集约利用道路。

其二,非生物资源保护有助于树立"节约集约利用的资源观"。非生物资源保护与节约集约利用非生物资源是一体两面的关系。进入 21 世纪以来我国一直大力推进资源节约利用。"建设资源节约型社会"于2004 年由党中央作为贯彻落实科学发展观的战略部署之一提出,意在通过对资源的合理配置、高效和循环利用、有效保护和替代,使经济社会发展与资源环境承载能力相适应，使污染物产生量最小化并使废弃物得到无害化处理，构建人与自然和谐共处的社会。[1] 资源开发利用既要支撑当代人过上幸福生活，也要为子孙后代留下生存根基。要解决这个问题，就必须转变资源利用方式、提高资源利用效率。要树立节约集约循环利用的资源观，实行最严格的耕地保护、水资源管理制度，强化能源和水资源、建设用地总量和强度双控管理，更加重视资源利用的系统效率，更加重视在资源开发利用过程中减少对生态环境的损害，更加重视资源的再生循环利用，用最少的资源环境代价取得最大的经济社会效益。要全面推动重点领域低碳循环发展，加强高能耗行业能耗管理，强化建筑、交通节能，发展节水型产业，推动各种废弃物和垃圾集中处理和资源化利用。

其三，构建人类命运共同体，应对全球资源耗竭，必须提倡保护非生物资源。国家统计局网站统计资料显示，2014年中国经济增长为7.4%，2015年为7.0%，2016年为6.8%，2017年为6.9%，2018年为6.7%。我国经济的持续增长伴随两大问题：一是环境污染严重；二是资源能源消耗量过大。例如，2017年，我国的国内生产总值即GDP达到83.20万亿元人民币，煤炭消费量达到27.09亿吨标准煤；2018年我国的GDP在上年的基础上再增长6.7%左右，煤炭消费量超过27.38亿吨标准煤。又如，2016年，我国的石油消费量为5.64亿吨，其中进口4.45亿吨；2017年我国的石油消费量近5.87亿吨，进口近4.91亿吨，石油对外依存度持续偏高，影响国家能源安全。不仅是中国，资源"瓶颈"制约经济发展也是一个世界性的问题。经济全球化之下，水、矿藏等非生物资源都或自然或人为，或直接或间接地在世界各国之间流动着。保护非生物资源已成为中国和世界各国构建人类命运共同体的必要主题之一。

二、非生物资源保护立法概况

（一）有关非生物资源保护的法律

表10－1为我国目前主要的非生物资源保护的法律。

表10－1　我国主要非生物资源保护法律

序号	名称	备　注
1	《中华人民共和国水法》	1988年1月21日第六届全国人民代表大会常务委员会第二十四次会议通过 2002年8月29日第九届全国人民代表大会常务委员会第二十九次会议修订 2009年8月27日第十一届全国人民代表大会常务委员会第十次会议《关于修改部分法律的决定》第一次修正 2016年7月2日第十二届全国人民代表大会常务委员会第二十一次会议《关于修改〈中华人民共和国节约能源法〉等六部法律的决定》第二次修正
2	《中华人民共和国土地管理法》	1986年6月25日第六届全国人民代表大会常务委员会第十六次会议通过 1988年12月29日第七届全国人民代表大会常务委员会第五次会议《关于修改〈中华人民共和国土地管理法〉的决定》第一次修正 1998年8月29日第九届全国人民代表大会常务委员会第四次会议修订 2004年8月28日第十届全国人民代表大会常务委员会第十一次会议《关于修改〈中华人民共和国土地管理法〉的决定》第二次修正 2019年8月26日第十三届全国人民代表大会常务委员会第十二次会议《关于修改〈中华人民共和国土地管理法〉、〈中华人民共和国城市房地产管理法〉的决定》第三次修正

[1] 参见奚洁人主编：《科学发展观百科辞典》，上海辞书出版社2007年版，第33～34页。

续表

序号	名称	备　注
3	《中华人民共和国水土保持法》	1991 年 6 月 29 日第七届全国人民代表大会常务委员会第二十次会议通过 2010 年 12 月 25 日第十一届全国人民代表大会常务委员会第十八次会议修订
4	《中华人民共和国防沙治沙法》	2001 年 8 月 31 日第九届全国人民代表大会常务委员会第二十三次会议通过 2018 年 10 月 26 日第十三届全国人民代表大会常务委员会第六次会议《关于修改〈中华人民共和国野生动物保护法〉等十五部法律的决定》修正
5	《中华人民共和国矿产资源法》	1986 年 3 月 19 日第六届全国人民代表大会常务委员会第十五次会议通过 1996 年 8 月 29 日第八届全国人民代表大会常务委员会第二十一次会议《关于修改〈中华人民共和国矿产资源法〉的决定》第一次修正 2009 年 8 月 27 日第十一届全国人民代表大会常务委员会第十次会议《关于修改部分法律的决定》第二次修正

（二）非生物资源保护法律的立法特点

非生物资源保护法律最早的为 1986 年颁布的《矿产资源法》，最新的是 2019 年修正的《土地管理法》。非生物资源保护立法具有以下立法特点：第一，专项立法数量增加。随着环境保护和自然资源的重要性被国家越来越重视、被社会越来越认同，非生物资源保护专项立法的数量呈增加趋势。矿产资源、土地资源是于 20 世纪 80 年代被纳入立法规定的。进入 21 世纪后，我国对水资源利用、防沙治沙、水土保持等进行专项立法，或者对旧法进行修订、修正。随着循环经济理论的提出和发展，保护资源，节约资源，综合利用，建设节约型社会现在乃至未来都是我国经济发展的一项重要原则，自然资源的有效保护、合理开发，还将成为我国立法修法的热点。第二，立法精神从“利用为主”转为“利用与保护并重”。非生物资源保护法在诞生之初是偏重资源利用的，这可以从早期版本的各部相关法律的立法目的、章节设置找到印证。进入 21 世纪特别是党的十八大以来，生态文明理念得到前所未有的重视，保护、节约非生物资源的相关内容开始写入非生物资源保护法律法规和规章中。第三，非生物资源利用与保护受国务院行政法规和地方性立法文件影响大。为配合各专项法律的实施，国务院及相关行政主管部门陆续颁布了一些专门的行政法规和规章，如《河道管理条例》、《取水许可制度实施办法》（已失效）、《取水许可和水资源费征收管理条例》、《水土保持法实施条例》等。2015 年《立法法》修改后，明确设区的市可以对“城乡建设与管理、环境保护、历史文化保护等方面的事项”制定地方性法规。非生物资源保护法律的规定是原则性的、制度性的。其下位法行政法规及部门规章、地方性法规的相关规定是具体性、可操作性的，对非生物资源的保护具有不可忽视的影响力。

第二节　水 资 源 法

从环境科学的角度来说，水资源是指在一定经济技术条件下可以被人类利用的淡水的总称，一般是指分布在陆地的淡水资源。《水法》所指的水资源是指地表水和地下水。地表水、土壤水和地下水共同组成陆地水资源，其中与水资源保护有关的就是地表水和地下水，包括江河、湖泊、冰川等地表水和位于地壳上部的浅层地下水。

为了保护和合理利用水资源，我国十分重视水资源立法。自1988年《水法》颁布施行以来，国家先后制定或修订了《水土保持法》(2010年修订)、《防洪法》(2016年修订)、《水污染防治法》(2017年修正)、《河道管理条例》(2018年修订)、《取水许可和水资源费征收管理条例》(2017年修订)、国务院《关于实行最严格水资源管理制度的意见》(国发〔2012〕3号)等法律法规，形成了一个由法律、行政法规、地方性法规、部门规章等规范性文件组成的水法体系，为水资源的开发、利用、保护和管理提供了良好的基础，使各项水事活动基本实现了有法可依。

我国现行《水法》于2016年7月2日第十二届全国人民代表大会常务委员会第二十一次会议修正通过，自2016年7月2日起施行。《水法》的历史颁布修订沿革为：1988年1月21日第六届全国人民代表大会常务委员会第二十四次会议通过颁布；2002年8月29日第九届全国人民代表大会常务委员会第二十九次会议修订；2009年8月27日第十一届全国人民代表大会常务委员会第十次会议《关于修改部分法律的决定》第一次修正；2016年7月2日第十二届全国人民代表大会常务委员会第二十一次会议《关于修改〈中华人民共和国节约能源法〉等六部法律的决定》第二次修正。

《水法》于2009年、2016年进行了两次修正。该法共8章82条，规定了水资源规划，水资源开发利用，水资源、水域和水工程的保护，水资源配置和节约使用，水事纠纷处理与执法监督检查，法律责任等内容。在我国领域内进行开发、利用、节约、保护、管理水资源，防治水害等均适用《水法》。

一、《水法》的立法目的

水是生态环境的重要组成部分，水资源对于地球上生命的存在和发展、工农业生产的进行和人类物质文化生活的丰富，有着不可替代的作用。要而言之，水是生命之源、生产之要、生态之基。人多水少、水资源时空分布不均、水旱灾害频繁是我国的基本国情和水情，水资源已经成为制约中国可持续发展的重要资源因素之一。我国立法机关在制定《水法》时，既充分考虑到我国经济发展对水资源的巨大需求，又立足于我国水资源现状，规定我国《水法》的立法目的有三：一是合理开发、利用、节约和保护水资源；二是防治水害；三是实现水资源的可持续利用，适应国民经济和社会发展的需要，实现水资源的可持续利用。在上述立法目的之下，《水法》规定了利用与保护水资源并重的系列法律制度。

二、水资源权属制度

水资源所有权是水资源分配及利用的基础。当今绝大多数立法例将水资源归国家、州、全民所有，而非私人所有。[2] 我国在水资源权属上实行单一的国家所有制，确立了所有权与使用权分离的原则。《水法》第3条规定："水资源属于国家所有。水资源的所有权由国务院代表国家行使。农村集体经济组织的水塘和由农村集体经济组织修建管理的水库中的水，归各该农村集体经济组织使用。"水资源单一国家所有权制度的建立，有利于解决我国当前面临的严重水资源问题，对实现水资源的宏观调控、合理配置、节约使用以及水污染控制、水资源保护等奠定了基础。

---

〔2〕　参见彭诚信、单平基：《水资源国家所有权理论之证成》，载《清华法学》2010年第6期。

三、水资源有偿使用制度和取水许可制度

《水法》在完善水资源所有权的基础上,明确规定了水资源有偿使用制度和取水许可制度。我国《水法》第7条规定:"国家对水资源依法实行取水许可制度和有偿使用制度,但是,农村集体经济组织及其成员使用本集体经济组织的水塘、水库中的水的除外。国务院水行政主管部门负责全国取水许可制度和水资源有偿使用制度的组织实施。"为了利用市场机制集约优化地使用水资源,我国已经试行水权交易制度。水权可理解为一定额度,能在市场主体之间合法交易的水资源使用权。水资源有偿使用制度和取水许可制度的确立,对我国进一步确立水权交易制度和推行以市场机制为基础的水权交易,提供了制度设计的基础。

四、节约用水、保护水资源制度

节约用水、保护水资源是我国一贯倡导的政策,《水法》以立法方式分别规定了国家、政府在节约用水、保护水资源方面的责任,以及单位和个人在这方面的权利和义务。

(一)国家和政府在节约用水、保护水资源方面的责任

国家是我国水资源的所有者,水资源的所有权由国务院代表国家行使。在节约用水、保护水资源方面,国家和政府的责任主要是:第一,国家厉行节约用水、保护水资源。为更好地节约用水,国家大力推行节约用水措施,推广节约用水新技术、新工艺,发展节水型工业、农业和服务业,努力建立节水型社会。同时,国家采取有效措施保护植被,植树种草,涵养水源,防治水土流失和水体污染,改善生态环境,保护水资源。第二,国务院水行政主管部门负责对水资源的管理、监督工作。我国对水资源的管理实行流域管理与行政区域管理相结合的管理体制。国务院水行政主管部门(水利部)负责全国水资源的统一管理和监督工作。国务院水行政主管部门在国家确定的重要江河、湖泊设立的流域管理机构,在所管辖的范围内行使法律、行政法规规定的和国务院水行政主管部门授予的水资源管理和监督职责。县级以上地方人民政府水行政主管部门按照规定的权限,负责本行政区域内水资源的统一管理和监督工作。国务院水行政主管部门之外的其他有关部门按照各自相应的职责分工,负责水资源开发、利用、节约和保护的有关工作。县级以上地方人民政府有关部门按照职责分工,负责本行政区域内水资源开发、利用、节约和保护的有关工作。

(二)单位和个人在节约用水、保护水资源方面的权利与义务

国家鼓励单位和个人依法开发、利用水资源,并保护其合法权益。因此作为水资源的使用者,单位和个人享有依法开发、利用水资源的权利,其在开发、利用水资源中所获得的合法权益受到国家保护。同时,单位和个人在开发、利用水资源的过程中,负有保护、节约、管理水资源的义务。政府代表国家对在开发、利用、节约、保护、管理水资源和防治水害等方面成绩显著的单位和个人给予奖励。

五、水资源规划制度

《水法》规定了国家水资源战略规划制度:规划分为流域规划与区域规划。水资源规划制度的内容主要包括以下几项。

(一)国家统筹全国水资源战略规划

我国对水资源实行国家统筹规划。《水法》规定,由国家根据开发、利用、节约、保护水资源和防治水害的需要统一制定水资源战略规划。根据水资源的分布特点,规划分为流域规划和区域规划两类。根据规划编制的不同用途,流域规划包括流域综合规划和流域专业规划两类,区域规划也包括流区综合规划和区域专业规划两类。

综合规划是根据经济社会发展需要和水资源开发利用现状编制的开发、利用、节约、保护水资源和防治水害的总体部署。专业规划是防洪、治涝、灌溉、航运、供水、水力发电、竹木流放、渔业、水资源保护、水土保持、防沙治沙、节约用水等方面的规划。在这些规划中，流域范围内的区域规划应当服从流域规划，专业规划应当服从综合规划。在制定流域综合规划和区域综合规划以及与土地利用关系密切的专业规划时，应当与国民经济和社会发展规划以及土地利用总体规划、城市总体规划和环境保护规划相协调，兼顾各地区、各行业的需要。

（二）水资源规划的编制、审批

为了加强水资源规划制度的科学性和可实施性，《水法》规定，对水资源实行分级编制、审批。（1）国家确定的重要江河、湖泊的流域综合规划，由国务院水行政主管部门会同国务院有关部门和有关省、自治区、直辖市人民政府编制，报国务院批准。（2）跨省、自治区、直辖市的其他江河、湖泊的流域综合规划和区域综合规划，由有关流域管理机构会同江河、湖泊所在地的省、自治区、直辖市人民政府水行政主管部门和有关部门编制，分别经有关省、自治区、直辖市人民政府审查提出意见后，报国务院水行政主管部门审核；国务院水行政主管部门征求国务院有关部门意见后，报国务院或者其授权的部门批准。（3）其他江河、湖泊的流域综合规划和区域综合规划，由县级以上地方人民政府水行政主管部门会同同级有关部门和有关地方人民政府编制，报本级人民政府或者其授权的部门批准，并报上一级水行政主管部门备案。（4）专业规划由县级以上人民政府有关部门编制，征求同级其他有关部门意见后，报本级人民政府批准。其中，防洪规划、水土保持规划的编制、批准按照《防洪法》《水土保持法》的规定执行。（5）规划一经批准，必须严格执行。经批准的规划需要修改时，必须按照规划编制程序经原批准机关批准。

（三）水工程建设须复合规划

建设水工程，必须符合流域综合规划。在国家确定的重要江河、湖泊和跨省、自治区、直辖市的江河、湖泊上建设水工程，未取得有关流域管理机构签署的符合流域综合规划要求的规划同意书的，建设单位不得开工建设；在其他江河、湖泊上建设水工程，未取得县级以上地方人民政府水行政主管部门按照管理权限签署的符合流域综合规划要求的规划同意书的，建设单位不得开工建设。水工程建设涉及防洪的，依照《防洪法》的有关规定执行；涉及其他地区和行业的，建设单位应当事先征求有关地区和部门的意见。

六、水资源开发、利用制度

（一）水资源开发、利用的总体规定

《水法》规定了开发、利用水资源应当坚持的四项总体规定：一是应当坚持兴利与除害相结合，兼顾上下游、左右岸和有关地区之间的利益，充分发挥水资源的综合效益，并服从防洪的总体安排。二是应当首先满足城乡居民生活用水，并兼顾农业、工业、生态环境用水以及航运等需要。在干旱、半干旱地区开发、利用水资源，应当充分考虑生态环境用水需要。三是跨流域调水，应当进行全面规划和科学论证，统筹兼顾调出和调入流域的用水需要，防止对生态环境造成破坏。四是地方各级政府应当结合本地区水资源的实际情况，按照地表水与地下水统一调度开发、开源与节流相结合、节流优先和污水处理再利用的原则，合理组织开发、综合利用水资源；编制国民经济和社会发展规划、城市总体规划、布局重大建设项目，应当进行科学论证，使规划、项目布局与当地水资源条件和防洪要求相适应，在水资源不足的地区，规划与项目布局应当对城市规模和建设耗水量大的工业、农业和服务业项目加以限制。

(二)水资源开发、利用的具体措施

1. 积极措施。《水法》规定的具体鼓励措施有三:一是在水资源短缺的地区,国家鼓励对雨水和微咸水的收集、开发、利用和对海水的利用、淡化;二是在水能丰富的河流,应当有计划地进行多目标梯级开发;三是在水生生物洄游通道、通航或者竹木流放的河流上修建永久性拦河闸坝的,要求建设单位应当同时修建过鱼、过船、过木设施,或者经国务院授权的部门批准采取其他补救措施,并妥善安排施工和蓄水期间的水生生物保护、航运和竹木流放。

2. 限制措施。《水法》规定的具体限制措施有三:一是在水资源不足的地区,应当对城市规模和建设耗水量大的工业、农业和服务业项目加以限制;二是地方各级人民政府在容易发生盐碱化和渍害的地区,应当采取措施,控制和降低地下水的水位;三是任何单位和个人引水、截(蓄)水、排水,不得损害公共利益和他人的合法权益。

3. 保护各方合法权益。《水法》在水资源的开发、利用中,贯彻保护各方合法权益原则。具体规定有三:一是农村集体经济组织或者其成员依法在本集体经济组织所有的集体土地或者承包土地上投资兴建水工程设施的,按照谁投资建设谁管理和谁受益的原则,对水工程设施及其蓄水进行管理和合理使用;二是国家对水工程建设移民实行开发性移民的方针,按照前期补偿、补助与后期扶持相结合原则,妥善安排移民的生产和生活,保护移民的合法权益;三是保护水工程建设移民的合法权益,国家对水工程建设移民实行开发性移民的方针,按照前期补偿、补助与后期扶持相结合的原则,妥善安排移民的生产和生活,保护移民安置与工程建设同步进行。

七、水资源、水域和水工程保护制度

《水法》在水资源、水域和水工程的保护方面,主要规定了以下几项制度。

(一)维护水体的自然净化能力

《水法》规定,县级以上人民政府水行政主管部门、流域管理机构以及其他有关部门在制定水资源开发、利用规划和调度水资源时,应当注意维持江河的合理流量和湖泊、水库以及地下水的合理水位,维护水体的自然净化能力。《水法》的这一规定,强化了水资源开发利用行为人对水资源的保护义务。

(二)规定地下水开采禁限制度

我国《水法》规定的地下水开采禁限制度,主要包括以下内容:(1)从事水资源开发、利用、节约、保护和防治水害等水事活动,应当遵守经批准的规划;因违反规划造成江河和湖泊水域使用功能降低、地下水超采、地面沉降、水体污染的,应当承担治理责任。(2)开采矿藏或者建设地下工程,因疏干排水导致地下水水位下降、水源枯竭或者地面塌陷,采矿单位或者建设单位应当采取补救措施;对他人生活和生产造成损失的,依法给予补偿。(3)在地下水超采地区,县级以上地方人民政府应当采取措施,严格控制开采地下水。在地下水严重超采地区,经省、自治区、直辖市人民政府批准,可以划定地下水禁止开采或者限制开采区。在沿海地区开采地下水,应当经过科学论证,并采取措施,防止地面沉降和海水入侵。

(三)建立水功能区划制度

水功能区划制度是按照流域综合规划、水资源保护规划和经济社会发展要求拟定的确定不同水域主要功能的制度

水功能区划应分级制定:(1)国务院水行政主管部门会同国务院环境保护行政主管部门、有关部门和有关省、自治区、直辖市人民政府,按照流域综合规划、水资源保护规划和经济社会发展要求,拟定国家确定的重要江河、湖泊的水功能区划,报国务院批准。(2)跨省、自治

区、直辖市的其他江河、湖泊的水功能区划，由有关流域管理机构会同江河、湖泊所在地的省、自治区、直辖市人民政府水行政主管部门、环境保护行政主管部门和其他有关部门拟定，分别经有关省、自治区、直辖市人民政府审查提出意见后，由国务院水行政主管部门会同国务院环境保护行政主管部门审核，报国务院或者其授权的部门批准。(3)其他江河、湖泊的水功能区划，由县级以上地方人民政府水行政主管部门会同同级人民政府环境保护行政主管部门和有关部门拟定，报同级人民政府或者其授权的部门批准，并报上一级水行政主管部门和环境保护行政主管部门备案。县级以上人民政府水行政主管部门或者流域管理机构应当按照水功能区对水质的要求和水体的自然净化能力，核定该水域的纳污能力，向环境保护行政主管部门提出该水域的限制排污总量意见。县级以上地方人民政府水行政主管部门和流域管理机构应当对水功能区的水质状况进行监测，发现重点污染物排放总量超过控制指标的，或者水功能区的水质未达到水域使用功能对水质的要求的，应当及时报告有关人民政府采取治理措施，并向环境保护行政主管部门通报。

(四)建立饮用水水源保护区制度

国家建立饮用水水源保护区制度。省、自治区、直辖市人民政府应当划定饮用水源保护区，并采取措施，防止水源枯竭和水体污染，保证城乡居民饮用水安全。禁止在饮用水水源保护区内设置排污口。在江河、湖泊新建、改建或者扩大排污口，应当经过有管辖权的水行政主管部门或者流域管理机构同意，由环境保护行政主管部门负责对该建设项目的环境影响报告书进行审批。

(五)保护水工程设施制度

我国《水法》规定保护水工程设施，并规定了一系列具体措施。如规定禁止在江河、湖泊、水库、运河、渠道内弃置、堆放阻碍行洪的物体和种植阻碍行洪的林木及高秆作物；禁止在河道管理范围内建设妨碍行洪的建筑物、构筑物以及从事影响河势稳定、危害河岸堤防安全和其他妨碍河道行洪的活动；禁止围湖造地；禁止围垦河道；实行河道采砂许可制度。

对国家所有的水工程按照国务院的规定划定工程管理和保护范围，在水工程保护范围内，禁止从事影响水工程运行和危害水工程安全的爆破、打井、采石、取土等活动。

八、水资源配置和节约使用制度

《水法》在水资源配置方面，主要规定了分级制订水资源供求规划和分配方案，以及用水总量控制与定额管理相结合制度。

(一)分级制定水资源供求规划和分配方案

《水法》规定，水中长期供求规划应当依据水的供求现状、国民经济和社会发展规划、流域规划、区域规划，按照水资源供需协调、综合平衡、保护生态、厉行节约、合理开源的原则制定。水资源供求规划和分配方案由国务院水行政主管部门、县级以上地方人民政府水行政主管部门分级制定。

1. 全国水资源中长期供求规划的制定。国务院发展计划主管部门和国务院水行政主管部门负责全国水资源的宏观调配。全国的和跨省、自治区、直辖市的水中长期供求规划，由国务院水行政主管部门会同有关部门制定，经国务院发展计划主管部门审查批准后执行。

2. 地方水资源中长期供求规划的制定。地方的水中长期供求规划，由县级以上地方人民政府水行政主管部门会同同级有关部门依据上一级水中长期供求规划和本地区的实际情况制定，经本级人民政府发展计划主管部门审查批准后执行。

3. 特殊情况下的水量分配方案和调度。我国《水法》规定，跨省、自治区、直辖市的水量分配方案和旱情紧急情况下的水量调度预案，由流域管理机构商有关省、自治区、直辖市人民政府制订，报国务院或者其授权的部门批准后执行。其他跨行政区域的水量分配方案和旱情紧急情况下的水量调度预案，由共同的上一级人民政府水行政主管部门商有关地方人民政府制订，报本级人民政府批准后执行。

（二）用水总量控制与定额管理相结合的制度

1. 用水总量控制制度。我国《水法》规定，国家对用水实行总量控制和定额管理相结合的制度。其中用水总量控制制度主要包括：(1)县级以上地方人民政府水行政主管部门或者流域管理机构根据批准的水量分配方案和年度预测来水量，制订年度水量分配方案和调度计划，实施水量统一调度；有关地方人民政府必须服从。(2)国家确定的重要江河、湖泊的年度水量分配方案，应当纳入国民经济和社会发展年度计划。(3)县级以上地方人民政府发展计划主管部门会同同级水行政主管部门，根据用水定额、经济技术条件以及水量分配方案确定的可供本行政区域使用的水量，制订年度用水计划，对本行政区域内的年度用水实行总量控制。

2. 用水定额管理制度。我国《水法》规定的用水定额管理制度，主要内容是：(1)由省、自治区、直辖市人民政府有关行业主管部门制定本行政区域内行业用水定额，报同级水行政主管部门和质量监督检验行政主管部门审核同意后，由省、自治区、直辖市人民政府公布，并报国务院水行政主管部门和国务院质量监督检验行政主管部门备案。(2)直接从江河、湖泊或者地下取用水资源的单位和个人，应当按照国家取水许可制度和水资源有偿使用制度的规定，向水行政主管部门或者流域管理机构申请领取取水许可证，并缴纳水资源费，取得取水权。但是，家庭生活和零星散养、圈养畜禽饮用等少量取水的除外。

3. 用水计量机制。《水法》明确规定，用水应当计量，并按照批准的用水计划用水。我国《水法》同时还规定，用水实行计量收费和超定额累进加价制度。使用水工程供应的水，应当按照国家规定向供水单位缴纳水费。供水价格按照补偿成本、合理收益、优质优价、公平负担的原则确定。

4. 节水制度。各级人民政府应当推行节水灌溉方式和节水技术，对农业蓄水、输水工程采取必要的防渗漏措施，提高农业用水效率。工业用水应当采用先进技术、工艺和设备，增加循环用水次数，提高水的重复利用率。城市人民政府应当因地制宜采取有效措施，推广节水型生活用水器具，降低城市供水管网漏失率，提高生活用水效率；加强城市污水集中处理，鼓励使用再生水，提高污水再生利用率。新建、扩建、改建建设项目，应当制订节水措施方案，配套建设节水设施。节水设施应当与主体工程同时设计、同时施工、同时投产。供水企业和自建供水设施的单位应当加强供水设施的维护管理，减少水的漏失。各级人民政府应当积极采取措施，改善城乡居民的饮用水条件。

九、水事纠纷处理与执法监督检查制度

（一）水事纠纷的处理

水事纠纷主要是供水、用水的各方当事人，在使用水资源的活动中所发生的相关争执。这些争执往往有时间久、涉及面广、涉及当事人多的特点。解决这类水事纠纷主要采用以下几种方式：(1)行政协商与裁决方式。不同行政区域之间发生水事纠纷的，应当协商处理；协商不成的，由上一级人民政府裁决，有关各方必须遵照执行。在水事纠纷解决前，未经各方达成协议或者共同的上一级人民政府批准，在行政区域交界线两侧一定范围内，任何一方不得修建排水、阻水、取水和截（蓄）水工程，不得单方面改变水的现状。(2)调解与民事诉讼方

式。单位之间、个人之间、单位与个人之间发生的水事纠纷，应当协商解决；当事人不愿协商或者协商不成的，可以申请县级以上地方人民政府或者其授权的部门调解，也可以直接向人民法院提起民事诉讼。县级以上地方人民政府或者其授权的部门调解不成的，当事人可以向人民法院提起民事诉讼。在水事纠纷解决前，当事人不得单方面改变水的现状。(3)采用临时措施。县级以上人民政府或者其授权的部门在处理水事纠纷时，有权采取临时措施，有关各方或者当事人必须服从。

(二)水政执法监督检查

《水法》规定了水资源管理机构的执法权限、执法措施、被检查者的配合义务、水行政监督检查人员的持证检查程序以及上级部门对违法失职行为的处理。水政执法监督检查，主要包括：一是政府水行政主管部门和流域管理机构负责水政执法监督检查。县级以上人民政府水行政主管部门和流域管理机构应当对违反《水法》的行为加强监督检查并依法进行查处。县级以上人民政府水行政主管部门的流域管理机构及其水政监督检查人员履行《水法》规定的监督检查职责时，有权采取下列措施：要求被检查单位提供有关文件、证照、资料；要求被检查单位就执行《水法》的有关问题作出说明；进入被检查单位的生产场所进行调查；责令被检查单位停止违反本法的行为，履行法定义务。水政监督检查人员在履行监督检查职责时，应当向被检查单位或者个人出示执法证件。县级以上人民政府或者上级水行政主管部门发现本级或者下级水行政主管部门在监督检查工作中有违法或者失职行为的，应当责令其限期改正。二是被检查者的配合义务。有关单位或者个人对水政监督检查人员的监督检查工作应当给予配合，不得拒绝或者阻碍水政监督检查人员依法执行职务。

第三节 土地资源法

土地是由气候、地貌、岩石、土壤、植被和水文等各种自然因素长期相互作用以及人类活动影响所形成的综合体。土地资源是指在当前和可预见的未来对人类有用的土地。

土地资源具有面积有限、位置固定、生产能力永久、基本用途不可替代以及自然差异的基本特性。因此，保护土地资源，合理开发利用土地，对于人类生存、社会发展具有非常重要的意义。我国政府一贯重视土地资源管理的立法工作，目前有关土地保护与管理的法律、法规主要有：《土地管理法》(2019 年修正)及其实施条例、《水土保持法》(2010 年修订)及其实施条例、《土地复垦规定》(1988 年通过，已失效)、《城镇国有土地使用权出让和转让暂行条例》(2020 年修订)、《基本农田保护条例》(2011 年修订)、《城市房地产管理法》(2019 年修正)、《自然保护区土地管理办法》(1995 年发布)、《农村土地承包法》(2018 年修正)等。此外，《宪法》《环境保护法》《矿产资源法》《农业法》等相关法律中也有一些保护土地资源的内容。

一、土地资源保护的一般规定

(一)我国实行土地社会主义公有制

我国实行土地的社会主义公有制，即全民所有制和劳动群众集体所有制。国家为了公共利益的需要，可以依法对土地实行征收或者征用并给予补偿。禁止任何单位和个人侵占、买卖或者以其他形式非法转让土地的所有权。由于我国实行土地所有权和使用权相分离的制度，因此土地使用权可以依法转让。

（二）十分珍惜、合理利用土地和切实保护耕地是我国的基本国策

《土地管理法》第3条明确规定："十分珍惜、合理利用土地和切实保护耕地是我国的基本国策。各级人民政府应当采取措施，全面规划，严格管理，保护、开发土地资源，制止非法占用土地的行为。"为此《土地管理法》规定了两项基本制度：国有土地有偿使用制度和土地用途管制制度。在土地用途管制制度下，由国家编制土地利用总体规划，规定土地用途，将土地分为农用地、建设用地和未利用地。严格限制农用地转为建设用地，控制建设用地总量，对耕地实行特殊保护。

（三）土地资源管理主体

国务院自然资源主管部门统一负责全国土地的管理和监督工作。县级以地方人民政府自然资源主管部门的设置及其职责，由省、自治区、直辖市人民政府根据国务院有关规定确定。

二、土地的所有权、使用权和用途管控

（一）土地所有权

土地所有权，是指土地所有人依法对其土地占有、使用、收益和处分的权利。土地所有权是土地所有制的法律体现。我国《土地管理法》第9条规定，城市市区的土地属于国家所有。农村和城市郊区的土地，除由法律规定属于国家所有的以外，属于农民集体所有；宅基地和自留地、自留山，属于农民集体所有。也就是说，国家所有土地的所有权由国务院代表国家行使。

（二）土地使用权

土地使用权，是指对土地利用的权利。国有土地使用权是指国有土地的使用人依法利用土地并取得收益的权利。国有土地使用权的取得方式有划拨、出让、出租、入股等。有偿取得的国有土地使用权可以依法转让、出租、抵押和继承。划拨土地使用权在补办出让手续、补缴土地使用权出让金之后才可以转让、出租、抵押。农民集体土地使用权是指农民集体土地的使用人依法使用土地并取得收益的权利。农民集体土地使用权可分为农用土地使用权、宅基地使用权和建设用地使用权。

依据我国《土地管理法》的规定，国有土地和农民集体所有的土地，可以依法确定给单位或者个人使用。土地的所有权和使用权的登记，依照有关不动产登记的法律、行政法规执行。

农民集体所有的土地依法属于村农民集体所有的，由村集体经济组织或者村民委员会经营、管理；已经分别属于村内两个以上农村集体经济组织的农民集体所有的，由村内各该农村集体经济组织或者村民小组经营、管理；已经属于乡（镇）农民集体所有的，由乡（镇）农村集体经济组织经营、管理。

（三）土地承包经营制度

1. 承包方式。农民集体所有和国家所有依法由农民集体使用的耕地、林地、草地，以及其他依法用于农业的土地，采取农村集体经济组织内部的家庭承包方式承包。其他不宜采取家庭承包方式的荒山、荒沟、荒丘、荒滩等，可以采取招标、拍卖、公开协商等方式承包，从事种植业、林业、畜牧业、渔业生产。国家所有依法用于农业的土地可以由单位或者个人承包经营，从事种植业、林业、畜牧业、渔业生产。发包方和承包方应当依法订立承包合同，约定双方的权利和义务。承包经营土地的单位和个人，有保护和按照承包合同约定的用途合理利用土地的义务。

2. 承包期。农民集体所有和国家所有依法由农民集体使用的耕地、林地、草地，以及其他

依法用于农业的土地,家庭承包的耕地承包期为30年,草地的承包期为30~50年,林地的承包期为30~70年,耕地承包期届满后再延长30年,草地、林地承包期届满后依法相应延长。

(四)土地权属争议解决

土地所有权和使用权争议,由当事人协商解决;协商不成的,由人民政府处理。单位之间的争议,由县级以上人民政府处理;个人之间、个人与单位之间的争议,由乡级人民政府或者县级以上人民政府处理。当事人对有关人民政府的处理决定不服的,可以自接到处理决定通知之日起30日内,向人民法院起诉。在土地所有权和使用权争议解决前,任何一方不得改变土地利用现状。

(五)土地用途管控制度

国家编制土地利用总体规划,规定土地用途将土地分为农用地、建设用地和未利用地。严格限制农用地转为建设用地,控制建设用地总量,对耕地实行特殊保护。使用土地的单位和个人必须严格按照土地利用总体规划确定的用途使用土地。土地利用总体规划一经批准,必须严格执行。

三、土地利用规划及耕地保护

(一)土地利用规划

1. 土地利用总体规划

土地利用总体规划,是指在一定区域内,根据国民经济和社会发展对土地的需求以及当地的自然、经济和社会条件,对该地区范围内土地的利用所作的长期的、战略性的总体布局和安排。土地利用总体规划具有综合性、长期性、战略性和法律性的特点。我国的土地利用总体规划是由全国、省级、市(地)级、县(市)级、乡级规划组成,是一个多层次的规划体系。土地利用总体规划是关于土地利用的整体安排,其效力高于其他种类的土地利用规划。城市总体规划、村庄和计征规划应当与土地利用总体规划相衔接。

政府依据国民经济和社会发展规划、国土整治和资源环境保护的要求、土地供给能力以及各项建设对土地的需求,组织编制土地利用总体规划。土地利用总体规划按照下列原则编制:(1)落实国土空间开发保护要求,严格土地用途管制;(2)严格保护永久基本农田,严格控制非农业建设占用农用地;(3)提高土地节约集约利用水平;(4)统筹安排城乡生产、生活、生态用地,满足乡村产业和基础设施用地合理需求,促进城乡融合发展;(5)保护和改善生态环境,保障土地的可持续利用;(6)占用耕地与开发复垦耕地数量平衡、质量相当。

2. 土地利用总体规划分级审批

省、自治区、直辖市的土地利用总体规划,报国务院批准。省、自治区人民政府所在地的市、人口在100万以上的城市以及国务院指定的城市的土地利用总体规划,经省、自治区人民政府审查同意后,报国务院批准。其他土地利用总体规划,逐级上报省、自治区、直辖市人民政府批准;其中,乡(镇)土地利用总体规划可以由省级人民政府授权的设区的市、自治州人民政府批准。土地利用总体规划一经批准,必须严格执行。

3. 建设用地总量控制制度

各级人民政府应当加强土地利用计划管理,实行建设用地总量控制。城市建设用地规模应当符合国家规定的标准,充分利用现有建设用地,不占或者尽量少占农用地。

4. 土地调查制度

县级以上人民政府自然资源主管部门会同同级有关部门进行土地调查,根据土地调查成果、规划土地用途和国家制定的统一标准,评定土地等级。土地所有者或者使用者应当配合调查,并提供有关资料。

5. 土地统计制度

县级以上人民政府统计机构和自然资源主管部门依法进行土地统计调查,定期发布土地统计资料。土地所有者或者使用者应当提供有关资料,不得拒报、迟报,不得提供不真实、不完整的资料。统计机构和自然资源主管部门共同发布的土地面积统计资料是各级人民政府编制土地利用总体规划的依据。国家建立全国土地管理信息系统,对土地利用状况进行动态监测。

(二)耕地保护

为了防止耕地减少,实现耕地总量动态平衡,《土地管理法》专设第四章"耕地保护",排在第五章"建设用地"之前。

1. 占用耕地补偿制度

国家保护耕地,严格控制耕地转为非耕地。占用耕地补偿制度,是指为防止非农业建设导致耕地减少,按照"占多少,垦多少"的原则,由占用耕地的单位负责开垦与所占用耕地的数量和质量相当的耕地;没有条件开垦或者开垦的耕地不符合要求的,应当按照省、自治区、直辖市的规定,缴纳耕地开垦费,专款用于开垦新的耕地。

2. 保证耕地总量不减少

省、自治区、直辖市人民政府应当严格执行土地利用总体规划和土地利用年度计划,采取措施,确保本行政区域内耕地总量不减少、质量不降低。耕地总量减少的,由国务院责令在规定期限内组织开垦与所减少耕地的数量与质量相当的耕地;耕地质量降低的,由国务院责令在规定期限内组织整治。新开垦和整治的耕地由国务院自然资源主管部门会同农业农村主管部门验收。个别省、直辖市确因土地后备资源匮乏,新增建设用地后,新开垦耕地的数量不足以补偿所占用耕地的数量的,必须报经国务院批准减免本行政区域内开垦耕地的数量,易地开垦质量和数量相当的土地。

3. 永久基本农田保护制度

基本农田,是指根据一定时期人口和国民经济对农产品的需求,以及对建设用地占用的预测而确定的长期不得占用的基本农田和保护区规划期内不得占用的耕地。下列耕地应当根据土地利用总体规划划为永久基本农田,实行严格保护:(1)经国务院农业农村主管部门或者县级以上地方人民政府批准确定的粮、棉、油、糖等重要农产品生产基地内的耕地;(2)有良好的水利与水土保持设施的耕地,正在实施改造计划以及可以改造的中、低产田和已建成的高标准农田;(3)蔬菜生产基地;(4)农业科研、教学试验田;(5)国务院规定应当划为永久基本农田的其他耕地。各省、自治区、直辖市划定的永久基本农田一般应当占本行政区域内耕地的80%以上。永久基本农田应当落实到地块,纳入国家永久基本农田数据库严格管理。乡(镇)人民政府应当将永久基本农田的位置、范围向社会公告,并设立保护标志。

4. 其他保护制度

(1)节约使用土地。非农业建设必须节约使用土地,可以利用荒地的,不得占用耕地;可以利用劣地的,不得占用好地。禁止占用耕地建窑、建坟或者擅自在耕地上建房、挖砂、采石、采矿、取土等。禁止占用永久基本农田发展林果业和挖塘养鱼。

(2)禁止闲置、荒芜耕地。禁止任何单位和个人闲置、荒芜耕地。已经办理审批手续的非农业建设占用耕地,1年内不用而又可以耕种并收获的,应当由原耕种该幅耕地的集体或者个人恢复耕种,也可以由用地单位组织耕种;1年以上未动工建设的,应当按照省、自治区、直辖市的规定缴纳闲置费;连续2年未使用的,经原批准机关批准,由县级以上人民政府无偿收回用地单位的土地使用权;该幅土地原为农民集体所有的,应当交由原农村集体经济组织恢复耕种。在城市规划区范围内,以出让方式取得土地使用权进行房地产开发的闲置土地,依照《城市房地产管理法》的有关规定办理。

(3)鼓励开发未利用的土地。国家鼓励单位和个人按照土地利用总体规划,在保护和改善生态环境、防止水土流失和土地荒漠化的前提下,开发未利用的土地;适宜开发为农用地的,应当优先开发成农用地。国家依法保护开发者的合法权益。

(4)鼓励土地整理。县、乡(镇)人民政府应当组织农村集体经济组织,按照土地利用总体规划,对田、水、路、林、村综合整治,提高耕地质量,增加有效耕地面积,改善农业生产条件和生态环境。地方各级人民政府应当采取措施,改造中、低产田,整治闲散地和废弃地。

(5)土地复垦。土地复垦,是指对在生产建设过程中因挖损、塌陷、压占等造成破坏的土地采取整治措施,使其恢复到可供利用状态的活动。因挖损、塌陷、压占等造成土地破坏,用地单位和个人应当按照国家有关规定负责复垦。没有条件复垦或者复垦不符合要求的,应当缴纳土地复垦费,专项用于土地复垦。复垦的土地应当优先用于农业。

四、严格控制建设用地

建设用地是指建造建筑物、构筑物的土地。由于土地资源的有限性和不可替代性,加之土地资源受到污染和破坏后很难恢复其原有功能,必须严格控制建设用地。

(一)建设用地征地审批和补偿制度

1. "农转建"的审批

建设占用土地,涉及农用地转为建设用地的,应当办理农用地转用审批手续。永久基本农田转为建设用地的,由国务院批准。将永久基本农田以外的农用地转为建设用地的,按土地利用年度计划分批次按照国务院规定由原批准土地利用总体规划的机关或者其授权的机关批准。在已批准的农用地转用范围内,具体建设项目用地可以由市、县人民政府批准。在土地利用总体规划确定的城市和村庄、集镇建设用地规模范围外,将永久基本农田以外的农用地转为建设用地的,由国务院或者国务院授权的省、自治区、直辖市人民政府批准。

2. 征地审批

征地审批权集中在国务院和省级人民政府。须经国务院批准方能征收的土地包括:(1)永久基本农田;(2)永久基本农田以外的耕地超过35公顷的;(3)其他土地超过70公顷的。征收上述之外土地的,由省、自治区、直辖市人民政府批准。征收农用地的,应当先行办理农用地转用审批。其中,经国务院批准农用地转用的,同时办理征地审批手续,不再另行办理征地审批;经省、自治区、直辖市人民政府在征地批准权限内批准农用地转用的,同时办理征地审批手续,不再另行办理征地审批,超过征地批准权限的,应当另行办理征地审批。建设项目施工和地质勘查需要临时使用国有土地或者农民集体所有的土地的,由县级以上人民政府自然资源主管部门批准。其中,在城市规划区内的临时用地,在报批前,应当先经有关城市规划行政主管部门同意。土地使用者应当根据土地权属,与有关自然资源主管部门或者农村集体经济组织、村民委员会签订临时使用土地合同,并按照合同的约定支付临时使用土地补偿费。临时使用土地的使用者应当按照临时使用土地合同约定的用途使用土地,并不得修建永久性建筑物。临时使用土地期限一般不超过2年。

3. 征用土地补偿制度

征收土地,按照被征收土地的原用途给予补偿。征收农用地的补偿费用包括土地补偿费、安置补助费以及农村村民住宅、其他地上附着物和青苗的补偿费,并安排被征地农民的社会保障费用。征收农用地的土地补偿费、安置补助费标准由省、自治区、直辖市通过制定公布区片综合地价确定。以出让等有偿使用方式取得国有土地使用权的建设单位，按照国务院规定的标准和办法，缴纳土地使用权出让金等土地有偿使用费和其他费用后，方可使用土地。

（二）严格控制乡村建设用地

1. 严格按照规划用地

乡镇企业、乡（镇）村公共设施、公益事业、农村村民住宅等乡（镇）村建设，应当按照村庄和集镇规划，合理布局，综合开发，配套建设；建设用地，应当符合乡（镇）土地利用总体规划和土地利用年度计划，依法办理审批手续。

2. 控制乡镇建设用地

农村集体经济组织使用乡（镇）土地利用总体规划确定的建设用地兴办企业或者与其他单位、个人以土地使用权入股、联营等形式共同举办企业的，应当持有关批准文件，向县级以上地方人民政府自然资源主管部门提出申请，按照省、自治区、直辖市规定的批准权限，由县级以上地方人民政府批准；其中，涉及占用农用地的，依照规定办理审批手续。省、自治区、直辖市可以按照乡镇企业的不同行业和经营规模，分别规定用地标准。乡（镇）村公共设施、公益事业建设，需要使用土地的，经乡（镇）人民政府审核，向县级以上地方人民政府自然资源主管部门提出申请，按照省、自治区、直辖市规定的批准权限，由县级以上地方人民政府批准；其中，涉及占用农用地的，依规定办理审批手续。

第四节　水土保持法

水土保持，是指对自然因素和人为活动造成水土流失所采取的预防和治理措施。我国是水土流失最严重的国家之一。为预防和治理水土流失，保护和合理利用水土资源，减轻水、旱、风沙灾害，改善生态环境，保障经济社会可持续发展，1991 年 6 月 29 日第七届全国人民代表大会常务委员会第二十次会议通过了《水土保持法》，在 2010 年 12 月 25 日进行了第一次修订；1993 年国务院制定了《水土保持法实施条例》并于 2011 年修订。此外，我国在《环境保护法》《土地管理法》《水法》《森林法》《草原法》中也有防治水土流失的规定。《水土保持法》及《水土保持法实施条例》是关于水土保持的主要现行法律规范，其对水土流失的预防、治理，水土保持的监督以及法律责任都作了相应的规定。

一、水土保持

（一）水土保持的主管部门及其职责

1. 水土保持的主管部门

国务院水行政主管部门主管全国的水土保持工作，在国家确定的重要江河、湖泊设立的流域管理机构，在所管辖范围内依法承担水土保持监督管理职责；县级以上地方人民政府水行政主管部门，主管本行政区域的水土保持工作；县级以上人民政府林业、农业、国土资源等有关部门按照各自职责，做好有关的水土流失预防和治理工作。

2. 水土保持主管部门的职责

水土保持主管部门的职责主要包括以下各项：（1）组织水土流失调查。国务院水行政主管部门应当定期组织全国水土流失调查并公告调查结果。省、自治区、直辖市人民政府水行政主管部门负责本行政区域的水土流失调查并公告调查结果,公告前应当将调查结果报国务院水行政主管部门备案。(2)编制水土保持规划。县级以上人民政府水行政主管部门会同同级人民政府有关部门编制水土保持规划,报本级人民政府或者其授权的部门批准后,由水行政主管部门组织实施。水土保持规划一经批准,应当严格执行;经批准的规划根据实际情况需要修改的,应当按照规划编制程序报原批准机关批准。水土保持规划的内容应当包括水土流失状况、水土流失类型区划分、水土流失防治目标、任务和措施等。水土保持规划应当与土地利用总体规划、水资源规划、城乡规划和环境保护规划等相协调。编制水土保持规划,应当征求专家和公众的意见。县级以上人民政府应当加强对水土保持工作的统一领导,将水土保持工作纳入本级国民经济和社会发展规划,对水土保持规划确定的任务,安排专项资金,组织实施,并可以按照有关规定,安排水土流失地区的部分扶贫资金、以工代赈资金和农业发展基金等资金,用于水土保持。(3)划定水土流失重点防治区。县级以上人民政府应当依据水土流失调查结果划定并公告水土流失重点防治区,进行重点防治。对水土流失潜在危险较大的区域,应当划定为水土流失重点预防区;对水土流失严重的区域,应当划定为水土流失重点治理区。(4)加强水土保持的宣传教育。各级人民政府及有关部门应当加强水土保持的宣传教育工作,普及水土保持科学知识,增强公众的水土保持意识。

(二)公民对水土保持的义务和责任

依据《水土保持法》的规定,任何单位和个人都有保护水土资源、防治水土流失的义务,并有权对破坏水土资源、造成水土流失的行为进行检举。

二、水土流失的预防

(一)植树造林,涵养水源

地方各级人民政府应当按照水土保持规划,采取封育保护、自然修复等措施,组织单位和个人植树种草,扩大林草覆盖面积,涵养水源,预防和减轻水土流失。

(二)合理开垦陡坡地

《水土保持法》按照坡地的不同坡度分别作了禁止垦荒和限制垦荒的规定。(1)禁止垦荒的陡坡地。依据《水土保持法》第20条的规定,禁止在25度以上陡坡地开垦种植农作物。在25度以上陡坡地种植经济林的,应当科学选择种树,合理确定规模,采取水土保持措施,防止造成水土流失。禁止开垦的陡坡地的具体范围由当地县级人民政府划定并公告。此外,禁止毁林、毁草开垦和采集发菜。禁止在水土流失重点预防区和重点治理区铲草皮、挖树兜或者滥挖虫草、甘草、麻黄等。(2)限制垦荒的陡坡地。在开垦禁止开垦坡度以下、5度以上的荒坡地植树造林、抚育幼林、种植中药材等,应当采取水土保持措施。具体办法由省、自治区、直辖市根据本行政区域的实际情况规定。依法申请开垦荒坡地的,必须同时提出防止水土流失的措施,报县级人民政府水行政主管部门或者其所属的水土保持监督管理机构批准。

(三)合理采伐林木

森林是主要的地表植被形态,对水土保持意义重大。因此,采伐林木必须因地制宜地采用合理采伐方式,严格控制皆伐,对采伐区和集材道采取防止水土流失的措施,并在采伐后及时完成更新造林任务。对水源涵养林、水保持林、防风固沙林等防护林只能进行抚育和更新性质的采伐。在林区采伐林木的,采伐方案中应当有水土保持措施。采伐方案经林业主管部门批准后,由水行政主管部门和林业主管部门监督实施。

（四）对生产建设项目的限制

水土流失严重、生态脆弱的地区，应当限制或者禁止可能造成水土流失的生产建设活动，严格保护植物、沙壳、结皮、地衣等。在山区、丘陵区、风沙区以及水土保持规划确定的容易发生水土流失的其他区域开办可能造成水土流失的生产建设项目，生产建设单位应当编制水土保持方案，报县级以上人民政府水行政主管部门审批，并按照经批准的水土保持方案，采取水土流失预防和治理措施。生产建设活动中排弃的砂、石、土、矸石、尾矿、废渣等应当综合利用，不能综合利用，确需废弃的，应当堆放在水土保持方案确定的专门存放地，并采取措施保证不产生新的危害。县级以上人民政府水行政主管部门、流域管理机构，应当对生产建设项目水土保持方案的实施情况进行跟踪调查，发现问题及时处理。

（五）加强对采矿、取土、挖砂、采石等生产活动的管理

地方各级人民政府应当加强对取土、挖砂、采石等活动的管理，预防和减轻水土流失。禁止在崩塌、滑坡危险区和泥石流易发区从事取土、挖砂、采石等可能造成水土流失的活动。崩塌、滑坡危险区和泥石流易发区的范围，由县级以上地方人民政府划定并公告。崩塌、滑坡危险区和泥石流易发区的划定，应当与地质灾害防治规划确定的地质灾害易发区、重点防治区相衔接。

三、水土流失的治理

对于已经造成的水土流失，县级以上人民政府应当根据水土保持规划组织有关行政主管部门和单位有计划地对水土流失进行治理。治理措施主要包括以下各项。

（一）建立水土流失综合防治体系和防风固沙体系

在水力侵蚀地区，地方各级人民政府及其有关部门应当组织单位和个人，以天然沟壑及其两侧山坡地形成的小流域为单元，因地制宜地采取工程措施、植物措施和保护性耕作等措施，进行坡耕地和沟道水土流失综合治理。在风力侵蚀地区，地方各级人民政府及其有关部门应当组织单位和个人，因地制宜地采取轮封轮牧、植树种草、设置人工沙障和网络林带等措施，建立防风固沙防护体系。在重力侵蚀地区，地方各级人民政府及其有关部门应当组织单位和个人，采取监测、径流排导、削坡减载、支挡固坡、修建拦挡工程等措施，建立监测、预报、预警体系。在饮用水水源保护区，地方各级人民政府及其有关部门应当组织单位和个人，采取预防保护、自然修复和综合治理措施，配套建设植物过滤带，积极推广沼气，开展清洁小流域建设，严格控制化肥和农药的使用，减少水土流失引起的面源污染，保护饮用水水源。县级以上地方人民政府应当组织国有农场、林场、牧场和农业集体经济组织及农民，在禁止开垦坡度以下的坡耕地，按照水土保持规划，修筑水平梯田和蓄水保土工程，整治排水系统，治理水土流失。

（二）国家鼓励相关单位和个人对水土流失进行治理

国家鼓励单位和个人按照水土保持规划参与水土流失治理，并在资金、技术、税收等方面予以支持。国家鼓励和支持承包治理荒山、荒沟、荒丘、荒滩，防治水土流失，保护和改善生态环境，促进土地资源的合理开发和可持续利用，并依法保护土地承包合同当事人的合法权益。国家鼓励和支持在山区、丘陵区、风沙区以及容易发生水土流失的其他区域，采取下列有利于水土保持的措施：(1)免耕、等高耕作、轮耕轮作、草田轮作、间作套种等；(2)封禁抚育、轮封轮牧、舍饲圈养；(3)发展沼气、节柴灶，利用太阳能、风能和水能，以煤、电、气代替薪柴等；(4)从生态脆弱地区向外移民等。

(三)明确治理责任

开办生产建设项目或者从事其他生产建设活动造成水土流失的,应当进行治理。在山区、丘陵区、风沙区以及水土保持规划确定的容易发生水土流失的其他区域开办生产建设项目或者从事其他生产建设活动,损坏水土保持设施、地貌植被,不能恢复原有水土保持功能的,应当缴纳水土保持补偿费,专项用于水土流失预防和治理。专项水土流失预防和治理由水行政主管部门负责组织实施。水土保持补偿费的收取使用管理办法由国务院财政部门、国务院价格主管部门会同国务院水行政主管部门制定。已在禁止开垦的陡坡地上开垦种植农作物的,应当按照国家有关规定退耕,植树种草;耕地短缺、退耕确有困难的,应当修建梯田或者采取其他水土保持措施。

对生产建设活动所占用土地的地表土应当进行分层剥离、保存和利用,做到土石方挖填平衡,减少地表扰动范围;对废弃的砂、石、土、矸石、尾矿、废渣等存放地,应当采取拦挡、坡面防护、防洪排导等措施。生产建设活动结束后,应当及时在取土场、开挖面和存放地的裸露土地上植树种草、恢复植被,对闭库的尾矿库进行复垦。

在干旱缺水地区从事生产建设活动,应当采取防止风力侵蚀措施,设置降水蓄渗设施,充分利用降水资源。水土流失地区的集体所有的土地承包给个人使用的,应当将治理水土流失的责任列入承包合同。荒山、荒沟、荒丘、荒滩的水土流失,可以由农民个人、联户或者专业队承包治理,也可以由企事业单位或者个人投资投劳入股治理。建成的水土保持设施和种植的林草,应当按照国家技术标准进行检查验收;验收合格的,应当建立档案,设立标志,落实管护责任制。

四、水土保持的监督

依据法律规定,国务院水行政主管部门应当完善全国水土保持监测网络,对全国水土流失进行动态监测。县级以上人民政府水行政主管部门负责对水土保持进行监督检查,流域管理机构在其管辖范围内可以行使国务院水行政主管部门的监督检查职权。对可能造成严重水土流失的大中型生产建设项目,生产建设单位应当自行或者委托具备水土保持监测资质的机构,对生产建设活动造成的水土流失进行监测,并将监测情况定期上报当地水行政主管部门。不同行政区域之间发生水土流失纠纷,应当协商解决;协商不成的,由共同的上一级人民政府裁决。

由于发生不可抗拒的自然灾害而造成水土流失时,有关单位和个人应当向水行政主管部门报告不可抗拒的自然灾害的种类、程度、时间和已经采取的措施等情况,经水行政主管部门查实并作出“不能避免造成水土流失危害”认定的,免予承担责任。

第五节 防沙治沙法

土地沙化是指因气候变化和人类活动所导致的天然沙漠扩张和沙质土壤上植被破坏、沙土裸露的过程。《防沙治沙法》所称的土地沙化,是指主要因人类不合理活动所导致的天然沙漠扩张和沙质土壤上植被及覆盖物被破坏形成流沙及沙土裸露的过程。沙化土地,是指已经沙化的土地和具有明显沙化趋势的土地。

联合国在 1994 年 6 月通过了《防治荒漠化公约》,我国是公约的缔约国。我国是世界上土地沙化危害最严重的国家之一。在国家的努力下,中国土地沙化由20世纪90年代末年均扩展3436平方公里转变为年均缩减1980平方公里,呈现整体遏制、持续缩减的良好态势。[3]为防治土地沙化,维护生态安全,促进经济和社会的可持续发展,我国于2001年8月31日第九届全国人民代表大会常务委员会第二十三次会议通过了《防沙治沙法》,自2002年1月1日起施行,并根据2018年10月26日第十三届全国人民代表大会常务委员会第六次会议《关于修改〈中华人民共和国野生动物保护法〉等十五部法律的决定》进行修正。该法共7章47条,7章分别为:总则、防沙治沙规划、土地沙化的预防、沙化土地的治理、保障措施、法律责任及附则。

一、防沙治沙的管理机制

我国的防沙治沙以行政管理为主导,形成了国务院领导,林业草原部门主管,各部门配合的管理格局。国务院林业草原行政主管部门在国务院领导下,是防沙治沙的主管部门,负责组织、协调、指导全国防沙治沙工作。国务院林业草原、农业、水利、土地、生态环境等行政主管部门和气象主管机构,按照各自的职责分工,各负其责,密切配合,共同做好防沙治沙工作。在地方政府层面,由县级以上地方人民政府组织、领导所属有关部门,按照职责分工,各负其责,密切配合,共同做好本行政区域的防沙治沙工作。

二、防沙治沙应当遵循的原则

防沙治沙工作应当遵循的七项原则是:第一,统一规划,因地制宜,分步实施,坚持区域防治与重点防治相结合;第二,预防为主,防治结合,综合治理;第三,保护和恢复植被与合理利用自然资源相结合;第四,遵循生态规律,依靠科技进步;第五,改善生态环境与帮助农牧民脱贫致富相结合;第六,国家支持与地方自力更生相结合,政府组织与社会各界参与相结合,鼓励单位、个人承包防治;第七,保障防沙治沙者的合法权益。

三、防沙治沙规划制度

防沙治沙实行统一规划,为了保障实施,其具体实施方案纳入国民经济和社会发展五年计划和年度计划。该规划直接约束在沙化土地范围内的防沙治沙和开发利用活动。防沙治沙规划应当与土地利用总体规划相衔接;防沙治沙规划中确定的沙化土地用途,应当符合本级人民政府的土地利用总体规划。

国务院林业草原行政主管部门会同国务院农业、水利、土地、生态环境等有关部门编制全国防沙治沙规划,报国务院批准后实施。省、自治区、直辖市人民政府依据全国防沙治沙规划,编制本行政区域的防沙治沙规划,报国务院或者国务院指定的有关部门批准后实施。沙化土地所在地区的市、县人民政府,应当依据上一级人民政府的防沙治沙规划,组织编制本行政区域的防沙治沙规划,报上一级人民政府批准后实施。防沙治沙规划的修改,须经原批准机关批准;未经批准,任何单位和个人不得改变防沙治沙规划。

编制防沙治沙规划,应当根据沙化土地的自然条件和其生态经济功能,对沙化土地实行分类保护、综合治理和合理利用。在规划期内不具备治理条件的以及因保护生态的需要不宜开发利用的连片沙化土地,应当规划为沙化土地封禁保护区,实行封禁保护。封禁保护区的

---

[3] 参见《中国沙化土地年均缩减1980平方公里》,载中国新闻网,http://www.chinanews.com/gn/2017/06-13/8249779.shtml。

范围，由全国防沙治沙规划以及省、自治区、直辖市防沙治沙规划确定。

四、土地沙化预防制度

（一）监测、报告制度

国务院林业草原行政主管部门组织其他有关行政主管部门对全国土地沙化情况进行监测、统计和分析，并定期公布监测结果。县级以上地方人民政府林业草原或者其他有关行政主管部门，应当按照土地沙化监测技术规程，对沙化土地进行监测，并将监测结果向本级人民政府及上一级林业草原或者其他有关行政主管部门报告。

县级以上地方人民政府林业草原或者其他有关行政主管部门，在土地沙化监测过程中，发现土地发生沙化或者沙化程度加重的，应当及时报告本级人民政府。收到报告的人民政府应当责成有关行政主管部门制止导致土地沙化的行为，并采取有效措施进行治理。

各级气象主管机构应当组织对气象干旱和沙尘暴天气进行监测、预报，发现气象干旱或者沙尘暴天气征兆时，应当及时报告当地人民政府。收到报告的人民政府应当采取预防措施，必要时公布灾情预报，并组织林业草原、农（牧）业等有关部门采取应急措施，避免或者减轻风沙危害。

（二）保护防沙植被制度

1. 营造防风固沙林带

沙化土地所在地区的县级以上地方人民政府应当按照防沙治沙规划，划出一定比例的土地，因地制宜地营造防风固沙林网、林带，种植多年生灌木和草本植物，由林业草原行政主管部门负责确定植树造林的成活率、保存率的标准和具体任务，并逐片组织实施，明确责任，确保完成。除了抚育更新性质的采伐外，不得批准对防风固沙林网、林带进行采伐。在对防风固沙林网、林带进行抚育更新性质的采伐之前，必须在其附近预先形成接替林网和林带。对林木更新困难地区已有的防风固沙林网、林带，不得批准采伐。

2. 禁止砍挖固沙植物

禁止在沙化土地上砍挖灌木、药材及其他固沙植物。沙化土地所在地区的县级人民政府，应当制定植被管护制度，严格保护植被，并根据需要建立植被管护组织，确定管护人员。沙化土地范围内的各类土地承包合同应当包括植被保护责任的内容。

3. 保护草原植被

在防止草原退化和沙化上，法律要求草原地区的地方各级人民政府加强草原的管理和建设。具体由林业草原行政主管部门会同畜牧业行政主管部门负责指导、组织农牧民建设人工草场，控制载畜量，调整牲畜结构，改良牲畜品种，推行牲畜圈养和草场轮牧，消灭草原鼠害、虫害，保护草原植被，防止草原退化和沙化。草原实行以产草量确定载畜量的制度，该制度由林业草原行政主管部门会同畜牧业行政主管部门负责制定载畜量的标准和有关规定。

4. 防止水资源过度开发导致土地沙化

沙化土地所在地区的县级以上地方人民政府水行政主管部门，应当加强流域和区域水资源的统一调配和管理，在编制流域和区域水资源开发利用规划和供水计划时，必须考虑整个流域和区域植被保护的用水需求，防止因地下水和上游水资源的过度开发利用，导致植被破坏和土地沙化。该规划和计划经批准后，必须严格实施。

5. 退耕还林还草

沙化土地所在地区的县级以上地方人民政府，不得批准在沙漠边缘地带和林地、草原开垦耕地；已经开垦并对生态产生不良影响的，应当有计划地组织退耕还林还草。

（三）环境影响评价和封禁保护区制度

在沙化土地范围内从事开发建设活动的，必须事先就该项目可能对当地及相关地区生态产生的影响进行环境影响评价，依法提交环境影响报告；环境影响报告应当包括有关防沙治沙的内容。

在沙化土地封禁保护区范围内，禁止一切破坏植被的活动。禁止在沙化土地封禁保护区范围内安置移民。对沙化土地封禁保护区范围内的农牧民，县级以上地方人民政府应当有计划地组织迁出，并妥善安置。未经国务院或者国务院指定的部门同意，不得在沙化土地封禁保护区范围内进行修建铁路、公路等建设活动。

五、治理沙化土地的制度

（一）恢复和增加植被

沙化土地所在地区的地方各级人民政府，应当按照防沙治沙规划，组织有关部门、单位和个人，因地制宜地采取人工造林种草、飞机播种造林种草、封沙育林育草和合理调配生态用水等措施，恢复和增加植被，治理已经沙化的土地。

（二）开展公益性治沙

国家鼓励单位和个人在自愿的前提下，捐资或者以其他形式开展公益性的治沙活动。县级以上地方人民政府林业草原或者其他有关行政主管部门，应当为公益性治沙活动提供治理地点和无偿技术指导。从事公益性治沙的单位和个人，应当按照县级以上地方人民政府林业草原或者其他有关行政主管部门的技术要求进行治理，并可以将所种植的林、草委托他人管护或者交由当地人民政府有关行政主管部门管护。

（三）土地使用人与承包人治沙

使用已经沙化的国有土地的使用权人和农民集体所有土地的承包经营权人，必须采取治理措施，改善土地质量；确实无能力完成治理任务的，可以委托他人治理或者与他人合作治理。委托或者合作治理的，应当签订协议，明确各方的权利和义务。沙化土地所在地区的地方各级人民政府及其有关行政主管部门、技术推广单位，应当为土地使用权人和承包经营权人的治沙活动提供技术指导。采取退耕还林还草、植树种草或者封育措施治沙的土地使用权人和承包经营权人，按照国家有关规定，享受人民政府提供的政策优惠。

（四）营利性治沙

不具有土地所有权或者使用权的单位和个人从事营利性治沙活动的，应当先与土地所有权人或者使用权人签订协议，依法取得土地使用权。在治理活动开始之前，从事营利性治沙活动的单位和个人应当向治理项目所在地的县级以上地方人民政府林业草原行政主管部门或者县级以上地方人民政府指定的其他行政主管部门提出治理申请，并附具下列文件：(1)被治理土地权属的合法证明文件和治理协议；(2)符合防沙治沙规划的治理方案；(3)治理所需的资金证明。其中治理方案应当包括：治理范围界限；分阶段治理目标和治理期限；主要治理措施；经当地水行政主管部门同意的用水来源和用水量指标；治理后的土地用途和植被管护措施等。治理者完成治理任务后，应当向县级以上地方人民政府受理治理申请的行政主管部门提出验收申请。经验收合格的，受理治理申请的行政主管部门应当发给治理合格证明文件；经验收不合格的，治理者应当继续治理。国家保护沙化土地治理者的合法权益。在治理者取得合法土地权属的治理范围内，未经治理者同意，其他任何单位和个人不得从事治理或者开发利用活动。

（五）单位责任治沙

《防沙治沙法》规定，已经沙化的土地范围内的铁路、公路、河流和水渠两侧，城镇、村庄、厂矿和水库周围，实行单位治理责任制，由县级以上地方人民政府下达治理责任书，由责任单位负责组织造林种草或者采取其他治理措施。沙化土地所在地区的地方各级人民政府，可以组织当地农村集体经济组织及其成员在自愿的前提下，对已经沙化的土地进行集中治理。农村集体经济组织及其成员投入的资金和劳力，可以折算为治理项目的股份、资本金，也可以采取其他形式给予补偿。

六、防沙治沙的保障制度

（一）安排专项资金

国务院和沙化土地所在地区的地方各级人民政府应当在本级财政预算中按照防沙治沙规划通过项目预算安排资金，用于本级人民政府确定的防沙治沙工程。在安排扶贫、农业、水利、道路、矿产、能源、农业综合开发等项目时，应当根据具体情况，设立若干防沙治沙子项目。

（二）制定优惠政策

国务院和省、自治区、直辖市人民政府应当制定优惠政策，鼓励和支持单位和个人防沙治沙。具体包括：(1)税收优惠。县级以上地方人民政府应当按照国家有关规定，根据防沙治沙的面积和难易程度，给予从事防沙治沙活动的单位和个人资金补助、财政贴息以及税费减免等政策优惠。单位和个人投资进行防沙治沙的，在投资阶段免征各种税收；取得一定收益后，可以免征或者减征有关税收。国家根据防沙治沙的需要，组织设立防沙治沙重点科研项目和示范、推广项目，并对防沙治沙、沙区能源、沙生经济作物、节水灌溉、防止草原退化、沙地旱作农业等方面的科学研究与技术推广给予资金补助、税费减免等政策优惠。(2)用地优惠。使用已经沙化的国有土地从事治沙活动的，经县级以上人民政府依法批准，可以享有不超过70年的土地使用权。使用已经沙化的集体所有土地从事治沙活动的，治理者应当与土地所有人签订土地承包合同，在合同中约定具体的承包期和当事人的权利义务。县级人民政府依法根据土地承包合同向治理者颁发土地使用权证书，保护集体所有沙化土地治理者的土地使用权。(3)合理补偿。因保护生态的特殊要求，将治理后的土地批准划为自然保护区或者沙化土地封禁保护区的，批准机关应当给予治理者合理的经济补偿。

（三）建立监督制度

依据法律规定，任何单位和个人不得截留、挪用防沙治沙资金。县级以上人民政府审计机关，应当依法对防沙治沙资金使用情况实施审计监督。

第六节　流域保护法

流域是一个水系的干流和支流所流过的整个区域，〔4〕是利益关系复杂而庞大的复合生态系统。流域保护是实现我国“十四五”规划中“生态环境根本好转”〔5〕目标的重要发力点，

---

〔4〕　参见中国社会科学院语言研究所词典编辑室编：《现代汉语词典》（第7版），商务印书馆2016年版，第838页。

〔5〕　参见《中共中央关于制定国民经济和社会发展第十四个五年规划和二零三五年远景目标的建议》，载中国政府网，http://www.gov.cn/zhengce/2020-11/03/content_5556991.htm。

流域保护立法是在党中央“长江保护法”重大立法任务直接推动下形成的生态环境保护立法重要新领域。流域保护立法最大创新在于立法机制尊重水的流域属性，保护措施突破水生态保护的行政区块权限。

流域保护立法的代表性法律为《长江保护法》。长江流域约占全国水资源总量的35.0%，河湖、水库、湿地面积约占全国的20.0%，珍稀濒危植物占全国总数的39.7%，淡水鱼类占全国总数的33.0%，流域内森林覆盖率达41.3%，[6]是中华民族的母亲河，重要的战略水源地、生态宝库和黄金水道。全国人大常委会将长江保护法列入第十三届全国人大常委会立法规划和2019年全国人大常委会立法工作计划，由全国人大环境与资源保护委员会牵头，水利部、生态环境部等部门共同起草《长江保护法》。《长江保护法》于2020年12月26日在第十三届全国人大常委会第二十四次会议上表决通过，包括总则、规划与管控、资源保护、水污染防治、生态环境修复、绿色发展、保障与监督、法律责任和附则9章，共96条，于2021年3月1日起施行。

一、《长江保护法》的立法背景、目的和基本原则

（一）立法背景

从国际背景来看，由单项立法发展为流域综合立法，通过流域综合管理应对水危机是主要发达国家立法的共同做法；从政治层面来看，党中央高度重视长江流域生态环境保护，习近平总书记对长江保护作出重要部署并对长江保护立法工作作出重要指示；从长江环境问题来看，长江流域目前存在生态系统退化趋势加剧、水污染物排放量大、产业结构布局不合理等多重问题；从环境法研究积淀来看，吕忠梅等专家学者长期致力于长江立法的研究，他们研究了十几个国家的流域立法，多次提交长江保护立法议案，为长江保护立法提供了坚实的学理基础。

（二）立法目的

《长江保护法》适用于在长江流域开展生态环境保护和修复活动，适用于长江流域的各类生产生活、开发建设活动，适用范围广阔。其第1条明确规定：为了加强长江流域生态环境保护和修复，促进资源合理高效利用，保障生态安全，实现人与自然和谐共生、中华民族永续发展，制定本法。以上目的，长江生态修复是第一序位，处于压倒性位置；资源高效利用是对如何利用长江资源所定的基调；保障生态安全是强调“安全”价值，防范长江流域发生自然灾害，用水、饮用水和地下水安全突发事件等；长江是中华民族的母亲河，保护长江的长远目的是实现中华儿女千秋万代，中华民族永续发展。

（三）基本原则

《长江保护法》的基本原则是规范长江流域各类行为的总指导，基本原则对长江流域经济社会发展和生态环境保护分别规定，既有区别又有联系。长江流域经济社会发展，应当坚持生态优先、绿色发展，共抓大保护、不搞大开发的原则。长江生态环境保护应当坚持统筹协调、科学规划、创新驱动、系统治理的原则。保障长江流域生态环境安全，需要尊重自然规律，科学规划，做好顶层设计；需要统筹协调好地方政府、政府职能部门的工作关系；需要调动社会参与的积极性，多元共治形成长江保护的合力。

---

[6] 参见张涛、席鹭军：《〈长江保护法〉应处理好几种关系》，载《中国环境报》2019年8月8日，第3版。

二、长江流域协调机制和职责分工

长江流域保护涉及多领域、多部门、多地方，长期以来管理体制条块分割、部门分割、多头管理，干支流、左右岸、上中下游亟须协同治理，《长江保护法》对此开创性地提出“建立长江流域协调机制”的解决方案。

国家（国务院）建立长江流域协调机制，统一指导、统筹协调长江保护工作，审议长江保护重大政策、重大规划，协调跨地区跨部门重大事项，督促检查长江保护重要工作的落实情况。长江流域协调机制是长江流域管理体制中的核心，审议长江保护重大政策、重大规划，协调跨地区跨部门重大事项，督促检查长江保护重要工作的落实情况。其法定的具体任务包括：统筹协调国务院有关部门在已经建立的台站和监测项目基础上，健全长江流域生态环境、资源、水文、气象、航运、自然灾害等监测网络体系和监测信息共享机制；设立专家咨询委员会，组织专业机构和人员对长江流域重大发展战略、政策、规划等开展科学技术等专业咨询；统筹协调国务院有关部门和长江流域省级人民政府建立健全长江流域信息共享系统；统筹协调国务院自然资源、水行政、生态环境、住房和城乡建设、农业农村、交通运输、林业和草原等部门和长江流域省级人民政府划定河湖岸线保护范围，制定河湖岸线保护规划，严格控制岸线开发建设，促进岸线合理高效利用；统筹协调国务院自然资源、水行政、生态环境、住房和城乡建设、农业农村、交通运输、林业和草原等部门和长江流域省级人民政府制定长江流域河湖岸线修复规范，确定岸线修复指标。

落实长江流域协调机制的责任主体包括：国务院有关部门和长江流域省级人民政府、长江流域地方各级人民政府、长江流域各级河湖长。国务院有关部门和长江流域省级人民政府负责落实国家长江流域协调机制的决策，按照职责分工负责长江保护相关工作。长江流域地方各级人民政府应当落实本行政区域的生态环境保护和修复、促进资源合理高效利用、优化产业结构和布局、维护长江流域生态安全的责任。长江流域各级河湖长负责长江保护相关工作。

此外，长江流域相关地方可以根据实际需要在地方性法规和政府规章制定、规划编制、监督执法等方面建立协作机制，协同推进长江流域生态环境保护和修复。

三、长江流域规划和管理控制制度

完善的法律制度是保护长江的基础和条件，是长江治理的重要制度工具。《长江保护法》第 2 章围绕“规划”和“管理控制”确立基本制度。

（一）长江流域规划体系

《现代汉语词典》（2016 年）对规划的定义是：比较全面的长远的发展计划。〔7〕《当代军人辞典》（1988 年）对规划的定义是：跨越时间较长，范围较广，内容较概括并具有巨大兴革内容的发展计划。〔8〕根据以上定义可以辨析出：规划是政府或政府部门制订的一定时期内全面长远的宏观发展计划，其内容往往涉及巨大兴革。规划是统一长江流域生态保护和经济社会发展的中观制度工具，起到引领、指导和约束作用。围绕长江保护设有多种规划，彼此形成有机系统，避免冲突、脱节。

1. 国民经济发展规划与长江流域发展规划

国民经济和社会发展规划将长江保护工作纳入其规划内容。此外，还应当编制长江流域

---

〔7〕　参见中国社会科学院语言研究所词典编辑室编：《现代汉语词典》（第 7 版），商务印书馆 2016 年版，第 491 页。

〔8〕　参见熊武一主编：《当代军人辞典》，新华出版社 1988 年版，第 581 页。

发展规划、长江流域水资源规划、长江流域生态环境保护等规划。长江流域发展规划由国务院发展改革部门会同国务院有关部门编制，报国务院批准后实施。长江流域水资源规划、生态环境保护规划等依照有关法律、行政法规的规定编制。

2. 长江流域国土空间规划

国土空间包括陆地、陆上水域、内水、领海以及国家领空等资源。国土空间规划是对以上资源在时间、空间范畴内保护与利用的均衡科学配置计划。长江流域国土空间规划应当统筹安排生态、农业、城镇等功能空间，以国土空间规划统领水资源利用、水污染防治、岸线使用、航运发展等空间利用任务，促进社会利用发展格局、城镇发展格局、产业结构调整与资源环境承载能力相适应。长江流域国土空间规划由国务院自然资源主管部门会同国务院有关部门组织编制，报国务院批准后实施。编制长江流域国土空间规划要科学有序统筹安排长江流域生态、农业、城镇等功能空间，划定生态保护红线、永久基本农田、城镇开发边界，优化国土空间结构和布局，统领长江流域国土空间利用任务。涉及长江流域国土空间利用的专项规划应当与长江流域国土空间规划相衔接。长江流域县级以上地方人民政府组织编制本行政区域的国土空间规划，按照规定的程序报经批准后实施。

(二)长江流域国土空间的用途管控

国土空间分区、分类用途管制和规划许可是长江流域国土空间管控的具体方式。凡是在长江流域进行的国土空间开发活动，必须符合国土空间用途管制要求，并取得规划许可。长江流域县级以上地方政府自然资源主管部门对所辖长江流域国土空间实施分区、分类用途管制，对不符合国土空间用途管制要求的行政许可申请，县级以上人民政府自然资源主管部门不得办理规划许可。

对于长江流域保护与利用的分区管控，由长江流域省级人民政府根据本行政区域的生态环境和资源利用状况，制订生态环境分区管控方案和生态环境准入清单，报国务院生态环境主管部门备案后实施。生态环境分区管控方案和生态环境准入清单应当与国土空间规划相衔接。对于经济利用，要求长江流域产业结构和布局应当与长江流域生态系统和资源环境承载能力相适应。禁止在长江流域重点生态功能区布局对生态系统有严重影响的产业。禁止重污染企业和项目向长江中上游转移。

长江流域的重要资源包括水流、河砂、生物、土地、矿产、森林、草原湿地等，其中水流又可转化为饮用水、湖泊、河道、航道等资源形式，用途多种多样。国务院水行政主管部门统筹长江流域水资源合理配置、统一调度和高效利用，组织实施取用水总量控制和消耗强度控制管理制度。国务院生态环境主管部门根据水环境质量改善目标和水污染防治要求，确定长江流域各省级行政区域重点污染物排放总量控制指标。国务院自然资源主管部门负责统筹长江流域新增建设用地总量控制和计划安排。此外，《长江保护法》对建设大、中、小型水电站，河道采砂等经济利用行为作出规制。

四、长江流域资源保护制度

(一)水资源保护

水是生命之源。水的用途包括：饮用、生活、农业灌溉、工业使用、航运和生态用水。保护水资源，与科学利用水资源紧密相连无法分割。整体而言，长江流域水资源保护与利用，应当根据流域综合规划，优先满足城乡居民生活用水，保障基本生态用水，并统筹农业、工业用水以及航运等需要。水资源保护的主要责任主体为国务院水行政部门(水利部)，相关责任主体包括：国务院及相关政府部门、地方人民政府及相关政府部门，其履职具有明显的“协调、统筹”特点。

1. 宏观统筹经济社会用水、生态用水、跨长江流域调水

对于水资源的宏观管理，首先是依法制订长江流域跨省河流水量分配方案。该方案由国务院水行政部门的流域管理机构与长江流域省级人民政府会商依法制订跨省河流水量分配方案，报国务院或者国务院授权的部门批准后实施。该方案制订过程中还应当征求国务院有关部门的意见。其次，要依法制订省行政区域内的长江流域水量分配方案。该方案由长江流域省级人民政府水行政部门制定，报本级人民政府批准后实施。在跨省、省内两个长江流域水量分配方案的基础上，由国务院水行政主管部门的流域管理机构或者长江流域县级以上地方人民政府水行政主管部门依据批准的水量分配方案，编制年度水量分配方案和调度计划，明确相关河段和控制断面流量水量、水位管控要求。对于节约生产用水提高用水效率，由国务院水行政主管部门会同国务院有关部门确定长江流域农业、工业用水效率目标，加强用水计量和监测设施建设；完善规划和建设项目水资源论证制度；加强对高耗水行业、重点用水单位的用水定额管理，严格控制高耗水项目建设。国家对跨长江流域调水实行科学论证，加强控制和管理。实施跨长江流域调水应当优先保障调出区域及其下游区域的用水安全和生态安全，统筹调出区域和调入区域用水需求。

2. 保障生态用水

《长江保护法》明确了生态用水的法律地位：国家加强长江流域生态用水保障，主要通过生态流量管控指标、生态水量水位、生态用水调度进行法律规定保障。国务院水行政主管部门会同国务院有关部门提出长江干流、重要支流和重要湖泊控制断面的生态流量管控指标。其他河湖生态流量管控指标由长江流域县级以上地方人民政府水行政主管部门会同本级人民政府有关部门确定。国务院水行政主管部门有关流域管理机构应当将生态水量纳入年度水量调度计划，保证河湖基本生态用水需求，保障枯水期和鱼类产卵期生态流量、重要湖泊的水量和水位，保障长江河口咸淡水平衡。长江干流、重要支流和重要湖泊上游的水利水电、航运枢纽等工程应当将生态用水调度纳入日常运行调度规程，建立常规生态调度机制，保证河湖生态流量；其下泄流量不符合生态流量泄放要求的，由县级以上人民政府水行政主管部门提出整改措施并监督实施。

3. 灾害防范与用水安全

国务院有关部门和长江流域地方各级人民政府应当采取措施，加快病险水库除险加固，推进堤防和蓄滞洪区建设，提升洪涝灾害防御工程标准，加强水工程联合调度，开展河道泥沙观测和河势调查，建立与经济社会发展相适应的防洪减灾工程和非工程体系，提高防御水旱灾害的整体能力。

4. 保障饮用水安全

国家加强长江流域饮用水水源地保护。国务院水行政主管部门会同国务院有关部门制定长江流域饮用水水源地名录。长江流域省级人民政府水行政主管部门会同本级人民政府有关部门制定本行政区域的其他饮用水水源地名录。长江流域省级人民政府组织划定饮用水水源保护区，加强饮用水水源保护，保障饮用水安全。长江流域县级以上地方人民政府及其有关部门应当合理布局饮用水水源取水口，制订饮用水安全突发事件应急预案，加强饮用水备用应急水源建设，对饮用水水源的水环境质量进行实时监测。国家加强长江流域地下水资源保护。长江流域县级以上地方人民政府及其有关部门应当定期调查评估地下水资源状况，监测地下水水量、水位、水环境质量，并采取相应风险防范措施，保障地下水资源安全。

（二）自然保护地、森林和生物保护

国家统筹长江流域自然保护地体系建设。国务院和长江流域省级人民政府在长江流域重要典型生态系统的完整分布区、生态环境敏感区以及珍贵野生动植物天然集中分布区和重要栖息地、重要自然遗迹分布区等区域，依法设立国家公园、自然保护区、自然公园等自然保护地。国务院和长江流域省级人民政府应当依法在长江流域重要生态区、生态状况脆弱区划定公益林，实施严格管理。国家对长江流域天然林实施严格保护，科学划定天然林保护重点区域。长江流域县级以上地方人民政府应当加强对长江流域草原资源的保护，对具有调节气候、涵养水源、保持水土、防风固沙等特殊作用的基本草原实施严格管理。国务院林业和草原主管部门和长江流域省级人民政府林业和草原主管部门会同本级人民政府有关部门，根据不同生态区位、生态系统功能和生物多样性保护的需要，发布长江流域国家重要湿地、地方重要湿地名录及保护范围，加强对长江流域湿地的保护和管理，维护湿地生态功能和生物多样性。国务院农业农村主管部门会同国务院有关部门和长江流域省级人民政府建立长江流域水生生物完整性指数评价体系，组织开展长江流域水生生物完整性评价，并将结果作为评估长江流域生态系统总体状况的重要依据。长江流域水生生物完整性指数应当与长江流域水环境质量标准相衔接。国务院农业农村主管部门和长江流域县级以上地方人民政府应当制订长江流域珍贵、濒危水生野生动植物保护计划，对长江流域珍贵、濒危水生野生动植物实行重点保护。国家鼓励有条件的单位开展对长江流域江豚、白鱀豚、白鲟、中华鲟、长江鲟、鯮、鲥、四川白甲鱼、川陕哲罗鲑、胭脂鱼、鳤、圆口铜鱼、多鳞白甲鱼、华鲮、鲈鲤和葛仙米、弧形藻、眼子菜、水菜花等水生野生动植物生境特征和种群动态的研究，建设人工繁育和科普教育基地，组织开展水生生物救护。禁止在长江流域开放水域养殖、投放外来物种或者其他非本地物种种质资源。

五、长江流域水污染防治措施

水污染防治内容体现在《长江保护法》中第4章，共9条，法条数量占全法96条的9%，说明长江流域水污染防治任重道远，必须持续防治久久为功。

长江流域水污染防治的主要责任主体是国务院生态环境部门和地方各级人民政府，其主要的污染防治措施可以归纳为：制定比国家标准更严格的长江流域水环境标准；制定比国家标准更严格的长江流域地方水污染物标准；强化对磷、固体废物、危险化学品污染的防控；加强城乡污水集中处理设施及配套管网建设及其污水收集处理能力；加强对江河、湖泊排污口的排查、整治和规范；加强长江流域农业面源污染防治；加强排查防范水环境风险，对沿河湖垃圾填埋场、加油站、矿山、尾矿库、危险废物处置场、化工园区和化工项目等地下水重点污染源及周边地下水环境风险隐患开展调查评估，并采取相应风险防范和整治措施。

六、长江流域生态环境修复

生态环境修复是系统工程，修复方式包括自然恢复和人工修复。自然恢复必须严格限制人类在特定区域的生活生产活动，本质上是对人类活动空间的限缩。人工修复则以生态修复工程为主要形式，需要投入大量智力、财力和人力。《长江保护法》第5章共12条对长江流域生态保护修复制度作出明确规定，确立了国家对长江流域生态系统实行自然恢复为主、自然恢复与人工恢复相结合的治理原则。宏观层面的生态环境修复主要通过国务院自然资源主管部门会同国务院有关部门编制长江流域生态环境修复规划，组织实施重大生态环境修复工程两项措施进行。

（一）禁捕、限捕

国家对长江流域重点水域实行严格捕捞管理。在长江流域水生生物保护区全面禁止生产性捕捞；在国家规定的期限内，长江干流和重要支流、大型通江湖泊、长江河口规定区域等重点水域全面禁止天然渔业资源的生产性捕捞。具体办法由国务院农业农村主管部门会同国务院有关部门制定。国务院农业农村主管部门会同国务院有关部门和长江流域省级人民政府加强长江流域禁捕执法工作，严厉查处电鱼、毒鱼、炸鱼等破坏渔业资源和生态环境的捕捞行为。长江流域县级以上地方人民政府应当按照国家有关规定做好长江流域重点水域退捕渔民的补偿、转产和社会保障工作。长江流域其他水域禁捕、限捕管理办法由县级以上地方人民政府制定。

（二）连通修复河湖水系

国务院水行政主管部门会同国务院有关部门制订并组织实施长江干流和重要支流的河湖水系连通修复方案，长江流域省级人民政府制订并组织实施本行政区域的长江流域河湖水系连通修复方案，逐步改善长江流域河湖连通状况，恢复河湖生态流量，维护河湖水系生态功能。

（三）修复河湖岸线

国家长江流域协调机制统筹协调国务院自然资源、水行政、生态环境、住房和城乡建设、农业农村、交通运输、林业和草原等部门和长江流域省级人民政府制定长江流域河湖岸线修复规范，确定岸线修复指标。长江流域县级以上地方人民政府按照长江流域河湖岸线保护规划、修复规范和指标要求，制订并组织实施河湖岸线修复计划，保障自然岸线比例，恢复河湖岸线生态功能。禁止违法利用、占用长江流域河湖岸线。

（四）修复重点库区、湖泊、河口

国务院有关部门会同长江流域有关省级人民政府加强对三峡库区、丹江口库区等重点库区消落区的生态环境保护和修复，因地制宜实施退耕还林还草还湿，禁止施用化肥、农药，科学调控水库水位，加强库区水土保持和地质灾害防治工作，保障消落区良好生态功能。国家加大对太湖、鄱阳湖、洞庭湖、巢湖、滇池等重点湖泊实施生态环境修复的支持力度。

长江流域县级以上地方人民政府应当组织开展富营养化湖泊的生态环境修复，采取调整产业布局规模、实施控制性水工程统一调度、生态补水、河湖连通等综合措施，改善和恢复湖泊生态系统的质量和功能；对氮磷浓度严重超标的湖泊，应当在影响湖泊水质的汇水区，采取措施削减化肥用量，禁止使用含磷洗涤剂，全面清理投饵、投肥养殖。

国务院水行政主管部门会同国务院有关部门和长江河口所在地人民政府按照陆海统筹、河海联动的要求，制订实施长江河口生态环境修复和其他保护措施方案，加强对水、沙、盐、潮滩、生物种群的综合监测，采取有效措施防止海水入侵和倒灌，维护长江河口良好生态功能。

（五）对生物栖息地、湿地、草原、森林的修复

国务院林业和草原、农业农村主管部门应当对长江流域数量急剧下降或者极度濒危的野生动植物和受到严重破坏的栖息地、天然集中分布区、破碎化的典型生态系统制订修复方案和行动计划，修建迁地保护设施，建立野生动植物遗传资源基因库，进行抢救性修复。在长江流域水生生物产卵场、索饵场、越冬场和洄游通道等重要栖息地应当实施生态环境修复和其他保护措施。对鱼类等水生生物洄游产生阻隔的涉水工程应当结合实际采取建设过鱼设施、河湖连通、生态调度、灌江纳苗、基因保存、增殖放流、人工繁育等多种措施，充分满足水生生物的生态需求。

长江流域县级以上地方人民政府林业和草原主管部门负责组织实施长江流域森林、草

原、湿地修复计划，科学推进森林、草原、湿地修复工作，加大退化天然林、草原和受损湿地修复力度。

（六）防控水土流失和自然灾害

长江流域水土流失重点预防区和重点治理区的县级以上地方人民政府应当采取措施，防治水土流失。生态保护红线范围内的水土流失地块，以自然恢复为主，按照规定有计划地实施退耕还林还草还湿；划入自然保护地核心保护区的永久基本农田，依法有序退出并予以补划。禁止在长江流域水土流失严重、生态脆弱的区域开展可能造成水土流失的生产建设活动。确因国家发展战略和国计民生需要建设的，应当经科学论证，并依法办理审批手续。长江流域县级以上地方人民政府应当对石漠化的土地因地制宜采取综合治理措施，修复生态系统，防止土地石漠化蔓延。

长江流域县级以上地方人民政府应当因地制宜采取消除地质灾害隐患、土地复垦、恢复植被、防治污染等措施，加快历史遗留矿山生态环境修复工作，并加强对在建和运行中矿山的监督管理，督促采矿权人切实履行矿山污染防治和生态环境修复责任。

七、绿色发展

绿色发展的关键在于优化产业布局，调整产业结构，降低产业污染与耗能，提高产业效率。长江是黄金水道，水运成本低，长期以来沿长江布局众多化工、能源、机械制造，冶金、建材等传统的高污染、高耗能企业。绿色发展是长江流域地方政府和地方企业面对的重大任务和重大调整。《长江保护法》第六章规定“绿色发展”，对政府、政府部门和企业分别作出义务性规定。

国务院有关部门和长江流域地方各级人民政府在宏观层面按照长江流域发展规划、国土空间规划的要求，调整产业结构，优化产业布局，推进长江流域绿色发展。长江流域绿色发展是城乡融合发展的，国务院和长江流域地方各级人民政府及其有关部门应当协同推进乡村振兴战略和新型城镇化战略的实施，统筹城乡基础设施建设和产业发展，建立健全全民覆盖、普惠共享、城乡一体的基本公共服务体系，促进长江流域城乡融合发展。

对于需要转型升级改造搬迁的重点产业企业，由长江流域县级以上地方人民政府推动钢铁、石油、化工、有色金属、建材、船舶等产业升级改造，提升技术装备水平；推动造纸、制革、电镀、印染、有色金属、农药、氮肥、焦化、原料药制造等企业实施清洁化改造；采取措施加快重点地区危险化学品生产企业搬迁改造。对于开发区的绿色转型，由国务院有关部门会同长江流域省级人民政府建立开发区绿色发展评估机制，并组织对各类开发区的资源能源节约集约利用、生态环境保护等情况开展定期评估，长江流域县级以上地方人民政府应当根据评估结果对开发区产业产品、节能减排等措施进行优化调整。

对于节水：国家鼓励和支持在长江流域实施重点行业和重点用水单位节水技术改造，提高水资源利用效率；由长江流域县级以上地方人民政府加强节水型城市和节水型园区建设，促进节水型行业产业和企业发展，并加快建设雨水自然积存、自然渗透、自然净化的海绵城市。

对于水产养殖：由长江流域县级以上地方人民政府编制并组织实施养殖水域滩涂规划，合理划定禁养区、限养区、养殖区，科学确定养殖规模和养殖密度；强化水产养殖投入品管理，指导和规范水产养殖、增殖活动。

对于水运能力提升和船舶污染防治：国家加强长江流域综合立体交通体系建设，完善港口、航道等水运基础设施，推动交通设施互联互通，实现水陆有机衔接、江海直达联运，提升长江黄金水道功能。由长江流域县级以上地方人民政府统筹建设船舶污染物接收转运处置设施、船舶液化天然气加注站,制订港口岸电设施、船舶受电设施建设和改造计划,并组织实施。除使用清洁能源的,具备岸电使用条件的船舶靠港应当按照国家有关规定使用岸电。由国务院和长江流域县级以上地方人民政府对长江流域港口、航道和船舶升级改造,对液化天然气动力船舶等清洁能源或者新能源动力船舶建造,港口绿色设计等给予资金支持或者政策扶持,对长江流域港口岸电设施、船舶受电设施的改造和使用给予资金补贴、电价优惠等政策扶持。

第十一章　矿产资源法

矿产资源是不可再生的耗竭性自然资源，必须倍加珍惜、合理配置、高效开发利用。我国矿产资源总量丰富，但人均占有量明显低于世界平均水平。我国工业化、城镇化快速发展，矿产资源需求旺盛，已探明的储量明显不足，供需矛盾加剧，因此要保护和合理利用矿产资源，坚持开源节流并举，将节约放在首位；适应经济全球化趋势，坚持利用国内和国外“两个市场”“两种资源”，积极推进实施“走出去”战略，努力实现资源供应与保障全球布局；落实生态文明建设战略，深化矿产资源管理体制、制度和机制改革，强化矿山生态环境保护与治理，兼顾经济效益、社会效益和生态效益。

第一节　我国矿产资源概况和矿业形势

一、矿产资源概述

(一)矿产资源的概念及分类

矿产资源是在地球演化过程中经过地质作用形成的，存在于地下或者地表的，具有利用价值的，呈固态、液态、气态的天然富集物。矿产资源是一种不可再生的自然资源，具有形成的长期性、赋存的隐蔽性、分布的不均衡性、利用的耗竭性等特点。矿产资源是人类生产和生活资料的基本源泉，是经济社会发展的重要物质基础。人类的衣、食、住、行都跟矿产资源息息有关。我国95%以上的能源和80%以上的工业原材料、70%以上的农业生产资料、30%以上的农业用水和饮用水、40%以上的纺织类服装原料，都源自矿产资源。矿产资源禀赋和开发利用水平是衡量各国综合实力的一项重要标准。

根据《矿产资源法实施细则》，矿产资源按其性质和用途分为能源矿产、金属矿产、非金属矿产和水气矿产四大类。为便于开发利用及管理，通常又将金属矿产和非金属矿产两大类细分为黑色金属矿产、有色金属矿产、贵金属矿产、稀有金属矿产、稀土和稀散元素矿产、冶金辅助原料矿产、化工原料非金属矿产、建筑材料及其他非金属矿产等。

(二)我国矿产资源概况

我国是世界上最早开发利用矿产资源的国家之一，具有悠久的矿业发展史。中华人民共和国成立后，矿产资源勘查开发取得巨大成就，相继发现矿产地近18,000处，其中大中型矿产地7000处，建成大庆、大同、攀枝花等数百座矿业城镇和工业基地。矿产资源开发规模迅速扩大，资源保护和合理利用水平不断提高，形成了比较完善的矿产品供应体系，为国民经济持续快速发展提供了重要保障。但是，经过几十年的高强度开发，许多矿山已经进入中晚期，保有资源储量明显不足，出现了大批资源枯竭型城市。我国矿产资源禀赋具有以下突出特点：

第一，总量丰富，但人均占有量小，优势与劣势并存。我国已查明的矿产资源总量约占世界矿产资源总量的12%，居世界第三位。传统上有20多种矿产的探明资源储量位于世界前列，其中钨、钼、锡、锑等多种矿产资源储量居首位，但人均占有探明资源储量仅占世界人均水平的三分之一。石油、天然气、铁、锰、铜、铝土、钾盐等大宗支柱性矿产比较短缺，而新能源和新兴产业发展所需的铟、锗、镓等“三稀”（稀有、稀土和稀散金属）矿产相对丰富。

第二，矿种比较齐全，但部分资源供需失衡。我国是世界上矿产资源比较丰富、种类较为齐全、配套程度较高的少数国家之一。截至2020年年底，全球范围内已发现的200多种矿产中，我国已发现173种，[1]其中包括能源矿产13种，金属矿产59种，非金属矿产95种，水气矿产6种。全国已查明资源储量的有162种，计算到亚种则为230种。但部分大宗支柱性矿产如石油、富铁矿、锰矿、铜矿、铝土矿等探明资源储量不足，铬、钾盐、金刚石等后备储量不足，矿产品供需缺口较大，需要长期依赖进口。

第三，分布广泛，但已探明的矿产资源储量相对集中，与生产力布局不相匹配。如石油主要分布在东北、华北和西北；煤炭主要分布在西北和华北；铁矿集中在东北、华北和西南；磷矿主要分布在西南和中南地区。长期形成北煤南调、西煤东运、南磷北运的局面，需要对矿产资源勘查、开采实行统一规划、合理布局。

第四，贫矿多、难选矿多、富矿少，共生、伴生矿（组分）多，单一矿床少。品质优良的矿床少而低品位、组分复杂的矿床多。如钨、锡、稀土、钼、锑、滑石、菱镁矿、石墨等品位较高，而铁、锰、铝土、铜、磷等贫矿多，从而增加了选矿、冶炼加工的技术难度和生产成本，应当实行综合勘查、综合开采。

第五，中小型矿床多、大型矿床少。在已探明资源储量的矿床中，95%是中小型矿床，这对矿产资源合理规划布局与开发利用提出了很高的要求。

二、国际矿业经济形势

近年来，世界政治经济与国际关系发生了一系列重大而深刻的变化，国际矿业经济呈现出一系列新的特点。

（一）相互依存的国际关系日益突出

任何一个国家都难以完全依靠本国资源来发展经济，已经成为各方共识。受经济全球化影响，新的国际分工体系和统一的国际矿业市场已经形成，矿产品等生产要素实现了全球范围内的自由流动，为各国利用本国及他国资源和市场、发展外向型经济提供了有利条件。资源供应在全球范围内的静态平衡与部分国家在一定时段的需求相对不足并存将成为一种常态。

（二）国际矿业格局发生重大的结构性变化

以往占世界人口20%的欧洲、美国和日本消费国际矿产品总量的80%以上。近年来，随着以中国为代表的人口众多的新兴市场经济体和其他发展中国家融入世界经济，如今50%以上的世界人口消费了绝大部分原材料。从经济发展速度和趋势来看，将来较长一个时期国际需求市场的增量将主要来自这些新兴市场国家。

（三）国际矿业市场垄断格局已经形成

人类进入现代文明社会后，发达国家主要采取资本扩张、通过跨国公司等方式而非强权掠夺方式来达到控制资源开发利用的目的，主要发达国家通过跨国公司、资本控制以及主导

---

[1] 国务院分别于2012年、2017年批准将页岩气、天然气水合物列为新矿种。

矿业行业国际标准和规则的制定等方式，实现了对全球主要矿产资源的控制与布局，正在加快对新兴战略资源的控制步伐。跨国矿业公司通过资本运作与并购重组，发挥其在国际资本市场上的影响力、进行跨国投资，在全球范围内调配资源。

（四）虚拟经济和资本运作大行其道

金融资本与产业高度融合，矿业资本化程度日益加深，成为不断加剧的国际矿业竞争的关键因素，并已体现在西方发达国家的资源战略和跨国公司的运营中，以资本跨境流动和国际矿业并购为主要表现形式的商业活动也日益多样化和常态化。国际金融资本通过控股或者参股大型矿业公司垄断经营优质资源、控制现货市场价格以获取超额利润，或者通过国际交易市场投机炒作期货及其金融衍生品，导致矿产品价格走势经常脱离正常供需关系。

三、国内矿业发展的特点

近年来，工业化、城镇化快速发展，资源利用率总体不高、消耗过快，我国矿产资源供需矛盾日趋突出，大宗支柱性矿产资源短缺已从个别矿种向全面短缺演变，即便是传统的钨、锡、锑等优势矿产，也多因过度开发而出现保障能力减弱等问题。矿产品对外依存度不断攀升。2019年，十多种重要矿产品对外依存度超过50%，石油、天然气、铁矿石、铜精矿对外依存度分别为72.6%、43.6%、85.3%、75.7%，[2]境外资源投资风险较大，支撑服务体系亟待完善；矿产品加工基础研究薄弱，高端产品受制于人，对我国经济运行的资源成本和经济安全构成严峻挑战。我国矿业大而不强，随着经济由高速增长阶段转向高质量发展阶段，必须全面实施可持续发展战略，转变发展方式，加强矿产资源的规划、管理、保护与合理利用，着眼于建立全球矿产资源保障体系，不断增强经济社会发展所需资源能源的持续、可靠和有效供给能力。

总之，我国矿产资源优势和劣势并存，既有地大物博的一面，又有资源相对不足、开发利用难度大的一面。从长远来看，矿产资源供需形势不容乐观。为保障国家经济安全、国防安全和战略新兴产业发展需求，在2016年国务院批复通过的《全国矿产资源规划（2016—2020年）》中，明确将石油等24种矿产列入战略性矿产目录，作为矿产资源宏观调控和监督管理重点，在资源配置、财政投入、重大项目、矿业用地等方面加强引导和差别化管理，提高资源安全供应能力和开发利用水平。[3]

第二节　矿产资源与矿业权

一、什么是矿产资源

（一）矿产资源的自然属性

1. 耗竭性和不可再生性

与土地、水、森林、草原等其他自然资源有所不同，典型的矿产资源是亿万年地质作用的

---

〔2〕 参见林波：《确保国家经济安全》，载本书编写组编著：《〈中共中央关于制定国民经济和社会发展第十四个五年规划和二〇三五年远景目标的建议〉辅导读本》，人民出版社2020年版，第438页。

〔3〕 参见（原）国土资源部编：《中国矿产资源报告2017》，地质出版社2017年版，第31页。24种战略性矿产包括：能源矿产，石油、天然气、页岩气、煤炭、煤层气、铀；金属矿产，铁、铬、铜、铝土、金、镍、钨、锡、钼、锑、钴、锂、稀土、锆；非金属矿产，磷、钾盐、晶质石墨、萤石。

产物，在人类可预见的历史时期内不可能再生且数量有限，最终会因开发利用而不断消耗、逐渐枯竭。矿产资源的耗竭性和不可再生性，是矿产资源有偿开采和矿业权有偿取得制度的基础。

2. 隐蔽性和不确定性

多数矿产资源隐伏于地下，需要运用专门的知识和技术才能发现和查明，经过大量的风险投资和长周期的勘查开发才能获得矿产品。隐蔽性决定了勘查开发活动的难度和专业性、风险性。矿产资源的隐蔽性和不确定性，是实行勘查开发资质管理和分类管理制度的基础。

3. 稀缺性和分布不均衡性

矿产资源的有用性决定了其具有经济价值，而稀缺性则使矿产资源具有增值性。矿产资源的稀缺性和分布不均衡性，是实行集中统一管理和规划管理制度的基础。

4. 多样性和复杂性

矿产资源种类繁多，千差万别。任何一种矿产都有贫矿型与富矿型、组分简单与复杂、难选与易选之分，由此决定了矿产勘查开采的技术难度和投资风险性，这是对矿产资源实行综合勘查、综合开采和属地化监督管理、矿业权分级审批登记管理制度的基础。

5. 动态性和相对性

矿产资源的效用价值和归属范围往往与勘查开发技术条件相适应，只有在现实技术经济条件下能为人类所探明和开发利用的方可认定为资源。随着科技进步、探采选技术的不断发展更新，原来不属于资源的废石、尾矿，都可以转变为有用的矿产资源。矿产资源的动态性和相对性，是实行矿产资源储量管理和勘查开采标准规范管理的基础。

（二）经济属性

矿产资源的有用性、稀缺性和矿产勘查这种特殊的人类劳动所特有的风险性和偶然性，与经济体制相联系，只有在市场经济条件下，资源的价值才得以显化和转化。矿产资源具有有用性的经济属性以及稀缺性和不确定性的自然属性，是制定实施矿产资源有偿使用制度、矿产资源储量评审、矿业权价值评估制度的基础。

（三）社会政治属性

在国际法中，国家包括居民、领土、政权组织和主权等四个要素。矿产资源与国家领土、主权不可分割，而且是经济社会发展的重要物质基础，因而具有政治意义。矿产资源的这种社会政治属性决定了矿产资源所有权是一种具有主权特征的公权利，也是维护矿产资源所有权益，在中外合资、合作勘查开发矿产资源及资源外交中坚持对等原则的基础。

总之，基于矿产资源的自然属性、经济属性和社会政治属性，尤其是其耗竭性、稀缺性、不可再生性以及我国资源禀赋优劣并存所形成的资源安全问题，要求既要充分发挥市场配置资源的决定性作用，也要更好发挥政府作用，尤其要对矿业权实行行政许可、对矿产资源开发实施严格的监督管理。[4]

二、矿产资源所有权与矿业权

矿产资源作为一类资源，凸显物的有用性，属于抽象的而不是具体的物，只有开采加工后成为矿物原料，才是具体可用的物，适用《民法典》物权编的相关规定。

矿产资源属于国家所有是我国《宪法》明确的一项基本原则，矿产资源所有权是一项具有抽象性的宪法性权利，同样作为抽象主体的国家不可能直接行使这一抽象的权利，而须由特

---

〔4〕 参见刘欣：《矿产资源资本化管理》，法律出版社2018年版，第18～27页。

定的国家行政机关设立矿业权，通过有偿出让或将特定范围内尚不完全确定的矿产资源授予符合法定条件的申请人，这是一个抽象的矿产资源所有权权利具体化的过程。申请人经批准成为探矿权人、采矿权人，后者通过勘查，主要是采矿加工并销售获利，国家通过依法参与利益分成方式实现矿产资源所有权益。从根本上看，保护矿业权人的合法权益与实现国家所有权益是相一致的。

由此可见，矿业权是由矿产资源所有权衍生分离出来的一种特殊的物权，相当于民事私权范畴的物之所有权。随着探矿权、采矿权的设立，作为权源的矿产资源所有权随之失去存在的基础。国家所有权与矿业权之间的转化过程是单向的、不可逆的。国家作为所有权人即公权利主体，应当依法尊重矿业权人的合法权利而不宜随意干预其行使权利。

有两种例外情形：一是出于国家利益或者社会公共利益的需要，基于矿产资源所有权而对探矿权或者采矿权进行直接或者间接的征收或者收回，但需给予公平合理的经济补偿；二是矿业权人因严重违法犯罪而被限制甚至剥夺探矿权、采矿权，但行使这种处罚是凭借行政管理权或者公权力而不是经济权利性质的矿产资源所有权。

三、矿业权

（一）矿业权的性质与内涵

矿业权是抽象的矿产资源所有权的具体化，即矿产资源所有权益是通过行使探矿权（现实中主要是依采矿权）通过矿产开发活动获取矿产品来实现的。矿业权即探矿权和采矿权，是矿产资源管理的核心内容，体现为一种“三位一体”的权利结构，它既是一种特殊的物权，又是一种包含勘查开采资质的特许行为权以及经营许可权。一方面，矿业权是一种带有公权特征的私权，适用用益物权的一般性规定。另一方面，矿业权又是一种特许行为权，即经行政许可而认定具有相应的勘查、开采资质能力，准许实施具有较强技术专业性的矿产资源勘查、开采活动的权利。

1. 物权性质的矿业权

（1）探矿权、采矿权不属于典型的用益物权，但出于资源开发利用与管理的需要而适用关于用益物权的一般性规定。用益物权是指对他人所有物享有的以使用、收益为目的的物权，主要包括地上权、地役权、永佃权等，是对不转移他人所有的物的所有权而只转移对物的使用和收益的财产关系，而且使用应以不损毁物的外形和实质、不改变其性能为限。用益物具有确定的价值或者有用性，用益物权人能够通过对物的使用获得收益。而探矿权所对应的勘查行为的客体即特定范围内的地质体存在资源有无的可能性或者不确定性，即使经勘查获取了有价值的矿体并形成了可以通过转让获利的地质成果，待进入采矿阶段后才能真正获得收益。

采矿权所对应的矿体会随着开发利用而发生改变或损耗。矿产资源本身具有耗竭性和不可再生性，资源采尽，采矿权则成为无本之木，其内蕴的经济价值即归于消灭。易言之，资源枯竭之日，便是采矿权及矿产资源国家所有权灭失之时。这显然不符合用益物不得损毁和改变形态性状的特点，因此不能将采矿权完全等同于用益物权。

（2）矿业权是由矿产资源国家所有权衍生出来的特殊物权。探矿权、采矿权本质上是一种私权，但又具有较强的公权特征。作为私权，是矿权人开发利用营利、进行融资、合作经营的基础，依法应予充分尊重和保护；探矿权、采矿权同时具有公权特征，这是实行矿业权登记生效主义的基本理论依据。探矿权、采矿权发生变动包括设立、变更、转让或者消灭等情形，都应当依法申请办理登记并通过行政许可方可生效。这是由矿产资源所有权所具有的公权利特征所决定的,也是国际通行做法。

基于矿产资源国家所有以及矿产资源对于经济社会发展所具有的重要作用,法律赋予有关行政机关对矿产资源勘查开发活动实施行政监管的权力,要求矿业权人积极地而不是消极地履行法定义务,依法合理开发利用资源,自觉接受监督检查。在发生无证勘查开采或者破坏浪费资源、污染破坏生态环境的违法违规情形时要给予行政制裁甚至刑罚处罚,直至以吊销许可证的方式剥夺其权利。

物权性质的矿业权,主要是体现矿业权所内蕴的资源的价值,它是矿产资源所有权益得以实现的物质基础,其中包括两层含义:一是经济收益,相当于矿产资源补偿费和矿业权价款(现称"矿业权出让收益");二是资源配置与调控,通过申请授予或者有偿出让矿业权选择最佳的矿业权主体,辅之以规划、监督以及经济调节手段,促使矿业权人(主要是采矿权人)合理开发利用资源,在矿业企业获取收益的同时实现国家资源保障目标。

经行政许可而认定具有相应的勘查、开采资质能力,准许实施具有较强技术专业性的矿产资源勘查、开采活动的权利。

2. 特许行为权属性的矿业权

行政许可是允许特定主体从事法律一般禁止的活动,行政机关根据相对人申请,作出决定准许其从事某种行为、行使某种特权、获得某种资格和能力的行为。这是有关部门依据法律授权实施管理社会事务的一项职权。依据行政法理论,特殊许可是与一般许可相对应的概念。一般许可是指对申请人无特殊限制、特殊要求,申请人的申请符合法定条件的,有关许可机关即应发放许可证或者批准其申请。而特殊许可除了符合一般的法定条件外,还对申请人有特别限制,又称为特许。《行政许可法》对包括矿产资源在内的自然资源确定了特定许可,针对矿产资源而言是指矿业权,即一种特定许可的矿产资源勘查开采的资质和市场准入性质的经营许可权。矿业权作为特许行为权的法律依据主要是该法第12条规定:"……有限自然资源开发利用、公共资源配置以及直接关系公共利益的特定行业的市场准入等,需要赋予特定权利的事项……"《矿产资源法》及相关行政法规同样也主要是围绕矿产资源勘查开采行为资质进行制度设计的。其中第3条规定:"……勘查、开采矿产资源,必须依法分别申请,经批准取得探矿权、采矿权,并办理登记……从事矿产资源勘查和开采的,必须符合规定的资质条件。"从探矿权人、采矿权人的权利、义务规范,也可以看出《矿产资源法》及相关法规主要是围绕特许行为权进行制度设计的。至今,正式的法律和制度概念都是"矿产资源勘查开采登记"而不是"探矿权、采矿权审批"。因此,探矿权、采矿权应当称为"勘查许可(行为)权"和"采矿许可(行为)权"。这类专业性的行政许可权本质上是一种资质和能力的认可,又带有经营许可性质,有了这种许可凭证,才证明有资格从事勘查开采活动,以确保资源得到合理有序开发,并具备保护生态环境、注重生产安全等能力和条件。

(二)矿业权的定义

《矿产资源法实施细则》中关于探矿权、采矿权的定义是:"探矿权,是指在依法取得的勘查许可证规定的范围内,勘查矿产资源的权利。取得勘查许可证的单位或者个人称为探矿权人。""采矿权,是指在依法取得的采矿许可证规定的范围内,开采矿产资源和获得所开采的矿产品的权利。取得采矿许可证的单位或者个人称为采矿权人。"这显然主要是按照矿产资源勘查开采特许行为权来设定的,基于矿产资源价值和投资所形成的财产权没有得到显化。根据探矿权、采矿权的多元化权利结构特点,尤其应是凸显其物权性质,宜对其定义作必要的修正完善:"探矿权是指投资人依法取得的、在特定勘查区块范围内进行矿产资源勘查并依法享有勘查成果和相应收益的特殊的物权。申请人在依法取得探矿权后成为探矿权人。""采矿权是投资人依法取得的、对特定矿区范围内的矿体进行开采并通过矿产品销售、权利转让等形式获取相关收益的特殊的物权。申请人在依法取得采矿权后成为采矿权人。"

同理，主要依矿产资源勘查开采行为权所作的矿业权制度设计，显然已不能适用于以物权为主导的矿业权管理，实践中屡屡出现动辄因一般性的违法违规勘查开采行为而致作为物权的探矿权、采矿权权利受到限制甚至被以吊销许可证的形式剥夺，这显然有失公平。依以下相关规定，若因矿业权人主观疏忽而未及时申请办理矿业权保留或者延续登记就将导致权证废止失效，这明显有悖于物权保护的基本原则。(1)《矿产资源勘查区块登记管理办法》第10条第1、2款规定："勘查许可证有效期最长为3年；但是，石油、天然气勘查许可证有效期最长为7年。需要延长勘查工作时间的，探矿权人应当在勘查许可证有效期届满的30日前，到登记管理机关办理延续登记手续，每次延续时间不得超过2年。探矿权人逾期不办理延续登记手续的，勘查许可证自行废止。"(2)《矿产资源勘查区块登记管理办法》第21条第2款规定："保留探矿权的期限，最长不得超过2年，需要延长保留期的，可以申请延长2次，每次不得超过2年；……"(3)《矿产资源开采登记管理办法》第7条第2款规定："采矿权人逾期不办理延续登记手续的，采矿许可证自行废止。"因此，将以勘查开采行为权为主的"三位一体"的矿业权结构改为以物权性质的探矿权、采矿权、勘查开采资质和勘查开采特许行为权"三权分管"范式，对相关的矿业权法律关系加以调整，矿业权登记审批和执法过程中的一些常见难题也就迎刃而解。这是《矿产资源法》修改过程中的一个不容忽视的基础性问题。

第三节　矿产资源管理的法律依据

一、矿政管理的基本问题

(一)《矿产资源法》的立法宗旨

《矿产资源法》第1条规定："为了发展矿业，加强矿产资源的勘查，开发利用和保护工作，保障社会主义现代化建设的当前和长远的需要，根据中华人民共和国宪法，特制定本法。"《矿产资源法》作为矿业管理基本法，明确矿产资源管理的目标任务是促进矿业发展、保障经济社会持续健康发展——这一基本宗旨至今并未发生根本性变化。结合生态文明建设的战略要求，需要以更宽的视野，统筹协调国内与国外、矿业与其他产业、矿产开发与生态环保之间的关系，坚持保护和合理开发利用矿产资源，实现资源有效供给，强化生态环保，促进矿业可持续发展。

(二)《矿产资源法》的调整对象与矿业管理定位

《矿产资源法》的调整范围为矿产资源勘查开发经济活动中的法律关系，其中包括作为简单矿产品加工的选矿环节。具体而言，《矿产资源法》调整的是国家、矿业权人和有关组织和个人之间在矿产资源勘查、开发利用和保护过程中所发生的各种社会经济关系。近年来，随着经济全球化和矿业社会化发展趋势，矿产开发与矿产品加工、冶炼和进出口贸易等环节之间或者上下游产业之间的关联度日趋紧密，由此要求矿政管理视角由微观"矿业"向广义"矿业"延伸，这是矿产资源管理改革的方向。

依国际惯例，《矿产资源法》实际为"矿业法"，与农业一样，矿业属于基础产业，基本特点是投资大、建设周期长、见效慢。其产品多属初级产品，劳动附加值较低。基础产业是为加工产业提供原材料、动力、基础条件的各产业部门的统称，主要包括农业、能源、原材料等产业部门。基础产业在经济结构中占有相当比重,对其他产业的发展至关重要,是其他产业部门发展的基础。因此,对于矿业应当坚持保护与支持的导向,制定矿业政策措施不能脱离产业定位和基本的规律和原则。比如矿业权出让不应以追求最大经济收益为目标,否则容易发生竭泽而渔导致矿业发展不可持续的后果,不少发达国家就采取勘查投入税收抵扣等措施鼓励矿业投资。

二、矿产资源法规体系

20 世纪 90 年代,基本形成了以《宪法》为基础,《矿产资源法》为中心,主要由 20 多部相关法律、行政法规和部门规章以及各省、自治区、直辖市出台的地方性法规和政府规章等组成的较为完整的法规体系,确立了矿产资源管理的基本原则和管理制度,推动我国矿产资源管理步入法制化、规范化和科学化轨道,为依法管矿、依法办矿提供了法律依据和保障。

随着改革开放不断深化,《矿产资源法》为代表的矿产资源管理法制明显滞后于经济社会发展。2003 年,全国人大常委会提出加快修改《矿产资源法》,但一直缺乏实质性进展。矿业立法工作的滞后,直接体现并影响到矿业权设置、市场运作和对矿业权人权益的平等保护、矿产资源监督管理及矿山生态环境保护等各个方面。近几年,国家启动并积极推进《矿产资源法》修订。其间,为适应矿业发展与资源管理的迫切需要,国家有关部门不断进行改革调整,相继出台了关于矿业权审批、矿业权有偿出让管理、矿山生态环境保护等一系列政策,为法律法规的修改完善创造了条件。

三、矿产资源管理的基本原则

(一)矿产资源国家所有原则

依据《宪法》第 9 条规定,矿藏(矿产资源)属于国家所有,即全民所有。《矿产资源法》第 3 条规定:"矿产资源属于国家所有,由国务院行使国家对矿产资源的所有权。……"矿产资源属于国家所有,是依法实施矿产资源管理的基本前提。我国对矿产资源实行单一的全民所有制而不属于地方、集体、个人所有,由中央政府即国务院代表国家统一行使全民所有矿产资源资产所有权职责,由国务院有关主管部门具体负责矿业权审批登记与矿产资源配置,充分表明了矿产资源和矿业在整个国家经济和社会发展中所处的重要地位。

(二)集中统一管理原则

我国矿产资源勘查开发经历了一个由各工业部门分散管理的时期,存在重复性或者过度投资地质勘查,选择性采选矿而非综合开采利用导致国家投资不合理和资源浪费等问题。在 1998 年国务院机构改革中,各工业部门的矿产资源行政管理职能统归新组建的国土资源部(已被撤销),标志着矿产资源集中统一管理格局的形成。对工业部门的职能机构实行精简,确立由一个部门对各类矿产资源勘查、开采实行集中统一管理,有利于在市场经济体制下加强国家对矿产资源的宏观调控,保证国家统一规划得到全面实施,从而更好地保障经济社会可持续发展。经过其后几轮机构改革,集中统一管理的原则得到进一步强化。

(三)分类与分级管理相结合原则

针对矿产资源的类别多样性、复杂性和区域性特征,《矿产资源法》确定了大型重要矿产由国务院有关主管部门直接负责矿业权审批登记,其余由地方政府部门属地化分级审批登记的原则。除了对国家规划矿区、对国民经济具有重要价值的矿区和国家规定实行保护性开采的特定矿种之外,《矿产资源勘查区块登记管理办法》《矿产资源开采登记管理办法》《探矿权采矿权转让管理办法》确定了对国民经济具有重要价值的34个重要矿种原则上由国务院有关主管部门直接负责矿业权审批登记，其余由各省、自治区、直辖市的相应主管部门依据省级人大常委会通过的地方性法规负责矿业权审批登记。按照分类分级管理的原则，有关部门先后出台了《关于规范勘查许可证采矿许可证权限有关问题的通知》（国土资发〔2005〕200号）等相关规定，结合实际对中央及地方各级管理部门之间的矿业权审批权限进行合理划分与调整。

（四）依法行政与市场调节相结合原则

保护和合理开发利用资源，要求对矿业权申请实行严格审批登记，依法对矿产资源勘查开发活动加强监督管理。对具备优势条件的区域，采取招标、拍卖、挂牌等方式公开出让矿业权，是运用市场竞争机制优化矿业权行政审批制度的一项重要举措，有利于选取最佳矿业投资主体，激发市场主体活力，达到优势资源的帕累托最优配置效果。

四、矿产资源管理的主要法律制度

（一）矿产资源规划管理制度

所谓矿产资源规划，是根据一定时期内国民经济和社会发展的资源需求，结合全国或地方矿产资源的禀赋条件与勘查开发利用现状，对矿产资源的调查评价、勘查、开发和保护等所做出的总量、结构、布局和时序安排。矿产资源规划是国家加强矿产资源勘查开发宏观调控的重要手段，是各级人民政府有关主管部门依法对矿产资源勘查、开发利用与保护进行监督管理的依据。作为各级人民政府依法管理和保护矿产资源的指导性文件，矿产资源规划的主要规划目标纳入同级国民经济与社会发展规划。

矿产资源规划由全国性矿产资源规划、地区性矿产资源规划和行业性矿产资源开发规划构成。全国性矿产资源规划包括全国矿产资源总体规划和专项规划。其中专项规划主要包括地质矿产调查评价与勘查规划、矿产资源开发利用与保护规划、矿山生态环境保护规划等。地区性矿产资源规划包括省级、市（地）级、县级和跨行政区域的矿产资源规划。

矿业权设置区划是矿产资源规划的重要组成部分，是为了优化空间布局、时序安排和调控矿业权数量，在达到一定勘查程度、基本明确坐标范围等要素的前提下，对特定的矿产地所作的矿业权设定方案，是设立探矿权、采矿权的依据。

（二）矿业权审批登记制度

根据登记生效主义原则，《矿产资源法》确立了探矿权、采矿权审批登记制度。矿业权审批登记是指矿业权登记管理机关根据申请人的申请，依法对探矿权、采矿权的设立、变更、注销等实施的一系列行政许可行为，以实现资源合理配置和实现矿产资源所有权益等目标。根据《矿产资源法》及有关行政法规规定，探矿权实行部、省两级部门审批登记，采矿权实行部、省、市（地）、县四级部门审批登记。矿业权审批登记与资源配置权由主管部门负责而非政府统一行使，凸显高度重视矿业发展、优先保护资源与保障供应的国家战略。

矿业权审批登记制度的主要内容包括：（1）界定矿业权的性质、时间与空间；（2）设定取得矿业权资格、条件和程序；（3）界定矿业权人的权利与义务；（4）审批授予矿业权；（5）征收管理矿业权使用费，进行矿业权评估管理，保护矿业权人合法权益等。

（三）矿业权出让管理制度

所谓出让，是指行政机关以国家自然资源所有者名义将自然资源使用权交与适格主体的行为。我国长期沿用计划经济年代形成的一一对应的无偿取得矿业权的申请授予方式，随着矿业市场化改革的推进，逐渐吸收和借鉴美国、加拿大等矿业发达国家的做法，引入了招标、拍卖、挂牌等市场竞争出让方式以择优确定受让主体,从而改变了单一的矿业权申请授予行政审批方式,有利于将资源配置给优势企业以提高资源利用水平并有效避免行政审批制度所固有的弊端。

所谓矿业权出让,是指矿业权登记管理机关作为矿产资源国家所有人通过招标、拍卖、挂牌等市场竞争方式确定受让人并与之签订探矿权或者采矿权出让合同,由探矿权或者采矿权受让人向国家支付对价,国家将探矿权或者采矿权出让给探矿权或者采矿权受让人。依据现行法律规定,探矿权或者采矿权受让人必须依法申请办理探矿权或者采矿权审批登记手续。实践中,集中体现为矿业权分类出让管理方式,即根据矿产资源的赋存特点和地质勘查工作程度,把矿产资源分为无风险、低风险和高风险三类,分别采取不同的出让方式。对石灰岩、砂岩等无风险类矿产,按招标、拍卖、挂牌等市场竞争方式出让采矿权;对煤炭、磷等低风险类矿产,按招标、拍卖、挂牌等市场竞争方式出让探矿权;对铜、铅、锌等高风险类矿产,按"申请在先"方式即按申请时间的先后决定出让探矿权;特殊情况下实行有偿协议出让。但是,竞争出让作为一种民事行为,只是行政审批的一种辅助手段,是市场调节手段在矿业权行政审批中的运用,二者之间是手段与目标的主从关系。矿业权出让合同是在公开竞争后由行政机关或其委托专门的市场交易机构与民事主体之间经平等协商、彼此承诺分别依约支付价款和交付矿业权资产而签订的一种行政协议。这一属于民事行为市场配置手段的运用,并不能改变矿业权审批或者矿业权资产物权登记的行政行为性质。

(四)矿产资源有偿使用制度

矿产资源有偿使用制度是基于矿产资源所有权而实施的经济管理制度,是调整矿产资源开发利用经济关系的核心制度。矿产资源有偿使用分为矿业权有偿取得和矿产资源有偿开采两部分内容。集中体现为国家对矿产资源补偿费、探矿权采矿权价款、探矿权采矿权使用费等"两款三费"的征收管理。随着市场经济体制改革不断深化,我国经历了矿业权从无偿取得到有偿取得、矿产资源由无偿开采到有偿开采的演变阶段。

矿产资源补偿费是指矿产资源主管部门依法向矿山企业征收的、体现矿产资源所有权益的费用,相当于国外的"Royalty"即权利金,由各级矿产资源主管部门按采出矿产品销售收入的一定比例向矿山企业征收并与开采回采率成正比例挂钩,以鼓励企业提高资源利用率。补偿费费率依矿种不同,从0.5%到4%不等,平均费率为1.18%。补偿费分配使用向地方和民族地方倾斜,中央与省、直辖市矿产资源补偿费的分成比例多数为5:5;中央与5个自治区和贵州、青海两省按4:6的比例分成。

探矿权、采矿权使用费是由矿业权登记管理机关分年度按占用矿地面积计征的勘查、采矿用地费用,是探矿权人、采矿权人保有矿业权所应支付的土地利用成本,有利于引导调控探矿权人、采矿权人合理占用土地。

依据《矿产资源勘查区块登记管理办法》等行政法规规定,探矿权、采矿权价款是探矿权人、采矿权人取得国家以往出资勘查形成的矿产地后向国家缴纳的、旨在返补国家勘查投入的一种价款。探矿权人、采矿权人在获取低风险类矿产探矿权、无风险类矿种采矿权时,通过实行矿业权分类出让即通过竞争出让方式所支付的一种溢价性对价也被称作为探矿权、采矿权价款,实际是国家通过竞争性出让获得的一种超额利润。

2017年,国务院发布实施矿产资源权益金制度改革方案,其中规定将探矿权、采矿权价款调整为矿业权出让收益,将矿产资源补偿费并入资源税,将探矿权、采矿权使用费整合为矿业权占用费,根据矿产品价格变动情况和经济发展需要实行动态调整。

（五）监督管理制度

《矿产资源法》第11条规定："国务院地质矿产主管部门主管全国矿产资源勘查、开采的监督管理工作。国务院有关主管部门协助国务院地质矿产主管部门进行矿产资源勘查、开采的监督管理工作。省、自治区、直辖市人民政府地质矿产主管部门主管本行政区域内矿产资源勘查、开采的监督管理工作。省、自治区、直辖市人民政府有关主管部门协助同级地质矿产主管部门进行矿产资源勘查、开采的监督管理工作。"

矿产资源监督管理是矿产资源管理部门在矿产资源勘查和矿山建设、生产到关闭的过程中，通过对矿产资源勘查项目和矿产资源开发利用方案的审查和勘查，对开采活动的检查以及对矿产资源违法违规行为的查处，对探矿权人、采矿权人依法行使权利、履行义务的情况实施监督管理，维护探矿权人、采矿权人的合法权益，促进矿产资源和生态环境得到有效保护和合理开发利用。

与探矿权、采矿权审批登记管理职能分工不完全一致，矿产资源监督管理实行属地管理原则，即以县、市两级管理部门为主负责具体实施矿产资源勘查开发监管。多年来，形成了包括矿山年检、矿产督察、违法案件查处等一整套管理措施。近年来，随着"放管服"改革的推进，相关管理措施发生调整变化，如矿山年检改为矿产资源勘查开采年度信息公示与抽查相结合、以"黑名单"诚信制约与惩戒为主的管理方式。

对集体矿山企业和个体采矿的监督管理主要有以下内容。(1)总体政策。国家对集体矿山企业和个体采矿实行积极扶持、合理规划、正确引导、加强管理的方针。国家鼓励集体矿山企业开采国家指定范围内的矿产资源，允许个人采挖零星分散资源和只能用作普通建筑材料的砂、石、黏土以及为生活自用采挖少量矿产。个人不得开采的情形包括：矿产储量规模适宜由矿山企业开采的矿产资源；国家规定实行保护性开采的特定矿种；国家规定禁止个人开采的其他矿产资源。(2)管理服务。国家指导、帮助集体矿山企业和个体采矿不断提高技术水平、资源利用率和经济效益。地质矿产主管部门、地质工作单位和国有矿山企业应当按照积极支持、有偿互惠的原则向集体矿山企业和个体采矿提供地质资料和技术服务。县级以上人民政府应当指导、帮助集体矿山企业和个体采矿进行技术改造、改善经营管理，加强安全生产。(3)保护矿产资源。集体矿山企业和个体采矿应当提高技术水平，提高矿产资源回收率。禁止乱挖滥采，破坏矿产资源。集体矿山企业必须测绘井上、井下工程对照图。

（六）矿产资源储量管理制度

《矿产资源法》第13条规定："国务院矿产储量审批机构或者省、自治区、直辖市矿产储量审批机构负责审查批准供矿山建设设计使用的勘探报告，并在规定的期限内批复报送单位。勘探报告未经批准，不得作为矿山建设设计的依据。"矿产资源储量管理制度主要包括矿产资源储量评审备案、登记统计、地质资料汇交管理和矿山储量动态监督管理等制度，主要是对地质工作成果包括矿产资源储量和地质资料的管理，对矿产资源的数量、质量、开采技术条件和利用等信息数据进行评审认定。这是一项专业性较强的基础性管理工作，并与矿业权评估等工作密切相关。其中，矿产资源储量登记包括查明矿产资源储量登记、矿山企业占用矿产资源储量登记、矿山关闭残留矿产资源储量登记和建设项目压覆矿产资源储量登记四种类型。

地质资料是指在地质工作中直接形成的或者采集的各类文字、图表、声像、电磁介质等形式的原始地质资料，成果地质资料，以及岩矿心、各类标本、光薄片、样品等实物地质资料。汇交就是将分散的地质资料收集起来进行统一管理。作为重要的基础性、公益性信息资料，地质资料对矿产资源勘查开发、工程建设、防灾减灾和国防建设等都有重要作用。根据《矿产资源法》有关规定,国务院于2002年发布实施了《地质资料管理条例》,规定了地质资料统一汇交、公开利用和权益保护三项基本制度。地质资料汇交实行部、省两级部门管理,分别负责对石油、天然气、煤层气、放射性矿产和海洋地质资料及其他地质资料的汇交、保管、利用的监督管理。地质资料需要保护的,保护期最长5年,到期可申请延长一次。保护期内的地质资料通常只公开资料目录,而且可以有偿使用,由利用人与资料汇交人协商确定,因救灾等公共利益需要,政府及其有关部门可以无偿利用保护期内的地质资料。

(七)矿山生态环境治理与恢复制度

矿产开发必然扰动生态环境,需要正确处理与生态建设、环境保护之间的关系。《矿产资源法》第32条规定:"开采矿产资源,必须遵守有关环境保护的法律规定,防止污染环境。……"《环境保护法》《土地管理法》《土地复垦条例》等都对与矿产勘查、主要是矿产开发相关的矿山生态环境或者地质环境保护与治理恢复作出了规定。《矿山地质环境保护规定》中明确了"谁开发谁保护、谁破坏谁治理、谁投资谁受益"的原则。国家陆续出台实施矿山生态环境恢复的经济政策,积极推进矿山地质环境治理恢复保证金制度,探索通过市场机制多渠道融资方式,加快矿山生态环境治理与恢复进程。

矿山生态环境治理与恢复制度的建立实施,经历了一个从"重开发轻保护"到开发保护协调并重的过程。矿山生态环境保护的关键在于建立完善能够反映资源稀缺程度、市场供求关系和环境治理成本的价格形成机制,进一步健全矿山生态环境恢复补偿机制。同时,要切实加强监管,落实环境治理主体责任,使矿山企业合理负担其资源与环境成本。当前,全面实施生态文明建设战略、实现经济由高速度向高质量发展,对矿产开发及管理提出了更高的要求。

(八)矿业权保护与救济制度

依法保护矿业权人合法权益与促进矿业生产力发展、实现国家所有权益并满足经济社会发展的资源保障目标是相一致的。为了保护矿业权人合法权益,《矿产资源法》设定了对越界开采等违法行为实施行政处罚、对矿区范围争议实施行政调处、对破坏性采矿等行为依法追究刑事责任、对不当行政处罚依法申请复议或者行政诉讼等行政救济和刑事救济方式。随着矿业权作为物权性质的认定及对《民法典》物权编等法律法规规定的适用,矿业权人的民事救济更加充分。

矿山企业之间关于矿区范围的争议,由当事人协商解决,协商不成的,由有关县级以上地方人民政府根据依法核定的矿区范围处理;跨省、自治区、直辖市的矿区范围的争议,由有关省、自治区、直辖市人民政府协商解决,协商不成的,由国务院处理。

五、违反《矿产资源法》的法律责任

矿产资源属于国家所有。违反《矿产资源法》的行政与刑事责任紧密相连,通常视情节的严重程度而定。对于行政处罚,属于非法销售收购矿产品类的,由工商部门决定处罚;属于无证开采、超证开采、破坏性开采、非法交易矿业权的,由地矿部门决定处罚;但是给予吊销勘查许可证或者采矿许可证处罚的,须由原发证机关决定。现以违法主体、违法行为样态分而详述之。

(一)单位和个人违反《矿产资源法》的行政、刑事法律责任

表11-1　单位和个人违反《矿产资源法》的行政、刑事法律责任

法条依据	违法行为归纳	法律责任
第39条	无证采矿; 擅入特定矿区采矿; 擅自开采保护性采矿的特定矿种	未取得采矿许可证擅自采矿的,擅自进入国家规划矿区、对国民经济具有重要价值的矿区范围采矿的,擅自开采国家规定实行保护性开采的特定矿种的,责令停止开采、赔偿损失,没收采出的矿产品和违法所得,可以并处罚款;拒不停止开采,造成矿产资源破坏的,依照刑法有关规定对直接责任人员追究刑事责任。 单位和个人进入他人依法设立的国有矿山企业和其他矿山企业矿区范围内采矿的,依照前款规定处罚
第40条	超越批准的矿区范围采矿	超越批准的矿区范围采矿的,责令退回本矿区范围内开采、赔偿损失,没收越界开采的矿产品和违法所得,可以并处罚款;拒不退回本矿区范围内开采,造成矿产资源破坏的,吊销采矿许可证,依照刑法有关规定对直接责任人员追究刑事责任
第41条	盗抢矿山企业; 破坏探采设施; 扰乱矿区和勘查作业区秩序	盗窃、抢夺矿山企业和勘查单位的矿产品和其他财物的,破坏采矿、勘查设施的,扰乱矿区和勘查作业区的生产秩序、工作秩序的,分别依照刑法有关规定追究刑事责任;情节显著轻微的,依照治安管理处罚法有关规定予以处罚
第42条	非法转让矿产资源和矿业权	买卖、出租或者以其他形式转让矿产资源的,没收违法所得,处以罚款。 违反本法第6条的规定将探矿权、采矿权倒卖牟利的,吊销勘查许可证、采矿许可证,没收违法所得,处以罚款
第43条	非法收购销售矿产品	违反本法规定收购和销售国家统一收购的矿产品的,没收矿产品和违法所得,可以并处罚款;情节严重的,依照刑法有关规定,追究刑事责任
第44条	破坏性采矿	违反本法规定,采取破坏性的开采方法开采矿产资源的,处以罚款,可以吊销采矿许可证;造成矿产资源严重破坏的,依照刑法有关规定对直接责任人员追究刑事责任
第45条	本法第39条、第40条、第42条规定的行政处罚,由县级以上人民政府负责地质矿产管理工作的部门按照国务院地质矿产主管部门规定的权限决定。第43条规定的行政处罚,由县级以上人民政府工商行政管理部门决定。第44条规定的行政处罚,由省、自治区、直辖市人民政府地质矿产主管部门决定。给予吊销勘查许可证或者采矿许可证处罚的,须由原发证机关决定。依照第39条、第40条、第42条、第44条规定应当给予行政处罚而不给予行政处罚的,上级人民政府地质矿产主管部门有权责令改正或者直接给予行政处罚	
第46条	当事人对行政处罚决定不服的,可以依法申请复议,也可以依法直接向人民法院起诉。 当事人逾期不申请复议也不向人民法院起诉,又不履行处罚决定的,由作出处罚决定的机关申请人民法院强制执行	

(二)国家工作人员违反《矿产资源法》的法律责任

负责矿产资源勘查、开采监督管理工作的国家工作人员和其他有关国家工作人员徇私舞弊、滥用职权或者玩忽职守,违反《矿产资源法》规定批准勘查、开采矿产资源和颁发勘查许可

证、采矿许可证，或者对违法采矿行为不依法予以制止、处罚，构成犯罪的，依法追究刑事责任；不构成犯罪的，给予行政处分。违法颁发的勘查许可证、采矿许可证，上级人民政府地质矿产主管部门有权予以撤销。

六、矿产资源管理制度改革进展

近年来，针对矿业领域存在的诸多突出问题，国家积极推进矿产资源管理改革，连续出台了一系列政策措施。2016 年 12 月，中央全面深化改革领导小组第 31 次会议审议通过《矿业权出让制度改革方案》《矿产资源权益金制度改革方案》，启动矿业权出让制度和矿产资源有偿使用制度改革。2017 年 4 月 13 日，国务院《关于印发矿产资源权益金制度改革方案的通知》（国发〔2017〕29 号）。同年 6 月 29 日，财政部、国土资源部（已撤销）联合下发《矿业权出让收益征收管理暂行办法》（财综〔2017〕35 号）。按照改革方案要求，在山西、福建、江西、湖北、贵州、新疆 6 个省份进行了为期 3 年的试点。

为解决矿产资源管理中存在的突出问题，将实践中一些成熟可行的经验提炼总结，上升到制度层面，为正常有序地推进矿产资源管理工作提供政策保障并助推有关制度改革，先行先试，同时为《矿产资源法》修改积累重要实践经验，2019 年 12 月 31 日，自然资源部下发《关于推进矿产资源管理改革若干事项的意见（试行）》（自然资规〔2019〕7 号，以下简称 7 号文），包括矿业权出让方式、矿业权登记权限和矿产资源储量管理、油气勘查开采管理等方面的内容。

（一）全面推进矿业权竞争性出让，严格控制协议出让

改革目标是：按照符合市场经济要求和矿业规律，保障矿产资源安全，促进矿业绿色、健康、可持续发展的要求，用 3 年时间，建成"竞争出让更加全面，有偿使用更加完善，事权划分更加合理，监管服务更加到位"的矿业权出让制度。

完善矿业权竞争出让制度，除协议出让的特殊情形外，对其他矿业权一律以招标、拍卖、挂牌方式公开竞争出让。将适用协议出让矿业权的情形缩减为两种。原来适用协议出让的五种情形为：(1) 国务院批准的重点矿产资源开发项目和为国务院批准的重点建设项目提供配套资源的矿产地；(2) 省级人民政府批准的储量规模为大中型的矿产资源开发项目；(3) 为列入国家专项的老矿山寻找接替资源的找矿项目；(4) 已设采矿权需要整合或利用原有生产系统扩大勘查开采范围的毗邻区域；(5) 已设探矿权需要整合或因整体勘查扩大勘查范围涉及周边零星资源的情形。调整后适用协议出让的两种情形为：一是稀土、放射性矿产勘查开采项目或国务院批准的重点建设项目，可以协议方式向特定主体出让；二是已设采矿权深部或上部的同类矿产，可以协议方式向同一主体出让。

（二）调整下放矿业权审批权限

确定探矿权、采矿权审批权限的主要依据是《矿产资源法》及《矿产资源勘查区块登记管理办法》《矿产资源开采登记管理办法》《探矿权采矿权转让管理办法》三个行政法规。十几年来，实际以有关部门下发的《关于规范勘查许可证采矿许可证权限有关问题的通知》（国土资发〔2005〕200 号）为直接依据。除了领海及中国管辖的其他海域的矿产资源以及跨省级行政区域的矿产资源之外，《矿产资源勘查区块登记管理办法》和《矿产资源开采登记管理办法》附录中所列的 34 个重要矿种[煤、石油、油页岩、烃类天然气、二氧化碳气、煤成（层）气、地热、放射性矿产、金、银、铂、锰、铬、钴、铁、铜、铅、锌、铝土、镍、钨、锡、锑、钼、稀土、磷、钾盐、硫、锶、金刚石、铌、钽、石棉、矿泉水]以及作为新发现矿种的页岩气，原则上由部级直接审批颁发勘查许可证（探矿权的法定载体）、采矿许可证（采矿权的法定载体），部分授权省级主管

部门审批发证。其中,探矿权是根据计划投资规模、勘查区块面积划分审批权限,采矿权是根据矿床储量规模划分权限。

根据7号文规定,自然资源部负责石油、烃类天然气、页岩气、天然气水合物、放射性矿产、钨、稀土、锡、锑、钼、钴、锂、钾盐、晶质石墨14种重要战略性矿产的矿业权审批发证,其他矿种由省级及以下自然资源主管部门负责审批发证。同时,规定实行同一矿种探矿权采矿权同级管理,从而改变了原来探矿权由部、省两级,采矿权由部、省、市、县四级审批发证的模式。

调整探矿权期限。根据矿产勘查工作技术规律,以出让方式设立的探矿权首次登记期限由3年延至5年,每次延续时间也由2年延长为5年。探矿权申请延续登记时应扣减首设勘查许可证载明面积(非油气已提交资源量的范围/油气已提交探明地质储量的范围除外,已设采矿权矿区范围垂直投影的上部或深部勘查除外)的25%。

中央或者地方财政出资勘查项目,不再新设探矿权,凭项目任务书开展地质勘查工作。已设探矿权的,自然资源主管部门可以继续办理探矿权延续,完成规定的勘查工作后注销探矿权,由自然资源主管部门面向各类市场主体公开竞争出让矿业权,从而堵住了一些国有地勘单位擅自以其代持的国家出资勘查的探矿权与社会资本合作方式非法获利、扰乱矿业市场秩序、损害国有资源资产的制度漏洞。

(三)矿产资源权益金制度改革

《矿产资源权益金制度改革方案》的主要内容:将探矿权价款、采矿权价款调整为矿业权出让收益,中央与地方分享比例为4:6;将探矿权使用费、采矿权使用费整合为矿业权占用费,中央与地方分享比例为2:8。在矿业权出让环节,取消探矿权价款、采矿权价款,征收矿业权出让收益。将现行只对国家出资探明矿产地收取、反映国家投资收益的探矿权采矿权价款,调整为适用于所有国家出让矿业权、体现国家所有者权益的矿业权出让收益。

出让收益分类:(1)以拍卖、挂牌方式出让矿业权的,竞得人报价金额为矿业权出让收益;(2)以招标方式出让的,依据招标条件,综合择优确定竞得人,并将其报价金额确定为矿业权出让收益;(3)以协议方式出让的,矿业权出让收益按照评估价值、类似条件的市场基准价就高确定。

以出让收益率为标的的,出让收益底价由矿业权出让收益基准率确定。矿业权出让收益基准率,由省级矿产资源主管部门、财政部门确定,并根据矿产品价格变化和经济发展需要进行适时调整,报经省级政府部门同意后公布执行。在矿产资源开采环节,对绝大部分矿产品实行从价计征。按照清费立税的原则,将矿产资源补偿费并入资源税。在矿山环境治理恢复环节,将矿山环境治理恢复保证金调整为矿山环境治理恢复基金。由矿山企业单设会计科目,按照销售收入的一定比例计提,将矿山环境治理恢复基金计入企业成本,由企业统筹用于矿山环境保护和综合治理。

矿产资源权益金的核心内容是矿业权出让收益,是指国家基于矿产资源所有权,将探矿权、采矿权出让给探矿权人、采矿权人而依法收取的国有资源有偿使用收入。主要依据是2017年6月财政部、国土资源部(已撤销)联合下发的《矿业权出让收益征收管理暂行办法》(财综〔2017〕35号,以下简称35号文)。其主要内容是:(1)自35号文执行之日起,出让新设矿业权的,矿业权人应按规定缴纳矿业权出让收益,之前形成尚未缴纳的探矿权、采矿权价款缴入矿业权出让收益科目并统一按规定比例分成。(2)对于无偿占有属于国家出资探明矿产地的探矿权和采矿权,应缴纳价款但尚未缴纳的,按协议出让方式征收矿业权出让收益。其中,探矿权出让收益在采矿权新立时征收;采矿权出让收益以2006年9月30日为剩余资源储量估算基准日计征。(3)已缴清价款的探矿权,如勘查区范围内增列矿种,应在采矿权新立时，比照协议出让方式，在采矿权阶段征收新增矿种采矿权出让收益。(4)已缴清价款的采矿权，如矿区范围内新增资源储量和新增开采矿种，应比照协议出让方式征收新增资源储量、新增开采矿种的采矿权出让收益。对于仅涉及新增资源储量的，可在已缴纳价款对应的资源储量耗竭后征收。(5)欠缴探矿权、采矿权价款的，依据《矿产资源勘查区块登记管理办法》和《矿产资源开采登记管理办法》规定的标准缴纳滞纳金，但最高不超过欠缴金额本金。

35号文下发实施后不久就引发了社会各方尤其是矿业权人的恐慌和不满，挫伤了社会风险勘查投资和办矿的积极性，社情网络改废呼声此起彼伏，"两会"期间人大代表、政协委员纷纷陈情质疑，暴露出其存在不少问题：一是资源税与矿业权出让收益均设定为矿产资源国家所有者权益、显属重复征收；二是探矿阶段依矿产资源储量超前计征，在采矿阶段一次性计收出让收益不符合风险勘查的找矿规律和市场经济规律；三是缺乏必要的统筹规范，各地出让收益基准价制定标准普遍偏高且同类矿种相差甚大，导致市场不公平竞争；四是对不少按原规定无须再作有偿处置的矿权项目又要求按新规定计征高额出让收益、有违"法不溯及既往"的法制原则、影响政府公信力等。在各方力量不断呼吁推动下，有关部门正在着手研究修改相关政策。

(四)油气勘查开采管理改革

一是开放油气勘查开发投资市场。在中国境内注册，净资产不低于3亿元人民币的内外资公司，均有资格按规定取得油气矿业权。

二是实行油气探采合一制度。根据油气不同于非油气矿产的勘查开采技术特点，针对多年存在的问题，油气探矿权人发现可供开采的油气资源的，在报告有登记权限的自然资源主管部门后即可进行开采。进行开采的油气矿产资源探矿权人应当在5年内签订采矿权出让合同，依法办理采矿权登记。

(五)矿产资源储量管理改革

1. 改革矿产资源储量分类

淡化矿产资源储量管理的专业性而增强通俗性，将传统的预查、普查、详查勘探矿产勘查"四分法"改为普查、详查、勘探三阶段划分。简化矿产资源储量分类，固体矿产分为资源量和储量两类，资源量分为推断资源量、控制资源量和探明资源量三级，储量分为可信储量和证实储量两级。油气矿产分为资源量和地质储量两类，资源量不再分级，地质储量按地质可靠程度分为预测地质储量、控制地质储量和探明地质储量三级。企业可根据技术能力确定技术可采储量，根据经营决策确定经济可采储量。

2. 简化归并矿产资源储量评审备案和登记事项

取消登记环节和登记书，矿产资源储量登记书内容纳入评审备案管理，不再作为矿业权审批登记要件，将评审备案结果作为统计的依据。

3. 缩小直接评审备案范围

将原来探矿权保留、变更矿种、探矿权和采矿权延续、转让、划定矿区范围、查明、占用储量登记、矿山闭坑以及上市融资等18种评审备案情形减为4种，即只对探矿权转采矿权、采矿权变更矿种与矿区范围，油气矿产在探采矿期间探明地质储量、其他矿产在采矿期间资源量发生重大变化(变化量超过30%或达到中型规模以上的)的以及建设项目压覆重要矿产进行评审备案。

这些已经出台实施的政策措施尚有待实践检验，矿产资源立法工作也在同步推进。《矿产资源法》修改列入十三届全国人大常委会立法规划后，有关部门实质性启动相关工作，后形成报国务院的《矿产资源法(修订草案)》(征求意见稿)。2020年，共向社会收集意见建议

874 条，各方对于该草案中的矿业权行政许可、矿产资源有偿处置方式等诸多问题存有较大争议，反映出多年来矿业与矿产资源管理方面存在研究成果储备不足、专业人才缺乏等问题，还需要秉持继承、发展、创新的原则，立足于一些基本的、重大的问题进行系统性深入研究，积极推进矿政管理改革与实践，同步加紧完善矿产资源法制。

第十二章　能源资源利用法

第一节　能源法学的基本理论

能源法学是以能源法律、能源法律现象及其内在规律为研究内容的科学，它是研究与能源法相关问题的学问。在我国能源法律体系中，能源基本法是我国能源领域的综合性法律，发挥着统领各能源单行法的“母法”功能。

一、能源法及其调整对象

能源法作为能源领域的法律规范，在规范能源开发利用和管理，优化能源结构，提高能源效率，保障能源安全，促进能源和经济社会可持续发展方面发挥着独特的法治保障作用。

（一）能源法的概念

能源法是指调整能源开发利用及管理关系的法律规范的总称。能源法有广义和狭义之分，广义的能源法既包括已经颁布施行的《煤炭法》《电力法》《节约能源法》《可再生能源法》《核安全法》等能源单行法，又包括起草中的能源基本法和原子能法、石油天然气法等能源单行法，还包括立法研究中的能源公用事业法、能源监管法、能源管网法等；既包括有关能源的宪法性规范、行政法规、部门规章、地方性法规，还包括我国缔结或参加的与能源相关的国际条约等。狭义的能源法是指正在起草中的能源基本法，即《能源法》。

1. 能源，是指产生热能、机械能、电能、核能和化学能等能量的资源，主要包括煤炭、石油、天然气或燃气（含页岩气、煤层气、生物天然气等）、核能、氢能、风能、太阳能、水能、生物质能、地热能、海洋能、电力和热力以及其他直接或者通过加工、转换而取得有用能的各种资源。其中，煤炭、石油和天然气等由远古动植物的化石演变而成的能源是化石能源；除化石能源之外的一次能源主要包括水能、核能、风能、太阳能、生物质能、地热能和海洋能等，属于非化石能源；自然界中可以循环再生、反复持续利用的一次能源，主要包括水能、风能、太阳能、生物质能、地热能和海洋能等是可再生能源；清洁能源，是指开发利用、使用过程中环境污染物和二氧化碳等温室气体零排放或者低排放的能源。

2. 能源开发利用，是指能源资源的规划、勘查、设计、建设、生产、加工转换、储存、输送、交易、供应、使用、处置和保护等活动以及能源专业服务。其中，能源加工转换，是指经过一定的工艺流程使能源的物理形态或者能量形式发生变化、生产出其他能源产品，不包括以能源为原料生产其他产品的活动。

3. 能源管理，是指国家对能源事务的管理，除了能源行业管理之外，还包括能源发展战略、能源安全、节能减排、科技创新、国际合作等综合性管理。国家发展和改革委管理的国家能源局是我国能源行业主管部门。能源管理职权还分散在自然资源部、工业和信息化部等众多相关部门。国家能源委员会作为议事协调机构，则起到加强能源战略决策和统筹协调的作用。能源行业协会则是作为行业自律组织，起到企业与政府间的桥梁和纽带作用。能源规制是能源管理的一个重要方面,能源行业中存在自然垄断环节,因此市场准入和价格监管是政府规制的重要工具;对于非自然垄断环节,放开竞争则是改革的发展趋势。推行普遍服务政策,确保公民获得价格可承受的基本能源服务,则是能源监管的重要内容。能源财政和能源金融也是能源管理的重要政策工具。能源统计为我国能源管理部门实施科学管理,为社会公众参与经济社会活动提供数据支撑。

(二)能源法的调整对象

从广义上说,法律关系是指通过法律调整所形成和确立的各种关系。基于这种广义的认识,能源法律关系是指经能源法律规范所调整而形成的一种权利义务关系,即能源法律关系是能源法的调整对象。在能源法立法过程中,应当始终坚持问题导向,通过对各种问题和关系的梳理,抓住制约我国能源发展的基础性、综合性、全局性的三大法律关系作为能源法调整对象,即纵向能源法律关系、横向能源法律关系和涉外能源法律关系。

1. 纵向能源法律关系

纵向能源法律关系既指能源行政管理关系中的上级机关与下级机关、行政管理人与行政相对人在法律地位上存在管理与被管理、监督与被监督等关系,又指政府授权的事业单位对能源市场主体的规制与被规制关系等,还包括能源行业非政府组织与其会员之间的自律管理与被管理关系等。纵向能源法律关系主体的一方包括国家能源行政主管部门、政府授权的组织或单位及能源行业协会等,而能源法律关系主体的另一方则是处于被管理、被监督、被规制、被指导的位置。管理主体的权利义务体现了国家领导、管理能源开发、建设、生产、供应、使用、保护、服务及能源资源管理的职能。因此,这种权利义务表现为国家意志,既不能放弃也不能转让,它往往是因单方面的意思表示而产生,而且它规定和要求相对方主体,即管理相对人的行为较多。能源法要调整的纵向能源法律关系很多,如基于国家能源发展方针、战略和政策所产生的能源行政管理关系;为实施国家能源战略规划对能源企业、能源用户所设定的权利义务关系,能源开发利用活动中的行政管理与被管理关系;为实现低碳绿色发展、节能减排、生态环保对行政相对人所设定的权利义务关系;为实现政府对能源市场建立、准入、运行、规范所设定的权利义务关系;为保障能源安全所采取的相关应急处置措施产生的权利义务关系;为维护能源开发利用秩序所实施的“打非治违”和法律责任追究措施产生的法律关系等。

2. 横向能源法律关系

横向能源法律关系是指能源的经营和市场运行关系,这种关系包括能源的合作关系、流转关系、交易协作关系等。其既有政府部门间的相互协作,也有平等民事主体间的相互合作。能源横向法律关系调整的方式和手段与纵向法律关系有所不同,发生争议所适用的法律也有所不同,但是解决争议的方式、程序则有相同的地方,都可采用调解、仲裁和诉讼方式处理。能源法调整的横向能源法律关系,主要有能源企业与能源企业,能源用户与能源用户,能源企业与能源用户,能源企业和能源用户与其他社会组织、公民之间所产生的权利义务关系。如能源企业因征用土地、探矿采矿、建设施工与相关企事业单位、能源用户和公民产生的土地矿藏权属、搬迁、补偿、生态环保等方面的权利义务关系,还有平等主体之间产生的损害补偿、事故赔偿、权益纷争、毁约违约等法律关系,能源普遍服务法律关系,农村能源供应与使用法律关系等。

3. 涉外能源法律关系

根据国家能源发展战略而“走出去”“请进来”的中国和外国公民、法人乃至国家之间必将发生各种涉外能源法律关系。能源法调整的主要涉外关系有单边、双边、多边能源国际合作开发、贸易、交流法律关系，对外合作开发煤炭、石油、天然气、煤层气、油页岩、页岩气等化石能源法律关系，境外能源开发项目的风险预警和应对法律关系，跨国能源输送管网、能源运输通道及配套设施建设的投资、开发、建设、经营等活动产生的法律关系，能源进出口管制法律关系等。[1]

二、能源法学及研究对象

我国现已形成了煤炭为主体，电力为中心，石油天然气、核能和可再生能源全面发展的能源产业结构和能源供应体系，建立了煤炭法、电力法、石油天然气法、核能法、可再生能源法、节约能源法、能源环境法为主干的单行法律体系，为能源发展提供了法律依据。但也存在能源法这一能源领域基本法缺位、部分能源法律法规内容滞后、相关法律法规之间不够协调等问题。要大力推动我国能源革命，实现能源产业持续发展，最强有力的手段就是加快能源立法，尽早出台能源法、石油天然气法和原子能法。

（一）能源法学的概念

能源法学是以能源法律、能源法律现象及其内在规律为研究内容的科学，它是研究与能源法相关问题的专门学问，是关于能源法律问题的知识和理论体系。中国特色社会主义能源法学，是以近现代国内外能源法制史和中华人民共和国能源立法、能源法治、与能源法相关的问题及其内在规律性为研究内容的科学。能源法学既是我国社会主义法学的重要组成部分，又是建立健全我国能源法治的法理基础，还是创制完善我国能源法学科建设的法学支撑。[2]

（二）能源法学的研究对象

法学的研究对象主要包括各种意义的法、法的现象和与法相关的问题。我国能源法学研究的对象十分广泛，主要包括：

1. 与能源法相关的各种意义的法。从法的形式、体系、时间、空间和一般分类等不同的角度说，广义的法既包括我国宪法、能源法律、能源行政法规以及其他各种形式的能源成文法，又包括不成文法；既包括宪法、行政法、民商法、经济法、诉讼法、社会法、刑法、环境法、国际法，又包括其他各有关部门法；既包括近现代能源法，又包括当代能源法；既包括中国能源法，又包括外国能源法；既包括与能源相关的根本法和普通法、一般法和特别法，又包括能源实体法和程序法，等等。我国能源法学尚处在初建阶段，其研究对象不宜过多过繁，应当重点研究中华人民共和国成立特别是改革开放以来制定出台的能源法律、行政法规和规章等能源立法，以及与能源法密切相关的行政法、民法、刑法、经济法、矿产资源法、环境法等相关立法。此外，还要注意研究改革开放特别是党的十九大以来党和国家出台的一系列有关能源产业发展、能源法治的方针政策及能源重大战略决策。

2. 各种与能源法相关的“法的现象”。除了研究我国能源立法本身之外，还要研究与能源法产生、实施和完善密切相关的法律现象。如我国能源立法、执法、司法、守法和法律监督方面的历史沿革、发展规律和特点、存在的主要问题及原因、能源法治观念、能源法律制度、能源法律秩序、能源监管执法等法律现象，等等。

3. 与能源法密切相关的重大问题。能源法和能源法律现象不是孤立的，它的存在和发展同其他事物特别是经济、政治、文化等社会现象有着密切的联系。研究、把握这些相关问题可以更好地研究能源法学的主要问题。与能源法密切相关的问题错综复杂，能源法学必须选

---

〔1〕 参见中国法学会能源法研究会编：《能源法学总论》，法律出版社 2019 年版，第 8 ~9 页。
〔2〕 同上注，第 28 页。

准、抓住和深入研究那些关系我国能源产业可持续发展和健全能源法治的重大问题、突出问题和紧迫问题，循序渐进，不可以面面俱到、脱离国情、照搬国外。当前和今后一个时期，能源法学应当重点研究我国能源产业的现状及制约因素，能源产业、产品结构的调整优化，能源经济与能源法治，能源革命和重大改革措施的法律化，能源市场开放与规制，能源安全与保障供应，能源发展与环境、节能的同步协调，实施“一带一路”倡议与强化能源国际合作的法律风险及对策，能源监管体制改革与完善等问题。既要从相关问题的研究中找到其与能源法、能源法学之间的内在联系，又要通过研究成果为解决其相关问题提供科学的、可行的法理依据和法律对策。[3]

（三）能源法学总论与分论

能源法学包括总论和分论两部分，总论的框架是由整体能源产业战略属性及其发展规律和趋势决定的；分论的内涵是煤、油、电、核及新能源产业各自特色发展的客观反映。能源法学总论要以能源基本法为主线构建共性化的法学理论体系；分论要以能源单行法为主线构建特色化的法学理论体系。能源法学是能源法和煤、油、电、核等能源单行法律法规的理论提炼和升华，是能源领域立法、执法、司法和守法的法理基础。能源法学是新兴的综合性交叉学科，其总论与分论分别是宪法学、经济法学、行政法学、民商法学、资源法学、环境法学与能源科学、能源资源学、能源产业学、能源经济学、能源管理学、能源环境学等社会科学和自然科学的交叉融合形成的综合性学科，具有政治性、经济性、产业性、科技性、社会性、涉外性等属性，表现出政治价值、经济价值、产业价值、社会价值、外交价值等价值内涵。因此，能源法学体系的建立与完善，应以能源产业为背景，既要有反映能源产业整体发展共性的总论，又要有体现不同能源产业特性的分论；应以能源法律体系为基础，既要有提炼能源基本法理论的总论，又要有能够针对能源单行法理论的分论；应有独特系统的研究对象和研究方法，既要研究能源法学内部总论与分论的紧密契合，又要研究能源法学以其独立完整的研究对象而在外部与相邻分支法学学科协调对接。

三、能源法学与能源产业

能源法学总论的定位，首先是在法学理论上反映并体现能源产业整体的发展规律，能源法学分论分别反映并体现煤炭、石油、天然气、电力、核能、新能源和可再生能源、节约能源、能源环境等产业个体的各自发展规律及趋势。总论以能源产业整体法治为研究对象；分论以能源产业个体法治为研究对象。能源法治既包括产业外部法治体系，也包括能源企业内部法治管理体制机制。要了解能源产业，首先应当理解能源的概念及不同分类。

（一）能源的概念及分类

能源可以简单地理解为含有能量的资源。对于能源常常有不同的表述，《能源百科全书》的定义是：能源（Energy），即“可以直接或经转换提供人类所需的光、热、动力等任何一种形式能量的载能体资源”。[4]《大英百科全书》对“能源”一词的解释为：“能源是一个包括所有燃料、流水、阳光和风的术语，人类采用适当的转换手段，给人类自己提供所需的能量。”在《现代汉语词典》中，对能源的注解是：“能产生能量的物质，如燃料、水力、风力等。”此外，在有关能源的书籍中还有其他的表述，如“能量是指提供某种形式能量的物质或物质的运动”“凡是能直接或者经过转换而获得某种能量的自然资源通称为能源”“能源是可以从其中获得热，光和

---

〔3〕 参见中国法学会能源法研究会编：《能源法学总论》，法律出版社2019年版，第28～29页。

〔4〕 参见《能源百科全书》编辑委员会：《能源百科全书》，中国大百科全书出版社1997年版，第1页。

动力之类能量的资源”。无论何种表述其内涵都是基本相同的，即能源就是能量的来源，是提供能量的资源，这些来源或资源，要么来自物质，要么来自物质的运动，前者如煤炭、石油、天然气等矿物燃料（又称化石燃料），后者如水流、风流、海浪、潮汐等。[5]

按照产生方式划分，能源可以分为一次能源和二次能源。其中，一次能源是指从自然界开采、能够直接被使用的能源，即自然资源中所蕴含的未经人为转化或转换的能源，如煤炭、原油、天然气、煤层气、页岩气、水能、核能、风能、太阳能、地热能、生物质能等；二次能源是指由一次能源经过加工转换以后得到的能源，如电力、热力、成品油等。[6] 按照能源的再生性划分，能源可以分为可再生能源和非可再生能源。可再生能源是指可以连续再生、永续利用的一次能源，包括风能、太阳能、水能、生物质能、地热能、海洋能等非化石能源。[7] 非可再生能源是指开采利用后在可预见的期间内难以再生的能源，一般指化石能源。[8] 按照利用状况划分，能源可以分为常规能源和新能源。常规能源是指在一定的科学技术水平条件下已被广泛利用的能源，如煤炭、石油、天然气、水能等。[9] 新能源是指在新技术的基础上开发利用的能源，[10]具体包括可再生能源、氢能、热核聚变能、天然气水合物、页岩气等。此外，按照经济属性划分，能源可以分为商品能源和非商品能源；按照生产和利用对环境影响划分，能源可以分为清洁能源和非清洁能源；[11]按照使用方式划分，能源可以分为燃料性能源和非燃料性能源；按照赋存状态划分，可以分为固体能源、液体能源、气体能源、核燃料和载能体。[12]

能源法学总论的首要任务，就是要对“能源”及其他相关基本概念在立法上进行深入研究，并进行准确界定。《能源法》作为能源领域基本法，应对“能源”的内涵和外延进行明确界定，即“能源，是指煤炭、煤层气、石油、天然气、页岩气、核能、氢能、风能、太阳能、水能、生物质能、地热能、海洋能和电力、热力以及其他直接或者通过加工、转换而取得有用能的各种资源”。

（二）能源产业的界定及分类

从中华人民共和国成立之初开始，我国能源产业于艰难曲折之中逐渐发展壮大，取得了巨大成就，形成了基本完备的能源产业体系。尤其是自20世纪七八十年代以来，我国能源产业迅速发展，能源供给能力提高，能源节约效果显著，能源消费结构优化，能源科技水平提高，能源污染防治取得进展，能源市场环境逐步改善，[13]为保障国民经济持续快速发展做出了重要贡献。

1.能源产业的界定

20世纪20年代，国际劳工局最早对产业作了比较系统的划分，即把一个国家的所有产业分为初级生产部门、次级生产部门和服务部门。后来，许多国家在划分产业时都参照了国际劳工局的分类方法。第二次世界大战以后，西方国家大多采用了三次产业分类法。在我国，产业的划分是：第一产业为农业，包括农、林、牧、渔各业；第二产业为工业，包括采掘、制造、自

---

[5] 参见黄素逸、高伟编著：《能源概论》，高等教育出版社2004年版，第11页。

[6] 参见于文轩：《石油天然气法研究——以应对气候变化为背景》，中国政法大学出版社2014年版，第9页。

[7] 参见《可再生能源法》第2条。

[8] 参见肖乾刚、肖国兴编著：《能源法》，法律出版社1996年版，第22页。

[9] 同上注，第21～23页。

[10] 参见陈新华：《能源改变命运——中国应对挑战之路》，新华出版社2008年版，第268页。

[11] 参见赵小平主编：《能源管理工作手册》，中国市场出版社2008年版，第2页。

[12] 参见肖乾刚、肖国兴编著：《能源法》，法律出版社1996年版，第23页。

[13] 参见国务院新闻办公室：《中国的能源状况与政策》，2007年12月。

来水、电力、蒸汽、热水、煤气和建筑各业;第三产业分为流通和服务两部分等。根据我国三大产业划分,能源产业主要表现为第二产业中的能源资源开采业、能源产品制造业、能源商品供应业和能源工程建造业,同时分别延伸至第一产业的农业能源、林业能源和第三产业的能源管道运输服务、能源专业技术服务及能源污染防治服务等。

在现代产业经济学中,一般将产业划分成三个层次:第一层次是以同一商品市场为单位划分的产业;第二层次是以技术和工艺的相似性为根据划分的产业;第三层次大致是以经济活动的阶段为根据,将国民经济划分为若干部分所形成的产业。因此,根据我国《国民经济行业分类》国家标准,能源产业是指能源采矿业、能源产品制造业、能源商品生产与供应业、能源工程建筑业、能源管道运输与仓储业、能源专业技术服务业以及能源污染治理与修复业。

2. 能源产业的分类

根据《国民经济行业分类》(GB/T 4754-2017)[14],能源产业按以下门类分类:

第一,能源采矿业。(1)煤炭开采和洗选业,如烟煤和无烟煤开采洗选、褐煤开采洗选、其他煤炭采选;(2)石油和天然气开采业,如陆地石油开采、海洋石油开采、陆地天然气开采、海洋天然气及可燃冰开采;(3)放射性金属矿(如铀、钍)采选;(4)开采专业及辅助性活动,如煤炭开采和洗选专业及辅助性活动、石油和天然气开采专业及辅助性活动等。

第二,能源制造业。(1)酒精(燃料乙醇)加工业。(2)石油、煤炭及其他燃料加工业,如精炼石油产品制造、原油加工及石油制品制造及其他原油制造。(3)煤炭加工,如炼焦、煤制合成气生产、煤制液体燃料生产、煤制品制造等。(4)核燃料加工。(5)生物质燃料加工,如生物质液体燃料生产、生物质致密成型燃料加工。(6)涉及能源的通用设备制造业,如锅炉及原动设备制造、锅炉及辅助设备制造、内燃机及配件制造、汽轮机及辅机制造、水轮机及辅机制造、风能原动设备制造及其他原动设备制造。(7)能源专用设备制造业,如采矿、冶金、建筑专用设备制造,矿山机械制造,石油钻采专用设备制造,深海石油钻探设备制造,炼油、化工生产专用设备制造等。(8)电气机械和器材制造业,如发电机及发电机组制造、电动机制造、微特电机及组件制造、其他电机制造;输配电及控制设备制造,如变压器、整流器和电感器制造,电容器及其配套设备制造,配电开关控制设备制造,电力电子元器件制造,光伏设备及元器件制造等;电线、电缆、光缆及电工器材制造,如电线、电缆制造,光纤制造,光缆制造,绝缘制品制造等;电池制造如锂离子电池制造、镍氢电池制造、铅蓄电池制造、锌锰电池制造等;非电力家用器具制造,如燃气及类似能源家用器具制造、太阳能器具制造等;照明器具制造,如电光源制造、照明灯具制造、舞台及场地用灯制造、智能照明器具制造、灯用电器附件及其他照明器具制造等。

第三,电力、热力及燃气生产和供应业。(1)电力生产业,包括火力发电、热电联产、水力发电、核力发电、风力发电、太阳能发电、生物质能发电等;(2)电力供应业;(3)热力生产和供应业;(4)燃气生产和供应业,包括天然气生产和供应、液化石油气生产和供应、煤气生产和供应、生物质燃气生产和供应等。

第四,能源建筑业。(1)海洋能源工程建筑,包括海洋油气资源开发利用工程建筑、海洋能源开发利用工程建筑等;(2)节能工程施工;(3)电力工程施工,包括火力发电工程施工、水力发电工程施工、核电工程施工、风能发电工程施工、太阳能发电工程施工、其他电力工程施

---

[14] 《国民经济行业分类》于1984年首次发布,分别于1994年、2002年、2011年、2017年进行修订。目前的执行标准是《国民经济行业分类》(GB/T 4754-2017)》,由国家统计局起草、原国家质量监督检验检疫总局、原国家标准化管理委员会批准发布,于2017年10月1日开始实施。

工;(4)能源建筑安装业,包括电气安装、管道和设备安装;(5)能源矿产品批发,包括煤炭及制品批发、石油及制品批发,能源产品批发,如电气设备批发。

第五,能源管道运输、仓储业。(1)海底管道运输;(2)陆地管道运输;(3)油气仓储。

第六,能源专业技术服务业。(1)能源矿产地质勘查;(2)节能技术推广服务;(3)新能源技术推广服务。

第七,能源污染治理与修复业。包括能源开发利用造成的水污染治理、大气污染治理、固体废物治理、危险废物治理、放射性废物治理及土壤污染治理与修复服务。

(三)能源法学总论的研究定位

既然能源法学是关于能源法律问题的知识和理论体系,那么其最终研究成果必将形成总体研究成果与个体研究成果两大体系。关于能源法律问题的整体性、综合性的知识理论研究成果,即为总体研究成果,如《能源法学总论》。关于能源法律问题的个体性、特殊性的知识理论研究成果,即为个体研究成果,这涉及诸多能源行业领域,如煤炭、石油、天然气、电力、核能、可再生能源、新能源和节约能源等。这些个体研究成果经编写成书,将与《能源法学总论》相对应,如《煤炭法学分论》《石油天然气法学分论》《电力法学分论》《核能法学分论》《可再生能源法学分论》《新能源法学分论》《节能法学分论》等。

1. 研究能源及其分类

总论应就能源基本法涉及的重要用语进行研究论证,这些用语包括:(1)能源,是指煤炭、煤层气、石油、天然气、页岩气、核能、氢能、风能、太阳能、水能、生物质能、地热能、海洋能和电力、热力以及其他直接或者通过加工、转换而取得有用能的各种资源。(2)化石能源,是指碳氢化合物或其衍生物。化石能源所包含的天然资源有煤炭、石油和天然气。(3)非化石能源,是指非煤炭、石油、天然气等经长时间地质变化形成,只供一次性使用的能源类型外的能源。(4)清洁能源,是指环境污染物和二氧化碳等温室气体零排放或者低排放的能源。(5)能源企业,是指以能源的开发生产、加工转换、储存、输送、配售、供应、贸易和服务等为主营业务的企业。(6)能源用户,是指购买、使用、消费能源产品的企事业单位、其他社会组织和公民。(7)能源开发利用,是指能源资源的规划、勘查、设计、建设、生产、加工转换、储存、输送、交易、供应、使用、处置、保护及能源专业服务等活动。(8)能源加工转换,是指经过一定的工艺流程使能源的物理形态或者能量形式发生变化、生产出其他能源产品,不包括以能源为原料生产其他产品的活动。(9)能源基础设施,是保障能源基础公共服务的设施,包括输配电网络、石油天然气输送管网、能源储备设施、能源专用码头、液化天然气接收站、铁路专用线等能源设施。(10)能源需求侧管理,是指政府或者公用事业单位通过采取激励措施,引导能源用户改变用能方式,提高终端能源利用效率,实现能源服务成本最小化的用能管理活动。(11)能源审计,是指由具备资质的能源审计机构依照法律、法规和有关标准,对用能单位能源利用活动的合理性和有效性进行定量分析和评价。(12)能源突发事件,是指突然发生,造成或者可能造成严重社会危害,需要采取应急处置措施予以应对的能源供应严重短缺、供应中断及其他事件等。

2. 研究整个能源产业的法律地位

通过《国民经济行业分类》(GB/T 4754－2017)中能源产业分类可以看出,能源产业更多地表现为煤、油、电、核等具体产业。因此,在总论中应重点研究整个能源产业的法律地位,如在能源基本法中拟规定,“能源产业是国民经济和社会发展的战略产业、基础产业、先导产业和支柱产业”。我国是能源生产大国和能源消费大国,能源产业是国民经济和社会发展的战略产业,为保障国民经济和社会持续、稳定、快速、健康发展提供战略性、基础性、先导性和支柱性动力源。(1)战略产业。能源产业是决定国家整体实力的基础力量,在提升国家竞争力和保障国家安全中居于战略地位。(2)基础产业。能源产业在国民经济中占有较大比重,并对国民经济具有支撑作用,能源产业现代化是实现工业、农业、国防和科技等产业现代化的基础。(3)先导产业。能源产业代表着技术发展和产业结构演进的方向,对于国民经济发展具有先导性、方向性、全局性和长远性引导作用。(4)支柱产业。能源、材料和信息是现代经济社会发展的三大支柱,其中能源可以说是最基本的物质基础和经济支柱。

(四)能源法学分论的研究定位

1. 研究煤、油、电、核等具体能源的法律定义

能源法学分论要对我国能源单行法中的特定的"能源"及能源品种的法律定义进行研究,即对煤炭、煤层气、石油、天然气、页岩气、核能、氢能、风能、太阳能、水能、生物质能、地热能、海洋能和电力、热力以及其他直接或者通过加工、转换而取得有用能的各种资源进行研究。如煤炭法学应对煤炭、煤层气的法律定义进行研究;石油天然气法学应对石油天然气及其制品的法律定义进行研究,如石油、汽油、柴油、天然气、煤层气、人工煤气、页岩气、液化石油气等;电力法学应对电力、核电、电力设施、电网调度、发电、输电、配电、售电等法律定义进行研究;可再生能源法学要对"风能、太阳能、水能、生物质能、地热能、海洋能等连续、可再生的非化石能源"等法律定义进行研究;节约能源法学应对我国《节约能源法》关于"能源,是指煤炭、石油、天然气、生物质能和电力、热力以及其他直接或者通过加工、转换而取得有用能的各种资源"的规定进行研究;等等。

2. 研究煤、油、电、核等具体产业的法律规制

根据《国民经济行业分类》(GB/T 4754－2017)中能源产业的具体分类,煤炭法学研究的产业范围包括:(1)煤炭开采和洗选业,如烟煤和无烟煤开采洗选、褐煤开采洗选、其他煤炭采选;煤炭开采和洗选专业及辅助性活动。(2)煤炭加工,如炼焦、煤制合成气生产、煤制液体燃料生产、煤制品制造等。(3)煤炭专用设备制造业,如采矿、冶金、建筑专用设备制造,矿山机械制造。(4)煤炭及制品批发、煤气生产和供应。(5)煤炭矿产地质勘查。(6)煤炭污染治理与修复业,包括煤炭开发利用造成的水污染治理、大气污染治理、固体废物治理及土壤污染治理与修复服务。

石油天然气法学研究的产业范围包括:(1)石油和天然气开采业,如陆地石油开采、海洋石油开采、陆地天然气开采、海洋天然气及可燃冰开采。(2)石油和天然气开采专业及辅助性活动等,如精炼石油产品制造、原油加工及石油制品制造及其他原油制造,酒精(燃料乙醇)加工业;石油钻采专用设备制造、深海石油钻探设备制造、炼油、化工生产专用设备制造等。(3)海洋油气资源开发利用工程建筑、海洋能源开发利用工程建筑等。(4)燃气生产和供应业,包括天然气生产和供应、液化石油气生产和供应等。(5)石油及制品批发。(6)油气管道运输、仓储业,包括海底油气管道运输、陆地油气管道运输及油气仓储。(7)油气污染治理与修复业,包括油气开发利用造成的水污染治理、大气污染治理、固体废物治理、危险废物治理及土壤污染治理与修复服务。

电力法学研究的产业范围包括:(1)涉及电力的通用设备制造业,如锅炉及原动设备制造、锅炉及辅助设备制造、内燃机及配件制造、汽轮机及辅机制造、水轮机及辅机制造及其他原动设备制造。(2)电气机械和器材制造业,如发电机及发电机组制造、电动机制造、微特电机及组件制造、其他电机制造;输配电及控制设备制造,如变压器、整流器和电感器制造,电容器及其配套设备制造,配电开关控制设备制造,电力电子元器件制造,光伏设备及元器件制造等;电线、电缆、光缆及电工器材制造,如电线、电缆制造,光纤制造,光缆制造,绝缘制品制造

等；电池制造如锂离子电池制造、镍氢电池制造、铅蓄电池制造、锌锰电池制造等。(3)电力工程施工，包括火力发电工程施工、水力发电工程施工、核电工程施工、风能发电工程施工、太阳能发电工程施工、其他电力工程施工。(4)电力生产业和电力供应业，电力生产业包括火力发电、热电联产、水力发电、核力发电、风力发电、太阳能发电、生物质能发电等。(5)电力建筑安装业，包括电气安装、管道和设备安装。(6)电力产品批发、电气设备批发。(7)电力污染治理与修复业，如电力开发利用造成的水污染治理、大气污染治理、固体废物治理、危险废物治理及土壤污染治理与修复服务。

可再生能源法学研究的产业范围包括：(1)风能原动设备制造；(2)生物质燃气生产和供应；(3)生物质燃料加工，如生物质液体燃料生产、生物质致密成型燃料加工；(4)水能工程施工、风能工程施工、太阳能工程施工等；(5)水能、风能、太阳能、生物质能等生产；(6)可再生能源安装业；(7)可再生能源技术推广服务。

核能法学研究的产业范围包括：(1)放射性金属矿(如铀、钍)采选；(2)核能工程施工，三核燃料加工；(3)核能建筑安装；(4)核能开发利用造成的水污染治理、大气污染治理、固体废物治理、危险废物治理、放射性废物治理及土壤污染治理与修复服务等。

此外，节约能源法学研究的产业主要是节能工程施工、安装及节能技术推广服务等；热力法学研究的产业主要是热力生产和供应业、热力工程建筑及安装业等。

四、能源法学与能源革命

2014年6月13日，习近平总书记主持召开中央财经领导小组第六次会议，明确提出了实现我国能源安全发展的“四个革命、一个合作”战略思想，即推动能源消费革命，抑制不合理能源消费；推动能源供给革命，建立多元供应体系；推动能源技术革命，带动产业升级；推动能源体制革命，打通能源发展快车道；全方位加强国际合作，实现开放条件下能源安全。这是党中央首次专门召开会议研究能源安全问题，标志着我国开启了能源生产和消费革命的新时代。

(一)能源革命的基本要求

《能源发展“十三五”规划》在能源发展基本原则部分将能源革命置于首位，作为能源发展的核心任务。《能源发展战略行动计划》就推动能源革命、促进我国能源产业的长远发展作出了具体规定。

1. 能源供给革命。要求推动能源供给侧结构性改革，优化存量，把推动煤炭等化石能源清洁高效开发利用作为能源转型发展的首要任务，同时大力拓展增量，积极发展非化石能源，加强能源输配网络和储备应急设施建设，加快形成多轮驱动的能源供应体系，着力提高能源供应体系的质量和效率。具体措施包括防范产能过剩、夯实油气资源供应基础、补齐能源基础设施短板。[15]

2. 能源消费革命。要求转变能源消费理念，强化节能和需求侧管理，重视生活节能，不断提高能源使用效率。具体措施包括：(1)按照差别化原则，结合区域和行业用能特点，严格控制能源消费过快增长，转变能源开发和利用方式。(2)实施能效提升计划。坚持节能优先，以工业、建筑和交通领域为重点，创新发展方式，形成节能型生产和消费模式。(3)推动城乡用能方式变革。按照城乡发展一体化和新型城镇化的总体要求，坚持集中与分散供能相结合，因地制宜建设城乡供能设施，推进城乡用能方式转变，提高城乡用能水平和效率。[16]

---

〔15〕《能源发展“十三五”规划》第二部分。

〔16〕《能源发展战略行动计划(2014—2020年)》第二部分“主要任务”。

3. 能源机制体制。要求坚持市场化改革方向，理顺价格体系，还原能源商品属性，充分发挥市场配置资源的决定性作用和更好发挥政府作用，深入推进能源重点领域和关键环节改革，着力破除体制机制障碍，构建公平竞争的能源市场体系，为提高能源效率、推进能源健康可持续发展营造良好制度环境。具体措施包括：(1)加快形成统一开放、竞争有序的现代能源市场体系。(2)推进能源价格改革，建立合理反映能源资源稀缺程度、市场供求关系、生态环境价值和代际补偿成本的能源价格机制，妥善处理和逐步减少交叉补贴，充分发挥价格杠杆调节作用。(3)深化电力体制改革，合理制定输配电价，加快独立、规范运行的电力交易机构，积极引导与规范电力市场建设。(4)出台油气体制改革方案，逐步扩大改革试点范围，推进油气勘探开发制度改革。(5)进一步转变政府职能，深入推进简政放权、放管结合、优化服务改革，加强规划政策引导，健全行业监管体系。[17]

4. 能源技术。要求深入实施创新驱动发展战略，加快推进能源重大技术研发、重大装备制造与重大示范工程建设，超前部署重点领域核心技术集中攻关，加快推进能源技术革命，实现我国从能源生产消费大国向能源科技装备强国转变。具体措施包括加强科技创新能力建设、推进重点技术与装备研发、实施科技创新示范工程。[18]

（二）能源法学总论的研究方向

1. 推动能源消费革命，抑制不合理能源消费。总论应当重点研究通过《能源法》总则和能源使用法律制度所要解决的问题：(1)要坚决控制能源消费总量，从提高能效、集约高效利用能源入手，切实提高能源消费的质量，从而严格控制能源消耗总量；(2)要坚定调整产业结构，包括调整产能过剩和发展低能耗的先进制造业、高新技术产业和服务业；(3)要高度重视城镇化节能，措施包括促进城市合理布局、发展紧凑型生态城市、提高建筑和汽车节能标准和优先发展公共交通；(4)要树立勤俭节约的消费观。

2. 推动能源供给革命，建立多元供应体系。总论应当重点研究通过《能源法》总则和能源供应法律制度所要解决的问题：要立足国内多元供应保障安全，大力推进煤炭清洁高效利用，着力发展非煤能源，形成煤、油、气、核、新能源、可再生能源多轮驱动的能源供应体系，同步推进能源输配网络和储备设施建设。

3. 推动能源技术革命，带动产业升级。总论应当重点研究通过《能源法》总则和能源科技创新法律制度所要解决的问题：要立足于我国国情，紧跟国际能源技术革命新趋势，以绿色低碳为方向，分类推动技术创新、产业创新、商业模式创新，并同其他领域高新技术紧密结合，把能源技术及其关联产业培育成带动我国产业优化升级的新增长点。

4. 推动能源体制革命，打通能源发展快车道。总论应当重点研究通过《能源法》总则和能源市场、能源监管法律制度所要解决的问题：要按照坚定不移推进改革，还原能源商品属性，构建有效竞争的市场结构和市场体系，形成主要由市场决定能源价格的机制，转变政府对能源的监管方式，建立健全能源法治体系。

5. 全方位加强国际合作，实现开放条件下能源安全。总论应当重点研究通过《能源法》总则和能源国际合作法律制度所要解决的问题：要在立足国内的前提条件下，通过开展对外经济及外交合作获得更多资源供应，保障资源安全运输；在能源供给方面通过相互投资获得更多先进技术，通过各种措施提高我国参与国际能源事务的能力和水平，全面增强我国在国际能源领域的影响力等。

---

〔17〕　参见《能源发展战略行动计划(2014—2020年)》第三部分“保障措施”。

〔18〕　参见《能源发展“十三五”规划》第四部分。

（三）能源法学分论的研究方向

为推动能源消费、能源供给、能源技术和能源制度四方面的革命，能源革命的目标应当由确保能源供给、治理环境污染、调整经济结构、应对价格冲击、保障能源安全五个维度构成。[19] 在既定条件下，通过能源法学分论中煤、油、电、核等能源单行法学研究具体体现四个能源革命的基本要求，实现既有能源用，又没有污染，价格相对便宜这三个目标。我国能源革命的先后顺序依次为确保能源供给、治理环境污染、调整经济结构、应对价格冲击、保障能源安全。现阶段我国能源产业中的煤炭、油气、电力、核能、可再生能源这五大类居于核心地位，能源产业作为能源革命的主要对象，只有对这五类产业的现状进行深入分析才能确定煤、油、电、核等能源单行法学各自的主研方向。

1. 煤炭法学的主研方向

从我国现有的能源供应体系来看，就煤炭而言，由于我国的煤炭储存量较为丰富，因此能够满足能源供给、价格低廉以及能源安全的目标。同时，我国煤炭产业链的相关技术和安全设施等方面技术创新不足，使用的煤炭品质不高，燃烧效率偏低，也会造成大量的资源浪费。在此条件下，煤炭的大量使用无疑会增加环境污染物的排放，并且不利于经济结构的调整。但是如果能够通过煤炭立法研究助推煤炭清洁利用，将会有效解决上述问题。

2. 石油法学的主研方向

就石油而言，尽管我国通过增加石油进口满足了目前的能源需求，但进口依存度过高会导致能源安全问题不断升级。一方面，我国的石油进口来源地较为集中，对政治、外交等相关因素的依赖性较强；另一方面，石油运输航线和管道等各方面的安全管控也有较大的压力。另外，我国石油价格相对较低，对企业和居民的冲击较小，但价格低廉导致的资源过度使用，使环境污染治理和经济结构调整的目标难以实现。所以，要通过石油立法研究，助推这些问题的解决。

3. 天然气法学的主研方向

就天然气而言，能够同时实现保证能源部分供给、降低污染治理成本、优化经济结构以及保障企业和居民应对价格的能力的目标。但是，由于我国自身的能源资源禀赋限制，天然气无法满足“能源安全”的目标，也不能完全保障能源供给。天然气对管道储存和运输等要求较高，形成的管道网络一旦出现问题，就会对供给和安全同时造成负面影响。因此，如何在能源革命中合理开发利用天然气，使其效用最大化，是天然气法学的主研方向。

4. 电力法学的主研方向

就电力而言，要重点研究的问题包括：完善电力规划的制定、实施、评估、监督、调整，强化电站合理规划与布局，完善电力建设的核准和监督机制，建立电源结构优化发展的法律制度；完善电力行政管理体制，规范电力市场模式和运作机制，形成有序竞争、有利于提高能效和促进清洁能源的机制；建立市场化的电价形成机制，鼓励高效、清洁的电力供应，促进节约能源和环保；建立煤电价格协调机制，建立电网与电源发展匹配制度，强化电网收购清洁能源和可再生能源强制上网政策；建立电力普遍服务制度，规定政府和电力企业承担推进电力科技进步的责任和义务；强化环保设备与电站建设同时建设、同时投产制度，严格环保奖惩制度；强化电网的安全制度规范以及应急处理规定；制定电力国际合作的规范和制度，建立引进先进技术和设备、大电网技术研发以及电力进出口保障电力供应安全方面的合作机制；等等。

---

〔19〕 参见郑新业等：《中国能源革命的缘起、目标与实现路径》课题报告（国家能源局 2014 年度能源软科学研究优秀成果奖二等奖，国能政策〔2011〕268 号）。

5. 可再生能源法学的主研方向

在水能方面，我国的水能供应体系能够同时满足治理环境污染、调整经济结构、应对价格冲击以及保障能源安全的目标。但值得注意的是，我国的人均水能资源有限，并且水能资源在过去几十年已经得到了比较充分的开发，进一步发展的潜力有限，在实现能源供给方面存在很大的不确定性。

从其他可再生能源来看，其推广利用不仅有利于环境保护，而且有助于经济结构调整，因此受到人们的推崇。但是，从可再生能源发电量和全社会新增用电量的历年趋势来看，可再生能源发电量在满足电力需求方面的作用十分有限，不足以担当起支撑全社会用能的重任。此外，可再生能源的开发利用需要极高成本，导致其价格较高。为发展可再生能源，使其价格与化石能源具有竞争性，政府从多个方面对相关产业进行支持，耗费了大量的能源财政补贴。如果短期内通过依靠可再生能源进行革命，这一财政负担随着可再生能源比重的增加还会继续增大。上述问题都需要可再生能源法学予以重点研究。

第二节　能源法律法规体系的建设

建立健全能源法律法规体系建设的重大意义在于：一方面为构建能源单行法的各分支法学即能源法学分论提供立法基础，进而促进能源法学总论的理论体系建设；另一方面能源法学总论与分论的理论研究成果，能够促进能源法律法规体系的建设和完善。

一、能源法律法规建设的回顾

我国能源法律法规体系建设经历了一个从无到有、逐步完善的过程。回顾我国能源法律法规体系建设历程，大体上可以分为四个阶段：第一阶段，自中华人民共和国成立初期到改革开放之前。这一时期实行高度集中的计划经济，没有真正意义上的能源立法，基本上依靠政府的政策和规范性文件来规范能源开发利用行为。第二阶段，自改革开放初期至20世纪80年代中期。这个阶段的能源立法刚刚起步，本着急用先立的原则，主要着眼于解决资金短缺、促进能源资源开发、缓解供需矛盾。在此期间，大批能源法规多以国务院的行政法规或者规范性文件等形式颁发，部门计划管理的政令特色明显、层次低、效力差，真正意义上的能源法律、行政法规极少。在这个阶段中，1986年全国人大常委会通过并颁布的《矿产资源法》，是我国当时法律位阶最高的与能源相关的法律。第三阶段，自20世纪80年代中期至20世纪末。这个时期国家经济立法进程显著加快，能源领域立法活动也十分活跃。90年代中叶，《电力法》《煤炭法》《节约能源法》等单行能源法律相继颁布；在此期间国务院也先后颁布了《石油及天然气勘查、开采登记管理暂行办法》（已失效）、《石油、天然气管道保护条例》（已失效）、《煤炭生产许可证管理办法》（已废止）、《乡镇煤矿管理条例》等行政法规。同时，与能源相关的一批法律和行政法规也相继出台，如《矿产资源法》《海洋环境保护法》《水法》《大气污染防治法》《环境保护法》等；地方人大和地方政府也纷纷配套制定并出台了大量地方性法规和政府规章。这个阶段出台的能源法律、法规十分密集，内容涉及能源开发、加工转换、输配与供应、能源利用、能源节约、能源管理等众多重要法律制度建设。第四阶段，自21世纪初至今。在我国初步建立起社会主义市场经济体制框架的进程中，市场配置资源的基础性作用进一步增强，从而大大激发了各类经济要素的活力，使我国经济持续、稳定、快速发展，能源立法的力度逐步加大。国家越来越重视能源立法，积极推进能源法律制度建设，先后颁布实施了《清洁生产促进法》《可再生能源法》《循环经济促进法》《石油天然气管道保护法》，陆续出台了配套政策措施，修订公布了《节约能源法》，且正在抓紧制定《能源法》、修订《煤炭法》和《电力法》。同时，相关部门也正在积极着手研究石油天然气法、原子能法等。

二、能源法律法规体系的结构

我国对能源领域的管理经历了由主要通过制定和发布政策并借助于行政手段对能源问题实施管理到逐步实现能源管理法治化的发展过程。在这一过程中，能源立法体系建设工作不断得到加强，中央和地方各有关部门陆续颁布、实施了一系列有关能源的法律、法规、部门规章、地方性法规、地方政府规章和一般规范性文件，初步建立起具有中国特色的社会主义能源法律法规体系，并形成了“七横七纵”的结构框架。见图 12－1 和图 12－2。

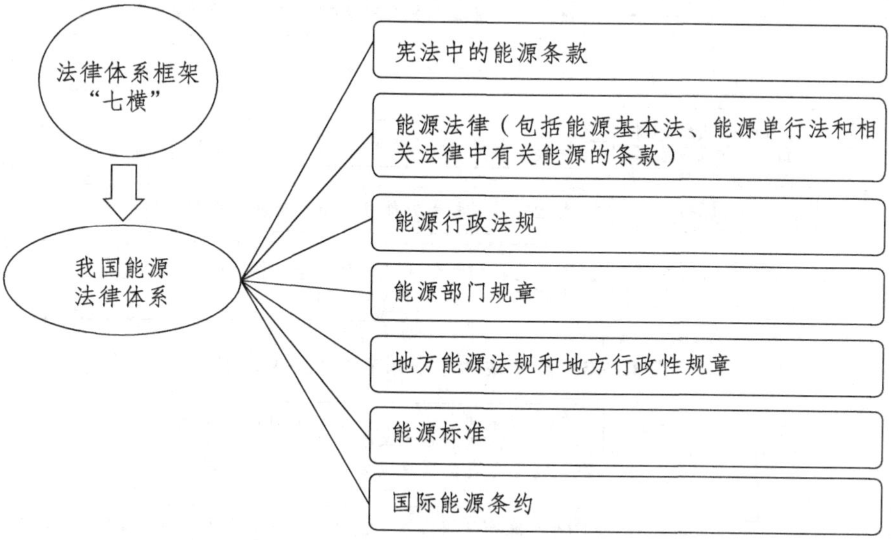

图 12－1　能源法律法规体系的横向结构

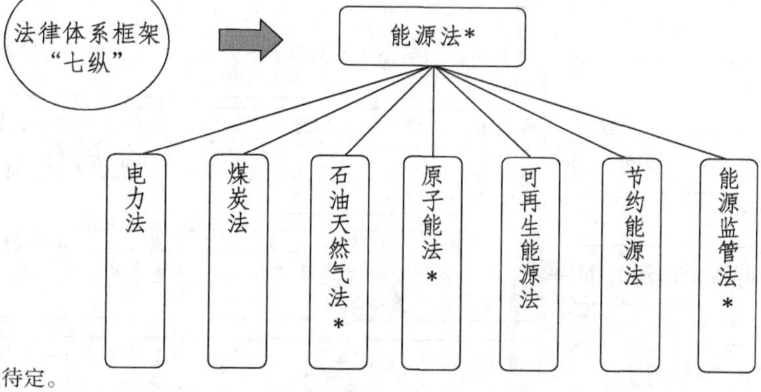

* 暂时缺位待定。

图 12－2　能源法律法规体系的纵向结构

三、现行体系建设的进展概况

目前，我国能源法律法规体系建设在横向结构和纵向结构上都取得了积极进展，已有 30

多部能源相关法律、30 多部国务院颁布的行政法规以及 200 多部部门规章、100 余部地方性法规和政府规章、10 多个已参加的与能源相关的国际条约和数量巨大的能源标准、能源规范性文件，初步形成了涵盖法律、法规和政策、制度，涉及能源行业各个方面的体系框架。见图 12－3 和图 12－4。

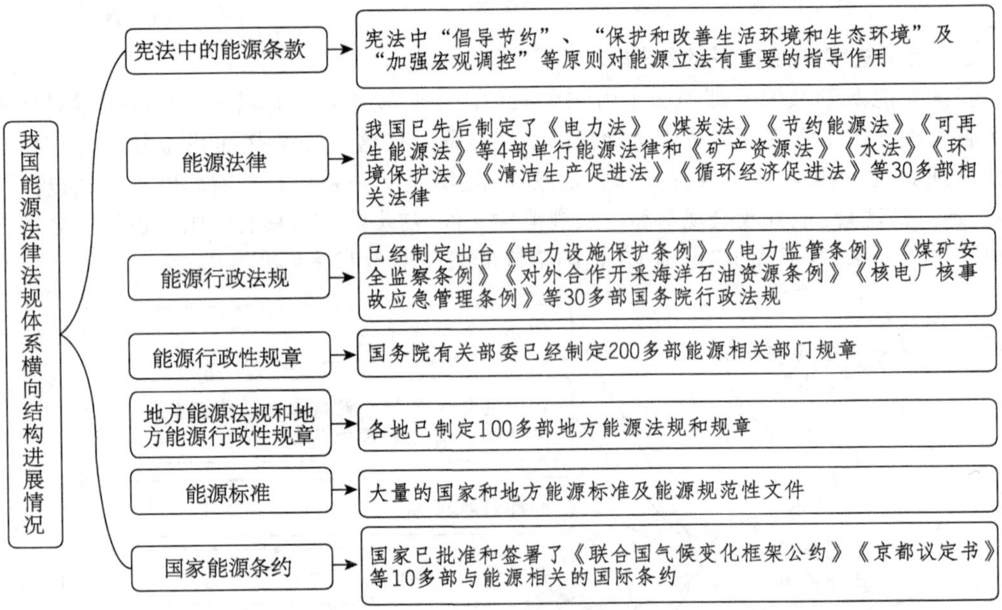

图 12－3　能源法律法规体系横向进展概况

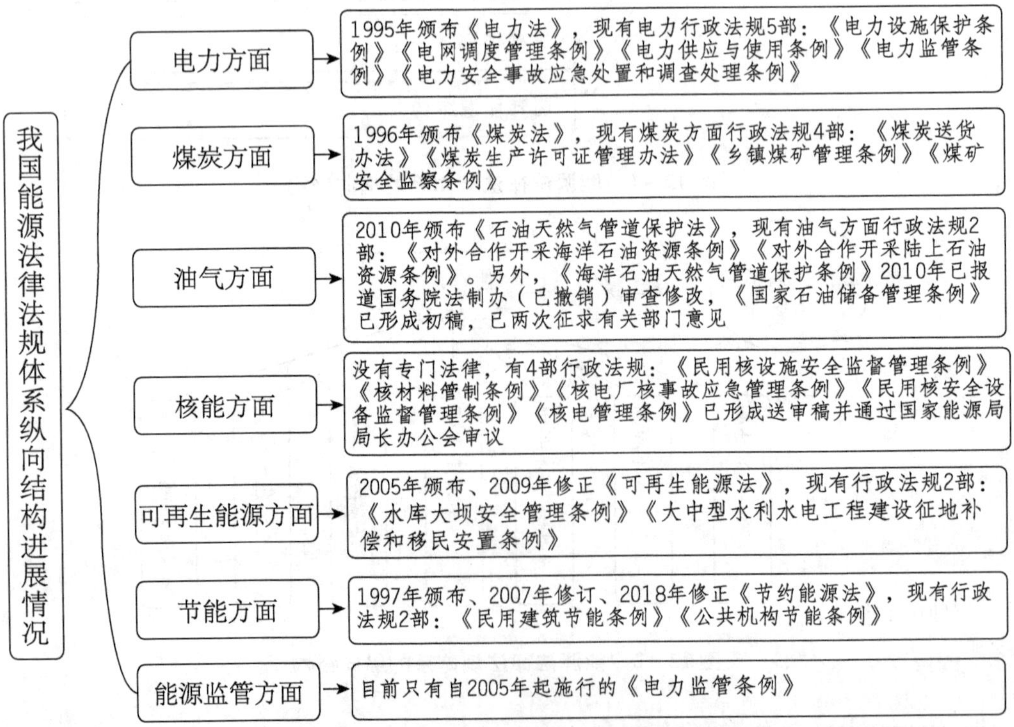

图 12－4　能源法律法规体系纵向进展概况

与此同时，当前我国正在抓紧制定或者研究制定能源法、石油天然气法、原子能法，正在抓紧修订《煤炭法》《电力法》。海洋石油天然气管道保护条例、核电管理条例、国家石油储备管理条例等配套行政法规已形成初稿并广泛征求了意见。随着能源法律法规的不断制定，我国能源法律法规体系不断地得到健全和完善。

四、现行体系建设存在的问题

我国能源立法体系建设虽然取得了积极进展，但仍然存在以下几个方面的问题：

1. 能源立法整体滞后。一是能源立法滞后于我国法律体系建设的整体进程。2010 年中国特色社会主义法律体系已基本形成，但能源领域的立法体系尚未形成。二是能源立法滞后于能源管理的现实需要。能源管理实践中一些行之有效的成熟政策不能及时上升为法律和行政法规，不利于规范和保障能源行业持续协调发展。

2. 主要能源法律缺位。一是作为基础性法律的《能源法》缺位，导致我国能源安全、能源效率、能源环境、能源结构、能源市场等综合性、全局性、战略性问题缺乏法律的有效调整。二是石油天然气、原子能、核电、能源监管、能源公用事业没有相应的能源单行法，远远不能适应安全与发展的需要。

3. 已有法律亟待修订。出台于 20 世纪 90 年代的《煤炭法》《电力法》早已落后于管理体制和行业实际的发展变化，甚至在某些方面限制和阻碍了行业发展。例如，《电力法》关于供电专营的规定，不适应分布式能源和微电网发展的需要；《煤炭法》规定的开办煤矿企业的门槛过低，导致开发主体多、煤炭回采率低、安全事故频发、生态环境破坏等问题。

4. 配套法规不够完善。由于能源管理职能分散，部门之间意见难以协调，导致现行法律比较原则、可操作性差，需要大量配套规章政策配套才能有效实施。但实际上一些配套法规长期缺位，影响法律实施效果。

五、体系建设的远期目标愿景

（一）建设目标

加强能源立法体系建设，是建立健全能源法规体系的基础，是制定能源法规和部门规章的基本依据。为此，应在尽早出台能源基本法的基础上，及时制定完善煤炭法、电力法、石油法、天然气法、原子能法、可再生能源法、能源公用事业法等行业单行法律，同时积极推动能源替代、能源储备、能源预警应急、能源监管等能源重点领域法治化进程。完整的能源法律法规框架体系见图 12－5。

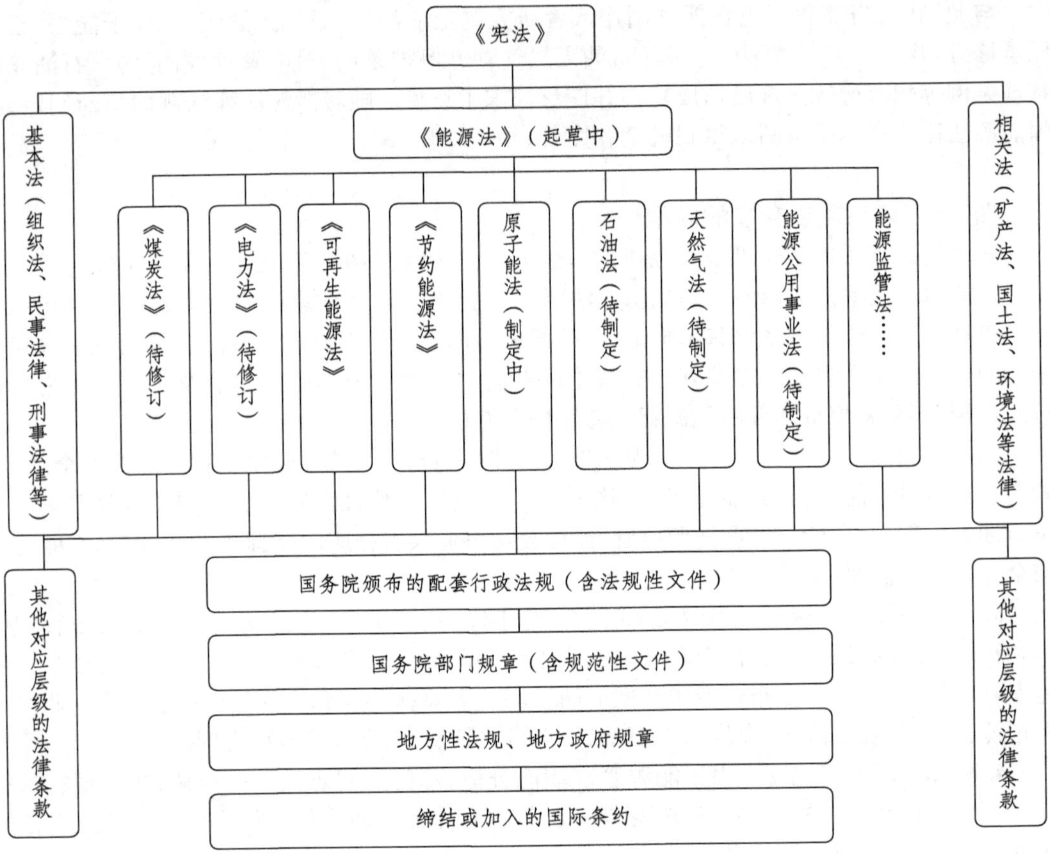

图 12－5　完整的能源法律法规框架体系

（二）重点任务

能源法律法规体系建设的重点任务有：第一，根据国务院规定的“三定”方案加快推进《能源法》立法。《能源法》的内容要明确提炼我国能源立法的核心价值以及确立能源法律领域的基本制度框架。第二，要完善能源产业法的覆盖领域。要尽快将《煤炭法》重新列入国务院立法计划；要加强《电力法》的修订研究，配合国务院司法行政部门，争取将其列入全国人大的立法计划。配合国务院相关部门做好原子能法起草工作，推动《原子能法》优先出台，或将原子能法与其他相关立法整合成一部民用原子能法；推进石油天然气市场化改革，完善油气管理体制，加快推进石油天然气法立法，石油天然气法应涵盖石油天然气产业的所有环节，包括勘探开采以及加工、转换、储运、供应与贸易等，并注意与《矿产资源法》及其配套立法的衔接协调；同时要推进对不同类型可再生能源的专门立法。第三，提升能源公用事业法立法层次。制定能源公用事业法，与《电力法》等共同形成能源公共事业活动的法律制度支撑。第四，加快推动较为成熟的核电管理条例、海洋石油天然气管道保护条例、国家石油储备管理条例等尽快出台。此外，还要加强能源监管法、可再生能源法实施条例、能源监管条例、能源替代法、能源储备法、能源预警应急法等法律法规的立法研究，尽早将其纳入立法计划，以推动相关领域的法治化管理。

第三节　能源基本法的研究与制定

改革开放40多年来，我国相继颁布实施了《煤炭法》《电力法》《节约能源法》《可再生能源法》《核安全法》等能源单行法律以及配套法规，能源法律体系的框架初步形成。但是，我国还缺少全面体现能源战略和总体政策导向的能源基本法，难以对能源安全、能源效率、能源结构、能源环境等综合性、全局性的问题实行有效调整。从国际经验来看，用法律手段规范能源开发利用活动，是世界各国的通行做法，美国、德国、英国、日本、波兰等二十多个国家制定了综合性能源法律，在推动能源战略规划实施，规范能源开发利用秩序，建立能源市场机制等方面发挥了积极作用。当前我国面临严峻的能源安全、环境保护以及应对气候变化问题，新的形势和工作实践迫切需要完善能源法律体系，尤其是要加快研究制定一部在能源开发利用活动中具有基础性作用的能源基本法。因此，国家正在加速推进能源基本法的立法与研究工作，这既是依法治国、依法行政的客观要求，也是全面落实科学发展观，建设资源节约型和环境友好型社会的现实需要。

一、能源基本法的立法进程

经国务院批准，《能源法》（以下或称能源基本法）起草工作自2006年年初正式启动。随后，由国家能源办、国家发展改革委、国务院法制办（已撤销）牵头成立了由国务院15个部、委、办组成的能源基本法起草工作领导小组，下设起草专家组，启动相关课题研究，开展调查研究，举行专家座谈会，广泛征求意见等，先后形成了能源法大纲、工作稿、讨论稿、征求意见稿和送审稿（草稿）。2008年11月21日，国家发展和改革委将《能源法（送审稿）》提请国务院审议。此后，国务院法制办（已撤销）就《能源法（送审稿）》广泛征求了相关部门、行业、地区和专家意见，梳理各方的立法诉求和建议，提出需要研究解决的问题清单：如对总体框架、章节设计还有争议，对市场机制表述、能源战略的内容、能源规划的约束与指导作用、可再生能源的资质许可、能源普遍服务、能源战略储备与应急储备等问题还存在不同认识；能源基本法与能源单行法及其他相关法律之间有待更好地协调，要使能源基本法做到目标明确、措施有效、保障得力，切实解决现实需要及社会普遍关注的问题；避免法律条文过空、过虚；等等。这些问题亟须通过修改《能源法（送审稿）》予以解决。党的十八大以后，党中央和国务院作出了全面深化改革，全面依法治国，简政放权，充分发挥市场在资源配置中的决定性作用，更好发挥政府对市场的调控作用，推进能源革命和国际合作，加强能源安全保障，加快能源领域法律法规立、改、废工作，强调重大改革必须于法有据等一系列重大决策部署。这些决策部署必须通过加快出台能源基本法加以体现并提供法制保障。

根据国务院法制办（已撤销）、国家发展和改革委和国家能源局的统筹安排，决定委托中国法学会能源法研究会（以下简称能源法研究会）于2015年5月重启《能源法（送审稿）》修改工作，并开展了以下工作：（1）成立《能源法（送审稿）》研究修改工作班子，依托能源法研究会开展课题研究；（2）认真学习党的十八大报告、政府工作报告、中央全面深化改革决定、中央推进全面依法治国决定及《能源发展"十二五"规划》《国家能源发展战略行动计划》等重要文件，提炼出必须在《能源法（送审稿）》中加以体现并保障实施的具体内容；（3）针对国务院法制办（已撤销）提出的问题清单，收集整理、分析研究国内外相关能源法文本、研究资料和研究报告,进行相关基础资料的研究,进而提出关于修改《能源法(送审稿)》的问题清单,按专题形成初步研究报告;(4)确定《能源法(送审稿)》修改工作的指导思想和工作思路;(5)召开能源法专家研讨会、能源企业研讨会、能源法研究会2015年会、能源法研究会顾问及专家研讨会,听取各方面意见和建议;(6)研究分析国务院有关部门、单位和能源企业对能源基本法送审稿、修改稿初稿提出的修改意见、建议;(7)拟出《能源法(送审稿)》修改稿初稿;(8)将《能源法(送审稿)》修改稿初稿在国家能源局内反复征求各司局的修改意见后形成修改二稿;(9)研究、吸纳国家能源局内相关司局的修改意见。在完成上述工作的基础上,能源法研究会于2015年10月将《能源法(送审稿)》修改稿正式上报国家能源局。2017年年初,国家发展和改革委将《能源法(送审稿)》修改稿再次报国务院审议。在2018年9月公布的第十三届全国人大常委会立法规划中,能源法被列为需要抓紧工作、条件成熟时提请审议的法律项目。2020年4月3日,国家能源局向社会发布《能源法(征求意见稿)》,再次向社会公开征求修改意见和建议。目前,《能源法(送审稿)》的审查协调和调研修改等工作尚在进行中。

起草制定能源基本法,是解决能源领域发展、改革和管理等重大问题,保障能源与经济社会协调可持续发展的客观需要,具有积极的现实意义和深远的历史意义。第一,有利于推进能源战略实施,为政府制定和实施能源政策提供法律依据。第二,有利于保障国家能源和经济安全。第三,有利于构建资源节约型、环境友好型社会,使能源节约和高效、清洁利用成为全社会共同遵守的行为准则。第四,有利于提高能源安全生产、节约生产、清洁生产水平。第五,有利于完善能源管理体制和机制,规范市场主体行为。第六,有利于推动能源科技自主创新。第七,有利于健全我国能源法律体系,促进能源法治建设。

二、能源基本法的立法要点

能源基本法的制定工作,必须对关乎立法工作的指导思想、立法原则、立法思路、重点内容等重大问题凝聚共识,做好顶层设计。

(一)能源基本法的立法指导思想

能源基本法立法工作的指导思想是,坚持以习近平新时代中国特色社会主义思想、"四个全面"战略布局和实现中华民族伟大复兴的中国梦为指导,立足于经济新常态、市场化改革、简政放权、能源革命、国际合作的新背景,精心做好能源法治体系顶层设计,努力做到重大改革有法可据,把握重点,突破难点,求同化异,解决问题,力促能源基本法顺利出台。

(二)能源基本法的立法原则

按照以上立法工作指导思想,立法工作应当遵循以下原则:(1)全面把握与突出重点相结合。能源基本法作为一部基础性、综合性法律,对立法目的、调整范围、重要原则、基本法律制度等基本要素要全面把握。对于中央已经明确、改革措施到位、立法条件成熟的改革成果要重点体现;对于中央尚无明确决策、改革方案措施尚未到位、体制机制尚未理顺、各方意见尚未取得共识的政策措施留有空间,待将来条件成熟时再转换为法律规范。(2)求同化异与突破难点相结合。虽然能源基本法的制定工作已历时十多年,但是这部法律有比没有好,早出比晚出好,不宜久拖。对于能源基本法的法律定位、调整对象、基本政策、战略规划、开发生产、供应消费、安全保障、科技进步、国际合作、政府监管等问题要求同化异;对能源基本法与能源单行法及相关法的关系,能源管理体制、机制等难点要有所突破,不能继续陷入旷日持久的纷争之中而停滞不前。(3)原则条款与操作条款相结合。能源基本法的法律条文不仅要体现宣示性、原则性,更要注重可操作性和执行力。因此,除了在立法目的、能源方针政策、能源战略规划、体制机制等方面作出一些必要的宣示性、原则性规定外,在开发生产、供应消费、能源市场、安全保障、科技进步、国际合作，尤其是在监督管理、法律责任等章节要增加大量内容具体、可操作性较强的法律条款，以提升该法的执行力。

（三）能源基本法的立法思路

能源基本法的立法思路：(1)认真学习党和国家有关能源发展的最高、最新决策，全面体现在法律条文上；(2)深入研究问题清单和各方意见，坚持问题导向，把握重点，突破难点；(3)梳理我国能源立法的现状及存在问题，分析能源立法滞后的体制、制度和机制等方面的深层次矛盾及原因；(4)对国外能源立法经验进行认真比对、研究和借鉴；(5)充分利用、吸收能源法制定工作中已有的研究成果，对以往形成的能源基本法各个版本进行研究，以国务院法制部门提交的修改稿为基础，坚持综合比对、与时俱进；(6)集思广益，反复充分征求、集中各个方面的修改意见、建议，在一些重大问题上取得共识或者突破；(7)对能源基本法的基本框架进行科学的顶层设计，结合实际进行深入研究并提出修改稿，促使该法尽快出台。

（四）能源基本法的重点突破

能源基本法应当力求在以下五个方面的问题和内容上取得重点突破：

1. 将党和国家关于能源发展的既定方针、原则、战略和决策法律化。如将“能源革命”和“国际合作”作为修改稿的指导方针，在有关章节及法条中要作出具体规定。

2. 要将国家基本能源政策制度化。能源基本法要对有关能源投资、产业结构优化、普遍服务、消费价格、财政金融支持、科学技术、低碳环保、节约能源、进出口等重大政策、措施作出规定，增强实施力度。如在能源基本法总则中规定：“国家采取措施调整和优化能源产业结构和消费结构，统筹化石能源与非化石能源的协调发展，鼓励可再生能源等非化石能源优先发展，支持化石能源的高效、清洁生产利用。”“各级人民政府应当采取法律、经济、行政、宣传教育等手段，节约高效开发能源资源，推进重点领域和关键环节节能，合理控制能源消费总量。”

3. 着力解决基础性、综合性的能源法律问题，对重大能源社会关系实行法律调整。能源基本法不可能将所有的能源问题、能源法律关系都纳入其调整范围，只能择其重点，解决事关能源发展的带有全局性的、综合性的、基础性的、非立法而不能解决的、没有严重体制障碍等重大而紧迫的、立法条件成熟的法律问题。在能源开发利用和监督管理等活动中产生的重大社会关系、能源主体各自的权利义务关系和涉外关系，是能源基本法的主要调整对象。

4. 创制能源基本法律制度，确立、完善能源管理体制、机制。能源基本法的主要任务和功能之一，是确立符合我国国情的、适应能源革命需要的、规范能源合理开发利用活动的、具有广泛适用性和规制引领性的基本法律制度，形成上下有序、内容齐全、相互衔接的能源法律制度体系。《能源法（送审稿）》修改稿不仅对我国现行的能源行政管理体制加以法治化，还对涉及政府监管、市场运行、价格财税、科技进步和国际合作等方面的机制问题作出了规定。解决能源管理的体制、制度、机制的“三制”问题，有助于强化政府这只“有形的手”对能源发展的宏观调控和市场监管作用，也将发挥市场这只“无形的手”对能源供应消费的决定性作用。

5. 处理好能源基本法与能源单行法及相关法律的内部与外部的两个关系，实现内、外部法律体系的总体和谐。一要按照普通法与特别法、一般规定与特别规定有机结合、详略结合和留有余地的思路，处理好能源基本法与《煤炭法》《电力法》《可再生能源法》《节约能源法》等单行法之间关系的界定问题；二要在能源基本法与能源单行法之间对相关问题的法律规定上，实现能源基本法领位不越位，两者的调整对象各有侧重、法律规范无缝衔接；三要在处理能源基本法与能源矿产资源、海洋能源、水能源、安全生产、环境保护等相关部门法外部关系的问题上，按照有序衔接、避免冲突的思路，作出指引性、原则性的规定。

三、能源基本法的基本原则

能源基本法的基本原则是能源立法、能源执法、能源守法、能源司法的基本准则，对能源单行法及能源开发利用行为具有指导功能、约束功能和补充功能。这些基本原则不仅贯穿于能源法的全部法律规范，而且是所有能源单行法必须遵循的指导依据，是确立能源法律关系的基本规范。它既要反映能源发展规律和能源革命成果，更要体现国家能源战略和能源规划的价值取向。把握能源基本法的基本原则，应当注意以下几个要点：

1. 能源基本法的基本原则与能源基本法的立法原则是两个既有联系又有区别的概念。能源基本法的立法原则是指为了实现能源安全、可持续利用的目标，在法律上充分体现能源的经济价值和社会价值，在起草、制定和修改能源基本法草案的过程中，对立法者和立法工作具有指导意义的基本原理和基本方法。能源基本法的基本原则则是在能源法中必须规定并予以体现的，并贯穿于全部法律规范中，具有普遍性指导意义的原则。而能源基本法的立法原则仅适用于立法的过程，是能源基本法立法工作的方法论基础。

2. 能源基本法的基本原则是该法本身所确立和体现的思路、目的目标和内容要点。基本原则的特点在于它是一种具有指导意义的基础准则，是一种指导性法律规范，其贯彻需要通过具体的法律条文、法律规范或者法院裁判予以具体化。能源基本法的基本原则必须在能源法律体系中得到广泛适用，构成能源法的基础和核心，并适用于能源法律体系的各个环节、所有领域和一切效力范围。这是能源基本法的基本原则区别于一般法律规范、法律原则之处。不能把能源法规中确认的只适用于某个特定领域或者特定对象的个别原则或者个别政策，都称之为能源基本法的基本原则。鉴于能源基本法基本原则是对能源立法、执法、司法精神的高度概括和总结，因此应当集中体现于能源基本法之中，不能过度分散。

3. 能源基本法的基本原则，必须是能源法这一新兴的、独特的法律领域所特有的原则，应是能源法基本特点的体现。不能把能源法所必须遵循的基本原则同一般的立法原则、司法原则或者其他原则混为一谈。

我们认为，能源基本法在总则中应当确立以下基本原则：实施国家能源战略原则、优化能源结构原则、促进能源科技创新原则、保障能源安全原则、实施能源普惠原则、加强市场竞争原则、依法监督管理原则、提高能源效率原则、保护生态环境原则、开展国际合作原则等。

四、能源基本法的法律制度

涉及能源发展的问题错综复杂，必须抓住重点问题加以规范。能源立法，重在法律制度的创制与完善。能源基本法中基本法律制度的确立，取决于该法所要重点解决的问题，这些问题主要是：（1）要明确能源基本法的立法目标和宗旨；（2）要确立能源战略方针；（3）要明确能源行业适应和应对气候变化及保护环境的基本原则；（4）要确定能源发展基本政策；（5）要建立完善能源战略与规划制度；（6）要加强能源开发与加工转换活动监督管理；（7）要规范能源供应与使用行为；（8）要培育规范能源市场；（9）要确保能源生产供应安全；（10）要推动能源科技进步；（11）要扩大能源国际合作；（12）要构建政府监督管理体系；（13）要加大违法责任追究力度。因此，能源基本法立法要围绕上述重点问题，确立相应的基本法律制度。

（一）能源战略与规划制度

能源战略规划法律制度在能源基本法中居于“龙头”地位。能源战略是对能源发展规律的认识、总结和提升，是筹划和指导国家能源可持续发展、保障能源发展的总体方略，是制定能源规划和能源政策的基本依据。能源规划是实施国家能源战略的阶段性行动方案，是能源发展项目立项的基本依据。能源战略与能源规划的程序性规定应该通过能源立法予以体现，以保证其制定和实施的科学性和规范性；能源战略与能源规划的实体性规定，有些比较稳定、成熟的内容，可以研究上升到法律层级。

我国的能源规划可分为国家、区域和地方三个层级，每个层级又包括综合规划和专项规划两种。能源规划的程序性规定一般为立项、起草、衔接和论证、报批、备案和公布、实施等内容。我国目前的能源战略总体上是坚持“节约、清洁、安全”的战略方针，加快构建清洁、高效、安全、可持续的现代能源体系，重点实施四大战略，即节约优先战略、立足国内战略、绿色低碳战略和创新驱动战略。

这项制度的主要内容应包括：国家能源战略方针，能源战略的地位与内容，能源战略的编制、评估和修订，能源规划体系，全国能源总体规划、全国能源专项规划、区域能源规划、地方能源规划的编制和内容，编制能源规划与公众参与、能源规划的公布、监督检查、评估和修订等。

（二）能源开发与加工转换制度

能源开发既包括化石能源，也包括非化石能源。化石能源，是指碳氢化合物或其衍生物，化石能源所包含的天然资源有煤炭、石油和天然气。非化石能源，是指非煤炭、石油、天然气等经长时间地质变化形成，只供一次性使用的能源类型外的能源，如风能、太阳能、水能、生物质能、地热能、海洋能等连续、可再生的非化石能源。能源的加工转换，是指经过一定的工艺流程使能源的物理形态或者能量形式发生变化、生产出其他能源产品，不包括以能源为原料生产其他产品的活动。由于化石能源与非化石能源在开发与加工转换环节既有共性又有个性，因此能源基本法拟对应共性作出相同规定，对应个性作出不同的规定。

能源开发与加工转换法律制度，应包括以下主要法律规范：(1)能源开发和加工转换的原则，以及优化能源结构，依法开发和加工转换，安全生产和环境保护，化石能源生态补偿，税费制度和进出口管理等方面的法律规范；(2)化石能源勘查的法律规范，包括煤炭开发、油气开发、火电开发等；(3)加快发展非化石能源、水电站建设、风电开发、太阳能开发利用、生物质能开发、地热能与海洋能开发，核电管理、核电技术和企业保障义务等方面的法律规范。

（三）能源供应与服务制度

能源供应与服务是指能源供应者直接向终端能源消费者供应（包括经由管网供应）能源产品/商品的活动以及能源管网经营者向能源供应者或者消费者提供管网服务的活动，包括下游销售（批发和零售）、能源管网建设、能源管网输送配送服务。

由于能源供应涉及不同能源品种的能源企业和能源用户之间权利义务的设定，因此，能源基本法应对能源企业和能源用户作出法律界定。如在能源基本法中应当规定：能源企业是指以能源的开发生产、加工转换、储存、输送、配售、供应、贸易和服务等为主营业务的企业；能源用户是指购买、使用、消费能源产品的企事业单位、其他社会组织和公民。在此基础上，应当进一步规定事关能源供应与使用中的重大问题，具体包括以下内容：(1)能源市场调控；(2)供应业务准入；(3)能源基础设施建设；(4)农村能源建设；(5)能源管网管理；(6)企业服务规范；(7)企业供应要求；(8)能源公共服务企业信息公开；(9)用户义务；(10)能源普遍服务；(11)消费管理政策等。

（四）能源市场与交易制度

我国正在深入推进能源市场化改革，涉及能源体制，能源产业等多方面体制调整。党中央、国务院关于能源市场化改革的决策部署多见于相关改革方案等政策性文件，现有的能源市场及交易专门立法暂缺。能源基本法在设定相关法律制度时，一方面要总结已经成熟稳定的能源市场化改革政策；另一方面要为更深入更广泛的市场化改革预留立法空间。

能源基本法关于能源市场及交易法律制度的设计，应作出原则性规定：(1)明确市场化改革方向和改革原则；(2)"负面清单"入法，即国家建立完善能源市场准入负面清单制度。各类市场主体有权进入负面清单以外的领域从事能源开发利用活动；(3)确立能源市场建设的原则，如建立和完善能源资源、能源产品和能源服务的市场化配置机制。能源市场建设应当坚持公平开放，促进资源合理配置和节能减排，形成主体多元、竞争有序、健康发展的能源市场体系；(4)理顺能源价格形成机制，国家建立市场调节与政府调控相结合、以市场调节为主导的能源价格形成机制；(5)规定政府能源定价的依据；(6)规定能源价格联动机制；(7)规定能源市场规划与规则；(8)鼓励能源市场平台规范化建设，加快完善公平、公正的市场交易机制等；(9)加强能源市场信息监管；(10)专门就市场监管办法制定进行授权立法；(11)规定价格激励与约束政策；(12)规范能源市场秩序等。

(五)能源安全保障制度

能源安全体系既包括能源生产安全，又包括能源供应安全；既包括能源经济安全，又包括能源环境安全；既包括国内能源安全，又包括国际能源安全。从保障体系看，既有生产安全保障，又有战略安全保障；既有预测预警保障，又有突发应急保障。

能源基本法重在建立完善多层次多环节多维度的能源安全保障体系：(1)明确能源安全保障的总体要求；(2)规定能源设施、场所安全保护；(3)强化能源安全生产管理；(4)明确能源供给保障；(5)设立能源储备制度；(6)规定能源战略储备动用的情形；(7)设立能源预测预警制度；(8)建立能源应急机制；(9)授权国务院制定能源产品战略储备和能源应急管理的具体办法。

这项制度应涵盖能源生产安全、能源产品供应安全、能源产品和能源资源战略储备、能源预测预警、能源突发事件处置等内容，包括能源安全保障的总体要求、能源设施、场所安全保护、安全生产、能源供给保障、能源储备、战略储备动用、预测预警、能源应急等。

(六)能源科技进步制度

当前，能源革命正在孕育，各主要国家都把能源技术视为新一轮科技革命和经济转型的重要突破口。在科技创新驱动下，能源清洁化、低碳化、智能化步伐将进一步加快。可以说，能源科技创新是引领我国能源革命的主要源泉。能源科技创新需要与其相适应的法律制度：(1)能源科技创新体制方面，包括能源科技发展方针、能源科技投入、能源科技发展机制、能源科技重点领域等；(2)能源科技创新法律保障方面，包括知识产权保障、财政法律保障、金融法律保障；(3)能源宣传与能源教育方面。通过这三方面的制度设计，激励能源体系走上创新驱动发展的路径，并促进能源科技创新的规范化。

能源四个革命中，能源技术革命是关键，能源基本法应为能源技术革命提供法律保障，应对此作出规定：(1)鼓励能源科技创新及奖励；(2)通过能源基本法规定能源科技重点领域的创新研究和开发应用；(3)依法保障对能源科技的投入；(4)建立能源科技发展机制；(5)加快能源教育和人才培养；(6)促进能源科普；(7)加强农村能源技术推广；等等。

(七)能源国际合作制度

"全方位加强国际合作，实现开放条件下能源安全"是设立能源国际合作法律制度的总体要求，能源基本法首先要体现能源合作的"全方位"及在开放中确保"能源安全"。针对国际能源安全，能源基本法应有总体规定：国家加强与相关国家协调和合作，建立境外能源风险预测、预警和应急机制，完善区域性、全球性能源安全协调保障体系，增强涉外能源安全保障能力，有效应对和消除能源领域的传统安全威胁和非传统安全威胁。

在"全方位"方面，能源基本法应当规定境内能源合作与境外能源合作：(1)国家依法保护在中国境内从事能源开发利用活动的外国公民、法人和其他组织的合法权益。(2)国家鼓励对外能源投资和合作方式的创新,如应建立境外能源合作管理与协调机制,由国务院能源主管部门会同有关部门统一协调境外能源合作事务。(3)国家采取必要措施维护中国公民、法人和其他组织在境外投资能源开发项目的合法权益等。

在能源合作方式及形式方面,能源基本法应当规定:(1)国际合作方式;(2)能源贸易合作;(3)能源运输合作;(4)能源科技与教育合作;(5)国际合作信息服务。

(八)能源监督管理制度

能源监督管理是能源管理的重要形式之一,其主要内容包括能源规划、政策和法律执行情况,能源市场秩序,能源行业节能情况以及能源安全与环境保护。专项监督检查、问题监督检查和社会监督检查,是能源监督检查的主要方式。

能源基本法应当系统地规定能源执法检查的事权范围及程序,负有能源监督管理职责的部门应当依照有关法律、法规的规定,对涉及能源开发利用的事项需要行政许可或者验收的,必须严格进行审查或者验收;不符合有关法律、法规规定的条件的,不得许可或者验收通过。对未依法取得许可或者验收合格的单位擅自从事有关能源开发利用活动的,负责许可或者验收的部门检查发现或者接到举报后,应当立即责令其停止建设或者限期整改。对已经依法取得许可的单位,负责许可的部门发现其不再具备许可条件的,应当撤销原许可。县级以上人民政府负有能源监督管理职责的部门按照职责分工,对本行政区域内执行能源基本法、能源规划和能源开发利用的情况进行监督检查。

(九)能源法律责任制度

能源法律责任是能源法律关系主体或其工作人员因违反能源法律规定的义务或者合同约定的义务所应承担的不利法律后果。能源法律责任是规范能源开发利用和监督管理、提高能源利用效率、保障能源安全的关键环节。能源法律责任包括能源行政法律责任、能源民事法律责任和能源刑事法律责任。

法律责任制度必不可少。对能源违法行为及责任者没有严格、严肃、严厉的法律制裁措施,能源主体的法定义务将难以履行,政府监管措施将难以落实,能源法的立法目的将难以实现,能源法的实体规范将难以施行。能源法专设法律责任一章,必将增强能源法的权威性和效力性。

能源基本法的法律责任制度应包括政府监管、管网开放、普遍服务、报告披露、配合执法、开发利用、横向协作、单位节能、强制公开和社会主体等方面的违法责任追究,以及与其他相关法律、行政法规设定的法律责任的衔接条款。

五、能源基本法的立法难点

(一)能源基本法定位问题

关于能源基本法的定位问题一直存有争议。尽管各种观点不乏有其一定的合理性,但就总体而论,应当将能源基本法定位为我国能源领域的“基本法律”或“基础性法律”,这是因为:

第一,能源基本法的基本法定位符合能源领域“母法”到位的要求。法律体系的形成必须有不同位阶的法律规范所构成。能源基本法只有是能源领域的基本法并且居于“母法”地位,才能与其他能源单行法律规范形成一个有层级、有位阶的法律体系。能源基本法律体系的内外部协调是通过能源基本法实现的,能源单行法不能离开能源基本法而独立存在,它因能源基本法的内容、适用方式和功能而体系化。

第二,能源基本法的基本法定位符合能源基本法律规范"龙头"统领的要求。我国现有《煤炭法》《电力法》《节约能源法》《可再生能源法》《石油天然气管道保护法》《核安全法》6部能源单行法律。从调整范围上看,这类单行法律即使再多,也只是调整某一方面特殊问题的特别法,不能解决能源领域各行业、各方面普遍存在的共性问题、基本问题。能源单行法及其法律制度不能涵盖并替代能源基本法律制度。要健全完善能源基本法律体系及法律制度建设,必须通过制定能源基本法且以能源基本法的位阶来确立涵盖能源各领域的基本法律制度,以统领、统筹能源单行法的制定和能源单行法律制度的构建,并对现有的单一的、分散的能源单行法律制度实行基本法律规制,实现能源基本法律制度与能源单行法律制度的有机结合,以利于增强能源基本法律体系与子体系之间的内在联系和协调性、衔接性、科学性。

第三,能源基本法的基本法定位符合能源管理依法"合规"的要求。现行的经济体制与政治体制是能源基本法制度设计的根本性依据。能源基本法的主要内容应当符合经济与政治体制的双重要求。经济体制在能源基本法制度设计中表现为产权制度,包括能源资源所有权和开发权、能源市场准入制度等。政治体制在能源基本法制度设计中表现为能源战略与规划、能源管理体制、能源监管制度等。能源基本法与能源基本法律制度架构分别确定了政府能源管理的目标、方向和过程,以及管理主体、管理方式与管理程序等。要担起建设中国能源基本法律制度架构的重任,必须是能源基本法。

第四,能源基本法作为我国能源领域的基础性、综合性法律的地位毋庸置疑,关键是要处理好内外部法律关系的衔接和谐问题,避免出现新法取代旧法、此法取代彼法的法律冲突。能源基本法侧重调整能源领域的宏观、中观能源基本法律关系,重点解决能源领域存在的根本性问题、共性问题,不排除、不排斥能源单行法和相关法的适用。《煤炭法》《电力法》《可再生能源法》《节约能源法》侧重调整中观、微观能源基本法律关系,重点解决一次能源、二次能源开发利用和节约能源领域存在的特殊性问题、具体问题。另外,原环保部、原国土部等有关部门也提出能源基本法应对其与相关法律的适用问题作出界定。其实,能源单行法和相关部门法的调整范围及与能源基本法之间的边界大体是清楚的,只需要做好衔接,不必人为地制造或者陷入法律纷争。

在能源基本法与能源单行法和相关法的调整对象和相互关系问题上,按照普通法与特别法相结合的原则,坚持调整范围涵盖不覆盖、衔接不缺位、结合不越位,综合性法律规范与单行法律规范相互补充,相关法律条文之间详略有别、相互补充、留有空间、整体和谐的思路,修改稿作出了适当的安排处理。如《能源法(送审稿)》修改稿第2条第4款规定"有关法律、行政法规对能源开发利用和监督管理另有规定的,适用其规定",这就实现了能源基本法与能源单行法和相关法的结合。有人认为这样规定不利于突出能源基本法的基础性地位。事实上,无论能源基本法是否作出这样衔接性的规定,都不影响相关能源单行法和国土、环境、安全生产等部门法所具有特别法优先、独立适用的地位,即使能源基本法不作规定也不影响上述特别法的效力。所以,该款规定有利于化解纷争和法律衔接。又如,第7条规定:"从事能源规划、勘查、设计、建设、生产、加工转换、储存、输送、交易、供应、使用等活动的,应当遵守本法和有关法律、法规。"再如,第34条规定:"法律、行政法规或者国务院规定从事能源开发和加工转换活动需要取得行政许可的,依照其规定。从事能源开发和加工转换活动的企业,应当具备国家规定的资质条件。"最后,在第十章法律责任第128条规定了法律责任衔接条款,即"法律、行政法规对行政处罚的种类、幅度、决定机关另有规定的,依照其规定"。这一规定不仅不影响、不剥夺其他行政机关行使各自的行政处罚权,反而有利于其他相关部门对能源违法行为的协同防范和惩处。

此外，对于国家正在组织起草石油天然气法、原子能法等暂缺的能源单行法律，能源基本法可以作出导向性的、衔接性的规定，不宜另作具体规定。

（二）成熟政策和改革文件"入法"问题

在能源基本法立法中，涉及成熟政策和改革文件问题时，应按以下原则加以处理：(1)能源基本法应当符合现行的成熟政策和改革文件导向。改革开放以来，我国的政治、经济、社会制度变迁采取的是一种"摸着石头过河"的独特模式。这就要求，首先要进行试验试点，再把被实践证明是行之有效的经验上升为国家意志，再推行到更大的范围。因此，能源基本法应当符合这一政策和改革文件法治化的导向，并且还应当进行充分的体现，以促进这一目标的实现。(2)能源基本法应当将成熟的产业政策和改革文件上升为法律。能源产业政策法和能源改革发展法是对于能源基本法律与能源政策、改革文件关系进行"入法"处理的模式。能源政策和改革文件是其内容，法律法规是其形式。在这里，政策、文件和法律融为一体。产业政策和改革文件获得了法律的表现形式，从而具有法律的强制属性，如规范性和约束力，或者可以直接说能源政策和改革文件本身就具有法律性质。将产业政策直接写入法律，可以通过产业结构政策法律制度、产业组织政策法律制度、产业技术政策法律制度、产业布局政策法律制度等立法技术实现。(3)财税等专项政策应当予以原则性的体现，不宜过于具体。对于一些专项能源政策，典型的如财政政策、税收政策、价格政策、金融政策等，由于这些政策本身就属于一种政策工具，具有杠杆功能，需要随着经济形势的变化作出调整，所以不宜作出具体的规定。但是，应当作出原则性规定，如可以规定采取何种财政工具。(4)运用授权性条款，为配套性政策留下合理空间。一些临时性、实验性的政策，不适宜在法中体现，或者说现阶段还不成熟的，可以采取授权立法的形式日后制定，如能源行业准入问题。

（三）能源行政管理体制问题

这也是一个争论较多、难以处理的问题。能源监管体制是国家能源管理的权责配置体系，包括中央与地方、政府相关职能部门、政府与企业、企业与用户、社会之间等的诸多层级行政管理关系，它直接关系到国家对能源开发利用实施监督管理活动的控制力、执行力。能否确立适合当前和未来一个时期需要的能源监管体制，是制定能源基本法所面对且必须解决的难点问题。体制问题不解决、不明确，能源基本法将难以出台和实施。

在研究国务院关于负有能源监督管理职责的部门的"三定"方案，并分析了2008年稿和国务院法制办（已撤销）修改稿的有关规定后，我们认为：力图通过立法确立与现行体制不符的、由单一的能源主管部门对能源开发利用工作实施统一监督管理的体制是不现实的、超前的，也不符合本届国务院关于能源监管事权划分的规定。以2013—2018年国务院批准的各有关部门能源管理职责为例，除了国家发展和改革委、国家能源局之外，经国务院授权对一些行业、领域负有能源监督管理职责的部门、机构，还有财政部、国土资源部（负责能源矿产资源探矿权、采矿权监管）、工信部（负责拟订并组织实施工业、通信业的能源节约和资源综合利用、清洁生产促进政策，参与拟订能源节约和资源综合利用、清洁生产促进规划）、环保部（负责环境、减排、核安全监管）、水利部（负责水资源监管，指导农村水能资源开发、水电农村电气化和小水电代燃料工作）、商务部（负责内外贸易、进出口商品和国际经贸合作的监管）、科技部（负责编制实施国家科技规划、科技重大专项管理、科技经费与决算及经费使用监管）、农业部（指导农村可再生能源综合开发与利用，指导农业生物质产业发展和农业农村节能减排）、国资委（负责能源央企监管）、国家质检总局（负责特种设备安全监管）、国家安监总局（负责煤矿和非煤矿山安全监管）、国家海洋局（负责制定海洋发展战略、海洋经济发展规划和监督管理）、国家统计局（组织实施能源基本状况的统计调查，收集、汇总、整理和提供有关调查的统计数据)等13个部、委、局(部分现已撤销)。由此可见,国家现行能源监管体制并不是由某个部门统一管理。

鉴于当前国家能源监管体制改革尚在探索进行中,涉及能源领域的重大体制改革方案和措施尚未成熟和出台,仍有一些未知的、不确定的因素,故而通过立法改变现行体制尚不可行。在这种情况下,能源基本法应当以现行的国家能源监管体制为基础并将其法律化,循序渐进,不宜纠结于某些还不确定的体制问题而影响该法的出台。为此,《能源法(送审稿)》修改稿第6条确立了国家实行能源综合监管与专项监管相结合的能源监管体制,即"国务院能源主管部门依照本法和国务院规定的职责,对全国能源开发利用工作实施综合监督管理;县级以上地方各级人民政府能源主管部门依照本法和本级人民政府规定的职责,对本行政区域内能源开发利用工作实施综合监督管理。国务院有关部门依照本法和其他有关法律、行政法规和国务院规定的职责,在各自的职责范围内对有关行业、领域的能源开发利用工作实施监督管理;县级以上地方各级人民政府有关部门依照本法和其他有关法律、法规及本级人民政府规定的职责,在各自的职责范围内对有关行业、领域的能源开发利用工作实施监督管理。能源主管部门和有关行业、领域的能源开发利用工作实施监督管理的部门,统称负有能源监督管理职责的部门。负有能源监督管理职责的部门及其派出机构依照法律法规和政府有关规定履行能源监管职能"。

上述规定明确了三个问题:(1)在现行监管体制下,能源综合监管部门代表本级人民政府,对其他负有某些行业、领域能源监管职责的有关部门的履职情况进行协调、指导和监督。这不影响能源综合监管部门的牵头地位和管理职能,反而可以更超脱一些;(2)其他负有某些行业、领域或事项能源监管职责的有关部门按照职责分工履行能源监管职责。既有利于发挥他们的作用,又可以减轻能源综合监管部门的压力;(3)能源综合监管部门与专项监管部门应当各负其责、各司其职、密切配合、联合执法,齐抓共管。

(四)立法模式与章节设计问题

这个问题的实质是如何进行我国能源基本法的顶层设计和法律框架构建。

1.立法模式。各国能源基本法的立法模式可以分为三类。第一类是"政策式"立法模式,即能源基本法只规定能源战略和规划思想、目标、措施、基本的政策手段与程序等,用来作为国家能源战略和管理的法律基础。采用这种模式最为典型的是日本的《能源政策基本法》。该法的突出特点是法条本身呈现出的宏观和原则性,具体表现在该法共计14条,涉及能源立法目的、能源监管指导思想、能源管理具体措施以及国家、地方团体和国民的能源义务上。这种模式的优势在于,其制定较少涉及实质性的利益冲突,因此出台难度大幅减小。弊端在于,该法的政策性特点使其可操作性减弱,时常被其他具体的规定、政策或法律架空,成为徒有其表的基本法。第二类是"法律兼政策式"立法模式,即立法中既包含能源战略和规划思想、目标、措施、基本的政策手段和程序等,还涵盖能源基本法律基本原则、制度和法律责任等内容。如美国的《能源政策法》,其内容极其广泛,可再生能源、石油与天然气、煤炭、核能、水电等都在该法有所涉及。第三类是"基本法式"立法模式,即能源基本法规定能源基本制度,如市场准入制度、竞争与反垄断制度、能源使用和节约制度等。如韩国的《能源基本法》。该法分别设置立法目的、定义、原则、国家任务、适用范围以及基本法律制度和法律责任,是典型的大陆法系基本法立法模式。

鉴于中国特色社会主义立法传统,我国采用"基本法式"的立法模式为宜。这是因为:(1)我国能源基本法律体系尚无基础性法律。前已述及,我国现有的能源基本法律都是单行法律,如规制煤炭的《煤炭法》,规制电力的《电力法》,规制清洁能源的《可再生能源法》,规制能源利用的《节约能源法》。然而，各法律之间缺乏协调，形同散沙，尚缺乏一部能够体现不同能源形态的综合性法律承载能源基本原则、基本制度和法律责任。只有作为基本法的能源基本法能够担此重任。(2)我国能源政策已经相对成熟，而能源基本的管理制度、市场体系等不同能源形态的共通性的、原则性的规定付之阙如。从现有能源政策来看，我国在能源基本法律体系发展的第三阶段，已经相继出台《中国的能源状况与政策》和《能源发展重点专项规划》等政策文件，已经具体阐明我国的能源战略、发展目标、改革方向等内容。因此，制定能源基本法已经具备了政策依据和基础。

2. 章节设计。关于章节设计问题，按照能源产业链的自然顺序与特殊问题专题设章相结合的思路，《能源法(送审稿)》修改稿对2008年送审稿和法制办(已撤销)修改稿的章节设计进行了重新设计和排列整合。首先，将国家有关能源开发利用的大政方针、原则、战略、体制以及统领相关章节的概括性、原则性的基本规定写入了总则，集中体现了党和国家关于能源开发利用的战略方针、基本能源政策、重大决策和对应相关章节及基本法律制度的概括性规定。其次，将能源战略与规划、能源开发和加工转换、能源供应与使用、能源市场、安全保障等章节(第2~6章)按照产业链的主要环节进行先后排序，体现了能源发展战略的基本要求和能源产业链的内在规律，增强了相关章节之间的逻辑联系。再次，对科技进步、国际合作、监督管理、法律责任等重大特殊问题作出了特别规定(第7~10章)，建立了科技进步、国际合作、监督管理、法律责任等方面的基本法律制度，使这些重大问题有法可依。最后，附则对相关法律用语含义、授权制定地方性法规和本法施行日期等问题作出了规定。

(五)法条的原则性与可操作性问题

能源基本法的调整范围很广，如果其具体的法律规范和法律条文过于宽泛、原则，那么势必降低其可操作性，不免成为一部宣示性的法律，执行力将会较差。在立法座谈会上，专家、企业代表都强烈建议，一定要解决《能源法(送审稿)》存在的宣示性过强的问题，不要让其成为一部不能执行的宣示性法律。

为了解决这个问题，《能源法(送审稿)》修改稿除了保留一定数量的宣示性、原则性的法律条文外，还补充增加了大量可操性较强的实体规范和法条，以求解决法条的原则性与可操作性的不平衡问题，实现法条内容的虚实结合和详略结合。如增加了关于行政主体、能源主体、消费主体的权利义务的法条，监督管理一章充实了20多条实体性法条，法律责任一章的条文都是明确、具体的法律规范，具有很强的强制力和执行力。

六、能源基本法立法新探讨

2020年4月3日，国家能源局发布《关于〈中华人民共和国能源法(征求意见稿)〉公开征求意见的公告》，向社会公开征求意见。笔者建议修改、完善《能源法》的立法目的、《能源法》对能源产业的定位、《能源法》的域外适用、《能源法》的国际合作等法条，必须坚持“底线思维”，强化“现代治理”，明确能源战略性地位和动力源属性，补齐能源单行法的“短板”和“链接”。特别是，我国和平发展的国际环境正在发生重大变化，我们的能源立法思路和工作重心必须及时调整，以有效应对域外日益严峻的挑战和百年未有之大变局。

(一)提升“立法目的”，促进“能源革命”和“能源善治”

1.《能源法(征求意见稿)》关于“立法目的”的规定及其局限性

《能源法(征求意见稿)》第1条“立法目的”规定：“为了规范能源开发利用和监督管理，保障能源安全，优化能源结构，提高能源效率，促进能源高质量发展，根据宪法，制定本法。”该条规定蕴含的立法目的有六个：(1)规范能源开发利用；(2)规范能源监督管理；(3)保障能源

安全;(4)优化能源结构;(5)提高能源效率;(6)促进能源高质量发展。其局限性存在以下几点:

(1)《能源法》不是为能源开发利用提供具体的法律规范,而是要为各能源单行法的法律规范和法律制度在立法、执法、司法、守法等环节中提供统一的法律理念和通用的基本原则。因为在自然资源中,并不存在"能源"这一独立的资源实物,"能源"是以煤炭、石油、天然气、核能、氢能、风能、太阳能、水能、生物质能、地热能、海洋能、电力和热力等形式存在的,如第115条"术语的法律解释":"(一)能源,是指产生热能、机械能、电能、核能和化学能等能量的资源,主要包括煤炭、石油、天然气(含页岩气、煤层气、生物天然气等)、核能、氢能、风能、太阳能、水能、生物质能、地热能、海洋能、电力和热力以及其他直接或者通过加工、转换而取得有用能的各种资源……(九)能源开发利用,是指能源资源的规划、勘查、设计、建设、生产、加工转换、储存、输送、交易、供应、使用、处置和保护等活动以及能源专业服务。"其中"能源开发利用",应当也只能分别由《煤炭法》、石油天然气法、原子能法、《可再生能源法》《电力法》及热力法、能源公用事业法等规定各自具体的法律规范和法律制度。

(2)《能源法》不仅要规范能源监督管理,而且要承担推进能源治理能力和治理体系现代化的法制保障任务,更要以法治推进能源体制革命。《能源法》在能源行政管理方面的功能有四个层次:一是实现能源行政管理、监督和市场规制有法可依;二是推动能源行业法治政府体制和机制的建立与完善;三是提升能源行政治理能力与治理体系的现代化;四是整体实现我国能源行政管理、监督及市场规制(含能源领域自然垄断环节的规制)方面的体制革命。因此,规范能源监督管理的表述只能涵盖《能源法》对能源行政管理体制的规范功能,而未涵盖《能源法》对能源行政管理体制在构建法治政府、推进治理现代化和实现能源体制革命方面的规范功能、引领功能和保障功能。

(3)《能源法》在"保障能源安全,优化能源结构,提高能源效率,促进能源高质量发展"方面的规定,应具体分解到不同的法治功能板块中。"保障能源安全"应定位于战略安全和非常态安全,其中的能源生产安全,可以定位在《安全生产法》及《煤炭法》、石油天然气法、原子能法、《可再生能源法》《电力法》、热力法、能源公用事业法等法律法规中;"优化能源结构"是短期重点目标,其长期目标是能源革命的重要组成部分,应提升到能源革命战略目标中;"提高能源效率"应定位到《节约能源法》等法律法规中。"促进能源高质量发展"并非《能源法》实施的唯一目的,《能源法》的根本目的应是"能源福祉的全民普惠",即通过《能源法》的实施,保障"四个革命、一个合作"国家能源战略的持续推进。实现《能源法》立法目标的制高点是国家能源战略和能源规划的持续实施,切入点是适时推进能源治理能力和治理体系现代化,关键点是明确能源产业的战略产业、基础产业、先导产业、支柱产业、民生产业的法律地位;重难点是确保能源产业高质量地安全、低碳、创新、普惠发展;归宿点是保障能源发展及其成果惠及全体人民,由人民公平、公正、高效地分享。

2. 修改《能源法(征求意见稿)》"立法目的"的建议及主要理由

建议将《能源法》第1条"立法目的"修改为:"为了保障能源革命和能源治理现代化,统筹内外能源资源和市场,实施能源战略和规划,确立能源单行法的指导原则,促进能源产业安全、低碳、创新、普惠发展,实现能源发展成果普惠共享,制定本法。"

该建议是基于《能源法》在能源领域的法律地位提出的,《能源法》应定位为能源领域基本法,这是大家形成的共识,但是仅此定位不够全面,也不够精准。《能源法》应综合定位为能源领域基本法、能源战略规划保障法、现代能源治理统一法、能源产业结构协调法、能源单行法制统领法、能源发展成果普惠法。这一综合定位是由《能源法》在能源革命方面的引领功能、在能源战略规划方面的强制功能、在能源治理与规制方面的规范功能、在能源产业结构优化方面的协调功能、在能源法律法规体系中的指导功能、在能源产品和服务普惠方面的社会功能等决定的。

这一立法目的蕴含的内部逻辑结构和体系为：在《能源法》制定、实施过程中，严格按照能源"四个革命、一个合作"的总体要求，坚守能源领域的基本法、保障法、统一法、协调法、统领法、普惠法的综合定位，确立能源产业在国民经济和社会发展中的战略、基础、先导、支柱地位，赋予国家能源战略和规划以法律强制力，构建现代能源治理能力和治理规范体系，确立统筹内外能源资源与市场及结构调整的基本准则，统一能源单行法律法规的共同指导原则，完善能源产业安全、低碳、创新、普惠发展的法律机制，实现能源发展成果普惠共享的法律保障。

（二）确认"能源产业"的法律地位，保障能源持续、稳定、协调发展

我国是能源生产大国和能源消费大国，能源产业是国民经济和社会发展的战略产业，为保障国民经济和社会持续、稳定、快速、健康发展，提供战略性、基础性、先导性和支柱性动力源。通过《国民经济行业分类》（GB/T 4754 – 2017）中能源产业分类可以看出，能源产业更多地表现为煤、油、电、核、可再生能源、节能等具体产业。现行的能源单行法，如《煤炭法》、石油天然气法、原子能法、《可再生能源法》、《电力法》、热力法、能源公用事业法等均不可能规定整体能源产业的法律地位，因此必须也只能在《能源法》中明确整个能源产业的法律地位。因此，建议在《能源法》"总则"中增设一个基本原则，即"能源产业是国民经济和社会发展的战略产业、基础产业、先导产业、支柱产业和民生产业，攸关国计民生和国家战略竞争力，国家保障能源持续、稳定、协调发展"。

1."战略性、基础性、先导性、支柱性、民生性"是能源产业的固有属性

能源产业是国民经济和社会发展的战略产业，为保障国民经济和社会持续、稳定、快速、健康发展，提供战略性、基础性、先导性和支柱性动力源。

（1）战略产业。战略产业体现的是国家的现代化水平，是决定国家整体实力的基础力量。能源作为人类社会生存发展的重要物质基础，攸关国计民生和国家战略竞争力。一方面，能源产业在提升国家竞争力中居于战略地位，对国家整体竞争力构成强力支撑；另一方面，能源产业在保障国家安全中也居于核心地位，能源产业的整体安全，是国民经济和社会稳定持续发展的"压舱石"。

（2）基础产业。基础产业指对国民经济具有支撑作用，在国民经济中占有较大比重的产业。基础产业在某种程度上直接关系到一个国家重大产业或产业群的发展方向，并能充分利用和发挥一国的各种能源资源优势，且对其他产业或行业具有推动、制约和引导作用，能源产业的现代化是工业、农业、国防和科技等产业现代化的基础。

（3）先导产业。先导产业是指对国民经济发展具有先导作用的产业，即产品收入弹性高，全要素生产率上升幅度大，对其他产业部门带动效应大的产业。能源产业在国民经济规划中属于先行发展并引导其他产业发展的产业；能源产业与其他产业关联系数大、能源技术联带功能强，可以带动其他产业发展；能源产业代表着技术发展和产业结构演进的方向，对于国民经济发展具有全局性和长远性作用，对国民经济未来发展起方向性的引导作用。

（4）支柱产业。支柱产业首先侧重的是产值和利润水平，是国家和地方财政的最重要的收入来源，但它的社会效益和环境效益，对其他产业的引导作用不高，属于不得不发展或维持的产业。人们把能源、材料和信息看作是现代经济社会发展的三大支柱，其中能源可以说是最基本的物质基础和经济支柱。一方面，能源产业在国民经济转型中起到引领变革的作用；另一方面，能源产业发展状况反映着经济发展态势。国家经济稳定增长依赖于能源产业的综

合支撑。

(5)民生产业。能源历来是人类文明的先决条件,人类社会的一切活动都离不开能源,从衣食住行,到文化娱乐,都要直接或间接地消耗一定数量的能源。能源与生活质量具有密切关系,所谓生活质量,可以理解为使人民生活舒适和满足的一系列物质和精神因素的综合。生活贫困首先表现的是能源贫困,人们物质与文化生活所消耗的一切物品,体现了能源的最终消费。我们发展能源的最终目的,正是满足人民群众对美好生活向往的需要。因此,能源产业对于民生福祉具有普惠属性。

2. 明确能源产业的法律地位对《能源法》相关制度设计具有重大意义

明确能源产业的法律地位,不仅为确定《能源法》的立法目的和基本原则所必需,而且为《能源法》主要法律制度构建提供了坚实基础,现行的法律制度各自反映了能源产业某一属性或多种属性。

(1)侧重反映能源产业的某一属性。如"能源战略与规划制度"侧重反映的是能源产业的战略属性;"能源开发与加工转换制度"和"能源供应与服务制度"侧重反映的是能源产业的基础属性、支柱属性和民生属性。"能源科技进步制度"侧重反映的是能源产业的先导属性。"能源市场及监管制度"侧重反映的是能源产业的基础属性和民生属性等。

(2)综合反映能源产业多种属性。一是能源安全保障制度,涵盖了能源生产安全、能源产品供应安全、能源产品和能源资源战略储备、能源预测预警、能源突发事件处置等。二是能源国际合作制度,确立了能源安全合作、境外能源合作、境内能源合作、能源贸易、能源国际运输、能源进出口管制等。三是能源监督管理制度,建立了政府能源监督管理和规制的体系及有效管控的行为规范,重在理顺能源行政管理体制及实施日常监督检查。四是法律责任制度,通过对能源违法行为及责任者施以对应的法律制裁,确保能源主体的法定义务得到实际履行,使政府监管措施得以落实,全面实现《能源法》的立法目的。

(三)应对百年变局,增设"域外适用"法律原则

2019年10月31日,十九届四中全会通过了《中共中央关于坚持和完善中国特色社会主义制度　推进国家治理体系和治理能力现代化若干重大问题的决定》,在"坚持和完善中国特色社会主义法治体系,提高党依法治国、依法执政能力"部分,作出了四个方面的部署。其中,在完善立法体制机制方面,提出要完善以宪法为核心的中国特色社会主义法律体系,加强重要领域立法,加快中国法域外适用的法律体系建设,以良法保障善治。

1. 确立《能源法》"域外适用"法律制度的紧迫性

中国本着平等互利、合作共赢的原则开展国际能源务实合作,推动"走出去"战略和"一带一路"倡议的实施,越来越多的中国企业和公民在域外开展能源项目的投资、并购、融资、建设、运营、管理和服务,进行能源资源的开发、生产、加工、转换、运输、配送、贸易、销售等活动,通过与相关国家共商、共建、共享,取得了互利共赢的成果。中国已是全球第一大原油进口国,石油年进口量超过了70%,天然气年进口量也达到40%,涉外电网和全球能源互联网正在有序推进,涉外油气管道和海外能源工程项目急剧增长。然而,中国面临的域外能源安全形势不容乐观,在全球能源版图角逐中,有的国家奉行霸凌主义,采用双重标准,实施"长臂管辖",对其域外推行"恶法乱治",有的国家试图控制能源资源富集地区,或拉帮结伙试图扼住能源运输通道,或在域外针对中国从事能源开发利用公民进行绑架、暴力袭击等活动,甚至针对中国的能源企业、资产、项目实行征收、征用、国有化等。因此,迫切需要通过中国能源法的域外适用,使中国能够依据能源领域的良法保障域外能源的善治,维护中国域外的能源安全和重大利益以及能源企业和公民的合法权益等。

2. 增设《能源法》"域外适用"相关法条的建议

"中国能源法的域外适用"指的是，中国国家机关针对发生在中国主权管辖的领域及主权权利管辖的区域范围之外的物、行为、智力成果等适用中国能源法律规范的情形。域外适用的法律规范分别体现在能源基本法和能源单行法中。其中，《能源法》作为中国特色社会主义法律体系的重要组成部分，其域外适用法律规范的完善是构建中国法域外适用法律体系的重要组成部分，应确立统领《煤炭法》、石油天然气法、原子能法、《可再生能源法》《电力法》、能源公用事业法等能源单行法律法规中域外适用法律规范的指导原则。就《能源法（征求意见稿）》而言，重要的是要将域外保护管辖权提炼为能源法律规范，建立能源法域外适用协调机制，构建对域外能源侵害行为的惩处机制。因此，一是建议在《能源法》第 2 条增加 1 款作为第 3 款："必要时本法可以域外适用，域外适用具体办法由国务院另行制定。"二是建议在《能源法》"总则"及"国际合作"两章中修改补充相关域外适用条款。

（1）将保护管辖权提炼为能源法律规范。相较于以属人管辖权和属地管辖权为依据的域外管辖权，以保护管辖权为依据的域外管辖权所强调的是域外行为对本国利益的侵害，可以说是实现国家政策目标的最优法律工具。因此，就《能源法》而言，应当将保护管辖权提炼为法律规范，将保障中国的国家能源安全、企业能源权益、个人生命财产等纳入法律规范当中。

（2）相应的能源法律规范表述。国家采取必要措施维护在域外从事能源开发利用活动的中国公民、法人和其他组织的合法权益，有效应对有关国有化、征收、征用、战争、内乱、政府违约和外汇管制等投资风险。在域外侵犯中国能源利益，危害中国能源安全，侵害从事能源开发利用活动的中国公民、法人和其他组织合法权益的，可以适用中国法追究实际加害人的法律责任。

（3）依据属人法进行保护的理由。首先，根据国际法上的属人法，主权国家有权利也有义务保护其境外的公民、法人和其他组织的合法权益。实际上很多国家通过宪法和法律既是这么规定的，也是这么做的。其次，我们在能源企业调研时，他们要求在《能源法》中规定对在境外社会动荡国家，从事油气开发利用活动的中国公民的人身和财产安全提供保护，并请求我国的外交、商务和相关部门提供帮助。最后，近年来在境外针对我国公民的暴力事件似有加剧之势。这一立法诉求应当在《能源法》中有所体现。

（4）关于能源投资政治风险的规定不仅必要，而且符合大多国家的通常做法。政治风险主要包括国有化、征收、战争、恐怖行为、汇兑限制和违约风险等。据有关资料统计，约七成的中国海外直接投资集中在石油等资源性行业和制造行业，而这两个行业的企业占了"二战"之后全球所有被征收的外国企业的六成。战争、内乱、恐怖行为等政治风险也经常出现。一部分发展中国家和政治体制转轨国家的违约风险较为突出，有的主要政党轮流执政，新政府上台后，往往对上届政府执政期间签署的合同、协议不予认可，甚至单方面终止执行，也给中国能源企业在域外投资造成了重大损失。

（四）坚持"底线思维"，强化国际合作风险防范

1. 做好较长时间应对国际能源环境变化的立法准备

在《能源法》相关制度设计方面，需要增设三方面的法条：（1）建立域外能源合作管理与协调机制。建议在《能源法》增设相关法条，拟规定："鼓励域外能源投资和合作方式的创新，建立域外能源合作管理与协调机制，由国务院能源主管部门会同有关部门统一协调域外能源合作事务。"（2）建立域外能源风险应急保障机制。建议在《能源法》增设相关法条，拟规定："加强与相关国家协调和合作，建立域外能源风险预测、预警和应急机制，完善区域性、全球性能源安全协调保障体系，增强域外能源安全保障能力，有效应对和消除域外能源领域的传统

安全威胁和非传统安全威胁。”(3)建立域外能源信息服务体系。建议在《能源法》增补相关法条,拟规定:“国务院能源主管部门会同国务院有关部门建立域外能源合作数据平台,完善域外能源合作信息服务体系。”

2. 增设对境外能源期货监管的机制

一是建议《能源法》新设规定:“国务院有关部门应当会同能源主管部门建立和完善国有企业境外能源期货贸易监管机制,对从事境外能源期货贸易的国有企业及其交易人员和交易行为实施有效监管。”“从事境外能源期货贸易的国有能源企业,应当建立健全境外期货贸易管理制度,完善内部控制和风险管理措施,坚持套期保值原则,防范境外期货贸易风险。”

二是建议2020年《能源法(征求意见稿)》中应保留2007年《能源法(征求意见稿)》中的相关条款和制度设计。实践证明,2007年《能源法(征求意见稿)》的法条设计要解决的现实问题依然存在,并有可能随时发生,《能源法》应当对此作出有效的法律制度安排和条款设计,为以后的行政法规和规章保留授权立法空间。

3. 完善涉外能源运输制度

完善《能源法》涉外能源运输保护制度,依法保障“一带一路”倡议顺利推进和全面实施,是《能源法》贯彻全方位加强国际合作,实现开放条件下能源安全的重要任务。为此,一是建议《能源法》完善相关法条,如规定:“国务院能源主管部门会同有关部门建立域外能源运输及管网协调机制,协调域外跨国能源输送管网等能源基础设施的规划、建设和运营。统筹规划域外跨国能源输送管网、域外能源运输通道及配套设施的建设,参与保障域外能源运输的安全、经济和可靠。”二是建议《能源法》增设相关法条,如规定:“在域外从事能源输送管网、能源运输通道及配套设施的投资、开发、建设、经营等活动,必须符合中国的域外能源战略和规划,并接受国务院能源主管部门和有关部门的管理、协调和监督。”

第十三章　生物资源保护法

生物资源是我国社会主义生态文明的重要物质组成部分。生物资源是在现有的社会经济技术条件下可以或可能为人类所利用的生物总称，包括基因、物种以及生态系统三个层次，具体又包括森林、草场、动物和微生物资源等。[1] 生物资源具有可更新性、区域性、多样性、敏感性四个特点。生物资源，特别是其中的基因资源是世界范围内当今乃至未来重要的战略资源，蕴含着巨大的生物安全利益、知识产权利益、生态功能利益。

1980 年由联合国环境规划署委托起草并在世界多国发表的《世界自然保护大纲》是保护世界生物资源的国际纲领性文件。文件提出了生物资源保护的三个目标为维持基本的生态过程和生命维持系统；保持遗传的多样性；保证生态系统和生物物种的持续利用。西方发达国家对生物资源的收集、保存、价值开发起步早，意识强。中国既是生物资源最丰富的国家之一，又正在面临着严重的生物资源流失问题。虽然中国早于 1985 年制定颁布了《中国自然保护纲要》，但生物资源在中国的战略地位还没有被社会普遍认识，中国的生物资源法律保护还需要被细化、被深化并逐渐加强国际生物资源保护话语权。

第一节　完善生物多样性保护法律体系

一、生物多样性保护立法概述

生物多样性是人类赖以生存的条件，保护生物多样性就是保护人类的未来。中国是世界上生物多样性最丰富的国家之一，也是生物多样性受到威胁最严重的国家之一。同时，中国还是一个环境污染问题相当严重的国家。面对严峻的环境问题和生态安全形势，中国加强生态环境法治建设，取得了很大的成绩。从环境立法的成果看，中国在环境要素的污染防治、自然资源的保护和利用等方面已经制定了 30 多部法律，这一数字在全国人大及其常委会的立法总量中超过了 1/10，加上数量较多的环境保护行政法规和部门规章，以及近 2000 项国家环境标准，可以说，中国的生态环境法律体系已经基本形成。然而，中国的环境立法传统上侧重于环境污染防治和自然资源的规范利用，在生物多样性保护领域的存在立法不足的问题。

中国的生物多样性保护法律体系还需要进一步完善。目前，中国生物多样性立法没有考虑生物资源之间的依存关系，也忽略了作为生物多样性组分与生态系统之间的内在联系，缺乏一种系统的、整体上的法律保护，需要制定一部综合性的《生物多样性法》（或称《生物多样性保护法》），作为这个领域的“龙头法”。此外，中国在外来物种管理、生物遗传资源获取与惠益分享等方面，仍存在立法上的空白，需要填补。且许多的生物多样性专门立法是以部门规章的形式出台的，法律位阶较低，需要法律效力上的升级。

---

〔1〕 参见王济昌主编：《现代科学技术名词选编》，河南科学技术出版社 2006 年版，第 348 页。

二、中国生物多样性保护立法的若干问题

2016年8月,法国宪法委员会正式审查通过《生物多样性恢复、自然与人文景观法令》(以下简称《生物多样性法令》),这是法国40年来对《自然保护法令》(《生物多样性法令》前身)的一次重要修订。《生物多样性法令》纳入了生态损害的概念,对生物多样性概念外延进行扩张,并设立生物多样性局,在多方面取得重要突破。作为法国生物多样性保护领域最高位阶的法律,这部新修订的《生物多样性法令》虽不能尽善尽美,但也是亮点纷呈,较之前的法律有重大突破和创新。几乎与法国《生物多样性法令》颁布的同一时间,2016年中国的学者和环保民间团体在为起草我国第一部《生物多样性法》而努力。[2]

(一)《生物多样性法》的定位问题

定位问题,其实说的是制定一部中国国家层面的《生物多样性法》的必要性,也就是说,《生物多样性法》在环境保护法律体系中是否有其一席之地。我国未来的《生物多样性法》立法,应处理好与相关法律法规的关系。与《生物多样性法》密切相关法,包括野生动物保护法、森林法、草原法、畜牧法、种子法以及进出境动植物检疫法等;间接相关法,如环境保护法、防沙治沙法、水土保持法等;行政法规或部门规章等,如自然保护区条例、野生植物保护条例、农业转基因生物安全管理条例、濒危野生动植物进出口管理条例和野生药材资源保护管理条例等;相关的政策,如《中国生物多样性保护战略与行动计划》(2011—2030年)等规范性文件。现在主要的问题是:中国缺少一部专门的、整体性、系统性关于生物多样性保护的法律(或法规规章)。中国是全球生物多样性最丰富的国家之一,但近几十年来,由于栖息地的碎片化、过度猎杀、全球气候变化等因素,中国也成为生物多样性丧失最严重的国家之一。生物多样性保护形势日益严峻,因此,应尽快制定一部中国的《生物多样性法》,以保护我国动物、植物、微生物及其赖以生存的生态环境。《生物多样性法》在中国整个环境保护法律法规体系中应该有自己的一席之地。

(二)法律原则与立法宗旨

关于《生物多样性法》的法律原则,涉及如何处理保护、利用、监管三者之间的关系。立法是突出"保护",还是强调"监督管理",如何在《生物多样性法》的条文中表述"利用"?笔者建议,《生物多样性法》的法律原则可表述为:"生物多样性保护应当以就地保护为主、迁地保护为辅。保护生物多样性实行保护优先、惠益分享、持续利用、损害担责、生态补偿、公众参与的原则。"

关于《生物多样性法》的立法宗旨,涉及对相关法律法规的立法宗旨如何取舍与归纳问题。《生物多样性公约》目标的关键词有:遵守公约,保护为主,可持续利用,惠益共享,权益保障,资金支持等,对此中国的生物多样性保护立法可以参考。笔者建议,《生物多样性法》的立法宗旨可表述为:"为维持生态系统功能,保护生境和物种多样性,持续利用遗传资源,维护生物资源主权,坚持人与自然和谐共生,推进生态文明建设,促进经济与环境的协调发展,制定本法。"

(三)监管体制

中国对于生物多样性保护实行的是一种"多部门、分类分级"的监督管理体制,目前中国涉及生物多样性保护的部门有20多个,包括林业草原、生态环境、自然资源、农业农村、市场监管、公安、海洋、水利、海关、城建、科技、卫健、知识产权、中医药等,上述部门按照职责管理

---

[2] 参见谭柏平:《中国生物多样性保护立法的若干问题》,载中国生物多样性保护与绿色发展基金会网,http://www.cbcgdf.org/NewsShow/4937/3138.html,最后访问日期:2021年12月13日。

本部门所辖生物多样性的相关问题，其中林业草原、生态环境、农业农村、自然资源（海洋）等行政主管部门还是我国参与各生物多样性相关国际公约的信息联络点和秘书处。国务院、省级及省以下地方政府相关主管部门对相关事项进行分级管理。上述部门谁来主导建立一部中国的《生物多样性法》，是否会引起新的职权与职能分配？执法冲突、利益协调等问题如何处理？

目前，我国对内采用“部际联席会议”的形式，加强我国生物多样性保护各政府部门之间的横向交流，对外采用“生物多样性保护中国国家委员会”的形式，加强生物多样性保护的对外合作与交流。2004 年，为了加强我国生物物种资源的保护和管理，尽快遏制生物物种资源的丧失和流失，国务院成立了由原国家环境保护总局牵头，发展改革委、教育部、科技部、财政部、原建设部、原农业部、商务部、原卫生计生委、海关总署、原工商总局、原质检总局、林业局、原食品药品监督管理局、知识产权局、中科院、中医药管理局等 17 个部委参加的“生物物种资源保护部际联席会议”。部际联席会议的日常工作由国家环境保护部履行公约办公室负责。同时，国务院还成立“国家生物物种资源保护专家委员会”，为生物物种资源的保护提供科学支持。部际联席会议并非实体性协调机构，也不具有相应职权。2010 年为“联合国生物多样性年”，为了响应号召，我国成立了由国务院副总理为主席的“联合国生物多样性年国家委员会”。2010 年，联合国大会把 2011—2020 年确定为“联合国生物多样性十年”，国务院因此成立了“2010 国际生物多样性年中国国家委员会”。

根据中国生物多样性保护体制机制的现实基础，对于《生物多样性法》的监管体制，笔者建议表述为：“国家对生物多样性实行跨部门协调与分部门管理相结合的监督管理体制，建立健全相关部门的生物多样性管理机构和地方政府生物多样性管理协调机制。中国生物多样性保护国家委员会是中国保护生物多样性的常设机构，协调全国的生物多样性保护工作。国务院林业草原、生态环境、农业农村、自然资源、水利、海洋等行政部门，分工协作，在各自的职责范围内行使生物多样性的监督管理职责。县级以上地方人民政府负责生物多样性保护的部门及其职责，由省、自治区、直辖市人民政府根据当地具体情况规定。”

（四）《生物多样性法》的框架结构〔3〕

关于《生物多样性法》的框架结构，究竟是按照“总则—保护—监管—法律责任—附则”的模式来写，还是按照保护的要素分别设立章节来写，如生态系统、物种、遗传资源等，或者动物、植物、微生物等？此外，自然保护地制度是否单列一章，许可证制度如何整合，法条的内在逻辑如何？笔者建议，《生物多样性法》可分为 9 章 78 条，内容分别是：

第一章总则，内容包括立法目的，适用范围，法律原则，资金保障，社会责任，教育与研究，激励政策，奖励措施，国际合作与惠益共享等；

第二章监督管理，内容包括监管体制，规划制度，环境保护，本底调查，综合评估，名录制度，档案制度，监测网络，监视与预警，生态环评等；

第三章生态系统与生境保护，包括保护区域，生态系统重建，种群保护，生态红线，资源利用，持续利用，生态补偿，生态保护，生态恢复等；

第四章物种多样性保护，包括迁地保护，物种分类保护，交易禁止，猎捕、采集禁止，许可证件，区域、通道与繁衍期保护，人工繁育许可，微生物管理，微生物样品保存，病原微生物分类管理等；

---

〔3〕 参见《中华人民共和国生物多样性保护法（建议稿）》（谭柏平起草，中国生物多样性保护与绿色发展基金会 2016 年委托课题：《中国生物多样性保护立法问题研究》）。

第五章外来物种管理，包括有意引入，无意引入，外来物种名录，风险管理，外来物种释放，外来物种监测，外来物种调查，有害物种防治，威胁清除，恢复重建，激励措施等；

第六章遗传资源持续利用，包括一般规定，专家委员会，信息化建设，调查编目，遗传资源的获取，惠益共享，提供者优先权，出入境检验，人类遗传资源，传统知识保护，中医药保护，生物技术安全，合成生物风险控制，转基因安全管理，转基因安全评价等；

第七章信息公开和公众参与，包括信息公开，公众参与，信用制度，公众举报，公益诉讼等；

第八章法律责任，包括监管部门的法律责任，违反生态系统与环境保护的法律责任，违反物种多样性保护的法律责任，违反外来物种管理的法律责任，单位和个人的法律责任，民事责任，刑事责任等；

第九章附则，包括名词解释和施行时间。

（五）立法推进

怎样推进生物多样性保护立法？如果作为部门规章，成果形式可以是《生物多样性保护与管理办法》，谁来牵头起草？林业草原局，生态环境部，还是其他部门？笔者建议，部门规章应由林业草原主管部门牵头或主导。如果以行政法规来推进，成果形式可以是《生物多样性保护条例》。如果是人大立法，成果形式则为《生物多样性法》。最好的结果是以人大立法的形式，出台《生物多样性法》。其次是制定一部行政法规。当然，采用部门规章的形式推进，也不失为一种循序渐进的立法策略。

三、《生物安全法》的地位与主要内容

（一）《生物安全法》的地位

《生物安全法》是生物多样性保护法律体系中一部很重要的法律，地位举足轻重。生物安全是国家安全的重要组成部分。当前，中国面临着诸多生物安全问题，尤其是2020年年初暴发的新冠疫情，严重危害了人体健康与公共卫生安全，社会对野生动物保护和生物安全立法高度关切。2019年10月21日，中国《生物安全法（草案）》首次提请第十三届全国人大常委会第十四次会议审议。习近平总书记于2020年2月14日在中央全面深化改革委员会第十二次会议上发表讲话，强调要从保护人民健康、保障国家安全、维护国家长治久安的高度，把生物安全纳入国家安全体系，尽快推动出台《生物安全法》。

根据党中央部署，适应我国生物安全面临的新形势、新问题、新任务，制定一部具有基础性、系统性、综合性和统领性的《生物安全法》十分必要、重要而紧迫。（1）生物安全立法是维护国家安全的需要。生物技术在带给人类进步和益处的同时，也带来生物安全问题和威胁。当前我国生物安全形势严峻，生物战和以非典、埃博拉病毒、非洲猪瘟等为代表的重大新发突发传染病及动植物疫情等传统生物威胁依然多发，生物恐怖袭击、生物技术误用谬用、实验室生物泄漏等非传统生物威胁凸显，亟待通过生物安全立法应对上述挑战，用法律划定生物技术发展边界，引导和规范人类生物技术的研究应用，促进生物技术健康发展，防止和减少由生物技术侵害行为带来的危害。（2）生物安全立法是构建国家生物安全体系的需要。通过立法建立起行之有效的生物安全管理体制和机制，建立相应的法律制度和措施，明确社会各方面的生物安全责任，界定公共管理部门、社会组织和公民个人的权利义务关系，保证社会各方面依法担负起维护生物安全的责任，保障国家生物资源和人类遗传资源的安全，通过制度安排保护和运用好应对生物威胁的物质基础和条件，依法守护好我们的家园。（3）生物安全立法是提升国家生物安全能力建设的需要。当前，我国在生物技术研发、基础设施建设上相对落

后,在技术、产品和标准上存在较大差距,生物安全原创技术少,优秀成果少。将国家生物安全能力建设纳入法律,以法律形式将鼓励自主创新的产业政策和科技政策固定下来,牢牢掌握核心关键生物技术,依法保障和推进我国生物技术的发展,提升防范风险和威胁的能力。(4)生物安全立法是顺应民意回应社会关切的需要。全国人大代表连续多年提出生物安全立法议案,这些议案均要求加快生物安全立法进程,充分表达了人民对依法维护国家生物安全、维护人民利益的呼声。生物安全立法得到广大人民群众的关注和拥护,为生物安全立法奠定了重要的社会基础。(5)生物安全立法是维护世界和平稳定、履行国际承诺的需要。随着生物技术的不断发展,生物恐怖袭击、生物武器威胁更加明显,生物技术的误用和谬用,重大新发突发传染病和动植物疫情等生物威胁,给国际社会带来恐慌甚至灾难。为应对生物威胁和挑战,国际社会加快了法治建设进程。联合国通过了《禁止生物武器公约》《生物多样性公约》《国际植物新品种保护公约》《国际植物保护公约》等国际公约,我国已批准这些公约并作出了承诺。制定《生物安全法》有利于防范生物威胁,与世界各国一道共同维护世界的和平与稳定。

(二)生物安全立法工作的指导思想、原则和基础

生物安全立法工作以习近平新时代中国特色社会主义思想为指导,贯彻落实习近平总书记关于生物安全的重要指示精神;在坚持总体国家安全观的前提下,落实党中央关于维护国家生物安全的战略部署;以保护我国生物资源安全,促进和保障生物技术发展,防范和禁止利用生物及生物技术侵害国家安全为重点,建立完善我国生物安全法律制度体系和管理机制为目标,聚焦生物安全领域主要问题。按照统筹安全和发展的要求,遵循科学立法、民主立法、依法立法的原则。

近年来,全国人大常委会根据社会发展的需要,制定了与生物安全相关的多部法律,从不同方面对生物安全问题作出了相应规范;国务院制定了多部有关生物安全的行政法规,国务院有关部门制定了大量与生物安全相关的部门规章和规范性文件,为制定《生物安全法》提供了重要的实践经验和条件,制定《生物安全法》又为建立完善我国生物安全法律体系奠定了基础。

(三)《生物安全法》的主要内容

2020 年 10 月 17 日,第十三届全国人大常委会第二十二次会议通过了《生物安全法》,该法自 2021 年 4 月 15 日起施行。该法共 10 章 88 条,分别规定了总则,生物安全风险防控体制,防控重大新发突发传染病、动植物疫情,生物技术研究、开发与应用安全,病原微生物实验室生物安全,人类遗传资源与生物资源安全,防范生物恐怖与生物武器威胁,生物安全能力建设,法律责任以及附则等内容。该法所称的“生物安全”,是指国家有效防范和应对危险生物因子及相关因素威胁,生物技术能够稳定健康发展,人民生命健康和生态系统相对处于没有危险和不受威胁的状态,生物领域具备维护国家安全和持续发展的能力。从事下列活动,适用该法:(1)防控重大新发突发传染病、动植物疫情;(2)生物技术研究、开发与应用;(3)病原微生物实验室生物安全管理;(4)人类遗传资源与生物资源安全管理;(5)防范外来物种入侵与保护生物多样性;(6)应对微生物耐药;(7)防范生物恐怖袭击与防御生物武器威胁;(8)其他与生物安全相关的活动。上述 8 个方面的行为及其相关管理活动被纳入《生物安全法》规范和调整的范围。

《生物安全法》的立法目的是:维护国家安全,防范和应对生物安全风险,保障人民生命健康,保护生物资源和生态环境,促进生物技术健康发展,推动构建人类命运共同体,实现人与自然和谐共生。生物安全是国家安全的重要组成部分。维护生物安全应当贯彻总体国家安

全观，统筹发展和安全，坚持以人为本、风险预防、分类管理、协同配合的原则。

《生物安全法》完善了生物安全风险防控基本制度。规定建立生物安全风险监测预警制度、风险调查评估制度、信息共享制度、信息发布制度、名录和清单制度、标准制度、生物安全审查制度、应急制度、调查溯源制度、国家准入制度和境外重大生物安全事件应对制度共11项基本制度，全链条构建生物安全风险防控的"四梁八柱"。

《生物安全法》积极回应生物安全面临的新挑战。2020年6月2日，生态环境部发布《2019中国生态环境状况公报》。公报显示，全国已发现660多种外来入侵物种。其中，71种对自然生态系统已造成或具有潜在威胁并被列入《中国外来入侵物种名单》。67个国家级自然保护区外来入侵物种调查结果表明，215种外来入侵物种已入侵国家级自然保护区。为防范和应对外来物种入侵，保护生物多样性，《生物安全法》规定，国务院有关部门根据职责分工，加强对外来入侵物种的调查、监测、预警、控制、评估、清除以及生态修复等工作。任何单位和个人未经批准，不得擅自引进、释放或者丢弃外来物种。违反该法规定，未经批准，擅自引进外来物种的，由县级以上人民政府有关部门根据职责分工，没收引进的外来物种，并处5万元以上25万元以下的罚款。

近年来，有关生物技术引发的伦理问题争议不断。对此，《生物安全法》明确规定，从事生物技术研究、开发与应用活动，应当符合伦理原则。从事生物医学新技术临床研究，应当通过伦理审查，并在具备相应条件的医疗机构内进行；进行人体临床研究操作的，应当由符合相应条件的卫生专业技术人员执行。相关科研院校、医疗机构以及其他企业事业单位应当将生物安全法律法规和生物安全知识纳入教育培训内容，加强学生、从业人员生物安全意识和伦理意识的培养。

四、生物多样性保护法律体系的完善

《生物安全法》与《生物多样性法》不是相互取代的关系，两者规定的内容不同。《生物安全法》主要内容包括疫情防控，生物技术的研究、开发、应用，实验室生物安全，生物资源和人类遗传资源安全保障，外来物种入侵防范，微生物与转基因技术管理，生物武器和生物恐怖袭击的防控，伦理管理等；而《生物多样性法》主要涉及遗传资源保护与生物安全管理、物种多样性保护与外来物种管理、生态系统保护与保护地管理，以及生物多样性监管体制等方面的内容。生物安全立法的逻辑主线是生物技术，直接与人体健康相关，立法重心在遗传多样性的"微观"层次，它难以对生物多样性保护作出全面、系统的回应；而生物多样性立法的视域更系统、更宏观、更长远，它针对生物资源、生物多样性组分与生态系统相互之间的关系进行系统、整体的法律调整。生物多样性立法不否认"以人为本"，不回避人体健康问题，认为人类处于生态系统之中，是大自然的一员，维持生物多样性人类才是安全的。两部法律对于一些共性的问题，既有分工，又有协作，但不能留白。

生物多样性保护法律体系中已经出台的法律包括《生物安全法》《野生动物保护法》《动物防疫法》《传染病防治法》《突发事件应对法》《进出境动植物检疫法》《畜牧法》《种子法》等，从这次新冠疫情可以看到，上述法律在应对环境与健康风险、野生动物检疫、重大事件应急等方面缺乏协同规制。有的法律的立法目的与原则在实施中出现了偏离，如《野生动物保护法》偏离了"保护"的目的，实施中更像一部"利用法"。按照中国关于"完善疫情防控相关立法，构建系统完备、科学规范、运行有效的疫情防控法律体系，全面加强公共卫生安全"的部署和要求，上述法律均需要实施评估或修订。

生物多样性保护法律体系的完善，应该坚持问题导向，补短板、强弱项，以《生物多样性法》为核心,《生物安全法》为保障,修订《野生动物保护法》《动物防疫法》《畜牧法》等,全面梳理有关的法律规定,贯彻生态文明、生物安全的相同理念,遵循风险预防的共性原则,形成联防联控的协同机制。[4]

第二节　森林资源保护法

森林,是指在一定区域内生长的以树木或其他木本植物为主体的植物群落。森林包括乔木林、竹林和国家特别规定的灌木林,按照用途可以分为防护林、特种用途林、用材林、经济林和能源林。林木,包括树木和竹子。林地,是指县级以上人民政府规划确定的用于发展林业的土地,包括郁闭度0.2以上的乔木林地以及竹林地、灌木林地、疏林地、采伐迹地、火烧迹地、未成林造林地、苗圃地等。2019年《森林法》修订后,我国森林的功能定位已经从生产性森林向生态性森林转变,森林资源管理从计划性管理向市场化管理转变。

为了保护、培育和合理利用森林资源,我国先后颁布的法律和部门规章主要有:1981年第五届全国人民代表大会第四次会议通过的《关于开展全民义务植树运动的决议》;1984年第六届全国人民代表大会常务委员会第七次会议通过的《森林法》,该法于1985年1月1日起正式实施,1998年4月29日第九届全国人民代表大会常务委员会第二次会议进行第一次修正,2009年8月27日第十一届全国人民代表大会常务委员会第十次会议进行第二次修正,2019年12月28日第十三届全国人民代表大会常务委员会第十五次会议进行修订;1986年经国务院批准,原林业部发布的《森林法实施细则》(现已失效);1988年国务院发布,2008年修订的《森林防火条例》;1989年的《森林病虫害防治条例》;2000年发布,2018年修订的《森林法实施条例》等。基本形成了以《森林法》为主的比较完备的森林保护的法律体系。

一、《森林法》的立法宗旨和原则

2019年《森林法》第1条首先明确了其立法宗旨为:为了践行绿水青山就是金山银山理念,保护、培育和合理利用森林资源,加快国土绿化,保障森林生态安全,建设生态文明,实现人与自然和谐共生,制定本法。凡在中华人民共和国领域内从事森林、林木的保护、培育、利用和森林、林木、林地的经营管理活动,都必须遵守《森林法》的规定。

我国《森林法》根据森林的功能定位将森林分为两大类:公益林和商品林。国家以培育稳定、健康、优质、高效的森林生态系统为目标,对公益林和商品林实行公益林、商品林分类经营管理。公益林的主导功能为生态价值,强调保护。商品林的主导功能为经济功能,由林业经营者依法自主经营。二者协调,突出主导功能,发挥多种功能。

保护、培育、利用森林资源应当尊重自然、顺应自然,遵循森林生态系统保护培育的自然规律,坚持生态优先、保护优先、保育结合、可持续发展的原则,将森林的生态功能优先于经济功能,将保护优先于利用;将保护与森林培育结合起来,实现森林资源永续利用。

国家实行森林资源保护发展目标责任制、考核评价制度及林长制。上级人民政府对下级人民政府完成森林资源保护发展目标和森林防火、重大林业有害生物防治工作的情况进行考核,并公开考核结果。地方人民政府可以根据本行政区域森林资源保护发展的需要,建立林

---

[4] 参见谭柏平:《完善生物多样性保护法律体系》,载《新型城镇化》2020年第4期。

长制。

国家建立森林生态效益补偿制度，加大公益林保护支持力度，完善重点生态功能区转移支付政策，指导受益地区和森林生态保护地区人民政府通过协商等方式进行生态效益补偿。

二、森林权属

林权，是指森林法律关系主体对森林或林地、林木所享收益和处分的权利，包括森林、林木和林地所有权，林地承包经营权与林木的占有、使用、采伐权等财产性权利。《森林法》2019年修法特点之一是新增"森林权属"一章，明确森林权属，加强产权保护，规定对森林、林木、林地的所有权、使用权进行登记保护。

（一）森林、林木、林地的所有权及其确认保护

森林资源属于国家所有，由法律规定属于集体所有的除外。国家所有的森林资源的所有权由国务院代表国家行使。国务院可以授权国务院自然资源主管部门统一履行国有森林资源所有者职责。国有企业事业单位、机关、团体、部队营造的林木，由营造单位管护并按照国家规定支配林木收益。农村居民在房前屋后、自留地、自留山种植的林木，归个人所有。城镇居民在自有房屋的庭院内种植的林木，归个人所有。集体或者个人承包国家所有和集体所有的宜林荒山荒地荒滩营造的林木，归承包的集体或者个人所有；合同另有约定的从其约定。其他组织或者个人营造的林木，依法由营造者所有并享有林木收益；合同另有约定的从其约定。林地和林地上的森林、林木的所有权、使用权，由不动产登记机构统一登记造册，核发证书。国务院确定的国家重点林区（以下简称重点林区）的森林、林木和林地，由国务院自然资源主管部门负责登记。森林、林木、林地的所有者和使用者的合法权益受法律保护，任何组织和个人不得侵犯。森林、林木、林地的所有者和使用者应当依法保护和合理利用森林、林木、林地，不得非法改变林地用途和毁坏森林、林木、林地。

（二）森林、林木、林地所有权和使用权的流转

国家所有的林地和林地上的森林、林木可以依法确定给林业经营者使用。林业经营者依法取得的国有林地和林地上的森林、林木的使用权，经批准可以转让、出租、作价出资等。集体所有和国家所有依法由农民集体使用的林地（以下简称集体林地）实行承包经营的，承包方享有林地承包经营权和承包林地上的林木所有权，合同另有约定的从其约定。承包方可以依法采取出租（转包）、入股、转让等方式流转林地经营权、林木所有权和使用权。未实行承包经营的集体林地以及林地上的林木，由农村集体经济组织统一经营。经本集体经济组织成员的村民会议2/3以上成员或者2/3以上村民代表同意并公示，可以通过招标、拍卖、公开协商等方式依法流转林地经营权、林木所有权和使用权。集体林地经营权流转应当签订书面合同。林地经营权流转合同一般包括流转双方的权利义务、流转期限、流转价款及支付方式、流转期限届满林地上的林木和固定生产设施的处置、违约责任等内容。受让方违反法律规定或者合同约定造成森林、林木、林地严重毁坏的，发包方或者承包方有权收回林地经营权。为了生态保护、基础设施建设等公共利益的需要，确需征收、征用林地、林木的，应当依照法律、行政法规的规定办理审批手续，并给予公平、合理的补偿。

（三）林木、林地权属解决

单位之间发生的林木、林地所有权和使用权争议，由县级以上人民政府依法处理。个人之间、个人与单位之间发生的林木所有权和林地使用权争议，由乡镇人民政府或者县级以上人民政府依法处理。当事人对有关人民政府的处理决定不服的，可以自接到处理决定通知之日起30日内，向人民法院起诉。在林木、林地权属争议解决前，除因森林防火、林业有害生物

防治、国家重大基础设施建设等需要外,当事人任何一方不得砍伐有争议的林木或者改变林地现状。

三、发展规划

县级以上人民政府应当将森林资源保护和林业发展纳入国民经济和社会发展规划;应当落实国土空间开发保护要求,合理规划森林资源保护利用结构和布局,制定森林资源保护发展目标,提高森林覆盖率、森林蓄积量,提升森林生态系统质量和稳定性。县级以上人民政府林业主管部门应当根据森林资源保护发展目标,编制林业发展规划。下级林业发展规划依据上级林业发展规划编制。县级以上人民政府林业主管部门可以结合本地实际,编制林地保护利用、造林绿化、森林经营、天然林保护等相关专项规划。国家建立森林资源调查监测制度,对全国森林资源现状及变化情况进行调查、监测和评价,并定期公布。

四、森林保护

(一)国家层面的森林保护义务

国家层面的森林保护重点在于森林生态功能的保护。总体方针为:国家加强森林资源保护,发挥森林蓄水保土、调节气候、改善环境、维护生物多样性和提供林产品等多种功能。具体措施为:(1)资金支持。中央和地方财政必须为公益林的营造、抚育、保护、管理和非国有公益林权利人的经济补偿提供资金,并专款专用。(2)政策支持。国家支持重点林区的转型发展和森林资源保护修复,改善生产生活条件,促进所在地区经济社会发展。重点林区按照规定享受国家重点生态功能区转移支付等政策。(3)区域保护。国家在不同自然地带的典型森林生态地区、珍贵动物和植物生长繁殖的林区、天然热带雨林区和具有特殊保护价值的其他天然林区,建立以国家公园为主体的自然保护地体系,加强保护管理。国家支持生态脆弱地区森林资源的保护修复。县级以上人民政府应当采取措施对具有特殊价值的野生植物资源予以保护。(4)天然林保护。国家实行天然林全面保护制度,严格限制天然林采伐,加强天然林管护能力建设,保护和修复天然林资源,逐步提高天然林生态功能。

(二)地方层面的森林保护义务

1. 负责护林组织和设施

地方各级人民政府应当组织有关部门建立护林组织,负责护林工作;根据实际需要在大面积林区增加护林设施,加强森林资源保护;督促相关组织订立护林公约、组织群众护林、划定护林责任区、配备专职或者兼职护林员。护林员可以由县级或者乡镇人民政府聘任。护林员的主要职责是:巡护森林,发现火情、林业有害生物以及破坏森林资源的行为,应当及时处理并向当地林业有关部门报告。

2. 负责森林防火

地方各级人民政府负责本行政区域的森林防火工作,发挥群防作用;县级以上人民政府组织领导应急管理、林业、公安等部门按照职责分工密切配合做好森林火灾的科学预防、扑救和处置工作:组织开展森林防火宣传活动,普及森林防火知识;划定森林防火区,规定森林防火期;设置防火设施,配备防灭火装备和物资;建立森林火灾监测预警体系,及时消除隐患;制定森林火灾应急预案,发生森林火灾,立即组织扑救;保障预防和扑救森林火灾所需费用。国家综合性消防救援队伍承担国家规定的森林火灾扑救任务和预防相关工作。

3. 负责森林有害生物防治工作

县级以上人民政府林业主管部门负责本行政区域的林业有害生物的监测、检疫和防治;

省级以上人民政府林业主管部门负责确定林业植物及其产品的检疫性有害生物，划定疫区和保护区；重大林业有害生物灾害防治实行地方人民政府负责制。发生暴发性、危险性等重大林业有害生物灾害时，当地人民政府应当及时组织除治；林业经营者在政府支持引导下，对其经营管理范围内的林业有害生物进行防治。

（三）林地维护

《森林法》规定，国家保护林地，严格控制林地转为非林地，实行占用林地总量控制，确保林地保有量不减少。（1）占用林地须审批：矿藏勘查、开采以及其他各类工程建设，应当不占或者少占林地；确需占用林地的，应当经县级以上人民政府林业主管部门审核同意，依法办理建设用地审批手续。（2）占用林地需补偿补种：占用林地的单位应当缴纳森林植被恢复费。县级以上人民政府林业主管部门应当按照规定安排植树造林，恢复森林植被，植树造林面积不得少于因占用林地而减少的森林植被面积。（3）临时使用林地须审批：需要临时使用林地的，应当经县级以上人民政府林业主管部门批准；临时使用林地的期限一般不超过 2 年，并不得在临时使用的林地上修建永久性建筑物。临时使用林地期满后 1 年内，用地单位或者个人应当恢复植被和林业生产条件。（4）禁止破坏林地：禁止毁林开垦、采石、采砂、采土以及其他毁坏林木和林地的行为；禁止向林地排放重金属或者其他有毒有害物质含量超标的污水、污泥，以及可能造成林地污染的清淤底泥、尾矿、矿渣等；禁止在幼林地砍柴、毁苗、放牧；禁止擅自移动或者损坏森林保护标志；禁止破坏古树名木和珍贵树木及其生存的自然环境。

县级以上人民政府林业主管部门应当按照规定安排植树造林，恢复森林植被；各级人民政府应当加强林业基础设施建设，各有关单位应当加强森林管护；国有林业企业事业单位应当加大投入，加强森林防火、林业有害生物防治，预防和制止破坏森林资源的行为。

五、造林绿化

造林绿化是国家、各级人民政府、各行各业和城乡居民共同进行的活动。国家层面的责任是统筹城乡造林绿化，开展大规模国土绿化行动。

各级人民政府层面的责任之一是组织各行各业和城乡居民，针对不同的土地依法分配给各主体造林绿化责任。宜林荒山荒地荒滩，属于国家所有的，由县级以上人民政府林业主管部门和其他主管部门组织开展造林绿化；属于集体所有的，由集体经济组织组织开展造林绿化。城市规划区内，铁路公路两旁、江河两侧、湖泊水库周围，由各有关主管单位按照有关规定因地制宜地组织开展造林绿化；工矿区、工业园区、机关、学校用地，部队营区以及农场、牧场、渔场经营地区，由各该单位负责造林绿化。各级人民政府层面的责任之二是进行森林的生态修复。修复的方法有封山育林、退耕还林还草、实施森林生态修复工程。

公民可以通过植树造林、抚育管护、认建认养等方式参与造林绿化。国家所有和集体所有的宜林荒山荒地荒滩也可以由集体或者个人承包造林绿化。

六、经营管理

森林资源的经营管理总制度是公益林和生态林分类经营制度。国家根据生态保护的需要，将森林生态区位重要或者生态状况脆弱，以发挥生态效益为主要目的的林地和林地上的森林划定为公益林。未划定为公益林的林地和林地上的森林属于商品林。

（一）公益林

公益林由国务院和省、自治区、直辖市人民政府划定并公布。以森林所在的特定生态区域为标准，《森林法》规定了 8 类应当划定为公益林的情形：（1）重要江河源头汇水区域；

(2)重要江河干流及支流两岸、饮用水水源地保护区;(3)重要湿地和重要水库周围;(4)森林和陆生野生动物类型的自然保护区;(5)荒漠化和水土流失严重地区的防风固沙林基干林带;(6)沿海防护林基干林带;(7)未开发利用的原始林地区;(8)需要划定的其他区域。公益林划定涉及非国有林地的,应当与权利人签订书面协议,并给予合理补偿。公益林进行调整的,应当经原划定机关同意,并予以公布。

国家对公益林实施严格保护。公益林的生态保护优于经济利用。在符合公益林生态区位保护要求和不影响公益林生态功能的前提下,经科学论证,可以合理利用公益林林地资源和森林景观资源,适度开展林下经济、森林旅游等。

(二)商品林

国家鼓励发展4类商品林:(1)以生产木材为主要目的的森林;(2)以生产果品、油料、饮料、调料、工业原料和药材等林产品为主要目的的森林;(3)以生产燃料和其他生物质能源为主要目的的森林;(4)其他以发挥经济效益为主要目的的森林。在保障生态安全的前提下,国家鼓励建设速生丰产、珍贵树种和大径级用材林,增加林木储备,保障木材供给安全。

(三)森林经营用地、方案和金融支持

在林地上修建为林业生产经营服务的工程设施,符合国家有关部门规定的标准的,由县级以上人民政府林业主管部门批准,不需要办理建设用地审批手续;超出标准需要占用林地的,应当依法办理建设用地审批手续。这些设施包括:培育、生产种子、苗木的设施;贮存种子、苗木、木材的设施;集材道、运材道、防火巡护道、森林步道;林业科研、科普教育设施;野生动植物保护、护林、林业有害生物防治、森林防火、木材检疫的设施;供水、供电、供热、供气、通信基础设施;其他直接为林业生产服务的工程设施。

国有林业企业事业单位应当编制森林经营方案,明确森林培育和管护的经营措施,报县级以上人民政府林业主管部门批准后实施。重点林区的森林经营方案由国务院林业主管部门批准后实施。国家支持、引导其他林业经营者编制森林经营方案。

国家通过贴息、林权收储担保补助等措施,鼓励和引导金融机构开展涉林抵押贷款、林农信用贷款等符合林业特点的信贷业务,扶持林权收储机构进行市场化收储担保。国家支持发展森林保险。县级以上人民政府依法对森林保险提供保险费补贴。

(四)森林采伐

1. 年采伐量总体限制

国家严格控制森林年采伐量。省、自治区、直辖市人民政府林业主管部门根据消耗量低于生长量和森林分类经营管理的原则,编制本行政区域的年采伐限额,经征求国务院林业主管部门意见,报本级人民政府批准后公布实施,并报国务院备案。重点林区的年采伐限额,由国务院林业主管部门编制,报国务院批准后公布实施。

2. 采伐的限制、禁止和例外

采伐森林、林木应当遵守下列规定:(1)公益林只能进行抚育、更新和低质低效林改造性质的采伐,但是因科研或者实验、防治林业有害生物、建设护林防火设施、营造生物防火隔离带、遭受自然灾害等需要采伐的除外;(2)商品林应当根据不同情况,采取不同采伐方式,严格控制皆伐面积,伐育同步规划实施;(3)自然保护区的林木,禁止采伐,但是因防治林业有害生物、森林防火、维护主要保护对象生存环境、遭受自然灾害等特殊情况必须采伐的和实验区的竹林除外。林木采伐要有技术规程。林木采伐技术规程由省级以上人民政府林业主管部门制定。

3. 采伐许可证

采伐林地上的林木应当申请采伐许可证,并按照采伐许可证的规定进行采伐;采伐自然保护区以外的竹林,不需要申请采伐许可证,但应当符合林木采伐技术规程。农村居民采伐自留地和房前屋后个人所有的零星林木,不需要申请采伐许可证。

申请采伐许可证,应当提交有关采伐的地点、林种、树种、面积、蓄积、方式、更新措施和林木权属等内容的材料。超过省级以上人民政府林业主管部门规定面积或者蓄积量的,还应当提交伐区调查设计材料。

采伐许可证由县级以上人民政府林业主管部门核发。禁止伪造、变造、买卖、租借采伐许可证。林业部门核发采伐许可证不能超过年采伐年限,不得核发采伐许可证的情形包括:(1)采伐封山育林期、封山育林区内的林木;(2)上年度采伐后未按照规定完成更新造林任务;(3)上年度发生重大滥伐案件、森林火灾或者林业有害生物灾害,未采取预防和改进措施;(4)法律法规和国务院林业主管部门规定的禁止采伐的其他情形。采伐林木的组织和个人应当按照有关规定完成更新造林。更新造林的面积不得少于采伐的面积,更新造林应当达到相关技术规程规定的标准。

七、监督检查

森林资源的保护和利用活动依法受到林业主管部门的监督检查。县级以上人民政府林业主管部门是监督检查的主要执行部门,其依法对森林资源的保护、修复、利用、更新等进行监督检查,依法查处破坏森林资源等违法行为,其履行森林资源保护监督检查职责,有权采取下列措施:进入生产经营场所进行现场检查;查阅、复制有关文件、资料,对可能被转移、销毁、隐匿或者篡改的文件、资料予以封存;查封、扣押有证据证明来源非法的林木以及从事破坏森林资源活动的工具、设备或者财物;查封与破坏森林资源活动有关的场所。

省级以上人民政府林业主管部门主要对下级林业部门进行监督,其对森林资源保护发展工作不力、问题突出、群众反映强烈的地区,可以约谈所在地区县级以上地方人民政府及其有关部门主要负责人,要求其采取措施及时整改。约谈整改情况应当向社会公开。审计机关从财会专业的角度,按照国家有关规定对国有森林资源资产进行审计监督。

第三节　草原资源保护法

草原一般是指生长草本植物或饲用灌木植物为主,用于或可用于畜牧业和割草的土地。草原资源是指由草和其着生的土地构成的自然综合体。根据资源条件,可把草原分为草甸草原、典型草原、荒漠草原、高寒草原。我国《草原法》所称的草原是指天然草原和人工草地。天然草原包括草地、草山和草坡,人工草地包括改良草地和退耕还草地,不包括城镇草地。草原资源是一种可更新资源,可以自我繁殖再生,而且适应性强,更新速度快。

草原保护和养育着种类众多的草原生物,是维系国家生态安全的重要资源。同时草原还是牧民的基本生产资料,是发展畜牧业的物质基础,因此,草原在我国的国民经济和生态环境中具有重要的地位和作用。为了保护、建设和合理利用草原,改善生态环境,维护生物多样性,发展现代畜牧业,促进经济和社会的可持续发展,1985 年 6 月 18 日第六届全国人民代表大会常务委员会第十一次会议通过了《草原法》;2002 年 12 月 28 日第九届全国人民代表大会常务委员会第三十一次会议对该法进行了修订,2009 年 8 月 27 日第十一届全国人民代表大会常务委员会第十次会议进行了第一次修正,2013 年 6 月 29 日第十二届全国人民代表大会常务委员会第三次会议进行第二次修正。该法共 9 章 75 条。凡在我国领域内从事草原规划、保护、重点建设、利用和管理活动,均适用该法。

我国《草原法》的主要内容包括草原权属制度、草原规划统计制度、草原建设利用制度、草原保护制度、草原监督检查制度以及违反《草原法》的法律责任等。

一、草原权属制度

草原权属制度包括草原所有权、草原使用权和草原承包经营权等制度。

(一)草原所有权

草原所有权,是指对草原占有、使用、收益和处分的权利。《草原法》规定的草原所有权,分为国家所有和集体所有两种所有权形式。除由法律规定属于集体所有的以外的草原均属于国家所有,国家所有的草原由国务院代表国家行使所有权。任何单位或者个人不得侵占、买卖或者以其他形式非法转让草原。集体所有的草原,由县级人民政府登记,核发所有权证,确认草原所有权。

(二)草原使用权

国家所有的草原,可以依法确定给全民所有制单位、集体经济组织等使用。使用草原的单位,应当履行保护、建设和合理利用草原的义务。

依法确定给全民所有制单位、集体经济组织等使用的国家所有的草原,由县级以上人民政府登记,核发使用权证,确认草原使用权。未确定使用权的国家所有的草原,由县级以上人民政府登记造册,并负责保护管理。

依法登记的草原所有权和使用权受法律保护,任何单位或者个人不得侵犯。依法改变草原权属的,应当办理草原权属变更登记手续。任何单位或者个人不得侵占、买卖或者以其他形式非法转让草原。

(三)草原承包经营权

1. 草原承包经营的取得

集体经济组织内的成员有权以家庭或者联户形式承包经营本集体所有的草原,或者依法确定给集体经济组织使用的国家所有的草原。在草原承包经营期内,不得对承包经营者使用的草原进行调整;个别确需适当调整的,必须经本集体经济组织成员的村(牧)民会议 2/3 以上成员或者 2/3 以上村(牧)民代表的同意,并报乡(镇)人民政府和县级人民政府草原行政主管部门批准。本集体经济组织以外的单位或者个人承包经营集体所有的草原或者依法确定给集体经济组织使用的国家所有的草原,必须经本集体经济组织成员的村(牧)民会议 2/3 以上成员或者 2/3 以上村(牧)民代表的同意,并报乡(镇)人民政府批准。

承包经营草原,发包方和承包方应当签订书面合同。草原承包合同的内容应当包括双方的权利和义务、承包草原四至界限、面积和等级、承包期和起止日期、承包草原用途和违约责任等。承包期届满,原承包经营者在同等条件下享有优先承包权。

2. 草原承包经营权的转让

草原承包经营权受法律保护,可以按照自愿、有偿的原则依法转让。《草原法》对草原承包经营权转让的条件规定为:(1)草原承包经营权转让的受让方必须具有从事畜牧业生产的能力,并应当履行保护、建设和按照承包合同约定的用途合理利用草原的义务。(2)草原承包经营权转让应当经发包方同意。承包方与受让方在转让合同中约定的转让期限,不得超过原承包合同剩余的期限。

（四）草原权属争议的解决

依据我国法律规定，草原所有权、使用权的争议，由当事人协商解决；协商不成的，由有关人民政府处理。单位之间的争议，由县级以上人民政府处理；个人之间、个人与单位之间的争议，由乡（镇）人民政府或者县级以上人民政府处理。当事人对有关人民政府的处理决定不服的，可以依法向人民法院起诉。在草原权属争议解决前，任何一方不得改变草原利用现状，不得破坏草原和草原上的设施。

二、草原保护、建设、利用的基本制度

（一）草原规划制度

1. 草原规划机构。《草原法》规定，国家对草原保护、建设、利用实行统一规划制度。国务院草原行政主管部门会同国务院有关部门编制全国草原保护、建设、利用规划，报国务院批准后实施。县级以上地方人民政府草原行政主管部门会同同级有关部门依据上一级草原保护、建设、利用规划编制本行政区域的草原保护、建设、利用规划，报本级人民政府批准后实施。经批准的草原保护、建设、利用规划确需调整或者修改时，须经原批准机关批准。

2. 草原规划原则。编制草原保护、建设、利用规划，应当依据国民经济和社会发展规划并遵循下列原则：改善生态环境，维护生物多样性，促进草原的可持续利用；以现有草原为基础，因地制宜，统筹规划，分类指导；保护为主、加强建设、分批改良、合理利用；生态效益、经济效益、社会效益相结合。草原保护、建设、利用规划应当包括：草原保护、建设、利用的目标和措施，草原功能分区和各项建设的总体部署，各项专业规划等。草原保护、建设、利用规划应当与土地利用总体规划相衔接，与环境保护规划、水土保持规划、防沙治沙规划、水资源规划、林业长远规划、城市总体规划、村庄和集镇规划以及其他有关规划相协调。草原保护、建设、利用规划一经批准，必须严格执行

（二）草原调查制度

依据法律规定，国家建立草原调查制度。县级以上人民政府草原行政主管部门会同同级有关部门定期进行草原调查；草原所有者或者使用者应当支持、配合调查，并提供有关资料。县级以上人民政府草原行政主管部门根据草原调查结果、草原的质量，依据草原等级评定标准，对草原进行评等定级。国务院草原行政主管部门会同国务院有关部门制定全国草原等级评定标准。

（三）草原统计制度

国家建立草原统计制度。县级以上人民政府草原行政主管部门和同级统计部门共同制定草原统计调查办法，依法对草原的面积、等级、产草量、载畜量等进行统计，定期发布草原统计资料。草原统计资料是各级人民政府编制草原保护、建设、利用规划的依据。

（四）建立草原生产、生态监测预警系统

国家建立草原生产、生态监测预警系统。县级以上人民政府草原行政主管部门对草原的面积、等级、植被构成、生产能力、自然灾害、生物灾害等草原基本状况实行动态监测，及时为本级政府和有关部门提供动态监测和预警信息服务。

三、草原建设制度

（一）政策支持与建设投入

依据我国法律规定，国家鼓励单位和个人投资建设草原，按照谁投资、谁受益的原则保护

草原投资建设者的合法权益。县级以上人民政府应当增加草原建设的投入,支持草原建设。国家鼓励与支持人工草地建设、天然草原改良和饲草饲料基地建设,稳定和提高草原生产能力。

(二)支持设施建设

县级以上人民政府应当支持、鼓励和引导农牧民开展草原围栏、饲草饲料储备、牲畜圈舍、牧民定居点等生产生活设施的建设。县级以上地方人民政府应当支持草原水利设施建设,发展草原节水灌溉,改善人畜饮水条件。

(三)推广优良草品种

县级以上人民政府应当按照草原保护、建设、利用规划加强草种基地建设,鼓励选育、引进、推广优良草品种。新草品种必须经全国草品种审定委员会审定,由国务院草原行政主管部门公告后方可推广。从境外引进草种必须依法进行审批。县级以上人民政府草原行政主管部门应当依法加强对草种生产、加工、检疫、检验的监督管理,保证草种质量。县级以上人民政府应当根据草原保护、建设、利用规划,在本级国民经济和社会发展计划中安排资金用于草原改良、人工种草和草种生产,任何单位或者个人不得截留、挪用;县级以上人民政府财政部门和审计部门应当加强监督管理。

(四)专项治理

县级以上人民政府应当有计划地进行火情监测、防火物资储备、防火隔离带等草原防火设施的建设,确保防火需要。对退化、沙化、盐碱化、石漠化和水土流失的草原,地方各级人民政府应当按照草原保护、建设、利用规划,划定治理区,组织专项治理。大规模的草原综合治理,列入国家国土整治计划。

四、草原利用制度

(一)草原牧业利用制度

一是合理利用草原,保持草畜平衡。草原承包经营者应当合理利用草原,不得超过草原行政主管部门核定的载畜量;草原承包经营者应当采取种植和储备饲草饲料、增加饲草饲料供应量、调剂处理牲畜、优化畜群结构、提高出栏率等措施,保持草畜平衡。

二是划区轮牧。牧区的草原承包经营者应当实行划区轮牧,合理配置畜群,均衡利用草原。国家提倡在农区、半农半牧区和有条件的牧区实行牲畜圈养。草原承包经营者应当按照饲养牲畜的种类和数量,调剂、储备饲草饲料,采用青贮和饲草饲料加工等新技术,逐步改变依赖天然草地放牧的生产方式。在草原禁牧、休牧、轮牧区,国家对实行舍饲圈养的给予粮食和资金补助,具体办法由国务院或者国务院授权的有关部门规定。

三是对草场实行轮割轮采。县级以上地方人民政府草原行政主管部门对割草场和野生草种基地应当规定合理的割草期、采种期以及留茬高度和采割强度,实行轮割轮采。遇到自然灾害等特殊情况,需要临时调剂使用草原的,按照自愿互利的原则,由双方协商解决;需要跨县临时调剂使用草原的,由有关县级人民政府或者共同的上级人民政府组织协商解决。

(二)草原的非牧业利用制度

第一,建设用地审批制度。进行矿藏开采和工程建设,应当不占或者少占草原;确需征收、征用或者使用草原的,必须经省级以上人民政府草原行政主管部门审核同意后,依照有关土地管理的法律、行政法规办理建设用地审批手续。在草原上修建直接为草原保护和畜牧业生产服务的工程设施,需要使用草原的,由县级以上人民政府草原行政主管部门批准;修筑其他工程,需要将草原转为非畜牧业生产用地的,必须依法办理建设用地审批手续。需要临时占用草原的，应当经县级以上地方人民政府草原行政主管部门审核同意。临时占用草原的期限不得超过2年，并不得在临时占用的草原上修建永久性建筑物、构筑物；占用期满，用地单位必须恢复草原植被并及时退还。

第二，建设征用补偿制度。因建设征收、征用集体所有的草原的，应当依照《土地管理法》的规定给予补偿；因建设使用国家所有的草原的，应当依照国务院有关规定对草原承包经营者给予补偿。因建设征收、征用或者使用草原的，应当交纳草原植被恢复费。草原植被恢复费专款专用，由草原行政主管部门按照规定用于恢复草原植被，任何单位和个人不得截留、挪用。草原植被恢复费的征收、使用和管理办法，由国务院价格主管部门和国务院财政部门会同国务院草原行政主管部门制定。

五、草原保护制度

第一，基本草原保护制度。国家实行基本草原保护制度。下列草原应当划为基本草原，实施严格管理：重要放牧场；割草地；用于畜牧业生产的人工草地、退耕还草地以及改良草地、草种基地；对调节气候、涵养水源、保持水土、防风固沙具有特殊作用的草原；作为国家重点保护野生动植物生存环境的草原；草原科研、教学实验基地；国务院规定应当划为基本草原的其他草原。基本草原的保护管理办法，由国务院制定。

第二，草原自然保护区制度。国务院草原行政主管部门或者省、自治区、直辖市人民政府可以按照自然保护区管理的有关规定在下列地区建立草原自然保护区：具有代表性的草原类型；珍稀濒危野生动植物分布区；具有重要生态功能和经济科研价值的草原。县级以上人民政府应当依法加强对草原珍稀濒危野生植物和种质资源的保护、管理。

第三，禁限制度。依据法律规定，国家禁止开垦草原。对严重退化、沙化、盐碱化、石漠化的草原和生态脆弱区的草原，实行禁牧、休牧制度。禁止在荒漠、半荒漠和严重退化、沙化、盐碱化、石漠化、水土流失的草原以及生态脆弱区的草原上采挖植物和从事破坏草原植被的其他活动。对水土流失严重、有沙化趋势、需要改善生态环境的已垦草原，应当有计划、有步骤地退耕还草；已造成沙化、盐碱化、石漠化的，应当限期治理。国家支持依法实行退耕还草和禁牧、休牧。具体办法由国务院或者省、自治区、直辖市人民政府制定。对在国务院批准规划范围内实施退耕还草的农牧民，按照国家规定给予粮食、现金、草种费补助。退耕还草完成后，由县级以上人民政府草原行政主管部门核实登记，依法履行土地用途变更手续，发放草原权属证书。在草原上种植牧草或者饲料作物，应当符合草原保护、建设、利用规划；县级以上地方人民政府草原行政主管部门应当加强监督管理，防止草原沙化和水土流失。在草原上开展经营性旅游活动，应当符合有关草原保护、建设、利用规划，并不得侵犯草原所有者、使用者和承包经营者的合法权益，不得破坏草原植被。

第四，草原防火制度。草原防火工作贯彻预防为主、防消结合的方针。各级人民政府应当建立草原防火责任制，规定草原防火期，制定草原防火扑火预案，切实做好草原火灾的预防和扑救工作。

第五，草原灾害防治制度。县级以上地方人民政府应当做好草原鼠害、病虫害和毒害草防治的组织管理工作。县级以上地方人民政府草原行政主管部门应当采取措施，加强草原鼠害、病虫害和毒害草监测预警、调查以及防治工作，组织研究和推广综合防治的办法。禁止在草原上使用剧毒、高残留以及可能导致二次中毒的农药。

第六，以草定畜、草畜平衡制度。国家对草原实行以草定畜、草畜平衡制度。县级以上地方人民政府草原行政主管部门应当按照国务院草原行政主管部门制定的草原载畜量标准，结合当地实际情况，定期核定草原载畜量。各级人民政府应当采取有效措施，防止超载过牧。

第七，机动车辆禁限制度。除抢险救灾和牧民搬迁的机动车辆外，禁止机动车辆离开道路在草原上行驶，破坏草原植被；因从事地质勘探、科学考察等活动确需离开道路在草原上行驶的，应当事先向所在地县级人民政府草原行政主管部门报告行驶区域和行驶路线，并按照报告的行驶区域和行驶路线在草原上行驶。

六、草原监督检查制度

国务院草原行政主管部门和草原面积较大的省、自治区的县级以上地方人民政府草原行政主管部门设立草原监督管理机构，负责草原法律、法规执行情况的监督检查，对违反草原法律、法规的行为进行查处。

草原监督检查人员履行监督检查职责时，有权采取下列措施：要求被检查单位或者个人提供有关草原权属的文件和资料，进行查阅或者复制；要求被检查单位或者个人对草原权属等问题作出说明；进入违法现场进行拍照、摄像和勘测；责令被检查单位或者个人停止违反草原法律、法规的行为，履行法定义务。

草原监督检查人员在履行监督检查职责时，应当向被检查单位和个人出示执法证件。对违反草原法律、法规的行为，应当依法作出行政处理，有关草原行政主管部门不作出行政处理决定的，上级草原行政主管部门有权责令有关草原行政主管部门作出行政处理决定或者直接作出行政处理决定。国务院草原行政主管部门和省、自治区、直辖市人民政府草原行政主管部门，应当加强对草原监督检查人员的培训和考核。

有关单位和个人对草原监督检查人员的监督检查工作应当给予支持、配合，不得拒绝或者阻碍草原监督检查人员依法执行职务。

第四节 野生动植物资源保护法

野生动植物，是野生动物和野生植物的合称。野生动物是指在自然状态下生长且未被驯化的动物。2019 年年末至 2020 年，新型冠状病毒突发公共卫生事件使全社会又一次聚焦野生动物保护，现行《野生动物保护法》面临着立法目的、禁止食用野生动物的范围确定、人畜共患传染病有关的动物传染病的防治管理工作衔接等多方面的修改。我国《野生动物保护法》所保护的野生动物，是指珍贵、濒危的陆生、水生野生动物和有益的或者有重要经济、科学研究价值的陆生野生动物（珍贵、濒危的水生野生动物以外的其他水生野生动物的保护，适用《渔业法》的规定）。野生动物按其保护程度，分为国家重点保护野生动物、地方重点保护野生动物和非重点保护野生动物。国家重点保护野生动物是指列入国家重点保护野生动物名录而被加以特殊保护的动物，分为一级保护野生动物和二级保护野生动物。地方重点保护野生动物是指列入地方重点保护野生动物保护名录而被加以特殊保护的动物。国家和地方重点保护野生动物以外的野生动物均为非重点保护野生动物。

野生植物是指在自然状态下生长且无法证明为人工栽培的植物，可分为藻类、菌类、地衣、苔藓、蕨类和种子植物。我国法律上所保护的野生植物是指原生地天然生长的珍贵植物和原生地天然生长并具有重要经济、科学研究、文化价值的濒危、稀有植物。根据保护程度的不同，可分为国家重点保护野生植物和地方重点保护野生植物。国家重点保护野生植物是指列入国家重点保护野生植物名录而被采取特别措施加以保护的植物。地方重点保护野生植物是指国家重点保护野生植物以外的列入地方重点保护野生植物名录而被省、自治区、直辖市特别保护的植物。国家重点保护野生植物又可分为国家一级保护野生植物和二级保护野生植物。地方重点保护野生植物也可分为地方一级、二级保护野生植物。

野生动植物资源是对人类生产和生活有用的一切野生动植物的总和。它是可再生的自然资源，只要合理开发，就可永续利用。我国关于野生动植物资源保护的法律法规主要有：《野生动物保护法》(2018 年修正)、《陆生野生动物保护实施条例》(2016 年修订)、《水生野生动物保护施条例》(2013 年修订)、《野生植物保护条例》(2017 年修订)、《森林和野生动物类型自然保护区管理办法》(1985 年)等。为更有效地保护野生动植物资源，国家还专门制定了《国家重点保护野生动物名录》和《中国珍稀濒危保护植物名录》。

一、野生动物保护立法的中国实践[5]

野生动物保护对于维系生物多样性、防范生态环境风险、促进人与自然和谐共生均具有重要意义。在中国，野生动物保护已成为一项时代命题。近年来，中国在野生动物保护法治建设方面做了相当努力，成效显著。

中国野生动物保护立法历经 30 多年，初步形成了一个以《野生动物保护法》为主干、陆生和水生野生动物保护法规为双翼、野生动物保护名录为重点、其他相关法及配套措施为补充的野生动物保护法律体系。随着经济社会发展和生态文明建设的推进，该体系的内容不断充实和完善。以《野生动物保护法》为例，该法于 1988 年通过之后历经 2004 年、2009 年、2018 年三次修正和 2016 年的重大修订。2020 年年初，为贯彻党中央关于为打赢疫情阻击战提供法治保障的各项部署，全国人大常委会于 2 月 24 日审议通过了《关于全面禁止非法野生动物交易、革除滥食野生动物陋习、切实保障人民群众生命健康安全的决定》，并且再次将修订《野生动物保护法》列入年度立法计划。《野生动物保护法(修订草案)》已进行审议，并在全国人大网公开征求社会公众意见。《野生动物保护法》本次修订具有很强的时代性，不仅涉及遗传资源保护、基因保护，还强化了公共卫生安全与生态安全并重的理念，从立法目的、基本原则、部门职责、禁止滥食野生动物、禁止非法猎捕交易、与有关法律衔接、加大处罚力度等方面作了修改，健全了管理体制，完善了管理制度，强化了公共卫生法治保障的要求。

野生动物栖息地建设与保护名录制度是野生动物保护的重要内容。《野生动物保护法》专门对野生动物栖息地保护进行了明确规定。党的十九大报告提出，建立以国家公园为主体的自然保护地体系。为理顺野生动物保护监管体制，中国组建了国家林业和草原局，加挂国家公园管理局牌子，统一管理国家公园及自然保护地。截至 2018 年，中国已建立各级各类自然保护地达 1.18 万处，占陆域面积的 18% 左右，超过世界平均水平。自然保护地为野生动物保留了栖息的处所，对于野生动物保护至关重要。并且，中国对野生动物实行分类分级保护，国家发布的野生动物名录均为野生动物保护法律体系的组成部分。

野生动物保护执法涉及林草、渔业、公安、市场监管、交通运输等多个部门，需要加强沟通，协同执法。此外，执法部门需要更新理念，优化执法方式，重点防范与化解生态环境健康风险，预防重大公共卫生事件的产生。诚然，由于野生动物活动的习性和政府部门执法的特点，野生动物保护离不开社会组织、志愿者等民间力量的配合与支持，这些均应纳入法律调整的范围。

---

〔5〕 参见谭柏平：《法律护航“野保”》，载《人民日报》(海外版)2020 年 12 月 1 日，第 8 版。

二、我国保护野生动物资源法律规定的主要内容

法律所保护的野生动物，是指珍贵、濒危的陆生、水生野生动物和有重要生态、科学、社会价值的陆生野生动物。法律所保护的野生动物及其制品，是指野生动物的整体（含卵、蛋）、部分及其衍生物。珍贵、濒危的水生野生动物以外的其他水生野生动物的保护，适用《渔业法》等有关法律的规定。

（一）野生动物资源权属与管理机构

为保护、拯救珍贵、濒危野生动物，维护生物多样性和生态平衡，推进生态文明建设，我国专门制定了《野生动物保护法》。在中华人民共和国领域及管辖的其他海域，从事野生动物保护及相关活动，适用本法。国家对野生动物实行保护优先、规范利用、严格监管的原则，鼓励开展野生动物科学研究，培育公民保护野生动物的意识，促进人与自然和谐发展。

野生动物资源属于国家所有。国家保障依法从事野生动物科学研究、人工繁育等保护及相关活动的组织和个人的合法权益。

国务院林业草原、渔业主管部门分别主管全国陆生、水生野生动物保护工作。县级以上地方人民政府林业草原、渔业主管部门分别主管本行政区域内陆生、水生野生动物保护工作。

（二）野生动物保护的主要措施

1. 保护野生动物及其生存环境

国家保护野生动物及其栖息地。县级以上人民政府应当制定野生动物及其栖息地相关保护规划和措施，并将野生动物保护经费纳入预算。县级以上人民政府野生动物保护主管部门，应当定期对野生动物及其栖息地状况进行调查、监测和评估。根据野生动物及其栖息地状况的调查、监测和评估结果，国务院野生动物保护主管部门会同国务院有关部门确定并发布野生动物重要栖息地名录。省级以上人民政府依法划定相关自然保护区域，保护野生动物及其重要栖息地，保护、恢复和改善野生动物生存环境。对不具备划定相关自然保护区域条件的，县级以上人民政府可以采取划定禁猎（渔）区、规定禁猎（渔）期等其他形式予以保护。禁止或者限制在相关自然保护区域内引入外来物种、营造单一纯林、过量施洒农药等人为干扰、威胁野生动物生息繁衍的行为。县级以上人民政府及其有关部门在编制有关开发利用规划时，应当充分考虑野生动物及其栖息地保护的需要，分析、预测和评估规划实施可能对野生动物及其栖息地保护产生的整体影响，避免或者减少规划实施可能造成的不利后果。

2. 对珍贵、濒危的野生动物实行重点保护

国家对珍贵、濒危的野生动物实行重点保护。国家重点保护的野生动物分为一级保护野生动物和二级保护野生动物。国家重点保护野生动物名录，由国务院野生动物保护主管部门组织科学评估后制定，并每5年根据评估情况确定对名录进行调整。国家重点保护野生动物名录报国务院批准公布。

地方重点保护野生动物，是指国家重点保护野生动物以外，由省、自治区、直辖市重点保护的野生动物。地方重点保护野生动物名录，由省、自治区、直辖市人民政府组织科学评估后制定、调整并公布。有重要生态、科学、社会价值的陆生野生动物名录，由国务院野生动物保护主管部门组织科学评估后制定、调整并公布。

3. 对野生动物的救助和遗传资源保护

国家或者地方重点保护野生动物受到自然灾害、重大环境污染事故等突发事件威胁时，当地人民政府应当及时采取应急救助措施。县级以上人民政府野生动物保护主管部门应当按照国家有关规定组织开展野生动物收容救护工作。禁止以野生动物收容救护为名买卖野生动物及其制品。

国家加强对野生动物遗传资源的保护，对濒危野生动物实施抢救性保护。国务院野生动物保护主管部门应当会同国务院有关部门制定有关野生动物遗传资源保护和利用规划，建立国家野生动物遗传资源基因库，对原产我国的珍贵、濒危野生动物遗传资源实行重点保护。

4. 保护野生动物产生损失的国家补偿

因保护受野生动物保护法律规定保护的野生动物，造成人员伤亡、农作物或者其他财产损失的，由当地人民政府给予补偿。有关地方人民政府采取预防、控制国家重点保护野生动物造成危害的措施以及实行补偿所需经费，由中央财政按照国家有关规定予以补助。

（三）野生动物管理制度

1. 对野生动物疫情的防治

县级以上人民政府野生动物保护主管部门、兽医主管部门，应当按照职责分工对野生动物疫源疫病进行监测，组织开展预测、预报等工作，并按照规定制订野生动物疫情应急预案，报同级人民政府批准或者备案。县级以上人民政府野生动物保护主管部门、兽医主管部门、卫生主管部门，应当按照职责分工负责与人畜共患传染病有关的动物传染病的防治管理工作。

2. 实行狩猎许可证制度

禁止猎捕、杀害国家重点保护野生动物。因科学研究、种群调控、疫源疫病监测或者其他特殊情况，需要猎捕国家一级保护野生动物的，应当向国务院野生动物保护主管部门申请特许猎捕证；需要猎捕国家二级保护野生动物的，应当向省、自治区、直辖市人民政府野生动物保护主管部门申请特许猎捕证。持枪猎捕的，应当依法取得公安机关核发的持枪证。

猎捕非国家重点保护野生动物的，应当依法取得县级以上地方人民政府野生动物保护主管部门核发的狩猎证，并且服从猎捕量限额管理。猎捕者应当按照特许猎捕证、狩猎证规定的种类、数量、地点、工具、方法和期限进行猎捕。

3. 野生动物禁限制度

第一，在相关自然保护区域和禁猎（渔）区、禁猎（渔）期内，禁止猎捕以及其他妨碍野生动物生息繁衍的活动。野生动物迁徙洄游期间，在规定区域外的迁徙洄游通道内，禁止猎捕并严格限制其他妨碍野生动物生息繁衍的活动。

第二，禁止猎捕、杀害国家重点保护野生动物。因科研、种群调控、疫源疫病监测或者其他特殊情况需要猎捕的，猎捕国家一级保护野生动物的应当向国务院野生动物保护主管部门申请特许猎捕证；猎捕国家二级保护野生动物的应当向省、自治区、直辖市人民政府野生动物保护主管部门申请特许猎捕证。

第三，禁止使用毒药、爆炸物、电击或者电子诱捕装置以及猎套、猎夹、地枪、排铳等工具进行猎捕，禁止使用夜间照明行猎、歼灭性围猎、捣毁巢穴、火攻、烟熏、网捕等方法进行猎捕，但因科学研究确需网捕、电子诱捕的除外。

第四，禁止生产、经营使用国家重点保护野生动物及其制品制作的食品，或者使用没有合法来源证明的非国家重点保护野生动物及其制品制作的食品。禁止为食用非法购买国家重点保护的野生动物及其制品。

第五，禁止出售、购买、利用国家重点保护野生动物及其制品。禁止为出售、购买、利用野生动物或者禁止使用的猎捕工具发布广告。禁止为违法出售、购买、利用野生动物制品发布广告。禁止网络交易平台、商品交易市场等交易场所，为违法出售、购买、利用野生动物及其制品或者禁止使用的猎捕工具提供交易服务。

4. 限制野生动物或其产品的进出口

中华人民共和国缔结或者参加的国际公约禁止或者限制贸易的野生动物或者其制品名录，由国家濒危物种进出口管理机构制定、调整并公布。进出口我国加入国际公约禁止或者限制贸易的野生动物或者其制品名录中的野生动物或者其制品的，出口国家重点保护野生动物或者其制品的，应当经国务院野生动物保护主管部门或者国务院批准，并取得国家濒危物种进出口管理机构核发的允许进出口证明书。海关依法实施进出境检疫，凭允许进出口证明书、检疫证明按照规定办理通关手续。从境外引进野生动物物种的，应当经国务院野生动物保护主管部门批准，并应当采取安全可靠的防范措施，防止其进入野外环境，避免对生态系统造成危害。

三、我国保护野生植物资源法律规定的主要内容

（一）野生植物保护的立法目的

为了保护、发展和合理利用野生植物资源，保护生物多样性，维护生态平衡，国务院在1996年制定了《野生植物保护条例》（2017年第一次修订）。受该条例保护的野生植物，是指原生地天然生长的珍贵植物和原生地天然生长并具有重要经济、科学研究、文化价值的濒危、稀有植物。国家对野生植物资源实行加强保护、积极发展、合理利用的方针。

（二）野生植物保护的管理体制

我国对野生植物的保护管理，实行多部门分工管理的体制。国务院林业行政主管部门主管全国林区内野生植物和林区外珍贵野生树木的监督管理工作。国务院农业行政主管部门主管全国其他野生植物的监督管理工作。国务院建设行政部门负责城市园林、风景名胜区内野生植物的监督管理工作。国务院生态环境部门负责对全国野生植物环境保护工作的协调和监督；国务院其他有关部门依照职责分工负责有关的野生植物保护工作。县级以上地方人民政府负责野生植物管理工作的部门及其职责，由省、自治区、直辖市人民政府根据当地具体情况规定。

（三）野生植物保护措施

1. 保护野生植物及其生长环境。国家保护野生植物及其生长环境，禁止任何单位和个人非法采集野生植物或者破坏其生长环境。

2. 建立野生植物等级保护。国家将野生植物分为国家重点保护野生植物和地方重点保护野生植物。国家重点保护野生植物分为国家一级保护野生植物和国家二级保护野生植物。国家重点保护野生植物名录，由国务院林业行政主管部门、农业行政主管部门商国务院环境保护、建设等有关部门制定，报国务院批准公布。地方重点保护野生植物，是指国家重点保护野生植物以外，由省、自治区、直辖市保护的野生植物。地方重点保护野生植物名录，由省、自治区、直辖市人民政府制定并公布，报国务院备案。

3. 建立自然保护区。在国家重点保护野生植物物种和地方重点保护野生植物物种的天然集中分布区域，应当依照有关法律、行政法规的规定，建立自然保护区；在其他区域，县级以上地方人民政府野生植物行政主管部门和其他有关部门可以根据实际情况建立国家重点保护野生植物和地方重点保护野生植物的保护点或者设立保护标志。禁止破坏保护点的保护设施和保护标志。

4. 建立监视、监测制度。野生植物行政主管部门及其他有关部门应当监视、监测环境对国家重点保护野生植物生长和地方重点保护野生植物生长的影响，并采取措施，维护和改善国家重点保护野生植物和地方重点保护野生植物的生长条件。由于环境影响对国家重点保

护野生植物和地方重点保护野生植物的生长造成危害时,野生植物行政主管部门应当会同其他有关部门调查并依法处理。建设项目对国家重点保护野生植物和地方重点保护野生植物的生长环境产生不利影响的,建设单位提交的环境影响报告书中必须对此作出评价;生态环境部门在审批环境影响报告书时,应当征求野生植物行政主管部门的意见。

5. 及时采取拯救措施。野生植物行政主管部门和有关单位对生长受到威胁的国家重点保护野生植物和地方重点保护野生植物应当采取拯救措施,保护或者恢复其生长环境,必要时应当建立繁育基地、种质资源库或者采取迁地保护措施。

(四)野生植物管理制度

1. 建立野生植物资源档案制度

野生植物行政主管部门应当定期组织国家重点保护野生植物和地方重点保护野生植物资源调查,建立资源档案。

2. 野生植物禁限管理制度

(1)实行采集许可制度。禁止采集国家一级保护野生植物。因科学研究、工人培育、文化交流等特殊需要,采集国家一级保护野生植物的,应当按照管理权限向国务院林业行政主管部门或者其授权的机构申请采集证;或者向采集地的省、自治区、直辖市人民政府农业行政主管部门或者其授权的机构申请采集证。采集国家二级保护野生植物的,必须经采集地的县级人民政府野生植物行政主管部门签署意见后,向省、自治区、直辖市人民政府野生植物行政主管部门或者其授权的机构申请采集证。采集城市园林或者风景名胜区内的国家一级或者二级保护野生植物的,须先征得城市园林或者风景名胜区管理机构同意,依照规定申请采集证。采集珍贵野生树木或者林区内、草原上的野生植物的,依照森林法、草原法的规定办理。野生植物行政主管部门发放采集证后,应当抄送环境保护部门备案。采集证的格式由国务院野生植物行政主管部门制定。采集国家重点保护野生植物的单位和个人,必须按照采集证规定的种类、数量、地点、期限和方法进行采集。县级人民政府野生植物行政主管部门对在本行政区域内采集国家重点保护野生植物的活动,应当进行监督检查,并及时报告批准采集的野生植物行政主管部门或者其授权的机构。

(2)禁限出售、收购野生植物。禁止出售、收购国家一级保护野生植物。出售、收购国家二级保护野生植物的,必须经省、自治区、直辖市人民政府野生植物行政主管部门或者其授权的机构批准。野生植物行政主管部门应当对经营利用国家二级保护野生植物的活动进行监督检查。

(3)重点野生植物的进出口许可制度。出口国家重点保护野生植物或者进出口中国参加的国际公约所限制进出口的野生植物的,应当按照管理权限经国务院林业行政主管部门批准,或者经进出口者所在地的省、自治区、直辖市人民政府农业行政主管部门审核后报国务院农业行政主管部门批准,并取得国家濒危物种进出口管理机构核发的允许进出口证明书或者标签。海关凭允许进出口证明书或者标签查验放行。国务院野生植物行政主管部门应当将有关野生植物进出口的资料抄送国务院环境保护部门。禁止出口未定名的或者新发现并有重要价值的野生植物。

(4)对外国人在中国境内从事野生植物相关行为的限制。外国人不得在中国境内采集或者收购国家重点保护野生植物。外国人在中国境内对农业行政主管部门管理的国家重点保护野生植物进行野外考察的,应当经农业行政主管部门管理的国家重点保护野生植物所在地的省、自治区、直辖市人民政府农业行政主管部门批准。

第五节 渔业资源保护法

渔业是指在水面、滩涂、海域养殖水生动物、水生植物的养殖业和捕捞水生动物、水生植物的捕捞业。我国渔业分为海洋渔业和淡水渔业两大部分。渔业资源是指具有经济价值的可供渔业养殖和捕捞的水生动物、水生植物资源及适于发展渔业的自然条件,如水面、滩涂等。我国《渔业法》所保护的渔业资源,包括在中华人民共和国的内水、滩涂、领海、专属经济区以及中华人民共和国管辖的一切海域可以养殖和捕捞的水生动物、水生植物。渔业资源是一种可再生的生物资源,其存在的种类、数量与人类的生产、生活密切相关。

为了加强渔业资源的保护、增殖、开发和合理利用,发展人工养殖,保障渔业生产者的合法权益,促进渔业生产的发展,1986 年 1 月 20 日第六届全国人大常委会第十四次会议审议通过了《渔业法》,自 1986 年 7 月 1 日起施行,后于 2000 年 10 月 31 日第九届全国人大常委会第十八次会议进行第一次修正,于 2004 年 8 月 28 日第十届全国人大常委会第十一次会议进行第二次修正,于 2009 年 8 月 27 日第十一届全国人民代表大会常务委员会第十次会议进行第三次修正,于 2013 年 12 月 28 日第十二届全国人民代表大会常务委员会第六次会议进行第四次修正。

一、渔业资源管理体制及管理方针

(一)管理体制

根据我国《渔业法》的规定,国家对渔业的监督管理实行统一领导、分级管理的体制。海洋渔业,除国务院划定由国务院渔业行政主管部门及其所属的渔政监督管理机构监督管理的海域和特定渔业资源渔场外,由毗邻海域的省、自治区、直辖市人民政府渔业行政主管部门监督管理。江河、湖泊等水域的渔业,按照行政区划由有关县级以上人民政府渔业行政主管部门监督管理;跨行政区域的,由有关县级以上地方人民政府协商制定管理办法,或者由上一级人民政府渔业行政主管部门及其所属的渔政监督管理机构监督管理。

国务院渔业行政主管部门主管全国的渔业工作。县级以上地方人民政府渔业行政主管部门主管本行政区域内的渔业工作。县级以上人民政府渔业行政主管部门可以在重要渔业水域、渔港设渔政监督管理机构。县级以上人民政府渔业行政主管部门及其所属的渔政监督管理机构可以设渔政检查人员。渔政检查人员执行渔业行政主管部门及其所属的渔政监督管理机构交付的任务。

(二)管理方针

国家对渔业生产实行以养殖为主,养殖、捕捞、加工并举,因地制宜,各有侧重的方针。各级人民政府应当把渔业生产纳入国民经济发展计划,采取措施,加强水域的统一规划和综合利用。国家鼓励渔业科学技术研究,推广先进技术,提高渔业科学技术水平。在增殖和保护渔业资源、发展渔业生产、进行渔业科学技术研究等方面成绩显著的单位和个人,由各级人民政府给予精神的或者物质的奖励。

外国人、外国渔业船舶进入中华人民共和国管辖水域,从事渔业生产或者渔业资源调查活动,必须经国务院有关主管部门批准,并遵守《渔业法》和中华人民共和国其他有关法律、法规的规定;同中华人民共和国订有条约、协定的,按照条约、协定办理。国家渔政渔港监督管理机构对外行使渔政渔港监督管理权。

渔业行政主管部门和其所属的渔政监督管理机构及其工作人员不得参与和从事渔业生产经营活动。

二、规范养殖业的法律制度

从法律权属上看,行为人进行渔业生产活动所应享有的权利称为渔业权根据我国《渔业法》的规定,渔业权主要包括渔业养殖权和渔业捕捞权。其中养殖权是指权利人具有在养殖区域从事养殖经营的权利。捕捞权是指权利人拥有对渔业资源进行捕捞的权利。如何规范养殖业发展,保护权利人的合法权益,我国《渔业法》就养殖业的发展规定了以下几项制度。

(一)水域利用规划与养殖许可制度

国家鼓励全民所有制单位、集体所有制单位和个人充分利用适于养殖的水域、滩涂,发展养殖业。国家对水域利用进行统一规划,确定可以用于养殖业的水域和滩涂。单位和个人使用国家规划确定用于养殖业的全民所有的水域、滩涂的,使用者应当向县级以上地方人民政府渔业行政主管部门提出申请,由本级人民政府核发养殖证,许可其使用该水域、滩涂从事养殖生产。核发养殖证的具体办法由国务院规定。集体所有的或者全民所有由农业集体经济组织使用的水域、滩涂,可以由个人或者集体承包,从事养殖生产。县级以上地方人民政府在核发养殖证时,应当优先安排当地的渔业生产者。当事人因使用国家规划确定用于养殖业的水域、滩涂从事养殖生产发生争议的,按照有关法律规定的程序处理。在争议解决以前,任何一方不得破坏养殖生产。国家建设征收集体所有的水域、滩涂,按照《土地管理法》有关征地的规定办理。

(二)保护重要养殖水域

县级以上地方人民政府应当采取措施,加强对商品鱼生产基地和城市郊区重要养殖水域的保护。

(三)水产苗种审定制度

国家鼓励和支持水产优良品种的选育、培育和推广。水产新品种必须经全国水产原种和良种审定委员会审定,由国务院渔业行政主管部门公告后推广。水产苗种的进口、出口由国务院渔业行政主管部门或者省、自治区、直辖市人民政府渔业行政主管部门审批;水产苗种的生产由县级以上地方人民政府渔业行政主管部门审批。渔业生产者自育、自用水产苗种的除外。水产苗种的进口、出口必须实施检疫,防止病害传入境内和传出境外,具体检疫工作按照有关动植物进出境检疫法律、行政法规的规定执行,引进转基因水产苗种必须进行安全性评价,具体管理工作按照国务院有关规定执行。

(四)养殖生产禁限及病害防治

从事养殖生产不得使用含有毒有害物质的饵料、饲料。从事养殖生产应当保护水域生态环境,科学确定养殖密度,合理投饵、施肥、使用药物,不得造成水域的环境污染。县级以上人民政府渔业行政主管部门应当加强对养殖生产的技术指导和病害防治工作。

三、规范捕捞业的法律制度

(一)鼓励、扶持远洋捕捞业的发展

国家在财政、信贷和税收等方面采取措施,鼓励、扶持远洋捕捞业的发展,并根据渔业资源的可捕捞量,安排内水和近海捕捞力量。

（二）实行捕捞限额制度

国家根据捕捞量低于渔业资源增长量的原则，确定渔业资源的总可捕捞量，实行捕捞限额制度。国务院渔业行政主管部门负责组织渔业资源的调查和评估，为实行捕捞限额制度提供科学依据。中华人民共和国内海、领海、专属经济区和其他管辖海域的捕捞限额总量由国务院渔业行政主管部门确定，报国务院批准后逐级分解下达；国家确定的重要江河、湖泊的捕捞限额总量由有关省、自治区、直辖市人民政府确定或者协商确定，逐级分解下达。捕捞限额总量的分配应当体现公平、公正的原则，分配办法和分配结果必须向社会公开，并接受监督。国务院渔业行政主管部门和省、自治区、直辖市人民政府渔业行政主管部门应当加强对捕捞限额制度实施情况的监督检查，对超过上级下达的捕捞限额指标的，应当在其次年捕捞限额指标中予以核减。

（三）实行捕捞许可证制度

海洋大型拖网、围网作业的捕捞许可证，由省、自治区、直辖市人民政府渔业行政主管部门批准发放。到中华人民共和国与有关国家缔结的协定确定的共同管理的渔区或者公海从事捕捞作业的捕捞许可证，由国务院渔业行政主管部门批准发放。其他作业的捕捞许可证，由县级以上地方人民政府渔业行政主管部门批准发放；但是，批准发放海洋作业的捕捞许可证不得超过国家下达的船网工具控制指标，具体办法由省、自治区、直辖市人民政府规定。捕捞许可证不得买卖、出租和以其他形式转让，不得涂改、伪造、变造。到他国管辖海域从事捕捞作业的，应当经国务院渔业行政主管部门批准，并遵守中华人民共和国缔结的或者参加的有关条约、协定和有关国家的法律。

具备下列条件的，方可发给捕捞许可证：有渔业船舶检验证书；有渔业船舶登记证书；符合国务院渔业行政主管部门规定的其他条件。从事捕捞作业的单位和个人，必须按照捕捞许可证关于作业类型、场所、时限、渔具数量和捕捞限额的规定进行作业，并遵守国家有关保护渔业资源的规定，大中型渔船应当填写渔捞日志。制造、更新改造、购置、进口的从事捕捞作业的船舶必须经渔业船舶检验部门检验合格后，方可下水作业。

四、渔业资源的增殖和保护制度

（一）征收渔业资源增殖保护费

县级以上人民政府渔业行政主管部门应当对其管理的渔业水域统一规划，采取措施，增殖渔业资源。县级以上人民政府渔业行政主管部门可以向受益的单位和个人征收渔业资源增殖保护费，专门用于增殖和保护渔业资源。渔业资源增殖保护费的征收办法由国务院渔业行政主管部门会同财政部门制定，报国务院批准后施行。

（二）建立水产种质资源保护区

国家保护水产种质资源及其生存环境，并在具有较高经济价值和遗传育种价值的水产种质资源的主要生长繁育区域建立水产种质资源保护区。未经国务院渔业行政主管部门批准，任何单位或者个人不得在水产种质资源保护区内从事捕捞活动。

（三）规定捕捞作业中的禁限制度

在捕捞作业中，禁止下列行为：禁止使用炸鱼、毒鱼、电鱼等破坏渔业资源的方法进行捕捞；禁止制造、销售、使用禁用的渔具；禁止在禁渔区、禁渔期进行捕捞；禁止使用小于最小网目尺寸的网具进行捕捞；捕捞的渔获物中幼鱼不得超过规定的比例；在禁渔区或者禁渔期内禁止销售非法捕捞的渔获物。重点保护的渔业资源品种及其可捕捞标准，禁渔区和禁渔期，禁止使用或者限制使用的渔具和捕捞方法，最小网目尺寸以及其他保护渔业资源的措施，由国务院渔业行政主管部门或者省、自治区、直辖市人民政府渔业行政主管部门规定。

在捕捞作业中，禁止或限制下列行为：禁止捕捞有重要经济价值的水生动物苗种。因养殖或者其他特殊需要，捕捞有重要经济价值的苗种或者禁捕的怀卵亲体的，必须经国务院渔业行政主管部门或者省、自治区、直辖市人民政府渔业行政主管部门批准，在指定的区域和时间内，按照限额捕捞。

（四）规定必要的保护措施

我国《渔业法》规定的保护渔业资源的措施，主要包括：在水生动物苗种重点产区引水用水时，应当采取措施，保护苗种；在鱼、虾、蟹洄游通道建闸、筑坝，对渔业资源有严重影响的，建设单位应当建造过鱼设施或者采取其他补救措施；用于渔业并兼有调蓄、灌溉等功能的水体，有关主管部门应当确定渔业生产所需的最低水位线；禁止围湖造田；沿海滩涂未经县级以上人民政府批准，不得围垦；重要的苗种基地和养殖场所不得围垦；进行水下爆破、勘探、施工作业，对渔业资源有严重影响的，作业单位应当事先同有关县级以上人民政府渔业行政主管部门协商，采取措施，防止或者减少对渔业资源的损害；造成渔业资源损失的，由有关县级以上人民政府责令赔偿；各级人民政府应当采取措施，保护和改善渔业水域的生态环境，防治污染。

（五）对珍贵、濒危水生野生动物实行重点保护

国家对白鳍豚等珍贵、濒危水生野生动物实行重点保护，防止其灭绝。禁止捕杀、伤害国家重点保护的水生野生动物。因科学研究、驯养繁殖、展览或者其他特殊情况，需要捕捞国家重点保护的水生野生动物的，依照《野生动物保护法》的规定执行。

第六节　海洋资源保护法

广义的海洋资源，包括海洋生物资源、矿产资源、旅游资源、海能资源、环境容量资源、海域资源等。广义的海洋资源法，是指由有关海洋资源的法律、法规组成的海洋资源法的总称，是有关合理开发、利用、保护和改善海洋资源方面的法律。我国目前没有以直接保护海洋资源为名义的法律，涉及海洋及海洋资源方面的法律主要有：《专属经济区和大陆架法》，第九届全国人民代表大会常务委员会第三次会议于 1998 年 6 月 26 日通过；《海洋环境保护法》，于 1982 年 8 月 23 日第五届全国人民代表大会常务委员会第二十四次会议通过，1999 年 12 月 25 日第九届全国人民代表大会常务委员会第十三次会议修订，2013 年 12 月 28 日第十二届全国人民代表大会常务委员会第六次会议进行第一次修正，2016 年 11 月 7 日第十二届全国人民代表大会常务委员会第二十四次会议进行第二次修正，2017 年 11 月 4 日第十二届全国人民代表大会常务委员会第三十次会议进行第三次修正；《海域使用管理法》，由第九届全国人民代表大会常务委员会第二十四次会议于 2001 年 10 月 27 日通过，自 2002 年 1 月 1 日起施行。有关海洋资源方面的法律制度主要包括以下内容。

一、有关海域资源的法律制度

为了加强海域使用管理，维护国家海域所有权和海域使用权人的合法权益，促进海域的合理开发和可持续利用，我国于 2001 年制定并颁布了《海域使用管理法》。该法所称海域，是指中华人民共和国内水、领海的水面、水体、海床和底土。在中华人民共和国内水、领海持续

使用特定海域3个月以上的排他性用海活动,也适用该法。

(一)海域权属制度

1. 海域所有权

依据我国《海域使用管理法》的规定,海域属于国家所有,国务院代表国家行使海域所有权。任何单位或者个人不得侵占、买卖或者以其他形式非法转让海域。单位和个人使用海域,必须依法取得海域使用权。为此,国家建立三项基本制度:(1)海域使用状况监视、监测制度。国家建立海域使用管理信息系统,对海域使用状况实施监视、监测。(2)海域使用权登记制度。国家建立海域使用权登记制度,依法登记的海域使用权受法律保护。(3)海域使用统计制度。国家建立海域使用统计制度,定期发布海域使用统计资料。

2. 海域使用权

在我国,单位和个人使用海域,必须依法取得海域使用权,并遵守有关海域使用权的各项制度。在中华人民共和国内水、领海使用特定海域不足3个月,可能对国防安全、海上交通安全和其他用海活动造成重大影响的排他性用海活动,按有关规定办理临时海域使用证。军事用海的管理办法,由国务院、中央军事委员会依据《海域使用管理法》制定。

3. 海域使用的监督管理体制

我国海域使用的监督管理体制采用分级管理与行业管理相结合的办法。(1)国务院海洋行政主管部门负责全国海域使用的监督管理:沿海县级以上地方人民政府海洋行政主管部门根据授权,负责本行政区毗邻海域使用的监督管理。(2)渔业行政主管部门依照《渔业法》,对海洋渔业实施监督管理。(3)海事管理机构依照《海上交通安全法》,对海上交通安全实施监督管理。

(二)海洋功能区划制度

国家实行海洋功能区划制度。海域使用必须符合海洋功能区划。依据法律规定,国务院海洋行政主管部门会同国务院有关部门和沿海省、自治区、直辖市人民政府,编制全国海洋功能区划。沿海县级以上地方人民政府海洋行政主管部门会同本级人民政府有关部门,依据上一级海洋功能区划,编制地方海洋功能区划。

1. 海洋功能区划编制原则

依据法律规定,海洋功能区划按照下列原则编制:按照海域的区位、自然资源和自然环境等自然属性,科学确定海域功能;根据经济和社会发展的需要,统筹安排各有关行业用海;保护和改善生态环境,保障海域可持续利用,促进海洋经济的发展;保障海上交通安全;保障国防安全,保证军事用海需要。

2. 海洋功能区划审批

海洋功能区划实行分级审批。具体包括:(1)全国海洋功能区划,报国务院批准。(2)沿海省、自治区、直辖市海洋功能区划,经该省、自治区、直辖市人民政府审核同意后,报国务院批准。(3)沿海市、县海洋功能区划,经该市、县人民政府审核同意后,报所在的省、自治区、直辖市人民政府批准,报国务院海洋行政主管部门备案。海洋功能区划经批准后,应当向社会公布;但是,涉及国家秘密的部分除外。

3. 海洋功能区划的修改

关于海洋功能区划的修改,主要有两项规定:(1)海洋功能区划的修改,由原编制机关会同同级有关部门提出修改方案,报原批准机关批准;未经批准,不得改变海洋功能区划确定的海域功能。(2)经国务院批准,因公共利益、国防安全或者进行大型能源、交通等基础设施建设,需要改变海洋功能区划的,根据国务院的批准文件修改海洋功能区划。

4. 海洋功能区划的效力

体现海洋功能区划效力的规定主要有两项:(1)养殖、盐业、交通、旅游等行业规划涉及海域使用的,应当符合海洋功能区划。(2)沿海土地利用总体规划、城市规划、港口规划涉及海域使用的,应当与海洋功能区划相衔接。

(三)海域使用的申请与审批制度

1. 海域使用的申请

在我国,单位和个人可以向县级以上人民政府海洋行政主管部门申请使用海域。申请使用海域的,申请人应当提交的书面材料包括:海域使用申请书;海域使用论证材料;相关的资信证明材料;法律、法规规定的其他书面材料。

2. 海域使用的审批

我国对海域使用的审批实行分级审批。(1)县级以上人民政府海洋行政主管部门依据海洋功能区划,对海域使用申请进行审核,并依照本法和省、自治区、直辖市人民政府的规定,报有批准权的人民政府批准。(2)下列项目用海,应当报国务院审批:填海 50 公顷以上的项目用海;围海 100 公顷以上的项目用海;不改变海域自然属性的用海 700 公顷以上的项目用海;国家重大建设项目用海;国务院规定的其他项目用海。上述以外的项目用海的审批权限,由国务院授权省、自治区、直辖市人民政府规定。

(四)海域使用权制度

1. 海域使用权登记制度

海域使用申请经依法批准后,国务院批准用海的,由国务院海洋行政主管部门登记造册,向海域使用申请人颁发海域使用权证书;地方人民政府批准用海的,由地方人民政府登记造册,向海域使用申请人颁发海域使用权证书。海域使用申请人自领取海域使用权证书之日起,取得海域使用权。

2. 海域使用权招标、拍卖制度

海域使用权除依法经申请审批方式取得外,也可以通过招标或者拍卖的方式取得。招标或者拍卖方案由海洋行政主管部门制订,报有审批权的人民政府批准后组织实施。海洋行政主管部门制订招标或者拍卖方案,应当征求同级有关部门的意见。招标或者拍卖工作完成后,依法向中标人或者买受人颁发海域使用权证书。中标人或者买受人自领取海域使用权证书之日起,取得海域使用权。颁发海域使用权证书,应当向社会公告。颁发海域使用权证书,除依法收取海域使用金外,不得收取其他费用。海域使用权证书的发放和管理办法,由国务院规定。

海域使用权人依法使用海域并获得收益的权利受法律保护,任何单位和个人不得侵犯。海域使用权人有依法保护和合理使用海域的义务;海域使用权人对不妨害其依法使用海域的非排他性用海活动,不得阻挠。海域使用权人在使用海域期间,未经依法批准,不得从事海洋基础测绘。海域使用权人发现所使用海域的自然资源和自然条件发生重大变化时,应当及时报告海洋行政主管部门。海域使用权人不得擅自改变经批准的海域用途;确需改变的,应当在符合海洋功能区划的前提下,报原批准用海的人民政府批准。

3. 海域使用权的期限

海域使用权的期限,根据海域用途确定。海域使用权最高期限,按照下列用途确定:养殖用海 15 年;拆船用海 20 年;旅游、娱乐用海 25 年;盐业、矿业用海 30 年;公益事业用海 40 年;港口、修造船厂等建设工程用海 50 年。海域使用权期限届满,海域使用权人需要继续使用海域的,应当至迟于期限届满前 2 个月向原批准用海的人民政府申请续期。除根据公共利益或者国家安全需要收回海域使用权的外，原批准用海的人民政府应当批准续期。准予续期的，海域使用权人应当依法缴纳续期的海域使用金。

4. 海域使用权的变更、转让、继承

因企业合并、分立或者与他人合资、合作经营，变更海域使用权人的，需经原批准用海的人民政府批准。海域使用权可以依法转让。海域使用权转让的具体办法，由国务院规定。海域使用权可以依法继承。

5. 海域使用权的终止与收回

海域使用权期满，未申请续期或者申请续期未获批准的，海域使用权终止。海域使用权终止后，原海域使用权人应当拆除可能造成海洋环境污染或者影响其他用海项目的用海设施和构筑物。因公共利益或者国家安全的需要，原批准用海的人民政府可以依法收回海域使用权。在海域使用权期满前提前收回海域使用权的，对海域使用权人应当给予相应的补偿。

（五）海域使用金制度

1. 海域使用金的缴纳

国家实行海域有偿使用制度。单位和个人使用海域，应当按照国务院的规定缴纳海域使用金。海域使用金应当按照国务院的规定上缴财政。根据不同的用海性质或者情形，海域使用金可以按照规定一次缴纳或者按年度逐年缴纳。

2. 海域使用金的减免

下列用海，免缴海域使用金：军事用海；公务船舶专用码头用海；非经营性的航道、锚地等交通基础设施用海；教学、科研、防灾减灾、海难搜救打捞等非经营性公益事业用海。下列用海，按照国务院财政部门和国务院海洋行政主管部门的规定，经有批准权的人民政府财政部门和海洋行政主管部门审查批准，可以减缴或者免缴海域使用金：公用设施用海；国家重大建设项目用海；养殖用海。

（六）海域使用监督检查制度

1. 监督检查内容

海域使用监督检查由县级以上人民政府相关部门负责，具体是：县级以上人民政府海洋行政主管部门应当加强对海域使用的监督检查；县级以上人民政府财政部门应当加强对海域使用金缴纳情况的监督检查。海域使用管理监督检查人员必须秉公执法，忠于职守，清正廉洁，文明服务，并依法接受监督。

2. 监督检查的权限

县级以上人民政府海洋行政主管部门履行监督检查职责时，有权采取下列措施：要求被检查单位或者个人提供海域使用的有关文件和资料；要求被检查单位或者个人就海域使用的有关问题作出说明；进入被检查单位或者个人占用的海域现场进行勘查；责令当事人停止正在进行的违法行为。海域使用管理监督检查人员履行监督检查职责时，应当出示有效执法证件。有关单位和个人对海洋行政主管部门的监督检查应当予以配合，不得拒绝、妨碍监督检查人员依法执行公务。

二、有关专属经济区、大陆架法海洋资源的法律制度

为保障我国对专属经济区和大陆架行使主权权利和管辖权，维护国家海洋权益，第九届全国人大常委会第三次会议于 1998 年 6 月 26 日通过并颁布了《专属经济区和大陆架法》。该法规定了我国专属经济区和大陆架法的法律制度，对维护我国海洋权益，保护海洋资源具有重要意义。

(一)我国专属经济区和大陆架的宽度

依据《专属经济区和大陆架法》的规定,中华人民共和国的专属经济区为中华人民共和国领海以外并邻接领海的区域,从测算领海宽度的基线量起延至200海里。中华人民共和国的大陆架,为中华人民共和国领海以外依本国陆地领土的全部自然延伸,扩展到大陆边外缘的海底区域的海床和底土;如果从测算领海宽度的基线量起至大陆边外缘的距离不足200海里,则扩展至200海里。中华人民共和国与海岸相邻或者相向国家关于专属经济区和大陆架的主张重叠的,在国际法的基础上按照公平原则以协议划定界限。

(二)我国对专属经济区、大陆架的自然资源行使主权权利

我国在专属经济区为勘查、开发、养护和管理海床上覆水域、海床及其底土的自然资源,以及进行其他经济性开发和勘查,如利用海水、海流和风力生产能等活动,行使主权权利。我国对专属经济区的人工岛屿、设施和结构的建造、使用和海洋科学研究、海洋环境的保护和保全,行使管辖权。专属经济区的自然资源,包括生物资源和非生物资源。

我国为勘查大陆架和开发大陆架的自然资源,对大陆架行使主权权利。我国对大陆架的人工岛屿、设施和结构的建造、使用和海洋科学研究、海洋环境的保护和保全,行使管辖权。我国拥有授权和管理为一切目的在大陆架上进行钻探的专属权利。大陆架的自然资源,包括海床和底土的矿物和其他非生物资源,以及属于定居种的生物,即在可捕捞阶段在海床上或者海床下不能移动或者其躯体须与海床或者底土保持接触才能移动的生物。

(三)我国对专属经济区的渔业活动进行管理

任何国际组织、外国的组织或者个人进入我国专属经济区从事渔业活动,必须经我国国家主管机关批准,并遵守我国的法律、法规及我国与有关国家签订的条约、协定。我国国家主管机关有权采取各种必要的养护和管理措施,确保专属经济区的生物资源不受过度开发的危害;我国国家主管机关有权对专属经济区的跨界种群、高度洄游鱼种、海洋哺乳动物、源自我国河流的溯河产卵种群、在我国水域内度过大部分生命周期的降河产卵鱼种,进行养护和管理;我国对源自我国河流的溯河产卵种群,享有主要利益。

(四)对我国专属经济区、大陆架的自然资源进行勘查、开发和海洋科学研究须经批准

任何国际组织、外国的组织或者个人对我国的专属经济区和大陆架的自然资源进行勘查、开发活动或者在我国大陆架上为任何目的进行钻探,必须经我国主管机关批准,并遵守我国的法律、法规。任何国际组织、外国的组织或者个人在我国的专属经济区和大陆架进行海洋科学研究,必须经我国主管机关批准,并遵守我国的法律、法规。

(五)对专属经济区和大陆架的人工岛屿、设施和结构行使专属管辖权

我国在专属经济区和大陆架有专属权利建造并授权和管理建造、操作和使用人工岛屿、设施和结构。国家对专属经济区和大陆架的人工岛屿、设施和结构行使专属管辖权,包括有关海关、财政、卫生、安全和出境入境的法律和法规方面的管辖权。我国主管机关有权在专属经济区和大陆架的人工岛屿、设施和结构周围设置安全地带,并可以在该地带采取适当措施,确保航行安全以及人工岛屿、设施和结构的安全。国家主管机关有权采取必要的措施,防止、减少和控制海洋环境的污染,保护和保全专属经济区和大陆架的海洋环境。

任何国际组织、外国的组织或者个人在我国的专属经济区和大陆架进行海洋科学研究,必须经我国主管机关批准,并遵守我国的法律、法规。

(六)专属经济区、大陆架上的航行、飞越自由

任何国家在遵守国际法和我国法律、法规的前提下,在我国的专属经济区享有航行、飞越

的自由,在我国的专属经济区和大陆架享有铺设海底电缆和管道的自由,以及与上述自由有关的其他合法使用海洋的便利。铺设海底电缆和管道的路线,必须经我国主管机关同意。

（七）为行使勘查、开发、养护和管理专属经济区的生物资源的主权权利,可采取必要的措施

我国在行使勘查、开发、养护和管理专属经济区的生物资源的主权权利时,为确保法律、法规得到遵守,可以采取登临、检查、逮捕、扣留和进行司法程序等必要的措施。我国对在专属经济区和大陆架违反我国法律、法规的行为,有权采取必要措施,依法追究法律责任,并可以行使紧追权。

第十四章　人文和自然生态保护法

第一节　人文和自然生态保护法概述

人文和自然生态保护法所指向的对象是人文生态环境，即体现人类社会的各种文化现象的生态环境。法律上的人文生态环境是指由法律列举的、受法律保护的、与人类社会文化现象相关的生态环境，主要包括自然保护区、风景名胜区、历史遗迹地、国家公园等人为划定的环境区域。与污染防治和生态资源保护不同的是，人文环境保护的权利性质虽不直接涉及人的生命与健康权利，但它直接与人类享有良好生活环境的权利相关，是人类生存质量权利的体现，因而这种权利不能完全用财产权利来衡量；又由于这种权利以体现人类智力成果的文化因素为核心，且与其他生态环境资源要素相结合，这就使这种权利具有一定的财产权意义。因此，人文和自然生态保护法所保护的权利是一种复合性的权利。人文和自然生态保护法是环境法的一个最新领域，体现着现代环境法发展的趋势。

一、我国的人文生态环境现状

我国向来重视人文和自然生态保护工作，经过多年的努力，人文和自然生态保护建设取得了巨大成绩，自然保护区、风景名胜区、森林公园建设稳步发展，人文遗迹保护渐入人心。国家大力推进自然保护区建设，截至2017年年底，全国共建立各种类型、不同级别的自然保护区2750个，总面积147.17万平方千米，其中陆域面积142.70万平方千米，占陆域国土面积的14.86%。在这些自然保护区中，国家级自然保护区截至2018年年底达到474个。风景名胜区划分为国家级风景名胜区和省级风景名胜区，风景名胜区面积已超过国土总面积的2%。国家级风景名胜区建设发展迅速，到2017年，中国共有244处国家级风景名胜区，每年接待游客数量约占全国游客总量的30%。此外，国家积极履行《关于特别是作为水禽栖息地的国际重要湿地公约》，促进湿地保护。2005年国务院批准《全国湿地保护工程实施规划》，截至2018年7月，我国湿地面积达8.04亿亩，居亚洲第一、世界第四。截至2017年年底，全国共建立湿地公园1699处，其中国家湿地公园898处。我国湿地率为5.58%，低于全球8.6%的平均水平，人均湿地面积仅为世界人均的1/5。

同时也必须看到，我国人文生态环境恶化的趋势没有得到有效遏制，部分地区人文生态环境破坏的范围在扩大、程度在加剧、危害在加重：（1）对自然保护区的破坏。为了追求经济利益，有的地方在自然保护区内开矿采煤，乱采滥挖，使得自然保护区内生态破坏严重，景区地貌千疮百孔，很多植被覆盖地变成露天矿洞，因山体破坏导致水土流失严重、沟壑纵横，部分村庄、民舍被毁。还有的地方不顾生态规律，违反国家有关规定，在湿地保护区内大面积种植速生丰产林，改变了原有的湿地生态系统，破坏生物多样性。有的自然保护区将部分土地租赁给个人从事水产品开发经营活动，严重破坏保护区原有生态环境。有的地方政府在不履行环境影响评价手续的情况下就在自然保护区内擅自进行工程建设和旅游设施开发，对周边生态环境造成了难以弥补的损害,也影响了保护区的自然景观。有的施工单位既未向环保行政主管部门报批,也未经保护区行政主管部门同意,在自然保护区内擅自建设道路、停车场、涵闸等设施。不仅人为侵占保护区区域,而且严重影响了保护区自然生态环境。(2)对风景名胜区的破坏。有的风景名胜区开山炸石、乱搭乱建、违章建设;有的风景名胜区所在地的地方政府通过签订合同的方式,将风景名胜区的管理权、建设权、经营开发权、收益权等权利一次性整体出让给企业经营和管理;有的风景名胜区的珍稀资源在摄影剧组的拍摄过程中遭到严重破坏;有的风景名胜区违规兴建公众高尔夫球场,既不符有关部门批准实施的风景名胜区总体规划,也未按规定履行报批程序。(3)对国家森林公园的破坏。有的公司企业在国家森林公园内擅自建设所谓的“人文景观”,不仅占用了园内大量的土地,也破坏了公园整体的生态环境。有的森林公园被违法占用进行矿产开采,破坏了资源、污染了环境。还有的森林公园被大量砍伐原有植被改换为经济作物。更有甚者,在全国各地房地产开发的热潮中,个别不法开发商在森林公园内建设豪宅别墅和高档娱乐设施,攫取暴利的同时却使森林的生态功能严重退化。人文生态环境问题已经成为制约我国经济与社会可持续发展的“瓶颈”因素。因此,进一步加强人文生态保护建设工作势在必行。

二、我国人文和生态自然保护建设的新发展

传统的生态保护与建设往往被视为纯粹的公益性事业,完全由政府主导,依靠国家的财政支持。这种僵化的模式不仅难以激发社会公众、民间团体、公司企业治理环境的热情,也容易受制于资金和技术的匮乏,难以起到理想的效果。为了吸引多种类型的主体参与生态保护与建设事业,国家应积极发展环保产业,通过市场手段利用经济利益的驱动力更好地实现生态保护的目的。

我国对环保产业的界定,始见于1990年国务院办公厅转发国务院环委会《关于积极发展环保产业的若干意见》(国办发〔1990〕64号),该意见明确环保产业是指国民经济结构中以防治环境污染,改善生态环境、保护自然资源为目的所进行的技术开发、商业流通、资源利用、信息服务、工程承包、自然保护开发等活动的总称,是防治环境污染和保护生态环境的技术保障和物质技术基础。2005年国务院《关于落实科学发展观加强环境保护的决定》则对环保产业的发展提出了具体要求:国家要加快环保产业的国产化、标准化、现代化产业体系建设。加强政策扶持和市场监管,按照市场经济规律,打破地方和行业保护,促进公平竞争,鼓励社会资本参与环保产业的发展。重点发展具有自主知识产权的重要环保技术装备和基础装备,在立足自主研发的基础上,通过引进消化吸收,努力掌握环保核心技术和关键技术。大力提高环保装备制造企业的自主创新能力,推进重大环保技术装备的自主制造。培育一批拥有著名品牌、核心技术能力强、市场占有率高、能够提供较多就业机会的优势环保企业。加快发展环保服务业,推进环境咨询市场化,充分发挥行业协会等中介组织的作用。党的十九大报告进一步要求:“构建市场导向的绿色技术创新体系,发展绿色金融,壮大节能环保产业、清洁生产产业、清洁能源产业。”

我国的环境保护相关产业经过近30年的发展,已形成产业门类基本齐全,并具有一定经济规模的产业体系,资源综合利用和洁净技术产品领域得到快速发展,环境保护服务业也取得较大进展。环保产品品种比较齐全,具备一定的生产配套能力,基本可以满足目前一般环境污染治理的要求,但核心产品的技术水平和可靠性与发达国家相比仍有较大差距,产业发展空间很大。2017年全国环保产业营业收入约13,500亿元,其中环境服务营业收入约7550亿元,环境保护产品销售收入约6000亿元。从领域分布看,环保产业主要覆盖水污染防治、

大气污染防治、固体废物处理处置与资源化、环境监测 4 大细分领域，4 领域集聚了约 90% 的环保企业和 95% 的行业营收和利润。[1]

面向未来，我国环保产业的发展必须建立在市场需求的基础之上，利用自己的独特优势成为生态保护和建设的重要力量。要多渠道筹集污染治理资金，增加环保投入，在人文生态环境治理中积极探索社会化、企业化、专业化的新机制；要严格环保要求，进一步加大环保执法监督力度，通过环保法律法规的强制性和规范约束，间接拉动环保产业现实市场的需求；要整合国内外的优势资源，实现环保企业之间的强强联合，加大环保科技开发力度与科研成果转化力度，努力在人文生态保护建设领域实现突破。最后，要建立和完善环保产业的法律法规。据不完全统计，改革开放以来，全国制定环保产业政策 200 项左右，其中，环保产业管理方面的政策数量约占 70%，其余为环保产业专门技术政策和经济政策。这些政策初步构成了我国环保产业政策体系。各个时期出台的环保产业政策，对推动环保产业快速健康发展，不断满足环境保护对环保产业的需求，产生了重要影响。但是，环保产业政策具有片面性和不稳定性，尚不能完全适应环保产业发展的需要，应抓紧研究出台相关法律。

三、对人文和自然生态保护建设的法律监管

人文生态保护建设就是根据现代生态学原理，运用符合生态规律的方法和手段进行的一切旨在促进人文生态系统建设的行为的总称。其中既包括对原有人文生态系统的保护、恢复或修复、改善，也包括新的人工生态系统的建立。[2] 前者如治理沙化、建设自然保护区，后者如建造人工林等。生态建设往往伴随资源的开发活动（如利用自然保护区、风景名胜区和国家公园开展旅游观光等），必须采取有效措施对其进行监管，防止出现新的生态破坏。党的十九大报告明确提出："构建国土空间开发保护制度，完善主体功能区配套政策，建立以国家公园为主体的自然保护地体系。"

第一，强化人文生态建设管理，遏制新的重大生态破坏。各级生态环境保护部门要高度重视资源开发的人文生态环境保护，统一认识，加强领导，完善制度，严格监管，切实扭转在人文生态环境方面边建设、边破坏，建设赶不上破坏的被动局面。对人文生态建设的监管必须坚持"预防为主，保护优先"的原则，以控制人为不合理开发活动为重点，坚持事先监管、全过程监管，把资源开发的生态损失降低到最低限度。

第二，认真执行环境影响评价制度和"三同时"制度，对人文生态建设实行全过程管理。(1)依据《环境影响评价法》和《建设项目环境保护管理条例》，对人文生态建设项目中有关环境影响评价的内容进行重点监督，防止不符合国家环境保护法律法规，可能对人文生态环境造成破坏的生态建设规划和项目的立项、实施。(2)审批人文生态建设中的建设项目要严格实行逐级备案制度，做到环境影响报告书（表）无错编，无漏审；凡违反有关分级审批规定，越权审批或降级审批的一律无效；凡未按建设项目环境保护分类管理名录规定编制环境影响评价文件的，有审批权的生态环境保护部门不予审批。(3)加强对环境影响评价资格证书持有单位的管理。凡超业务范围、借用或变相借用环评证书或者评价结果失实及出现重大失误的，应依法追究评价单位和评价人员的法律责任，降低资质等级或者吊销环评证书，并予以经济处罚；对构成犯罪的，依法追究刑事责任。(4)采取措施，严把环境影响报告书审批关。有

---

〔1〕 参见《中国环保产业发展状况报告(2018)》。

〔2〕 参见黎祖交：《还是"生态建设与环境保护"的提法好——再谈"生态环境建设"的提法问题》，载《绿色中国》2005 年第 9 期。

下列情况之一的环境影响报告书(表)要退回编制单位重新编制:未开展人文生态环境调查;人文生态环境影响论述不清;未进行人文生态环境影响综合分析;人文生态保护措施缺乏针对性和可操作性。有下列情况的资源开发建设项目,环境保护行政主管部门不予审批环境影响报告书(表):不符合生态功能区划和生态保护规划造成重大生态破坏。(5)对人文生态建设中的建设项目要严格执行环境保护措施和竣工验收制度。对环境保护和生态恢复措施达不到国家有关环境保护规定和环境影响报告书(表)批复要求的,由负责其项目竣工验收的生态环境保护部门责令其限期整改,由负责现场生态环境监察的环境监察机构出具整改现场环境监察合格报告后方可验收;超过期限未整改或整改后仍不符合要求的生态建设项目,依法责令其停止试运行。

第三,预防关口前移,加大对涉及重点资源的人文生态建设的环境影响评价和监管工作力度。(1)各级生态环境保护部门要在生态调查基础上会同有关部门编制生态功能区划和生态保护规划,科学划定生态环境敏感区和各类资源开发"禁区",明确不同生态功能区资源开发利用方式和生产力布局。生态功能区划和生态保护规划经同级人民政府批准后作为指导环境影响评价、环境现场管理和规范各类资源开发活动的依据。(2)涉及以下重点资源的人文生态建设规划和项目要特别注意加强环境影响评价和监管工作力度:水资源、农业资源、矿产资源、城乡规划和绿化、林草资源、自然保护区和风景名胜区、湿地、外来物种引进和转基因生物应用。

第四,加强领导,建立和完善人文生态建设统一监管机制。(1)将人文生态建设工作纳入当地政府环境保护目标责任制,对责任人定期进行考评,考核结果纳入其政绩考核内容。(2)加强人文生态建设中人文生态环境保护的统一监管,建立人文生态建设的监察机制和体系。对工作中失察、失职,不报、迟报、漏报、瞒报生态破坏事件者,依法依规追究其责任。(3)环保部门要会同有关部门,建立人文生态建设环境保护联合工作机制,加强与计划、财政、监察、国土、农业、水利、林业和旅游等部门在人文生态环境保护工作上的协调,各司其职,依法依规监管,及时制止、纠正和查处人文生态建设中的各种违法、违规行为,切实防止人文生态建设导致的新的重大人为生态破坏。(4)建立公示、举报制度,完善公众参与机制,严格执行《环境影响评价公众参与办法》。加强舆论监督,对人文生态建设违法案件及时曝光;人文生态建设中的环境影响评价审批工作要程序公开、办事制度公开、验收前公示和验收结果公开。广泛听取社会各界对人文生态建设活动中环境影响监管的意见。

第二节 自然保护区法

一、自然保护区的概念及我国自然保护区概况

(一)自然保护区的概念

依据《自然保护区条例》第2条的规定:自然保护区是指对有代表性的自然生态系统、珍稀濒危野生动植物物种的天然集中分布区、有特殊意义的自然遗迹等保护对象所在的陆地、陆地水体或者海域,依法划出的一定面积予以特殊保护和管理的区域。由此可见,自然保护区,是指与国家自然公园、风景名胜区、历史文化遗迹相区别,以自然保护和科学研究为目的而划定的自然区域。

建立自然保护区是保护自然环境和自然资源,防止生态破坏的一种有效途径。建立、保

护自然保护区具有许多功能：它能提供生态系统的天然"本底"；它是动植物和微生物物种及其群体的天然贮存库；它是活的自然博物馆；它有助于保护环境，保持生态平衡，如有助于水土保持、调节地方气候及有利于生物的栖息、繁衍等。

我国自1956年在广东省肇庆市建立了第一个自然保护区——鼎湖山自然保护区以来，经过60多年的建设和发展，取得了显著的成绩。目前我国70%的陆地生态系统种类，80%的野生动物和60%的高等植物，特别是国家重点保护的珍稀濒危动植物的绝大多数在自然保护区得到较好的保护。

（二）中国自然保护区发展存在的问题

第一，对自然保护区的重要性缺乏认识。由于社会各界没有树立可持续发展的思想；使保护区周围森林过度采伐、湿地被开垦、草原退化等使保护区的自然环境发生改变，保护对象减少或丧失，失去保护价值。另外，公众的自然保护意识有待进一步提高。

第二，部分保护区未明确划界，土地纠纷增多。一些保护区在建区时没有明确划定边界，随着土地的升值，开发强度加大，侵占和改变保护区土地现状的情况日趋严重。有些保护区没有解决好土地权属问题，保护区管理机构无法阻止有土地使用权的部门或集体对土地的开发使用，致使纠纷不断，且解决难度较大，成为保护区遭到破坏的重要客观原因。

第三，管理条件不能满足自然保护区事业发展的需要。我国自然保护区的管理水平与环境保护先进国家相比还有不少差距，管理机构不健全、人员不足和素质不高、基础设施薄弱是导致自然保护区管理落后的主要原因。

第四，资金投入不足，影响了保护区事业的进一步发展。我国对自然保护区投入的资金虽然逐年增加，但仍属发展中国家水平，目前难以为自然保护区提供足够的资金。资金投入严重不足是我国自然保护区建设和管理普遍存在的问题。

第五，资源开发与保护的矛盾加剧。有些地方政府和部门由于眼前利益和局部利益的驱动，片面强调资源的开发利用，在未经严格科学论证和履行必要的审批程序的情况下，在保护区外围和内部进行盲目开发，超越了保护区的承受能力，对自然资源和生态系统造成严重破坏，甚至改变了保护区性质或使其失去价值。

二、我国自然保护区的立法

保护自然保护区，必须加强法制建设，使自然保护区的建设和管理法制化。目前，我国有关自然保护区保护的主要法律、法规有：《自然保护区条例》《森林和野生动物类型自然保护区管理办法》《地质遗迹保护管理规定》《海洋自然保护区管理办法》《自然保护区土地管理办法》《国家级自然保护区监督检查办法》等。此外，《环境保护法》及其他环境资源保护法律、法规中也有关于自然保护区管理与保护的规定。我国"自然保护区法"的制定正在进行中。

（一）国家对自然保护区发展的基本方针

建立自然保护区是国家自然保护事业的重要组成部分，它既是环境问题，也是重大的经济、社会问题，自然保护区的建设、发展必须与经济、社会发展相协调。

依据《环境保护法》的立法精神，《自然保护区条例》第4条规定：国家采取有利于发展自然保护区的经济、技术政策和措施，将自然保护区的发展规划纳入国民经济和社会发展计划。

建立自然保护区，从长远来说，它将因保护自然资源而促进经济发展，但它在短期内往往没有什么经济效益，甚至往往还与当地的人民群众的生产、生活产生不少矛盾。因此，《自然保护区条例》第5条规定：建设和管理自然保护区，应当妥善处理与当地经济建设和居民生产、生活的关系。各地在落实这一规定上，积累了一些有益经验。例如，发展生态旅游业，吸收因建立自然保护区而产生的剩余劳动力，以及发展特种经济动植物的驯养和栽培等。

（二）自然保护区的管理体制

我国自然保护区实行综合管理和分部门管理相结合的管理体制。国务院环境保护行政主管部门负责全国自然保护区的综合管理。国务院林草、农业、自然资源、水利等有关行政主管部门在各自的职责范围内，主管有关的自然保护区。《森林和野生动物类型自然保护区管理办法》规定：林业部门主管森林和野生动物类型的自然保护区。县级以上地方人民政府负责自然保护区管理的部门的设置与职责，由省、自治区、直辖市人民政府根据当地具体情况确定。

三、自然保护区的建设

（一）建立自然保护区的条件

《自然保护区条例》对建立各种类型的自然区的条件作出统一规定，凡具有下列条件之一的，应当建立自然保护区：（1）典型的自然地理区域、有代表性的自然生态系统区域以及已经遭受破坏但经保护能够恢复的同类自然生态系统区域；（2）珍稀、濒危野生动植物物种的天然集中分布区域；（3）具有特殊保护价值的海域、海岸、岛屿、湿地、内陆水域、森林、草原和荒漠；（4）具有重大科学文化价值的地质构造、著名溶洞、化石分布区、冰川、火山、温泉等自然遗迹；（5）经国务院或者省、自治区、直辖市人民政府批准，需要予以特殊保护的其他自然区域。此外，《森林和野生动物类型自然保护区管理办法》对建立森林和野生动物类型自然保护区的条件作出了具体规定。

（二）自然保护区分级的规定

自然保护区分为国家级自然保护区和地方级自然保护区。在国内外有典型意义，在科学上有重大国际影响或者有特殊科学研究价值的自然保护区，列为国家级自然保护区。其他具有典型意义或者重要科学研究价值的自然保护区列为地方级自然保护区。地方级自然保护区可以分级管理，具体办法由国务院有关自然保护区行政主管部门或者省、自治区、直辖市人民政府根据实际情况确定，报国务院环境保护行政主管部门备案。

1. 自然保护区划界的规定。自然保护区的范围和界线由批准建立自然保护区的人民政府规定，并标明区界，予以公告。确定自然保护区的范围和界线，应当兼顾保护对象的完整性和适度性，以及当地经济建设和居民生产、生活的需要。

2. 关于自然保护区分区保护的规定。为了对自然保护区实行有效保护和科学管理，使整个自然保护区发展成为以保护为根本目的，并结合科学实验，参观旅游的基地，需要将自然保护区进行功能分区。只有这样，才能使自然保护区与当地的经济建设和人民生活的提高密切结合起来，同时也摆脱了传统保护区消极保护的做法，使自然保护区发挥出多种功能。

《自然保护区条例》规定：自然保护区可以分为核心区、缓冲区和实验区。自然保护区内保存完好的天然状态的生态系统以及珍稀、濒危动植物的集中分布地，应当划为核心区，禁止任何单位和个人进入，除依该条例的第 27 条的规定经批准外，也不允许进入从事科学研究观测活动。核心区外围可以划定一定面积的缓冲区，只准进入从事科学研究观测活动。缓冲区外围划为实验区，可以进入从事科学试验、教学实习、参观考察、旅游以及驯化、繁殖珍稀、濒危野生动植物等活动。原批准建立自然保护区的人民政府认为必要时，可以在自然界保护区的外围划定一定面积的外围保护地带。

四、自然保护区的管理

(一)自然保护区的管理机构

《自然保护区条例》规定:国家级自然保护区,由其所在省、自治区、直辖市人民政府有关自然保护区行政主管部门或者国务院有关自然保护区行政主管部门管理。地方级自然保护区,由其所在地的县级以上地方人民政府有关保护自然区行政主管部门管理。有关自然保护区行政主管部门应当在自然保护区设立专门的管理机构,配备专业技术人员,负责自然保护区的具体管理工作。《自然保护区条例》第22条还对自然保护区管理机构的主要职责作出规定。

(二)对自然保护区内开展活动的限制

1. 禁止在自然保护区内进行砍伐、放牧、狩猎、捕捞、采药、开垦、烧荒、开矿、采石、挖沙等活动;但是,法律、行政法规另有规定的除外。

2. 禁止任何人进入自然保护区的核心区。因科学研究的需要,必须进入核心区从事科学研究观测、调查活动的,应当事先向自然保护区管理机构提交申请和活动计划,并经自然保护区管理机构批准;其中,进入国家级自然保护区核心区的,应当经省、自治区、直辖市人民政府有关自然保护区行政主管部门批准。自然保护区核心区内原有居民确有必要迁出的,由自然保护区所在地的地方人民政府予以妥善安置。

3. 禁止在自然界保护区的缓冲区开展旅游和生产经营活动。因教学科研的目的,需要进入自然保护区的缓冲区从事非破坏性的科学研究、教学实习和标本采集活动的,应当事先向自然保护区管理机构提交申请和活动计划,经自然保护区管理机构批准。

从事上述活动的单位和个人,应当将其活动成果的副本提交自然保护区管理机构。

(三)对在自然保护区开展参观,旅游活动的管理

在自然保护区的实验区开展参观、旅游活动的,由自然保护区管理机构编制方案,方案应当符合自然保护区管理目标。在自然保护区组织参观、旅游活动的,应当严格按照上述规定的方案进行,并加强管理;进入自然保护区参观、旅游的单位和个人,应当服从自然保护区管理机构的管理。严禁开设与自然保护区保护方向不一致的参观、旅游项目。

(四)对外国人进入自然保护区的管理

外国人进入自然保护区,应当事先向自然保护区管理机构提交活动计划,并经自然保护区管理机构批准;其中,进入国家级自然保护区的,应当经省、自治区、直辖市环境保护、海洋、渔业等有关自然保护区行政主管部门按照各自职责批准。进入自然保护区的外国人,应当遵守有关自然保护区的法律、法规和规定,未经批准,不得在自然保护区内从事采集标本等活动。

(五)对自然保护区建设生产设施等项目的管理

在自然保护区的核心区和缓冲区内,不得建设任何生产设施。在自然保护区的实验区内,不得建设污染环境、破坏资源或者景观的生产设施;建设其他项目,其污染物排放不得超过国家和地方规定的污染物排放标准。在自然保护区的实验区内已经建成的设施,其污染物排放超过国家和地方规定的排放标准的,应当限期治理;造成损害的,必须采取补救措施。

在自然保护区的外围保护地带建设的项目,不得损害自然保护区内的环境质量;已造成损害的,应当限期治理。限期治理决定由法律、法规规定的机关作出,被限期治理的企业事业单位必须按期完成治理任务。

(六)对自然界保护区污染和破坏事故的报告和处理

因发生事故或者其他突然性事件,造成或者可能造成自然保护区污染或者破坏的单位和

个人，必须立即采取措施处理，及时通报可能受到危害的单位和居民，并向自然保护区管理机构、当地环境保护行政主管部门和自然保护区行政主管部门报告，接受调查处理。

五、国家级自然保护区的监督检查

国务院环境保护行政主管部门组织的对全国各类国家级自然保护区的监督检查应遵守以下规定：

第一，国务院环境保护行政主管部门的监督检查职权：(1)进入国家级自然保护区进行实地检查；(2)要求国家级自然保护区管理机构汇报建设和管理情况；(3)查阅或者复制有关资料、凭证；(4)向有关单位和人员调查了解相关情况；(5)法律、法规规定有权采取的其他措施。监督检查人员在履行监督检查职责时，应当严格遵守国家有关法律法规规定的程序，出示证件，并为被检查单位保守技术和业务秘密。

第二，评估制度。国务院环境保护行政主管部门组织对国家级自然保护区的建设和管理状况进行定期评估。国务院环境保护行政主管部门组织成立国家级自然保护区评估委员会，对国家级自然保护区的建设和管理状况进行定期评估，并根据评估结果提出整改建议。对每个国家级自然保护区的建设和管理状况的定期评估，每5年不少于一次。国家级自然保护区评估结果分为优、良、中和差四个等级。国家级自然保护区定期评估结果由国务院环境保护行政主管部门统一发布。

定期评估的内容包括：(1)管理机构的设置和人员编制情况；(2)管护设施状况；(3)面积和功能分区适宜性、范围、界线和土地权属；(4)管理规章、规划的制定及其实施情况；(5)资源本底、保护及利用情况；(6)科研、监测、档案和标本情况；(7)自然保护区内建设项目管理情况；(8)旅游和其他人类活动情况；(9)与周边社区的关系状况；(10)宣传教育、培训、交流与合作情况；(11)管理经费情况；(12)其他应当评估的内容。

第三，执法检查制度。国务院环境保护行政主管部门对国家级自然保护区进行执法检查。执法检查分为定期检查、专项检查、抽查和专案调查等。执法检查的内容应当包括：(1)国家级自然保护区的设立、范围和功能区的调整以及名称的更改是否符合有关规定；(2)国家级自然保护区内是否存在违法砍伐、放牧、狩猎、捕捞、采药、开垦、烧荒、开矿、采石、挖沙、影视拍摄以及其他法律法规禁止的活动；(3)国家级自然保护区内是否存在违法的建设项目，排污单位的污染物排放是否符合环境保护法律、法规及自然保护区管理的有关规定，超标排污单位限期治理的情况；(4)涉及国家级自然保护区且其环境影响评价文件依法由地方环境保护行政主管部门审批的建设项目，其环境影响评价文件在审批前是否征得国务院环境保护行政主管部门的同意；(5)国家级自然保护区内是否存在破坏、侵占、非法转让自然保护区的土地或者其他自然资源的行为；(6)国家级自然保护区的旅游活动方案是否经过国务院有关自然保护区行政主管部门批准，旅游活动是否符合法律法规规定和自然保护区建设规划（总体规划）的要求；(7)国家级自然保护区建设是否符合建设规划（总体规划）要求，相关基础设施、设备是否符合国家有关标准和技术规范；(8)国家级自然保护区管理机构是否依法履行职责；(9)国家级自然保护区的建设和管理经费的使用是否符合国家有关规定；(10)法律法规规定的应当实施监督检查的其他内容。

第四，降级处理。对在定期评估或者执法检查中发现的违反国家级自然保护区建设和管理规定的国家级自然保护区管理机构，国务院环境保护行政主管部门应当责令限期整改，并可酌情予以通报。对于整改不合格且保护对象受到严重破坏，不再符合国家级自然保护区条件的国家级自然保护区，国务院环境保护行政主管部门应当向国家级自然保护区评审委员会提出对该国家级自然保护区予以降级的建议,经评审通过并报国务院批准后,给予降级处理。被降级的国家级自然保护区,5年之内不得再次申报设立国家级自然保护区。

第三节 湿地保护法

一、湿地的重要性

湿地与森林、海洋并称为全球三大生态系统,被誉为"地球之肾""物种基因库",具有调节气候、维护生物多样性等多种生态功能,对维护我国生态、粮食和水资源安全都具有重要作用。湿地既是一个地理单元,一个资源空间,也是一个生态系统,与其他环境要素彼此关联。而一旦被破坏,不仅会导致湿地生态功能的萎缩或丧失,造成水土流失、土壤沙化、调节气候功能下降、蓄洪防涝能力降低、生物多样性锐减等危害,而且对人类的生存与发展也会造成巨大威胁。

我国幅员辽阔,地理环境多样,湿地分布广、类型丰富、面积大。据第二次全国湿地资源调查,全国湿地总面积为8.01亿亩。我国一直重视湿地保护工作。1992年,我国加入《关于特别是作为水禽栖息地的国际重要湿地公约》,国务院办公厅于2004年印发《关于加强湿地保护管理的通知》,国家林草局颁布《湿地保护管理规定》,28个省份出台了省级湿地保护法规或规章,湿地保护体系初步建立,湿地保护工作取得显著成效。截至2020年12月,我国共有国际重要湿地64处、国家重要湿地29处、省级重要湿地811处,建立国家湿地公园899处。[3]

湿地如此重要,然而,随着经济和城市化快速发展,我国湿地资源遭受非法侵占、围垦、污染、过度利用等问题依然突出。长期以来人们对湿地生态系统重要性的认识明显不足,加之此前湿地保护法治不健全,湿地损毁破坏问题时有发生,湿地保护修复任务艰巨。比如,此前在陕西黄河湿地省级自然保护区,有关单位以生态水系建设项目为名,抛弃和破坏原生态湿地,另起炉灶建设人工景观,使近3000亩湿地改变了原有样貌;河南省焦作孟州市黄河湿地保护区核心区被发现存在企业违法建设经营水产养殖项目长达8年;由于一段时间以来湿地保护综合统筹不够,保护方式和力度不协调,位于河北和内蒙古两地的察汗淖尔湿地,逐年萎缩退化。这表明,湿地保护专门立法具有极强紧迫性和现实必要性。[4]

二、湿地保护立法的必要性

党的十八大以来,党中央大力推进生态文明建设,党的十八大和十九大报告分别提出"扩大湿地面积,保护生物多样性,增强生态系统稳定性"和"强化湿地保护和恢复",提出了"建立健全最严格的湿地保护制度"等要求。习近平总书记多次强调湿地的重要性,多次强调要建立湿地保护修复制度,实行湿地面积总量管理,严格湿地用途管制,增强湿地生态功能,维护湿地生物多样性,这就为湿地保护立法指明了方向,提供了根本遵循。

湿地保护立法的必要性体现在:(1)湿地保护立法是为强化湿地保护和修复提供法治保障的迫切需要。湿地是全球重要生态系统之一,具有涵养水源、净化水质、维护生物多样性、

---

〔3〕 赵晨熙:《立法保护"地球之肾" 解读湿地保护法》,载《法治日报》2022年1月4日,第5版。

〔4〕 秦天宝:《推动湿地保护走向法治化》,载《法治日报》2022年1月5日,第5版。

蓄洪防旱、调节气候和固碳等重要的生态功能，对维护我国生态、粮食和水资源安全具有重要作用。中共中央、国务院印发的《关于加快推进生态文明建设的意见》和《生态文明体制改革总体方案》均提出要制定湿地保护方面的法律法规。针对湿地保护进行立法，有利于从湿地生态系统的整体性和系统性出发，建立完整的湿地保护法律制度体系，为强化湿地的保护和修复提供法治保障。(2)湿地保护立法是坚持人民至上、回应社会期待的必然要求。人和自然是生命共同体。良好生态环境是最普惠的民生福祉。湿地保护立法也是多年来代表持续关注的重要议题，十届全国人大会议以来，陆续有代表提出湿地保护立法的相关议案和建议，这些议案表达了代表的意愿，也反映了人民的心声。湿地保护立法坚持生态优先的原则，坚持以人民为中心，坚持生态惠民、生态利民、生态为民，通过制度规范保护湿地生态环境，让湿地成为人民群众共享的绿色空间，满足人民日益增长的对优美生态环境的需要。(3)湿地保护立法是履行湿地公约的重要行动。经过近50年发展历程，《关于特别是作为水禽栖息地的国际重要湿地公约》(以下简称“国际湿地公约”)已经从单纯的候鸟保护，转向湿地生态系统的全面保护，更加注重湿地生态系统及其多种功能的发挥。2021年是“国际湿地公约”缔约50周年，我国将于2022年11月在武汉承办湿地公约第十四届缔约方大会，这将是我国首次承办这一国际盛会。加快我国湿地保护立法进程，对于全面履行湿地公约，参与和引领国际湿地保护，彰显中国推进构建人类命运共同体的良好国际形象，具有重要的促进作用。

为了加强湿地保护管理，履行“国际湿地公约”，2013年3月国家林业局制定了《湿地保护管理规定》(2013年颁布，2017年修改)。从21世纪以来，各地根据本地区湿地保护的需要，陆续出台地方性湿地保护条例和规定。目前，已有28个省(自治区、直辖市)出台了湿地保护的地方性法规和规章，建立了一系列湿地保护制度措施，为湿地保护专门立法提供了良好的实践基础。

三、湿地保护专门立法的意义与亮点

2018年，湿地保护方面的立法列入十三届全国人大常委会立法规划。此后，全国人大环资委组织起草了《湿地保护法(草案)》，国家林草局配合全国人大环资委、法工委、法律委起草、修改《湿地保护法(草案)》，于2021年1月、10月、12月提交全国人大常委会三次审议。2021年12月24日第十三届全国人大常委会第三十二次会议通过了《湿地保护法》，2022年6月1日起施行。

《湿地保护法》共7章65条，主要内容包括湿地资源管理、湿地保护与利用、湿地修复、监督检查、法律责任等，这是我国首次专门立法保护湿地。过去，我国涉及湿地保护的相关规定分散在《水法》、《水污染防治法》、《森林法》、《草原法》、《环境保护法》、《海洋环境保护法》等单行法律法规中，主要侧重于单一要素或单一功能的保护，缺乏对湿地生态空间、湿地要素生态功能的保护和湿地生态系统的统筹管理。我国湿地保护的专门立法，坚持山水林田湖草是生命共同体的理念，从维护湿地生态系统整体性出发，建立湿地保护修复制度，增强湿地生态功能，维护湿地生物多样性，保障生态安全，促进生态文明建设。《湿地保护法》的出台，补齐了我国生态文明法律体系的生态短板，有利于扭转我国推行生态文明建设中的“偏环境、重资源、轻生态”的失衡局面，使我国对湿地生态系统的保护由单项资源保护逐步走向整体性、系统性、专门性保护，对于推动我国湿地保护走向法治化具有重要意义。

我国湿地保护专门立法具有以下亮点：(1)强调湿地保护与合理利用的关系。国家严格控制占用湿地，防范湿地不合理利用。具体包括禁止占用国家重要湿地，国家重大项目、防灾减灾项目、重要水利及保护设施项目、湿地保护项目等除外；建设项目选址、选线应当避让湿

地，无法避让的应当尽量减少占用，并采取必要措施减轻对湿地生态功能的不利影响等。为了充分发挥湿地多种功能，《湿地保护法》进一步明确湿地保护与合理利用的关系。比如，规定省级以上人民政府及其有关部门根据湿地保护规划和湿地保护需要，依法将湿地纳入国家公园、自然保护区或者自然公园；在湿地范围内从事旅游、种植、畜牧、水产养殖、航运等利用活动，应当避免改变湿地的自然状况，并采取措施减轻对湿地生态功能的不利影响。（2）突出湿地保护的基础制度建设。加强湿地保护与修复工作，首先要摸清家底，掌握湿地资源现状及其动态变化情况。《湿地保护法》按照生态文明制度建设的总体要求，突出湿地保护的基础制度建设，明确了湿地资源调查评价、湿地标准制定、湿地动态监测评估预警等重要制度，夯实湿地保护基础。（3）重视湿地保护规划的引领作用。湿地保护是一项长期而艰巨的任务，必须规划先行，加强统筹。为此，《湿地保护法》重视湿地保护规划的引领作用，明确了湿地保护规划的编制依据、主体和程序，通过规划落实湿地保护的目标任务、重点工作和保障措施等事项，保证湿地保护工作有序推进，分类施策，久久为功。（4）实行湿地面积总量管控。2015年中共中央、国务院发布的《关于加快推进生态文明建设的意见》中明确提出“湿地面积不低于8亿亩”的目标。为此，《湿地保护法》规定了以下重要制度：实行湿地面积总量管控，将湿地面积总量管控目标纳入湿地保护目标责任制，提出管控要求；严格控制占用湿地，对建设项目占用湿地提出严格要求，严格限制占用重要湿地；规定经批准占用湿地的单位，应当恢复或者重建与所占湿地面积和质量相当的湿地，没有条件恢复的，应当缴纳湿地恢复费。（5）完善分级分类管理制度。《湿地保护法》完善湿地分级分类管理制度，形成部门分工协作的保护工作机制。一是将湿地分为国家重要湿地、省级重要湿地和一般湿地，建立湿地名录制度，明确湿地名录的确定主体和要求；二是将国家重要湿地、省级重要湿地纳入生态保护红线，进行重点保护；三是对湿地实行分类保护，充分发挥有关部门对河湖湿地、滨海湿地、城市湿地、红树林湿地、泥炭沼泽湿地保护的职能作用；四是建立湿地保护协作和信息通报机制，形成保护合力。（6）明确湿地“自然修复为主”的修复原则。湿地保护法坚持问题导向，因地制宜地推进湿地保护工作。明确“自然恢复为主、自然恢复与人工修复相结合”的湿地修复原则；区分不同情况，明确湿地修复责任主体，区分不同类型，明确湿地修复要求；建立健全湿地修复方案编制和审批以及湿地修复验收、后期管理、修复效果评估等制度，加强对湿地修复的全过程监督。（7）加强泥炭沼泽、红树林湿地保护。对泥炭沼泽和红树林湿地进行了专门条款的规定，是《湿地保护法》的一大亮点。该法明确，禁止在泥炭沼泽湿地开采泥炭或者擅自开采地下水；禁止将泥炭沼泽湿地蓄水向外排放，因防灾减灾需要的除外。湿地作为一种独特的生态系统，是二氧化碳、甲烷等温室气体的“源”和“汇”。尤其泥炭沼泽里储存了大量有机碳，如果保护得当，每公顷泥炭地储存的碳相当于8800多辆小汽车一年的排放量，反之很容易与空气接触遇氧燃烧，排放出大量的二氧化碳、甲烷等温室气体。摒弃过去将泥炭地等作为荒废地、养花原料开采的发展方式，以立法的形式加强泥炭沼泽的保护，是我国在“双碳”目标下应对气候变化的重要举措。对于红树林湿地，《湿地保护法》提出了禁止占用、禁止在红树林湿地挖塘，以及禁止采伐、采挖、移植红树林或者过度采摘红树林种子等一系列规定。保护好红树林湿地，对海岸防护将起到重要作用，同时红树林作为植物生长吸收二氧化碳，还可有效缓解温室效应。（8）完善湿地保护支持措施。为了完善湿地保护支持措施，《湿地保护法》要求将湿地保护纳入国民经济和社会发展规划，并将开展湿地保护工作所需经费按照事权划分原则纳入预算；同时，建立湿地生态保护补偿制度，加大湿地保护转移支付力度，鼓励开展地区间生态保护补偿。此外，坚持在保护中发展，提出了合理利用湿地、促进绿色发展的具体要求，实现生态效益、社会效益、经济效益相统一。

四、湿地保护的主要法律规定

（一）一般规定

根据《湿地保护法》第2条的规定，所谓湿地，是指具有显著生态功能的自然或者人工的、常年或者季节性积水地带、水域，包括低潮时水深不超过六米的海域，但是水田以及用于养殖的人工的水域和滩涂除外。国家对湿地实行分级管理及名录制度。《湿地保护法》的适用范围是，在中华人民共和国领域及管辖的其他海域内从事湿地保护、利用、修复及相关管理活动，适用《湿地保护法》。江河、湖泊、海域等的湿地保护、利用及相关管理活动还应当适用我国的《水法》《防洪法》《水污染防治法》《海洋环境保护法》《长江保护法》《渔业法》《海域使用管理法》等有关法律的规定。

《湿地保护法》的立法目的是，加强湿地保护，维护湿地生态功能及生物多样性，保障生态安全，促进生态文明建设，实现人与自然和谐共生。湿地保护应当坚持保护优先、严格管理、系统治理、科学修复、合理利用的原则，发挥湿地涵养水源、调节气候、改善环境、维护生物多样性等多种生态功能。

（二）监管体制

国务院林业草原主管部门负责湿地资源的监督管理，负责湿地保护规划和相关国家标准拟定、湿地开发利用的监督管理、湿地生态保护修复工作。国务院自然资源、水行政、住房和城乡建设、生态环境、农业农村等其他有关部门，按照职责分工承担湿地保护、修复、管理有关工作。国务院林业草原主管部门会同国务院自然资源、水行政、住房和城乡建设、生态环境、农业农村等主管部门建立湿地保护协作和信息通报机制。县级以上地方人民政府应当加强湿地保护协调工作。县级以上地方人民政府有关部门按照职责分工负责湿地保护、修复、管理有关工作。

（三）多元共治

各级政府和社会各界均负有湿地保护的法定职责和义务。其一，县级以上人民政府应当将湿地保护纳入国民经济和社会发展规划，并将开展湿地保护工作所需经费按照事权划分原则列入预算。县级以上地方人民政府对本行政区域内的湿地保护负责，采取措施保持湿地面积稳定，提升湿地生态功能。乡镇人民政府组织群众做好湿地保护相关工作，村民委员会予以协助。其二，县级以上人民政府林业草原主管部门建立湿地保护专家咨询机制，为编制湿地保护规划、制定湿地名录、制定相关标准等提供评估论证等服务。其三，各级人民政府应当加强湿地保护宣传教育和科学知识普及工作，通过湿地保护日、湿地保护宣传周等开展宣传教育活动，增强全社会湿地保护意识；鼓励基层群众性自治组织、社会组织、志愿者开展湿地保护法律法规和湿地保护知识宣传活动，营造保护湿地的良好氛围。教育主管部门、学校应当在教育教学活动中注重培养学生的湿地保护意识。新闻媒体应当开展湿地保护法律法规和湿地保护知识的公益宣传，对破坏湿地的行为进行舆论监督。其四，国家鼓励单位和个人依法通过捐赠、资助、志愿服务等方式参与湿地保护活动。对在湿地保护方面成绩显著的单位和个人，按照国家有关规定给予表彰、奖励。其五，国家支持开展湿地保护科学技术研究开发和应用推广，加强湿地保护专业技术人才培养，提高湿地保护科学技术水平。国家支持开展湿地保护科学技术、生物多样性、候鸟迁徙等方面的国际合作与交流。其六，任何单位和个人都有保护湿地的义务，对破坏湿地的行为有权举报或者控告，接到举报或者控告的机关应当及时处理，并依法保护举报人、控告人的合法权益。

（四）湿地资源管理

《湿地保护法》第2章为“湿地资源管理”，主要内容包括：(1)湿地资源调查评价。国家建立湿地资源调查评价制度。国务院自然资源主管部门应当会同国务院林业草原等有关部门定期开展全国湿地资源调查评价工作，对湿地类型、分布、面积、生物多样性、保护与利用情况等进行调查，建立统一的信息发布和共享机制。(2)湿地面积总量管控。国家实行湿地面积总量管控制度，将湿地面积总量管控目标纳入湿地保护目标责任制。国务院林业草原、自然资源主管部门会同国务院有关部门根据全国湿地资源状况、自然变化情况和湿地面积总量管控要求，确定全国和各省、自治区、直辖市湿地面积总量管控目标，报国务院批准。地方各级人民政府应当采取有效措施，落实湿地面积总量管控目标的要求。(3)湿地分级管理。国家对湿地实行分级管理，按照生态区位、面积以及维护生态功能、生物多样性的重要程度，将湿地分为重要湿地和一般湿地。重要湿地包括国家重要湿地和省级重要湿地，重要湿地以外的湿地为一般湿地。重要湿地依法划入生态保护红线。国务院林业草原主管部门会同国务院自然资源、水行政、住房和城乡建设、生态环境、农业农村等有关部门发布国家重要湿地名录及范围，并设立保护标志。国际重要湿地应当列入国家重要湿地名录。省、自治区、直辖市人民政府或者其授权的部门负责发布省级重要湿地名录及范围，并向国务院林业草原主管部门备案。一般湿地的名录及范围由县级以上地方人民政府或者其授权的部门发布。(4)湿地保护规划编制。国务院林业草原主管部门应当会同国务院有关部门，依据国民经济和社会发展规划、国土空间规划和生态环境保护规划编制全国湿地保护规划，报国务院或者其授权的部门批准后组织实施。县级以上地方人民政府林业草原主管部门应当会同有关部门，依据本级国土空间规划和上一级湿地保护规划编制本行政区域内的湿地保护规划，报同级人民政府批准后组织实施。湿地保护规划应当明确湿地保护的目标任务、总体布局、保护修复重点和保障措施等内容。经批准的湿地保护规划需要调整的，按照原批准程序办理。编制湿地保护规划应当与流域综合规划、防洪规划等规划相衔接。(5)湿地保护标准制定。国务院林业草原、标准化主管部门会同国务院自然资源、水行政、住房和城乡建设、生态环境、农业农村主管部门组织制定湿地分级分类、监测预警、生态修复等国家标准；国家标准未作规定的，可以依法制定地方标准并备案。(6)严格控制占用湿地。国家严格控制占用湿地。禁止占用国家重要湿地，国家重大项目、防灾减灾项目、重要水利及保护设施项目、湿地保护项目等除外。建设项目选址、选线应当避让湿地，无法避让的应当尽量减少占用，并采取必要措施减轻对湿地生态功能的不利影响。建设项目确需临时占用湿地的，应当依照《土地管理法》《水法》《森林法》《草原法》《海域使用管理法》等有关法律法规的规定办理。临时占用湿地的期限一般不得超过2年，并不得在临时占用的湿地上修建永久性建筑物。临时占用湿地期满后1年内，用地单位或者个人应当恢复湿地面积和生态条件。(7)湿地恢复费缴纳。除因防洪、航道、港口或者其他水工程占用河道管理范围及蓄滞洪区内的湿地外，经依法批准占用重要湿地的单位应当根据当地自然条件恢复或者重建与所占用湿地面积和质量相当的湿地；没有条件恢复、重建的，应当缴纳湿地恢复费。缴纳湿地恢复费的，不再缴纳其他相同性质的恢复费用。湿地恢复费缴纳和使用管理办法由国务院财政部门会同国务院林业草原等有关部门制定。(8)湿地动态监测。国务院林业草原主管部门应当按照监测技术规范开展国家重要湿地动态监测，及时掌握湿地分布、面积、水量、生物多样性、受威胁状况等变化信息。国务院林业草原主管部门应当依据监测数据，对国家重要湿地生态状况进行评估，并按照规定发布预警信息。省、自治区、直辖市人民政府林业草原主管部门应当按照监测技术规范开展省级重要湿地动态监测、评估和预警工作。县级以上地方人民政府林业草原主管部门应当加强对一般湿地的动态监测。

（五）湿地保护与利用

关于湿地保护工作，《湿地保护法》规定，国家坚持生态优先、绿色发展，完善湿地保护制度，健全湿地保护政策支持和科技支撑机制，保障湿地生态功能和永续利用，实现生态效益、社会效益、经济效益相统一。省级以上人民政府及其有关部门根据湿地保护规划和湿地保护需要，依法将湿地纳入国家公园、自然保护区或者自然公园。地方各级人民政府及其有关部门应当采取措施，预防和控制人为活动对湿地及其生物多样性的不利影响，加强湿地污染防治，减缓人为因素和自然因素导致的湿地退化，维护湿地生态功能稳定。在湿地范围内从事旅游、种植、畜牧、水产养殖、航运等利用活动，应当避免改变湿地的自然状况，并采取措施减轻对湿地生态功能的不利影响。县级以上人民政府有关部门在办理环境影响评价、国土空间规划、海域使用、养殖、防洪等相关行政许可时，应当加强对有关湿地利用活动的必要性、合理性以及湿地保护措施等内容的审查。

对于湿地利用，《湿地保护法》要求，地方各级人民政府对省级重要湿地和一般湿地利用活动进行分类指导，鼓励单位和个人开展符合湿地保护要求的生态旅游、生态农业、生态教育、自然体验等活动，适度控制种植养殖等湿地利用规模。地方各级人民政府应当鼓励有关单位优先安排当地居民参与湿地管护。县级以上地方人民政府应当充分考虑保障重要湿地生态功能的需要，优化重要湿地周边产业布局。县级以上地方人民政府可以采取定向扶持、产业转移、吸引社会资金、社区共建等方式，推动湿地周边地区绿色发展，促进经济发展与湿地保护相协调。

禁止下列破坏湿地及其生态功能的行为：(1)开(围)垦、排干自然湿地，永久性截断自然湿地水源；(2)擅自填埋自然湿地，擅自采砂、采矿、取土；(3)排放不符合水污染物排放标准的工业废水、生活污水及其他污染湿地的废水、污水，倾倒、堆放、丢弃、遗撒固体废物；(4)过度放牧或者滥采野生植物，过度捕捞或者灭绝式捕捞，过度施肥、投药、投放饵料等污染湿地的种植养殖行为；(5)其他破坏湿地及其生态功能的行为。

地方政府还应做好湿地有害生物监测工作，加强对国家重点保护野生动植物集中分布湿地的保护，并规定了在以水鸟为保护对象的自然保护地及其他重要栖息地的禁止性行为。禁止向湿地引进和放生外来物种，确需引进的应当进行科学评估，并依法取得批准。此外，《湿地保护法》还对水资源、自然资源、住房和城乡建设等行业主管部门的湿地管理、保护和治理修复职责等作出了明确规定。

《湿地保护法》对红树林湿地和泥炭沼泽湿地的保护做出了明确规定。所称的红树林湿地，是指由红树植物为主组成的近海和海岸潮间湿地。而泥炭沼泽湿地，是指有泥炭发育的沼泽湿地。对于红树林湿地，要求当地政府应当组织编制红树林湿地保护专项规划，采取有效措施保护红树林湿地。红树林湿地应当列入重要湿地名录；符合国家重要湿地标准的，应当优先列入国家重要湿地名录。禁止占用红树林湿地。禁止在红树林湿地挖塘，禁止采伐、采挖、移植红树林或者过度采摘红树林种子，禁止投放、种植危害红树林生长的物种。另外，对于泥炭沼泽湿地，要求当地政府应当制定泥炭沼泽湿地保护专项规划，采取有效措施保护泥炭沼泽湿地。符合重要湿地标准的泥炭沼泽湿地，应当列入重要湿地名录。禁止在泥炭沼泽湿地开采泥炭或者擅自开采地下水；禁止将泥炭沼泽湿地蓄水向外排放，因防灾减灾需要的除外。

《湿地保护法》规定，国家建立湿地生态保护补偿制度。国务院和省级人民政府应当按照事权划分原则加大对重要湿地保护的财政投入，加大对重要湿地所在地区的财政转移支付力度。国家鼓励湿地生态保护地区与湿地生态受益地区人民政府通过协商或者市场机制进行地区间生态保护补偿。因生态保护等公共利益需要,造成湿地所有者或者使用者合法权益受到损害的,县级以上人民政府应当给予补偿。

（六）湿地修复

《湿地保护法》第四章对“湿地修复”作出了明确规定,主要内容有:其一,规定了湿地修复的原则,即地方政府应当坚持“自然恢复为主、自然恢复和人工修复相结合”的原则,加强湿地修复工作,恢复湿地面积,提高湿地生态系统质量。地方政府对破碎化严重或者功能退化的自然湿地进行综合整治和修复,优先修复生态功能严重退化的重要湿地。其二,地方政府组织开展湿地保护与修复,应当充分考虑水资源禀赋条件和承载能力,合理配置水资源,保障湿地基本生态用水需求,维护湿地生态功能;应当科学论证,对具备恢复条件的原有湿地、退化湿地、盐碱化湿地等,因地制宜采取措施,恢复湿地生态功能;应当按照湿地保护规划,因地制宜采取水体治理、土地整治、植被恢复、动物保护等措施,增强湿地生态功能和碳汇功能。禁止违法占用耕地等建设人工湿地。其三,当地政府应当对生态功能重要区域、海洋灾害风险等级较高地区、濒危物种保护区域或者造林条件较好地区的红树林湿地优先实施修复,对严重退化的红树林湿地进行抢救性修复,修复应当尽量采用本地树种;应当因地制宜,组织对退化泥炭沼泽湿地进行修复,并根据泥炭沼泽湿地的类型、发育状况和退化程度等,采取相应的修复措施。其四,修复重要湿地应当编制湿地修复方案。修复重要湿地应当按照经批准的湿地修复方案进行修复。

关于湿地修复的法律责任,《湿地保护法》规定,因违法占用、开采、开垦、填埋、排污等活动,导致湿地破坏的,违法行为人应当负责修复。违法行为人变更的,由承继其债权、债务的主体负责修复。因重大自然灾害造成湿地破坏,以及湿地修复责任主体灭失或者无法确定的,由县级以上人民政府组织实施修复。

（七）监督检查

《湿地保护法》规定,县级以上人民政府林业草原、自然资源、水行政、住房和城乡建设、生态环境、农业农村主管部门应当依照本法规定,按照职责分工对湿地的保护、修复、利用等活动进行监督检查,依法查处破坏湿地的违法行为。上述主管部门依法履行监督检查职责,有关单位和个人应当予以配合,不得拒绝、阻碍。

县级以上人民政府林业草原、自然资源、水行政、住房和城乡建设、生态环境、农业农村主管部门进行监督检查,有权采取下列措施:(1)询问被检查单位或者个人,要求其对与监督检查事项有关的情况作出说明;(2)进行现场检查;(3)查阅、复制有关文件、资料,对可能被转移、销毁、隐匿或者篡改的文件、资料予以封存;(4)查封、扣押涉嫌违法活动的场所、设施或者财物。

《湿地保护法》规定了对各级湿地保护情况实施监督检查的分工,即国务院林业草原主管部门应当加强对国家重要湿地保护情况的监督检查。省、自治区、直辖市人民政府林业草原主管部门应当加强对省级重要湿地保护情况的监督检查。县级人民政府林业草原主管部门和有关部门应当充分利用信息化手段,对湿地保护情况进行监督检查。各级人民政府及其有关部门应当依法公开湿地保护相关信息,接受社会监督。

《湿地保护法》还规定,国家实行湿地保护目标责任制,将湿地保护纳入地方人民政府综合绩效评价内容。对破坏湿地问题突出、保护工作不力、群众反映强烈的地区,省级以上人民政府林业草原主管部门应当会同有关部门约谈该地区人民政府的主要负责人。湿地的保护、修复和管理情况,应当纳入领导干部自然资源资产离任审计。

此外,《湿地保护法》还对“法律责任”作出了规定。

第四节　国家公园法

一、国家公园的概念及法律保护

国家公园，是指为了保护自然环境和自然资源，并提供人们游览、欣赏和休息，而由国家有关部门专门划定的具有相当面积的自然区域。自美国于1972年3月1日建立了世界上第一个国家公园——黄石公园以来，各国纷纷效仿建立自己的国家公园，目前，国家公园成为各国保护环境和资源的一种较好的形式。世界上许多国家都有专门的国家公园法规，如日本的《自然公园法》、加拿大的《国家公园法》。但一些国家的国家公园与我国的自然保护区更相似，这种国家公园更强调的是自然保护而不是以人的休闲娱乐为主。

国家公园的类型很多，有国家自然公园、国家历史公园、国家海岸公园、国家湖岸公园和国家森林公园。我国目前发展的主要是森林公园。所谓国家森林公园，是指森林景观优美、自然景观和人文景物集中，具有观赏、文化、科学价值和一定规模，依法划定供人们游览、观光、休憩、疗养或进行科学、文化、教育活动的特定场所。除此之外，根据2005年建设部发布的《国家城市湿地公园管理办法（试行）》和2006年建设部发布的《国家重点公园管理办法（试行）》，我国对这两类国家公园也开始尝试进行重点建设。城市湿地是重要的生态资源和生态空间，为切实履行《湿地公约》，全面加强城市湿地保护，改善城市生态环境，2017年10月13日住房和城乡建设部印发了《城市湿地公园管理办法》，《国家城市湿地公园管理办法（试行）》（建城〔2005〕16号）同时废止。为加强国家湿地公园建设和管理，促进国家湿地公园健康发展，有效保护湿地资源，根据《湿地保护管理规定》和国务院办公厅《关于印发湿地保护修复制度方案的通知》等文件精神以及国家湿地公园管理工作实际需要，2017年12月27日，国家林业局对《国家湿地公园管理办法（试行）》进行了修改，颁布了新的《国家湿地公园管理办法》，该办法自2018年1月1日起实施，有效期至2022年12月31日，《国家湿地公园管理办法（试行）》同时废止。

我国森林公园建设起步较晚，1949年前只在个别地方建立了森林公园。1980年，林业部发出《关于风景名胜地区国营林场保护山林和开发旅游事业的通知》。依据该通知，我国开始组建森林公园。目前，我国关于森林公园保护的立法主要是1994年林业部发布的《森林公园管理办法》（2016年修改）。

二、我国森林公园保护的主要法律规定

（一）关于森林公园管理体制的法律规定

《森林公园管理办法》规定：林业部（现应为国家林业和草原局）主管全国范围内的森林公园工作，县级以上人民政府林业主管部门负责本行政区域内的森林公园工作。在国有林业局、国有林场、国有苗圃、集体林场等单位经营范围内建立森林公园的，依法设立经营管理机构；但在国有林场、国有苗圃经营范围内建立森林公园的，国有林场、国有苗圃经营管理机构也是森林公园的经营管理机构，其性质仍然属于事业单位。

（二）关于森林公园分级的规定

森林公园按其森林景观和人文景观的观赏、科学、文化价值和旅游条件以及知名度等，划分为国家级森林公园、省级森林公园和市、县级森林公园三级：（1）国家级森林公园：森林景观

特别优美,人文景物比较集中,观赏、科学、文化价值高,地理位置特殊,具有一定的区域代表性,旅游设施齐全,有较高的知名度的,划为国家级森林公园。(2)省级森林公园:森林景观优美,人文集观相对集中,观赏、科学、文化价值较高,在本行政区域内具有代表性,具备必要的旅游服务设施,有一定的知名度的,划为省级森林公园。(3)市、县级森林公园:森林景观有特色,景点景物有一定的观赏、科学、文化价值,在当地知名度较高的,划为市、县级森林公园。

(三)关于森林公园规划的规定

森林公园的规划,是有效保护、合理开发建设和科学管理森林公园的综合部署,是森林公园建设、保护、管理的依据。《森林公园管理办法》第7条第2款规定:国家级森林公园的总体规划设计,由森林公园经营管理机构组织具有规划设计资格的单位负责编制,报省级林业主管部门审批,并报林业部(现为国家林草局)备案。

森林公园规划要贯彻国家有关方针、政策和法律、法规,要在保护以森林为主要资源的前提下,充分利用森林资源的各种功能,要对森林景观资源的开发目的、方针、规模容量、旅游区划、设施、工程技术、管理措施和投资效益等作出决策,并正确处理保护与利用、远期与近期、整体与局部、旅游利用与其他利用关系等,做到公园内部与外界有关事业协调发展。

三、森林公园保护管理的具体法律措施

森林公园保护的措施包括:第一,禁止毁林行为。禁止在森林公园毁林开荒和毁林采石、采砂、采土以及其他毁林行为。采伐森林公园的林木,必须遵守有关林业法规、经营方案和技术规程的规定。第二,占用、征用或者转让森林公园经营范围内的土地,必须征得森林公园经营管理机构同意,并按《森林法》及其实施细则等有关规定,办理占用、征用或者转让手续,交纳有关费用,报有法定审批权限的人民政府批准。第三,依法做好植树造林、森林防火、森林病虫害防治、林木林地和野生植物资源保护等工作。

森林公园的管理措施包括:一是对进入森林公园进行游览等活动的单位和个人,可以收取门票及有关费用。二是森林公园范围内的单位、居民和进入森林公园内的游人,应当保护国内的各项设施,遵守有关管理制度。三是森林公园经营管理机构,应当按规定设置防火、卫生、环保、安全设施和标志,维护旅游秩序。四是森林公园的治安管理工作,由所在地林业公安机关负责。

四、城市湿地公园保护的主要法律规定

所谓湿地,是指天然或人工、长久或暂时性的沼泽地、泥炭地或水域地带,带有静止或流动的淡水、半咸水、咸水水体,包括低潮时水深不超过6米的水域。城市湿地公园是在城市规划区范围内,以保护城市湿地资源为目的,兼具科普教育、科学研究、休闲游览等功能的公园绿地。2017年,住房城乡建设部制定出台了《城市湿地公园管理办法》。

城市湿地实施全面保护、分级管理,具备下列条件的城市湿地公园,可以申请设立国家城市湿地公园:(1)在城市规划区范围内,符合城市湿地资源保护发展规划,用地权属无争议,已按要求划定和公开绿线范围;(2)湿地生态系统或主体生态功能具有典型性;或者湿地生物多样性丰富;或者湿地生物物种独特;或者湿地面临面积缩小、功能退化、生物多样性减少等威胁,具有保护紧迫性;(3)湿地面积占公园总面积50%以上。国家城市湿地公园的设立,由县级以上城市人民政府提出申请,经省、自治区住房城乡建设主管部门推荐后报住房城乡建设部。直辖市由城市园林绿化主管部门提出申请,经城市人民政府同意后,报住房城乡建设部。

国家城市湿地公园保护措施有:(1)已设立的国家城市湿地公园应标明界区,设立界碑、

标牌和保护标识，并按申报方案明确管理机构、建立技术与管理队伍、保障保护管理资金。(2)已批准设立的国家城市湿地公园应在1年内编制完成国家城市湿地公园规划，经省级住房城乡建设(园林绿化)主管部门审核后，报住房城乡建设部备案。国家城市湿地公园规划应纳入城市绿地系统规划、水系规划严格管理，任何单位和个人不得擅自变更。(3)国家城市湿地公园的保护范围等规划内容变更，须组织专题论证、公开公示，并经省级住房城乡建设(园林绿化)主管部门审核后报住房城乡建设部备案。(4)国家城市湿地公园应定期组织开展湿地资源调查和动态监测，建立信息档案和湿地动态监测数据库，并根据监测情况采取相应的保护管理措施，及时向上级城市园林绿化主管部门报告相关情况。(5)公民、法人和其他组织都有保护城市湿地资源的义务，对破坏、侵占城市湿地资源的行为有权检举或者控告。(6)住房城乡建设部根据各省级住房城乡建设(园林绿化)主管部门监督检查结果和社会公众举报、媒体曝光等情况，组织抽查或专项督察。对管理和保护不力，造成湿地生态要素、生态过程、生态功能等受到破坏的国家城市湿地公园，责令限期整改。整改后仍不符合要求的，撤销其设立命名，并予以通报批评，对有关单位和人员依法依纪追究责任。

五、国家重点公园保护的主要法律规定

国家重点公园，是指具有重要影响和较高价值，且在全国有典型性、示范性或代表性的公园。申报国家重点公园的条件有以下四点：其一，符合城市人民政府公园建设与发展规划。其二，权属清楚，无权属争议。其三，机构健全、制度完善、管理规范良好。其四，符合下列标准之一：(1)园林历史悠久，代表一定时代的优秀园林作品，具有较高的历史价值；(2)利用自然条件和人文条件，因地制宜建造公园，展现中国风景园林的设计艺术，具有较高的艺术价值；(3)公园的人文景观与中国的历史文化、重大历史事件、重要历史人物等相联系，具有重要的文化价值；(4)在濒危动植物研究和保护、科普教育、生物多样性宣传等方面，具有重要的研究和保护价值；(5)公园内历史遗存、动植物资源丰富，自然地质独特，具有重要的保护价值。国家重点公园的申报，由城市人民政府提出，经省、自治区建设厅审查同意后，报建设部(现为住房和城乡建设部)。直辖市由市园林绿化局组织进行审查，经市政府同意后，报建设部(现为住房和城乡建设部)。

国家重点公园的保护措施有：第一，对已经列入国家重点公园的，城市人民政府应当依照有关规定和要求制定有效措施严格保护。对具有独特的自然景观或具有特殊历史文化价值的人文景观，禁止改变其风貌和格局。第二，任何单位和个人不得擅自改变国家重点公园的功能，不得侵占国家重点公园的用地，不得擅自改变国家重点公园的用地性质，不得出让、变相买卖国家重点公园的资源，不得进行经营性开发和上市。已经占用国家重点公园土地、房屋的单位和个人应当迁出。第三，国家重点公园内除必要的保护和重点设施外，不得建设其他工程项目和设施。国家重点公园内的各项设施应当和公园功能相适应，与公园景观相协调。第四，城市园林绿化行政主管部门应当会同有关部门对国家重点公园划定保护范围和建设控制地带，对国家重点公园周边可能影响景观的建设项目实行严格控制。第五，国家重点公园管理机构应当按照公园设计规定的游人容量接待游人。在公园开放时遇有紧急情况或者突发事件，应当按照应急预案采取临时关闭公园、景区、展馆，疏散游人等措施，并及时向城市园林绿化行政主管部门和有关部门报告。

第五节　风景名胜区法

一、风景名胜区的概念与发展概况

风景名胜区是指具有观赏、文化或者科学价值，自然景观、人文景观比较集中，环境优美，可供人们游览或者进行科学、文化活动的区域。划定及保护风景名胜区是保护和改善环境的一个重要方式，保护风景名胜区，对于维护国土风貌、优化生态环境等都具有重要的意义。

风景名胜区的资源是以自然资源为主的、独特的、不可替代的景观资源，是通过几亿年大自然鬼斧神工所形成的自然遗产，而且是世代不断增值的遗产。我国是世界文明古国，历史悠久，山河壮丽。风景名胜资源如山河、湖海、地貌、森林、动植物等自然景观以及历史遗址、园林、建筑等人文景物众多。截至2017年，国家级风景名胜区共有244个。在这些风景名胜区中，有很多都被联合国教科文组织列入《世界遗产名录》，其中包括泰山、黄山、峨眉山—乐山、武夷山、庐山、武陵源、九寨沟、黄龙、青城山—都江堰、三江并流等闻名世界的风景名胜。国务院于1982年至2017年先后公布了九批国家级风景名胜区。

二、保护风景名胜区立法

我国十分重视采用法律手段保护风景名胜区，早在1973年，国务院颁布的《关于保护和改善环境的若干决定》中就提出了保护风景游览区（风景名胜区）的问题。

目前，我国现行的关于风景名胜区保护的专门立法有：2006年国务院发布的《风景名胜区条例》（2016年修订），1993年建设部发布的《风景名胜区建设管理规定》。同时，在《环境保护法》《城乡规划法》《矿产资源法》等法律中也有风景名胜区保护的规定。关于风景名胜区保护的主要内容将在下文介绍。

三、风景名胜区保护的主要法律规定

（一）风景名胜区的管理体制

在中央，国务院建设主管部门负责全国风景名胜区的监督管理工作。国务院其他有关部门按照国务院规定的职责分工，负责风景名胜区的有关监督管理工作。

在地方，风景名胜区所在地县级以上地方人民政府设置的风景名胜区管理机构，负责风景名胜区的保护、利用和统一管理工作。

（二）风景名胜区的设立

1. 设立原则。设立风景名胜区，应当有利于保护和合理利用风景名胜资源。为了防止功能发生冲突，新设立的风景名胜区与自然保护区不得重合或者交叉；已设立的风景名胜区与自然保护区重合或者交叉的，风景名胜区规划与自然保护区规划应当相协调。

2. 分级设立。风景名胜区划分为国家级风景名胜区和省级风景名胜区。自然景观和人文景观能够反映重要自然变化过程和重大历史文化发展过程，基本处于自然状态或者保持历史原貌，具有国家代表性的，可以申请设立国家级风景名胜区；具有区域代表性的，可以申请设立省级风景名胜区。

3. 分级审批。设立国家级风景名胜区，由省、自治区、直辖市人民政府提出申请，国务院建设主管部门会同国务院环境保护主管部门、林业主管部门、文物主管部门等有关部门组织

论证，提出审查意见，报国务院批准公布。设立省级风景名胜区，由县级人民政府提出申请，省、自治区人民政府建设主管部门或者直辖市人民政府风景名胜区主管部门，会同其他有关部门组织论证，提出审查意见，报省、自治区、直辖市人民政府批准公布。

4. 对相关权利主体的保护。风景名胜区内的土地、森林等自然资源和房屋等财产的所有权人、使用权人的合法权益受法律保护。申请设立风景名胜区的人民政府应当在报请审批前，与风景名胜区内的土地、森林等自然资源和房屋等财产的所有权人、使用权人充分协商。因设立风景名胜区对风景名胜区内的土地、森林等自然资源和房屋等财产的所有权人、使用权人造成损失的，应当依法给予补偿。

（三）风景名胜区的规划

1. 规划类型。风景名胜区规划分为总体规划和详细规划。风景名胜区应当自设立之日起2年内编制完成总体规划。总体规划的规划期一般为20年。

2. 规划原则。风景名胜区总体规划的编制，应当体现人与自然和谐相处、区域协调发展和经济社会全面进步的要求，坚持保护优先、开发服从保护的原则，突出风景名胜资源的自然特性、文化内涵和地方特色。

3. 规划的编制和审批。国家级风景名胜区规划由省、自治区人民政府建设主管部门或者直辖市人民政府风景名胜区主管部门组织编制。国家级风景名胜区的总体规划，由省、自治区、直辖市人民政府审查后，报国务院审批。国家级风景名胜区的详细规划，由省、自治区人民政府建设主管部门或者直辖市人民政府风景名胜区主管部门报国务院建设主管部门审批。省级风景名胜区规划由县级人民政府组织编制。省级风景名胜区的总体规划，由省、自治区、直辖市人民政府审批，报国务院建设主管部门备案。省级风景名胜区的详细规划，由省、自治区人民政府建设主管部门或者直辖市人民政府风景名胜区主管部门审批。

（四）风景名胜区的保护

其一，禁止从事的破坏性活动。具体有以下四项：(1)开山、采石、开矿、开荒、修坟立碑等破坏景观、植被和地形地貌的活动；(2)修建储存爆炸性、易燃性、放射性、毒害性、腐蚀性物品的设施；(3)在景物或者设施上刻划、涂污；(4)乱扔垃圾。

其二，禁止违规开发。禁止违反风景名胜区规划，在风景名胜区内设立各类开发区和在核心景区内建设宾馆、招待所、培训中心、疗养院以及与风景名胜资源保护无关的其他建筑物；已经建设的，应当按照风景名胜区规划，逐步迁出。

其三，建设活动管理。在风景名胜区内从事法律、法规不禁止的建设活动，应当经风景名胜区管理机构审核后，依照有关法律、法规的规定办理审批手续。风景名胜区内的建设项目应当符合风景名胜区规划，并与景观相协调，不得破坏景观、污染环境、妨碍游览。在风景名胜区内进行建设活动的，建设单位、施工单位应当制订污染防治和水土保持方案，并采取有效措施，保护好周围景物、水体、林草植被、野生动物资源和地形地貌。在国家级风景名胜区内修建缆车、索道等重大建设工程，项目的选址方案应当报省、自治区人民政府建设主管部门和直辖市人民政府风景名胜区主管部门核准。

其四，影响环境活动的审批。在风景名胜区内进行下列活动，应当经风景名胜区管理机构审核后，依照有关法律、法规的规定报有关主管部门批准：(1)设置、张贴商业广告；(2)举办大型游乐等活动；(3)改变水资源、水环境自然状态的活动；(4)其他影响生态和景观的活动。

（五）风景名胜区的利用和管理

1. 合理利用。风景名胜区管理机构应当根据风景名胜区的特点，保护民族民间传统文化,开展健康有益的游览观光和文化娱乐活动,普及历史文化和科学知识。风景名胜区管理机构应当根据风景名胜区规划,合理利用风景名胜资源,改善交通、服务设施和游览条件。风景名胜区管理机构应当在风景名胜区内设置风景名胜区标志和路标、安全警示等标牌。

2. 有序管理。(1)宗教活动管理。风景名胜区内宗教活动场所的管理,依照国家有关宗教活动场所管理的规定执行。(2)安全管理。风景名胜区管理机构应当建立健全安全保障制度,加强安全管理,保障游览安全,并督促风景名胜区内的经营单位接受有关部门依据法律、法规进行的监督检查。禁止超过允许容量接纳游客和在没有安全保障的区域开展游览活动。(3)经营活动管理。进入风景名胜区的门票,由风景名胜区管理机构负责出售。风景名胜区内的交通、服务等项目,应当由风景名胜区管理机构依照有关法律、法规和风景名胜区规划,采用招标等公平竞争的方式确定经营者。风景名胜区管理机构应当与经营者签订合同,依法确定各自的权利义务。经营者应当缴纳风景名胜资源有偿使用费。风景名胜区管理机构不得从事以营利为目的的经营活动,不得将规划、管理和监督等行政管理职能委托给企业或者个人行使。风景名胜区管理机构的工作人员,不得在风景名胜区内的企业兼职。(4)经营收入管理。风景名胜区的门票收入和风景名胜资源有偿使用费,实行收支两条线管理。风景名胜区的门票收入和风景名胜资源有偿使用费应当专门用于风景名胜资源的保护和管理以及风景名胜区内财产的所有权人、使用权人损失的补偿。

第六节 人文遗迹保护法

一、人文遗迹概述

人文遗迹或称人文遗迹地,又称文化遗迹(地),历史文化遗迹(地),是指具有重大历史、文化、艺术、教育、科学、观赏价值的经过人工改造的自然因素,包括各种古文化遗址、古建筑、古墓葬、石窟寺和石刻,与重大历史事件、革命运动和著名人物有关的具有重要纪念意义、教育意义和历史价值的建筑物、遗址、纪念物。

从人文遗迹的立法保护来看,我国的人文遗迹可以分为三类:一是文物保护法中的作为文物的人文遗迹,关于文物保护的法律法规有《文物保护法》、《文物保护法实施条例》以及《水下文物保护管理条例》;二是风景名胜区保护法中作为名胜古迹的人文遗迹,与此相关的立法有《风景名胜区条例》等;三是城乡法规中作为历史名城具体内容的人文遗迹,与此相关的立法有《城乡规划法》及城乡建设环境保护部《关于加强历史文化名城规划工作的通知》等。

关于作为名胜古迹的人文遗迹的立法保护,我国在风景名胜区保护的法规中已将许多名胜古迹划入风景名胜区。这方面的内容已在上节中加以介绍,本节主要介绍有关作为文物及历史名城具体内容的人文遗迹的法律保护。

二、保护作为文物的人文遗迹的法律规定

(一)保护对象、范围

在中华人民共和国境内,下列文物受国家保护:(1)具有历史、艺术、科学价值的古文化遗址、古墓葬、古建筑、石窟寺和石刻、壁画;(2)与重大历史事件、革命运动或者著名人物有关的以及具有重要纪念意义、教育意义或者史料价值的近代现代重要史迹、实物、代表性建筑;

(3)历史上各时代珍贵的艺术品、工艺美术品;(4)历史上各时代重要的文献资料以及具有历史、艺术、科学价值的手稿和图书资料等;(5)反映历史上各时代、各民族社会制度、社会生产、社会生活的代表性实物。具有科学价值的古脊椎动物化石和古人类化石同文物一样受国家保护。

(二)文物保护单位与文物的分级管理

1. 文物保护单位。古文化遗址、古墓葬、古建筑、石窟寺、石刻、壁画、近代现代重要史迹和代表性建筑等不可移动文物,根据它们的历史、艺术、科学价值,可以分别确定为全国重点文物保护单位,省级文物保护单位,市、县级文物保护单位。

1961 年,国务院公布了《第一批全国重点文物保护单位名单》,共计 180 处。1982 年,国务院公布《第二批全国文物保护单位名单》,共计 62 处。1988 年,国务院公布了《第三批全国重点文物保护单位和名单》,共计 258 处。1996 年,国务院公布了《第四批全国重点文物保护单位名单》,共计 250 处。2001 年,国务院公布了《第五批全国重点文物保护单位名单》,共计 518 处。2006 年,国务院公布了《第六批全国重点文物保护单位名单》,共计 1080 处。2013 年,国务院公布了《第七批全国重点文物保护单位名单》,共计 1944 处。2019 年,国务院公布了《第八批全国重点文物保护单位名单》,共计 762 处。

2. 文物。历史上各时代重要实物、艺术品、文献、手稿、图书资料、代表性实物等可移动文物,分为珍贵文物和一般文物;珍贵文物分为一级文物、二级文物、三级文物。

(三)文物权属制度

1. 国家所有。中华人民共和国境内地下、内水和领海中遗存的一切文物,属于国家所有。古文化遗址、古墓葬、石窟寺属于国家所有。国家指定保护的纪念建筑物、古建筑、石刻、壁画、近代现代代表性建筑等不可移动文物,除国家另有规定的以外,属于国家所有。国有不可移动文物的所有权不因其所依附的土地所有权或者使用权的改变而改变。下列可移动文物,属于国家所有:(1)中国境内出土的文物,国家另有规定的除外;(2)国有文物收藏单位以及其他国家机关、部队和国有企业、事业组织等收藏、保管的文物;(3)国家征集、购买的文物;(4)公民、法人和其他组织捐赠给国家的文物;(5)法律规定属于国家所有的其他文物。属于国家所有的可移动文物的所有权不因其保管、收藏单位的终止或者变更而改变。国有文物所有权受法律保护,不容侵犯。

2. 集体所有和私人所有。属于集体所有和私人所有的纪念建筑物、古建筑和祖传文物以及依法取得的其他文物,其所有权受法律保护。文物的所有者必须遵守国家有关文物保护的法律、法规的规定。

(四)文物保护的管理体制

国务院文物行政部门主管全国文物保护工作。地方各级人民政府负责本行政区域内的文物保护工作。县级以上地方人民政府承担文物保护工作的部门对本行政区域内的文物保护实施监督管理。县级以上人民政府有关行政部门在各自的职责范围内,负责有关的文物保护工作。

(五)关于严格控制基本建设避免破坏文物的法律规定

基本建设将对其所在环境中的文物造成影响甚至破坏,因此,法律规定下列措施严格控制基本建设对文物保护产生的不良影响。

1. 各级人民政府制定城乡建设规划,应当根据文物保护的需要,事先由城乡建设规划部门会同文物行政部门商定对本行政区域内各级文物保护单位的保护措施,并纳入规划。

2. 文物保护单位的保护范围内不得进行其他建设工程或者爆破、钻探、挖掘等作业。但是，因特殊情况需要在文物保护单位的保护范围内进行其他建设工程或者爆破、钻探、挖掘等作业的，必须保证文物保护单位的安全，并经核定公布该文物保护单位的人民政府批准，在批准前应当征得上一级人民政府文物行政部门同意；在全国重点文物保护单位的保护范围内进行其他建设工程或者爆破、钻探、挖掘等作业的，必须经省、自治区、直辖市人民政府批准，在批准前应当征得国务院文物行政部门同意。

3. 根据保护文物的实际需要，经省、自治区、直辖市人民政府批准，可以在文物保护单位的周围划出一定的建设控制地带，并予以公布。文物保护单位的建设控制地带，是指在文物保护单位的保护范围外，为保护文物保护单位的安全、环境、历史风貌对建设项目加以限制的区域。文物保护单位的建设控制地带，应当根据文物保护单位的类别、规模、内容以及周围环境的历史和现实情况合理划定。在文物保护单位的建设控制地带内进行建设工程，不得破坏文物保护单位的历史风貌；工程设计方案应当根据文物保护单位的级别，经相应的文物行政部门同意后，报城乡建设规划部门批准。

4. 在文物保护单位的保护范围和建设控制地带内，不得建设污染文物保护单位及其环境的设施，不得进行可能影响文物保护单位安全及其环境的活动。对已有的污染文物保护单位及其环境的设施，应当限期治理。

5. 建设工程选址，应当尽可能避开不可移动文物；因特殊情况不能避开的，对文物保护单位应当尽可能实施原址保护。实施原址保护的，建设单位应当事先确定保护措施，根据文物保护单位的级别报相应的文物行政部门批准，并将保护措施列入可行性研究报告或者设计任务书。无法实施原址保护，必须迁移异地保护或者拆除的，应当报省、自治区、直辖市人民政府批准；迁移或者拆除省级文物保护单位的，批准前须征得国务院文物行政部门同意。全国重点文物保护单位不得拆除；需要迁移的，须由省、自治区、直辖市人民政府报国务院批准。依照规定拆除的国有不可移动文物中具有收藏价值的壁画、雕塑、建筑构件等，由文物行政部门指定的文物收藏单位收藏。原址保护、迁移、拆除所需费用，由建设单位列入建设工程预算。

（六）关于考古发掘的法律规定

1. 一切考古发掘工作，必须履行报批手续；从事考古发掘的单位，应当经国务院文物行政部门批准。地下埋藏的文物，任何单位或者个人都不得私自发掘。

2. 进行大型基本建设工程，建设单位应当事先报请省、自治区、直辖市人民政府文物行政部门组织从事考古发掘的单位在工程范围内有可能埋藏文物的地方进行考古调查、勘探。考古调查、勘探中发现文物的，由省、自治区、直辖市人民政府文物行政部门根据文物保护的要求会同建设单位共同商定保护措施；遇有重要发现的，由省、自治区、直辖市人民政府文物行政部门及时报国务院文物行政部门处理。

3. 需要配合建设工程进行的考古发掘工作，应当由省、自治区、直辖市文物行政部门在勘探工作的基础上提出发掘计划，报国务院文物行政部门批准。国务院文物行政部门在批准前，应当征求社会科学研究机构及其他科研机构和有关专家的意见。确因建设工期紧迫或者有自然破坏危险，对古文化遗址、古墓葬急需进行抢救发掘的，由省、自治区、直辖市人民政府文物行政部门组织发掘，并同时补办审批手续。

4. 在进行建设工程或者在农业生产中，任何单位或者个人发现文物，应当保护现场，立即报告当地文物行政部门，文物行政部门接到报告后，如无特殊情况，应当在 24 小时内赶赴现场，并在 7 日内提出处理意见。文物行政部门可以报请当地人民政府通知公安机关协助保护现场；发现重要文物的，应当立即上报国务院文物行政部门，国务院文物行政部门应当在接到报告后 15 日内提出处理意见。依照上述规定发现的文物属于国家所有，任何单位或者个人不得哄抢、私分、藏匿。

三、保护人文遗迹丰富的历史文化名城的法律规定

历史文化名城是指保存文物特别丰富并且具有重大历史价值或者革命纪念意义的城市。历史文化名城，由国务院建设行政主管部门会同国务院文物行政主管部门报国务院核定并公布。现行法律规定，根据具体城市的历史、科学、艺术价值，历史文化名城分为两级：国家级历史文化名城和省、自治区、直辖市级历史文化名城；前者由国务院公布，后者由省、自治区、直辖市人民政府公布。有关历史文化名城保护的法律规定主要有 2008 年通过并实施的《历史文化名城名镇名村保护条例》(2017 年修订)。1982 年 2 月 8 日，国务院公布了《第一批国家历史文化名城名单》，共 24 个城市；1986 年 12 月 8 日，国务院公布了《第二批国家历史文化名城名单》，共 38 个城市；1994 年，国务院公布了《第三批历史文化名城名单》，共 37 个城市。随着不断增补，截至 2018 年 5 月，我国共有国家历史文化名城 135 个。

（一）一般规定

历史文化名城、名镇、名村的保护应当遵循科学规划、严格保护的原则，保持和延续其传统格局和历史风貌，维护历史文化遗产的真实性和完整性，继承和弘扬中华民族优秀传统文化，正确处理经济社会发展和历史文化遗产保护的关系。

国务院建设主管部门会同国务院文物主管部门负责全国历史文化名城、名镇、名村的保护和监督管理工作。地方各级人民政府负责本行政区域历史文化名城、名镇、名村的保护和监督管理工作。

（二）申报与批准

具备下列条件的城市、镇、村庄，可以申报历史文化名城、名镇、名村：(1) 保存文物特别丰富；(2) 历史建筑集中成片；(3) 保留着传统格局和历史风貌；(4) 历史上曾经作为政治、经济、文化、交通中心或者军事要地，或者发生过重要历史事件，或者其传统产业、历史上建设的重大工程对本地区的发展产生过重要影响，或者能够集中反映本地区建筑的文化特色、民族特色。申报历史文化名城的，在所申报的历史文化名城保护范围内还应当有 2 个以上的历史文化街区。

申报历史文化名城，由省、自治区、直辖市人民政府提出申请，经国务院建设主管部门会同国务院文物主管部门组织有关部门、专家进行论证，提出审查意见，报国务院批准公布。申报历史文化名镇、名村，由所在地县级人民政府提出申请，经省、自治区、直辖市人民政府确定的保护主管部门会同同级文物主管部门组织有关部门、专家进行论证，提出审查意见，报省、自治区、直辖市人民政府批准公布。

（三）保护规划

历史文化名城批准公布后，历史文化名城人民政府应当组织编制历史文化名城保护规划。历史文化名镇、名村批准公布后，所在地县级人民政府应当组织编制历史文化名镇、名村保护规划。保护规划应当自历史文化名城、名镇、名村批准公布之日起 1 年内编制完成。历史文化名城、名镇保护规划的规划期限应当与城市、镇总体规划的规划期限相一致；历史文化名村保护规划的规划期限应当与村庄规划的规划期限相一致。

保护规划由省、自治区、直辖市人民政府审批。保护规划的组织编制机关应当将经依法批准的历史文化名城保护规划和中国历史文化名镇、名村保护规划，报国务院建设主管部门和国务院文物主管部门备案。国务院建设主管部门会同国务院文物主管部门应当加强对保

护规划实施情况的监督检查。县级以上地方人民政府应当加强对本行政区域保护规划实施情况的监督检查，并对历史文化名城、名镇、名村保护状况进行评估；对发现的问题，应当及时纠正、处理。

（四）保护措施

历史文化名城、名镇、名村应当整体保护，保持传统格局、历史风貌和空间尺度，不得改变与其相互依存的自然景观和环境。历史文化名城、名镇、名村所在地县级以上地方人民政府应当根据当地经济社会发展水平，按照保护规划，控制历史文化名城、名镇、名村的人口数量，改善历史文化名城、名镇、名村的基础设施、公共服务设施和居住环境。

在历史文化名城、名镇、名村保护范围内禁止进行开山、采石、开矿等破坏传统格局和历史风貌的活动；禁止占用保护规划确定保留的园林绿地、河湖水系、道路等；禁止修建生产、储存爆炸性、易燃性、放射性、毒害性、腐蚀性物品的工厂、仓库等；禁止在历史建筑上刻划、涂污。

在历史文化名城、名镇、名村保护范围内进行的各类活动，应当保护其传统格局、历史风貌和历史建筑；制订保护方案，并依照有关法律、法规的规定办理相关手续。历史文化街区、名镇、名村建设控制地带内的新建建筑物、构筑物，应当符合保护规划确定的建设控制要求。

对历史文化街区、名镇、名村核心保护范围内的建筑物、构筑物，应当区分不同情况，采取相应措施，实行分类保护。历史文化街区、名镇、名村核心保护范围内的历史建筑，应当保持原有的高度、体量、外观形象及色彩等。在历史文化街区、名镇、名村核心保护范围内，不得进行新建、扩建活动。但是，新建、扩建必要的基础设施和公共服务设施除外。

城市、县人民政府应当对历史建筑设置保护标志，建立历史建筑档案。历史建筑的所有权人应当按照保护规划的要求，负责历史建筑的维护和修缮。县级以上地方人民政府可以从保护资金中对历史建筑的维护和修缮给予补助。历史建筑有损毁危险，所有权人不具备维护和修缮能力的，当地人民政府应当采取措施进行保护。任何单位或者个人不得损坏或者擅自迁移、拆除历史建筑。

建设工程选址，应当尽可能避开历史建筑；因特殊情况不能避开的，应当尽可能实施原址保护。对历史建筑进行外部修缮装饰、添加设施以及改变历史建筑的结构或者使用性质的，应当经城市、县人民政府城乡规划主管部门会同同级文物主管部门批准，并依照有关法律、法规的规定办理相关手续。

四、保护人文遗迹是“环境保护法”题中已有之义〔5〕

中国生物多样性保护与绿色发展基金会（以下简称为绿发会）就河南省郑州市上街区峡窝镇马固村文物（以下简称马固村文物）被拆毁事件提起了公益诉讼，2015 年 10 月 16 日已被郑州市中级人民法院正式通知受理。此案把人文遗迹保护纳入环境公益诉讼的范围，在国内尚属首例，这对于推进我国人文遗迹保护工作不仅具有重要的现实意义，也必定会带来深远的示范性影响，毋庸置疑，这是一个里程碑式的环境法治事件。

在提交该诉讼之前，绿发会已经做了大量的论证与艰苦的调查工作。马固村文物拆毁事件发生后，绿发会为此专门组织了研讨会，邀请各方专家、学者进行了学术研讨，充分论证。研讨会上大家各抒己见，一致认为，马固村文物事件符合环境公益诉讼的起诉条件，绿发会多

〔5〕 参见谭柏平：《保护人文遗迹是环保法题中已有之义——与“救命稻草”一文作者商榷》，载《京华时报》2015 年 10 月 23 日，A03 版。

年来一直从事环境保护公益活动，完全具有提起该起诉讼的原告资格。此外，绿发会还多次到事件现场进行实地访谈、查看，并召开了座谈会，听取群众意见，为准备诉讼收集了第一手证据材料。

本案引起了社会广泛关注，成为媒体与网络热议的话题。2015 年 10 月 20 日《京华时报》刊载了《环保法怎么成了文物保护的救命稻草》一文（以下简称"救命稻草"一文），该文承认"对毁损人文遗迹的行为提起公益诉讼，此案尚为国内首例"，然而，文中的个别观点值得进一步商榷。该文质疑，"以环保名义保护文物，关键在于'破坏不可移动文物就是破坏生态环境'这一论断是否有法律依据"，笔者可以明确肯定，这是有充分法律依据的。我国《环境保护法》第 2 条规定，"本法所称环境，是指影响人类生存和发展的各种天然的和经过人工改造的自然因素的总体，包括大气、水、海洋、土地、矿藏、森林、草原、湿地、野生生物、自然遗迹、人文遗迹、自然保护区、风景名胜区、城市和乡村等。"其中的"人文遗迹"作为环境要素之一，正属于《环境保护法》的"环境"范畴，这已经非常明确，不仅新修订的《环境保护法》如此规定，旧的《环境保护法》也是如此规定，说明这一立法思想没有任何变化。而作为不可移动的马固村文物，至今已有上千年历史，文化积淀厚重，此类"人文遗迹"当然在环境保护的范围之列。笔者认为，这也是绿发会能够提起该起公益诉讼的环境法之基础，其实在绿发会公开的起诉状中已有明确的体现。

从环境法理论上讲，随着环境保护法的发展，环境保护法不单纯是一部环境污染防治法，而且也是生态环境保育法，环境保护的法律规范包括对于生物资源与非生物资源的保育、保存与维护，人文遗迹、古建筑群落等人文生态环境显然属于非生物资源环境保护的范畴，作为一个整体的人文生态环境系统，环境法历来是将其作为特定区域环境保护的内容的，并且，环境法对于人文遗迹的保护，与自然保护区、风景名胜区、自然遗迹的保护具有同等重要的地位。

"救命稻草"一文假设，"如果这是环保法的立法本意，则不可移动文物保护就应属于环保工作的一部分，由此会造成一系列连锁反应"，然而，笔者认为，这些"连锁反应"存在相当大的误解。其一，"将不可移动文物保护纳入环保主管部门监督管理的范畴"的说法，是对环保主管部门监管职责的误读。环保部门当然担负着环境保护的最主要监管职责，但它不是唯一的环保监管部门，尤其是在生态保育或自然资源保护方面，国土、海洋、林业、农业、交通、公安、规划、发改委、工信、军事等和包括文物保护在内的多个部门均在其法定的职责范围内承担相关的环境保护工作。《环境保护法》不是环境保护部的环境保护法，而是属于生态文明建设、绿色发展和环境保护的国家立法，是中华人民共和国的环境保护法。不可否认，目前的环境保护监管体制存在一些弊端，但是，在我国生态文明体制改革方案仍未落实，"环保大部制"尚需时日的当下，环保多头监管的局面仍然不会有实质性的改变。况且，单一的"不可移动文物"个体是否应该属于环保监管范围还值得探讨，毕竟，环境保护法意义上的人文遗迹是作为一个整体的人文环境系统来整体进行保护的。其二，该文的第二个"连锁反应"，即"环保主管部门也可对毁损不可移动文物的行为提起环境公益诉讼"，大可不必为之担心，其在我国目前的法律环境下没有可能实现。《民事诉讼法》规定的能够提起公益诉讼的是"法律规定的机关和有关组织"，而这一原则性规定体现在《环境保护法》第 58 条中，则有具体的诉讼主体资格限制，目前还没有哪部法律规定"环保主管部门可以对毁损不可移动文物的行为提起环境公益诉讼"，毕竟环保主管部门不是文物的主管部门，这就明确排出了环保主管部门作为原告的可能性。其三，该文第三个"连锁反应"，即"应当依据《党政领导干部生态环境损害责任追究办法（试行）》，将不可移动文物保护纳入党政领导干部离任审计和终身追责的范畴"，这本来就是应该的，理应成为党政领导干部生态环境损害责任追究的范畴，缘何又成为作者笔下的不良连锁反应呢？

当然，"救命稻草"一文中有一些观点还是值得肯定的。笔者支持对于《文物保护法》的修订完善，赞成文中提及的文物保护公益诉讼制度的建立。其实，在绿发会组织的研讨会上，就有专家做了介绍，在《民事诉讼法》修订过程中原本就有这个意思，亦即除了环境保护与消费者权益保护公益诉讼之外，保留了对"损害社会公共利益的行为"提起其他公益诉讼的解释余地，包括文物保护在内。

总之，保护人文遗迹是"环境保护法"题中应有之义，环境保护法关于人文遗迹保护的管辖权不是自封的，也不是杜撰的，绿发会对此并没有过度解读。笔者认为，"环保法"非但不应该是文物保护的救命稻草，而应该期待《文物保护法》的进一步完善，两法协作，从不同角度保护特定区域内的人文遗迹这一环境要素。

第七节　自然灾害防治法

我国自然灾害防治立法分为专门性立法、专类规范和相关规范三类。专门立法是指以自然灾害防治为唯一立法目的的法律规范，我国现已制定的这方面的专门立法主要包括：1997年8月第八届全国人民代表大会常务委员会第二十七次会议通过，并于1998年1月1日起施行的《防洪法》，1997年12月第八届全国人民代表大会常务委员会第二十九次会议上通过，并于1998年3月1日起施行的《防震减灾法》，以及国务院1998年12月17日发布的《地震预报管理条例》、2001年11月15日发布的《地震安全性评价管理条例》、2004年6月17日发布的《地震监测管理条例》等法规。专类规范是其他立法中规定的旨在防治自然灾害的法律章节或条文，如《气象法》第四章气象预报与灾害性天气警报、第五章气象灾害防御等。相关规范亦称准用性规范，是其他立法中可用于调整自然灾害防治法律关系的规范，例如民法中恢复原状、排除妨碍、补救措施等承担民事责任的方式在自然灾害防治法中的准用，刑法中妨碍公务罪、破坏公共设施罪、渎职罪、贪污罪等罪名在自然灾害防治法中的准用，治安管理处罚法、建筑安装，规划管理等行政法规中规定的行政责任在自然灾害防治法中的准用等。

一、防洪法

洪水是指由暴雨或急骤融冰化雪、水库垮坝等引起江河水量迅速增加，水位急剧上涨的自然现象。影响洪水特性的主要自然因素是流域气候条件、下垫面地形、地质、地貌等。洪水能否造成灾害，与人类社会经济活动有密切关系，只有当洪水威胁到人类安全和影响社会经济活动并造成损失时才能成为洪灾。因此，洪水灾害的形成是自然因素和社会因素综合作用的结果。洪水灾害历来是我国最严重的自然灾害之一。由于我国季风导致的多暴雨气候特征和地势西高东低落差大的地理特征，我国洪水灾害频繁。我国历来十分重视防洪，先后发布了《防汛条例》《河道管理条例》《关于蓄滞洪区安全与建设指导纲要》等行政法规和文件，1997年颁布了《防洪法》，并于2009年、2015年、2016年进行了修订。该法将防洪工作进一步纳入法制化的轨道，是我国防治洪灾的一部基本法律，内容包括总则、防洪规划、治理与防护、防洪区和防洪工程设施的管理、防汛抗洪、保障措施、法律责任和附则8章共65条，立法体现了防洪工作全面规划、统筹兼顾、预防为主、综合治理、局部利益服从全局利益等原则，主要法律制度包括以下几个方面。

（一）规划制度

防洪工作乃千百万人民生命财产安全所系，且覆盖大江大河及其流域广大地区，既要有主管部门的统一领导，又要有各方面的密切配合；既有紧急情况下的应对措施，又有长期的建设与部署，因此特别强调严格规划管理，这使《防洪法》带有鲜明的公法色彩。《防洪法》总则之后紧接着的就是防洪规划的专章，可见其重要地位。防洪规划是指为防治某一流域，河段或者区域的洪涝灾害而制定的总体部署，是江河、湖泊治理和防洪工程设施的基本依据。防洪规划制度主要涉及以下三方面具体制度的规定：

一是防洪规划保留区制度。所谓防洪规划保留区是指经防洪规划确定、依法批准划定并公告的河道整治计划用地和规划建设的堤防用地范围内的土地。《防洪法》规定，规划保留区内的土地利用，应当符合防洪规划的要求，不得建设与防洪无关的其他永久性工程设施；在特殊情况下，国家建设项目确需占用规划保留区内的土地的，应当征求有关行政主管部门的意见。

二是规划同意书制度。规划同意书是指水行政主管部门对防洪工程和其他水工程、水电站的可行性研究报告进行审查，对符合防洪规划的要求者予以同意签署的法定程序。《防洪法》规定，在江河、湖泊上建设防洪工程和其他水工程，水电站等，应当符合防洪规划的要求，水库应当按照防洪规划的要求留足防洪库容，有关的可行性研究报告按照国家规定的基本建设程序报请批准时，应当附具有关水行政主管部门签署的符合防洪规划要求的规划同意书。

三是占用河道审批管理制度。河道是行洪的通道，如果发生堵塞、淤积，会降低蓄洪能力，致使汛期行洪不畅，加重汛情。针对一些地方随意占用河道的行为，如跨河、穿河、临河工程设施的建设占用河道不按规定审批，甚至在河道内修建工厂和住宅，使行洪河道在紧急情况下难以启用，从而严重影响行洪的情况，防洪法加大了对占用河道的管理力度，规定占用河道应当符合国家规定的防洪标准、岸线规划等技术要求，其可行性研究报告按照国家规定的基本建设程序报请批准前，其中的工程建设方案应当经水行政主管部门审查同意；占用河道时，由水行政主管部门确定跨越的河道空间和穿越的河床位置。

（二）经济责任与义务制度

防洪工作涉及经济全局的重大利益和诸多方面的具体利益，因此在强调带有强烈行政色彩的规划管理的同时，也要特别重视发挥公平原则和经济手段的作用，这也是《防洪法》由行政法规上升为法律的重要标志。经济责任主要体现国家或政府的职能，而经济义务则主要体现民事法律调整的功能。《防洪法》中的经济责任与义务制度主要包括以下两个方面：

一是蓄滞洪区的安全建设管理与补偿、救助制度。蓄滞洪区是指包括分洪口在内的河堤背水面以外临时贮存洪水的低洼地区及湖泊等，是防洪体系的重要组成部分。由于蓄滞洪区往往有人口居住，因此首先要加强此区域的安全建设管理。《防洪法》规定，有关的地区和部门应按照防洪规划的要求，制订安全建设计划，控制蓄滞洪区人口增长，有计划地组织外迁，并采取其他必要的安全保护措施；其次，由于蓄滞洪区为了确保全局而作出牺牲，政府有责任对其予以扶持和补偿、救助，作为蓄滞洪的受益者也应有这方面的义务，《防洪法》对这类责任和义务作出了明确规定。

二是防洪投入由政府和受益者合理承担相结合的制度。防洪需要大量的财产投入，这种投入一方面具有国家履行职能的性质，另一方面也有特定地区和部分民事主体直接受益的性质，因此对这种投入的负担理应由政府和直接受益者共同合理承担。《防洪法》规定，防洪费用按照政府投入同受益者合理承担相结合的原则筹集。该法又规定，各级人民政府应当采取措施,提高防洪投入的总体水平。《防洪法》还明确了防洪投入的主体和中央与地方在防洪投入中的事权,并规定了江河治理和防洪工程设施建设的投资渠道和原则。

(三)洪水影响评价报告制度

这是由环境影响评价制度派生出的特殊防洪制度,主要作用在于避免进洪时对蓄滞洪区内的非防洪建设项目造成不必要的经济损失,并防止建设项目对防洪工作产生严重影响。《防洪法》规定,在蓄滞洪区内建设非防洪建设项目,应当就洪水对建设项目可能产生的影响和建设项目对防洪可能产生的影响作出评价,编制洪水影响评价报告,提出防御措施。建设项目可行性研究报告按照国家规定的基本建设程序报请批准时,应当附具有关水行政主管部门审查批准的洪水影响评价报告。

(四)保护范围制与分工负责制

防洪工作必须在强调统一规划管理的前提下,明确保护范围,落实分工负责制。首先要划定河道管理保护范围和防洪工程设施管理保护范围。为了防止在河道管理范围内从事有碍河道防护的活动,加强河道防护与防洪工程设施保护,充分发挥其防洪功能,《防洪法》规定,流域管理机构直接管理的河道、湖泊管理范围,由流域管理机构会同有关县级以上地方人民政府划定;其他河道、湖泊管理范围,由有关县级以上地方人民政府划定。属于国家所有的防洪工程设施,应当按照经批准的设计,在竣工验收前由县级以上人民政府按照国家规定,划定管理和保护范围。属于集体所有的防洪工程设施,应当按照省、自治区、直辖市人民政府的规定,划定管理和保护范围。此外,还要建立防汛抗洪的政府行政首长负责制和部门分工负责制,以加强对防汛抗洪工作的统一领导,确保汛期的统一指挥和调度,充分发挥各有关部门的作用,确保防汛抗洪工作的顺利进行。为此,《防洪法》规定,防汛抗洪工作实行各级人民政府行政首长负责制,统一指挥、分工负责,并规定了有关地方政府和防汛指挥机构、水行政主管部门及其他有关部门在防汛抗洪中的职责与任务。

二、防震减灾法

地震是指引起地表动荡的地球内部突然震动。地震分为天然地震(主要指构造地震,即岩层断裂引起的地震和火山地震)和诱发地震(主要分为水库蓄放水和抽注液诱发地震)。我国的地震绝大多数是构造地震,其产生的强度一般较大,波及的范围广,造成的损失严重;水库地震、矿震等诱发性地震较少发生,且一般产生的强度小,造成的损失亦相对较小。

1997 年 12 月第八届全国人大代表大会常务委员会第二十九次会议通过,并于 1998 年 3 月 1 日起施行《防震减灾法》。该法适应防震减灾工作系统工程的需要,规范政府及有关部门在防震减灾工作中的权力、职责和社会团体及公民个人在防震减灾工作中的权利和义务,将我国防震减灾工作进一步纳入法制化轨道,是防震减灾工作的基本法律依据。该法经过 2008 年的修订,现有 9 章 93 条,分为总则、地震减灾规划、地震监测预报、地震灾害预防、地震应急救援、地震灾后过渡性安置和恢复重建、监督管理、法律责任和附则。主要内容包括以下几个方面。

(一)防震减灾工作的基本方针

《防震减灾法》确认了我国防震减灾工作的成功经验,以立法的形式使之上升为防震减灾工作的基本方针和法律原则,主要包括:实行预防为主、防御与救助相结合的方针;统一规划、加强领导、分工负责的方针;依靠科技提高防震减灾工作水平的方针。这些基本方针和原则体现了现代社会经济、科技、法治对防震救灾工作的客观要求,体现了我国社会主义制度的优越性,是防震减灾工作法制化的核心,也是解决当前防震减灾工作存在问题的关键所在。

(二)防震减灾规划制度

国务院地震工作主管部门会同国务院有关部门组织编制国家防震减灾规划,报国务院批准后组织实施。县级以上地方人民政府负责管理地震工作的部门或者机构会同同级有关部门,根据上一级防震减灾规划和本行政区域的实际情况,组织编制本行政区域的防震减灾规划,报本级人民政府批准后组织实施,并报上一级人民政府负责管理地震工作的部门或者机构备案。

防震减灾规划的内容应当包括:震情形势和防震减灾总体目标,地震监测台网建设布局,地震灾害预防措施,地震应急救援措施,以及防震减灾技术、信息、资金、物资等保障措施。编制防震减灾规划,应当对地震重点监视防御区的地震监测台网建设、震情跟踪、地震灾害预防措施、地震应急准备、防震减灾知识宣传教育等作出具体安排。

(三)地震监测预报制度

地震灾害不同于一般其他自然灾害的特征之一是预测困难,而错误的预测一方面会使人们因缺少对地震的防御准备而遭受重大损失;另一方面会造成人心恐慌,影响社会的安定和经济的发展,因此加强对地震的监测,科学和准确地发布地震预报,是防震减灾的首要任务,必须严格予以规范。监测预报是防震减灾工作的基础。《防震减灾法》规定,国家加强地震监测预报工作,建立多学科地震监测系统,国家对地震监测台网实行统一规划,分级、分类管理。国务院地震工作主管部门建立健全地震监测信息共享平台,为社会提供服务。

国务院地震工作主管部门和县级以上地方人民政府负责管理地震工作的部门或者机构,根据地震监测信息研究结果,对可能发生地震的地点、时间和震级作出预测。其他单位和个人通过研究提出的地震预测意见,应当向所在地或者所预测地的县级以上地方人民政府负责管理地震工作的部门或者机构书面报告,或者直接向国务院地震工作主管部门书面报告。收到书面报告的部门或者机构应当进行登记并出具接收凭证。

观测到可能与地震有关的异常现象的单位和个人,可以向所在地县级以上地方人民政府负责管理地震工作的部门或者机构报告,也可以直接向国务院地震工作主管部门报告。国务院地震工作主管部门和县级以上地方人民政府负责管理地震工作的部门或者机构接到报告后,应当进行登记并及时组织调查核实。

国务院地震工作主管部门和省、自治区、直辖市人民政府负责管理地震工作的部门或者机构,应当组织召开震情会商会,必要时邀请有关部门、专家和其他有关人员参加,对地震预测意见和可能与地震有关的异常现象进行综合分析研究,形成震情会商意见,报本级人民政府;经震情会商形成地震预报意见的,在报本级人民政府前,应当进行评审,作出评审结果,并提出对策建议。

国家对地震预报意见实行统一发布制度。全国范围内的地震长期和中期预报意见,由国务院发布。省、自治区、直辖市行政区域内的地震预报意见,由省、自治区、直辖市人民政府按照国务院规定的程序发布。除发表本人或者本单位对长期、中期地震活动趋势的研究成果及进行相关学术交流外,任何单位和个人不得向社会散布地震预测意见。任何单位和个人不得向社会散布地震预报意见及其评审结果。

国家支持全国地震烈度速报系统的建设。地震灾害发生后,国务院地震工作主管部门应当通过全国地震烈度速报系统快速判断致灾程度,为指挥抗震救灾工作提供依据。

(四)地震灾害预防制度

地震灾害不同于其他自然灾害的另一显著特点是,有些自然灾害一旦人们能够准确预测,就能够在很大程度上予以消除或避免其发生,如洪水、滑坡等,而地震灾害即使人们能够准确地预测出来,也不能消除或避免其发生,这就是说地震的发生更具有不可抗拒性,人们在对其准确预测的基础上接下来最应当做的就是预防其灾害后果。《防震减灾法》将地震灾害预防制度紧接着地震监测预报制度规定是有科学道理的,体现了对地震灾害更应强调预防为主的重要意义。地震灾害预防的关键是实施工程性预防措施和非工程性预防措施。

所谓工程性预防措施,是指根据地震区划和经地震安全性评价提出的抗震设防要求,对建设工程采取的抗震设防措施,这是减轻地震灾害的直接和有效的途径。我国《防震减灾法》规定,新建、扩建、改建建设工程,应当达到抗震设防要求。已经建成的下列建设工程,未采取抗震设防措施或者抗震设防措施未达到抗震设防要求的,应当按照国家有关规定进行抗震性能鉴定,并采取必要的抗震加固措施:(1)重大建设工程;(2)可能发生严重次生灾害的建设工程;(3)具有重大历史、科学、艺术价值或者重要纪念意义的建设工程;(4)学校、医院等人员密集场所的建设工程;(5)地震重点监视防御区内的建设工程。

所谓非工程性预防措施,是指除工程性预防措施之外的一切依法减灾的活动,主要包括编制防震减灾规划、开展防震减灾知识宣传教育、地震重点监视防御区的抗震救灾资金和物资储备等。《防震减灾法》规定,城乡规划应当根据地震应急避难的需要,合理确定应急疏散通道和应急避难场所,统筹安排地震应急避难所必需的交通、供水、供电、排污等基础设施建设。地震重点监视防御区的县级以上地方人民政府应当根据实际需要,在本级财政预算和物资储备中安排抗震救灾资金、物资。县级人民政府及其有关部门和乡、镇人民政府、城市街道办事处等基层组织,应当组织开展地震应急知识的宣传普及活动和必要的地震应急救援演练,提高公民在地震灾害中自救互救的能力。机关、团体、企业、事业等单位,应当按照所在地人民政府的要求,结合各自实际情况,加强对本单位人员的地震应急知识宣传教育,开展地震应急救援演练。学校应当进行地震应急知识教育,组织开展必要的地震应急救援演练,培养学生的安全意识和自救互救能力。新闻媒体应当开展地震灾害预防和应急、自救互救知识的公益宣传。国务院地震工作主管部门和县级以上地方人民政府负责管理地震工作的部门或者机构,应当指导、协助、督促有关单位做好防震减灾知识的宣传教育和地震应急救援演练等工作。国家发展有财政支持的地震灾害保险事业,鼓励单位和个人参加地震灾害保险。

(五)地震应急救援制度

地震应急救援制度是指法律规定的针对破坏性地震灾害发生时的各种紧急情况而制定的应对方案和规则。如果说前面三项制度主要的功能是防御地震的话,这项制度则是减轻地震灾害的首要制度。所谓破坏性地震是指造成人员伤亡和财产损失的地震灾害。地震应急制度的目的就是针对地震灾害具有的突发性特点,预先制订紧急情况发生时的应对方案,以及实施应对方案的规则,在面对破坏性地震突发时做到处变不惊、临危不乱,迅速有效地开展抗震抢险的各项工作。地震应急制度是建立快速反应机制的前提,对于减少人员伤亡和经济损失以及防止灾害的扩大有着十分重要的作用。我国《防震减灾法》规定了各级有关部门制定各级地震灾害应急预案的主要内容和程序,规定了建立地震灾害紧急救援队伍、地震灾害救援志愿者队伍以及协调外国救援队和医疗队各项工作的基本要求。

(六)地震灾后过渡性安置和恢复重建制度

地震灾后过渡性安置和恢复重建制度虽是防震减灾工作的末端环节,但却是最直接与人民生命财产和经济建设相联系的环节,这项制度的基本目的在于保证地震灾后过渡性安置与恢复重建工作高效、有序地进行,迅速、全面地消除地震灾害造成的破坏后果,恢复正常的生产和生活秩序。《防震减灾法》规定各级政府应对地震灾害损失进行调查评估,合理设置过渡性安置点。各级政府应根据地震灾后恢复重建规划和当地经济社会发展水平,有计划、分步骤地组织实施地震灾后恢复重建。地震灾后恢复重建应当坚持政府主导、社会参与和市场运作相结合的原则。

第八节　气象法与气候资源权属

气象是指大气中的冷、热、干、湿、风、云、雨、雪、霜、雾、雷电、光象等各种物理状态和物理现象的统称。气象环境是以空气为载体的各种物理环境因子的组合,是一种重要的生态空间。我国早在1994年由国务院发布了《气象条例》。1999年10月,第九届全国人民代表大会常务委员会第十二次会议通过了《气象法》,自2000年1月1日起实施。该法分为8章共45条,内容涉及气象设施的建设与管理、气象探测、气象预报与灾害性天气警报、气象灾害防御、气候资源开发利用和保护等。我国气象法的主要内容包括以下几个方面。

一、气象事业的性质和原则

《气象法》第1条规定:"为了发展气象事业,规范气象工作,准确、及时地发布气象预报,防御气象灾害,合理开发利用和保护气候资源,为经济建设、国防建设、社会发展和人民生活提供气象服务,制定本法。"这一规定不仅明确了立法目的,而且指出了我国气象事业的性质和任务。我国气象事业的任务不仅是发布气象预报,而且还包括积极参与各项经济建设和社会发展事业,是生态环境保护和建设事业的重要组成部分,是实现经济和社会可持续发展战略的重要保证。气象事业具有基础性和公益性,《气象法》第3条明确指出:"气象事业是经济建设、国防建设、社会发展和人民生活的基础性公益事业,气象工作应当把公益性气象服务放在首位。"这种规定决定了气象事业的体制。《气象法》规定各级人民政府应当加强对气象工作的领导和协调,国务院气象主管机构负责全国的气象工作,地方各级气象主管机构在上级气象主管机构和本级人民政府的领导下,负责本行政区域内的气象工作。

《气象法》还规定了气象工作的基本原则:首先,是公益性与有偿性相结合的原则。气象事业是基础性公益事业,我国长期以来将气象事业作为单一的公益性事业,实行无偿的气象服务。随着社会主义市场经济体制的建立和经济社会的发展,社会对气象服务的需求范围不断扩大,单一的公益性气象服务已经不能满足对气象服务的特殊要求。为了开拓气象服务领域,满足一些特定用户对气象服务的特殊要求,应当在坚持气象事业以公益性为主的前提下,允许在一定范围内依法从事专业气象有偿服务,这种服务有利于气象事业的发展和弥补气象事业经费的不足,这也符合市场经济的规律和基本要求,是必要的也是合理的。《气象法》第3条规定,气象台站在确保公益性气象无偿服务的前提下,可以依法开展气象有偿服务。气象台站和其他开展有偿服务的单位,从事气象有偿服务的具体管理办法由国务院规定。《气象法》中关于气象有偿服务的具体规定有两项:一是规定各种媒体通过传播气象信息获得的收益,应当提取一部分支持气象事业的发展;二是明确规定农业生产所需的气象信息服务属于公益性气象服务。其次,是依靠科技发展气象事业的原则。《气象法》规定,从事气象活动,应当遵守国家制定的气象技术标准、规范和规程。气象事业要发展更需要依靠科学技术。《气象法》第7条第1、2款规定:"国家鼓励和支持气象科学技术研究、气象科学知识普及,培养气象人才,推广先进的气象科学技术,保护气象科技成果,加强国际气象合作与交流,发展气象信息产业,提高气象工作水平。各级人民政府应当关心和支持少数民族地区、边远贫困地区、艰苦地区和海岛的气象台站的建设和运行。”此外,《气象法》还对各方面的气象工作规定出一些原则要求,如在气象规划方面,规定编制气象设施建设规划,应当遵循合理布局、有效利用、兼顾当前与长远需要的原则,以避免重复建设。在气象探测方面,规定各级气象主管机构应当按照气象资料共享、共用的原则,根据国家有关规定,与其他从事气象工作的机构交换有关气象信息资料等。

二、气象设施建设与管理

气象设施是指气象探测设施、气象信息专用传输设施、大型气象专用技术装备等。气象设施是从事气象业务活动的基础,其布局是否合理,直接关系到气象事业整体效益的发挥。我国气象设施建设取得了巨大的成就,对准确、及时地发布气象预报,为国民经济的发展提供气象服务,起到积极的保障作用,但也存在一些问题。一是气象设施建设缺乏统一规划,造成气象设施布局不合理、重复建设严重等问题。为此《气象法》规定,要严格气象设施建设规划制度,规定国务院气象主管机构应当组织有关部门编制气象探测设施、气象信息专用传输设施、大型气象专用技术装备等重要气象设施的建设规划,报国务院批准后实施。气象设施建设规划的调整、修改,必须报国务院批准。重要气象设施建设项目,应当符合重要气象设施建设规划要求,并在项目建议书和可行性研究报告批准前,征求国务院气象主管机构或者省、自治区、直辖市气象主管机构的意见。二是气象设施和气象探测环境遭到破坏的情况比较严重,影响了气象探测和气象预报的准确性。为此《气象法》规定,国家依法保护气象设施,任何组织或者个人不得侵占、损毁或者擅自移动气象设施。气象设施因不可抗力遭受破坏时,当地人民政府应当采取紧急措施,组织力量修复,确保气象设施正常运行。《气象法》还规定,未经依法批准,任何组织或者个人不得迁移气象台站;确因实施城市规划或者国家重点工程建设,需要迁移国家基准气候站、基本气象站的,应当报经国务院气象主管机构批准;需要迁移其他气象台站的,应当报经省、自治区、直辖市气象主管机构批准,迁建费用由建设单位承担。第三方面的问题是加强气象设施的管理。《气象法》规定,气象专用技术装备应当符合国务院气象主管机构规定的技术要求,并经国务院气象主管机构审查合格;未经审查或者审查不合格的,不得在气象业务中使用。气象计量器具应当依照《计量法》的有关规定,经气象计量检定机构检定。未经检定、检定不合格或者超过检定有效期的气象计量器具,不得使用。

三、气象探测环境保护

气象探测,是指利用科技手段对大气和近地层的大气物理过程、现象及其化学性质等进行的系统观察和测量。气象探测环境,是指为避开各种干扰,保证气象探测设施准确获得气象探测信息所必需的最小距离构成的环境空间。气象探测环境是保证气象探测设施正常运行、获得准确探测信息,制作高质量气象预报的重要条件。《气象法》颁布之前,面对气象探测环境屡遭破坏的局面,气象台站唯一能够选择的就是被迫搬迁,这不仅浪费了国家大量资金,也严重影响了气象台站正常的探测活动。针对这一问题,《气象法》规定,国家依法保护气象探测环境,任何组织和个人都有保护气象探测环境的义务。禁止下列危害气象探测环境的行为:(1)在气象探测环境保护范围内设置障碍物、进行爆破和采石;(2)在气象探测环境保护范围内设置影响气象探测设施工作效能的高频电磁辐射装置;(3)在气象探测环境保护范围内从事其他影响气象探测的行为。气象探测环境的保护范围由国务院气象主管机构规定,并纳入城市规划和村庄集镇规划。规定建设工程应当避免危害气象探测环境,确实无法避免的，应依法律规定的程序事先征得省级气象主管机构的同意，并采取相应的措施后，才可建设。

四、气象预报和灾害性天气警报

气象预报是气象事业的最基本、最经常性的工作，是为国民经济和国防建设服务的重要手段。准确、及时地制作、发布气象预报和灾害性天气警报，对保障经济建设顺利进行和保护人民生命财产安全具有重要的作用，因此，法律必须保障气象预报和灾害性警报的严肃性和权威性。针对立法以前社会上存在的一些组织和个人将未经气象主管机构科学分析、审核的预报意见擅自向社会公开发布，给政府组织防灾减灾和人民群众正常的生产、生活秩序带来不良影响的情况，《气象法》明确规定，国家对公众气象预报和灾害性天气警报实行统一发布制度。其他任何组织或者个人不得向社会发布公众气象预报和灾害性天气警报。同时《气象法》也规定气象机构和气象台站应当提高气象预报的准确性、及时性和服务水平。

五、气象灾害防御

气象灾害是指台风、暴雨（雪）、寒潮、大风（沙尘暴）、低温、高温、干旱、雷电、冰雹、霜冻和大雾等所造成的灾害。气象灾害属于气候灾害，前者一般持续时间较短而后者可长可短。我国气象灾害很严重，在各类自然灾害中，气象灾害占70%以上；有的年份甚至高达90%。每年因气象灾害所造成的损失平均约占国民生产总值的3% ~5%，给人民生命财产和国民经济建设造成重大损失。关于各级人民政府在气象灾害防治方面的职责，首先，《气象法》规定各级人民政府有编制和组织实施气象灾害防御规划的职责，各级人民政府应当加强气象灾害监测、预警系统建设，组织有关部门编制气象灾害防御规划，并采取有效措施，提高防御气象灾害的能力。其次，《气象法》还规定了各级气象主管机构及其所属气象台站在防御气象灾害工作中的职责，首先是组织对重大灾害性天气的跨地区、跨部门的联合监测、预报工作，及时提出气象灾害防御措施，并对重大气象灾害作出评估，为本级人民政府组织防御气象灾害提供决策依据。此外，《气象法》还明确了在防御气象灾害方面，有关组织和个人有服从人民政府的指挥和安排、做好气象灾害防御工作的义务。

《气象法》还就人工影响天气作出规定。人们为避免或者减轻气象灾害，合理利用气候资源，在适当条件下通过科技手段对局部大气的物理、化学过程进行人工影响，实现增雨雪、防雹、消雨、消雾、防霜等目的的活动称为人工影响天气。这种活动是防御气象灾害的重要措施，但如果不加以严格规范也会产生安全隐患等问题，因此《气象法》对人工影响天气的行为进行严格规范管理，规定县级以上人民政府应当加强对人工影响天气工作的领导，并根据实际情况，有组织，有计划地开展人工影响天气的工作。实施人工影响天气作业的组织必须具备省、自治区、直辖市气象主管机构规定的条件，并使用符合国务院气象主管机构要求的技术标准的作业设备，遵守作业规范。

六、气候资源开发利用和保护

气候资源是指有利于人类经济活动的气候条件。例如，自然界的热量，光照、水和风能等，是合理进行农业区划和工业布局的依据之一。我国气候资源十分丰富，而且一些自然条件比较恶劣的高原地区，气候资源却往往比一般地区更丰富，为这些地区经济的开发提供了清洁廉价而又取之不尽的能源和资源，因此应当鼓励对气候资源的开发利用。但如果缺乏必要的法律规制，就会导致盲目开发利用以及重开发利用、轻保护的做法盛行，造成气候资源的浪费和气候环境的严重破坏。为此,气象法规定,县级以上地方人民政府应当根据本地区气候资源的特点,对气候资源开发利用的方向和保护的重点作出规划。地方各级气象主管机构应当根据本级人民政府的规划,向本级人民政府和同级有关部门提出利用、保护气候资源和推广应用气候资源区划等成果的建议。各级气象主管机构应当组织对城市规划、国家重点建设、工程重大区域性经济开发项目和大型太阳能等气候资源开发利用项目进行气候可行性论证。

七、"'风光'国有"不违宪:兼论气候资源的权属问题[6]

2012年6月14日,黑龙江省人大审议通过《黑龙江省气候资源探测和保护条例》(2016年12月修正),规定"气候资源归国家所有,对气候资源探测将实行探测许可制度"等。消息一出,舆论哗然。有媒体质疑,该条例的出台随意扩大行政审批权限,是为了"寻租收费";有专家担忧,该条例的出台不利于新能源产业发展;有网友调侃,以后是否吹吹凉风、晒晒太阳也要向国家缴费才行?更有甚者,法学界权威人士表示,该条例不但违背了常识,还有违宪之嫌。

尽管出于良好愿望,但上述质疑与担忧大可不必,也有误解之处,而法学界权威人士的表态更失之偏颇,观点值得商榷。笔者认为,"'风光'国有"不但不违宪,而且具有宪法上与法理上的充分依据,这一点必须澄清。

我国现行《宪法》第9条明确规定,"矿藏、水流、森林、山岭、草原、荒地、滩涂等自然资源,都属于国家所有,即全民所有,由法律规定属于集体所有的森林和山岭、草原、荒地、滩涂除外。"可见,我国《宪法》对自然资源权属问题的规定已经非常清楚,即我国自然资源的所有权归属仅仅包括两个方面:一是国家所有,即全民所有;二是集体所有。我国的自然资源所有权问题,主要是划清自然资源国家所有与集体所有的界限问题。我国《宪法》没有规定私人对自然资源享有所有权的情形,这一点不能进行扩张解释,也不需要全国人大常委会再出面进行解释。

有学者认为,"《宪法》第九条并没有明确规定风能和太阳能的归属问题,只是规定'自然资源'属于国有"。的确,《宪法》不可能对任一自然资源都作出规定,就像法律条文不可能穷尽一切社会关系一样。但是,对于宪法条文中未列明的其他自然资源,即"等自然资源",均应归国家所有,包括人类已发现的和未发现的自然资源。随着经济、社会的发展与能源、环境问题的矛盾日益突出,现在不值钱、不稀缺的自然资源,将来有一天终会显现其经济价值、环境(生态)价值,或者变得稀缺起来。对于此类自然资源,《宪法》"等自然资源"的兜底规定正好可以也必须将之纳入调整范围,归属国有。随着"风光"等气候资源的重要性日益凸显,这类资源理应归属国家所有,而不能归属个人所有,甚至不能归属集体所有。

再者,必须区别"公所有权"与"私所有权",两者性质不同。国家所有权的法律性质是一种公共权力,它是一种与民法上的"私所有权"大相径庭的"公所有权",它不能为私人的利益行使,而只能为公共利益的目的行使。在我国,私人一般来说不能作为"公共自然资源"所有权的主体,但私人可以取得相对有限的"民法意义上的自然资源"所有权,如《森林法》规定,农村居民在房前屋后自留地、自留山种植的林木,归个人所有;城镇居民和职工在自有房屋的庭院内种植的林木,归个人所有。显然这两者是不同的。

---

〔6〕 参见谭柏平:《"风光"国有不违宪——兼论气候资源的权属问题》,载《国际与国内视阈下共同但有区别责任原则的理论与实践》,法律出版社2014年版,第302~304页。

有学者认为,“风和太阳光即便是财产,也只能是私产,应该根据‘谁开发、谁拥有、谁获利’的原则,来确定其归属权”。此观点值得商榷。“公物之上不得设定私权”是国际公认的一条法理。根据环境公共财产理论(或环境公共委托理论),“风和太阳光”等气候资源就其自然属性和对人类社会的重要性而言,应该是全体人民的“共享资源”,属于全体人民的“公共财产”,与“私产”的主张恰恰相反。当然,为了合理支配和保护这些“共有财产”,共有人只能委托国家来进行管理。这种理论恰好适用于“风和太阳光”等气候资源。洛克在《政府论》一书中写道:“没有人对于这种处在自然状态中的东西原来就具有排斥其余人类的私人所有权。”就是这个道理。综上,气候资源理应由国家来支配管理,而不能成为私人所有的对象。

国家对这些重要自然资源的管理是受全体共有人委托行使管理权的,因而不能滥用委托权。国家的自然资源所有权是一项具有排他性的支配权利,其他主体(单位或个人)如果要取得对这些资源的使用或收益,必须经得所有权人国家的许可。所以,“对气候资源探测实行探测许可制度”具有法理上的依据,企业探测开发风能及太阳能资源需要经过气象部门许可,取得《气候资源开发探测许可证》,就是这个原因。

至于“今后吹风、晒太阳是否向国家缴费”以及“老百姓以后自由呼吸空气涉嫌侵占国有资产”的调侃,则是对“风光”等气候资源国家所有权的误解。个人呼吸、吹风、晒太阳是生存的必要条件,自然而然的行为,此种行为不具有营利性,也不会构成对国家所有权的排他性干扰,因此,不需要经得政府许可。譬如,《宪法》第 9 条规定水流属于国家所有,可并不禁止私人去江河担水,也不干涉私人下河游泳,而单位或个人以营利为目的在江河取水,则必须取得政府的许可。如果法律允许“水流私有”又会怎样?那只能妨碍水流这项公共资源的公众共享。风、阳光、空气同此理。

当然,该条例宣布的“‘风光’国有”并不是无可“指责”的。“风光”是否国有,在《宪法》上基本靠推导的情况下,本来该由气候资源的专门法律《气象法》作出明确规定,可《气象法》相关规定缺失,该条例的上述规定就有点“以下犯上”了,难怪会在社会上引起轩然大波。因此,当务之急应该是修改我国的《气象法》,增加“气候资源属于国家所有”的规定。

第十五章　国际环境法

第一节　国际环境法的概念和原则

一、国际环境法的概念与特征

国际环境法，是指国际法主体（主要是国家）在调整国际社会因开发、利用、保护和改善环境的国际交往中形成的国际环境社会关系的法律规范的总称。主要包括有关的条约、国际习惯等，广义上也包括有关的法律原则、判例、国际法学说、国际组织的决议等。

国际环境法作为国际法的一个分支，与其他部门法相比，具有以下几个特点：(1)科学技术性。国际环境法同国内环境法一样，在很大程度上涉及自然生态规律和地理、气候、物理、化学、工程、建筑等自然科学技术方面的问题。国际环境法与科学技术的联系主要表现在：国际环境问题的发现在相当程度上依赖环境科学技术的支持；国际环境法本身包含许多技术性法律规范；国际环境法的制定和实施需要科学数据的说明。(2)公益性。国际环境法的根本目的是人类的共同利益，保护和改善人类赖以生存的基本物质条件。这些受到保护的公共资源，如气候、臭氧层等将无一例外地普惠于各国人民，无论其种族、国别、经济、地理、文化等方面存在的诸多差异。因此，国际环境法具有较强的公益性，它致力于在国际社会建立一个有利于人类社会和自然的持续发展的新的国际法律秩序。(3)学科交叉性。国际环境法处于多种学科的交汇点，融汇了多种学科的知识并对多种学科产生影响，具有比较显著的边缘学科的特征。在法学体系外，它与经济学、生态学、环境科学等学科有密切联系；在法学体系内，它除了具有国内环境法的诸多特征以外，又与国际法的其他分支相互交叉、互相渗透。目前，国际环境法处理国际环境问题的方式方法及其原则和规则，如"可持续发展"等，已经开始渗透到国内环境法和国际法的其他领域，甚至成为各国经济发展规划的出发点。(4)活跃性。由于国际环境问题被人们真正认识是在20世纪三四十年代以后，国际环境法的历史相对来说很短。但是，它的发展速度很快。据不完全统计，全世界已缔结了700多个与环境保护有关的条约，其中至少有250多个是为了环境保护专门订立的。年轻的国际环境法学也为法学理论的创新做出了巨大贡献，如率先提出的可持续发展原则、风险预防原则等。但也应看到，国际环境法还具有"先天不足"带来的很多缺陷，如"软法规范"占主体，发展中国家和发达国家因利益冲突尖锐而合作困难等。

二、国际环境法的基本原则

国际环境法的基本原则，是指为各国公认的，在国际环境法领域里具有普遍指导意义的，体现国际环境法特点、构成国际环境法基础的一般原理、准则和规则。由于国际环境法是国际法的一个分支，因此，国际环境法的基本原则必须同国际法的基本原则保持一致并受其支配和指导。但是，国际法的基本原则适用于国际法的全部领域，而国际环境法的基本原则只适用于国际环境法的领域。

在国际法的发展实践过程中，条约等国际法文件通常在其序言部分列举一些原则，由于处于序言部分，这些原则也就往往不被看作具有法律约束力的规则。但国际环境法在此问题上则有较大突破，越来越多的环境条约将原则性规定作为条约的条款予以规定，进而使这些原则获得了法律约束力。例如，《联合国气候变化框架公约》第 3 条以“原则”作为标题，列举并阐述了 5 条原则。《生物多样性公约》也存在类似现象。这种发展趋势得到了发展中国家的支持，但遭到了发达国家的反对，他们担心通过这种做法会使自身承受更多的国际义务。由此可见，国际环境法的基本原则已经日益受到重视。构成国际环境法的基本原则应具备以下三个条件：第一，该原则不是具体的国际环境法规范，而是对于具体的国际环境法规范具有指导意义的基本准则。换言之，国际环境法的基本原则必须是构成国际环境法的基础的那些原则。第二，该原则必须贯穿整个国际环境法领域，而不是仅仅某一方面。第三，这些原则必须得到各国的普遍承认。依照上述三个构成要件来衡量，国际环境法的基本原则包括：可持续发展原则、国家资源开发主权权利和不损害国外环境责任原则、共同但有区别的责任原则、国际环境合作原则、损害预防原则及风险预防原则。

（一）可持续发展原则

环境保护与经济发展的关系，一直是国内及国际环境保护所关注的重要问题。1983 年，联合国大会通过决议，建立了世界环境与发展委员会。该委员会于 1987 年向第 42 届联合国大会提交了名为《我们共同的未来》的研究报告。该报告阐述了协调环境与发展关系的一个基本原则，即可持续发展原则。该原则提出之后，逐渐得到各国的接受及承认，从而成为国际环境法的一个基本原则。

可持续发展指的是“既满足当代人的需要，又不对后代人满足其需要的能力构成危害的发展。它包括两个重要的概念：‘需要’的概念，尤其是世界贫穷人民的基本需要，应将此放在特别优先的地位来考虑；‘限制’的概念，技术状况和社会组织对环境满足眼前和将来的需要的能力施加的限制。”〔1〕“可持续发展原则”在国际法领域里具有普遍指导意义，体现了国际环境法的特点，追根溯源，该原则早在 1893 年的太平洋海豹仲裁案中就初现端倪。在该案中，仲裁庭为保护海豹而规定的一系列特别措施反映了对自然资源的可持续利用的思想，并影响了国际社会后来为保护海洋生物资源制定的条约。近年来，越来越多的国际环境法律文件承认及重申它。例如，1992 年的《生物多样性公约》在序言中重申“各国有责任保护它自己的生物多样性并以可持久的方式使用它自己的生物资源”。该公约还将“持久使用”界定为“使用生物多样性组成部分的方式和速度不会导致生物多样性的长期衰落，从而保持其满足今世后代的需要和期望的潜力”〔2〕。1992 年《联合国气候变化框架公约》规定“各缔约方有权并且应当促进可持续的发展”〔3〕。

此外，可持续发展原则还在一些重要的国际组织决议和宣言等文件中得到反映。例如，1992 年的《里约环境与发展宣言》宣布的 27 项原则中有多项直接提到可持续发展，其中，原则 3 提出“为了公平地满足今世后代在发展与环境方面的需要，求取发展的权利必须实现”，原则 4 提出“为了可持续的发展，环境保护工作应是发展进程的一个整体组成部分，不能脱离这一进程来考虑”；原则 5 指出各国在根除贫穷这一基本任务上进行合作是实现可持续发展

---

〔1〕 世界环境与发展委员会编著：《我们共同的未来》，国家环保局外事办公室译，世界知识出版社 1989 年版，第 19 页。

〔2〕 解振华：《中国环境执法全书》，红旗出版社 1997 年版，第 54 页。

〔3〕 《联合国气候变化框架公约》第 3 条第 4 款。

的一项必不可少的条件,原则8指出"为了实现可持续的发展,使所有人都享有较高的生活素质,各国应当减少和消除不能持续的生产和消费方式,并且推行适当的人口政策"。1992年的《21世纪议程》为各国实行《里约环境与发展宣言》宣布的各项原则和实现可持续发展提供了具体计划。《21世纪议程》的核心是建立新的全球伙伴关系,促进可持续发展。尤其值得关注的是,1997年国际法院在多瑙河水坝案中对可持续发展概念进行了确认和应用,表明国际法院等国际司法机构已准备好援引它来证明或者支持某些具有挑战传统国际法的某些基本信条的和具有潜在深远之影响的论断。[4]

(二)国家资源开发主权权利和不损害国外环境责任原则

国家资源开发主权权利和不损害国外环境责任原则在1972年《联合国人类环境会议宣言》的原则21和1992年《里约环境与发展宣言》的原则2中得到充分体现。《联合国人类环境会议宣言》的原则21指出:"按照联合国宪章和国际法原则,各国有按自己的环境政策开发自己资源的主权;并且有责任保证在他们管辖或控制之内的活动,不致损害其他国家的或在国家管辖以外地区的环境。"1992年的《里约环境与发展宣言》对此原则做出进一步的解释,不仅将《联合国人类环境会议宣言》原则21中的"环境政策"一词改为"环境与发展政策",强调发展的重要性,而且将其位置提前,作为第2项原则:"根据《联合国宪章》和国际法原则,各国拥有按照其本国的环境与发展的政策开发本国自然资源的主权权利,并负有确保在其管辖范围内或在其控制下的活动不致损害其他国家或在各国管辖范围以外地区的环境的责任。"

国家资源开发主权权利和不损害国外环境责任原则包含相互关联的两个方面。其中一个方面是"各国拥有按照本国的环境与发展政策开发本国自然资源的主权权利",即国家资源开发主权权利。另一方面是国家"负有确保在其管辖范围内或在其控制下的活动不致损害其他国家或在各国管辖范围以外地区的环境的责任",即国家不损害国外环境的责任。前者是国家对环境享有的权利,后者是国家对环境负有的义务,这是权利与义务的结合。

国家资源开发主权权利源于国家对其管辖范围内的自然资源的永久主权。联合国大会第17届会议于1962年通过了《关于自然资源之永久主权的宣言》,郑重宣布:"各民族及各国行使其对天然财富与资源之永久主权,必须为其国家发展着想,并以关系国人民之福利为依归"[5]。1974年5月1日,联合国大会通过《建立新的国际经济秩序宣言》和《建立新的国际经济秩序的行动纲领》。前者指出:"每一个国家对自己的自然资源和一切经济活动拥有充分的永久主权……任何一国都不应遭受经济、政治或其他形式的胁迫以致不能自由地和充分地行使这一不容剥夺的权利。"[6]后者则呼吁做出一切努力"帮助各国行使对自然资源的永久主权"。1971年的联合国大会第26届会议第2849号决议把国家对自然资源的主权同环境保护联系起来。该决议宣布:"各国有权按照本国的特殊情况并在充分享有其国家主权的情况下,制定其关于人类环境的国家政策"。1974年联合国大会通过的《各国经济权利和义务宪章》则更进一步,不仅重申"每个国家对其全部财富、自然资源和经济活动享有充分和永久主权,包括拥有权、使用权和处置权在内,并得自由行使此项主权"[7],还强调"为了今代和后世

[4] 参见王曦:《国际环境法》(第2版),法律出版社2005年版,第102页。

[5] 《关于自然资源之永久主权宣言》第1部分第1条,参见王铁崖、田如萱:《国际法资料选编》,法律出版社1981年版,第21页。

[6] 《建立新的国际经济秩序宣言》第4条第5款,参见王铁崖、田如萱:《国际法资料选编》,法律出版社1981年版,第814页。

[7] 《各国经济权利和义务宪章》第2条第1项,参见王铁崖、田如萱:《国际法资料选编》,法律出版社1981年版,第841页。

而保护、维护和改善环境,是所有国家的责任。……所有国家有责任保证,在其管辖和控制范围内的任何活动不对别国的环境或本国管辖范围以外地区的环境造成损害"[8]。

这一原则在其他很多重要的国际法文件中也得到确认。例如,1992 年《联合国气候变化框架公约》重申各国拥有主权权利按自己的环境和发展政策开发自己的资源。1992 年《生物多样性公约》亦明确规定:"确认各国对其自然资源拥有的主权权利,因而可否取得遗传资源的决定权属于国家政府,并依照国家法律行使。"

不损害国外环境责任是该原则的另一个重要组成部分,通过国际司法判例、条约和国际组织的决议的一再确认,它已成为国际习惯法的一部分。1938 年和 1941 年的特雷尔(Trail)冶炼厂仲裁案的裁决声明:"任何国家无权如此使用或允许如此使用其领土,以致其烟雾在他国领土或对他国领土或其领土上的财产和生命造成损害,如果这种情况产生的后果严重且其损害被确凿的证据所证实。"[9]此案是国际法历史上第一起跨境损害环境责任案件,也是迄今唯一的关于跨国空气污染的国家责任案件。此后,1949 年"科孚海峡案"、1957 年"拉努湖仲裁案"和 1974 年"核试验案"等都体现了不损害国外环境责任的原则,它也得到国际法院 1996 年"关于世界卫生组织提请的威胁适用或适用核武器的合法性的咨询意见"的承认。

(三)共同但有区别的责任原则

共同但有区别的责任原则指的是由于地球生态系统的整体性和导致全球环境退化的各种不同因素,各国对保护全球环境负有共同的但是又有区别的责任。该原则初步确立于 1992 年联合国环境与发展大会公布的《里约环境与发展宣言》,其中第 7 项原则指出,"各国应本着全球伙伴精神,为保存、保护和恢复地球生态系统的健康和完整进行合作。鉴于导致全球环境退化的各种不同因素,各国负有共同的但是又有差别的责任。发达国家承认,鉴于他们的社会给全球环境带来的压力,以及他们所掌握的技术和财力资源,他们在追求可持续发展的国际努力中负有责任"。

共同但有区别的责任原则包括两个互相关联的内容,即共同的责任和有区别的责任。共同责任是指每个国家在保护全球环境方面都要承担共同的责任和义务。有区别的责任是指各国在环境保护义务的承担上应当是有所区别的,具体而言就是发达国家应当比发展中国家承担更大的或者是主要的责任。这是因为,现今的发达国家在工业化过程中利用其先发优势,走过了一条先污染后治理的发展道路,它们过度消耗资源并大量排放污染物,而且从总量上看,发达国家的污染排放在当今也占重要比例,这是今天世界环境问题如此严重的一个重要原因。发展中国家分担了发达国家制造的环境成本,经济落后、技术缺乏;反之,发达国家则充分享受了经济高速发展带来的物质和技术成果。所以,"共同但有区别的责任"原则一方面承认保护环境是所有国家的共同责任,另一方面又对这种责任区别对待,要求发达国家应对解决环境问题承担更多责任。

国际社会上对此已在很大程度上形成共识,并得到了大量国际文件和条约的确认,如《联合国气候变化框架公约》规定的原则之一是"各缔约方应当在公平的基础上,并根据他们共同但有区别的责任和各自的能力,为人类当代和后代的利益保护气候系统。因此,发达国家缔约方应当率先对付气候变化及其不利影响"。又如在保护臭氧层方面,有关的议定书和修正

---

〔8〕《各国经济权利和义务宪章》第 30 条,参见王铁崖、田如萱:《国际法资料选编》,法律出版社 1981 年版,第 848～849 页。

〔9〕中国政法大学国际法教研室:《国际公法案例评析》,中国政法大学出版社 1995 年版,第 24 页。

案对发达国家和发展中国家各自所应承担的义务作了分别规定。[10]

（四）国际环境合作原则

国际环境合作原则，是指在解决环境问题方面，国际社会的所有成员应当采取合作而非对抗的方式协调一致的行动，以保护和改善地球环境。这是国际法的一项基本原则，《联合国宪章》的序言就宣布各成员国要"力行容恕，彼此以善邻之道，和睦相处"。《联合国宪章》第1条第3款规定联合国的宗旨就是"促成国际合作，以解决国际间属于经济、社会、文化，及人类福利性质之国际问题"。联合国大会于1970年通过的《关于各国依联合国宪章建立友好关系及合作之国际法原则之宣言》，重申了上述关于善邻和国际合作的原则。

该原则对于国际环境保护有极为重要的意义。当今世界，环境问题已经由一国的内部事务发展为全球性的公害，成为人类共同面临的威胁。没有哪个国家能免受环境问题的影响，也没有哪个国家有能力单独解决全球性环境问题。保护和改善环境是国际社会的共同责任，唯有国际社会所有成员最广泛的参与，各国携手合作、共同努力，才有解决全球性环境问题的可能。国际环境合作是保障所有国家有效参与国际环境事务的必然途径。

国际环境合作原则得到一系列国际法律文件的确认。例如《联合国人类环境会议宣言》原则24指出："关于保护和改善环境的国际问题，应由所有各国，无论大小，以平等地位本着合作精神来处理，通过多边或双边安排或者其他适当办法的合作，是对各种领域内进行活动所引起的不良影响加以有效预防、减少或消除的必要条件，唯须妥善顾及所有国家的主权和利益。"1992年联合国环境与发展会议通过的《里约环境与发展宣言》，再次重申了国际环境合作的原则。该宣言的原则7宣布："各国应本着全球伙伴精神，为保存、保护和恢复地球生态系统的健康和完整进行合作。"此外，《里约环境与发展宣言》原则9、原则14、原则18、原则19等都对国际环境合作原则作出了阐述。

（五）损害预防原则

损害预防原则是指国家应尽早地在环境损害发生之前采取措施以制止、限制或控制在其管辖范围内或控制下的可能引起环境损害的活动或行为。这是国内环境法原则在国际法上获得的延伸，也是国家资源开发主权权利和不损害国外环境责任原则的必然要求。损害预防原则得到很多国际法律文件的确认。例如，1982年《联合国海洋法公约》第194条第1款规定"各国应在适当情况下个别或联合地采取一切符合本公约的必要措施，防止、减少和控制任何来源的海洋环境污染"。1992年《联合国气候变化框架公约》第2条规定，公约的目标是将大气中温室气体的浓度稳定在防止气候系统受到危险的人为干扰的水平上。

（六）风险预防原则

风险预防原则是指各国为保护环境，应按照本国的能力，广泛适用预防措施；遇有严重或不可逆转损害的威胁时，不得以缺乏科学充分确实证据为理由，延迟采取符合成本效益的措施防止环境恶化。

1987年《关于消耗臭氧层物质的蒙特利尔议定书》中第一次提出了不得以科学上的不确定性作为不行为或迟缓行动的理由。此后，1992年《生物多样性公约》的序言规定在"生物多样性遭受严重减少或损失的威胁时，不应以缺乏充分科学定论为理由，而推迟采取旨在避免或尽量减轻此种威胁的措施"。同年通过的《联合国气候变化框架公约》在第3条第3款也规定"当存在造成严重或不可逆转的损害的威胁时，不应当以科学上没有完全的确定性为理由推迟采取这类措施"。

---

〔10〕 参见《关于消耗臭氧层物质的蒙特利尔议定书》第5条及其修正案。

风险预防原则与损害预防原则既有相同之处,又有区别。它们之间的相同之处主要是它们都以预防环境损害的发生为目的。它们之间的区别主要在于:第一,风险预防原则重在采取预防措施以避免环境恶化之可能,而损害预防原则重在采取措施以阻碍环境损害的发生;第二,风险预防原则所针对的是严重的不可逆转损害之威胁或风险,而损害预防原则除此之外还包括实际发生的或即将发生的环境损害;第三,风险预防原则针对的是在科学上尚未得到最终明确证实、但如等到证实时再采取措施已为时已晚的环境损害的威胁或风险,而损害预防原则并非专门针对此种情况。

第二节　国际环境法的渊源和主要国际组织

一、国际环境法的渊源

国际环境法的渊源即国际环境法的表现形式。依《国际法院规约》第 38 条的精神及法学界的普遍理解。

(一)国际条约

国际条约,即由世界上多个国家缔结,并对这些国家具有普遍拘束力的国际环境保护条约。国际公约是国际环境法最主要的渊源,包括有关环境问题的全球性多边条约、区域性多边条约和双边条约,其主要类型有条约、公约、协定、协议、议定书等。全球性公约经常采用"框架条约 + 议定书 + 附件"的模式,框架条约只作原则性的规定,议定书规定缔约方具体的权利和义务,附件往往针对技术性问题提出详细的清单。例如,《保护世界文化和自然遗产公约》,1972 年 11 月 16 日订于巴黎,1975 年 12 月 17 日生效;《濒危野生动植物物种国际贸易公约》,1973 年 3 月 3 日订于华盛顿,1975 年 7 月 1 日生效;《生物多样性公约》,1992 年 6 月 5 日订于里约热内卢,1993 年 12 月 29 日正式生效等。

区域性多边公约是将全球性条约区域化、增强环境保护领域区域合作的有力手段之一。由于区域国家在地理、气候、文化、经济、社会、政治等方面相互依赖、相互影响,他们之间有关环境保护的条约更容易达成一致。例如,《防止船舶和飞机倾弃废物污染海洋公约(修正本)》(1972 年),《保护波罗的海区域海洋环境公约》(1974 年),《远程越界空气污染公约》(1979 年)等。双边条约是由两个国家或两个以上的国家缔结的条约。这类条约只对缔约国具有法律拘束力,例如,《美国和加拿大关于大湖水质的协定》(1978 年),《中华人民共和国政府和日本国政府关于保护候鸟及其栖息环境协定》(1981 年)等。这类条约对于解决跨国界污染、区域污染以及生态破坏等问题具有积极意义。

(二)国际习惯法

按照联合国《国际法院规约》,国际习惯是"作为通例之证明而被接受为法律者"。国际习惯是"各国在其实践中形成的一种有法律约束力的行为规则"。[11] 在国际环境法的渊源中,相关的国际习惯性规则并不多见。主要原因是国际环境法是一门新兴的学科,历史较短,国际习惯法形成过程缓慢,尚未积累起足够的国际实践。国际仲裁法庭在 1938 年和 1941 年"美国诉加拿大特雷尔冶炼厂案"的仲裁裁决中确立了一条重要的国际习惯法规则,即"各国有权按照自己的环境与发展政策开发资源,并负有责任保证它们管辖或控制之内的活动不致

〔11〕 梁西主编:《国际法》,武汉大学出版社 2003 年版,第 45 页。

损害其他国家或国家管辖范围以外地区的环境”。这项习惯法规则后来得到了《联合国人类环境会议宣言》与《环境与发展宣言》的反复确认。

（三）一般法律原则

一般法律原则是指各国法律体系共同的原则，如诚实信用、善意原则等。《国际法院规约》第38条所列举的渊源中包括一般法律原则，但并未做出进一步的解释。国际司法机构较少单独依据一般法律原则做出裁决，但在一些国际环境纠纷中，由于缺乏相关的国际条约和习惯，曾援用过一般法律原则进行裁判。因此，一般法律原则的主要作用在于弥补条约和习惯的运行所可能留下的法律缺陷或弱点。

（四）司法判例和公法学家学说

司法判例和公法学家学说不是独立的国际法渊源，但可以作为辅助性渊源，认定和确定某项国际法原则。司法判例包括国际司法判例和国内司法判例，主要是国际司法判例，其中又包括国际司法机关判决和国际仲裁机构的裁决，如特雷尔冶炼厂仲裁案在确定“国家不损害国外环境责任原则”中就起到了重大作用。公法学家学说主要是各国最权威的国际法学家的著作，它们当前起到的作用还是很小的。

（五）“公允及善良”原则

《国际法院规约》第38条第2款授权法院在案件的当事各方同意下本着“公允及善良”原则判决案件。在判决时，法院将不以法律规则的适用为依据，而是以法院认为正确的和正当的其他考虑为依据。但到目前为止，国际法院尚未以这种方式判决案件。

（六）国际组织与国际会议的重要宣言、决议等法律文件

有关国际环境保护的国际组织和国际会议通过的宣言、决议等法律文件，由于其反映或体现着国际环境法的原则、规则和制度而得到了国际社会的普遍承认，成为国际环境法的又一渊源。这类宣言、决议和纲领主要有：《联合国人类环境会议宣言》《里约环境与发展宣言》《21世纪议程》《世界自然资源保护大纲》等。由于这些国际文件虽然具有一定的法律效果，但在严格意义上不具有法律约束力，因而被称为“软法”性规范。

现就该类法律文件有代表性者说明如下：(1)《联合国人类环境会议宣言》。《联合国人类环境会议宣言》是1972年联合国在瑞典斯德哥尔摩召开的联合国人类环境会议通过的。该宣言是各国在保护环境方面权利义务的总宣言。该宣言分为两个部分：第一部分是关于人类对环境问题共同达成的7个方面的深刻认识。第二部分是关于自然保护、生态平衡、污染防治、城市化等一系列范围广泛的环境保护方面的共同原则，共26个。(2)《内罗毕宣言》。《内罗毕宣言》是1982年联合国在肯尼亚首都内罗毕召开纪念联合国人类环境会议10周年的会议上通过的。该宣言肯定了《联合国人类环境会议宣言》中所确定的7项共同观点和26个共同原则，又提出了综合治理、建立新的国际经济秩序和将市场机制与计划机制结合起来及对殖民主义、种族隔离、解决越界污染、更合理分配技术和资源、加强环境教育等10项共同原则。同时，该宣言特别强调了包括酸雨和臭氧层破坏问题在内的全球性环境问题，重申要进一步加强和扩大各国在环境保护领域的合作。(3)《里约环境与发展宣言》。《里约环境与发展宣言》是联合国1992年在巴西首都里约热内卢召开的联合国环境与发展大会上通过的。该宣言重申了1972年《联合国人类环境会议宣言》的基本原则，同时宣布了关于环境与发展问题的27条原则。其在《联合国人类环境会议宣言》的基础上有所发展与突破，它承认环境问题与发展问题之间具有密不可分的联系；提出建立新的公平的全球伙伴关系；提出人类社会与经济发展的新模式，即可持续发展的模式，并进一步明确指出实现可持续发展的基本途径，即改变传统的生产和消费方式并推行正确的人口政策；确定了在全球环境退化问题上各

国负有“共同但有区别的责任。

二、主要国际组织

国际环境保护不仅需要各国各自的努力，也需要建立专门组织即国际环境组织，以对付日益频繁且复杂化的国际环境污染及生态破坏问题。环境保护的国际组织大体上有两大类：一类是政府间组织，包括联合国及其下属组织；另一类即非政府间国际组织，包括世界绿色和平组织、世界野生动物基金会、世界自然和自然资源保护同盟等。

（一）环境保护的政府间组织

环境保护的政府间组织主要是联合国及其下属组织，联合国下属的保护国际环境的专门或相关组织有：(1)联合国环境规划署。联合国环境规划署是根据联合国大会1972年12月15日第2997号决议于1973年1月设立的。总部设在肯尼亚首都内罗毕。它是联合国负责协调各国在环境领域活动的机构，也是最重要的国际环境组织和国际环境活动中心，主要任务是负责处理联合国在环境方面的日常事务。下设三个主要部门：环境规划理事会、环境秘书处和环境基金委员会。理事会是环境规划署的实际决策机关。秘书处是该署的常设机关，其主要任务是保证高效率地进行联合国范围内的国际环境保护活动，并兼管环境基金。(2)世界环境与发展委员会。世界环境与发展委员会是根据1983年38届联合国大会38/161号决议成立的一个独立机构。该委员会主席、副主席由联合国秘书长指定，成员由主席、副主席指定。该委员会的任务是向联合国大会提出关于环境对策方面的建议。(3)联合国经济及社会理事会。联合国经济及社会理事会简称经社理事会，是联合国的六个主要机关之一。经社理事会是在联合国大会之下指导和协调联合国经济、社会、人权和文化活动的综合系统。其主要职权包括：就有关经济、社会、文化、教育、卫生等事项的国际性行动从事研究并提出建议；促进对人权和基本自由的尊重；就其职权范围内的事务召集国际会议，起草提交给大会的公约草案，与各专门机构商订确立相互关系的协定，协调其活动；依一定条件为会员国及专门机构提供服务；同与经社理事会处理的事务相关的非政府组织进行磋商。经社理事会的上述职权也包括环境方面的内容，联合国环境规划署通过它向联合国大会报告工作。(4)联合国可持续发展委员会。联合国可持续发展委员会于1993年2月成立，是1992年里约环境与发展大会的后续行动机构，是联合国经社理事会的职能委员会。该机构负责审查和监督各国对《21世纪议程》行动计划及实施情况，并在联合国框架内加强与非政府组织、独立部门及联合国系统外其他团体的对话。(5)联合国开发计划署。联合国开发计划署成立于1965年11月，通过联合国经社理事会与联合国大会联络。该署在联合国系统的业务中起协调作用，参与和管理全球环境基金、蒙特利尔议定书多边基金、防治荒漠化和干旱办公室等。(6)联合国人类居住委员会和人类居住中心。这是与联合国环境规划署相类似的机构，主要任务是解决人类居住问题，对居住区的环境保护工作也进行了些工作。(7)联合国教育、科学及文化组织。联合国教育、科学及文化组织简称教科文组织。1945年11月16日成立于伦敦，总部设在巴黎。该组织从事环境、文化教育、科学技术、新闻、道德、人的居住条件和社会文化环境、世界文化遗产保护等活动。“人与生物圈科学规划”是教科文组织最著名的环境保护活动。(8)政府间海事协商组织，即国际海事组织，它是在1948年2月通过的《政府间海事协商组织公约》基础上成立的国际机构，1959年1月正式成立，是联合国在解决海上安全和发展海运技术方面的咨询、顾问性质的组织。总部设在伦敦。该组织的宗旨是：在解决有关航海技术问题上为各国提供合作等。它的主要活动是制定和修改有关海运安全、防止海洋受船舶污染，便利海上运输、提高航行效率以及与之有关的海事方面的公约，交流有关经验和情报。自设立以来,该组织倡议并组织召开了一系列保护海洋的国际会议,起草了许多防止海洋污染的国际公约和协定,在防止海洋污染方面发挥着重要作用。

(二)环境保护的非政府间国际组织

环境保护的非政府间国际组织主要有:(1)世界自然保护联盟。世界自然保护联盟是由各国政府有关机构、非官方机构、科学工作者以及有关自然资源保护专家共同参加而组成的民间性组织。该联盟成立于1948年,全世界有100多个国家的有关机构及专家参加了组织,总部设于瑞士。它有6个委员会,即生态学、保护区、濒危灭绝物种、环境规划、环境政策、法规及教育。该联盟的目的是世界范围内促进对生物资源的保护和持续利用。该联盟对联合国经社理事会、联合国粮农组织、国际海事组织、联合国教科文组织等享有咨询地位。(2)国际绿色和平组织。国际绿色和平组织是由加拿大工程师麦克塔格特于1971年发起成立的国际民间组织。总部设在伦敦,有400余万名会员分布于美国、加拿大等1000个国家。该组织的活动由全日制、半日制工作人员和志愿人员进行,经费依靠捐助。该组织在反对核试验、捕鲸及在南极进行商业活动,支持全球取缔废弃物船运活动,要求用国际公约监视战争期间的环境问题等方面发挥着积极作用。(3)世界自然基金会。世界自然基金成立于1961年,原名为世界野生动物基金会,总部设在瑞士,成员遍布世界各国。该基金会为全世界的自然保护活动提供资金,致力于保护大自然,保护地球上生物生存必不可少的自然环境和生态系统,防止珍稀物种濒于灭绝。

第三节 国际环境法律责任

一、环境损害和国际环境损害责任

(一)环境损害

环境损害是近代环境问题严重的情况下出现的新概念。但迄今国际环境法尚未对环境损害的定义及范围给出一个统一的、标准的答案。对它们的界定,环境条约和有关的国家实践往往根据具体情况而定。有的将环境损害局限于对环境要素和自然资源如对空气、水分、土壤、动植物等的损害;有的将环境损害的范围从环境要素和自然资源扩大到作为人类文化遗产一部分的财产;有的更将其范围扩大到包括风景的环境舒适;还有的不提"环境损害",而提"污染"或"有害影响"。虽然有人将环境损害的范围界定为人身、财产、环境本身、全球公域的损害以及因采取预防和防范措施而产生的费用和损害五个方面,但国际环境条约中的环境损害概念一般不包括人身伤害和财产损害,把两者作为环境损害的后果而与环境损害相区别。

至于环境损害达到什么程度才引起国家赔偿责任的问题,国际环境法也没有一个标准和具体的答案。有关的国家实践、国际司法判决和国际法学家的著述只是笼统地要求环境损害必须达到"严重的"或"实质性的"程度。至于何为"严重的"或"实质性的"环境损害,要根据具体情况而决定。环境条约中关于环境质量标准的规定往往是判定环境损害的程度的依据。由于环境损害的确定涉及国家责任,因此国家之间可能因确定环境损害的标准不同而发生争议。

(二)国际环境损害责任

国际法律责任是国际法主体对国际不法行为或损害行为所应承担的法律责任。国际法主体对国际不法行为的责任是指国际法主体对自己违反所承担的国际义务的不法行为承担责任,即国家责任。损害责任又称"国际赔偿责任"或"国际法不加禁止的行为所产生的损害后果的法律责任",是指国际法律责任主体在从事国际法不加禁止的活动中造成损害所应承担的国际责任。[12] 由此可见,国际环境损害责任是指国际法主体因违背国际环境义务而承担的赔偿责任。国际环境损害责任的主体主要是国家,但这并不排除国家以外的其他国际法主体的环境损害责任问题。在跨国界环境污染造成的环境损害活动中,实际主体多为跨国公司或私人经营者,责任应由与造成损害有关的所有人或经营人承担。[13] 这些所有人或经营人,要么是国际组织、跨国公司等法人,要么是自然人。如 1969 年《国际油污损害民事责任公约》规定,损害责任属于船舶所有人。又如,欧洲理事会《关于废弃物引起损害的民事责任公约》将损害责任归属于制造者。

国际环境损害责任有若干基本原则,最主要的是两个,即严格责任原则和绝对责任原则。这两个原则在理论上都归类于无过失责任原则。就损害责任而言,绝对责任与严格责任的区别仅在程度上。绝对责任并非绝对,仍有可适用的免责条件。相对于绝对责任,严格责任的免责条件更多一些。严格责任原则是指行为者无论主观上有无过错,只要有环境损害发生,都要承担法律责任,不把行为者有无过错作为构成要件,即"无过错"也要负责任,或者说有了"损害结果"就要负责任。绝对责任原则是无过失原则的另一种表现形式,实际上是严格责任原则的一种特殊形式,只要存在环境损害,其行为者必须无条件地承担赔偿责任,举证责任也都由行为者承担。该原则主要适用于特殊环境领域,如外空开发、核能利用等高度危险领域的污染事故。规定了绝对责任原则或严格责任原则的国际公约,有 1960 年经济合作与发展组织《核能领域第三方责任公约》及其 1963 年补充协议、1963 年《关于核损害的民事责任的维也纳公约》、1962 年《关于核动力船舶操作者责任的布鲁塞尔公约》和 1971 年《海上核材料运输民事责任公约》等。

二、国家环境损害责任

国家环境损害责任是指国家违背国际环境义务,造成环境损害,应当承担的国际环境法上的赔偿责任,它是国际环境损害责任的最基本的形式。这里所谓的损害责任,专指一种环境赔偿责任。

联合国国际法委员会《关于国家责任的条文草案》规定:"一国对于该国的每一国际不当行为需负国际责任"。国家的国际不当行为指的是违背该国的国际义务的国家行为,包括作为和不作为。国际不当行为按其所违背的国际义务的性质,分为国际罪行和国际不法行为。在联合国国际法委员会列举的 4 项国际罪行中,《关于国家责任的条文草案》第 19 条第 3 款 d 项是涉及环境问题的国际罪行。除国际罪行之外的任何国际不当行为均构成国际不法行为。国际不当行为的法律后果是国家赔偿责任,国家必须为其国际不当行为负国家责任。

与环境损害有关的国家责任必须符合国际法关于国家责任的一般原则。根据有关的国际条约、判例和国际组织的决议等国际法文件的规定,各国已经承认"确保在其管辖范围内或在其控制下的活动不致损害其他国家或在各国管辖以外地区的环境"是应尽的国际义务,即国际环境义务。国家违背国际环境义务则属于国际不当行为,应负国家责任。然而,尽管国

---

[12] 参见梁西主编:《国际法》,武汉大学出版社 2003 年版,第 135 页。

[13] 参见王小龙:《从一个虚拟案例看国际环境污染纠纷——兼谈松花江重大环境污染事故》,载《判解研究》2005 年第 6 期。

家不损害他国或国家管辖范围以外的环境已成为一项公认的国际义务,但违背这一义务的法律后果却因受损害的环境是他国管辖范围之内的环境或国家管辖范围以外的环境而有所不同。如国际不当行为损害的是他国管辖范围之内的环境,则致害方要承担国家赔偿责任。但对于损害各国管辖范围之外的环境的国际不当行为,现行国际法尚未规定明确的法律后果。

在国际环境领域,跨界环境损害责任分为国家直接赔偿责任和国家为个人行为承担赔偿责任两种情况。(1)国家直接赔偿责任是因为国家本身和其他国家实体从事的活动造成的域外环境损害,直接由国家承担赔偿责任。例如《外层空间条约》规定:一切从事外空活动的实际主体,也不论其在国内法上处于何种地位,其活动一概被视为国家本身所从事的外空活动。联合国《海洋法公约》也把国家作为责任主体,另一国的核动力船在别国港口所造成的污染损害,应由国家承担责任。(2)国家为个人行为承担赔偿责任的一个前提条件就是该行为必须处在其控制之下。控制国对个人行为造成的跨界环境污染损害承担赔偿责任,是目前国家环境法的一个重要发展趋势。国家之所以对个人行为承担环境赔偿责任,是因为国家对私人行为所从事的某些活动,尤其是一些具有高度危险性并可能造成灾害性后果的活动具有控制权。为了预防跨界污染,控制国一般对这样的活动需要颁发许可证。还因为控制国被推定从这些高度危险的活动中获利。既然获利,那么就应该承担风险和与此相关联的费用,包括事故发生后所应负担的赔偿责任。再者,个人的财力往往无法承受跨界的环境损害,从保护受害人的角度考虑,也只有国家才能保证受害者利益得到充分的保障。国家为个人承担赔偿责任通常分为两种情况:一是国家为个人承担全部赔偿责任。实际上,在国际环境领域,把私人行为引起的跨界环境损害责任归属国家是相当困难的,在大多数情况下,即使国家进行了赔偿,也否认其承担任何法律上的责任。二是国家承担剩余赔偿责任,即由实际经营人承担一部分责任,剩余的赔偿责任由国家来承担。在这种情况下,有时是国家存在过错时承担其应负的赔偿责任那一部分,有时是国家赔偿私人财力不足而未能赔偿的部分。

在国际环境法中,对国家的环境赔偿责任做出规定的条约和有关国家环境赔偿责任的案例较为少见。在环境条约方面,主要的有 1972 年《空间实体造成损害的国际责任公约》和 1982 年的《联合国海洋公约》。在案例方面,主要的有 1938 年和 1941 年的特雷尔冶炼厂仲裁案、1979 年的宇宙 954 号坠落案、1995 年美国赔偿日本案和 1991 年联合国安理会关于伊拉克侵略科威特的第 687 号决议。

三、国际环境损害民事责任

民事责任在国际环境领域的法律责任形式中是最常见的、最重要的一种责任形式,跨界环境污染属于侵权行为的一种,其环境损害承担责任的性质也就是民事责任。从理论上讲,民事责任通常的责任形式是赔偿损失、停止污染损害、排除污染妨碍、恢复原状、赔礼道歉等。实践中,国际环境领域民事责任最经常、最主要采用的方式是赔偿损失。国际环境损害发生了民事赔偿责任,主要是指恢复原状即负担恢复环境损害发生之前存在的环境状态所需要的一切费用。完全恢复原状往往做不到,实际做法只能是按实际损害给予赔偿款或者其他方式的补偿。

至于赔偿的数额,一般认为,赔偿以不超过受损害的对象恢复原状的限度为宜。国际环境领域比较复杂,对于环境损害很难做出正确的估量。因此,也很难确定赔偿数额,只能根据具体情况而定。至于赔偿的限度,存在全部赔偿原则和限制赔偿原则两种观点。全部赔偿原则是指无过错环境污染损害事实发生后,损害赔偿责任人要对环境本身所遭受的损失以及由环境污染损害所导致的受害人的财产、生命、健康和精神损失进行全方位和足额的赔偿。限制赔偿的原则也称部分赔偿原则，它是指依据法律的特别规定，损害赔偿责任人的赔偿限度小于环境本身所遭受的损失以及由环境污染损害所导致的受害人的财产、生命、健康和精神损失的总和。[14] 实践中大多数赔偿低于实际赔偿额，尤其在那些后果严重的、重大的环境污染案件中更是这样。

有关国际环境损害民事赔偿责任的条约，主要涉及关于核设施、海洋石油污染、废物和运输活动等内容。这些条约有：(1)关于核设施的和平利用所致损害方面的，如1971年《海上核材料运输民事责任公约》，1988年《维也纳公约和巴黎公约的共同议定书》等；(2)关于海洋石油污染所致损害方面的，如1969年《国际油污损害民事责任公约》、1971年《设立国际赔偿油污损害基金公约》；(3)关于与废物有关的国际民事赔偿责任方面的，如1989年《巴塞尔公约》、1991年《禁止对非洲出口并控制和管理非洲内的危险废物跨界转移公约》(《巴马科公约》)等；(4)关于与运输活动所致环境损害有关的赔偿责任方面的，如1989年《由道路、铁路和内陆航船运送危险货物所致损害的民事责任日内瓦公约》等。

四、国际环境损害责任的免除

国际环境损害责任的免除是指在一些特定条件下，环境损害行为者可以免除其应该承担的赔偿责任。可以免除损害责任的主要有以下几种情形：(1)不可抗力。包括自然的和社会的两种因素。自然因素是指不可预见的自然灾害，如地震、泥石流等；社会因素包括战争、武器冲突、恐怖活动等，还包括因遵守政府的命令或法规而引起的责任；(2)第三方的故意行为所造成的环境损害；(3)损害归于受害人自身的过错。只要具备了上述三种情况中的任何一种，行为者就可以全部或部分免除责任。由于每一个国际条约所规定的调整领域不同，其性质、特点也不一样，所以，责任免除的范围及数额也会有所不同。

五、国际环境损害赔偿基金组织

建立国际环境损害赔偿基金组织的目的，一方面是为了在一定程度上减轻致害者因巨额赔偿所造成的财政负担，另一方面是为受害者提供充分的赔偿。基金组织的建立对于完善国际环境损害赔偿责任制度，解决国际环境纠纷，维护受害者权益，保护国际环境，都具有积极意义。从国际环境法的实践来看，任何一次重大国际环境灾难事故，只有成立一个国际机构，并作出努力，才能为这个灾难造成的损害提供可靠而充分的赔偿。一种环境灾难造成的重大经济损失，有时其损害后果的弥补会给一国财力增加过重的负担，只有在世界范围内，通过合作来分担这种风险。共同分担风险的一种有效方式就是建立国际环境损害赔偿基金组织。

基金组织通常附属于某一责任公约，其表现形式有两种。一是重新制定一个基金公约作为责任公约的补充，如1971年《国际油污损害赔偿基金公约》就是被作为1969年《国际油污民事责任公约》的补充的；二是以专款规定在责任议定书中，如《巴塞尔公约议定书大纲》。目前，在国际环境立法中，以油污责任赔偿制度尤为完善，以《设立国际油污损害赔偿基金公约》为例，该基金公约规定了油污基金赔偿责任的范围、代位求偿权的行使、油污基金与保护协会的关系以及油污基金的来源等内容。该基金是由年运油量达到或者超过15万吨的石油企业每年按摊款额缴纳而来的。

---

〔14〕 蔡守秋、常纪文：《国际环境法学》，法律出版社2004年版，第129～130页。

第四节 国际环境争端的解决

在国际环境法的实践中，解决国际环境争端的方式主要有谈判、协商、调停、调解、仲裁和司法解决。人们通常将前四种方式称作外交解决方式，将后两种方式称为法律解决方式。

一、外交解决方式

谈判和协商是两个或两个以上国际法主体为了解决彼此间的争议而进行交涉的一种方式。环境条约一般都将谈判和协商作为缔约国之间解决争端的主要方式。例如，1985 年《保护臭氧层维也纳公约》第 11 条要求缔约国以谈判方式解决关于公约的解释或适用的争端。以谈判方式解决环境争端的一个比较著名的例子是 1981 年加拿大与苏联关于苏联的宇宙 945 号核动力卫星解体所致环境损害之争。协商也是环境条约所普遍规定的争端解决方式。例如，1973 年《国际防止船舶造成污染公约》规定缔约国之间的争议应以协商解决。如协商不成，则应通过仲裁解决。

调停是指第三国为了和平解决争端而直接参与当事国之间的谈判，并提出参考性的条件或解决方案供争议双方参考，促使双方互相妥协，达成一致意见。调停往往是在争议双方不能以谈判和协商解决争议的情况下所采用的方法。例如，1985 年《保护臭氧层维也纳公约》第 11 条第 2 款规定如果缔约国无法以谈判方式达成协议，它们可以联合寻求第三方进行斡旋或邀请第三方出面调停。

调解又称为和解，指的是争端当事国将争端提交给一个调解委员会，由调解委员会查明事实并提出报告和关于解决争端的建议，供争端当事国参与采纳。1992 年《生物多样性公约》的附件 2 第 2 部分对调解程序作了详细的规定。1992 年《联合国气候变化框架公约》也规定了调解程序。

二、法律解决方式

仲裁是环境条约常常规定的一种争端解决方式。它指的是争端当事方因根据协议，约定把争端交给它们所选择的仲裁员处理并接受和遵守仲裁员作出的关于争端解决方式的裁决。仲裁裁决对争端当事国具有约束力并且是终局性的。1969 年《对公海上发生油污事故进行干涉的国际公约》在其附件中不仅对调解，而且对仲裁规定了详细的程序。在国际环境法的历史上不乏以仲裁方式解决争端的案例。比较著名的案例有 1938 年和 1941 年的特雷尔冶炼厂仲裁案和 1957 年的拉努湖仲裁案。

司法解决是指通过国际法院或法庭适用法律规划，以判决来解决国际争端。在国际环境保护领域里，可受理国际环境诉讼的国际机构主要有四种：一是联合国国际法院。联合国国际法院设立于 1945 年，它是联合国的主要司法机关。1993 年 7 月法院内设立了一个由 7 人组成的环境事务庭。国际法院的诉讼当事方限于国家。它的诉讼管辖范围分为自愿管辖、协定管辖、选择强制管辖三种，这三种管辖都包括对国际环境争端的管辖。此外，根据《联合国宪章》第 96 条和《国际法院规约》第 65 条的规定，国际法院还具有咨询管辖权。联合国国际法院自设立以来只作出了较少的对国际环境法的发展有重要影响的判决，而有关环境问题的咨询意见仅有一项。二是国际海洋法庭。国际海洋法庭的管辖权仅限于依照《联合国海洋法公约》提交的争端和其他国际协定授权管辖的事项。海洋法庭所适用的法律是《联合国海洋法公约》和其他与公约不相抵触的国际法原则。国际海洋法庭的判决对争端当事国具有约束力。三是欧洲法院。欧洲法院是欧盟的司法机关,它的管辖权仅限于欧盟成员国,可受理欧盟成员国提起的环境诉讼。欧盟的各机构、成员国和在一定条件下的个人有权向欧洲法院提起司法程序。自1980年以来,欧共体委员会已向欧洲法院提起50多项指控成员国违反欧共体环境法的案件。四是世界贸易组织的争端解决机构。WTO根据乌拉圭回合《关于争端解决规则与程序的谅解书》设立了争端解决机构,负责协调因环境措施问题而引发的贸易争端。发生贸易争端的双方经过磋商,斡旋、调解与调停,专家小组等程序后,仍可选择向争端解决机构上诉。争端解决机构常设的上诉机构负责审理有关上诉请求,但上诉的内容仅限于专家组报告中所涉及的法律问题以及专家组作出的有关法律解释。上诉机构的裁决为最后裁决,争端双方应当无条件接受。

第五节　国际环境与资源的法律保护

一、中国参加的主要国际环境保护条约和文件

表15-1　中国加入的大气层和外层空间的环境保护公约或条约

公约或条约		通过时间	中国加入时间	对我国生效时间
大气层	《联合国气候变化框架公约》	1992年5月9日	1993年1月5日	1994年3月21日
	《联合国气候变化框架公约京都议定书》	1997年12月	2002年8月30日	2005年2月16日
	《保护臭氧层维也纳公约》	1985年3月	1989年9月11日	1989年12月10日
	《关于消耗臭氧层物质的蒙特利尔议定书》	1987年9月16日通过,1990年6月29日、1991年6月21日修正	1991年6月13日	1992年8月20日
外层空间	《关于各国探索和利用包括月球和其他天体在内外层空间活动的原则条约》	1967年1月27日	1983年12月30日(美),1984年1月6日(苏),1984年1月12日(英)	1983年12月30日
	《关于登记射入外层空间物体的公约》	1975年1月14日	1988年12月12日	1988年12月12日
	《空间实体造成损失的国际赔偿责任公约》	1971年11月29日	1988年12月	1988年12月

表 15-2 中国加入的海洋环境保护公约或条约

公约或条约	简称	通过时间	中国加入时间	对我国生效时间
《联合国海洋法公约》	海洋法公约，UNCLOS	1982 年 12 月 10 日	1982 年 12 月 10 日	1996 年 7 月 7 日
《防止倾倒废物及其他物质污染海洋公约》	1972 年伦敦倾废公约，伦敦公约	1972 年 12 月 29 日通过，1996 年 11 月 7 日修正	1985 年 11 月 15 日	1985 年 12 月 15 日
《防止倾倒废物及其他物质污染海洋公约》1996 年议定书	—	1996 年 11 月 7 日	2006 年 6 月 29 日	—
《国际防止船舶造成污染公约》	—	1973 年 11 月 2 日通过，1978 年 2 月 17 日修正	1983 年 7 月 1 日	1983 年 10 月 2 日
《经 1978 年议定书修订的〈1973 年国际防止船舶造成污染公约〉》的 1997 年议定书	—	2005 年 7 月 22 日	2006 年 12 月 7 日	2006 年 12 月 7 日
《国际干预公海油污事故公约》	公海干预公约，干预公约	1969 年 11 月 29 日	1990 年 2 月 23 日	1990 年 5 月 24 日
《干预公海非油类物质污染议定书》	—	1973 年 11 月 2 日	1990 年 2 月 23 日	1990 年 5 月 24 日
《国际油污损害民事责任公约》	民事责任公约	1969 年 11 月 29 日	1980 年 1 月 30 日	1980 年 4 月 30 日
《1969 年国际油污损害民事责任公约的 1976 年议定书》	—	1976 年 11 月	1986 年 9 月 29 日	1986 年 12 月 28 日
《1990 年国际油污防备、反应和合作公约》	OPRC 公约	1990 年 11 月 30 日	1998 年 3 月 30 日	1998 年 6 月 30 日

表 15-3 中国加入的土壤、森林、生物资源的环境保护公约或条约

公约或条约		简称	通过时间	中国加入时间	对我国生效时间
土壤	《联合国关于在发生严重干旱和/或沙漠化的国家特别是在非洲防治沙漠化的公约》	—	1994 年 6 月 7 日	1997 年 2 月 18 日	1997 年 5 月 19 日
森林	《1983 年国际热带木材协定》	—	1983 年 11 月 18 日通过，1994 年 1 月 26 日修订	1986 年 5 月 14 日	1986 年 7 月 2 日

续表

公约或条约		简称	通过时间	中国加入时间	对我国生效时间
生物资源	《生物多样性公约》	—	1992年6月5日	1993年1月5日	1993年12月29日
	《卡塔赫纳生物安全议定书》	—	2000年1月29日	2005年5月19日	2005年9月6日
	《濒危野生动植物物种国际贸易公约》	濒危物种贸易公约,CITES	1973年3月3日	1981年1月8日	1981年4月8日
	《关于特别是作为水禽栖息地的国际重要湿地公约》	湿地公约,拉姆萨公约	1971年2月2日通过,1982年3月12日修正	1992年1月3日	1992年7月31日
	《国际植物新品种保护公约》	—	1961年12月2日通过,1972年、1978年、1991年修订	1999年4月23日(1978年文本)	—
	《国际遗传工程和生物技术中心章程》	—	1983年9月13日	1986年11月6日	—
	《国际捕鲸管制公约》	—	1946年12月3日	1980年9月24日	1980年9月24日
	《中白令海峡鳕资源养护与管理公约》	—	1994年2月11日	1994年7月16日	1995年12月8日
	《亚洲—太平洋水产养殖中心网协议》	—	1988年1月8日	1988年1月8日	1990年1月11日

表15－4　中国加入的危险物质及其活动的国际控制公约或条约

公约或条约		通过时间	中国加入时间	对我国生效时间
危险化学品及其活动的国际控制	《关于持久性有机污染物的斯德哥尔摩公约》	2001年5月22日	2004年8月13日	2004年11月11日
	《关于化学品国际贸易资料交换的伦敦准则》	1987年6月17日	中国在实际上遵守了该准则	
	《关于在国际贸易中对某些危险化学品和农药采用事先知情同意程序的鹿特丹公约》	1998年9月11日	2004年12月29日	2005年6月20日
	《作业场所安全使用化学品公约》	1990年6月25日	1994年10月27日	1995年10月27日
	《化学制品在工作中的使用安全公约》	1990年6月25日	1992年8月27日	1993年8月27日
	《化学制品在工作中的使用安全建议书》	1990年6月25日	1992年8月27日	1993年8月27日

续表

公约或条约		通过时间	中国加入时间	对我国生效时间
危险废物及其活动的国际控制	《控制危险废物越境转移及其处置巴塞尔公约》	1989 年 3 月 22 日	1991 年 9 月 4 日	1992 年 8 月 20 日
放射性物质及其活动国际控制	《核材料实物保护公约》	1980 年 3 月 3 日	1988 年 12 月 2 日	1989 年 1 月 2 日
	《及早通报核事故公约》	1986 年 9 月 26 日	1986 年 9 月 26 日	1988 年 12 月 29 日
	《核事故或辐射紧急援助公约》	1986 年 9 月 26 日	1986 年 9 月 26 日	1987 年 10 月 14 日
	《核安全公约》	1994 年 6 月 17 日	1996 年 4 月 9 日	1996 年 7 月 9 日
	《不扩散核武器条约》	1968 年 6 月 12 日	1992 年 3 月 9 日	1992 年 3 月 9 日

表 15－5　中国加入的特定区域法律保护公约或条约

公约或条约		通过时间	中国加入时间	对我国生效时间
南极地区环境保护	《南极条约》	1959 年 12 月 1 日	1983 年 6 月 8 日	1983 年 6 月 8 日
	《关于环境保护的南极条约议定书》	1991 年 6 月 23 日	1991 年 10 月 4 日	1991 年 11 月 3 日
	《南极海洋生物资源养护公约》	1980 年 5 月 20 日	2006 年 10 月 19 日	2006 年 10 月 19 日
世界遗产保护	《保护世界文化和自然遗产公约》	1972 年 11 月 23 日	1985 年 12 月 12 日	1986 年 3 月 12 日

二、大气层和外层空间的环境保护

（一）大气层的环境保护

在当前国际社会，对于保护大气层的国际合作主要集中在以下几个领域：防止全球气候变化、臭氧层保护以及酸雨防治。

1. 防止全球气候变化

防止全球气候变化的国际立法主要是通过限制和减少温室气体的排放以达到控制全球气候变暖的目的。其中最主要的是 1992 年《联合国气候变化框架公约》以及 1997 年《京都议定书》。

（1）《联合国气候变化框架公约》

1992 年 6 月在巴西里约热内卢举行的联合国环境与发展大会上，150 多个国家制定了《联合国气候变化框架公约》。《联合国气候变化框架公约》的最终目标是将大气中温室气体浓度稳定在不对气候系统造成危害的水平。《联合国气候变化框架公约》是世界上第一个为全面控制二氧化碳等温室气体排放，以应对全球气候变暖给人类经济和社会带来不利影响的国际公约，也是国际社会在应对全球气候变化问题上进行国际合作的一个基本框架。据统计，目前已有 197 个国家批准了该公约，这些国家被称为公约缔约方。《联合国气候变化框架公约》于 1994 年 3 月生效，奠定了应对气候变化国际合作的法律基础，是具有权威性、普遍性、全面性的国际框架。

《联合国气候变化框架公约》由序言及26条正文组成，作为框架性文件，其并未对控制温室气体的具体措施作出规定。公约有法律约束力，旨在控制大气中二氧化碳、甲烷和其他造成“温室效应”的气体的排放，将温室气体的浓度稳定在使气候系统免遭破坏的水平上。公约对发达国家和发展中国家规定的义务以及履行义务的程序有所区别。《联合国气候变化框架公约》将世界各国分为两组：对人为产生的温室气体排放负主要责任的工业化国家（通常称附录Ⅰ国家）和未来将在人为排放中增加比重的发展中国家（通常称非附录Ⅰ国家）。该公约要求发达国家作为温室气体的排放大户，采取具体措施限制温室气体的排放，并向发展中国家提供资金以支付他们履行公约义务所需的费用。《联合国气候变化框架公约》制定了一项资金机制以向发展中国家提供赠款或优惠贷款帮助它们履行公约、应对气候变化。《联合国气候变化框架公约》指定全球环境基金（GEF）作为它的临时资金机制，并在1996年第二次缔约方大会上通过了同GEF的谅解备忘录，规定了各自的职责和义务。1998年公约第四次缔约方大会委任GEF为其永久资金机制机构，每四年进行一次评审。资金机制向缔约方大会负责，后者决定气候变化政策、规划的优先领域和获取资助的标准，因此缔约方大会定期向资金机制提供政策指导。《联合国气候变化框架公约》所有缔约国都有义务编定国家温室气体排放源和汇的清单。它们同时承诺制定适应和减缓气候变化的国家战略，在社会、经济和环境政策中考虑到气候变化。它们还必须促进可持续管理、节能、增强温室气体汇的功能，包括森林和其他所有陆地、沿海和海洋生态系统。《联合国气候变化框架公约》规定每年举行一次缔约方大会。自1995年3月28日首次缔约方大会在柏林举行以来，缔约方每年都召开会议。

（2）1997年《京都议定书》

为了人类免受气候变暖的威胁，1997年12月，《联合国气候变化框架公约》第3次缔约方大会在日本京都召开。149个国家和地区的代表通过了旨在限制发达国家温室气体排放量以抑制全球变暖的《京都议定书》。《京都议定书》规定，到2010年，所有发达国家二氧化碳等6种温室气体的排放量，要比1990年减少5.2%。2005年2月16日，《京都议定书》正式生效。截至2005年8月13日，全球已有142个国家和地区签署该议定书，世界主要工业发达国家中目前只有美国没有签署《京都议定书》。

《京都议定书》建立了旨在减排温室气体的三个灵活合作机制——国际排放贸易机制、联合履行机制和清洁发展机制。以清洁发展机制为例，它允许工业化国家的投资者从其在发展中国家实施的并有利于发展中国家可持续发展的减排项目中获取“经证明的减少排放量”。

2. 臭氧层保护

臭氧是无色气体，有特殊臭味，因此而得名“臭氧”。由太阳飞出的带电粒子进入大气层，使氧分子裂变成氧原子，而部分氧原子与氧分子重新结合成臭氧分子。距地面15～50千米高度的大气平流层，集中了地球上约90%的臭氧，这就是“臭氧层”。臭氧层具有吸收太阳中紫外线的作用，为了保护全人类的健康，国际社会先后制定了1985年《保护臭氧层维也纳公约》、1987年《关于损耗臭氧层物质的蒙特利尔议定书》及随后的诸多修正案。

（1）《保护臭氧层维也纳公约》

1985年3月在奥地利首都维也纳召开的“保护臭氧层外交大会”上，通过了《保护臭氧层维也纳公约》，于1988年生效。该公约由序言、正文21条和两个附件构成。该公约是联合国环境规划署首次制定的具有约束力的全球性的大气保护公约，该公约的目的是采取适当的国际合作与行动措施，以保护人类健康和环境，免受足以改变或可能改变臭氧层的人类活动所造成的或可能造成的不利影响。

该公约的主要内容包括对臭氧层破坏的基本认识和概念以及规定缔约国的一般义务。该公约促进和鼓励各国就保护臭氧层这一问题进行合作研究和情况交流，要求缔约国采取适当的方法和行政措施，控制或禁止一切破坏大气臭氧层的活动，保护人类健康和环境，减少臭氧层变化的影响。该公约只是一个框架式的原则性公约，虽然没有达成任何实质性的控制破坏臭氧层物质的协议，但在处理全球环境问题上的合作迈出重要的一步，为今后采取国际性措施控制消耗臭氧层物质做好了准备。

(2)1987 年《关于消耗臭氧层物质的蒙特利尔议定书》及其后的修正案

为保证《保护臭氧层维也纳公约》的实施，1987 年，来自 43 个国家的环境部长和代表通过了《关于消耗臭氧层物质的蒙特利尔议定书》，该议定书于 1990 年 6 月修正，其主要内容是：控制氯氟烃的使用量，并规定了控制值的计算、限制贸易等措施。修正后的《蒙特利尔议定书》兼顾了发达国家和发展中国家的意愿，就建立基金和替代技术转让问题达成了协议，为环境领域的国际合作树立了典范。

3. 酸雨防治

酸雨是指 pH 值小于 5.6 的雨水、冻雨、雪、雹、露等大气降水。现已确认，大气中的二氧化硫和二氧化氮是形成酸雨的主要物质。大气中的二氧化硫和二氧化氮主要来源于煤和石油的燃烧，它们在空气中氧化剂的作用下形成溶解于雨水的种酸。据统计，全球每年排放进大气的二氧化硫约 1 亿吨，二氧化氮约 5000 万吨，所以，酸雨主要是人类生产活动和生活造成的。酸雨是当前困扰很多国家的一种严重的大气污染现象，在酸雨的防治方面，欧洲经济委员会于 1979 年制定的《远程越界空气污染公约》具有典型意义。

《远程越界空气污染公约》于 1979 年 11 月 13 日在日内瓦通过，1983 年生效。该公约是世界上第一个关于大气污染的区域性公约。其宗旨是保护人类及其环境不受空气污染并努力限制和尽可能逐渐减少和防止空气污染，包括长程越界空气污染。《远程越界空气污染公约》包括定义、原则、大气质量管理、研究和发展、情报交换、污染物监测、执行机构和争端的解决八个主要部分。它确立了监测和研究大气污染的国际合作途径，并建立了一系列控制大气污染的原则制度和措施，还设立了情报交换的中心组织。该公约对于控制酸雨污染等方面具有突出作用。

(二)外层空间的环境保护

自 20 世纪 50 年代以来，随着人类开始对太空领域进行不断的深入探索，一些严重威胁人类社会安全的环境问题也大量出现，如人造航天器产生的垃圾碎片和废弃物体坠落造成的损害等。在这方面主要的国际公约有 1963 年《禁止在大气层、外层空间和水下进行核武器试验条约》(以下简称《禁止核试验条约》)、1967 年《外层空间条约》、1972 年《空间实体造成损失的国际赔偿责任公约》、1975 年《关于登记射入外层空间物体的公约》、1979 年《指导各国在月球和其他天体上活动的协定》(以下简称《月球协定》)、1992 年《关于在外空使用核动力源的原则决议》。

1.《禁止核试验条约》

明确禁止缔约国在大气层和各自管辖和控制范围以外的外层空间和水下进行核武器试验爆炸和其他任何核武器爆炸，从而使人类环境免受放射性物质污染。

2.《外空空间条约》

该条约经 1966 年 12 月 19 日联大通过，1967 年 10 月 10 日生效。该条约是国际空间法的基础，号称“空间宪法”，规定了从事航天活动所应遵守的 10 项基本原则：(1)共同利益的原则：探索和利用外层空间应为所有国家谋福利，而无论其经济或科学发展的程度如何；(2)自由探索和利用原则:各国应在平等的基础上,根据国际法自由地探索和利用外层空间,自由进入天体的一切区域;(3)不得据为己有原则:不得通过提出主权要求,使用、占领或以其他任何方式把外层空间据为己有;(4)限制军事化原则:不在绕地球轨道及天体外放置或部署核武器或任何其他大规模毁灭性武器;(5)援救航天员的原则:在航天员发生意外事故、遇险或紧急降落时,应给予他们一切可能的援助,并将他们迅速安全地交还给发射国;(6)国家责任原则:各国应对其航天活动承担国际责任,不管这种活动是由政府部门还是由非政府部门进行的;(7)对空间物体的管辖权和控制权原则:射入外空的空间物体登记国对其在外空的物体仍保持管辖权和控制权;(8)外空物体登记原则:凡进行航天活动的国家同意在最大可能和实际可行的范围内将活动的状况、地点及结果通知联合国秘书长;(9)保护空间环境原则:航天活动应避免使外空遭受有害的污染,防止地外物质的引入使地球环境发生不利的变化;(10)国际合作原则:各国从事外空活动应进行合作互助。

3.《空间实体造成损失的国际赔偿责任公约》

规定发射国对其空间物体在地球表面、或给飞行中的造成的损害,应负有绝对的赔偿责任。

4.《关于登记射入外层空间物体的公约》

建立了外层空间射入物体的登记制度,这样就便于监测、跟踪和识别有关射入物体对环境所造成的损害。

5.《月球协定》

该协定于1979年12月5日联合国大会通过,1984年7月11日生效。主要内容为:(1)月球(包括绕月、飞向及飞绕月球的轨道)应只用于和平目的;禁止在月球上使用武力或以武力相威胁;禁止在月球上设置核武器或任何大规模毁灭性武器;禁止在月球上设立军事基地及军事装置、试验武器及举行军事演习;(2)月球探索和利用应为全人类谋福利,不问其经济或科学发展程度;各国都应平等地、不受歧视地按照国际法自由探索和利用月球;(3)探索和利用月球时应采取措施,防止月球的现有平衡遭到破坏,防止地球因地外物质的进入受到不利的影响;(4)各国可在月球的表面或表面之下的任何地点进行探索和利用;(5)月球及其自然资源均为人类共同继承财产,任何国家不得依据主权要求或通过利用、占领或其他任何方式据为己有;(6)将建立国际制度,以便有序、合理地开发、利用和管理月球资源;各国应公平分享资源所带来的惠益,并对发展中国家和为开发月球作出贡献的国家给予特别照顾;(7)各国对其在月球上的一切航天器、装备、设施和站所等应保持管辖权和控制权,同时应对缔约国开放,以便接受对其活动是否符合月球协定规定的检查。

6.《关于在外空使用核动力源的原则决议》

为在外层空间使用核动力源确立了一系列原则,有利于尽量减少在外空的核材料数量,确保外空核动力源以合理的方式使用和避免核材料对外层空间造成污染。

三、海洋环境与淡水资源保护

(一)海洋环境保护

海洋环境保护的全球性公约包括全球性框架公约和针对特定类型的海洋污染问题的公约。前者以《联合国海洋法公约》为代表,它是迄今有关海洋的国际法的最全面和最权威的编纂。

1. 1982年《联合国海洋法公约》

《联合国海洋法公约》于1982年12月在牙买加的蒙特哥湾通过。该公约的第十二部分以“海洋环境的保护和保全”为题，对国际海洋环境的保护作了些重要的原则性规定，具体内容有：第一，一般义务。公约的第192条在历史上第一次为各国规定了保护和保全海洋环境的一般义务。该条指出各国有保护和保全海洋环境的义务。第二，各国开发其自然资源的主权权利。公约的第193条规定：各国有依据其环境政策和按照其保护和保全海洋环境的职责开发其自然资源的主权权利。这是国际环境法国家资源开发主权权利和不损害国外环境责任原则的具体应用。第三，防止、减少和控制海洋环境污染的措施。各国应在适当情形下个别或联合地采取一切符合该公约的必要措施，防止、减少和控制任何来源的海洋环境污染，为此目的，按照其能力使用其所掌握的最切实可行的方法，并应在这方面尽力协调它们的政策。采取的措施，应针对海洋环境的一切污染来源。各国采取措施防止、减少或控制海洋环境的污染时，不应对其他国家依照该公约行使其权利并履行其义务所进行的活动有不当的干扰。采取的措施，应包括为保护和保全稀有或脆弱的生态系统，以及衰竭、受威胁或有灭绝危险的物种和其他形式的海洋生物的生存环境，而有必要的措施。第四，不将损害或危险转移或将一种污染转变成另一种污染的义务。各国在采取措施防止、减少和控制海洋环境的污染时采取的行动不应直接或间接将损害或危险从一个区域转移到另一个区域，或将一种污染转变成另一种污染。第五，技术的使用或外来的或新的物种的引进。各国应采取一切必要措施以防止、减少和控制由于在其管辖或控制下使用技术而造成海洋环境污染，或由于故意或偶然有海洋环境某一特定部分引进外来的或新的物种致使海洋环境可能发生重大和有害的变化。第六，全球性和区域性合作。当一国获知海洋环境即将遭受污染损害的迫切危险或已遭受污染损害的情况时，应立即通知其认为可能受这种损害影响的其他国家以及各主管国际组织。受影响区域的各国，应按照其能力，与各主管国际组织尽可能进行合作，以消除污染的影响并防止或尽量减少损害。为此目的，各国应共同发展和促进各种应急计划，以应对海洋环境的污染事故。各国应直接或通过主管国际组织进行合作，以促进研究、实施科学研究方案，并鼓励交换所取得的关于海洋环境污染的情报和资料。各国应尽力积极参加区域性和全球性方案，以取得有关鉴定污染的性质和范围、面临污染的情况以及其通过的途径、危险和补救办法的知识。第七，技援助。各国应直接或通过主管国际组织促进对发展中国家的科学、教育、技术和其他方面援助的方案，以保护和保全海洋环境，并防止、减少和控制海洋污染。为了防止、减少和控制海洋环境污染或尽量减少其影响的目的，发展中国家应在有关款项和技术援助的分配和对各该组织专门服务的利用上获得各国际组织的优惠待遇。第八，关于环境影响评价。各国如有合理根据认为在其管辖或控制下的计划中的活动可能对海洋环境造成重大污染或重大和有害的变化，应在实际可行范围内就这种活动对海洋环境的可能影响作出评价，并应依照规定的方式提送这些评价结果的报告。第九，防止、减少和控制各种来源的海洋环境污染的规定。该公约要求各国制定法律、规章、规则和标准等以防止、减少和控制来自陆地的污染、国家管辖的海底活动造成的污染、区域内活动造成的污染、倾倒造成的污染、船舶造成的污染和来自大气层或通过大气层的污染。第十，各国的责任。各国有责任履行其关于保护和保全海洋环境的国际义务。各国应按照国际法承担责任。各国对于在其管辖下的自然人或法人污染海洋环境所造成的损害，应确保按照其法律制度，可以提起申诉以获得迅速和适当的补偿或其他救济。为了对污染海洋环境所造成的一切损害保证迅速而适当地给予补偿的目的，各国应进行合作，以便就估量和补偿损害的责任以及解决有关的争端，实施现行国际法和进一步发展国际法，并在适当情形下，拟订诸如强制保险或补偿基金等关于给付适当补偿的标准和程序。

2. 针对特定类型海洋环境污染的公约

（1）《防止倾倒废物及其他物质污染海洋公约》（以下简称《海洋倾废公约》）。《海洋倾废公约》于1972年12月29日通过，1975年8月30日生效，后经1978年10月12日和1980年9月24日两次修正。《海洋倾废公约》的宗旨为控制因倾弃而导致海洋污染，并鼓励签订该公约的区域协定。《海洋倾废公约》的主要内容有：第一，公约适用于所有海洋以及船只、飞机等正常操作之外的一切有意倾弃废物；第二，禁止倾弃附件一所列举的物质，附件二所列的物质只有得到特别许可后才能准许，而附件三所列的物质只有得到普通许可后才能容许倾弃；第三，只有在特殊情况下才容许例外；第四，缔约国将设立主管当局来发给许可证，保存记录和监测海洋情况；第五，缔约国对所有国籍船只和飞机，以及在其领土领海内装载货物的船只和飞机都有权执行措施；第六，缔约国将鼓励制定措施以防止碳氢化合物，倾弃以外所运输的其他物质和船只操作期间所产生的废物等，以及放射性污染物及因勘探海床而产生的物质的污染。

（2）《防止船舶污染海洋公约》。《防止船舶污染海洋公约》是1973年11月由70个国家的代表和7个国家的观察员在伦敦签订的。该公约对防止由船舶引起的海洋污染作出一系列规定。1978年在国际油轮安全和防止污染会议上产生了《关于1973年国际防止船舶污染海洋公约的1978年议定书》。议定书修改了1973年伦敦公约内的各项规定，特别是附件一的规定。1973年的《防止船舶污染海洋公约》和1978年的议定书，合称为《73/78国际防止船舶污染海洋公约》。

（3）《1969年国际干预公海油污染事件公约》。《1969年国际干预公海油污染事件公约》于1969年11月在布鲁塞尔通过，1975年5月生效。该公约规定：沿海国有权对在公海上发生的可能危害其所辖海域的油污染事件采取必要的措施。

（4）《国际防止海上油污染公约》。《国际防止海上油污染公约》于1954年5月在伦敦开放签字，于1958年7月生效。该公约规定：禁止船舶排出油或油性混合物，但公约同时规定了一些例外的情形。该公约还规定：缔约国应在港口和载油站提供适当的设施；所有船舶应配备附件所具体规定的用油记录簿，填写操作记录。

此外，关于防治海洋污染的国际公约还有1974年通过的《防止陆源物质污染海洋公约》、1972年通过的《国际油污损害民事责任公约》、1971年通过的《设立赔偿油污损害国际基金公约》。

（二）淡水资源保护

1966年国际法协会通过的《国际河流利用规则》和1997年联合国国际法委员会起草的《国际水道非航行使用法公约》是当前最重要的两项国际淡水资源利用和保护的全球性公约。

1.《国际河流利用规则》（又称《赫尔辛基规则》）

该规则主要内容有：第一，对“国际流域”概念的界定。国际流域指跨越两个或两个以上国家，在水系的分水线内的整个地理区域，包括该区域内流向同一终点的地表水和地下水。第二，确认了国际流域的公平合理利用原则。每个流域国在其境内有权公平合理分享国际流域内水域和利用的水益。第三，对“水污染”概念的界定。“水污染”一词系指人的行为造成国际流域的水的自然成分、结构或水质的恶化变质。第四，防止国际流域水体污染的国家责任。国家有责任防止和减轻对国际流域水体的污染。这种污染包括“从一国领土所造成的水污染”和“虽在其国家领土之外，但由于该国之行为所造成的污染”。第五，赔偿责任。国家有责任停止其引起污染的行为并对同流域国所受的损失提供赔偿。第六，防止和解决争端的程序。根据《联合国宪章》，国家有义务以和平方法解决有关的合法权利或其他利益的国际争端。建议每个流域国都向其他流域国提供所掌握的该流域在其境内的水域的有关情况，以及对水域的利用和有关活动的情况。国家应向有关流域国通告有可能由于其所拟采取的工程设施使该国利益受到的重大影响。当事国应通过国际联合机构的调查和建议、第三国或国际组织或人士的斡旋或调停、调查或调解委员会的调解、仲裁庭的仲裁等途径和平解决争端。

2.《国际水道非航行利用法公约》(又称《国际水道公约》)

这是一项框架性公约，全面总结并规定了关于国际水道非航行使用的国际法规则。除序言部分外，共有7部分37条和一个附件。

公约的第一部分是"导言"，规定了公约的适用范围，即"适用于国际水道及其水为航行以外目的的使用，并适用于同这些水道及其水的使用有关的保护、保全和管理措施"。该部分还指明了若干用语的含义："水道"是指地面水和地下水的系统，由于它们之间的自然关系，构成一个整体单元，并且通常流入共同的终点；"国际水道"是指其组成部分位于不同国家的水道；"水道国"是指部分国际水道位于其领土内的本公约缔约国，或本身是区域经济一体化组织而部分国际水道位于其一个或多个成员国领土内的缔约方。

公约的第二部分规定了国际水道的非航行利用的一般原则，主要包括：第一，公平合理地利用和参与。水道国应在各自领土内公平合理地利用国际水道。特别是，水道国在使用和开发国际水道时，应着眼于与充分保护该水道相一致，并考虑到有关水道国的利益，使该水道实现最佳和可持续的利用和受益。水道国应公平合理地参与国际水道的使用、开发和保护。这种参与包括本公约所规定的利用水道的权利和合作保护及开发水道的义务。第二，不造成重大损害的义务。水道国在自己的领土内利用国际水道时，应采取一切适当措施，防止对其他水道国造成重大损害。第三，一般合作义务。水道国应在主权平等、领土完整、互利和善意的基础上进行合作，使国际水道得到最佳利用和充分保护。合作的方式可以考虑设立联合机制或委员会。第四，经常地交换数据和资料。水道国应经常地交换关于水道状况，特别是属于水文、气象、水文地质和生态性质的和与水质有关的便捷可得的数据和资料以及有关的预报。如果一个水道国请求另一个水道国提供不是便捷可得的数据或资料，后者应尽力满足请求，但可附有条件，即要求请求国支付收集和在适当情况下处理这些数据或资料的合理费用。第五，各种使用之间的关系。如无相反的协定或习惯，国际水道的任何使用均不对其他使用享有固有的优先地位。

公约的第三部分是"计划采取的措施"，公约要求各水道国应就计划采取的措施对国际水道状况可能产生的影响交换资料和互相协商，并在必要时进行谈判。

公约的第四部分是"保护、保全和管理"，涉及的内容包括"保护和保全国际水道的生态系统""预防、减少和控制污染""防止把可能对水道生态系统有不利影响从而对其他水道国造成重大损害的外来或新的物种引进国际水道""保护和保全海洋环境""通过磋商建立国际水道联合管理机制""通过平等的合作管制和调节国际水道的水流""安全操作和保养国际水道的各种工程设施"。

公约的第五部分是"有害状况和紧急情况"。它规定水道国应单独地和在适当情况下共同地采取一切适当措施，预防或减轻与国际水道有关可能对其他水道国有害的状况，例如洪水或冰情、水传染病、淤积、侵蚀、盐水侵入、干旱荒漠化等。它还规定在紧急情况下，如在洪水、冰崩解、山崩或地震以及工业事故的情况下，发生紧急情况的水道国应毫不迟延地以可供采用的最迅速方法，通知其他可能受到影响的国家和主管国际组织。同时立即采取一切实际可行的措施、预防、减轻和消除该紧急情况的有害影响。如有必要，水道国应共同拟订应付紧急情况的应急计划。

公约的第六部分是“杂项规定”，其中包括关于在武装冲突时保护国际水道及其设施的规定和关于争端解决办法的规定。

公约的第七部分是“最后条款”，包括公约的签署和生效等内容。公约的附件是关于仲裁程序的规定。

四、土壤、森林、生物的法律保护

（一）土壤的法律保护

针对全球面临的土壤资源退化问题，国际社会制定了许多指导性文件，如联合国粮农组织制定的《世界土壤宪章》首次对保护和改良土壤的规则做出了全面规定，联合国环境规划署制定的《世界土壤政策》为各国制定土壤政策提供了指导，1992 年欧洲理事会部长委员会通过的《关于土壤的建议》则提出了有关土壤保护和利用的基本原则。

需要特别指出的是，为了应对全球干旱和荒漠化问题，联合国于 1994 年制定了《联合国关于在经历严重干旱和/或荒漠化国家特别是在非洲防治荒漠化公约》。现对该公约做以下介绍：

公约由序言、六个部分和四个附件组成。序言部分申明在防治荒漠化和缓解干旱影响时，受影响或受威胁地区的人类是受关注的中心，意识到国际社会，包括各国和各国际组织，迫切关注荒漠化和干旱的有害影响。承认荒漠化和干旱是全球范围问题，影响到世界所有区域，需要国际社会联合行动，防治荒漠化和/或缓解干旱影响；注意到严重干旱和/或荒漠化高度集中在发展中国家，尤其是最不发达国家，并注意到这些现象在非洲造成了特别悲惨的后果，还注意到荒漠化的成因是各种自然、生物、政治、社会、文化和经济因素的复杂相互作用。防治荒漠化不仅是一个环境问题，也是一个社会问题，需要在可持续发展的框架内进行综合治理。

公约的第一部分是“导言”，明确了公约的目标和指导原则。该公约的目标是在发生严重干旱和/或荒漠化的国家，特别是非洲防治荒漠化和缓解干旱影响，为此要在所有各级采取有效措施，辅之以在符合《21 世纪议程》的综合办法框架内建立的国际合作和伙伴关系安排，以期协助受影响地区实现可持续发展。为了实现这个目标，公约规定了四项指导原则，即应当确保群众和地方社区参与关于防治荒漠化和/或缓解干旱影响的方案的设计和实施决策；本着国际团结和伙伴关系的精神，改善分区域、区域以及国际的合作和协调，并更好地将资金、人力、组织和技术资源集中用于需要的地方；本着伙伴关系的精神在政府所有各级、社区、非政府组织和土地所有者之间发展合作，更好地认识受影响地区土地资源和稀缺的水资源的性质和价值；以及充分考虑到受影响发展中国家缔约方，特别是其中最不发达国家的特殊需要和处境。公约还对“荒漠化”“防治荒漠化”“干旱”“土地退化”“干旱、半干旱和亚湿润干旱地区”等重要用语进行了界定。

公约的第二部分为“总则”，主要规定了三类义务，即所有缔约方的一般义务、受影响国家缔约方的义务和发达国家缔约方的义务。此外，公约还特别强调非洲国家的优先地位，指出“鉴于非洲区域存在的特殊情况，缔约方在履行本公约时，应优先考虑受影响非洲国家缔约方，同时也不忽视其他区域受影响发展中国家缔约方”。

公约的第三部分规定了行动方案、科学和技术合作以及支持措施。受影响发展中国家缔约方和符合公约条件的任何其他受影响国家缔约方应尽可能利用现有的、相关的、成功的计划和方案，并在其基础上，酌情制订、公布和实施国家行动方案，并制订、公布和实施分区域和区域行动方案，将它们作为防治荒漠化、缓解干旱影响战略的中心内容。这些方案应借鉴实地行动经验教训和研究成果在不间断的参与中加以更新。国家行动方案的制订应与制订国家可持续发展政策的其他努力密切配合。缔约方应通过信息收集、分析和交流以及研究和技术的转让、获取、改造和开发进行充分的合作。公约决定成立一个名为“全球机制”的机构以促进资金的动员和技术的提供。该全球机制机构在缔约方大会的领导和指导下运行并对缔约方大会负责。

公约的第四部分是关于“机构”的规定，明确了“缔约方会议”“常设秘书处”“科学和技术委员会”的职责和工作程序，其中缔约方会议是公约的最高权力机关。

公约的第五部分规定了“程序”事项，如“提交信息”“解决执行问题的措施”“争端的解决”“附件的地位”“公约和附件的修订”“表决权”等。

公约的第六部分规定了公约的签署、生效等事项。

此外，公约还用四个附件分别对在非洲、亚洲、拉丁美洲和加勒比海地区、北地中海地区的实施做出了具体的规定。附件享有与公约正文同等的法律效力。

（二）森林的法律保护

由于森林资源都处于主权国家管辖范围之内，对于森林的保护也就主要依赖于各个国家国内法的规定。但为了保护热带雨林等对全球整体环境有重大影响的森林资源，国际社会也正在通过国际公约来尝试加以调整，主要的有 1983 年《国际热带木材协定》、1992 年联合国环境与发展大会通过的《关于所有类型森林的管理、保存和可持续开发的无法律约束力的全球协商一致意见权威性原则声明》（以下简称《关于森林问题的原则声明》）。

1.《国际热带木材协定》

该协定最初制定于 1983 年，主要目的是为解决热带木材经济所面临的各种问题而为热带木材生产国和消费国之间的合作建立一个法律框架。1994 年，协定的缔约国通过了作为后续协定的《1994 年国际热带木材协定》，对原文本内容进行了一定的修改和补充。对现行文本内容简要说明如下。

协定的主要目标是：提供有效的与世界木材经济所有方面有关的磋商、国际合作和政策发展的框架；提供磋商论坛以促进正常的木材贸易活动；致力于可持续发展进程；实施提高成员供应能力的战略；在 2000 年以前获得可持续的能管理的资源，以开展热带木材及其产品的出口；促进国际热带木材贸易的扩展和多元化；促进和支持木材方面研究与开发；提高木材市场信息的充分性；促进在生产成员内热带木材的深加工；鼓励成员方支持和发展热带木材森林的再造、森林管理活动以及恢复退化的森林土地；提高热带木材从可持续有管理的资源中出口的营销与分销水平；促进木材加工技术的获得、交换和技术合作；鼓励分享国际木材市场的信息等。

国际热带木材组织是国际热带木材协定的实施与管理机构。总部设在日本神户。其职能包括：提供有利于成员国和国际社会有关热带木材的经济信息，提供市场情报以确保热带木材市场更高的透明度；同国际非热带木材商品组织保持紧密联系；进行贸易和环境方面的政策研究，如研究热带木材贸易与可持续发展的联系以及木材制品的认证；在由联合国可持续发展委员会建立的政府间森林小组内有关贸易与环境问题上起领导作用。国际木材组织的理事会和常设委员会活动的基本任务是制定有关森林的重建和管理，森林工业的经济信息和市场情报的项目，并加以实施；为热带木材方面的研究与开发项目取得财政支持；进行可持续发展研究。为此，该组织设立了“巴厘伙伴基金”。

2.《关于森林问题的原则声明》

这是一部不具有法律约束力的文件，也是第一次反映全球各国有关森林问题的一致意见。该声明的核心内容是宣布了15条原则要点，涉及诸多不同的领域，主要有：国家资源开发主权权利和不损害国外环境责任原则；各国拥有根据其发展需要和水平和根据与可持续发展和法律相一致的国家政策，使用、管理和开发其森林的主权和不可剥夺权利，包括在总的社会经济发展计划范围内，根据合理的土地使用政策，把这些地区改作其他用途；森林资源和森林土地应以可持续的方式管理，以满足这一代人和子孙后代在社会、经济、文化和精神方面的需要；建立在现有组织和机制之上的国际体制机构安排应斟酌情况促进森林领域内的国际合作；环境保护和社会与经济发展中所有与森林和林区有关的方面均应加以一体化和全面化；应认识到各种森林在地方、国家、区域和全球各级上维持生态过程和平衡的重要作用；国家森林政策应确认土著居民、地方社区和森林居民，对他们的认同、文化和权利给予正当的支持，应积极促进妇女在森林的管理、保存和可持续开发领域充分参与一切方面的工作；国家政策和方案应考虑到森林的保存、管理和可持续开发与生产、消费、再循环和森林产品的最终处置有关的一切方面之间的关系；对森林产品和劳务以及对环境的代价和利益的经济和非经济价值进行全面评价，应在确实可靠程度内有利于就森林的保存、管理和可持续开发问题作出决定。应促进制定和改进这类评价的方法学；国家政策应确保在行动有可能对重要森林资源产生严重不利影响且这种行动须由国家主管当局作出决定时进行环境影响评价；应向发展中国家提供新的额外的财政资源，使它们能以可持续的方式管理、保存和开发森林资源，包括植林和重新造林，以及遏止砍伐森林和森林与土壤的退化；尤其为了使发展中国家能够加强本国能力和更完善地管理、保存和开发其森林资源，应当斟酌情况促进、协助和资助依照《21世纪议程》各项有关规定，以优厚的条件，包括减让性和优惠性条件，获得和转让无害环境的技术及相关的专门技能。

（三）生物资源的法律保护

为保护地球生物资源，保证物种的多样性及丰富性，国际社会签订了许多保护生物资源的全球性条约和区域性条约、文件。

1.《关于特别是水禽生境的国际重要湿地公约》（以下简称《湿地公约》）

《湿地公约》的宗旨是“制止目前和未来湿地的逐渐侵占和损害，确认湿地的基本生态作用及其经济、文化、科学和娱乐价值”。

该公约的主要内容是：要求缔约国至少指定一个国立湿地列入国际重要湿地名单中；要求缔约国应考虑它们在养护、管理和明智利用迁徙野禽原种方面的国际责任；要求缔约国应设立湿地自然保留区，合作进行交换资料，训练湿地管理人员。为使上述公约更有效，1982年12月通过了《修正关于特别是水禽生境的国际重要湿地公约的议定书》。

2.《濒危野生动植物物种国际贸易公约》（以下简称《濒危物种贸易公约》）

《濒危物种贸易公约》的宗旨在于设计一种进出口许可证制度，通过控制国际贸易，防止过度开发，以保护某些濒危物种。该公约实行进出口许可证制度来保护濒危物种。具体做法是将物种分为三类：附录一所列的物种是面临灭种危险的物种，除特殊情况外一律禁止国际贸易；附录二所列是如不采取严格的限制贸易措施，就有可能灭绝的物种，这些物种的交易要受许可证制度的管理；附录三列举的物种，一些国家已经通过立法加以管制，并需要国际合作以控制其贸易，以出口许可证和原产地证明的方式进行管理。

3.《保护野生动物迁徙物种公约》

《保护野生动物迁徙物种公约》于1979年6月在波恩通过，1983年11月生效。公约签订的目的，在于保护那些迁徙于国境内外的野生动物物种。公约规定，缔约国应对濒危迁徙物种采取保护措施。公约建立了科学委员会，将由委员会列出世界迁徙物种的清单，但不包括昆虫。

4.《生物多样性公约》及其《卡塔赫纳生物安全议定书》

《生物多样性公约》的宗旨在于保护并合理利用地球上的生物资源，公约的主要内容有：确定了生物资源和生物多样性的保护和持续利用的重点领域；确定了一些有关的基本概述和术语；确认和重申了有关的国际环境法原则；规定了有关保护和持续利用的基本措施；规定了关于遗传资源的取得、技术的取得和转让、生物技术惠益的分享的基本原则。《生物多样性公约》下的《卡塔赫纳生物安全议定书》是一份为保护生物多样性和人体健康而管理转基因生物越境转移的国际性法律框架。议定书最重要的条款是任何国家出口转基因生物到另一个国家，必须取得进口国家的事先知情同意。如果出口方不能提供足够科学证据证明产品无害，进口国有权拒绝进口。议定书更规定转基因生物必须明确标识。

5.《国际保护鸟类公约》

《国际保护鸟类公约》是1950年10月，针对欧洲鸟类的生存遭受到严重威胁，由欧洲一些国家签署的。公约于1963年1月17日正式生效。公约指出，所有鸟类原则上都应受到保护。公约对鸟类的保护、捕杀和交易作出规定，同时鼓励缔约国发展养护教育，确定保护区。要求各缔约国采取各种适当的措施，防止因废油或其他水污染源、灯塔、电缆、杀虫剂、毒物或任何其他原因毁灭鸟类。

6.《国际植物保护公约》

《国际植物保护公约》于1951年12月6日在罗马通过，1952年4月3日生效。公约的宗旨是维护并增进植物和植物产品病虫害管制的国际合作，防止其跨越国界的引入和传播。

五、危险物质和活动的国际控制

（一）危险化学品及其活动的国际控制

对于危险化学品及其活动进行控制的主要国际公约有《关于持久性有机污染物的斯德哥尔摩公约》《关于化学品国际贸易资料交换的伦敦准则》《关于在国际贸易中对某些危险化学品和农药采用事先知情同意程序的鹿特丹公约》。

1.《关于持久性有机污染物的斯德哥尔摩公约》

它是继1987年《保护臭氧层的维也纳公约》和1992年《联合国气候变化框架公约》之后，第三个具有强制性减排要求的国际公约，是国际社会对有毒化学品采取优先控制行动的重要步骤。持久性有机污染物是指持久存在于环境中，通过食物网积聚，并对人类健康及环境造成不利影响的化学物质。与常规污染物不同，持久性有机污染物在自然环境中极难降解，并能通过水或空气等载体转移，在人或动物体内积蓄后，容易导致癌症，对健康造成极大危害。很多持久性有机污染物不仅具有致癌、致畸、致突变性，而且还具有内分泌干扰作用。有研究表明，持久性有机污染物对人类的影响会持续几代，对人类生存繁衍和可持续发展构成重大威胁。目前，该公约涉及禁止使用和生产的持久性有机污染物主要包括农药、工业化学品和副产物三大类，共计12种，分别为艾氏剂、氯丹、DDT、狄氏剂、异狄氏剂、七氯、灭蚁灵、毒杀芬、六氯代苯、多氯联二苯、二噁英和呋喃。

2.《关于化学品国际贸易资料交换的伦敦准则》

该准则包括导言和三个部分共15个条款。导言部分指出了准则的目的是提交给各国政府，以期协助它们通过化学品国际贸易的资料交流来提高各国的化学品安全。准则的内容具有一般性，旨在通过科技、经济和法律资料的交流以促进化学品的良好管理。

准则的第一部分是“一般规定”。首先界定了若干重要用语的定义，如“化学品”“禁止的化学品”“严格限制的化学品”等。其次规定了六项一般原则,即出口和进口国均应进行化学品国际贸易方面的资料交换,以保护人类健康及环境,使免于可能的损害;关于涉及化学品的活动方面,各国应尽可能依照《联合国人类环境会议宣言》的第 21 条原则行事;各国于采取化学品管制措施以保护人类及动植物或环境时,应保证为此目的适用的规章和标准,不在国际贸易方面制造不必要的障碍;各国应保证接得出口国依照本准则提供资料时,对有关化学品采取的政府控制措施或行动,不比对该国所生产使用的同一化学品或从提供资料的国家以外另一国进口的同一化学品实施更为严格的控制措施;拥有先进化学品安全管理制度的国家应同需要改善其制度的国家分享经验;进口国和出口国都应视情况加强现有基础结构和体制。这一部分还对有关体制的安排进行了详细规定。

准则的第二部分是“关于被禁止的、严格限制的化学品的通知和资料以及知情同意程序执行办法”。其中规定的事先知情同意程序要点是:管制行动的通知,即对化学品采取管制行动的国家主管当局应尽快通过化学品登记中心向其他国家提供被控制化学品的特性、管制行动及其理由和其他有关资料;其他国家对上述通知的答复;如果进口参加国不做答复,或只做出关于临时决定的答复但未解答进口问题,有关该化学品进口的现状应维持不变;提供出口化学品的资料等。

准则的第三部分是“关于化学品的一般资料交流和技术援助的提供”。

3.《关于在国际贸易中对某些危险化学品和农药采用事先知情同意程序的鹿特丹公约》

该公约由 30 条正文和 5 个附件组成。其核心是要求各缔约方对某些极危险的化学品和农药的进出口实行一套决策程序,即事先知情同意(PIC)程序。公约以附件三的形式公布了第一批 27 种极危险的化学品和农药清单(以下简称 PIC 清单)。

公约规定了列入 PIC 清单化学品的进出口的相关义务,要求在公约生效之日,各缔约方需对列入 PIC 清单的化学品是否同意进口对秘书处进行答复,并提交本国最后管制行动的化学品清单及相关资料。秘书处将把这些答复和资料的摘要送交各缔约方,且每 6 个月送交一次。缔约方有权修改本国的答复,并应立即通知秘书处。答复的形式是:同意进口;不同意进口;同意在特定条件下的进口;临时回复。出口缔约方应采取适当的立法或行政措施将其他缔约方的答复通知本国有关各方,并采取适当的立法或行政措施,以确保本国出口商遵守每一回复的决定,同时避免将 PIC 清单中的化学品输出到不同意进口的另一缔约方境内。不同意 PIC 清单中某一化学品进口的缔约方,应禁止该化学品任何来源的进口,其本国也应禁止生产。

某一缔约方向另一缔约方出口本国最后管制的化学品时,须事先向进口缔约方发出出口通知,只有收到进口缔约方的同意意见或默许(进口缔约方 90 天内不答复即为默许)时,出口缔约方才能向进口缔约方发出货物。该化学品的出口通知应在其首次出口之前发出。此后,出口通知应在每一日历年内的首次出口之前发出。进口缔约方应确认在采取最后管制行动后收到首次出口通知。该公约的 PIC 清单是开放的,规定了向清单中增加化学品和删除化学品的程序。公约还规定了出口化学品应附的资料以及资料交流、技术援助等方面的措施。

(二)危险废物和活动的国际控制

《控制危险废物越境转移及其处置巴塞尔公约》是当前国际社会对危险废物和活动进行控制的主要法律文件。危险废料指国际上普遍认为具有爆炸性、易燃性、腐蚀性、化学反应性、急性毒性、慢性毒性、生态毒性和传染性等特性中一种或几种特性的生产性垃圾和生活性垃圾,前者包括废料、废渣、废水和废气等,后者包括废食、废纸、废瓶罐、废塑料和废旧日用品等,这些垃圾给环境和人类健康带来危害。

该公约旨在遏止越境转移危险废料,特别是向发展中国家出口和转移危险废料。公约要求各国把危险废料数量减到最低限度,用最有利于环境保护的方式尽可能就地储存和处理。公约明确规定:如出于环保考虑确有必要越境转移废料,出口危险废料的国家必须事先向进口国和有关国家通报废料的数量及性质;越境转移危险废料时,出口国必须持有进口国政府的书面批准书。公约还呼吁发达国家与发展中国家通过技术转让、交流情报和培训技术人员等多种途径在处理危险废料领域中加强国际合作。1995 年 9 月 22 日,《巴塞尔公约》的修正案获得通过,修正案禁止发达国家以最终处置为目的向发展中国家出口危险废料,并规定发达国家在 1997 年年底以前停止向发展中国家出口用于回收利用的危险废料。

(三)放射性物质和活动的国际控制

当前国际社会对放射性物质和活动进行控制的主要法律文件如下:(1)《核材料实物保护公约》。该公约共有 23 个条文和两个附件,主要目的在于保护用于和平目的的核材料的国际运输。公约要求每一缔约国应在其国内法律范围内采取符合国际法的适当步骤,以便尽可能切实保证在进行国际核运输时,其国境内的核材料或装载在往来该国从事运输活动并属其管辖的船舶或飞机上的核材料,均按照附件一所列级别予以保护。公约在附件一中对核材料的国际运输做了具体的规定。除非缔约国能够保证这种核材料在进行国际核运输时受到附件一所列级别的保护,否则任何缔约国不应输出或输入核材料。公约对附件二规定的三类核材料分别规定了特别的警惕措施。公约还特别强调,各缔约国在核材料被偷窃、抢劫或任何非法盗取或确实受到此种威胁时,应依照本国法律尽可能向任何提出请求的国家提供合作和协助,以追回和保护这种材料。(2)《及早通报核事故公约》。该公约的目的在于进一步加强安全发展和利用核能方面的国际合作,各国有必要尽早提供有关核事故的情报,以便能够使超越国界的辐射后果减少到最低限度。公约要求,在发生一起核事故时,缔约国应立即直接或通过国际原子能机构,将该核事故及其性质、发生时间和在适当情况下确切地点通知那些实际受影响或可能会实际受影响的国家和机构;迅速地直接或通过机构向上述的国家和机构提供有关尽量减少对那些国家的辐射后果的这类可获得的情报。(3)《核事故或辐射紧急援助公约》。公约的目的在于进一步加强安全发展和利用核能方面的国际合作,建立一个将有利于在发生核事故或辐射紧急情况时迅速提供援助以尽量减少其后果的国际体制。公约要求各缔约国应互相进行合作并与国际原子能机构进行合作,以便在发生核事故或辐射紧急情况时迅速提供援助,尽量减少其后果并保护生命、财产和环境免受放射性释放的影响。公约还规定了援助行动中涉及的保密问题、费用补偿问题、援助人员的司法豁免权和其他特权问题、人员设备和财产的过境问题、对援助方的权利要求和赔偿问题等细节性内容。(4)《核安全公约》。该公约的目的是促使缔约国采取陆上核能工厂安全操作基础标准。它要求在缔约国内推广适当的国家标准以保障核能工厂的安全选址、设计、建筑和运营。公约要求各国采取必要措施以履行公约的义务。这些措施包括国家核安全的有关规定和条例,核设施许可证制度以及使规章制度和批准条件得到遵守的措施。公约要求各国承担报告的义务,报告为履行公约义务已经采取的措施。[15]

---

〔15〕 参见曹明德、黄锡生:《环境资源法》,中信出版社 2004 年版,第 393 页。

第六节　应对气候变化的国际谈判与立法

气候变化问题长期以来受到国际环境法学界和社会公众的高度关注，是国际环境法研究的热点。气候变化问题主要涉及全球温室气体排放增多导致的气候变暖，政府间气候变化专门委员会(IPCC)评估结果表明：全球气候正在变暖，而导致变暖的原因主要是人类燃烧化石能源和毁林开荒等行为向大气排放大量温室气体，导致大气温室气体浓度升高，加剧温室效应的结果。国际社会为解决这一问题，1990 年联合国大会授权谈判制定国际气候公约。1992 年国际社会达成《联合国气候变化框架公约》，1994 年 3 月 21 日正式生效。公约确立了国际合作应对气候变化的目标、原则和机制框架，奠定了全球气候治理的法律基础，堪称"气候宪法"。由于公约是框架性质的，仅明确了发达国家和发展中国家之间负有"共同但有区别的责任"，没有对各国行动提出具体义务和要求，国际社会长期以来便通过不断地谈判来促成后续问题的解决，其时间之长、过程之艰难、进展之曲折、斗争之尖锐，在国际环境法领域实属罕见。从 1992 年启动气候谈判以来，气候谈判总体呈现发达国家和发展中国家两大阵营对立的格局，这种格局目前尚未发生重大变化。但与此同时，全球温室气体排放格局却发生了相当大的变化。从排放趋势看，发达国家历史排放量多，当前和未来排放量总体呈下降趋势；发展中国家历史排放量少、当前和未来呈增加趋势。全球排放格局的变化，在很大程度上导致了发达国家和发展中国家在谁先减排、减多少、怎样减，以及如何提供资金、提供气候友好型技术支持发展中国家减缓等问题上，展开了激烈争论，短期内很难达成一致，并进一步导致了发达国家和发展中国家两大阵营内部谈判力量的分化组合。[16] 自 1992 年至今，国际社会关于气候变化问题的主要代表性谈判和成果有以下几项。

一、1997 年：《京都议定书》通过

为确保《联合国气候变化框架公约》得到有效实施，1995 年在德国柏林召开的《联合国气候变化框架公约》第 1 次缔约方大会通过了"柏林授权"，决定通过谈判制定一项议定书，主要是确定发达国家 2000 年后的减排义务和时间表。经过多次谈判，1997 年年底，《京都议定书》在日本通过。《京都议定书》为发达国家规定了有法律约束力的量化减排指标，是公约框架下的第一项重要成果，是全球进入温室气体减排时代并采取具体行动的开始。最终议定书为发达国家设定了 2008 年至 2012 年六种温室气体的整体减排和国别减排指标，没有为发展中国家规定减排或限排义务。此后，各方围绕如何执行《京都议定书》，又展开了一系列谈判，在 2001 年通过了执行《京都议定书》的"一揽子"协议，即《马拉喀什协定》。2001 年，美国前总统布什宣布美国退出《京都议定书》。最终，《京都议定书》于 2005 年 2 月 16 日生效。

二、2005 年：启动议定书二期谈判

由于《京都议定书》只规定了发达国家在 2008 ~ 2012 年的减排任务，2012 年后如何减排则需要继续谈判。在发展中国家推动下，2005 年年底在加拿大蒙特利尔召开的《联合国气候变化框架公约》第 11 次缔约方大会暨议定书生效后的第 1 次缔约方会议上，正式启动了 2012

---

〔16〕 参见《气候谈判话中国——外交部历任气候变化谈判代表讲述谈判历程》，载《世界知识》2019 年第 5 期。

年后的议定书二期减排谈判，主要是确定2012年后发达国家减排指标和时间表，并建立了议定书二期谈判工作组。但欧洲发达国家以美国、中国等主要排放大国未加入议定书减排为由，对议定书二期减排谈判态度消极，此后的议定书二期减排谈判一直进展缓慢。[17]

三、2007年："巴厘路线图"确立

2007年12月，《联合国气候变化框架公约》第13次缔约方大会在印尼巴厘岛举行，各方对《京都议定书》第一承诺期到期后全球应对气候变化的问题进行了讨论。大会最终通过"巴厘路线图"，启动《联合国气候变化框架公约》下的长期合作特设工作组和《京都议定书》特设工作组谈判并行的"双轨制"谈判。一是谈判确定议定书下发达国家缔约方的进一步减排指标，二是就加强公约全面有效和可持续实施展开谈判，即加强公约所有缔约方的行动。两项谈判都计划在2009年哥本哈根会议上完成。

四、2009年：未通过的哥本哈根协议

2009年年底，100多个国家首脑聚集到丹麦哥本哈根参加公约第15次缔约方大会。此次会议发生在全球爆发金融危机的特殊时期，受到金融危机影响的发达国家想转嫁自身责任，极力施压发展中大国共同减排，双方分歧和矛盾突出，其焦点是要不要坚持公约确立的"共同但有区别的责任"原则。中国成为发达国家的重点施压对象，在最后危急时刻，我国与印度、巴西、南非和美国共同推动达成了一项没有法律约束力的政治共识——《哥本哈根协议》，但由于各方在减排目标、"三可"问题（可测量、可报告和可核实）、长期目标、资金等问题上分歧较大，《哥本哈根协议》最终没有被大会通过。

五、2010年：充满争执的坎昆会议

2010年年底，《联合国气候变化框架公约》第16次缔约方大会在墨西哥坎昆召开。在玻利维亚强烈反对下，缔约方大会最终强行通过了《坎昆协议》。《坎昆协议》汇集了进入"双轨制"谈判以来的主要共识，总体上还是维护了议定书二期减排谈判和公约长期合作行动谈判并行的"双轨制"谈判方式，增强国际社会对联合国多边谈判机制的信心，同意2011年就议定书二期和"巴厘路线图"所涉要素中未达成共识的部分继续谈判。

六、2012年：继往开来的多哈会议

2012年11月26日，公约第18次缔约方大会在多哈召开。2011年德班会议和2012年多哈会议是"巴厘路线图"的收官阶段，确定了2020年前的相关安排，也开启了2020年后气候治理新机制的谈判进程。2011年德班会议授权谈判制定适用于所有缔约方的2020年后全球合作应对气候变化的制度安排，也就是后来2015年通过的《巴黎协定》。2012年多哈会议是继往开来的会议，达成了关于《京都议定书》第二承诺期的多哈修正案，为发达国家设定了2013年至2020年的减排指标，结束了"巴厘路线图"谈判，同时进一步规划了关于2020年后新机制的谈判进程。

七、2015年：举世瞩目的《巴黎协定》

2015年12月，公约近200个缔约方在巴黎气候变化大会上达成《巴黎协定》。这是继

---

〔17〕 参见《风云变幻20年：气候变化谈判历程和气候大会展望》，载《中国绿色时报》2011年11月23日。

《京都议定书》后第二份有法律约束力的气候协议,为2020年后全球应对气候变化行动作出了安排,确定了以"国家自主贡献"为核心的"自下而上"相对宽松灵活的减排模式,是一份全面、均衡、有力度的协定,是全球气候治理史上的重要里程碑。《巴黎协定》主要目标是将本世纪全球平均气温上升幅度控制在2摄氏度以内,并将全球气温上升控制在前工业化时期水平之上1.5摄氏度以内。196个国家签署的《巴黎协定》于2016年11月4日正式生效,是多边条约开放签署日签署国最多的、批约生效最快的国际条约之一。巴黎大会后,国际社会又经过3年谈判,于2018年12月15日波兰卡托维兹会议上达成了《巴黎协定》实施细则。令人遗憾的是,美国政府2019年11月4日正式通知联合国,要求退出应对全球气候变化的《巴黎协定》。根据《巴黎协定》规定,该协定生效3年后(2019年11月4日),缔约方才能正式要求退出,退出过程需要一年时间。这意味着,美国将于2020年11月4日退出《巴黎协定》。

八、中国在解决气候变化问题中的作用和贡献

在上述国际谈判期间,中国不仅派出代表团参加历次会议并发挥了不可或缺的作用,国内低碳发展也提上了日程,体现了负责任的大国形象。2003年中央提出科学发展观并将其作为执政理念。2006年中国主动提出了第一个自愿减排目标,即2010年单位GDP能耗要比2005年下降20%左右。2007年中国成立了国家应对气候变化和节能减排工作领导小组,组长是国务院总理。同年,还在发展中国家里第一个提出并制订了应对气候变化的国家方案——《中国应对气候变化国家方案》。我国2009年又提出到2020年单位GDP二氧化碳排放比2005年下降40% ~45%。

"国家自主贡献"是《联合国气候变化框架公约》各缔约方2015年年底在巴黎召开的第21届联合国气候变化会议上根据自身情况确定的应对气候变化的行动目标。中国国家自主贡献是:中国政府根据自身国情、发展阶段、可持续发展战略和国际责任,确定了到2030年的自主行动目标,即二氧化碳排放2030年左右达到峰值并争取尽早达峰;单位国内生产总值二氧化碳排放比2005年下降60% ~65%,非化石能源占一次能源消费比重达到20%左右,森林蓄积量比2005年增加45亿立方米左右。中国提出的"国家自主贡献",是向国际社会作出的国家政策宣示和行动承诺。2017年中共十九大报告更进一步指出,中国"引导应对气候变化国际合作,成为全球生态文明建设的重要参与者、贡献者和引领者"。2020年9月22日,习近平主席在第七十五届联合国大会一般性辩论上宣布,中国将提高国家自主贡献力度,采取更加有力的政策和措施,力争2030年前二氧化碳排放达到峰值,努力争取2060年前实现碳中和。[18] "双碳"目标不是别人要我们做,而是我们自己要做,也必须得做,是中国经过深思熟虑作出的重大战略决策,是中国立足新发展阶段、贯彻新发展理念、构建新发展格局,实现可持续发展、高质量发展的内在要求,也是推动构建人类命运共同体的必然选择。

---

〔18〕 参见习近平:《在第七十五届联合国大会一般性辩论上发表重要讲话》,载《人民日报》2020年9月23日,第2版。

主要参考文献

（以出版时间先后为序）

一、著作与教材

1. 马骧聪:《环境保护法基本问题》,中国社会科学出版社 1983 年版。
2. 韩德培主编:《中国环境法的理论与实践》,中国环境科学出版社 1990 年版。
3. 肖乾刚:《自然资源法》,法律出版社 1992 年版。
4. 金瑞林:《环境法学》,北京大学出版社 1994 年版。
5. 柯泽东:《环境法论》,台北,三民书局 1995 年版。
6. 蔡守秋:《环境法教程》,法律出版社 1995 年版。
7. 马骧聪:《环境资源法》,北京师范大学出版社 1996 年版。
8. 肖乾刚、肖国兴:《能源法》,法律出版社 1996 年版。
9. 陈泉生:《环境法原理》,法律出版社 1997 年版。
10. 王灿发:《环境法学教程》,中国政法大学出版社 1997 年版。
11. 解振华:《中国环境执法全书》,红旗出版社 1997 年版。
12. 吕忠梅:《环境资源法》,中国政法大学出版社 1999 年版。
13. 金瑞林:《环境与资源保护法学》,北京大学出版社 2000 年版。
14. 汪劲:《中国环境法原理》,北京大学出版社 2000 年版。
15. 汪劲:《环境法律的理念与价值追求:环境立法目的论》,法律出版社 2000 年版。
16. 吕忠梅:《环境法新视野》,中国政法大学出版社 2000 年版。
17. [美]爱蒂丝·布朗·魏伊丝:《公平地对待未来人类:国际法、共同遗产与世代间衡平》,汪劲、于方、王鑫海译,法律出版社 2000 年版。
18. 周珂:《生态环境法论》,法律出版社 2001 年版。
19. 常纪文:《环境法律责任原理研究》,湖南人民出版社 2001 年版。
20. [日]原田尚彦:《环境法》,于敏译,法律出版社 1999 年版。
21. 蔡守秋、何卫东:《当代海洋环境资源法》,煤炭工业出版社 2001 年版。
22. 郑少华:《生态主义法哲学》,法律出版社 2002 年版。
23. 金瑞林:《环境法概论》,当代世界出版社 2000 年版。
24. 张梓太等:《环境与资源法学》,科学出版社 2002 年版。
25. 蔡守秋:《调整论——对主流法理学的反思与补充》,高等教育出版社 2003 年版。
26. 周训芳:《环境权论》,法律出版社 2003 年版。
27. 杜群:《环境法融合论——环境·资源·生态法律保护一体化》,科学出版社 2003 年版。
28. 陈泉生等:《环境法学基本理论》,中国环境科学出版社 2004 年版。
29. 蔡守秋:《环境资源法教程》,高等教育出版社 2004 年版。
30. 曹明德、黄锡生主编:《环境资源法》,中信出版社 2004 年版。
31. 张梓太:《自然资源法学》,科学出版社 2004 年版。
32. 刘仁文:《环境资源保护与环境资源犯罪》,中信出版社 2004 年版。

33. 戚道孟:《自然资源法》,中国方正出版社 2005 年版。
34. 周珂:《环境法》,中国人民大学出版社 2005 年版。
35. 王曦:《国际环境法》(第 2 版),法律出版社 2005 年版。
36. 钱水苗等编著:《环境资源法》,高等教育出版社 2005 年版。
37. 汪劲:《环境法律的解释:问题与方法》,人民法院出版社 2006 年版。
38. 叶荣泗、吴钟瑚:《中国能源法律体系研究——能源立法:战略 安全 可持续发展》,中国电力出版社 2006 年版。
39. [英]简・汉考克:《环境人权:权力、伦理与法律》,李隼译,重庆出版社 2007 年版。
40. 吕忠梅:《环境法原理》,复旦大学出版社 2007 年版。
41. 吕忠梅:《环境法学》,法律出版社 2008 年版。
42. 谭柏平:《海洋资源保护法律制度研究》,法律出版社 2008 年版。
43. 周珂:《环境法学研究》,中国人民大学出版社 2009 年版。
44. 张淑玲、谭柏平主编:《环境资源法》,北京工业大学出版社 2009 年版。
45. 黄振中、赵秋雁、谭柏平:《中国能源法学》,法律出版社 2009 年版。
46. 曲格平、彭近新主编:《环境觉醒——人类环境会议和中国第一次环境保护会议》,中国环境科学出版社 2010 年版。
47. 常纪文:《动物保护法学》,高等教育出版社 2011 年版。
48. 陈慈阳:《环境法总论》,台北,元照出版有限公司 2012 年版。
49. 罗丽:《环境法教程》,中国法制出版社 2014 年版。
50. 张辉:《美国环境法研究》,中国民主法制出版社 2015 年版。
51. 周珂、谭柏平:《环境与资源法学》,法律出版社 2015 年修订版。
52. 周珂、谭柏平、欧阳杉主编:《环境法》,中国人民大学出版社 2016 年版。
53. 王文革:《环境资源法:理论・实务・案例》,中国政法大学出版社 2016 年版。
54. 汪劲:《环境法学》,北京大学出版社 2018 年版。
55. 刘欣:《矿产资源资本化管理》,法律出版社 2018 年版。
56. 韩德培主编:《环境保护法教程》(第 8 版),法律出版社 2018 年版。
57. 周珂、孙佑海、王灿发、谭柏平、欧阳杉主编:《环境与资源保护法》(第 4 版),中国人民大学出版社 2019 年版。
58. 中国法学会能源法研究会编:《能源法学总论》,法律出版社 2019 年版。
59. 曹明德主编:《环境与资源保护法》(第 4 版),中国人民大学出版社 2020 年版。
60. 徐祥民:《海洋环境保护法》,法律出版社 2020 年版。

二、期刊文章

1. 蔡守秋:《环境权初探》,载《中国社会科学》1982 年第 3 期。
2. 马骧聪:《新宪法与环境保护》,载《法学评论》1983 年第 2 期。
3. 蔡守秋:《论法及环境法的概念、特征和本质》,载《法学评论》1987 年第 1 期。
4. 李艳芳:《关于环境法调整对象的新思考——对“人与自然关系法律调整论”的质疑》,载《法学家》2002 年第 3 期。
5. 杜群:《日本环境基本法的发展及我国对其的借鉴》,载《中外法学》2002 年第 4 期。
6. 王灿发:《论我国环境管理体制立法存在的问题及其完善途径》,载《政法论坛》2003 年第 4 期。
7. 徐祥民:《极限与分配——再论环境法的本位》,载《中国人口・资源与环境》2003 年第 4 期。
8. 徐祥民:《环境权论——人权发展历史分期的视角》,载《中国社会科学》2004 年第 4 期。
9. 秦天宝:《德国土壤污染防治的法律与实践》,载《环境保护》2007 年第 10 期。
10. 谭柏平:《自然资源物权质疑》,载《首都师范大学学报》(社会科学版)2009 年第 3 期。

11. 吕忠梅:《环境法学研究的转身——以环境与健康法律问题调查为例》,载《中国地质大学学报》(社会科学版)2010年第4期。
12. 谭柏平、黄振中:《论我国能源法的四项基本原则》,载《中外能源》2010年第8期。
13. 侯佳儒:《论我国环境行政管理体制存在的问题及其完善》,载《行政法学研究》2013年第2期。
14. 王明远:《环境法学的危机与出路:从浅层环境法学到深层环境法学研讨会纪要》,载《清华法治论衡》2014年第2期。
15. 陈海嵩:《国家环境保护义务的溯源与展开》,载《法学研究》2014年第3期。
16. 谭柏平:《生态城镇建设中环境邻避冲突的源头控制——兼论环境影响评价法律制度的完善》,载《北京师范大学学报》(社会科学版)2015年第2期。
17. 王树义、周迪:《论法国环境立法模式的新发展——以法国〈综合环境政策与协商法〉的制定为例》,载《法制与社会发展》2015年第2期。
18. 徐祥民:《环境质量目标主义:关于环境法直接规制目标的思考》,载《中国法学》2015年第6期。
19. 曹明德:《中国参与国际气候治理的法律立场和策略:以气候正义为视角》,载《中国法学》2016年第1期。
20. 侯佳儒、王明远:《边缘与前沿:当代法学背景中的环境法学》,载《政治与法律》2016年第5期。
21. 史玉成:《环境法学核心范畴之重构:环境法的法权结构论》,载《中国法学》2016年第5期。
22. 竺效、丁霖:《绿色发展理念与环境立法创新》,载《法制与社会发展》2016年第2期。
23. 程多威、王灿发:《论生态环境赔偿制度与环境公益诉讼的衔接》,载《环境保护》2016年第2期。
24. 陈德敏、郭海蓝:《环境法保护对象之理论界定与立法完善》,载《甘肃政法学院学报》2016年第5期。
25. 王灿发、冯嘉:《我国环境诉讼的困境与出路》,载《环境保护》2016年第15期。
26. 李挚萍:《环境修复目标的法律分析》,载《法学杂志》2016年第3期。
27. 李爱年、刘爱良:《论检察机关提起公益诉讼的权力属性及职权配置》,载《重庆大学学报》(社会科学版)2016年第3期。
28. 焦艳鹏:《生态文明保障的刑法机制》,载《中国社会科学》2017年第11期。
29. 李艳芳:《论生态文明建设与环境法的独立部门法地位》,载《清华法学》2018年第5期。
30. 吕忠梅、窦海阳:《修复生态环境责任的实证解析》,载《法学研究》2017年第3期。
31. 于文轩:《风险社会视角下美国环境应急管理及其借鉴》,载《治理研究》2018年第4期。
32. 张梓太、吴惟予:《我国生态环境损害赔偿立法研究》,载《环境保护》2018年第5期。
33. 徐祥民:《绿色发展思想对可持续发展主张的超越与绿色法制创新》,载《法学论坛》2018年第6期。
34. 吕忠梅:《环境法律关系特性探究》,载《环境法评论》2018年第1期。
35. 吕忠梅:《环境权入宪的理路与设想》,载《法学杂志》2018年第1期。
36. 汪劲:《环境法学的中国现象:由来与前程——源自环境法和法学学科发展史的考察》,载《清华法学》2018年第5期。
37. 常纪文:《习近平生态文明思想的科学内涵与时代贡献》,载《中国党政干部论坛》2018年第11期。
38. 王树义、李华琪:《论我国生态环境损害赔偿诉讼》,载《学习与实践》2018年第11期。
39. 郑少华、王慧:《中国环境法治四十年:法律文本、法律实施与未来走向》,载《法学》2018年第11期。
40. 孙佑海、孙希博:《生态文明载入宪法背景下我国生态环境立法的若干思考》,载《环境保护》2018年第7期。
41. 杜辉:《面向共治格局的法治形态及其展开》,载《法学研究》2019年第4期。
42. 吕忠梅、吴一冉:《中国环境法治七十年:从历史走向未来》,载《中国法律评论》2019年第5期。
43. 孙佑海:《生物多样性保护主流化法治保障研究》,载《中国政法大学学报》2019年第5期。
44. 孙佑海:《我国70年环境立法:回顾、反思与展望》,载《中国环境管理》2019年第6期。
45. 周珂、孙思嘉:《野生动物利用法律制度的嬗变与破局》,载《法学评论》2020年第6期。
46. 秦天宝:《生物安全视角下〈野生动物保护法〉的修订:逻辑起点、类型化方法及主要建议》,载《中国政法大学学报》2020 年第 3 期。
47. 秦天宝:《〈生物安全法〉的立法定位及其展开》,载《社会科学辑刊》2020 年第 3 期。
48. 钭晓东、叶舟:《国家环境义务溯源及其规范证成》,载《苏州大学学报》2020 年第 1 期。
49. 胡静:《土壤修复责任的公法属性——目的和工具面向的论证》,载《湖南师范大学社会科学学报》2020 年第 5 期。
50. 杨朝霞:《论环境权的性质》,载《中国法学》2020 年第 2 期。
51. 张璐:《环境法与生态化民法典的协同》,载《现代法学》2021 年第 2 期。